LE CATÉCHISME DE JEAN-PAUL II

BIBLIOTHECA EPHEMERIDUM THEOLOGICARUM LOVANIENSIUM

CLIII

LE CATÉCHISME DE JEAN-PAUL II

GENÈSE ET ÉVALUATION DE SON COMMENTAIRE DU SYMBOLE DES APÔTRES

PAR

MAURICE SIMON

LEUVEN
UNIVERSITY PRESS

UITGEVERIJ PEETERS
LEUVEN – PARIS – STERLING, VIRGINIA

2000

ISBN 90 6186 954 4 (Leuven University Press)
D/2000/1869/17

ISBN 90-429-0910-2 (Peeters Leuven)
ISBN 2-87723-518-1 (Peeters France)

D/2000/0602/115

Library of Congress Cataloging-in-Publication Data

Simon, Maurice.
Le Catéchisme de Jean-Paul II: Genèse et evaluation de son commentaire du symbole des apôtres / par Maurice Simon.
p. cm -- (Bibliotheca Ephemeridum theologicarum Lovaniensium; 153)
ISBN 9042909102 (alk. paper)
1. Catholic Church. Catechismus Ecclesiae Catholicae. 2. Catholic Church--Catechisms. 3. Catholic Church--Doctrines. I. Title. II. Series.

BX1959.5 .S55 2000
238'.2--dc21

00-056492

Leuven University Press / Presses Universitaires de Louvain
Universitaire Pers Leuven
Blijde Inkomststraat 5, B-3000 Leuven-Louvain (Belgium)

TABLE DES MATIÈRES

QUATRIÈME PARTIE

LE «CATÉCHISME DE L'ÉGLISE CATHOLIQUE»

AVANT-PROPOS

«Un livre volumineux de près de six cents pages, que ses éditeurs n'ont pas rendu particulièrement attrayant; l'aspect austère, tant dans la présentation extérieure que par la densité du contenu, peu soucieux des envols littéraires ou des coups de théâtre dans le récit. En peu de temps, on s'arrache quatre cent mille exemplaires, des traductions virent le jour en anglais, allemand, français, portugais (...). À croire qu'il s'agit d'un roman policier (...) ou des mémoires scandaleux d'un ex-général ou de quelque souverain déchu. Mais non! ... C'est un Catéchisme (...). Et voilà que ce livre bat le tirage des meilleurs 'policiers' (...)! On trouve même le *Catéchisme* dans les kiosques»[1].

Ces quelques lignes, écrites en 1969 à propos du *Nouveau Catéchisme pour adultes* réalisé sous la responsabilité des évêques des Pays-Bas, s'appliquent parfaitement au *Catéchisme de l'Église catholique* sorti de presse en novembre 1992. En un mois, quatre cent mille exemplaires sont écoulés, et, en cinq ans, on en serait à huit millions en une trentaine de langues. C'est à coup sûr un des *best-sellers*, si pas «le» *best-seller* de cette fin du vingtième siècle.

J'ai relaté les origines et les premières étapes de ce qui était encore appelé à ce moment «Catéchisme pour l'Église universelle» dans un précédent ouvrage[2]. Maintenant que nous disposons du catéchisme définitif, je me propose d'en faire une évaluation comparative. Celle-ci portera sur sa structure et sur sa première partie, le commentaire des douze articles du Symbole des apôtres (y joindre l'examen des trois autres parties aurait outrepassé le format acceptable du présent volume).

Le premier point de comparaison qui vient à l'esprit est le catéchisme demandé par le concile de Trente et publié à Rome en 1566 sur ordre de Pie V. Dans la Première Partie, j'en rappellerai les principales caractéristiques et j'ajouterai quelques mots sur sa diffusion au cours des quatre siècles qui ont suivi sa publication. Je m'arrêterai aussi au *Directoire catéchétique général* demandé par le concile du Vatican II et publié par la Congrégation pour le clergé en 1971: le magistère romain y propose un autre texte qui reprend les «éléments principaux du message chré-

1. *Le dossier du Catéchisme hollandais. Un nouveau langage théologique.* Textes recueillis par A. CHIARUTTINI (Points chauds), Paris, Fagnard, 1969, p. 11.

2. M. SIMON, *Un catéchisme universel pour l'Église catholique, du concile de Trente à nos jours* (Bibliotheca Ephemeridum Theologicarum Lovaniensium, 103), Leuven, University Press – Peeters, 1992. Voir ci-dessous, p. XVI.

tien» que la catéchèse doit mettre en valeur. Pour faciliter la comparaison, et aussi pour éviter les redites je ne détaillerai le contenu des articles du Credo apostolique du Catéchisme romain et du Directoire que plus loin, au cours de la Troisième Partie.

Le deuxième concile du Vatican n'a pas décrété la publication d'un catéchisme pour toute l'Église. Et pourtant, vingt ans après sa clôture, les évêques en synode extraordinaire pour commémorer cet événement majeur formulent le souhait que soit publié un catéchisme ou compendium de toute la doctrine catholique qui soit comme un texte de référence pour tous les catéchismes ou compendiums composés dans les divers pays. Dans la Deuxième Partie, je parcourrai d'abord les vingt années postconciliaires qui ont vu une minorité d'évêques exprimer régulièrement leur désir de voir le Saint-Siège publier un catéchisme. Je m'arrêterai ensuite à la suggestion du synode de novembre-décembre 1985 et à la décision de Jean-Paul II de faire sien cette proposition. Je rappellerai nécessairement des éléments déjà rapportés dans mon volume précédent et je dirai quelle a été la «réception» du vœu du synode et de la décision pontificale et à quels commentaires ils ont donné lieu en France et en Belgique francophone. Tout cela fera l'objet d'une Première section.

Une Deuxième section entrera dans le vif du sujet. La décision étant prise, il faut maintenant la mettre en œuvre. Ce sera la création des commission, comité, conseil chargés d'en fixer les objectifs, les contenus, les destinataires, d'en rédiger les schémas préparatoires et d'apprécier l'avancement des travaux. Le troisième schéma, appelé *Avant-Projet*, retiendra tout particulièrement l'attention: il constitue la première ébauche du catéchisme sur laquelle des personnes étrangères à sa rédaction (un collège de «consulteurs») ont été invitées à donner leur avis. Dans la Troisième Partie, nous verrons ce qu'il est advenu de son plan et de sa présentation du Symbole apostolique.

L'*Avant-projet* est envoyé aux consulteurs en décembre 1987 et leurs avis sont examinés en mai de l'année suivante. Un nouveau schéma ou *Projet de «Catéchisme pour l'Église universelle»* est alors rédigé, suivi assez rapidement d'un *Projet révisé* intitulé lui aussi: «Catéchisme pour l'Église universelle». Ce document de 392 pages in-quarto et 2660 paragraphes est envoyé à tous les évêques à partir de novembre 1989. Ceux-ci vont l'accepter comme texte de base du catéchisme définitif et proposeront plus de 24000 amendements. C'est dire l'importance de ce *Projet révisé* pour l'appréciation à porter sur le *Catéchisme de l'Église catholique*. Aussi la Troisième Partie du présent travail lui sera presque entièrement consacrée. Je présenterai surtout son commentaire du Symbole des apôtres, chapitre par chapitre, article par article, presque paragraphe par paragraphe. Je débattrai avec lui, ayant sous les yeux le Catéchisme de Pie V, le Directoire de 1971, l'*Avant-projet* de 1987 et aussi les documents de Vatican II, le catéchisme hollandais, le catéchisme allemand et le catéchisme français parus depuis la fin du concile. Cela fait, je rassemblerai quelques réactions au *Projet révisé* dont le grand public a pu avoir connaissance et je rapporterai la synthèse des réponses faites par les évêques dressée par le cardinal J. Ratzinger, président de la Commission responsable de la rédaction du catéchisme.

À partir d'octobre 1990, le *Projet révisé* est retravaillé plusieurs fois avant de devenir le *Catéchisme de l'Église catholique* (en abrégé le *C.É.C.*) approuvé par Jean-Paul II le 25 juin 1992, promulgué le 11 octobre et présenté au peuple de Dieu et à la presse peu de temps après. Dans une première section de la Quatrième Partie, je dirai ce que l'on sait actuellement des derniers schémas et comment les esprits ont été préparés à l'accueil du *C.É.C.* Une deuxième nous conduira à Paris, à Tournai et à Lausanne où, le 16 novembre 1992, le catéchisme, dans sa version originale en français, a été présenté par l'Épiscopat de France, de Belgique et de Suisse francophones; elle nous dira aussi l'accueil que la presse de ces pays lui a réservé. Nous irons ensuite à Rome où, les 7, 8 et 9 décembre, Jean-Paul II et le cardinal Ratzinger ont à leur tour présenté le *C.É.C.* aux catholiques, aux autres chrétiens et aux hommes et femmes du monde entier.

Destiné aux adultes de toutes les régions du monde, et non plus aux seuls évêques comme texte de référence pour leurs propres catéchismes, le *C.É.C.* devait sans tarder être traduit dans le plus grand nombre de langues possible. La troisième section présente les traductions en italien, en espagnol, en portugais, en allemand, en anglais et en néerlandais; elle fait connaître aussi la version latine parue en septembre 1997, l'*éditio typica* qui met un terme à la rédaction du catéchisme souhaitée par le synode épiscopal douze ans auparavant. La quatrième et dernière section invite alors à ouvrir le *C.É.C.* et à constater ce qu'il est advenu du *Projet révisé* de 1989. Les modifications introduites, les ajouts et les suppressions feront percevoir les accentuations et les insistances nouvelles, qui donnent au Catéchisme de Jean-Paul II sa physionomie et ses caractéristiques particulières[3].

Louvain-la-Neuve, le 30 juin 2000.

3. Note sur *Un catéchisme universel* (n. 2): Au bas de la page 277, et avant d'aborder la lecture de la page 278, il convient d'ajouter une information qui m'a échappé en 1992.

Au cours de la discussion du schéma sur l'Église dans le monde de ce temps, l'archevêque de Paderborn, L. Jäger, fait la proposition suivante, le 21 septembre 1965: «Qu'une commission spéciale postconciliaire élabore un Sommaire de la doctrine catholique, un bref compendium de théologie adapté aux intelligences et aux nécessités de notre époque»; en procédant ainsi, on suivrait l'exemple du concile de Trente qui compléta ses décrets par le Catéchisme romain, lequel exposa toute la doctrine catholique en réponse aux questions qui étaient alors soulevées. Pourquoi rédiger un tel ouvrage? Pour que tous voient bien que le progrès doctrinal et pastoral que l'Église est en train de réaliser est en pleine harmonie avec la tradition; il importe en effet de dissiper l'incertitude et l'inquiétude de beaucoup de catholiques qui se demandent comment concilier les enseignements du présent concile avec la tradition antérieure. Ce serait donc un compendium destiné non pas d'abord et uniquement *ad parochos* comme au XVIe siècle mais à tout public qui s'interroge sur ce qui est en train de se passer au concile (cf. *Acta synodalia sacrosancti concilii oecumenici Vaticani II*, IV, 1, p. 576). Jusqu'ici, des propositions de rédiger un ouvrage (catéchisme, compendium, enchiridion, sommaire, somme ...) ont été faites en commissions et dans l'une ou l'autre intervention écrite envoyée à la Commission de la discipline du clergé et du peuple chrétien. Avec l'intervention de L. Jäger, c'est la première fois qu'il en est question en congrégation générale. Son projet n'aura toutefois pas de suite (mais peut-être que sa désignation comme membre de la Commission cardinalice chargée d'examiner le Catéchisme hollandais en 1966 n'est pas sans lien avec sa demande du 21 septembre).

PREMIÈRE PARTIE

LES PRÉCÉDENTS DU «CATÉCHISME DE L'ÉGLISE CATHOLIQUE»

Le *Catéchisme de l'Église catholique* n'est pas le premier exposé de toute la doctrine chrétienne que l'Église universelle s'est donné au cours de l'histoire. Deux décisions viennent spontanément à l'esprit. La première a été prise au concile de Trente et la seconde au deuxième concile du Vatican.

Lors de la parution du *Catéchisme de l'Église catholique* en 1992, beaucoup d'éditorialistes et de commentateurs ont fait le lien avec le Catéchisme du concile de Trente de 1566, appelé aussi Catéchisme romain, Catéchisme tridentin, Catéchisme de s. Pie V. Plusieurs pères du synode extraordinaire de 1985, lors de leur demande que soit rédigé un catéchisme de toute la doctrine catholique, ont eux-mêmes fait référence à ce *Catechismus ad parochos* recommandé au clergé et à ceux qui enseignent la religion catholique jusqu'à la veille de Vatican II.

Dans une Première section, je rappellerai d'abord les raisons qui ont amené les pères du concile de Trente à décider la publication d'un catéchisme «à l'usage des curés», je rassemblerai ensuite les données permettant de se faire une idée de la diffusion de ce catéchisme au cours des quatre siècles de son utilisation et je terminerai par une brève évocation de son contenu.

En 1965, le concile Vatican II a décrété la publication d'un directoire sur l'enseignement catéchétique du peuple chrétien. Paru en 1971, ce document n'est pas un catéchisme mais contient un chapitre exposant les «éléments principaux du mystère chrétien», chapitre qui s'impose à l'attention de tous et spécialement de ceux qui composeront des directoires et des catéchismes nationaux ou régionaux.

Dans une Deuxième section, j'évoquerai brièvement la mise en œuvre de la décision du concile et je présenterai tout particulièrement le chapitre du directoire qui concerne le contenu de la catéchèse.

PREMIÈRE SECTION

LE CATÉCHISME DU CONCILE DE TRENTE

C'est dans le cadre de la répression d'abus constatés dans la prédication et l'enseignement religieux que le concile général, réuni à Trente le 13 décembre 1545, va donner son accord sur la publication d'un catéchisme destiné aux curés, à ceux qui ont mission de prêcher, d'administrer les sacrements, d'enseigner les vérités de la foi aux enfants et aux adultes.

I. UN CATÉCHISME VOULU PAR UN CONCILE

Dès le début de leurs travaux, les Pères conciliaires dénoncent l'ignorance dans laquelle les pasteurs laissent le peuple chrétien: les fidèles ne connaissent plus la doctrine chrétienne et, dès lors, les parents, à qui incombe cette tâche, ne sont plus capables d'instruire leurs enfants des rudiments de la foi. En conséquence, ils décident que, pour l'enseignement des enfants et des adultes «incultes», on fasse rédiger par des personnes compétentes un catéchisme élémentaire qui permettra à ceux qui l'auront appris de mieux comprendre la prédication dominicale et d'aborder l'Écriture Sainte. La première période du concile (1545-1549) s'achève sans que le catéchisme envisagé ait été mis en chantier.

Lors de la deuxième période du concile (1551-1552), les Pères, retenus par d'autres préoccupations, ne sont pas revenus sur la proposition de publier un catéchisme pour l'enseignement des enfants et des adultes ignorants. Finalement, au terme de la troisième période (1562-1563), ils se prononcent pour la publication d'un catéchisme mais d'un catéchisme destiné cette fois aux curés.

Les Pères conciliaires se sont souvent fait l'écho de plaintes concernant le manque de formation du clergé: il n'y a pas encore de séminaires à cette époque et tous les futurs prêtres ne suivent pas les cours de théologie dans les écoles cathédrales ou monastiques, si tant est que l'enseignement y soit effectivement donné. Ne faudrait-il pas, dès lors, publier une introduction à la théologie pour ceux qui ont charge d'enseignement dans ces écoles? Ne faudrait-il pas penser à un homiliaire pour tous ces prêtres incapables de prêcher les dimanches et jours de fête? On aurait aussi besoin d'un manuel expliquant aux curés tout ce qu'ils doivent faire pour bien administrer les sacrements. Poussés par des demandes de ce genre formulées un peu partout dans la chrétienté et fortement appuyées par l'empereur d'Allemagne et le roi de France, les légats – qui président le concile au nom du pape – décident, en février-mars 1563, de faire rédiger un ouvrage destiné aux pasteurs et en confient la rédaction à un groupe restreint.

Les Pères, mis au courant de cette décision en septembre 1563, donnent leur approbation au travail qui est en train d'être réalisé; et le 11 novembre suivant, ils décrètent solennellement que les évêques et les curés expliqueront la signification profonde, l'efficacité et l'usage des sacrements avant de les administrer et que les curés expliqueront aussi la parole de Dieu et les préceptes du salut au cours de la célébration de la messe. Pour les aider dans leurs tâches, un ouvrage est en cours de rédaction; il devra être traduit en langue du peuple et son contenu devra être exposé aux fidèles. Comme le concile sera clôturé avant que ce livre pour les curés soit achevé, les Pères demandent que tout le travail déjà rédigé soit présenté au pape «afin qu'il soit terminé et publié selon son jugement et avec son autorité». Nous sommes à la dernière session du concile, le 4 décembre 1563.

Fin janvier 1564, Pie IV charge une commission d'achever l'œuvre entreprise. Son successeur, Pie V, approuve le texte latin définitif en avril 1566 et le *Catéchisme à l'usage des curés, édité sur ordre de Pie V, par décret du concile de Trente* – tel est son titre officiel – sort de presse en septembre de cette année 1566. Des traductions en italien, français, allemand, polonais... suivent rapidement[1].

II. LA DIFFUSION DU CATÉCHISME ROMAIN

Peut-on se faire une idée précise de la diffusion et de l'utilisation du Catéchisme tridentin? Pour la diffusion, nous disposons de l'ouvrage de G.J. Bellinger, *Bibliographie des Catechismus Romanus ex decreto Concilii Tridentini ad Parochos. 1566-1978*[2]. Bien qu'il ne soit pas possible de savoir si le terme «édition» est toujours pris au sens strict ou s'il désigne aussi la réimpression d'un ouvrage avec une nouvelle page de titre et une nouvelle date, la bibliographie de G.J. Bellinger nous fournit un certain nombre d'indications appréciables.

1. Pour une présentation plus détaillée, voir M. SIMON, *Un catéchisme universel pour l'Église catholique, du concile de Trente à nos jours*, p. 10-57.

2. G.J. BELLINGER, *Bibliographie des Catechismus Romanus ex decreto Concilii Tridentini ad Parochos. 1566-1978* (Bibliotheca bibliographica aureliana, 87), Baden-Baden, V. Koerner, 1983.

De 1566 à nos jours, le Catéchisme de Pie V a connu 509 éditions du texte latin et 326 éditions de traductions, accompagnées ou non du texte original, en 19 langues: italien (première édition en 1566), français (1568), allemand (1568), polonais (1568), illyrique (1583), portugais (1590), néerlandais (1668), anglais (1687), mexicain (1723), croate (1775), espagnol (1777), arabe (1786), tchèque (1867), hongrois (1869), chaldéen (1889), roumain (1891), ukrainien (1961), arménien (1962) et japonais (1966).

Nous pouvons répartir les quatre siècles de sa diffusion en quatre périodes. La première va de 1566 à 1761, au moment où le pape Clément XIII recommande à tous les curés d'utiliser le Catéchisme romain et fait procéder à une nouvelle édition officielle. La deuxième s'étend de 1761 à 1870, lorsque le premier concile du Vatican se penche sur l'application du décret du concile de Trente concernant l'utilisation du Catéchisme par les curés. La troisième comprend les années qui vont de Vatican I à Vatican II et la quatrième de 1965 à nos jours.

1. Les éditions de 1566 à 1761

De 1566 à 1761, le Catéchisme a été édité 394 fois. Il y eut 290 éditions du seul texte latin et 104 éditions de traductions, seules ou accompagnées de l'original latin.

Les 290 éditions latines proviennent principalement de la péninsule italienne. Les 146 que G.J. Bellinger a répertoriées ont été publiées à Rome (6), Venise (75), Bergame (3) Parme (6), Plaisance (5), Brescia (14), Turin (1), Salo (1), Modène (1), Padoue (15), Naples (6), Bassano del Grappa (10), Udine (1), Lucques (1) et Florence 1. Les autres éditions se répartissent ainsi: 86 en France, à Lyon (36), Paris (34), Troyes (2), Rouen (11), Toulouse (2) et Reims (1); 20 dans les régions de la Belgique actuelle, à Louvain (7), Liège (1), Anvers (10) et Bruxelles (2). Dans les régions de langue allemande, on en compte 27: à Dillingen (1), Cologne (20), Ingolstadt (1), Wurzbourg (1), Vienne (2) et Augsbourg (2). Il y en eut 9 en Espagne: à Medina del Campo (5), Salamanque (1), Pampelune (2) et Madrid (1); et une à Londres ainsi qu'à Wrocław (Pologne)[3].

Les 104 éditions en diverses langues se répartissent ainsi. Les éditions en italien sont au nombre de 32: à Rome (3), Venise (27), Trévise (1) et Bassano del Grappa (1). En français, elles sont 54: à Paris (25), Bor-

3. La mention des villes suit l'ordre chronologique de parution des éditions; ainsi Rome a connu sa première édition du Catéchisme en 1566, Venise en 1567, Bergame en 1586, Parme en 1588 …

deaux (5), Lyon (12), Rouen (5) et Mons (7). En allemand, on en compte 6: à Dillingen (2), Nysa (1); Ingolstadt (1), Innsbruck (1) et Strasbourg (1). Il y en eut 3 en polonais: 2 à Cracovie et une à Kalisz. Rome a édité une traduction en illyrique et Lisbonne une en portugais. En flamand, on en connaît 5: 1 à Bruxelles et 4 à Anvers. Et il y a encore une édition en anglais à Londres et une en mexicain et castillan à Mexico.

Une vue récapitulative de toutes les éditions entre 1566 et 1761 donne le tableau suivant:

	en latin	en traduction	total
Dans la péninsule italienne	146	32	178
En France	86	47	133
Dans les actuelles provinces belges	20	12	32
Dans les régions de langue allemande	27	6	33
En Espagne	9	–	9
En Angleterre	1	1	2
En Pologne	1	3	4
Au Portugal	–	1	1
Au Mexique	–	1	1
En langue illyrique	–	1	1
Total	290	104	394

Ces données brutes sont à situer dans l'histoire générale de l'époque. Elles sont en lien avec la réception des décisions du concile de Trente dans les différentes régions et avec la situation politique des pays concernés. Nous constatons que les éditions latines l'emportent en nombre sur les éditions en langue des peuples et que, dans les pays appelés aujourd'hui l'Italie, la France, la Belgique, et l'Allemagne dans une moindre mesure, les prêtres ont rapidement pu avoir à leur disposition le Catéchisme du concile. Par contre, il est étonnant que des pays comme l'Espagne et le Portugal, comme aussi la Pologne, n'aient pratiquement pas donné suite à la décision des Pères conciliaire[4]. Devons-nous en conclure que le clergé de ces pays – et celui des pays du Nouveau Monde – est resté en dehors du renouveau de l'enseignement des vérités de la foi voulu par le concile? En l'absence d'informations complémentaires, il faut se garder de répondre affirmativement. Il nous faut aussi rester sur notre faim quant à l'évaluation du nombre de volumes mis sur le marché.

4. Pour l'Espagne, on lira P. RODRÍGUEZ, *El Catecismo Romano ante Felipe II y la Inquisición española. Los problemas de la introducción en España del Catecismo del Concilio de Trento*, Madrid, RIALP, 1998.

Pendant ces années 1566-1761, des papes ont appuyé la demande du concile de voir les prêtres utiliser le Catéchisme qui leur est destiné. On peut citer Pie V en 1571, Grégoire XIII en 1583, Urbain VIII en 1633, Clément XI en 1710 et Benoît XIV en 1742.

Plusieurs conciles provinciaux, tenus après la clôture des débuts tridentins, se proposent d'exécuter le plus fidèlement possible les décrets conciliaires; ils pressent les curés d'enseigner la doctrine chrétienne les dimanches et jours de fête et indiquent les livres qui pourront les aider dans cette tâche.

Le premier concile provincial de la fin du XVIe siècle à mentionner le Catéchisme romain est celui qui s'est tenu à Milan, en 1565, sous la présidence de Charles Borromée (dont le rôle dans la publication du Catéchisme a été décisif): les livres que les clercs sont invités à lire prioritairement sont l'Écriture Sainte, le catéchisme qui va bientôt être édité à Rome, les actes du concile, les constitutions diocésaines ...; les prêtres ajouteront à cette liste d'autres ouvrages, à savoir: l'homiliaire publié par l'évêque, la *Summa Antoniana* ou une autre *summa* recommandée par l'évêque, les écrits de saint Grégoire et de saint Jean Chrysostome sur le sacerdoce[5]. Comme on le voit, le Catéchisme romain est en bonne place, juste après l'Écriture, mais il n'est pas le livre qui rendra tout autre ouvrage désormais prohibé. En 1579 encore, le cinquième concile de Milan invitera les curés à suivre, pour l'enseignement du peuple chrétien, de préférence «la doctrine du Catéchisme romain et des autres auteurs compétents»[6].

Le concile provincial de Rouen, de 1581, et celui d'Aix, de 1585, demandent aux curés de posséder le Catéchisme romain en latin et en français et d'en transmettre la doctrine aux fidèles; ils ajoutent: qu'ils lisent aussi fréquemment la Bible et les homélies des Pères et choisissent ce qui leur semble pouvoir être compris et édifier[7].

Le concile provincial de Reims, en 1583, ordonne aux curés de posséder et de lire assidûment un livre sur l'administration des sacrements ou le Catéchisme du Concile de Trente en latin ou en français. Celui de Bordeaux, tenu la même année, demande aux maîtres d'école d'enseigner aux enfants en se référant «aux auteurs chrétiens et catholiques,

5. J.D. MANSI, *Sacrorum conciliorum nova et amplissima collectio*, t. 34, Paris, 1902: *Qui Libri potissimum a clericis legendi*, col. 34.

6. MANSI, t. 34: *Quae ad praedicationem verbi Dei, et doctrinam Christianam pertinent*, col. 348.

7. MANSI, t. 34: *De curatorum et aliorum presbyterorum et paraecianorum officiis*, 13, col. 644; *De parochis et animarum curatoribus*, col. 986.

principalement au Catéchisme tridentin». Si celui de Toulouse, en 1590, mentionne «le catéchisme de la foi romaine», celui d'Avignon, de 1594, demande la publication d'une *formula*, d'un catéchisme de la doctrine chrétienne en français pour toute la province et d'une *formula*, d'un autre ouvrage que les curés peu instruits pourront adapter dans leurs propres sermons; le Catéchisme tridentin, ici, n'est pas mentionné[8].

La décision du concile de Mexico, en 1585, est intéressante à relever: les évêques de cette province ordonnent la publication d'un catéchisme à utiliser dans les églises, les écoles et les collèges de toute la province et interdisent l'usage de tout autre catéchisme antérieur ou même postérieur; nous ne voulons cependant pas exclure, ajoutent-ils, le Catéchisme de Pie V ou d'autres catéchismes qui seraient un jour publiés par des autres autorités[9].

Le concile de Malines de 1607 se plaint de la diversité des opuscules ou des catéchismes et, en conséquence, demande aux curés et autres enseignants de suivre une seule et même méthode, celle qui sera contenue dans le livret qui va être édité sous peu[10]. Ici, pas un mot sur le Catéchisme romain. Celui de Narbonne de 1609 ne parle pas non plus de lui, tandis que celui de Bordeaux, en 1624, invite les curés, avant de transmettre la doctrine chrétienne, à lire l'homéliaire ou le Catéchisme tridentin[11].

Ces quelques décrets promulgués par des conciles provinciaux datent du troisième tiers du XVIe siècle et du début du XVIIe; ils proviennent d'Italie, de France, de Mexico et de Malines. La plupart du temps, une série d'ouvrages sont recommandés pour préparer un sermon, une homélie, une catéchèse. Le Catéchisme tridentin figure le plus souvent dans la liste, à côté de livres bien connus et même de livres à paraître sous peu. Ce qui semble indiquer que des prêtres et des enseignants ne se satisfont pas du Catéchisme romain et attendent même la publication d'ouvrages qui pourraient leur être plus directement utiles dans leur ministère.

L'étude systématique de tous les conciles provinciaux des XVIe-XVIIIe siècles viendrait probablement confirmer l'impression générale laissée par les quelques décrets rapidement parcourus. Les synodes diocésains de cette même période mériteraient eux aussi une étude systématique. Celui qui s'est tenu à Augsbourg en 1567, par exemple, demande à

8. MANSI, t. 34: *De curatis*, 6, col. 706; *De parochis*, 2, col. 1277; *De fidei rudimenda*, col. 1335 et *De praedicatione verbi Dei*, col. 1336,

9. MANSI, t. 34: *De doctrina Christiana rudibus tradenda*, col. 1024-1025.

10. MANSI, t. 34: *De doctrina et praedicatione verbi Dei*, chap. V, col. 1454.

11. MANSI, t. 34: *De praedicatione verbi Dei*, V, col. 1578.

chaque paroisse de posséder un exemplaire du Catéchisme romain. Celui de Warmia, en 1582, demande aux curés de prêcher d'après le catéchisme diocésain ou un autre catéchisme catholique. Celui d'Olmutz, en 1591, invite à expliquer le Catéchisme romain dans les sermons. Un autre synode d'Augsbourg, celui de 1610, décrète que seuls sont admis dans le diocèse les catéchismes de P. Canisius et de R. Bellarmin; pour en expliquer le contenu, les prêtres pourront recourir au Catéchisme romain, au grand catéchisme de Canisius, aux catéchismes de l'évêque de Merse-bourg, de Fr. de Nausea, et à d'autres auteurs encore.

À la fin de ce XVIIe siècle, en 1687, l'évêque de Meaux, J.-B. Bossuet, publie son *Catéchisme du diocèse de Meaux*. Dans une ordonnance synodale du 16 août 1691, il donne une liste de livres qu'il recommande de lire pour être suffisamment instruit: «Nous exhortons instamment [les curés et vicaires]de lire exactement et assidûment la sainte Écriture, tant du Vieux que du Nouveau Testament, les explications et les homélies des Pères, principalement celles de saint Jean Chrysostome sur saint Matthieu et sur saint Paul, les Morales de saint Grégoire avec son Livre pastoral, le concile et le Catéchisme de Trente, les Confessions de saint Augustin, avec ses livres de la Doctrine chrétienne, des Mœurs de l'Église catholique, et de l'Inspiration des simples, ou De catechizandis rudibus, avec quelque théologien et quelques livres de piété, chacun selon son génie et selon ses moyens. Ils pourront lire pour la morale, outre le Décret de Gratien et les Décrétales, saint Thomas, saint Antonin, Sylvius, Azor ou Tolet, la Théologie morale de Grenoble, les conférences de Luçon et les Résolutions des cas de conscience de M. de Sainte-Beuve (...)»[12].

Ces prescriptions rencontrent parfaitement l'intention des auteurs du Catéchisme eux-mêmes, formulée dès la Préface. Ils savent que de nombreux ouvrages ont été écrits «avec autant de piété que de science» et que le livre qu'ils rédigent n'a pas la prétention d'expliquer jusque dans le détail tous les contenus de la foi chrétienne[13]. Ils ont voulu donner aux pasteurs les choses qui appartiennent en propre au ministère d'une paroisse et qui sont le plus à la portée des fidèles; ils ne se sont donc occupés que de «seconder le zèle et la piété» de certains pasteurs qui ne seraient peut-être pas assez sûrs d'eux-mêmes dans les points les plus

12. Rapporté par S. DUGUET, *Catéchismes, mémoire d'un temps* (Cahiers de l'Institut Supérieur de Pastorale Catéchétique, 1), Paris, Desclée, 1988, p. 120, note 9.

13. «Multi quidem adhuc in hoc scriptionis genere cum magna pietatis et doctrinae laude versati sunt; sed tamen Patribus visum est maxime referre, si liber sanctae Synodi auctoritate ederetur (...). Nemo existimet illud sanctae Synodo propositum fuisse, ut omnia christianae fidei dogmata, uno libro comprehensa, subtiliter explicarentur (...)» (*Prologue,* édition cirtique de P. Rodríguez, p. 8).

difficiles de la doctrine chrétienne. Le Catéchisme tridentin ne doit donc pas à lui seul constituer la bibliothèque des pasteurs.

Il appartient dès lors aux évêques d'éclairer leur prêtres sur les ouvrages qu'ils souhaitent voir utiliser. Les uns estimeront, comme l'évêque de Vérone, le cardinal A. Valerio, ami de Charles Borromée, que le Catéchisme de s. Pie V «est véritablement un don que Dieu nous fait en ce temps, pour rétablir la discipline de l'ancienne Église et pour soutenir la république chrétienne. Cet ouvrage est si remarquable, si profond et si clair que, depuis longtemps, il n'en a point paru de semblable, au jugement des hommes les plus savants. Ce n'est point un homme qui semble y avoir tenu la plume; c'est l'Église même notre sainte mère, guidée et inspirée par le Saint-Esprit, qui parle et qui nous y instruit. Vous qui êtes déjà avancés en âge, lisez-le sept fois et plus (...). Lisez et même copiez plusieurs fois un livre composé par l'ordre du concile de Trente et, pour ainsi dire, sous la dictée du Saint-Esprit»[14]. Pour eux, le Catéchisme tridentin s'impose plus que tout autre ouvrage. D'autres le situent dans un ensemble de livres de référence et tiennent comptent de facteurs non théologiques: l'ouvrage est-il disponible dans les librairies en latin ou en langue du pays? Les prêtres ont-ils les moyens financiers de se le procurer? Et sont-ils capables d'en faire bon usage?

Des ouvrages de qualité sont déjà en circulation et rendent d'éminents services, reconnaissent les auteurs du Catéchisme de Pie V. On peut citer: en Allemagne, les œuvres catéchétiques de J. Gropper, P. de Soto, S. M. Helding, Fr. Nausea, Fr. Titelmann, St. Hosius, J. Schöpper, J. de Pflug et de bien d'autres encore, parmi lesquels P. Canisius occupe sans conteste une place de tout premier plan avec ses trois catéchismes. En France aussi, comme aux Pays-Bas, en Italie et dans la péninsule ibérique, les catéchismes déjà publiés continuent à être édités après 1566 et à être recommandés. En même temps, un peu partout, de nouveaux ouvrages paraissent, qui sont maintes fois réédités et traduits en diverses langues, signes qu'ils ont les faveurs des enseignants. Ce sont des catéchismes promulgués par des évêques ou des catéchismes privés, comme ceux de Jacques Ledesma, de Jérôme de Ripaldo, de Caspar Astete, de Robert Bellarmin. Ce sont aussi des manuels de théologie, des homiliaires, des instructions catéchétiques, dont certains se présentent comme un abrégé, une explication plus adaptée, une mise en forme par mode de questions-réponses du Catéchisme romain jugé trop savant, trop abstrait, difficilement utilisable directement.

14. Paroles rapportées par Jean XXIII dans l'allocution prononcée lors de la première séance du synode romain, le 25-1-1960; cf. *La Doc. cath.* 57 (1960) p. 260-261.

À l'aide de la bibliographie du Catéchisme romain de G.J. Bellinger, il est possible de se faire une idée de la floraison d'ouvrages qui ont pu entrer en concurrence avec le Catéchisme officiel. L'aperçu est toutefois partiel puisque l'auteur signale uniquement les ouvrages dont le titre mentionne explicitement le Catéchisme de 1566.

Dans la péninsule italienne, G.J. Bellinger a recensé 28 ouvrages de ce genre parus entre 1566 et 1761; 11 d'entre eux n'ont eu qu'une seule édition, 6 en ont eu deux et 5 trois; 4 ont été édités quatre fois, 1 cinq fois et un autre, paru d'abord à Madrid, onze fois[15]. Dix-huit de ces ouvrages sont en latin, les dix autres en italien. Six ont d'abord été publiés à l'étranger avant de connaître une ou plusieurs éditions dans une ville de la péninsule. La *Doctrina Sacri Concilii Trid. et Catechismi Romani* ..., de G. Bellarinus, Milan, 1615 et 1620, a été par la suite publiée à Paris (2 fois), à Lyon (15 fois), à Rouen (10 fois) et traduite en français en 1666 et en allemand en 1767. Il y a eu ainsi un total de 70 éditions différentes de ces 28 livres offrant aux prédicateurs, aux confesseurs, à ceux qui enseignent la doctrine chrétienne, un exposé plus simple, plus facile, plus utilisable du contenu du Catéchisme romain: celui-ci, rappelons-nous, a connu, pour la même époque, 146 éditions en latin et 32 en italien.

Pour la France, G.J. Bellinger a répertorié 14 ouvrages différents en latin ou en français dont la publication s'est échelonnée surtout au cours du XVIIIe siècle. Certains ont été d'abord publiés à l'étranger, ainsi l'ouvrage de G. Bellarinus paru pour la première fois à Milan en 1615 et traduit en français à Paris en 1666 sous le titre: *La doctrine du saint concile de Trente et du Catéchisme romain* ...; ou celui de G. Eder: *Methodus Catechismi Catholici*, devenu en français: *Le manuel du Catéchisme catholique (...) rédigé en une Méthode fort propre: tant pour l'instruction des Curés et Vicaires ayans charge d'ames; que pour la ieunesse et tous chrestiens désirans le salut de leurs ames* (Lyon, 1580, 1581). Parmi les auteurs français, citons Cl. Thuet et sa *Pratique du Catéchisme Romain (...). Œuvre très utile non seulement aux Ecclésiastiques, et ayans charge d'ames: mais aussi aux personnes Laïques, désireux de se perfectionner en la Doctrine de la Foy*, Paris, 1625, 1627, 1630 et 1633. Citons aussi César de Bus et ses *Instructions familières sur les quatre parties du Catéchisme Romain*, Paris et Lyon, 6 éditions

15. Il s'agit de l'ouvrage du jésuite J.E. NIEREMBERG, édité à Madrid en 1640, puis à Gênes en 1647 et 1656, à Rome en 1658, à Venise en 1665, 1669, 1676, 1681 et 1684, à Turin en 1669, à Milan en 1692 et à Naples en 1704; le titre italien est: *Pratica del Catechismo romano e della dottrina christiana. Cauata principalmente dalli Catechismi di Pio V. è Clem. VIII composti conforme al Decreto del Sacro Conc. Trid. da leggersi ogni Domenica & ogni giorno di festa al Popolo.*

entre 1667 et 1668. Mentionnons encore le *Catechismus ad ordinandos juxta doctrinam Catechismi Concilii Tridentini*, qui a connu 14 éditions à Lyon et à Avignon et a été publié également à Cologne, Anvers, Venise, Liège, Luxembourg, Trente, Vienne et Bruxelles. Les éditeurs français ont ainsi mis dans le commerce, à côté du texte latin et de la traduction du Catéchisme tridentin, 77 éditions d'ouvrages se présentant comme un moyen facile d'aborder la doctrine du concile et du Catéchisme.

Pour les provinces qui constituent l'actuelle Belgique, aux 32 éditions du Catéchisme, 20 en latin, 7 en français et 5 en flamand, viennent s'ajouter 24 éditions de sept livres différents exposant la doctrine du Catéchisme. Deux de ces livres ont eu une notoriété certaine: il s'agit de la présentation du Catéchisme destinée aux séminaristes, aux catéchistes et aux curés du diocèse de Liège, faite par J. Chapeauville (1551-1617), éditée à Liège à quatre reprise et traduite en flamand par H. Duyfkens[16], et du Catéchisme à l'usage des étudiants de la Faculté des arts à Louvain, qui a connu dix éditions successives[17].

Dans les régions de langue allemande, où le Catéchisme lui-même a connu un succès de libraire assez relatif de 33 éditions, les ouvrages répertoriés par G.J. Bellinger ne sont qu'au nombre de 15, 9 en latin et 6 en allemand; le total de leurs éditions s'élève à 18.

L'Espagne, qui n'a connu que neuf éditions du Catéchisme romain, voit l'ouvrage du jésuite J. E. Nieremberg (1595-1658), «Pratique du Catéchisme romain», largement diffusé. On en connaît dix éditions à Madrid, une à Valence et deux à Pampelune; il faut y ajouter deux éditions en langue catalane à Barcelone[18].

16. J. CHAPEAUVILLE, *Summa Catechismi Romani in gratiam ordinandorum, catechistarum et parochorum dioecesis Leodiensis, necnon quorumcumque fidelium praesertim eorum qui ex animo vere christianam et salutarem doctrinam amplecti cupiunt, in lucem edita*, Liège, 1605, 1626, 1670, 1690. La traduction en flamand est intitulée *T'geheele ende kort begrijp van de roomschen Catechismus* ... Déjà en 1600, J. Chapeauville avait publié *Catechismi Romani elucidatio scholastica, qua uniuersa illius doctrina facili methodo ad captum non solum inferiorum parochorum et catechistarum, sed et quorumcumque studiosorum accommodatur.*

17. *Catechismus ad usum studiosorum venerandae Facultatis artium Academiae Louaniensis*, Louvain, 1633 (deux éditions), 1650, 1660, 1665, 1685 et 1696; Liège, 1643, 1666, 1674.

18. J.E. NIEREMBERG, *Practica del Catecismo Romano y doctrina christiana, sacada principalmente de los catecismos de Pio V y Clemente VIII compuestos conforme al decreto del santo Concilio Tridentino, con las divisiones y adiciones necessarias al cumplimiento de las obligaciones christianas, para que se puedo leer cado domingo y dia de fiesta*, Madrid, 1640, 1642, 1646, 1651, 1670, 1673, 1710, 1720, 1728, 1734,; Valence, 1686; Pampelune, 1709, 1719; Barcelone (en catalan), 1648, 1686. L'ouvrage a aussi été traduit en portugais, en tagalag (une des langues des Philippines), en italien (voir note 15) et en allemand.

Pour l'Angleterre, la bibliographie de G.J. Bellinger ne signale qu'une adaptation en anglais de l'enseignement contenu dans le Catéchisme tridentin, parue en 1675. Pour la Pologne, elle mentionne deux ouvrages publiés à Cracovie, l'un en 1684 et l'autre en 1714.

Quant au Portugal, il voit la publication à Lisbonne, en 1626, d'un résumé de la doctrine chrétienne dû au dominicain João de Portugal (1554-1629) et surtout celle de l'ouvrage du Père Nieremberg, en traduction portugaise, également à Lisbonne, en 1678, 1722 et 1749 (plus une autre édition de 1678 probablement).

Si nous rassemblons les données concernant les éditions, entre 1566 et 1761, du Catéchisme tridentin et des ouvrages qui facilitent la connaissance de son contenu[19], nous obtenons le tableau suivant:

	le catéchisme		les autres ouvrages	total
	en latin	en traduction		
Dans la péninsule italienne	146	32	70	248
En France	86	47	77	210
Dans les actuelles provinces belges	20	12	24	56
Dans les régions de langue allemande	27	6	18	51
En Espagne	9	–	15	24
En Angleterre	1	1	1	3
En Pologne	1	3	2	6
Au Portugal	–	1	6	7
Au Mexique	–	1	–	1
En illyrique	–	1	–	1
Total	290	104	213	607

Le Catéchisme a été largement diffusé mais pas de manière uniforme dans toutes les parties de la chrétienté; en Europe, ses éditions ne sont nombreuses que dans la péninsule italienne, en France, dans les provinces de l'actuelle Belgique et, dans une moindre mesure, dans les régions de langue allemande. Il a été recommandé par des papes, des conciles provinciaux, des synodes diocésains, des évêques, sans être pour autant imposé. Elisabeth Germain, historienne de la catéchèse, résume ainsi la situation en ces XVIIe–XVIIIe siècles: «Pour la catéchèse et la prédication, [le Catéchisme tridentin] ne donne rien de tout prêt. Il ne partage pas la matière par leçons et par questions. À chaque pasteur de faire au mieux. Or, on cède vite à la loi du moindre effort. D'ailleurs, les faits sont là: à côté des traductions, s'introduisent un peu partout d'une part des commentaires qui traitent ce catéchisme comme

19. Rappelons qu'il s'agit uniquement d'ouvrages faisant explicitement mention dans leur titre du Catéchisme du concile de Trente.

un traité de théologie et le développent à l'intention des séminaristes; et d'autre part des abrégés qui, sous prétexte de clarifier, de rendre plus facile, de mettre en questions-réponses, réduisent ici, élargissent là, accommodent ... Démarqué par de savants commentaires théologiques ou par des Catéchismes tout prêts pour les enfants, le manuel du concile de Trente risque d'être mis de côté et plus ou moins oublié. L'engouement se porte ailleurs»[20].

2. Les éditions de 1761 à 1870

Le 14 juin 1761, le pape Clément XIII fait paraître l'encyclique *In dominico agro*. Conscient qu'il a mission de «présider à la culture du champ du Seigneur» et de veiller à garder la bonne semence qu'est la doctrine chrétienne, il s'élève contre les opinions dépravées qui souillent la pureté de la foi catholique. «Quelques fois, écrit-il, l'erreur satanique, grâce à certains traits de ressemblance avec la vérité, peut se cacher sous des mensonges spécieux en corrompant le sens des propositions, soit par une addition soit par un changement légers». Pour en éloigner les fidèles, surtout les plus simples et les moins cultivés, il faut leur inculquer «la doctrine qui a pour soi l'universalité, l'antiquité et l'unité». Le Catéchisme romain contient cette doctrine qui est universelle dans l'Église, n'offre aucun danger d'erreur et ne présente que ce qui est nécessaire ou très utile au salut. Or, que constate-t-il? «Ce livre composé avec tant de peines et de soins, approuvé de tous, accueilli avec les plus grands éloges, de nos jours l'amour de la nouveauté l'a presque fait tomber des mains des pasteurs en élevant à côté de lui une foule d'autres catéchismes qui ne lui sont nullement comparables.» Cet abandon entraîne plusieurs conséquences: l'unité dans la manière d'enseigner a presque entièrement disparu; un scandale est donné aux fidèles qui ne pensent plus habiter «une terre où l'on parle un seul langage et utilise les mêmes mots» (le pape fait ici allusion au récit yahviste de Gn 11,1, qui présente la diversité des langues comme le châtiment d'une faute collective); des discussions et des conflits surgissent, qui entraînent la désunion des cœurs et de grandes discordes.

En conséquence, Clément XIII décide de présenter à nouveau aux pasteurs le Catéchisme romain qui servira ainsi «à éloigner autant que possible de ces opinions nouvelles, qui n'ont pour elles ni l'assentiment général ni l'antiquité». Et comme il sait que l'édition actuelle est

20. E. GERMAIN, *Langages de la foi à travers l'histoire. Mentalité et catéchèse: approche d'une étude des mentalités* (I.S.P.C., Langage de la foi), Paris, Fayard-Mame, 1972, p. 46.

défectueuse, notamment par la faute des ouvriers imprimeurs, il décide de la faire retoucher, d'en ordonner une nouvelle, que les historiens appelleront «édition clémentine». Il la recommande avec force aux évêques et les presse vivement «d'exiger de tous ceux qui ont charge d'âmes de l'employer pour apprendre la vérité catholique aux peuples». Il ne suffit pas d'avoir un bon livre, il faut encore qu'il soit utilisé par des personnes capables. Aussi le pape demande-t-il aux évêques de choisir, pour l'enseignement du peuple chrétien, des hommes non seulement compétents en théologie mais davantage encore remplis d'humilité, de zèle et d'amour[21].

Pour Clément XIII, il ne s'agit plus, comme au concile en 1563, de remédier au peu de formation du clergé; c'est à des prêtres ayant fait des études plus ou moins longues dans les séminaires qu'il le destine. L'objectif qu'il poursuit c'est sans doute d'obtenir l'unité dans la manière d'enseigner mais il insiste surtout sur la nécessité d'éviter les discussions, les conflits, les discordes et, davantage encore, d'extirper les opinions dépravées qui s'infiltrent subrepticement dans la présentation de la foi catholique. Il ne cite aucune opinion ou erreur précises; on peut penser qu'il vise le jansénisme, le gallicanisme, les philosophies des lumières, dont la diffusion se laisse percevoir jusque dans des catéchismes diocésains et privés.

La recommandation pressante du pape a-t-elle été entendue? Les évêques ont-ils insisté auprès du clergé pour qu'il utilise le Catéchisme tridentin dans sa nouvelle édition? La parution du texte latin et des traductions s'est-elle poursuivie et amplifiée? De nouvelles éditions dans les pays où le Catéchisme a été fort répandu ont-elles vu le jour? C'est à ces deux dernières questions que nous tenterons de répondre en suivant la même démarche que pour la période allant de 1566 à 1761.

D'après G.J. Bellinger, le Catéchisme de Pie V a été publié 280 fois de 1761 jusqu'au premier concile du Vatican, 158 fois en latin et 122 en diverses langues.

Les 158 éditions en latin proviennent de la péninsule italienne (57), des pays de langue allemande et d'Europe centrale (40), de France (31), d'Espagne (26), de Belgique (2), de Pologne (1) et du Portugal (1). Les 122 éditions en d'autres langues se répartissent ainsi: en espagnol/castillan (25), en italien (24), en français (23), en allemand (19), en anglais (12), en polonais (6), en flamand (5), en portugais (3), en tchèque (2), en

21. CLEMENT XIII, *In dominico agro*; texte latin dans *Bullarii romani continuatio*, t. II, Rome, 1837, p. 134-136, ou en tête de nombreuses éditions du Catéchisme postérieures à 1761 et dans l'*editio critica* de P. RODRÍGUEZ, p. 1245-1249.

croate (1), en hongrois (1) et en arabe (1). Mettons en tableau les données recueillies:

	en latin	en traduction	total
Dans la péninsule italienne	57	24	81
En France	31	21	52
Dans les provinces belges actuelles	2	7*	9
Dans les pays de langue allemande et en Europe centrale (Bohème, Slovaquie, Hongrie, Croatie, Slovénie)	40	23	63
En Espagne	26	25**	51
Dans le monde anglophone:			
En Angleterre	–	5***	
En Irlande	–	3	
Aux USA	–	4	12
En Pologne	1	6	7
Au Portugal	1	2	3
Au Brésil	–	1	1
Dans le monde arabe	–	1	1
Total	158	122	280

* 2 en français et 5 en flamand
** y compris les 5 éditions parues à Paris
*** y compris les 2 éditions parues à Rome

En deux siècles, il y avait eu 394 éditions du Catéchisme (290 + 104); maintenant, en un siècle, il y en a 280 (158 + 122). Proportionnellement, les éditions du texte latin ont un score un peu supérieur, alors que celles en traductions sont en nette augmentation. Le nombre d'éditions est en recul en Italie, en France et dans les provinces belges; il a augmenté dans les régions de langue germanique et de nouvelles traductions, encore peu nombreuses il est vrai, sont apparues en Europe centrale. La croissance la plus spectaculaire se situe en Espagne où l'on est passé de 9 éditions en deux siècles à 51 en un seul. Les pays anglo-saxons n'ont pas encore vraiment démarré, le Portugal et le reste du monde non plus.

Les ouvrages qui veulent faciliter la compréhension et l'utilisation du Catéchisme sont proportionnellement presque aussi nombreux en ces années 1761-1870 qu'au cours de la période antérieure. G.J. Bellinger en a répertorié 46 qui, ensemble, ont connu plus de cent éditions; il y en avait 213 entre 1586 et 1761[22].

22. En Italie, il y eut 13 ouvrages, qui ont connu 31 éditions; en France il y en eut 10 en 19 éditions, dans les pays germaniques 10 en 13 éditions, auxquelles il faut ajouter la vingtaine d'éditions du catéchisme de Joseph Resch: *Römischer Catechismus in kurze Fragen und Antworten gezogen*, Fribourg, Augsbourg, Munich, à partir de 1766 et jusqu'en 1789. En Espagne, on compte 7 ouvrages en 20 éditions; il y en a 2 en tagalog et 2 en bisaya à Manille et une en yucatan à Menda au Mexique. En Angleterre, G.J. Bellinger mentionne 2 ouvrages en 4 éditions; pour le Portugal, il cite 3 ouvrages en 4 éditions.

L'initiative de Clément XIII semble bien avoir porté des fruits, tout particulièrement en cette fin du XVIIIe siècle et après 1815. Le Catéchisme a continué à être régulièrement édité, il a fait une percée remarquée en Espagne et a été traduit en quelques nouvelles langues. Cependant, en plusieurs pays d'Europe, il n'est toujours pas bien diffusé et son parcours dans le reste du monde, notamment dans les Amériques, est à peine amorcé. Il est difficile de penser que chaque prêtre de l'Église catholique l'a à sa disposition et ne se sert que de lui pour le ministère de la prédication et de la catéchèse, d'autant que d'autres ouvrages continuent à paraître, qui proposent leur aide aux pasteurs, et que les nombreux catéchismes diocésains poursuivent leur course, certains la reprenant après l'imposition du *Catéchisme impérial* dans toutes les Églises de l'Empire français.

Il n'est dès lors pas étonnant qu'à la veille du concile qui va s'ouvrir en 1869, une commission préparatoire prévoit que le pape, Pie IX, recommande à nouveau «à tous les ordinaires, les curés et les autres prêtres œuvrant au ministère des âmes, l'utilisation du Catéchisme romain (...), afin qu'il n'y ait qu'une seule et même règle et une seule et même méthode pour transmettre la foi et faire connaître au peuple chrétien tous les devoirs de la piété»[23].

3. Les éditions de 1870 à 1965

Les Pères de Vatican I ont soutenu unanimement le paragraphe introduit à la fin du schéma de constitution *de parvo catechismo*, recommandant l'utilisation du Catéchisme romain. Aucun évêque n'a fait remarquer que l'ouvrage était déjà vieux de trois siècles et qu'il serait peut-être indiqué d'en prévoir une refonte. Quelques-uns ont cependant envisagé qu'on y insère le récent dogme de l'Immaculée Conception et les éventuels points de doctrine que le concile préciserait, mais leur suggestion n'a pas été retenue. Le paragraphe, et la constitution dont il fait partie, est adopté à la majorité des deux tiers mais, comme le pape n'a pas procédé à la promulgation indispensable, il n'est pas devenu une décision conciliaire[24].

La publication du Catéchisme tridentin n'a cependant pas été stoppée par cette non-promulgation du schéma conciliaire. Comme l'indique la bibliographie du Catéchisme de G.J. Bellinger, des éditions, en moins grand nombre, ont encore vu le jour entre 1870 et 1965, date de la fin du deuxième concile du Vatican.

23. MANSI, 50, col. 701.
24. Le texte adopté par le concile se trouve dans MANSI, 51, col. 513-514.

Les éditions en latin ont été au nombre de 60; il y en eut 29 en Italie, 11 en Allemagne, 10 en France, 6 en Espagne, 3 à Hong-Kong et 1 en Belgique. Les éditions en diverses traductions sont plus nombreuses; G. J. Bellinger en a répertorié 84: 24 en anglais, 14 en français, 12 en espagnol, 11 en allemand, 10 en italien, 5 en portugais et une dans chacune des langues suivantes: en flamand, en polonais, en chaldéen, en arabe, en roumain, en hongrois, en ukrainien et en arménien. Le tableau qui suit rassemble les données recueillies:

	en latin	en traduction	total
En Italie	29	10	39
En France	10	14	24
En Belgique	1	1	2
En Allemagne	11	11	22
En Espagne	6	11	17
et en Argentine	–	1	1
Dans les pays anglo-saxons:			
en Irlande	–	5	5
en Angleterre et aux USA	–	19	19
à Hong-Kong	3	–	3
En Pologne	–	1	1
Au Portugal	–	5	5
En Chaldée, dans le monde arabe, en Roumanie, Hongrie, Ukraine et Arménie	–	6	6
Total	60	84	144

Nous constatons qu'au cours du siècle allant de 1870 à 1965, le nombre d'éditions du Catéchisme a diminué de moitié par rapport à celui du siècle précédent (1761-1870), que les traductions l'ont emporté sur le latin et que quelques versions en de nouvelles langues ont encore vu le jour. Pendant quelques temps, la Congrégation de la propagande a pris en main la publication du Catéchisme. Toutes proportions gardées, les éditions en espagnol et en anglais ont maintenu un bon score si on les compare à celles qui sont sorties en italien, en français et en allemand.

Au cours de ce même siècle, des ouvrages mentionnant dans leur titre le Catéchisme romain et ayant pour objectif d'en expliquer le contenu, ont continué à paraître mais en nombre beaucoup plus restreint. Souvent ils ne connaissent qu'une édition, parfois deux, plus rarement davantage. G.J. Bellinger en a répertorié 24 qui se répartissent ainsi: 3 en Italie, 11 en France, 1 en Allemagne, 5 en Espagne et 4 en Angleterre. Le total de leurs éditions ne dépasse pas 35.

Les recommandations pontificales n'ont cependant pas manqué pendant ces années 1870-1965. Dans l'encyclique *Depuis le jour*, du

8 septembre 1899, Léon XIII, s'adressant au clergé de France, écrit: «Nous recommandons (...) que tous les séminaristes aient entre les mains et relisent souvent le livre d'or, connu sous le nom de *Catéchisme du Saint Concile de Trente ou Catéchisme romain*, dédié à tous les prêtres investis de la charge pastorale (...). Remarquable à la fois par la richesse et l'exactitude de la doctrine et par l'élégance du style, ce catéchisme est un précieux abrégé de toute la théologie dogmatique et morale. Qui le posséderait à fond aurait toujours à sa disposition les ressources à l'aide desquelles un prêtre peut prêcher avec fruit, s'acquitter dignement de l'important ministère de la confession et de la direction des âmes, et être en état de réfuter victorieusement les objections des incrédules»[25].

Son successeur, Pie X, dans l'encyclique *Acerbo nimis* sur l'enseignement de la doctrine chrétienne, du 15 avril 1905, édicte pour toute l'Église la règle suivante: pour la catéchèse des fidèles adultes, le dimanche à l'heure jugée la plus propice à l'affluence du peuple, tous les curés et ceux qui ont charge d'âmes «se serviront du Catéchisme du concile de Trente, de manière à parcourir, en l'espace de quatre ou cinq ans, tout ce qui concerne le Symbole, les Sacrements, le Décalogue, la Prière et les Commandements de l'Église»[26]. Au contenu du Catéchisme romain, Pie X ajoute les commandements de l'Église: c'est que, depuis le XVe siècle, les ouvrages destinés à aider les confesseurs et les pénitents à faire l'examen de conscience, les formulaires de prières à faire réciter par les fidèles au prône dominical et pratiquement tous les catéchismes diocésains contiennent un exposé sur ces commandements.

La règle édictée par Pie X se retrouve dans le canon 1322 du Code de droit canonique promulgué en 1917. Le Catéchisme romain ne figure pas dans le texte même du canon, mais une note renvoie au passage d'*Acerbo nimis* qui vient d'être rapporté et, en 1935, la Congrégation du concile confirme l'interprétation à donner à ce canon: le décret *Provido sane* sur l'enseignement catéchétique, du 12 janvier, stipule que, pour l'explication de la doctrine chrétienne aux fidèles adultes les dimanches et jours de fête, les curés utiliseront le Catéchisme tridentin[27]. Il est intéressant de signaler que, comme Pie X avait précisé qu'il fallait enseigner aussi les commandements de l'Église, le décret de 1935 demande qu'on parle également aux fidèles des conseils évangéliques, de la grâce, des vertus, des péchés et des fins dernières. Toutes ces matières font, depuis quelque temps déjà, l'objet d'un enseignement systématique dans les

25. *A.S.S.* 32 (1899-1900) p. 201-202.

26. *A.S.S.* 37 (1904-1905) p. 623-624; *Lettres apostoliques de S.S. Pie X*, t. 2, Paris, Bonne Presse, s.d., p. 85-87.

27. *A.A.S.* 27 (1935) p. 150; *La Doc. cath.* 33 (1935) p. 260-261.

traités de théologie et sont au programme des séminaires et des maisons de formation des religieux; elles ne sont pas tout à fait absentes du Catéchisme romain mais elles n'en constituent pas un chapitre particulier.

À son tour, Pie XI, dans une lettre apostolique aux supérieurs généraux des ordres religieux et des autres congrégations d'hommes, datée du 19 mars 1924, recommande aux séminaristes étudiants en philosophie scolastique «cet incomparable ouvrage où l'on ne sait ce qu'il faut admirer le plus, de l'exactitude et de la richesse de la doctrine, ou de l'élégance de son latin», cette «source de la doctrine sacrée», cet «ouvrage parfait» dont l'étude donne «compétence nécessaire pour instruire le peuple et réfuter les objections courantes contre la religion»[28].

Et peu avant l'ouverture du concile Vatican II, Jean XXIII, dans l'allocution qu'il prononce le 25 janvier 1960 lors de la première séance du synode du diocèse de Rome, évoque l'éloge du Catéchisme fait en son temps par le cardinal Agostino Valerio et ajoute: «Nous profitons de la bonne occasion qui s'offre à nous (...) pour en rappeler la très haute valeur pour l'usage courant de la prédication sacrée dans les paroisses et pour celui qui ne peut consacrer que peu de temps à des études approfondies, comme aussi pour celui qui, plongé dans ces études, a besoin de précision théologique, dogmatique et morale»[29].

Ces encouragements pontificaux ont une toute autre tonalité que l'encyclique de Clément XIII en 1761. Ils ne visent plus l'unité dans la manière d'enseigner ni non plus le danger provenant de l'introduction d'opinions dangereuses ou erronées. Ils veulent plutôt convaincre les séminaristes et les prêtres de la valeur littéraire et théologique du Catéchisme de Pie V et du service qu'il peut leur rendre dans l'exercice de leur ministère. De toute manière, le Catéchisme tridentin est le seul ouvrage officiel qui expose la doctrine catholique et que le pape peut recommander sans crainte.

Et cependant, le prestige du Catéchisme romain s'estompe inexorablement. De nouveaux développements entrent peu à peu dans le cursus des études théologiques. L'exégèse biblique ne cesse d'apporter une meilleure connaissance du Christ et de son message. Les Pères de l'Église obtiennent un regain d'intérêt. La liturgie et la catéchèse connaissent un nouvel essor. L'action catholique et l'ouverture progressive à l'œcuménisme invitent à repenser le mystère de l'Église ... De sorte que, peu à peu, les prédicateurs et les catéchistes, surtout à partir

28. *A.A.S.* 16 (1924) p. 14; *Actes de S.S. Pie XI*, t. 2, Paris, Bonne Presse, s.d., p. 59.

29. *A.A.S.* 52 (1960) p. 203-204; *La Doc. cath.* 57 (1960) p. 260-261. Cet éloge du cardinal Valerio a été signalé ci-dessus, p. 9.

des années 1945-1950, ne recourent plus au Catéchisme romain et se portent vers d'autres sources d'inspiration.

4. Les éditions depuis 1965

Consultés par Jean XXIII sur les thèmes à mettre à l'ordre du jour du deuxième concile du Vatican, la toute grande majorité des 2161 évêques qui ont répondu – ce nombre représente un peu plus des trois quarts de l'Épiscopat mondial – n'a pas estimé devoir proposer une nouvelle recommandation du Catéchisme tridentin. Un seul d'entre eux, Ch.E. Saboia Bandeira de Mello, évêque de Palmas (Brésil) a explicitement demandé que la règle en vigueur à l'époque soit rappelée: dans l'enseignement des fidèles adultes, il faut utiliser le Catéchisme romain de 1566; et il a souhaité que toute la matière du Catéchisme soit répartie sur trois ou cinq ans[30].

Trente-cinq autres évêques – une infime minorité – ont pensé qu'il fallait quand même un autre catéchisme pour les curés et tous ceux qui se consacrent à l'enseignement catéchétique. La plupart d'entre eux se souviennent du Catéchisme romain. «Ils en font l'éloge mais voudraient l'adapter à notre temps, le compléter, le réviser, en faire une nouvelle édition ou publier un livre semblable pour aujourd'hui (...). L'ouvrage devrait être adapté aux nécessités sociales et pastorales de notre temps; il aurait à rencontrer les vrais désirs, questions et difficultés d'aujourd'hui; il utiliserait un langage plus actuel; il serait davantage biblique, liturgique, kerygmatique, plus spirituel, plus soucieux d'engager la vie et de susciter un dynamisme. Et il serait plus complet: il devrait contenir toute la doctrine chrétienne, le dogme tel qu'il s'est développé depuis quatre siècles, la morale, les normes éthiques pour aujourd'hui, la doctrine du Corps mystique, la doctrine sociale, familiale, l'apostolat des laïcs, la liturgie, le culte des saints, l'interprétation de l'Écriture, l'histoire de l'Église (...)»[31].

Les congrégations romaines ont aussi été consultées. La Congrégation du concile – qui avait publié le décret *Provido sane* de 1935 – a souhaité remplacer le Catéchisme du concile de Trente par un nouvel ouvrage à publier par le Saint-Siège, qui contiendrait «toutes les vérités qui doivent être exposées dans tous les catéchismes, ainsi que les principaux arguments surtout scripturaires servant à démontrer ces vérités; ce livre

30. *Acta et documenta concilio oecumenico Vaticano II apparando. Series I (Antepraeparatoria)*, t. II, vol. 7, Cité du Vatican, 1960-1961, p. 222.

31. M. SIMON, *Un catéchisme universel pour l'Église catholique*, p. 174.

serait comme un *catéchisme-source*»[32]. Pour mieux assurer l'unité doctrinale de la catéchèse partout dans le monde, ladite congrégation envisage donc un nouveau catéchisme non plus pour les curés mais pour ceux qui rédigeront les catéchismes en usage dans les diocèses; ce catéchisme leur servira de «source», de texte de référence, dira-t-on vingt-cinq ans plus tard.

Qu'ont pensé les universités et facultés de théologie et de droit canonique? L'Athenée pontifical salésien a exprimé son souhait de voir le concile décréter une nouvelle édition du Catéchisme romain comprenant les nouveaux dogmes et les développements de la discipline de l'Église[33]. La Faculté de théologie de Montréal a aussi pensé à une révision du Catéchisme de 1566 et celle de l'Université de Naples a un «texte-fondement» qui serait un guide et une norme pour tous les catéchismes destinés aux fidèles[34]. Les institutions universitaires qui ont participé à la consultation étaient au nombre de 49.

Ainsi, à la veille du concile Vatican II, plus aucun des organismes et des personnes consultés ne désirent que le Catéchisme de 1566 continue à être recommandé au clergé. Une toute petite minorité – dont quinze évêques et un prélat italiens – estiment toutefois qu'il devrait être revu ou qu'un nouvel ouvrage semblable devrait être rédigé. Une autre idée se fait jour au sein de la Congrégation du concile et d'une faculté de théologie, celle de publier un catéchisme-source, un texte-norme dont le contenu substantiel devrait se retrouver dans tous les catéchismes particuliers, un «catéchisme romain» garant de l'unité et de l'orthodoxie de l'enseignement de la doctrine chrétienne.

Les souhaits, suggestions et propositions parvenus à Rome sont examinés par diverses commissions préparatoires. La Commission de la discipline du clergé et du peuple chrétien approuve un schéma, *Primun Ecclesiae*, qui traite de l'enseignement catéchétique du peuple chrétien. Il n'y est pas question de recommander à nouveau le Catéchisme de Pie V ou d'en envisager une édition revue et amplifiée; il n'est pas non plus question du catéchisme-source souhaité par la Congrégation du concile. Le schéma encourage plutôt la rédaction de catéchismes nationaux sous la responsabilité des conférences épiscopales et envisage la publication d'un «directoire» destiné aux conférences, «établissant des prescrip-

32. *Acta et documenta ... Series I,* t. III, p. 155.
33. Cf. *Acta et documenta ... Series I*, t. IV, 1, 2, p. 124.
34. Cf. *Acta et documenta ... Series I*, t. IV, 2, p. 461 et 722.

tions et des normes générales» à suivre lors de l'élaboration de ces catéchismes particuliers[35].

La Commission centrale préparatoire, chargée de se prononcer sur les schémas approuvés par les diverses commissions spécialisées, accepte, à l'unanimité moins une voix, la proposition de rédiger un directoire en lieu et place d'un nouveau catéchisme romain. Quelques voix se sont cependant fait entendre pour réclamer un vrai catéchisme semblable au Catéchisme tridentin ou pour signifier qu'un directoire doit contenir aussi les formules à mémoriser et qu'il y a, somme toute, peu de différence entre une directoire et un «catéchisme-source»[36].

L'option prise au cours de la phase préparatoire du concile n'a pas été modifiée par les Pères conciliaires au cours des quatre périodes de la célébration de Vatican II. L'archevêque de Paderborn, L. Jäger, a bien demandé le 21 septembre 1965 q'une commission postconciliaire publie un *Summarium* de la doctrine catholique mais sa proposition n'a pas reçu de réponse. La publication d'un directoire catéchétique, qui figure finalement au terme du décret *Christus Dominus* sur «la charge pastorale des évêques dans l'Église», est acceptée par 2319 *placet*, deux *non placet* et un vote nul, le 28-10-1965: «On composera (...) un directoire sur l'enseignement catéchétique du peuple chrétien, dans lequel on traitera des principes fondamentaux et de l'organisation de cet enseignement, ainsi que de l'élaboration des livres traitant de la question. Dans la composition de ce directoire, on devra tenir compte également des observations présentées par les Commissions ou par les Pères du Concile» (*Christus Dominus* 44).

Par ce vote, le concile n'a pas donné suite aux souhaits formulés par quelques évêques et universités catholiques de mettre entre les mains des enseignants, clercs ou laïcs, une édition mise à jour du Catéchisme romain ou un ouvrage semblable. Il a confié aux évêques le soin de veiller à la formation des catéchistes; il a encouragé la publication de catéchismes nationaux ou régionaux et a prévu la mise en chantier d'un directoire catéchétique destiné aux conférences épiscopales. Le direc-

35. Cf. *Acta et documenta concilio oecumenico Vaticano II apparando. Series II (Praeparatoria),* t. III, vol. II, 3, Cité du Vatican, Presses vaticanes, 1965-1969, p. 791. La publication d'un directoire avait été suggérée par P.M. Lacointe, évêque de Beauvais (*Acta et documenta ... Series I*, t. II, 1, p. 214) et par G. Dellepiane, nonce apostolique en Autriche (*ibidem*, p. 467). La Commission pour les Églises orientales, de son côté, s'est dite favorable à un catéchisme pour l'Église universelle qui fasse connaître à tous la spécificité des Églises catholiques orientales (cf. *Un catéchisme universel pour l'Église catholique*, p. 206-209).

36. Sur les travaux de la Commission centrale préparatoire, voir *Un catéchisme universel pour l'Église catholique*, p. 209-232.

toire demandé par le concile ne sera pas «un catéchisme ou exposé global de toute la doctrine catholique (...), comme un point de référence pour les catéchismes ou exposés globaux qui sont composés dans les divers pays», selon la formulation retenue par le synode extraordinaire des évêques de 1985. Contiendra-t-il une sorte de catéchisme-source, de texte doctrinal fondamental comme l'a souhaité la Congrégation du concile en 1959 et comme l'ont demandé quelques membres de la Commission centrale préparatoire en 1962? La suite de l'histoire nous l'apprendra. Ce qui est acquis, c'est que Vatican II a mis fin à la longue carrière de quatre siècles du Catéchisme de s. Pie V (septembre 1566 – octobre 1965). Et cependant, quelques éditions du célèbre catéchisme vont encore voir le jour.

Une équipe de professeurs de la Faculté de théologie de l'Université de Navarre à Pampelune, tenue par l'Opus Dei, a entrepris une série d'études sur le Catéchisme romain, qui ont abouti à plusieurs publications dès 1977 et notamment à une édition critique du Catéchisme à partir d'un manuscrit de la Bibliothèque vaticane découvert en avril 1985 et d'autres documents de la seconde moitié du XVIe siècle. Cette *editio critica* a été publiée conjointement par la *Libreria editrice* du Vatican et par les Éditions de l'Université de Navarre en 1989; elle s'intitule *Catechismus romanus seu Catechismus ex decreto Concilii Tridentini ad Parochos Pii quinti Pont. Max. iussu editus* (n'aurait-il pas été plus conforme à l'histoire d'inverser les deux membres de l'alternative?). L'équipe de Pampelune dédie son travail à Jean-Paul II; elle le remercie de la décision qu'il a prise de publier un nouveau catéchisme pour l'Église universelle et prie la Vierge Marie pour la réussite du futur ouvrage.

Le Catéchisme en traductions a encore connu 16 nouvelles éditions. Il y en a deux en japonais, en 1966 et 1975, à Tokyo et à Osaka, portant sur la deuxième partie du Catéchisme d'une part et sur les trois premières partie d'autre part. Il y en a trois en français, deux à Paris en 1969 et en 1970 et une à Bouère en 1998, et une en allemand à Kirchen. Deux éditions en espagnol ont paru à Madrid en 1971 et en 1972. En anglais, il y a la traduction des pères dominicains J.A. McHugh et Ch.J. Callan parue à South Bend (Indiana) en 1972 et 1976 et à Rigal (Philippines) en 1974; il y a aussi, en 1985, la traduction de E. Kevane et R.I. Bradley aux Éditions Saint-Paul à Boston.

Il faut encore ajouter quatre éditions du texte en italien. Il y a la traduction de T.S. Centi, aux Éditions Cantagalli à Sienne, en 1981. Et il y a la traduction de L. Andrianopoli, aux Éditions Arès à Milan, en 1983, qui en est actuellement à sa troisième édition (1992); elle s'intitule: *Il Catechismo romano commentato. Con note di aggiornamento teologico-pastorali*. L'ouvrage est présenté par le cardinal S. Oddi et P. Rodríguez, de l'Université de Pampelune, sous la direction de qui *l'edito critica* a été réalisée, signe le texte introductif sur l'actualité du Catéchisme romain; les «mises à jour», c'est-à-dire les apports de Vatican II, figurent en petits caractères au terme des chapitres du Catéchisme.

Les spécialistes de l'histoire du livre pourront certainement apporter des compléments aux indications fournies par G.J. Bellinger qui ont servi de base à la présentation qui vient d'être faite. Ils pourront aussi apporter des éléments permettant de se faire quelque idée de la diffusion effective et de l'utilisation du Catéchisme. Sur quatre siècles, avec les recommandations expresses des papes, des conciles, des évêques diocésains, et compte tenu de la «concurrence» des catéchismes locaux et d'ouvrages de qualité mettant à la portée des prêtres, des séminaristes, des enseignants et parfois même des fidèles le contenu du Catéchisme, celui-ci a été réédité 835 fois et a connu le nombre le plus important d'éditions au cours des années 1761-1870, soit plus de deux siècles après sa promulgation.

	en latin	en traduction	total
De 1566 à 1791	290	104	394
De 1761 à 1870	158	122	280
De 1870 à 1965	60	84	144
De 1965 à nos jours	1	16	17
Total	509	326	835

Les tableaux des pages précédentes ont montré que la publication du Catéchisme est loin d'avoir été empressée dans toutes les parties de la chrétienté et que des pays comme la Pologne et le Portugal – pour ne citer que des nations européennes – n'ont pas laissé de traces d'une large diffusion. Il ne faudrait pas en déduire que l'enseignement qu'il contient n'a pas été reçu partout. Ce qu'il présente aux pasteurs, c'est la théologie classique de l'époque et la doctrine catholique que le concile de Trente vient de rappeler. Ces enseignements se sont retrouvés dans les écrits théologiques, les ouvrages pastoraux, les catéchismes diocésains, comme aussi dans la prédication aux fidèles et dans la formation du clergé.

III. Le contenu du Catéchisme tridentin

Le *Catéchisme à l'usage des curés* a été voulu par un concile général qui, unanimement, a décrété qu'il soit rédigé. Les Pères conciliaires n'ont pas eu prise sur sa rédaction: ils ont fait confiance aux quelques évêques et experts qui en ont été chargés ainsi qu'au pape à qui ils ont demandé de mener à bonne fin le travail entrepris. C'est par le motu proprio *Pastorali officio*, du 23 septembre 1566, que Pie V annonce la sortie de l'ouvrage et en recommande la diffusion.

Ce n'est pas un livre destiné au grand public: il a été voulu et rédigé pour les curés, pour ceux qui administrent les sacrements, pour ceux qui prêchent, pour ceux qui enseignement la doctrine chrétienne aux enfants et aux adultes le dimanche comme le concile l'a explicitement demandé. C'est un manuel de théologie qui expose les éléments fondamentaux de la doctrine catholique, tels que la tradition les a transmis et que le concile vient de les repréciser. Les curés n'y trouveront pas de sermons tout faits, des leçons de catéchisme toutes préparées; après avoir parcouru le «livre du maître», ils devront composer eux-mêmes leur propre prédication et leur propre catéchèse en tenant compte des capacités de leurs auditoires. C'est à travers ces sermons, homélies et leçons de catéchisme que le contenu du Catéchisme de Pie V atteindra les fidèles de toute l'Église catholique.

Le Catéchisme tridentin ne prétend pas présenter absolument tout le trésor de la tradition ni même tous les dogmes chrétiens et tous les sujets qui pourraient s'y rattacher: «Il ne viendra à l'idée de personne que le Saint Concile ait eu la prétention d'expliquer dans le détail, et en un seul livre, tous les dogmes de notre foi. Cela appartient aux théologiens, qui font profession de transmettre par l'enseignement la religion tout entière, avec son histoire et ses dogmes. Au surplus, c'était un travail énorme et qui n'aurait pas rempli le but du concile» (Préface). C'est ainsi qu'il n'y a pas d'exposé sur l'Écriture et sur la Tradition et de chapitre particulier sur les commandements de l'Église, sur les vertus théologales de foi, d'espérance et de charité, ou sur les fins dernières de l'homme.

Nous y trouvons les «rudiments», les éléments fondamentaux de la foi catholique, appuyés par des références bibliques, éclairés par des écrits des Pères de l'Église occidentale et orientale et des grands écrivains ecclésiastiques[37]. Les explications données sont celles de la théo-

37. Les Pères et les écrivains ecclésiastiques les plus abondamment cités sont Ambroise, Augustin, Basile de Césarée, Cyprien, Gratien, Grégoire le Grand, Grégoire de Naziance, Jean Chrysostome, Jérôme, Tertullien et Thomas d'Aquin; parmi les conciles, ceux de Latran IV, de Florence et surtout de Trente sont les plus mentionnés. Sur les sources du Catéchisme romain, voir P. Rodríguez et R. Lanzetti, *El Catecismo*

logie de l'époque. Les auteurs savent bien que des ouvrages de ce genre existent déjà et restent recommandables; ces publications diffèrent cependant du catéchisme qu'ils ont rédigé parce que celui-ci est un ouvrage collectif et non l'œuvre d'un seul auteur exprimant sa pensée personnelle, il est aussi revêtu de l'autorité d'un concile et l'on peut, dès lors, y trouver des règles certaines en vue de l'édification des fidèles. Le Catéchisme romain est ainsi un guide sûr – ce qui ne veut pas dire qu'il soit le seul ouvrage sûr – recommandé au clergé, et plus spécialement à ceux qui ont charge d'âmes; il leur procure la formation théologique indispensable à l'exercice de leur ministère. Il est leur manuel tout à la fois de dogmatique, de sacramentaire, de morale et de spiritualité.

Le Catéchisme romain est un imposant volume de 737 pages dans le manuscrit le plus ancien du *Cod. Vat. Lat. 4994*, et de 630 pages dans *l'editio critica* de 1989. Il comprend une préface et quatre parties: le symbole des apôtres, les sacrements, les commandements de Dieu contenus dans le Décalogue et la prière.

L'ouvrage se termine par un *Index rerum* de 24 pages supplémentaires (édition critique, p. 647-671). L'édition de Bordeaux de 1578 a introduit un *Index evangeliorum vel Praxis Catechismi seu Catechismus in singulas anni dominicas distributus et evangeliis accommodatus*[38]. Vu son succès, cet index, qui vise à faciliter l'usage du Catéchisme pour l'homélie des dimanches et des fêtes, a très vite été reçu par la tradition éditoriale.

La Préface comporte 11 pages (p. 5-15 de *l'editio critica* de P. Rodríguez). Elle traite de la nécessité des pasteurs dans l'Église, de leur autorité et de leurs fonctions et explique la raison d'être de l'ouvrage décrété par le concile. Elle donne des conseils sur la manière d'instruire les fidèles et présente chacune des quatre parties. Dans l'édition critique de 1989, la Préface se poursuit par un bref exposé sur la foi et sur le symbole des apôtres, qui, à un moment donné de la tradition éditoriale, a été transférée en tête de la Première partie.

La Première partie, le Symbole des apôtres, comprend 131 pages (p. 19-149) et est distribuée en treize chapitres. Le premier dégage la

*Romano: fuentes e historia del texto y de la redación. Bases críticas para el estudio teológico del Catecismo del Concilio de Trento (1566) (*Publications de la Faculté de théologie de l'Université de Navarre, Collection théologique, 35), Pampelune, Éditions de l'Unversité de Navarre, 1982, p. 133-201.

38. *Catéchisme et sommaire de la religion chrestienne, fait par l'ordonnance et décret du S. Concile de Trente, qui commande à tous Curez de l'enseigner au peuple. Auquel de noueau a esté adiouté vn indice, qui montre à quels lieux des Euangiles Dominicales se peuuent rapporter les principaux points d'icelui. La traduction Françoise respond au Latin, qui est a costé.* Bordeaux, S. Millanges, 1578.

structure trinitaire du Symbole et les douze autres abordent chacun de ses douze articles ainsi répartis:

1. Je crois en Dieu, le Père tout-puissant, créateur du ciel et de la terre.
2. Et en Jésus-Christ, son Fils unique, notre Seigneur,
3. qui a été conçu du Saint-Esprit, est né de la Vierge Marie,
4. qui a souffert sous Ponce-Pilate, a été crucifié, est mort et a été enseveli,
5. qui est descendu aux enfers, et le troisième jour est ressuscité des morts,
6. qui est monté aux cieux et est assis à la droite de Dieu le Père tout-puissant,
7. d'où il viendra juger les vivants et les morts.
8. Je crois en l'Esprit-Saint.
9. Je crois à la sainte Église catholique, à la communion des saints,
10. à la rémission des péchés,
11. à la résurrection de la chair,
12. à la vie éternelle.

La Deuxième partie, de 241 pages, est consacrée aux sacrements. Un premier chapitre aborde les questions concernant les sacrements en général: l'explication du mot «sacrement» et sa définition, les raisons qui les ont fait instituer, leur matière et leur forme, les cérémonies employées dans leur administration, leur nombre, leur nécessité et leur dignité, leur auteur, leurs ministres, leurs effets. Ces différentes questions sont ensuite reprises au cours des sept chapitres suivants à propos du baptême, de la confirmation, de l'eucharistie, de la pénitence, de l'extrême-onction, de l'ordre et du mariage (p. 153-393).

La Troisième partie traite, en 127 pages, des commandements de Dieu contenus dans le Décalogue. Elle commence par un exposé sur le Décalogue lui-même et sur les lois divines et se poursuit par le commentaire de chacun des dix commandements, le neuvième et le dixième étant parcourus ensemble (p. 397-523).

La Quatrième partie, la prière, comporte 120 pages et peut être divisée en deux. Il y a d'abord un exposé sur la prière en général, comprenant huit chapitres: 1. la nécessité de la prière; 2. son utilité; 3. les parties qui la composent et les degrés en matière d'oraison; 4. ce qu'il faut demander dans la prière; 5. pour qui prier?; 6. qui prier?; 7. la préparation à la prière; 8. la manière de prier (p. 527-555). Vient ensuite un commentaire de l'Oraison dominicale en neuf chapitres portant sur «Notre Père, qui es aux cieux», sur chacune des sept demandes qu'elle contient et sur la clausule finale, l'*Amen* (p. 556-646).

Rassemblant les données chiffrées concernant l'étendue de chaque partie du Catéchisme, nous constatons que le Symbole des apôtres occupe 20,68% de l'ensemble, les sacrements 37,24%, les commandements 21,51% et la prière 20,55%. Les sacrements se détachent nettement du lot: ils remplissent plus du tiers de l'ouvrage alors que les trois autres parties sont presque à égalité avec chacune environ un cinquième du Catéchisme.

Le plan du Catéchisme tridentin étant connu, il reste à présenter en détail chacune de ses quatre parties. Il m'a semblé préférable de joindre cette présentation à l'étude des parties correspondantes du *Catéchisme de l'Église catholique*, ce qui facilitera la comparaison entre les deux catéchismes. En ce qui concerne le commentaire du Symbole des apôtres, ce sera chose faite, dans le présent volume, au moment où nous examinerons le schéma préparatoire de 1989 intitulé *Projet révisé de Catéchisme pour l'Église universelle.*

DEUXIÈME SECTION

LES ÉLÉMENTS PRINCIPAUX DU MYSTÈRE CHRÉTIEN DANS LE «DIRECTOIRE CATÉCHÉTIQUE GÉNÉRAL»

Le *Directoire catéchétique général* – tel est le titre en français du «directorium de catechetica populi christiani institutione» dont le concile Vatican II a décrété la composition (*Christus Dominus* 44) – a été approuvé par Paul VI le 18 mars 1971. Le pape l'a confirmé de son autorité et a ordonné de le rendre de droit public. Il porte la date du 11 avril 1971.

I. Un directoire voulu par le concile Vatican II

Lors de la première assemblée ordinaire du synode des évêques, tenue à Rome du 29 septembre au 29 octobre 1967, les Pères ont été invités à proposer des remèdes adéquats aux dangers qui, aux dires du pape et de plus d'un évêque, menacent la foi en ces années postconciliaires. Quelques-uns – au nombre de huit – ont pensé à une nouvelle édition du Catéchisme romain, une présentation pour adultes des dogmes et de la doctrine catholique, un bon exposé de la foi, une sorte de catéchisme de Vatican II, un catéchisme universel dans lequel figureraient les points certains de la foi que les évêques et les théologiens devraient garder fidèlement dans leur enseignement, une «règle de la foi» énumérant les vérités fondamentales. D'autres se sont opposés à pareille publication, estimant que «les temps ne sont pas encore mûrs pour cela», qu'il faut laisser se poursuivre la réflexion et la recherche[39]. Finalement, la proposition d'un catéchisme de Vatican II n'est pas retenue parce qu'elle est déjà contenue d'une certaine manière, dit le rapport de synthèse du 25 octobre, au n° 44 du décret *Christus Dominus* demandant qu'après le concile on publie un directoire de catéchèse.

Le cardinal J. Villot, préfet de la Congrégation du concile, donne alors des précisions sur la nature et le contenu du futur directoire. Sa Congrégation – qui deviendra bientôt la Congrégation pour le clergé – s'est vu confier, au cours de l'année 1966, la responsabilité de la publication du directoire. Elle a conçu d'abord un plan provisoire qu'elle a transmis pour avis à quelques institutions romaines. À partir de février

39. Pour une information plus ample sur le déroulement du synode, voir M. Simon, *Un catéchisme universel pour l'Église catholique*, p. 293-300.

1967, un groupe d'experts a travaillé à la rédaction d'une première ébauche comprenant un chapitre sur le contenu de la catéchèse. Un des premiers objectifs, explique le cardinal, a été d'établir et de définir le contenu, la matière de la catéchèse, les choses qui doivent être enseignées dans les catéchismes car on a besoin d'un «exposé organique et pastoralement efficace du message du salut» qui puisse servir de base pour tous les catéchismes[40].

Paul VI ayant souhaité associer les évêques à la mise en œuvre des décrets conciliaires, le cardinal Villot invite les conférences épiscopales à faire connaître leurs desiderata à propos d'un certain nombre de points qui pourraient devenir l'ossature du directoire. Sur base des réponses parvenues à Rome, une commission d'experts rédige un schéma de directoire de 138 pages dactylographiées, qui est envoyé aux conférences épiscopales à partir du 9 avril 1969.

La troisième des six parties de ce schéma comporte un chapitre II de 43 pages qui est un exposé des éléments essentiels du message chrétien «ad plenam introductionem in mysterum fidei». Le plan est fort simple:

1. Le mystère de Dieu et des créatures (p. 32-36).
2. L'homme (p. 36-41).
3. La plénitude du mystère du Christ (p. 41-49).
4. La dimension trinitaire de la catéchèse (p. 49-54).
5. Le mystère de l'Église (p. 54-59).
6. La vie chrétienne (p. 60-69).
7. Les fins dernières (p. 69-74).

L'exposé se veut une présentation de l'essentiel – un essentiel de la foi tel que le perçoivent ses auteurs – et un exposé organique auquel il manque toutefois des subdivisions pour qu'on puisse en percevoir la structure. Il se veut en même temps pastoral par la mention de quelques dangers qui menacent aujourd'hui la foi (la sécularisation est perçue dans cette optique) et par l'insertion de conseils ou suggestions pour la catéchèse elle-même. Des points de doctrine sont trop brièvement ou trop unilatéralement présentés (c'est le cas de la doctrine du péché originel) et l'exposé sur l'Église reste de type pyramidal, les laïcs en outre n'ayant pas toute la place qui leur revient. Nous voilà devant une systématisation théologique d'un genre nouveau et qui ne manque pas de qualités (christocentrisme et théocentrisme, par exemple) mais qui reste marquée – pourrait-il en être autrement? – par les options et les interprétations du groupe qui l'a rédigée. Nous voilà aussi devant une

40. J. VILLOT, *Communication au Synode*, dans *La Doc. cath.* 64 (1967) col. 1989-1990.

conception de la catéchèse qui est loin de faire l'unanimité. Dans le schéma, la catéchèse est la transmission des vérités contenues dans le message chrétien en vue de rendre la foi «vivante, explicite et active» (p. 16). Pour beaucoup, elle n'est pas d'abord et avant tout la transmission d'une doctrine; elle se donne pour mission de faire vivre de Jésus-Christ: partant de ce qui est vécu ici et maintenant, elle révèle le Christ et son message de manière à ce qu'ils viennent éclairer ce vécu d'une lumière nouvelle.

Quelques vingt-sept conférences épiscopales seulement font connaître leur appréciation du schéma. Une nouvelle rédaction est alors rédigée et examinée par une commission théologique spéciale et par la Congrégation pour la doctrine de la foi. Le texte définitif, approuvé par le pape, est publié en la fête de Pâques en 1971.

II. La publication du «Directoire catéchétique général»

Un document destiné à un public assez restreint – aux évêques, aux conférences épiscopales et, en général, à tous ceux qui, sous leur direction et leur contrôle, ont une responsabilité dans le domaine de la catéchèse – n'est pas susceptible de connaître, comme le Catéchisme romain, de nombreuses éditions et une large diffusion.

Le texte du *Directorium catechisticum generale* a été publié par la Congrégation pour le clergé en un volume de 125 pages édité sur les presses de la Cité du Vatican en 1971. Il est paru dans les *Acta Apostolicae Sedis*, au tome 64 de 1972, p. 97-176.

À la demande du cardinal J. Wright, préfet de la Congrégation pour le clergé, des traductions ont été faites dans diverses langues. La traduction française a été réalisée par les soins du Centre national de l'enseignement religieux de Paris et sous le contrôle du président de la Commission épiscopale de l'enseignement religieux. Elle est parue dans la revue de pastorale catéchétique *Catéchèse* en supplément au n° 45 d'octobre 1971, sous deux formes: l'une ne comporte que la seule traduction, l'autre ajoute à la traduction des commentaires de H. Holstein, R. Mace, J. Colomb et G. Duperray, ainsi que les conclusions du Congrès catéchétique international qui s'est tenu à Rome du 20 au 25 septembre 1971. Il s'agit bien d'un supplément à *Catéchèse* et non d'un des quatre numéros annuels de cette revue. Qui voulait prendre connaissance du Directoire devait en faire expressément la commande.

Une autre traduction est parue dans *Discours du pape et chronique romaine*, n° 256, août 1971. Il s'agit d'une traduction privée que des groupements opposés aux orientations et aux ouvrages ou «parcours catéchétiques» approuvés par l'Épiscopat français ont préférée à la traduction réalisée sous le contrôle des évêques. Au nom du Directoire et spécialement de son numéro 119, ces groupements ont réclamé de véritables catéchismes ayant reçu l'approbation du Saint-Siège.

La Documentation catholique, qui publie régulièrement les documents émanant du Saint-Siège, n'a pas reproduit le texte du Directoire; sans doute n'a-t-elle pas voulu faire concurrence au supplément de *Catéchèse*, dont on pouvait estimer que la vente n'atteindrait pas des chiffres très élevés. Elle s'est contentée de signaler les deux suppléments de la revue dans une note infrapaginale[41].

III. Le contenu du Directoire

Comme le Catéchisme romain, le Directoire a été voulu par un concile et est, pour cette raison, revêtu d'une autorité particulière. À la différence des évêques de 1562–1563, les évêques de 1962-1965 ont eu l'occasion de faire par écrit des observations sur un texte considéré alors comme avant-projet de directoire et les évêques de 1968-1970 ont été par deux fois invités à faire connaître leurs avis sur son contenu. Le document n'est pas destiné aux curés mais aux évêques eux-mêmes et à leurs collaborateurs dans l'activité catéchétique diocésaine et nationale. Il veut les aider à orienter et à coordonner de manière convenable l'action pastorale du ministère de la parole, à composer des directoires catéchétiques, des catéchismes et d'autres moyens aptes à promouvoir efficacement l'exercice de ce ministère de la parole.

Le Directoire reprend la subdivision en 6 parties du schéma de 1969 et comprend 134 numéros et une *Note additionnelle* sur le premier accès aux sacrements de pénitence et d'eucharistie. La première partie décrit la situation de la catéchèse par rapport au monde et à l'Église des années 70. La deuxième décrit le ministère de la parole et définit la catéchèse, la situant dans la mission pastorale de l'Église. La troisième énonce «les règles ou critères que doit observer la catéchèse pour découvrir et exposer son contenu propre» et présente les éléments principaux du message chrétien. La quatrième expose quelques problèmes de méthodologie catéchétique. La cinquième propose certains éléments généraux concernant la catéchèse selon les âges. La sixième examine les points les plus importants d'une action pastorale efficace et coordonnée. Ainsi constitué, le Directoire n'est en rien comparable au Catéchisme romain ni non plus au

41. Cf. *La Doc. Cath* 69 (1972) p. 18.

catéchisme que Jean-Paul II promulguera en 1992. Cependant sa troisième partie doit retenir notre attention: non seulement elle donne des critères à mettre en pratique dans tout exposé catéchétique, y compris dans tout catéchisme, mais elle présente une synthèse des éléments principaux ou essentiels du message chrétien, bien différente de celle que contenait le schéma de 1969, qui est une sorte de schéma de catéchèse pour adultes.

1. Les critères de l'annonce du message chrétien

Le Directoire énumère un certain nombre de critères que la catéchèse – disons plus concrètement les catéchistes et les ouvrages catéchétiques – doit observer lorsqu'elle expose le contenu propre de la révélation et du message chrétien.

1. Elle doit rendre le contenu de ce message intelligible aux hommes de tous les temps pour qu'ils se convertissent et interprètent toute leur vie à la lumière de la foi. Dès lors, elle doit favoriser un rapprochement plus étroit entre les formulations possibles du message et les diverses cultures ou manières de s'exprimer des peuples (n° 37).

2. Elle doit faire percevoir l'harmonie et la cohésion de toutes les œuvres de Dieu qui constituent l'économie du salut (n° 39).

3. Puisqu'au centre de l'histoire du salut et du message évangélique il y a le Christ, la catéchèse sera nécessairement christocentrique (n° 40).

4. Puisque le Christ conduit les hommes vers le Père en envoyant l'Esprit, la structure de tout contenu catéchétique sera «théocentrico-trinitaire»: par le Christ, vers le Père, dans l'Esprit (n° 41).

5. La catéchèse doit montrer que toute vérité est révélée «pour nous les hommes et pour notre salut» (n° 42).

6. À tous les degrés, la catéchèse doit tenir compte de la hiérarchie des vérités de la foi: en effet, «certaines vérités s'appuient sur d'autres plus importantes et reçoivent d'elles leur éclairage», comme l'enseigne le décret sur l'œcuménisme, 11, de Vatican II (n° 43).

7. La catéchèse doit mettre en valeur le caractère historique du mystère du salut: elle aidera à se souvenir du passé, à reconnaître dans le présent la présence salvifique du Christ et à tendre vers l'achèvement de toute l'histoire du salut (n° 44).

Dans l'exhortation apostolique *Catechesi tradendae* du 16 octobre 1977, Jean-Paul II a rappelé que le Directoire «demeure le document de base pour stimuler et orienter le renouveau catéchétique dans l'Église» (n° 2). Nous serons donc autorisés à porter un jugement sur le *Catéchisme de l'Église catholique* sur base de ces critères.

2. Le contenu doctrinal essentiel de la catéchèse

Puisque le but que doit nécessairement garder la catéchèse – une catéchèse considérée ici encore comme un enseignement des vérités révélées – est de «proposer intégralement le message chrétien» (préambule, §7) et d'en dévoiler tout le trésor pour que le peuple de Dieu s'en nourrisse et en vive (n° 38, § 1), un exposé des éléments principaux du message chrétien, de vingt-trois numéros, figure dans le Directoire (n°s 47-69) et occupe 17% de l'ensemble du document.

Essayons de préciser le genre littéraire de cet exposé. Les auteurs eux-mêmes nous disent qu'il n'est pas question «d'énumérer ici chacune des vérités chrétiennes qui constituent l'objet de la foi et de la catéchèse, ni de passer en revue les principales erreurs de notre temps, ou les vérités de foi qu'on néglige ou qu'on nie plus nettement de nos jours» (n° 36, § 2). Ils nous disent aussi qu'il n'est pas non plus question «d'indiquer la manière adéquate de présenter les vérités de foi selon un ordre organique, en une sorte de synthèse qui tiendrait compte équitablement de leur hiérarchie objective, ou de ce que les hommes d'aujourd'hui demandent le plus ardemment» (*ibidem*, § 3). Et ils concluent: «Dans ce chapitre, au contraire, il a paru opportun – en employant des formules globales qui impliquent des développements ultérieurs – d'exposer un certain nombre de points plus importants, inclus dans le message du salut et liés entre eux de façon très organique, en soulignant les traits particuliers que doit clairement mettre en valeur une catéchèse nouvelle et appropriée, fidèle à la poursuite de sa fin» (*ibidem*, § 4).

Nous ne sommes donc pas en présence d'un catéchisme au sens habituel du terme ni d'un abrégé ou d'un résumé de catéchisme. Ce n'est non plus ni un enchiridion ni un syllabus ni un catalogue des vérités chrétiennes. C'est plutôt un fond catéchétique rédigé lui-même sous forme de catéchèse pour adultes et comprenant de judicieux conseils en vue de renouveler et d'adapter la catéchèse. C'est dire que cette forme de catéchèse pour adultes elle-même ne doit pas être reprise et suivie à la lettre partout, le contenu du message devant être rendu intelligible aux hommes de tous les temps, comme l'affirme le premier critère énoncé plus haut. Nous avons là «un inventaire de ce qui doit être transmis et non pas des directives immédiates sur la manière de le communiquer», ni non plus «un 'prototype' d'actes catéchétiques, un paradigme de leçons ou de plans à suivre littéralement»[42].

42. H. HOLSTEIN, *Le message de la révélation chrétienne aux hommes de notre temps*, dans *Directoire catéchétique général. Traduction française et commentaires du Directorium catechisticum generale*, supplément au n° 45 de *Catéchèse*, octobre 1971, p. 136.

Le plan de l'exposé est original. Il ne suit pas les étapes historiques de la révélation, il ne suit pas l'ordre du Symbole des apôtres ou du Credo de Nicée-Constantinople, il ne suit pas la succession des traités de théologie. En voici les grandes articulations:

1. Le mystère d'un seul Dieu: Père, Fils, Esprit-Saint (n° 47).
   Le culte authentique de Dieu dans un monde sécularié (n° 48).
   La connaissance de Dieu et le témoignage de la charité (n° 49).
2. Jésus-Christ, Fils de Dieu, premier-né de toute créature et sauveur (n° 50).
   La création, commencement de l'économie du salut (n° 51).
   Jésus-Christ, centre de toute l'économie du salut (n° 52).
   Jésus-Christ, vrai homme et vrai Dieu dans l'unité de sa personne divine (n° 53).
   Jésus-Christ, sauveur et rédempteur du monde (n° 54).
3. Les sacrements, actes du Christ dans l'Église, qui est le sacrement primordial (n° 55).
   Les sacrements dans leur vérité intégrale (n° 56).
   Catéchèse des sacrements [baptême, confirmation, pénitence, ordre et onction des malades] (n° 57).
   L'eucharistie, centre de toute la vie sacramentelle (n° 58).
   Le sacrement du mariage (n° 59).
4. L'homme nouveau (n° 60).
   Liberté humaine et chrétienne (n° 61).
   Le péché de l'homme (n° 62).
   La vie morale des chrétiens (n° 63).
   La perfection de la charité (n° 64).
5. L'Église, peuple de Dieu et institution salvifique (n° 65).
   L'Église comme communion (n° 66).
   L'Église, institution salvifique (n° 67).
   Marie, Mère de Dieu et modèle de l'Église (n° 68).
6. Communion finale avec Dieu (n° 69).

Une énumération de titres de chapitres rend difficilement compte de l'originalité d'un exposé. Nous aurons l'occasion de voir plus loin en quoi la présentation des éléments essentiels de la foi diffère de la catéchèse contenue dans le Catéchisme romain, comme aussi de celle du *Catéchisme de l'Église catholique*. Relevons toutefois quelques-unes de ses caractéristiques.

La synthèse qui nous est offerte s'efforce de mettre en œuvre les critères que la catéchèse doit observer lorsqu'elle expose son contenu. Elle est attentive à l'ordre et à la connexion des vérités chrétiennes, au centre desquelles il y a le Christ, sommet de l'œuvre de Dieu créateur. Elle voit les sacrements d'abord comme gestes du Christ et l'Église comme communion des hommes dans le Christ. La liberté chrétienne est présentée comme le fondement de la morale et le péché comme le principal obstacle à cette liberté. Le théocentrisme trinitaire est bien marqué tout au long de l'exposé. La touche «pour nous les hommes et pour notre salut», ainsi que le caractère historique de l'histoire du salut, ne sont pas absents même si le genre particulier retenu n'en permet pas tous les développements souhaités.

Le répertoire des vérités essentielles, présenté sous la forme d'une synthèse, garde nécessairement le caractère abstrait du discours théologique qui part de Dieu et descend vers l'homme et non de l'homme pour aboutir à Dieu. Il ne se veut pas théologie biblique, théologie patristique, théologie magistérielle mais il tient à affirmer, par des références multiples, son enracinement dans la Tradition. Les références bibliques sont au nombre de 51: 3 de l'Ancien Testament (la Genèse et Isaïe) et 48 du Nouveau, des épîtres de saint Paul la plupart du temps. De la patristique, nous ne trouvons que la mention de s. Irénée de Lyon et de s. Ignace d'Antioche. Le Credo de Nicée-Constantinople vient confirmer la divinité du Christ (n° 53, § 3). Le concile de Trente est mentionné à propos des sacrements en général (n° 55, § 1), à propos du sacrifice de la messe (*ibidem*, § 3) et à propos de l'excellence de la virginité consacrée (n° 59, § 1). Le concile Vatican I est cité pour ce qu'il définit à propos de la connaissance de Dieu à partir des réalités créées (n° 49, § 2). Quant au concile Vatican II, il l'emporte par le nombre des références: la constitution liturgique et le décret sur l'œcuménisme sont cités une fois, *Dei Verbum* deux fois, *Gaudium et spes* huit fois et *Lumen gentium* vingt et une fois, surtout à propos de l'Église et de la Vierge Marie.

Comme l'a écrit H. Holstein, «ce 'discours chrétien' est d'une belle sérénité contemplative. Il n'ignore pas les problèmes actuels, mais se contente d'allusions fugitives (...). C'est surtout dans les références aux enseignements récents des Souverains Pontifes que l'on peut reconnaître 'la touche polémique'»[43]. Effectivement, l'encyclique *Humani generis* de Pie XII (12-8-1950) est citée au n° 51, § 3, à propos de la création de l'homme. L'encyclique *Mysterium fidei* de Paul VI (3-9-1965) est mentionnée au n° 58, § 2, à propos de la transsubstantiation, et l'instruction *Eucharisticum mysterium* de la Congrégation des rites (25-5-1967) au même n°, § 1, pour confirmer le primat de l'eucharistie sur tous les sacrements et «son efficacité suréminente dans l'édification de

43. H. HOLSTEIN, *art. cit.*, p. 143, qui écrit, par après: «la parenté est profonde, en toute indépendance, entre la Professeion de foi du Souverain Pontife [Paul VI] et le 'discours théologique' du chapitre II de la troisième partie du Directoire» (p. 143-144).

l'Église». La profession de foi solennelle du même Paul VI (30-6-1968) est reprise une première fois pour son paragraphe sur la transmission à tous les hommes de la nature humaine blessée par le péché d'un seul homme (n° 62, § 2) et une deuxième fois pour ce passage où le pape précise que la sollicitude pour les besoins des hommes «ne peut jamais signifier que l'Église se conforme aux choses de ce monde ou que diminue l'ardeur de l'attente de son Seigneur et du Royaume éternel» (n° 67, § 3). Enfin, l'encyclique *Humanae vitae* (25-7-1968) est mentionnée au n° 59, § 2, là où il est dit qu'il revient au magistère de l'Église «d'interpréter authentiquement la loi morale et la loi naturelle» et là où il est demandé que, dans la régulation des naissances, la chasteté soit observée selon la doctrine de l'Église.

Un exposé des éléments principaux du message chrétien ne présente, par définition, que ce qui est considéré comme essentiel, fondamental, indispensable. On n'y trouve donc pas de développements ni même de mentions de toutes les vérités de la foi et de chacun des enseignements de l'Église catholique. C'est ainsi qu'il ne faut pas y chercher de paragraphes particuliers sur l'Écriture et la Tradition, sur la foi, sur les anges et les démons, sur chacun des événements de la vie de Jésus, sur l'épiscopat, le presbyterat, le diaconat, le laïcat et la vie religieuse, et sur chaque commandement; il n'y a pas d'exposé sur la liturgie et sur la prière, pas plus que sur l'enseignement social de l'Église ... Les vérités retenues ont été rassemblées en une catéchèse qui a sa logique propre, qui a ses qualités et aussi ses limites. C'est une catéchèse parmi d'autres possibles, une catéchèse qui se veut «renouvelée» par rapport aux catéchèses d'autrefois et à celle du Catéchisme romain, une catéchèse fortement marquée par les enseignements de Vatican II, enseignements que Paul VI considérait «comme le grand catéchisme des temps modernes», ainsi que l'a rappelé Jean-Paul II au début de *Catechesi tradendae*[44]. On peut faire remarquer que l'exposé doctrinal du Directoire est la première catéchèse de toute l'Église catholique parue depuis la publication du Catéchisme romain en 1566.

La synthèse du message chrétien du Directoire et les critères donnés pour son annonce devaient rendre de précieux services aux responsables de la catéchèse, aux rédacteurs de catéchismes et d'autres ouvrages catéchétiques. Auront-ils satisfait pour autant ceux qui, au synode des

44. JEAN-PAUL II, Exhortation apostolique *Catechesi tradendae*, 16 octobre 1979, n° 2.

évêques de septembre-octobre 1967, avaient explicitement demandé un catéchisme semblable au Catéchisme romain, un vrai catéchisme de Vatican II? La suite de l'histoire nous le dira.

DEUXIÈME PARTIE

LA MISE EN ROUTE D'UN «CATÉCHISME POUR L'ÉGLISE UNIVERSELLE»

Le *Directoire catéchétique général*, «ex decreto concilii Vaticani II, Pauli Sexti Pont. Max. iussu editus», pourrions-nous dire, a été la réponse donnée par les Pères conciliaires à ceux qui attendaient du concile qu'il encourage le renouvellement de la catéchèse amorcé dans plusieurs Églises locales et qu'il laisse aux conférences épiscopales le soin de faire rédiger des catéchismes qui tiennent compte des conditions culturelles et humaines et soient adaptés aux circonstances de lieux et de personnes.

Vingt ans après la clôture du concile, une quasi unanimité de Pères synodaux, réunis en assemblée extraordinaire du synode des évêques pour commémorer Vatican II, échanger sur l'application de ses constitutions, décrets et déclarations et favoriser son approfondissement et son insertion constante dans la vie de l'Église à la lumière des exigences nouvelles, cette écrasante majorité suggère au pape que soit rédigé un catéchisme ou compendium de toute la doctrine catholique. La question d'un éventuel catéchisme universel, soulevée par une infime minorité d'évêques, la Congrégation du concile et quelques universités dans la phase antépréparatoire et par plusieurs membres de la Commission centrale préparatoire du concile, ainsi que par quelques Pères synodaux de l'assemblée de 1967, semblait pourtant résolue par la publication de la troisième partie du Directoire. Comment expliquer ce renversement de situation?

Il nous faut rappeler ici quelques faits qui se sont passés au cours des vingt années qui ont suivi le concile et qui permettent de comprendre la décision prise par Jean-Paul II de faire publier «un catéchisme pour l'Église universelle»; ce sera l'objet d'une Première section. Dans une Deuxième section, nous suivrons les premières étapes de l'élaboration du catéchisme et présenterons tout particulièrement le troisième schéma ou «Avant-projet», qui a été transmis pour avis à un collège de consulteurs et à quelques experts. Les étapes ultérieures, qui aboutiront à la promulgation du texte définitif du catéchisme, seront présentées dans la Troisième et la Quatrième Partie du présent travail.

PREMIÈRE SECTION

UN CATÉCHISME SOUHAITÉ PAR UN SYNODE ET VOULU PAR JEAN-PAUL II

Deux ans à peine après la clôture du concile, la demande d'un catéchisme semblable à celui de 1566 refait surface et elle ne cessera d'être périodiquement formulée au sein de la hiérarchie de l'Église. Nous allons rappeler les diverses propositions en faveur d'un catéchisme universel, sachant bien qu'il faudrait élargir l'enquête à d'autres sources qui nous diraient les attentes diverses exprimées au sein du peuple de Dieu. Nous dirons ensuite comment le synode extraordinaire de 1985 en est arrivé à souhaiter la publication d'un tel catéchisme, souhait ratifié par Jean-Paul II au terme du synode. Nous donnerons enfin quelques échos des réactions que l'annonce du catéchisme a suscitées dans des périodiques et des ouvrages d'expression française.

I. De la fin du concile à l'ouverture du synode extraordinaire de 1985

1. Une première proposition de catéchisme universel en juin 1967

Le *Nouveau catéchisme. Une introduction à la foi catholique sous la responsabilité des évêques des Pays-Bas (De nieuwe Katechismus, geloofverkondiging voor volwassenen*, imprimatur du cardinal B. Alfrink, archevêque d'Utrecht, du 1-3-1966) suscite beaucoup d'intérêt mais ne fait pas l'unanimité. Certains hollandais estiment que, sur des points fondamentaux, il s'écarte de la doctrine traditionnelle et ils en appellent à Rome. Les milieux de la Curie prennent la chose au sérieux d'autant plus que le Catéchisme hollandais connaît un réel succès de librairie et que des traductions dans les grandes langues internationales sont prévues. Rome propose, mais sans succès, un certain nombre de corrections. Une commission de six cardinaux, créée par Paul VI, en arrive, les 27 et 28 juin 1967 à la conclusion qu'il faudrait proposer au pape la rédaction d'un catéchisme typique de l'Église universelle, comme cela a été fait après le concile de Trente par le Catéchisme à l'usage des curés, sinon le Catéchisme hollandais pourrait vite devenir universel. La proposition a été effectivement transmise au pape mais elle n'est pas reprise dans la *Déclaration de la*

Commission cardinalice sur le «Nouveau catéchisme» du 15-10-1968[45].

Il ressort des discussions de la Commission que le catéchisme envisagé serait destiné d'abord aux évêques, lesquels pourraient procéder aux adaptations nécessaires. Il permettrait d'éviter des difficultés semblables avec des catéchismes publiés par d'autres conférences épiscopales.

2. Propositions de catéchisme émanant des synodes épiscopaux (1967-1977)

Au cours des assemblées ordinaires du synode des évêques qui se sont tenues entre 1967 et 1978, date de l'élection du cardinal K. Wojtyła comme évêque de Rome, la question d'un catéchisme a presque chaque fois été évoquée par quelques Pères synodaux.

a. Au synode des 29 septembre – 29 octobre 1967

Les Pères qui ont demandé, comme moyen de prémunir l'Église des dangers qui menacent la foi, la publication d'un catéchisme, d'une «règle de la foi» grâce à laquelle le peuple de Dieu serait à même de distinguer clairement ce qui appartient à la foi catholique et ce qui est nécessaire à l'intégrité de la foi, sont une minorité. Il y a Th. Cahill (évêque de Cairns) au nom de l'Épiscopat australien, F. Quiroga y Palacios (St-Jacques de Compostelle) au nom des évêques espagnols, et E. Mason (vicaire apostolique de El Obeid) au nom de la Conférence épiscopale du Soudan. Deux autres évêques espagnols, à titre personnel, ont appuyé la suggestion des évêques de leur pays: M. Gonzales Martin (Barcelone) et J. Guerra Campos (auxiliaire de Madrid). Et trois autres Pères sont venus dire qu'ils souhaitaient un ouvrage de ce genre; ce sont M. Doumith (Sarba des Maronites), A. Fernandes (Delhi) et J. Buckley (supérieur général des frères maristes)[46].

45. Voir *Un catéchisme universel pour l'Église catholique*, p. 287-292. Font partie de la Commission internationale cardinalice les cardinaux J. Frings (Cologne), E. Florit (Florence), L. Jäger (Paderborn), J. Lefebvre (Bourges), M. Browne et Ch. Journet (Curie). Seul le cardinal Frings, appuyé par son théologien J. Ratzinger, n'a pas donné son accord à la demande d'un «catechismus typicus Ecclesiae universae». En 1995, après la parution du *Catéchisme de l'Église catholique*, le cardinal Ratzinger a évoqué sa position de 1967: «Personnellement, le projet me parut à l'époque prématuré. Et je dois dire aujourd'hui encore ma conviction que cette appréciation de la situation était juste (...), l'ampleur de la problématique n'était pas encore entièrement perçue» (Cardinal J. RATZINGER, Mgr Chr. SCHÖNBORN, *Petite introduction au «Catéchisme de l'Église catholique»* [Documents des Églises], Paris, Cerf, 1995, p. 10).

46. Voir *Un catéchisme universel pour l'Église catholique*, p. 293-300.

Nous savons déjà que la proposition n'a pas été retenue: il n'est pas nécessaire de publier un catéchisme de Vatican II, une «règle de la foi», puisque le futur directoire de catéchèse comportera un exposé des vérités de la foi qui tiendra lieu, en quelque sorte, de catéchisme de l'Église catholique s'imposant à l'attention de tous les évêques.

Je signale que la demande faite par les Pères qu'il y ait, au lendemain du synode, une déclaration positive et pastorale sur les problèmes touchant la foi n'est pas restée sans suite. Nous pouvons penser que le *Credo du peuple de Dieu* ou profession de foi solennelle de Paul VI (30-6-1968) en tient lieu. Dans *Catechesi tradendae*, Jean-Paul II a fait mention de ce *Credo* où Paul VI «a voulu rassembler (...) les éléments essentiels de la foi catholique, surtout ceux qui offraient une plus grande difficulté ou qui risquaient d'être méconnus. C'est une référence sûre pour le contenu de la catéchèse» (n° 28).

b. Au synode des 27 septembre – 26 octobre 1974

Nous n'avons pas à nous arrêter aux deux synodes qui se sont déroulés entre 1967 et 1974. Le premier – qui était la première assemblée extraordinaire du synode – s'est tenu du 11 au 28 octobre 1969 et a eu pour thème les conférences épiscopales, leurs relations avec le Saint-Siège et entre elles. Les questions catéchétiques n'ont pas été mises à l'ordre du jour, bien que trois conférences épiscopales aient fait savoir que la catéchèse, l'éducation chrétienne et le catéchisme étaient pour elles des thèmes urgents à débattre maintenant. Il s'agit des conférences d'Autriche, de Ceylan et des USA, auxquelles il faut ajouter la demande semblable de B.D. Stewart, évêque de Sandhurst en Australie[47]. Le second synode, réuni en tant que deuxième assemblée ordinaire du 30 septembre au 6 novembre 1971, a traité du sacerdoce ministériel et de la justice dans le monde; aucune question catéchétique ne s'est insérée dans les débats. Par contre, le synode suivant mérite que nous nous y arrêtions quelque peu.

La troisième assemblée ordinaire des 27 septembre – 26 octobre 1974 a porté sur l'annonce de l'évangile aux hommes de notre temps. Les Pères synodaux ont tout normalement précisé les liens entre l'évangélisation proprement dite et la catéchèse et se sont préoccupés du message à transmettre. Les uns ont insisté sur l'importance d'une catéchèse systématique de toutes les vérités révélées et ont souhaité plus d'unité dans le langage des prédicateurs et des catéchistes. D'autres ont davantage mis l'accent sur l'indispensable adaptation aux mentalités et sur la pro-

47. Cf. G. CAPRILE, *Il Sinodo dei vescovi. Prima assemblea straordinaria (11-28 ottobre 1969)*, Rome, Éd. «La Civiltà cattolica», 1970, p. 45 et 437.

gressivité dans le dévoilement du message chrétien. Le seul *circulus minor* à vouloir un catéchisme a été le carrefour italien composé d'évêques provenant d'Italie, de Malte, d'Éthiopie, de Pologne et du Liberia-Sierra Leone-Gambie, du patriarche latin de Jérusalem, de celui de Babylone des Chaldéens et de celui d'Antioche des Syriens, d'un membre de la Curie, du cardinal-vicaire de Rome et du supérieur des fils du Cœur de Jésus. Il leur a semblé nécessaire «que tous les responsables invitent à maintenir l'unité de la foi en promouvant la fidélité au Magistère. À cette fin, il paraît opportun d'éditer un catéchisme typique à répandre chez tous[48]».

Les Pères n'ont pas suivi cette proposition. Ils ont plutôt demandé que l'on se reporte au *Directoire catéchétique général*, dont un des objectifs est d'aider à la rédaction ou à la révision des catéchismes nationaux ou régionaux. La déclaration finale du Synode et l'exhortation apostolique *Evangelii nuntiandi* publiée par Paul VI le 8-12-1975 n'ont dès lors pas retenu l'éventualité d'un catéchisme universel.

c. Au synode des 30 septembre – 29 octobre 1977

La quatrième assemblée ordinaire du synode des évêques, réunie à Rome du 30 septembre au 29 octobre 1977, avait pour thème: «la catéchèse en notre temps, surtout celle des enfants et des jeunes». Quelques Pères – ils sont au nombre de sept – ont demandé qu'on prépare un ouvrage doctrinal exposant le contenu de la catéchèse. Ils pensaient à un bref catéchisme fondamental, à un catéchisme pour les catéchistes, à un programme de catéchèse, à un syllabus catéchistique, à un catéchisme de Vatican II, à une synthèse organique et substantiellement complète[49].

Les travaux en carrefours ont fait apparaître que l'assemblée était partagée. Certains ne veulent pas parler de catéchisme estimant que le *Directoire* est bien suffisant. D'autres pensent que les théologiens sont à même de publier, en union avec le Saint-Siège, de bons textes présentant les données essentielles de la foi. D'autres encore, et K. Wojtyła est de ceux-là, pensent à un formulaire fondamental des vériter à croire et à faire apprendre de mémoire. Pour sa part, la Congrégation pour le clergé fait savoir que, de divers côtés, il est ardemment souhaité que Rome

48. Cf. G. CAPRILE, *Il Sinodo dei vescovi. Terza assemblea generale (27 settembre – 26 ottobre 1974)*, Rome, Éd. «La Civiltà cattolica», 1975, p. 594 et 1040.

49. Ce sont G. Beltritti (patriarche latin de Jérusalem), D. J. Ryan (archevêque de Dublin), M. D. Stratiew (exarque de Sofia), H. A. Bozzoli (auxiliaire de Buenos Aires) et A. Yungu (évêque de Tshumbé, Zaïre), auxquels il faut ajouter S. Pignedoli (Secrétariat pour les non-chrétiens) et G. Layek (archevêque d'Alep des Arméniens) qui ont transmis par écrit leurs propositions.

publie un *elenchus* des points fondamentaux de la foi, auquel tous les catéchismes seraient tenus de se référer.

Le *Message au peuple de Dieu* et le discours de clôture de Paul VI ne contiennent cependant rien qui puisse faire penser à un futur catéchisme ou ouvrage similaire. Toutefois, les Pères ont transmis au pape, sous forme de «question» et non de «proposition», un texte évoquant «la possibilité de préparer une liste des éléments fondamentaux de la doctrine chrétienne»[50]. La commission chargée de la rédaction des questions à transmettre au pape a précisé qu'il s'agissait bien d'une liste des contenus de la foi et non d'un catéchisme proprement dit.

3. Le nouveau pape et le catéchisme

Le 16 octobre 1978, le cardinal K. Wojtyła devient évêque de Rome. Il a participé au concile Vatican II et aux assemblées ordinaires et extraordinaire du synode des évêques. Devenu pape, c'est à lui que reviendra la tâche de publier l'exhortation apostolique présentant à toute l'Église les enseignements et les orientations qui se dégagent du synode consacré à la catéchèse. C'est lui aussi qui, sept ans plus tard, enclenchera la mise en route de la publication du *Catéchisme de l'Église catholique*.

Au synode de 1977, le cardinal Wojtyła était membre du carrefour de langue italienne qui en était arrivé à la conviction que le synode devait se prononcer explicitement sur un formulaire fondamental des vérités à croire et à faire apprendre de mémoire[51]. Après son élection au siège de Rome, il s'attelle à la rédaction de l'exhortation apostolique commencée sous Paul VI et poursuivie par Jean-Paul Ier.

Un an jour pour jour après son élection, le 16 octobre 1979, *Catechesi tradendae* peut paraître. Jean-Paul II y redit l'importance du *Directo-*

50. Cf. G. CAPRILE, *Il Sinodo dei vescovi. Quarta assemblea generale (30 settembre – 29 ottobre 1977)*, Rome, Éd. «La Civiltà cattolica», 1978, p. 587-588.

Il n'est pas sans intérêt de signaler que, faisant rapport sur le synode aux évêques français réunis en assemblée plénière à Lourdes, R. Coffy, archevêque d'Albi, leur a déclaré, le 5 novembre 1977: «Dans la mesure où on souhaitait l'acculturation de la foi, il devenait impossible d'envisager la composition d'un catéchisme universel. La demande ne s'est exprimée qu'une fois: elle n'a pas eu d'écho» (*La Doc. cath.* 94 [1977] p. 1037).

51. Les autres membres de ce carrefour italien sont: P. Cheikho (Babylone des Chaldéens), H. P. Ghedighian (Cilicie des Arméniens), I. A. Hayek (Antioche des Syriens) et P. Tzadua (Addis-Abeba des Éthiopiens); S. Gooi (Rép. Centre-africaine); G. Beltritti (au nom des conférences de la région arabe); F. Papamanotis (Grèce), A. Ballestrero, A. Del Monte, A. Luciani et A. Poma (Italie), J. Mercieca (Malte) et F. Franič (Yougoslavie); T. Agostoni (sup. gén. des fils du Cœur de Jésus) et L. Migliaccio (sup. gén. des clercs de la Mère de Dieu); B. Gantin, G. Paupini et O. Rossi (Curie); membres nommés par le pape: G. Benelli (Florence), L. Maverna (secr. gén. de la Conférence épiscopale italienne) et U. Poletti (vicaire de Rome).

rium catechisticum generale, qui «demeure le document de base pour stimuler et orienter le renouveau catéchétique» (n° 2) et «où l'on trouve la norme du contenu doctrinal essentiel de la foi» (note 61). Il indique aussi que le *Credo du Peuple de Dieu* de Paul VI est «une référence sûre pour le contenu de la catéchèse» (n° 28). Il adresse «un fervent encouragement aux conférences épiscopales du monde entier: qu'elles entreprennent, avec patience mais avec une ferme résolution, l'imposant travail à réaliser en accord avec le Saint-Siège, pour mettre au point de véritables catéchismes fidèles aux contenus essentiels de la Révélation et mis à jour pour ce qui est de la méthode...» (n° 50).

Le pape pense-t-il déjà à un catéchisme d'après Vatican II? Un passage de *Catechesi tradendae* permettrait peut-être de répondre affirmativement. Jean-Paul II se plaît en effet à évoquer le concile de Trente qui est à l'origine du Catéchisme romain et il dit de celui-ci qu'il constitue «une œuvre de premier ordre comme résumé de la doctrine chrétienne et de la théologie traditionnelle à l'usage des prêtres», qui a suscité dans l'Église un élan extraordinaire pour l'enseignement catéchétique. «Puisse le concile Vatican II, écrit-il, susciter de nos jours un élan et une œuvre semblable!» (n° 13).

4. Les congrégations romaines favorables à un catéchisme

Parmi ceux que Jean-Paul II a choisis comme préfets de congrégations romaines, il en est deux qui n'ont pas caché les faveurs qu'ils accordaient à la publication d'un catéchisme universel. Ce sont, d'une part, le cardinal S. Oddi, préfet de la Congrégation pour le clergé depuis le 28 septembre 1979, et, d'autre part, le cardinal J. Ratzinger, préfet de la Congrégation pour la doctrine de la foi depuis le 25 novembre 1981.

a. La Congrégation pour le clergé

Le préfet de la Congrégation pour le clergé est bien connu pour ses sympathies à l'égard de ceux qui, en France notamment, dénigrent les ouvrages catéchétiques officiels et prônent l'utilisation du petit catéchisme de Pie X et le retour au Catéchisme tridentin[52].

Dès 1980, il fait dresser par des membres de son dicastère une liste de propositions exposant les contenus essentiels de la catéchèse. Son projet est de préparer une synthèse claire et précise des vérités fondamentales de la foi, qui deviendrait une sorte de matériel obligatoire pour tous les

52. J'ai signalé ci-dessus, p. 24, sa présentation de l'ouvrage de L. Andrianopoli, *Il Catechismo romano commentato*, en date du 25 septembre 1983.

programmes de catéchèse; cette synthèse rendrait toutefois encore possible toute légitime expérimentation dans l'Église[53].

En avril 1983, il invite les membres du Conseil international pour la catéchèse[54], réunis à Rome pour leur cinquième session, du 11 au 17 avril, à se prononcer sur les 80 propositions déjà rédigées (elles auraient déjà été soumises à des experts du monde entier et les réponses de ceux-ci constitueraient un dossier de 600 pages). Le Conseil international juge ces propositions ou *Schema doctrinae christianae* totalement inadéquates au but recherché et conseille de s'en remettre plutôt aux orientations contenues dans le Directoire de 1971, d'éventuellement rajeunir et actualiser ce dernier quant aux nouvelles exigences de l'évangélisation et de la catéchèse.

Le 15 avril, Jean-Paul II accorde une audience aux membres du Conseil international. Dans l'allocution qu'il leur adresse, il évoque la discussion sur le «Schéma de la doctrine chrétienne»: elle aurait fait ressortir, déclare-t-il, «sinon la nécessité, du moins la grande opportunité d'une synthèse, claire et sûre, des vérités fondamentales de la foi, qui doivent être transmises et enseignées à tous les fidèles de manière explicite et sûre, en ayant présent l'esprit du concile Vatican II[55]. Il est

53. Cf. C. BISSOLI, *Un Catechismo per il nostro tempo. Attualità e senso di un debattito*, dans *Salesianum* 49 (1987) p. 295; W. H. PARADIS, *Report of the Fifth Meeting of the International Catechetical Council – Rome, April 11-17, 1983*, dans *The Living Light* 20 (1983) p. 159-170. *L'Actualité religieuse dans le monde* 105 (15 novembre 1992) croit savoir que le cardinal Oddi, déjà sous Paul VI, préparait «une ébauche d'un nouveau catéchisme romain, à partir d'un plan élaboré par Mgr Lefebvre» et aurait présenté au pape, au lendemain du synode de 1977, «un texte contenant deux cent vingt propositions» (p. 10). Cette information sera reprise en 1992 par G. Valente dans *30 jours dans l'Église et dans le monde* (voir la note 61 ci-après).

54. Depuis 1923, il y a, au sein de la Congrégation du concile, un «bureau spécial» créé par Pie XI pour permettre au pape d'exercer dans toute l'Église la vigilance très attentive et l'action très suivie que réclame l'enseignement de la doctrine chrétienne. La mission de ce bureau consiste à diriger et à développer tout ce qui a trait à l'apostolat catéchétique (motu proprio *Orbem catholicum* [29-6-1923], dans *A.A.S.* 15 [1923] p. 327-329; *La Doc. cath.* 10 [1923] col. 451-452). Dans les années '60, les consulteurs de ce «deuxième Bureau» – tel est son nom – sont majoritairement européens et ne représentent guère les divers courants catéchétiques en train de se développer. Aussi, lors du deuxième Congrès catéchétique international tenu à Rome les 20-25 septembre 1971, les délégués venus du monde entier ont souhaité que la Congrégation pour le clergé «constitue, sous son autorité, un organisme spécial de représentants de la catéchèse, autorisés et compétents, désignés par les conférences épiscopales» (*Catéchèse*, supplément au n° 45 d'octobre 1971, p. 213 de l'édition du Directoire avec commentaires). Le 7 juin 1973, un Conseil international de la catéchèse est créé. Il est rattaché à la Congrégation pour le clergé comme organe consultatif, distinct du corps des consulteurs du «deuxième Bureau». Il a pour tâche de promouvoir l'échange d'expériences, d'étudier les principaux thèmes catéchétiques en collaboration avec le Saint-Siège et les conférences épiscopales, de proposer des suggestions et des initiatives... Les membres sont au nombre de 25 et leur mandat est de 5 ans.

55. Cf. *La Doc. cath.* 80 (1983) p. 562.

difficile de ne pas penser que le pape approuve l'initiative du cardinal Oddi et la fait sienne.

Selon J.M. Giménez, de la Faculté de théologie de Pampelune, le cardinal Oddi voulait, par ce *Schema doctrinae catholicae*, répondre aux nombreuses demandes reçues de chrétiens mécontents des orientations prises par leurs évêques et attendant de Rome un catéchisme pour toute l'Église, base d'une catéchèse «conforme à l'Esprit conciliaire». Peut-on dire qu'il s'agit bien d'un projet de catéchisme? Le professeur Giménez le pense et justifie ainsi l'initiative du cardinal: le Directoire n'offre pas la synthèse des vérités qui doivent se trouver *obligatoirement* dans tous les catéchismes et on n'y trouve pas non plus les critères objectifs permettant d'évaluer les publications catéchétiques, ce qui est souvent source de malentendus et de tensions. Avec ce catéchisme du Saint-Siège, les fidèles pourront connaître en toute sûreté le contenu de la foi et auront une interprétation autorisée du concile; les conférences épiscopales et les évêques pourront l'adopter comme catéchisme officiel ou l'utiliser comme texte de référence pour rédiger leurs propres catéchismes et y trouver une règle sûre lorsqu'il s'agit pour eux d'accorder ou non le *nihil obstat* aux ouvrages de catéchèse[56].

b. La Congrégation pour la doctrine de la foi

En 1967, lors de l'affaire du Catéchisme hollandais, le professeur J. Ratzinger estimait que, dans les circonstances d'alors, ce n'était pas le moment d'envisager la publication d'un catéchisme typique de l'Église catholique. Au synode de 1977 sur la catéchèse, la majorité du carrefour de langue allemande, auquel participait Mgr Ratzinger, archevêque de Munich et Freising, n'avait pas été favorable à un catéchisme universel. Devenu préfet de la Congrégation pour la doctrine de la foi, le cardinal Ratzinger voit les choses autrement. Lors d'une conférence prononcée à Lyon et à Paris les 15 et 16 janvier 1983, il a notamment déclaré: «Ce fut une première et grave faute de supprimer le catéchisme et déclarer 'dépassé' le genre même du catéchisme (...). On n'a plus le courage de présenter la foi comme un tout organique en soi (...)». Le remède prôné pour réparer ces fautes consiste en un retour à un catéchisme dont la structure et le plan seraient normatifs mais qui

56. Cf. J. M. GIMÉNEZ, *Un Catecismo para la Iglesia Universal* (Publications de la Faculté de théologie de l'Université de Navarre, série Théologie, 52), Pampelune, Université de Navarre, 1987, p. 172. Dans cet ouvrage, l'auteur défend la thèse que les demandes adressées à Rome rejoignent les *vota* antépréparatoires concernant un «catéchisme-source», auxquels les Pères conciliaires auraient dû donner suite. L'initiative du cardinal Oddi ne ferait que réparer un oubli du concile (pour ne pas dire une erreur?).

laisserait place à l'existence d'une littérature de second degré. C'est ce qu'on a fait au XVIe siècle, explique le cardinal: le Catéchisme romain était le texte de base donnant le contenu de la foi de l'Église et il y avait des ouvrages qui en faisaient le commentaire. Il faudrait en revenir à cette pratique et donc repenser à un exposé organique de la foi, du genre Catéchisme romain[57].

Ces propos sont à remettre dans le contexte français de l'époque où des ouvrages catéchétiques approuvés par l'Épiscopat – notamment *Pierres vivantes*, le recueil de textes majeurs de l'Écriture et de la Tradition ainsi que des mots principaux du vocabulaire chrétien – étaient fortement critiqués dans les milieux intégristes. Beaucoup se sont demandé si le cardinal voulait faire pression sur les évêques français afin qu'ils publient un véritable catéchisme pour tout le pays. D'autres ont retenu – non sans raison – qu'il pensait qu'un nouveau catéchisme romain, en quatre parties comme le catéchisme du concile de Trente, s'avérait maintenant indispensable[58].

II. Le souhait du synode extraordinaire de 1985 entériné par Jean-Paul II

Voulant marquer la vie de l'Église par une commémoration significative du concile, vingt ans après sa clôture, Jean-Paul II convoque pour le 24 novembre 1985 l'assemblée générale du synode des évêques en session extraordinaire. Rappelons-nous, avant de décrire le déroulement du synode, qu'au cours de ces vingt années, la demande d'un catéchisme pour toute l'Église n'a été formulée que par un nombre très restreint de conférences épiscopales, d'évêques et de cardinaux. Généralement on s'accordait à considérer le *Directoire catéchétique général* comme le document de référence pour la publication de catéchismes nationaux, régionaux ou diocésains. Avec le synode extraordinaire de 1985, la situation va s'inverser: les Pères synodaux en arriveront à souhaiter qu'un catéchisme soit rédigé pour servir comme point de référence pour tous les catéchismes particuliers.

1. La composition de l'assemblée synodale

Le synode extraordinaire est présidé par le pape et comprend 14 représentants des Églises orientales, 102 présidents des conférences épiscopales

57. Cf. *La Doc. cath.* 80 (83) p. 260-267.

58. Sur toute cette affaire, voir *Un catéchisme universel pour l'Église catholique*, p. 363-378.

– 34 d'Afrique, 24 d'Amérique, 16 d'Asie, 24 d'Europe et 4 d'Océanie –, 3 représentants de l'Union des supérieurs généraux des ordres religieux, 24 chefs des dicastères de la Curie, 21 membres nommés par le pape et le secrétaire général du synode des évêques. Sur les 165 membres, 52 ont participé à toutes les périodes du concile (45 comme Pères conciliaires et 7 comme experts); 6 ont été présents aux trois dernières périodes, 5 aux deux dernières et 11 uniquement à la dernière, tandis que 91 n'ont pas du tout vécu le concile (ils forment à eux seuls la majorité de l'assemblée).

2. La première semaine de travail

Les interventions de la première semaine de travail ne laissent pas encore présager qu'il y aura, en fin de synode, une majorité pour demander un catéchisme universel. Le rapport de synthèse des réponses des conférences épiscopales au questionnaire envoyé par Rome indique que certaines conférences affirment «la nécessité d'un catéchisme qui rencontre les difficultés de l'Église postconciliaire, comme le Catéchisme romain le fit après le concile de Trente»[59]. Combien sont-elles? Le rapport ne le dit pas. Au cours des interventions qui ont suivi, il n'y a eu que trois présidents de conférences épiscopales à demander de manière non équivoque un catéchisme offrant à un très large public une connaissance de la foi chrétienne selon Vatican II; ce sont ceux de la Conférence du Sénégal-Mauritanie, de la Conférence du Burundi et des évêques de rite latin dans les pays arabes.

Deux autres voix se sont fait entendre pour encourager la publication d'un catéchisme. Le cardinal B.F. Law, archevêque de Boston, présent au synode en tant qu'invité du pape et s'exprimant en son nom personnel, a énuméré quelques aspects négatifs de la vie de l'Église postconciliaire, et notamment l'ignorance de la doctrine chrétienne qui ne cesse de croître. Considérant que le monde devient peu à peu un «village global» dans lequel «les jeunes (...) portent les mêmes blue-jeans, écoutent et dansent la même musique», il en a appelé à tous les évêques pour qu'ils enseignent ensemble ce village, en communion avec le pape et tout le collège épiscopal. Pour qu'ils puissent s'engager sur cette voie, il faudrait préparer «un catéchisme du concile», qui serait soumis pour approbation à tous les évêques avant sa rédaction définitive et sa promulgation par le pape[60]. Disons de suite que le processus d'élaboration du *Catéchisme de l'Église catholique* sera exactement celui que B.F. Law a suggéré.

59. Cf. G. CAPRILE, *Il Sinodo dei vescovi. Secunda assemblea generale straordinaria (24 novembre – 8 dicembre 1985)*, Rome, Éd. «La Civiltà cattolica», 1986, p. 485.
60. Cf. G. CAPRILE, *op. cit.*, p. 176-177.

À la voix du cardinal Law est venue se joindre celle du cardinal Oddi. Au cours de son intervention, le préfet de la Congrégation pour le clergé a dit sa conviction qu'il faudrait, dans l'Église, disposer de bons catéchistes bien formés et avoir des catéchismes présentant la foi catholique dans son intégrité et son exactitude. Il en est venu alors à signaler que sa congrégation a préparé un *Schema doctrinae catholicae ad usum catecheseos* dont tous les catéchismes devront s'inspirer[61]. Il a, en quelque sorte, proposé à l'assemblée d'adopter son *Schema* comme solution aux dérives de la catéchèse dénoncées par plus d'un.

Au terme de la première semaine, le cardinal G. Danneels, archevêque de Malines-Bruxelles, dresse la synthèse des interventions: tous désirent promouvoir la connaissance et l'application du concile; tous reconnaissent la nécessité d'une catéchèse intégrale et systématique qui fortifie la foi, prémunit contre les dangers, dénonce et corrige les erreurs. Sans mentionner le *Schema* du cardinal Oddi ni le catéchisme du cardinal Law et des trois présidents de conférences épiscopales, il invite les Pères à débattre, en carrefours linguistiques, de cette question: que pourrons-nous faire pour que nos Églises connaissent mieux et plus en profondeur le concile[62]?

3. Les carrefours de la deuxième semaine

Des travaux de la deuxième semaine, nous ne possédons que les rapports de chacun des neufs carrefours linguistiques[63]. Trois d'entre eux ne font pas mention d'un catéchisme mais demandent une meilleure connaissance du concile. Les six autres pensent qu'un catéchisme serait utile pour favoriser l'approfondissement des enseignements de Vatican II; ils l'appellent catéchisme conciliaire, synthèse ou compendium de la doctrine du concile, catéchisme pour le peuple de Dieu, catéchisme universel selon Vatican II... Ces six carrefours représentent la majorité de l'assemblée, soit 115 membres ainsi répartis: 12 représentants des Églises orientales, 64 présidents de conférences épiscopales (26 d'Afrique, 14 d'Amérique, 13 d'Asie et 11 d'Europe), 2 supérieurs généraux, 16 membres nommés par le pape et 21 chefs de dicastères romains.

61. Selon G. Valente, ce *Schéma*, commencé il y a cinq ans, comprend 70 pages et contient 220 propositions (voir *Catéchisme universel. Un long parcours orageux*, dans *30 jours dans l'Église et dans le monde*, février 1992, p. 39). Pour l'intervention du cardinal Oddi, voir G. CAPRILE, *op. cit.*, p. 273-274.

62. Cf. G. CAPRILE, *op. cit.*, p. 540.

63. Sur les participants et le contenu des rapports, voir *Un catéchisme universel pour l'Église catholique*, p. 392-401.

Il est incontestable qu'en cette deuxième semaine, la publication d'un catéchisme a été de plus en plus perçue comme un moyen de favoriser l'insertion de Vatican II au cœur de nombreuses Églises, en particulier au cœur des Églises non européennes. Les quelques propositions en ce sens de la première semaine, celle du cardinal Law notamment, ont sans doute favorisé cette évolution. Le *Schema doctrinae christianae* du cardinal Oddi, lui, n'a pas rencontré la faveur des Pères synodaux: aucun carrefour n'en a fait mention. Serait-ce qu'il leur est apparu comme un catéchisme préfabriqué par la Curie et que, pour éviter de se le voir imposé, ils ont choisi la voie présentée par le cardinal Law: un catéchisme soumis à la consultation des conférences épiscopales[64]?

4. La conclusion du synode

Le *Rapport final*, adopté le 7 décembre, suggère qu'on élabore dans les Église particulières «un programme pastoral pour les prochaines années, en vue d'une connaissance et d'une acceptation du concile, nouvelles, plus vastes et plus profondes»: diffusion des documents conciliaires, publication d'études, cours, utilisation des médias...[65]. Le document synodal poursuit: «On souhaite très généralement que soit rédigé un catéchisme ou compendium de toute la doctrine catholique tant sur la foi que sur la morale, qui serait comme un point de référence pour les catéchismes ou compendiums qui sont composés dans les divers pays. La présentation de la doctrine doit être telle qu'elle soit biblique et liturgique, présentant une doctrine intègre et en même temps adaptée à la vie actuelle des chrétiens»[66].

Le souhait est «très général»: le cardinal Ratzinger a précisé que le *Rapport* a été approuvé par 146 des 155 Pères présents ce jour-là[67]. Ce souhait ne se trouvait pas dans les bagages de toutes les conférences épiscopales comme expression du désir de tous les évêque de chaque Église locale. C'est ainsi que les vœux des évêques d'Europe au cours de leur quatrième symposium d'octobre 1985 n'envisageaient pas la publication d'un catéchisme du concile, pas plus que le rapport théologique que W. Kasper a destiné à l'Épiscopat allemand en vue de la préparation

64. Voir en ce sens l'article de C. Bissoli (note 53) et celui de G. Valente (note 61).
65. Cf. *La Doc. cath.* 83 (1986) p. 37.
66. *La Doc. cath.* 83 (1986) p. 39.
67. Cf. *La Doc. cath.* 94 (1997) p. 962. G. VALENTE, *Gros plan sur le catéchisme universel. L'heure du jugement*, dans *30 jours dans l'Église et dans le monde*, mai 1990, p. 11, donne comme chiffres 146 pour, 6 contre et 2 abstentions.

du synode[68]. Le souhait a donc mûri en cours de synode et est devenu le souhait des présidents de conférences épiscopales et des autres participants[69]. En 1563, tous les Pères d'un concile général ont décrété la publication d'un catéchisme à l'usage des curés; en 1965, la presque unanimité des Pères d'un autre concile général a décrété la publication d'un directoire de catéchèse destiné aux conférences épiscopales; en 1985, un synode extraordinaire d'évêques, dans sa toute grande majorité, suggère la mise en chantier d'un nouveau catéchisme devant servir de point de référence pour tous les catéchismes particuliers.

5. La décision de Jean-Paul II

Comme il était prévisible, le pape accueille favorablement la suggestion des Pères synodaux. Dans le discours de clôture qu'il prononce le 7 décembre, juste après l'adoption du *Rapport final*, il approuve les conclusions du synode, décide de les faire publier (il n'y aura donc pas d'exhortation apostolique postsynodale) et souligne particulièrement «le désir de préparer un compendium ou catéchisme de toute la doctrine, auquel se réfèrent les catéchismes ou compendiums des Églises particulières». Et il ajoute: «Ce désir correspond tout à fait à un vrai besoin de l'Église universelle et des Églises particulières»[70].

Le pape ne reprend pas mot à mot les termes mêmes du *Rapport final*. Celui-ci parlait d'un catéchisme ou d'un compendium; quelques Pères, en effet, avaient marqué leur réticence à l'égard du mot «catéchisme», estimant que, dans certains milieux, il ne passerait pas, tandis que d'autres le trouvaient pleinement satisfaisant. Jean-Paul II emploie tantôt «compendium ou catéchisme», tantôt «catéchisme ou compendium»,

68. Cf. G. CAPRILE, *op. cit.*, p. 642-649 et 653-659. Les quinze rapports préparatoires publiés dans *Synode extraordinaire, célébration de Vatican II*, Paris, Cerf, 1986, p. 63-308, contiennent beaucoup de réflexions sur la catéchèse mais pas de souhait d'un catéchisme.

69. Le professeur W. Kasper, de Tübingen, qui était secrétaire spécial du synode, a expliqué que la proposition d'un catéchisme émanait au premier chef des Églises du Tiers-Monde et a été reprise ensuite par des évêques d'Europe et d'Amérique du Nord; comme le synode ne répondait pas immédiatement à leur attente, la demande fut réitérée par plusieurs groupes linguistiques et finalement adoptée à la quasi unanimité. Son explication a été reprise dans *Concilium* 224 (1989) p. 7; le secrétaire spécial du synode avait précisé auparavant que la proposition ne venait nullement de la Curie et n'émanait pas d'une pensée centraliste. Reconnaître l'existence d'une telle pensée ici et là dans l'Église et signaler l'intention bien affirmée d'un cardinal de Curie de produire, avec l'appui du pape, un *Schema doctrinae christianae* n'aurait, me semble-t-il, porté aucun préjudice à la demande bien compréhensible des Églises du Tiers-Monde.

70. Cf. G. CAPRILE, *Il Sinodo*, p. 411.

estimant que les deux termes sont synonymes ou laissant à d'autres le soin de trancher la question du titre de l'ouvrage, si question il y a.

Le *Rapport* parlait de «toute la doctrine catholique tant sur la foi que sur la morale». Le pape dit plus largement «toute la doctrine catholique». Le catéchisme se distinguera donc du *Directoire catéchétique général* qui ne contient que «les éléments principaux du message chrétien».

Pour les Pères synodaux, le catéchisme sera comme un point de référence pour les catéchismes ou compendiums qui sont composés «dans les divers pays». Pour le pape, les catéchismes ou compendiums «des Églises particulières» se référeront à ce catéchisme ou compendium de toute la doctrine catholique. De part et d'autre, il s'agit d'un «catéchisme-référence» destiné à favoriser la composition de bons catéchismes, ce qui indique que les destinataires privilégiés sont ceux qui rédigent et promulguent ces catéchismes particuliers. Pour le synode, ces catéchismes sont ceux qui sont «composés dans les pays»: les catéchismes diocésains et peut-être davantage les catéchismes nationaux publiés sous la responsabilité des conférences épiscopales, comme le demande le n° 119 du Directoire (et le concède le canon 775, § 2 du Code de 1983). Pour Jean-Paul II, ce sont «les catéchismes des Églises particulières», avant tout sans doute ceux des diocèses.

Pour les Pères synodaux, «la présentation de la doctrine doit être telle qu'elle soit biblique et liturgique». Ils ne précisent toutefois pas les critères qui permettront de reconnaître qu'un catéchisme rencontre cette double exigence (suffira-t-il qu'il puise dans l'Écriture, le Missel et les rituels les références qui étayent leurs énoncés dogmatiques?). Le catéchisme devra aussi présenter «une doctrine intègre», *sana* dit le texte latin (*sana* également en italien, *segura* en espagnol, *rechte* en allemand et *sound* en anglais). Est «sain» ce qui n'est pas gâté, pourri, corrompu, malade, ce qui est sans perversion d'aucune sorte, sans anomalie cachée, sans effets pervers, sans trouble; est «sain» ce qui est intact, entier, ce qui est d'une probité absolue, pur, sûr, intègre. En théologie catholique, une doctrine «saine», «sûre», est une doctrine que l'Église estime plus assuré de considérer comme vraie. Le catéchisme devra en outre veiller à ce que la doctrine soit «en même temps adaptée à la vie actuelle des chrétiens». Les Pères énoncent là une exigence qu'il sera bien plus facile de rencontrer dans les catéchismes particuliers que dans le catéchisme-référence qu'ils appellent de leurs vœux.

Jean-Paul II ne reprend pas les caractéristiques du catéchisme énoncées par les Pères. Par contre, il ajoute sa note personnelle en déclarant: «ce désir [de préparer un catéchisme] correspond tout à fait à un vrai besoin de l'Église universelle et des Églises particulières». Souvenons-nous que, deux ans plus tôt, à propos du *Schema doctrinae christianae* du cardinal Oddi, il avait parlé de «la nécessité, du moins [de] la grande opportunité d'une synthèse claire et sûre». Maintenant, ce n'est plus d'opportunité ni de nécessité qu'il est question mais d' «un vrai besoin». Le catéchisme serait exigé par la nature des choses, par les situations décrites au cours du synode. Les Églises particulières auraient besoin d'un catéchisme-référence pour publier des catéchismes fidèles aux contenus de la Révélation et aux enseignements du Magistère. L'Église universelle – le Saint-Siège, le pape? – en aurait aussi besoin pour sauvegarder l'unité de la foi, l'intégrité et l'intégralité de la doctrine et éviter que des catéchismes soient contestés.

Vingt ans après la clôture de Vatican II ... La situation n'est plus la même qu'en 1965. La plupart des membres du synode n'ont pas connu le concile. Beaucoup d'évêques sont confrontés à des situations et interpellés par des questions nouvelles. On peut comprendre que l'assemblée synodale de 1985 ait finalement souhaité la publication d'un catéchisme qui aidera à faire connaître davantage les enseignements du concile, à renforcer l'unité de la foi, à redonner des certitudes aux catholiques... Il aidera aussi à porter remède aux limites et aux déficiences de la catéchèse que certains plus que d'autres sont portés à dénoncer. Vatican II n'a pas décrété la publication d'un tel catéchisme, faisant confiance aux évêques qu'il reconnaît être «les hérauts de la foi (...) et les docteurs authentiques» (*Lumen gentium* 25, § 1). Le synode de 1985 s'engage sur une voie tout autre: il pense que les évêques ont besoin d'un catéchisme-référence sans lequel ils ne pourraient pas accomplir leur mission d'annoncer la foi en union avec le pape.

III. L'accueil réservé au souhait du synode et à la décision du pape

Il serait intéressant de recueillir systématiquement les réactions à l'annonce de la décision prise par le pape sur proposition des Pères synodaux. Comment les présidents des conférences épiscopales, une fois rentrés dans leur pays, ont-ils présenté le futur catéchisme à leurs collègues évêques? Comment ces derniers ont-ils accueilli la nouvelle? Les autres membres du peuple de Dieu ont-ils été mis au courant de la décision? Peut-on savoir quelle «réception» ils lui ont accordée? Ce qui va suivre ne se veut nullement une enquête exhaustive. Il s'agit d'un rapide sondage en France et en Belgique francophone à partir de diverses sources d'informations: comptes rendus de réunions de conférences épiscopales, informations au clergé, revues diocésaines, autres revues, quelques grands quotidiens et hebdomadaires.

1. Chez les évêques de France

En cette fin d'année 1985, l'Épiscopat français vient de décider, à la demande pressante du cardinal Ratzinger, de mettre en chantier un ouvrage qui puisse constituer un exposé organique et complet de la foi[71]. Il est davantage préoccupé de la préparation et de l'accueil de ce qui deviendra son *Catéchisme pour adultes* que de l'annonce du catéchisme universel. Le parcours des comptes rendus des réunions du Conseil permanent de l'Épiscopat et de l'Assemblée plénière de la Conférence épiscopale des années 1986 et 1987 montre qu'aucun d'entre eux ne parle du catéchisme-référence, pas même lorsqu'il est fait mention des conclusions du synode extraordinaire, qu'on en trace le bilan et envisage des perspectives d'avenir. Il faudra attendre l'assemblée plénière d'octobre 1989 pour apprendre, de la bouche de J. Honoré, un des évêques engagés dans la rédaction du catéchisme, quelle est la nature de cet ouvrage, quel en est le contenu et qui sont ses destinataires. En cette même assemblée de 1989, les évêques seront invités à bien distinguer les deux catéchismes: celui de l'Église universelle préparé à Rome et destiné aux évêques et celui de l'Église de France destiné aux adultes[72].

Les bulletins ou revues diocésains nous en apprendraient peut-être davantage sur les sentiments de chaque évêque; leur dépouillement est encore à faire. Nous avons les interviews des cardinaux A. Decourtray (Lyon) et J.-M. Lustiger (Paris) et celle du président de la Conférence épiscopale, J. Vilnet (Lille), au lendemain du synode; aucune d'eux ne fait mention du souhait des évêques et de la décision du pape concernant le catéchisme[73]. À un journaliste qui l'interrogeait, en novembre 1987, l'évêque de Lille a évoqué le futur catéchisme romain: «Ce compendium, autrement dit la synthèse du bloc doctrinal auquel l'Église se réfère depuis toujours, n'a pas été imposé par Rome mais voulu par l'ensemble des évêques du synode. En effet, plus l'Église atteint les extrémités du monde et des peuples, plus sa pédagogie doit se diversifier en tenant compte du langage et de la culture du pays. Cela implique en

71. Cf. *La Doc. cath.* 82 (1985) p. 1129.
72. Cf. *La Doc. cath.* 86 (1989) p. 1096.
73. Cf. *Synode extraordinaire, célébration de Vatican II*, Paris, Cerf, 1986, p. 605-641 et 660-664 (l'interview du cardinal J. Malula [Kinshasa] n'en apprend pas davantage).

retour de ne pas perdre de vue les données immuables de la foi contenues dans les Écritures et qui font partie de la tradition vivante de l'Église»[74]. Il justifiait et le catéchisme adapté à la culture française et le catéchisme universel portant sur les contenus immuables de la foi.

2. Dans les diocèses francophones de Belgique

En Belgique, les évêques des diocèses francophones ne semblent pas avoir ressenti un tel besoin d'un catéchisme-référence qu'ils aient rapidement annoncé la décision prise. C'est que leur préoccupation, en ces années 1985-1986, est ailleurs. Dans l'élan, suscité par la visite pastorale de Jean-Paul II du 16 au 21 mai 1985, ils concentrent leurs efforts sur ce qu'ils ont appelé «une nouvelle évangélisation». Ayant perçu, à tous les niveaux des communautés chrétiennes, un désir de mieux connaître et d'approfondir la foi, ils ont pensé «qu'il serait utile d'écrire un 'livre de la foi' qui exposerait la richesse de notre foi d'une manière sereine, objective, ordonnée, chaleureuse et proche de la vie». Le *Livre de la Foi* est annoncé en octobre 1985; dans les mois qui suivent, les évêques ont sensibilisé les chrétiens et les ont préparés à accueillir cet ouvrage. On comprend dès lors qu'ils n'aient pas attiré l'attention sur le futur catéchisme universel, lequel, faut-il le rappeler, est pour l'instant destiné aux seuls évêques et à ceux qui auront à rédiger des catéchismes[75].

Les bulletins d'information des diocèses de Liège, Malines-Bruxelles, Namur et Tournai ont tenu leurs lecteurs au courant des travaux du synode mais seul celui de Malines-Bruxelles a publié le *Rapport final* et par ce biais a ainsi fait connaître le souhait d'un catéchisme universel[76]. Quant à la revue interdiocésaine *La foi et le temps*, elle n'a dit mot du catéchisme. Ajoutons que l'hebdomadaire *Dimanche*, distribué dans de très nombreuses boîtes aux lettres des paroisses francophones parle bien du synode et des perspectives qu'il peut ouvrir pour l'avenir de l'Église, et publie le contenu de son message final au monde, mais, du catéchisme, il ne fait aucune mention, pas plus d'ailleurs que des autres suggestions approuvées par le pape.

74. Cf. *L'Actualité religieuse dans le monde* 50 (novembre 1987) p. 35-36.

75. Cf. *Lettre pastorale des Évêques de Belgique au sujet d'Une Nouvelle Évangélisation*, dans *Déclarations des Évêques de Belgique*, nouvelle série, nº 14, octobre 1985, p. 4; *Une nouvelle évangélisation. Document de travail pastoral publié à la demande des Évêques de Belgique*, décembre 1985, p. 9-11. Le *Livre de la Foi – Geloofsboek* dans sa rédaction néerlandaise – a été présenté à la presse le 24-2-1987.

76. Voir *Pastoralia* 25 (1986) p. 2-3; 4-9; 11-17. Les autres bulletins diocésains sont *Église de Liège*, *Communications* (Namur) et *Église de Tournai*. Tournai et Malines-Bruxelles signaleront toutefois, mais sans commentaires, la création de la Commission de rédaction du catéchisme.

Finalement, nous pouvons dire qu'en cette fin d'année 1985, comme aussi au cours des années suivantes, rares ont été les chrétiens de Belgique francophone à avoir eu connaissance de la mise en chantier d'un catéchisme. Les évêques ont donné priorité au *Livre de la Foi* et n'ont donc pas été spécialement intéressés par le catéchisme-référence annoncé. Ils se sont trouvés dans une situation analogue à celle des évêques de France qui devaient privilégier leur *Catéchisme pour adules*. Quant aux bulletins et revues, ils n'ont pas vu dans l'annonce du catéchisme l'événement répondant à une attente pressante des communautés chrétiennes.

Il serait intéressant de poursuivre l'enquête auprès des autres épiscopats, tant auprès de ceux qui ont déjà publié leurs propres catéchismes qu'auprès de ceux qui ne savent comment répondre à l'encouragement de Jean-Paul II de «mettre au point de véritables catéchismes fidèles aux contenus essentiels de la Révélation...» (*Catechesi tradendae* 50, § 2).

3. Dans des revues d'information, de théologie, de catéchèse et de pastorale

Les principales revues catéchétiques, pastorales et théologiques d'expression française ont plutôt été discrètes. Certaines, comme *Catéchèse*, publiée sous le patronage de la Commission nationale française de l'enseignement religieux, et *Lumen Vitae*, la revue internationale de formation religieuse des jésuites de Bruxelles, n'en ont rien dit[77]; la *Revue catholique internationale Communio* non plus. La *Nouvelle revue théologique* a donné la parole au cardinal Danneels, lequel a retracé les étapes du synode et résumé le *Rapport final*, sans toutefois mettre spécialement en évidence la suggestion d'un catéchisme[78]. *Lumière et vie*, la revue théologique des dominicains de Lyon, signale le catéchisme pour la première fois dans une chronique bibliographique de 1987 et indique de suite que des théologiens «se sont interrogés sur l'opportunité ou l'impossibilité d'un tel catéchisme»[79].

77. L'une et l'autre ont publié un compte rendu du Congrès catéchétique européen de Munich (8-11 juin 1987), ayant pour thème «Unanimes dans la diversité des langues»; elles ne signalent pas que le catéchisme a été ou aurait pu être au centre de l'une ou l'autre intervention mais elles indiquent que le Congrès a préféré parler d'«apprentissage» de la foi plutôt que de «transmission» de la foi, concept qui donne de la foi une image trop statique impliquant l'idée que les uns font passer ou donnent des contenus, alors que les autres reçoivent.

78. G. DANNEELS, *Le synode extraordinaire de 1985*, dans *Nouvelle revue théologique* 108 (1986) p. 161-173.

79. G. DUPERRAY, *Autour du synode. Chronique bibliographique*, dans *Lumière et vie* 182 (juin 1987) p. 119; la recension porte sur *Synode extraordinaire, célébration de Vatican II*, Paris, Cerf, 1986, et sur le n° 206 de la revue *Concilium*, dont il va être question ci-après.

La revue internationale de théologie *Concilium* consacre en 1986 un cahier spécial à l'évaluation du synode. Celle-ci porte sur sa préparation, sur l'assemblée synodale elle-même et sur les propositions demandant une suite, dont celle qui concerne le catéchisme. E. Zoghby, archevêque de Balbeck des Maronites, «invite à une sensibilité plus grande vis-à-vis de la diversité culturelle et de la dimension évangélique de la catéchèse et il argumente contre l'imposition d'un catéchisme écrit dans une perspective limitée»[80]. Il lui semble qu'un catéchisme universel est prématuré, qu'il va «congeler les décrets conciliaires (...) dans une formulation quasi définitive (...) et lier l'Église pour longtemps à l'aujourd'hui». Il se demande même si l'Église romaine peut rédiger un catéchisme universel: il ne peut être question d'imposer aux catholiques orientaux la formulation latine de la foi et un catéchisme qui ne serait pas centré sur l'eucharistie; des raisons œcuméniques et surtout pastorales conduisent à penser qu'on ne peut imposer un catéchisme uniforme d'inspiration latine. Il faut plutôt «aider chaque Église à rédiger elle-même son catéchisme»[81].

Le professeur B. Marthaler, de l'Université catholique d'Amérique à Washington, fait un rapide survol de l'idée d'un catéchisme uniforme pour l'Église depuis le concile Vatican I jusqu'au synode de 1985. L'ouvrage envisagé aujourd'hui n'est pas pour les enfants mais «pour lecteurs mûrs, en premier lieu des catéchistes, des enseignants et autres responsables pastoraux, chargés de l'instruction des fidèles». En même temps, «le synode reconnaît la diversité culturelle et la nécessité d'une adaptation aux différences régionales». Dans la mesure où ces différences culturelles sont admises et où la catéchèse des adultes est reconnue comme la forme essentielle de toute catéchèse, le catéchisme annoncé «est dans la meilleure tradition du Directoire général» qui reste le document de base pour encourager et guider le renouveau catéchétique. L'auteur rapporte que les défenseurs du futur catéchisme espèrent qu'«il formera l'esprit de l'Église pour les décennies et peut-être les siècles à venir»[82].

Disons de suite que, trois ans plus tard, en 1989, *Concilium* consacre un nouveau cahier au catéchisme avec comme thème de réflexion: *Catéchisme universel ou inculturation?* Les onze contributions de théologiens

80. G. ALBERIGO et J. PROVOST, *Éditorial. Le synode de 1985. Évaluation*, dans *Concilium* 208 (1986) p. 8-9.

81. É. ZOGHBY, *Le catéchisme universel projeté par le synode extraordinaire des évêques, envisagé du point de vue culturel et pastoral*, dans *Concilium* 208 (1986) p. 103-109.

82. B. MARTHALER, *Le synode et le catéchisme*, dans *Concilium* 208 (1986) p. 111-119.

et de catéchètes de divers pays expriment toutes des réserves sérieuses voire une opposition au projet en cours, voyant dans le catéchisme universel un frein, un obstacle à l'inculturation de la foi. En voici les principales.

Pour R. Brodeur (Université Laval, Québec), «on ne peut se contenter d'une présentation de la foi telle qu'elle est 'justement formulable ' aux oreilles de gardiens de l'intégrale doctrine»; on doit par contre «favoriser l'expression de la foi telle qu'elle est proclamable et communicable entre tous les enfants des hommes»[83].

Pour J. Joncheray (Institut catholique, Paris), «prévoir un catéchisme universel ne présuppose-t-il pas une situation ecclésiale, et donc catéchétique, qui soit à peu près la même d'un pays à l'autre?» Un tel ouvrage peut-il rendre compte du fait qu'il existe «des catholiques, des chrétiens non catholiques, des croyants divers et des non-croyants, et aussi des baptisés loin de l'Église, des personnes dont la situation religieuse est changeante, actuellement mal définie?»[84]

Pour D. Tracy (Université de Chicago), «il y a des lieux communs théologiques qui transcendent l'histoire et la culture, mais ces lieux communs se sont toujours inscrits et doivent toujours s'inscrire dans des histoires et des cultures particulières. Il est impossible, au mieux, qu'un 'catéchisme universel' puisse être fidèle à toutes les contextualisations diverses de la confession de foi commune d'une Église planétaire»[85].

Pour B. Marthaler, qui revient sur l'histoire du «catéchisme» depuis Luther et sur la décision de Vatican II de demander un directoire, «on ne peut qu'imaginer quelle voie d'approche aurait été prise si un tel texte [le catéchisme universel] avait été ordonné par Vatican II et si sa rédaction en avait été confiée à des experts qui avaient participé au concile». Cela aurait été un document bien différent du catéchisme en cours d'élaboration «car l'esprit des années 60 était différent de celui des années 80, et les priorités du pape Paul VI étaient différentes de celles du pape Jean-Paul II»[86].

Pour J. Werbick (Université de Siegen), «l'annonce et la transmission de la foi ne consistent pas essentiellement à préserver les chrétiens de doctrines douteuses et équivoques (...). Il peut être urgent et nécessaire aujourd'hui (...) de définir ce qui fait la spécificité du christianisme;

83. R. BRODEUR, *Produire un catéchisme: une question de principe*, dans *Concilium* 224 (1989) p. 13-21.

84. J. JONCHERAY, *Quel «catéchisme» pour quel «monde»?*, *ibidem*, p. 23-32.

85. D. TRACY, *Église universelle et catéchisme universel. Le problème de l'eurocentrisme*, *ibidem*, p. 33-42.

86. B. MARTHALER, *Le genre catéchisme. Le passé et le présent*, *ibidem*, p. 47-56.

mais s'obstiner à tracer des frontières de clôture et d'exclusion n'est un remède qu'en apparence»[87].

Pour H. Häring (Université catholique de Nimègue), l'expérience des «abrégés» de la foi amène à penser que «cela n'a aucun sens d'imposer à l'Église universelle un unique système théologique, monoculturel! Le Décalogue, le Notre Père, les sacrements, le Credo suffisent comme norme pour préserver la foi commune. Une Église universelle devrait savoir s'en contenter»[88].

Pour J.-B. Metz (Université de Münster), «l'Église se trouve confrontée d'une manière totalement inédite, dramatique, à la question de l''unité et de la pluralité' (...); écartelée entre les deux, «va-t-elle imposer un système de pensée purement défensif, sécuritaire, ou alors, est-ce la fidélité offensive à la mission de l'Église qui finira par prévaloir?» Et de rappeler qu' «un christianisme préexistant à la culture et à l'histoire, un christianisme sans attaches culturelles, un christianisme nu, cela n'existe pas»[89].

Pour E. Alberich (Université salésienne, Rome), on constate que de nombreuses voix, généralement critiques, se sont élevées au sujet du projet de catéchisme et que l'idée même d'un catéchisme universel a suscité peu d'enthousiasme chez les experts et chercheurs en catéchèse. Puisque le temps où la catéchèse, centrée sur l'explication du contenu de la foi exposé dans le livre appelé «catéchisme», est maintenant dépassée et puisqu'il est question aujourd'hui d'un processus plus ample d'éducation de la foi, on est en droit de se demander quelle peut être la fonction d'un catéchisme à l'intérieur de ce processus. Ce peut être de «faciliter le retour aux sources de la foi, redécouvrir l'essentiel de la foi chrétienne, obtenir une vue complète et harmonieuse du message révélé, se réaffirmer sa propre identité» (p. 105). Mais l'histoire et l'expérience nous disent le risque que tout catéchisme devienne un instrument plus ou moins conscient de nivellement et d'uniformité forcée, «le danger de vouloir imposer comme contenu de foi des positions théologiques particulières ou de prétendre trancher sous une forme autoritaire des questions en soi ouvertes». S'il s'agit d'un catéchisme universel, les risques s'accentuent car s'y ajoute la question du langage: «il est très difficile d'offrir sous une *forme astreignante* des expressions communes de la foi sans compromettre de fait l'exigence préalablement exprimée de formu-

87. J. WERBICK, *Le catéchisme universel: un remède à la crise de la transmission de la foi?*, *ibidem*, p. 57-67.

88. H. HÄRING, *Expériences d'«abrégés» de la foi*, *ibidem*, p. 69-84.

89. J.-B. METZ, *Unité et pluralité. Problèmes et perspectives de l'inculturation*, *ibidem*, p. 87-96.

ler le message chrétien 'revêtu des symboles propres à chaque peuple, explicité par des expressions théologiques qui tiennent compte des milieux culturels, sociaux et même raciaux divers' (*Evangelii nuntiandi*, 65)». L'interculturation de la foi sera en difficulté si l'on veut, par le catéchisme universel, établir un langage de foi unique ou «des formules doctrinales communes à apprendre par cœur»[90].

Études, la revue mensuelle des jésuites de Paris, contient une première information sur le catéchisme: J. Thomas, professeur au Centre Sèvres et rédacteur de la revue, rapporte le souhait par le synode d'un «catéchisme mondial pour les uns, comportant l'exposé organique intégral des vérités de la foi et de la morale, condensé pour les autres des enseignements majeurs de Vatican II»[91].

En 1987, la revue donne la parole à G. Adler, directeur de l'enseignement religieux du diocèse de Strasbourg. Celui-ci s'interroge sur les conditions d'utilité et d'efficacité d'un tel projet en cette fin du XXe siècle. La décision est accueillie «avec quelque surprise» par les milieux catéchétiques français, sinon étrangers, et suscite plusieurs interrogations. Voici les principales. Un nouveau livre est-il une réponse efficace et utile à la situation de l'Église aujourd'hui et les effets escomptés ne sont-ils pas quelque peu «fantasmés»? À Trente, le catéchisme fait partie d'un ensemble pastoral cohérent qui assure l'efficacité de son message: ce n'est plus la même chose aujourd'hui. Dans un Occident éclaté culturellement, peut-on ne privilégier qu' «une seule référence philosophique, une seule conception du monde et de l'homme»? Le langage biblique souhaité pour le futur catéchisme s'accommodera-t-il «de l'univocité que postule la rédaction même d'un catéchisme universel?» Quelle est la nature des connaissances nécessaires à une vie de foi adulte? Le désir de ces connaissances n'est-il pas d'abord suscité par une vie chrétienne vécue? Que signifie un nouveau texte de référence venant s'ajouter à ceux qui existent déjà: l'Écriture, la liturgie, les symboles de foi? L'histoire de la catéchèse nous apprend qu'aucun livre n'a

90. E. ALBERICH, *Le catéchisme universel, obstacle ou catalyseur dans le processus d'inculturation*, *ibidem*, p. 97-106. Comme exemple du peu d'enthousiasme suscité par l'idée même d'un catéchisme chez les experts et les chercheurs, l'auteur cite la session de l'Équipe européenne de catéchèse, tenue à Gazzada au mois de mai 1988 (voir *Catechesi* 57 [1988] p. 48-49). Déjà en 1986, E. Alberich, dans *La catéchèse dans l'Église* (Paris, Cerf), l'adaptation en français de *Catechesi e prassi ecclesiale* (Éd. Elle Di Ci, Leumann, 1982), mettait en garde Rome et la collégialité episcopale contre la tentation de vouloir niveler la catéchèse alors que «l'essentiel, c'est la promotion qualitative de l'activité catéchétique de base et la stimulation de la recherche créatrice et originale des Églises particulières» (p. 222-223 et la note 52).

91. Cf. J. THOMAS, *Synode 1985*, dans *Études* 364 (1986) p. 103-110.

jamais été satisfaisant, qu'on a besoin de plusieurs ouvrages en même temps et que seuls ont du succès «ceux qui favorisent concrètement le dialogue catéchétique et le soutiennent»[92].

Dans la revue *Esprit et vie*, bimensuel catholique de formation permanente publié à Langres, le cardinal P. Poupard, président du Secrétariat pour les non-croyants, donne un compte rendu du synode sans faire aucun commentaire sur la résolution finale concernant un catéchisme-référence[93]. Par contre, Ph. Delhaye, secrétaire de la Commission théologique internationale depuis 1972 et membre invité au synode, démontre la «clairvoyance du synode» et donne son interprétation des interventions qui ont conduit à la demande d'un catéchisme. Voulant s'opposer aux réactions de certains journalistes américains, français et italiens, qui ont mis en cause les cardinaux Oddi et Ratzinger, il affirme que «lors de la discussion générale, on fut vraiment étonné par le grand nombre de vœux émis par les Pères, parlant au nom de leur conférence épiscopale, en faveur de la rédaction et de la publication d'un catéchisme du Concile Vatican II analogue au *Catechismus ad Parochos*». Il écrit, à propos des destinataires, que l'ouvrage sera rédigé «à l'intention tant des prêtres que des laïcs de l'enseignement religieux»[94].

L'*Actualité religieuse dans le monde*, sous la plume de J.-P. Manigne, évoque l'après synode. Le document final est bien l'œuvre des évêques et a reçu massivement leur approbation, mais on peut se permettre de poser la question: «Quelle sera la teneur de ce *Catéchisme ou compendium* dont on veut faire *un texte de référence pour tous?*»[95]. Peu de temps après, le mensuel signale, sans commentaire, la création de la commission qui est chargée de son élaboration. À la fin de 1987, G.

92. G. ADLER, *Vers un catéchisme universel. Fantasmes et réalités*, dans *Études* 367 (1987) p. 95-104.

93. Cf. P. POUPARD, *Un synode extraordinaire*, dans *Esprit et vie* 96 (1986) p. 2-4.

94. Ph. DELHAYE, *Clairvoyance du Synode 85*, dans *Esprit et vie* 97 (1987) p. 90-94; le «grand nombre de vœux» dont il est question s'explique par le ton polémique donné par l'auteur à cette partie de son exposé. Peu avant, dans la recension de l'ouvrage de P. RODRÍGUEZ et R. LANZETTI, *El manuscrito original del Catecismo Romano*, Pampelune, Éd. de l'Université de Navarre, 1985, Ph. Delhaye écrivait que ce livre vient à point: «ce retour aux sources prend une importance nouvelle, bien sûr, au moment où le 2e synode extraordinaire a émis le vœu de voir composer rapidement un compendium de théologie et un catéchisme typique universel» (*Esprit et vie* 96 [1986] p. 111). Une écriture trop rapide explique sans doute que le compendium *ou* catéchisme soit devenu un compendium *et* un catéchisme et que les destinataires soient les prêtres et les laïcs enseignant la religion.

95. J. P. MANIGNE, *L'après synode. Communion retrouvée ou victoire du centralisme?*, dans *L'Actualité religieuse dans le monde* 30 (janvier 1986) p. 29-30.

Alberigo (Institut des sciences religieuses, Bologne) rappelle qu'à Vatican II «la conviction générale était que l'entrée de l'Église dans un contexte multiculturel rendait impossible la rédaction de nouvelles formulations synthétiques de la foi, qui auraient impliqué nécessairement l'hégémonie d'un langage et d'une sensibilité sur tous les autres et qui, en outre, auraient constitué un empêchement au dynamisme et à la créativité de la vie ecclésiale et de son annonce». Le projet d'un catéchisme universel, pour l'auteur, se place inévitablement dans une perspective de récupération de «la dimension universaliste et confessionnelle» du catholicisme. Une formulation «unique et univoque» de la foi ne peut qu'entrer en conflit avec l'exigence d'inculturation et avec le respect de la liberté et de la dignité des Églises locales, lesquelles sont les mieux à même de formuler la foi de l'Église[96].

À l'exception d'*Esprit et vie*, les revues interrogées gardent le silence sur la proposition synodale, ne la mettent pas en évidence ou s'interrogent sérieusement sur l'opportunité du catéchisme annoncé; dans ce dernier cas, la réponse apportée est généralement négative.

4. Dans quelques quotidiens français et belges

De l'ensemble des journaux français et belges, deux quotidiens importants de chacun des deux pays vont retenir notre attention. Pour la France, ce sont *La Croix* et *Le Monde*; pour la Belgique francophone, ce sont *Le Soir* et *La Libre Belgique*.

La Croix-L'événement fait rapport jour après jour sur les travaux du synode. La relation des interventions de la première semaine ne laisse pas supposer qu'il va être question de proposer un catéchisme universel. Pour la deuxième semaine, le quotidien titre: «Les derniers carrefours invitent à réaffirmer l'identité chrétienne». On n'a pas assez prêché Jésus-Christ, on n'a pas assez insisté sur la sainteté; un texte qui donne l'essentiel de la foi chrétienne à la lumière de Vatican II est demandé par tous les groupes linguistiques, non comme un rappel à l'ordre disciplinaire mais en vue de «retrouver au plus vite le sol ferme de la foi catholique»[97]. Par la suite, il faudra attendre la présentation du discours de clôture du pape et du *Rapport final* pour apprendre qu'un catéchisme

96. G. ALBERIGO, *Droits et libertés dans l'Église de Vatican II vers l'an 2000*, dans *L'Actualité religieuse dans le monde* 51 (décembre 1987) p. 34-37.

97. *La Croix* du 5 décembre 1985, p. 10.

universel va être mis en chantier[98]. Aucun commentaire particulier ne viendra souligner l'importance de cette initiative.

Dans *Le Monde*, H. Tincq donne comme titre à son billet du 5 décembre 1985: «Le synode change de ton»; c'est ce qui lui apparaît à la lecture des rapports des groupes linguistiques. Le seul sous-titre de l'article concerne le catéchisme: «Un catéchisme conciliaire à l'étude». Cela se dégage, dit-il, des rapports de 9 des 10 carrefours; ce catéchisme rappellera aux fidèles les principes du dogme et de la vie chrétienne [99]. Dans l'édition du 10 décembre, en première page, il présente «L'Église selon Jean-Paul II»: le pape, par ce synode, a voulu «corriger la trajectoire de l'Église post-conciliaire sur certains points comme l'illustrent les deux décisions les plus concrètes du synode: mise en chantier d'un catéchisme universel et réexamen des relations entre Rome et les Églises locales». Pour Jean-Paul II, le salut viendra «d'une puissante réaffirmation de l'Église fondée (...) sur une fermeté doctrinale». Plus avant dans le journal, un article intitulé «L'Église catholique va se donner un catéchisme» présente cette décision comme un raffermissement de «l'unité compromise» et y voit le signe d' «un certain recentrage». Un autre article porte sur «Promouvoir l'application du concile»; le seul élément mis en évidence est le «catéchisme de référence»[100].

En Belgique, *La Libre Belgique*, quotidien bruxellois catholique, confie au franciscain F. Deleclos la présentation au jour le jour des travaux du synode. Le 4 décembre, nous apprenons qu'est apparu le souhait de voir la publication d'un synthèse doctrinale «réalisée, par exemple, par une commission d'évêques et de théologiens». Le 9, il nous est dit que le *Rapport final* suggère d'établir «un document de référence (...) qui puisse solidement inspirer les catéchismes des Églises locales». Et le 12, le père Deleclos titre son article: «Catéchisme: pas de texte 'universel' mais une référence pour les Églises locales». C'est que la confusion s'est déjà manifestée à propos du catéchisme au point que, dans une conférence de presse, le cardinal Danneels a dû mettre les choses au point: il ne s'agit pas d'imposer un catéchisme universel à toutes les Églises locales mais de rédiger un livre de référence pour composer des catéchismes adaptés aux divers peuples et cultures. Le pape confiera sans doute le travail «à une commission de théologiens, de catéchètes et d'évêques»[101].

98. *La Croix* du 10 décembre 1985, p. 4, et du 13, p. 20-21.
99. *Le Monde* du 5 décembre 1985, p. 25.
100. *Le Monde* du 10 décembre 1985, p. 1 et 14.
101. *La Libre Belgique* du 4 décembre 1985, p. 15, du 9, p. 8, et du 12, p. 15 (le *Rapport final* comprenant la suggestion d'un catéchisme est paru le 17, p. 15-17).

Le quotidien bruxellois *Le Soir*, de tendance libérale, offre une chronique de première page au cardinal Danneels, le 9 décembre 1985. À la question de savoir si le danger de restauration était réel au synode, le cardinal répond: «Il y avait certainement (...) une tendance de ce genre (...), une certaine peur, le désir de devenir plus restrictif aurait pu gagner l'assemblée. Mais cela ne s'est pas vérifié. Au contraire». Mais il y a néanmoins un retour au «catéchisme», poursuit le journaliste! C'est vrai, admet le cardinal, mais le catéchisme du synode est très différent de celui d'autrefois: c'est «une source d'inspiration pour les catéchismes nationaux». Il ne faut pas oublier que la foi doit être traduite dans la langue nationale d'un peuple ayant sa propre culture[102].

Ce même jour, l'historien dominicain Ph. Denis, chroniqueur religieux du *Soir*, intitule son billet sur le synode: «Le concile est sauvé mais revient le catéchisme». La décision prise lui semble traduire «la volonté d'une plus grande centralisation dans l'Église». Il pense que l'hésitation entre un catéchisme ou un compendium est le signe que le débat n'est pas tranché, qu'aucune des deux tendances en présence au synode n'a vraiment triomphé[103].

Les chroniqueurs des deux quotidiens catholiques de France et de Belgique sont, somme toute, assez discrets sur l'événement et ne le perçoivent pas comme «la» décision attendue par tous; en Belgique plus particulièrement, une mise au point d'un cardinal vient apaiser ceux qui craignent qu'on impose partout dans l'Église le même catéchisme. Les présentateurs des deux autres journaux appellent de suite «catéchisme» le livre souhaité par le synode, ils en parlent d'une manière plus «visible» en en faisant l'objet d'un titre ou d'un sous-titre et le perçoivent comme un moyen de réaliser le recentrage qui caractérise à leurs yeux le pontificat de Jean-Paul II.

5. Quelques autres réactions glanées dans diverses publications

Gustave Thils, professeur émérite de l'Université catholique de Louvain, prend acte de la décision prise et invite les rédacteurs du futur catéchisme à ne pas commettre une double erreur. «Ce serait appauvrir malencontreusement l'exposé de la doctrine catholique présentée comme intégrale si on n'offrait pas à la foi des fidèles le spectacle merveilleux de l'action salvifique universelle de Dieu, du rayonnement actuel de

102. *Le Soir* du 9 décembre 1985, p. 1.
103. *Le Soir* du 9 décembre 1985, p. 3.

l'Esprit (...) dans toute l'humanité»; «omettre de parler du salut des autres, ce serait aussi laisser sans réponse – et pourquoi? – des questions qui intéressent précisément aujourd'hui des chrétiens *et* de nombreux non-chrétiens». Il faudrait suivre la voie tracée par le Catéchisme hollandais de 1966 et le Catéchisme allemand de 1985: tous deux ont réservé une place significative à la présence et au salut de Dieu chez les non-chrétiens[104].

Damien Dejemeppe, professeur de religion catholique dans l'enseignement secondaire en Belgique, évoque la vitalité de la catéchèse depuis le synode de 1977, une vitalité qui s'accompagne cependant d'un certain malaise. Convaincu que l'Église doit résolument opter aujourd'hui pour une catéchèse de création prenant en compte la diversité des chrétiens auxquels elle s'adresse, il se demande dans quelle mesure la volonté de Rome de contrôler d'assez prêt les catéchismes publiés par les évêques ne risque pas de privilégier une «catéchèse de reproduction» visant à former des chrétiens «standardisés». Il s'interroge également «sur l'opportunité de l'entreprise actuelle d'élaboration d'un catéchisme universel», étant donné qu'il s'agit, selon Jean-Paul II lui-même, de «mettre fin à des enseignements ou interprétations de la foi ou de la morale non concordants entre eux ou avec le Magistère universel»[105].

Daniele Menozzi, de l'Institut des sciences religieuses de Bologne, rédige un chapitre dans *Le retour des certitudes* où, lui aussi s'interroge: vingt ans après le concile, «un repli vers des valeurs et des dispositions qui étaient typiques de l'ère post-tridentine» n'est-il pas en train de s'opérer? Il se demande notamment si «le souhait d'un catéchisme universellement valable n'illustre pas à merveille la tentative de blocage des dynamismes mis en marche par le concile»[106].

Claudio Morino, autrefois responsable de l'Office catéchistique général de la Congrégation pour le clergé, consacre plusieurs pages au catéchisme dans son ouvrage *Catéchèse et catéchistes*. Après des considérations «susceptibles de prouver au moins la possibilité et même l'utilité d'un texte catéchistique valable pour toute l'Église», il en vient à la pro-

104. G. THILS, *Présence et salut de Dieu chez les «non-chrétiens». Une vérité à intégrer en tout «exposé de la foi» de l'an 2000* (Cahiers de la Revue théologique de Louvain), Louvain-la-Neuve, Publications de la Faculté de théologie, 1987, p. 6-7 et 108-111.

105. D. DEJEMEPPE, *Vitalité et malaise de la catéchèse d'aujourd'hui*, dans *Traces. Annuel des religions* (sous la direction de P. ARNOLD), Turnhout, Brepols, édition 1987, p. 177-180 [179].

106. D. MENOZZI, *Vers une nouvelle Contre-Réforme*, dans *Le retour des certitudes. Événements et orthodoxie depuis Vatican II*, sous la direction de P. LADRIÈRE et R. LUNEAU, Paris, Centurion, 1987, p. 288-289.

position du synode. Beaucoup, écrit-il, souhaitent non un compendium, un texte de base pour faire des catéchismes, mais un véritable catéchisme bien constitué, «une présentation claire et sûre, complète et vivante des vérités de la foi, qui puisse être mise dans les mains des pasteurs et des fidèles, des catéchistes et des catéchisés». Nombreux sont ceux qui pensent, dit-il encore, qu'un compendium en vue de préparer des catéchismes n'est pas suffisant car «le travail difficile de la rédaction des catéchismes serait nécessairement multiplié s'il fallait rédiger dans les différentes langues et pour chaque catégorie de fidèles des textes de catéchisme à mettre dans les mains des catéchistes et des catéchisés». Dans cette logique, il vaut donc mieux rédiger un seul catéchisme typique universel, qui puisse être mis dans les mains de tous[107].

L'Association sacerdotale «Lumen gentium» de Paris, qui se donne pour objectif d'aider au ressourcement doctrinal de prêtres désireux d'approfondir les orientations de l'Église après Vatican II, publie une recension du Catéchisme des évêques allemands et du *Livre de la Foi* des évêques belges. Le Père Vollé, de Fribourg, se réjouit de la parution de ces ceux «catéchismes»: c'est «du beau travail!», dit-il, mais ils renferment des obscurités, des hésitations, des incohérences, voilà pour le premier, et des passages où il aurait aimé une présentation plus approfondie, plus cohérente avec l'enseignement du magistère, plus claire, plus ferme, voilà pour le second. Il espère que ses remarques apporteront une petite pierre à l'élaboration du catéchisme universel. Il ne doute pas, à voir le nom de certains de ses membres, que la Commission directrice mise en place mènera son travail «dans la ligne désirée», celle fixée par la catéchèse papale des audiences du mercredi, et nous donnera enfin un catéchisme parfait[108].

L'abbé René Laurentin, bien connu pour son engagement en faveur des «apparitions» mariales de Medjugorje, met beaucoup d'espoir dans la publication du catéchisme. Il salue le redressement de la catéchèse

107. Cl. G. MORINO, *Catéchèse et catéchistes*. Traduit de l'italien, Paris, Téqui, 1988, p. 123-144. Pour l'auteur, catéchisme et compendium ne sont pas la même chose: «dans un catéchisme, on recherche, en pensant aux destinataires, l'exposition la plus convenable, le ton le plus captivant et l'inspiration la plus efficace»; un compendium n'est pas nécessairement un catéchisme: c'est la «réduction d'un écrit d'une certaine ampleur en de brèves limites d'espace et sous forme pour ainsi dire schématique et plus facile à consulter: résumé, sommaire, extrait» (p. 141 et la note 192). Si telle est bien la spécificité du genre «catéchisme», les petits catéchismes diocésains sous forme de questions-réponses méritaient-ils d'être appelés «catéchismes»? L'auteur de *Catéchèse et catéchistes* n'a pas rencontré cette objection.

108. Fr. VOLLÉ et Bl. DE QUESADA, *Des catéchismes au CATÉCHISME*. 22 pages dactylographiées publiées par l'Association sacerdotale «Lumen gentium», 78A, rue de Sèvres, 75007 Paris, octobre 1988.

qui, dit-il, après avoir souffert d'un enseignement sans pédagogie, a connu une pédagogie sans enseignement. On doit à Jean-Paul II d'avoir restauré l'équilibre entre ces deux dimensions complémentaires et d'avoir rappelé «la nécessité primordiale de restaurer des catéchismes dignes de ce nom». L'annonce du catéchisme universel a suscité chez plus d'un scepticisme et ironie, du moins en France. Mais pourquoi les catholiques n'affirmeraient-ils pas leur foi comme osent le faire les musulmans et les juifs? Le catéchisme annoncé va pouvoir ramener – tel est le vœu qu'il émet – les nombreux catholiques qui se sont éloignés de l'Église sur la pointe des pieds ou se sont convertis à d'autres religions, et atteindre la masse chrétienne si peu informée de l'essentiel de la foi[109].

Franchissons la barrière de la langue française et prenons connaissance de quelques avis provenant de divers milieux et publiés en anglais, en italien et en espagnol (d'autres avis ont certainement été exprimés, qu'il serait utile de recueillir).

John E. Thiel, professeur au Département d'études religieuses de la Fairfield University (Connecticut), se demande, dans *The Month*, revue de la pensée chrétienne et du monde des affaires publiée à Londres, si le souhait du synode est vraiment réalisable. Jusqu'ici, aucun catéchisme n'a été une présentation idéale, sereine, neutre d'une doctrine chrétienne abstraite. Le catéchisme est toujours un document stratégique qui promeut un état particulier d'interprétations et d'intérêts provenant de ceux qui le publient; il porte toujours avec lui une théologie, une politique, une culture spécifiques; par sa nature, il est «régional»: l'interprétation de la doctrine qu'il présente aide à promouvoir la réception de la doctrine universelle ici et à un moment précis de l'histoire. Comme aucune présentation catéchétique ne peut être exhaustive, aucun catéchisme ne peut être universel. Le Catéchisme de 1566, malgré les revendications faites au cours des siècles pour son universalité, présente, lui aussi, une interprétation particulière, «régionale», et donc limitée de la tradition doctrinale. Le fait que le synode en propose un nouveau confirme qu'il en était bien ainsi et indique déjà que le catéchisme envisagé ne pourra pas, lui aussi, être «universel»[110].

Dans *Divinitas*, la revue de l'Académie pontificale romaine de théologie, E. Kevane, professeur de philosophie et de catéchèse à l'Institut

109. R. LAURENTIN, *Église qui vient. Au-delà des crises*, Paris, Desclée, 1989, p. 54-55.

110. J. E. THIEL, *Can there be a universal catechism?*, dans *The Month* 19 (1986) p. 88-92.

catholique Notre-Dame (USA) et visiting-professeur de catéchèse à l'Angelicum, estime que le futur catéchisme s'inscrit dans la lignée du Catéchisme romain, du petit catéchisme universel envisagé par les pères de Vatican I et du Catéchisme de saint Pie X. Il assurera, dit-il, l'intégrité et la compréhension «immuable» du Credo apostolique et son application authentique dans la vie des croyants; il réparera l'erreur déjà dénoncée par le cardinal Ratzinger: l'abandon du catéchisme en tant que structure fondamentale de la transmission de la foi. Il signale que l'annonce du catéchisme a suscité des oppositions, et notamment celle de W.E. McManus, évêque de Fort-Wayne - South Bend (USA), qui estime que ce projet est en contradiction avec Vatican II et avec le Directoire catéchétique[111].

Dans la revue trimestrielle des professeurs de l'Université salésienne de Rome, Cesar Bissoli ne met pas en doute la légitimité pour l'Église de présenter un texte de sa foi officiellement reconnu. Ce qui fait problème, c'est la manière de le rédiger car il faudra en même temps exposer fidèlement le message chrétien et respecter le pluralisme des situations et des expressions de foi, laisser place pour un cheminement personnel comme aussi pour une reformulation du langage officiel. Il demande aux rédacteurs du catéchisme d'être fidèles aux enseignements de Vatican II et de garder à l'esprit que la vérité de la catéchèse n'est pas seulement déterminée par l'orthodoxie de la doctrine mais aussi par la pédagogie et par la mission ecclésiale[112].

José Martin Giménez, de l'Université de l'Opus Dei à Pampelune, avait, en 1985, soutenu l'initiative du cardinal Oddi de faire rédiger un *Schema doctrinae christianae*. En 1987, il publie une histoire de l'initiative d'un catéchisme pour l'Église universlle depuis le concile de Trente jusqu'au synode de 1985. Convaincu que nous vivons une époque de

111. E. KEVANE, *Vatican I, St. Pius X and the Universal Catechism*, dans *Divinitas* 31 (1987) p. 291-330. L'auteur, en 1985, a traduit en anglais le Catéchisme romain et, en 1986, le Catéchisme de Pie X. Mgr McManus, dont il parle, avait souligné, déjà en 1971, au deuxième Congrès catéchétique de Rome, que, pour la rédaction des directoires nationaux, il fallait encourager la consultation et les rédiger de manière à laisser place à la recherche et à l'expérimentation (SACRA CONGREGAZIONE PER IL CLERO, *Atti del II Congresso Catechistico Internazionale*, Rome, Studium, 1972, p. 453-454.

E. Kevane cite Richard Cowden-Guido qui, dans *John Paul II and the Battle of Vatican II: Report from the Synod*, Manassas, Virginia, Trinity Communications, 1986, se dit consterné par l'annonce du catéchisme. Il mentionne aussi Thomas Groome, s.j., du Boston College, pour qui l'idée même d'un catéchisme universel vide toutes les intuitions de la psychologie et de l'anthropologie et contredit la doctrine de l'Église des dernières années.

112. C. BISSOLI, *Un Catechismo per il nostro tempore. Attualità e senso di un dibattito*, dans *Salesianum* 49 (1987) p. 288-302 (l'ensemble du numéro porte sur les *Catechismi e «Catechismo per la Chiesa universale». Un contributo di studio*).

plus grand désarroi doctrinal, persuadé que la catéchèse de ces dernières années traverse une crise d'identité, il se réjouit de la *transcendental decision* des Pères synodaux et espère que le futur catéchisme pourra enfin assurer l'identité propre de la catéchèse selon l'esprit et la lettre de Vatican II, qu'il sera l'un des instruments les plus efficaces pour l'application correcte du concile[113].

À s'en tenir aux sources utilisées, il apparaît que la «réception» de la demande du synode par les évêques, les théologiens, les catéchètes, les journalistes, est loin d'être enthousiaste. Il y a bien quelques avis très favorables et approbateurs: le catéchisme vient bien à son heure, l'Église en a vraiment besoin. Il y a bien aussi chez l'un ou l'autre un réalisme de bon aloi: la décision étant prise, pensons à ce qu'il conviendra de mettre dans le catéchisme pour qu'il soit le meilleur possible. Tous les autres, en plus grand nombre, disent leurs réticences, leur opposition, au nom de la fidélité au concile Vatican II et de la conception qu'ils se font de la catéchèse. Pour leur part, les évêques belges et français se préoccupent davantage du catéchisme qu'ils viennent de mettre en chantier, le catéchisme romain n'étant à leurs yeux qu'un «catéchisme-référence» et non un ouvrage destiné à tout public, comme le pensent ou le souhaitent l'un ou l'autre théologien. La suggestion du synode et la décision du pape semblent bien n'avoir pas été la réponse à une attente qui aurait surgi et mûri au sein de ces deux Églises locales.

113. J. M. GIMÉNEZ, *Un Catecismo para la Iglesia Universal. Historia de la iniciativa desde su origen, basta el Sinodo Extraordinario de 1985* (Theológica, 52), Pampelune, Éd. de l'Université de Navarre, 1987, 238 p.

DEUXIÈME SECTION

LES DEUX PREMIERS SCHÉMAS ET L'«AVANT-PROJET» DE «CATÉCHISME POUR L'ÉGLISE UNIVERSELLE»

La suggestion du synode extraordinaire a été entérinée par le pape le 7 décembre 1985. Sept ans plus tard, en juin 1992, Jean-Paul II approuve le texte définitif du *Catéchisme de l'Église catholique* et, en décembre de cette même année 1992, il le présente à toute l'Église dans sa version française et dans sa traduction italienne et espagnole.

Dans cette Deuxième section, nous allons suivre les trois premières étapes de l'élaboration du catéchisme. Nous nous arrêterons tout particulièrement au troisième schéma «Catéchismus pro Ecclesia Universali. Specimen praeparatorium seu Avant-projet», dont la rédaction s'est terminée en décembre 1987. Mais avant cela, nous présenterons les organismes qui ont mission de mener à bien la rédaction du catéchisme.

I. AU LENDEMAIN DU SYNODE EXTRAORDINAIRE, LA MISE EN ROUTE DU CATÉCHISME

Le synode terminé, il faut d'abord en organiser le suivi; ce sera la tâche du Conseil du secrétariat du synode des évêques. Il faut ensuite mettre en place les organismes qui vont prendre en charge la rédaction du catéchisme et fixer les options fondamentales en vue de l'écriture de l'ouvrage.

1. Les travaux du Conseil du secrétariat du synode

Le Conseil du secrétariat représente la continuité de l'institution synodale d'une assemblée générale à l'autre; son mandat dure tout le temps qui s'écoule d'un synode à l'autre. À l'ouverture du synode de 1985, le Conseil en exercice est celui qui a été mis en place en 1983 au terme du synode précédent sur la réconciliation et la pénitence et qui doit préparer le synode suivant sur les laïcs dans l'Église et dans le monde, prévu pour la fin de l'année 1986. Comme la préparation de ce synode sur les laïcs est déjà bien avancée et que la majorité des membres du Conseil formé en 1983 – huit sur quinze – sont présents au synode extraordinaire, Jean-Paul II a accordé la dispense de la norme canonique (can. 348, § 1): le mandat du Conseil formé en 1983 se prolongera jusqu'au prochain synode de 1986 au lieu de se terminer avec le synode de 1985.

Ceux qui devront assurer le suivi du synode sont: J. Schotte, secrétaire général du synode, et Ed. Farhat, sous-secrétaire; les douze membres élus sont: P. Zoungrana (Haute-Volta), St. Naidoo (Afrique du Sud) et H. Tissier (Afrique du Nord), J. Bernardin (USA), A. Lorscheider et P. Arns (Brésil), J. Sin (Philippines), J. Cordeiro (Pakistan) et St. Fumio Hamao (Japon), G.B. Hume (Grande-Bretagne), C.M. Martini (Italie) et R. Etchegaray (Curie); les trois membres nommés par le pape sont: J. Ratzinger (Curie), A. Lopez Trujillo (Colombie) et M. Hermaniuk (Winnipeg des Ukrainiens)[114].

Le Conseil se réunit du 11 au 13 mars 1986. Il ne s'agit pas, pour lui, de rassembler les propositions qui pourraient faire l'objet d'une exhortation apostolique postsynodale puisque le *Rapport final* en tient lieu. Il lui importe de parcourir les nombreuses suggestions des Pères et d'indiquer celles qui exigent une mise en œuvre rapide. Il en arrive ainsi à la conclusion que quatre d'entre elles méritent d'être examinées en priorité.

Sauf pour l'achèvement de la codification des canons orientaux, le synode n'avait pas envisagé de délai rapproché. Dans son discours de clôture, Jean-Paul II avait déclaré que trois des «précieuses suggestions» lui paraissaient particulièrement importantes: le catéchisme, l'étude de la nature des conférences épiscopales et l'achèvement du code oriental. Le Conseil ne pouvait s'écarter de ce point de vue. Il retient donc comme prioritaire les trois points et y ajoute l'étude et l'application du principe de subsidiarité à la vie de l'Église. Pour le catéchisme et le code oriental, il s'agit de travaux à mettre en chantier à Rome. Le catéchisme vient en tête des quatre priorités retenues. Le Conseil suggère ainsi au pape d'en entreprendre la rédaction sans tarder.

2. La création d'une commission restreinte

Le secrétariat général du synode transmet au pape l'évaluation faite par son Conseil. Jean-Paul II décide alors de constituer «une commission restreinte de cardinaux et d'évêques ayant pour tâche de rédiger un 'projet de catéchisme', sur lequel les pasteurs de toute l'Église seront invités ensuite à exprimer leur avis; après cela, le texte sera soumis à l'approbation du Saint-Père»[115].

114. Les huit membres qui ont participé à ce synode extraordinaire sont P. Zoungrana, H. Tissier, A. Lorscheider, J. Cordeiro, G. B. Hume, R. Etchegaray, J. Ratzinger et M. Hermaniuk; ils pourront mieux rendre compte des sensibilités qui se sont manifestées au cours du synode et apprécier les diverses suggestions émises.

115. Cf. *La Doc. cath.* 83 (1986) p. 696.

Le 10 juin 1986, le pape rend publique sa décision[116]. Le 28, dans un discours aux cardinaux de la Curie, il précise les intentions qui étaient les siennes en créant ladite commission[117]. Il redit d'abord pourquoi la préparation d'un catéchisme est nécessaire: c'est qu'il y a une «exigence, vivement ressentie dans toute l'Église, d'une plus grande clarté et sûreté doctrinale pour mettre fin à des enseignements ou des interprétations de la foi et de la morale qui ne sont pas en accord entre eux ou avec le Magistère universel». Cela avait déjà été dit au synode de 1977 et, rappelle-t-il, lui-même, dans *Catechesi tradendae*, avait insisté pour que les conférences épiscopales mettent au point de «véritables catéchismes». Cela a été redit au synode de 1985 qui a demandé «à l'unanimité» que l'on procède «le plus tôt possible» à la préparation d'un catéchisme pour l'Église universelle, à réaliser par le Saint-Siège, catéchisme qui sera un point de référence pour tous les catéchismes. Dans la pensée du pape, ce catéchisme-référence viendra aider les évêques qui n'ont pas encore pu mettre fin aux enseignements et interprétations discordants par la publication de catéchismes fidèles aux contenus essentiels de la Révélation; par contre, le désir de beaucoup de Pères synodaux d'avoir un catéchisme qui fasse mieux connaître les enseignements de Vatican II n'est pas mentionné.

Dans une première phase, il va s'agir de rédiger un «projet de catéchisme»; une commission spéciale vient de se voir confier cette tâche. Dans une seconde phase, les Églises orientales et les conférences épiscopales, ainsi que «des maîtres de l'annonce de la Parole» seront consultés «afin de recueillir leurs suggestions et leurs avis et pour que l'œuvre accomplie soit une réponse véritable aux attentes de l'Église». Le résultat de la consultation devra mener «à un projet de catéchisme proprement dit, qui sera proposé lors d'une des prochaines Assemblées générales ordinaires du Synode des évêques, en vue de l'approbation pontificale et, ensuite, de la publication». Jean-Paul II espère que celle-ci pourra coïncider avec le vingt-cinquième anniversaire de la clôture du concile, le 8 décembre 1990. Le lien avec Vatican II lui tient à cœur et son souhait est que l'Église dispose du catéchisme «le plus tôt possible», dans quatre ans.

La commission restreinte comprend 12 cardinaux et évêques représentant la Curie romaine, les Églises particulières et le Secrétariat du

116. C'est bien le 10 juin et non le 10 juillet comme on peut le lire dans de nombreux ouvrages ou articles et même dans le *Dossier d'information* publié par la Commission d'édition du Catéchisme de l'Église catholique, le 25 juin 1992 (p. 17).

117. Cf. *La Doc. cath.* 83 (1986) p. 765-769.

synode. Les membres responsables des dicastères sont au nombre de cinq: W.W. Baum, préfet de la Congrégation pour l'éducation catholique, D.S. Lourdusamy, préfet de la Congrégation pour les Églises orientales, J. Tomko, préfet de la Congrégation pour l'évangélisation des peuples, A. Innocenti, préfet de la Congrégation pour le clergé, et J. Ratzinger, préfet de la Congrégation pour la doctrine de la foi. Tous ont participé au synode sauf le cardinal Innocenti qui vient de succéder à S. Oddi le 21 janvier 1986. Le Secrétariat du synode est représenté par son secrétaire général J. Schotte.

Les choix du pape sont significatifs. Par la présence du cardinal Lourdusamy, il indique que le catéchisme sera un catéchisme de toute l'Église catholique, de l'Église latine comme des Églises catholiques orientales. En nommant les préfets de l'éducation, de l'évangélisation et de la catéchèse, il laisse percevoir que le catéchisme devrait intéresser tous ceux qui travaillent dans ces trois domaines de la pastorale. En choisissant le cardinal Ratzinger, il confirme que le catéchisme sera bien un catéchisme doctrinal fidèle aux enseignements du magistère. Et en incluant J. Schotte dans la commission, il dit bien que le catéchisme qui va être mis en chantier est bien le catéchisme souhaité par le synode.

Les six autres membres de la Commission restreinte sont des évêques à la tête d'Églises particulières. Ce sont: B.F. Law, archevêque de Boston (USA), J. Stroba, archevêque de Poznán (Pologne), N. Edelby, archevêque d'Alep des Grecs-melchites (Syrie), H.S. D'Souza, archevêque de Calculta (Inde), I. De Souza, archevêque-coadjuteur de Cotonou (Bénin) et F.S. Benítez Avalos, évêque de Villarica (Paraguay). Deux d'entre eux ont participé au synode de 1985, B.F. Law et H.S. D'Souza et l'on se souviendra que l'archevêque de Boston y avait chaudement recommandé la publication d'un catéchisme conciliaire à soumettre pour approbation aux évêques du monde entier avant sa rédaction définitive et sa promulgation par le pape. Les autres sont connus pour leurs activités catéchétiques, leur participation au Congrès catéchétique international de 1971 et au synode sur la catéchèse de 1977, ou pour avoir été membre du Conseil international pour la catéchèse[118].

118. Bernard Francis Law, évêque de Springfield-Cape-Girardeau (5-12-1973), consulteur de la Commission du St-Siège pour les rapports religieux avec le judaïsme et membre du Secrétariat pour l'unité (1976-1981), archevêque de Boston (11-1-1984), cardinal (25-5-1985); réputé «chef de file» de la tendance modérée au sein de l'Épiscopat des USA.

Jerzy Stroba a été pendant une dizaine d'années professeur de religion dans les écoles d'État, a enseigné la théologie dogmatique à la Faculté de théologie de Cracovie; évêque auxiliaire de Gniezno (16-11-1958), directeur de l'Office catéchistique diocésain, président de la Commission catéchistique de la Conférence épiscopale; évêque de Szezecin-

Ensemble, ils représentent l'Afrique, l'Amérique du Nord et l'Amérique du Sud, l'Asie et l'Europe; il ne manque qu'un évêque d'Océanie. L'Église latine a cinq représentants et les Églises orientales catholiques un seul. Ces six évêques forment, selon Jean-Paul II, «un groupe représentatif de Pasteurs des divers continents».

Ainsi constituée, la Commission comprend six évêques en activité dans les organismes centraux de l'Église et six en activité dans des diocèses; le poids de la Curie sera important puisque ses représentants séjournent à Rome et ont souvent l'occasion de se rencontrer. Il n'y a en son sein ni religieux(ses) ni laïcs, hommes ou femmes.

Le pape a choisi comme président de la Commission le cardinal Ratzinger. Cette nomination peut surprendre dans la mesure où, selon la législation alors en vigueur, tout ce qui concerne la catéchèse et la discipline du clergé et du peuple chrétien revient normalement à la Congrégation pour le clergé, la Congrégation pour la doctrine de la foi ayant toutefois à donner son assentiment pour ce qui touche à la doctrine de la foi et des mœurs[119]. C'est ainsi que le Directoire de 1971, avec son exposé des principales vérités chrétiennes, a été mis en chantier et publié sous la responsabilité du préfet de la Congrégation pour le clergé

Kamièn (28-6-1972); archevêque de Poznán (21-9-1978); de 1976 à 1983 est vice-président du Conseil des Conférences épiscopales européennes et de 1975 à 1982 est membre du Conseil international pour la catéchèse. Il a participé au concile, au congrès de 1971 et au synode de 1977.

Neophitos Edelby, d'abord archevêque titulaire et conseiller du Patriarcat d'Antioche des Melchites (25-2-1962) puis archevêque d'Alep des grecs melkites (6-3-1968); membre du Secrétariat pour les non-croyants, consulteur puis membre de la Congrégation pour les Églises orientales; en 1975 devient membre du Conseil international pour la catéchèse; il était au concile et au synode de 1977.

Henri Sebastian D'Souza, évêque de Cuttack-Bhubaneswar (Inde) en janvier 1974; archevêque coadjuteur (29-3-1985) puis archevêque de Calcutta (5-4-1986); membre de la Congrégation pour l'évangélisation des peuples (1983) et du Secrétariat pour les non-chrétiens (1986); secrétaire général de la Fédération des conférences épiscopales d'Asie (1984); membre nommé par le pape au synode de 1985.

Isidore De Souza, directeur du Centre catéchétique de Ouidah (Dahomey) de 1969 à 1971 et ensuite de l'Institut supérieur de culture religieuse d'Abidjan jusqu'en 1981; membre du Conseil international pour la catéchèse depuis 1975; archevêque-coadjuteur de Cotonou (8-12-1981); il était au congrès de 1971 où il a traité des difficultés, de la possibilité et de la nécessité de la catéchèse en Afrique.

Felipe Santiago Benítez Avalos, s'est beaucoup investi dans la catéchèse au Paraguay et en Amérique latine, a fondé l'Institut catéchistique latino-américain de Manizales (Colombie); évêque auxiliaire d'Asunción (24-9-1961) et évêque de Villarica (4-12-1965); président de la Conférence épiscopale du Paraguay de 1973 à 1984; membre du Conseil international pour la catéchèse depuis 1981; au congrès de 1971, il a présenté les caractéristiques de la catéchèse en Amérique latine.

119. La constitution apostolique *Pastor aeternus* (28-6-1988), art. 94, n'a pas modifié ces dispositions.

d'alors, le cardinal J.I. Wright. La presse a rapporté que le cardinal Oddi a annoncé, quelques jours après la clôture du synode (le 13-12-1985 ou le 16 selon les sources) que sa congrégation avait virtuellement terminé son travail sur le catéchisme, c'est-à-dire sur le *Schema doctrinae christianae* dont il a été question plus haut, et que celui-ci serait bientôt prêt à être présenté au pape. Cette annonce a surpris plusieurs évêques et, peu après, le cardinal Danneels aurait précisé que l'élaboration du catéchisme souhaité par le synode reviendrait à la Congrégation pour la doctrine de la foi[120]. En janvier 1986, le cardinal Oddi, arrivé à la limite d'âge, doit céder sa place de préfet au cardinal A. Innocenti et, en juin, le pape estime qu'il vaut mieux confier la présidence de la Commission restreinte en charge du futur catéchisme au cardinal Ratzinger; peut-être Jean-Paul II estime-t-il que la Congrégation pour le clergé s'est trop engagée dans le *Schema* cher au cardinal Oddi!

3. La création des autres organismes

Pour mener à bien la tâche qui lui a été confiée, la Commission restreinte a besoin de mettre en place un certain nombre de collaborations. En sa première session, au mois de novembre 1986, elle décide d'avoir recours à un secrétariat opérationnel: ce sera la Congrégation pour la doctrine de la foi qui s'en chargera. Le cardinal Ratzinger a expliqué que c'est à cette congrégation que revient «le soin de coordonner et de diriger les travaux»; elle pourra faire appel à la collaboration de personnes et d'experts selon ses nécessités[121]. Les noms transmis à la presse sont ceux de A. Bovone, Chr. Schönborn, R. Martinelli et Anne Ofelia Fernandes; le père Schönborn sera la cheville ouvrière du Secrétariat en tant que secrétaire de rédaction: il lui faudra trouver «une unité stylistique et conceptuelle» sans modifier la substance même du texte[122].

120. Cf. J.-P. Manigne, *L'après synode. Communion retrouvée ou victoire du centralisme?*, dans *L'Actualité religieuse dans le monde* 30 (janvier 1986) p. 30. Voir aussi le *National Catholic Reporter* du 15 décembre 1985, p. 1, repris par J. E. Thiel, *Can there be a universal catechism?*, dans *The Month* 19 (1986) p. 89.

121. Cf. *La Doc. cath.* 84 (1987) p. 1008.

122. Albert Bovone a fait une longue carrière à la Curie (depuis 1952); archevêque titulaire de Césarée de Numidie (12-5-1984), il devient secrétaire de la Congrégation pour la doctrine de la foi.

Christophe Schönborn, dominicain autrichien, un des théologiens les plus estimés du cardinal Ratzinger, a fait ses études théologiques au Saulchoir, Ratisbonne et Paris; membre de la Commission théologique internationale depuis 1980; professeur à la Faculté de théologie de Fribourg depuis 1981; au synode de 1985, il fut un des douze adjoints au secrétaire général J. Schotte.

Rafaello Martinelli et Anne Ofelia Fernandes sont en fonction à la Congrégation pour la doctrine de la foi depuis quelques années.

En cette même première session, la Commission restreinte constitue une «commission de rédacteurs» composée de sept évêques. «Nous étions sûrs d'une seule chose, rapporte le cardinal Ratzinger, c'est qu'il [le livre] devait être lisible, de facture stylistique bien 'catholique', et présenter une certaine unité. Il était exclu qu'il fût écrit par des savants. Les seuls auteurs imaginables étaient des pasteurs à même d'intégrer dans un livre de la prédication leur expérience de l'Église et du monde»[123]. Ont été choisis J.P. Estepa Llaurens, ordinaire militaire (Espagne); A. Maggiolini, évêque de Carpi (Italie); J. Honoré, archevêque de Tours (France); J. Medina Estévez, administrateur apostolique de Rancagua (Chili), D. Konstant, évêque de Leeds (Angleterre), W.J. Levada, archevêque de Portland en Oregon (USA); E.E. Karlic, archevêque de Paraná (Argentine). Quatre d'entre eux sont Européens (trois de pays latins et un anglo-saxon), deux sont Américains du Sud et un Américain du Nord; il n'y a pas d'Africain ni d'Asiatique. Tous sont, à des degrés divers, «experts en théologie et en catéchèse»[124]. Ils assume-

123. J. RATZINGER et Chr. SCHÖNBORN, *Petite introduction au «Catéchisme de l'Église catholique»*, Paris, Cerf, 1995, p. 20.

124. José Manuel Estepa Llaurens, licencié en théologie (Grégorienne), diplômé en catéchèse (Paris), professeur de catéchèse (Salamanque), nombreuses publications catéchétiques, participe au Congrès international de catéchèse de 1971 et devient consulteur à l'Office catéchétique de la Congrégation pour le clergé; évêque auxiliaire de Madrid (15-10-1972); en 1974, membre du Conseil international pour la catéchèse; vicaire aux armées (31-7-1983).

Alessandro Maggiolini, professeur de théologie dogmatique, ordonné évêque de Carpi le 20 mai 1983 et transféré à Come le 31 janvier 1989. Il a dirigé *La Rivista del clero italiano* et «est l'auteur d'un pamphlet polémique intitulé: *Frasi fatte post-conciliari* (Phrases post-conciliaires toutes faites)» (selon *30 jours dans l'Église et dans le Monde*, février 1992, p. 49).

Jean Honoré a fait la théologie à l'Institut Catholique de Paris, devient en 1958 secrétaire de la Commission nationale pour l'enseignement religieux, est engagé dans le mouvement catéchétique français (voir son commentaire du *Directoire de pastorale catéchétique à l'usage des diocèses de France*, Paris-Tours, Sénevé-Mame, 1964); recteur de l'Institut Catholique d'Angers en 1964; évêque d'Evreux (17-11-1972) et archevêque de Tours (13-8-1981).

Jorge Medina Estévez, professeur de philosophie puis de théologie (Santiago du Chili), membre de la Commission théologique internationale depuis 1969 et de la Commission pour l'interprétation du Code; consulteur de la Congrégation pour l'éducation catholique depuis 1981; évêque-auxiliaire de Rancagua (6-1-1985).

David Konstant, diplômé en mathématiques (Cambridge), évêque auxiliaire de Westminster (25-4-1977) et évêque de Leeds (12-7-1985); participe au Congrès international de catéchèse en 1971; préside le département pour l'éducation et la formation catholique de la Conférence épiscopale d'Angleterre-Pays de Galles.

William Joseph Levada, diplômé de la Grégorienne, entre à la Congrégation pour la doctrine de la foi en 1976; évêque auxiliaire de Los Angeles (12-5-1983) et archevêque de Portland (1-7-1986); la conférence qu'il a faite au Congrès annuel de l'Association nationale de l'Éducation catholique des USA, Los Angeles, 2-4-1986: «Désaccord public et enseignement de la religion», est parue dans *La Doc. cath.* 83 (1986) p. 900-907;

ront la responsabilité d'écrire le texte du projet de catéchisme, d'y introduire les modifications demandées par la Commission restreinte, d'examiner les remarques qui seront faites en vue d'améliorer le texte et d'assurer l'homogénéité de celui-ci. Les deux premiers, J.M. Estepa Llaurens et A. Maggiolini, reçoivent l'écriture du Credo, J. Medina Estévez et E.E. Karlic celle des sacrements, J. Honoré et D. Konstant celle de la morale, W.J. Levada préparera un glossaire. Pas plus que dans la Commission restreinte, il n'a pas été fait appel à des religieux(ses) et/ou à des laïcs.

Si l'on s'interroge sur la composition des deux commissions réunies, la Commission restreinte et la Commission de rédaction, on constate que les Européens ont la part belle: ils sont huit sur dix-neuf. L'Amérique du Nord, l'Amérique du Sud et l'Asie ont chacune trois représentants, alors que l'Afrique n'en a que deux et que l'Océanie est totalement absente.

La Commission restreinte – que nous appellerons désormais la «Commission directrice» – a aussi pensé à un «collège de consulteurs» qui pourra être «consulté» lorsque cela sera jugé nécessaire ou utile. Ce collège est composé d'environ quarante experts choisis parmi ceux que les membres de la Commission ont présenté en raison de leurs différentes disciplines théologiques, en raison aussi de leur appartenance à des cultures et à des langues différentes. Leur nom n'a pas été officiellement communiqué. Leur consultation devrait permettre que «la préparation du catéchisme soit faite dans le style et de la manière souhaitée par les Pères synodaux et selon les exigences pédagogiques, psychologiques et techniques de la société et de la culture moderne»[125].

4. Les options fondamentales de la Commission directrice

C'est à la Commission directrice qu'il appartient de préciser, pour les rédacteurs du projet de catéchisme, les principales caractéristiques qui devront marquer l'ouvrage qu'ils vont rédiger. Elle le fait au cours de sa session de novembre, au cours de laquelle elle a entendu les points sur lesquels le pape veut attirer son attention.

membre de la Commission des évêques américains chargée de rédiger la «lettre pastorale sur le rôle des femmes dans l'Église».

Estanislao Esteban Karlic, considéré comme le plus théologien des évêques argentins, est évêque auxiliaire de Córdoba (15-8-1977), coadjuteur puis archevêque de Paraná (1-4-1986); membre de la Commission pontificale pour l'Amérique latine.

125. Jean-Paul II aux cardinaux de la Curie, le 28-6-1986; cf. *La Doc. cath.* 83 (1986) p. 768.

a. Les travaux de la Commission

La Commission se conforme au plan de travail esquissé par le pape dans son discours aux cardinaux du 28 juin 1986: 1. la rédaction d'un projet; 2. la consultation de l'Épiscopat; 3. la révision du projet; 4. la présentation du projet révisé au synode de l'automne 1990; 5. La promulgation le 8 décembre 1990. Elle se donne ainsi quatre ans pour accomplir sa mission.

Le contenu du catéchisme

Il est décidé que le catéchisme comprendra trois parties: les vérités à croire, les sacrements, les préceptes. La structure sera donc tripartite et non quadripartite comme celle du Catéchisme romain, la prière n'étant pas retenue pour l'instant. On veut sans doute s'en tenir strictement au souhait du synode extraordinaire qui mentionne la doctrine concernant «la foi et la morale». Le cardinal Ratzinger a expliqué qu'«à l'issue de débats fort complexes», on avait renoncé à un catéchisme de conception christologique ou théocentrique pour s'en tenir à un plan plus ancré dans la tradition.

La première partie interprétera le Credo, mais quel Credo? «La tradition occidentale de la catéchèse, rapporte-t-il, s'étale instinctivement depuis longtemps sur la confession baptismale de l'Église de Rome, devenue, en tant que 'profession de foi apostolique', prière de base de la chrétienté occidentale. Mais la profession de foi apostolique, nous fit-on remarquer, est un symbole latin; or le catéchisme appartient à l'Église catholique tout entière, tant en Occident qu'en Orient. Il nous parut d'abord opportun, par conséquent, de nous en tenir au Credo de Nicée-Constantinople, comme le fit par exemple le catéchisme allemand pour adultes. Conscients cependant de la particularité des différents types de symboles, nous abondonnâmes l'idée. Car le symbole de Nicée est une profession de foi conciliaire, un Credo d'évêques, devenu par la suite le Credo de la communauté réunie dans l'Eucharistie. Il suppose donc une bonne connaissance de la catéchèse qu'il développe. La catéchèse devant, par nature, conduire au baptême et mener le baptisé à la pratique de la vie chrétienne, elle s'est de tout temps appuyée sur les symboles baptismaux. Certes, contrairement à la grande profession de foi conciliaire, les symboles baptismaux diffèrent d'une région à l'autre. *Il faut* choisir une profession ecclésiale locale. Ils sont néanmoins si proches les uns des autres dans leur structure essentielle que le choix du symbole romain – la profession de foi apostolique – ne signifie pas que l'on s'engage unilatéralement pour la tradition occidentale; au contraire, c'est un choix clé pour une tradition de foi commune à toute l'Église».

Telle est l'argumentation rapportée par le cardinal; elle convaincra ceux qui ont la conviction qu'un catéchisme doit expliquer le Symbole des apôtres de préférence à tout autre profession de foi. Mais n'est-il pas traditionnel d'inclure dans le commentaire du Symbole les articles de foi provenant du Credo de Nicée, tels le *Filioque*, l'Église «une, sainte, catholique et apostolique» et les précisions christologiques concernant la foi en Jésus, Fils de Dieu fait homme (ce que fera aussi *le Catéchisme de l'Église catholique* dans sa version définitive)?

La deuxième partie portera sur la vie sacramentelle du chrétien et la troisième sur la morale. À propos de celle-ci, le cardinal reconnaît que «traditionnellement, le choix du schéma des dix commandements paraissait s'imposer. Mais l'on est couramment enclin de nos jours à objecter à cette structure (...) qu'elle relève d'un ordre propre à l'Ancien Testament, ce qui la rendrait caduque aux yeux d'un chrétien, inapte à tracer le chemin d'une existence chrétienne». À cela, la Commission rétorque, nous dit le cardinal, que «l'instruction morale contenue dans les dix commandements s'appuie sur la prémisse de la nouvelle vie qu'offre le contexte de la grâce dans le Nouveau Testament (...). Sous cet éclairage, les dix commandements deviennent parole vivante qui croît en osmose avec l'histoire du Peuple de Dieu et s'y épanouit en toute profondeur, exprimant sa pleine portée dans la parole et la personne de Jésus-Christ». Pour mettre au jour l'intelligence dynamique et christologique des commandements, «force était de les placer dans le contexte chrétien de la lecture qu'en font le Nouveau Testament et la grande Tradition: le Sermon sur la montagne, les dons du Saint-Esprit, la doctrine des vertus devaient encadrer la présentation des commandements tout en lui conférant une certaine harmonie». Au terme de «discussions animées», on a aussi intégré dans cette partie la doctrine du péché et de la justification, celle de la loi et de l'Évangile[126].

Le genre d'exposé

Un certain nombre de «propositions» concernant la rédaction elle-même ont été approuvées. Il a été décidé unanimement que «ce texte serait traité de façon à représenter un exposé organique et synthétique des chapitres essentiels et fondamentaux de la doctrine catholique en matière de foi et de mœurs, dans l'optique du concile Vatican II et le respect de la tradition de l'Église». Puisant abondamment dans l'Écriture,

126. Les explications du cardinal sont reprises de la *Petite introduction au «Catéchisme de l'Église catholique»*, p. 24-30. Dans ces pages, le cardinal n'explique pas pourquoi il n'a pas prévu de quatrième partie sur la prière comme dans le Catéchisme romain et la plupart des catéchismes postérieurs.

la patristique, la liturgie et le magistère, l'exposé devra «viser à l'essentiel et présenter des caractéristiques d'intégrité et de simplicité de langage; de cette façon, il pourra devenir le 'point de référence' des catéchismes nationaux et diocésains qui devront nécessairement en découler pour pouvoir s'adapter aux conditions locales»[127].

Le livre aura donc la forme d'un exposé *organique*, structuré, cohérent, et en même temps *synthétique*, formant un tout, et non d'un catalogue des vérités de foi ou d'une succession de propositions non reliées entre elles. Ce sera un exposé non de tout ce qui se pense et s'écrit dans l'Église, mais des chapitres *essentiels* et *fondamentaux* de la doctrine. Il se situera dans la ligne du dernier concile et, en même temps, respectera toute la tradition antérieure. Tout en disant l'essentiel, il ne devra pas être un discours abstrait, sec, savant, mais *simple* quant à son langage, et tout à la fois *pur* de toute falsification et mutilation, ne portant pas atteinte à l'intégrité de la doctrine. L'adaptation aux conditions locales relèvera des catéchismes des différentes Églises particulières.

L'insertion de formules-résumés

À propos du langage et, plus particulièrement, de sa simplicité, la Commission estime qu'«il faudra tenir compte du contexte de la culture contemporaine, de la tradition ecclésiale, de la nécessité d'exprimer les thèmes religieux de façon facile et simple, en trouvant des formules qui résument synthétiquement les chapitres fondamentaux de la foi et qui, en même temps, soient aptes à être apprises par cœur»[128]. Elle indique, par là, que le catéchisme sera en quelque sorte une construction à deux étages: chaque chapitre ou thème particulier comprendra, au premier étage, l'exposé doctrinal proprement dit et, à l'étage inférieur, un résumé en des formules simples, faciles, mémorisables.

Un «grand catéchisme»

Toutes ces précisions ayant été apportées, serons-nous en présence d'un catéchisme ou d'un compendium? Le cardinal Ratzinger rapporte qu'on ne savait pas très bien où résidait la différence entre ces deux genres littéraires et s'il y en avait une. Selon la Commission, «le mot compendium aurait trop évoqué la notion d'un recueil s'adressant davantage aux bibliothèques scientifiques qu'au commun des lecteurs». Aussi a-t-elle retenu le terme «catéchisme» et a-t-elle opté non pas pour un petit catéchisme sous forme de questions-réponses, mais pour un grand

127. J. Ratzinger aux Pères du synode de 1987, le 1er octobre; cf. *La Doc. cath.* 84 (1987) p. 1007.

128. J. Ratzinger, *ibidem*, p. 1008.

catéchisme qui «n'expose pas une science, mais bien la prédication», tout en n'étant pas «un précis au service de la catéchèse en paroisse ou à l'école»[129].

Les destinataires

L'accord sur «un grand catéchisme» obtenu, il faut encore préciser les destinataires. En 1566, c'était les curés, les prêtres, les seuls catéchistes de l'époque. Maintenant, ce seront «tous ceux qui ont la tâche d'élaborer et/ou d'approuver les différents catéchismes nationaux et/ou diocésains», surtout «les évêques dans leur rôle de docteurs de la foi». Il leur servira «d'instrument dans cet office prophétique au milieu du peuple de Dieu qui est le leur, et auquel ils ne sauraient se soustraire»[130]. Nous pouvons nous étonner que les évêques, docteurs de la foi, en soient arrivés à avoir besoin d'un catéchisme-référence; mais le synode de 1985 a estimé devoir en proposer la rédaction, le pape a accédé à leur demande et la Commission directrice ne fait que rendre opératoire la décision prise. À ce stade initial, nous pouvons conclure que les destinataires du catéchisme sont les mêmes que les destinataires du *Directoire catéchétique général* de 1971.

La préparation d'un glossaire

À toutes ces décisions s'en ajoute une dernière: «Tous [les membres de la Commission] ont pensé qu'il serait nécessaire de préparer, en plus du catéchisme proprement dit, un glossaire, et ceci pour deux motifs: pour faciliter l'accès aux thèmes du catéchisme et pour obtenir, dans la mesure du possible, un langage commun de fond dans le domaine catéchétique»[131]. Un *glossaire* est un recueil, un dictionnaire, un lexique donnant l'explication des termes employés dans un ouvrage; l'accès aux thèmes est plutôt facilité par un *index*. L'objectif poursuivi est d'obtenir dans toute l'Église un fonds commun, un bagage catéchétique unique.

129. J. RATZINGER et Chr. SCHÖNBORN, *Petite introduction au «Catéchisme de l'Église catholique»*, p. 13-15.

130. J. Ratzinger au synode de 1987; cf. *La Doc. cath.* 84 (1987) p. 1008. En janvier 1987, le cardinal a confirmé aux évêques français de la région Centre en visite *ad limina* que le catéchisme n'est pas destiné à suppléer les catéchismes nationaux (ce qui signifie que le catéchisme pour adultes que l'Épiscopat français vient de mettre en chantier ne devient pas caduc), que ceux-ci pourront en adopter librement les principes selon les différentes cultures et qu'ils pourront suivre leur propre plan (voir *L'Actualité religieuse dans le monde* 42 [février 1987] p. 6). Aux évêques de la région Centre-Est, le pape a évoqué les deux catéchismes, le français destiné prioritairement aux catéchistes et celui de l'Église universelle dont il n'a pas précisé les destinataires (cf. *La Doc. cath.* 84 [1987] p. 407).

131. J. Ratzinger au synode de 1987, *ibidem*, p. 1008.

La Commission a déjà prévu des formules mémorisables et ajoute maintenant un vocabulaire chrétien universel. L'idée est à première vue généreuse mais, à vouloir aider à ce point les évêques dans leur tâche, ne va-t-elle pas trop loin? Pareille décision – formules et glossaire – ne se situe-t-elle pas dans cette volonté du Saint-Siège, maintes fois exprimée depuis le XVIe siècle, d'en arriver un jour à un catéchisme unique permettant à tous les catholiques de se servir des mêmes mots pour parler du contenu de leur foi?

b. Les orientations données par Jean-Paul II

Recevant les membres de la Commission le 15 novembre 1986, Jean-Paul II a d'abord situé le catéchisme dans la catéchèse. La catéchèse est «cette action ecclésiale qui conduit les communautés et les chrétiens à la maturité de la foi»: elle transmet la doctrine pour que la foi soit vivifiée. La catéchèse des dernières années, excellente à bien des égards, a «ses limites et ses déficiences qui doivent susciter une révision attentive des moyens employés et de la doctrine transmise». Le catéchisme est un moyen, un instrument dont la catéchèse se sert pour présenter la doctrine de l'Église. Son essence, en tant que structure fondamentale de la transmission de la foi, est aussi ancienne que l'Église et, quant à sa substance, il est irremplaçable. Le futur catéchisme sera lui aussi un moyen; il n'est pas destiné à se substituer à tous les autres catéchismes, n'étant pour eux qu'un point de référence. «Il ne veut donc pas être un instrument de plate 'uniformité' mais une aide importante pour garantir l'unité de la foi.»

En conséquence, le catéchisme en préparation devra exposer toute la doctrine et «avoir comme point de référence constant les enseignements du concile Vatican II, envisagés dans leur continuité et leur complémentarité avec tout le Magistère de l'Église qui a précédé». Les rédacteurs devront constamment appliquer le principe rappelé par le concile: l'exposé de la doctrine doit se faire «dans le respect qui est dû à la hiérarchie des vérités chrétiennes»[132].

La directive est claire: il s'agira d'exposer toute la doctrine, celle de Vatican II replacée dans le contexte plus large du magistère antérieur, dans un langage compréhensible et dans le respect de la hiérarchie des vérités chrétiennes.

La session de novembre 1986 terminée, la Commission directrice peut transmettre aux sept membres du Comité de rédaction les options

132. Cf. *La Doc. cath.* 84 (1987) p. 83-84; *Unitatis redintegratio*, n° 11.

fondamentales sur lesquelles elle s'est accordée et à l'intérieur desquelles le catéchisme va être rédigé. Nous n'avons plus qu'à parcourir les différentes étapes qui ont conduit à la sortie de presse du *Catéchisme de l'Église catholique*, non en décembre 1990 comme cela était initialement prévu, mais en novembre 1992.

II. Les deux premiers schémas de catéchisme

La Commission directrice a établi le cahier des charges du projet de catéchisme et installé le Comité de rédaction. De novembre 1986 à novembre 1992, plusieurs schémas vont se succéder qui deviendront d'abord un «avant-projet» en 1987 et ensuite un «projet révisé» prêt à être envoyé pour consultation aux évêques et aux conférences épiscopales en 1989. Disons d'abord quelques mots des deux premiers schémas.

Au cours du premier quadrimestre de 1987, les rédacteurs élaborent un premier schéma «explicité dans toutes ses parties», selon la formule du cardinal Ratzinger. Ce premier schéma est rapidement suivi d'un deuxième qui comprend: «la préface, une table des matières accompagnée du sommaire de chaque partie, un premier traité non définitif de la matière du catéchisme, divisé en trois parties»[133].

Que faut-il entendre par «traité non définitif de la matière»? Il s'agit, pour chaque article du Symbole des apôtres, pour chaque sacrement et pour chaque précepte du Décalogue, d'une série d'affirmations fondamentales qui trouveront, dans l'étape ultérieure, leur structure définitive, une rédaction plus ample où figureront les témoignages de l'Écriture, les commentaires des Pères, les références liturgiques, les prises de position des conciles et du magistère ordinaire. Ainsi, pour l'article portant sur «le troisième jour, est ressuscité d'entre les morts», nous trouvons six propositions ainsi rédigées:

– La Résurrection est le fondement et le centre de la foi chrétienne car elle accrédite solidement la prédication de Jésus concernant la venue du Royaume de Dieu dans le monde.

– La foi en la Résurrection affirme que celui qui a été crucifié, est mort et a été enseveli, a été rendu à la vie par la puissance de Dieu son Père, pour ne plus jamais mourir.

– La Résurrection est un événement réel qui concerne notre histoire humaine. Celui qui vit déjà glorieux avec le Père est apparu aux apôtres et a été reconnu par eux comme le même Jésus qui est mort sur la croix. Jointes au tombeau vide, ces apparitions produisent un changement radical

133. J. Ratzinger au synode de 1987, *ibidem*, p. 1008.

chez les disciples: ils annoncent que le message de la venue du Royaume de Dieu a été confirmé par la Résurrection. La foi de l'Église est fondée sur les apôtres, témoins des enseignements, de la mort et de la résurrection de Jésus.

– La Résurrection confirme que le Dieu de l'Alliance est le Dieu des vivants: il veut que l'homme vive et il a le pouvoir de rendre la vie aux morts.

– La Résurrection est la révélation la plus grande de Dieu dans l'histoire. Le Dieu qui a créé le ciel et la terre montre qu'il a le pouvoir non seulement de faire être ce qui n'existe pas mais aussi de ressusciter Jésus d'entre les morts (une référence – la seule dans tout ce passage – est donnée: Rm 4,17,24; 8,11).

– La Résurrection est le début d'une nouvelle création: Jésus est le premier des ressuscités, il est les prémices de la transformation finale de l'univers[134].

Au début de mai 1987, la Commission directrice tient sa deuxième session de travail. Le cardinal Ratzinger a fait connaître l'appréciation qu'elle a donnée alors du deuxième schéma: «Les membres de la Commission ont reconnu et loué à l'unanimité la qualité du travail réalisé par les rédacteurs. Ils ont en effet su offrir, en un si bref laps de temps, non seulement un sommaire des matières du catéchisme, mais aussi un vaste développement de celles-ci, quoique non définitif, en trois parties». Dans le même temps, ils ont présenté une série d'observations générales et de détail. Ils ont en particulier noté: «l'exigence d'une plus grande brièveté et simplicité de langage, c'est-à-dire d'une plus grande concision dans la matière à exposer; la nécessité d'une attention plus diligente au contexte culturel et aux traditions des Églises orientales; l'utilité d'un usage plus fréquent de la terminologie traditionnelle de l'Église ... l'opportunité d'éviter toute option théologique ou toute application méthodologique et didactique»[135].

Comme le précise encore le cardinal Ratzinger, «des parties doivent subir une réélaboration substantielle et un redéveloppement de la matière traitée», d'autres «ne demandent que quelques corrections ou intégrations à apporter au texte proposé». C'est dire que le schéma doit subir d'importantes améliorations en fonction des exigences formulées: brièveté, simplicité, concision, attention plus grande aux particularités des Églises orientales, utilisation de la terminologie traditionnelle (latine?), présentation uniquement des affirmations de foi et non d'options théologiques particulières. Il faut aussi laisser de côté tout ce qui a trait à la

134. Ces six propositions figurent dans le troisième schéma ou *Avant-projet*, p. 114-115, dont il va être question plus loin.

135. J. Ratzinger au synode de 1987; cf. *La Doc. cath.* 84 (1987) p. 1008.

méthodologie et à la didactique et donc ne pas faire comme le Catéchisme romain qui multiplie les conseils aux pasteurs. C'est, en effet, dans le Directoire de 1971 et dans les directoires nationaux promulgués par les conférences épiscopales que les catéchistes, les enseignants de la religion catholique et les prédicateurs trouvent normalement les indications pratiques qu'ils attendent. Ces exigences s'ajoutent à ce qui a déjà été demandé: la présentation de la doctrine doit être biblique, liturgique, adaptée à la vie actuelle des chrétiens, respectueuse de la hiérarchie des vérités, écrite dans un langage compréhensible...

C'est au cours de cette session de mai 1987, que la Commission directrice a approuvé un texte qui expose l'origine, les objectifs et la méthode du futur catéchisme. Ce document de cinq pages dactylographiées va servir de préface au troisième schéma; il s'intitule *Praefatio pro membris Commissionis (mense Maio 1987).*

III. Le troisième schéma ou «Avant-projet» de «Catéchisme pour l'Église universelle»

Le travail de réécriture du deuxième schéma s'échelonne de juin à décembre 1987. Il s'agit de mettre au point «une sorte d'avant-projet, c'est-à-dire un spécimen du texte du catéchisme qui comprenne non seulement la table des matières et le sommaire mais aussi un développement complet, quoique encore non définitif, de tous les chapitres qui composent les trois parties du catéchisme. Ce premier 'texte-spécimen' sera alors soumis à l'examen et à l'évaluation du Collège des consultants puis à l'approbation de la Commission directrice qui prévoit de se réunir en session en mai 1988»[136].

Une fois terminé, le nouveau schéma – le troisième – porte comme titre *Catechismus pro Ecclesia Universali. Specimen praeparatorium seu «Avant-projet»*. Le texte est publié à la Cité du Vatican et porte comme date «décembre 1987». Il comprend une préface de 5 pages, une table des matières ou «index-summarium» de 24 pages et un développement ou «redactio argumentorum» de 374 pages. La dactylographie est loin d'être homogène et ne couvre que le recto de chaque page. Le document est envoyé aux membres du Collège des consulteurs et à l'un ou l'autre expert; leurs avis sont attendus pour le 30 mars au plus tard. L'envoi qui leur est adressé comporte en outre deux annexes. La première, d'une seule page, n'est que l'indication sommaire du contenu. La deuxième, de quatre pages, est une *Notitia explicativa circa specimen praeparatorium*

136. J. Ratzinger, *ibidem*, p. 1008-1009.

seu «Avant-projet» catechismi pro Ecclesia Universali; elle est datée de décembre 1987 également. Parcourons les divers éléments qui constituent l'*Avant-projet* en commençant par cette *Notitia explicativa*.

1. La «Notitia explicativa»

Rédigée en latin, la «Notitia explicativa» fait connaître les décisions prises concernant le «timing», les critères, la structure, les destinataires... du catéchisme. Elle signale que le texte manque encore d'homogénéité et n'est pas tout à fait complet. En voici la teneur.

Elle retrace d'abord les étapes fixées par Jean-Paul II dans son discours du 28 juin 1986: préparation d'un spécimen, consultation des Églises particulières, présentation du projet au synode de 1990 et publication si possible le 8 décembre 1990.

Elle évoque la présence d'évêques dans le Comité de rédaction: leur coopération a été jugée opportune pour que le catéchisme soit bien l'œuvre du magistère de l'Église; elle l'a été aussi parce que les évêques sont les premiers et les principaux responsables de la transmission de la doctrine chrétienne. Elle indique alors les critères et les normes établies en vue de la composition du catéchisme.

1. Instrument pour la catéchèse, le catéchisme doit être un exposé organique et synthétique, «ad modum compendii», à la lumière de Vatican II et en connexion avec la Tradition antérieure. Un tel exposé, qui devra s'appuyer de manière particulière sur la doctrine du magistère ordinaire de l'Église, puisera abondamment aux sources de l'Écriture, des Pères, de la liturgie et du magistère et évitera les opinions théologiques et les questions disputées. Il devra se caractériser par l'intégrité, l'essentialité et la précision; de cette façon, il pourra être le point de référence pour les catéchismes nationaux et diocésains (p. 2).

2. La structure de l'exposé a été examinée avec soin. On a passé en revue les formes variées qui étaient possibles et auraient pu être admises. Finalement, il a été jugé préférable de s'en tenir à une structure tripartite, le Credo, les sacrements, les préceptes, laquelle permet mieux de poursuivre le chemin de la tradition de l'Église (p. 3).

3. Les destinataires sont les responsables de la rédaction et/ou de l'approbation des catéchismes, en premier lieu les évêques à qui il est offert comme instrument pour le ministère qui leur est confié d'instruire dans la foi le peuple de Dieu (*ibidem*).

4. Dans la manière de s'exprimer, il faut tenir compte du contexte culturel d'aujourd'hui et de la tradition de l'Église, de la nécessité d'exprimer

les réalités religieuses facilement et simplement et de les confier à la mémoire en des formules brèves qui portent sur les chapitres fondamentaux de la foi (*ibidem*).

5. Pour que le catéchisme contienne intégralement et fidèlement la foi de toute l'Église, il faut tenir compte à la fois de la tradition occidentale et de la tradition orientale (*ibidem*).

6. Comme il concerne toute l'Église, le catéchisme ne pourra se référer aux divers contextes culturels et ecclésiaux ni fournir des indications psycho-pédagogiques et des applications méthodologico-didactiques. C'est dire qu'il n'est pas adressé directement et immédiatement aux fidèles; pour qu'il atteigne ceux-ci, l'aide de catéchismes nationaux et diocésains sera nécessaire (*ibidem*).

La «Notitia explicativa» en vient enfin au texte même de l'*Avant-projet*. Les trois parties ont été écrites par trois groupes d'évêques. Le secrétaire de rédaction n'ayant pas encore pu disposer du texte, la forme n'est pas unifiée et homogène, surtout quant au style. La coordination et l'unification se feront, après la présente consultation, par un nombre suffisant d'experts en diverses disciplines, appartenant aux régions de cultures diverses. Ce travail ne pourra se faire qu'après la rédaction du glossaire prévu (p. 3-4). Il faut savoir qu'il y aura une «Introduction générale» qui replacera le catéchisme dans le contexte socio-culturel et ecclésial actuel (p. 4).

C'est sur base de toutes ces informations que les personnes consultées vont pouvoir apprécier l'avant-projet de catéchisme qui leur est adressé.

2. Le «Specimen praeparatorium» ou «Avant-projet»

Avec sa préface, sa table des matières et sa «redactio argumentorum», le «Specimen» en arrive à un total de 403 pages dactylographiées.

a. La «Praefatio»

La première partie de l'*Avant-projet* a pour titre *Praefatio pro membris Commissionis* et porte la lettre A. Elle est rédigée en latin et comporte cinq pages non numérotées. Elle est datée non de décembre 1987, comme le reste du catéchisme, mais de mai 1987 (*mense Maio 1987*). Ne fait-elle pas double emploi avec la *Notitia explicativa* de l'annexe II? Celle-ci s'adresse aux membres du Collège des consulteurs et leur donne toutes les indications pouvant les aider à donner un avis circonstancié sur le document qu'ils reçoivent. La préface, elle, fait partie du catéchisme et précise, pour ceux qui le liront un jour, son origine, son but, sa méthode, ses destinataires... En voici le contenu.

L'origine du «Catechismus pro Ecclesia Universali»

Depuis Vatican II, la catéchèse a connu une rénovation remarquable (cf. le Directoire de 1971 et *Catechesi tradendae* de 1979). Cette rénovation, don de l'Esprit à l'Église, avait commencé avant le concile. Depuis plus de cinquante ans, les ouvrages catéchétiques se sont multipliés, qui ont constitué une vraie richesse au service de l'enseignement catéchétique. Il faut reconnaître qu'il y eut aussi des publications équivoques et dommageables. Les catéchismes sont des ouvrages importants dont la rédaction demande qu'on soit expert en catéchèse et en théologie et compétent en d'autres disciplines. Ils concernent plus les Églises locales que l'Église universelle.

Les catéchistes se posent la question de savoir ce qu'ils doivent enseigner et ce qui appartient au contenu propre de leur enseignement. À cela s'ajoute qu'après le concile, un certain nombre de catéchismes n'ont pas accordé toute l'attention voulue à l'enseignement du magistère conciliaire. Dès lors, dans l'Église, il a été de plus en plus souhaité qu'on publie une document exposant *summatim* les vérités de la foi catholique et reflétant les richesses de la doctrine de Vatican II.

Au synode 1985, il a été demandé que paraisse un catéchisme pour l'Église universelle. Le pape a accédé à cette demande et a constitué la Commission qui préparera ce catéchisme et qui le lui présentera avant le synode de 1990.

Le but du catéchisme et ses destinataires

Le catéchisme doit servir à présenter un exposé organique de la foi catholique, un exposé complet des vérités essentielles; il est un *source-book* auquel les autres catéchismes se référeront. C'est pourquoi il évite tout ce qui est opinion théologique et se veut un ouvrage essentiellement catéchétique.

Ses destinataires sont tout particulièrement ceux à qui incombe la charge de préparer des textes catéchétiques dans les divers pays ou régions. Ce sont aussi – et, ici, la *Praefatio* innove par rapport à la *Notitia* – tous les autres catholiques et les autres croyants: ils y trouveront une vue plus claire des vérités et des sources de la foi professée par l'Église catholique. Le catéchisme peut aussi être important pour les très nombreuses personnes qui ne croient pas mais, avec la grâce de Dieu, se montrent ouvertes et cherchent la foi pour y conformer leur vie; il est ainsi une des voies par lesquelles l'Église peut exercer sa mission évangélisatrice. Il est également offert à tous ceux qui travaillent à la réconciliation et à l'unité au sein de la communauté chrétienne universelle.

La méthode

La structure retenue est celle qui nous vient de la coutume: le catéchisme explique les choses à croire en vue de clarifier et de fortifier la foi des croyants; il explique les sacrements pour que les croyants puissent laisser croître en eux la grâce de Dieu; il décrit la vie chrétienne, la foi étant une réponse au Dieu qui invite à le suivre.

Ce qui fait l'unité des trois parties, c'est la Révélation reçue et augmentée par la réflexion du magistère vivant de l'Église. Le catéchisme s'efforce d'exposer la mémoire de l'Église pour que chaque fidèle puisse faire sien cette mémoire.

Il a été tenu compte de la hiérarchie des vérités (cf. Directoire, n° 43). Toute vérité est indivisible et a une importance unique, mais la Révélation et la raison humaine montrent la nécessité de connaître quels sont les degrés de cette importance.

Le catéchisme s'efforce de proposer la foi de l'Église de manière qu'elle s'adresse à tous. Il doit donc être proche de la vie des destinataires, de leurs soucis, leurs questions, leurs luttes, leurs espoirs. Son langage doit être compréhensible par les hommes de ce temps. Il doit toucher réellement ses lecteurs afin de provoquer chez eux une plus grande connaissance des mystères du Christ en vue d'une vraie conversion et d'une vie plus conforme au vouloir de Dieu.

Des «En bref» résument en peu de mots toute une section du catéchisme; les termes sont empruntés à l'Écriture, aux prières de l'Église, aux symboles de foi et à la riche tradition du magistère au cours des siècles. Ces formules sont des indications pour ceux qui composeront les textes des catéchismes nationaux ou régionaux. C'est aux Églises locales qu'il appartient d'indiquer quels textes sont à mémoriser et à insérer dans la catéchèse des différents groupes et personnes.

Il nous faut bien constater que la *Praefatio* (mai 1987) et la *Notitia explicativa* (décembre 1987) ne disent pas la même chose à propos des destinataires du catéchisme. Pour la première, ce sont aussi tous les fidèles catholiques et même tous les hommes de bonne volonté en recherche de la foi (ce que Jean-Paul II reprendra dans la constitution apostolique *Fidei depositum* du 11 octobre 1992), et c'est pourquoi le catéchisme doit être proche de la vie et toucher les cœurs. Pour la seconde, ce sont uniquement les responsables de la publication des catéchismes locaux, comme le synode de 1985 l'a souhaité et comme le pape l'a redit par après, et c'est pourquoi le catéchisme n'est pas directement destiné et écrit pour les fidèles. Je signale qu'en octobre 1987, le cardinal Ratzinger, déjà bien au courant du contenu de la *Praefatio*, n'a rappelé aux Pères synodaux que ce qui était déjà bien connu de tous depuis le synode de 1985: «Le catéchisme s'adresse à tous ceux qui ont la tâche d'élaborer et/ou d'approuver les différents catéchismes nationaux et/ou diocésains. Il s'adresse donc surtout aux évêques»[137].

b. L'«Index - summarium»

La deuxième partie de l'*Avant-projet* est constituée de la table des matières en latin, «Index-summarium», et porte la lettre B. Elle comporte 24 pages dont vingt-trois sont numérotées manuellement en chiffres romains.

La première partie, «le Credo», comprend une introduction suivie de la profession de la foi chrétienne en douze chapitres:

Introduction: Dieu à la rencontre des hommes
- Art. I: Le mystère de l'homme
- Art. II: Le mystère de Dieu éclaire le mystère de l'homme
- Art. III: La révélation de Dieu dans l'histoire des hommes
- Art. IV: La transmission de la Révélation
- Art. V: La foi, réponse donnée à la Révélation
- Art. VI: La structure de ce catéchisme

La profession de la foi chrétienne

Chap. I: Je crois en Dieu le Père tout-puissant
- Art. I: Dieu
- Art. II: Dieu le Père, source et origine de l'unité dans la Trinité divine
- Art. III: Dieu est miséricordieux et fidèle à ses promesses
- Art. IV: Dieu révèle son nom aux hommes au cours de l'histoire du salut

Chap. II: Dieu créateur du ciel et de la terre
- Art. I: L'action du Dieu créateur
- Art. II: L'homme dans le Christ, sommet de la création de Dieu
- Art. III: Le mal et la mort dans le monde
- Art. IV: La Providence divine

137. J. Ratzinger au synode de 1987; cf. *La Doc. cath.* 84 (1987) p. 1008. En cette année 1987, à la Congrégation pour l'éducation catholique, où l'on prépare un document qui portera la date du 7 avril 1988 et qui aura pour titre «Dimension religieuse de l'éducation dans l'école catholique» (cf. *La Doc. cath.* 85 [1988] p. 814-831), on se préoccupe de «faire une présentation adaptée de la foi chrétienne comme programme d'enseignement religieux pour les écoles catholiques». On pense que le catéchisme universel qui est en préparation aura aussi pour fonction de rendre cette tâche plus facile. En attendant sa parution, la Congrégation donne, à titre d'exemple, un schéma de présentation organique du message chrétien (n°s 73ss du document, p. 824ss).

Chap. III: Jésus Christ Fils unique de Dieu, notre Seigneur
Introduction: Je crois en Jésus-Christ
Art. I: La confession de foi en Jésus-Christ dans l'Église apostolique
Art. II: Jésus est Messie, Christ
Art. III: Jésus est le Fils unique de Dieu
Art. IV: Jésus est Seigneur
Chap. IV: Jésus-Christ a été conçu par la puissance et la grâce du Saint-Esprit et est né de la Vierge Marie
Art. I: Le Fils de Dieu s'est fait homme
Art. II: Jésus-Christ, conçu du Saint-Esprit, est né de la Vierge Marie
Art. III: Le mystère de l'enfance de Jésus
Art. IV: Les mystères du ministère public de Jésus
Chap. V: Jésus-Christ a souffert sous Ponce Pilate, a été crucifié, est mort et a été enseveli
Art. I: Le chemin de Jésus vers Jérusalem
Art. II: Jésus se soumet volontairement à la mort à cause des péchés de tout le genre humain
Art. III: Jésus est mort crucifié
Art. IV: Jésus a été enseveli
Chap. VI: Il est descendu aux enfers et, le troisième jour, il est ressuscité des morts
Art. I: Il est descendu aux enfers
Art. II: Il est ressuscité des morts
Chap. VII: Jésus-Christ est monté au ciel et est assis à la droite de Dieu le Père tout-puissant, d'où il viendra pour juger les vivants et les morts
Art. I: Jésus-Christ, Seigneur, a été glorifié à la droite de Dieu le Père
Art. II: Le Seigneur reviendra dans la gloire pour juger les vivants et les morts
Chap. VIII: L'Esprit-Saint
Art. I: Dieu promet l'Esprit Saint à la fin des temps
Art. II: L'Esprit rassemble tous les peuples dans l'unité
Art. III: Il conduit jusqu'à la consommation l'œuvre du Christ dans l'Église et dans le monde
Art. IV: Il dirige la mission de l'Église
Art. V: Il sanctifie et vivifie l'Église
Art. VI: Il est Dieu, comme le Père et le Fils
Chap. IX: La sainte Église catholique, la communion des saints
Art. I: Le mystère de l'Église
Art. II: Les notes ou qualités propres de l'Église
Art. III: Les membres de l'Église
Art. IV: Les charismes dans l'Église
Art. V: Sainte Marie, Mère de Dieu et de l'Église
Chap. X: La rémission des péchés
Art. I: Dieu offre à tous les hommes la rémission des péchés
Art. II: Un seul baptême pour la rémission des péchés
Art. III: La rémission des péchés commis après le baptême
Chap. XI: La résurrection de la chair et la vie éternelle
Art. I: La rénovation ultime du genre humain et du monde
Art. II: Les fins dernières ou vérités ultimes sur l'homme
Chap. XII: Au nom du Père, et du Fils, et du Saint-Esprit, Amen.

Que pouvons-nous déjà faire remarquer? Ce plan n'a évidemment rien de commun avec celui de l'exposé du message chrétien du Directoire catéchétique. Par rapport au Catéchisme romain, l'*Avant-projet* répartit les articles du Credo en onze et non en douze chapitres. Il en consacre deux et non un seul au Père et cinq au lieu de six au Fils de Dieu fait homme. Il garde dans un même chapitre l'Église et la communion des saints et met ensemble la résurrection de la chair et la vie éternelle. Il consacre un dernier chapitre à l'Amen conclusif du Symbole[138]. Il introduit dans son développement une présentation des «mystères» de l'enfance et de la vie publique de Jésus, comme cela se fait de plus en plus souvent dans la pratique catéchétique des dernières années. La structure du chapitre qu'il consacre à l'Église indique qu'il va présenter l'enseignement de *Lumen gentium*.

La deuxième partie est intitulée «la célébration du mystère chrétien» et comprend trois chapitres. Le premier est consacré à «l'économie sacramentelle»: d'une part, il fait une réflexion générale sur la liturgie et, d'autre part, il présente les éléments communs à tous les sacrements. Le deuxième chapitre expose la doctrine catholique sur chacun des sept sacrements, abordant leur institution, décrivant leurs rites, parlant de leurs effets, du sujet et du ministre. Le dernier chapitre porte sur «les autres actions liturgiques» que sont: les bénédictions, la liturgie des heures, les exorcismes, les processions, les funérailles, les lieux sacrés et la vénération des saintes images.

S'il y a nécessairement des points communs avec la deuxième partie du Catéchisme de Pie V, notamment dans les divers éléments à aborder à propos de chaque sacrement, il y a aussi des innovations à signaler, principalement la réflexion fondamentale sur la liturgie et l'attention portée aux autres actions liturgiques.

La troisième partie est consacrée à «la vie morale du disciple du Christ». Les trois premiers chapitres constituent une sorte de morale fondamentale; on y aborde les fondements de la vie morale: la loi naturelle, la responsabilité, la conscience, les péchés..., on s'arrête à l'Esprit Saint qui est la source de la vie chrétienne et l'on présente les préceptes de la Loi, les préceptes évangéliques et les commandements dans l'Église. Le quatrième chapitre détaille le contenu de chacun des dix commandements du Décalogue. Selon la tradition établie depuis très longtemps, les sixième et neuvième commandements sont abordés

138. Le plan de la première partie du Catéchisme romain a été donné ci-dessus, p. 27.

ensemble, de même les septième et dixième; dans le Catéchisme romain, seuls les neuvième et dixième étaient réunis en un seul exposé.

Comme la Commission directrice a opté pour un catéchisme tripartite, la prière chrétienne a trouvé place, du moins partiellement, dans la deuxième partie, au chapitre consacré à la liturgie de l'Église et à celui qui traite des autres actions liturgiques que les sacrements. Elle est aussi abordée dans l'exposé sur les premier et troisième commandements de la troisième partie.

c. La «Redactio argumentorum»

Le contenu de l'*Avant-projet* de catéchisme couvre un total de 374 pages et porte la lettre C. La première partie, C^1, «le Symbole des apôtres», comporte 132 pages, dont 131 sont numérotées manuellement. Elle est rédigée en espagnol, une traduction en latin pouvait être demandée. Une note de la page 114 – figurant déjà dans l'*Index-summarium*, p. VI – signale que, à partir du chapitre VI, article II et jusqu'à la fin, nous sommes en présence de la rédaction du deuxième schéma, le temps ayant manqué pour terminer la réécriture de ces derniers chapitres.

Les résumés, absents à partir du chap. VI, art. II, sont au nombre de 61; il sont séparés de l'exposé par deux traits horizontaux et sont dactylographiés un peu en retrait et sans interlignes. Les sources utilisées figurent dans le développement même des six premiers chapitres (elles n'apparaissent quasiment plus par la suite). L'Écriture est abondamment utilisée. Les références à la liturgie latine sont fréquentes avec notamment les oraisons du missel romain (5 fois), les préfaces (6 fois), les prières eucharistiques (5 fois), la vigile pascale et le rituel de Pie V (comme témoin de la tradition? – deux fois). Par contre, la liturgie bizantine n'a droit qu'à la seule mention d'une anaphore.

Les sources patristiques occidentales sont: Clément de Rome, Irénée de Lyon (2 fois), Justin, Ambroise (3 fois), Augustin (3 fois), Hilaire de Poitiers, Isidore de Séville, Léon le Grand, Eusèbe de Césarée; mentionnons aussi l'épitre à Diognète, Lactance, Alain de Lille, Thomas d'Aquin (3 fois). Pour l'Orient, nous avons Athanase (2 fois), Cyrille de Jérusalem, Jean Damascène, Jean Chrysostome (2 fois), Origène, Théodoret de Cyr, ainsi qu'une homélie grecque primitive.

Les conciles œcuméniques de Nicée, Éphèse et Chalcédoine, les conciles d'Orange (529), Tolède (638) et Latran (649), les conciles généraux de l'Église latine de Latran IV, Vienne, Trente (cité 4 fois), Vatican I (16 fois) et Vatican II (88 fois) représentent le magistère solennel de l'Église. Pour Vatican II, signalons que *Gaudium et spes* vient en tête avec 32 citations ou références, suivi de *Dei Verbum* (30), *Lumen gentium* (13), *Ad gentes* (5), *Nostra aetate* (4), *Sacrosanctum concilium* (2), *Dignitatis humanae* et *Unitatis redintegratio* (1). Dans la partie qui n'a pas été retravaillée et où figure l'exposé sur l'Église, ce qui explique que *Lumen gentium* n'est pas davantage cité, on trouve, à côté de quelques références scripturaires, la mention du concile de Florence et du décret *Ad gentes* de Vatican II à propos de la doctrine sur le Saint-Esprit.

Les autres sources magistérielles sont des documents importants de papes de l'époque contemporaine. Il y a Pie IX et la bulle *Ineffabilis Deus* du 8-12-1854. Il y a Paul VI et sa solennelle profession de foi du 30-6-1968 (citée 9 fois) ainsi que son exhortation apostolique *Evangelii nuntiandi* du 8-12-1975. Jean-Paul II est mentionné pour son exhortation apostolique *Catechesi tradendae* du 16-10-1979 (citée 2 fois) et pour ses encycliques *Dives in misericordia* du 30-11-1980 et *Redemptoris Mater* du 25-3-1987 (citée 2 fois). La Congrégation pour le clergé est citée pour le Directoire de 1971 et la Congrégation pour la doctrine de la foi pour son instruction sur des questions concernant l'eschatologie (17 mai 1979) et la théologie de la libération (6 août 1984). Nous ne trouvons aucune référence à un écrit d'un autre évêque ni à un catéchisme ou à une déclaration d'une conférence épiscopale nationale ou internationale.

Toutes ces données chiffrées doivent être complétées par une analyse des textes eux-mêmes. Lorsque nous ouvrirons le cinquième schéma et prendrons connaissance de son introduction et de son explication des douze articles du Symbole, nous comparerons et apprécierons les deux versions.

La deuxième partie, C^2, «la célébration du mystère chrétien», est rédigée en latin et comporte 128 pages[139] en plusieurs dactylographies et interlignes, numérotées de 132 à 260. Les références sont reportées à la fin des chapitres ou des articles; 153 d'entre elles, celles qui concernent le sacrement des malades et l'ordre, sont annoncées mais sont restées en panne. Les résumés viennent eux aussi en fin de chapitre ou article et sont rédigés sous forme de questions/réponses; ils sont au nombre de 56: 11 pour le chapitre Ier, 42 pour les sept sacrements et 3 pour les sacramentaux.

Les sources mentionnées sont l'Écriture, les livres liturgiques de l'Église latine, le Code de droit canonique qui est cité à 92 reprises, le concile Vatican II présent 90 fois, dont 43 pour *Sacrosanctum concilium*

139. Compte tenu que la première page n'est pas numérotée et que les pages 199 et 200 contiennent le même texte.

et 32 pour *Lumen gentium*, et le concile de Trente dont les chapitres et décrets sur les sacrements sont signalés à 115 reprises. Nous avons ainsi un exposé qui se veut proche de l'Écriture, des ouvrages liturgiques récents, des enseignements de Trente et de Vatican II et qui, en même temps, garde l'allure très juridique des traités post-tridentins de théologie sacramentaire.

Les autres sources magistérielles sont le concile de Nicée II (cité deux fois); le concile de Florence (10 fois), Nicolas Ier avec sa réponse sur la question du «rebaptême» du 13-11-866, Pie XI et sa lettre apostolique *Infinita Dei misericordia* du 29-5-1924, Pie XII et *Mystici corporis* du 29-6-1943, Paul VI avec *Mysterium fidei* du 3-9-1965 (cité 6 fois) et *Evangelii nuntiandi*, et Jean-Paul II pour *Redemptor hominis* (4-3-1979), *Laborem exercens*(14-9-1981), *Familiaris consortio* (22-11-1981) et *Reconciliatio et paenitentia*(2-12-1984). Le Saint-Office, la Congrégation pour la doctrine de la foi et la Congrégation pour le culte divin viennent, un fois chacun, appuyer de leur autorité l'une ou l'autre affirmation.

Les Pères et écrivains orientaux sont représentés par Ignace d'Antioche, Origène, Jean Chrysostome (3 fois) et Cyrille de Jérusalem (2 fois). La tradition latine l'est davantage avec Cyprien, Hippolyte (3 fois), Ambroise (2 fois), Augustin (4 fois), Justin, Tertullien, la Tradition apostolique, la Règle de saint Benoît, Fulgence de Ruspe, Gille de Rome et Thomas d'Aquin (cité 14 fois). Ce «déficit» oriental au plan patristique vient s'ajouter à l'absence regrettable de présentation des rites et cérémonies des sept sacrements dans la tradition orientale. L'*Avant-projet* connaît bien la liturgie latine mais il ignore presque totalement les liturgies d'Orient. Il dit bien qu'en Orient la confirmation est donnée par le prêtre après le baptême, que la préparation à la première communion ne se fait pas comme chez nous et qu'au mariage il y a le rite de la coronation, mais cela ne rencontre pas pleinement ce que demande la *Notitia explicativa* : dans le catéchisme, on tiendra compte de toute la tradition, aussi bien l'orientale que l'occidentale.

La troisième partie, C^3, «la vie morale du disciple du Christ», est de 114 pages, dont 113 sont numérotées à la main (p. 261-373). La dactylographie est toute différente de celles rencontrées jusqu'ici dans les deux premières parties. Il n'y a aucun résumé au terme des chapitres, sections ou articles et les références aux sources utilisées figurent dans l'exposé lui-même.

Les sources sont moins nombreuses que dans le reste du catéchisme. Outre quelques mentions de l'Écriture et de la liturgie latine (nous en avons repéré trois), il est fait appel à s. Augustin, à s. Basile, à s. Thomas d'Aquin (2 fois) et à J.H. Newman. Le concile de Trente est mentionné 3 fois et Vatican II 57 fois, dont 39 fois pour *Gaudium et spes*. Paul VI est présent avec les encycliques *Populorum progressio* du 25-7-1968 (citée 2 fois) et *Humanae vitae* du 25-7-1968 (3 fois), ainsi que pour sa lettre du 14-5-1971 au cardinal M. Roy. Quant à Jean-Paul II, il est là avec *Redemptor hominis*(14-3-1979), *Laborem exercens*(14-9-1981) citée 8 fois, *Familiaris consortio* (22-11-1981) citée 14 fois et *Reconciliatio et paenitentia* (2-12-1984) citée 3 fois. Le Code de 1983 n'apparaît qu'une seule fois. Les organismes romains – la Congrégation pour la doctrine de la foi et la Commission «Justice et paix» – sont signalés 9 fois, dont 5 fois pour l'instruction *Donum vitae* du 22-2-1987.

Que conclure de cette trop rapide présentation de l'*Avant-projet* de «catéchisme pour l'Église universelle»? Comme l'a reconnu le cardinal Ratzinger, le «spécimen» est loin d'être complet. Presque la moitié de la première partie en est restée au stade du deuxième schéma; des références et des résumés manquent encore et le glossaire annoncé n'est toujours pas en projet.

Le troisième schéma manque aussi d'homogénéité: les dactylographies sont multiples, le style n'est pas uniformisé. Les résumés – qui ont aussi la forme de «questions-réponses» comme dans les petits catéchismes d'autrefois – sont loin d'être empruntés à l'Écriture, aux prières de l'Église, aux symboles de foi, comme l'annonce la *Praefatio*. Les destinataires du catéchisme ne sont pas les mêmes si l'on s'en tient à la *Praefatio* (de mai 1987) ou à la *Notitia explicativa* (de décembre 1987). Tout cela fait penser que, pour respecter les échéances annoncées, la Commission directrice a préféré envoyer au Collège des consulteurs un troisième schéma encore bien imparfait et le soumettre ainsi sans tarder à une première évaluation.

Le catéchisme s'efforce de refléter les enseignements de Vatican II, qu'il fait ainsi connaître à ses lecteurs. Soucieux de rester en connexion avec la tradition antérieure, il se réfère aux conciles précédents et spécialement au concile de Trente. Le magistère dont il parle, ce sont les conciles et le magistère romain, principalement celui de Paul VI et surtout de Jean-Paul II, desquels il utilise les documents les plus importants. Le Code de droit canonique marque la partie sacramentelle d'une touche juridique certaine.

Le plan et le développement des trois parties de l'*Avant-projet* n'ont rien de commun avec l'exposé des éléments principaux du message chrétien du Directoire. Pouvons-nous les comparer à ceux du Catéchisme romain? Nous le verrons plus loin lorsque nous prendrons connaissance du contenu du cinquième schéma. Nous pouvons cependant signaler dès maintenant que l'*Avant-projet* accorde pratiquement le même volume au Symbole et aux sacrements et un volume moindre à la morale; le Catéchisme de 1566 attribue un pourcentage plus ou moins égal au Symbole, à la morale et à la prière, alors qu'il donne aux sacrements une part beaucoup plus grande.

	Catéchisme romain	*Avant-projet*
Symbole	20,68 %	35,11 %
Sacrements	37,24 %	34,58 %
Morale	21,51 %	30,29 %
Prière	20,55 %	—

Un tel tableau doit être reçu à titre purement indicatif de tendance. Dans le Symbole de 1987 sont contenus le développement non entièrement terminé du Credo apostolique et son introduction. En 1987 aussi, la prière ne fait pas l'objet d'une partie distincte mais est présentée sommairement dans les sacrements et la morale; quant aux sacrements, ils ont un chapitre sur les sacramentaux que ne connaît pas le Catéchisme romain.

Il est difficile de dire que l'*Avant-projet* emploie des expressions simples, compréhensibles par le grand public (si c'est bien pour un tel public qu'il est rédigé), proche de la vie, adapté au contexte actuel et apte à toucher les cœurs. Il est difficile aussi de reconnaître qu'il est fait suffisamment droit à la tradition des Églises catholiques orientales et aux Pères grecs dans ce catéchisme «pro Ecclesia universali».

La *Notitia explicativa* et la *Praefatio* fournissent aux personnes consultées plusieurs critères d'appréciation. Le Directoire de 1971 leur donne aussi quelques «règles et critères» que la catéchèse doit observer pour exposer son contenu propre: la présentation de la doctrine doit être christocentrique et en même temps «théocentrico-trinitaire», c'est-à-dire indiquer que, par le Christ, dans l'Esprit, nous allons vers le Père; elle doit montrer le lien étroit des mystères chrétiens avec l'existence et la fin dernière de l'homme et mettre en lumière le caractère historique de l'histoire du salut. Lorsque nous découvrirons le cinquième schéma, nous verrons les points sur lesquels le Collège des consulteurs a fait porter ses remarques critiques, ce qu'il a proposé de modifier, de supprimer ou d'ajouter.

TROISIÈME PARTIE

DE L'«AVANT-PROJET» AU «PROJET RÉVISÉ» DE «CATÉCHISME POUR L'ÉGLISE UNIVERSELLE»

L'*Avant-projet* constituait comme la première véritable ébauche du catéchisme. Le Collège des consulteurs et les experts choisis l'ont examiné et ont transmis leurs observations à la Commission directrice. Celle-ci prend connaissance des avis formulés et se réunit en mai 1988 pour une troisième session de travail. Au cours de cette session, elle donne des directives pour la rédaction du quatrième schéma appelé «Projet» de catéchisme pour l'Église universelle. En février de l'année suivante, elle indique les améliorations à apporter à ce «Projet» avant qu'il ne soit envoyé aux évêques de toute l'Église pour consultation.

Une Première section, assez courte, exposera ce qu'il est possible de dire actuellement sur le quatrième schéma, Une Deuxième section, beaucoup plus longue, présentera en détail le contenu du cinquième schéma. Comme ce dernier a été accepté par les évêques comme texte de base pour l'élaboration de l'édition définitive du catéchisme, il est important de le parcourir chapitre après chapitre, voire paragraphe après paragraphe, afin de pouvoir apprécier, dans la Quatrième Partie du présent travail, les corrections qui ont été apportées.

PREMIÈRE SECTION

LE QUATRIÈME SCHÉMA OU «PROJET» DE «CATÉCHISME POUR L'ÉGLISE UNIVERSELLE»

Une des décisions importantes prise par la Commission directrice au vu des réponses des personnes consultées est d'ajouter à l'*Avant-projet* un exposé sur le «Notre Père». Ce n'est pas encore une quatrième partie mais un «épilogue» et il est question de commenter l'Oraison dominicale et non de présenter toute la doctrine catholique sur la prière dans la vie chrétienne.

Pour rédiger cet épilogue, «nous nous mîmes en quête d'un théologien du Proche-Orient. Ne trouvant pas d'évêque, nous sollicitâmes J. Corbon, qui écrivit à Beyrouth sous l'occupation, dans une cave, au milieu des bombardements, dans des circonstances souvent dramatiques, ce beau texte sur la prière, qui clôt le catéchisme»[140]. L'introduction d'un «théologien du Proche-Orient» dans le Comité de rédaction est signe d'une ouverture à la pensée orientale. Qu'il ne se soit trouvé aucun évêque de cette région capable de prendre en charge l'«épilogue», laisse rêveur. C'est donc un religieux, un «non-évêque» qui rédigera le «Notre Père». Pourquoi se contenter d'un «épilogue»? La question reste sans réponse. En langue française, l'épilogue s'oppose au prologue; il désigne le résumé à la fin d'un exposé et, plus couramment, le dénouement d'une affaire longue, embrouillée. Un «prologue» introduira finalement le catéchisme, mais pourra-t-on qualifier d'«épilogue» le commentaire du Pater qui le clôturera? Le terme choisi peut toutefois ne pas s'opposer à «prologue» et désigner, comme en fin de récit, de roman ou de pièce de théâtre, le chapitre qui expose quelque chose de postérieur à l'action en vue d'en compléter le sens, la portée.

Une autre décision importante prise par la Commission directrice concerne la langue dans laquelle le catéchisme va être rédigé. L'*Avant-projet* avait été écrit en espagnol avec traduction latine pour la première partie et en latin pour les deux autres parties. Le cardinal Ratzinger a révélé pourquoi le latin a été abandonné au profit du français: «Nous constatâmes qu'un latin souvent insuffisant et traduit en langues modernes prêtait à des malentendus. Au lieu de mettre au jour les intentions des auteurs respectifs, il n'était pas rare que le texte les embrumât.

140. Cf. J. RATZINGER et Chr. SCHÖNBORN, *Petite introduction au «Catéchisme de l'Église catholique»*, p. 20-21.

Une séance de travail en commun révéla que le français pouvait servir de langue de travail, attendu que tous les auteurs en avaient suffisamment connaissance. La solution était bien d'écrire en français. Le texte officiel, lui, resterait en dehors de toute langue nationale et paraîtrait en latin, après les versions respectives dans les langues nationales les plus répandues. En outre, dans la mesure où elles étaient justifiées, le texte officiel devait déjà pouvoir tenir compte des critiques exprimées au cours de la première phase de réception, sans que l'ossature du texte dût être changée. C'est à partir de ce texte définitif (...) que seront revus les textes des langues nationales»[141].

Un commentaire du Pater, une réécriture de tout le texte en français et un nombre imposant de modifications dans chacune des trois parties, dont nous prendrons connaissance plus loin, telles sont les conclusions qui se sont imposées à la Commission directrice. À partir de juin 1988, le Comité de rédaction procède aux remaniements demandés. Son travail est terminé en décembre et aboutit au quatrième schéma qui a pour titre «Projet» de «Catéchisme pour l'Église universelle». La refonte de l'*Avant-projet* aura demandé six mois de labeur.

141. Cf. J. RATZINGER et Chr. SCHÖNBORN, *op. cit.*, p. 21. La *Note explicative au Projet révisé*, dont il va bientôt être question, informe les évêques que le *Projet révisé* «existe en trois langues officielles»: le français, l'anglais et l'espagnol (p. 4). De son côté, le *Dossier d'information*, publié le 25 juin 1992 par la Commission d'édition du Catéchisme de l'Église catholique, affirme que le *Projet révisé* a été «traduit dans les quatre principales langues courantes: l'allemand, l'anglais, l'espagnol et le français» (*La Doc. cath.* 89 [1992] p. 739).

DEUXIÈME SECTION

LE CINQUIÈME SCHÉMA OU «PROJET RÉVISÉ» DE «CATÉCHISME POUR L'ÉGLISE UNIVERSELLE»

Le cinquième schéma va retenir longuement notre attention, le *Catéchisme de l'Église catholique* n'étant finalement que ce *Projet révisé* accepté comme texte de base par les évêques ayant répondu à la consultation demandée par Jean-Paul II le 20 juin 1986, et amendé par la Commission de direction et le Comité de rédaction. Un premier chapitre dira ce que l'on sait actuellement de son élaboration et rapportera les paroles adressées par le pape aux membres desdites commissions. Un second exposera le contenu de ce *Projet révisé* et s'attachera surtout à son commentaire du Symbole des apôtres. Pour mieux percevoir l'originalité de celui-ci, nous le comparerons non seulement au texte de l'*Avant-projet* mais aussi à celui du Catéchisme romain et du chapitre du Directoire catéchétique sur les contenus du message chrétien.

I. La préparation du «Projet révisé»

Le *Projet* de catéchisme est examiné par la Commission directrice réunie à Rome au début de février 1989 avec le Comité de rédaction, en une quatrième session. Un accord de principe sur son adoption est acquis mais des améliorations et une plus grande unité rédactionnelle sont encore demandées avant de procéder à la consultation de l'Épiscopat.

Le 7 de ce mois de février 1989, Jean-Paul II reçoit les membres des deux Commissions. Il leur redit d'abord les motifs pour lesquels un catéchisme universel s'impose aujourd'hui: «L'élaboration d'un catéchisme pour l'Église universelle apparaît toujours davantage, estime-t-il, comme une initiative valable et nécessaire». Pourquoi? Parce que «l'humanité vit une période nouvelle de son histoire, caractérisée par des changements profonds et rapides» et parce que «des masses entières se tournent vers l'indifférentisme, ou courent le péril de conserver une foi privée de son nécessaire dynamisme et d'une influence réelle sur la vie»[142]. Les deux motifs qu'il avance sont empruntés l'un à l'introduction de *Gaudium et spes* et l'autre à celle du *Directoire catéchétique général* ; on les retrouve régulièrement dans divers documents pontificaux et ils

142. Cf. *La Doc. cath.* 86 (1989) p. 272-273.

ne sont donc pas particuliers à l'époque 1985-1989. En les reprenant à ce moment précis, Jean-Paul II ne veut-il pas signifier que, pour lui, le catéchisme – moyen et instrument pour la pastorale et l'évangélisation dont l'urgence est ressentie «au seuil du troisième millénaire» – est comme l'accomplissement d'un vœu implicite du concile et du Directoire, la réponse appropriée à la situation qu'ils ont alors décrite? Le pape ajoute un troisième motif: le concile Vatican II a bien été «le grand catéchisme de notre temps», comme l'a dit un jour Paul VI, mais, pour l'immédiat, «l'Église ressent le besoin et l'urgence d'un exposé synthétique et clair du contenu essentiel et fondamental de la foi et de la morale catholiques». L'Église, dont il est ici question, ce sont, bien sûr, les évêques du synode de 1985 et le pape lui-même; faut-il y inclure aussi les évêques et tous les autres membres du peuple de Dieu qui n'ont pas été associés à la décision?

Qu'attend le pape de la parution d'un tel ouvrage? «Ce compendium (...) servira à exprimer et à raviver la 'mémoire' de l'Église, favorisant une catéchèse ouverte à une dimension universelle et capable d'aider au dépassement de cette rupture entre la foi et la culture qui constitue 'le drame de notre temps'». La mémoire du peuple de Dieu doit donc être ravivée. C'est pourquoi, le catéchisme doit contenir «certaines formules fondamentales qui, facilement mémorisables, peuvent résumer d'une manière simple et concise des thèmes vraiment importants».

Jean-Paul II revient alors sur la question des destinataires du catéchisme. Nous avons vu que deux thèses sont en présence. Pour la *Notitia explicativa* de l'*Avant-projet*, ce sont les évêques et ceux qui rédigeront des catéchismes locaux; pour la *Praefatio*, c'est aussi l'ensemble du peuple chrétien, et même tout homme en recherche. Pour l'instant, le pape semble vouloir concilier les deux points de vue. Puisque le catéchisme est voulu comme point de référence pour tous les catéchismes locaux, les destinataires sont en premier lieu les évêques et les rédacteurs de catéchismes. Une autre catégorie de personnes pourra cependant l'utiliser avec profit: ces sont les catéchistes. Enfin, tout le peuple de Dieu pourra aussi en tirer profit mais «par l'intermédiaire» des catéchistes et donc non directement. En ajoutant les catéchistes et, par eux, tout le peuple de Dieu, le pape n'est-il pas en train de court-circuiter les catéchismes locaux? Dans la logique du vœu du synode de 1985, ne devait-il pas plutôt dire: c'est par l'intermédiaire de ces catéchismes-là que les catéchistes et, par eux, les catholiques tireront profit du catéchisme universel? Car le pape redit avec insistance que ce dernier «ne remplacera pas, mais suscitera et encouragera l'indispensable travail ultérieur de médiation et d'inculturation qui appartient aux Églises locales et aux Conférences épiscopales. Celles-ci, attentives aux diverses situations culturelles et religieuses des destinataires (...) sauront repenser et reformuler la *fides Ecclesiae* en un langage significatif et adapté à la condition des sujets». Je vois mal les catéchistes de tous les pays utiliser le catéchisme universel non inculturé alors qu'ils disposeraient du catéchisme national rédigé, lui, en fonction des situations locales. De toute façon, désigner aussi les catéchistes comme destinataires, c'est inviter les rédacteurs à écrire un ouvrage non seulement pour des personnes qui possèdent une culture théologique, mais aussi pour des hommes et des femmes de formations très variées, qui ont souvent besoin d'un langage simple. Nous savons, par la *Praefatio* de l'*Avant-projet*, que la Commission directrice va plus loin que le pape: elle destine le catéchisme à tous les catholiques et même aux non-chrétiens, ce qui exige, davantage encore, un texte facile à comprendre par des non-initiés.

Après avoir rappelé l'indispensable travail d'inculturation qui s'imposera après la parution du catéchisme universel, Jean-Paul II évoque la consultation toute proche de l'Épiscopat. Jusqu'ici, il était dit qu'on consulterait les Églises orientales, les conférences épiscopales, les dicastères de la Curie romaine et des experts de l'annonce de la Parole. Maintenant la liste met en tête «tous les évêques» (ce qui veut dire chaque évêque individuellement) et mentionne ensuite les conférences épiscopales et «par leur intermédiaire» les instituts catéchétiques, les facultés de théologie et d'autres organismes spécialisés dans l'annonce de la Parole[143].

«On souhaite ainsi, conclut le pape, arriver à un texte qui pourra être présenté à la prochaine Assemblée générale ordinaire du Synode des évêques, prévue pour l'année prochaine, en vue de sa rédaction définitive». Jean-Paul II se garde cette fois de mentionner, pour la promulgation solennelle, la date du 8 décembre 1990 avancée jusqu'ici.

Le temps pour le Comité de rédaction d'apporter les améliorations souhaitées et pour les services compétents d'éditer le *Projet révisé* «en trois langues officielles (français, anglais et espagnol)» (comme le précise la *Note explicative* transmise aux évêques), et nous voici au début du mois de novembre 1989. Il aura donc encore fallu neuf mois pour passer d'un *Projet* à un *Projet révisé*, à un texte complet de catéchisme

143. Cf. J. Ratzinger au synode de 1987 (*La Doc. cath.* 84 [1987] p. 1007) et Jean-Paul II aux membres des deux commissions, le 7 février 1989 (*La Doc. cath.* 86 [1989] p. 273).

sur lequel les évêques et les autres organismes désignés vont pouvoir donner leur avis. Environ cinq mille exemplaires sont imprimés et expédiés dans toutes les parties du monde avec l'aide des représentations du Saint-Siège dans les divers pays.

Il s'agit d'un imposant volume de 392 pages non reliées, imprimées recto-verso, de format 21 x 29.5. Il porte comme titre, en langue française, *Catéchisme pour l'Église universelle. Projet révisé. Texte provisoire*. On peut lire au bas de chaque page: «Copyrigth by Libreria Editrice Vaticana, Vatican City, 1989. Sub secreto». Une *Note explicative au Projet révisé*, de 5 pages, accompagne le volume; elle est éditée par le «Secrétariat de rédaction du catéchisme pour l'Église universelle». Dans une lettre d'accompagnement, datée du 3 novembre 1989, le cardinal Ratzinger invite chaque évêque à faire connaître, d'ici la fin du mois de mai 1990, ses réactions sur ce projet préparatoire au «texte magistériel» qui constituera un «point de référence» pour les catéchismes nationaux et diocésains. Des formulaires imprimés pour les réponses des évêques accompagnent l'envoi. S'il n'était pas possible de faire des remarques, suggestions et propositions sur la totalité du document, les évêques pourraient n'en formuler que sur l'une ou l'autre de ses parties.

II. Le contenu du «Projet révisé»

Avant de présenter le contenu du *Projet révisé* et de procéder aux comparaisons annoncées avec l'*Avant-projet* de 1987, le Catéchisme tridentin de 1566 et l'exposé des principales vérités chrétiennes de 1971, il me faut dire un mot de la *Note explicative* qui veut faciliter la lecture et l'évaluation du catéchisme.

1. La «Note explicative au Projet révisé»

La *Note explicative* donne quelques indications concernant la genèse du *Projet révisé*, les limites du texte actuel et la procédure à suivre pour répondre à la consultation.

a. La genèse du texte

La Note évoque la demande du synode extraordinaire de 1985 et la création de la Commission directrice le 10 juin 1986. Elle énumère les organes qui ont coopéré avec ladite Commission. Elle décrit les caractéristiques et précise les destinataires de ce catéchisme et retrace les étapes et la méthodologie suivies dans sa rédaction. Comme elle résume pratiquement la *Praefatio* qui ouvrait l'*Avant-projet* de 1987, nous pouvons nous contenter de deux observations sur des points particuliers.

La première concerne les destinataires du catéchisme: «Les destinataires sont ceux à qui incombe la tâche de composer et d'approuver les catéchismes diocésains et nationaux: donc en premier lieu les Évêques, docteurs de la Foi, et, à travers eux, les rédacteurs de catéchismes, les catéchistes et le Peuple de Dieu». Ce n'est pas exactement ce que nous avions trouvé dans la *Praefatio* de mai 1987 (les évêques et leurs collaborateurs ainsi que tous les croyants et les non-croyants), ni ce que déclarait le cardinal Ratzinger aux évêques du synode de 1987 («tous ceux qui ont la tâche d'élaborer et/ou d'approuver les différents catéchismes», et donc «surtout les évêques»), ni non plus ce que disait la *Notitia explicativa* de décembre 1987 (les évêques et leurs collaborateurs, mais non les fidèles à qui le catéchisme n'est pas «directement et immédiatement» adressé). De son côté, le pape avait indiqué, dans son allocution du 7 février 1989, que les destinataires étaient les évêques, les rédacteurs de catéchismes et les catéchistes. Maintenant, la *Note explicative* que lirons les évêques leur dit: vous êtes les premiers destinataires mais le catéchisme est destiné à bien d'autres personnes: les rédacteurs de catéchismes, les catéchistes et tous les autres fidèles. Et ils se demanderont sans doute comment comprendre le «à travers eux». Enregistrons ce que dit la *Note explicative* et attendons de voir comment le prologue du *Projet révisé* va, à son tour, parler des destinataires.

La deuxième observation porte sur les destinataires du *Projet révisé* lui-même: le texte est présenté «à l'examen de tous les Évêques de l'Église catholique». Le pape avait d'abord envisagé une consultation «des Églises orientales et des Conférences épiscopales» (28-6-1986). Au synode de 1987, le cardinal Ratzinger avait parlé d'une consultation «de tous les évêques des Conférences épiscopales», formule reprise par Jean-Paul II le 7 février 1989. Maintenant, la *Note*, comme aussi la lettre d'accompagnement du cardinal Ratzinger, ne mentionne plus les conférences épiscopales et indique que «tous les évêques», c'est-à-dire chaque évêque en particulier, sont invités à donner leur appréciation. Insensiblement, un glissement s'est produit, qui aboutit à donner la préférence au jugement de chaque évêque plutôt qu'à celui d'évêques réunis en conférence épiscopale. Il est difficile de penser que ce glissement est tout à fait fortuit.

À ces deux observations, j'ajoute une information intéressante: «Les nombreuses suggestions de la part de la Commission et des Consulteurs ont été d'un grand profit, de même que celles qui sont venues de bien des catéchismes d'adultes, exposés de la foi et autres ouvrages catéchétiques.

On a veillé aussi à ce que soit présente de façon adéquate la Tradition orientale de l'Église». Nous ne pouvons que nous réjouir d'apprendre que le *Projet révisé* a comblé les lacunes de l'*Avant-projet* en ce qui concerne l'attention à accorder à la Tradition orientale. Nous tenons bonne note de ce que des catéchismes et des exposés de la foi provenant d'Églises particulières ont pu être de quelque utilité pour les rédacteurs du *Projet révisé* ; nous nous permettrons, dès lors, de comparer, du moins occasionnellement, le *Projet révisé* avec l'un ou l'autre de ces catéchismes ou exposés de la foi.

b. Les limites du texte actuel

Les auteurs de la *Note* reconnaissent que le texte n'est pas définitif bien qu'il soit «suffisamment mûr pour servir de texte de base» à l'élaboration du catéchisme. L'homogénéité n'est pas encore parfaite. Des redites subsistent et l'unité rédactionnelle n'est pas suffisamment réalisée. Des modifications sont donc possibles et les évêques peuvent exprimer leur préférence pour tel ou tel type de rédaction, demander «de compléter ce qui manque, d'abréger ce qui serait trop détaillé, d'unifier le style et l'exposé».

c. Les indications pratiques concernant la consultation

La procédure à suivre est indiquée dans la dernière partie de la *Note*. Les évêques sont d'abord invités à faire des *observations générales*. À cet effet, ils utiliseront les huit pages contenant chacune une question, qui accompagnent l'envoi du *Projet révisé*, et ils y joindront des feuilles supplémentaires s'ils le jugent nécessaire. Les questions sont ainsi formulées:

1. «Quelle est votre impression sur l'ensemble du 'Projet révisé'? Vous semble-t-il conforme au vœu formulé lors de la Session Extraordinaire du Synode des Évêques de 1985?»

2. «Estimez-vous que, dans son ensemble, le 'Projet révisé' constitue un exposé organique et synthétique, concis et complet, de l'essentiel de la doctrine catholique? Signalez d'éventuelles lacunes importantes».

3. «Avez-vous des suggestions à faire pour améliorer la présentation et le style (p. ex. concernant les 'En bref', les citations, la lisibilité, la clarté, etc.)?»

4. a. «Comment jugez-vous l'*introduction* ('Je crois')? Est-elle doctrinalement précise et complète? L'exposé est-il organique et synthétique?»

4. b. «Estimez-vous que la *Première Partie* (Credo) représente un exposé organique et synthétique, précis et complet de l'ensemble des articles de la foi?»

4. c. «Selon vous, la *Deuxième Partie* est-elle un exposé suffisamment précis et complet, synthétique et organique de la doctrine catholique sur la Liturgie et les Sacrements?»

4. d. «Est-ce que la *Troisième Partie* présente, à votre avis, l'ensemble de la morale chrétienne d'une façon synthétique et organique, concise et complète?»

4. e. «Estimez-vous que l'*Épilogue* présente d'une façon organique et complète la prière chrétienne?»

Les observations générales peuvent être ensuite accompagnées d'amendements précis ou *modi*. Pour demander un *modus*, les évêques doivent respecter les règles suivantes:

«a) Utiliser exclusivement les formulaires imprimés (on en trouvera une vingtaine en annexe). Si les formulaires ne suffisent pas, en reproduire d'autres (...).

b) Chaque modus doit figurer sur une feuille à part (pour pouvoir être plus facilement classé). Donc: *un seul modus par formulaire!*

c) *Toujours indiquer le numéro du paragraphe* auquel se réfère le modus (et jamais la page du texte).

d) Ne pourront être pris en considération que les modi qui proposent un texte alternatif déjà rédigé.

e) Enfin, porter l'attention surtout sur l'*aspect doctrinal du texte*. Le but du texte étant de donner un exposé organique et synthétique, aussi concis et complet que possible de la doctrine catholique en matière de foi et de morale, les remarques concernant l'aspect doctrinal sont particulièrement importantes et attendues».

Comme nous le constatons, les évêques n'ont pas à remettre en question le plan adopté; il ne leur est pas demandé explicitement si l'exposé est vraiment biblique et liturgique, trinitaire, christocentrique et en même temps anthropocentrique, s'il respecte la hiérarchie des vérités, s'il est adapté, compréhensible, capable de toucher les cœurs. Leur attention est presque uniquement attirée sur le caractère organique et synthétique, concis et complet de l'ensemble et de chacune des parties. Ils sont invités à proposer des textes alternatifs mais rien n'est prévu pour qu'ils signalent leur désir de maintenir un paragraphe, une phrase, une expression qu'ils trouvent particulièrement heureux et voudraient qu'on ne supprime pas dans l'édition définitive.

La consultation est ouverte pour une période de sept mois: les réponses doivent être envoyées à Rome pour le 31 mai 1990. Suite à la lenteur de l'acheminement du courrier dans certaines régions et du temps nécessaire pour lire et apprécier un document d'une telle ampleur, les conférences épiscopales des États-Unis, d'Allemagne, de Suisse et du Brésil ont obtenu un délai supplémentaire: la date ultime est reportée au 15 octobre 1990. Il est dès lors raisonnable de penser que la promulgation du catéchisme ne pourra pas coïncider avec le vingt-cinquième anniversaire de la clôture de Vatican II, le 8 décembre 1990.

2. Le «Catéchisme pour l'Église universelle»

Le cinquième schéma ou *Projet révisé* a pour titre, comme l'*Avant-projet*, «Catéchisme pour l'Église universelle». Ses 392 pages se répartissent ainsi:

Prologue, p. 3-6.
Introduction: «Je crois», p. 7-32.
Première Partie: La profession de la foi chrétienne, p. 33-170.
Deuxième Partie: La célébration du mystère chrétien, p. 171-274.
Troisième Partie: La vie dans le Christ, p. 275-358.
Épilogue: La prière du Seigneur: «Notre Père», p. 359-378.
Annexes: 1. Glossaire, p. 379-380.
2. Table des abréviations, p. 381.
Table des matières, p. 383-392.

La comparaison avec le Catéchisme romain et avec l'*Avant-projet* montre que le *Projet révisé* rejoint finalement le plan du Catéchisme tridentin grâce à l'insertion de vingt pages sur «la prière du Seigneur», ce qui, cependant, n'est pas encore un exposé complet sur la prière dans la vie du chrétien. Les rédacteurs de 1989 ont préféré commenter les deux premiers mots du Credo – «Je crois» – dans une introduction située hors de la profession de foi proprement dite; en 1566, ce commentaire figurait tout normalement au début du premier article du Symbole et, en 1987, il constituait l'introduction même de la profession de foi.

Catechismus (...) ad parochos (*) 1566	*Catechismus pro Ecclesia universali Avant-projet 1987*	*Catéchisme pour l'Église universelle Projet révisé 1989*
Préface (11 pages)	Préface (5 pages) Index-sommaire (24 pages)	Prologue (4 pages) Introduction: «Je crois» (26 pages)
Première Partie: le Symbole des apôtres (150 pages)	Première Partie: Introduction – Symbole des apôtres (132 pages)	Première Partie: la profession de la foi chrétienne (138 pages)
Deuxième Partie: les sacrements (270 pages)	Deuxième Partie: la célébration du mystère chrétien (128 pages)	Deuxième Partie: la célébration du mystère chrétien (104 pages)
Troisième Partie: les préceptes divins contenus dans le Décalogue (156 pages)	Troisième Partie: la vie morale du disciple du Christ (114 pages)	Troisième Partie: la vie dans le Christ (84 pages)
Quatrième Partie: la prière (149 pages)		Épilogue: la Prière du Seigneur, «Notre Père» (20 pages)

Index du catéchisme (25 pages)
Index des évangiles ou pratique du catéchisme: le catéchisme selon les évangiles des dimanches de l'année (24 pages) (**)

Annexes:
1. Glossaire (2 pages)
2. Table des abréviations (1 page)
Table des matières (10 pages)

(*) D'après l'édition critique de 1989
(**) Ajouté au catéchisme à partir de 1578.

Le *Projet révisé* consacre un nombre déterminé de pages à chacune des parties qui le constituent. Le tableau suivant indique le pourcentage de chacune d'elles dans l'ensemble de l'ouvrage en 1566, en 1987 et en 1989.

	Catéchisme romain	*Avant-projet*	*Projet révisé*
Symbole	20,68 %	35,11 %	44,08 %
Sacrements	37,24 %	34,58 %	27,95 %
Morale	21,51 %	30,29 %	22,58 %
Prière	20,55 %	—	5,37 %

Le texte de 1989 réserve au Symbole – auquel il faut ajouter l'introduction «Je crois» pour rendre valable la comparaison avec le texte de 1987 et avec le Catéchisme romain – presque 45 % de l'ensemble, ce qui fait baisser le pourcentage des sacrements et de la morale. La prière refait surface mais encore bien timidement. Quant à la morale, elle n'occupe plus que 22,58 % du catéchisme.

Pour faciliter le repérage et le classement des *modi* que les évêques souhaitent proposer, les rédacteurs ont numéroté chacun des paragraphes du *Projet révisé*. La numérotation n'étant pas continue, il n'y a pas 4126 paragraphes, comme on pourrait le croire en arrivant aux dernières lignes du catéchisme, mais 2660; au début de chaque partie, le compte a été remis, non pas à zéro, mais au chiffre 1: 0001 pour le Prologue, 0101 pour l'Introduction, 1001 pour la Première Partie et 2001, 3001, 4001 pour les deux parties suivants et l'Épilogue.

Ces considérations générales étant faites, il nous faut entrer dans le *Projet révisé*. L'exposé qui va suivre reprend les titres et les subdivisions même du texte envoyé aux évêques. Il donne le contenu des grandes parties du catéchisme et, en ce qui concerne le Prologue, l'Introduction et «la profession de la foi chrétienne», il entreprend la comparaison annoncée avec le Catéchisme romain, le Directoire catéchétique, l'*Avant-projet* de 1987, parfois avec l'un ou l'autre catéchisme récent et souvent avec les enseignements du concile Vatican II.

Prologue

Le *Catéchisme de 1566* commençait par une «Préface» de 11 pages. Elle évoquait la nécessité pour l'Église d'avoir des pasteurs et l'autorité dont le Christ les a revêtus; elle précisait leurs fonctions et leurs devoirs en ces temps troublés par de faux prophètes. Elle expliquait ensuite pourquoi le concile de Trente avait décidé la publication d'un catéchisme, en donnait brièvement le contenu et indiquait la manière de s'en servir dans l'enseignement des fidèles et dans la prédication dominicale. Elle se clôturait par deux précisions: la foi, dont il sera question, est prise au sens de «vertu par laquelle nous donnons un assentiment plein et entier aux vérités révélées par Dieu». Quant au Symbole, il est la profession de foi constituée des vérités que les apôtres ont renfermées dans douze articles; il est comme une marque et un mot d'ordre, qui fait «distinguer aisément les vrais soldats de Jésus-Christ des déserteurs et des faux frères qui se glissent dans l'Église pour corrompre l'Évangile»[144].

La Préface de l'*Avant-projet* était un texte de cinq pages destiné aux membres du Collège des consulteurs, daté de mai 1987 et présentant les options prises par la Commission directrice. Elle retraçait l'origine du projet de catéchisme et les buts poursuivis, en précisant les destinataires et la méthodologie mise en œuvre[145].

Le *Projet révisé* a maintenant un Prologue en quatre parties, destiné à tous ceux qui liront un jour le catéchisme. Il comprend 27 paragraphes (0001-0026)[146].

I. La vie de l'homme – connaître Dieu

Le catéchisme, dit-il, s'origine dans le dessein de salut de Dieu qui veut que tous les hommes soient sauvés par la foi en Jésus-Christ et

144. Cf. l'édition critique du Catéchisme romain de 1989, p. 5-15. La traduction française est empruntée à l'édition de la «Bibliothèque de la Vraie et Solide Piété», chez Desclée et Cie, Paris-Tournai-Rome, 1923. L'édition critique replace les précisions sur la foi et le Symbole au terme de la Préface; la tradition éditoriale avait fini par les transférer au début de la Première Partie.

145. Voir ci-dessus, p. 88-90.

146. Le total de 27 paragraphes tient compte qu'il y a deux paragraphes 0020.

parviennent à la connaissance de la vérité. Ceux qui furent les disciples du Christ ont annoncé la Bonne Nouvelle; instruits des enseignements du Seigneur transmis par les apôtres, ils ont, de génération en génération, prêché la foi (0001-0005).

II. Transmission de la foi – la catéchèse

Très vite, on a appelé «catéchèse» les formes prises par l'annonce de la Parole de Dieu. Comme il n'est pas possible d'évoquer en quelques lignes tous les efforts entrepris dans l'Église pour aider les hommes à croire que Jésus est le Fils de Dieu, ni de retracer la riche histoire de la catéchèse à toutes les époques, dans tous les continents et tous les contextes socio-culturels, le Prologue, s'inspirant de *Catechesi tradendae*, mentionne l'œuvre du concile de Trente, le Catéchisme de Pie V, les catéchismes de Canisius, Turibio de Mongrovejo et de Bellarmin, la pastorale de Charles Borromée et la publication de nombreux catéchismes.

Il passe ensuite à Vatican II, au Directoire de 1971, aux synodes de 1974 et de 1977 et à celui de 1985 qui a demandé la publication d'un catéchisme-référence pour tous les catéchismes, dont Jean-Paul II estima qu'il répondait tout à fait à un vrai besoin de l'Église universelle et des Églises particulières. «Paul VI considérait les documents du IIe Concile du Vatican comme '*le grand catéchisme des temps modernes*'. Le catéchisme que voici puise son inspiration dans ces textes. Puisse-t-il contribuer à réaliser (...) le vœu le plus cher des pères du IIe Concile du Vatican: 'répandre sur tous les hommes la clarté du Christ qui resplendit sur le visage de l'Église' (LG 1)» (0006-0010).

III. La structure du catéchisme

«Le plan de ce catéchisme s'inspire de la grande tradition des catéchismes tant de la Réforme protestante (M. Luther, J. Calvin) que de la Réforme catholique du 16e siècle. L'exposé de la foi est articulé autour de quatre 'piliers': le Symbole des Apôtres, les Sacrements, les Commandements et le 'Notre Père'. Il est précédé par une Introduction générale portant sur le sens du 'Je crois'» (0011).

Nous savions déjà que la Commission directrice avait retenu, pour le catéchisme, une structure tripartite et que la consultation du Collège des consulteurs avait abouti à l'adjonction d'un commentaire du «Notre Père». Grâce à cet «épilogue» – qui n'est pas encore un «pilier» à part entière – la structure devient quadripartite. Dans un élan d'œcuménisme sans doute, il est fait mention de la «grande tradition» représentée par

Luther et Calvin et par le Catéchisme tridentin. En réalité, les catéchismes de M. Luther, le grand et le petit, celui de J. Calvin et celui de Pie V ont des structures différentes. Chez Luther, il y a: 1. Les commandements (il faut savoir ce que l'on doit faire et ne pas faire et reconnaître qu'on est malade); 2. La foi ou le Symbole (on doit savoir que le remède est Dieu et sa miséricorde en Christ); 3. Le «Notre Père» et 4. Le baptême et la cène (on doit savoir comment implorer Dieu pour obtenir sa miséricorde). J. Calvin ordonne tout autrement: il ne part pas de l'homme et de son besoin d'être sauvé mais de Dieu et de sa gloire; d'où le plan qu'il adopte: 1. Le Credo (connaître Dieu qui se révèle); 2. La loi (connaître la volonté de ce Dieu de gloire); 3. Le Pater (savoir qu'il nous faut l'invoquer dans toutes nos nécessités); 4. Les sacrements (savoir que, par eux, Dieu se communique à nous). Quant au Catéchisme de Pie V, sa structure nous est bien connue: 1. Le Credo; 2. Les sacrements; 3. Le Décalogue; 4. La prière. Beaucoup de catéchismes catholiques modifieront par la suite cet ordre, faisant passer les commandements en deuxième lieu et les sacrements en troisième, les présentant ainsi comme des moyens pour vivre selon les commandements[147]. Puisqu'il en est ainsi, ne faut-il pas mieux reconnaître que le plan s'inspire du seul Catéchisme du concile de Trente?

Les quatre parties du catéchisme sont alors brièvement présentées. Elles ont pour titre: 1. La foi professée; 2. La foi célébrée; 3. La foi vécue; 4. Le «Notre Père» (0012-0015).

IV. Quelques points de repère

Le Prologue se termine par quelques précisions nécessaires pour une juste appréciation et une bonne utilisation du catéchisme.

1. Quelle est la finalité de ce catéchisme? Il veut être un compendium de toutes la doctrine catholique et servir de point de référence pour tous les catéchismes. Dès lors, il se présente comme un «exposé organique et synthétique des contenus essentiels et fondamentaux de la doctrine catholique», à la lumière de Vatican II et en lien avec la Tradition antérieure (0016-0017).

2. À qui s'adresse ce catéchisme? Les destinataires sont «ceux à qui incombe la tâche de composer et/ou d'approuver les catéchismes (...)», en premier lieu «les Évêques en tant que docteurs de la Foi». Nous reconnaissons ici la déclaration du cardinal Ratzinger au synode

147. Le *Catechismus catholicus* du cardinal P. Gasparri (1929), première tentative de catéchisme universel pour les petits, pour les enfants et pour les adultes, fait suivre le Symbole des apôtres du Décalogue, de la prière et des sacrements et termine par les vertus, les péchés et les «fins dernières».

d'octobre 1987. Le Prologue poursuit: «À travers les évêques (...), ce catéchisme s'adresse aux rédacteurs de catéchismes, aux catéchistes et par là à tout le Peuple de Dieu» (0018-0019). Il confirme que le catéchisme n'est destiné aux fidèles qu'indirectement, par la médiation des rédacteurs de catéchismes et des catéchistes, comme l'a précisé Jean-Paul II dans son allocution du 7 février 1989. Et, en s'exprimant ainsi, en maintenant «à travers les évêques» et en ajoutant «par là», il a une vision des destinataires différente de celle que donne la *Note explicative* qui accompagne le *Projet révisé.*

3. «Ce que ce catéchisme n'est pas». Vu sa fonction et ses destinataires, l'accent de ce catéchisme porte principalement «sur l'exposé doctrinal». «Il n'est pas de son ressort de fournir les adaptations qu'exige l''inculturation' de la foi chrétienne. Il ne se substitue pas aux catéchismes diocésains ou régionaux, mais veut, au contraire, favoriser leur réalisation. Son but n'est pas de proposer des méthodes catéchétiques qui ne pourraient être les mêmes pour toutes les situations d'âge et de culture dans l'Église. C'est là proprement la tâche de ceux qui instruisent les fidèles, comme le dit déjà le Catéchisme romain dans sa Préface (0020).

4. Comment utiliser ce catéchisme? La réponse s'adresse aux évêques et aux rédacteurs de catéchismes:

– Il faut le lire comme un tout et, grâce aux nombreux renvois à l'intérieur du texte, il est possible d'avoir une vue d'ensemble sur un thème et ses connexions (0021).

– Il y a des citations scripturaires souvent sous forme de *conferatur* (cf.); elles sont «un instrument de travail pour la catéchèse» (0022).

– Les passages en petits caractères sont des remarques de type historique, apologétique ou «de moindre importance doctrinale» (0023).

– Le texte est enrichi de citations patristiques, liturgiques, magistérielles en petits caractères également; elles ont été choisies «en vue d'un usage directement catéchétique» (0024).

– Des textes brefs, «En bref», résument l'essentiel de l'enseignement d'une unité thématique. Ce sont des suggestions fournies à la catéchèse locale «pour des formules synthétiques et mémorisables» (0025). Le genre «questions/réponses» de la deuxième partie de l'*Avant-projet* a donc été abandonné.

– Le glossaire annoncé par le cardinal Ratzinger au synode de 1987 est maintenu; un spécimen se trouve à la fin du catéchisme, p. 379-380. «Il a pour but de permettre un accès facile aux termes-clef (...) et de proposer un lexique de base pour la catéchèse» (0026).

En quelques pages, le Prologue dit l'essentiel de ce que les évêques doivent savoir au moment où ils vont entamer la lecture du catéchisme.

Celui-ci paraît à un moment précis de l'histoire de l'Église; il a été souhaité par un synode extraordinaire et décidé par le pape, vingt ans après le concile Vatican II. J'aurais aimé qu'il soit dit explicitement pourquoi il était nécessaire de rédiger «maintenant» un tel ouvrage. Est-ce pour mieux faire connaître les enseignements du concile, comme le disaient les Pères synodaux? Est-ce aussi pour garantir l'orthodoxie de la foi car des ouvrages catéchétiques s'écartent de la doctrine catholique et donnent des interprétations peu conformes, comme cela se dit à la Congrégation pour le clergé et dans bien d'autres milieux?

Le catéchisme, annonce le Prologue, comprend un exposé de toute la doctrine catholique, mais aussi tout un matériel de citations diverses, de notes historiques ou autres, de formules brèves mémorisables et de définitions de termes choisis. Tous ces compléments à visée plus directement catéchétique font dire que nous sommes loin de l'exposé concis, simple, bref, dont il était question au point de départ. Ils font dire aussi que le catéchisme a bien pour destinataires les évêques et, à travers eux, les rédacteurs de catéchismes et les catéchistes. Nous constatons d'ailleurs que les autres membres du peuple de Dieu ne sont pas invités à utiliser le catéchisme, à l'avoir à leur disposition comme synthèse de la foi, dictionnaire, encyclopédie, banque de données ou livre de référence lorsqu'ils sont amenés à parler de leur foi. C'est que, pour approfondir leur foi, en vivre et en témoigner, les fidèles du Christ disposeront de catéchismes et d'autres ouvrages catéchétiques publiés dans leur diocèse ou leur pays: «Il [le catéchisme pour l'Église universelle] ne se substitue pas aux catéchismes diocésains ou régionaux, mais veut au contraire favoriser leur réalisation» (0020).

INTRODUCTION – «JE CROIS»

Dans le *Projet révisé*, le catéchisme commence par une introduction de 24 pages comprenant 205 paragraphes, 172 pour le développement et 33 pour les «En bref»[148]. Un premier chapitre nous décrit «l'homme en quête de Dieu», un deuxième nous montre «Dieu à la rencontre de l'homme» et un troisième nous parle de «la réponse de l'homme à Dieu».

Le *Catéchisme du concile de Trente* n'a pas d'introduction. Immédiatement après la Préface, il entame la Première Partie par le commentaire des deux premiers mots du Symbole: «Je crois».

148. Ce sont les paragraphes 0101 à 0358. Il n'y a pas de paragraphe 0136 ni de paragraphe 0216, mais il y a deux paragraphes 0221. On passe de 0149 à 0201 et de 0299 à 0301.

L'*Avant-projet* de 1987 s'ouvre par une introduction qui est située à l'intérieur de la Première Partie et en est comme le préambule. Elle s'intitule «la rencontre entre Dieu et l'homme».

Le *Projet révisé* conserve cette introduction mais ne la place plus en tête de la Première Partie. Il en fait un exposé préparant à l'ensemble du catéchisme, lui donnant cependant comme titre les deux premiers mots du Symbole: «Je crois». Le tableau qui suit donne le plan de l'Introduction des troisième et cinquième schémas.

Avant-projet	*Projet révisé*
La rencontre entre Dieu et l'homme	«Je crois»
Art. I: Le mystère de l'homme	Chap. I: L'homme en quête de Dieu Art. 1: Les religions, voies de la quête de Dieu
Art. II: Le mystère de Dieu éclaire le mystère de l'homme	Art. 2: L'homme «capable» de Dieu
Art. III: La révélation de Dieu dans l'histoire de l'homme	Chap. II: Dieu à la rencontre de l'homme
Art. IV: La révélation de Dieu dans l'histoire des hommes	Art. 1: La révélation de Dieu Art. 2: La transmission de la révélation divine
Art. V: La foi, réponse à la révélation de Dieu	Art. 3: La Sainte Écriture
Art. VI: Structure de ce catéchisme	Chap. III: La réponse de l'homme à Dieu Art. 1: Je crois Art. 2: Nous croyons Conclusion: «Une seule foi»

Chapitre premier: L'homme en quête de Dieu

Le catéchisme commence par l'évocation de l'homme qui «est primordialement un *homo religiosus*», un être qui se reconnaît «dépendant d'une source première de la vie qui lui donne l'être, le maintient dans l'existence et le prend en charge par delà la mort» (0102-0103). D'un schéma à l'autre, ce premier chapitre a subi plusieurs modifications, comme l'indique le tableau comparatif suivant.

Avant-projet	*Projet révisé*
Art. I: Le mystère de l'homme	Chap. I: L'homme en quête de Dieu.
1. L'homme s'interroge sur lui-même	Art. 1: Les religions, voies de la quête de Dieu
2. Les religions, réponses des hommes à leurs interrogations les plus profondes	I. Le phénomène religieux II. Les grandes religions III. La foi chrétienne devant les religions
3. Critique des religions et des diverses formes d'athéisme	

4. Attitude de l'Église à l'égard de l'athéisme

Art. II: Le mystère de Dieu éclaire le mystère de l'homme
1. L'homme «capable» de Dieu
2. Les limites de l'homme
3. L'homme ouvert à l'absolu
4. Les voies d'accès à la connaissance de Dieu
5. L'enseignement de l'Église sur la connaissance naturelle de Dieu

Art. 2: L'homme «capable» de Dieu
I. L'homme s'interroge sur lui-même
II. Les voies d'accès à la connaissance de Dieu
III. L'enseignement de l'Église sur la connaissance de Dieu
IV. Comment parler de Dieu?

Article 1: Les religions – voies de la quête de Dieu

Le *Catéchisme romain* ne fait aucune réflexion sur l'existence des autres religions et sur l'athéisme: le dialogue avec les non-chrétiens est toujours impensable à l'époque. Il entre directement dans la matière en présentant le symbole en général et en expliquant le sens des mots «Je crois», sans passer par une réflexion préalable sur le mystère de l'homme.

Dans le *Directoire* de 1971, le deuxième point de l'exposé des éléments principaux du mystère chrétien porte sur «le culte authentique de Dieu dans un monde sécularisé». Il invite les catéchistes à ne pas ignorer que «beaucoup de nos contemporains ressentent vivement l'éloignement, sinon l'absence de Dieu. Ce fait, qui est lié au processus de sécularisation, constitue sans doute un péril pour la foi, mais par ailleurs, il nous pousse à purifier notre foi et, comme il convient, à devenir plus humbles devant le mystère de Dieu» (nº 48)[149].

L'*Avant-projet* s'ouvre sur l'homme qui s'interroge sur lui-même et qui trouve des réponses à ses interrogations les plus profondes dans les religions; il décrit les grandes religions et mentionne les éléments de sainteté, de vertu et de grâce qu'elles contiennent. Il passe alors à la critique des diverses formes d'athéisme, reprenant presque mot à mot ce qu'enseigne *Gaudium et spes* 19-21. Il termine par l'attitude de l'Église face à l'athéisme, telle qu'elle a été précisée par Vatican II (p. 1-5).

149. Dans sa première partie, le Directoire évoque le pluralisme qui «n'est plus considéré comme un mal à écarter, mais comme un fait dont il faut tenir compte» (nº 3); il mentionne aussi l'indifférence religieuse et l'athéisme qui, selon le concile, «compte parmi les faits les plus graves de ce temps et doit être soumis à un examen très attentif» (nº 7).

Pour le *Projet révisé*, l'homme est un être religieux inséré dans un réseau complexe de dépendances cosmiques et de solidarités humaines, qui se reconnaît aussi dépendant d'une source première de la vie. Les rites religieux primordiaux et les mythes expriment à leur manière ces diverses dépendances fondamentales et les religions sont une réflexion sur Dieu et sur la vie humaine. Parmi les grandes religions de l'humanité, il y a l'hindouisme et le bouddhisme, l'islam et la foi du peuple d'Israël (0104-0111). D'entrée de jeu, le regard du *Projet révisé* se porte donc sur les diverses religions. S'inspirant de *Nostra aetate* 1-4, de *Dignitatis humanae* 3 et de *Ad gentes* 9, il présente, comme le schéma de 1987, les grandes religions non chrétiennes et indique aux catholiques que, dans le Christ, l'Église discerne en elles la présence secrète de Dieu et des «préparations évangéliques» (0112-0115).

Cette démarche fait penser aux débuts du Catéchisme hollandais de 1966: après quelques pages sur l'existence de l'homme, nous y suivons «la route qui mène au Christ», celle des religions primitives et des grandes civilisations du passé, celle de l'hindouisme, du bouddhisme et de l'universel chinois, celle de l'islam et celle qu'a suivie Israël[150]. Elle fait penser aussi à la démarche semblable du Catéchisme pour adultes des évêques allemands de 1985: on y expose d'abord les réponses provisoires que la science et les idéologies contemporaines donnent aux questions que les hommes se posent, on y parle des religions et des critiques de la religion provenant de l'athéisme sous ses différents visages[151]. Nos contemporains côtoient directement, ou par média interposés, des adeptes de multiples religions – et de sectes – et se demandent si elles ont toutes la même valeur et comment se situer par rapport à elles. Il est heureux que le catéchisme aborde sereinement ces questions nouvelles et leur transmette la réponse proposée par le concile Vatican II.

Le tableau comparatif des deux schémas révèle qu'à la suite de la consultation du Collège des consulteurs, tout un pan de l'exposé a disparu: l'athéisme, ses diverses formes et l'attitude de l'Église à son égard. Le Catéchisme hollandais consacre deux pages, à l'intérieur de «la route qui mène au Christ», à l'humanisme et au marxisme, «deux grands courants spirituels de l'humanité d'aujourd'hui» qui ont «une opinion précise sur l'attitude qui convient en face de l'Absolu» (p. 57-58). Le Catéchisme

150. Cf. *Une introduction à la foi catholique. Le nouveau catéchisme pour adultes réalisé sous la responsabilité des évêques des Pays-Bas*, Paris, IDOC France, 1968, p. 47-56.

151. Cf. *La foi de l'Église. Catéchisme pour adultes*, Brepols-Cerf-Le Centurion, 1987, p. 15-23.

allemand procède d'une manière analogue: après avoir parlé des religions, il aborde les divers visages de l'athéisme moderne (p. 21). Et l'*Avant-projet*, nous venons de le voir, consacre quatre pages aux formes d'athéisme et à l'attitude de l'Église à leur égard.

La suppression de l'athéisme en ce début de catéchisme ne signifie pas que le *Projet révisé* veut le passer entièrement sous silence. Un peu plus loin, il signale que «certaines philosophies conseillent à l'homme de renoncer à la quête de l'absolu et de s'en tenir à ses limites; de jouir du moment, du bonheur passager, et de considérer la mort comme la fin de tout» (0122). Il déclare erroné de «refuser à l'homme toute possibilité de connaître Dieu (agnosticisme) ou de nier l'existence de ce même Dieu (athéisme)» et invite ses lecteurs à aller lire les passages de *Gaudium et spes* signalés ci-dessus (0139). Convaincu que la raison humaine a la possibilité de connaître Dieu, il encourage le dialogue «avec les incroyants et les athées» (0140).

Le *Projet révisé* n'en dirait-il pas davantage dans les autres parties du catéchisme? Effectivement, nous trouvons l'athéisme, en compagnie de l'agnosticisme et de l'idolâtrie, comme dans l'*Avant-projet* (p. 296-298), parmi les péchés et les offenses contre le premier commandement. L'athéisme est présenté comme «le refus radical de Dieu» et sa forme la plus fréquente est celle d'«un matérialisme qui n'entend satisfaire ses besoins qu'en usant des créatures» (3312). Une autre forme de l'athéisme est l'humanisme athée qui «considère que la plus haute valeur, c'est *l'homme lui-même* ; sa dignité répugne à l'affirmation et au culte de Dieu» (3313). Tout cela est résumé dans un «En bref»: «Les principales offenses au premier commandement sont: – l'athéisme qui est le refus de Dieu, – l'agnosticisme qui pense que Dieu ne peut être connu, – l'idolâtrie qui met la créature à la place de Dieu» (3358). Et le glossaire donnera comme définition de l'athéisme: c'est «la négation théorique et pratique de l'existence de Dieu» (p. 380).

Le *Projet révisé* sait bien ce que le concile a dit de l'athéisme puisqu'il invite ses lecteurs à prendre connaissance de *Gaudium et spes* 19-21. Au lieu d'une référence, il aurait pu reproduire, comme le faisait l'*Avant-projet*, le passage du document conciliaire et, ainsi, distinguer les théories athées et les personnes faisant profession d'athéisme, reconnaître que les croyants eux-mêmes portent souvent une certaine responsabilité dans l'origine de l'athéisme et affirmer en même temps que «ceux qui *délibérément* (c'est moi qui souligne) s'efforcent d'éliminer Dieu de leur cœur et d'écarter les problèmes religieux, en ne suivant pas le 'dictamen' de leur conscience, ne sont pas exempts de faute». De toute façon, il serait préférable d'insérer la réflexion sur l'athéisme parmi les réponses aux questions fondamentales qui ont cours aujourd'hui et non au milieu d'une énumération de péchés contre le premier commandement[152]. Si le catéchisme est effectivement offert aussi à tous ceux qui ne croient pas, ainsi que le pense la *Praefatio* de l'*Avant-projet*, il s'impose de parler des athées et des non-croyants d'une tout autre manière.

Article 2: L'homme 'capable' de Dieu

Au-delà des réponses aux questions fondamentales fournies par son entourage, l'homme s'interroge lui-même. Le *Projet révisé* reprend l'Article II de l'*Avant-projet* (p. 5-10), lui donne une structure plus satisfaisante et y apporte quelques modifications, notamment un titre nouveau, «L'homme 'capable' de Dieu», et un point supplémentaire, «Comment parler de Dieu?»

I. L'homme s'interroge lui-même

Dans sa recherche du sens de sa vie, l'homme découvre qu'il est un être limité, capable d'erreur, enclin au mal, cherchant sans fin le bonheur. Si certains lui conseillent de renoncer à la quête de l'absolu, toutes les religions et les grandes cultures attestent qu'il est fait pour Dieu et c'est aussi le témoignage unanime des saints (0120-0124).

II. Les voies d'accès à la connaissance de Dieu.

Des voies pour accéder à la connaissance de Dieu ont été proposées; ce sont des «preuves» en ce sens que, par elles, on peut atteindre de vraies certitudes; ce sont aussi des itinéraires pour s'approcher de Dieu. Elles ont pour point de départ le monde avec sa finitude, son ordre, sa beauté, son devenir, ou l'homme avec son ouverture à la vérité, son sens moral, la voix de sa conscience, son aspiration au bonheur ou à l'infini. Si l'on peut ainsi arriver à la connaissance de Dieu, cause première et fin ultime, il faut cependant que Dieu se révèle à l'homme pour que celui-ci le connaisse en lui-même et puisse l'accueillir dans la foi. Les «preuves» peuvent disposer à la foi et «aider à voir que la foi ne s'oppose pas à la raison humaine» (0125-0131).

152. Les «En bref», qui reprennent en trois formules ramassées le contenu de l'Art. 1, renferment cette phrase qui heurte souvent les athées, avec qui les chrétiens sont cependant invités à entrer en dialogue: «L'homme est par nature un être religieux. Venant de Dieu, allant vers Dieu, l'homme ne vit une vie pleinement humaine que s'il vit librement son lien avec Dieu» (0116).

III. L'enseignement de l'Église sur la connaissance de Dieu

L'Église a toujours défendu la capacité de l'esprit humain de connaître l'existence de Dieu à partir de l'ordre créé. Elle s'est, pour cette raison, opposée au fidéisme, à l'agnosticisme et à l'athéisme. Elle n'ignore cependant pas les difficultés rencontrées pour y parvenir (0132-0139).

Nous reconnaissons ici l'enseignement du premier concile du Vatican, repris par Vatican II dans *Dei Verbum* 6. Le *Projet révisé* ajoute un extrait de l'encyclique *Humani generis* de Pie XII (12 août 1950): les difficultés dont il est question proviennent de ce que «les vérités qui concernent Dieu et les hommes dépassent absolument l'ordre des choses sensibles» et de ce que «l'esprit humain (...) souffre difficulté de la part des sens et de l'imagination, ainsi que des mauvais désirs nés du péché originel» (0137); malgré cela, la raison humaine peut, «à parler simplement, arriver à une connaissance vraie et certaine d'un Dieu personnel, protégeant et gouvernant le monde par la Providence, ainsi que d'une loi naturelle mise par le Créateur dans nos âmes» (0138).

Pour défendre que «l'homme est capable de Dieu», l'Église s'oppose notamment à l'athéisme, lisons-nous dans le *Projet révisé*. Le Directoire avait préféré un autre langage. Après avoir attiré l'attention sur l'éloignement de Dieu ressenti par beaucoup de nos contemporains (n° 48), il poursuivait: «Le meilleur moyen pour les fidèles d'aider le monde athée a s'approcher de Dieu, c'est le témoignage d'une vie conforme au message de charité du Christ, et d'une foi vivante et adulte qui rayonne dans des œuvres de justice et de charité. On ne doit pas oublier toutefois que, par l'usage correct de la raison humaine (...), il est possible, à partir des réalités créées, de connaître Dieu principe et fin de toutes choses. Cette connaissance de Dieu, bien loin de s'opposer à la dignité de l'homme, la fonde au contraire et la garantit». (n° 49).

IV. Comment parler de Dieu?

Nous pouvons parler de Dieu et donc entrer en dialogue avec les autres religions, les incroyants et les athées. Comme notre connaissance de Dieu est limitée, notre langage sur lui l'est aussi. Puisque nous portons «une certaine ressemblance de Dieu», nous pouvons nommer Dieu «à partir des perfections de ses créatures». Et puisque Dieu ne ressemble à aucune créature, notre langage doit sans cesse être purifié et il restera toujours «en deça du Mystère de Dieu» (0140-0144).

Ce quatrième point, qui ne figurait pas dans l'*Avant-projet*, est le bienvenu au terme d'un chapitre sur la quête de Dieu. Les affirmations qu'il contient sont à bien garder en mémoire car elles valent aussi pour les langages variés utilisés par ceux qui ont consigné par écrit la parole de Dieu tant dans l'Ancien que dans le Nouveau Testament et par ceux qui, au cours des siècles, nous en donnent des interprétations.

Aux observations faites jusqu'ici, nous pouvons ajouter quelques informations sur les sources utilisées par les rédacteurs du *Projet révisé*. Il y a, comme références magistérielles, Vatican I et *Dei Verbum* à propos de la connaissance naturelle de Dieu. Les autres textes de Vatican II utilisés proviennent de *Nostra aetate* 2-4, *Dignitatis humanae* 3, *Ad gentes* 9 et *Gaudium et spes* 15 et 19-21. Il y a aussi la condamnation, par le concile du Latran de 1215, d'une erreur de Joachim de Flore portant sur la ressemblance et la dissemblance entre le Créateur et la créature. Il faut encore ajouter l'encyclique *Humani generis* de Pie XII évoquée plus haut et l'exhortation apostolique *Evangelii nuntiandi* 53 sur ce qui est vrai et saint dans les religions non chrétiennes. À propos de l'encyclique, on peut se demander si les deux extraits doivent bien figurer en caractères ordinaires dans le texte même du catéchisme alors que des passages de documents conciliaires sont rapportés en petits caractères et peuvent être pris pour de simples compléments.

Le Prologue annonçait aussi la présence de sources patristiques, liturgiques ou hagiographiques. Il y a quatre extraits d'œuvres de s. Augustin (0120, 0124, 0128 et 0145); nous y trouvons aussi deux citations de s. Thomas d'Aquin (0124 et 0130). La liturgie latine est mentionnée parce qu'elle prie le vendredi saint pour ceux qui ne croient pas en Dieu (0129) et la liturgie de s. Jean Chrysostome parce qu'elle chante le Dieu «ineffable, incompréhensible, invisible, insaisissable» (0143). Thérèse d'Avila est présente, elle qui s'est écriée: «Dios solo basta» (0124) et à nouveau s. Thomas qui a pensé que «Deus enim solus satiat»; ces deux «témoignages» ne manquent-ils pas d'un contexte qui les rende plus significatifs?

Une dernière catégorie de sources ne doit pas être oubliée: aux textes bibliques mentionnés dans les citations qui viennent d'être recensées, il faut ajouter quelques références à l'Écriture, somme toute peu nombreuses. Il y a notamment les passages classiques de Sg et de Rm sur les limites et les erreurs qui, dans les religions, peuvent défigurer l'image de Dieu et de l'homme, et sur la connaissance de Dieu à partir de l'ordre et la beauté des créatures.

En conclusion de ce premier chapitre, deux questions me viennent à l'esprit. La première découle de l'affirmation énoncée dès les premières lignes: «l'homme est primordialement un *homo religiosus*»; il se reconnaît «dépendant d'une source première de la vie (...) qui le prend en charge par delà la mort». Pour les auteurs du *Projet révisé*, il semblerait qu'il en soit ainsi de tout être humain depuis les origines jusqu'à aujourd'hui. Ne faudrait-il pas apporter les nuances qui s'imposent et reconnaître qu'il y a dans l'humanité – et cela ne date pas seulement des derniers siècles – des hommes et des femmes qui ne voient pas la nécessité d'affirmer l'existence et la providence d'un être suprême? La deuxième concerne la conception de l'homme sous-jacente à tout le développement: c'est «l'homme», chaque être humain pris individuellement, qui s'interroge, découvre les problèmes de l'existence, cherche le sens de sa vie et est déclaré «capable de Dieu». Ne faudrait-il pas élargir la perspective en soulignant que l'homme est aussi un être social et solidaire, qui reçoit de ses semblables les questions et les réponses qui circulent dans le monde, et dont l'accueil ou le refus de l'Absolu s'inscrivent dans un environnement qui peut le marquer profondément?

Chapitre deuxième: Dieu à la rencontre de l'homme

L'homme est en quête du sens de sa vie et voici que Dieu vient au-devant de lui, se révèle et se donne à lui, lui apportant une réponse surabondante à ses questions. En ce chapitre II, le catéchisme traite de la Révélation et de sa transmission par la Tradition apostolique, l'Écriture Sainte et le magistère de l'Eglise; il aborde aussi les questions concernant l'inspiration, l'inerrance, l'interprétation et le canon des Écritures.

Le *Catéchisme romain* n'a pas cru nécessaire d'insérer au début de son exposé sur le Credo un développement sur ces différents thèmes pourtant fort débattus chez les réformateurs et sur lesquels le concile de Trente venait de se prononcer.

Le *Directoire*, lui, consacre cinq paragraphes à la Révélation, non pas dans l'exposé des vérités fondamentales mais dans le premier chapitre de la deuxième partie: «Le ministère de la parole et la Révélation» (n°s 10-14). Reprenant les enseignements de *Dei Verbum*, il traite de la Révélation dont Jésus est le médiateur et la plénitude, de la prédication apostolique, de la tradition vivante dans l'Église et de la Sainte Écriture.

L'*Avant-projet* comporte deux articles distincts sur la Révélation. Le premier aborde la révélation dans l'histoire humaine, plus précisément la révélation du dessein de Dieu à Abraham et à Moïse et, en ces temps qui sont les derniers, la venue parmi nous du Fils de Dieu qui porte à son sommet cette révélation (p. 15-17). Le deuxième traite de la transmission de la Révélation: il rapporte que les apôtres ont prêché, mis par écrit et organisé la vie et le culte des communautés chrétiennes et se penche sur les notions de Tradition, Écriture, magistère, sens des fidèles (p. 17-21). L'ensemble est assez conforme aux enseignements de *Dei Verbum* mais est somme toute un peu bref; bien des questions n'étant pas abordées.

Le *Projet révisé* vient combler les lacunes constatées. En 11 pages – soit 99 paragraphes, 83 d'exposé et 16 d'«En bref»[153] – il développe davantage les différentes étapes de la Révélation et aborde toutes les questions qui ont trait à la transmission de la Parole de Dieu. Comparons le plan des deux schémas.

Avant-projet	*Projet révisé*
Art. III: La Révélation de Dieu dans l'histoire humaine	Chap. II: Dieu à la rencontre de l'homme
	Art. 1: La Révélation de Dieu
1. Le dessein salvifique de Dieu	I. Dieu révèle son «dessein bienveillant»
	II. Les étapes de la Révélation
– dès les origines	1. Dès l'origine, Dieu se fait connaître
– Abraham	
– Moïse	2. L'Alliance avec Noé
– les prophètes	3. Dieu élit Abraham
	4. Dieu se révèle à Israël
2. Le sommet du dessein de Dieu, le Christ	III. Le Christ Jésus – Médiateur et plénitude de toute la Révélation
	1. Il n'y aura plus d'autre Révélation
	2. Dieu a tout dit en son Verbe
Art. IV: La Révélation de Dieu dans l'histoire des hommes	Art. 2: La transmission de la Révélation divine
1. Les Apôtres et la transmission de la Révélation	I. La Révélation doit parvenir à tous les hommes
	II. La Tradition apostolique
	– La prédication apostolique...
2. Tradition, Écriture et Magistère	– ... continuée dans la succession apostolique

153. Ce sont les paragraphes 0201 à 0299; une erreur de numérotation s'est glissée: 0215 est suivi de 0217, 0218, 0219, 0220, 0221; mais l'erreur est compensée par la suite, le 0221 est suivi d'un autre paragraphe portant le même chiffre.

Ce tableau nous fait voir de suite les modifications apportées en 1989. L'alliance de Dieu avec Noé est introduite parmi les étapes importantes de la Révélation. Des développements sur l'interprétation du dépôt de la foi et sur l'Écriture, son inspiration, son interprétation et sa canonicité font désormais partie de l'exposé organique de toute la foi catholique.

Article 1: La Révélation de Dieu

Dieu révèle le «dessein bienveillant» qu'il a formé par avance dans le Christ en faveur des hommes. La plénitude de sa révélation nous est donnée par son Fils, Jésus-Christ.

I. Dieu révèle son «dessein bienveillant»

Dans sa sagesse et sa bonté, Dieu a voulu se révéler en personne et faire connaître le mystère de sa volonté par des actions et des paroles qui s'éclairent mutuellement. Il se communique à l'homme graduellement, par étapes, jusqu'au sommet qu'est le Christ (0203-0208).

II. Les étapes de la Révélation

La première étape se situe aux origines: «Dès l'origine, le témoignage du monde créé parle à l'homme, attirant son esprit vers le Créateur invisible. De même, depuis l'origine, perdure dans l'histoire de l'homme l'auto-révélation de Dieu» (0209). Le catéchisme veut sans doute évoquer la parole créatrice de Dieu de Gn 1 et la connaissance que l'homme peut avoir de Dieu à partir du monde créé (0127). Ce n'est pas encore la Révélation au sens généralement donné à ce terme.

Aux origines encore, le catéchisme situe la manifestation de Dieu «aux premiers parents» et la promesse d'une rédemption après leur péché (0210-0211). N'étant pas nécessairement au courant du genre littéraire particulier de Gn 2-3, le lecteur peut croire à l'historicité – au sens que ce terme a aujourd'hui – des récits bibliques en question et penser que, à l'origine de l'humanité, les tout premiers parents ont reçu de Dieu une révélation toute particulière; il peut aussi se demander s'il est nécessaire de dire déjà ici que Dieu a revêtu les premiers parents «d'une grâce et d'une justice resplendissantes» (0210) et, dans l'affirmative, que signifie cette précision.

L'*Avant-projet*, comme *Dei Verbum*, passait directement des origines à Abraham. Le *Projet révisé* intercalle entre ces deux étapes l'alliance de Dieu avec Noé (0212-0214). Pour cet épisode de la Genèse, il faudrait aussi informer le lecteur que la dispersion de l'humanité, l'alliance avec Noé et la tour de Babel sont des récits d'un genre littéraire particulier et non la relation d'événements qui se sont bien passés comme l'auteur sacré les raconte. Le *Projet révisé* précise que cette alliance a été «confiée à la garde des anges»; est-il indispensable de rapporter une tradition qui ne se trouve que dans le Deutéronome (4,19 et 32,8)? Et puisqu'il affirme que l'alliance avec Noé «est toujours en vigueur», ne devrait-il pas mieux préciser sa portée car ce qu'il en dit reste bien mystérieux: «Cet ordre, à la fois cosmique, social et religieux, de la pluralité des nations doit préserver de l'orgueil une humanité déchue qui voudrait faire elle-même son unité à la manière de Babel» (0213)? Au terme de ces paragraphes sur l'alliance avec Noé, le catéchisme fait remarquer – et c'est heureux – que «la Bible vénère quelques grandes figures des 'nations', des 'saints païens' tels que Abel, Melchisedech, les justes 'Noé, Danel et Job' (Ez 14,14)», exprimant ainsi «quelle hauteur de sainteté peut atteindre le salut des païens vivant selon l'alliance de Noé» (0214).

Avec l'élection d'Abraham commence «l'histoire» du salut proprement dite (encore que les récits patriarcaux ne soient pas «historiques» au sens moderne du terme). Dieu le choisit pour rassembler de nouveau tous les hommes dans l'unité. Ses descendants constitueront le peuple de l'élection et seront «le germe de l'unité du genre humain» (0215 et 0217). Le *Projet révisé* dit aussi que le peuple élu est appelé à rassembler «dans l'unité de l'Église» tous les enfants de Dieu. Ce texte, qui s'inspire de Jn 11,52, vient d'être appliqué au Christ: c'est lui qui rassemble «dans l'unité» tous les enfants de Dieu dispersés (0214). Peut-il vraiment se rapporter au peuple d'Israël, surtout avec l'interprétation qui lui est donnée par l'adjonction de la mention de l'Église?

L'élection d'Abraham est suivie d'une allusion aux patriarches, aux prophètes et à d'autres personnages de l'Ancien Testament, à propos desquels il nous est rappelé que la tradition liturgique de l'Église entière les vénère comme des saints (0218). La phrase qui introduit et celle qui termine ce paragraphe ne paraissent pas indispensables et sont d'ailleurs difficiles à comprendre pour des non-initiés. «*Nos pères* ont tous été sous la nuée, tous ont passé à travers la mer», nous dit la première, en citant 1 Co 10,1; ces pères désigneraient-ils Abraham et tous les patriarches? La seconde conclut que «les événements divins de la 'Première Alliance' (He 9,5) qui concernent les juifs concernent directement les chrétiens»: le lecteur doit comprendre qu'ici, la première alliance n'est pas celle avec Noé dont on vient de parler mais il aimera avoir des explications complémentaires sur la suite du texte: pourquoi parler déjà du peuple «juif» et en quoi sommes-nous directement concernés par ces événements?

Après Abraham, après les patriarches, le *Projet révisé* mentionne Moïse, les prophètes et la formation du peuple d'Israël pour qu'il soit «le peuple sacerdotal de Dieu». Israël est le peuple à qui «Dieu a parlé en premier»; il est pour nous le peuple des «frères ainés», comme l'a dit un jour Jean-Paul II à la synagogue de Rome. Dieu le forme dans l'espérance du salut, dans l'attente de l'Alliance nouvelle et éternelle et d'une rédemption radicale pour tous les peuples. Les pauvres et les humbles, de qui Marie est la figure la plus pure, sont les principaux porteurs d'une telle espérance (0219-0221).

Dans la description très sommaire des étapes de la Révélation dans l'Ancien ou Premier Testament, il a été question des actions, des choix, des paroles de Dieu. Les chrétiens sont habitués à entendre dire que Dieu se révèle, s'entretient avec tel ou tel personnage de l'Écriture, parle aux hommes. Lorsqu'ils s'interrogent ou sont questionnés sur la manière dont l'Inaccessible, celui que personne n'a jamais vu et ne peut voir, «parle» à Abraham, à Moïse, aux prophètes, à Marie, ils restent souvent perplexes. Ne serait-il pas souhaitable que le catéchisme évoque les médiations dont Dieu se sert pour s'adresser aux hommes?

III. Le Christ Jésus – «Médiateur et plénitude de toute la Révélation»

«En ces jours qui sont les derniers», Dieu nous a parlé par son Fils, Jésus-Christ. Celui-ci prononce les paroles de Dieu, achève l'œuvre de salut, mène à son terme la Révélation et la confirme. Depuis lors, il n'y a plus à attendre d'autres révélations publiques (0221-0223).

Puisque Dieu a tout dit en son Fils fait homme, aucune autre «révélation» ne peut prétendre dépasser ou corriger la Révélation du Christ. Il y a des révélations «privées» reconnues par le magistère de l'Église, qui ont pour rôle de faire vivre de la Révélation à un moment donné de l'histoire. Par contre celles que l'on trouve dans l'islam et dans des sectes récentes, comme chez les mormons, sont inacceptables (0224-0227).

À notre époque si friande de messages venant de l'au-delà, ces précisions sur les «révélations» postérieures à celles du Christ sont les bienvenues. Une question se pose toutefois: puisque *Lumen gentium* 16 et *Nostra aetate* 3 nous invitent à découvrir dans les religions non chrétiennes le rayon de la Vérité qui s'y trouve déjà, est-il opportun de s'en prendre nommément à l'islam – pourquoi ne citer que lui? – au risque de bloquer dès le départ tout dialogue avec lui? Nous pouvons nous demander aussi pourquoi, parmi les sectes récentes, les mormons sont les seuls à être nommés.

Article 2: La transmission de la Révélation divine

Après avoir présenté «la Révélation de Dieu dans l'histoire humaine» (p. 15-17), l'*Avant-projet* abordait, dans un article IV, «la révélation de Dieu dans l'histoire des hommes» (p. 18-20). Il y traitait de la transmission par les apôtres de la révélation arrivée à sa plénitude en Jésus-Christ et précisait qu'elle s'était faite «cum ipso [Petro] et sub ipso» (expression qui, à l'époque, n'a encore aucun contenu réel!). Il abordait ensuite les questions des rapports entre Tradition, Écriture et Magistère. Il aurait certainement mieux valu reprendre tout simplement les passages correspondants de *Dei Verbum* plutôt que de rédiger un texte somme toute peu satisfaisant.

Le *Projet révisé* a profondément retravaillé le troisième schéma. Il reprend presque en totalité les paragraphes 7 à 10 de *Dei Verbum*, y ajoutant ça et là quelques compléments importants.

I. La Révélation doit parvenir à tous les hommes

Dieu voulant que tous les hommes soient sauvés et parviennent à la connaissance de la vérité, la Révélation doit être annoncée à toutes les générations. Dieu a pris des dispositions pour que cela puisse se réaliser (0234-0235).

II. La Tradition apostolique

Comme le dit la constitution conciliaire, la transmission de l'Évangile s'est faite par les apôtres tantôt dans la prédication orale, dans les exemples et les institutions, tantôt par la mise par écrit du message du salut. Cette prédication s'est continuée dans la succession apostolique (0236-0242). Il n'est plus question de dire que tout cela s'est fait «cum Petro et sub Petro», comme le faisait l'*Avant-projet*.

III. La Tradition et l'Écriture Sainte

Le *Projet révisé* reprend *Dei Verbum* 9 qui voit dans la Tradition orale et l'Écriture deux modes distincts de la transmission qui communiquent étroitement entre eux et ne forment pour ainsi dire qu'un tout. Il ajoute alors que la Tradition apostolique est à bien distinguer des «traditions» théologiques, disciplinaires, liturgiques ou dévotionnelles nées au cours des siècles, qui peuvent être maintenues, modifiées ou abandonnées sous la conduite du magistère (0243-0248).

IV. L'interprétation du dépôt de la foi

Comblant une lacune de l'*Avant-projet*, le *Projet révisé* aborde alors la question de l'interprétation du dépôt de la foi confié à la totalité de l'Église. Il parle d'abord du rôle du magistère et des définitions dogmatiques; il passe ensuite au sens surnaturel de la foi de l'ensemble des fidèles et termine par l'évocation des chemins par lesquels s'opère la croissance dans l'intelligence de la foi (0249-0259).

Lumen gentium nous a habitués à nous arrêter d'abord à ce qui est commun à tous les membres du peuple de Dieu (sacerdoce commun, sens surnaturel de la foi du peuple tout entier, appel universel à la sainteté) avant de présenter ce qui est particulier à un petit nombre (sacerdoce ministériel, hiérarchie, état religieux). Il aurait donc été tout normal de parler du sens surnaturel de la foi immédiatement après avoir dit que le dépôt est confié à l'ensemble de l'Église. Le *Projet révisé* a préféré introduire d'abord le magistère et les dogmes que celui-ci définit.

Les dogmes définis obligent à «une adhésion irrévocable de la foi» et trouvent «hiérarchie et cohérence dans l'ensemble de la Révélation du Mystère du Christ» (0254). Cet enseignement du concile Vatican II et notamment de *Unitatis redintegratio* (à propos de la hiérarchie des vérités) était ainsi formulé au premier concile du Vatican par V. Grasser, le rapporteur de la Députation de la foi: «Toutes les vérités qui appartiennent à la doctrine de la foi et des mœurs chrétiennes ne sont pas du même genre, et toutes ne sont pas nécessaires au même degré pour le maintien intégral du dépôt de la foi». Pouvons-nous savoir ce qui, dans le catéchisme, fait partie du dépôt de la foi, ce qui est de foi définie, enseignement ordinaire, interprétation autorisée? Nous trouvons ça et là des expressions comme: «la Sainte Église tient et enseigne que...» (0133), «l'Église tient fermement...» (0138 et 0289), «l'Église tient que...» (0219), «l'Église croit et confesse que...» (0269). Ces formulations sont-elles utilisées pour signaler les dogmes définis? Il ne semble pas car bien des définitions dogmatiques présentes dans le catéchisme ne sont pas introduites de cette manière. Comment le lecteur va-t-il pouvoir faire les distinctions qui s'imposent? En ce qui concerne la «hiérarchie» des vérités, ne faudrait-il pas préciser de quoi il s'agit et comment le catéchisme tient compte de l'ordre qui existe entre toutes les vérités de la doctrine catholique?

L'«En bref» qui résume l'enseignement sur le sens surnaturel de la foi (0264) a une formulation réductrice; il dit: «Grâce au sens surnaturel de la foi, le Peuple de Dieu tout entier ne cesse d'accueillir le don de la Révélation divine et d'en vivre». Or, *Lumen gentium* 12, repris d'ailleurs dans le développement (0257), enseigne que: «Le peuple de Dieu s'attache indéfectiblement à la foi transmise aux saints une fois pour toute, et il y pénètre plus profondément en l'interprétant comme il faut, et, dans sa vie, la met plus parfaitement en œuvre». On ne voit pas pourquoi, dans la mémorisation, réduire le rôle des fidèles, qu'ils soient ou non théologiens de métier, à l'accueil de la Révélation et à sa mise en pratique dans leur vie alors qu'ils ont aussi à l'approfondir, à l'interpréter[154].

V. Un ensemble indivisible

En conclusion de ses 26 paragraphes sur la transmission de la Révélation, le *Projet révisé* reprend *Dei Verbum* 10, § 3; ces réalités que nous appelons Tradition, Écriture, Magistère, sont reliées et solidaires entre elles; ensemble, elles «contribuent efficacement au salut des âmes» (0260).

154. Le Directoire, après avoir repris *Dei Verbum* 8 sur la Tradition «vivante» qui se développe «soit par la contemplation et l'étude des croyants» qui la méditent en leur cœur, «soit par l'intelligence intime qu'ils éprouvent des réalités spirituelles, soit par la proclamation» des successeurs des apôtres, précise ainsi le rôle des pasteurs et des fidèles: «en ce qui concerne les expressions et explications que les fidèles recherchent et proposent, ils [les Pasteurs] décident avec autorité» (n° 13, § 5).

Article 3: La Sainte Écriture

Le dernier article du deuxième chapitre porte sur l'Écriture Sainte, matière absente de l'*Avant-projet*. Il y est question de son inspiration, de sa vérité, de son interprétation et de la fixation du nombre de livres qui la composent. Le *Projet révisé* puise son enseignement dans *Dei Verbum*, dont il utilise ou reprend textuellement de nombreux passages.

I. Le Christ – Parole unique de l'Écriture Sainte

D'emblée, le catéchisme dégage la signification christologique de la Parole de Dieu: à travers toute l'Écriture, Dieu ne dit qu'une seule Parole, son Verbe; aussi, la liturgie vénère les Écritures, comme elle le fait pour le corps du Seigneur et l'Église trouve en elles sa nourriture et sa force (0265-0268).

Le *Projet révisé* aurait pu ajouter ici une invitation explicite à lire assidûment et à approfondir l'Écriture, comme le fait *Dei Verbum* 25 en s'adressant non seulement aux prêtres, aux diacres et aux catéchistes, mais aussi à tous les laïcs et à tous les religieux(ses).

II. Inspiration et vérité de la Sainte Écriture

Dieu est l'auteur de l'Écriture Sainte et a inspiré les auteurs des livres sacrés. Les assertions de ces auteurs sont des assertions de l'Esprit et dès lors elles enseignent «la vérité que Dieu a voulu voir consignée pour notre salut». Pour qu'elles ne restent pas lettre morte, le Christ, par l'Esprit, nous ouvre l'esprit à l'intelligence des Écritures (0269-0274).

III. Comment interpréter l'Écriture?

Pour bien interpréter l'Écriture, il faut découvrir l'intention des auteurs sacrés, tenir compte de la culture de leur temps, des genres littéraires en usage alors. Il faut en même temps la lire «à la lumière du même Esprit qui la fit rédiger» (0275-0277).

Trois critères permettent une interprétation conforme à l'Esprit qui l'a inspirée: 1. être attentif au contenu et à l'unité de toute l'Écriture; 2. la lire dans la Tradition vivante de toute l'Église; 3. être attentif à l'analogie de la foi, à la cohésion des vérités de la foi entre elles et avec le projet total de la Révélation. La manière d'interpréter est finalement soumise au jugement de l'Église (0278-0283).

En petits caractères, le *Projet révisé* ajoute: «Selon une antique tradition, on distingue quatre sens de l'Écriture (...): *le sens littéral, le sens allégorique, le sens moral et le sens anagogique*. Un distique médiéval résume bien la signification de ces quatre sens: le sens littéral enseigne les événements, l'allégorie ce qu'il faut croire, le sens moral ce qu'il faut faire, l'anagogie vers quoi il faut tendre» (0282). La typographie utilisée indique qu'il s'agit d'une remarque de type historique qui plaira aux médiévistes; il faudrait ajouter, pour l'ensemble des croyants, une note sur les diverses méthodes actuelles de lecture de l'Écriture et notamment une mise en garde contre la lecture fondamentaliste encore bien courante chez de nombreux catholiques.

IV. Le canon des Écritures

La liste des 72 livres de la Bible a été fixée par la Tradition apostolique. L'Ancien Testament conserve une valeur permanente et l'Église le vénère comme vraie Parole de Dieu, préparant l'avènement du Christ. Le Nouveau Testament a pour objet central Jésus-Christ et les débuts de l'Église; les évangiles y ont une place unique. Grâce à la typologie, les deux Testaments éclairent l'unité du plan de Dieu (0284-0293).

À propos des Évangiles, le *Projet révisé* reprend *Dei Verbum* 19: l'Église affirme sans hésiter l'historicité des Évangiles, lesquels «transmettent fidèlement ce que Jésus (...) a réellement fait et enseigné» pour le salut éternel des hommes (0289). Cette affirmation massive ne devrait-elle pas être mise en relation avec un autre passage de *Dei Verbum* : «C'est de façon bien différente que la vérité se propose et s'exprime en des textes diversement historiques (...). On doit tenir un compte exact soit des manières natives de sentir, de parler ou de raconter courantes au temps de l'hagiographe...» (12, § 2)? Ne faudrait-il pas préciser aussi que les Évangiles ne sont pas des reportages, qu'ils ont été écrits longtemps après les événements pour que nous croyions que Jésus est le Christ, le Fils de Dieu...?

Ce deuxième chapitre consacré à la révélation de Dieu aux hommes s'inspire évidemment de l'Écriture mais rapporte surtout – nous l'avons maintes fois constaté – les enseignements de *Dei Verbum* sur la transmission de la Révélation. De Vatican II, il rapporte aussi ce que dit *Lumen gentium* du sens surnaturel de la foi. La tradition antérieure explicitement présente est uniquement Vatican I et ce qu'il dit de la cohérence dans l'ensemble de la Révélation.

Parmi les sources magistérielles, le *Projet révisé* fait entrer des expressions du magistère ordinaire du pape. Par trois fois, il reprend une phrase ou quelques mots provenant d'allocutions occasionnelles: lors d'une visite à la synagogue de Rome et au cours d'audiences du mercredi. Cela peut avoir un certain intérêt mais n'y a-t-il pas là un réel danger de confusion: celui de mettre sur le même pied tous les documents pontificaux, toutes les paroles du pape et d'être ainsi conforté dans la conviction, entre trop largement répandue, que tout ce qui vient du pape est un enseignement universel et définitif?

À côté des citations du magistère de l'Église, il y a aussi, par deux fois, une mention de la liturgie latine, et des extraits patristiques ou hagiographiques: nous faisons ainsi connaissance avec s. Irénée de Lyon, s. Augustin, s. Bernard de Clervaux, s. Thomas d'Aquin, Origène, sainte Thérèse de Lisieux et sainte Césarie d'Arles la jeune (dont nous lisons un passage d'une lettre à sainte Richilde et à sainte Radegonde). Ces extraits pourront-ils être utiles aux catéchistes comme le souhaitent les auteurs du *Projet révisé* ? Tous ne sont pas des plus faciles à comprendre et il ne nous est pas précisé qui sont ces auteurs et en quelles circonstances ils ont dit ou écrit les extraits rapportés.

Chapitre troisième: La réponse de l'homme à Dieu

Dieu invite les hommes à entrer en communion avec lui. Le chapitre troisième s'étend sur la réponse que ceux-ci lui apportent: «Je crois», réponse qui s'inscrit dans le «Nous croyons» de tout le peuple de Dieu. C'est un petit traité sur l'acte de foi que nous donne le *Projet révisé* en 53 paragraphes, 45 de développements et 8 d'«En bref».

Le *Catéchisme de Pie V*, en finale de la Préface, définit la foi comme «cette vertu par laquelle nous donnons un assentiment plein et entier aux vérités révélées de Dieu»; il laisse délibérément de côté d'autres significations et aspects de l'acte de foi. Il demande aux pasteurs d'inculquer aux fidèles la certitude que la foi procure: «Sans hésitation aucune, nous tenons pour certain tout ce que l'autorité de la Sainte Église notre mère nous propose comme révélé de Dieu». Impossible de concevoir le moindre doute puisque Dieu est la vérité même; tout au plus peut-on dire que «la foi admet des degrés divers en étendue et en excellence». Et, dans l'explication qu'il donne des deux premiers mots du Symbole des apôtres, il insiste à nouveau: «Je crois fermement et je confesse sans aucune hésitation», je donne «un acquiescement très ferme, inébranlable et constant de mon intelligence», m'étant formé sur toute vérité «une conviction et une certitude exemptes de tout doute». Nous n'avons pas l'évidence de ce que nous croyons et, cependant, il ne nous est pas permis de douter et il serait insolent et orgueilleux d'oser demander des preuves de la doctrine du salut. L'acte de foi sera donc «sans aucun doute» et ne cherchera pas de démonstration. En finale de son exposé, le Catéchisme demande aux pasteurs d'enseigner aux fidèles qu'ils sont tenus de manifester leur foi au dehors, qu'ils doivent la professer publiquement et non la garder dans le secret de leur cœur.

Le *Directoire*, après avoir parlé de la Révélation, traite de la foi; nous sommes toujours en dehors de l'exposé du message chrétien. Au lieu d'insister sur la certitude qu'elle procure, il voit dans la foi un acte libre, une adhésion de l'homme total au Dieu qui révèle, une lumière qui éclaire toutes choses, Dieu, l'homme lui-même et le monde (n° 15). Elle est un don de Dieu qui suscite la conversion: Dieu fait les premières avances, aide et tourne l'homme vers lui; il ouvre les yeux de son âme et donne la joie profonde de croire et de consentir à la vérité, comme le dit *Dei Verbum* 5 (n° 22).

L'exposé de l'*Avant-projet* comporte, comme premier point, «l'obéissance de la foi». Il veut dire que la foi, nécessaire au salut, naît du témoignage de l'Écriture et de la rencontre de divers témoins, qu'elle a besoin de l'aide de Dieu et de l'Esprit, qu'elle agit en celui qui, librement, s'ouvre à la vérité. Il passe ensuite à l'objet de la foi (tout ce que Dieu a révélé et ce qui est proposé par l'Église), à ses motivations et à ses caractéristiques. Il évoque, en terminant, l'accomplissement de la foi dans la vision de Dieu (p. 22-33). Signalons dès maintenant que, juste avant de commenter le premier article du Symbole, l'*Avant-projet* a cette courte introduction: Quand je dis «Je crois», j'exprime une certitude qui affecte tout mon être et mon intention d'ajuster ma vie à ce que j'ai professé au baptême (p. 39-40).

Le *Projet révisé* apporte au plan de l'*Avant-projet* plusieurs modifications, comme on peut le voir sur le tableau qui suit.

Avant-projet	*Projet révisé*
Art. V: La foi, réponse à la révélation de Dieu	Chap. III: La réponse de l'homme à Dieu
	Art. 1: Je crois
1. L'obéissance de la foi	I. L'obéissance de la foi
2. L'objet de la foi	II. L'objet de la foi
3. Les motivations de la foi	
4. Les caractéristiques (propriétés) de la foi	III. Les caractéristiques de la foi
– La foi, don de Dieu	1. La foi est une grâce
– L'obscurité de la foi	2. La foi est un acte humain
– La liberté de la foi	3. La foi - croissance et menaces

Avant-projet	*Projet révisé*
– La foi est un acte de la raison naturelle de l'homme	4. La foi-nécessité de formulations
– L'Église, espace de la foi	5. La foi-lumière et obscurités
– L'accomplissement de la foi	
5. Les symboles de foi	Art. 2: Nous croyons
	I. Je crois – nous croyons
	II. La foi naît de l'écoute
	III. «Regarde... la foi de ton Église»
	IV. La foi transmise par l'Église

L'innovation la plus significative est l'introduction d'un article 2, «Nous croyons», ce qui permet de mieux mettre en évidence l'aspect social, disons mieux: communautaire et ecclésial de la foi, et de corriger ainsi la présentation trop individualiste de l'*Avant-projet*. Les caractéristiques de la foi sont énumérées dans un ordre plus satisfaisant. Les «symboles de foi» n'apparaissent plus; ils sont renvoyés au tout début de la Première Partie où ils sont mieux en place.

Article 1: Je crois

Le catéchisme nous met directement sous les yeux la foi d'Abraham faite d' «obéissance sans hésitation» à la parole entendue, de confiance totale en la fidélité de Dieu et la vérité de sa parole, d'un agir prompt en réponse à l'appel reçu. Il précise que la foi consiste à croire «sans défaillance» en Dieu qui a ressuscité Jésus et en Jésus qui est Seigneur, et que, sans une telle foi, il est impossible de plaire à Dieu. Marie est «la réalisation la plus pure» de l'obéissance de la foi (0303-0311).

L'objet de la foi, c'est Dieu et tout ce qu'il a révélé, c'est Jésus-Christ, son Fils bien-aimé, c'est l'Esprit Saint qui nous fait dire: «Jésus est Seigneur». Le *Projet révisé* insère ici une longue note en petits caractères portant sur la différence entre croire Dieu et tout le contenu de ce qu'il a révélé (*credere Deum*), croire à Dieu et s'appuyer avec une confiance totale sur l'autorité de sa parole (*credere Deo*), et croire en Dieu, s'abandonner entièrement à lui (*credere in Deum*) (0312-0321).

L'acte de foi a un aspect surnaturel et, en même temps, possède des propriétés humaines. Il requiert la grâce prévenante et aidante de Dieu, cette «attirance» que Dieu exerce à l'égard du cœur de l'homme et qui lui ouvre les yeux de l'esprit à l'intelligence des contenus de la Révélation (0322-0325). Il reste un acte authentiquement humain, conforme à la dignité de l'homme et à la raison, volontaire et non contraignant (0326-0328), qui a besoin d'être «opérant par la charité» et d'approfondissements (0329-0330), qui a besoin aussi de formulations qui permettent d'assimiler et de vivre de plus en plus de cette foi, de l'exprimer et de la partager avec d'autres (0331-0332). La foi n'est pas encore la vision claire de Dieu et du Christ; elle peut être mise à l'épreuve et ébranlée par la réalité du mal, de la souffrance, des injustices, de la mort. Abraham crut contre toute espérance, Marie est allée jusque dans la «nuit de la foi»: ils nous invitent, comme bien d'autres témoins de la foi, à «courir avec constance l'épreuve qui nous est proposée» (0333-0335).

Article 2: Nous croyons

L'acte de foi personnel, libre et responsable n'est pas un acte isolé: on ne croit pas seul, on ne se donne pas la foi, on la reçoit d'autrui pour la transmettre à autrui; je suis porté par la foi des autres et, par ma foi, je contribue à porter la foi des autres (0336-0338).

La foi naît de l'écoute de ceux qui, de génération en génération, transmettent la Bonne nouvelle. Les apôtres et leurs successeurs ont la charge de «*garder* le dépôt» de la foi, qui est transmis et confié à toute l'Église (0339-0340).

C'est d'abord l'Église qui croit; elle porte, nourrit et soutient ma foi. C'est par elle que je reçois la foi et la vie nouvelle au baptême. Elle est la mère et l'éducatrice de notre foi (0341-0343).

Dans ce qu'elle transmet, l'Église distingue ce qu'elle a reçu du Seigneur et qui demande l'obéissance de la foi, et ce qui est enseignement ordinaire des évêques et «surtout» du «Pontife romain», auquel les fidèles doivent donner «l'assentiment religieux de leur esprit» (0344-0345).

Il est difficile de construire un exposé sur la foi qui satisfasse pleinement les lecteurs et dans lequel ceux-ci reconnaissent leur propre cheminement. Le catéchisme parle, dès le point de départ, de complet abandon de soi, de complet hommage de l'intelligence et de la volonté, d'obéissance sans hésitation, de confiance totale, de foi sans défaillance, de soumission plénière à l'exemple d'Abraham et de Marie. Heureusement qu'en finale, il évoque les obscurités de la foi: Abraham qui espère contre toute espérance, Marie qui a connu la nuit de la foi, et les épreuves qui nous viennent du monde dans lequel nous vivons. Et il y a peut-être aussi ces épreuves dont le catéchisme ne parle pas et qui viennent de l'Église elle-même: pour les uns c'est le contenu de la foi qu'elle transmet, les dogmes qu'elle définit, pour d'autres ce sont les positions prises par ses responsables à un moment donné de l'histoire, pour d'autres encore c'est le comportement de ses membres... qui sont des obstacles à une réponse positive au Dieu qui appelle.

L'*Avant-projet* expliquait en quatre pages que la foi, nécessaire au salut, est précédée de l'évangélisation et/ou du témoignage. Il parlait du témoignage de l'Église, de celui des communautés, de celui de tout baptisé. Grâce à ces témoignages et à l'aide intérieure de l'Esprit Saint, l'obéissance de la foi au Dieu qui ainsi se révèle est rendue possible. Le *Projet révisé* parle peu des médiations dont Dieu se sert pour susciter la foi. Il signale bien la grâce prévenante et aidante (0323), il dit bien qu'il n'est pas contraire à la dignité humaine de s'en remettre à d'autres (0326) et que Dieu donne des preuves extérieures de sa révélation (0327). Il reconnaît aussi que la foi n'est pas un acte isolé (0336), qu'on la reçoit de ceux qui ont cru avant nous (0337) et qu'on ne peut pas croire sans d'abord entendre car la foi naît de l'écoute (0339). En procédant comme il l'a fait, l'*Avant-projet* a l'avantage, d'un part, d'attirer l'attention sur le témoignage attendu des communautés et de tout baptisé pour éveiller initialement la foi et susciter l'adhésion des hommes à la parole de Dieu, et, d'autre part, de faire comprendre, dès le début d'un exposé sur la foi, que celle-ci n'est pas toujours une illumination soudaine entraînant une soumission ou une obéissance immédiate: bien souvent, si pas toujours, des médiations sont nécessaires qui demandent du temps pour être perçues comme porteuses d'un appel de Dieu.

Tout enseignement sur la foi ouvre la porte à bien des questions. Ainsi, par exemple, nous disons que la foi est nécessaire au salut et que, sans elle, il est impossible de plaire à Dieu (0309). Que penser dès lors du salut de tous ceux qui ne croient pas au Père, au Fils et à l'Esprit et qui constituent la toute grande majorité de l'humanité? Nous disons aussi que la foi est un don de Dieu qui donne à tous la douceur de consentir et de croire à la vérité (0323). Ceux qui ne sont pas croyants ont-ils refusé le don de Dieu? Dieu ne leur aurait-il pas donné les mêmes chances qu'aux croyants? Le catéchisme ne pose pas ces questions; s'il est destiné également aux non-chrétiens, ne doit-il pas rencontrer ces interrogations et s'efforcer d'y répondre?

S'inspirant de la constitution *Dei Filius* de Vatican I, le *Projet révisé* évoque le motif principal de croire: c'est l'autorité même de Dieu qui révèle. Néanmoins, Dieu a voulu que les secours intérieurs du Saint-Esprit soient accompagnés des preuves extérieures de sa Révélation, des motifs de crédibilité que sont les miracles du Christ et des saints, les prophéties, la fécondité de l'Église, ces «signes certains (...) adaptés à l'intelligence de tous» (0327). La constitution *Dei Verbum* de Vatican II enseigne, pour sa part, que, pour exister, la foi «requiert la grâce prévenante et aidante de Dieu, ainsi que les secours intérieurs du Saint-Esprit qui touche le cœur et le tourne vers Dieu, ouvre les yeux de l'Esprit et donne 'à tous la douceur de consentir et de croire à la vérité'». (n° 5). Comme nous le voyons, le texte conciliaire – connu du *Projet révisé* qui le cite au paragraphe 0323 – s'en tient aux secours d'ordre personnel qui permettent de poser un acte de foi. On sait qu'il n'a pas voulu mentionner d'abord, comme certains Pères le demandaient, les «signes extérieurs» de crédibilité, estimant notamment que la grâce prévenante et aidante de Dieu ne les excluait pas. Nous savons qu'aujourd'hui, comme déjà à l'époque du concile, ces preuves ou signes extérieurs de crédibilité énoncés à Vatican I ne sont plus nécessairement «adaptés à l'intelligence de tous» (0327) et sont même, pour certains des obstacles à la foi.

La foi est adhésion personnelle à Dieu (*fides qua*) et en même temps accueil de tout ce qu'il a révélé (*fides quae*). Le *Projet révisé* insiste sur le contenu de la Révélation. Il cite, en petits caractères il est vrai, la profession solennelle de foi de Paul VI où le pape reprend substantiellement le Credo de Nicée-Constantinople et y ajoute quelques développements qu'il estime nécessaires en raison de certaines contestations de l'époque. Le passage retenu dit: «Nous croyons tout ce qui est contenu dans la Parole de Dieu écrite ou transmise, et que l'Église propose à croire comme divinement révélé, soit par un jugement solennel, soit par le magistère ordinaire et universel» (0345). La citation veut éclairer l'enseignement de *Lumen gentium* 25 repris ici en ces termes: «Lorsque, par son magistère suprême, elle [l'Église] propose quelque chose comme 'révélé par Dieu' et comme enseignement du Christ, 'il faut adhérer à de telles définitions dans l'obéissance de la foi'. Mais aussi lorsque les évêques, surtout le Pontife romain, enseignent ordinairement comme pasteurs et docteurs de la foi, les fidèles doivent leur 'donner l'assentiment religieux de leur esprit'». Nous savions déjà comment recevoir le magistère et les dogmes qu'il définit (0252-0253) et le catéchisme y reviendra lorsqu'il parlera de la mission d'enseignement des évêques (1730-1751): il nous a déjà été dit que les évêques ont particulièrement la charge de «garder le dépôt de la foi» (0340). Il n'est donc pas indispensable de donner, dès maintenant, ces précisions. Et j'ajoute qu'il n'est pas correct de parler des évêques, «surtout le Pontife romain» (0345) là où le concile a les évêques et «à un titre particulier [*singulari ratione*], le Pontife romain» (ne serait-il pas mieux de dire: «l'évêque de Rome»?).

Nous pouvons aussi nous demander si c'est bien le moment d'apporter quelques précisions sur ce qui appartient au «dépôt de la foi», puisque les trois parties du catéchisme vont nous dévoiler tout le contenu de la foi, le «credere Deum». Y aurait-il donc une raison particulière de signaler ici que «la Révélation divine nous enseigne l'existence des anges, y compris des anges déchus, du diable et des démons. Nous croyons à leur existence et à tout ce que la foi nous enseigne à leur sujet, mais nous ne mettons nullement notre foi *en* eux» (0321)? Je ne le pense pas et la dernière phrase du paragraphe pourrait suffire à faire comprendre la différence entre «croire à» et «croire en»: «nous croyons *à* tout ce que notre foi nous enseigne au sujet de l'Église, des sacrements, etc. Mais nous mettons notre foi *en* Dieu seul (credere *in* Deum)».

Comme cela a été fait pour les deux premiers chapitres, rassemblons les sources mentionnées et/ou utilisées dans ce chapitre troisième. Il y a l'Écriture, tout particulièrement là où l'on parle d'Abraham, de Marie et de la foi au Père, au Fils et à l'Esprit. Il y a la liturgie latine: sont mentionnés le *Te Deum* et l'*Ordo baptismi* en usage jusqu'en 1969. Il est fait appel au témoignage de s. Justin, s. Irénée, Tertullien et s. Augustin, mais aussi de Hugues de Saint-Victor, Faust de Riez, Jean de Fécamp, s. Anselme et s. Thomas d'Aquin; tous ces témoignages proviennent de l'Église d'Occident.

Les sources conciliaires sont le deuxième concile d'Orange de 529, Trente, Vatican I cité 5 fois et surtout Vatican II: *Dei Verbum* (4 fois), *Lumen gentium* (3 fois) et *Dignitatis humanae* qui souligne très fort le caractère libre, volontaire, non contraignant de l'acte de foi (3 fois). Nous avons déjà signalé le Credo de Paul VI; ajoutons, pour le magistère pontifical, l'encyclique *Redemptoris Mater* de Jean-Paul II et deux de ses catéchèses du mercredi: la première pour ce bout de phrase «la nuit de la foi» de la Vierge Marie (0335) et la seconde pour cette affirmation: «seul un complet 'abandon de l'homme *à Dieu*' constitue une réponse adéquate» à la révélation divine» (0302).

Conclusion: «Une seule foi»

L'*Avant-projet* contenait, au terme de son Introduction, un bref exposé sur la structure du catéchisme. Le *Projet révisé* nous a donné cette structure dès le Prologue. À la place, il reprend, sous forme de conclusion au chapitre troisième plutôt qu'à toute l'Introduction, quatre passages de l'*Adversus haereses* de s. Irénée: ils mettent en évidence l'unicité de la foi de l'Église dans la diversité des langues, des cultures, des peuples, des nations, de cette foi qui, sous l'action de l'Esprit, «rajeunit et fait rajeunir le vase qui la contient» (0354-0358).

Au terme de l'Introduction, arrêtons-nous quelques instants pour faire le point. Si une comparaison est à faire avec le Catéchisme romain, elle porte uniquement sur ce qui est dit de l'acte de foi. Nous retrouvons dans le *Projet révisé* la même insistance sur la certitude exempte de tout doute que la foi procure. Cependant, le texte de 1989 n'oublie pas que la foi est aussi un acte authentiquement humain, qu'elle cherche à comprendre et qu'elle est vécue souvent dans l'obscurité.

Par rapport à l'*Avant-projet*, le *Projet révisé* nous donne une Introduction plus ample: elle comporte maintenant un important développement sur l'Écriture Sainte et une réflexion sur les liens entre «Je crois» et «Nous croyons». Par contre, elle ne contient plus d'exposé sur l'athéisme et sur l'attitude de l'Église à son égard et n'insiste plus sur les divers témoins susceptibles d'éveiller la foi de celui et de ceux qui ne sont pas encore croyants en Jésus-Christ. Pourquoi ne retrouverions-nous pas ces deux séquences dans le catéchisme définitif? L'Introduction s'est amplifiée également parce qu'il y a désormais un nombre important de références bibliques et quelques références liturgiques, des citations patristiques et hagiographiques, des extraits de documents conciliaires et de textes du magistère pontifical, y compris d'allocutions occasionnelles du pape actuel (l'apport de la Tradition orientale est pratiquement inexistant).

L'Introduction ne fait plus partie intégrante de la Première Partie du catéchisme; elle se présente comme un texte préliminaire, une entrée en matière qui concerne l'ensemble de l'ouvrage. Sa structure globale et celle des différents chapitres et articles ont connu des retouches et des additions, ce qui a eu pour effet de rendre le texte mieux organisé.

Aux réflexions et souhaits suscités par la comparaison avec le Catéchisme romain et avec l'*Avant-projet*, viennent s'ajouter plusieurs propositions visant à améliorer le texte du futur catéchisme. Je pense tout particulièrement à une meilleure explication du contenu de l'alliance noachique, à une fidélité plus grande à *Lumen gentium* lorsqu'il est question de l'interprétation du dépôt de la foi et du rôle des évêques et du pape dans la garde de ce dépôt, à l'insertion d'une note sur «la hiérarchie des vérités», et d'une autre note évoquant ce que Dieu pense de ceux à qui il ne donne pas la grâce de la foi.

Première Partie: La profession de la foi chrétienne

«Les croyants doivent professer leur foi. La foi, opérante par la charité, exige d'eux qu'ils se laissent introduire, sous la conduite de l'Esprit Saint, à la vérité tout entière qu'est le Christ Jésus, dans la communion de l'Église. C'est seulement avec cette connaissance sûre qu'ils peuvent être certains de leur propre identité chrétienne, rendre vive leur foi par les œuvres et être en disposition d'annoncer le mystère de Dieu et d'en rendre témoignage» (Prologue, 0012).

Pour réaliser cet objectif, le *Projet révisé* se propose de commenter, dans sa Première Partie, les articles du Symbole des apôtres et adopte le plan suivant: Introduction: Les symboles de foi; Première section: Je crois en Dieu le Père; Deuxième section: Je crois en Dieu le Fils; Troisième section: Je crois en Dieu l'Esprit Saint; Conclusion: «Amen». Cela donne un total de 874 paragraphes qui se répartissent ainsi:

	développement	«En bref»	total
Introduction	15	–	15
Première section	194	42	236
Deuxième section	237	39	276
Troisième section	284	56	340
Conclusion	7	–	7
Total	737	137	874

Le *Catéchisme tridentin* structurait sa première partie en treize chapitres: le premier sur le symbole en général et les douze autres sur chacun des douze articles du Symbole apostolique. Il lui semblait – il le dit dès les premiers paragraphes – que le symbole avait été divisé en trois parties distinctes, quoique liées entre elles, afin que dans la première il fût question du Père et de la création, dans la seconde du Fils et de la rédemption et dans la troisième de l'Esprit et de notre sanctification. Il n'en avait cependant pas déduit qu'il eût été indiqué de répartir les douze articles à l'intérieur de ces trois grandes parties.

L'*Avant-projet* traitait des symboles de foi dans une introduction et répartissait les douze articles en onze chapitres suivis d'un douzième de conclusion: «Au nom du Père et du Fils et du Saint-Esprit. Amen»[155].

155. Répartissant les douze articles sur onze chapitres, il a groupé «Est monté au ciel, est assis à la droite de Dieu..., d'où il viendra juger les vivants et les morts», de même que «La Sainte Église catholique et la communion des Saints», et «La résurrection de la chair et la vie éternelle»; par contre, il a consacré un chapitre particulier à «Dieu, le Père tout-puissant» et un autre au «Créateur du ciel et de la terre» (voir ci-dessus, p. 91-93).

Le *Projet révisé* garde une introduction sur les symboles de foi et revient à la répartition tridentine du Symbole des apôtres en douze chapitres. Il innove lorsqu'il inscrit ces chapitres dans une structure trinitaire et met ainsi bien en évidence la place primordiale du Père, la situation centrale du Fils et la mission de l'Esprit. C'est à l'intérieur de la section consacrée à l'Esprit qu'il situe les articles portant sur l'Église, la communion des saints, la rémission des péchés, la résurrection de la chair et de la vie éternelle. Au terme du commentaire du Symbole, le *Projet révisé* a, sous forme de conclusion, une explication de l'«Amen» final.

Introduction: Les symboles de la foi

Une introduction (1001-1015) est consacrée aux symboles de la foi, ces langages normatifs qui unissent les croyants «dans la même confession de foi» (1001). Elle nous apprend qu'au cours des siècles, les symboles ont été nombreux: il y eut ceux des différentes Églises apostoliques et anciennes, ceux de plusieurs conciles particuliers et généraux, celui dit de s. Athanase et ceux des papes Damase et Paul VI. Aucun d'eux «ne peut être considéré comme dépassé et inutile», affirment les auteurs de cette introduction, car «ils nous aident à atteindre et à approfondir la foi de toujours à travers les diverses expressions qu'elle a trouvée» (1011). Étant le recueil des principales vérités de la foi, le «symbole de foi» sert de «point de référence premier et fondamental de la catéchèse» (1005).

Le *Catéchisme romain* ne parlait que de cette profession de foi que les apôtres, disait-il, avaient imposée et appelée «symbole»[156]. Le *Projet révisé*, comme l'*Avant-projet*, situe le Symbole des apôtres, «ainsi appelé parce qu'il est considéré à juste titre comme le résumé fidèle de la foi des apôtres» (1012), parmi les nombreux symboles qui ont vu le jour au cours de l'histoire; il annonce qu'il suivra le plan de ce Symbole apostolique, qui est «l'ancien symbole baptismal de l'Église de Rome», le complétant par des références au Symbole de Nicée-Constantinople qui «demeure commun aujourd'hui encore à toutes les grandes Églises de l'Orient et de l'Occident» (1013).

156. Cette légende a fait son apparition au milieu du IVe siècle. Dans son *Explication du Credo des apôtres*, Rufin écrit (au début du Ve s.): «Selon nos ancêtres (...), sur le point de partir chacun à son tour, ils [les apôtres] établissent d'abord en commun le modèle de leur future prédication (...). Donc, rassemblés tous en un seul lieu (...), ils élaborent ce bref signe de reconnaissance de leur future prédication (...) en rassemblant l'avis de chacun et ils décident que cette règle doit être donnée aux croyants» (RUFIN, *Explication du Credo des apôtres*, FORTUNAT, *Exposé du Credo* [«Les Pères dans la foi»], Paris, Migne, 1997, p. 29). Par la suite, on passa de la rédaction commune à la rédaction singulière de chaque article par un apôtre différent (*ibidem*, note 7).

Première section: Je crois en Dieu le Père

Puisque le Credo commence par nommer Dieu, commencement et fin de tout, le catéchisme débute son exposé de la profession de la foi chrétienne par un développement du premier article du Symbole et lui consacre 236 paragraphes, le développement en comportant 194 et les «En bref» 42[157] répartis en 32 pages.

Chapitre premier: Le premier article du Symbole: «Je crois en Dieu le Père tout-puissant, créateur du ciel et de la terre»

Dans le *Catéchisme de Pie V*, le premier article du Symbole est commenté en cinq étapes: 1. Je crois; 2. Dieu; 3. Le Père; 4. Tout-puissant; 5. Créateur du ciel et de la terre.

L'*Avant projet* se veut original en faisant du seul «Je crois en Dieu le Père tout-puissant» le premier article du Symbole, estimant que «Créateur du ciel et de la Terre» est le deuxième article. Il innove aussi, par rapport au Catéchisme de 1566, en situant le péché originel dans ce deuxième article et non au début du troisième portant sur l'incarnation du Fils de Dieu, Jésus, Christ, notre Seigneur.

Le *Projet révisé* en revient à la manière du Catéchisme romain: le premier article du Symbole apostolique est «Je crois en Dieu..., créateur du ciel et de la terre», mais, comme l'*Avant projet*, c'est en commentant l'action et l'œuvre créatrices de Dieu qu'il aborde la doctrine du péché originel. Voici le plan des deux schémas.

Avant-projet	*Projet révisé*
Chap. I: Je crois en Dieu le Père tout-puissant	Chap. I: Je crois en Dieu le Père, tout-puissant, Créateur du Ciel et de la terre
Art. I: Dieu	Art. 1: Dieu
Art. II: Dieu Père, source et origine de l'Unité dans la Trinité divine	Art. 2: Le Père
Art. III: Dieu est le Père tout-puissant	Art. 3: Le Tout-puissant
Chap. II: Dieu, créateur du ciel et de la terre	
Art. I: L'action créatrice de Dieu	Art. 4: Le Créateur
1. Créer de rien	
2. Le ciel et la terre	Art. 5: Le ciel

157. Ces chiffres tiennent compte qu'il n'y a pas de paragraphes 1103 et 1219.

3. Les anges	Art. 6: La terre
4. Les démons	
Art. II: L'homme dans le Christ, sommet de la création de Dieu	Art. 7: L'homme
Art. III: Le mal et la mort dans le monde	Art. 8: La chute
Art. IV: La Providence	

Trois modifications apparaissent d'emblée. La première – qui a déjà été signalée – ramène les deux chapitres de 1987 en un seul, correspondant à un unique article du Symbole consacré à Dieu le Père. La deuxième divise «le ciel et la terre» en deux exposés séparés; nous pouvons supposer que les anges vont trouver place dans «le ciel». La troisième voit la disparition d'un article particulier sur la Providence; celle-ci sera en fait insérée dans l'article 3 sur le «Le Tout-puissant».

Article 1: Dieu

Le *Catéchisme de Trente* commençait par une réflexion sur ce Dieu que les philosophes regardent comme source perpétuelle et inépuisable de bonté et de charité: le Sage, l'Auteur et l'Ami de la Vérité, le Juste, le Bienfaiteur suprême, celui qui renferme toutes les perfections. La foi chrétienne, enseignait-il, nous fait contempler cet être parfait car Dieu s'est révélé et la Bible nous en donne une description bien plus riche; la connaissance de Dieu qui nous est donnée par elle est bien plus certaine, plus claire et plus exempte d'erreur que celle qui est le résultat des raisonnements humains. L'Écriture donne parfois le nom de «dieux» aux prophètes et aux juges, par exemple, pour exprimer leur qualité éminente ou la sublimité de leur fonction; mais il n'y a qu'un seul Dieu, «par nature, par subsistance, par essence», ainsi que le définit le concile de Nicée, lequel concile nous invite à confesser la Trinité dans l'unité.

Dans le *Directoire*, le répertoire des vérités essentielles de la foi (n°s 47-69) commence aussi par le mystère d'un seul Dieu mais le ton est nettement différent: «L'histoire du salut, c'est l'histoire de la voie et des moyens par lesquels le Dieu vrai et un: Père, Fils, Esprit-Saint, se révèle aux hommes et, après les avoir détournés du péché, se les réconcilie et les unit à lui. L'Ancien Testament, tout en affirmant hautement l'unité de Dieu dans un monde polythéiste, esquisse déjà une annonce du mystère de la Trinité, annonce qui n'est pourtant pleinement explicitée que dans la personne, les œuvres et les paroles de Jésus-Christ. Celui-ci, en effet, par là même qu'il se révèle Fils de Dieu, révèle en même temps le

Père et le Saint-Esprit. La connaissance intime du vrai Dieu saisit tout l'esprit du divin Maître, et il la communique à ses disciples, les appelant à devenir fils de Dieu par le don, qu'il leur fait avec largesse, de son Esprit filial» (n° 47). Le Directoire poursuit: «'Le Dieu et Père de notre Seigneur Jésus-Christ' est 'le Dieu vivant'; il est le Dieu saint, juste et miséricordieux, le Dieu auteur d'une alliance avec les hommes, le Dieu qui voit, libère, sauve, le Dieu qui aime comme un père, comme un époux» (n° 48).

L'*Avant-projet* dit de Dieu qu'il est «celui qui est par lui-même», la source de tout être et de toute vie, la cause de l'univers. En Jésus, il s'est révélé Amour et Père de tous les hommes. Dieu est Trinité, communion de vie et d'amour (p. 40).

Le *Projet révisé* réécrit les onze lignes que l'*Avant-Projet* consacrait à «Dieu»; il en fait un exposé de 27 paragraphes résumés en 5 «En bref». Dès le début de son commentaire, il se plait à dire que la foi en Dieu est d'abord l'adhésion personnelle des croyants au Dieu vivant, au Dieu d'Abraham, d'Isaac et de Jacob, au Dieu qui a révélé son nom à Moïse. Ce Dieu-là, ajoute-t-il, c'est le Père de Jésus-Christ qui, dans sa prière, le désigne comme «Seigneur du ciel et de la terre» (1018).

Le développement lui-même s'arrête d'abord aux premiers mots du Credo de Nicée-Constantinople: «Je crois en un seul Dieu». Nous croyons en celui qui s'est révélé comme l'Unique, le seul qu'il faut aimer de toute sa personne, nous dit Jésus, avec les conséquences que cela entraîne pour toute notre vie (1019-1028).

Son nom, dans l'Ancien Testament, est «Je suis»; il ne désigne pas une force anonyme mais un «moi» tout proche, qui veut sauver son peuple, un Dieu plein de tendresse et de pitié et cependant le tout autre, le Saint, celui qui transcende le monde et l'histoire (1029-1041). Au sommet de la révélation, il y a «Dieu est Amour», vérité rendue manifeste par la vie, la mort et la résurrection de Jésus, «Dieu-qui-sauve», l'Emmanuel (1042-1043).

L'inspiration de cet exposé est essentiellement biblique. Les termes philosophiques sont rares: ils n'apparaissent que dans la profession de foi solennelle de Paul VI («un dans son essence infiniment sainte» [1029]) et dans l'explication du nom «Je suis» (1039-1040). Le christocentrisme est présent: ce Dieu dont il est question, c'est le Père de Jésus. Nous pouvons dès lors nous demander pourquoi intituler ce premier article «Dieu» et le suivant «Père», alors que tout ce qui est dit ici de «Dieu» concerne en définitive celui que Jésus nous demande d'appeler

«Père» (nom qui est mentionné dès le paragraphe 1018 mais qui ne réapparaît plus dans la suite aux paragraphes 1019-1043 et n'est pas repris dans les «En bref» [1044-1048]).

Article 2: Le Père

Le *Catéchisme romain* explique pourquoi nous donnons à Dieu le nom de Père. Aux dires des sages et des philosophes, Dieu est Père parce que, substance éternelle, tout émane de lui et qu'il conserve par sa providence l'ordre et l'état de tout ce qui existe. L'Écriture confirme cette manière de penser: elle attribue à Dieu Père la création et la providence; bien plus, dans le Nouveau Testament surtout, Dieu est appelé le Père des chrétiens. Mais il y a un mystère plus sublime encore: Dieu est Père parce que, dans l'Essence divine, il y a trois personnes distinctes; la première, le Père, est non engendrée, principe sans principe qui engendre le Fils de toute éternité. Au terme de son exposé, le Catéchisme met en garde contre des recherches «subtiles et curieuses» sur ce mystère que nous recevons dans la foi; il invite à demander la grâce de pouvoir contempler un jour «cette ineffable fécondité du Père» qui engendre un Fils qui lui est égal et semblable, et de contempler aussi l'Esprit qui unit ensemble et toujours le Père et le Fils.

Le *Directoire*, nous venons de le voir, n'entre pas dans un discours philosophique; le Dieu dont il nous parle, c'est de suite le Dieu qui s'est révélé dans l'histoire du salut comme le Père notre Seigneur, Jésus-Christ (n° 47).

L'*Avant-projet*, en son article 2 sur Dieu Père, nous introduit directement dans le mystère trinitaire: le Père est «la source et l'origine de l'Unité dans la Trinité». Il dit alors un mot de chacune des personnes divines, de ce qu'elles sont et font au sein de la Trinité, de ce qu'elles font dans l'histoire du salut (p. 40-42).

Le *Projet révisé* nous donne un développement meilleur, bien qu'il reste préoccupé avant tout par «la révélation de Dieu comme Père dans le Mystère de la Trinité» (1049). Voyons comment il procède. Un premier point rapporte les paroles de Jésus révélant ses relations à son Père et nous fait comprendre que le Fils est consubstantiel au Père (1050-1054). Un deuxième aborde la révélation de l'Esprit et rapporte les affirmations solennelles des conciles qui le concerne (1055-1059). Un troisième s'arrête à la formulation du Credo de Nicée-Constantinople en usage dans l'Église latine: «l'Esprit procède du Père et du Fils» (1060-1062). Arrivé à ce point de l'exposé, le *Projet révisé* fait remarquer que la confession de la Trinité, qui est au centre de notre foi, marque toute la vie du chrétien. Il y a le baptême au nom du Père, du Fils et de l'Esprit, et le pardon également en leur nom; nous nommons les trois personnes en nous signant du signe de la croix et nous leur rendons gloire en finale des psaumes et des prières (j'aurais aimé aussi une mention de l'eucharistie) (1063-1065). Le catéchisme termine cet article par une réflexion plus intellectuelle sur la Trinité: il n'y pas trois dieux, les personnes divines sont réellement distinctes entre elles et elles sont relatives les unes aux autres, elles sont une seule et même nature, elles sont inséparables en ce qu'elles sont et en ce qu'elles font (1066-1077).

Le *Projet révisé* reste fidèle à cette tradition qui veut qu'un exposé du contenu de la foi commence par Dieu et le mystère de la Trinité. Le Directoire donne à ceux qui préparent un exposé catéchétique cette règle méthodologique: «Il est possible de partir de Dieu pour aboutir au Christ, ou l'inverse; de même, on peut commencer par l'homme pour aboutir à Dieu, ou l'inverse, etc. ... On choisira la méthode pédagogique la plus adaptée aux circonstances dans lesquelles se trouvent les destinataires de la catéchèse (...)» (n° 46, § 2). On aurait donc pu envisager de commencer par la vie de Jésus et son mystère, de passer ensuite à la découverte de ce Père dont Jésus ne cesse de parler et avec qui il se dit «un», et de l'Esprit qui l'habite et qu'il promet à ses disciples, et de terminer par le mystère de la Trinité[158].

L'évocation de l'Esprit Saint dans le mystère de la Trinité amène le *Projet révisé* à aborder dès maintenant – et non lors du commentaire du huitième article du Symbole – la question du *Filioque*. Dans un texte en petits caractères, il présente la position de l'Église catholique: l'Esprit procède bien du Père, mais il procède aussi du Fils. L'Orient, nous dit-il, exprime d'abord le caractère d'origine première du Père par rapport à l'Esprit et affirme que celui-ci est issu du Père par le Fils. L'Occident met de suite en avant la communion entre le Père et le Fils, ce dernier étant uni au Père quand il «spire» l'Esprit. Le concile de Florence, en 1439, «proclame que ces deux expressions confessent, chacune à leur manière légitime, le même et unique mystère de l'origine trinitaire de

158. C'est ce que fait la liturgie latine qui place la fête de la Trinité non pas au début de l'année liturgique mais au terme des temps de Noël et de Pâques, après la fête de la Pentecôte. Le Catéchisme hollandais a opté pour une démarche semblable: le mystère de Dieu vient au terme de tout l'exposé (p. 615-633 de la traduction française).

l'Esprit» (1062). Un peu plus loin, le catéchisme reconnaît que les formules utilisées pour exprimer la foi trinitaire sont dépendantes en partie de la langue et de la tradition théologique où ils ont été conçus, et que «cela a provoqué des malentendus doctrinaux qui ont été parfois l'une des origines des schismes entre chrétiens. Ce fut le cas en particulier entre les chrétiens d'Orient et d'Occident à propos de la procession du Saint-Esprit. Les Pères d'Occident avaient formulé la procession du Saint-Esprit à partir du Père et du Fils (*Filioque*) dans des termes latins qui n'étaient pas l'équivalent des termes grecs que l'Orient utilisait pour confesser l'origine de l'Esprit dans le Père» (1072-1073). Tout cela est du passé: «ce fut le cas», on ne se comprenait pas, mais il n'en est plus ainsi puisque le concile de Florence a reconnu que les deux Églises ont exprimé, en des langages différents mais dans une commune compréhension la participation éternelle du Fils, dans son unité avec le Père, à la procession de l'Esprit. Tout cela est très vrai, mais le catéchisme ne nous dit pas que l'union de Florence n'a duré que quelques années parce qu'à ce concile les Églises se contentèrent de se reconnaître sans réussir à se comprendre et à s'accorder comme complémentaires, et donc que le contentieux subsiste encore aujourd'hui[159].

Un des points de friction est aussi l'introduction du *Filioque* dans la version latine du Credo de Nicée-Constantinople, dont le catéchisme ne parle pas. Les orientaux reprochent non sans raison aux latins d'avoir introduit *Filioque* sans s'être au préalable entendus avec eux. Tout cela nous indique que les débats n'ont pas été clos à Florence en 1439. Dans la foulée du mouvement œcuménique contemporain, des théologiens catholiques et orthodoxes étudient d'une façon plus sereine la part de vérité exprimée dans les formulations de leurs traditions respectives. Au concile Vatican II, le décret *Ad gentes* a repris une formulation jusqu'alors plus familière aux orientaux pour parler de la procession de l'Esprit: le Père est «le principe sans principe, de qui le Fils est engendré, de qui le Saint-Esprit procède par le Fils» (n° 2); le catéchisme pourrait la signaler.

159. Cf. *Les conciles œcuméniques*. T.1, *L'histoire* («Le Magistère de l'Église»), Paris, Cerf, 1994, p. 286. En 1996, le Conseil œcuménique des Églises reconnaissait que: «Certaines Églises ont inséré (...) 'et du Fils' (...) afin d'insister sur la relation de l'Esprit avec le Fils. La controverse qui s'en est suivie (...) n'a pas encore trouvé de solution officielle; mais les questions de fond qui s'y rapportent ont été suffisamment clarifiées pour que le *filioque* ne constitue plus pour la plupart des gens une cause de division. La plupart des Églises tendent aujourd'hui à dire le Symbole sans l'ajout 'et du Fils'». (*Vers le partage de la foi commune. Guide d'étude à l'usage des groupes de discussion* [«Documents d'Église»], Paris, Centurion, Cerf, 1998, p. 44).

Pour en terminer avec «la foi apostolique concernant l'Esprit», je ne pense pas qu'il soit opportun de faire remarquer qu'au concile de Constantinople de 381, «seulement des évêques orientaux» étaient réunis «pour compléter le Credo de Nicée» (1058). Cela donne l'impression que l'Église catholique dégage sa responsabilité et se justifie ainsi d'avoir introduit le *Filioque* sans consultation des Églises orientales.

Les formules de la Tradition, ainsi que les mots du catéchisme qui expriment le contenu des dogmes trinitaires, sont empruntés à la *Fides Damasii*, à la profession de foi du pape Vigile et au Credo de Paul VI, aux conciles de Nicée, Constantinople I, Ephèse, Chalcédoine et Constantinople II, à Lyon II, Latvan IV et Florence, comme aussi à Tolède VI et XI. Le vocabulaire spécialisé – personne, nature, essence substance, procession spiration ... – n'est plus actuellement compris que par quelques spécialistes. Si le catéchisme est finalement destiné au grand public, un gros travail reste à faire pour donner le sens du vocabulaire utilisé, expliquer ce qu'on voulait sauvegarder à tout prix en s'exprimant ainsi et ce qui était en jeu lorsque ces questions ont été débattues. Les «En bref» sont proposés, nous dit le Prologue, comme des résumés «facilement» mémorisables. Le dernier des six qui concluent l'article 2 (1078-1083) est particulièrement difficile, voire tout à fait incompréhensible: il s'agit d'un extrait du *De Trinitate* de s. Augustin: «Le Fils est né du Père; et le Saint-Esprit procède principiellement (*principaliter*) du Père et – par le don intemporel de celui-ci au Fils – du Père et du Fils, en communion (*communiter*)». (1083)

Article 3: Le Tout-puissant

Pour le *Catéchisme de Pie V*, la puissance infinie de Dieu nous est enseignée par l'Écriture: il n'est rien que Dieu n'ait le pouvoir de réaliser. Cependant Dieu ne peut ni mentir, ni tromper, ni être trompé, ni pécher, ni périr, ni ignorer quoi que ce soit. Seul cet attribut est mentionné dans le Symbole mais toutes les autres perfections de Dieu découlent de lui. La conviction que «rien n'est impossible à Dieu» est propre à affermir notre foi, à nous faire accepter facilement et sans hésitation aucune les choses les plus grandes, les plus incompréhensibles et celles qui dépassent les lois ordinaires de la nature. Elle nous soutient lorsqu'il nous faut accomplir une œuvre difficile ou que nous demandons à Dieu une grâce spéciale; elle nous forme admirablement à la modestie et à l'humilité, nous apprend à ne pas trembler et nous sert à célébrer avec reconnaissance les bienfaits divins. La toute-puissance est attribuée au Père mais il nous faut l'attribuer aussi au Fils et à l'Esprit.

Le *Directoire* n'ignore pas que Dieu est tout-puissant – il le signale dans son exposé sur la création (n° 51) – mais il ne commente pas cet attribut divin. Par contre, il préfère dire du Père qu'il est «saint, juste, miséricordieux (...), [qu'il] voit, libère et sauve (...), [qu'il] aime comme un père, comme un époux». (n° 48)

Dans l'*Avant-projet*, «Dieu est le Père tout-puissant» occupe quatre pages. Une seule d'entre elles explique la signification de cette affirmation du Symbole: Dieu est le Seigneur de tout ce qui existe, il créé, guide et gouverne tout. Il crée toujours. À l'origine de toute vie et dans la résurrection de Jésus, il montre que son pouvoir absolu est au service de son amour, lui qui veut que tout subsiste (p. 42). Les autres pages servent plutôt à remédier à la brièveté de l'exposé sur «Dieu»: elles nous entretiennent du Dieu «unique, saint et juste», du Dieu «miséricordieux et fidèle en ses promesses», du Dieu «qui a manifesté son nom aux hommes au cours de l'histoire du salut»: il est, d'une part, Yahvé, le Vivant, le Saint, le Dieu du ciel, le Dieu des Pères, le Dieu des vivants et des morts ... et, d'autre part, Père, celui qui a ressuscité Jésus, et Esprit; il est Amour (p. 42-46).

Le *Projet révisé* centre tout son exposé sur la seule toute-puissance de Dieu et nous donne un texte plus inspiré de l'Écriture et plus chaleureux que celui du Catéchisme romain. Il explique que la toute-puissance de Dieu est universelle, que rien ne lui est impossible, que Dieu est le maître de l'histoire, que «tout ce qu'il veut, il le fait»; il va même jusqu'à donner à ses créatures d'agir elles-mêmes et de coopérer avec lui (1085-1086).

Avec le Catéchisme romain, il déclare que la foi en Dieu tout-puissant est «une source inépuisable de confiance, de joie et d'espérance», mais il précise que «la puissance infinie de Dieu est inséparable de sa vérité et de sa bonté infinies», de son amour paternel et de sa miséricorde (1087-1089).

La toute-puissance divine nous reste cependant mystérieuse comme l'attestent les abaissements et la mort de Jésus – et bien des événements de l'histoire du monde comme de la vie de chacun, aurait-il pu ajouter. Finalement, elle n'est accessible que par la foi en celui pour qui rien n'est impossible, comme le chante Marie, «suprême modèle» de cette foi (1090-1091).

Dans la logique du développement trinitaire qui précède immédiatement, n'aurait-il pas été souhaitable de dire, comme le fait d'ailleurs le Symbole, que le Père – et non «Dieu» sans aucune détermination de personne – est tout-puissant? Une parenthèse nous rappelle au passage que le Fils et l'Esprit, eux aussi, sont tout-puissants (1086); un développement plus ample ne me paraît pas superflu.

Nous savons par expérience que la manière biblique de s'exprimer (Dieu fait tout ce qu'il veut et dispose de tout à son gré, par exemple) peut être source d'interprétations erronées. Nous savons aussi que beaucoup sont interpellés par l'apparente impuissance de Dieu devant les cataclysmes naturels et les méfaits des humains. «La catéchèse, dit le Directoire, ne peut ignorer que beaucoup de nos contemporains ressentent vivement l'éloignement, sinon l'absence de Dieu» (n° 48). Un catéchisme adapté à la vie actuelle ne le peut pas non plus. C'est bien de citer des versets bibliques; encore faut-il indiquer comment les interpréter sans tomber dans le fondamentalisme. C'est bien de dire, avec le Catéchisme de 1566, que «rien n'est plus propre à affermir notre foi et notre espérance que la conviction profondément ancrée dans nos âmes que rien n'est impossible à Dieu ...» (1087); encore faut-il reconnaître dès maintenant – et pas seulement lorsque l'objection du mal sera abordée (1135-1143) – que le Tout-puissant est en même temps le «Très-bas»[160], celui qui a tellement besoin des hommes que, sans leur médiation, sa toute-puissante reste un vain mot, celui qui sait s'effacer pour que l'homme puisse collaborer à sa propre existence et à celle du monde.

Article 4: Le Créateur

Dans le *Catéchisme tridentin*, le cinquième point de l'exposé sur le premier article du Credo porte tout à la fois sur l'acte créateur, le monde créé, les anges, la terre, l'homme et la Providence. L'acte créateur initial de Dieu est en lien avec sa toute-puissance infinie. Dieu a tiré le monde du néant, sans nécessité ni contrainte, librement et de son plein gré, poussé par sa bonté pour les êtres qu'il va créer. Dieu n'avait besoin de rien ni de personne car il est souverainement heureux en lui-même et par lui-même. Pour former l'univers, il n'a pas pris de modèle ou de dessein qui ne fût en lui-même car il possède l'idée exemplaire de toutes choses: «il a dit et tout a été fait».

Après avoir commenté la création «du ciel et de la terre», le Catéchisme en vient à la Providence. Il explique que le Créateur n'abandonne pas l'œuvre qu'il a terminée: l'action de sa providence se déploie

160. Cette expression est reprise de l'ouvrage de Christian Bobin, *Le Très-Bas*, paru dans la collection Folio, chez Gallimard en 1992.

constamment. Dieu conserve, soutient, gouverne tout ce qu'il a créé, sans quoi tout retournerait au néant. Il communique le mouvement et l'action à tout ce qui se meut et agit; il prévient, sans l'empêcher, l'influence des causes secondes. Et le Catéchisme ajoute au terme de son exposé sur le «Je crois en Dieu le Père tout-puissant ...»: l'œuvre créatrice est commune aux trois personnes divines: le Père est le créateur, tout a été créé par le Fils, la beauté des cieux est l'effet du Saint-Esprit.

Avec le *Directoire*, la vision de la création est devenue christologique et historique. C'est d'abord de Jésus-Christ, Fils de Dieu, premier-né de toute créature et sauveur, qu'il est question. Toutes choses subsistent en lui. «C'est en lui, par lui et pour lui que tout a été créé» (n° 50). Cela dit, le Directoire peut affirmer que la création est le commencement de l'histoire du salut. Il s'en explique ainsi: «L'univers, créé 'ex nihilo', est le monde dans lequel, par Jésus-Christ, s'accomplissent réellement le salut et la rédemption. Déjà, dans l'Ancien Testament, la vérité de l'action créatrice de Dieu n'est pas présentée comme un principe philosophique abstrait: elle entre dans l'esprit des Israélites, grâce à la connaissance de l'unité de Dieu, comme une annonce de la puissance et de la victoire de Yahvé, comme une preuve qui démontre la présence permanente du Seigneur à son peuple. La toute-puissance de Dieu créateur se manifeste encore de manière éminente, dans la résurrection du Christ, où se révèle 'l'extraordinaire grandeur de sa puissance'. C'est pourquoi la vérité de la création ne doit pas être présentée simplement comme une vérité se tenant par elle-même, à part des autres, mais comme quelque chose qui, de fait, est ordonné au salut accompli par le Christ». (n° 51)

Et le Directoire de conclure: «Lorsqu'il écoute un exposé doctrinal sur la création, un chrétien, en plus de réfléchir au premier acte par lequel Dieu 'a créé le ciel et la terre', doit encore orienter son esprit vers toutes les entreprises salvifiques de Dieu. Celles-ci sont perpétuellement présentes dans l'histoire de l'homme et du monde, elles commencent à briller surtout dans l'histoire d'Israël, elles conduisent à l'événement souverain de la résurrection du Christ, elles s'achèveront à la fin du monde, quand apparaîtront des cieux nouveaux et des terres nouvelles». (*ibidem*)

Dans l'*Avant-projet*, «Dieu créateur du ciel et de la terre», nous l'avons déjà signalé, constitue le deuxième article du Symbole. Le développement comprend quatre points: «l'action créatrice de Dieu» (p. 47-49), «l'homme dans le Christ, sommet de la création» (p. 49-53), «le mal et la mort dans le monde» (p. 54-61) et la Providence (p. 61-64).

Le premier point redit que toute la création est l'œuvre du Tout-puissant et du Tout-amour, que Dieu garde et gouverne par sa providence toutes les créatures, les spirituelles, les matérielles et l'homme, que ces créatures sont créées «ex nihilo», selon toute leur substance.

À propos des premiers chapitres de la Genèse, il reconnaît que les récits utilisent un langage poétique et simple (p. 47) et qu'ils n'ont pas l'intention de décrire le mode selon lequel l'univers à été formé. À la suite de *Gaudium et spes* 59, il déclare qu'«il existe deux ordres de connaissance, celui de la foi et celui de la raison» et qu'il ne peut jamais y avoir de divergence absolue entre la foi et la raison puisque c'est le même Dieu qui nous communique les mystères de la foi et qui donne la lumière de la raison à l'esprit humain. À la lecture de l'Écriture qui raconte la création de l'univers, l'Église affirme l'absolu pouvoir de Dieu mais reste ouverte à ce que les diverses théories et hypothèses – qui peuvent être établies scientifiquement – en arrivent à conclure au sujet du processus de l'évolution du monde matériel (p. 49).

Le mal et la mort constituent une grosse difficulté pour les religions et la conception qu'on se fait de Dieu; ils sont un mystère à comprendre à la lumière de la Révélation et de la vie du Christ. Il y a le mal sous forme de haine, soif de pouvoir, guerre, injustice, égoïsme politique ou idéologique, individualisme ..., rupture de l'harmonie entre les hommes. Il y a ces maux que sont la maladie, la mort d'un enfant, les discriminations, les humiliations. Et il y a aussi les catastrophes aveugles: tremblements de terre, inondations, cyclones. C'est dans un monde marqué par la mystérieuse solidarité pécheresse opposée à la communion originelle que nous naissons. Dieu a assumé la douleur et la mort comme chemin de rédemption; il n'est pas responsable du mal. L'homme a la liberté suffisante pour répondre de ses actes devant Dieu; il a abusé de sa liberté. Dans son amour et sa sagesse, Dieu a apporté un bien plus grand, il a vaincu le mal à force de bien, il nous associe à la Croix.

Cela dit, l'*Avant-projet* expose alors la foi en la Providence. Parler de providence divine, c'est dire que Dieu prend soin fidèlement de l'humanité et de chaque être humain; il conserve l'être qu'il a donné à ses créatures, il empêche que celles-ci disparaissent dans le néant. La Providence concerne tout ce qui a trait à notre existence quotidienne, le spirituel comme le matériel, aux moments décisifs comme aux moments ordinaires. Bien des choses paraissent nier la Providence, mais le croyant a une foi héroïque: il s'abandonne à Dieu qui permet le mal et l'utilise pour le bien en vue de notre fin ultime. La Croix du Christ, le mal le plus tragique perpétré par les humains, est au centre du dessein de Dieu.

Le *Projet révisé* modifie l'*Avant-projet* : il refait de «Dieu créateur du ciel et de la terre» la continuation du premier article du Symbole et aborde séparément: 1. Le Créateur; 2. Le ciel; 3. La terre. Le mystère du «Dieu-Créateur», nous dit-il, n'est accessible que par la foi; il est le fondement de notre foi en tous les desseins salvifiques de Dieu et il reçoit sa lumière décisive du mystère pascal du Christ, ce mystère révélant «la fin glorieuse en vue de laquelle Dieu, au commencement, a créé le ciel et la terre» (1098-1101).

Dieu seul est le créateur. Le verbe «bara» de Gn 1 ne s'emploie que pour désigner cette activité spécifiquement divine: la création par la seule parole, sans effort, sans aide ou intermédiaire d'aucune sorte (1102-1105). C'est le Père qui est créateur, mais il crée par le Fils, dans l'Esprit (1106-1109). C'est librement, par bonté et par amour, qu'il crée «ex nihilo» un monde ordonné et bon, portant en lui-même «des lois et des rythmes qui doivent être connus et respectés» (1110-1118). La création n'est pas qu'une œuvre réalisée aux origines: Dieu crée et maintient à tout instant les créatures dans l'être. Comme l'a écrit s. Augustin, Dieu est «*dans* la créature et la créature est *en* lui», il est «plus haut que le plus haut de moi, plus intime que le plus intime» (1119-1121).

Nous croyons en «la divine providence», reconnaissant que Dieu a crée un monde en état de cheminement, qu'il l'a créé en vue d'une fin: la réalisation de son dessein, à savoir notre adoption filiale par Jésus-Christ; c'est ainsi qu'il manifeste sa gloire et nous procure notre béatitude (1122-1128).

Dieu garde et gouverne tout ce qu'il a créé. Sa sollicitude «est concrète et immédiate, elle prend soin des moindres petites choses». Dès lors, nous devons pratiquer «l'abandon à la Providence» et croire que nous ne sommes pas soumis à un destin aveugle, notamment à la soi-disant influence des astres et des forces naturelles. Un tel abandon ne signifie ni passivité ni fatalisme; nous pouvons vivre notre vie et nos responsabilités d'une façon consciente et libre (1129-1134).

Les expériences du mal physique et du mal moral ne contredisent-elles pas cet enseignement sur la Providence? Le monde étant un monde en devenir, le mal provenant de la nature est inévitable. Quant au mal moral, Dieu n'en est nullement responsable: ce sont les anges et les hommes qui le font entrer dans le monde. Dieu respecte leur liberté et sait tirer le bien du mal, comme nous le voyons à propos des souffrances et de la mort de son Fils. Les chemins de la Providence nous restent souvent inconnus mais notre foi doit rester ferme jusqu'à notre face à face avec Dieu et l'accomplissement de l'histoire (1135-1143).

En resituant l'exposé sur «le Créateur» dans le premier article du Symbole, le *Projet révisé* indique que la toute-puissance du Père trouve sa première manifestation dans l'œuvre de la création. En plaçant la réflexion sur la Providence dans ce premier article et non, comme le fait l'*Avant-projet*, à la suite de l'exposé sur le péché originel, il nous dit que l'idée de providence s'impose non pas d'abord parce que le péché existe mais parce que Dieu ne serait pas Dieu s'il ne gardait et gouvernait tout ce qu'il a créé, s'il ne nous conduisait pas vers la fin qu'il nous destine.

C'est par le récit de la création que s'ouvre la Bible et que commence l'histoire du salut. C'est par le récit de la Genèse que commencent les lectures de la Nuit pascale dans la liturgie latine. Au témoignage d'Éthérie et de s. Augustin, l'instruction des catéchumènes commençait aussi par la Genèse. Est-ce pour cela que la catéchèse *doit* toujours débuter par là (1100)? Je ne le pense pas[161].

L'exposé sur «le Créateur» indique clairement la place centrale du Christ dans l'ensemble de l'histoire du salut. Il signale que la lumière décisive sur le mystère de la création est apportée par le Christ (1101), que tout a été créé par le Christ et pour lui (1107), que tout concourt à nous faire fils adoptifs en Christ (1126) et à ramener toutes choses sous un seul chef, le Christ (1127); il nous dit, dès maintenant, que Jésus s'est confié à la Providence et que sa passion et sa résurrection sont aptes à dissiper nos angoisses (1140-1141). Comme le Catéchisme romain, il implique les trois personnes divines dans l'œuvre créatrice; on peut toutefois regretter que l'Esprit ne soit mentionné qu'une seule fois (1108) et que le Créateur soit presque toujours «Dieu» et non «le Père», à qui la création est particulièrement attribuée.

Le catéchisme rencontre les préoccupations écologiques actuelles lorsqu'il invite à «reconnaître et respecter la vérité et la bonté propres de chaque créature»; c'est, écrit-il, la condition «pour éviter un usage arbitraire de la création qui entraîne des conséquences néfastes pour l'homme lui-même et pour le monde dans lequel il vit» (1118). Il sait aussi l'engouement de certains à s'en remettre à l'astrologie pour connaître leur destin; il invite en conséquence à bannir toute crainte devant l'influence des forces naturelles du cosmos et à s'en remettre à la Providence (1133).

161. Cette question me fait penser aux tribulations de *Pierres vivantes*, le recueil de documents privilégiés de la foi offert par les évêques français aux enfants de 10-12 ans, à leurs catéchistes et à leurs parents en 1981. Comme l'ouvrage ne commençait pas par le récit de la Genèse mais par celui de l'Exode, il a dû, pressé par la Congrégation pour la doctrine de la foi, revenir à l'ordre de la Bible dans sa deuxième éditions de 1985.

Devant concilier l'affirmation d'une Providence qui réalise «un plan éternel de sagesse et d'amour dans le gouvernement du monde» (1130) et l'existence du mal sous toutes ses formes, si abondamment répandu depuis que les humains sont sur la terre, le *Projet révisé* reprend les réponses bien connues: Dieu a voulu un monde en devenir comportant «avec l'apparition de certains êtres la disparition d'autres, avec les constructions de la nature aussi les destructions» (1136); Dieu n'est en aucune façon, ni directement ni indirectement, la cause du mal moral, il le permet cependant par respect pour la liberté de ses créatures et, mystérieusement, il sait en tirer le bien (1137); Jésus, innocent, a assumé sa souffrance pour notre salut et, avec lui, nous pouvons coopérer à son œuvre rédemptrice (1140-1141). Et il conclut: «les chemins de sa providence nous sont souvent inconnus» (1142); lorsque nous verrons Dieu «face à face», alors ils nous seront pleinement connus (1143). Ne devrait-il pas dire nettement, avec beaucoup de franchise, que le croyant, tout comme Job et bien d'autres saints d'hier et d'aujourd'hui, est souvent profondément troublé et reste scandalisé, ne sachant que dire devant le silence et l'impuissance de Dieu qui ne peut empêcher tant de souffrances?

Dans sa providence, Dieu prend soin de nous délivrer du mal et de nous donner ce dont nous avons besoin. Reprenant le langage biblique qui attribue tout à Dieu conçu comme cause première, le projet de catéchisme omet de parler des causes secondes dont Dieu se sert pour lutter contre le mal, donner à manger à ceux qui ont faim, manifester sa tendresse ... Il se contente de dire: «l'abandon à la divine providence ne signifie pas passivité ou fatalisme (...), il [l'homme] est appelé à mettre toutes ses forces et tous ses dons au service des desseins de Dieu» (1134). Cela a le mérite d'être dit, mais un peu comme en passant ... Un développement d'une certaine ampleur sur la participation de l'homme à l'action créatrice de Dieu et sur l'invitation qui nous est faite de lutter contre le mal, comme Jésus l'a fait, ne serait pas superflu, la Providence passant ordinairement par nos mains.

Pour authentifier son enseignement, le *Projet révisé* cite abondamment l'Écriture. Il en appelle, une seule fois, à la liturgie romaine, à la liturgie byzantine et à l'anaphore de s. Basile. Il mentionne les conciles de Braga, Latran IV (2 fois), Florence, Vatican I (5 fois) et *Ad gentes* 2 de Vatican II. Il emprunte quelques mots à une lettre du pape Léon le Grand, *Quam laudabiliter* du 21-7-447, et à l'allocution du mercredi 14 mai 1986 de Jean-Paul II. Il en appelle au témoignage d'Éthérie, Augustin (5 fois), Irénée (2 fois), Théophyle d'Antioche, Thomas d'Aquin

(3 fois), François d'Assise, Bonaventure et Jean Chrysostome. Ajoutons que le Directoire catéchétique (n° 51) est mentionné deux fois au paragraphe 1099, là où il dit que la création est, pour ainsi dire, «le commencement de l'histoire du salut».

Article 5: Le ciel

Pour le *Catéchisme romain*, l'expression «le ciel et la terre» désigne, comme dans l'Écriture, tout ce qui existe et elle est dès lors expliquée dans un seul paragraphe où l'on parle des cieux, c'est-à-dire du soleil, de la lune et de tous les astres, des anges et des démons, mais aussi des montagnes, de la mer, de la flore et de la faune, et finalement de l'homme.

Le *Directoire* se contente d'une seule phrase très générale qui reprend l'essentiel de la foi: «La création des choses visibles et invisibles, du monde et des anges, est le commencement de l'histoire du salut; la création de l'homme doit être considérée comme le premier don et le premier appel qui conduisent à la glorification dans le Christ» (n° 51).

L'*Avant-projet* garde globalement le même plan que le Catéchisme romain. Après quelques mots sur la création «ex nihilo», il décrit, dans un même article, le ciel et la terre, les anges et les démons, mais il consacre ensuite un article particulier à l'homme parce qu'il est le sommet de la création.

Le *Projet révisé* s'écarte de l'*Avant-projet*. Il scinde en deux l'expression traditionnelle «le ciel et la terre»; son exposé sur «le ciel» concerne uniquement «l'univers invisible», les créatures spirituelles que sont les anges (à l'exclusion des démons), et son exposé sur «la terre» porte sur le firmament, les astres, le ciel que nous contemplons et toute l'œuvre des six jours de Genèse 1, à l'exclusion de l'homme.

Que disait le *Catéchisme tridentin* à propos des anges? En 20 lignes, il enseignait qu'ils sont de purs esprits dont Dieu fait ses serviteurs et ses ministres. Ils ont été enrichis des dons de la grâce et de la puissance divine et n'ont jamais perdu l'amour de Dieu. Remplis de sagesse, ils connaissent tout ce qui est sur la terre. Puissants en vertu, ils exécutent les ordres de Dieu.

Le *Directoire*, nous venons de le dire, les inclut parmi les choses invisibles créées par Dieu (n° 51). Quant à l'*Avant-Projet*, il rappelle l'enseignement de l'Église sur l'existence des anges et des démons. Ces derniers ont été crées bons par nature mais se sont rendus eux-mêmes mauvais. Jésus a chassé les démons parce qu'ils s'acharnaient contre l'homme. L'Église a des exorcistes, qui exercent leur ministère en dépendance de l'évêque, et elle ne cesse de prier Dieu: «Délivre-nous du Mal» (p. 48).

Dès le début de son article sur «le ciel», qui comprend 9 paragraphes de texte – 70 lignes – et trois «En bref», le *Projet révisé* déclare que, sous peine d'être sadducéen, matérialiste ou rationaliste, le croyant ne peut mettre en doute l'existence d'un monde angélique (1154-1155). Les anges, en effet, sont présents tout au long de l'histoire du salut; ils entourent toute la vie du Christ et l'Église bénéficie «de leur aide mystérieuse et puissante» (1156-1158). Ce sont des créatures personnelles, comme l'a rappelé Pie XII dans l'encyclique *Humani generis*; ce sont des esprits immortels dont la fonction est d'être les serviteurs et les messagers de Dieu. Notre vie est «entourée de leur garde et de leur intercession» et l'Église confesse sa foi dans les anges gardiens, les vénère et les prie, ainsi que l'enseigne Jean-Paul II dans l'audience du mercredi 6 août 1986 (1159-1161). «Chaque fidèle a près de lui un ange comme tuteur et pasteur pour le conduire à la vie» («En bref» 1164).

Le projet de catéchisme justifie son enseignement en citant de nombreux passages de l'Écriture qui parlent des anges ou les mettent en scène. Comme il n'en donne aucune clé d'interprétation, il laisse croire que tout s'est passé comme les écrivains sacrés le racontent et que, par exemple, des anges ont bien été vus et entendus à Bethléem par des bergers. Les exégètes nous apprennent que les évangélistes, comme les autres écrivains bibliques, n'écrivent pas un compte rendu journalistique mais composent des récits théologiques en vue de donner le sens des événements qu'ils rapportent. L'ange du Seigneur et les anges en général, qui sont censés former la cour de Dieu le Père, sont introduits dans les narrations pour faire comprendre aux lecteurs que le message transmis vient de Dieu, pour signifier le caractère divin d'un événement. Je crains qu'en raison de ce qu'il ne dit pas, le *Projet révisé* ne favorise une lecture fondamentaliste des passages de l'Écriture qu'il cite et amène à penser que les gens du temps de la Bible avaient plus de chance que nous puisqu'ils «voyaient» fréquemment des anges.

«L'existence des anges suscite aujourd'hui bien des objections et des difficultés» reconnaissent les évêques allemands dans leur Catéchisme pour adultes de 1985, d'autant que l'Écriture parle d'eux «en utilisant un vocabulaire et des images empruntés à la mythologie de l'époque»[162]. Avant eux, les évêques des Pays-Bas, en 1966, s'étaient posé la question

162. *La foi de l'Église. Catéchisme pour adultes*, p. 106-107.

de savoir si leur existence n'était pas «une présupposition de la conception biblique du monde» et pensaient que tout ce que l'Écriture en dit «proclame cette belle vérité, que Dieu veille sur nous de mille façons différentes»[163]. Les évêques français, en 1991, parlant dans leur Catéchisme pour adultes de la place tenue par les anges dans la Révélation, admettront que, «dans l'interprétation des textes bibliques, on doit tenir compte des facteurs littéraires et de ce qui peut relever des représentations générales de l'époque»[164]. *Le Projet révisé*, lui, se contente de nous redire l'enseignement traditionnel. Il le fait ici, en cet article 5, mais il a déjà fait allusion aux anges à trois reprises: à propos de l'alliance avec Noé qui aurait été confiée à la garde des anges (0212), là où il est dit que le contenu de la foi inclut notamment l'existence des anges (0321) et que l'univers des anges, comme celui des hommes, chemine vers sa destinée par choix libres et amour de préférence (1137). Il semble bien tenir à ce que la doctrine sur les anges retrouve une plus grande faveur parmi les croyants.

Au témoignage de l'Écriture, des saints Basile[165], Augustin et Thomas d'Aquin, des symboles de foi, du concile de Latran IV, de Pie XII (encyclique *Humani generis*), de Paul VI (profession solennelle de foi) et de Jean-Paul II (catéchèses du 9 juillet et du 6 août 1986), le croyant ne peut nier l'existence des anges. Beaucoup de théologiens sont d'accord pour dire que leur qualité d'êtres spirituels et immortels doués de connaissance et de liberté et leur mission en faveur des hommes sont des affirmations de «foi». Par contre, ils estiment que les anges gardiens ne sont qu'une «opinion commune». Le projet de catéchisme n'entre pas dans ces nuances et ne nous dit pas non plus la qualification théologique à donner aux «trônes, seigneuries, principautés ...» dont parle s. Paul (1156), et aux «anges, archanges, puissances d'en haut et esprits bienheureux» des textes liturgiques. Quoi qu'il en soit, les chrétiens doivent veiller à ne pas accorder aux anges plus de place qu'à Dieu notre Père, au Christ et à l'Esprit et savoir – et le catéchisme pourrait le dire explicitement – que le principe de «hiérarchie des vérités» s'applique tout particulièrement à leur propos.

163. *Une introduction à la foi catholique*, p. 607. Les théologiens romains ont estimé que les évêques hollandais n'étaient pas suffisamment fidèles à la doctrine catholique sur les anges et Paul VI, dans sa profession de foi solennelle du 30 juin 1968, a redit la foi de l'Église en «un seul Dieu (...) créateur (...) des choses invisibles comme les purs esprits qu'on nomme aussi les anges».

164. *Catéchisme pour adultes. L'Alliance de Dieu avec les hommes*, p. 69.

165. C'est dans l'«En bref» 1164 que nous trouvons cet extrait de l'*Adversus Eunomium* de s. Basile de Césarée en Cappadoce: «Chaque fidèle a près de lui un ange comme tuteur et pasteur pour le conduire à la vie.»

Article 6: La terre

La «terre» du *Projet révisé*, en son très bref article 6, c'est le monde visible: «les astres, les plantes, les animaux et enfin l'homme, et cela dans un ordre que l'Écriture désigne par une suite de six 'jours'» (1167). L'objectif poursuivi est très limité: il s'agit d'exposer ce que Dieu a voulu nous dire par le premier chapitre de la Genèse. Le récit biblique n'enseigne ni les sciences naturelles ni «un savoir cosmologique sur le déroulement exact de la cosmo-Genèse» (1168). Son langage imagé vise «des *faits* de Dieu qui dépassent, certes, notre intelligence, mais qui sont réels pour autant» (1170); il enseigne quelques vérités fondamentales: la diversité des créatures est voulue par Dieu, leur inégalité aussi; chaque créature possède sa bonté et sa perfection propres; il existe une hiérarchie des créatures et l'homme en est le sommet; il y a, entre toutes les créatures, une solidarité du fait que toutes ont le même créateur, celui que s. François d'Assise chante dans son *Cantique des créatures* (1174-1180). Le *Projet révisé* signale en outre que «l'œuvre des six jours annonce et préfigure l'œuvre plus grande de la rédemption» (1169) et mentionne les «tensions entre foi et sciences» qui ont surgi au cours des derniers siècles (1171-1173).

Le *Projet révisé*, tout comme l'*Avant-projet*, ne nous dit pas grand chose du genre littéraire du premier chapitre de la Genèse: nous savons seulement que le langage du récit de la création en six jours est un langage imagé et que nous n'avons pas à y chercher des informations cosmologiques.

Le troisième schéma avait inséré une réflexion générale sur les rapports entre la foi et la raison, entre l'enseignement de l'Écriture et les théories et hypothèses concernant le processus de l'évolution du monde matériel (cf. ci-avant, p. 153). Le cinquième schéma introduit un texte en petits caractères sur «foi en la création et les sciences des origines». Un premier paragraphe commence par dire: «Les connaissances sur la préhistoire de l'humanité et sur le devenir matériel du cosmos ont beaucoup évolué au cours des derniers siècles. Cela n'a pas été sans créer des tensions entre foi et sciences, d'autant plus qu'il n'est pas facile de délimiter le domaine de la foi de celui des sciences. Le conflit s'est surtout manifesté au sujet de l'*évolutionnisme* qui s'est parfois posé en alternative au *créationisme*» (1171). En 1987, le ton se voulait plutôt irénique. Maintenant, il est question de tensions et même de conflits, notamment entre l'évolutionnisme et le créationisme. La rédaction de ce paragraphe 1171 peut donner le change et faire croire que l'Église catholique est opposée à l'idée d'évolution. Comme fait de la nature, l'évolution n'est pas à confondre avec l'évolutionnisme et ses hypothèses d'explications scientifiques des mécanismes évolutifs. Tel qu'il est présenté dans ce paragraphe, le créationisme pourrait être compris comme la défense de l'idée d'un Dieu créateur auquel, dès lors, l'évolutionnisme s'opposerait. Il faut savoir qu'aujourd'hui, et surtout dans des milieux des USA, «le terme 'créationisme' dénote les fondamentalistes fixistes (essentiellement protestants) qui lisent de façon littérale les trois premiers chapitres de la Genèse (...). L'emploi de ce terme devrait donc être évité»[166].

Le *Projet révisé* poursuit: «Des conflits sont évités quand les hommes de science gardent présent le caractère limité des connaissances scientifiques. Ils doivent veiller à ne pas étendre les théories au-delà de l'objet de leur science. Or, aucune science naturelle ne peut expliquer l'existence même des choses, de leur nature et de leurs lois». (1172) Il fait en quelque sorte la leçon aux scientifiques! J'aimerais qu'il s'adresse aussi aux théologiens et leur dise, comme Jean-Paul II l'a affirmé plus tard: «C'est un devoir pour les théologiens de se tenir régulièrement informés des acquisitions scientifiques pour examiner, le cas échéant, s'il y a lieu ou non de les prendre en compte dans leur réflexion ou d'opérer des révisions dans leur enseignement»[167].

La note «foi en la création et les sciences des origines» se termine par cette directive: «Le croyant peut admettre que Dieu, dans la conduite vers sa fin de son œuvre créée, fasse servir des mécanismes que les sciences découvrent. Il ne peut nullement admettre que le devenir du monde et de l'homme soit uniquement le résultat d'un jeu aveugle de hasards et de nécessités». (1173) Elle fait sans doute allusion à la thèse défendue notamment par Jacques Monod en 1970 dans son ouvrage *Le hasard et la nécessité*, thèse que la foi ne peut accepter[168]. Elle permet aux croyants de reconnaître l'action des causes secondes dans la conduite de l'univers: ils peuvent ... et ne sont donc pas tenus! Le fondamentalisme fixiste, dont il a été question plus haut, serait-il également compatible avec l'enseignement de l'Écriture? La note 1171-1173 aura bien besoin d'être réécrite.

166. Toute cette critique du paragraphe 1171 s'inspire de la lettre du professeur L. Morren, président du comité du Secrétariat international des questions scientifiques, Mouvement international des intellectuels catholiques Pax Romana, au cardinal P. Poupard alors président du Conseil pontifical pour la culture, en date du 27 octobre 1992.

167. JEAN-PAUL II, Discours à l'Assemblée plénière de l'Académie pontificale des sciences [à propos du cas Galilée], 31-10-1992, dans *La Doc. cath.* 89 (1992) p. 1072.

168. J. MONOD, *Le hasard et la nécessité. Essai sur la philosophie naturelle de la biologie moderne*, Paris, Seuil, 1970.

Article 7: L'homme

Dans le *Catéchisme romain*, l'exposé sur l'homme se situe dans le développement de ce que l'Écriture et la Traduction appellent «le ciel et la terre». Il nous apprend qu'après le ciel et tous les astres, après les anges, après la terre avec ses montagnes, vallées, mers, arbres, plantes et animaux, Dieu a formé le corps de l'homme du limon de la terre et lui a accordé, par grâce, le don de l'immortalité et de l'impassibilité. Il créa l'âme à son image et à sa ressemblance, la dota du libre arbitre et régla si bien tous les mouvements et désirs du cœur qu'ils devaient toujours être soumis à l'autorité de la raison. Dieu fit encore à l'homme le don de la justice originelle et leur soumit tous les animaux.

Le *Directoire* se démarque quelque peu de cet enseignement séculaire en ce sens qu'il ne reprend pas tous les éléments contenus dans le Catéchisme romain et qu'il s'exprime dans un autre registre théologique bien dans la ligne des textes promulgués au concile Vatican II. D'abord, il n'a pas de développement particulier sur l'homme et sa nature: il se contente de dire que «la création de l'homme doit être considérée comme le premier don et le premier appel qui conduit à la glorification dans le Christ» (n° 51). Ce n'est que plus avant dans sa présentation des principaux éléments du mystère chrétien, après avoir parlé de la personne de Jésus et de son œuvre salvifique, rendues présentes dans l'Église par les sacrements, qu'il décrit «l'homme nouveau» (n° 60), précise ce qu' est la «liberté humaine et chrétienne» (n° 61), et en vient au péché de l'homme (n° 62). C'est là qu'il reprend l'enseignement traditionnel sur l'état de l'homme avant le premier péché: au début de l'histoire, l'homme était «établi par Dieu dans un état de justice» (*Gaudium et spes* 13,1), la nature humaine était revêtue du don de la grâce et n'était pas encore blessée dans ses propres forces naturelles (solennelle profession de foi de Paul VI); c'est par le péché que la mort est entrée dans le monde (n° 62).

L'*Avant-projet* consacre un article particulier de trois pages à l'homme, qu'il qualifie immédiatement d' «homme dans le Christ», il procède ainsi parce que l'homme est le «sommet de la création de Dieu» et mérite bien d'occuper une place toute spéciale parmi tout ce qui est signifié par l'expression «le ciel et la terre». L'homme a été crée à l'image et à la ressemblance de Dieu même, de son Fils unique et éternel. À l'origine, il a été établi en sainteté et en justice, ne devant connaître ni le mal ni la mort. Avec *Gaudium et spes* 22, l'Église enseigne que le mystère de l'homme s'éclaire dans le mystère du Verbe incarné qui, pour nous, a restauré ce que le péché avait fait perdre. Le corps de l'homme est fait de matière terrestre à la ressemblance du reste de la création visible. L'intelligence, la conscience, la liberté, le principe vital qui distingue l'homme des autres êtres vivants, c'est ce que la tradition appelle «âme». Fait de corps et d'âme l'homme est une personne. Dieu crée immédiatement chaque âme humaine au moment de la naissance. Il crée les humains «mâle et femelle», différents mais complémentaires. Ils sont des êtres sociaux, ouverts aux autres hommes (p. 50-53).

Le *Projet révisé* consacre lui aussi un article spécial à l'homme, à l'être humain, le seul à avoir été crée «à l'image de Dieu». Tout a été crée pour lui et Dieu veut faire de lui un fils adoptif par Jésus-Christ (1184-1187). Il est le seul qui est à la fois corporel et spirituel; par son âme «il est plus particulièrement image de Dieu» mais, par son corps, il participe aussi, à sa façon, à cette grande dignité. L'âme est la forme du corps; elle est créée immédiatement par Dieu et est immortelle (1188-1191). L'âme et le corps ne constituent qu'une seule personne capable de se posséder, d'entrer en communion avec d'autres et de répondre librement et par amour à l'alliance que son créateur lui propose (1192-1193).

L'être humain c'est l'homme et la femme ensemble «image de Dieu» dans leur parfaite égalité et dans leur dignité propre (1194-1195); ils sont faits l'un pour l'autre et leur communion est «une certaine image et ressemblance de l'union des personnes divines» (1196-1198). Par l'œuvre que Dieu leur confie, par la transmission de la vie, par leur seigneurie sur toutes les créatures inférieures et leur participation à la providence divine, ils deviennent ce qu'ils sont: image du Créateur qui aime tout ce qui existe (1199-1201).

L'article 7 s'achève par l'évocation de l'homme au paradis: créé «très bon», l'homme a aussi été «constitué dans une familiarité avec son Créateur et une harmonie parfaite avec lui-même et avec la création autour de lui». Le catéchisme reprend alors l'enseignement classique sur l'état d'innocence originelle et sur les dons préternaturels que révélerait le deuxième chapitre de la Genèse (1202-1208).

Le concile Vatican II enseigne que la caractéristique de la conception chrétienne de l'homme est sa condition d'«image de Dieu». *Gaudium et spes* en déduit que l'homme est capable de connaître et d'aimer son créateur, qu'il domine sur les autres créatures terrestres et que sa nature est fondamentalement sociale. Cette constitution pastorale met très fort en valeur l'unité dans la distinction du corps et de l'âme et la relation profonde entre le mystère du Christ, «l'homme parfait», et le mystère de l'homme. Le *Projet révisé* développe ces éléments fondamentaux de l'anthropologie chrétienne: nous y retrouvons la dignité de la personne humaine et sa place unique dans la création parce qu'elle est «à l'image de Dieu», composée d'âme et de corps, «unissant ainsi le monde spirituel et le monde matériel» (1183); nous y retrouvons aussi sa nature sociale mais uniquement sous l'angle de la relation entre l'homme et la femme.

Le chapitre 2 de la Genèse est abondamment utilisé. Étant l'expression de la parole de Dieu, il nous enseigne que ... (1194), il nous fait entendre que ... (1196), il nous révèle que ... (1202), à travers un langage symbolique, il nous fait entrevoir ce que Dieu entend nous dire (1202) mais ne nous donne pas «des informations telles que les cherchent les sciences naturelles» (1208). Tout cela est bien dit mais aurait mérité d'être rassemblé dans un paragraphe initial exposant clairement le genre littéraire et la fonction des récits placés en tête de l'Écriture, et mettant en garde contre une lecture fondamentaliste. Ce genre de lecture reste possible, dans l'état actuel du catéchisme, car les expressions bibliques sont souvent insérées dans l'exposé sans que leur signification soit précisée (exemples: «Dieu a 'modelé', 'façonné' lui-même l'homme et la femme» [1194]; «Dieu 'façonne' la femme de la côte tirée de l'homme» [1196]; «ils n'étaient pas encore 'la crainte et l'effroi de tous les animaux'» [1206], etc.).

Plusieurs paragraphes sont consacrés à «l'âme et le corps». L'âme est toujours mentionnée la première car elle est «ce par quoi l'homme est plus particulièrement image de Dieu» (1189), tandis que le corps ne participe à cette dignité que «à sa façon», une «façon» qui n'est pas précisée (1190). L'unité de la personne est certes affirmée mais il pourrait être dit clairement que le corps ne serait pas le corps d'un être humain s'il n'était doté d'intelligence, de volonté, de conscience ... et que celles-ci ne peuvent exister seules, elles ont besoin du corps pour exercer leurs activités. Quelques textes évangéliques sont cités pour montrer que l'«âme» ne désigne pas seulement la vie, la personne, mais aussi ce qu'il y a de plus intime à l'homme et finalement ce que nous appelons l'âme, distincte du corps (1189); je doute que les exégètes soient entièrement d'accord sur l'interprétation ou la traduction de tous les passages cités et je crains que le lecteur ne pense de suite, en présence du terme «âme» à une âme cherchant son bonheur dans sa séparation d'avec le corps qu'elle a animé pendant un certain temps.

Le catéchisme rapporte ce qu'a dit le concile de Vienne en 1312: «la substance de l'âme rationnelle ou intellectuelle est vraiment et par elle-même forme du corps humain»; il cite l'encyclique *Humani generis* de Pie XII en 1950: «La foi catholique nous oblige à maintenir l'immédiate création des âmes par Dieu» (ce que reprend Paul VI en 1968 dans son Credo du peuple de Dieu) et conclut qu'elles ne sont pas «produites» par les parents; il renvoie encore au concile du Latran V qui, en 1513, s'est prononcé sur l'immortalité de l'âme. Il serait utile de faire connaître les raisons qui ont amené le magistère conciliaire et pontifical à intervenir et surtout d'expliquer la portée de ses affirmations. L'expression de Pie XII – «l'immédiate création de l'âme par Dieu» – mériterait quelques explications car que veut dire «immédiate»? simplement «sans intermédiaire»? ou simplement «de suite» dès le premier instant de la conception et non plus un peu plus tard comme l'enseignait encore le Catéchisme tridentin toujours en usage en 1950? Quelle est, en définitive, la fine pointe d'une telle affirmation?

Profitant de l'exposé sur le couple humain, le catéchisme nous donne une note en petits caractères disant que «Dieu n'est ni homme ni femme (...). Mais les 'perfections' de l'homme et de la femme reflètent quelque chose de son infinie perfection: celles d'une mère et celles d'un père et époux» (1195). Le propos est intéressant et somme toute assez peu fréquent en théologie. Il mériterait un développement un peu plus étendu qui serait mieux en situation s'il apparaissait à l'article 2 consacré au Père.

La communion des époux est, nous dit-on, «une certaine image et ressemblance de l'union des Personnes divines de la Sainte Trinité» (1198). Traditionnellement, nous disons avec s. Paul qu'elle est à l'image de l'union du Christ et de son Église. Pour justifier son assertion, le *Projet révisé* nous renvoie à *Gaudium et spes* 24, 3. Or, dans ce texte, il est question non pas des époux mais d'«une certaine ressemblance entre l'union des personnes divines et celle des fils de Dieu dans la vérité et dans l'amour» (texte situé dans le chapitre sur la communauté humaine et non sur le mariage). Le *Projet révisé* nous renvoie aussi à la lettre apostolique *Mulieris dignitatem* de Jean-Paul II, paragraphe 7; le pape y utilise le passage de *Gaudium et spes* mais ne l'applique pas avec raison au couple comme tel: il pense à l'homme et la femme, l'un et l'autre crée à la ressemblance du Dieu qui est Père, Fils, Esprit, l'un et l'autre appelés à exister pour autrui, à devenir don. Il vaudrait mieux, dès lors, s'en tenir à la pensée paulinienne et attendre le chapitre qui va être consacré au mariage pour la présenter.

Les sept paragraphes sur «l'homme au Paradis» susciteront certainement des réactions en sens divers. Nous savons que l'interprétation littérale du premier chapitre de la Genèse est définitivement abandonnée par l'exégèse contemporaine et que l'auteur sacré n'enseigne donc pas que Dieu a bien crée le monde en six jours. Qu'en est-il du deuxième chapitre? Serions-nous tenus de le recevoir comme le reportage d'un témoin oculaire soucieux de noter le plus objectivement possible ce qui se serait passé dans un lointain Paradis? Les exégètes sont de plus en plus unanimes à reconnaître que ce chapitre ne nous décrit pas un *état* primordial de l'humanité qui aurait été profondément modifié à cause du péché des premiers parents. L'auteur sacré nous présente la vocation et le destin de l'humanité tels que Dieu les conçoit de toute éternité; il nous dépeint ce monde où il n'y aura plus de deuil, de cri, de souffrance, de larmes ni de mort, comme l'Apocalypse l'entrevoit au terme de l'Histoire, ce monde qu'il n'a jamais vu lui-même mais qu'il peut assez aisément décrire: il lui suffit de composer un récit dans lequel le mal dont il a l'expérience est totalement absent.

Le *Projet révisé* admet que le récit ne nous donne pas «des informations telles que les cherchent les sciences naturelles», et que son langage est symbolique. Cependant, nous dit-il, «l'Église parle, au sujet de nos premiers parents, de l'état de 'sainteté et de justice originelle'»; le concile de Trente s'est en effet exprimé de cette façon (et j'ajoute que la mention de cet état se retrouve de manière ininterrompue dans les documents du magistère jusqu'à *Gaudium et spes* et la profession de foi solennelle de Paul VI)[169]. Dès lors, il considère que «l'état de la 'justice originelle' est une réalité, comme est réel l'état de justice qui nous vient du Christ (...) réalité accessible à la seule foi» (1208). Et il décrit cet état: l'homme ne devait ni souffrir ni mourir, il avait la parfaite maîtrise de soi, il était «libre de la triple concupiscence qui le soumet aux plaisirs des sens, à la convoitise des biens terrestres et à l'affirmation de soi contre les impératifs de la raison» (citation que le Projet révisé emprunte à l'audience de Jean-Paul II du mercredi 3-9-1986), il n'était pas encore la crainte et l'effroi de tous les animaux, le travail ne lui était pas encore pénible ... Tout cela, la justice originelle et les dons préternaturels, sera perdu pour tous à la suite du premier péché.

Nous retrouvons ici ce que disait le Catéchisme tridentin dans son paragraphe sur la création de l'homme: «Dieu lui accorda le don de

169. *Gaudium et spes*: «Établi par Dieu dans un état de justice, l'homme, séduit par le Malin, dès le début de l'histoire, a abusé de sa liberté ...» (n° 13, § 1); Paul VI dans le *Credo du peuple de Dieu: profession de foi solennelle*: «(...) la faute originelle commise par lui [Adam] a fait tomber la nature humaine, commune à tous les hommes, dans un état où elle porte les conséquences de cette faute et qui n'est pas celui où elle se trouvait d'abord dans nos premiers parents, constitués dans la sainteté et la justice, et où l'homme ne connaissait ni le mal ni la mort» (n° 19).

l'immortalité et de l'impassibilité qui n'était pas essentiellement attaché à sa nature (...); il régla si bien tous les mouvements et tous les désirs de son cœur qu'ils devaient toujours être soumis à l'autorité de la raison. À cela, il voulut joindre le don admirable de la justice originelle et enfin il lui soumit tous les animaux».

Aujourd'hui, de nombreux exégètes nous proposent une autre manière d'interpréter le récit du «paradis terrestre»; et les connaissances sur les origines de l'humanité fournies par la paléontologie ne favorisent pas – que du contraire – une conception très optimiste de la vie humaine à ses débuts. Les scientifiques ne peuvent certainement pas affirmer l'existence d'un monde où la lutte pour la vie et la survie, tant chez l'homme que chez l'animal, aurait été absente; mais ils ne peuvent non plus imaginer un monde qui, à un moment donné de son histoire, aurait connu une cassure telle que les lois naturelles en auraient été totalement modifiées[170].

L'*Avant projet* de 1987, tout en donnant le même enseignement que le *Projet révisé*, tentait d'expliquer l'absence de mort au Paradis: l'homme ne devait pas faire l'expérience de cette mort que nous-mêmes connaissons depuis le péché des origines; la mort douloureuse, due au péché, lui était épargnée mais il devait cependant, pour des motifs biologiques, passer par une autre mort (p. 50). De son côté, le Catéchisme des évêques allemands, qui reste fidèle aux «dons préternaturels de l'état originel», nous explique que l'homme ainsi comblé avait plus de sagesse et de maturité que nous, qu'il pouvait tout comprendre à partir de Dieu ... et que, surtout il «ne connaissait pas la mort comme cette puissance anonyme qui dispose de son existence ... Comment se représenter une vie sans mort? La Sainte-Écriture et la doctrine de l'Église ne nous en disent rien. Il est vain de spéculer à ce sujet» (p. 126). Et il ajoute: «Pourquoi la Bible raconte-t-elle tout cela? Pas pour satisfaire notre curiosité historique. L'histoire du Paradis et la doctrine de la condition originelle de l'homme n'ont pas d'importance en elles-mêmes. Elles constituent l'arrière-plan nécessaire pour comprendre la situation actuelle de l'humanité ...» (*ibidem*).

170. Le professeur L. Morren, dans sa lettre au cardinal P. Poupard (voir ci-dessus, note 166), écrit, à propos des dons préternaturels: «Ces dons de Dieu à l'humanité naissante ont donné lieu à des développements qui, liés aux images populaires du Paradis terrestre, ont fait de l'Adam de la Genèse un sur-homme. Ces dons s'inscrivent dès lors dans une vision de l'homme totalement étrangère à la perspective scientifique au point de pouvoir créer dans l'esprit du scientifique croyant une véritable schizophrénie. Et comme il s'agit d'une question qui est, notoirement, fort débattue, ce que ce scientifique souhaite, c'est de s'en tenir à l'Écriture et au Credo où ces dons ne figurent pas explicitement.»

Il n'est pas sans intérêt de rappeler que les théologiens eux-mêmes sont loin d'être unanimes sur l'interprétation à donner à l'enseignement officiel de l'Église. Certains en restent à la lettre du récit de la Genèse: le couple primitif a été gratifié de dons préternaturels qu'il aurait transmis à ses descendants s'il n'avait pas péché; son environnement aussi échappait aux lois de la nature que nous connaissons aujourd'hui. D'autres pensent que la condition mortelle n'est pas la condition originelle de l'homme, même si la mort est inscrite dans sa nature biologique et si la science nous montre de plus en plus l'enracinement de l'homme dans une longue évolution du monde animal. Comme nous ne pouvons nous imaginer ce monde d'Adam avant le péché, il est inutile de se demander combien de temps a duré l'état d'innocence et de justice originelle. Ce qui est à sauvegarder, pour eux, c'est l'idée que nous vivons dans un monde qui n'est pas celui que Dieu avait voulu originellement pour ses enfants. Quel était ce monde-là? Cela restera un mystère. Un troisième groupe de théologiens enseigne que la description du chapitre 2 de la Genèse ne correspond pas à une vérité objective; en son langage symbolique, elle évoque la condition à laquelle tous les hommes sont appelés, le salut définitif auquel Dieu veut nous faire parvenir[171]. Nous pourrions dire qu'elle est une sorte de générique introduisant le film de toute l'histoire sainte, mais qui ne peut se comprendre dans toute sa signification qu'au terme de la projection; elle n'est donc pas un récit de ce qui s'est passé aux origines de notre histoire.

Le *Projet révisé*, comme le schéma de 1987, a voulu s'en tenir à l'interprétation traditionnelle qui lui paraît sûre. On peut toutefois se demander si un catéchisme pour l'Église universelle ne se doit pas au moins de signaler que l'interprétation qu'il privilégie n'est plus la seule qui s'impose aux catholiques.

Pour étayer son développement sur «l'homme», le *Projet révisé* cite abondamment l'Écriture et spécialement la Genèse. Il se réfère aux conciles de Vienne, Latran V, Trente et Vatican II, de qui il mentionne *Lumen gentium* 48 et *Gaudium et spes* 12, 14 et 50. Nous avons déjà signalé qu'il nous renvoie à *Humani generis* de Pie XII, à la profession solennelle de foi de Paul VI, à *Mulieris dignitatem* de Jean-Paul II (cette lettre apostolique est utilisée trois fois) et à une audience du mercredi de ce même pape. Les références hagiographiques sont, par contre, très réduites: Catherine de Sienne, Jean Chrysostome et Jean de la Croix

171. Cf. P. DESCOUVEMONT, *Guide des difficultés de la foi catholique*, 4e éd., Paris, Cerf, 1991, p. 391-408.

appuient l'enseignement sur l'homme créé «à l'image de Dieu» et s. Augustin celui sur «l'homme au Paradis».

Tout ce qui est enseigné dans cet article 7 a-t-il la même valeur doctrinale? Le *Projet révisé* veut-il souligner la solidité particulière de ce qu'il avance lorsqu'il dit: «l'Église considère que ...» (1191, sur l'unité personnelle et la dualité d'âme et de corps); la Parole de Dieu nous enseigne, révèle, fait entendre que ...(1194, 1196, sur l'homme et la femme voulus par Dieu l'un pour l'autre); «l'Église enseigne que ...» (1191, l'âme créée directement par Dieu); «l'Église parle de ...» (1202, l'état de sainteté et de justice originelle)? Par contre, à propos des «dons préternaturels», il nous dit simplement: «on parle de ...» (1204). Il nous faudrait une clé d'interprétation de ces différentes formules.

Article 8: La chute

Après avoir professé la foi en Dieu le Père, créateur du ciel et de la terre, le Symbole des apôtres et le Credo de Nicée-Constantinople passent sans transition à la foi au Fils de Dieu qui s'est incarné, a souffert, est mort et est ressuscité. L'un et l'autre ne mentionnent pas explicitement le «péché originel» et les conséquences qui en ont découlé pour tout le genre humain.

Le *Catéchisme de Pie V* a choisi de commencer l'explication du «Je crois en Jésus-Christ son Fils unique» par le rappel de «la perte lamentable (...) de cet état si heureux dans lequel Dieu avait placé nos premiers parents». Ayant désobéi à Dieu, Adam perdit aussitôt la sainteté et la justice dans lesquelles il avait été créé et devint sujet à une foule d'autres maux énumérés par le concile de Trente[172]. Son péché et son châtiment ont été la cause, la source, le principe qui les a fait passer justement à la postérité. Comme ni un homme ni un ange ne pouvait nous remettre dans notre premier état, le seul remède fut que le Fils de Dieu s'incarne et nous réconcilie avec Dieu par son sang. Ce mystère de rédemption a été révélé dès le commencement et souvent confirmé par la suite à Abraham et aux prophètes de l'Ancien Testament.

Le *Directoire* ne commence pas son exposé du message chrétien par la création et la chute de l'homme. Ce qu'il met de suite en évidence, c'est l'incarnation rédemptrice du Fils de Dieu: «par lui toute créature

172. Le décret sur le péché originel du 17 juin 1546 énumère, outre la perte de la sainteté et de la justice, la colère et l'indignation de Dieu, la mort, la captivité sous le pouvoir de Satan et le changement du corps et de l'âme en un état pire.

sera délivrée de l'esclavage de la corruption» (n° 50). Il n'ignore pas pour autant «les faiblesses et les infirmités spirituelles» de l'homme, «l'esclavage des passions et l'amour immodéré de soi» (n° 60). Il évoque la liberté de l'«homme déchu (...), à ce point blessée qu'il ne peut observer longtemps même les devoirs de la loi naturelle sans le secours de la grâce de Dieu» (n° 61). D'où vient cet état de péché? C'est que, au début de l'histoire, l'homme, «établi par Dieu dans un état de justice», a abusé de sa liberté, en se dressant contre Dieu et en désirant parvenir à sa fin hors de Dieu» (n° 62; le Directoire cite ici *Gaudium et spes* 13, 1). «Par un seul homme, le péché est entré dans le monde, et par le péché la mort (...). La nature humaine ainsi tombée, dépouillée du don de la grâce qui l'ornait auparavant, blessée dans ses propres forces naturelles et soumise à l'emprise de la mort, est transmise à tous les hommes, et c'est en ce sens que chaque homme naît dans le péché» (*ibidem*; nous reconnaissons ici Rom 5,12 et la profession solennelle de foi de Paul VI). Le schéma de pensée ne change pas: au début de l'histoire des hommes, il s'est passé quelque chose qui a profondément marqué la nature humaine.

L'*Avant-projet*, à la différence du Catéchisme tridentin, situe son exposé sur «la chute» au terme de son exposé sur Dieu créateur. Son objectif reste toutefois le même qu'en 1566: il s'agit d'établir un lien nécessaire entre l'Incarnation et l'état de péché de l'humanité suite à la faute d'Adam et Ève. Il intitule son développement: «Le mal et la mort dans le monde». Il évoque d'abord le «péché originel» proprement dit, celui d'Adam et le nôtre à notre naissance. Il passe ensuite au mystère du mal et précise, pour terminer, que l'homme pécheur continue d'agir librement et de manière responsable.

À propos du premier péché, il parle de perte de la grâce et de l'amitié de Dieu, de rupture de l'équilibre intérieur, des relations de paix et de l'harmonie avec les autres et avec l'univers visible; il parle aussi de soumission au pouvoir de la mort, expérimentée depuis comme angoisse et comme douleur. En Adam, poursuit-il, tous les humains naissent privés de la sainteté et de la justice originelle; le péché se transmet par propagation à partir de nos parents et non par imitation; il n'est pas dû à notre propre liberté humaine. Tous, sauf Marie, naissent ainsi en «état de péché». Avec s. Jean, nous parlons du «péché du monde»; nous parlons aussi de la condition peccamineuse collective et du péché social résultant de nos péchés personnels. Ces situations sont encouragées par la présence et l'action de Satan.

Le *Projet révisé* ne modifie pas fondamentalement l'enseignement de l'*Avant-Projet,* encore qu'il préfère ne parler qu'ici de l'existence des démons. D'où vient le mal, se demande-t-il. Dieu est infiniment bon et toutes ses œuvres sont bonnes. Or, personne n'échappe à l'expérience de la souffrance et à la question du mal moral. La foi de l'Église affirme que l'origine de cette situation est à chercher dans la chute des mauvais anges et dans celle des premiers parents en raison du péché originel; elle enseigne que «la révélation de l'amour divin dans le Christ a révélé à la fois l'étendue du mal et la surabondance de la grâce» et elle nous invite à «approcher la question de l'origine du mal en fixant du regard (...) Celui qui, seul, en est le Vainqueur» (1214).

La chute des mauvais anges

Comme le mal ne peut s'expliquer que s'il y a d'abord eu la chute de certains anges qui ont «radicalement et irrésistiblement refusé Dieu et son Règne» (1216), le *Projet révisé* commence son article 8 par «la chute des mauvais anges» (1215-1220).

Le *Catéchisme de Pie V* ne sépare pas la création des anges et le péché du démon et des autres anges apostats; il ne consacre à ces derniers que ces seules phrases: le Sainte Écriture nous fait entendre clairement qu'ils avaient reçu la grâce dès le commencement de leur existence mais ils ne demeurèrent pas dans la vérité et perdirent l'amour de Dieu: «ils furent bannis de leurs sublimes demeures et renfermés dans une prison très obscure, au centre de la terre, où il subissent la peine éternelle due à leur orgueil».

Le *Directoire* ne fait aucune mention des démons, alors que l'*Avant-projet* reprend la doctrine traditionnelle qui les concerne et la place, à l'instar du Catéchisme romain, immédiatement après avoir présenté la création des anges.

Que nous dit le *Projet révisé*? Derrière le choix d'Adam et Ève, il y a un ange déchu, Satan, le diable. Créés bons par Dieu, lui et les autres démons ont péché en refusant Dieu irrévocablement et, depuis lors, ils tentent «de subvertir l'économie du salut et l'organisation même de la création entière» (1216). Comme ces anges demeurent dans leur péché, Dieu ne peut leur pardonner (1217). Leur influence néfaste est attestée par l'Écriture mais leur puissance n'est pas infinie: Satan n'est qu'une créature limitée, subordonnée à la volonté et à la puissance de Dieu. Dans sa divine providence, le Père, qui «dirige avec force et douceur l'histoire de l'homme et du monde», permet qu'il cause «de graves dommages – de nature spirituelle et indirectement même de nature physique –» mais il ne lui laisse pas la faculté d'empêcher l'édification du Royaume (1218 et 1220).

De plus en plus de croyants se demandent si l'existence du monde angélique et du monde démoniaque n'est pas une présupposition de la conception biblique du monde, elle-même conditionnée par la culture de l'époque. Le langage imagé du mythe fait comprendre une réalité qu'il n'est guère possible de saisir d'une manière plus conceptuelle, à savoir: «la dimension cosmique et universelle de l'histoire de Dieu avec les hommes», histoire dramatique s'il en est puisque l'égoïsme, l'agressivité, les guerres atroces, les génocides, les tortures, les grandes misères matérielles et spirituelles sont de tous les temps. «Les 'autorités et les puissances du mal' personnifient la révolte et la résistance du monde contre Dieu et contre son dessein»[173]. Sont-elles pour autant des êtres qui existent réellement? Si oui, comment leur existence se concilie-t-elle avec la foi en un Dieu, Père très bon? Pouvons-nous concevoir que le Père, par le Fils, dans l'Esprit, crée des êtres libres capables de s'opposer aussi violemment à son projet et l'obligeant à envoyer son Fils parmi les hommes afin de les arracher au pouvoir de Satan? Ne nous trouvons-nous pas devant une réalité – le mal – dont l'origine première nous échappe, une réalité qui surgit au grand étonnement de Dieu lui-même, lequel prend alors la résolution de la combattre et de nous associer à ce combat?

Le péché originel

D'où vient le péché, qui appartient à l'homme et à son histoire? La Genèse, chapitre 3, parle en langage imagé «d'un événement primordial, c'est-à-dire d'un fait qui a eu lieu au *commencement de l'histoire de l'homme*» (1223). Dieu a mis à l'épreuve la liberté de l'homme et l'homme s'est préféré lui-même à Dieu, il a voulu être comme Dieu (1224-1229). Ce premier péché des premiers parents a entraîné pour eux les conséquences que l'on sait: la perte de la grâce sanctifiante, de la

173. Cf. le Catéchisme pour adultes des évêques allemands, p. 108. Voir, dans le même sens, SERVICE NATIONAL DU CATÉCHUMÉNAT, *Dire la foi des chrétiens. Pour adultes commençant une réflexion chrétienne*, Paris, Bayard Éditions-Centurion, 1995, p. 102: «Cette croyance aux démons n'est jamais mise en doute dans la Bible, mais certains croyants modernes se demandent: 'Ne serait-elle pas liée à une vision du monde maintenant périmée?' (...) Pour certains de nos contemporains, Satan serait 'un symbole' au sens fort du terme: une façon de nommer une force qui existe réellement, mais qu'on ne peut pas se représenter clairement. Satan serait le nom de la puissance du Mal qui pèse sur le monde comme une fatalité. On peut se passer de précisions sur le diable et croire pourtant qu'il existe.»

justice originelle et des dons péternaturels. Pour le monde, c'est une véritable «invasion du péché», «la corruption universelle», une «situation de péché» (1230-1233). Les hommes sont constitués pécheurs: tous ont non seulement un corps soumis aux infirmités et à la mort mais sont surtout affectés par le péché, même les enfants qui n'ont pas commis de péché personnel. Car Adam étant «le père du monde», son péché, «affecte la *nature* humaine», qu'il va transmettre «dans un état déchu». Comme le dit l'«En bref» 1250, «l'homme tout entier, dans son corps et dans son âme, a été changé en un état pire». Le péché originel est ce «péché de nature» transmis par génération à partir des premiers parents (1234-1238).

«Là où le péché a abondé, la grâce a surabondé»

La doctrine du péché originel nous donne «un regard de discernement lucide sur la situation de l'homme dans le monde». Le diable, depuis le premier péché, «a acquis une domination sur l'homme» et le monde tout entier «gît au pouvoir du malin» (1239-1243). Dieu cependant n'abandonne pas l'homme; il lui annonce le relèvement de sa chute et la victoire sur le mal: le «nouvel Adam» réparera en surabondance la désobéissance du «premier Adam» et Marie, la première «libérée du péché originel et de tout autre péché», participera à la victoire remportée par le Christ (1244-1245).

Dieu n'aurait-il pas pu empêcher le premier homme de commettre ce premier péché? Le catéchisme répond indirectement: avec s. Léon le Grand et s. Thomas d'Aquin, à la suite de s. Paul et du chant de l'*Exsultet*, il s'écrie: «O heureuse faute qui a mérité un tel et si grand Rédempteur»; il nous console en disant que «Dieu permet que les maux se fassent pour en tirer un plus grand bien» (1246).

Le dogme du péché originel touche au problème de la venue du Fils de Dieu parmi les hommes et de la signification de la mort et de la résurrection de Jésus. Il touche aussi à notre destinée finale, à la nécessité de l'Église et à celle du baptême. Comme le Catéchisme de 1566, et avec toute la tradition, le *Projet révisé* le présente dans son interprétation classique depuis s. Augustin, fondée sur une lecture historicisante des chapitres 2 et 3 de la Genèse. Un des corollaires de cette interprétation, devenu classique lui aussi, consiste à dire que la faute des premiers parents a été si grave qu'elle ne pouvait être réparée par un homme; seul le Fils de Dieu pouvait «de son Père arrêter le courroux» et satisfaire à sa justice. Beaucoup de croyants et de théologiens ont contesté et contestent encore aujourd'hui cette vision d'un premier couple humain à qui le Père aurait confié une tâche engageant irrémédiablement toute l'humanité; ils refusent l'image d'un Dieu qui accorde tant de liberté à Satan, qui exige en réparation du premier péché le sacrifice sanglant de son Fils et qui, au baptême, ne rend pas, avec sa grâce, la sainteté et la justice originelle. Le Père dont parle Jésus et qu'il nous fait voir à travers son comportement est d'une tout autre tendresse et miséricorde, pensent-ils avec raison; il n'a rien d'un Dieu vengeur et sanguinaire.

Nous savons, à propos de «l'homme au Paradis» de Gn 2 et de «la chute» de Gn 3, que nous ne sommes pas tenus de croire que ces récits bibliques sont des reportages de témoins oculaires; ils ne sont pas plus à prendre à la lettre que «l'œuvre des six jours» de Gn 1. Le *Projet révisé* concède que le langage utilisé par l'auteur sacré est imagé (1223) et symbolique (1225), mais il maintient qu'il nous parle d'un fait réel qui a eu lieu au commencement de l'histoire; son exposé reprend les expressions mêmes de la Genèse et peut laisser croire au lecteur qu'elles expriment la réalité des faits.

Grâce à une meilleure connaissance des Écritures, des genres littéraires et du langage mythique, grâce à «une herméneutique des dogmes qui nous dispense de faire dire aux textes régulateurs de la foi plus que ce que les conciles, généralement discrets, on voulu exprimer»[174], grâce à l'anthropologie et aux autres sciences de l'homme qui nous permettent de mieux mesurer ce que représente la solidarité de l'humanité, l'interprétation augustinienne ne s'impose plus comme seule interprétation valable du dogme du «péché originel». Ajoutons que «les découvertes sur les origines de l'homme ont montré que les 'premiers hommes' ne ressemblaient pas au couple idéal d'Adam et Ève»[175].

Le Catéchisme pour adultes de la Conférence épiscopale allemande reconnaît que les images de la Genèse, empruntées à l'expérience humaine et reprise en partie aux mythes de l'époque, ne sont pas à comprendre «*comme une sorte de reportage* sur les débuts de l'histoire de l'humanité». Il estime cependant que ce langage imagé, influencé par les

174. Cf. P. GUILLUY, *Péché originel*, dans *Catholicisme*, t. X, col. 1037.

175. Cf. SERVICE NATIONAL DU CATÉCHUMÉNAT, *Dire la foi des chrétiens*, p. 95: «Pendant des siècles, lisons-nous encore, les chrétiens ont cru que ce texte [Gn 3] était une 'explication' de l'état présent du monde: crées par Dieu, innocents, parfaits et immortels, le premier homme et la première femme, Adam et Ève, avaient désobéi à Dieu et avaient été condamnés, ainsi que toute leur descendance, au péché, à la souffrance et à la mort (...). La découverte de textes babyloniens semblables ont amené les lecteurs modernes à lire le texte de la Genèse autrement: l'écrivain aurait voulu montrer que les humains ont *une part* de responsabilité dans le mal et le malheur qui frappent leur existence (...). Parce qu'ils oublient ou refusent les lois de la vie (posées par Dieu d'après la Bible).»

mythes, ne doit toutefois pas être rejeté «comme s'il était dépourvu pour nous de toute signification», ni interprété uniquement spirituellement et symboliquement «comme s'il ne correspondait à aucune réalité historique». Quelle est cette réalité? Le mal physique et le mal moral présents dans le monde sont apparus dans le cours de l'histoire par la faute de l'homme; «l'humanité, qui forme un tout, a rejeté dès le début l'offre divine du salut, et la situation funeste qui en résulte est une réalité universelle dont nul ne peut se libérer par sa propre force»[176].

Certains théologiens sont convaincus qu'il faut procéder à «une révision et une interprétation radicale des schèmes à travers lesquels, durant de si longs siècles, l'Église occidentale a exprimé sa foi dans ce qu'elle appelle le dogme du péché originel». Ils pensent «que les vérités si fondamentales, qui constituaient l'enjeu du débat entre Augustin et Pélage, peuvent aujourd'hui parfaitement être sauvegardées sans qu'on continue pour autant à affirmer que les enfants viennent au monde dans un état de péché contracté par génération et antérieur à tout acte libre et personnel de leur part». Le contenu essentiel du dogme resterait intact «même si l'on ne considère plus Adam comme le protoancêtre de qui l'humanité tout entière serait née mais qu'on voit en lui uniquement le *symbole* de cette humanité pécheresse à laquelle, pour la sauver, Dieu n'a pas hésité à envoyer son Fils ...»[177]. On pourrait retenir de la doctrine traditionnelle que «la force du mal touche l'humanité dès les origines et tout homme qui naît trouve le mal déjà là. Chacun est atteint par ce mal omniprésent du fait de son appartenance à la famille humaine, mais par les péchés personnels commis volontairement chacun devient complice de 'ce péché du monde'»[178].

Le *Projet révisé* s'en tient à la présentation, classique depuis s. Augustin, de la chute du premier homme et de ses conséquences pour toute l'humanité. Il étoffe son exposé de nombreuses citations de l'Écriture, en appelle à s. Augustin, bien sûr, à s. Léon le Grand, s. Jean Damascène et s. Thomas d'Aquin. Il mentionne ou fait référence aux conciles d'Orange, Braga, Latran IV, Trente (9 fois) et Vatican II (4 fois).

Au début de son premier chapitre sur «le mystère de l'Église», *Lumen gentium* a cette phrase: «Le Père éternel (...) a décidé d'élever les hommes à la communion de sa vie divine; après leur chute en Adam, il ne les a pas abandonnés». Commentant ce texte, G. Philips

176. *La foi de l'Église. Catéchisme pour adultes*, p. 125 et 130.

177. A. Vanneste, *Le péché originel: un débat sans issue?*, dans *Ephemerides Theologicae Lovanienses* 70 (1994) p. 359-383 [360-361].

178. Service National du Catéchuménat, *Dire la foi des chrétiens*, p. 185.

fait remarquer que le concile «s'abstient sagement de toute spéculation sur les divers états originels théoriquement possibles» pour ne communiquer que le message révélé[179]. Le *Projet révisé* ne fait pas référence à ce passage; il cite plutôt *Gaudium et spes* 2, 2: le monde auquel l'Église veut s'adresser, c'est ce monde qui «a été fondé et demeure conservé par l'amour du Créateur: il est tombé certes, sous l'esclavage du péché, mais le Christ, par la Croix et la Résurrection, a brisé le pouvoir du Malin» (1253). Il cite aussi *Gaudium et spes* 13, 1: «Établi par Dieu dans un état de justice, l'homme, séduit par le Malin, dès le début de l'histoire, a abusé de sa liberté, en se dressant contre Dieu et en désirant parvenir à sa fin hors de Dieu (...). Ce que la Révélation divine nous découvre ainsi, notre propre expérience le confirme (...), l'homme se découvre enclin au mal, submergé de multiples maux qui ne peuvent provenir de son Créateur, qui est bon» (1232). Il cite encore *Gaudium et spes* 19, 1, où nous lisons que l'invitation au dialogue avec lui, que Dieu adresse à l'homme, «commence avec l'histoire humaine» mais que beaucoup «ne perçoivent pas du tout ou rejettent explicitement le rapport intime et vital qui unit l'homme à Dieu» (1226). Enfin, toujours de la même constitution pastorale, il rapporte le § 37, 2: «Un dur combat contre les puissances des ténèbres passe à travers toute l'histoire des hommes; commencé dès les origines, il durera (...) jusqu'au dernier jour» (1243). V. Grossi et B. Sesboüé ont fait remarquer que Vatican II reprend le contenu doctrinal antérieur «mais dans un discours aussi dépourvu que possible des représentations qui avaient habillé ce dogme de manière classique. Le texte de *Gaudium et spes* préfère dire «l'homme» et non pas «Adam», ce qui est une manière tout à fait légitime de traduire le terme de la *Genèse*. En établissant un lien entre Gn et Rm, il considère ce péché comme le commencement du long péché de l'humanité[180]. Le *Projet révisé* insère ces enseignements conciliaires dans son propre discours marqué par les représentations classiques du dogme du péché originel.

Les réflexions sur les origines sont nécessairement confrontées à nos connaissances sur la préhistoire. Le *Projet révisé* ne l'ignore pas: «À cet enseignement de la foi, on objecte souvent qu'il est difficile à mettre en accord avec une 'vision scientifique' des origines. Rappelons simplement que les connaissances sur l'âge et l'origine de l'espèce humaine restent, malgré de nombreuses découvertes, très fragmentaires et hypothétiques.

179. G. PHILIPS, *L'Église et son mystère au IIe concile du Vatican. Histoire, texte et commentaire de la Constitution* Lumen Gentium, t. 1, Paris, Desclée, 1967, p. 79.

180. V. GROSSI ET B. SESBOÜÉ, *L'homme et son salut*, dans *Histoire des dogmes*, t. II, Paris, Desclée, 1995, p. 252.

Les reconstitutions de la vie et de la religion préhistoriques le sont également. La Révélation ne supplée pas à ces lacunes, mais elle nous donne la certitude de foi que toute l'histoire humaine est marquée par la faute originelle librement commise de ceux qui furent réellement nos premiers parents humains» (1241). Pour confirmer son propos, il nous invite à nous référer à ce qu'ont dit sur cette question les papes Pie XII, Paul VI et Jean-Paul II.

Dans l'encyclique *Humani generis*, Pie XII parle d'abord de la doctrine de l'évolution. Il n'interdit pas qu'elle soit l'objet de recherches et de discussions, «à condition que tous soient prêts à se soumettre au jugement de l'Église». À propos du polygénisme, les croyants, dit-il, n'ont pas la même liberté car «on ne voit, en effet, aucune façon d'accorder pareille doctrine avec ce qu'enseignent les sources de la vérité révélée et ce que proposent les actes du magistère ecclésiastique, sur le péché originel, péché qui tire son origine d'un péché vraiment personnel commis par Adam, et qui, répandu en tous par la génération, se trouve en chacun et lui appartient». En 1950, on ne voyait pas; aujourd'hui, on continue à chercher et l'exégèse comprend mieux la signification des récits de la Genèse sur l'origine de l'homme et sur le péché d'Adam et Ève ...

La référence à Paul VI nous conduit, non plus à une encyclique, mais à une allocution du 11-7-1966 aux participants d'un symposium sur le péché originel. Ce symposium est réuni à Rome pour faire le point sur l'état actuel de l'exégèse et de la théologie catholiques, avec référence aux résultats des sciences naturelles modernes, «en vue de définir et de présenter ce péché de manière plus moderne, satisfaisant davantage aux exigences de la foi et de la raison, telles qu'elles sont ressenties et exprimées par les hommes de notre temps». Il s'agit, dit le pape en se référant au discours d'ouverture de Vatican II de Jean XXIII, de «trouver des concepts et des termes plus compréhensibles pour les esprits formés à la culture philosophique et scientifique actuelle». Deux limites sont toutefois imposées par le Magistère, poursuit-il: le péché originel étant une vérité révélée par Dieu (Gn 3,1-20 et Rm 5,12-19), «les explications partant du présupposé du polygénisme sont inconciliables avec l'authentique doctrine catholique». Quant à l'évolutionnisme, «il est inacceptable aussi lorsqu'il ne s'accorde pas clairement avec la création immédiate de toute âme humaine par Dieu et lorsqu'il ne considère pas comme décisive l'importance qu'a eue pour les destinées de l'humanité la désobéissance d'Adam, premier parent universel, laquelle ne devra pas être comprise comme si elle n'avait pas fait perdre à Adam la sainteté et la justice dans lesquelles il fut constitué»[181]. Pour Paul VI, Adam reste ce personnage gratifié par Dieu de dons particuliers au tout début de l'histoire, dont le péché a entraîné la dégradation de l'humanité.

Les auteurs du *Projet révisé* ont déjà inséré dans le catéchisme une dizaine d'extraits d'audiences du mercredi de Jean-Paul II entre le 13 août et le 17 décembre 1986; il s'agissait de passages consacrés au péché des anges, à celui d'Adam et au péché dans l'histoire humaine. Voici qu'ils nous renvoient maintenant à la catéchèse du 1er octobre. Jean-Paul II y rappelle les enseignements du concile de Trente: Adam a transmis à tout le genre humain non seulement la mort corporelle et d'autres peines, mais aussi le péché même comme mort de l'âme; le péché d'Adam passe en tous ses descendants, par voie de génération naturelle, à cause de leur origine venant de lui et non seulement à cause du mauvais exemple. Il rappelle aussi aux exégètes ces paroles de Paul VI au Symposium sur le péché originel: «Il est évident qu'elles vous sembleront inconciliables avec l'authentique doctrine catholique ces explications données au sujet du péché originel par quelques auteurs modernes qui, partant d'un *polygénisme* – supposé et non démontré – nient plus ou moins clairement que le péché, d'où ont découlé tant de maux dans l'humanité, soit avant tout la désobéissance d'Adam 'premier homme', figure de l'homme futur, 'commise au début de l'histoire'». (référence donnée au paragraphe 1241)[182].

Si le *Projet révisé* invite les lecteurs à se référer à ces trois documents pontificaux, ce n'est pas directement pour leur prise de position sur la question du polygénisme mais pour leur affirmation répétée qu'au début de l'histoire des hommes, Adam (Pie XII), le premier parent universel (Paul VI), le premier homme (Jean-Paul II), a commis une faute si grave que toute l'humanité en a subi et en subit encore aujourd'hui les conséquences.

Le *Projet révisé* nous donne ainsi l'enseignement qui a pour lui une très longue tradition et qui, pour cette raison, est considéré comme sûr.

181. Cf. *A.A.S.* 58 (1966) p. 649-655; *La Doc. cath.* 63 (1966) col. 1345-1352. Dans sa profession de foi solennelle de 1968, Paul VI dira: «Nous croyons que (...) la faute originelle commise par Adam a fait tomber la nature humaine (...) dans un état pire où elle porte les conséquences de cette faute et qui n'est pas celui où elle se trouvait d'abord dans nos premiers parents.» Il confessera aussi que «le péché originel est transmis avec la nature humaine, non par imitation, mais par propagation, et qu'il est ainsi propre à chacun» (passage que rappelle le *Projet révisé* aux § 1237 et 1252). V. Grossi et B. Sesboüé font remarquer que le pape utilise le terme de «propagation», moins directement lié à l'idée de «génération» et donc plus éloigné de la représentation proprement augustinienne du mode de transmission, terme qui permet une conception plus anthropologique de la transmission» (*Histoire des dogmes*, t. II, Paris, Desclée, 1995, p. 252).

182. Cf. *La Doc. cath.* 83 (1986) p. 1030.

Le rappel constant des décrets du concile de Trente et les mises en garde de Pie XII, de Paul VI et de Jean-Paul II n'empêchent pas les exégètes et les théologiens de poursuivre leurs recherches sur l'interprétation à donner aux récits de la Genèse, aux affirmations de s. Paul et de s. Augustin et aux décrets tridentins, en vue d'en arriver à une meilleure présentation du dogme du péché originel. Les chrétiens qui sont de plus en plus au courant de ce que les sciences nous disent de certain sur la condition de l'homme aux origines de l'humanité, qui lisent les commentaires des exégètes et découvrent dans l'Évangile l'image du Père miséricordieux qui pardonne totalement au pécheur qui regrette sa faute, comprennent de moins en moins que le magistère de l'Église tarde tant à proposer une autre interprétation du dogme du péché originel.

Arrivés au terme de la Première section de la profession de la foi chrétienne, rassemblons d'abord les ressemblances et les différences les plus importantes entre l'enseignement du Catéchisme romain et celui du *Projet révisé* sur Dieu le Père.

L'exposé porte sur ce qui est considéré comme le premier article du Symbole par le Catéchisme romain et les catéchismes catholiques jusqu'à nos jours. *L'Avant-projet* a voulu innover en divisant en deux ce premier article mais le *Projet révisé* en revient à la manière de faire traditionnelle.

Le style est évidemment bien différent du catéchisme du XVIe siècle aux deux ébauches de catéchisme de cette fin du XXe siècle. Le recours à la Tradition est beaucoup plus fréquent dans le *Projet révisé* qui utilise davantage l'Écriture, cite plus souvent les Pères de l'Église et fait place à d'autres écrivains ecclésiastiques. Les conciles de Trente, de Vatican I et surtout de Vatican II, ainsi que des documents pontificaux et ecclésiaux de ce XXe siècle viennent régulièrement s'ajouter aux grandes sources magistérielles antérieures.

Les auteurs du *Projet révisé* laissent percevoir qu'ils sont sensibles à des courants d'idées et à des questions contemporains. Je pense à leur attention au monde féminin: les perfections de la femme, nous disent-ils, celles de la mère en particulier, reflètent quelque chose de la perfection de Dieu; huit femmes ont l'honneur de voir leur témoignage figurer dans cette Première section: Catherine de Sienne, Césarie la Jeune, Élisabeth de la Trinité, Éthérie, Jeanne d'Arc, Julian of Norwich, Thérèse d'Avila et Thérèse de Lisieux. Je pense aussi à leur mention de préoccupations écologiques et du recours à l'astrologie. Je pense surtout à la question des rapports entre la science et la foi.

L'enseignement des deux catéchismes reste globalement le même. Il est présenté sereinement, ne s'arrêtant pas aux questions, difficultés ou objections formulées au sein même de la communauté catholique: pour aujourd'hui, il y a celles qui concernent l'interprétation des premiers chapitres de la Genèse, la doctrine sur les anges et les démons, sur «l'homme au paradis» et les «dons préternaturels», sur le péché originel du premier homme et ses conséquences pour toute l'humanité.

La comparaison avec le Directoire catéchétique de 1971 n'est guère possible vu le genre littéraire particulier de ce document. Toutefois, nous pouvons reconnaître que les souhaits du Directoire de voir la création présentée comme le commencement de l'économie du salut et le Fils de Dieu comme celui par qui et pour qui tout a été créé ont été entendus. On peut cependant penser que le christocentrisme de la Première section aurait pu être poussé plus loin puisque c'est le Christ qui nous fait «voir» le Père et nous en révèle les sentiments profonds, qui nous donne l'Esprit nous permettant de toujours mieux comprendre cette révélation, qui nous dit la volonté du Père de nous associer à son action créatrice, à sa providence, à sa lutte contre tout espèce de mal et de souffrance.

La consultation du Collège des consulteurs n'a pas été inutile. Pas mal de modifications ont été apportées à l'*Avant-projet* de 1987, ce qui nous donne un projet mieux structuré, plus satisfaisant pour l'esprit. Des omissions ont été réparées et des compléments apportés ça et là. Nous pouvons cependant regretter que le commentaire de la création du «ciel et de la terre» ait été scindé en un commentaire du «ciel» (celui des anges) et en un commentaire de la «terre» (ramené à la seule explication de Gn 1). On peut regretter aussi qu'il ne soit plus dit que la mort est conséquence du péché originel en tant que, depuis lors, elle est expérimentée comme angoisse et comme douleur. On peut regretter encore que les rapports entre la science et la foi aient été présentés d'une manière beaucoup moins satisfaisante.

Les évêques vont devoir se prononcer tant sur le fond que sur la forme du *Projet révisé* et la Commission de direction et le Comité de rédaction auront à se prononcer sur les amendements qu'ils souhaiteront apporter. Pour ma part, il m'a semblé que certains points méritaient d'être revus ou complétés, comme la présentation du *Filioque*, le genre littéraire des premiers chapitres de la Genèse, le vocabulaire utilisé pour désigner la personne humaine, l'interprétation du dogme du péché originel, la signification du principe de «la hiérarchie des vérités, la qualification théologique des diverses affirmations ou, tout au moins, l'indication de celles qui entraînent l'obéissance de la foi.

Deuxième section: Je crois en Dieu le Fils

La Deuxième section du *Projet révisé* est consacrée aux six articles du Symbole qui confessent Jésus comme Christ, notre Seigneur, mort et ressuscité, monté au ciel et qui reviendra dans la gloire pour juger les vivants et les morts. Elle correspond aux six chapitres du Catéchisme romain et aux cinq de l'*Avant-projet* portant sur ces articles christologiques. Dieu le Père s'était vu attribuer 236 paragraphes, soit 194 pour le développement et 42 pour les «En bref», et un total de 36 pages. Pour Dieu le Fils, il y aura 276 paragraphes, 237 pour le développement et 39 pour les «En bref»[183], et 50 pages.

Introduction

Une introduction signale de suite qu'au centre de la foi chrétienne se trouve Jésus de Nazareth, oint pour être Messie, Fils éternel du Père qui a pris chair d'une mère juive, mort à Jérusalem sur une croix (elle aurait pu poursuivre: et ressuscité!). Ce Jésus, pendant sa vie, a été signe de contradiction; aujourd'hui encore, il ne laisse personne indifférent. La réponse de foi à la question «Qui suis-je?», donnée d'abord par Pierre et développée ensuite dans la Tradition chrétienne, va être exposée dans la Deuxième section en suivant les articles 2 à 7 du Symbole des apôtres (1254-1258).

Chapitre deuxième: Le deuxième article du Symbole: «Et en Jésus Christ, son Fils unique, notre Seigneur»

Le deuxième chapitre du *Projet révisé*[184] comprend quatre parties ou articles consacrés successivement à Jésus, au Christ, au Fils unique et à notre Seigneur. Il comporte 35 paragraphes, 31 d'exposé et 4 d'«En bref».

Nous trouvions déjà ces quatre parties dans le *Catéchisme tridentin*: l'exposé commençait, nous l'avons dit, par l'évocation du péché originel, de la «perte lamentable» de l'état de sainteté et de justice originelle qui s'ensuivit, et de la promesse d'un rédempteur. Il expliquait ensuite chacun des termes du deuxième article du Symbole: Jésus Christ, Fils

183. Le chiffre de 276 tient compte de l'absence des paragraphes 1316 et 1477 et de la présence d'un paragraphe 1462[a].

184. La numérotation des «chapitres» est continue bien que nous soyons maintenant dans une nouvelle «section».

unique, Seigneur. Il mettait ensemble Jésus et Christ, Jésus étant le nom propre du Fils de Dieu fait homme et Christ un titre d'honneur désignant sa triple fonction de prophète, de prêtre et de roi.

Le *Directoire* n'a pas de développement particulier sur Jésus, Christ, Seigneur. Lorsqu'il nomme celui qui est né, est mort et est ressuscité, il utilise les termes «Jésus-Christ», «le Christ-Jésus», «le Christ» et, très rarement, «Jésus». Au début de son exposé des principaux éléments du message chrétien, il consacre un paragraphe à «Jésus-Christ, Fils de Dieu, Premier-né de toute créature et Sauveur», sans expliquer pour autant chacun des vocables utilisés (n° 50), un autre à «Jésus-Christ, centre de toute l'économie du salut» (n° 52), un autre encore à «Jésus-Christ, vrai homme et vrai Dieu, dans l'unité de sa personne divine» (n° 53) et un dernier à «Jésus-Christ, sauveur et rédempteur du monde» (n° 54). En ces quatre numéros, il rassemble tous les éléments essentiels de la christologie catholique.

L'*Avant-projet* et le *Projet révisé*, ayant placé le péché originel au terme de l'exposé sur le Créateur du ciel et de la terre, expliquent directement les mots du deuxième article du Symbole, chacun cependant selon sa structure propre.

Avant-projet	*Projet révisé*
Chap. III: Jésus-Christ, Fils unique de Dieu, notre Seigneur	Chap. II: Le deuxième article du Symbole: «Et en Jésus Christ, son Fils unique, notre Seigneur»
Art. I: La confession de foi en Jésus-Christ dans l'Église apostolique	Art. 1: Jésus
Art. II: Jésus est le Messie, le Christ	Art. 2: Christ
Art. III: Jésus est le Fils unique de Dieu	Art. 3: Fils unique de Dieu 1. Le propre Fils de Dieu annoncé par les apôtres 2. Le Fils unique du Père confessé par l'Église 3. Comment le Fils de Dieu est homme
Art. IV: Jésus est Seigneur	Art. 4: Seigneur

L'*Avant-projet* part des témoins des paroles et de la vie de Jésus. Grâce à eux, nous savons les liens qui existent entre Jésus de Nazareth et Dieu: Jésus est le prophète, le Fils de l'homme, le Serviteur de Yahvé, le Messie, le Fils de Dieu, le Seigneur. Il expose ensuite la signification des trois titres qui figurent dans le Symbole des apôtres.

Le *Projet révisé* présente directement les trois titres donnés à Jésus et décrit comment ils apparaissent et prennent consistance au cours du ministère public de Jésus et jusqu'après sa résurrection. Il accorde une importance toute particulière à l'appellation «Fils de Dieu».

Article 1: Jésus

Le *Catéchisme romain* signale que plusieurs personnages de l'Écriture ont porté le nom de «Jésus» et montre que ce nom convient avec infiniment plus de justesse au fils de la Vierge Marie.

L'*Avant-projet* ne prévoit pas d'exposé sur le nom de Jésus; il commence de suite par «Jésus-Christ». Le *Projet révisé* ne le suit pas: il introduit un premier article qui explique que le nom de Jésus signifie à la fois l'identité et la mission de celui qui le reçoit: il est sauveur. Dès l'Ancien Testament, Dieu s'est engagé à sauver son peuple. En Jésus, il s'engage personnellement pour notre salut; la résurrection manifeste qu'il n'y a aucun autre nom par lequel nous puissions être sauvés. C'est pourquoi le nom de Jésus est au cœur de toute la prière chrétienne (1259-1264).

Voulant établir un lien entre la foi professée, la foi célébrée et la prière chrétienne, le *Projet révisé* écrit: «La liturgie célèbre le Nom de Jésus à l'Octave de Noël en commémorant sa circoncision en la fête de Sainte Marie Mère de Dieu. Le nom de Jésus est au cœur de toute la prière chrétienne: dans le 'Je vous salue, Marie', dans la 'prière de Jésus', comme prière jaculatoire au moment de la mort (Ste Jeanne d'Arc)» (1264). Aurait-il oublié que, depuis la parution du Missel de Paul VI, la liturgie du 1er janvier ne célèbre plus la circoncision, ni d'ailleurs le Nom de Jésus fixé autrefois au 2 janvier, même si l'évangile du jour mentionne et la circoncision et le Nom de Jésus (Lc 2,16-21)? Elle fête la «Theotokos», la Mère de Dieu, Marie qui «médite dans son cœur tous ces évènements». Quant à la «prière de Jésus» de Jeanne d'Arc, des précisions à son sujet ne seraient pas superflues.

Article 2: Christ

L'exposé en cinq paragraphes sur le Christ est assez bref, eu égard aux développements qu'ont connus en ecclésiologie et en théologie sacramentelle les titres et les fonctions de roi, de prêtre et de prophète attribués au «messie», au Christ et aux chrétiens. Le *Catéchisme romain* en disait davantage sur chacune de ces trois fonctions messianiques et les appliquait à Jésus: celui-ci a été prophète, prêtre et roi.

L'*Avant-projet*, après avoir donné le sens du mot «messie» en hébreu, nous dit que Jésus a eu conscience de réaliser les promesses divines associées à la personne du Messie, qu'il a accepté la profession de sa messianité par Pierre (Mc 8,29-33) et que la Résurrection a manifesté qu'il était vraiment le Messie attendu (p. 67-69).

Le *Projet révisé* conserve l'optique prise par l'*Avant-projet*. Il nous explique le sens du terme «christ», son utilisation dans l'Ancien Testament pour désigner celui qui a la mission royale et celui qui est oint également comme prêtre et comme prophète, son application à Jésus à partir des récits de l'évangile de l'enfance, les réticences de Jésus à l'accepter sans réserve, le dévoilement du contenu authentique de la royauté du Messie et la proclamation de celle-ci après la Résurrection (1265-1269). Il introduit un paragraphe sur «la consécration messianique de Jésus» comme manifestation de «sa mission trinitaire éternelle», insérant à ce propos ce texte de s. Irénée: «Dans le nom de Christ est sous-entendu Celui qui a oint, Celui qui a été oint et l'Onction même dont il a été oint» (1267).

Aucune référence n'est faite à la liturgie et à la prière des chrétiens célébrant le Christ et notamment le Christ-Roi. Il serait intéressant de signaler que notre nom de «chrétien» nous a été donné en référence au Christ et qu'il indique notre participation à sa triple mission.

Article 3: Fils unique de Dieu

Le titre de «Fils de Dieu» appliqué à Jésus fait l'objet de l'article 3. Déjà dans l'Ancien Testament, ce titre est donné à plusieurs catégories de personnes et indique une intimité particulière avec Dieu, une filiation adoptive. Il en va autrement lorsque Pierre confesse que Jésus est le Fils du Dieu vivant et que Paul prêche que le Christ est Fils de Dieu. Jésus lui-même a laissé entendre qui il était en se désignant comme «le Fils» et en distinguant sa filiation de celle de ses disciples. Lors de son baptême et à la Transfiguration, le Père proclame qu'il est son «Fils bien-aimé». Ce n'est toutefois qu'après la Résurrection que la filiation divine de Jésus est pleinement apparue (1270-1274).

Au cours des siècles, l'Église a dû défendre la foi en Jésus Fils de Dieu, homme et Dieu, au cours de plusieurs conciles: Antioche (268), Nicée (325), Rome (382), Ephèse (431), Chalcédoine (451), Constantinople (553) et Frioul (796 ou 797). Ces conciles en sont arrivés à la reconnaissance en Jésus de deux natures en une seule personne (1275-1277).

Quelques points particuliers ont parfois fait difficulté: que penser des souffrances du Fils de Dieu fait homme, de son ignorance, de sa volonté humaine? Et peut-on vénérer des représentations du corps du Fils de

Dieu? Après la réponse apportée par les conciles à ces questions, le tropaire «O monoghenis» de la liturgie de s. Jean Chrysostome clôture l'article 3 en proclamant la foi en Jésus Fils unique de Dieu (1278-1283).

Le *Catéchisme romain* consacrait tout son exposé sur «le Fils unique» à la génération éternelle du Fils au sein de la Trinité: par cette génération, il n'a ni frères ni cohéritiers, tandis que, par sa génération humaine, il donne le nom de frères à tous ceux qu'il admet à partager l'héritage de son Père.

L'*Avant-projet* exposait la signification de l'expression «fils de Dieu» dans l'Ancien Testament et montrait Jésus appelant Dieu «Abba», «Père», «mon Père» et Dieu disant de Jésus: «Celui-ci est mon fils bien aimé». Il insistait sur sa filiation «unique», sa préexistence éternelle de «vrai Dieu né du vrai Dieu», de «Lumière né de la Lumière» (p. 69-70).

Le *Projet révisé* a étoffé l'exposé de l'*Avant-projet*. Il a notamment introduit un paragraphe sur la confession de Pierre à Césarée selon Mt 16,16; l'*Avant-projet* avait préféré le récit de cette confession en Mc 8, 29, où Pierre dit simplement: «Tu es le Christ». Le *Projet révisé* a aussi ajouté quelques lignes sur la prédication de Jésus Fils de Dieu par Paul après sa conversion sur le chemin de Damas (1271), et il s'est attardé sur les affirmations des conciles concernant la personne du Fils de Dieu fait homme (1275-1282).

C'est à partir de la Résurrection que les apôtres ont découvert la filiation divine de Jésus «dans la puissance de son humanité glorifiée» (1274). Avant cela, ceux qui ont affirmé qu'il était «Fils de Dieu» ont voulu dire qu'il était «Messie d'Israël» et probablement pas davantage (1270). En va-t-il de même pour Pierre à Césarée de Philippe? Non, dit le *Projet révisé*; là, Pierre a reconnu «le caractère transcendant de la filiation divine du Messie» et Jésus lui-même a reconnu dans sa proclamation une révélation du Père. Nous savons qu'en Mc 8,29, Pierre répond simplement: «Tu es le Christ», et qu'en Lc 9,2, il dit: «Tu es le Christ de Dieu». Matthieu ne mettrait-il pas sur la bouche de Pierre la confession de foi de la première communauté chrétienne? De toute façon, à nous en tenir au seul récit de Matthieu, Pierre va montrer assez vite – et jusqu'au matin de Pâques – qu'il n'a pas saisi la portée du titre de «Fils du Dieu vivant» qu'il vient de donner à Jésus.

Faut-il soulever les questions concernant la souffrance et l'ignorance … du Fils de Dieu fait homme et y répondre dans cet article? Il me semble qu'il serait préférable de les aborder plus loin, lorsqu'il sera question du mystère de l'incarnation. Relevons toutefois ce que dit le *Projet révisé* de l'ignorance par le Fils du jour du jugement, selon Mc 13, 32: «Le Fils unique incarné, écrit-il, fait pour nous homme parfait, a connu le jour et l'heure du Jugement *dans* sa nature humaine, et ne l'a pas connu *par* sa nature humaine» (1280). Il s'agit d'un texte de s. Grégoire le Grand, tiré de sa lettre à Euloge, patriarche d'Alexandrie, approuvant le traité que celui-ci a écrit contre les tenants de l'opinion selon laquelle le Christ était en tout semblable à nous, y compris l'ignorance. Plus loin, le *Projet révisé* dira que Jésus a une vraie connaissance humaine soumise au progrès (s'il y a progrès, il y a acquisition de connaissances ignorées jusque là). S'il affirme ignorer le jour et l'heure du jugement, «c'est qu'il n'a pas mission de son Père de le révéler» (1311). Le Fils ignore, il n'ignore pas, il feint d'ignorer... Qui a raison? Le Fils de Dieu fait homme certainement. A-t-il voulu dire autre chose que ce que Marc nous dit qu'il a dit? Si nous pensons d'abord que Jésus est Dieu et donc omniscient, le texte de Marc nous étonne, nous dérange et nous oblige à dire qu'ignorer signifie ne pas vouloir dire ce qu'on sait. C'est alors oublier que le Fils de Dieu a assumé totalement la nature humaine (Ph 2, 6-8), qu'il est passé de la non-connaissance à la connaissance et que, devenu homme, il a ignoré ce dont il n'a pas eu connaissance.

Article 4: Seigneur

«Seigneur», nous dit l'article 4, désigne la divinité même du Dieu d'Israël (1284). De nombreux gestes de Jésus démontrent sa souveraineté divine, mais Jésus lui-même ne s'attribue ce titre que de façon voilée (1285) et ceux qui, avant la résurrection, l'ont appelé de ce nom, ont voulu lui exprimer par là leur respect et leur confiance (1286). Les premières confessions de foi attribuent à Jésus le titre divin de «Seigneur» (1287), ce qui est une invitation au croyant à se soumettre à lui comme à Dieu le Père (1288). Toute la prière chrétienne est marquée par ce titre: que ce soit «le Seigneur soit avec vous» ou «par Jésus-Christ notre Seigneur», ou encore «Maran, atha», «Marana tha», «Amen, viens, Seigneur Jésus» (1289).

L'exposé du *Projet révisé*, comme déjà celui de l'*Avant-projet* est bien différent de celui que nous trouvons dans le *Catéchisme romain*. Dans ce Catéchisme, il nous était expliqué qu'en Jésus, il est des attributs qui conviennent à ses deux natures: ainsi en est-il de son nom de «Seigneur». Puisqu'il est Dieu comme son Père, il est également Seigneur, un seul

Seigneur avec lui. Étant homme, il reçoit aussi ce nom parce qu'il est notre rédempteur et parce qu'il a réuni en lui la nature divine et la nature humaine. Aussi, devons-nous nous consacrer et nous dévouer à celui de qui nous tenons notre nom de chrétien depuis le jour de notre baptême et qui, depuis lors, nous témoigne un tel amour qu'il nous appelle ses amis, ses frères.

L'*Avant-projet* part de l'Écriture: dans l'Ancien Testament, le titre de «Seigneur» est attribué à Dieu, à Yahvé (Kyrios en grec), et désigne sa souveraineté sur Israël et sur l'univers; dans le Nouveau Testament, Jésus montre par ses actes sa souveraineté divine. Le catéchisme passe ensuite aux premières confessions de foi: elles donnent au Christ le titre divin de «Seigneur», voulant dire par là que Jésus a les mêmes pouvoir, honneur et gloire que Dieu le Père; celui-ci a manifesté aux disciples la pleine seigneurie de son Fils fait homme en le ressuscitant et en l'exaltant à sa droite (p. 70-71).

Le *Projet révisé* s'en tient à cette démarche de l'*Avant-projet* et, comme lui, il rapporte l'affirmation de *Gaudium et spes* 10, 2: «Le Seigneur est le terme de l'histoire humaine (...). L'Église croit que la clé, le centre et la fin de toute histoire humaine se trouve en son Seigneur et Maître» (1288). L'*Avant-projet* citait aussi *Gaudium et spes* 45 sur le Christ «alpha et omega»; le *Projet révisé* n'a pas repris cet extrait. Une actualisation de ce titre de Seigneur dans la prière (1289) vient clôturer l'exposé sur «Jésus est Seigneur».

Dans les quatre articles de ce chapitre deuxième, une même démarche s'est imposée, qui montre le caractère historique de la Révélation. Le *Projet révisé* interroge l'Ancien Testament et indique que le Nouveau mène à leur accomplissement et à leur perfection la Loi et les Prophètes. Il parcourt la vie de l'Église naissante et rapporte, si c'est utile, les déclarations des conciles et du magistère ordinaire. Il termine par l'actualisation dans la liturgie et la vie de prière des chrétiens d'aujourd'hui. Reconnaissons que cette actualisation est à peine amorcée. Nous trouvons quelques mots de la liturgie latine à propos de «Jésus» (1264) et de «Seigneur» (1289) et un tropaire de la liturgie de s. Jean Chrysostome à propos de «Fils Unique de Dieu» (1283).

Chapitre troisième: Le troisième article du Symbole: «Jésus-Christ a été conçu du Saint-Esprit, il est né de la Vierge Marie»

Le troisième chapitre porte sur la conception et la naissance de Jésus, explicitement mentionnées dans le Symbole des apôtres, et sur «les mystères de la vie du Christ». Il comprend 112 paragraphes, 95 de développement et 17 d'«En bref».

Le *Catéchisme du concile de Trente* expliquait déjà, d'une part, que le Christ a été conçu du Saint-Esprit et, d'autre part, qu'il est né de la Vierge Marie. Comme le Symbole passe directement de la naissance de Jésus à sa passion, sa mort et sa résurrection, il ne disait rien sur la vie publique de Jésus.

Dans le *Directoire*, l'exposé des vérités essentielles de la foi commence par cette affirmation fondamentale: «Le point culminant des œuvres de Dieu est l'Incarnation de son Fils Jésus-Christ. Premier-né de toute créature, il est avant tous et toutes choses subsistent en lui. C'est en lui, par lui et pour lui que tout a été créé. Obéissant jusqu'à la mort, il a été exalté comme le Seigneur de tous, il nous a été manifesté Fils de Dieu avec puissance par sa résurrection. Premier-né d'entre les morts, il vivifie tous les hommes: en lui nous sommes créés hommes nouveaux, par lui toute créature sera délivrée de l'esclavage de la corruption. 'Le salut n'est en aucun autre'». (n° 50). Tout est déjà présent dans ce résumé: la préexistence éternelle du Fils et son rôle dans la création, son incarnation et son mystère pascal, son œuvre de salut pour toute l'humanité.

Peu après, le Directoire présente le Christ comme le «centre de toute l'économie du salut» (n° 52) et, après avoir traité de la création, il aborde le mystère de l'incarnation: «Ce grand mystère du Christ, Tête et Seigneur de l'univers, 'a été manifesté dans la chair' (1 Tm 3,16). Le Christ Jésus, homme lui-même, qui a habité parmi les hommes, a travaillé avec des mains d'hommes, pensé avec une intelligence d'homme, agi avec une volonté d'homme, aimé avec un cœur d'homme, est vraiment le Verbe et le Fils de Dieu qui, par l'Incarnation, s'est uni en quelque sorte à chacun des hommes (G S, 22)».

Il découle de là deux grandes obligations pour les catéchistes. La première: ils doivent «annoncer Jésus dans son existence concrète et dans son message; (...) ménager aux auditeurs l'accès à la perfection admirable de son humanité, de telle manière qu'ils puissent reconnaître le mystère de sa divinité. En vérité, le Christ Jésus, uni au Père par une relation unique et assidue de prière, a vécu avec les hommes dans une communion toujours étroite. Il les a tous entourés de sa bonté: justes et pécheurs, pauvres et riches, concitoyens et étrangers; s'il a marqué une prédilection pour certains, ce fut pour les malades, les pauvres et les humbles. Envers la personne humaine, il a manifesté un respect et une sollicitude dont nul n'a donné le témoignage avant lui». Voilà pour l'humanité de Jésus.

Mais, en même temps, les catéchistes doivent sans cesse – et c'est leur deuxième obligation – «défendre et fortifier la foi en la divinité de Jésus-Christ, pour que les hommes ne l'accueillent pas seulement en raison de sa vie humaine admirable, mais qu'ils reconnaissent en lui à partir de ses paroles et des signes qu'il accomplit, le Fils unique de Dieu (cf. Jn 1,18), 'Dieu né de Dieu, lumière née de la lumière, vrai Dieu né du vrai Dieu (...)'. La juste interprétation du mystère de l'Incarnation a progressé dans la tradition chrétienne: par une recherche assidue d'intelligence de la foi, les Pères et les Conciles ont dirigé leurs efforts en vue de préciser les notions, d'exposer plus nettement le caractère propre du mystère du Christ, de scruter les liens mystérieux qui l'unissent au Père céleste lui-même et aux hommes. À l'appui de cette vérité est venu s'ajouter le témoignage vivant de l'Église au cours des siècles: la communion de Dieu avec les hommes, accomplie dans le Christ, s'avère une source de joie et d'inépuisable espérance. Dans le Christ réside toute la plénitude de la divinité, par lui s'est manifesté l'amour de Dieu pour les hommes».

Et le Directoire conclut par cette profession de foi de s. Ignace dans sa lettre aux Éphésiens: «Il n'y a qu'un seul médecin, charnel et spirituel, engendré et inengendré, Dieu venu en chair, vie véritable dans la mort, né de Marie et né de Dieu, d'abord impassible et maintenant passible, Jésus-Christ notre Seigneur» (n° 53).

L'*Avant-projet* explique d'abord que le Fils de Dieu s'est réellement fait homme, est devenu homme faible et mortel . Par son incarnation, il n'est pas devenu un demi-dieu ou un demi-homme et il n'y a pas, en lui, de confusion entre Dieu et l'homme (p. 71-74). Il expose ensuite ce que disent les évangélistes de la conception virginale de Jésus: Marie acquiesce librement à l'incarnation, conçoit un fils sans intervention d'un homme, sa virginité perpétuelle étant un signe éminent de son abandon total à son Seigneur. Mère de Dieu, elle n'a pas perdu la gloire de sa virginité (p. 74-77). Il présente alors les mystères de l'enfance de Jésus et ceux du ministère public, à savoir: son baptême par Jean, l'annonce de l'évangile aux pauvres et de la libération des captifs, le message du Règne de Dieu et les paraboles, les miracles, l'élection des apôtres (p. 77-92); il comble ainsi la lacune constatée dans le Catéchisme romain et qui s'est retrouvée dans tous les catéchismes particuliers des XVIe-XXe siècles.

Le *Projet-révisé* fait sien la démarche de l'*Avant-projet* et introduit dans son exposé quelques compléments. Il consacre un premier article à l'incarnation du Fils de Dieu et un deuxième à la conception et à la naissance de Jésus. Les mystères de toute la vie du Christ forment un seul article, le troisième, et non plus deux articles distincts, l'un pour l'enfance et l'autre pour la vie publique. Comme l'indique le tableau cidessous, le *Projet révisé* ajoute un exposé sur le sens du mot «mystère» et présente plus d'épisodes de la vie de Jésus que ne le faisait l'*Avant-projet*.

Avant-projet	*Projet révisé*
Chap. IV: Conçu par la puissance et la grâce du Saint-Esprit, né de la Vierge Marie	Chap. 3: Le troisième article du Symbole: «Jésus-Christ a été conçu du Saint-Esprit, il est né de la Vierge Marie»
Art. I: Le Fils de Dieu s'est fait homme	Art. 1: Le Fils de Dieu s'est fait homme I. «Dieu a envoyé son Fils» II. «Dieu a tant aimé le monde» III. «Le Verbe s'est fait chair»
Art. II: Jésus-Christ conçu du Saint-Esprit, né de la Vierge Marie	Art. 2: «Et incarnatus est de Spiritu Sancto ex Maria Virgine» I. Marie, Mère du Rédempteur II. La maternité divine de Marie III. La virginité de Marie IV. La maternité virginale de Marie dans le dessein de Dieu
Art. III: Les mystères de l'enfance de Jésus	Art. 3: Les mystères de la vie du Christ I. Toute la vie du Christ est mystère 1. Les Évangiles: voir l'Invisible à travers le visible 2. Les traits communs des mystères de Jésus 3. Notre communion aux mystères de Jésus II. Les mystères de l'enfance et de la vie cachée de Jésus 1. Les préparations 2. Le mystère de Noël 3. Le mystère de l'enfance de Jésus 4. Le mystère de la vie cachée de Jésus

Art. IV: Les mystères du ministère public de Jésus	III. Les mystères de la vie publique de Jésus
I. Le baptême	1. Le baptême de Jésus
II. Jésus annonce la bonne nouvelle aux pauvres et aux captifs la liberté	2. La tentation de Jésus
III. L'annonce du Royaume de Dieu	3. «Le Royaume de Dieu est tout proche»
- Les paraboles du Royaume	4. L'annonce du Royaume de Dieu
- Les miracles ou signes du Royaume	5. Les signes du Royaume
- L'élection des apôtres, signe du Royaume de Dieu	6. «Les clefs du Royaume»
	7. Un avant-goût du Royaume: la transfiguration

Article 1: Le Fils de Dieu s'est fait homme

L'article 1 du troisième chapitre – 20 paragraphes, suivis de 5 «En bref» – est centré sur le mystère de l'incarnation proprement dit: le Fils de Dieu s'est fait homme. Dans une première étape, faite d'une dizaine de citations néo-testamentaires, il met en évidence l'initiative que Dieu a prise d'envoyer son Fils (1294-1296). Il y manque, à mes yeux, une brève explication qui apporterait des éléments de réponse à ceux qui se demandent: si le Père a tant aimé le monde, pourquoi ne vient-il pas lui-même «visiter son peuple» et envoie-t-il son Fils?

La deuxième étape précise les motifs pour lesquels le Verbe s'est fait chair. C'est d'abord, positivement, pour manifester l'amour infini de Dieu (du Père) à notre égard et pour «nous rendre participants de la nature divine». C'est ensuite, plus négativement pourrions-nous dire, pour «nous libérer du péché» (1297-1301). L'ordre établi entre ces trois motifs mérite d'être signalé. Nous sommes tellement habitués à entendre dire que Dieu vient d'abord effacer les péchés, l'originel et les autres, que nous oublions que le Fils est descendu du ciel «pour nous les hommes», pour nous dire et faire voir que notre créateur est un Père très aimant qui nous propose de devenir ses fils adoptifs, pour nous dire et faire voir comment vivre pleinement en fils ou filles de Dieu. Le *Projet-révisé* n'ignore pas que, dans l'état réel de l'humanité, le Fils est venu en même temps pour «sauver le monde», pour «ôter les péchés», «pour notre salut», mais il n'en fait pas le motif premier et unique de l'incarnation. Celle-ci se justifierait sans doute dans l'hypothèse où les hommes n'auraient pas péché.

La troisième étape, «le Verbe s'est fait chair», est plus longue (1302-1313). Il s'agit d'expliquer ce que comporte la foi en l'incarnation véritable du Fils de Dieu, ce que le concile de Chalcedoine a exprimé face au monophysisme et au nestorianisme: Jésus est inséparablement vrai Dieu et vrai homme, deux natures sans confusion, sans changement, sans division, sans séparation. De cette union mystérieuse des deux natures, il découle que le Christ possède deux volontés et deux opérations non opposées mais coopérantes (1310), qu'il possède aussi une vraie connaissance humaine (1311). L'incarnation n'est pas un mythe ou un symbole; elle est un événement historique, réel, unique. Dieu a désormais un visage humain (1312).

Le *Projet révisé* termine l'article 1 en reproduisant un extrait du décret *Ad gentes* 3: «Pour affermir la paix, autrement dit la communion avec lui, et pour établir la fraternité entre les hommes, – les hommes qui sont pécheurs, – Dieu décida d'entrer dans l'histoire humaine (...). Aussi, par les voies d'une incarnation véritable, le Fils de Dieu est-il venu pour faire participer les hommes à la nature divine ...» (1313).

À plusieurs égards, l'article 1 de ce chapitre est une sorte de doublet par rapport à ce que l'article 3 du chapitre précédent disait déjà de l'incarnation du Fils de Dieu (1275-1282). Il revient notamment sur la connaissance humaine du Christ. Selon cette vraie connaissance humaine, dit-il, Jésus «croissait en sagesse, en taille et en grâce», et il avait aussi en elle «une connaissance immédiate et intime du Père, il connaissait les cœurs et les pensées des hommes; il connaissait les choses à venir, et s'il dit en ignorer, c'est qu'il n'a pas mission de son Père de les révéler. Depuis les débuts de la foi chrétienne, les saints ont toujours cru et affirmé que, dans son Père, Jésus nous a tous et chacun connus et aimés durant sa vie, son agonie et sa passion et qu'il s'est livré pour chacun de nous» (1311). Pour cette dernière phrase, nous sommes renvoyés à Ga 2,20: «Le Fils de Dieu m'a aimé et s'est livré pour moi» et au passage de l'encyclique *Mystici corporis* du 29 juin 1943, où Pie XII écrit: «... par la vision bienheureuse dont il jouissait déjà, à peine conçu dans le sein de sa divine Mère, [le divin Rédempteur] se rend constamment et perpétuellement présent tous les membres de son Corps mystique, et il les embrasse de son amour rédempteur».

Cette question difficile de la «science» ou de la connaissance du Christ en sa vie terrestre a déjà été évoquée (ci-dessus, p. 185-186). Beaucoup ne se satisfont plus aujourd'hui de ce que disait la scolastique: il y a en Jésus la science de la vision ou vision béatifique, la science infuse ou celle des anges, et la science acquise ou celle que tout homme possède par l'expérience au cours de sa vie. Sensibles à l'humanité assumée par le Fils de Dieu, Verbe fait chair devenu en tout semblable à nous, hormis le péché, beaucoup de théologiens contemporains pensent que le Christ terrestre a assumé la condition historique de tout homme, qu'il a engagé sa vie de manière risquée, selon un projet et face à l'inconnu de l'avenir, qu'il n'a pas été «l'acteur jouant une pièce dont il sait dès le début comment se terminera le cinquième acte»[185], et qu'il n'y a pas chez lui une omniscience. Comme l'écrit H. Urs von Balthasar, «si Jésus est un homme authentique, il faut encore que son œuvre s'accomplisse dans la finitude d'une vie d'homme, même si le contenu de cette œuvre et ses effets postérieurs débordent largement les limites imposées à cette finitude. (...) sa kénose lui a fait renoncer à une quantité de prérogatives et de possibilités qui appartiennent de droit au Fils de l'homme en sa condition divine»[186]. Le paragraphe 1311 du *Projet révisé* est encore trop tributaire de la théologie scolastique et mériterait une nouvelle rédaction plus en accord avec les résultats actuels de l'exégèse et la réflexion théologique contemporaine sur la science et la connaissance du Fils de Dieu fait homme. À tout le moins, il pourrait signaler qu'il y a d'autres manières de concevoir «la connaissance» que possédait le Fils de Dieu fait homme.

Article 2: «... et incarnatus est de Spiritu Sancto ex Maria Virgine»

L'article 2 – dont, par inadvertance sans doute, le titre est emprunté au Credo de Nicée-Constantinople et non au Symbole des apôtres, et qui est rédigé en latin – est constitué de 31 paragraphes, 27 de développement et 4 d'«En bref», tous consacrés à Marie, la Mère du rédempteur.

Pour le *Catéchisme de Pie V*, il s'agit d'expliquer que Jésus n'a pas été conçu comme les autres hommes mais «par la vertu seule du Saint-Esprit», et qu'en lui les deux natures, qui ont chacune conservé leurs opérations et leurs propriétés, ne constituent qu'une seule et même personne. Un premier paragraphe est consacré à «Jésus a été conçu du Saint-Esprit», et un second à «il est né de la Vierge Marie». Dire que Jésus a été conçu du Saint-Esprit n'implique pas que seul l'Esprit ait opéré le mystère de l'incarnation, car les trois personnes divines ont eu part à ce mystère. En son corps, Jésus, comme tout être humain, a été

185. Cf. B. SESBOÜÉ, *Pédagogie du Christ. Éléments de christologie fondamentale* («Théologie»), Paris, Cerf, 1994, p. 147.

186. H. URS VON BALTHASAR, *La foi du Christ. Cinq approches christologiques*, Paris, Aubier, 1968, p. 182 et p. 29-30.

formé «du sang de sa mère». Ce qui est l'œuvre de l'Esprit, c'est que, dès le moment de sa conception, «une âme jouissant pleinement de la raison fut unie à son corps», alors que «selon les lois ordinaires de la nature, l'âme raisonnable ne vient s'unir au corps qu'après un temps déterminé»[187], et que, dans un seul et même instant, il fut Dieu parfait et homme parfait. Marie est vraiment mère d'un homme et mère de Dieu; Jésus est son fils et Fils de Dieu par nature et non par adoption.

Un second paragraphe concerne la naissance proprement dite: Jésus est né de sa mère qui est demeurée toujours vierge. «De même que, plus tard, il sortit de son tombeau sans briser le sceau qui le tenait fermé, de même qu'il entra, les portes fermées, dans la maison où étaient ses disciples, de même encore (...) que les rayons du soleil traversent le verre sans le briser ni l'endommager, ainsi (...) Jésus naquit de sa mère qui conserva le privilège de la virginité». Il est le nouvel Adam et, par analogie, sa mère, qui descendait de David, est la nouvelle Ève. Sa conception et sa naissance ont été par avance évoquées en figures notamment en Ez 44, 2, Dn 2, 55, Nb 17, 8 et Ex 8, 2. Le récit lucanien de la nativité est pour nous une source inépuisable de vie spirituelle.

Le *Directoire* n'a un développement sur Marie, la Mère de Dieu, qu'à l'avant-dernière étape de son exposé des principaux éléments du mystère chrétien. Comme l'avait fait le concile Vatican II, il ne parle d'elle qu'après avoir présenté l'Église comme peuple de Dieu, comme communion et comme institution. Il résume ainsi le chapitre VIII de *Lumen gentium*: «Marie est unie au Seigneur d'une manière ineffable; elle est sa Mère toujours vierge et, 'dans la sainte Église, elle tient la place la plus élevée après le Christ et en même temps la plus proche de nous'. Le don de l'Esprit se manifeste en elle d'une façon tout à fait singulière, parce que Marie est 'pleine de grâce' et qu'elle est 'le type de l'Église'. Préservée de toute tache du péché originel, librement et totalement fidèle au Seigneur, élevée en corps et âme dans la gloire céleste, en elle l'Esprit-Saint a déjà pleinement manifesté ses bienfaits. Elle est, en effet, pleinement conforme 'à son Fils, Seigneur des Seigneurs, victorieux du péché et de la mort'. Comme elle est la Mère de Dieu et 'notre mère dans l'ordre de la grâce', figure de la virginité et de la maternité de toute l'Église, signe d'espérance assurée et de consolation pour le peuple de Dieu en marche,

187. Le Catéchisme fait sien l'opinion courante à l'époque dans les milieux thomistes selon laquelle l'âme végétale est présente dès l'instant de la conception, l'âme animale ne s'unit au corps que plus tard et l'âme rationnelle plus tard encore; s. Thomas pensait que cette dernière venait au 40e jour pour les garçons, au 80e pour les filles, mais le Catéchisme se garde bien d'entrer dans ces précisions.

Marie 'unit en elle pour ainsi dire et reflète les grandes affirmations de la foi' et 'elle renvoie les croyants à son Fils et à son sacrifice, à l'amour du Père'. C'est pourquoi l'Église, qui a en honneur les fidèles et les Saints qui sont déjà auprès du Seigneur et intercèdent pour nous, vénère la Mère du Christ et sa propre mère d'une façon toute spéciale». (n° 68)

L'*Avant-projet* et le *Projet révisé* ne suivent pas la voie tracée par Vatican II et reprise dans le Directoire. Ils répartissent l'exposé de la doctrine mariale catholique sur trois articles du Symbole. Dans le présent article 2, nous suivons les événements qui concernent Marie depuis son élection par Dieu et son immaculée conception jusqu'à sa maternité virginale et sa virginité perpétuelle (1320-1346). Dans le commentaire du «Je crois en l'Esprit-Saint», Marie nous est présentée comme «le chef-d'œuvre de la mission du Fils et de l'Esprit dans la plénitude des temps» (1571-1577). Et dans le «Je crois à la sainte Église catholique», elle est replacée dans le mystère de l'Église (1755-1766). En ce qui concerne le *Projet révisé*, souvenons-nous qu'il a déjà, à quatre reprises, mis en évidence la personne de la Vierge Marie. Elle est «la figure la plus pure» des pauvres et des humbles qui attendaient le salut d'Israël (0220). Elle est «la réalisation la plus pure» de l'obéissance de la foi (0310-0311), bien qu'elle ait connu «la nuit de la foi» (0335). Elle est «le suprême modèle de la foi qui se glorifie des faiblesses (1091). Elle est la première à avoir participé à la victoire du Christ sur le péché: elle est «libérée du péché originel et de tout autre péché» (1245).

«Jésus a été conçu du Saint-Esprit, est né de la Vierge Marie». Dans son développement, le *Projet révisé* comme l'avait déjà fait l'*Avant-Projet* centre toute l'attention sur la personne de Marie: elle est la mère du Rédempteur, sa maternité est divine, elle est la «vierge Marie», sa maternité est en parfaite convenance avec le dessein salvifique de Dieu. «Ce que la foi catholique croit au sujet de Marie se base sur ce qu'elle croit au sujet du Christ. Ce qu'elle enseigne sur le Christ est plus au centre que ce qu'elle enseigne sur Marie» (1330). Cette déclaration fondamentale – qui pourrait figurer plutôt en début d'exposé (1320) – devrait être complétée par une autre: de tous les dogmes concernant Marie, le premier, celui sans qui les autres ne peuvent se justifier, est le dogme qui confesse qu'elle est vraiment Mère de Dieu.

I. Marie – «Redemptoris Mater»

Pour donner une mère à son Fils venant sauver le monde; Dieu a de toute éternité élu une jeune juive, une vierge dont le nom était Marie. La vocation de celle-ci a été préparée au cours de l'Ancien Testament par Ève, Sara, Anne, Débora, Ruth, Judith, Esther et bien d'autres femmes (1320-1321).

Pour être la mère du Sauveur, Dieu a pourvu Marie de «dons à la mesure d'une si grande tâche» (1322-1326). Le concile a rappelé l'usage des Pères orientaux «d'appeler la Mère de Dieu la Toute Sainte, indemne de toute tache de péché, ayant été pétrie par l'Esprit-Saint et formée comme une nouvelle créature» (1326). Saluée par l'ange comme «pleine de grâce», Marie a été enrichie dès le premier instant de sa conception» d'une sainteté éclatante absolument unique (1324). C'est ce que confesse le dogme promulgué en 1854: «(...) Marie a été préservée intacte de tout souillure du péché originel» (1323; n'aurait-il pas fallu expliquer pourquoi Pie IX décida de promulguer ce dogme?). C'est ce que Jean-Paul II reprend et commente dans l'encyclique *Redemptoris Mater* du 25-3-1987 (1325). On peut dire de Marie ce que Paul disait de tous les croyants dans sa lettre aux Ephésiens: «[elle a été] élue en Lui [le Christ] dès avant la fondation du monde, pour être sainte et immaculée en sa présence, dans l'amour» (1324). La fête du 8 décembre dans la liturgie latine, précédant de 9 mois la célébration de la naissance de Marie, n'est pas mentionnée.

Marie a dit «oui» à l'ange qui lui annonce qu'elle va enfanter. Avec *Lumen gentium* 56, le *Projet révisé* met en évidence sa réponse et son obéissance de foi (1327-1329). La liturgie de la fête de l'annonciation a été, elle aussi, oubliée.

II. La maternité divine de Marie

La maternité divine, le dogme primordial concernant Marie, ne donne pas lieu à de longs développements. Un paragraphe reprend les expressions évangéliques «mère de Jésus» et «mère de mon Seigneur» (1331). Cette deuxième appellation nous est rapportée en Lc 1,43; «Marie a été acclamée, sous l'impulsion de l'Esprit dès avant la naissance de son Fils», en conclut le *Projet révisé*. Mais Luc ne met-il pas dans la bouche d'Élisabeth ce que lui-même et les premières communautés croient: puisque «Jésus est Seigneur», Marie peut être appelée «Mère du Seigneur»? Un autre paragraphe, en petits caractères, vient enrichir l'exposé par un extrait des actes du concile d'Éphèse en 431, qui justifie l'appellation de «mère de Dieu» (1332). Aucune mention n'est faite de la fête de «Marie, mère de Dieu», huit jours après la célébration de la nativité de son Fils, ni non plus des prières que les chrétiens adressent à Marie, mère de Dieu.

III. La virginité de Marie

C'est la virginité de Marie qui reçoit le plus long développement: huit paragraphes lui sont consacrés. Dès les origines, l'Église affirme que Jésus a été conçu sans intervention d'homme, qu'il est vraiment né d'une vierge (1333-1334), conformément à ce qu'elle découvre dans les récits de Matthieu et de Luc (1335). «On objecte parfois, dit alors le *Projet révisé*, que certains évangiles (Mc, Jn) ne semblent pas parler de la conception virginale, ni les épîtres du Nouveau Testament. Ou on prétend qu'il s'agit de récits légendaires ou de constructions théologiques qui ne prétendent pas parler d'un événement réel». La réponse donnée est que «la foi des chrétiens en la conception virginale de Jésus a rencontré une vive opposition, des moqueries ou de l'incompréhension de la part des non-croyants, juifs et païens: elle n'était donc nullement motivée par la mythologie païenne ou par quelque adaptation aux idées du temps» (1336). Les difficultés soulevées aujourd'hui comme hier à propos de la virginité de Marie avant la naissance de Jésus ne sont certainement pas toutes rapportées; les catéchismes locaux auront à les prendre en considération et à y répondre plus en détail. Le *Projet révisé*, lui, conclut très justement cette première partie de son exposé sur la virginité de Marie: «Le sens de cet événement n'est accessible qu'au regard de la foi qui le voit dans 'le lien qui relie les mystères entre eux', dans l'ensemble des Mystères du Christ, de son Incarnation à sa Pâque». Encore faudrait-il qu'il nous explique ce qu'il veut dire par là, qu'il nous dévoile «le sens de l'événement». Le lien des mystères entre eux est illustré par ce texte de s. Ignace d'Antioche: «Le prince de ce monde a ignoré la virginité de Marie et son enfantement, de même que la mort du Seigneur: trois Mystères retentissants qui furent accomplis dans le silence de Dieu» (1337). Le choix qui a été fait n'est vraiment pas très judicieux!

«Marie est restée vierge avant, pendant et après la naissance de Jésus. Ici encore, il faut approcher avec les yeux de la foi ce qui semble être étrange à la seule raison humaine» (1338). Arrêtons-nous d'abord à la virginité «in partu». Reprenant une expression de *Lumen gentium* 57, le *Projet révisé* explique que la naissance de Jésus «n'a pas diminué, mais consacré l'intégrité virginale» de sa mère (1339). Que signifie cette «consécration de l'intégrité virginale» et qu'entend-on d'abord ici par «virginité»? Doit-on en rester à l'interprétation du Catéchisme romain que nous avons rapportée plus haut? Ou doit-on plutôt s'engager dans la voie proposée par le Catéchisme allemand qui dit: «Ce n'est pas la réalité physiologique de la naissance qui a été différente dans le cas de

Jésus, mais la façon dont Marie a vécu cette naissance, comme un signe du salut de l'homme tout entier, corps et âme» (p. 173)? L'explication donnée par le *Projet révisé* est la suivante: «Jésus est né vraiment homme, né d'une femme, né pauvre et humble. Mais il est venu pour apporter la Vie au monde. Sa naissance est déjà une œuvre de salut. Marie, associée à cette œuvre de salut 'dès l'heure de la conception virginale du Christ jusqu'à sa mort ' (LG 57), est 'consacrée' dans sa participation à l'œuvre du Christ par sa naissance» (1339). Est-ce suffisamment clair? Je ne le pense pas. Plus d'un théologien estime aujourd'hui que, par «intégrité virginale», il faut entendre non pas une virginité d'ordre corporel comportant la conservation de l'hymen virginal et la préservation des douleurs de l'enfantement, mais une virginité d'ordre purement spirituel. Est-ce dans ce sens que va l'explication du *Projet révisé*?

Et qu'en est-il de la virginité «post partum»? Après la naissance de Jésus, Marie n'a pas eu d'autres enfants, les frères et les sœurs dont parle l'Écriture étant à comprendre comme des proches parents de Jésus. Cela ne veut pas dire que la maternité de Marie est limitée à Jésus seul: Marie apporte «la coopération de son amour maternel» à la naissance et à l'éducation des croyants, frères de Jésus (1340). Il est question ici d'une maternité «spirituelle», d'une maternité dans l'ordre de la grâce et non d'une maternité «charnelle».

IV. La maternité virginale de Marie dans le dessein de Dieu

Pourquoi Dieu le Père a-t-il voulu que son Fils naisse d'une vierge? Le regard de la foi nous fait découvrir cinq convenances, répond le *Projet révisé*. 1. Il convient que Marie soit vierge à cause de l'origine divine de Jésus qui n'a qu'un Père (1342). 2. Il convient que Jésus soit conçu du Saint-Esprit parce qu'il est le nouvel Adam (1343). 3. Il convient que Jésus inaugure, par sa conception virginale, ce que sera la nouvelle naissance des enfants d'adoption: une vie qui vient de Dieu (1344). 4. Il convient que Marie soit vierge parce que sa virginité est le signe de sa foi inaltérable (1345). 5. Il convient qu'elle soit à la fois vierge et mère puisqu'elle est la figure et la réalisation la plus parfaite de l'Église (1346). Le regard de la foi *peut* déceler des convenances: il y a celles qui viennent d'être présentées et il y a en a peut-être d'autres. Toutes ne recevront pas nécessairement le même accueil, certains préférant même comme Marie, méditer dans le silence l'insondable mystère de l'incarnation. Dans l'Église latine, la tradition de l'*Angelus* est une forme populaire de cette méditation; le *Projet révisé* aurait pu la mentionner au terme de son article 2 et en faire, en même temps, comme le prélude à son article 3 sur les mystères de la vie du Christ.

Article 3: Les mystères de la vie du Christ

Parce qu'ils commentaient le Symbole des apôtres, le Catéchisme romain et les catéchismes des XVIe-XXe siècles passaient de la conception et de la naissance de Jésus directement à sa passion, sa mort et sa résurrection, laissant à d'autres ouvrages le soin de présenter les diverses étapes de la vie terrestre du Christ. Depuis quelques années, la pratique catéchétique a fait des évangiles une des sources principales de l'exposé de la foi, si bien qu'en 1971, le *Directoire catéchétique général* demandait à tous les catéchistes d'«annoncer Jésus-Christ dans son existence concrète et dans son message» (n° 53, § 2). Aussi l'*Avant-projet* comporte-t-il un développement de 16 pages sur les principaux épisodes de la vie de Jésus. Il distingue ce qu'il appelle les «mystères» de l'enfance de Jésus et les «mystères» de son ministère public et estime que ce développement peut très bien figurer au terme du chapitre sur la conception et la naissance de Jésus, juste avant le début du chapitre sur la passion, la mort et l'ensevelissement.

Le *Projet révisé* reprend et complète l'*Avant-projet*. Il insère d'abord une introduction nous disant que les mystères de l'incarnation et ceux de la Pâque, les deux seuls que le Symbole mentionne explicitement, éclairent toute la vie terrestre de Jésus (1351-1353). Il ajoute ensuite un exposé sur la signification du terme «mystère» et énumère les traits communs aux mystères de la vie de Jésus (1354-1363). Il introduit aussi de nouveaux épisodes parmi les mystères de la vie publique.

I. Toute la vie du Christ est mystère

Ce n'est pas la première fois que le *Projet révisé* utilise le terme «mystère». Dès le début du catéchisme, il nous dit que l'homme est mystère (1021). La toute-puissance de Dieu est mystérieuse, accessible uniquement par la foi (1090-1091). Le mystère du Christ est la lumière décisive sur le mystère de la création et le mystère pascal révèle pourquoi au commencement Dieu a créé le ciel et la terre (1101). La création elle-même est un mystère à propos duquel on peut préciser un certain nombre de choses (1110-1118). Et voici que maintenant il va être question du mystère de toute la vie du Christ et même des mystères de son enfance et de son ministère public. Tout dans la foi chrétienne serait-il de l'ordre du mystère, de l'inconnaissable, de l'incompréhensible, de l'inaccessible à la raison, selon le sens le plus fréquemment perçu du terme même «mystère»? Le *Projet révisé* a compris qu'il devait préciser ce terme avant d'esquisser les principaux mystères de la vie de Jésus. Il ne définit toutefois pas le «mystère» en général, se limitant à nous faire comprendre ce qu'on veut dire lorsqu'on affirme que «toute la vie du Christ est un mystère» (1354-1363).

Les évangiles, nous dit-il, ne sont pas des biographies au sens profane du terme: tout y est vu «dans la lumière du Mystère Pascal», tout est écrit pour que nous croyions que Jésus est le Christ (1354). Rédigés par des croyants, ils nous disent sur Jésus «des choses vraies et sincères» (1355). Tout ce qu'ils rapportent est devenu pour eux «signe qui parle du Mystère de Jésus»: en lui, Dieu a fait habiter la plénitude de la divinité, son humanité est comme le «sacrement» de sa divinité, par lui nous voyons l'Invisible (1356).

À l'intérieur de ce mystère global, on peut parler de mystères particuliers, ceux de l'enfance par exemple ou de la vie publique, desquels le *Projet révisé* dégage trois traits communs. D'abord, tous sont «mystère de récapitulation»: ils ont pour but de «rétablir l'homme déchu par le péché dans sa dignité originelle»; pour cela, «il fallait que le Christ, par toute sa vie, restaure ce que le péché d'Adam avait détruit» (1357). Ensuite, tous sont «mystères de rédemption»: la rédemption est déjà à l'œuvre dans la naissance, la vie cachée, les paroles et les guérisons de Jésus (1358). Tous sont enfin «mystères de révélation du Père»: qui voit Jésus voit le Père (1359). À propos de la «récapitulation», le sens qui lui est donné est beaucoup trop restrictif par rapport à l'expression employée par s. Paul en Ep 1,10 (et non 1,7): le dessein du père est de «récapituler toutes choses dans le Christ», mener les temps à leur accomplissement. Et, à propos de la «révélation», il faudrait ajouter que les faits et gestes de Jésus révèlent en même temps l'homme à lui-même. Remarquons encore l'ordre des trois traits communs à tout mystère: d'abord la récapitulation ou rétablissement de l'homme déchu; puis la rédemption et, pour terminer, la révélation; lorsqu'il a exposé les raisons pour lesquelles Dieu a envoyé son Fils, le *Projet révisé* a mis en premier la manifestation de son amour infini, puis la participation à la nature divine et, en dernier, la libération du péché (1297-1299).

La présentation des éléments communs à tous les mystères de la vie du Christ n'en reste pas au plan purement notionnel. Elle se poursuit par une invitation à communier aux mystères de celui qui s'est montré comme notre modèle et qui veut nous associer à lui comme membres de son Corps (1360-1362).

II. Les mystères de l'enfance et de la vie cachée de Jésus

Percevant mieux que toute la vie de Jésus est «mystère», nous pouvons, avec le *Projet révisé*, suivre les différents mystères de la vie du Christ, d'abord ceux de sa vie cachée, ensuite ceux de sa vie publique. Nous nous trouvons en présence d'une sorte de vie de Jésus depuis sa naissance jusqu'à sa transfiguration, la suite des événements étant reportée au chapitre suivant. Le *Projet révisé* puise tantôt dans un évangile, tantôt dans un autre, sans entrer dans la vision théologique propre à chaque évangéliste. Il apporte les faits, en donne la signification, en dégage parfois une application morale et ajoute une actualisation liturgique lorsque cela s'indique.

L'*Avant-projet* signalait que les récits de l'enfance de Jésus anticipent d'une certaine manière sur ce que seront le comportement du Christ et la profondeur de son message durant sa vie publique. Il indiquait ensuite ce qu'anticipaient les événements rapportés par les évangélistes: – la nativité – la prophétie de Siméon, le comportement d'Hérode, le massacre des innocents et la fuite en Égypte – l'adoration des mages – la visitation, la circoncision, la présentation au Temple et le pèlerinage à Jérusalem à l'âge de 12 ans – les années obscures à Nazareth (p. 77-79).

Le *Projet révisé* procède différemment. Il n'attire plus l'attention – et on doit le regretter – sur le genre littéraire particulier des «évangiles de l'enfance». Il présente les divers événements selon un ordre qui se veut chronologique. Il y a d'abord l'évocation de la longue préparation de la venue du Fils de Dieu et de la mission de Jean-Baptiste le précurseur (1365-1366), ce qui ne figurait pas dans l'*Avant-projet.* Il y a ensuite le mystère de Noël (1367-1370) et les mystères de l'enfance proprement dite: la circoncision (1371), la présentation au Temple (1372), l'Épiphanie et la fuite en Égypte (1373-1374). Il y a encore les mystères de la vie cachée: la vie quotidienne à Nazareth et la soumission de Jésus à ses parents, ainsi que le recouvrement de Jésus au Temple (1375-1378). Le texte a belle allure et les rapprochements avec les enseignements qui se dégagent de la vie publique, de la passion et de la mort de Jésus sont judicieux. Faut-il toutefois aller jusqu'à dire que la circoncision «préfigure le sang de la Nouvelle Alliance versé sur la Croix» (1371)?

III. Les mystères de la vie publique de Jésus

L'*Avant-projet* choisit dans les évangiles les épisodes les plus significatifs de la vie publique et les rassemble sous trois moments-clés fondamentaux. D'abord le baptême et l'onction de la force de l'Esprit (p. 81-82).

Ensuite l'annonce de la Bonne Nouvelle aux pauvres et la proclamation de la libération des captifs (p. 82-85). Enfin l'annonce du Règne de Dieu (p. 85-91).

Le *Projet révisé* apporte sa touche personnelle à ce canevas. Pour lui, les mystères de la vie publique, ce sont le baptême (1379-1382), la tentation au désert (1383-1386) et la prédication de Jésus. Dans cette dernière figurent les points suivants: «le Royaume de Dieu est tout proche» (1387-1388), l'annonce du Royaume à tous mais spécialement aux pauvres, aux petits et aux pécheurs, notamment à travers les paraboles (1393-1395) et les clefs du Royaume transmises aux Douze et à Pierre (1396-1398). L'épisode mystérieux de la transfiguration clôture cette première partie de la vie publique de Jésus.

Le récit de la vie et du ministère publiques de Jésus pourra certainement être source d'inspiration pour ceux qui utiliseront le catéchisme. Je crains toutefois que certains textes évangéliques ne soient pris à la lettre, faute d'avertissement sur leur genre littéraire. Ainsi, il est dit, sans plus, qu'au baptême, «les cieux s'ouvrent» («que le péché d'Adam avait fermés» [1380]), que l'Esprit Saint, sous forme de colombe, vient sur Jésus et que la voix du Père se fait entendre. Est-ce à prendre à la lettre? Je pose la même question à propos des quarante jours au désert, de la présence des bêtes sauvages et des anges. Et à la transfiguration, que penser de la nuée, du dialogue de Jésus avec Moïse et Élie, de la voix céleste? Devons-nous croire à la réalité objective de ce que l'évangile met en scène?

Les «miracles, prodiges et signes» apportent la preuve que le Royaume est déjà venu sur la terre» (1393). Ne faudrait-il pas dire que le magistère de l'Église ne se prononce pas sur la réalité historique de chacun d'eux? Précédemment le *Projet révisé*, utilisant la formulation de Vatican I, a écrit qu'ils sont des «signes certains de la Révélation adaptés à l'intelligence de tous» (0327). Aujourd'hui, on se rend compte qu'ils sont pour certains – comme au temps de Jésus – une source de difficultés et parfois une pierre d'achoppement. Une note complémentaire ne serait donc nullement inutile.

Les paragraphes sur «les clefs du Royaume» me suggèrent quelques réflexions. «Dès le début de sa vie publique, lisons-nous, Jésus choisit de son gré des hommes au nombre de douze» (1396); il aurait été plus judicieux de dire, conformément aux récits évangéliques, qu'il choisit d'abord des disciples et que c'est parmi eux qu'il en en choisit douze «pour être avec lui et les envoyer prêcher». Parmi les Douze, Pierre tient la première place, poursuit le *Projet révisé*, qui détaille le contenu de cette «mission d'une immense portée» (1397): Jésus lui a confié une «autorité unique», une «autorité pour gouverner la maison de Dieu», une «autorité pour prononcer des jugements doctrinaux et des décisions disciplinaires dans l'Église», une «autorité» qu'il a «étendue à tous les apôtres unis à Pierre et sous son autorité de 'vicaire' du Christ» (1398). En quelques lignes le terme «autorité» revient comme un leitmotiv; Jésus parlait plutôt d'un service à l'égard des frères. Et *Lumen gentium*, dans son chapitre sur la constitution hiérarchique de l'Église, situe la mission de Pierre au sein de celle que Jésus confie à l'ensemble des Douze, lesquels sont chacun «vicaire» du Christ. Il n'est donc pas correct d'écrire que Jésus a d'abord pensé à Pierre et que l'autorité, disons plutôt le service ou le ministère des autres apôtres, découle ou déborde de l'autorité ou du service de Pierre. De plus, il est impensable que Jésus ait donné lui-même des précisions sur l'exercice concret de l'autorité de Pierre.

Au terme de ce chapitre 3, relevons les sources utilisées par les rédacteurs. C'est d'abord et surtout l'Écriture citée pratiquement dans chaque paragraphe. Ce sont successivement Irénée, Athanase, Grégoire de Nysse, Grégoire de Naziance, Léon le Grand, Augustin, Ignace d'Antioche, Justin, Origène, Hilaire de Poitiers et Maxime le Confesseur, auxquels viennent s'ajouter Jeanne d'Arc, Jean Eudes et Thomas d'Aquin. La liturgie occidentale et la liturgie orientale ont une place honorable, encore qu'elle pourrait être plus grande. Les décisions des conciles qui ont eu à s'occuper de christologie ont été signalées plus haut, nous n'y revenons plus maintenant. Ajoutons l'apport de Vatican II: *Lumen gentium* (23 fois) pour la doctrine sur la Vierge Marie et pour quelques aspects des mystères de la vie publique du Christ; *Gaudium et spes*, *Dei Verbum* et *Ad gentes* sont aussi cités, mais de manière assez formelle parfois. Du magistère pontifical, il y a Pie IX pour la définition du dogme de l'Immaculée Conception; il y a Pie XII pour les précisions sur la connaissance humaine du Fils de Dieu fait homme; il y a Paul VI pour son homélie du 5-1-1964 à Nazareth sur la vie cachée de Jésus. Et il y a Jean-Paul II: d'une part, l'encyclique *Redemptoris Mater* dit que le Père a élu Marie «dès avant la fondation du monde, pour être sainte et immaculée en sa présence, dans l'amour» (1324); d'autre part, l'encyclique *Redemptor hominis* affirme que toute la richesse du Christ (ici, ses mystères) «est destinée à tout homme et constitue le bien de chacun» (1360). Ajoutons qu'un «En bref» reprend un extrait de l'exhortation apostolique *Catechesi tradendae* : «Toute la vie du Christ fut un continuel enseignement: ses silences, ses miracles, ses gestes, sa prière, son amour de l'homme, sa prédilection pour les petits et les pauvres, l'acceptation du sacrifice total sur la croix pour la rédemption du monde, sa Résurrection sont l'actuation de sa parole et l'accomplissement de la Révélation» (1404).

Quel degré d'autorité faut-il accorder à chacune des affirmations du chapitre 3? Il n'est pas possible de le préciser car nous ne savons pas si les rédacteurs ont voulu rapporter des dogmes de foi, des vérités proches de la foi ou des enseignements courants, lorsqu'ils commencent un paragraphe ou une phrase par des expressions comme: les évangiles parlent de ..., ils nous font percevoir ..., avec le Credo nous confessons que ..., l'Église confesse ..., l'Église a toujours compris que ..., la foi catholique croit ..., le dogme confesse ..., l'Église croit et confesse ..., les saints ont toujours cru et affirmé ... Toutes ces formules sont-elles équivalentes? Ou veulent-elles apporter des nuances? Il serait tout indiqué de le dire.

Chapitre quatrième: Le quatrième article du Symbole: «Jésus-Christ a souffert sous Ponce Pilate, il a été crucifié, il est mort, il a été enseveli»

Se rappelant que s. Paul ne voulait rien savoir sinon Jésus-Christ et Jésus-Christ crucifié, le *Catéchisme romain* accorde une très grande importance à ce quatrième article du Symbole. Il invite les pasteurs à rappeler aux fidèles l'histoire des souffrances du Christ pour que «le souvenir d'un si grand bienfait fasse impression sur eux et les porte à reconnaître et à admirer sans réserve la bonté et l'amour de Dieu pour eux» et il leur expose en cinq points les enseignements essentiels qui se dégagent du mystère de la rédemption.

1. Jésus a souffert sous Ponce Pilate. Dans le temps de Ponce Pilate, son âme, dans sa partie inférieure a été sensible aux tourments qui lui furent infligés, bien que sa nature divine ne perdit rien de ses qualités essentielles. Ce fut par un conseil particulier de Dieu qu'il voulut mourir sur une croix; et il a choisi la croix parce qu'il la trouvait la plus convenable et la mieux adaptée à la rédemption. Ce mystère de la rédemption, base de la foi et de la religion chrétiennes, est difficile à accepter par l'esprit humain, aussi Dieu n'a cessé de l'annoncer en figures (Abel, Isaac, l'agneau pascal, le serpent d'airain) et par les prophètes (les psaumes de David et surtout Isaïe).

2. Jésus est mort et a été enseveli. Son corps au sépulcre reste uni à sa divinité, comme aussi son âme «descendue aux enfers». Il est allé à sa mort librement, en a fixé lui-même le lieu et le moment, alors qu'il

pouvait s'y soustraire. L'ensevelissement renforce notre certitude qu'il est bien mort; la divinité n'étant pas séparée de son corps enseveli, nous pouvons dire que Dieu a reçu la sépulture. Mort et enseveli, il fut exempt de corruption.

3. Les causes de la mort de Jésus. Délaissant complètement les circonstances historiques qui ont conduit Jésus à la mort, le Catéchisme ne retient que des motifs théologiques. D'abord, il fallait qu'il rachète la faute de nos premiers parents et toutes les fautes commises depuis lors et celles qui se commettront encore par la suite; il devait offrir pour tous ces péchés une satisfaction abondante et complète. Nos péchés furent les instruments de son supplice et notre crime est plus grand que celui des Juifs qui ne savaient pas ce qu'ils faisaient. Ensuite, Jésus a été livré à la mort par son Père et par lui-même, comme Isaïe le laissait déjà entendre et comme saint Paul le dit: «Dieu n'a pas épargné son propre Fils».

4. Les douleurs du Christ. Elles furent cruelles dans chacune des parties de son corps et plus intenses que chez un autre homme car son corps était incomparablement plus parfait et plus délicatement organisé et sa sensibilité était plus vive, puisqu'il a été formé par l'opération du Saint Esprit. Quant aux souffrances intimes de l'âme, elle furent extrêmes.

5. Les fruits de la mort de Jésus. Nous les découvrons dans l'ordre suivant: Jésus nous a délivrés du péché et arrachés à la tyrannie du démon; il a payé la peine due au péché; il nous a réconciliés avec son Père et l'a apaisé; il nous a ouvert la porte du ciel fermée depuis la faute d'Adam. Le prix qu'il paya pour nous «égale non seulement notre obligation, mais lui est infiniment supérieur». D'autres fruits ou avantages sont à tirer de la passion: ce sont les exemples de patience, d'humilité, de charité, de douceur, d'obéissance et de courage surhumain qui sont mis sous nos yeux.

Le *Directoire* énonce les critères que la catéchèse doit observer pour exposer son contenu propre. La catéchèse doit nécessairement être christocentrique et trinitaire: «le Christ crucifié et ressuscité conduit les hommes vers le Père en envoyant l'Esprit-Saint au peuple de Dieu» (n° 41). Elle doit tenir compte de la hiérarchie des vérités de la foi: parmi celles-ci, il y en a quatre qui sont fondamentales, notamment «le mystère du Christ, Verbe incarné qui (...) a souffert, est mort et est ressuscité pour notre salut». (n° 43)

Dans l'énumération des principales vérités chrétiennes, il signale, après le mystère de l'Incarnation, «le mystère du Salut et de la Rédemption»: «Dieu a tant aimé les hommes pécheurs qu'il a donné son Fils pour se réconcilier le monde (cf. 2 *Cor* 5,19). Ainsi Jésus, comme premier-né d'une multitude de frères (cf. *Rom* 9,29), saint, innocent et immaculé (cf. *Heb* 7,26), obéissant à son Père d'un amour libre et filial (cf. *Phil* 2,8), a accepté, pour ses frères pécheurs et comme leur Médiateur, la mort qui, pour eux, est le salaire du péché (cf. *Rom* 6,23; *GS*, 18). Par sa mort très sainte, il a racheté le genre humain de l'esclavage du péché et du démon, il a répandu sur lui son Esprit d'adoption, fondant ainsi en lui-même une humanité nouvelle». (n° 54)

Les auteurs de l'*Avant-Projet* commentent en quatre étapes ce qui est pour eux le cinquième article du Symbole. La première, «la montée de Jésus à Jérusalem», décrit l'enseignement de Jésus et son comportement à l'égard de la Loi et du Temple et sa prétention à s'attribuer les pouvoirs de Dieu, à agir en Fils de Dieu; elle décrit en même temps les réactions que cela provoque: contradiction, scandale et résolution de le mettre à mort; Jésus prévoit sa mort prochaine, l'annonce, l'accepte librement et décide de monter à Jérusalem (p. 93-100).

La deuxième étape, «Jésus subit volontairement la mort pour les péchés de toute l'humanité», nous dit le sens de la mort de Jésus: il donne sa vie en rançon pour la multitude, il accomplit le sacrifice personnel et volontaire du Serviteur, il conclut ainsi une Alliance nouvelle comme il le dit à la dernière Cène. En Jésus immolé sur la Croix, Dieu nous réconcilie tous (p. 101-104).

La troisième étape est une méditation sur le Christ crucifié. Après la description du procès et de la passion, les paroles de Jésus en croix sont commentées, spécialement «Femme, voici ton fils» et «Mon Dieu, pourquoi m'as-tu abandonné?». C'est l'occasion d'une brève réflexion sur le silence de Dieu chez Job, chez Jérémie et chez les juifs à Babylone, sur l'inscrutabilité des desseins divins et sur le respect par Dieu de la liberté de l'homme (p. 104-108).

La dernière étape porte sur l'ensevelissement de Jésus. Le fait, rapporté selon les évangiles, est suivi d'un beau texte de la liturgie byzantine de la semaine sainte et d'une évocation du samedi saint dans la liturgie latine (p. 109-110).

Le *Projet révisé* ramène le développement du quatrième article du Symbole à trois étapes au lieu de quatre et introduit plusieurs autres modifications. Son exposé comprend 59 paragraphes, 50 pour le développement et 9 pour les «En bref»

Avant-projet	*Projet révisé*
Chap. IV: A souffert sous Ponce Pilate, a été crucifié, est mort et a été enseveli	Chap. IV: Le quatrième article du Symbole: «Jésus-Christ a souffert sous Ponce Pilate, il a été crucifié, il est mort, il a été enseveli»
Art. I: La montée de Jésus à Jérusalem	Art. 1: Montée de Jésus à Jérusalem
1. Jésus et la Loi	I. Jésus et la Loi
2. Jésus et le Temple	II. Jésus et le Temple
3. Jésus s'attribue le pouvoir de Dieu et agit en Fils de Dieu	III. Jésus et la foi d'Israël au Dieu unique et Sauveur
Art. II: Jésus subit volontairement la mort pour les péchés du genre humain	Art. 2: Jésus est mort crucifié
Art. III: Jésus est mort crucifié	I. Le sacrifice du Christ dans le dessein divin du salut
	II. Le contexte historique de la mort du Christ
	III. Le Christ s'est offert lui-même à son Père pour nos péchés.
Art. IV: Jésus a été enseveli	Art. 3: Jésus-Christ a été enseveli

Article 1: Montée de Jésus à Jérusalem

«Jésus prit résolument la route de Jérusalem» (Lc 9,51). En guise d'introduction, le *Projet révisé* décrit les sentiments de Jésus à l'égard de la Ville sainte (1412-1413) et montre, textes évangéliques à l'appui, que les pharisiens n'ont pas tous été d'accord pour perdre Jésus, que leurs rapports avec lui n'ont pas été uniquement polémiques et que certains sont devenus croyants (1414-1416). Il développe ensuite les agissements de Jésus qui semblent aller à l'encontre des institutions essentielles du peuple élu que sont la Loi, le Temple et la foi au Dieu unique dont aucun homme ne peut partager la gloire.

I. Jésus et la Loi (1418-1424)

Le lecteur trouve ici un exposé tout pétri des évangiles, qui montre Jésus accomplissant la Loi et l'exécutant dans les moindres détails mais, en même temps, l'interprétant et l'enseignant comme quelqu'un qui a autorité et non comme les scribes. Il trouve aussi une sorte de théologie biblique rassemblant des paroles de Jérémie, d'Isaïe, de saint Paul dans sa lettre au Galates et de l'épître aux Hébreux; ceux qui sont peu familiers de ces textes pourront éprouver quelques difficultés à en saisir la signification.

II. Jésus et le Temple (1425-1428).

Jésus est souvent monté «au lieu privilégié de la présence de Dieu» et a eu pour le Temple le plus profond respect. Il a cependant annoncé sa ruine, non par hostilité pour l'édifice lui-même, mais comme signe de l'âge eschatologique; et il s'est identifié au Temple en tant que demeure de Dieu parmi les hommes. Une question toute mineure semble devoir être posée: peut-on dire, même en se référant à Jn 18,20, que Jésus a donné «l'essentiel de son enseignement dans le Temple» (1428)?

III. Jésus et la foi d'Israël au Dieu Unique et Sauveur (1429-1436)

Le rôle de Jésus dans la rédemption des péchés a été pour les autorités religieuses d'Israël la véritable «pierre d'achoppement». Jésus mange avec les pécheurs; il identifie sa conduite envers eux à l'attitude de Dieu lui-même; il pardonne les péchés et demande qu'on croit en lui à cause des œuvres de son Père qu'il accomplit. Sans passer par une «naissance d'en haut», un tel acte de foi est-il possible? On peut comprendre que le Sanhédrin ait estimé que Jésus blasphémait et méritait la mort.

Pour conclure ce troisième point, le *Projet révisé* insère le récit de l'entrée messianique de Jésus à Jérusalem et en donne la signification et l'actualisation que l'Église en fait en acclamant «celui qui vient au nom du Seigneur» et en célébrant le dimanche des Rameaux (1434-1436). Cet épisode de la vie de Jésus doit-il trouver place ici, dans une réflexion sur Jésus et la foi d'Israël au Dieu unique et sauveur? Ce n'est pas certain et d'ailleurs les rédacteurs donnent au titre qui l'introduit une typographie qui indique que nous ne sommes plus tout à fait dans «Jésus et la foi d'Israël». Ne serait-il pas mieux placé s'il figurait comme dernier «mystère» de la vie de Jésus avant sa passion, sa mort et sa résurrection?

Article 2: Jésus est mort crucifié

Au cœur de la Bonne nouvelle, lisons-nous dans les deux paragraphes qui introduisent l'article 2, il y a le mystère de la croix du Christ, scandale pour les juifs et folie pour les païens (1441-1442). La réflexion sur ce mystère se fait en trois étapes. La première situe le sacrifice du Christ dans le dessein de Dieu, la deuxième décrit le contexte historique de la mort de Jésus et la troisième porte sur l'offrande de lui-même pour nos péchés que le Christ fait à son Père. Cet article 2 est la fusion en une rédaction nouvelle des articles II et III de l'*Avant-projet*.

I. Le sacrifice du Christ dans le dessein divin de salut

La mort de Jésus n'est pas le résultat d'«un concours malheureux de circonstances»; elle fait partie du mystère du dessein de Dieu: le Père a permis les événements qui seront rapportés plus loin «en vue d'accomplir son dessein de salut» (1443), lequel avait été annoncé par les prophètes, par Isaïe en particulier, comme un mystère de rédemption universelle des péchés (1444). En envoyant son propre Fils dans la condition humaine vouée à la mort, Dieu l'a fait péché pour nous afin que nous devenions justifiés pour Dieu. Dans l'amour rédempteur qui l'unissait toujours à son Père, «Jésus a assumé sacrificiellement l'égarement de notre péché par rapport à celui-ci» (1445). En livrant son Fils pour nos péchés, Dieu manifeste son dessein d'amour bienveillant pour l'ensemble de l'humanité. Le concile de Quiercy, en 853, a «défini» qu'il n'y a, qu'il n'y a eu et qu'il n'y aura «aucun homme pour qui le Christ n'ait pas souffert» (1446). Le sacrifice du Christ dépasse tous les sacrifices car il est lui-même Fils de Dieu offrant sa vie à son Père librement et par amour (1447).

II. Le contexte historique de la mort du Christ

La «mort sacrificielle» de Jésus s'est accomplie dans des circonstances historiques «transmises fidèlement par les évangiles» (1448). Le *Projet révisé* ne fait pas un récit de la passion et ne donne pas une description des souffrances endurées par le Christ. Il rappelle, en petits caractères, que le comportement de Jésus a suscité très vite de l'hostilité et, chez certains, le désir de le tuer, et que Jésus lui-même a prophétisé sa propre mort sur la croix (1449). Il revient, dans un long paragraphe, également en petits caractères, sur l'attitude diversifiée des pharisiens et des autorités religieuses de Jérusalem lors du procès de Jésus (1450), ce qui l'amène à dire un mot, à la lumière du décret conciliaire *Nostra aetate*, de la responsabilité des juifs dans leur ensemble (1451). Finalement, il reprend textuellement l'enseignement du Catéchisme romain: «L'Église n'a jamais oublié que 'les pécheurs eux-mêmes furent les auteurs et comme les instruments de toutes les peines qu'endura le divin Rédempteur'. (...) Elle n'hésita pas à revendiquer pour les chrétiens le meurtre de Jésus dont ceux-ci ont souvent accablé les juifs», et à reconnaître que leur crime est plus grand que celui des juifs (1452).

III. Le Christ s'est offert lui-même à son Père pour nos péchés

Dès le premier instant de son incarnation, et pendant toute sa vie, Jésus a pour nourriture de faire la volonté du Père, d'être en communion d'amour avec lui (1453). Il est l'Agneau de Dieu, «agneau expiatoire de la purification» et agneau pascal symbolisant la rédemption d'Israël. Il est venu donner sa vie en rançon pour la multitude (1454). Il a aimé jusqu'à donner sa vie et il a accepté librement sa passion et sa mort, par amour (1455). Le repas du jeudi saint est le mémorial pascal de son offrande volontaire; c'est au cours de ce repas qu'il institue ses apôtres prêtres de la nouvelle alliance. À Gethsémani, il accepte des mains de son Père la coupe du sacrifice (1456). Par son obéissance jusqu'à la mort, il a accompli la substitution du serviteur souffrant qui offre sa vie en sacrifice expiatoire. Comme l'écrit Jean-Paul II, la valeur rédemptrice de la substitution vient de ce que «Jésus innocent s'est fait, par amour, solidaire des coupables et a de cette manière transformé, de l'intérieur, leur situation» (1457). Le Christ nous a connus et aimés dans l'offrande de sa vie; selon Jean-Paul II encore, «l'existence en lui de la Personne divine du Fils, qui dépasse et en même temps embrasse toutes les personnes humaines, rend possible son sacrifice rédempteur *pour tous*» (1458). Parce qu'il inclut tous les hommes en sa personne divine, il peut et veut nous associer à son sacrifice; il associe plus intimement sa mère, dont il fait sur la croix la mère de l'Église (1459).

Cet article 2 nous fait entrer dans ce qui est au cœur de la foi chrétienne et au centre du Symbole des apôtres: Jésus, le Fils de Dieu fait homme, a souffert la passion, est mort et est ressuscité; parce qu'il a été obéissant jusqu'à la croix, son Père l'a glorifié et nous introduit avec lui dans la gloire. C'est là le mystère de la rédemption appelé communément aujourd'hui le mystère pascal. Un exposé systématique peut légitimement aborder séparément chacun des aspects du mystère pascal; s'il veut en même temps être organique et marquer la hiérarchie des vérités de la foi, il se doit d'indiquer, dès le début de son développement, que ce mystère est tout à fait central et que la passion et la mort de Jésus ne peuvent être comprises pleinement qu'à la lumière de la résurrection. Le *Projet révisé* aurait pu dire cela tout au début de son chapitre quatrième ou, à tout le moins, de l'article 2. Il n'en est rien et l'exposé lui-même sur la mort du Christ s'en tient à parler de mort rédemptrice et d'offrande sacrificielle sans évoquer la résurrection.

Le plan adopté suit une logique qu'on pourrait appeler descendante: on part du dessein de salut de Dieu avant de présenter les circonstances qui ont abouti à la mort de Jésus et de dire le sens que ce dernier a donné aux événements qu'il était en train de vivre. Une autre logique, qui concorde avec l'économie de la révélation et en même temps avec les démarches fondamentales de l'esprit humain, est possible: elle nous ferait suivre Jésus dans sa passion, retraçant les faits, établissant les responsabilités, rapportant les paroles par lesquelles il a donné sens à ses souffrances et à sa mort; elle terminerait par les questions qui viennent à l'esprit: comment cela est-il compatible avec l'amour du Père pour son Fils? Fallait-il cette mort violente pour que le dessein de salut du Père s'accomplisse?

Le style de l'exposé est bien différent de celui que nous avions trouvé dans le Catéchisme romain. Les auteurs ont évité, autant que faire se peut, d'employer un langage théologique particulier; ils ont préféré utiliser abondamment un vocabulaire emprunté surtout aux écrits du Nouveau Testament. Nous savons que ce langage – ainsi: salut, sauveur, rédempteur, rachat, substitution, justification, sacrifice, satisfaction, expiation – est connu des spécialistes en exégèse biblique mais reste étranger à beaucoup de nos contemporains et exige de multiples explications pour ne pas être mal compris ou rester tout à fait insignifiant.

À ces réflexions générales nous pouvons ajouter l'une ou l'autre remarque portant sur des points particuliers. Il nous est dit que les circonstances historiques de la mort de Jésus ont été transmises fidèlement par les évangiles et nous sommes invités à aller lire *Dei Verbum* 19 (1448). La constitution conciliaire enseigne effectivement que les évangélistes livrent toujours sur Jésus «des choses vraies et sincères», c'est-à-dire authentiques et non mélangées, non déformées. Cela ne signifie pas qu'ils nous donnent un compte rendu neutre des événements de la passion: ils rapportent les faits dont ils ont eu connaissance et, utilisant des procédés qui sont de leur temps, ils composent un récit continu dans le but de nous donner la signification religieuse des faits et de consolider la foi des lecteurs en Jésus Fils de Dieu. Le *Projet révisé* pourrait apporter ces précisions et nous dire, en petits caractères par exemple, les enseignements particuliers que chaque évangéliste apporte dans son récit de la passion.

Jésus prophétise pour sa propre mort «le supplice romain de la croix», lisons-nous au paragraphe 1449. C'est bien ce que nous trouvons dans les évangiles mais il faut toutefois noter que l'interprétation de l'Église primitive s'est déjà introduite dans la rédaction de ces annonces de la passion.

À propos de la responsabilité du peuple juif dans la mort de Jésus, le *Projet révisé* reprend la déclaration solennelle de Vatican II: sa mort ne peut être imputée aux juifs de notre temps, «les juifs ne doivent pas être présentés comme réprouvés par Dieu ni maudits, comme si cela découlait de la Sainte Écriture» (1451). N'aurait-il pas dû poursuivre la citation de Vatican II et dire que l'Église «déplore» (pourquoi ne pas dire aujourd'hui «condamne») «toutes les manifestations d'antisémitisme»? Par contre, il ajoute – ce que la déclaration conciliaire n'a pas cru devoir affirmer – que les vrais coupables de la mort de Jésus ce sont les pécheurs, «ceux qui continuent à retomber dans leurs péchés», comme l'enseignait le Catéchisme tridentin (1452).

Les pécheurs de tous les temps sont coupables du meurtre de Jésus; ceux d'autrefois ont été «comme les instruments de toutes les épreuves qu'endura le divin Rédempteur» et nous, aujourd'hui, nous faisons «subir à Notre-Seigneur Jésus-Christ le supplice de la croix» (1452). Donné sans aucun commentaire, ce langage n'est guère recevable. En quoi serais-je coupable d'un acte que d'autres commettront dans le futur? En quoi suis-je coupable d'un acte que d'autres ont commis dans le passé?

L'affirmation selon laquelle le Christ «nous a tous connus et aimés dans l'offrande de sa vie» et le texte de s. Paul disant que le Christ «m'a aimé et s'est livré pour moi» (1458) soulèvent aussi des questions du même genre. Jésus a offert sa vie pour la multitude et, en ce sens, il l'a offerte pour nous qui vivons aujourd'hui. Mais à ce moment de son existence, le Fils de Dieu fait homme n'a pas eu la connaissance précise de chaque être humain en particulier. Ici aussi un commentaire serait le bienvenu.

Les chrétiens célèbrent, le vendredi saint, le mystère de la passion et de la mort du Christ. Le *Projet révisé* n'y fait référence qu' «en passant»: «L'Église vénère la Croix en chantant: 'O crux, ave, spes unica'» (1458): cela me paraît un peu court. N'aurait-il pas été utile d'évoquer également l'importance du signe de la croix dans la vie du chrétien et d'amorcer à cette occasion comment la croix du Christ peut éclairer toute souffrance humaine?

Article 3: Jésus-Christ a été enseveli

Le dernier article du chapitre quatrième est consacré au mystère de l'ensevelissement de Jésus mentionné explicitement dans le Symbole des apôtres («il fut mis au tombeau», dit le Credo de Nicée-Constantinople). Il est objet de foi, précise Jean-Paul II, «en tant qu'il nous propose son Mystère de Fils de Dieu qui s'est fait homme et qui s'est engagé jusqu'à l'extrême dans l'expérience humaine» (1463).

Le *Catéchisme de Pie V* ne s'attarde guère à cette affirmation du Symbole parce qu'elle n'offre pas de difficultés nouvelles après les explications données sur la mort de Jésus. Il fait toutefois remarquer que le corps enseveli de Jésus n'a pas connu la corruption et que la sépulture ne convient à Jésus qu'en tant qu'il est homme et non en tant qu'il est Dieu (et cependant on peut dire que Dieu a été enseveli).

L'*Avant-projet* lui consacre une page: il s'en tient à ce que disent les évangiles et à la célébration liturgique du samedi saint (p. 109).

Le *Projet révisé* construit un tout autre exposé qu'il répartit en six paragraphes et résume en un «En bref». Le «mystère du sépulcre» est le mystère du samedi saint où le Christ au tombeau «manifeste le grand repos de Dieu» (1463). Le séjour au tombeau «constitue le lien réel entre l'état passible du Christ pré-pascal et son actuel état glorieux de ressuscité» (1464). La personne divine est restée unie à son âme et à son corps séparés entre eux par la mort (1465). La dépouille de Jésus n'a pas été une dépouille mortelle comme celle de tous les autres humains, car «la vertu divine a préservé le corps du Christ de la corruption» jusqu'au troisième jour, «la corruption étant censée se manifester dès le quatrième jour» (1466). Nous faisons profession de croire que, après la séparation du corps et de l'âme, la divinité demeura inviolablement unie au corps dans le sépulcre et à l'âme dans les «enfers», ainsi que l'enseigne le Catéchisme romain (1467). Au baptême, le rite de l'immersion signifie efficacement la descente du chrétien au tombeau en vue d'une nouvelle vie (1468).

L'ensevelissement ou la mise au tombeau sont une donnée de foi traditionnelle bien présente dans le Nouveau Testament. La mention de ce fait a pour objectif d'attester la réalité de la mort de Jésus et, en conséquence, sa victoire sur cette mort au jour de la résurrection. «La mort du Christ a été une vraie mort en tant qu'elle a mis fin à son existence terrestre» (1466) et nous pourrions ajouter que les disciples ont procédé à la toilette et à la mise au tombeau de Jésus comme ils l'auraient fait pour tout autre défunt. Cela dit, le *Projet révisé* est fort préoccupé de nous relater ce qu'il advient du Fils de Dieu fait homme une fois que son corps et son âme ont été séparés par la mort; il rejoint en cela les préoccupations du Catéchisme tridentin.

Comme nous l'avons déjà signalé, en raison même de son contenu, ce quatrième chapitre a une assise essentiellement biblique, ce qui a pour conséquence cette fois que les autres sources sont peu utilisées. Il n'y a que quelques références – trop peu nombreuses à mon sens – à la liturgie, deux citations de s. Grégoire de Nysse, une de s. Jean Damascène et une de s. Thomas d'Aquin. Par deux fois, nous sommes renvoyés au concile de Trente: c'est lorsqu'il est dit que les apôtres sont institués prêtres de la nouvelle alliance et que le Christ, par sa passion, nous a mérité la justification. Vatican II est présent par la citation de *Nostra aetate* sur la responsabilité des juifs dans la mort du Christ et par *Dei Verbum* sur la valeur historique des évangiles. Nous apprenons aussi qu'il y a eu une définition au concile provincial tenu en 853 à Quiercy (Quierzu ou Kierzy, en France); à notre connaissance, un concile de ce genre exprime aussi la foi de l'Église mais ne «définit» pas (au sens précis que ce terme a aujourd'hui) des points de doctrine.

Le Catéchisme romain est cité trois fois: par lui, il nous est rappelé un enseignement de l'Église qu'il ne faut pas oublier: nous sommes les vrais coupables de la mort du Christ (1452) et le Fils de Dieu est demeuré irrévocablement uni au cadavre de Jésus dans la tombe et à son âme «aux enfers» (1467). Jean-Paul II est la seule autorité pontificale à figurer dans l'exposé: il est fait appel, non à des passages de l'encyclique *Redemptor hominis* par exemple, mais à des audiences du mercredi: celle du 28-10-1988, citée deux fois à propos de la rédemption, et celle du 11-1-1989 à propos de l'ensevelissement de Jésus.

Quant à l'autorité doctrinale des enseignements, nous restons une fois encore dans l'expectative: «l'Église a été amenée à définir ...»; «l'Église reconnaît ...»; «l'Église a déclaré solennellement ...»; «l'Église n'a jamais oublié que ...», ceci «est objet de foi ...» Y a-t-il des nuances entre les affirmations que ces formules introduisent? Et quel degré d'assentiment devons-nous donner à tous les autres développements?

Chapitre cinquième: Le cinquième article du Symbole: «Jésus-Christ est descendu aux enfers, est ressuscité des morts le troisième jour»

«Le Credo de l'Église confesse en un même article de foi la descente du Christ aux enfers et sa Résurrection des morts (...), dans sa Pâque c'est du fond de la mort qu'il a fait jaillir la vie» (1470). Le commentaire est tout normalement divisé en deux parties, l'une consacrée à la descente aux enfers et l'autre à la résurrection d'entre les morts. Cela donne un développement de 37 paragraphes, 32 pour le commentaire lui-même et 5 pour les «En bref».

Article 1: Le Christ aux enfers dans son âme

En 1566, «pour suivre l'usage et l'autorité des Pères», le *Catéchisme romain* avait déjà réuni en un seul chapitre ces deux vérités de foi. La descente aux enfers, enseignait-il, signifie que l'âme de Jésus, après sa mort, est allée et demeura aux enfers aussi longtemps que son corps resta dans le tombeau. Elle y pénétra véritablement, sans rien perdre de sa puissance divine, pour aller «délivrer les saints et les justes des douleurs de leur triste captivité» et les introduire avec lui dans le ciel. En effet, 1. en conséquence du premier péché, la porte du ciel a été fermée; 2. depuis lors, les âmes des damnés vont immédiatement en enfer; 3. les âmes des justes qui ont encore à se purifier vont au purgatoire; 4. les âmes des saints vont «dans le sein d'Abraham», aux enfers, lieu tranquille et exempt de toute douleur où elles attendent leur libérateur; 5. l'âme de Jésus descend aux enfers et introduit les âmes des saints et des justes dans le ciel. À l'appui de cet enseignement, le Catéchisme cite notamment Ph 2,10, Ac 2,24 et Col 2,15; il ne mentionne pas encore, comme on le fera plus tard, 1 P 3,19-20 et 4,6, où il est question de la Bonne Nouvelle annoncée «aux esprits en prison».

Cet enseignement a été repris dans les traités de théologie et dans les catéchismes pendant quatre siècles. On le retrouve encore dans le *Catéchisme catholique* du cardinal P. Gasparri (1930) et dans le *Catéchisme catholique des diocèses d'Allemagne* (1955) où nous lisons à la leçon 33 consacrée à la descente aux enfers: «À la mort de Jésus, son âme se sépara de son corps. Mais sa divinité resta unie à son corps et à son âme. L'âme de Jésus se rendit auprès des âmes des justes qui étaient morts et qui attendaient leur rédemption. Parmi elles se trouvaient les âmes d'Adam et Ève, des patriarches et des prophètes et de Jean-Baptiste. Elles n'étaient pas encore entrées dans le ciel parce que le ciel avait été fermé dès le péché d'Adam. Jésus leur annonçait maintenant la Rédemption»[188].

Nous savons que cet article de foi ne figure pas dans tous les Credo. Nous le trouvons dans le Symbole des apôtres et dans celui de s. Athanase («Quicumque»), dans la Profession de foi du quatrième concile de Latran et dans celle de Michel Cérulaire au deuxième concile de Lyon; par contre, il n'apparaît pas dans le Symbole de Nicée-Constantinople, dans celui dit de s. Epiphane et dans celui du onzième concile de Tolède, ni non plus dans la Profession de foi tridentine, la Profession solennelle

188. Cf. Cardinal GASPARRI, *Catechismus catholicus*, 15e éd., Cité du Vatican, Éd. Vaticanes, 1933, q. 105-107, p. 118-119; *Catéchisme biblique* (traduction du *Katholischer Katechismus der Bistümer Deutschlands*), Paris, Cerf, 1958, p. 85.

de foi de Paul VI du 30 juin 1968 et la profession de foi promulguée par Jean-Paul II en 1988[189].

Serait-ce un motif suffisant pour ne plus en parler dans un catéchisme? Sûrement pas. Mais comment en parler aujourd'hui? Dans le *Nouveau catéchisme pour adultes* des évêques des Pays-Bas de 1966, nous lisons: Nous confessons que «Jésus passe la porte sombre dont personne ne revient plus», qu'il est mort réellement. L'expression «est descendu aux enfers» reste un peu marginale pour nous parce qu'elle appartient à une autre conception du monde et est formée de concepts qui ne sont plus les nôtres pour exprimer l'au-delà de la mort. Cependant, la vérité de foi demeure et «nous devons l'exprimer d'une manière qui corresponde à notre propre vision du monde». Cette vérité comporte deux volets. Le premier nous dit que Jésus est effectivement mort, qu'il a été un mort «séparé de cette vie, n'appartenant plus au monde qui continuait son cours». Ayant connu cette situation, il nous montre que «là, au fond de ce puits, on trouve la vie éternelle», que, «même dans la mort, le Seigneur est près de nous». Le second volet nous tourne vers «tous ces hommes déjà morts dont Dieu prend souci» (et le catéchisme de citer ici 1 P 3,19-20); il nous dit que «ceux qui attendent dans 'les enfers', disait-on jadis, (...) dans les 'limbes', dira-t-on plus tard, ceux qui attendent, disons-nous tout simplement», ont part au salut. Où attendent-ils et comment? Nous ne le savons pas et l'Écriture en parle très sobrement. Tous ceux-là, c'est cette humanité qui nous a précédés «depuis les premiers temps de la préhistoire», représentée par Adam (= l'humanité) dans les icônes byzantines et russes de la Résurrection[190].

Vingt ans plus tard, en 1985, le *Catéchisme catholique pour adultes* de l'Épiscopat allemand – dont les traductions française et néerlandaise ont été recommandées par les évêques de Belgique, de France, des Pays-Bas et de Suisse – comporte deux pages sur la descente aux enfers en finale du chapitre sur la mort de Jésus et non au début du chapitre sur la Résurrection et l'Ascension. Aujourd'hui, reconnaissent les auteurs, cette vérité «pratiquement oubliée (...) apparaît incompréhensible et rend un son étrange aux oreilles de la plupart des chrétiens», qui se

189. Il ne figure pas non plus dans la liturgie baptismale et n'est confessé dans l'eucharistie que les jours où l'on récite ou chante le Symbole des Apôtres. Je signale que le lectionnaire des dimanches propose comme deuxième lecture du premier dimanche de carême de l'année B 1 P 3,18-22, parce qu'il y est question du déluge et non principalement parce qu'on y dit que le Christ est allé prêcher aux esprits en prison. Le lectionnaire de semaine, qui fait lire les principaux passages de la 1 P au cours de la huitième semaine des années impaires, n'a pas retenu les versets 3, 18 - 4, 6.

190. *Une introduction à la foi catholique. Le nouveau catéchisme pour adultes réalisé sous la responsabilité des évêques des Pays-Bas*, Paris, IDOC-France, 1968, p. 232-234.

demandent ce qu'ils ont à faire avec «le thème mythique d'une descente des dieux dans le monde inférieur». Au-delà de «l'image périmée du monde à laquelle il se réfère», cet article du *Credo* nous dit seulement que Jésus «a connu le sort de tous les hommes, qui est de mourir, mais qu'il a connu également le sentiment d'abandon et de solitude qui nous étreint face à la mort», faisant concrètement «l'expérience de ce qu'il y a d'absurde et de désespérément obscur dans la destinée humaine débouchant sur la mort». Ce qui importe, en cet article, c'est «la dimension profonde et toujours actuelle de l'existence humaine», – exprimée, il est vrai, dans un langage aujourd'hui dépassé, – une dimension qui nous apparaît «à chaque instant de notre existence d'hommes voués à la mort», une dimension que Jésus a assumée et dont il a ainsi révélé le sens. L'interprétation de 1 P 3,19 et 4,6, sur laquelle la tradition a fondé cet article de foi, est aujourd'hui discutée. «L'auteur ne pensait sans doute pas à une 'descente' aux enfers, mais à l'ascension. En effet, d'après les conceptions de l'époque, les mauvais esprits habitaient l'espace aérien, entre ciel et terre. On pensait qu'ils voulaient cacher le ciel à l'homme et faire de sa vie un enfer. Dans cette perspective, l'interprétation de la tradition est légitime. Par son ascension, Jésus a *vaincu l'enfer*; il nous a ouvert le chemin du ciel et rendu l'espérance. Mais très tôt, on a tenté, en se fondant sur (...) la première épître de Pierre, d'imaginer concrètement la descente de Jésus dans le royaume des morts et sa victoire sur les puissances du mal. On a parlé d'une prédication dans le monde inférieur; on a supposé qu'il était allé démolir les portes de l'enfer et lutter pour la libération et le rachat des défunts; on a décrit la marche triomphale du Christ à travers l'*hadès*. Tout cela va au-delà de ce que la foi peut affirmer avec certitude. Cependant, ces images ont une signification profondément juste (...). Le fait que Jésus soit entré lui-même dans cet enfer sur lequel débouche l'existence humaine coupée de Dieu, privée de toute perspective d'avenir, signifie en même temps *la victoire de Dieu sur les puissances des ténèbres et de la mort*». Cela «manifeste également *la dimension universelle du salut*. Toutes les générations sont rachetées par sa mort»[191].

191. *La foi de l'Église. Catéchisme pour adultes publié par la Conférence épiscopale allemande*, Brepols-Cerf-Centurion, 1987, p. 190-192. L'interprétation de 1 P 3,19 et 4,6 dont il est question n'est déjà plus unanime dans la «Bible de Jérusalem» de 1956, p. 1601: une note signale que les «esprits en prison» sont, d'après certains, les démons enchaînés dont parle le *Livre d'Hénok* ; d'autres y voient les esprits des défunts qui, châtiés au déluge, sont cependant appelés à la vie. La *Traduction œcuménique de la Bible, Nouveau Testament*, 1985, p. 726, indique aussi les deux interprétations possibles: soit les âmes des contemporains de Noé, soit les anges déchus considérés comme responsables du péché des hommes. Dans un article de *Lumière et vie*, n° 87, mars-avril 1968, intitulé *La*

Si le *Directoire* de 1971 n'a pas mentionné la descente du Christ aux enfers parmi les éléments principaux du mystère chrétien, par contre, l'*Avant-projet* de catéchisme pour l'Église universelle lui consacre trois pages dans un chapitre qui réunit la descente aux enfers et la résurrection des morts le troisième jour. Il nous dit d'abord que l'expression «descente aux enfers» veut approfondir la signification théologique profonde de la mort et de la sépulture de Jésus, à partir du concept culturel juif de «séjour des morts», de «schéol». Il explique alors le sens qu'il faut lui donner: Jésus a expérimenté le mystère de la mort, la solitude, l'angoisse, l'abandon, l'absence de toute espérance. Et il ajoute qu'une large tradition de l'Église reconnaît, dans cette expression du Symbole des apôtres, que Jésus descendant aux enfers introduit dans la gloire du Père tous ceux qui, depuis le début de l'histoire humaine, ont cheminé dans la justice et la sainteté durant leur vie (p. 111-113).

Le *Projet révisé* adopte l'option prise par l'*Avant-projet* et la justifie par la citation d'Ep 4,9-10: «Jésus est descendu dans les régions inférieures de la terre. Celui qui est descendu est le même que celui qui est aussi monté». Il cite aussi la finale de l'annonce de la Pâque lors de la veillée pascale: «Le Christ, revenu des enfers, éclaire les humains de sa lumière sereine et règne pour les siècles des siècles» (1470). Il refait un tout nouvel exposé de 10 paragraphes et 2 «En bref», plus proche du Catéchisme tridentin que de l'*Avant-projet*.

Il donne d'abord la parole à Jean-Paul II: la mort comportant la séparation de l'âme et du corps, il s'en suit que, dès l'instant de la mort de Jésus, son corps est passé à l'état de cadavre tandis que son âme a reçu la glorification céleste; la 1 P 3,18-19 nous parle de cette dualité: «mis à mort dans la chair, rendu vivant en esprit». Et le *Projet révisé* poursuit, s'appuyant lui aussi sur 1 P 3,19: «dans son âme, le Fils de Dieu, mort dans la chair, est descendu au séjour des morts» (1471).

descente aux enfers dans le Nouveau Testament, Ch. Perrot constate que la majorité des exégètes refuse de voir dans la lettre de Pierre une allusion à une descente du Christ aux enfers. De sa propre analyse il conclut: «On peut dire que le texte de Pierre ne parle pas d'une action spéciale de Jésus désincarné sur les justes et les pécheurs, mais de la victoire du Christ, mort et ressuscité, descendu et remonté de l'Hadès, sur les puissances angéliques mauvaises» (p. 24). Et, dans la *Revue catholique internationale Communio* 6 (1981) n° 1, p. 5-19, W. Maas, *Jusqu'où est descendu le Fils?*, trouve bien fondée l'interprétation qui voit en 1 P 3,19 et 4,6 l'annonce faite par le Christ aux mauvais anges au moment de l'ascension (p. 8). Paradoxalement, écrit-il, «certains des passages-types habituellement utilisés à propos de la descente aux enfers ne sont plus interprétés dans ce sens. Et, en revanche, de nouveaux passages, jusqu'ici quelques peu négligés, passent au premier plan.»

«C'est dans son âme elle-même que le Christ est descendu aux enfers et non pas seulement par sa puissance». C'est ce que l'Église enseigna contre Pierre Lombard au concile de Soissons en 1140 et ce qu'elle confessa au concile du Latran de 1215. Dire que son âme est descendue aux enfers ne signifie pas qu'elle ait connu la réprobation ou même la damnation, puisqu'elle a été glorifiée dès l'instant de la mort. Comme l'a écrit s. Thomas dans sa *Somme théologique*: «Le nom d'enfers évoque le mal de peine (la privation de Dieu), mais non le mal de faute (le péché). Il convenait donc que le Christ descende dans les enfers, non comme si lui-même portait la dette de la peine, mais pour délivrer ceux qui l'avaient contractée» (1472).

Le séjour des morts où le Christ est descendu en son âme est appelé enfers, shéol ou hadès «parce que ceux qui s'y trouvent sont privés de la vision de Dieu». Tous les morts sans exception y attendent le Rédempteur mais tous n'ont pas le même sort, certains étant reçus «dans le sein d'Abraham». L'Église enseigne que Jésus n'y est pas descendu pour en «délivrer les damnés» ni pour détruire «l'enfer inférieur de la damnation», deux erreurs condamnées l'une par un concile tenu à Rome en 745 et l'autre par Clément VI en 1351 (1473).

Le *Projet révisé* reprend alors l'enseignement du Catéchisme tridentin: à côté de l'enfer de damnation et de l'enfer de purgation, il y a un autre enfer pour les âmes saintes qui y jouissent d'un séjour tranquille; exemptes de toute douleur, ces âmes attendent leur rédemption. «L'Église enseigne depuis longtemps que le Christ (...) a libéré les justes qui l'avaient précédé», ainsi que le confesse la profession de foi du quatrième concile de Tolède en 625 (1474).

L'enseignement traditionnel de l'Église n'épuise pas le contenu de la 1 P 3,19-4,6. «Malgré son obscurité, ce texte présente la descente aux enfers comme accomplissement, jusqu'à la plénitude, de l'annonce évangélique du salut» et confirme qu'elle est «la phase ultime de la mission messianique de Jésus, phase condensée en peu de jours mais immensément vaste dans sa signification réelle d'extension de l'œuvre rédemptrice à tous les hommes de tous les temps et de tous les lieux», comme l'enseigne Jean-Paul II (1475). S'ensuit alors, en petits caractères, une exégèse du passage de 1 P qui parle de «rebelles d'autrefois, quand se prolongeait la patience de Dieu aux jours de Noé» (1476). Au fond, la lettre de Pierre «exprime en raccourci la présence rédemptrice du Christ mort pour tous les hommes à tout homme qui meurt». Comme le pensait déjà s. Thomas, «c'est à travers sa mort que sa grâce de rédemption peut le plus efficacement nous saisir dans notre mort spirituelle et corporelle». «À l'instant où notre mort nous configure au

Christ, mort pour nous, sa mort a la puissance de nous communiquer le salut». (1478). Une citation de s. Grégoire de Nysse et une autre de s. Thomas illustrent cet enseignement (1479).

Que conclure? Jésus, le prince de la vie, a, par sa mort, réduit le diable à l'impuissance et affranchi «ceux qui, leur vie entière, étaient tenus en esclavage par la crainte de la mort». Ressuscité, «il détient la clef de la mort et de l'Hadès». (1480). Dès lors, que personne ne craigne la mort, comme le demande le sermon lu dans la liturgie byzantine du samedi saint attribué à s. Jean Chrysostome, dont un large extrait est reproduit (1481).

Et que retenir de tout cela? Que proposer comme «En bref»? 1. Que «le Christ mort, dans son âme unie à sa personne divine, est descendu au séjour des morts. Il a ouvert aux justes qui l'avaient précédé les portes du ciel» (1482). 2. Que «dans sa mort il a rejoint mystérieusement tout homme qui meurt, même ceux qui n'ont pas pu croire en lui» (1483).

À la suite d'une tradition dont le Catéchisme de Trente s'est fait l'écho et qui remonte à l'usage et à l'autorité des Pères, le *Projet révisé* considère que la descente aux enfers et la résurrection vont ensemble et forment le cinquième article du Symbole. Il est néanmoins tout aussi indiqué – et la tradition en a aussi laissé des traces – de lier la descente aux enfers à la mort et à la mise au tombeau confessées dans le quatrième article.

«L'Église enseigne» (1472, 1473, 1474); «cet enseignement traditionnel de l'Église» (1475), c'est celui que nous trouvons dans le Symbole des apôtres, dans les conciles particuliers de Soissons, Rome et Tolède, dans un concile général, celui de Latran IV, chez Clément VI, dans une allocution à une audience du mercredi de Jean-Paul II et dans le Catéchisme romain. Il est bien regrettable que ces sources, de nature si diverses soient mises sur le même pied et que leurs affirmations puissent être considérées comme des vérités de foi auxquelles l'obéissance de la foi serait due. L'*Avant-projet* avait le mérite de distinguer la signification théologique profonde et ce qui est tradition de l'Église.

La descente aux enfers n'est pas une réalité semblable à la passion, à la mort et à la résurrection de Jésus. Elle n'a laissé aucune trace dans l'histoire, étant une affirmation théologique découlant des mystères de l'incarnation et de la rédemption. Sa formulation est tributaire du matériel littéraire dont disposaient à l'époque ceux qui l'ont énoncée. Son objectif fondamental n'est pas de nous dire qu'il y a quelque part un enfer à trois étages et que le Père très bon a refusé l'entrée du ciel aux justes et aux pécheurs repentis pendant les siècles qui ont précédé la résurrection de son Fils. Elle confesse que «le Christ est descendu dans la profondeur de la mort» (1480) et qu'il est le prince de la vie pour toutes les générations passées et futures. Le *Projet révisé* n'aurait-il pas dû mieux marquer la particularité de cet article du Symbole et la fine pointe de son contenu, et abréger ainsi son exposé qui paraît quelque peu démesuré?

Le *Projet révisé* reste très attaché au vocabulaire «corps et âme»; cela l'amène à souligner quatre fois en trois paragraphes que c'est «dans son âme» que le Christ est descendu aux enfers (1441-1443). Les textes du Nouveau Testament qu'il utilise sont principalement Ep 4,9-10 et 1P 3,18-4,6. Nous savons que la première citation –«le Christ est descendu dans les régions inférieures de la terre» – peut aussi bien, voire mieux, être traduite par «est descendu jusqu'en bas sur la terre» (traduction de la *T.O.B.*). Quant à la seconde, dont l'obscurité est toutefois reconnue, beaucoup d'exégètes pensent qu'elle évoque plus l'ascension que la descente aux enfers, ainsi que nous l'avons rapporté plus haut.

Article 2: Le troisième jour il est ressuscité des morts

Avec la résurrection de Jésus, nous voici en présence de la vérité la plus centrale de la foi chrétienne. Si le Christ était resté dans la mort, il aurait été semblable à ces hommes qui, avant lui, ont parlé au nom de Dieu et ont donné leur vie par fidélité à leur mission. S'il n'était pas le Vivant, le Ressuscité, nous attendrions encore notre rédemption. Le mystère pascal consiste en ceci: «Le Christ est ressuscité des morts; par sa mort il a vaincu la mort; aux morts il donne la vie» (Tropaire de Pâques de la liturgie byzantine, cité au paragraphe 1484).

Dans le *Catéchisme du concile de Trente*, la seconde partie du cinquième article du Symbole est développée en trois paragraphes: après «il est descendu aux enfers», nous trouvons «il est ressuscité des morts», ensuite «le troisième jour» et, pour terminer, les «causes, fin et fruits de la résurrection».

Par «ressuscité d'entre les morts», on veut dire que son âme se réunit à nouveau à son corps, qu'il reprend la vie qu'il avait quittée en mourant. Il ressuscita par sa propre force, par sa puissance personnelle car, sa divinité n'ayant jamais été séparée ni du corps ni de l'âme, ce corps et cette âme conservaient une vertu divine, grâce à laquelle le corps pouvait être réuni à l'âme et l'âme retrouver le corps. C'est ce que Jésus lui-même avait annoncé: «J'ai le pouvoir de reprendre ma vie». L'Écriture dit aussi que le Père a ressuscité Jésus; ces passages envisagent Jésus en tant qu'homme et ne se rapportent pas à sa divinité. La résurrection a ceci de particulier: il est le premier à avoir dompté la mort au point de ne plus devoir mourir une seconde fois.

Il ressuscita «le troisième jour», ajoute le Symbole. Cela ne veut pas dire qu'il reste au tombeau trois jours complets puisqu'il n'y fut enfermé qu'un jour entier, une partie du jour précédent et une partie du jour suivant. Pour montrer qu'il était réellement mort, il ne ressuscita pas tout de suite après sa mort, mais il n'attendit pas la fin du monde pour ressusciter, afin de nous montrer qu'il était Dieu. Le Credo de Nicée-Constantinople ajoute les mots de saint Paul «selon les Écritures» pour indiquer que la résurrection était nécessaire; il le fait aussi parce que Jésus lui-même avait annoncé qu'il ressusciterait le troisième jour et avait donné aux juifs le signe de Jonas trois jours et trois nuits dans le ventre de la baleine.

La résurrection était nécessaire pour plusieurs raisons. 1. Dieu se devait à lui-même de glorifier son Fils, qui s'était fait obéissant jusqu'à la mort. 2. Il était nécessaire de fortifier notre foi en Jésus: sa résurrection prouve qu'il est bien le Fils de Dieu. 3. Il fallait aussi nourrir et soutenir notre espérance en notre propre résurrection. 4. Il fallait enfin achever le mystère de la rédemption: la mort de Jésus nous avait libérés de nos péchés, sa résurrection allait nous rendre les biens perdus: la justification.

La résurrection nous procure des avantages considérables. D'abord elle nous permet de donner à Jésus les titres de Dieu immortel, plein de gloire, vainqueur de la mort et du démon. Ensuite, elle nous mérite et nous assure notre propre résurrection: elle en est la cause efficiente, l'instrument, et en même temps le modèle: nos corps mortels seront aussi un jour revêtus de gloire et d'immortalité. Enfin, en attendant ce jour, elle communique à nos âmes les lumières et les forces nécessaires pour persévérer dans la sainteté car nous sommes déjà ressuscités avec le Christ à une vie nouvelle et spirituelle.

Pour le *Directoire*, «le Christ Jésus, Verbe de Dieu Incarné, est le centre du message évangélique» (n° 40); toute l'économie du salut reçoit sa signification du «Verbe incarné (...) dont elle montre et étend le règne sur la terre, depuis sa mort et sa résurrection, jusqu'à son second avènement» (n° 41). Toutes les vérités de la foi peuvent être rassemblées sous quatre chefs fondamentaux, dont le deuxième est le mystère du Christ, Verbe Incarné qui, né de la Vierge Marie, a souffert, est mort et est ressuscité pour notre salut» (n° 43). Tout ceci nous est dit dans un chapitre qui établit «les règles ou critères que doit observer la catéchèse pour découvrir et exposer son contenu propre» (n° 36).

L'exposé même des points les plus importants du message chrétien nous dit que «le point culminant des œuvres de Dieu est l'Incarnation de son Fils Jésus-Christ» et, de suite, il précise que, «obéissant jusqu'à la mort, il a été exalté comme le Seigneur de tous, il nous a été manifesté Fils de Dieu avec puissance par sa résurrection. Premier-né d'entre les morts, il vivifie tous les hommes ...» (n° 50). Il nous dit aussi que «le mystère du Christ apparaît, non seulement comme le mystère de l'Incarnation, mais aussi comme le mystère du Salut et de la Rédemption» et il évoque la «mort très sainte» de Jésus (n° 54).

L'*Avant-projet* intitule son article sur la Résurrection: «Dieu ressuscite Jésus d'entre les morts» (le Catéchisme romain préférait dire: «Jésus reprend sa vie»). Comme les rédacteurs n'ont pas eu le temps de terminer la révision du deuxième schéma, nous n'avons plus, à partir d'ici et jusqu'à la fin de la Première Partie du catéchisme, que des indications générales provenant de ce deuxième schéma sur les options retenues par la Commission directrice. Elles se résument ici en cinq propositions:

- la Résurrection est le fondement et le centre de la foi chrétienne;
- Jésus fut rendu à la vie par la puissance du Père pour ne plus jamais mourir;
- la Résurrection est un événement réel qui concerne notre histoire humaine;
- elle confirme que Dieu est le Vivant qui veut que l'homme vive et qui a le pouvoir de rendre la vie aux morts;
- elle est la révélation la plus haute du Dieu vivant;
- elle est le commencement d'une nouvelle création (p. 114-115).

Sur base de ces indications, les auteurs du *Projet révisé* construisent un exposé sur la résurrection en trois parties et un total de 21 paragraphes suivis de 3 «En bref». Le plan qu'ils adoptent est le suivant:

I. L'événement historique et transcendant, objet de la foi.
   1. Le dogme de foi se greffe sur un fait historique.
   2. L'expérience directe de la réalité de Jésus ressuscité.
   3. L'état de l'humanité ressuscitée du Christ.
   4. La Résurrection comme événement transcendant.
   5. Le Christ, auteur de sa propre Résurrection.
   6. La Résurrection du Christ – accomplissement des promesses.

II. Le tombeau vide et les témoins du Ressuscité.

III. Sens et portée salvifique de la Résurrection.

La Résurrection, nous dit le *Projet révisé*, est «un dogme de la foi chrétienne qui se greffe sur un fait historique constaté», attesté déjà par saint Paul comme objet de la tradition vivante (1485), et fondé sur le témoignage de tous ceux qui disent avoir vu le Ressuscité (1486). Il nous faut reconnaître la Résurrection «comme un fait historique» (1487) et non comme le fruit d'une exaltation mystique et le produit de la foi ou de la crédulité des apôtres (1488). Le corps du Ressuscité est un corps réel, authentique, le même qui a souffert la passion mais qui, maintenant, a les propriétés d'un corps glorieux, qui est passé à une vie au-delà de l'espace et du temps, qui est rempli de la puissance de l'Esprit (1489-1490). Personne n'a vu avec ses yeux la résurrection elle-même, personne ne sait comment elle s'est faite physiquement et ce qu'elle est dans son essence la plus intime. «Evénement historique incontestable par le signe du tombeau vide et par la réalité des rencontres (...) avec le Ressuscité», elle transcende et dépasse l'histoire et est donc objet de foi; le Père a ressuscité Jésus, il a introduit son humanité, avec son corps, dans la Trinité, si bien qu'il «mérite définitivement, comme homme aussi, ce nom de Fils de Dieu qui lui appartient éternellement» (1491-1492). À la suite de certains textes du Nouveau Testament, nous pouvons dire que Jésus est l'auteur de sa propre résurrection, qu'il a repris sa vie: «la personne divine du Christ qui est restée unie à son âme et à son corps séparés entre eux par la mort» a réuni à nouveau chacune des deux parties de l'homme (1493-1494). Mais la Résurrection est finalement «l'œuvre commune du Père, du Fils et de l'Esprit», elle révèle et engage le mystère de Dieu même (1495). Elle accomplit les promesses et annonces de l'Ancien Testament ainsi que les prédictions de Jésus lui-même (1496).

Après cet exposé théologique, le *Projet révisé* s'arrête aux faits historiques: le tombeau vide et les témoins de la Résurrection. Le sépulcre vide n'est pas en soi une preuve directe mais seulement un signe impressionnant (1497). En voyant les linges affaissés et le suaire enroulé, le «disciple que Jésus aimait» comprend que le corps de Jésus n'a pas été désenveloppé et il croit à la résurrection. «Le tombeau vide est le signe de la puissance transcendante de Dieu qui se rend présent entre deux anges à l'endroit où a reposé le corps de Jésus comme sur le propitiatoire du Temple» (1498). Les témoignages, ce sont en premier lieu ceux des saintes femmes, puis ceux des apôtres et d'abord celui de Pierre qui est appelé à confirmer la foi de ses frères (1499).

Pourquoi la Résurrection est-elle au centre de notre foi? Parce qu'elle est la confirmation de tout ce que le Christ a fait et enseigné (1500), et qu'elle démontre «la vérité et la divinité de Jésus» (1501). Parce que, si la mort nous délivre du péché, la résurrection nous donne l'accès à une nouvelle vie, la justification, la victoire sur la mort du péché, la participation à la grâce et l'adoption filiale (1502). Parce qu'elle est principe et source de notre résurrection future (1503) et que, dans l'attente de cet accomplissement, le Ressuscité vit dans le cœur de ses fidèles et les entraîne au sein de la vie divine (1504).

Dans la logique de Ph 2,6-11, le *Projet révisé*, suivant en cela l'*Avant-projet*, préfère dire que Dieu a ressuscité Jésus et signaler en fin de parcours que Jésus peut être dit l'auteur de sa propre résurrection, laquelle est l'œuvre commune de trois personnes divines. Le Catéchisme romain procédait de manière inverse: Jésus a repris sa vie mais on peut dire aussi avec l'Écriture que Dieu l'a ressuscité.

Comme pour le quatrième article du Symbole, l'exposé commence par affirmer et expliquer le dogme et décrit ensuite les faits sur lesquels il se fonde. Il serait tout aussi indiqué de commencer par le tombeau vide et les apparitions et de passer ensuite à l'affirmation de la foi et à sa signification salvifique.

La résurrection est-elle un fait ou un événement «historique»? Le *Projet révisé* dit clairement que personne n'a vu le Christ en train de ressusciter, que personne ne peut dire à quel moment précis et de quelle manière cela s'est passé. Ce qui est attesté par l'histoire c'est que Jésus est mort, qu'il a été enseveli, que, selon des témoins, le tombeau est vide et que, au témoignage de nombreux disciples, il a été vu vivant le premier jour de la semaine et dans la suite. La résurrection est, en définitive, un événement transcendant l'histoire, une intervention de Dieu objet de notre foi. Cet événement a laissé des traces dans l'histoire bien qu'il n'ait pas eu de témoins directs[192].

Durant sa vie terrestre, Jésus a prédit – il a promis, dit le *Projet révisé* – sa résurrection (1496). Comme cela a été dit plus haut à propos de l'annonce de sa mort sur la croix, il faudrait signaler que la relecture de l'Église primitive est sans doute perceptible dans cette annonce. Il faudrait aussi préciser que, dans le mouvement de la kénose, Jésus pouvait attendre sa résurrection au jour de la venue en gloire du Seigneur espérée pour bientôt à son époque (le «troisième jour» voulant précisément signifier un délai pas trop éloigné).

Le matin de Pâques, la puissance de Dieu «se rend présente entre deux anges» (1498). Mt 28,2 parle de l'Ange du Seigneur, Mc 16,5 d'un jeune homme vêtu d'une robe blanche, Lc 24,23 d'anges et Jn 20,12 de deux anges. Nous savons que les anges sont censés être les porte-parole

192. L'«En bref» 1505 dit cela à sa manière: «La foi en la Résurrection a pour objet un événement à la fois historiquement attesté par les disciples qui ont réellement rencontré le Ressuscité, et mystérieusement transcendant en tant qu'entrée de l'humanité du Christ dans la gloire de Dieu.»

de Dieu et que les écrivains sacrés les mettent en scène lorsqu'il s'agit d'annoncer une intervention divine. Par ce procédé littéraire, les évangélistes ne veulent pas affirmer que les saintes femmes ont bien vu, en ce premier jour de la semaine, un, deux ou plusieurs anges; ils veulent nous faire comprendre la signification du tombeau vide, une signification qui ne peut venir que de Dieu lui-même puisque c'est lui qui a ressuscité Jésus.

La Résurrection n'est pas l'épilogue heureux de la rédemption; elle en est une partie essentielle. Avec la mort, elle constitue le «mystère pascal», expression qui fait son entrée dans le *Projet révisé*. Le passage de la mort à la vie est un thème abondamment développé dans la patristique et dans les catéchèses baptismales des Pères. Seul s. Grégoire de Nysse est mentionné et c'est pour nous dire que: «Par l'unité de la nature divine qui demeure présente dans chacune des deux parties de l'homme, celles-ci s'unissent à nouveau. Ainsi la mort se produit par la séparation du composé humain et la Résurrection par l'union des deux parties séparées» (1494). On ne peut pas dire que cet extrait soit très enrichissant!

Le mystère pascal est célébré solennellement au cours de la nuit de Pâques et le cycle liturgique en est marqué au point que la célébration de Pâques commande l'ordonnance du calendrier liturgique, est précédée d'un long temps de préparation et se poursuit jusqu'à la Pentecôte. En outre, depuis les origines, chaque dimanche est une Pâque hebdomadaire. Le *Projet révisé* pourrait le signaler et marquer ainsi de manière concrète que la Résurrection est «crue et vécue comme vérité centrale» par les communautés chrétiennes d'aujourd'hui et pas seulement par «la première communauté chrétienne» (1484).

Chapitre sixième: Le sixième article du Symbole: «Jésus est monté aux cieux, il siège à la droite de Dieu, le Père tout-puissant»

L'exposé du *Catéchisme romain*, sur le sixième article comportait trois étapes: 1. Il est monté au ciel; 2. Il est assis à la droite de Dieu ...; 3. Causes et raisons de l'ascension. Jésus est monté au ciel comme homme, en corps et âme, car comme Dieu il y avait toujours été puisque, par sa divinité, il occupe et remplit tous les lieux; il est monté par sa propre vertu toute puissante qu'il tenait de sa divinité et non par une force étrangère comme Élie, Habacuc ou le diacre Philippe portés en l'air par la puissance divine. Il est assis à la droite du Père: cette manière de parler veut mettre dans tout son jour la gloire que Jésus s'est acquise et qui l'élève, comme homme, au-dessus de toutes les créatures. Tous les mystères de la vie de Jésus se rapportent à l'ascension comme à leur fin; ils y trouvent leur perfection et leur complet achèvement.

Pourquoi Jésus est-il monté au ciel? Le Catéchisme tridentin répond: son corps glorieux et immortel ne pouvait plus se contenter du séjour sur notre terre, et il lui fallait être dans les splendeurs du ciel pour entrer en possession de sa gloire et prendre soin de notre salut. D'autres motifs sont aussi apportés: il est monté pour prouver que son royaume n'est pas terrestre et passager; pour orienter nos pensées et nos désirs vers le ciel car nous ne sommes sur terre que des hôtes de passage; pour être auprès du Père notre défenseur et notre intercesseur et nous envoyer l'Esprit; pour ouvrir les portes fermées par le péché d'Adam et nous préparer un chemin sûr vers le bonheur éternel. Et le Catéchisme de citer encore d'autres avantages que l'ascension nous procure: notre foi aurait beaucoup perdu de son mérite si le Christ ne nous avait pas quittés, notre espérance est confortée et notre amour ne se porte plus seulement sur l'homme Jésus mais sur le Christ-Dieu; l'Église a pu naître et se développer et nous pouvons élever nos âmes vers le ciel et recevoir la force divine qui nous rend capables de l'atteindre réellement.

Le *Directoire* ne fait pas mention de l'Ascension, la glorification de Jésus étant incluse dans le mystère pascal. Quant à l'*Avant-projet*, il a ceci de particulier qu'il rassemble en un seul chapitre la montée de Jésus au ciel, sa session à la droite du Père et son retour en gloire pour juger les vivants et les morts (p. 115-116). À propos de l'Ascension, il suggère de dire, dans le catéchisme, que la foi en la résurrection conduit à professer l'exaltation du ressuscité à la droite du Père, sa seigneurie et sa toute-puissance à l'égal du Père.

Pour le *Projet révisé*, le sixième article du Symbole des apôtres ne comprend que l'ascension et la session à la droite du Père. Le développement qu'il lui consacre est fort bref: 7 paragraphes, 5 sur l'Ascension et 2 sur la session; 2 «En bref» résument la matière exposée.

L'Ascension signifie que l'humanité du Christ a été glorifiée. Sa glorification s'est opérée dès l'instant de sa résurrection mais, pendant quarante jours, sa gloire est restée voilée sous les traits d'une humanité ordinaire. La dernière apparition se termine par l'entrée irréversible de son humanité dans la gloire divine symbolisée par la nuée et le ciel (1508). Cet événement «à la fois historique et transcendant» marque le passage de la gloire encore voilée à celle de l'exaltation à la droite du Père (1509). Seul le Christ, et personne d'autre, possède l'énergie divine et le droit de monter au ciel; aucun homme n'a accès à la maison du Père si ce n'est le Christ qui a le pouvoir de permettre que cet accès s'ouvre à l'homme (1510). La croix élevée sur le Golgotha est le signe et l'annonce de cette élévation qu'exprime l'ascension (1511). Le Christ se devait de mettre un terme à sa présence visible pour qu'il soit au milieu de nous d'une présence invisible «à travers l'Esprit qui vivifie et sanctifie» (1512).

Monté au ciel, Jésus siège à la droite du Père. Comme l'a écrit s. Jean Damascène, cela veut dire que «celui qui existait comme Fils de Dieu avant tous les siècles (...) s'est assis corporellement, après qu'il s'est incarné et que sa chair a été glorifiée», dans la gloire et l'honneur de la divinité (1513). Cela signifie aussi «l'inauguration du règne du Messie, accomplissement de la vision du prophète Daniel» (Dn 7,14), règne qui n'aura pas de fin (1514).

L'exposé est construit à partir des données du Nouveau Testament. Il est peut-être un peu trop bref dans la mesure où l'on pouvait s'attendre à une note sur la nature des apparitions de Jésus et à une référence à la quarantaine pascale et à la fête de l'Ascension du Seigneur qui la clôture. À propos des apparitions, il me paraît curieux de qualifier de «publique» la vision du Christ que Paul a eue sur la route de Damas (1509). Et je me demande ce que le *Projet révisé* veut dire lorsqu'il affirme qu'il y a «une différence de manifestation entre la gloire du Christ ressuscité et celle du Christ exalté à la droite du Père. L'événement à la fois historique et transcendant de l'Ascension marque la transition de l'une à l'autre» (*ibidem*). Le Christ est glorifié, et pleinement glorifié, «dès l'instant de la Résurrection» (1508). Ce sont donc les manifestations du ressuscité qui seraient différentes. À quelles manifestations est-il fait allusion? Celle de Paul, que lui-même situe cependant, en 1 Co 15,5-8, dans la ligne et au terme de toutes les apparitions du ressuscité? Celles dont des chrétiens, au cours des siècles, disent avoir été les bénéficiaires? Une explication complémentaire serait utile.

Chapitre septième: Le septième article du Symbole: «D'où il viendra juger les vivants et les morts»

Pour le *Catéchisme de Pie V*, Jésus, par sa passion et par sa mort, est devenu notre rédempteur; par son ascension, il devient notre avocat et notre défenseur et, par son retour, il sera notre juge. Le jugement au dernier jour est à distinguer du jugement particulier où nous subissons «un examen vigoureux» sur tout ce que nous avons fait, dit et pensé. Il aura lieu pour les hommes de tous les siècles, réunis «le même jour et dans le même lieu», qui entendront alors le jugement que Dieu aura porté sur eux. Pourquoi subir encore un jugement à la fin des temps? Comme nos exemples, paroles et actes continuent leur influence jusqu'au dernier jour du monde, la Justice exige qu'il y ait une enquête rigoureuse sur tout cela, ce qui ne peut se faire qu'au jugement général. Cette même justice divine exige que les bons recouvrent l'estime qu'ils méritent et qui leur a été si injustement ravie sur terre par les attaques contre leur réputation. En outre, comme nos corps ne sont jamais étrangers à nos actes, ils doivent aussi avoir leur récompense ou leur châtiment, ce qui ne peut se faire qu'avec la résurrection et le jugement général, lequel est, en définitive, le moyen de faire connaître de manière éclatante la justice et la providence de Dieu à tous les hommes.

Le jugement général est réservé au Christ «non seulement comme Dieu, mais comme homme»; le pouvoir de juger est cependant commun aux trois personnes divines. Pourquoi spécialement au Christ? Ne fallait-il pas que les hommes voient leur juge de leurs yeux et entendent sa sentence de leurs oreilles? N'était-ce pas justice que celui qui a été si iniquement condamné devienne le juge de toute l'humanité? L'Écriture nous indique comme signes précurseurs du jugement la prédication de l'Évangile par toute la terre, l'apostasie et la parution de l'Antéchrist. Le jugement lui-même est décrit en Mt 25,31-46. Pour les bons, ce seront des joies ineffables et la béatitude éternelle méritées par l'exercice de la charité. Pour les mauvais, ce seront la privation de la vue de Dieu ou peine du dam («retirez-vous de moi»), les malédictions de Dieu («maudits») et les peines des sens («allez au feu»), pour toujours et dans l'impossibilité de s'arracher à la compagnie des démons parce qu'ils auront négligé les devoirs de la vraie piété.

Le *Directoire* situe au dernier point de l'inventaire que la catéchèse doit transmettre ce qu'il appelle la «communion finale avec Dieu». Il résume ainsi ce qui concerne «l'avènement glorieux du Christ, notre Seigneur et notre Juge» (n° 43): «Dans le Christ Jésus et par son mystère, les fidèles vivant déjà de l'espérance en cette vie terrestre attendent 'notre Seigneur Jésus-Christ qui transfigurera notre corps de misère pour le conformer à son corps de gloire'. Cependant, les réalités dernières ne seront manifestées et n'atteindront leur perfection que lorsque le Christ, juge des vivants et des morts, viendra avec puissance pour achever l'histoire et remettre son peuple au Père, afin que 'Dieu soit tout en tous'». (n° 69)

L'*Avant-projet*, pour qui le jugement dernier fait partie du chapitre qui traite de l'ascension et de la session du Christ ressuscité à la droite du Père, propose de développer les trois points suivants. La seigneurie de Jésus a commencé avec sa résurrection et son exaltation et atteindra sa plénitude à la fin des temps. À ce moment, le Royaume de Dieu sera consommé et le Christ viendra en gloire comme juge de tous les hommes et de l'histoire humaine. Sa venue en gloire sera la consommation du mystère pascal, la fin des événements par lesquels Dieu sauve les hommes (p. 115-116).

Le *Projet révisé* se démarque de l'*Avant-projet* en refaisant du retour glorieux du Christ un chapitre distinct de l'ascension et de la session à la droite du Père. Il divise son exposé en deux parties et leur donne pour titre la formulation du Credo de Nicée-Constantinople: 1. «Il reviendra dans la gloire»; 2. «Pour juger les vivants et les morts». Son développement comprend 14 paragraphes, 12 pour son enseignement proprement dit et 2 pour les «En bref».

Article 1: Il reviendra dans la gloire

Avant de parler du futur, «il reviendra», le *Projet révisé* évoque le présent: «le Christ règne déjà par l'Église». Devenu le Seigneur, il possède la plénitude du pouvoir royal sur les morts, les vivants, l'histoire et le cosmos; en lui tout trouve son achèvement (1517). Le Christ est aussi la tête de l'Église , il demeure en elle et exerce sur elle son autorité. En tant que «sacrement de salut pour tous les hommes», l'Église est déjà le Royaume de Dieu. Le Christ demeure aussi «dans la société tout entière par l'action de l'Esprit Saint» (1518). Depuis l'Ascension, les derniers temps sont arrivés pour nous et, déjà sur la terre, «l'Église est parée d'une sainteté imparfaite mais véritable»; elle est le «signe du Christ mystérieusement présent et forme du Royaume [de Dieu et du Christ] le germe et le commencement» (1519).

«En attendant que tout lui soit soumis», le règne de Dieu n'est pas encore achevé et l'Église est en pèlerinage, portant en elle la figure du siècle qui passe, attendant sa perfection définitive, disant à son Seigneur: «Viens!» (1520). Le temps présent est pour elle le temps de l'Esprit et du témoignage, un temps d'attente et de veille encore marqué par les épreuves (1521). Son attente et celle du peuple juif tendent vers des buts analogues à partir de deux points de vue différents: la venue du Messie ou son retour glorieux (1522). L'avènement eschatologique, qui peut s'accomplir à tout moment, est suspendu cependant à la reconnaissance du Messie par «tout Israël» (1523).

Avant qu'elle ne connaisse sa Pâque ultime, l'Église sera ébranlée dans sa foi par la persécution, par toutes sortes d'impostures religieuses et notamment par «l'Anti-Christ», c'est-à-dire «un pseudo-messianisme où l'homme se glorifie lui-même à la place de Dieu et de son Messie» (1524). L'Église rejette et condamne toute forme de prétention messianique, comme le millénarisme et les formes politiques que cette prétention peut prendre (allusion au communisme athée condamné par Pie XI et au jugement porté par *Gaudium et spes* sur l'athéisme) (1525). «Le Royaume ne s'accomplira donc pas par un triomphe historique de l'Église mais par une victoire de Dieu sur le déchaînement ultime du mal». Ce triomphe prendra la forme du jugement dernier (1526).

Article 2: Pour juger les vivants et les morts

Après ce développement sur le temps entre l'ascension de Jésus et son retour, le *Projet révisé* en vient au jugement dernier. Il se contente de rassembler les textes évangéliques annonçant le jugement du dernier jour (1527) et de préciser, d'une part, que le Christ, par sa Croix, a acquis le droit de juger et, d'autre part, que c'est par le refus donné à la vie nouvelle que chacun se juge soi-même (1528).

Le *Projet révisé* laisse pour le tout dernier article du Symbole l'enseignement de l'Église sur le jugement particulier, le ciel, l'enfer, le purgatoire et le jugement général proprement dit. Sur un total de 137 lignes de texte, il rassemble 110 références bibliques sur le retour glorieux du Christ pour le jugement final. Il fait aussi appel à Vatican II: à *Lumen Gentium* 48 sur «le caractère eschatologique de l'Église en marche» et à *Gaudium et spes* 20-21 sur l'attitude de l'Église face à l'athéisme. Il reprend également *Lumen gentium* 3 où l'Église est appelée «le règne de Dieu» (et non «le signe du Christ» comme on peut le lire au paragraphe 1519) déjà mystérieusement présent, et *Lumen gentium* 5 où nous trouvons que l'Église forme «le germe et le commencement du Royaume de Dieu» (comme le *Projet révisé* le dit au paragraphe 1519, alors qu'au paragraphe 1518, il a dit, en raccourci sans doute, qu'elle est *déjà* le Royaume du Christ).

Après avoir dit que le Christ est Seigneur du cosmos et de l'histoire, le *Projet révisé* évoque sa seigneurie sur l'Église. Comme il n'a pas encore précisé que l'Église du Christ, «c'est dans l'Église catholique qu'elle subsiste (...), bien que des éléments nombreux de sanctification et de vérité se trouvent hors de ses frontières» (*Lumen gentium* 8, § 2), nous pourrions penser que l'Église dont il est question, c'est uniquement l'Église catholique et que les autres Églises et Communautés chrétiennes restent en dehors de l'action du Christ ressuscité.

Le Ressuscité exerce continuellement son action dans le monde. Le *Projet révisé* le reconnaît; il a ces quelques mots: «le Christ (...) demeure sur la terre dans le corps de son Église (...) et dans la société tout entière par l'action de l'Esprit Saint» (1518). Cela aurait mérité, me semble-t-il, un développement un peu substantiel.

Signalons la présence d'un extrait des «Notes pour une correcte présentation des juifs et du judaïsme dans la catéchèse de l'Église», publiée en 1985 par le Secrétariat romain pour l'unité des chrétiens. Cette Note déclare notamment: «Lorsqu'il considère l'avenir, le Peuple de Dieu de l'Ancienne et de la Nouvelle Alliance tend vers des buts analogues: la venue ou le retour du Messie, même si c'est à partir de deux points de vue différents. Et on se rendra compte plus clairement que la personne du Messie, à propos de laquelle le Peuple de Dieu est divisé, est aussi un point de convergence pour lui. On peut dire ainsi que juifs et chrétiens se rencontrent dans une espérance comparable, fondée sur une même promesse faite à Abraham» (1522).

Avant de passer à la Section suivante, rassemblons les sources utilisées et celles auxquelles le lecteur est renvoyé pour les cinquième, sixième et septième articles du Symbole.

Le *Projet révisé* puise abondamment dans le trésor des Écritures; par contre, il utilise peu la liturgie: il ne cite qu'une fois un texte de la liturgie latine, l'*Exsultet* de la nuit pascale, et une fois un tropaire de la liturgie byzantine de Pâques.

Quatre écrivains ecclésiastiques ont l'honneur d'être cités: Jean Damascène, Jean Chrysostome (par une homélie qui lui est attribuée), Grégoire de Nysse (2 fois) et Thomas d'Aquin (4 fois).

Plusieurs conciles particuliers sont signalés: Tolède en 633 et 675, Rome en 745 et Soissons en 1140. Pour les conciles généraux de l'Église latine, il y a Latran IV et Vatican II avec *Lumen gentium* (trois fois) et *Gaudium et Spes*.

Les papes appelés à la barre sont Anastase II, Hormisdas, Benoît XII, Clément VI, Pie XI et Jean-Paul II (deux fois pour une audience du mercredi consacrée à la descente aux enfers). Il y a aussi une référence aux *Statuta Ecclesiae antiqua* (milieu du VIe s.), au Catéchisme romain et au texte du Secrétariat romain pour l'unité des chrétiens qui vient d'être signalé.

Nous venons de parcourir l'exposé du *Catéchisme romain*, de l'*Avant-projet* et du *Projet révisé* de «catéchisme pour l'Église universelle» sur les articles du Symbole portant sur la foi en Jésus-Christ le Fils unique de Dieu. Nous avons aussi vu quels sont les éléments principaux de la christologie que le Directoire catéchétique met en valeur. Quelles constatations générales pouvons-vous faire?

Le *Projet révisé* préfère s'en tenir à la répartition des articles christologiques du Symbole en six chapitres comme dans le Catéchisme tridentin plutôt que d'en rester aux cinq chapitres de l'*Avant-projet*. Dans son langage plus proche des écrits du Nouveau Testament, il nous donne le même enseignement qu'en 1566 sur le mystère de l'incarnation et sur le mystère de la rédemption et, cependant, son exposé est loin d'être identique en tous points, comme le lecteur a pu le constater. Je rappelle quelques particularités.

Pour justifier l'incarnation du Fils de Dieu, le *Projet révisé* met en avant la volonté du Père de manifester la grandeur de son amour et de faire de nous des «fils de Dieu», alors que le Catéchisme romain pense de suite à la réparation de la désobéissance d'Adam. À propos de la virginité «in partu» de la Vierge Marie, il ne reprend pas les explications devenues traditionnelles de la naissance «miraculeuse» de Jésus. De la vie de Jésus, le Catéchisme tridentin retient sa conception, sa naissance et sa passion, sa mort et sa résurrection; le *Projet révisé* décrit aussi les principaux événements qui ont émaillé sa vie cachée et sa vie publique.

Le mystère de la rédemption – avec les notions difficiles de sacrifice, substitution, satisfaction, rachat ... – est aussi appelé «mystère pascal», expression généralement utilisée de nos jours. Les circonstances historiques de la mort de Jésus, ignorées en 1566, font l'objet de plusieurs paragraphes et le *Projet révisé* indique que tous les juifs d'alors, et particulièrement les pharisiens, n'ont pas condamné Jésus à mort; il reprend cependant à son ancêtre du XVIe siècle l'affirmation selon laquelle les vrais coupables du meurtre de Jésus sont les fautes que les chrétiens commettent. En ce qui concerne la résurrection, le tombeau vide et les apparitions reçoivent plus d'importance, étant les manifestations historiquement constatées de l'événement transcendant de la résurrection de Jésus.

Par rapport à l'*Avant-projet*, des modifications sont apparues, indépendamment des nouveaux développements nécessités par le caractère inachevé du texte de 1987. Les six articles du Symbole ont été regroupés pour former une Deuxième section portant sur la foi au Fils de Dieu. Les divisions et subdivisions sont souvent devenues plus logiques, plus satisfaisantes; çà et là, la démarche déductive a cependant été préférée à la démarche inductive. Le *Projet révisé* a, la plupart du temps, fait siennes les options du troisième schéma. Ainsi, il conserve les différents mystères de la vie de Jésus, tout en en ajoutant de nouveaux; il maintient la descente aux enfers dans le chapitre consacré au second volet du mystère pascal, alors qu'elle pourrait tout aussi bien conclure celui qui traite de la mort de Jésus, et il continue à la présenter comme un événement de la vie du Christ du même ordre que ses souffrances et sa mort sur la croix. Il s'inspire le plus souvent des suggestions faites pour la rédaction des passages non encore élaborés; il n'adopte cependant pas, nous l'avons vu, la proposition de rassembler en un seul chapitre ce qui concerne l'ascension et la session à la droite du Père et ce qui concerne le retour du Christ pour juger les vivants et les morts.

Quelles suggestions peut-on formuler pour améliorer un texte auquel il faut reconnaître déjà une belle allure et de nombreuses qualités, notamment celles que le Directoire souhaite voir dans tout exposé catéchétique (être un corps organique, être christocentrique et trinitaire, marquer le lien avec l'existence et la fin dernière de l'homme ...)? Parmi toutes celles qui ont été faites en cours d'analyse du *Projet révisé*, voici celles qui m'apparaissent les plus importantes. Il faudrait certainement une information plus ample sur «l'historicité des évangiles», sur les récits de l'enfance de Jésus, des miracles, des annonces de la passion et de la résurrection, des apparitions, afin d'éviter que les lecteurs n'en restent à une interprétation fondamentaliste des péricopes. Il faudrait montrer davantage le lien entre la doctrine et la célébration liturgique et ne pas oublier les liturgies orientales. En ce qui concerne les contenus de la foi, il faudra expliquer ce qu'on entend par «hiérarchie des vérités de la foi» et préciser l'assentiment requis des différents énoncés. Quelques points gagneraient à être revus ou davantage explicités: je pense notamment à la présentation de la virginité de Marie au moment de la naissance de Jésus, à l'ignorance ou aux connaissances du Fils de Dieu fait homme, à la descente du Christ aux enfers «dans son âme», à l'interprétation de 1 P 3,19 - 4,6, à la manière de parler du «pouvoir des clefs» confié à Pierre et à l'interprétation des apparitions du Christ entre Pâques et Ascension. Je pense aussi à tout ce vocabulaire utilisé pour parler de la mort du Christ: rachat, rédemption, satisfaction, substitution ...

Troisième section: Je crois en Dieu l'Esprit Saint

La Troisième section de «la profession de la foi chrétienne» rassemble les cinq derniers articles du Symbole sous un seul titre: «Je crois en Dieu l'Esprit-Saint». C'est la section la plus ample: elle comprend

284 paragraphes de texte et 56 paragraphes d' «En bref», soit un total de 340 paragraphes répartis sur 54 pages[193], alors que «Je crois en Dieu le Père» a totalisé 236 paragraphes en 32 pages et «Je crois en Dieu le Fils» 276 en 50 pages. Il est vrai qu'elle comprend le développement sur l'Église et la communion des saints qui, a lui seul, totalise 158 paragraphes et 24 pages.

Introduction

Textes des saints Irénée, Grégoire de Naziance et Basile à l'appui, l'Introduction nous dit l'importance et la place indispensable de l'Esprit Saint dans l'éveil de la foi et dans la vie nouvelle que le Ressuscité nous offre, cet Esprit qui est cependant le dernier dans la révélation des personnes de la Trinité. Comme il a été question de l'Esprit au cours de la Première section (1049-1083), il ne s'agira ici de lui que dans «l'économie de l'incarnation rédemptrice»: il est le maître d'œuvre des merveilles de Dieu que sont l'Église, la communion des saints, la rémission des péchés, la résurrection de la chair et la vie éternelle (1531-1534).

Chapitre huitième: Le huitième article du Symbole: «Je crois en l'Esprit Saint»

«Nul ne connaît ce qui concerne Dieu sinon l'Esprit de Dieu (1 Co 2, 11)». Mais comment connaître l'Esprit Saint, qui fait l'objet du huitième article du Symbole, puisque nous ne l'entendons pas directement et qu'il ne se dit pas lui-même, sa mission étant de nous dévoiler le Christ? (1535). Le lieu où nous pouvons faire sa connaissance, c'est l'Église: ses saintes Écritures qu'il a inspirées, sa liturgie, sa tradition patristique et le témoignage de ses saints (1536). Seul le concile de Constantinople, en 381, a dû se prononcer sur sa divinité et sa doctrine est passée dans le Credo de Nicée-Constantinople: «Je crois en l'Esprit Saint qui est Seigneur et qui donne la vie. Il procède du Père. Avec le Père et le Fils ...» (remarquons l'absence du *Filioque*, dont il a été question plus haut, aux paragraphes 1060-1062). Jean-Paul II a repris cette doctrine dans l'encyclique *Dominum et vivificantem* du 18 mai 1986 (1537).

Les baptisés sont rigoureusement obligés d'avoir une connaissance spéciale de l'article du Symbole sur l'Esprit Saint, comme l'atteste saint

193. Le chiffre de 340 tient compte qu'il manque deux paragraphes: le 1639 et le 1745.

Paul à Éphèse, en Act 19, nous dit le *Catéchisme romain*. Le mot «Esprit Saint» peut s'appliquer au Père et au Fils puisqu'ils sont esprits et saints, comme aussi aux anges et aux âmes des justes. Dans le Symbole, il s'agit de la troisième personne de la Trinité, qui ne reçoit pas de nom particulier parce qu'il n'est pas possible d'exprimer par un nom spécifique la communication par voie d'amour (spiration et procession) comme on le fait pour la communication par voie de génération. Le terme «Esprit» convient cependant très bien à celui qui répand la vie spirituelle et inspire de faire ce qui mérite la vie éternelle.

L'Esprit est Dieu, égal en toutes choses au Père et au Fils, comme l'attestent de nombreux textes de l'Écriture et le baptême donné au nom du Père, du Fils et de l'Esprit. L'Écriture lui attribue ce qui n'est propre qu'à Dieu seul: être temple et pouvoir de sanctifier, de vivifier, de parler par les prophètes, d'être partout. Il est la troisième personne, parfaitement distincte du Père et du Fils, produite et par une volonté commune de ceux-ci. De toute éternité, il «procède du Père et du Fils» comme principe unique, ainsi que l'Église l'enseigne et que l'Écriture et les conciles le confirment.

Quels sont les effets admirables et les dons attribués à l'Esprit, bien qu'on puisse les attribuer aussi aux deux autres personnes? Appelé «don» pour nous faire comprendre que tout découle de l'immense amour de Dieu pour nous, l'Esprit nous donne toutes les grâces: la vie spirituelle, ses sept dons et surtout la grâce sanctifiante, qui nous rend participants de la nature divine et nous fait mériter la qualité d'enfants de Dieu.

Le *Directoire* ne contient pas de développement particulier sur l'Esprit. Il déclare cependant que l'Esprit doit occuper une place importante dans la catéchèse. Puisque la catéchèse est nécessairement christocentrique, elle doit aussi être «théocentrico-trinitaire» et annoncer que nous allons vers le Père, par le Christ, dans l'Esprit. «Si elle ne fait pas état de ces trois éléments ou néglige leur liaison intime, le message chrétien peut assurément perdre son caractère propre». «Comme la connaissance du mystère du Christ et le chemin vers le Père s'accomplissent dans l'Esprit-Saint», la catéchèse doit toujours mette en lumière «cette présence de l'Esprit-Saint qui ne cesse d'inciter les hommes à entrer en communion avec Dieu et leurs frères, et à s'acquitter de leurs devoirs» (n° 41). Et lorsqu'il énumère les «quatre chefs fondamentaux» sous lesquels les vérités de la foi peuvent être rassemblées, le Directoire cite: «le mystère de l'Esprit-Saint, présent dans l'Église qu'il sanctifie et dirige jusqu'à l'avènement glorieux du Christ, notre Sauveur et notre Juge» (n° 43).

Dans l'exposé même des éléments principaux du message, le Directoire commence par le mystère trinitaire proprement dit et invite les catéchistes à voir les trois personnes divines «comme auteurs de ce dessein de salut qui culmine dans la mort et la résurrection de Jésus» (nº 47). À propos du mystère de la rédemption, il indique que «par sa mort très sainte, il [Jésus] (...) a répandu son Esprit d'adoption, fondant ainsi en lui-même une humanité nouvelle» (nº 54). Que se passe-t-il lorsque l'homme reçoit l'Esprit Saint? Le Directoire répond que l'Esprit rend participant de la nature divine, qu'il guérit l'homme de ses faiblesses, l'affermit, l'éclaire, répand en lui des fruits de charité, de paix, de joie ... (nº 60) et l'appelle à la sainteté dans une vie de charité (nº 64). Il mentionne encore l'Esprit Saint à propos de l'Église: ce qu'elle possède et ce qu'elle fait est dû à l'action du Père, du Christ glorieux et de l'Esprit (nº 65); plus précisément, «par l'action de l'Esprit du Christ, elle est établie 'sacrement universel du salut'» (nº 67). En Marie, «le don de l'Esprit du Christ se manifeste d'une façon tout à fait particulière» (nº 68).

Avec l'*Avant-projet*, on s'oriente vers un texte qui, au fil de l'Écriture, décrit l'action de l'Esprit et réserve pour la fin l'enseignement plus théologique sur sa place au sein de la Trinité. Six subdivisions sont prévues: 1. Dieu promet l'Esprit Saint aux derniers temps; 2. L'Esprit rassemble tous les peuples dans l'unité; 3. L'Esprit conduit à sa réalisation l'œuvre du Christ dans l'Église et dans le monde; 4. L'Esprit dirige la mission de l'Église; 5. L'Esprit sanctifie et vivifie l'Église; 6. L'Esprit est Dieu comme le Père et le Fils.

Le *Projet révisé* construit un développement en cinq points: 1. «Tu envoies ton Esprit»; 2. L'Esprit et la parole de Dieu dans le temps des promesses; 3. L'Esprit du Christ dans la plénitude du temps; 4. L'Esprit et l'Église dans les derniers temps; 5. «Viens, Esprit-Saint». Il n'y aura pas d'exposé sur l'Esprit au sein de la Trinité (cela a déjà été fait dans la première section) mais nous serons invités à implorer chaque jour le Saint-Esprit. Avec les trois paragraphes de préambule intitulés «Comment connaître l'Esprit saint» (1535-1537), le huitième chapitre comprend 75 paragraphes, 68 d'exposé et 7 «En bref».

Article 1: «Tu envoies ton esprit» (Ps 103,30)

L'article premier nous fait connaître la personne de l'Esprit. Il est révélé lorsqu'il est envoyé et c'est à travers ses «missions» que nous pouvons le connaître (1538). Il est réellement Dieu, consubstantiel au Père et au Fils, inséparable d'eux et en même temps distinct. Le Père envoie le Fils et, avec lui, il envoie toujours l'Esprit, lequel révèle le Christ et les mystères du Royaume (1539). Le Fils est la Parole du Père, mais c'est l'Esprit qui l'exprime et l'inspire aux prophètes. Jésus est Christ parce qu'il est oint de l'Esprit et le Christ glorifié envoie l'Esprit à ceux qui croient en lui. L'Esprit a pour mission d'unir les croyants au Christ et de les faire vivre en lui. Nous pouvons donc parler d'une mission conjointe du Fils et de l'Esprit (1540).

Son nom propre est Esprit Saint. Les appellations qu'on lui donne sont: Paraclet, Consolateur, Esprit de Vérité, de promesse ou d'adoption, Esprit du Christ, du Seigneur ou de Dieu, Esprit de gloire (1541-1543). Les symboles significatifs de l'Esprit sont multiples. Il y a l'eau baptismale et celle qui jaillit du Christ en croix (1544). Il y a l'onction de la confirmation ou de la chrismation et l'onction qui a fait de Jésus l'Oint de Dieu; Jésus est «Oint» d'une manière unique puisque c'est l'Esprit qui l'a conçu, qui a annoncé sa naissance, qui l'a rempli au cours de sa vie publique et l'a ressuscité des morts (1545). Il y a le feu qui transforme tout ce qu'il touche (1546), la nuée et la lumière de l'annonciation, de la transfiguration, de l'ascension et du dernier avènement (1547), le sceau indiquant l'effet indélébile de l'onction dans le baptême, la confirmation et l'ordre (1548). Il y a encore la main dont l'imposition donne l'Esprit et le doigt, le doigt de Dieu qui chasse les démons et inscrit la loi du Christ dans les cœurs (1549-1550).

Article 2: L'Esprit et la Parole de Dieu dans le temps des promesses

Le Verbe et l'Esprit du Père sont à l'œuvre du commencement jusqu'à «la plénitude du temps». L'Esprit en particulier prépare le temps du Messie et parle déjà du Christ par les prophètes (1551). Le *Projet révisé* évoque à grands traits cette présence et cette action de l'Esprit à l'origine de l'être et de la vie de toute créature, lors de la promesse faite à Abraham, dans les théophanies et la Loi, dans la vie et les institutions du Royaume d'Israël, et au cours de l'Exil (1552-1559). Il décrit l'attente du Messie dans le Livre de l'Emmanuel et les chants du Serviteur en Isaïe et l'annonce d'un Esprit nouveau par Ézéchiel, Jérémie et Joël, ainsi que dans les psaumes par lesquels l'Esprit prépare pour le Seigneur un peuple bien disposé (1560-1566).

Article 3: L'Esprit du Christ dans la plénitude du temps

L'œuvre du Fils et de l'Esprit dans la plénitude du temps, c'est celle qui a été réalisée en Jean-Baptiste, en Marie et dans le Christ Jésus. Le *Projet révisé* se plaît à évoqué chez Jean qu'il a été rempli de l'Esprit dès le sein de sa mère, que le feu de l'Esprit l'a habité et a fait de lui le précurseur, bien plus le prophète qui rend témoignage à la Lumière, et que son baptême préfigure la nouvelle naissance dans l'Esprit (1567-1570).

Marie est le «chef d'œuvre de la mission du Fils et de l'Esprit», la demeure où ils peuvent habiter parmi les hommes; en elle, ils commencent à réaliser ce qu'ils vont accomplir dans le Christ et dans l'Église. L'Esprit la prépare par sa grâce prévenante (sa conception immaculée), réalise le dessein du Père (la conception et l'enfantement de Jésus), manifeste le Fils de Dieu (aux bergers et aux mages) et commence à mettre les hommes en communion avec le Christ (Siméon, Anne, les époux de Cana, les premiers disciples). Nouvelle Ève, mère du Christ total, Marie est enfin là, présente au Cénacle, lorsque l'Esprit de la Pentecôte inaugure «les derniers temps» (1571-1577).

À propos du Christ, le *Projet révisé* reprend les constantes de l'agir de l'Esprit: préparer sa venue, le manifester et le faire connaître, réaliser en lui l'œuvre du Père et mettre en communion avec lui. Il mentionne surtout la révélation de l'Esprit par Jésus, déjà suggérée dans son enseignement aux foules, sa promesse quand l'heure fut venue où il allait être glorifié, la remise de son Esprit au Père lors de sa mort et le don de cet Esprit une fois qu'il fut ressuscité (1578-1582).

Article 4: L'Esprit et l'Église dans les derniers temps

À la Pentecôte, la Pâque du Christ s'accomplit dans l'effusion de l'Esprit; la Trinité est pleinement révélée, le Royaume est ouvert à tous ceux qui croiront au Christ, le monde entre dans les derniers temps, le temps de l'Église (1583-1586). Pendant ce temps, que fait l'Esprit? Il constitue l'Église, en fait le corps du Christ et le temple de l'Esprit; il la nourrit, la guérit, l'organise, la vivifie, l'envoie, l'associe à l'offrande du Christ à son Père. Il la prépare à accueillir le Christ, lui manifeste sa présence, lui rappelle sa parole, rend présent son mystère, la met en communion avec le Père et l'Esprit et lui fait porter beaucoup de fruits (1587-1592). Par les sacrements, il la sanctifie et répand l'amour dans les cœurs; il remet les péchés et donne les prémices de la vie divine; il suscite charité, joie, paix, longanimité (1593-1598). Il envoie l'Église pour qu'elle annonce et témoigne, actualise et répande le mystère de la communion qui la constitue (1598).

Article 5: «Viens, Esprit saint»

Le commentaire du huitième article du Symbole s'achève par une réflexion sur une donnée importante de l'Écriture et de la Tradition: l'Esprit nous apprend à prier et nous prions le Père par le Christ pour qu'il nous donne l'Esprit. La prière la plus simple, la plus directe est: «Viens, Esprit Saint». Où lui demandons-nous de venir, lui qui emplit l'univers? Dans le secret de nos cœurs, pour qu'ils s'ouvrent aux dimensions de l'amour du Christ. «L'Esprit est au cœur de l'Église pour que l'Église soit le cœur du monde» (1599-1602).

L'Esprit Saint a déjà été évoqué dans beaucoup de pages du *Projet révisé*, signe qu'une place de plus en plus importante lui est reconnue dans la réflexion théologique contemporaine. Avec l'exposé sur le huitième article du Symbole, nous avons un développement très riche et assez complet sur celui dont nous ne savons ni d'où il vient ni où il va mais qui est «l'artisan des chefs-d'œuvres de Dieu».

Le jour de la Pentecôte, la Trinité est enfin pleinement révélée (1584). Puisqu'il en est ainsi, ne pourrait-on pas proposer un autre plan? On suivrait d'abord la révélation et les manifestations progressives de l'Esprit, ensuite on rassemblerait les appellations et les symboles qui lui sont attribués – je note que la «colombe» a été oubliée – et en finale, on aborderait les relations de l'Esprit avec le Père et le Fils, la question du *Filioque* et le mystère trinitaire dans son ensemble.

Depuis la Pentecôte, l'Esprit-Saint fait entrer le monde dans les derniers temps (1586). Le *Projet révisé* parle beaucoup de sa présence et de son action dans l'Église et ce qu'il en dit est très suggestif. J'aurais aimé qu'il cite le beau texte de *Lumen gentium* 4, qui synthétise l'œuvre sanctificatrice de l'Esprit, et qu'il ajoute, à la suite du concile, que l'Esprit ne cesse de renouveler l'Église et de la rajeunir, qu'il suscite en elle le repentir pour la division des chrétiens et le désir de l'unité. Pour ne pas donner l'impression que l'Église veut s'annexer l'Esprit, il faudrait ajouter également quelques mots sur la réalisation de l'action du Christ que l'Esprit met en œuvre hors des frontières de l'Église catholique: dans les Églises et Communautés ecclésiales chrétiennes comme aussi dans le monde entier, comme le proposait l'*Avant-projet*. Le mouvement œcuménique et le dialogue interreligieux mériteraient, eux aussi, d'être reconnus comme inspirés et animés par l'Esprit.

Dans son exposé sur la création de l'homme, le *Projet révisé* a expliqué que l'homme, selon Gn 1,27, est «à l'image de Dieu» mais n'a rien dit de «la ressemblance de Dieu» de Gn 1,26. Voici maintenant qu'il nous parle de cette ressemblance: «Défiguré par le péché et par la mort, l'homme demeure 'à l'image de Dieu', à l'image du Fils, mais il est 'privé de la Gloire de Dieu', privé de la 'ressemblance'» (1554). Il nous dit, à propos du baptême de Jean: «L'Esprit inaugure, en le préfigurant, ce qu'il réalisera avec et dans le Christ: redonner à l'homme 'la ressemblance' divine» (1570). Il nous dit encore: «C'est la communion de l'Esprit Saint qui, dans l'Église, redonne aux baptisés la 'ressemblance' divine perdue par le péché» (1595). Il serait bien nécessaire de nous expliquer dès le chapitre sur Dieu créateur de l'homme, quelle différence il y a entre «image» et «ressemblance» et, dès celui sur «la chute», comment on peut perdre «la ressemblance» tout en gardant «l'image». Si la ressemblance a été perdue par le péché d'Adam, faut-il corriger le paragraphe 0142 qui nous a dit: «Les créatures portent toutes une certaine ressemblance de Dieu, tout spécialement l'homme créé à l'image et à la ressemblance de Dieu», c'est pourquoi «nous pouvons nommer Dieu à partir des perfections de ses créatures»? Et que penser du paragraphe 3017 qui nous dira que chez l'homme, créé «à l'image et à la ressemblance» du créateur, l'image divine (et non plus la ressemblance) a été altérée par le premier péché et restaurée et rétablie par le Christ dans sa beauté d'origine (voir aussi 3307 et 3594)? Ces divergences sont sans doute dues à la multiplicité des rédacteurs et à la diversité de leurs opinions théologiques.

Quel degré d'autorité faut-il accorder aux enseignements de ce huitième chapitre? Un seul concile œcuménique, nous est-il dit, a eu à se prononcer sur la divinité de l'Esprit Saint et sa doctrine est passée dans le Credo de Nicée-Constantinople et dans la profession de foi baptismale (1537, 1541). Pour le reste, la force de l'argumentation provient des nombreux textes scripturaires cités, de la tradition liturgique orientale mentionnée par deux fois (1552 et 1586) et occidentale avec le *Veni Creator* et le *Veni Sancte Spiritus* (1550 et 1600). Référence est faite aussi à l'enseignement de Grégoire de Naziance, Grégoire de Nysse, les Pères d'Occident n'étant représentés que par Irénée de Lyon et s. Augustin, auxquels il faut ajouter s. Jean de la Croix. N'oublions pas la présence d'un extrait de *Lumen gentium* 13, pour justifier l'envoi de l'Église en mission par l'Esprit Saint et un «Cfr *Ad gentes* 4 et *Unitatis redintegratio* passim» (1598). L'encyclique de Jean-Paul II sur le Saint-Esprit est citée probablement parce qu'elle est parue alors que le projet de catéchisme est en cours de rédaction; l'extrait qui est reproduit ne fait que confirmer la foi de l'Église en l'Esprit qui donne la vie, qui est source de vie éternelle (1537).

Chapitre neuvième: Le neuvième article du Symbole: «Je crois à la sainte Église catholique, à la communion des saints»

Avec le neuvième article du Symbole, nous en sommes au «Je crois à la sainte Église catholique, à la communion des saints». Déjà en 1566, le *Catéchisme romain* réunissait en son chapitre X ces deux énoncés: «Credo (sans *in* comme dans «Je crois *en* Dieu le Père, *en* Jésus-Christ, *en* l'Esprit-Saint») sanctam Ecclesiam catholicam, communionem sanctorum»; il indiquait que cet article dépendait du précédent car l'Esprit Saint est source et auteur de toute sainteté. Avant de commencer son exposé proprement dit, il faisait remarquer que les prophètes ont parlé plus clairement et plus longuement de l'Église que du Christ parce qu'ils prévoyaient qu'il y aurait beaucoup plus d'erreurs sur ce point que sur l'incarnation. Et, de fait, ajoutait-il, de nombreux impies ont prétendu qu'eux seuls étaient l'Église catholique. Il invitait les curés à enseigner avec grand soin cet article du Symbole car croire la vérité de l'Église permet d'éviter le danger d'hérésie.

Que transmettre aux fidèles? D'abord le sens du mot «Église». À côté du sens profane de convocation et d'assemblée d'hommes, le mot désigne, dans l'Écriture, la société chrétienne, les assemblées de fidèles et, selon s. Augustin, le peuple fidèle répandu dans tout l'univers. Il renferme de véritables mystères: ainsi, en tant que convocation, l'Église repose sur la Sagesse et le Conseil de Dieu qui nous appelle pour nous faire partager les réalités éternelles; en tant que «maison de Dieu», elle est la famille rassemblée autour du Père où tous les biens sont communs; elle est aussi «l'épouse du Christ» et le «corps du Christ». Un peu plus loin, le Catéchisme ajoutera qu'on donne aussi le nom d'Église à des parties de l'Église universelle voire même à des familles particulières de chrétiens. Quelques fois, le terme désigne uniquement «les prélats et les pasteurs». Enfin, le lieu où s'assemble le peuple chrétien est aussi appelé «église».

Les pasteurs doivent aussi enseigner qu'il y a dans l'Église une Église triomphante et une Église militante. La première est composée des esprits célestes et de tous les bienheureux dans le ciel et l'Église militante des fidèles vivant encore sur terre, «obligés de soutenir une guerre incessante contre les ennemis les plus cruels, le monde, la chair et Satan». L'Église militante elle-même renferme les bons et les méchants qui diffèrent entre eux par la conduite et les mœurs, les méchants étant comme des membres morts sur un corps vivant. Ne sont exclus de l'Église que les infidèles, les hérétiques, les schismatiques et les excommuniés. Les premiers, les infidèles, n'en ont jamais fait partie; les deuxièmes et les troisièmes l'ont abandonnée mais elle a toujours le droit de les juger, de les punir, de les frapper d'anathème; quant aux excommuniés, ils ont été chassés par elle et son exclus de sa communion tant qu'ils ne se convertissent pas. Les méchants font toujours partie de l'Église et, s'ils sont pasteurs, ils ne perdent rien de leur autorité.

Il faut encore faire connaître aux fidèles les quatre propriétés ou caractères de l'Église. L'Église est *une* parce qu'il n'y a qu'un seul Seigneur, une seule foi, un seul baptême, un seul chef invisible en la personne du Christ et un seul chef visible, l'évêque de Rome; tous les Pères le disent: ce chef visible est nécessaire pour conserver l'unité; il n'y a aussi qu'un seul et même Esprit animant tous les membres et une seule espérance à laquelle nous sommes tous appelés. L'Église est *sainte* parce quelle est vouée à Dieu, que ses fidèles sont devenus le peuple de Dieu et qu'ils se sont consacrés au Christ; elle est sainte parce qu'elle est le corps du Christ source de toute sainteté, qui répand sur elle l'Esprit saint; elle l'est aussi parce qu'elle possède l'Eucharistie et les autres sacrements et qu'«en dehors d'elle, il est impossible d'être vraiment saint». L'Église est *catholique*, universelle, non limitée à des régions ou des races; depuis Adam et jusqu'à la fin du monde, tous ceux qui professent la vraie foi lui appartiennent et tous ceux qui désirent obtenir le salut éternel doivent entrer en son sein comme dans l'arche pour éviter de périr du déluge. L'Église est *apostolique*: elle vient des apôtres, sa doctrine est la vérité qu'ils ont transmise, ce qui n'est pas le cas de celle des hérétiques, et l'Esprit la gouverne par leurs successeurs; il s'en suit qu'elle est seule à être infaillible dans la foi et la règle des mœurs.

L'arche de Noé vient d'être mentionnée. Le Catéchisme signale l'intérêt pastoral des figures de l'Église dans l'Ancien Testament. La plus expressive est l'arche construite sur l'ordre de Dieu: ceux qui y entrent sont préservés de la mort éternelle et ceux qui demeurent au dehors périssent ensevelis sous leurs crimes. Il y a aussi la figure de Jérusalem: ce n'est que dans ses murs qu'il était permis d'offrir des sacrifices à Dieu.

Enfin, il faut apprendre aux fidèles pourquoi l'Église est un des «articles de foi». Les Juifs et les Turcs savent que l'Église existe; seule la foi nous en fait découvrir les mystères qu'elle renferme car l'Église n'est pas l'œuvre de l'homme et son pouvoir non plus. Cependant, nous ne croyons qu'au Père, au Fils et à l'Esprit et non *en* l'Église; pour elle, nous disons: «Je crois l'Église» afin de conserver la distinction entre Dieu et les choses créées et d'attribuer à Dieu seul tous les dons que l'Église possède.

La seconde partie du neuvième article, «Je crois la communion des saints», est un développement plus complet de ce qui a déjà été dit de la Sainte Église: tous les biens que celle-ci a reçus deviennent nécessairement un fond commun. Cette société ou communion des saints, dit le Catéchisme, est d'abord la communion des sacrements, notamment du baptême qui est la porte d'entrée dans l'Église et de l'eucharistie qui réalise l'union à Dieu et entre nous. Elle est aussi la communion de la charité: tous les baptisés ne forment qu'un seul corps, toutes les fonctions sont établies pour l'avantage de la société entière. Les pécheurs, qui sont toujours membres de l'Église, sont aidés à retrouver la grâce par les chrétiens vraiment justes et pieux; ceux qui sont retranchés du sein de l'Église demeurent privés des fruits du salut. Les biens communs à tous sont des dons gratuits de Dieu pour l'édification de l'Église et non pour le seul avantage de celui qui en jouit; il nous faut donc être toujours empressés à venir au secours du prochain qui se trouve dans l'indigence et la misère.

Dans le *Directoire*, l'Église est présentée au terme du répertoire des vérités chrétiennes essentielles, mais déjà, dans l'exposé sur le Christ, il nous est dit que «le mystère du Christ se continue dans l'Église, qui jouit sans cesse de l'intimité de sa présence et qui est à son service», spécialement par les sacrements. L'Église «n'est pas seulement le peuple de Dieu», elle est aussi, dans le Christ, comme «le signe et l'instrument de l'union intime avec Dieu et de l'unité de tout le genre humain»; elle doit donc «être regardée elle-même, d'une certaine manière, comme le sacrement primordial» (n° 55). Après la présentation des sept sacrements (n°s 56-59) et après l'exposé sur l'homme nouveau et la vie morale des chrétiens (n°s 60-64), le Directoire aborde, en quatre points, l'ecclésiologie proprement dite.

Premier point: l'Église est «peuple de Dieu et institution salvifique». Instituée par le Christ, «née de sa mort et de sa résurrection», elle est le nouveau peuple de Dieu préparé tout au long de l'histoire d'Israël, «peuple que le Christ unifie et développe par l'effusion de l'Esprit, qu'il rénove et dirige perpétuellement par ses dons hiérarchiques et charismatiques». Elle est tout à la fois «société des fidèles, communion des hommes dans le Christ, l'œuvre de l'action salvifique de Dieu dans le Christ»; par son activité ministérielle, elle est aussi la mère des fidèles. Le Directoire souligne alors que ce peuple est un peuple royal, prophétique et sacerdotal, et que l'Église est en même temps société hiérarchique; il insiste sur la présence de l'Esprit qui lui assure son attachement indéfectible au Christ, la purifie et la rénove continuellement (n° 65).

Deuxième point: «L'Église comme communion». L'Église est une communion de personnes ayant une commune dignité, une vraie égalité, bien que toutes n'aient pas la même fonction; toutes ont une commune vocation à la perfection et à la sainteté et contribuent au bien de tous, de chacun des membres et de chacune des Églises particulières en lesquelles le Christ est présent. Les fidèles catholiques prient pour les autres chrétiens, ils établissent des échanges avec eux et font les premiers pas vers eux. Mais d'abord ils examinent «ce qu'il faut rénover et instaurer dans la famille catholique elle-même pour que sa vie rende plus fidèlement et plus clairement témoignage à la doctrine et aux règles reçues du Christ et transmises par les apôtres» (n° 66).

Troisième point: «L'Église, institution salvifique». Le peuple de Dieu est instrument de la rédemption de tous; «il est envoyé au monde entier comme la lumière du monde et le sel de la terre». L'Église embrasse toute l'histoire, admet toutes les cultures et les ordonne à Dieu; elle instaure un dialogue avec le monde, scrute les signes des temps et «veille à se faire comprendre et connaître du monde, s'efforçant de se défaire des formes extérieures qui semblent moins évangéliques et dans lesquelles apparaissent de manière trop manifeste les vestiges d'âges révolus». Sans être de ce monde, elle est liée à son histoire et désire lui être présente pour «éclairer les hommes de la lumière du Christ, les rassembler et les unir tous en lui, leur unique Sauveur» (n° 67).

Quatrième point: «Marie, mère de Dieu, mère et modèle de l'Église». C'est le dernier chapitre de *Lumen gentium* qui est ici résumé. Marie est «le type de l'Église», la «figure de la virginité et de la maternité de toute l'Église, signe d'espérance assurée et de consolation pour le peuple de Dieu en marche» (n° 68).

L'*Avant-projet* de 1987 réunit aussi, en son chapitre IX, l'Église et la communion des saints. Il propose un exposé inspiré par l'enseignement de Vatican II sur l'Église et suggère le plan suivant; 1. Le mystère de l'Église, nouveau peuple de Dieu, sacrement ou mystère universel du salut, corps du Christ, temple de l'Esprit et communion des saints; 2. Les notes ou propriétés de l'Église: elle est une sainte, catholique et apostolique; 3. Les membres de l'Église: la hiérarchie, les laïcs, la vie consacrée; 4. Les charismes dans l'Église; 5. Marie, Mère de Dieu et de l'Église.

Le neuvième chapitre du *Projet révisé*, avec ses 134 paragraphes de texte et ses 24 «En bref», regroupe également l'Église et la communion des saints. L'article de foi sur l'Église, précise-t-il de suite, «dépend entièrement des articles concernant le Christ Jésus», comme l'indiquent les premiers mots de *Lumen gentium* (1610). Il dépend aussi entièrement de l'article sur l'Esprit Saint, comme le reconnaissait déjà le Catéchisme romain (1611). Il fait profession de «croire une Église sainte et non pas *en* l'Église» (1612)[194]. Pour exposer le contenu, le *Projet révisé* se réfèrera de préférence à *Lumen gentium*, «la grande catéchèse sur l'Église» (1613).

Le développement reste subdivisé en cinq parties mais la matière est distribuée autrement que dans l'*Avant-projet* :1. Le mystère de l'Église; 2. L'Église, peuple de Dieu, peuple sacerdotal, prophétique et royal; 3. L'Église est une, sainte, catholique et apostolique; 4. La Communion des saints; 5. Marie, Mère de l'Église.

Nous constatons de suite que la communion des saints fait maintenant l'objet d'un développement distinct au terme des articles sur l'Église comme dans le Catéchisme tridentin, qu'un article entier est consacré à la notion de «peuple de Dieu» et qu'il n'y a plus d'exposé particulier sur les membres de l'Église et sur les charismes.

Article 1: Le mystère de l'Église

Le premier article correspond au premier chapitre de *Lumen gentium*, dont il reprend le titre. Il comprend les six points suivants: 1. L'Église est «sacrement»; 2. L'Église est née de Dieu; 3. Le Royaume de Dieu et l'Église; 4. Parler de l'Église en images; 5. L'Église – Corps du Christ; 6. L'Église à la fois visible et spirituelle.

I. L'Église est «sacrement»

«L'Église est dans le Christ en quelque sorte le sacrement (...), le signe et l'instrument de l'union intime avec Dieu et de l'unité du genre humain» (1614). Cette affirmation de *Lumen gentium* 1 veut dire que l'Église est «sacrement de l'unité», comme le dit *Sacrosanctum concilium* 26, et «sacrement du salut», selon *Ad gentes* 5 (1616-1618). Parler

194. «Je crois une Église sainte», mais le titre du chapitre neuvième est bien «Je crois *à* la Sainte Église ...» et la traduction française officielle du Credo de Nicée-Constantinople est «Je crois *en* l'Église une, sainte ...»!

du «mystère de l'Église», c'est dire qu'elle est sacrement ou manifestation et communication du Christ dans ces temps qui sont les derniers (1615). N'aurait-il pas été utile de rappeler que ce mot «mystère» a déjà été employé à propos de la création, l'incarnation et la rédemption, ainsi qu'à propos de faits précis de la vie cachée et du ministère public de Jésus?

II. L'Église est née de Dieu

L'Église a son origine «dans le dessein du Dieu Trinité» (1619). Elle est née dans le cœur du Père, elle est née du cœur transpercé de Jésus, elle vient de l'Esprit qui habite en elle.

Le *Projet révisé* présente d'abord le dessein du Père, explicitant le contenu de *Lumen gentium* 2: le monde fut crée en vue de l'Église, en vue de cette communion à laquelle Dieu appelle tous les hommes, dont l'Église est le sacrement. Cette Église ou «famille de Dieu» a été préfigurée, préparée, instituée, manifestée au cours de l'histoire et sera «consommée dans la gloire» au terme des siècles. Elle est constituée des disciples du Christ et «englobe en même temps tous les justes» (1620-1622).

Du texte conciliaire, une phrase a été omise: «Devenus pécheurs en Adam, il [le Père] ne les a pas abandonnés [les hommes], leur apportant sans cesse les secours salutaires, en fonction du Christ rédempteur». Le concile voulait affirmer, d'une part, qu'il ne faut pas chercher la moindre grâce en dehors du Christ et de son Corps qui est l'Église, et, d'autre part, que Dieu donne à chacun les moyens de salut indispensables, l'influence de l'Église s'exerçant dès avant sa constitution complète et définitive au-delà des limites de son aire visible[195].

Dire que l'Église, «communauté visible des disciples du Christ», englobe en même temps tous les justes (disciples ou non du Christ), n'est-ce pas devancer sa phase finale, sa consommation dans la gloire? Dieu tient pour agréable quiconque le craint et pratique la justice mais le non-chrétien, qui travaille avec la grâce divine à avoir une vie droite, n'est pas pour autant un membre de l'Église (un chrétien qui s'ignore, entend-on parfois dire); il et «ordonné au peuple de Dieu», nous dit *Lumen gentium* 16.

Si l'Église est née dans le cœur du Père, elle est née aussi «du cœur transpercé de Jésus» et cette naissance continue sans cesse, «surtout par la célébration de l'Eucharistie» (1623-1625). C'est *Lumen gentium* 3 qui est ici présenté. Le texte conciliaire mentionne le sang et l'eau sortant du

195. Cf. G. PHILIPS, *L'Église et son mystère au IIe concile du Vatican. Histoire, texte et commentaire de la Constitution Lumen Gentium*, Paris, Desclée, 1967, t. I, p. 81.

côté ouvert de Jésus en croix, dans lesquels la tradition à lu la naissance de l'Église et les signes du baptême d'Esprit et de l'eucharistie, les deux sacrements qui font l'Église. Le *Projet révisé* a privilégié l'eucharistie; l'évocation ou tout au moins la mention du baptême pourrait être ajoutée.

Lumen gentium 3 voit la naissance ou l'inauguration du Royaume des cieux sur la terre dans toute la vie du Christ, dans la révélation du mystère du Père et dans son obéissance filiale. Le *Projet révisé* a privilégié le signe du cœur transpercé; il ne faudrait pas pour autant limiter à ce moment précis la fondation de l'Église.

L'Église tient sa vie de l'Esprit, sans lequel elle n'existerait pas (1626). Le *Projet révisé* a déjà précisé que l'Esprit constitue l'Église, la sanctifie et l'envoie (1587-1598). Maintenant il reprend deux phrases de *Lumen gentium* 4: «C'est lui, l'Esprit de vie, la source d'eau jaillissante pour la vie éternelle, par qui le Père donne la vie aux hommes que le péché avait fait mourir (...). L'Esprit habite en elle [l'Église] et dans le cœur des fidèles comme dans un temple». Et il ajoute que, selon s. Thomas, «il est l'âme qui vivifie ce corps de l'Église».

Nous pouvons constater que plusieurs actions spécifiques de l'Esprit rapportées en *Lumen gentium* 4 n'ont toujours pas été reprises dans le *Projet révisé*: «Il introduit dans la vérité tout entière (...), il assure l'unité de la communion et du ministère, il la bâtit et la dirige grâce à la diversité des dons hiérarchiques et charismatiques (...), il fait la jeunesse de l'Église et il la renouvelle sans cesse, l'acheminant à l'union parfaite avec son Époux». À propos de l'Esprit, âme de l'Église, le concile indique bien qu'il s'agit d'une comparaison: «Son action [celle de l'Esprit] a pu être comparée par les saints Pères à la fonction que remplit dans le corps humain l'âme, principe de vie» (*Lumen gentium* 7, § 7).

Avec le concile, le *Projet révisé* peut conclure que l'Église naît finalement de la Trinité, et qu'elle est «un peuple qui tire son unité du Père et du Fils et du Saint-Esprit». Du regard de foi porté sur le mystère de l'Église, on peut déduire qu'elle est essentiellement une communion de personnes avec Dieu et entre elles, qu'elle a comme but la pleine réalisation de cette communion dans «l'Église universelle» de la fin des temps, et qu'elle est une Église pérégrinante avec ses faiblesses humaines, certes, mais habitée par le Dieu Trinité qui est son origine et sa fin (1627-1630).

III. Le Royaume de Dieu et l'Église

Le plan de salut du Père, réalisé par l'incarnation du Fils et la mission de l'Esprit, aboutit à la fondation de l'Église dans l'histoire des hommes

(1631). Une question vient souvent à l'esprit: le Christ a-t-il voulu fonder l'Église? Le concile répond: le Christ a prêché et inauguré le Règne de Dieu par sa parole, ses miracles et surtout sa personne, et, à la Pentecôte, il donna mission aux disciples d'annoncer et d'instaurer ce Royaume dans toutes les nations (1632-1633). On peut et on doit donc dire, avec la Commission théologique internationale en 1985, que Jésus a fondé l'Église (1634).

Jésus fonde l'Église, mais quels sont les liens entre l'Église et le Royaume de Dieu ou le Règne de Dieu? «Pour y répondre [à cette question], il faut regarder le sens des deux termes, nous dit le *Projet révisé*. Ils désignent la même réalité, mais sous des points de vue différents. Quand on parle du Royaume de Dieu, on envisage surtout le résultat de l'action de Dieu, qui se réalise parmi les hommes en les rassemblant autour du Christ; quand on parle de l'*Église*, on envisage surtout les hommes qui sont groupés par Dieu autour du Christ. Lorsque nous demandons au Père: 'Que ton Règne vienne!' nous demandons que se réalise son dessein de rassembler les hommes dans la foi au Christ, c'est-à-dire de 'les convoquer dans la sainte Église' (LG 2)» (1632). La réponse est loin d'apporter les lumières attendues! Et pourtant, la constitution conciliaire nous dit que l'Église est le Règne du Christ déjà mystérieusement présent, que l'Église forme le germe et le commencement du Royaume du Christ et de Dieu, que l'Église est le Royaume qui croît jusqu'à la moisson, aspirant à son achèvement dans la gloire. L'Église et le Royaume ne sont pas deux réalités identiques à tous les points de vue: l'Église est le Royaume à son stade initial, elle est sa première croissance et non le Royaume glorieux de la fin des temps. Le Royaume déborde les limites de l'Église bien que tout ce qui appartient en propre au Royaume appartienne, par don, à l'Église. Le Règne, le Royaume, l'Église ne désigneront la même réalité qu'à la fin, lorsque l'Église universelle rassemblera tous les justes. «Que ton règne vienne» signifie: Que tous les hommes soient rassemblés dans l'Église universelle de la fin des temps.

IV. Parler de l'Église en images

Le mystère de l'Église, et spécialement son mystère de communion, nous est dévoilé à travers plus de quatre-vingts images diverses (1635-1636). C'est l'enseignement de *Lumen gentium* 6 qui est ici résumé et que le *Projet révisé* conclut en ces termes: «La foule d'images puisées dans l'Ancien Testament constitue des variations d'une idée de fond, celle du 'Peuple de Dieu' (de la 'famille', du 'clan' de Dieu). Dans le

Nouveau Testament, toutes ces images trouvent un nouveau centre par le fait que le Christ devient le 'lieu' de ce peuple. Cette transformation christologique peut renouer avec les images du Temple et de l'Épouse (...), ainsi qu'avec la réalité eucharistique (...). Cette nouvelle ligne christologique et pneumatologique ne se substitue pas à l'idée du Peuple de Dieu, mais donne à celle-ci sa concrétion définitive» (1367). Qui pourra comprendre le sens et la portée de cette explication pour le moins énigmatique?

V. L'Église – Corps du Christ

L'ensemble de *Lumen gentium* 7 consacré à la comparaison de l'Église avec le Corps du Christ est présenté de manière bien structurée et l'exposé fait judicieusement ressortir le mystère de communion du Christ et de l'Église (1638-1654). Quatre extraits de s. Augustin et une expression significative de sainte Jeanne d'Arc (qui mériterait cependant d'être située brièvement dans son contexte historique) illustrent bien la conscience que l'Église a de son unité avec le Christ.

En *Lumen gentium* 7, § 1, nous lisons: «En communiquant son Esprit à ses frères qu'il rassemble de toutes les nations, il les a constitués mystiquement comme son Corps». Pas plus que s. Paul, le document conciliaire ne dit qu'«il en a fait son corps mystique» mais «il en a fait, de façon mystique, comme son propre Corps»; il s'en tient en effet au sens littéral du texte de s. Paul: «les fidèles qui adhèrent au Christ deviennent son corps, c'est-à-dire son corps physique d'individu humain, non pas de façon matérielle, ce qui serait absurde, mais d'une manière secrète, en rapport avec l'économie du salut, d'une manière donc mystérieuse ou mystique»[196]. Le *Projet révisé*, pour sa part, parle de «corps mystique», de corps «échappant aux apparences et aux sens, réalité *accessible par la seule foi*», de corps «appartenant au Mystère, c'est-à-dire au dessein de Dieu révélé et réalisé par le Christ» (1642). Est-ce bien clair?

Pour bien indiquer qu'il s'agit d'une comparaison, le concile dit que le Christ a fait de ses frères «comme» son Corps. Le *Projet révisé* ne dit pas autre chose (1641), mais il ajoute un commentaire qui affirme le contraire: «L'Église n'est pas seulement *comme* un corps, elle *est* le Corps du Christ (...), elle est unifiée *en lui* dans son Corps mystique» (1642, souligné dans le texte). Une réécriture de ces passage s'impose.

196. G. PHILIPS, *L'Église et son mystère*, p. 107.

VI. L'Église à la fois visible et spirituelle

La dernière explication du mystère de l'Église concerne son caractère à la fois visible et spirituel. L'enseignement du premier paragraphe de *Lumen gentium* 8 est présenté très fidèlement: reconnaître l'Église, c'est, dans la foi, accueillir et accepter ses deux dimensions inséparables: sa réalité visible, historique, institutionnelle et sa réalité spirituelle, la première étant au service de la seconde (1655-1657). Les trois autres paragraphes de *Lumen gentium* n'ont pas trouvé d'écho ici. Le *Projet révisé* ne dit pas que l'Église marche dans la pauvreté et la persécution, enveloppant de son amour les pauvres et ceux qui souffrent, ni qu'elle est appelée à se purifier et à se renouveler sans cesse; il ne dit pas non plus qu'elle met sa force dans la puissance du Ressuscité pour affronter les difficultés provenant du dehors et du dedans et pour révéler fidèlement au monde le mystère du Seigneur. Et il ne précise pas non plus où se trouve aujourd'hui cette Église du Christ visible et spirituelle: elle subsiste (*subsistit*), dit le concile, dans l'Église qui est appelée «Église catholique», bien que des éléments nombreux de sanctification et de vérité se trouvent (*inveniantur*) dans d'autres Églises ou communautés ecclésiales. Il reprendra cette affirmation très importante du concile à propos de l'«unité» de l'Église; rien n'empêche cependant de la présenter déjà ici puisqu'elle est l'explication d'un des deux éléments du mystère de l'Église: sa visibilité.

Article 2: L'Église – Peuple de Dieu

L'Église est une réalité qui s'inscrit dans l'histoire, qui se réalise dans un cheminement vers un terme. Le concile a repris l'expression «Peuple de Dieu» et en a précisé le contenu pour souligner que le mystère de communion avec Dieu et avec les hommes se découvre à travers l'histoire d'un peuple choisi pour être le Peuple de Dieu au milieu des nations (1666).

I. Le Peuple messianique

Dieu se choisit un peuple, le peuple d'Israël, et fait alliance avec lui. Cette alliance sera finalement scellée dans la mort et la résurrection du Christ. Le peuple de Dieu se distingue des autres peuples parce qu'il a pour chef le Christ et que sa condition, sa loi, sa destinée sont bien particulières (1667-1669).

Nous retrouvons ici l'enseignement de *Lumen gentium* 9. Quelques passages ont cependant été laissés de côté. Il y a d'abord la toute première phrase qui répond d'avance à une question qui vient spontanément à l'esprit: vous parlez d'un peuple particulier que Dieu s'est choisi, mais les autres peuples qu'il n'a pas élus et tous ceux qui, aujourd'hui, ne font pas partie de ce peuple, sont-ils pour autant laissés de côté, ignorés, exclus? Non, répond le concile. «À toute époque, à la vérité, et en toute nation, Dieu a tenu agréable quiconque le craint et pratique la justice (cf. Act 10,35)».

La destinée du Peuple de Dieu, dit le *Projet révisé*, c'est le Royaume «qui doit se dilater de plus en plus jusqu'à ce que (...) il soit achevé par Dieu lui-même». Il aurait pu poursuivre, avec le concile, que, bien qu'actuellement encore un petit troupeau, «ce peuple messianique (...) constitue pour tout l'ensemble du genre humain le germe le plus sûr d'unité, d'espérance et de salut. Établi par le Christ (...), il est entre ses mains l'instrument de la rédemption de tous les hommes, envoyé au monde entier comme lumière du monde et sel de la terre».

Nous ne retrouvons pas non plus l'équivalence établie entre le Peuple de Dieu et l'Église. Le concile nous dit: «Et tout comme Israël selon la chair cheminant dans le désert reçoit déjà le nom d'Église de Dieu, ainsi le nouvel Israël qui s'avance dans le siècle présent en quête de la cité future, celle-là permanente, est appelé lui aussi l'Église du Christ; l'Église, c'est l'ensemble de ceux qui regardent avec foi vers Jésus», ce sont ceux que Dieu a appelés pour en faire cette communauté, ce Peuple de croyants. Si telle est la signification du mot «Église», il faudra que le catéchisme indique de qui il parle lorsqu'il utilise ce terme pour désigner non pas l'ensemble du peuple de Dieu mais ceux qui ont tel ou tel ministère particulier en son sein (l'Église exhorte, l'Église enseigne, l'Église propose à croire, l'Église colonne et soutien de la vérité ...).

Le dernier passage de *Lumen gentium* 9 à ne pas se retrouver en cet endroit du *Projet révisé* souligne un aspect important de la vie de l'Église: comme elle prend place dans l'histoire humaine, «marchant à travers les tribulations et les tentations», elle est soutenue par le Seigneur «pour que, du fait de son infirmité charnelle, elle ne défaille pas à la perfection de sa fidélité mais reste de son Seigneur la digne Épouse, se renouvelant sans cesse sous l'action de l'Esprit Saint».

Ce Peuple de Dieu, qui n'est pas comme les autres peuples, est un Peuple tout entier sacerdotal, un Peuple consacré pour être une demeure spirituelle, un sacerdoce saint (1670): il offre des sacrifices spirituels, il proclame les merveilles de Dieu et porte témoignage du Christ (1671). Ce «sacerdoce commun» à tous les fidèles se distingue du «sacerdoce ministériel ou hiérarchique» mais ces deux sacerdoces sont ordonnés l'un à l'autre (1672). Le *Projet révisé* insère ici cette distinction par fidélité à *Lumen gentium*; il reparlera de la vocation sacerdotale à propos du baptême (2263), de la confirmation (2322) et de l'ordre (2703, 2714-2722).

II. Un Peuple sacerdotal, prophétique et royal

La caractéristique fondamentale du Peuple des baptisés est que ce Peuple tout entier participe aux trois fonctions de Jésus: il est sacerdotal, prophétique et royal (1673).

Faut-il revenir sur la fonction sacerdotale qui vient d'être évoquée (1671)? Oui, pour dire, avec *Lumen gentium* 10, que les fidèles exercent leur sacerdoce par la réception des sacrements, laquelle est accueil de la vie divine dans toutes les dimensions de la vie personnelle, familiale et sociale (1674). Cela ne doit pas occulter qu'ils l'exercent aussi par l'offrande de leur vie, leur témoignage, le renoncement, la charité effective, la prière.

La fonction prophétique conduit à parler du témoignage, du sens surnaturel de la foi et des charismes, comme le fait *Lumen gentium* 12 (1675). Le *Projet révisé* ne cite cependant pas deux affirmations importantes de ce paragraphe 12. D'abord, il ne dit pas que «la collectivité des fidèles (...) ne peut se tromper dans la foi» (infaillible de l'Église *in credendo*). Ensuite, il retient le consentement des fidèles aux vérités de foi mais ne dit pas que, «soutenu par l'Esprit de vérité et sous la conduite du magistère sacré, dont il reçoit, dans une soumission fidèle, non plus une parole humaine mais vraiment la parole de Dieu, le Peuple de Dieu s'attache indéfectiblement à la foi transmise (...), il y pénètre plus profondément en l'interprétant comme il faut et dans sa vie la met plus parfaitement en œuvre». Il est vrai que le *Projet révisé* a déjà cité cet extrait dans son introduction (0257), à propos de l'interprétation du donné révélé; il est cependant tout indiqué de le reprendre ici ou au moins de le rappeler puisqu'il est en lien direct avec la mission prophétique du Peuple de Dieu.

Il reste à dire un mot de la fonction royale. Elle consiste à vaincre le règne du péché, servir le Christ et les autres, bien user de la création, imprégner le monde de l'Esprit du Christ, servir loyalement le bien commun de la société (1676). Puisque *Lumen gentium* ne développe pas le contenu de la mission royale en son chapitre II, le *Projet révisé* utilise ici ce que la constitution dogmatique dit de la participation des laïcs à cette fonction (au n° 36). Peut-être aurait-il fallu ajouter que les autres membres du Peuple de Dieu, religieux(ses), diacres, prêtres et évêques vivent leur mission royale également en fonction des engagements spécifiques qui sont les leurs.

Article 3: L'Église est une, sainte, catholique et apostolique

Jusqu'ici, le *Projet révisé* s'est laissé guider par la constitution conciliaire. Avec l'article 3, il abandonne le plan de *Lumen gentium*, lui préférant la structure qui figure dans le Credo de Nicée-Constantinople: «[Je crois en] l'Église une, sainte, catholique et apostolique», et voyant dans ces quatre «notes» des dons du Christ à son Église, que la foi peut reconnaître et que la raison peut entrevoir en scrutant l'histoire et la vie de l'Église (1682-1683).

I. L'Église est une

L'Église est une de par sa source, le Dieu un et trine, de par son fondateur, le Christ, et de par son «âme», l'Esprit-Saint (1684-1686). Comme le dit *Lumen gentium* 8, cette Église une, comme société constituée et organisée en ce monde, *subsistit* dans l'Église qu'on appelle l'Église catholique, bien que des éléments authentiques de l'Église du Christ *inveniantur* en dehors des structures de l'Église catholique, éléments qui sont des dons de Dieu à son Église et appellent par eux-mêmes l'unité catholique (1687). L'unité de l'Église est assurée par la profession d'une seule foi, la célébration commune du culte divin et la concorde fraternelle (1688). Comme principe et fondement de cette unité, le Christ a mis Pierre à la tête des autres apôtres; le pape, successeur de Pierre, remplit ce ministère à l'égard des évêques et des fidèles et chaque évêque à l'égard de son Église particulière (1689-1690). L'unité n'exclut pas une grande diversité (1691). Au cours de l'histoire, cette unité a été entamée par des hérésies, des apostasies et des schismes. Les membres actuels des communautés séparées de l'Église gouvernée par Pierre et les autres apôtres sont reconnus à bon droit comme des frères dans le Seigneur (1692-1694). L'unité subsiste de façon inamissible dans l'Église catholique mais elle doit s'accroître de jour en jour, elle est une tâche qui concerne les fidèles autant que les pasteurs. Elle implique un renouveau permanent de l'Église dans une fidélité plus grande à sa vocation, la conversion des cœurs, la prière en commun, la connaissance réciproque fraternelle, la formation œcuménique et la collaboration entre chrétiens dans divers domaines. La réconciliation des chrétiens dépasse les forces et capacités humaines; aussi nous mettons notre espoir dans la prière pour l'unité (1695-1698).

II. L'Église est sainte

L'Église est sainte car le Christ, le seul Saint, se l'est unie comme son corps et l'a comblée de l'Esprit Saint; elle est donc «le Peuple saint de Dieu» et nous sommes appelés «saints». Elle est sainte et elle sanctifie car en elle toute la richesse des moyens de salut est déposée (1699-1700). Les membres doivent cependant encore acquérir la sainteté en suivant la seule et unique voie qui y conduit: la charité, l'Amour, dont Thérèse de Lisieux avait bien perçu la nécessité (1701-1702). L'Église sainte est donc en même temps une Église appelée à se purifier et à se renouveler constamment: ses membres, même les ministres, sont toujours en voie de sanctification (1703). Les «canonisations» reconnaissent la puissance de l'Esprit en ceux qui «ont pratiqué héroïquement les vertus et vécu la fidélité à la grâce de Dieu» (1704). En Marie, l'Église atteint déjà à la perfection sans tache ni ride, elle est déjà la toute sainte (1705).

III. L'Église est catholique

L'Église du Christ est catholique, universelle, parce que, depuis le jour de la Pentecôte, elle reçoit du Ressuscité «la plénitude des moyens de salut» et est envoyée en mission «à l'universalité du genre humain» (1706-1708). Chaque Église particulière ou diocèse et tous les groupements légitimes de fidèles unis à leurs pasteurs sont appelés «Églises», le Christ étant présent en eux; ils sont formés à l'image de l'Église universelle et c'est en eux et à partir d'eux qu'existe l'Église catholique une et unique (1709-1710). Les Églises locales sont riches de leurs traditions, usages et patrimoines propres; «cette variété montre (...) la catholicité de l'Église indivise» (1711-1712). Le *Projet révisé* expose alors le sens de l'affirmation «Hors de l'Église point de salut» et répond à la question: «Qui appartient à l'Église catholique?» (1713-1717). Et comme il l'avait fait pour l'unité et la sainteté, il rappelle que la catholicité, don inamissible également, est en même temps une tâche à accomplir par l'œcuménisme d'une part, car les divisions empêchent l'Église de réaliser pleinement sa catholicité, et par la mission d'autre part, car le projet de Dieu est que «le monde entier dans tout son être soit transformé en Peuple de Dieu, en Corps du Christ et Temple du Saint-Esprit» (1718-1719).

IV. L'Église est apostolique

L'Église est apostolique parce qu'elle est fondée sur les apôtres, garde le dépôt qu'ils ont transmis et continue à être dirigée et enseignée par eux à travers la succession apostolique des évêques (1720-1723). Les évêques sont les successeurs des apôtres; ensemble ils forment le collège épiscopal qui n'a d'autorité que s'il est uni au pape et qui ne peut exercer son pouvoir suprême et plénier sur toute l'Église qu'avec le consentement du pape. Chaque évêque exerce son autorité pastorale sur une Église particulière et prend part à la sollicitude pour toutes les Églises (1724-1729) Pour maintenir l'Église dans la pureté de la foi transmise par les apôtres, le Christ a doté son Église de l'infaillibilité pour définir la doctrine concernant la foi et les mœurs. Le pape jouit de cette infaillibilité lorsqu'il parle «ex cathedra» et le corps épiscopal lorsqu'il exerce son magistère suprême en union avec le pape (1730-1731).

Vatican II n'ignore pas les «notes» de l'Église. Il n'en fait pas l'objet d'un enseignement systématique mais plus d'une fois il les mentionne explicitement. Ainsi, en *Lumen gentium*, il rappelle que «nous professons dans le Symbole l'unité, la sainteté, la catholicité et l'apostolicité» de l'Église (n° 8, § 2) et affirme que, par sa présence dans toutes les communautés de fidèles, le Christ «se constitue l'Église une, sainte, catholique et apostolique» (n° 26, § 1). Ainsi encore, dans *Ad gentes,* il dit de l'activité missionnaire qu'«elle découle profondément de la nature même de l'Église; elle en propage la foi qui sauve, elle en réalise l'*unité catholique* en la répandant, l'*apostolicité* de l'Église lui donne sa vigueur (...), elle en atteste, répand et procure la *sainteté* (n° 5, § 6; c'est moi qui souligne). Commentant le neuvième article du Symbole, le *Projet révisé* veut s'en tenir de près à l'enseignement du concile sur chacune des quatre «notes», enseignement qu'il trouve épars dans divers documents de Vatican II.

L'unité

Il est d'abord question de l'unité au sein du Peuple de Dieu. Cette unité n'est pas uniformité mais accueil des légitimes diversités. C'est ce que *Lumen gentium* 13 enseigne lorsqu'il développe la catholicité ou universalité de l'Église: l'Église est universelle, dit-il, parce qu'elle est capable de rassembler dans l'unité de l'Esprit les Églises ayant leurs traditions propres, comme aussi les races, les peuples et les cultures les plus diverses. Le *Projet révisé* parle des diversités tantôt à propos de l'unité: l'unité n'exclut pas, dit-il, l'existence d'Églises particulières et la diversité des membres de l'Église (1691), tantôt à propos de la catholicité: la catholicité va de pair avec une richesse de traditions propres, d'usages liturgiques, de patrimoines théologiques et spirituels (1711-1712). C'était peut-être l'occasion de parler *explicitement* des Églises orientales catholiques. Dès la préparation du concile, ces Églises ont souhaité qu'un éventuel catéchisme universel ou un directoire général de catéchèse informe tous les catholiques qu'il existe dans l'unique Église catholique des Églises orientales et des Églises occidentales[197]. Le Directoire de 1971 n'en a rien fait, le *Projet révisé* non plus. Avec le décret conciliaire *Orientalium Ecclesiarum*, on pourrait signaler que les Églises orientales catholiques sont des Églises catholiques à part entière, dont le patrimoine doit être considéré comme celui de l'Église du Christ.

L'affirmation de l'unité de l'Église entraîne avec elle la reconnaissance de la division des chrétiens et l'engagement œcuménique de tous les baptisés. Le *Projet révisé* puise surtout dans le décret *Unitatis redintegratio* pour évoquer cette situation; il n'en reprend pas intégralement tous les paragraphes, ce qui aurait grossi démesurément son exposé, et s'en tient pratiquement au chapitre indiquant aux catholiques ce qu'ils ont à faire pour que l'unité pleine et parfaite soit un jour réalisée (1696-1698). Nous avons finalement un texte peu chaleureux. L'attention n'est pas attirée sur ce que les autres chrétiens – qui ne sont pas désignés nommément – ont déjà en commun avec nous (la profession d'une même foi, la célébration de sacrements, l'écoute de la Parole, la prière ...). Il ne nous est pas dit, avec le concile, que les Églises et Communautés chrétiennes «ne sont nullement dépourvues de signification et de valeur dans le mystère du salut». Nous ne savons pas vers quel type d'unité notre Église s'est engagée, nous ignorons les avancées du mouvement œcuménique depuis le concile et l'existence d'un Conseil pontifical pour la recherche de l'unité des chrétiens et du Conseil œcuménique des Églises. Finalement, le lecteur n'aura pas le sentiment que l'Église catholique, comme Jean-Paul II le répète souvent, a fait de l'unité des chrétiens une de ses priorités.

La sainteté

L'Église est sanctifiée et sanctifie par le Christ. Ses membres sont les saints de Dieu, appelés à se purifier continuellement et à se sanctifier

197. Cf. M. SIMON, *Un catéchisme universel pour l'Église catholique*, p. 206-209 et 224-225.

jour après jour. Les saints canonisés sont signes de la sainteté de l'Église.

Cette caractéristique de l'unique Église du Christ «subsiste» dans l'Église catholique «bien que des éléments nombreux de sanctification (...) se trouvent hors de ses structures» (*Lumen gentium* 8, § 2). Il est regrettable que le *Projet révisé* n'ait pas complété son exposé en nous disant que le Christ sanctifie aussi les chrétiens non encore pleinement unis à nous et que leurs Églises ou Communautés sont, par le Christ, des médiations de sanctification.

La catholicité

Pour donner un contenu à cette «note» de l'Église, le Projet révisé s'inspire de *Lumen gentium* 13-16 et de *Unitatis redintegratio* 3-4. Il reparle de la diversité des Églises locales comme d'un signe de la catholicité. Ces Églises ce sont uniquement les diocèses, alors qu'il y a aussi les Églises patriarcales et les Églises d'une nation ou d'une région avec leurs conférences épiscopales. Il aborde la question de l'appartenance à l'Église du Christ: sont pleinement incorporés à cette Église les fidèles de l'Église catholique (il oublie de mentionner les catéchumènes). Quant aux autres chrétiens, ils sont dans une certaine communion, bien qu'imparfaite avec l'Église catholique. Les non-chrétiens, eux, sont ordonnés au Peuple de Dieu (1714-1717). Ces réponses doivent-elles être rapportées en petits caractères, comme c'est le cas, ou figurer dans l'exposé lui-même? Ne serait-il pas mieux de reprendre en entier le développement de *Lumen gentium*, beaucoup plus concret, sur les autres chrétiens et sur les non-chrétiens, le *Projet révisé* n'ayant repris du texte conciliaire que les phrases les plus générales?

Au terme de son exposé sur la catholicité, le *Projet révisé* en appelle à l'action œcuménique et à l'évangélisation de tous les hommes. N'aurait-il pas dû évoquer aussi le dialogue inter-religieux et le dialogue avec les athées?

L'apostolicité

La quatrième «note» de l'Église se confond pratiquement, dans le *Projet révisé*, avec la succession apostolique des évêques, la relation du collège épiscopal avec le pape et l'infaillibilité du magistère. La focalisation sur les évêques et le pape laisse croire que l'apostolicité ne concerne pas les autres membres de l'Église, alors que les laïcs, les diacres, les prêtres, les religieux sont aussi partie prenante dans la garde du dépôt de la foi apostolique, qu'ils sont envoyés, apôtres, députés à l'apostolat. J'ajoute que, comme les autres «notes», l'apostolicité est un don inamissible du Christ à son Église, qu'on retrouve aussi de manières diverses chez les autres chrétiens, et en même temps une tâche de toutes les époques; un paragraphe supplémentaire pourrait l'indiquer.

Les réflexions qui viennent d'êtres faites montrent que le *Projet révisé* s'inspire largement de *Lumen gentium* mais qu'il est loin d'en avoir épuisé toutes les richesses. L'*Avant-projet* proposait qu'après le développement sur les «notes» de l'Église, le catéchisme dise un mot des membres de l'Église catholique: la hiérarchie (p. 122-123), les laïcs (p. 123-124) et la vie consacrée (p. 124). Le *Projet révisé* a effectivement parlé du pape et des évêques à propos de la succession apostolique, mais il est loin d'avoir tout dit à leur sujet. Il n'a pas dit un mot des prêtres et des diacres, pas plus que des religieux et des laïcs, et il ne reviendra pas sur ce chapitre de l'ecclésiologie d'ici la fin de la Première Partie du catéchisme. Il y a là une lacune importante qui devra être comblée. Il faudra aussi dire quelque part que l'Église est voulue par Dieu non pour sa propre croissance mais pour l'annonce du Royaume et son éclosion dans toutes les nations; l'Église est au service de l'Évangile pour que la puissance de celui-ci travaille le monde à la manière d'un ferment.

Article 4: La communion des saints

La seconde partie du neuvième article du Symbole porte sur «la communion des saints», explicitation de la «sainte Église catholique» puisque «la communion des saints est précisément l'Église» (Paul VI). L'expression elle-même signifie communion aux choses saintes et communion entre les personnes saintes (1737-1739).

La communion des biens spirituels, c'est la communion dans la foi, la communion des sacrements et en particulier de l'eucharistie, la communion des charismes et la communion de la charité. Tout est commun à tous et chacun est appelé au partage du fonds commun (1740-1744). La communion entre les personnes, c'est la communion entre l'Église de la terre, ceux qui au terme de leur vie se purifient encore et ceux qui sont déjà dans la gloire du ciel. Ces derniers intercèdent pour nous; nous-mêmes nous imitons leurs exemples et notre communauté avec eux nous unit au Christ. Quant à nos défunts, nous entourons leur mémoire de beaucoup de piété en offrant pour eux les suffrages de l'Église (1746-1751).

Le *Projet révisé* expose ici la doctrine traditionnelle telle qu'elle s'est exprimée autrefois dans la plupart des liturgies orientales, chez saint

Thomas et dans le Catéchisme du concile de Trente, qu'il se plaît à citer, et telle qu'elle a été reprise par Vatican II dans *Lumen gentium* 49-51. Il la situe après l'examen des «notes», alors que l'*Avant-projet* proposait de la situer avant, comme dernier point du «Mystère» de l'Église. Pour confirmer cette doctrine, il ajoute les témoignages de s. Polycarpe et de s. Dominique et celui de sainte Thérèse de l'Enfant Jésus. Il aurait été intéressant de signaler qu'à chaque eucharistie, nous sommes unis dans une même communion et vénérons la glorieuse Vierge Marie, s. Joseph, les apôtres, les martyrs et tous les saints; nous prions aussi pour tous les défunts.

Article 5: Marie – Mère de l'Église

La cinquième et dernière étape du «Je crois à la sainte Église catholique» nous décrit la place de Marie dans le mystère de l'Église, ainsi que l'a fait *Lumen gentium* dans les derniers paragraphes de son ultime chapitre.

Mère du Christ, Marie est aussi vraiment mère des membres du Christ. Son rôle dans l'Église découle directement de son union à son fils tout au long de sa vie et jusqu'en son assomption (1755-1758). Elle est, pour l'Église, modèle de la foi et de la charité; dans l'ordre de la grâce, elle est notre mère, qui nous obtient «les dons qui nous assurent notre salut éternel» (1459-1761). Elle est «médiatrice maternelle», rôle qui ne diminue en rien l'unique médiation de son fils (1762-1763). C'est pourquoi, elle est légitimement honorée d'un culte spécial qui s'exprime surtout par les fêtes liturgiques en son honneur (1764). Avec le concile, nous voyons en elle l'«icône eschatologique de l'Église» (1765-1766).

Le *Projet révisé* a déjà utilisé le chapitre VIII de *Lumen gentium* lorsqu'il a commenté «Jésus est né de la Vierge Marie» (1320-1346) et il a ajouté quelques paragraphes sur «le rôle de Marie dans le mystère de l'Esprit saint», (1571-1577). Ici, il n'est question que de la maternité à l'égard de l'Église, dans un développement qui puise ça et là dans la constitution conciliaire. L'essentiel de la doctrine de Vatican II est certainement bien présente; cependant le *Projet révisé* ne parle que de Marie alors que *Lumen gentium* présente en même temps l'Église qui contemple et imite celle qui est vierge et mère. La mise en garde contre les excès de la dévotion, de la prédication et du culte mariaux (*Lumen gentium* 67) n'a pas été reprise.

J'ajouterai une réflexion à propos du titre de «médiatrice»: le *Projet révisé* donne pour en-tête au paragraphe consacré au rôle maternel de Marie: «médiatrice maternelle» (1762). On sait que, au concile, le titre de médiatrice a fait l'objet d'âpres discussions. Quelques trois cents Pères avaient demandé qu'il fasse l'objet d'une définition conciliaire. En septembre 1964, plusieurs évêques à la suite du cardinal Bea, président du Secrétariat pour l'Unité, contestaient l'opportunité de cette définition et demandaient la suppression complète du titre. Une voie moyenne a été retenue: ce titre retrouve la place traditionnelle qui est la sienne parmi d'autres titres plus ou moins équivalents: «La bienheureuse Vierge est invoquée dans l'Église sous les titres d'avocate [déjà présent au IIe siècle chez s. Irénée], auxiliatrice [un des plus fréquents chez les grecs], secourable [*adjutor*, employé en Gn 2,18 pour Ève], médiatrice» (*Lumen gentium* 62, cité par le *Projet révisé*, 1762). Le titre de «médiatrice» vient en dernier lieu «comme pour manifester sa situation moins étoffée dans la tradition et la difficulté de son emploi»[198]. Il vaudrait donc mieux, par fidélité au concile, donner au paragraphe 1762 un autre en-tête que «médiatrice maternelle».

Chapitre dixième: Le dixième article du Symbole: «Je crois au pardon des péchés»

«Je crois à la rémission des péchés», disons-nous dans le Symbole après avoir professé notre foi en l'Esprit-Saint, à la sainte Église catholique et à la communion des saints, car le Christ a donné l'Esprit aux apôtres avec pouvoir de pardonner les péchés (1770).

Lorsqu'il explique ce dixième article, le *Catéchisme de 1566* insiste d'abord sur le fait que l'Église a reçu le pouvoir de pardonner et que les péchés sont vraiment remis lorsque les prêtres en usent légitimement. «Au moment où nous faisons notre première profession de foi, en recevant le saint baptême qui nous purifie, le pardon que nous recevons est si plein et si entier qu'il ne nous reste absolument rien à effacer, soit de la faute originelle, soit des fautes commises par notre volonté propre, ni aucune peine à subir pour les expier (...). Mais néanmoins la grâce du baptême ne délivre personne de toutes les infirmités de la nature. Au contraire nous avons encore à combattre les mouvements de la concupiscence qui ne cessent de nous porter au mal». Et comme, dans cette

198. R. LAURENTIN, *La Vierge au concile*, Paris, Lethielleux, 1965, p. 127. L'encyclique *Redemptoris mater* (25-3-1987) se démarque du concile lorsqu'elle introduit l'expression «médiation maternelle» comme un concept important de la théologie mariale, «alors qu'il fait à l'évidence difficulté aux chrétiens issus de la Réforme» (GROUPE DES DOMBES, *Marie dans le dessein de Dieu et la communion des saints*, t. I, Paris, Bayard Éditions-Centurion, 1997, p. 61).

lutte, personne ne peut prétendre être assez fort pour échapper à toute blessure, «il fallait que le baptême ne fût pas pour l'Église l'unique moyen de se servir de ces clefs du Royaume des cieux qu'elle avait reçues de Jésus-Christ; il fallait qu'elle fût capable de pardonner leurs fautes à tous les pénitents, quand même ils auraient péché jusqu'au dernier moment de leur vie». Tout péché, si grave soit-il, peut être absout et tout baptisé, si coupable soit-il, peut espérer le pardon. Le Christ n'a confié qu'aux évêques et aux prêtres, et non à tous les chrétiens, le pouvoir de pardonner; ils ne peuvent l'exercer que dans la forme prescrite pour l'administration des sacrements.

Le Catéchisme montre alors que le pardon est un bienfait incomparable de la miséricorde de Dieu. C'est un don de Dieu seul car si, pour créer il faut une puissance infinie, à plus forte raison, il en faut une plus immense encore pour faire d'un impie un juste. Seul Dieu, bon et puissant, peut donc pardonner à ceux qui, par leur péché, ont contracté une obligation envers lui. Avant l'incarnation, Dieu n'a donné ce pouvoir à personne. Jésus, lui, l'a reçu de son Père et a donné aux évêques et aux prêtres d'être les instruments de son pardon. Le Fils de Dieu a versé son sang pour la rémission des péchés, le Juste a été condamné pour les pécheurs; il y a là une preuve de l'admirable providence et de l'amour infini de Dieu. Si nous commettons un péché mortel, nous perdons tous nos mérites et l'entrée du ciel nous est interdite; heureusement, Dieu a donné à son Église le pouvoir admirable de nous faire rentrer dans la dignité de notre premier état, il a mis à notre disposition les remèdes pour guérir nos âmes et nous rendre la vie de la grâce. On ne peut recouvrer la grâce baptismale que par le sacrement de pénitence; la facilité de le recevoir ne doit pas nous rendre plus libres pour nous livrer au péché – dans ce cas nous serions indignes du pardon de Dieu – ni plus lents pour nous repentir car nous pourrions être surpris par la mort et perdre ainsi tous les avantages de notre foi en la rémission des péchés.

Le Catéchisme romain n'envisage pas toutes les formes de rémission des péchés offertes au croyant. Il ne retient – et cela peut se comprendre en cette époque où les réformateurs remettent en cause la doctrine catholique sur les sacrements – que le pardon initial obtenu par le baptême et le pardon des péchés mortels par le sacrement de pénitence.

Le *Directoire* n'a pas de développement particulier sur «la rémission des péchés». Celle-ci est incluse dans le salut apporté par le Christ, dont il fait mention à de très nombreuses reprises. Comme on pouvait s'y attendre, c'est à propos du sacrement du baptême et du sacrement de pénitence qu'il parle de la purification de la faute originelle et de tous les péchés personnels, d'une part, et du pardon du Dieu de miséricorde et de la réconciliation avec l'Église, d'autre part (n° 57).

L'*Avant-projet* prévoit un développement en trois points. Il faut d'abord affirmer que le pardon de Dieu, en relation avec le don de l'Esprit aux apôtres, est offert à tous les hommes. Il faut ensuite dire que le baptême est le sacrement du pardon de tous les péchés. Il faut enfin s'arrêter au pardon des péchés commis après le baptême: les péchés graves, si nombreux soient-ils, peuvent être pardonnés par le sacrement de pénitence ou réconciliation; c'est une sorte de second baptême qui se reçoit à travers un sérieux processus de pénitence. L'*Avant-projet* conclut par l'évocation de la prière de l'Église pour ses fils pécheurs et pour la conversion de tous les hommes. Son intercession est efficace grâce à l'action de l'Esprit qui habite en elle et qui, par des chemins connus de Dieu seul, obtient le salut de ceux qui cherchent sincèrement la volonté de Dieu en suivant la voix de leur conscience (p. 126-127).

Le *Projet révisé* construit son exposé en deux points: 1. Dieu offre à tous les hommes le pardon de leurs péchés; 2. Il y a un seul baptême pour le pardon des péchés. Il ne renonce pas à parler du pardon des péchés commis après le baptême mais il n'en fait pas l'objet d'un troisième point, comme le proposait l'*Avant-projet*. Son chapitre dixième comprend 18 paragraphes, 12 de développements et 6 d'«En bref» (ce qui, à première vue, paraît quelque peu démesuré).

Une introduction établit d'abord les liens entre ce dixième article du Symbole et les articles sur l'Esprit Saint, l'Église catholique et la communion des saints. Elle rappelle ensuite le péché originel et la réalité du monde marqué par la haine, la violence, l'injustice. Elle rappelle aussi la réconciliation qui nous a été acquise par le propre Fils de Dieu livré pour nous (1170-1172).

I. Dieu offre à tous les hommes le pardon de leurs péchés

Dans la vie, la mort et la résurrection du Christ, Dieu a radicalement pardonné. Le Christ lui-même confie aux apôtres l'annonce du repentir en vue de la rémission des péchés et l'Esprit est donné à l'Église pour qu'elle soit sacrement universel de la réconciliation (1773-1774). L'Église est une médiation nécessaire d'autant que le péché rompt aussi la communion avec les saints et que l'Esprit est dans l'Église «la rémission des péchés» (1775-1776).

II. Un seul baptême pour le pardon des péchés

C'est par le sacrement du baptême que «le chrétien passe du péché à la justice salvifique de Dieu» (1777). Comme le dit l'extrait du Catéchisme romain cité plus haut, «au moment où nous faisons notre première profession de foi (...), le pardon que nous recevons est si plein et entier, qu'il ne nous reste plus rien à effacer (...). Mais nous avons encore à combattre les mouvements de la concupiscence» (1778). Toujours selon ce même Catéchisme, «il fallait que le Baptême ne fût pas pour l'Église l'unique moyen de se servir de ces clefs du Royaume des cieux qu'elle avait reçues de Jésus-Christ». Il y a le sacrement de pénitence qui peut réconcilier le baptisé avec Dieu et avec l'Église (1779). Un extrait d'Origène et un autre de s. Augustin viennent illustrer la pratique du pardon des péchés dans l'Église (1780-1781).

Le pardon des péchés n'est pas abordé dans toute son ampleur. Il n'est question que du pardon obtenu par le baptême et par le sacrement de pénitence, encore qu'il ne soit pas dit clairement que ce sacrement est requis uniquement pour le pardon des péchés graves. Dans la Seconde Partie, il y aura un exposé plus complet, où il sera question de la pénitence intérieure (2511-2515) et des multiples formes de la pénitence dans la vie chrétienne (2516-2523): l'eucharistie remet les fautes quotidiennes et les efforts accomplis pour se réconcilier avec son prochain, les larmes de pénitence, l'intercession des saints, le souci du salut du prochain, la pratique de la charité, les célébrations pénitentielles, la prière du Notre Père et de la liturgie des heures, la lecture de l'Écriture ... concourent aussi à l'obtention du pardon des péchés. Pourquoi dès lors ne pas annoncer dès maintenant qu'il sera question plus loin non seulement du sacrement de pénitence (dernière phrase du paragraphe 1779) mais aussi de tout ce qui nous obtient le pardon de nos «fautes quotidiennes»?

Chapitre onzième: Le onzième article du Symbole: «Je crois à la résurrection de la chair»

Dès l'origine du christianisme, la profession de foi en la résurrection des morts à la fin des temps a été un élément essentiel de la foi: «Si le Christ n'est pas ressuscité, vide est notre foi ...» (1 Co 15,12-14), mais, ressuscité, il vit pour toujours et nous ressuscitera au dernier jour (1788-1790).

Le *Catéchisme de Pie V* développe assez longuement le contenu du onzième article du Symbole. La «chair» qui ressuscitera ce n'est pas l'homme tout entier mais uniquement son corps; l'âme ne périt pas avec le corps, elle est immortelle et ne peut donc pas ressusciter puisque, pour ressusciter, il faut passer par la mort (la résurrection ne signifiant pas simplement le passage de la mort du péché à la vie de la grâce). Comme preuves scripturaires de la résurrection de la chair, il y a les résurrections opérées par Elie, Élisée, Jésus et les apôtres; «si un bon nombre de morts ont été rappelés à la vie, pourquoi ne pas croire également que tous le seront un jour?» Autres preuves scripturaires: Job, Daniel et surtout le Nouveau Testament parlent clairement de la résurrection des morts. Comme argument de raison, il y a la comparaison avec la graine qu'on met en terre, qui pourrit et donne naissance à une plante; il y a celle de la lumière qui, chaque jour, disparaît comme si elle mourait pour se montrer à nouveau comme si elle ressuscitait; il y a celle de la végétation qui perd sa verdure et la retrouve ensuite. Plusieurs arguments théologiques sont alors avancés. Le premier: l'âme immortelle garde toujours sa propension naturelle à s'unir à son corps, et ce serait contre nature qu'elle puisse en être séparée à jamais; les corps doivent donc ressusciter pour rendre possible cette ré-union. Le deuxième: l'âme doit retrouver son corps pour que celui-ci, qui lui a servi d'instrument pour le bien ou le mal, partage avec elle la récompense ou la punition méritée. Le troisième: sans son corps, l'âme ne jouit pas de la félicitée totale, elle ne l'obtiendra que si elle retrouve son corps.

La résurrection de la chair concerne tous les humains. Tous doivent mourir, même ceux qui seront encore en vie au moment du jugement final (eux mourront pendant le temps qu'ils seront enlevés pour aller au devant du Christ). Et tous ressusciteront, les bons pour la vie éternelle et les mauvais pour la condamnation éternelle.

Quel sera l'état des corps ressuscités? Nous ressusciterons avec notre propre corps, celui qui a été réduit en poussière après notre mort. Bien plus, tout ce qui appartient à l'intégrité de notre nature, à l'ornement et à la beauté humaine, nous sera restitué. Il n'y aura plus d'obèses, de maigres, de malformés; les traces de maladie ou d'accident auront disparu (perte de la vue, amputations de bras, de jambes, de la tête pour les martyrs); nous retrouverons tous les cheveux que Dieu jugera à propos de nous rendre. Si, à la création, tout a été créé dans un état parfait, il en sera de même à la résurrection. «Les méchants aussi ressusciteront avec tous leurs membres, même avec ceux qu'ils auraient perdus volontairement»; plus ils auront de membres, «plus leurs souffrances seront multipliées».

La condition des corps ressuscités sera notablement changée: ils seront immortels, même ceux des mauvais, qui chercheront alors la mort mais ne la trouveront pas. Les corps des saints – et non ceux des damnés – auront certaines qualités qu'ils ne possédaient pas avant: l'impassibilité leur permettra de ne plus souffrir de la rigueur du froid, de la chaleur de la flamme, de la violence des eaux; la clarté les rendra aussi brillants que le soleil, comme le Christ à la transfiguration, mais tous n'auront pas le même degré de clarté; l'agilité leur permettra de se porter facilement et à toute vitesse partout où il plaira à l'âme; la subtilité les mettra entièrement au service de l'âme et ils seront toujours prêts à lui obéir.

Le Catéchisme espère que cet enseignement amènera les fidèles à louer Dieu qui nous révèle de si grands secrets, à trouver consolation lors du décès de proches ou d'amis, à mieux supporter les peines et les misères de la vie, à davantage vivre saintement et à se détourner du mal.

Dans le *Directoire*, le dernier point de l'exposé des principales vérités chrétiennes concerne la «communion finale avec Dieu» et couvre les deux derniers articles du Symbole. Sur la résurrection de la chair au dernier jour, il dit ceci: «Dans le Christ Jésus et par son mystère, les fidèles vivant déjà de l'espérance en cette vie terrestre attendent 'notre Seigneur Jésus-Christ qui transfigurera notre corps de misère pour le conformer à son corps de gloire' (*Ph* 3,21; cf. 1 *Cor* 15). Cependant, les réalités dernières ne seront manifestées et n'atteindront leur perfection que lorsque le Christ, juge des vivants et des morts, viendra avec puissance pour achever l'histoire et remettre son peuple au Père, afin que 'Dieu soit tout en tous' (1 *Cor* 15,24-28)» (n° 69).

L'*Avant-projet* réunit en un seul chapitre les deux derniers articles du Symbole: la résurrection de la chair et la vie éternelle. Il prévoit un développement en trois points. D'abord, le renouvellement ultime du genre humain et du monde. Il y aura la résurrection de la chair: comme le Christ, les fidèles, corps et âme, revivront pour toujours et seront avec lui dans le Royaume de Dieu. Il y aura aussi le jugement final: quand l'histoire arrivera à son terme, les ultimes conséquences de la vie de tous et de chacun pourront être constatées. Ce sera alors «le jour du Christ» – car Dieu a donné à son Fils le pouvoir de juger – ce jour qui manifestera la vérité définitive sur Dieu et sur les hommes, ce jour où la justice et le droit vaincront pour toujours (p. 127-128).

Ensuite, les fins dernières ou les vérités ultimes sur l'homme. Il sera question successivement de la mort, du jugement, du ciel, de l'enfer et du purgatoire (p. 128-130). Enfin, l'espérance des cieux nouveaux et de la terre nouvelle. À la fin des temps, le Royaume de Dieu sera arrivé à sa plénitude, les justes régneront avec le Christ et l'univers sera renouvelé (p. 130).

Le *Projet révisé* n'a pas suivi les options de l'*Avant-projet*. Il sépare la résurrection de la chair et la vie éternelle pour en faire l'objet de deux chapitres distincts et adopte, en conséquence, un autre plan dont la logique n'est pas nécessairement plus satisfaisante.

Avant-projet	*Projet révisé*
Chap. XI: La résurrection de la chair et la vie éternelle	Chap. XI: «Je crois à la résurrection de la chair»
Art I: Le renouvellement ultime du genre humain et du monde	Art. 1: La résurrection du Christ et la nôtre
1. La résurrection de la chair	Art. 2: «Mourir dans le Christ Jésus»
2. Le jugement dernier	
Art II: Les fins dernières de l'homme	Chap. XII: «Je crois à la vie éternelle»
1. La mort	Art.1: Le jugement particulier
2. Le jugement particulier	Art. 2: Le ciel
3. Le ciel	Art. 3: L'enfer
4. L'enfer	Art. 4: Le purgatoire
5. Le purgatoire	Art. 5: Le jugement dernier
Art. III: L'espérance des cieux nouveaux et de la terre nouvelle	Art. 6: L'espérance des cieux nouveaux et de la terre nouvelle

De part et d'autre, la mort et l'eschatologie individuelle viennent après l'exposé sur la résurrection finale; quant au jugement final il vient tantôt avant tantôt après la mort individuelle et le jugement particulier. Ne serait-il pas plus indiqué de suivre la chronologie «naturelle»: d'abord la mort, ensuite l'eschatologie individuelle, enfin la résurrection finale, le jugement dernier et la vie éternelle dans le monde nouveau?

Article 1: La résurrection du Christ et la nôtre

Le onzième chapitre expose d'abord le contenu de la foi en la résurrection et ensuite le sens que le chrétien donne à la mort. Il comprend 26 paragraphes de développement et 5 «En bref».

Dans l'énoncé de l'article du Symbole, le terme «chair» désigne «l'homme dans sa condition de faiblesse et de mortalité» et la «résurrection» de cet homme signifie qu'après la mort, il n'y aura pas seulement la vie de l'âme immortelle mais que même notre «corps de chair» reprendra vie (1789). La révélation de cette vérité s'est exprimée progressivement à partir de la foi en un Dieu créateur de l'homme tout entier et en un Dieu fidèle à son alliance avec Abraham et sa descendance. Les Maccabées confessent explicitement leur foi en la résurrection, de même que, au temps de Jésus, les pharisiens et bien d'autres juifs. Jésus lui-même l'enseigne fermement, déclare qu'il est «la résurrection et la vie», rend la vie à certains morts et annonce sa propre résurrection. Sur le témoignage des apôtres qui ont mangé et bu avec le Ressuscité, nous espérons ressusciter «comme lui, avec lui et par lui» (1792-1795).

Le *Projet révisé* répond alors à une série de questions. Que signifie «ressusciter»? Nos corps tombés dans la corruption retrouveront définitivement la vie incorruptible grâce à leur réunion à nos âmes qui étaient en attente de ce moment. Qui ressuscitera? Tous les morts, ceux qui auront fait le bien comme ceux qui auront fait le mal. Comment ressusciterons-nous? Avec notre propre corps, lequel sera transfiguré en corps de gloire, en corps spirituel. Quand ressusciterons-nous? Au dernier jour, lors de la Parousie (1796-1801).

Dans l'attente de ce dernier jour, nous sommes d'une certaine façon déjà ressuscités avec le Christ: par le baptême, non seulement notre âme mais aussi notre corps participent réellement, bien que de manière cachée, à la vie du Ressuscité (1802-1804).

Article 2: «Mourir dans le Christ»

Si telle est notre foi en la résurrection des morts, quel est le sens chrétien de la mort? Le *Projet révisé* reconnaît d'abord que la mort est la fin naturelle de la vie humaine et donc que nous n'avons qu'un temps limité pour réaliser notre vie (1806-1807). Mais elle est aussi «un jugement de Dieu sur l'homme pécheur»: c'est à cause du péché qu'elle est entrée dans le monde, enseigne l'Église; «la mort fut donc contraire aux desseins de Dieu créateur, du moins sous les aspects de répugnance, d'anxiété, de violence que comporte le fait de mourir; ces aspects sont des conséquences du péché (...)» (1808). Elle est en définitive «participation à la valeur salvatrice de la mort de Jésus», elle achève l'incorporation «au Christ dans son acte rédempteur» déjà sacramentellement réalisée par le baptême (1809-1810). Ainsi, le chrétien peut transformer sa mort en «un acte d'obéissance au Père, à l'exemple du Christ» et en un désir de s'en aller pour être avec le Christ. Mention est alors faite de la préface de la messe des défunts, des litanies où nous demandons d'être délivrés d'une mort subite et imprévue, et de s. Joseph «patron de la bonne mort» (1811-1813).

L'exposé du *Projet révisé* garde, à propos de la mort et de la résurrection, la très grande sobriété dont l'Écriture elle-même donne l'exemple. Nous sommes loin des explications parfois extravagantes données en son temps par le Catéchisme tridentin! Le texte est agrémenté de quelques extraits patristiques (Irénée, Ignace d'Antioche, Tertullien, Augustin), de quelques mots de Thérèse de Jésus et de Thérèse de l'Enfant Jésus, d'une référence au quatrième concile du Latran et à la profession solennelle de foi de Paul VI, et de l'évocation de la liturgie des défunts. L'insertion de plusieurs paragraphes indiquant que, «d'une certaine façon, nous sommes déjà ressuscités avec le Christ» mérite d'être soulignée; cet enseignement venant en droite ligne de s. Paul n'est pas si fréquemment présenté aux chrétiens. Le *Projet révisé* place la réflexion sur la mort après celle qu'il a présentée sur la résurrection; il aurait été tout aussi logique, si pas davantage, de faire l'inverse puisque, pour ressusciter avec le Christ et comme lui, il faut d'abord passer avec lui par la mort.

Un passage de l'*Adversus haereses* de s. Irénée nous dit que: «Puisque le Seigneur s'en est allé (...) là où étaient les âmes des morts, qu'il est ensuite ressuscité corporellement et qu'après (...) seulement il a été enlevé au ciel (...), les âmes de ses disciples iront donc au lieu invisible qui leur est assigné par Dieu et elles y séjourneront jusqu'à la résurrection (...), puis elles (...) ressusciteront intégralement (...) et elles viendront de la sorte en la présence de Dieu» (1798). Cette interprétation ne s'est pas imposée dans l'Église et ne doit donc pas figurer dans le catéchisme.

La foi en la résurrection des morts a rencontré incompréhensions et oppositions (1796); elle en rencontre encore de nos jours même parmi les croyants catholiques. Le *Projet révisé* pourra-t-il entraîner l'adhésion? Aidera-t-il à répondre aux nombreuses questions que posent aussi bien les jeunes que les adultes comme, par exemple: une «âme» (*anima*), créée pour «animer» un corps, peut-elle être dans le bonheur parfait alors que son corps n'est plus? Peut-on dire qu'elle «attend» de retrouver son corps alors qu'elle est censée vivre «hors du temps»? Un corps «spirituel» est-il si différent d'une âme spirituelle? La résurrection des corps n'équivaut-elle pas à une toute nouvelle création, une recréation de notre personne dans sa relation à Dieu et à un monde tout autre? En parlant de la résurrection de «la chair» ou de la résurrection «des morts» et non de la résurrection «des corps», le Credo ne nous invite-t-il pas à abandonner une représentation qui veut que ce soit ce corps-là, tombé en poussière ou réduit en cendres dispersées dans la nature, qui reprenne vie et soit transformé? S'il s'agit d'une création nouvelle par Dieu, pourquoi celui-ci doit-il attendre des siècles encore pour réaliser son projet? Etc. Le catéchisme des évêques allemands a entendu des questions de ce genre et y a répondu avec beaucoup de tact. Deux extrêmes sont à éviter, dit-il: d'un côté, un matérialisme grossier, qui pense qu'à la résurrection, «nous reprendrons la même matière, la même chair et les mêmes os qu'en cette vie», et, d'un autre côté, un spiritualisme totalement coupé du monde qui pense la résurrection comme une transformation purement spirituelle[199].

«La mort corporelle est la conséquence du péché», enseigne le magistère de l'Église. Le *Projet révisé* rappelle quand même que l'Écriture «voit *parfois* la mort comme la fin naturelle de la vie humaine» et qu'«il *semble* convenable de mourir après une vie pleine» (1807; c'est moi qui souligne). En quoi alors la mort contrecarre-t-elle les desseins du Créateur? Reprenant ce qu'ils ont trouvé dans l'*Avant-projet*, les auteurs du *Projet révisé* expliquent: ce n'est pas la réalité même de la mort physique qui est conséquence du péché originel mais bien les aspects de répugnance, d'anxiété, de violence que comporte le fait de mourir (1808). Il y a là un premier pas vers une interprétation plus satisfaisante de l'affirmation traditionnelle des documents du magistère: la mort est la conséquence du péché. Cela aurait pu être dit déjà au chapitre consacré au «péché originel» et à ses conséquences (1231 et 1235).

Chapitre douzième: Le douzième article du Symbole: «Je crois à la vie éternelle»

Le *Projet révisé* ouvre le douzième et dernier chapitre de la profession de la foi chrétienne par l'évocation du chrétien qui reçoit pour la dernière fois le pardon de ses fautes, l'onction des malades et l'eucharistie ou viatique; il cite la prière du rituel des funérailles: «Quitte ce monde, âme chrétienne ...» (1819-1820). Il développe ensuite l'enseignement de l'Église sur le jugement particulier, le ciel, l'enfer, le purgatoire, le jugement dernier et l'espérance des cieux nouveaux et de la terre nouvelle. Il nous donne ainsi un exposé comportant 40 paragraphes, auxquels il ajoute 14 «En bref»: 1 sur le jugement, 3 sur le ciel, 4 sur l'enfer, 2 sur le purgatoire, 1 sur le jugement dernier et 3 sur les cieux nouveaux et la terre nouvelle.

Le *Catéchisme de 1566* a parlé du jugement particulier et du jugement général dans son commentaire du retour du Christ pour juger les

199. *La foi de l'Église. Catéchisme pour adultes*, Brepols-Cerf-Le Centurion, 1987, p. 396-400 [398-399].

vivants et les morts; il a mentionné l'enfer et le purgatoire à propos de la descente du Christ aux enfers et de la résurrection des méchants pour la damnation éternelle. Son explication du dernier article du Symbole porte uniquement sur la vie éternelle, cette magnifique récompense qui aide «non seulement à supporter les choses les plus difficiles mais même à les trouver faciles et agréables, et à servir Dieu avec une obéissance plus prompte et plus joyeuse». La vie éternelle, c'est la béatitude qui comblera tous nos désirs, c'est la félicité, le bonheur parfait et illimité qu'on ne trouve pas dans les choses périssables de ce monde, pour lesquels nous ne devons avoir que du mépris. Pour désigner d'une manière complète l'objet de ce bonheur éternel, inamissible, nous n'avons pas de mots propres mais différentes expressions comme Royaume de Dieu, paradis, cieux, maison du Père ... Il se caractérise par la délivrance de tous les maux et la possession de tous les biens: une gloire immense et tous les genres de joies et de délices. On peut distinguer les biens essentiels et les avantages accessoires. Les biens essentiels, ce sont la vision et la contemplation de Dieu tel qu'il est en lui-même ainsi que la connaissance de sa beauté, d'une part, et, d'autre part, notre transformation: nous conserverons toujours notre propre substance mais en même temps nous revêtirons une forme admirable et presque divine, qui nous fera apparaître plutôt des dieux que des hommes. Les avantages accessoires, ce sont la gloire et l'honneur qui résulteront de la connaissance claire et distincte que chacun aura du mérite et de l'élévation des autres; ce sont les titres qui nous seront donnés: amis, frères, fils, enfants, bénis de Dieu; ce sont tous les plaisirs dont nous serons comblés et tout ce dont nous n'aurons plus besoin en tant que corps subtil et spirituel: nourriture, vêtements, maisons ... Et puisque chacun sera récompensé selon ses mérites, il nous faut prendre maintenant les moyens les plus sûrs pour acquérir le bonheur éternel: une vie de foi et de charité, la persévérance dans la prière et dans la pratique des sacrements, l'amour du prochain.

Dans le dernier point de son exposé des vérités chrétiennes essentielles, «Communion finale avec Dieu», le *Directoire* rapporte ce qu'enseigne *Lumen gentium* 49: «Jusqu'à ce que le Seigneur vienne en majesté et tous les Anges avec lui, et que, la mort une fois détruite, toutes choses lui soient soumises, certains parmi ses disciples sont en pèlerinage sur cette terre, d'autres qui ont quitté cette vie sont soumis à la purification, d'autres sont enfin glorifiés, voyant clairement Dieu lui-même, Trinité et parfaite Unité, tel qu'il est».

Au jour de la venue du Seigneur, poursuit-il, l'Église tout entière «atteindra sa perfection et entrera dans la plénitude de Dieu». Tel est l'objet fondamental de notre espérance et de notre prière («Que ton règne vienne»), que la catéchèse ne peut passer sous silence. Comme «il n'est pas permis de minimiser la grave responsabilité que chacun porte de son futur», les catéchistes sont tenus de parler du «jugement de chaque homme après sa mort», des «peines expiatoires du Purgatoire», de la «triste et funeste réalité de la mort éternelle» et du jugement dernier. «Ce jour-là, tout homme comprendra pleinement son propre sort, car nous serons tous mis à découvert 'devant le tribunal du Christ, pour que chacun recouvre ce qu'il aura fait pendant qu'il était dans son corps, soit en bien, soit en mal', et 'ceux qui auront fait le bien ressusciteront pour la vie, ceux qui auront fait le mal, pour la damnation'» (nº 69).

En somme, le Directoire ne nous apprend rien sur la vie du monde à venir après la résurrection des morts ni sur notre vie éternelle. Il s'en tient à ce qu'il advient de chaque homme depuis le moment de sa mort jusqu'au jour de l'avènement du Seigneur.

L'*Avant-projet* pensait qu'il fallait réunir dans un seul chapitre, ce qui peut se comprendre, la résurrection de la chair et la vie éternelle. Son projet n'était cependant pas très logique puisqu'il envisageait de parler de la résurrection finale et du jugement général avant de présenter la mort, le jugement particulier, le ciel, l'enfer et le purgatoire; il séparait aussi le Règne éternel du Christ, et la transformation de l'univers, de la résurrection finale et du jugement sur le monde.

Le *Projet révisé* voit dans «la vie éternelle» un article du Symbole – le dernier – qui mérite, comme tous les autres articles, d'être développé dans un chapitre particulier. Il lui donne comme contenu ce que nous appelons «les fins dernières», «les vérités ultimes» sur l'homme, et ce qui fait l'objet de l'espérance chrétienne pour le monde: les cieux nouveaux et la terre nouvelle. La formulation du Symbole et celle du Credo de Nicée-Constantinople donnent à penser que «la vie éternelle» du dernier article de foi est la vie après la résurrection de la chair. Pour le *Projet révisé*, cette vie éternelle c'est celle qui commence dès l'instant de notre mort. En toute logique, il aurait été préférable de traiter l'eschatologie individuelle au chapitre précédent, après avoir parlé de la mort chrétienne, et de consacrer ce dernier chapitre uniquement à «la vie éternelle» dans les cieux nouveaux et la terre nouvelle, à «la vie du monde à venir»[200].

200. Voir la comparaison des deux plans, ci-dessus, p. 267.

Article 1: Le jugement particulier

L'exposé du *Projet révisé* s'ouvre sur un article 1 portant sur le jugement particulier. Plusieurs textes de l'Écriture affirment la rétribution immédiate après la mort, notamment la parabole du pauvre Lazare et la parole du Christ au bon larron. L'Église croit que chacun «reçoit dans son âme immortelle sa rétribution éternelle dès sa mort en un jugement particulier qui réfère sa vie au Christ, soit à travers une purification, soit pour entrer immédiatement dans la béatitude du ciel, soit pour se damner immédiatement pour toujours» (1821-1822). L'*Avant-projet* disait qu'après sa mort, l'homme ne peut plus se repentir de ses péchés ni se convertir à Dieu; il reste soumis au jugement du Seigneur et reçoit récompense ou châtiment selon ce qu'il a fait en bien ou en mal au cours de sa vie terrestre (p. 128).

Article 2: Le ciel

L'article 2 nous introduit au «ciel». Après le texte de la constitution de Benoît XII, 29-1-1336, définissant qu'avant «la résurrection dans leur corps», les âmes des saints vont au Paradis avec le Christ (1824), il nous est dit que le ciel consiste en «une certaine forme d'existence», la vie parfaite avec Dieu et avec le Christ, en un «état de bonheur suprême et définitif», la vision de Dieu; l'Écriture décrit cet état par les expressions symboliques de vie, lumière, paix, festin de noces, vin du Royaume. La béatitude du ciel n'est ni passivité ni absorption en Dieu: nous continuerons «d'accomplir avec joie la volonté de Dieu par rapport aux autres hommes et par rapport à la création toute entière» (1824-1829).

L'*Avant-projet* énonçait la même doctrine mais il indiquait davantage la continuité entre la vie de la grâce commencée sur terre comme une semence et son épanouissement «au ciel». Il indiquait aussi que la communion bienheureuse de chacun avec Dieu entraîne avec elle la parfaite communion avec tous les saints et une relation constante avec l'Église terrestre: les bienheureux ne vivent pas inactifs et solitaires (p. 128-129).

Article 3: L'enfer

L'enfer, nous dit l'article 3, est l'état de damnation de celui qui s'obstine dans le péché et refuse orgueilleusement l'amour miséricordieux de Dieu, s'excluant ainsi de la communion avec ses frères et avec le monde. Celui-là connaît alors une souffrance et un désespoir sans fin que Jésus appelle «la géhenne» et «le feu qui ne s'éteint pas» et que Paul appelle perte éternelle, colère de Dieu, tourments et angoisses, exclusions du Royaume ... S'il est dit qu'à la fin des temps, Dieu sera «tout en tous», cela n'implique pas la conversion des démons et la fin de l'enfer. Le *Projet révisé* commente alors la définition dogmatique de Benoît XII sur la damnation immédiate après la mort et en appelle, comme le font l'Écriture, les enseignements de l'Église et la liturgie, à la responsabilité de chacun, à la conversion et à la prière pour que personne ne tombe dans la damnation éternelle. Il signale au passage qu'aucune personne déterminée n'a été condamnée à l'enfer par la Bible ou par l'Église, à l'exception des démons (1833-1843). L'exposé rend bien ce que l'*Avant-projet* demandait de développer (p. 129). Il est tout différent de celui que fait le *Catéchisme romain* pour qui l'enfer est une prison affreuse, très obscure, au centre de la terre, où les damnés sont tourmentés avec les esprits immondes par un feu perpétuel qui ne s'éteint jamais.

Article 4: La purification finale ou purgatoire

Le purgatoire ou «purification finale» est présenté à l'article 4. L'Église croit que ceux qui meurent imparfaitement purifiés «souffrent après leur mort d'une douloureuse purification», qu'elle appelle «purgatoire». C'est aux conciles de Florence et de Trente qu'elle a formulé sa doctrine, sur base de certains textes de l'Écriture parlant d'un feu purificateur (par exemple 1 Co 3,15 et 1 P 1,7), sur base aussi de la tradition représentée par Maxime le Confesseur et Jean Chystome et de la pratique liturgique se référant à la prière pour les défunts de 2 M 12,46 (1848-1853). Dans le *Catéchisme romain,* le purgatoire est un lieu, un autre enfer que l'enfer des damnés, où se trouve un feu par lequel les âmes des justes se purifient dans des souffrances qui durent un temps déterminé en attendant d'être dignes d'entrer au ciel. L'*Avant-projet* n'avait plus repris cette interprétation et ce qu'il proposait de développer s'est retrouvé dans le «purgatoire» du *Projet révisé*. Je rappelle toutefois qu'à propos de la descente de Jésus aux enfers, le *Projet révisé* a parlé d'un enfer de damnation et d'un enfer de purgation, en référence explicite au Catéchisme tridentin (1474).

Article 5: Le jugement dernier

Comme la résurrection de tous les morts a déjà été présentée, le *Projet révisé* passe de suite – article 5 – au jugement dernier. Dieu, à travers son Fils, «prononcera la parole définitive sur l'histoire des hommes et leur liberté (...) quand les ultimes conséquences des actes humains révéleront la bonté et la malice de ceux-ci». À ce moment, la bonté et la droiture de Dieu triompheront; son jugement se fera dans le respect dû à la liberté humaine: il ne contraindra personne à l'aimer et rendra à chacun selon ses dispositions intimes manifestées par leurs œuvres. Dans cet enseignement, il y a «un puissant appel à l'espérance chrétienne inspiratrice de conversion et d'engagement pour la justice du Royaume (1856-1859). Est ici développé ce qui était amorcé dans les deux paragraphes consacrés au retour glorieux du Christ «pour juger les vivants et les morts» (1527-1528).

L'*Avant-projet,* nous l'avons vu, parlait du jugement final juste après la résurrection de la chair, ce qui peut se justifier, mais avant «les fins dernières» de tout homme. Ce qu'il suggérait de développer (p. 127-128) s'est retrouvé dans le *Projet révisé*. Celui-ci nous donne un texte d'une grande sobriété et très proche du Nouveau Testament, mais il y manque une référence à Mt 25,31-46.

Article 6: L'espérance des cieux nouveaux et de la terre nouvelle

Après le jugement universel, «les justes régneront pour toujours avec le Christ et l'univers lui-même sera renouvelé», lisons-nous au début de l'article 6. «Les cieux nouveaux et la terre nouvelle» sont objet de notre espérance. Nous attendons la disparition de la mort, des pleurs, cris et peines, des souillures, de la nuit. La communauté des rachetés ne sera plus blessée par le péché, l'égoïsme, l'amour propre. La vision béatifique sera «une source intarissable de bonheur, de paix et de communion» (1861-1864). Nous affirmons aussi «la profonde communauté de destin du monde matériel ou organique – et en particulier du monde animal – et de l'homme», car la matière a été impliquée dans l'avènement du Royaume de Dieu (nature humaine du Christ, éléments du cosmos repris dans les sacrements et transformés en prémices du monde nouveau). Dans l'attente de cet achèvement, dont nous ignorons les modalités, nous sommes tenus «de perfectionner le monde et toutes les institutions qui peuvent le rendre plus digne, sans pour autant confondre le progrès humain avec la croissance du règne du Christ» (1865-1869).

Le *Projet révisé* a donné une structure trinitaire aux douze articles du Symbole, si bien que «la vie éternelle» – comme aussi «la résurrection de la chair» – fait partie de la troisième section: «Je crois en Dieu l'Esprit-Saint». Il considère à juste titre que l'Esprit est l'artisan des chefs-d'œuvre de Dieu que sont l'Église, la communion des saints, la rémission des péchés, la résurrection et la vie éternelle (1534). Il me paraît dès lors regrettable que l'Esprit Saint soit totalement absent dans ce douzième chapitre, comme aussi dans le chapitre précédent.

Il nous a été dit, avec s. Paul, que, «d'une certaine façon, nous sommes déjà ressuscités avec le Christ», que notre vie terrestre est une participation réelle à la résurrection de Jésus (1802). Une fois que nous sommes morts, et jusqu'à la Parousie, n'aurions-nous plus rien à voir avec la Résurrection? Le *Projet révisé* ne semble pas s'être posé la question, à moins qu'il n'y fasse indirectement allusion et y apporte un début de réponse lorsqu'il écrit, au chapitre précédent, que nous ressusciterons «définitivement» au dernier jour (1801), ce «définitivement» signifiant, dans ce cas, que la Résurrection du Christ nous atteint encore au-delà de la mort, que notre propre résurrection est en marche.

Pour parler de notre vie après cette vie-ci, le *Projet révisé* reprend sans plus le langage utilisé par le magistère de l'Église: «les âmes des justes vivent pour toujours avec le Christ» (1824). Pour nos contemporains, une «âme séparée» est impensable; ce n'est plus un homme ou une femme, ce n'est plus une personne humaine. Dans l'entre-temps entre la mort et le retour du Christ – mais peut-on encore parler d'entre «temps» une fois qu'on n'est plus dans le temps? – la personne ne doit-elle pas pouvoir jouir d'une certaine corporéité qui lui rende possible une relation aux autres et à l'univers?

Le *Projet révisé* ne rencontre pas pareille question ni bien d'autres qui ont été évoquées à propos de pas mal d'expressions utilisées pour développer le contenu des articles du Symbole. Si le catéchisme est destiné aux évêques et aux théologiens, ce n'est pas trop grave car ceux-ci sauront les aborder dans les catéchismes nationaux ou diocésains, dans d'autres écrits pour des publics bien précis ou dans leurs prédications, catéchèses et partages de foi. Par contre, s'il est finalement destiné à tous les baptisés et même aux hommes de bonne volonté en général, cela devient inquiétant. Il ne suffit pas de rapporter fidèlement les versets de l'Écriture, les expressions de la liturgie, les commentaires des Pères et des saints, les formules dogmatiques des conciles et des papes, il faut encore que l'héritage de la foi (*fidei depositum*) puisse être reçu comme une heureuse nouvelle qui soit susceptible de susciter une adhésion de foi ou de fortifier la foi, chez des personnes qui portent en elles les interrogations et les questions de notre temps. Nous lisons dans le Directoire: «Dans le passé, la tradition culturelle favorisait plus qu'aujourd'hui la transmission de la foi; elle a tellement changé que, désormais, on peut de moins en moins s'appuyer sur cette continuité de la tradition culturelle. Dès lors, pour transmettre aux nouvelles générations la même foi, il est indispensable de rénover, en quelque sorte, l'évangélisation». «Il faut remarquer que la foi chrétienne, si elle veut s'enraciner dans l'évolution culturelle, requiert des approfondissements et de nouvelles formes d'expression (...). Nos contemporains posent des questions nouvelles sur le sens et la valeur de la vie. Les croyants de notre époque ne sont pas absolument semblables à ceux d'autrefois. D'où la nécessité d'affirmer la pérennité de la foi, mais aussi de proposer l'annonce du salut selon des modes renouvelés». (n° 3).

Le développement de la Troisième section est terminé. Comme nous l'avons fait pour les deux sections précédentes, rassemblons ce que la comparaison avec le Catéchisme romain, le Directoire et l'*Avant-projet* nous a fait découvrir.

Dans le *Catéchisme romain*, l'exposé sur le huitième article s'en tient à expliquer que la troisième personne de la Trinité est esprit et don, uniquement dans le cœur des fidèles. L'enseignement sur l'Église ne manque pas d'inspiration biblique mais son horizon reste limité à la seule Église catholique: elle seule est l'Église militante, elle seule est une, sainte, catholique et apostolique. Ce qui est dit de la communion des saints et de la rémission des péchés se retrouve globalement dans l'*Avant-projet* et dans le *Projet révisé*. Par contre, le Catéchisme romain n'a pas de chapitre particulier sur l'eschatologie individuelle; il s'en tient à l'explication de la formulation des deux derniers articles du Symbole: à ce qu'il adviendra au dernier jour et à ce que sera la vie éternelle, la béatitude des élus (le reste de la création – pour qui on ne peut avoir que du mépris – n'entre pas à cette époque dans la réflexion sur le Règne définitif du Christ).

Le *Directoire* de 1971 donne l'inventaire de ce qui doit être transmis en ce qui concerne l'Esprit, l'Église, le baptême pour la rémission des péchés et la communion finale avec Dieu, sans pour autant suivre l'ordre des derniers articles du Symbole et leur accorder un développement particulier. C'est le cas pour la foi en l'Esprit Saint dont toute catéchèse se doit de révéler continuellement ou de signaler la présence et l'action. Son style n'est en rien comparable à celui du Catéchisme romain; il est fait de multiples citations scripturaires et d'extraits de Vatican II, de *Lumen gentium* tout particulièrement. Le rappel des éléments principaux de la foi que les derniers articles du Symbole résument est estimé suffisant et laisse aux rédacteurs de catéchismes locaux et aux évêques la liberté de les développer en tenant compte des conditions et des nécessités pastorales et de l'état d'avancement des recherches théologiques.

L'*Avant-projet* ne contient encore qu'une ébauche d'exposé sur les derniers articles du Symbole. Conformément à une longue tradition qui est déjà présente dans le Catéchisme de Pie V, il rassemble en un seul chapitre la sainte Église catholique et la communion des saints; il propose en outre de grouper la résurrection de la chair et la vie éternelle. Il donne des suggestions intéressantes concernant la révélation progressive de l'Esprit, son action salvifique dans toute l'histoire du salut, dans la vie de l'Église et au-delà des limites de celle-ci. Il invite à rédiger un exposé ecclésiologique résumant les enseignements de la constitution dogmatique *Lumen gentium*. Pour le pardon des péchés, il demande qu'on insiste sur la volonté du Père d'accorder à tous les hommes le pardon de leurs fautes et qu'on parle non seulement du baptême mais aussi du sacrement de pénitence ou de la réconciliation pour la rémission de toute faute, si grave soit-elle. Dans son dernier chapitre, la résurrection de la chair et le jugement général précèdent l'exposé sur la mort du chrétien et sur ce qu'il advient aux défunts dans l'attente des cieux nouveaux et de la terre nouvelle qui suivront le jugement universel; se démarquant du Catéchisme romain, il en reste à une présentation sobre, proche de ce que disent à ce sujet les écrits du Nouveau Testament et le chapitre de *Lumen gentium* sur le caractère eschatologique de l'Église et ses rapports avec l'Église du ciel, ne parlant plus du ciel, de l'enfer et du purgatoire comme d'un lieu mais comme d'un état de vie.

Comment situer le *Projet révisé* par rapport à l'*Avant-projet*? Les orientations données par ce dernier ont, la plupart du temps, été adoptées. Qui dit «la plupart du temps» laisse entendre qu'il n'en a pas toujours été ainsi. En ce qui concerne la structure du catéchisme, le *Projet révisé* rassemble les six derniers articles sous un seul titre: «Je crois en Dieu l'Esprit saint». Il garde le lien entre «la Sainte Église catholique» et «la communion des saints»; par contre, il étudie séparément «la résurrection de la chair» et «la vie éternelle». Il modifie l'ordre proposé pour les thèmes à aborder dans le développement de ces deux derniers articles: la résurrection de la chair et la mort (onzième article) sont suivies de l'eschatologie individuelle et du jugement dernier (douzième article), alors que l'*Avant-projet* commençait par la résurrection et le jugement dernier et poursuivait par la mort et l'eschatologie individuelle.

À l'intérieur de ce cadre, le *Projet-révisé* se démarque plus d'une fois de l'*Avant-projet*. Ainsi, en ce qui concerne l'Esprit Saint, il ne parle pas des relations de celui-ci avec les deux autres personnes de la Trinité (il a préféré en traiter dans l'exposé de la Première section sur Dieu Père); il s'abstient de dire que l'Esprit est présent et agissant dans le monde, hors des structures de l'Église. À propos de celle-ci, l'*Avant-projet* prévoyait un chapitre sur le mystère de l'Église; nous le retrouvons dans le *Projet révisé* dans une rédaction qui pourrait être plus fidèle encore à *Lumen gentium* (les relations entre le Royaume et l'Église ne sont pas nettement établies, l'expression «corps du Christ» ne serait pas tout à fait une «image», le cœur du Christ transpercé sur la Croix serait le moment privilégié de la fondation de l'Église). Il prévoyait aussi un chapitre sur les «notes» de l'Église, un autre sur les membres de l'Église, un autre encore sur les charismes. Ce dernier n'a pas été rédigé et les membres de l'Église dont il est question dans le *Projet révisé* sont uniquement le pape et les évêques, qui figurent dans la «note» de l'apostolicité; il n'y a donc pas un mot sur les laïcs, la vie consacrée, les diacres, les prêtres! On peut ajouter que les «notes» de l'Église sont décrites comme des caractéristiques qu'on ne rencontre que dans l'Église catholique. Si l'œcuménisme est évoqué là où il est question de l'unité de l'Église, par contre le dialogue interreligieux et avec les non croyants est absent et le caractère missionnaire de l'Église ne reçoit pas le développement qu'il mérite. Il y a là des lacunes graves, qui sont difficilement explicables. Si l'on retient encore que le *Projet révisé* met en évidence la «médiation maternelle» de Marie, force est bien de reconnaître que tout le chapitre sur l'Église devra être sérieusement revu s'il veut être une interprétation fidèle de l'ecclésiologie de Vatican II.

Le pardon des péchés est traité de la façon qu'a indiquée l'*Avant-projet* mais nous ne retrouvons plus cette précision concernant le sacrement de pénitence: il est requis pour les péchés graves uniquement. Le *Projet révisé* a en outre supprimé cette affirmation importante: par des chemins que lui seul connaît, l'Esprit Saint obtient le salut de ceux qui cherchent sincèrement la volonté de Dieu en suivant la voix de leur conscience. Quant à l'enseignement sur la résurrection de la chair et sur la vie éternelle, il a gardé le même contenu d'un projet à l'autre, bien que la structure ait été modifiée.

Conclusion: «Amen»

Ayant achevé d'exposer le contenu du Symbole, le Catéchisme de Pie V passe sans transition à la deuxième partie: les sacrements «signes et moyens que Dieu nous donne pour obtenir sa grâce» (*Préface*, § 6). L'*Avant-projet*, lui, envisage un dernier chapitre qu'il intitule: «Au nom du Père et du Fils et du Saint Esprit. Amen». D'une part, on se tourne vers Dieu qui, par Jésus, dans l'Esprit, nous a manifesté et communiqué son amour et on voit en Jésus-Christ l'«Amen» en qui s'accomplissent les promesses du Dieu de l'alliance. D'autre part, on se tourne vers l'Église: en disant «Amen», les chrétiens expriment leur pleine confiance à Dieu, ils prient le Père, par le Christ, dans l'unité de l'Esprit, et professent leur foi en la Trinité. Le Credo, loin d'être une pure formule, est l'expression de la vérité et du salut de Dieu; il est source de vie pour l'existence chrétienne. Dire le Credo, c'est dire «Amen» à Dieu, lui rendre grâce et se confier à lui qui est Père, Fils et Esprit (p. 130-131).

Le *Projet révisé* n'adopte pas cette proposition. Il nous donne uniquement les divers sens de «amen»: en hébreu, chez Isaïe, au terme du Credo et dans l'Apocalypse où Jésus lui-même est appelé l'«Amen». Il reproduit alors la doxologie finale des prières eucharistiques de la liturgie latine, à laquelle l'assemblée s'associe par un solennel «Amen» (1873-1879).

Nous voici arrivés au terme de «la profession de la foi chrétienne». Celle-ci comprend 737 paragraphes de développement et est résumée en 137 «En bref», ce qui nous donne un total de 874 paragraphes, qui se répartissent ainsi:

	texte		«En bref»		total
Introduction		15		–	15
Première section: Le Père					
1. Je crois en Dieu le Père ...		194		42	236
Deuxième section: Le Fils					
Introduction	5		–		
2. Je crois en Jésus-Christ ...	31		4		
3. Qui a été conçu ...	100		17		
4. Qui a souffert ...	50	237	9	39	276
5. Est descendu aux enfers...	32		5		
6. Est monté au ciel...	7		2		
7. D'où il viendra juger ...	12		2		
Troisième section: L'Esprit					
Introduction	4		–		
8. Je crois en l'Esprit Saint	68		7		
9. À la sainte Église ...	134		24		
10. Au pardon des péchés	12	284	6	56	340
11. À la résurrection ...	26		4		
12. À la vie éternelle	40		14		
Conclusion: «Amen»		7		–	7
Total		737		137	874

Si nous réunissons l'Introduction «Je crois» et cette Première Partie du catéchisme – ce qui sera effectif dans le texte final – nous obtenons un total de 1079 paragraphes sur les 2660 que le *Projet révisé* comporte:

	texte	«En Bref»	total
Introduction «Je crois»	172	33	205
Première Partie	737	137	874
Total	909	170	1079

Les paragraphes comprennent deux ou trois et parfois plus de dix lignes; il n'est donc pas possible d'apprécier leur nombre dans chaque article du Symbole. Pris tels quels les chiffres donnent à penser que la foi au Père tout-puissant, la foi en l'Église et la foi en l'incarnation sont de loin les points les plus importants de tout le Credo; le nombre d'«En bref» confirme cette impression. L'analyse qui a été faite montre que le mystère pascal du Christ, comprenant sa passion, sa mort, sa résurrection et l'envoi de l'Esprit, est bien le mystère le plus central de la foi chrétienne. Il reste que cela serait apparu probablement davantage si un autre plan avait été adopté, partant de tout ce que Jésus a fait et a enseigné pour dévoiler la personne et l'œuvre du Père, du Fils et de l'Esprit.

Je ne vais pas reprendre les nombreuses constatations que la présentation du *Projet révisé* et sa comparaison avec le Catéchisme de Pie V, le Directoire et l'*Avant-projet* ont permis de dégager; le lecteur peut facilement se reporter aux pages qui leur sont consacrées[201]. Je me limiterai à rappeler les critères sur la base desquels ceux qui ont eu à se prononcer sur ce cinquième schéma de «catéchisme pour l'Église universelle» ont pu se former un jugement.

Les évêques ont chacun leur interprétation du concile Vatican II et des contenus de la foi confessée dans le Symbole des apôtres. Cette interprétation les a certainement guidés, comme elle a aussi guidé l'auteur de ce travail. Ils ont à leur disposition le Directoire de 1971, qui est toujours, en cette fin de 1989 et en ce début de 1990, le document de base pour orienter le mouvement catéchétique (cf. *Catechesi tradendae*, n° 2) et «la norme du contenu doctrinal essentiel de la catéchèse» (*ibidem*, note 61). Les règles et critères que doit observer la catéchèse pour exposer son contenu propre leur sont donc bien connus et je les ai rappelés plus d'une fois: il s'agit de proposer la totalité du message, de présenter celui-ci comme un corps organique et vital, de mettre en relief son christocentrisme et notre marche vers le Père dans l'Esprit, de montrer le

201. Voir ci-dessus, p. 179-180, 233-234, 277-279 et, pour «Je crois», p. 140.

lien très étroit entre la foi, la vie et la fin dernière de l'homme, de respecter la hiérarchie des vérités, de souligner le caractère historique de l'histoire du salut et de puiser aux sources que sont l'Écriture, la liturgie, le magistère, la vie de l'Église ... (n°s 37-45).

Le synode extraordinaire de 1985 suggère aussi quelques critères en vue de l'appréciation du *Projet révisé*. Dans son *Rapport final*, son souhait que soit rédigé un catéchisme ou compendium de toute la doctrine catholique s'accompagne d'une recommandation: «La présentation de la doctrine doit être biblique et liturgique, exposant une doctrine saine et en même temps adaptée à la vie actuelle des chrétiens». Les évêques pourront donc se demander non seulement si le projet qui leur est adressé contient bien toute la doctrine catholique mais aussi si la présentation qui en est faite est biblique, liturgique, adaptée à la vie d'aujourd'hui. Pour ma part, je ferais sur ces points précis les observations qui suivent.

– La présentation du *Projet révisé* est-elle biblique? Pour être biblique suffit-il qu'elle parsème l'exposé de nombreuses citations de l'Écriture, qui viennent confirmer tel ou tel enseignement? Si oui, le *Projet révisé* aura réussi son examen de passage. Si non ...

– Est-elle liturgique? Pour être liturgique, suffit-il de considérer les textes des missels et des rituels comme un trésor dans lequel on puise en fonction de la thèse développée? Si oui, le *Projet révisé* pourrait faire davantage encore référence à la *lex orandi* non seulement occidentale mais aussi orientale. Si non, ...

– *Le Projet révisé* contient-il la totalité, l'intégralité de la doctrine de la foi catholique? Il ne se veut pas le Denzinger de toutes les définitions et déclarations du magistère. Il ne prétend pas rapporter tous les enseignements de tous les livres de la Bible. Il se limite aux «contenus essentiels et fondamentaux de la doctrine catholique» mais nous avons constaté qu'il y manque ici ou là l'un ou l'autre élément plus ou moins important, tout particulièrement ce qui concerne les diacres, les prêtres, les laïcs, la vie religieuse.

– La doctrine est-elle saine? Est-elle une interprétation correcte de la foi de l'Église? Les auteurs le pensent et en donnent comme preuve les nombreuses citations et références bibliques, liturgiques, hagiographies et magistérielles. Ils ont cependant été pris plus d'une fois en défaut en ce qui concerne l'utilisation de documents du concile de Vatican II. On peut aussi faire remarquer qu'ils procèdent comme si le pluralisme des interprétations n'existait pas, comme si d'autres présentations du Symbole n'étaient pas envisageables ou déjà réalisées. Selon la grande tradition de l'Église de Rome, gardienne du «dépôt de la foi», ils ont préféré redire, surtout sur les points les plus difficiles, l'enseignement qui a

l'avantage de la longue durée et est, dès lors, considéré comme sûr, au risque qu'il apparaisse désuet ou même insignifiant aux chrétiens adultes quelque peu formés.
– La doctrine est-elle adaptée à la vie actuelle des chrétiens? Nous trouvons quelques échos à des thèmes particulièrement sensibles aujourd'hui comme la place de la femme dans la société, le respect de l'environnement, les relations entre la science et la foi, la diversité des religions ... Il est fait mention çà et là de difficultés ou d'objections soulevées par telle ou telle formulation dogmatique ... On ne peut pas dire pour autant que le *Projet révisé* rencontre «les joies et les espoirs, les tristesses et les angoisses des hommes de ce temps, des pauvres surtout et de tous ceux qui souffrent» (*Gaudium et spes* 1). Il est pratiquement impossible qu'un catéchisme-référence – et, à plus forte raison un catéchisme destiné à tous les adultes de toutes les régions du monde – soit «adapté à la vie actuelle» de nos contemporains. C'est là une tâche qui revient aux catéchismes et autres ouvrages catéchétiques ainsi qu'aux catéchistes des Églises locales. C'est à eux qu'incombera tout le travail d'inculturation du message chrétien.

Les évêques se souviendront peut-être qu'au synode épiscopal de 1987 le cardinal Ratzinger a dit du futur catéchisme qu'il serait un exposé organique et synthétique, attentif au contexte culturel et aux traditions des Églises orientales; il a parlé aussi de brièveté et de simplicité de langage, de concision dans la manière d'exposer. Le *Projet révisé* est certainement un exposé organique et synthétique de qualité, auquel l'une ou l'autre retouche est possible, comme par exemple l'insertion de l'Introduction dans la Première Partie. L'attention aux particularités des Églises catholiques orientales me semble encore trop discrète. Que dire de la brièveté et de la concision du futur catéchisme? Quelles mesures utiliser pour les apprécier? Nous pouvons nous demander si beaucoup se lanceront dans la lecture d'un volume comprenant pour l'instant 378 pages de format in-quarto (non compris les annexes et la table des matières) et d'un Prologue, d'un «Je crois» et d'un commentaire des articles du Symbole de près de 170 pages.

Nous pourrions ajouter que la Préface de l'*Avant-projet* signalait aussi que le catéchisme se veut proche des soucis, des questions, des luttes et des espoirs des hommes et femmes d'aujourd'hui, qu'il doit toucher les cœurs et que les «En bref» empruntent leurs résumés à l'Écriture, aux prières, aux symboles de foi et à la tradition magistérielle de l'Église. Seuls les membres du Collège des consulteurs ont eu connaissance de ces nouvelles précisions. Les évêques n'ont reçu que le *Projet révisé* et sa *Note explicative.* Ce sont probablement les indications fournies par cette *Note* qui vont le plus les guider dans la lecture et l'appréciation du «catéchisme pour l'Église universelle». Comme nous l'avons signalé plus haut, ils sont invités à porter leur attention surtout sur le contenu doctrinal et sur le caractère organique et synthétique du projet qui leur est transmis[202].

DEUXIÈME PARTIE: LA CÉLÉBRATION DU MYSTÈRE CHRÉTIEN

Avant de présenter dans ses grandes lignes la Deuxième Partie du *Projet révisé*, je rappelle que l'exposé sur les sacrements occupe la part la plus importante du Catéchisme romain, soit 37,24%, alors que le Symbole n'en obtient que 20,68, la morale 21,51% et la prière 20,55%. L'*Avant-projet* de 1987 lui consacre 34, 58% de l'ensemble, le Symbole et la morale se partageant les 35,11% et les 30,29% restants. Le *Projet révisé* modifie ces pourcentages: les sacrements n'ont plus désormais que 27,95% du catéchisme, 44,08 revenant au «Je crois» et au Symbole, 22,58 à la morale et 5,37 à la prière. Cette diminution s'explique par le fait que le *Projet révisé* a amplifié l'exposé du Symbole, dont une partie importante était à peine élaborée dans l'*Avant-projet*, et a ajouté l'épilogue sur le «Notre-Père».

Le *Catéchisme romain* distribue sa deuxième partie en huit chapitres. Le premier concerne «les sacrements en général»; les sept autres exposent la doctrine de chacun des sept sacrements, abordant successivement le nom qui leur est donné, leur matière et leur forme, le ministre et le sujet, les dispositions requises pour les recevoir et les effets qu'ils produisent, les cérémonies du Rituel latin de l'époque.

Le *Directoire catéchétique* voit de suite les sacrements comme des «actes du Christ dans l'Église, qui est le sacrement primordial», et comme des sacrements de la foi, sources de la grâce et non seulement remèdes au péché et à ses conséquences (n°s 55-56). Il les passe ensuite en revue, s'inspirant de *Lumen gentium* 11 et consacrant à l'eucharistie et au mariage un exposé plus ample (n°s 57-59).

L'*Avant-projet* adopte une structure tripartite: un chapitre est consacré à «l'économie sacramentelle», un autre à chacun des sept sacrements, un autre encore aux autres actions liturgiques.

Le *Projet révisé* présente une structure différente. Après une brève introduction, il a une Première section qui garde comme titre: «L'économie sacramentelle»; il y traite du «mystère pascal dans le temps de

202. Voir ci-dessus, p. 107-108.

l'Église» et de «la célébration sacramentelle du mystère pascal». La Deuxième section, «les sacrements», est divisée en trois chapitres, l'un sur les sacrements de l'initiation chrétienne, l'autre sur les sacrements de guérison, le troisième sur les «sacrements du service de la communauté». Cela nous donne un exposé de 651 paragraphes[203]:

	texte	«En bref»	total
Introduction	6	2	8
Première section	136	28	164
Deuxième section	400	79	479
Total	542	109	651

Pour mémoire, «Je crois» et la Première Partie totalisent 1079 paragraphes, 909 de développement et 170 de résumés.

L'étude détaillée de la Deuxième Partie du Projet révisé n'entre pas dans l'objet du présent travail. Je donnerai toutefois quelques grands points de comparaison entre l'exposé de 1987 et celui de 1989.

Première section: L'économie sacramentelle

La Première section commence par un chapitre portant sur «le mystère pascal dans le temps de l'Église». Ce chapitre est une réécriture de ce que l'*Avant-projet* désignait par «la sainte liturgie de l'Église».

Avant-projet

Chap. I: L'économie sacramentelle
Art. I: La sainte liturgie de l'Église
1. Signes et symboles dans la vie humaine
2. La liturgie du peuple d'Israël
3. La liturgie du Nouveau Testament
4. La liturgie présuppose et nourrit la foi
5. La liturgie est un acte de médiation du Christ par le ministère de l'Église
6. La participation des fidèles à la liturgie
7. Le ministère de présidence et les autres ministères

Projet révisé

Première section: L'économie sacramentelle
Chap. 1: Le mystère pascal dans le temps de l'Église
1. Les temps de l'économie du mystère
2. L'économie sacramentelle dans le temps de l'Église
3. Le réalisme de la liturgie du mystère
4. La liturgie du mystère de la foi
5. L'Esprit Saint et l'Église dans la liturgie
6. Le mystère pascal déployé dans le temps de l'Église

203. La numérotation va de 2001 à 2883. L'introduction et la première section vont de 2001 à 2163; au début de chaque sacrement, le chiffre des centaines est modifié: 2201, 2301; 2401 ... Il y a un paragraphe 2155 [a] mais on ne trouve pas de 2751, 2752 et 2753.

8. L'année liturgique
9. Les divers rites et familles liturgiques
10. Les principales actions liturgiques: les sacrements et les sacramentaux
11. La religiosité populaire

7. Le mystère pascal déployé dans la vie de l'Église
8. La liturgie dans la communion et l'histoire de l'Église

Le contenu des différents points abordés par le *Projet révisé* étant moins directement percevable, en voici un résumé:
1. «Les temps de l'économie du mystère»: cette économie est celle de la première création, du temps des promesses, de la plénitude du temps, des derniers temps ou temps de l'Église et de la consommation des temps (2009-2013).
2. «L'économie sacramentelle dans le temps de l'Église»: le Christ vivant, par l'Esprit, donne vie au peuple de Dieu et agit dans le monde d'une manière sacramentelle (2014-2021).
3. «Le réalisme de la liturgie du mystère»: la liturgie rend présent le mystère du salut et est participation à la liturgie céleste qu'elle rend visible et efficace (2022-2028).
4. «La liturgie du mystère de la foi»: la liturgie présuppose la foi, la fortifie, la développe grâce à la parole proclamée, aux actions et aux rites accomplis (2029-2038)
5. «L'Esprit Saint et l'Église dans la liturgie»: ils accomplissent ensemble une quadruple œuvre commune: l'accomplissement de l'ancienne alliance, l'anamnèse du mystère du Christ, l'épiclèse de l'Esprit et la communion à la vie divine (2039-2059).
6. «Le mystère pascal déployé dans le temps de l'Église»: c'est la célébration de l'eucharistie, spécialement le dimanche; ce sont le déroulement de l'année liturgique et la liturgie des heures (2060-2082).
7. «Le mystère pascal déployé dans la vie de l'Église»: c'est la célébration des sacrements et aussi celle des sacramentaux aux formes très variées, auxquels est jointe «la religiosité populaire», qui est cependant à situer «hors de la liturgie sacramentelle et des sacramentaux» (2083-2104).
8. «La liturgie dans la communion et l'histoire de l'Église»: le même mystère pascal connaît des formes de célébration diverses, des expressions et des rites particuliers tout à fait légitimes; ce sont là des signes positifs de la catholicité de l'Église (2105-2109).

La Première section se poursuit par «la célébration du mystère pascal», ce que l'*Avant-projet* intitulait «les éléments communs à tous les sacrements de l'Église».

Avant projet	*Projet révisé*
Art. 2: Les éléments communs à tous les sacrements de l'Église	Chap. 2: La célébration sacramentelle du mystère pascal
1. L'usage biblique et liturgique des mots «mystère» «sacrement»	1. Qu'est-ce que célébrer un sacrement?
2. L'institution des sacrements par le Christ	
3. Les sacrements communiquent la grâce, expriment la foi ...	2. Qui célèbre la liturgie de l'Église
4. La grâce et le caractère sacramentel	
5. Les paroles et les choses qui constituent les sacrements	3. Pourquoi célébrer?
6. Les sacrements sont des dons de Dieu par le ministère de l'Église	4. Comment célébrer?
7. Les conditions requises pour recevoir les sacrements	
8. L'importance des rites accompagnant la célébration des sacrements	5. Où célébrer?
9. Les sacrements et l'unité de l'Église	6. La célébration sacramentelle, pédagogie de la prière

Il s'agit bien de part et d'autre d'un «de sacramentis in genere» mais le *Projet révisé* le présente sous forme de réponses aux questions «premières» que les fidèles sont censés se poser à propos des sacrements. Que répond-il à ces questions?

1. «Qu'est-ce que célébrer un sacrement?». C'est d'abord le sens du verbe «célébrer» qui est précisé; vient ensuite un exposé sur les signes et symboles d'une célébration, ceux des religions du monde, ceux du peuple élu, ceux dont le Christ s'est servi et finalement ceux de l'Église (2111-2122).

2. «Qui célèbre la liturgie de l'Église?». C'est toute l'assemblée des baptisés revêtus du «sacerdoce commun» et invités à une participation «pleine, consciente et active»; elle est présidée par les ministres ordonnés qui sont l'évêque et le prêtre (2123-2129).

3. «Pourquoi célébrer?». Pour accomplir le testament de Jésus, glorifier Dieu et sauver le monde (2130-2134).

4. «Comment célébrer?». Toute célébration, qui est «une suite harmonieuse de bénédictions, de celles qui montent vers Dieu et de celles qui descendent vers nous», comporte des paroles, une action et la participation de l'assemblée. Partant de l'eucharistie, l'exposé évoque les quatre actions principales dans tout sacrement: une préparation, une liturgie de la parole, une anamnèse-épiclèse et un service de communion (2135-2145).

5. «Où célébrer?». Dieu a choisi d'avoir sa demeure parmi les hommes: ce furent le Temple de Jérusalem et ensuite le Christ ressuscité lui-même et tous ceux qui font corps avec lui. Nos églises, lieux de rassemblement, ont des lieux de célébration des sacrements et des lieux d'où l'on prêche; elles invitent au recueillement, ouvrent les esprits sur la communion des saints et sont ouvertes à tous les enfants de Dieu (2146-2156).

Au terme de ces cinq questions et de leurs réponses, le chapitre conclut par une réflexion sur «la pédagogie de la prière ainsi résumée dans l'«En bref» final: «La liturgie de l'Église est la grande école de la prière chrétienne. On y entre par la foi; on y trouve repos dans l'espérance forte de la fidélité de Dieu; on y puise la charité envers Dieu et envers le prochain par amour de Dieu» (2157-2163).

Deuxième section: Les sept sacrements de l'Église

Le *Projet révisé* innove tant par rapport au Catéchisme romain qu'à l'*Avant projet* : il répartit les sept sacrements en trois groupes: les trois sacrements de l'initiation, les deux sacrements de la guérison et les deux sacrements qui sont au service de la communion des fidèles. Il sait bien que cette répartition n'est pas la seule possible mais il estime qu'elle permet de voir que «les sacrements forment un organisme unique en lequel chaque sacrement particulier a sa place vitale», l'Eucharistie étant cependant le «sacrement des sacrements» à qui tous les autres sont ordonnés comme à leur fin (2204).

Chapitre premier: Les sacrements de l'initiation chrétienne

Par le baptême, la confirmation et l'eucharistie, les fondements de toute vie chrétienne sont posés. Nés à une vie nouvelle par le premier, les fidèles sont fortifiés par le deuxième et reçoivent dans le troisième le pain de la vie éternelle; «ils reçoivent toujours davantage les richesses de la vie divine et s'avancent vers la perfection de la charité» (2205).

Pour le baptême, les étapes du développement sont les suivantes:

Avant-projet	*Projet révisé*
1. L'institution	1. Comment est appelé le sacrement?
2. Les rites	2. Le baptême dans l'économie du salut
3. Les effets	3. Comment est célébré le sacrement?
4. Le baptême, premier sacrement de l'initiation chrétienne	4. Qui peut recevoir le baptême?

5. Le baptême de désir et le baptême du sang	5. Qui peut baptiser?
6. Le sujet du baptême	6. La nécessité du baptême
7. Le ministre	7. Les effets du baptême

L'exposé sur la confirmation garde, d'un schéma à l'autre, la même structure en cinq points. Le premier s'intitule «la confirmation dans l'économie du salut», et non plus «l'institution du sacrement». Les autres points sont: les rites, les effets, le sujet et le ministre.

Pour l'eucharistie, le *Projet révisé* met un peu d'ordre dans ce que l'*Avant-projet* en a dit et ouvre de nouvelles perspectives:

Avant-projet	*Projet révisé*
1. L'eucharistie source et sommet de la vie de l'Église	1. L'eucharistie source et sommet de la vie de l'Église
2. L'institution	2. Les noms qui lui sont donnés
3. Les rites	3. L'eucharistie dans l'économie du salut
4. Les noms donnés au sacrement	4. La célébration liturgique de l'eucharistie
5. Le sacrifice et la présence du Christ	5. Le sacrifice sacramentel
6. Les effets de l'eucharistie	6. Le banquet pascal
7. La nécessité de l'eucharistie	7. L'eucharistie, gage de la gloire à venir
8. Le sujet	
9. Les ministres	
10. Le culte du très saint Sacrement en dehors de la messe	

Chapitre deuxième: Les sacrements de guérison

La vie nouvelle reçue par les sacrements de l'initiation chrétienne reste «menacée par le péché, par l'infidélité au don reçu, par sa perte même» et nous restons soumis «à la souffrance, à la maladie et à la mort». Deux sacrements continuent l'œuvre de guérison et de salut du Christ: ce sont la pénitence et l'onction des malades (2501-2502).

Le sacrement de pénitence ou de réconciliation occupe douze pages tant dans l'*Avant-projet* que dans le *Projet révisé*. L'exposé de 1989 est cependant quelque peu différent, comme le laisse déjà percevoir l'examen du plan des deux schémas:

Avant-projet	*Projet révisé*
1. Le péché	1. Les noms donnés au sacrement
2. Les genres de péchés	2. Pourquoi un sacrement de la réconciliation après le baptême
3. La conversion	

4. L'institution du sacrement
5. La célébration sacramentelle de la pénitence
   – Les trois modes de célébration
   – Les actes du pénitent
   – Les actes du ministre
6. Les effets du sacrement
7. Les ministres
8. Les indulgences

3. La conversion des baptisés
4. La pénitence intérieure
5. Les multiples formes de la pénitence dans la vie chrétienne
6. Le sacrement de la réconciliation et de la pénitence
7. Les actes du pénitent
8. Le ministre du sacrement
9. Les effets du sacrement
10. Les indulgences
11. La célébration du sacrement

Pour l'autre sacrement de guérison, l'*Avant-projet* commençait par évoquer la maladie, traitait de l'institution du sacrement de l'onction des malades et en évoquait brièvement l'histoire; il en décrivait ensuite les rites et les effets et terminait par le sujet et le ministre. Le *Projet révisé* reprend tout cela en quatre points: 1. Les fondements du sacrement dans l'économie du salut: la maladie dans la vie humaine et «devant Dieu» – le Christ médecin envoie guérir les malades – un sacrement des malades; 2. Qui reçoit et qui administre ce sacrement? 3. Comment est célébré ce sacrement? 4. Les effets de la célébration de ce sacrement.

Chapitre troisième: Les sacrements du service de la communion

Les trois premiers sacrements fondent la vocation commune de tous les disciples du Christ. Les deux derniers confèrent une mission particulière dans l'Église: l'ordre consacre pour être pasteur au nom du Christ et le mariage pour accomplir dignement les devoirs d'époux chrétiens (2701-2703).

L'enseignement sur le sacrement de l'ordre dans l'*Avant-projet* porte sur les points suivants: 1. L'origine et l'institution du sacrement; 2. Le sacerdoce ministériel différent du sacerdoce commun; 3. L'épiscopat, le presbytérat et le diaconat; 4. Les rites de l'ordination (dans l'Église latine); 5. Les effets de l'ordination; 6. Le sujet de l'ordination (où l'on traite aussi de la vocation, de la préparation des candidats et du célibat); 7. Le ministre de l'ordination épiscopale, presbytérale et diaconale; 8. Les ministères conférés sans qu'une ordination sacramentelle soit nécessaire.

Le *Projet révisé* reprend cet enseignement et en répartit le contenu de cette manière: 1. Pourquoi ce nom de sacrement de «l'ordre»? 2. Le sacrement de l'ordre dans l'économie du salut; 3. Le sacerdoce ministériel dans la Nouvelle Alliance; 4. Les trois degrés du sacrement de l'ordre; 5. La célébration de ce sacrement; 6. Qui peut conférer ce sacrement? 7. Qui peut recevoir ce sacrement? 8. Les effets du sacrement de l'ordre. L'étude approfondie des changements qui ont été opérés dans les différents exposés montrera que, pour le sacrement de l'ordre comme pour les autres sacrements, la consultation du Collège des consulteurs a été bénéfique.

Que dire à propos du mariage? L'*Avant-projet* prévoyait un développement en huit points. Le *Projet révisé* modifie quelque peu le plan proposé et introduit quelques complément non négligeables:

Avant-projet	*Projet révisé*
1. Le mariage naturel et le mariage sacramentel	1. Le mariage naturel et le mariage sacramentel (avec quelques mots sur la virginité pour le Royaume)
2. Les rites du mariage dans l'Église latine	2. La célébration du mariage en Occident et en Orient
3. Les qualités du consentement matrimonial	3. Le consentement matrimonial
4. Les effets du sacrement (la finalité du mariage, la grâce pour vivre les «tria bona matrimonii», l'indissolubilité)	4. Les contractants (les époux dans l'Église latine se confèrent mutuellement le mariage; le prêtre, en Orient est considéré comme le ministre du sacrement)
5. Les contractants, leur préparation et les «empêchements» de mariage	5. Les effets du sacrement: le lien matrimonial et la grâce propre du mariage
6. Les époux ministres du sacrement, le prêtre témoin de leur union	6. Les propriétés essentielles du mariage: l'unité, la fécondité, l'indissolubilité
7. Le terme de l'alliance conjugale (la mort, la dissolution du lien; la séparation des époux; le divorce civil)	7. L'Église domestique
8. L'Église domestique	

Ce trop rapide parcours de «la célébration du mystère chrétien» dans le *Projet révisé* nous laisse entrevoir un exposé mieux organisé et globalement plus satisfaisant que celui de l'*Avant-projet*. Il nous indique aussi qu'un chapitre entier de 1987 n'apparaît plus, celui qui portait sur «les autre actions liturgiques». On y traitait de l'institution, des effets et des ministres des sacramentaux et on les présentait comme des instruments de l'évangélisation. On passait alors en revue les bénédictions, la liturgie des heures, les exorcismes, les processions, les funérailles, les lieux sacrés et les images. Il y avait là une matière intéressante à mieux présenter, en faisant notamment la distinction entre les actions liturgiques et les sacramentaux proprement dits. Le *Projet révisé* ne garde pas ce chapitre mais reprend la presque totalité de son contenu et l'insère ça et là dans sa Première section. La liturgie des heures se trouve dans «le mystère pascal dans le temps de l'Église» (2077-2081) et l'exposé général sur les sacramentaux a pris place dans «le mystère pascal déployé dans la vie de l'Église» (2094-2102). C'est au sein de cet exposé que sont mentionnés en petits caractères les bénédictions, les consécrations et les exorcismes (2098-2100). Et c'est parmi les expressions de la religiosité populaire que sont situés la vénération des reliques, les visites de sanctuaires, les pèlerinages, les processions, le chemin de croix, les danses religieuses, le rosaire, les médailles (2101). Finalement, tout le contenu de l'*Avant-projet* se retrouve dans le *Projet révisé* à l'exception des funérailles.

La Deuxième Partie du catéchisme de l'*Avant-projet* n'était pas tout à fait achevée. Dans le *Projet révisé*, toutes les références sont à leur place et 78 «En bref» remplacent et complètent les 56 questions-réponses du troisième schéma. L'exposé est plus long qu'en 1987 bien que l'espace qu'il occupe par rapport à l'ensemble du catéchisme soit moindre. L'innovation la plus remarquée est la répartition des sacrements en trois groupes. Sont aussi à épingler le fait de situer chaque sacrement dans l'économie de l'histoire du salut (au lieu de rechercher le moment précis de l'institution) et de décrire d'abord les rites de leur célébration (bien souvent dans l'une et l'autre liturgie, l'occidentale et l'orientale) avant de parler de leurs effets, du sujet et du ministre (l'exposé sur la pénitence et l'onction des malades fait exception). Si l'on ne tient pas compte des «En bref», le nombre de paragraphes consacrés à chaque sacrement s'élève à: 81 pour l'eucharistie, 72 pour le mariage, 63 pour la pénitence, 62 pour le baptême, 58 pour l'ordre, 30 pour la confirmation, 23 pour l'onction des malades. Les sacrements de l'initiation chrétienne en comptent 173, les sacrements du service de la communion 130 et les sacrements de guérison 86; le total des paragraphes sur les sacrements est de 467 (389 + 78 «En bref»).

Le trésor de la tradition patristique et des écrivains ecclésiastiques s'est enrichi d'un schéma à l'autre. Nous trouvons toujours Ignace d'Antioche, Jean Chrysostome et Cyrille de Jérusalem, auxquels sont venus s'ajouter Cyrille d'Alexandrie, Grégoire de Naziance et Nicolas Cabasilas. Saint Augustin est cité 11 fois au lieu de 4 et saint Thomas d'Aquin 8 au lieu de 14. Tertullien, Gille de Rome et saint Benoît ont disparu et sont remplacés par Césaire d'Arles et Léon le Grand; saint Justin est maintenant cité 5 fois et saint Ambroise aussi. La Tradition apostolique a cédé la place à la Didachè.

Les sources conciliaires sont les conciles de Nicée II, de Florence (cité 1 fois au lieu de 10), de Trente, qui n'est plus présent que 31 fois au lieu de 115 (le catéchisme tridentin est maintenant présent avec 3 citations), et celui de Vatican II avec ses 110 références au lieu de 90, tous documents confondus. L'*Avant-projet* utilisait le Code de droit canonique à 92 reprises; maintenant, il n'est question de lui que 21 fois.

Quant au magistère pontifical, il est fait appel à lui à plusieurs reprises. Pie XII est présent par ses encycliques *Médiator Dei* et *Fidei donum* et non plus par *Mystici corporis*. Paul VI est abondamment cité pour les constitutions apostoliques par lesquelles il a promulgué les nouveaux livres liturgiques; il est cité aussi pour *Mysterium fidei* et *Indulgentiarum doctrina*, ainsi que pour *Humanae vitae* (ajoutons ici l'instruction *Eucharisticum mysterium* de la Congrégation des rites). Quant à Jean-Paul II, ce sont ses encycliques *Dominum et vivificantem* et *Salvifici doloris*, ainsi que l'exhortation apostolique *Familiaris consortio*, qui sont mentionnées. Par comparaison avec l'*Avant-projet*, le *Projet révisé* ici aussi a fait des choix quelque peu différents[204].

Troisième Partie: La vie dans le Christ

Le *Projet révisé* apporte à la Troisième Partie du catéchisme d'importantes modifications par rapport au schéma de 1987. Le titre est nouveau: ce n'est plus «La vie morale du disciple du Christ» mais tout simplement «La vie dans le Christ». Le développement comporte 619 paragraphes et est suivi de 158 «En bref»; cela nous donne un total de 777 paragraphes[205]. Il ne représente plus que 22,58% de l'ensemble du catéchisme au lieu des 30,29% dans l'*Avant-projet* ; il se rapproche ainsi du Catéchisme romain qui lui consacrait 21,51%.

Le *Catéchisme de Pie V* a comme titre de sa troisième partie «Les commandements de Dieu contenus dans le Décalogue». Un premier chapitre traite des commandements de Dieu en général (Dieu étant leur auteur, il nous faut les observer et c'est tout avantage pour nous de les mettre en pratique). Les neuf autres chapitres détaillent ce que chaque précepte ordonne et défend de faire; les neuvième et dixième commandements ne forment qu'un seul chapitre.

Le *Directoire* décrit la «forme de vie entièrement nouvelle et gratuite» qui s'instaure avec Dieu lorsqu'on reçoit l'Esprit Saint. C'est un abrégé de morale fondamentale qu'il nous donne à la suite de sa présentation du

204. Voir les sources de l'*Avant-projet*, ci-dessus, p. 95-96.

205. La numérotation court de 3001 à 3249 et de 3301 à 3816. Il y a 14 paragraphes 3048 (3048[a], 3048[b], 3048[c], ... 3048[n]) et un 3091[a] ; par contre, il n'y a pas de 3239 et de 3685.

septénaire sacramentaire. Il traite de l'homme nouveau, de la liberté humaine et chrétienne, du péché, de la vie morale et de la perfection de la charité (n°s 60-64). Il se contente de dire que «la docilité avec laquelle il faut obéir au Saint-Esprit implique également l'obéissance fidèle des commandements de Dieu, des lois de l'Église et des lois civiles justes» (n°63, § 4).

L'*Avant-projet* consacre les trois premiers chapitres de sa troisième partie à des questions de morale fondamentale et précise, dans le quatrième et dernier chapitre, ce que chacun des dix commandements de Dieu ordonne et défend. Comme c'est la coutume depuis longtemps en morale et en catéchèse, il groupe ensemble les sixième et neuvième commandements, d'une part, et les septième et dixième, d'autre part.

Le plan du *Projet révisé* est sensiblement différent de celui de l'*Avant-projet.* Après quelques mots d'introduction, il prévoit non plus quatre chapitres mais deux sections et, à l'intérieur de celles-ci, il répartit autrement la matière, comme le montre le tableau qui suit:

Avant-projet	*Projet révisé*
Introduction	Introduction
Chap. I: Le fondement de la vie morale et la loi	Première section: La loi du Christ
	Chap. I: «Créés à l'image et à la ressemblance de Dieu»
1. Origine de la vie morale	1. Dignité de l'homme
2. La loi morale	2. La conscience morale
3. La responsabilité morale	3. L'homme est libre
4. La conscience morale	4. L'homme est responsable de ses actes
5. Les péchés	5. Les vertus
6. La fonction prophétique de l'Église	6. Le péché
Chap. II: La vie selon l'Esprit	Chap. 2: La loi qui donne la vie
1. L'Esprit, source de la vie chrétienne	1. Le Christ, fin de la loi
2. Les vertus	2. La loi naturelle
3. Sanctifiés et justifiés dans l'Esprit	3. La loi ancienne
4. Tous appelés à la sainteté	4. La loi nouvelle
5. En Église	5. La fonction prophétique de l'Église
Chap. III: La formation de la vie chrétienne	Chap. 3: La vie nouvelle
Section 1: La matière de la loi	1. «Conformes à l'image du Fils»
Section 2: Les préceptes évangéliques	2. «Sanctifiés et justifiés par l'Esprit»
	3. Les vertus infuses
Section 3: Les préceptes dans l'Église	4. Appelés à la sainteté
	5. En communion

Section 4: Uns structure en vue d'enseigner la doctrine morale chrétienne	Conclusion: Le décalogue, cadre de la morale chrétienne
Chap. IV: Les commandements	Deuxième section: Les commandements

Les auteurs de cette Troisième Partie justifient ainsi le plan qu'ils ont adopté pour la Première section: «Pour 'marcher dans la voie où Jésus a marché', il faut apprendre à connaître l'Évangile et 'la loi du Christ' qu'il contient» (3012). Cette loi «rappelle d'abord à chacun sa dignité de créature faite à l'image de Dieu (ch. 1). Elle contient les préceptes de la loi divine donnée à l'origine par le Créateur, confirmés par la révélation de la Loi ancienne (ch. 2). Elle révèle la destinée surnaturelle que le Christ nous a acquise par sa Rédemption (ch. 3)» (3013).

La loi du Christ enseigne aussi «la voie des commandements que Dieu a transmis et que nous avons à suivre pour rester fidèles à notre vocation» (3013). Le *Projet révisé* consacre la Deuxième section à chacun des dix commandements, gardant ensemble le sixième et le neuvième ainsi que le septième et le dixième. Il innove par rapport à l'*Avant-Projet* lorsqu'il les répartit en deux «Tables»: les trois premiers, concernant nos devoirs envers Dieu, forment «la première Table de la loi» et les sept autres, précisant nos devoirs envers le prochain, «la seconde Table de la loi».

La première Table comprend 114 paragraphes et 30 «En bref» et la seconde 294 paragraphes et 58 «En bref». En fonction du nombre de paragraphes attribués à chaque commandement ou groupe de commandements, nous avons le tableau suivant:

les septième et dixième	79 paragraphes	14 «En bref»
les sixième et neuvième	61 paragraphes	11 «En bref»
le quatrième	59 paragraphes	12 «En bref»
le cinquième	59 paragraphes	12 «En bref»
le premier	52 paragraphes	12 «En bref»
le huitième	36 paragraphes	9 «En bref»
le deuxième	34 paragraphes	10 «En bref»
le troisième	28 paragraphes	8 «En bref»

Les septième et dixième commandements viennent en tête parce que l'exposé comporte aussi des développements sur la violation des droits de l'homme, sur l'ordre économique et social, sur l'éthique universelle de justice, la solidarité et la construction de la paix.

Comme l'Épilogue, dont nous allons parler, ne porte que sur le «Notre Père», les autres éléments de la vie de prière des chrétiens sont encore répartis çà et là dans le *Projet révélé*. Se retrouvent ici, dans l'exposé sur le premier commandement, deux pages sur le besoin de prier, les prières de demande, la prière en toutes circonstances et occasions et la prière liturgique (3331-3348). Dans l'exposé sur le troisième, quelques paragraphes traitent du culte communautaire et de l'obligation de prier ensemble (3421-3429).

Bien des modifications ont été introduites tant dans la Première que dans la Deuxième section (je pense notamment au commentaire du «Tu ne commettras pas de meurtre»); il sera intéressant d'en dresser un jour l'inventaire. Relevons uniquement les sources utilisées et les références auxquelles le lecteur est renvoyé. L'Écriture reste abondamment utilisée, tandis que la liturgie est aussi peu présente que dans l'*Avant-projet*. Les citations des auteurs ecclésiastiques sont passées de cinq à cinquante. Nous trouvons les noms de Pierre Abélard, Amphiloque d'Iconium, Aphrahat, Athanase, Augustin (15 fois), Barnabé (l'épître de), Basile (4 fois), Nicolas Cabasilas, Clément d'Alexandrie, Cyrille d'Alexandrie (3 fois), la Didachè, François d'Assise, Grégoire le Grand, Grégoire de Naziance, Ignace d'Antioche, Irénée, Jean Chrysostome (5 fois), Jean Damascène, Justin, Léon le Grand, J.H. Newman, Polycarpe, Tertullien, Théophane, Thomas d'Aquin (4 fois); ajoutons-y un sermon anonyme grec.

Le concile de Trente n'est plus mentionné, Vatican I apparaît une seule fois et Vatican II passe de 57 à 124 références ou citations, provenant tout particulièrement de *Gaudium et spes*, de *Lumen gentium* et de *Dignitatis humanae*. Les deux encycliques de Paul VI, *Populorum progressio* et *Humanae vitae,* ainsi que sa lettre au cardinal M. Roy, sont toujours citées; s'y ajoute un extrait de l'allocution faite aux Équipes Notre-Dame le 4 mai 1970. Quant à Jean-Paul II, six de ses encycliques ou exhortations apostoliques, au lieu de quatre, sont utilisées: *Redemptor hominis* (1 fois), *Mulieris dignitatem* (3 fois), *Laborem exercens* et *Reconciliatio et paenitentia* (chacune 5 fois), *Familiaris consortio* (20 fois) et *Sollicitudo rei socialis* (41 fois); est repris également un extrait de son message à l'Assemblée générale des Nations Unies du 31 mai 1988. Et il y a enfin plusieurs documents de la Congrégation pour la doctrine de la foi: les instructions *Libertatis conscientia* (13 fois), *Persona humana* (5 fois) et *Donum vitae* (3 fois), auxquelles vient s'ajouter la lettre du 1er octobre 1986 sur la pastorale à l'égard des personnes homosexuelles.

Épilogue: La prière du Seigneur: «Notre Père ...»

Interprétant le vœu du synode de 1985, la Commission directrice du catéchisme avait décidé que le projet mis en route ne comprendrait que trois parties; le Credo, les sacrements et les commandements. Dès lors, l'*Avant-projet* ne contenait pas, à l'instar du Catéchisme du concile de Trente, une quatrième partie présentant la prière et commentant l'Oraison dominicale ou le *Pate*r.

Au terme de son examen de l'*Avant-projet*, le Collège des consulteurs a souhaité qu'un enseignement sur «la prière du Seigneur» figure dans le catéchisme. La Commission directrice a marqué son accord sur cette proposition. Elle a maintenu l'option initiale d'un catéchisme tripartite et a décidé de faire rédiger un commentaire du «Notre Père» sous forme d'épilogue. Elle en a confié la rédaction à Jean Corbon.

Le texte qui figure dans le *Projet révisé* comprend 126 paragraphes et n'est suivi d'aucun «En bref»; il constitue 5,37% de l'ensemble du catéchisme, ce qui est fort peu par rapport aux 20,55% de la prière et du Pater dans le Catéchisme romain. Le style qui lui a été donné diffère de celui des trois parties qui précèdent; la tonalité est bien plus spirituelle et le commentaire donne souvent la parole aux Pères grecs et aux Pères latins: Ambroise, Augustin, Basile, Cyprien, Cyrille de Jérusalem, Evagre le Pontique, Grégoire de Naziance, Grégoire de Nysse, Ignace d'Antioche, Irénée, Jean Cassien, Jean Chrysostome, Jean Climaque, Origène, Philotée le Sinaïte, Pierre Chrysologue, Tertullien et Théodore de Mopsueste. Nous sommes en présence d'une sorte de méditation qui nous fait contempler le Père, entrer dans son dessein, prier avec nos frères pour qu'advienne son Royaume.

L'Épilogue n'est pas structuré en chapitres ou articles; il comprend 19 points de un ou plusieurs paragraphes. Les six premiers introduisent le thème de la prière en lien avec la vie selon l'Esprit et les dix suivants présentent «la prière du Seigneur» telle qu'elle est reçue et vécue dans l'Église (4001-4016). Les autres sont le commentaire de chacune des demandes du *Pater* et de la doxologie finale (4017-4126).

ANNEXES

Première annexe: Glossaire

Le 1er octobre 1987, le cardinal Ratzinger faisait savoir à l'Assemblée du synode des évêques que tous les membres de la Commission directrice «ont pensé qu'il serait nécessaire de préparer en plus du catéchisme proprement dit, un glossaire, et ceci pour deux raisons: pour faciliter l'accès aux thèmes du catéchisme et pour obtenir, dans la mesure du possible, un langage commun de fond dans le domaine catéchétique»[206]. La rédaction en a été confiée à W. J. Levada, archevêque de Portland.

206. Voir ci-dessus, p. 82-83.

L'*Avant-projet* ne contenait pas encore ce glossaire et cela se comprend. Le *Projet révisé* en donne un «spécimen» de deux pages en langue anglaise, se rapportant à la lettre «A» (p. 379-380). Trente et une définition sont proposées: *Absolution, Acolyte, Adam, Adoration, Advent, Adultery, Agnosticism, Alleluia, Almsgiving, Altar, Amen, Anamnesis, Angels, Anger, Annulment, Annunciation, Anointing of the sick, Aprocrypha, Apologetics, Apostasy, Apostle, Apostles'Creed, Apostolic succession, Apparition, Archangel, Archbishop, Ascension, Ascetism, Assumption, Atheism, Auxiliary bishop.*

La logique de ce «spécimen» n'est pas évidente. Pourquoi ces trente et un mots là? Parce que leur signification est mal connue et qu'ils sont des mots-clefs du catéchisme? En tout cas, certains termes ne paraissent pas indispensables (ex: *Acolyte, Altar*, alors que d'autres devraient peut-être s'y trouver comme par exemple, *Abraham, Acedia, Analogy, Antichrist, Apostolate, Authority...*). Et l'on peut se demander jusqu'où doit aller l'explication des termes. Ainsi, pour *Adam* après avoir dit qu'il est «le commencement et le type de l'humanité, la figure du Nouvel Adam, principe de l'humanité rachetée», faut-il ajouter qu'«il a été créé par Dieu dans l'état de justice et de sainteté, c'est-à-dire dans la communion avec Dieu et dans une parfaite condition humaine»[207]? Tel qu'il nous est présenté dans ce «spécimen», le Glossaire pourrait très bien ne pas être considéré comme indispensable.

Seconde annexe: Conspectus sigillorum

Une table de 46 abréviations permet au lecteur d'interpréter les sigles des constitutions et décrets de Vatican II (AA, AG, CD, DH ...) et de bien d'autres documents ou écrits cités dans le catéchisme. Les abréviations des livres de la Bible ne figurent dans cette seconde annexe (p. 381) ni à aucun autre endroit.

TABLE DES MATIÈRES

Une table des matières de dix pages donne le plan assez détaillé des 392 pages du catéchisme (p. 383-392). Elle renvoie aux pages et non aux paragraphes du volume et fait assez bien ressortir la structure et les contenus globaux du catéchisme.

207. «Adam: The beginning and type of humankind. A figure of the New Adam, the principe of redeemed humanity, Christ the Lord. Adam was created by God in a state of justice and holiness, i.e., in communion with God and in a perfect human condition» (p. 379).

TROISIÈME SECTION

QUELQUES RÉACTIONS AU «PROJET RÉVISÉ»

Le *Projet révisé* a été publié «sub secreto». Comme les évêques sont invités à prendre l'avis de leurs instituts catéchétiques, de leurs facultés de théologie et de personnes compétentes, il est arrivé ce qui se produit souvent lorsqu'une consultation est ainsi multipliée: des fuites se produisent immanquablement et des journaux et revues s'empressent de divulguer les échos qui leur sont parvenus.

I. QUELQUES RÉACTIONS PROVENANT D'AMÉRIQUE DU NORD

Des réactions provenant des Etats-Unis et du Canada (Québec) ont retenu l'attention de plusieurs journalistes européens.

1. Aux États-Unis

La Conférence épiscopale des USA a mis en place une commission de six évêques et l'a chargée d'examiner le document. Cet «Ad hoc Committee» a rédigé un rapport de 51 pages qui, faute de temps, n'a pas pu être voté par la Conférence mais a été transmis à tous les évêques du pays et envoyé à Rome[208]. Les principaux motifs de l'appréciation très négative des six évêques sont:

- Il doit être fait une plus grande place aux théologies et rites liturgiques des Églises orientales catholiques sans quoi on ne peut parler de catéchisme vraiment universel.
- Le risque d'une grave confusion existe si l'on ne clarifie pas les différents niveaux de vérité à l'intérieur du magistère: le catéchisme met sur le même pied les documents du Vatican, les textes du concile, les Pères de l'Église, la catéchèse du pape aux audiences générales ...
- La question du développement historique de la doctrine de l'Église doit être traitée explicitement.
- Le texte se présente plutôt comme une encyclopédie alors qu'il faudrait en faire un instrument d'évangélisation.
- La section consacrée aux questions éthiques doit être réécrite en partant d'une vision positive des problèmes, en abandonnant la position actuelle, fondée sur l'obligation de l'obéissance.

208. Le texte est paru dans *Origins*, 26 avril 1990, p. 773-784: *Report of the Ad hoc committee for the Catechism for the Universal Church.*

– Les méthodes modernes d'interprétation de la Bible sont totalement ignorées.
– Le recours à l'enseignement des Pères de l'Église est inadéquat: les citations requièrent souvent des explications plus étendues que celles qui sont fournies.
– Dans le nombre des citations et dans le choix des arguments, on ne fait pas justice à l'enseignement de Vatican II.
– Les citations du Code de droit canomique sont souvent utilisées en dehors de leur contexte[209].

L'évêque de New Ulm (Minnesota), R. A. Lucker, fait remarquer que le catéchisme contient non seulement les vérités de la foi mais aussi des positions théologiques sujettes au changement. Il ne met pas suffisamment en lumière la hiérarchie des vérités et semble confondre unité et uniformité (il s'en tient en effet à une seule expression de la doctrine). Son enseignement moral met très fort l'accent sur la loi et l'obéissance et non sur l'appel de Jésus et la réponse des disciples. En conséquence, il demande: Pas si vite! Consultez largement et donnez-nous plus de temps pour interroger nos pasteurs et nos laïcs. Et il ajoute: «Ceux qui pensent que les problèmes peuvent être résolus par un livre, fut-il un parfait résumé des vérités de la foi, ont oublié l'importance primordiale de la foi et de la conversion dans la catéchèse»[210].

L'archevêque de Mobile (Alabama), O. Lipscomb, président de cet «Ad hoc Committee», déclare, pour sa part, que le catéchisme ignore la hiérarchie des vérités, laisse croire que les texte des évangiles sont des reportages et se sert de l'Écriture comme d'un recueil de preuves de l'enseignement qu'il transmet; il donne de la création une approche presque fondamentaliste, ne fait pas pleinement droit à l'œcuménisme, utilise toujours les noms et les pronoms «non-inclusifs» que les évêques américains s'efforcent de bannir dans leurs propres documents, et, en morale, se plait à dresser la liste du permis et du défendu au lieu d'aborder positivement les questions soulevées. L'archevêque conclut cependant qu'on peut donner à Rome une réponse positive mais qu'il faut exprimer le souhait qu'il y ait une nouvelle consultation de l'Épiscopat mondial sur le *Projet révisé* amendé, voire sur un tout nouveau projet de catéchisme[211].

209. D'après le résumé du quotidien bruxellois *La Libre Belgique* du 29 mai 1990, p. 15.

210. R. A. LUCKER, *Bishops and the Catechism*, dans Th. J. REESE (éd.), *The Universal Catechism Reader. Reflexions and Responses*, HarperSanFrancisco, 1990, p. 210-217; voir aussi *L'Actualité religieuse dans le monde* 75 (février 1990) p. 18-19 et *La Doc. cath.* 87 (90) p. 378. Raymond Alphonse Lucker a été évêque auxiliaire de St Paul et Minneapolis (8-9-1971) avant de devenir évêque de New Ulm (23-12-1975).

211. R. N. OSTLING, *Carping over Catechism*, dans *Time*, 16 avril 1990, p. 43; O. H. Lipscomb est archevêque de Mobile depuis le 16 novembre 1980.

Quinze spécialistes en Écriture Sainte, liturgie, dogme, catéchèse et morale se sont réunis au Woodstock Theological Center de l'Université de Georgetown en janvier 1990 pour analyser le catéchisme; leurs contributions ont fait l'objet d'une publication[212]. Leur critique de la structure du catéchisme, de l'utilisation de l'Écriture, de chacune des parties du Credo, de la liturgie, des sacrements, des commandements et du *Pater* est fort sévère: ils ont le sentiment que le *Projet révisé* ignore la réflexion qui s'est développée dans l'Église au cours des trente dernières années et craignent que certaines affirmations discutables ne soient utilisées par des groupes traditionalistes pour s'en prendre à l'enseignement des évêques et des prêtres. Selon eux, le catéchisme devrait être entièrement réécrit car des amendements ne suffiront pas à le rendre acceptable.

Les appréciations des évêques et théologiens des USA sont très critiques; de nombreuses lacunes sont relevées et de sérieuses modifications, voire même une réécriture complète du texte et une nouvelle consultation de l'Épiscopat, sont demandées. Elles seront vite connues au-delà des Etats-Unis car des grands quotidiens européens et des revues d'informations catholiques en donneront de larges échos.

2. Au Québec

Des USA, nous passons au Canada où l'exégète J. Harvey, s.j., publie dans *Relations*, la revue du Centre «Justice et Foi» de Montréal, une étude intitulée *Le Credo de l'an 2000 en retard d'un concile*. Deux hebdomadaires démocrates-chrétiens, *Témoignage chrétien* (France) et *La Cité* (Belgique), en ont donné de larges extraits[213]. L'auteur passe en revue chacune des parties du *Projet révisé*.

Pour le Credo, le texte est clair et bien documenté, dit-il, mais «un peu long sur la Trinité, plutôt faible sur le mal, timide sur le rapport science-foi dans la connaissance de la création, quasi silencieux sur la dimension chrétienne de l'écologie. On admet de façon classique, mais simpliste pour aujourd'hui, la distinction corps-âme, la complémentarité de la femme et de l'homme, le péché des origines». Des faiblesses «très considérables» apparaissent: la rédaction n'est pas dirigée par la Bible,

212. Th. J. REESE (éd.), *The Universal Catechism Reader. Reflexions and Responses*, HarperSanFrancisco, 1990, 237 p.; voir J.-P. MANIGNE, *Des théologiens américains demandent une importante révision*, dans *L'Actualité religieuse dans le monde* 76 (mars 1990) p. 16. D'autres théologiens se sont aussi exprimés, comme le rapporte Th. J. Reese, p. 11-12; à une exception près, ils sont tous très critiques, certains demandant même aux évêques de refuser le texte comme base de discussion.

213. *Témoignage chrétien*, 30 juin 1990, p. 8-9; *La Cité*, 12 juillet 1990, p. 20-21.

qui est cependant citée abondamment mais sans commentaire exégétique (il signale qu'à côté de l'Écriture, il y a un très beau choix de textes des Pères et un souci de ne pas oublier l'Orient) et le contenu de Vatican II est presque toujours inséré «comme des corrections à l'intérieur d'une structure préconciliaire»; la dimension historique de la foi «est presque partout absente, au profit de l'affirmation d'une unité temporelle et spatiale sans réservé». Cette absence de sens historique affecte négativement la présentation de Jésus – «axée davantage sur la divinité que sur l'humanité» – et de Marie. Tout en se réclamant de Vatican II, «on a adopté une ecclésiologie descendante, à partir de Dieu, sans la corriger par une ecclésiologie ascendante , inspirée de Dieu mais gérée par des humains à travers vingt siècles d'histoire», d'où, l'Église et le Royaume ne sont pas suffisamment distingués l'un de l'autre et le Corps du Christ est présenté comme «une meilleure image de l'Église que le peuple de Dieu». Finalement, la visibilité de l'Église est d'abord celle de ses cadres, encore que la collégialité épiscopale soit fort réduite, et son image laisse peu de place à la reconnaissance de ses faiblesses historiques.

J. Harvey s'étend moins longuement sur la deuxième partie du catéchisme, qu'il apprécie globalement. Il relève cependant quelques passages moins bien réussis: ainsi, la précision des genres, espèces et nombres de péchés à confesser, qui «risque de raviver le régime de scrupule fort fréquent dans l'Église latine d'avant le concile»; ainsi aussi la célébration communautaire du pardon sans confessions individuelles reléguée dans un paragraphe en petits caractères; ainsi encore l'exposé trop juridique, selon lui, du sacrement de l'ordre et l'obligation du célibat «trop manifestement présentée comme supérieure et préférable à l'option libre des Églises orientales».

À propos de «La vie dans la Christ», J. Harvey signale notamment que «la loi extérieure est présentée de façon tellement simpliste, parfois naïve, qu'elle est inquiétante, surtout lorsqu'on rappelle que l'Église est souvent l'instance qui la définit». Il note que la libération qu'apporte la loi nouvelle ne concerne que l'esclavage du péché. Il fait plusieurs réflexions pertinentes sur chacun des dix commandements et apprécie les options courageuses de cette section morale qu'il résume ainsi: «l'être humain est une image de Dieu, créé bon, mais devenu historiquement faible et parfois méchant, individuellement et socialement, et qui a toujours besoin de pardon et de salut dans le Christ, souvent à travers l'intervention de l'Église». Mais, dit-il, la présentation de la morale chrétienne du catéchisme «date de l'avant concile, avec des ajouts conciliaires ponctuels dans une structure inadaptée».

En présence de toutes ces remarques fondamentales, que faire? D'abord refuser ce texte qui a d'indéniables qualités et notamment un beau commentaire du *Pater*, mais ces qualités «ne peuvent compenser les défauts structuraux qui ne peuvent être réparés par aucun effort d'amendements de détail». Ensuite, proposer de tenir un synode et, en vue de celui-ci, inviter les chrétiens, sur base du *Projet révisé* actuel, à repenser en groupe ce document de travail.

II. Des réactions en provenance d'Europe occidentale

Quelques revues et quotidiens en langue française viennent compléter notre information. Ils se font l'écho des critiques américaines et apportent parfois leurs propres réactions au *Projet révisé*.

1. Dans quelques revues

Le mensuel *L'Actualité religieuse dans le monde*, dès son numéro de février 1990, fait part à ses lecteurs des inquiétudes ressenties aux Etats-Unis, tout particulièrement celles de l'évêque R. A. Lucker. Selon celui-ci, le projet soumis à l'examen «pêcherait par sexisme, par une regrettable timidité dans sa condamnation de l'arme nucléaire, par une vision trop peu communautaire de l'Eucharistie» et l'influence de Vatican II s'exercerait inégalement sur les divers aspects traités. En outre, la hiérarchie des vérités n'est pas assez présente: tout paraît être sur le même pied[214].

Le mois suivant, il résume les critiques des théologiens du Woodstock Theological Center: «tout est présenté au même niveau de crédibilité»; on peut craindre que des groupes traditionalistes se prévalent contre l'enseignement et la prédication des évêques et des prêtres de certaines affirmations discutables du catéchisme comme «l'eucharistie n'est pas un repas»; l'ouvrage se prétend «idéologiquement neutre»; l'utilisation des nombreuses sources scripturaires est critiquable; plus d'un point de la partie morale est à repenser; faire des anges, et même des anges gardiens, un objet de foi n'est pas admissible. Le mensuel, sous la plume de Jean-Pierre Manigne , fait remarquer que le Centre a une réputation de modération et n'a jusqu'ici jamais pris publiquement position contre Rome[215].

214. J.-P. Manigne, *Pas si vite! demande un évêque américain*, dans *L'Actualité religieuse...* 75 (février 1990) p. 18-19.

215. J.-P. Manigne, *Des théologiens américains demandent une importante révision*, dans *L'Actualité religieuse...* 76 (mars 1990) p. 16.

Le mensuel en langue française du mouvement italien «Communion et libération», *30 jours dans l'Église et dans le monde,* publie dans son numéro de mai 1990 un dossier de neuf pages intitulé: *La cible. Le catéchisme universel n'a pas encore vu le jour qu'il subit déjà un feu nourri de critiques. Une nouvelle campagne anti-romaine?* Gianni Valente décrit ainsi la situation: les détracteurs du projet y voient «un instrument de la restauration romaine» qui causera beaucoup de mal à l'Église; ses défenseurs, eux, soulignent les bénéfices à en tirer pour l'action missionnaire des catholiques. Il résume la position des théologiens et de évêques des Etats-Unis et rapporte que ceux-ci, comme également l'Épiscopat d'Angleterre et du Pays de Galle, proposent comme titre non pas «Catéchisme universel» mais «Recueil de la doctrine catholique pour la préparation des catéchismes». Il signale aussi deux réactions provenant du monde juif. D'une part, Tulla Levi, présidente de l'Union des communautés juives italiennes, déclara à la presse: «Je souhaite que la rédaction définitive (...) adopte l'esprit conciliaire en matière de rapports interreligieux, reconnaissant à toutes les religions la même légitimité et la même dignité dans la réalisation de la promotion et du bien de l'homme»; d'autre part, l'éditorialiste de la revue italienne de culture juive *Shalom* dénonce «cette obstination à attribuer aux religions différentes de la catholique 'erreur et mauvaise conduite', cette requête apodictique que les non catholiques 'se convertissent' pour croire 'en celui, le Christ, qui est la voie, la vérité, la vie'». L'impression générale ressentie à Rome, dit en conclusion G. Valente, est que «la plupart de critiques viennent de milieux théologiques irrités parce que le texte en circulation ne reflète pas suffisamment leurs propres opinions théologiques»[216].

Dans ce même dossier, Renato Farina interroge l'archevêque d'Ancône, D. Tettamanzi, «le premier évêque italien qui ait rompu la glace sur le catéchisme». Pour cet évêque, ce projet est «une photographie synthétique et harmonique de la foi», de laquelle pourront sortir de bons catéchismes; il est nécessaire pour éviter les unitarismes comme la théologie de la libération en Amérique latine, et les confusions comme celle qui s'est développée entre la foi et la théologie, celle-ci remplaçant celle-là (c'est pourquoi les théologiens s'irritent devant le catéchisme qui «leur vole un peu du domaine sur lequel ils exerçaient un pouvoir injuste vis-à-vis des fidèles»). Les critiques ont pour but de discréditer et d'affaiblir le cardinal Ratzinger et de l'opposer au pape. Est-ce à dire

216. G. VALENTE, *Gros plan. Catéchisme universel. L'heure du jugement*, dans *30 jours dans l'Église et dans le monde*, mai 1990, p. 10-12 et 14-15.

que tout est parfait dans ce texte provisoire? Non; le primat de la grâce pourrait être mieux mis en lumière dans les trois parties du catéchisme, les pages sur la morale devraient être mieux développées en prenant pour base les béatitudes et non les commandements, la génétique pourrait être plus approfondie et la dimension de la prière n'est pas suffisamment présente en dehors de l'épilogue[217].

Le dossier se termine par une interview du père Chr. von Schönborn, le secrétaire de rédaction du catéchisme. Le dominicain se garde bien d'éreinter ses collègues théologiens qui ont critiqué le *Projet révisé*; il préfère préciser l'originalité du texte envoyé aux évêques. Le Catéchisme romain est discursif et se réfère essentiellement au concile de Trente; il est non polémique, très biblique et positif. Le Catéchisme hollandais de 1966, au langage très vivant, est un catéchisme pour adultes réussi mais un peu insuffisant sur des questions doctrinales. Le Catéchisme allemand de 1985, très soigné au point de vue exégétique et théologique, utilise un langage trop exigeant pour être compris par tous. Le *Projet révisé* adopte le plan du Catéchisme romain mais est plus structuré (subdivisions, paragraphes, «En bref») et il est, comme lui, non polémique, biblique et positif; il se réfère beaucoup à Vatican II, il s'en inspire et est rédigé de manière à pouvoir être lu par tout acheteur. Le texte tient-il suffisamment compte des résultats de la recherche biblique actuelle? Réponse: «On a évité d'opter pour l'exégèse, qu'elle soit historico-critique, structuraliste, psychologique (...)» mais on a essayé de développer les réflexions en s'inspirant des Écritures; «beaucoup de choses doivent être certainement améliorées». Le texte n'est-il pas trop euro-centrique? Tient-il compte du problème de l'inculturation? Réponse: c'est aux non européens eux-mêmes à nous dire ce qu'il en est et à proposer éventuellement des corrections, mais il reste nécessaire d'établir avec clarté qu'il y a une seule foi qu'il doit être possible d'exprimer avec un langage commun. Et qu'en est-il de la hiérarchie des vérités? Réponse: il ne faut pas la confondre avec le degré de certitude des affirmations de foi: «les affirmations de foi qui sont plus périphériques du point de vue de la hiérarchie des vérités n'en sont pas moins certaines du point de vue de la vérité elle-même» (ex: la virginité de Marie)[218].

217. R. FARINA, *Catéchisme? Oui, merci. Un évêque italien accepte de rompre le silence et donne franchement son avis*, dans *30 jours*, mai 1990, p. 12-13.

218. R. RAHM, *La parole à la défense. Interview du théologien autrichien Christophe von Schönborn(...)*, dans *30 jours*, mai 1990, p. 16-17. On a évité toute option exégétique particulière, nous dit le père Schönborn; Mgr A. Maggiolini, un des membres du Comité de rédaction disait semblablement au mensuel italien *Jesus* de février 1990 qu'il n'y a pas eu

Le mensuel revient sur le «long parcours orageux» du catéchisme dans sa livraison de février 1992. G . Valente rapporte les appréciations qu'il a glanées dans la presse: pour *Il Giorno*, les «vaticanistes» qualifient le projet transmis aux évêques d'«instrument de restauration, amalgame un peu paranoïaque de théologie archaïque et d'antimodernisme»; le catéchisme «intervient de façon péremptoire sur certains points essentiels de la doctrine catholique empêchant ainsi toute forme d'interprétation symbolique»; certains thèmes sont abordés «sans être dépouillés de leur contexte culturel traditionnel»; c'est une Église faite de certitudes qui se profile sur le catéchisme et la théologie y est identique à celle des manuels antérieurs au concile Vatican II. Le *Los Angeles Times* parle de «résurgence moyenâgeuse» et le *Badische Zeitung* de «retour à la Contre-réforme». *Shalom*, la revue culturelle des juifs italiens, estime que le projet met fin à toute possibilité de dialogue. À l'opposé de ces jugements désapprobateurs, *Studi Cattolici*, mensuel de l'Opus Dei, rapporte l'appréciation du cardinal Ratzinger confiée à une journaliste israélienne: «le texte pourra être perfectionné (...); je souhaite que le Catéchisme soit bien compris dans toutes ses louables intentions ... même en Israël». Après ce mini-tour d'horizon, G. Valente signale que les évêques italiens et allemands ont formulé des réserves et des critiques parfois semblables à celles de l'Épiscopat et des théologiens américains et résume les interventions du cardinal Ratzinger au synode de 1990 et au synode sur l'Europe, dont nous parlerons plus loin. En fin d'article, il exprime sa propre conviction: «Devant les confusions de plus en plus fréquentes à propos des points cruciaux de la doctrine, rappeler les points essentiels de la foi catholique devient une nécessité. Surtout pour aider les évêques et les pasteurs à qui il revient par définition de garder le *depositum fidei*»[219].

Toujours dans ce numéro de février 1992, *30 jours*, faisant fi de la discrétion qui s'imposait, publie en avant-première un choix de paragraphes

de «tentative de faire prévaloir une opinion théologique plutôt qu'une autre» (ceci est rapporté par J.-P. Manigne dans *L'Actualité religieuse dans le monde* 76 [mars 1990] p. 16).

219. G. VALENTE, *Catéchisme universel. Un long parcours orageux*, dans *30 jours*, février 1992, p. 38-41. L'auteur écrit encore: «Le but de l'opération est explicite: endiguer la tendance catéchétique centrifuge de l'après-concile, la superfétation incontrôlée d'instruments catéchétiques locaux souvent incomplets, contradictoires et bourrés d'erreurs doctrinales qui engendrent la confusion et sont une des causes de la débâcle de la catéchèse moderne» (p. 39). Dans ce même numéro de *30 jours*, Gianni Cardinale s'interroge: *Revenir à saint Pie X?* et répond: Pourquoi pas? car, «même après le Catéchisme universel, il [le Catéchisme de Pie X] demeure le plus utile à la nouvelle évangélisation» (p. 51). Le Catéchisme de Pie X est un thème récurrent de la revue: voir A. TORNIELLI, *Le vieux catéchisme. Il a quatre-vingts ans mais il ne paraît pas son âge*, octobre 1992, p. 63, et *Pas de bûcher pour saint Pie X*, novembre 1992, p. 26.

du catéchisme issus de la rédaction quasi définitive, effectuée à partir des amendements proposé par les évêques et non encore approuvée par le pape. Il s'agit de textes portant sur le péché originel, l'incarnation, la virginité de Marie, Jésus et Israël, la mort et la descente aux enfers, l'Église et le Royaume de Dieu, les derniers temps. L'objectif de la revue est d'indiquer que le nouveau catéchisme s'inscrit dans la tradition issue du concile de Trente et se démarque du catéchisme des évêques allemands: «Entre le nouveau Catéchisme universel et le Catéchisme romain, les variantes résultent surtout de la différence de langage et, en ce qui concerne le premier, des apports du Magistère post-tridentin. Dans le Catéchisme allemand ['considéré à l'unanimité comme la fine fleur de la dernière génération des catéchismes nationaux'], les différences apparaissent en revanche plus substantielles. On y relève une nette tendance à problématiser et à 'symboliser' les points essentiels du *depositum fidei.* Il faut lie lire pour le croire»[220].

L'hebdomadaire *Témoignage chrétien* du 30 juin 1990 annonce sur toute la largeur de la première page: «Le projet de catéchisme universel. Le Credo de l'an 2000». D'emblée, Georges Montaron indique comment réagir globalement à ce projet, tout en regrettant de ne pas pouvoir présenter le document lui-même et de devoir se contenter de publier l'article du père J. Harvey[221]. Il n'est peut-être pas mauvais, pense-t-il, de mettre par écrit le fondement de la foi; c'est une bonne base de travail, encore faut-il que le catéchisme ne se prenne pas pour l'évangile et, sous prétexte d'universalité, ne méprise pas les réalités propres aux diverses nations. Il faut aussi qu'il prenne pleinement en compte Vatican II, ce qui ne semble pas être le cas; la preuve en est que les baptisés ne sont pas associés à la préparation du projet. Un large débat devrait s'ouvrir avec les prêtres et les catéchistes laïcs avant que les évêques autour du pape n'approuvent un texte définitif[222].

Dans l'hebdomadaire démocrate-chrétien de Bruxelles, *La Cité*, G. Cossée de Maulde pense que la décision de publier un catéchisme paraît raisonnable: il est utile de rappeler les grands axes du message chrétien qui s'adresse à tous et à chacun ici et partout; mais c'est aussi un risque: celui de produire un exposé passe-partout ne tenant pas compte des cultures. Le projet actuel ne souffre-t-il pas d'un excès de centralisation

220. *Catéchismes comparés*, dans *30 jours*, février 1992, p. 42-49.

221. Voir ci-dessus, p. 301-303.

222. G. MONTARON, *Le catéchisme, c'est aussi notre affaire*, dans *Témoignage chrétien*, 30 juin 1990, p. 2; l'article de J. Harvey figure aux pages 8 et 9.

romaine? Ne devrait-il pas être communiqué aux grands instituts de catéchèse? Construit sur un modèle de communication descendante adaptée à des croyants pleinement convaincus, laisse-t-il place pour une démarche ascendante «à partir des propres questions de ceux qui cherchent à tâtons?» Que penser de son contenu? Faute d'avoir le texte en mains, l'auteur résume les réactions du Père J. Harvey et y voit une invitation à une refonte totale de ce projet qui, s'il a d'incontestables qualités, reste trop en deçà de Vatican II. Il signale que le groupe de théologiens américains s'est prononcé dans le même sens et nous apprend que les conférences épiscopales de langue allemande ont déjà émis des avis critiques. Il souhaite que «le texte final s'inspire pleinement des enseignements de Vatican II, en particulier en reconnaissant, avec *Lumen gentium*, le rôle actif que l'ensemble du peuple de Dieu doit jouer dans l'élaboration de la foi de l'Église»; il souhaite aussi qu'il «incite les Églises locales à construire elles-mêmes ... les moyens les plus adaptés à une véritable évangélisation»[223].

2. Dans quelques quotidiens

Le journal *La Croix* du 21 février 1990 profite des révélations sur le *Projet révisé* faites par *La Republica* pour donner non pas sa propre appréciation du document mais celle du quotidien italien. Selon celui-ci, «le schéma est exactement celui du catéchisme publié après le Concile de Trente en 1566 (...). Il répète tout ce qui est traditionnel dans l'Église», l'Église n'apparaissant pas «immergée dans l'histoire». Le lecteur de *La Croix* apprend aussi que le futur catéchisme traite des rapports de la foi chrétienne avec les autres religions, des relations homme/femme, de la primauté du pape et de la soumission des évêques au pape; il saura aussi que quelques situations modernes sont évoquées[224]. Le 19 avril, *La*

223. G. C[ossée] D[e] M[aulde], *Quel Credo pour l'an 2000?*, dans *La Cité*, 12 juillet 1990, p. 20-21. Pour les conférences de langue allemande, l'auteur renvoie à *Herder Korrespondenz*, mai 1990, p. 237.

224. G. MATTIA, *Flashes sur le catéchisme universel*, dans *La Croix*, 21 février 1990, p. 16. Quelques temps après, dans le «Courrier», un lecteur réagit à cette information et plus particulièrement à ce qui est dit de la juridiction du pape, du pouvoir plénier, suprême et universel qu'il peut toujours exercer librement; il voit là un mépris des responsables des Églises locales, un gauchissement dangereux vers une Église «papale» et non «apostolique» comme le confesse le Credo. Il espère que ce projet de catéchisme ne sera qu'un test pour sonder les réactions des catholiques, réactions qu'il souhaite nombreuses (*La Croix*, 3 avril 1990, p. 14). Cette réaction en a entraîné d'autres: il y a celle de G. Lagrange, évêque de Gap, qui voit là un signe du complexe anti-romain et qui regrette qu'on critique le catéchisme dès avant sa parution sur de simples extraits pas toujours exacts (tenu par le «sub secreto» du *Projet révisé*, il refuse de rétablir la vérité), et celle de deux lecteurs de *La Croix* (10 mai 1990, 12 et 31 mai 1990, p. 14).

Croix rapporte sommairement les critiques émises par les évêques américains: elles concernent le rôle des laïcs dans l'Église et celui des conférences épiscopales, celui-ci étant négligé et celui-là réduit à la passivité; en outre, le futur catéchisme ne tient pas compte des développements de la nouvelle théologie et présente une fausse opposition entre la science et la foi, entre les religions chrétiennes et non chrétiennes[225].

Une note d'un tout autre ton est apportée par deux responsables de catéchèse le 31 mai. Pour eux, ce projet de catéchisme est «un formidable espoir», il correspond à «une attente, une libération, un soulagement» car ils ont beaucoup souffert des «lacunes et distorsions dans le message à faire passer». Et le 28 juin, c'est le cardinal Ratzinger qui est invité à justifier la rédaction d'un catéchisme universel: «S'il existe une foi qui exprime notre unité profonde, cela doit pouvoir se traduire dans un texte (...); cette unité doit être universelle et accessible à des cultures différentes, mais la diversité ne peut exclure un langage de référence qui nous permette de nous reconnaître dans une même foi»[226].

En août, nous apprenons que la revue italienne *Jesus* a rapporté que les évêques d'Italie ont fait de sérieuses réserves, critiquant notamment le langage marqué par «la rigidité de schémas culturels dépassés». Coupant court à cette information, le cardinal V. Poletti, vicaire de Rome, a précisé: «La Conférence épiscopale italienne a émis un avis favorable sur le projet (...), tout en faisant des suggestions d'amélioration du texte»[227].

Et puis, plus rien jusqu'au 31 mai 1991. Ce jour-là, une brève information annonce pour «avant 1992» la sortie du catéchisme universel, qui respecte «pleinement», au dire des responsables de sa rédaction, les suggestions des épiscopats consultés. Quelques mois après, le journal des 1-2 novembre parle plutôt d'une sortie avant la fin de mars 1992, mais le 14 décembre, il apporte une nuance: il serait prêt à être remis au pape en mars, et il signale que les critiques regardent notamment la partie morale[228]. En février 1992, le lecteur apprend que les péchés sociaux, tels que la corruption et les pots-de-vin, sont pris en compte et que le catéchisme sera «un outil pédagogique destiné aux évêques et aux catéchistes»[229].

225. Cf. *La Croix*, 19 avril 1990, p. 16, *Les évêques américains critiquent le Projet de catéchisme*.

226. *La Croix*, 31 mai 1990, p. 14, et 28 juin 1990, p. 3.

227. *La Croix*, 29 août 1990, p. 13.

228. *La Croix*, 31 mai 1991, p. 15; 1-2 novembre 1991, p. 15; 14 décembre 1991, p. 14.

229. *La Croix*, 29 février 1992, p. 14.

Le quotidien *Le Monde* profite de la présentation du Catéchisme pour adultes des évêques de France pour signaler, le 12 juin 1990, que «le Vatican a également lancé en 1985 la rédaction d'un 'catéchisme universel'. Ni plus ni moins. Celui-ci est actuellement à l'étude dans les conférences épiscopales et fait déjà l'objet de controverses notamment dans l'Église des Etats-Unis». Le 30 octobre suivant, sous le titre «Le projet de catéchisme universel bute sur l'exposé de la morale», il résume le rapport sur le catéchisme fait par le cardinal Ratzinger aux pères du synode de cette fin d'année 1990: le texte est jugé trop théologique, peu adapté à la vie d'aujourd'hui, peu utilisable immédiatement sur le terrain; le titre est trop prétentieux; la partie morale fait l'objet des principales critiques («parfois orchestrées», dit le cardinal); d'autres critiques concernent la hiérarchie des vérités, les degrés de certitude des enseignements, les références scripturaires, les lacunes sur le rôle des laïcs, la doctrine sociale, la dimension missionnaire et œcuménique et le dialogue interreligieux[230].

En Belgique d'expression française, le père F. Deleclos, dans le quotidien *La Libre Belgique* du 6 mars 1990, résume lui aussi les grandes lignes du catéchisme dévoilées par le journal romain *La Republica*. Il donne ainsi des informations sur l'histoire du projet et en précise la nature: il s'agit d'une sorte de «charte» ou de «guide référentiel» pour aider les évêques dans leur ministère de la parole. Il reproduit quelques flashes sur son contenu, retenant ce qui apparaît comme neuf: la foi aux anges s'accompagne de la foi aux anges gardiens, la mort est la conséquence du péché, du moins sous son aspect de répugnance, d'anxiété et de violence que comporte le fait de mourir, les limbes ont disparu, l'égalité et la complémentarité de l'homme et de la femme sont mises en valeur, un certain nombre de questions morales font leur entrée: péché social et collectif, recours à l'astrologie et aux horoscopes, commerce des armes, suicide des jeunes, prise d'otages, drogue, excès de vitesse, demande de clémence vis-à-vis de la peine de mort, mariages mixtes, paternité responsable. Il signale le recours à la «tradition orthodoxe», ce qui permet de relativiser notre tradition latine. Il rapporte ces paroles de Mgr J. Honoré: «Le futur catéchisme voudrait être ce qu'il y a de plus nécessaire et de moins suffisant. Le plus nécessaire car il veut dire la foi commune des Églises; le moins suffisant, car il laissera à chaque Église la maîtrise de la catéchèse et de ses moyens pastoraux et pédagogiques».

230. Cf. *Le Monde* du 12 juin 1990, p. 13, et du 30 octobre 1990, p. 12, sous la plume de H. Tincq et de J.-M. Dy.

Mais il signale aussi que, selon *La Republica*, «ce compendium répète ce qui est traditionnel dans l'Église» et manque de «dimension historique». Peu de temps après, le quotidien belge fait connaître les réactions des évêques américains et donne le résumé en onze points du «Rapport de la Commission ad hoc»[231].

Le chroniqueur du journal *Le Soir*, dans un papier consacré au synode des évêques sur la formation des prêtres de septembre 1990, évoque le catéchisme: «On entend dire que tout le monde est enthousiaste, il faudrait juste quelques rectifications sur le contenu et le style ...», mais il y aurait des milliers d'amendements. Et selon le cardinal Danneels, archevêque de Malines-Bruxelles, «les appuis scripturaires sont faibles et les références bibliques ne sont là que pour l'illustration et pas pour le fondement». Plusieurs mois après, fin mai 1991, Chr. Laporte présente le catéchisme français pour adultes qui vient de paraître et estime qu'il marque, plus que le *Livre de la Foi* des évêques belges, «un recentrage, une rentrée du troupeau au bercail». Il ajoute: «Après la France, c'est l'ensemble des catholiques qui sera visé» par le catéchisme qui paraîtra à Rome l'an prochain[232].

Les informations qui viennent d'être rapportées restent très fragmentaires; une récolte systématique des réactions des évêques, des théologiens et catéchètes et des chroniqueurs religieux de la presse écrite nous en dirait bien davantage. L'échantillon des avis provenant des USA, du Canada, d'Italie, de France et de Belgique laisse voir qu'à côté de quelques défenseurs inconditionnels du catéchisme, il y a une convergence de critiques dont certaines sont fortement influencées par les réactions américaines.

Que des critiques soient formulées, quoi de plus normal puisque le *Projet révisé* est communiqué pour avis et puisque l'expéditeur lui-même reconnaît que le texte n'est pas sans limites et ne manque pas de défauts. Il est vrai que la Commission directrice pensait surtout à la toilette du projet (son homogénéité, son style, ses redites, ses longueurs, ses silences) et moins à la qualité de son contenu doctrinal. Les remarques de fond sont-elles justifiées ou doit-on les considérer comme

231. F. DELECLOS, *Un catéchisme universel de la foi catholique*, dans *La Libre Belgique*, 6 mars 1990, p. 10; ID., *Le projet de catéchisme universel. Les évêques américains expriment un verdict «globalement négatif»*, *ibidem*, 29 mai 1990, p. 15. (voir ci-dessus, p. 299-300, le condensé de ce résumé).

232. J. SOMER-GOTTELAND, *L'assemblée générale du synode des évêques. La formation des prêtres en question*, dans *Le Soir*, 29-30 septembre 1990, p. 23; Chr. LAPORTE, *Le grand retour du catéchisme*, 31 mai 1991, p. 20.

l'expression de la mauvaise humeur de la périphérie à l'égard du centre romain? Pour sa part, le cardinal Ratzinger ne s'étonne pas que les évêques lui aient fait part de leurs divergences concernant non seulement le style rédactionnel mais aussi le contenu. C'est ce qu'il dit notamment à l'assemblée du synode des évêques sur la formation des prêtres, le 25 octobre 1990.

QUATRIÈME SECTION

LA SYNTHÈSE OFFICIELLE DE LA CONSULTATION DE L'ÉPISCOPAT

Dans son rapport aux pères synodaux d'octobre 1990, J. Ratzinger indique les enseignements que la Commission directrice a dégagés de la consultation de tous les évêques. En voici les points principaux[233].

D'abord la participation. Au 15 octobre 1990, date limite accordée aux épiscopats qui avaient demandé la prolongation du délai, 938 dossiers ont été reçus, soit:

16	provenant des dicastères romains,
797	provenant d'évêques individuellement,
23	provenant de groupes d'évêques,
28	provenant de conférences épiscopales,
12	provenant d'instituts,
62	provenant d'«autres correspondants» (qui sont-ils?).

Les 23 groupes d'évêques représentent 295 évêques, ce qui, avec les 797, donne un total de 1092 évêques; nous ne savons pas le nombre d'évêques compris dans les 28 conférences. L'ensemble des réponses individuelles et des réponses groupées provient pour 40% des deux Amériques, pour 31% de l'Europe, pour 15% de l'Asie, pour 11% de l'Afrique et pour 3% de l'Océanie; l'Amérique et l'Europe ensemble ont une majorité des 2/3 s'élevant à 71%. «L'ensemble des évêques couvre environ un tiers de l'épiscopat»; concrètement cela signifie que les deux tiers n'ont pas fait connaître leur avis. Est-ce par manque de temps pour lire le texte et en apprécier le contenu, par désintérêt pour une telle entreprise, par méconnaissance d'une des langues dans lesquelles le projet est rédigé, par impossibilité de trouver des compétences disponibles ...? Au vu du grand nombre de non-réponses à un projet considéré comme un besoin pour l'Église universelle et pour chaque Église locale, il eut été possible d'adresser un rappel aux retardataires, comme cela s'est fait lors de la période antépréparatoire du concile: le 21 mars 1960, un courrier rappelait la demande faite le 18 juin 1959 de faire connaître les thèmes qu'il serait à propos de traiter au futur concile. Cela n'a pas été fait.

Comment la consultation s'est-elle déroulée? Des pays, comme l'Argentine et la Suisse ..., ont envoyé des propositions élaborées

233. Cf. *La Doc. cath.* 87 (1990) p. 1053-1056.

venant de tout l'épiscopat. Dans quelques nations, des évêques ont envoyé leurs réponses personnelles, outre celles de leur conférence épiscopale (en Angleterre, au Canada ...) ou celles des conférences régionales (en Italie). «D'autres épiscopats n'ont pas donné de réponses communes. Parfois, ce sont les commissions compétentes des conférences épiscopales qui ont réagi (ainsi les Philippines, la France), parfois des comités ad hoc (c'est le cas des États-Unis); certaines conférences ont envoyé des rapports d'experts (ainsi le Japon, l'Allemagne). La majorité des réponses vient évidemment d'évêques particuliers».

Quelle appréciation générale les évêques ont-ils donnée? Une évaluation quantitative a été faite à la fin du mois de mai et une autre en date du 15 octobre 1990. Cela donne les résultats suivants:

Le projet est considéré comme	fin mai 1990	octobre 1990
– très bien	26,8%	18,6%
– bien	51,1%	54,7%
– avec réserve	12,1%	18,2%
– assez négatif	4,8%	5,8%
– inacceptable	5,2%	2,7%

Le cardinal estime que «presque un millier de réponses, dont beaucoup très complètes, et environ 24000 *modi* expriment de façon suffisamment représentative l'ensemble des arguments et des propositions susceptibles d'améliorer le texte». Un premier résultat global est que l'idée même d'un catéchisme ou compendium de la doctrine catholique est nettement confirmée, un second est que le *Projet révisé* peut servir de base pour l'élaboration du texte définitif.

Venons-en aux principales questions soulevées par les évêques. Le cardinal Ratzinger les rassemble sous neuf titres.

1. Le but du catéchisme. «Certains sont déçus parce qu'ils s'attendaient à quelque chose de plus immédiatement utilisable 'sur le terrain'. Ils trouvent le texte trop théologique, trop peu existentiel, trop peu adapté à la vie d'aujourd'hui. D'autres sont déçus parce qu'ils pensaient à quelque chose de bien plus court, plus concis, à la manière d'un catéchisme bref. Mais la plupart semblent être d'accord avec le schéma de base du texte actuel». Quelques-uns ont trouvé le titre trop prétentieux, un bon nombre plaide pour «compendium» et certains pour «catéchisme ou compendium» comme l'avait demandé le synode de 1985.
2. La hiérarchie des vérités. «Une critique fréquente (...) dit que l'exposé ne respecte pas assez le principe de la hiérarchie des vérités. Il n'est pas toujours facile de savoir ce que les uns et les autres entendent par cette formule, et encore moins de trouver des indications précises sur

la façon de la réaliser. Par contre, le lien de toutes les vérités avec le centre de la Révélation constitue une interrogation sérieuse. Souvent confondue avec cette question est celle des notes théologiques: certains voudraient que soient indiqués les degrés de certitude des différentes doctrines».

3. L'usage de l'Écriture. Cet usage est vivement critiqué et l'on reproche, «souvent sans beaucoup d'argumentation ni d'exemples», de se servir de l'Écriture simplement comme *dicta probantia* ou *proof-texts*. C'est certainement une des questions majeures à résoudre.
4. La référence à Vatican II. On reconnaît généralement que le concile est «largement présent et bien présenté»; on s'accorde pour dire que le but recherché n'est pas de rédiger un compendium de Vatican II et que ce n'est pas le nombre de citations qui assure la fidélité à son enseignement. Mais il faut constater des lacunes. *Ad gentes* et *Apostolicam actuositatem* sont peu utilisés, *Gaudium et spes* pourrait inspirer davantage la vision christocentrique de l'ensemble du texte et l'exposé de la morale, *Sacrosanctum concilium* devrait être plus présent dans la deuxième partie, et d'autres documents du concile et d'après concile mériteraient plus d'attention.
5. Les «En bref». Ils font l'objet d'un vaste débat. «Beaucoup les apprécient, certains pensent qu'il suffirait de les publier à eux seuls comme catéchisme, d'autres craignent au contraire que cela ne puisse se faire». On juge qu'ils sont bien le résumé précis et complet de ce que dit le développement, mais aussi qu'ils sont parfois trop longs. Pourquoi ne pas les formuler en questions et réponses? Pourquoi ne pas les situer au tout début de chaque article ou chapitre? Etc....
6. Les religions non chrétiennes. Leur présentation suscite de nombreux commentaires. «Certains critiquent le fait qu'elles soient situées dans le cadre de 'l'homme en quête de Dieu': ne bénéficient-elles pas déjà de la lumière de la Révélation? D'autre part, le dialogue des religions n'a pas trouvé sa place».
7. L'exposé sur la morale chrétienne. Cette partie du catéchisme a particulièrement intéressé la presse qui ne s'est pas privée de la critiquer; c'est aussi celle qui reçoit le plus de critiques de la part des évêques: «Ceci s'explique entre autre par le fait qu'aucune partie de la doctrine catholique n'est aujourd'hui aussi controversée, aussi difficile à expliquer que la morale». Il y a cependant un large accord pour accepter comme texte de base ce qu'en dit le *Projet révisé* et «beaucoup ont loué l'effort de présenter une morale catholique synthétique et ouverte aux questions contemporaines».

8. La prière chrétienne. Il y a beaucoup d'enthousiasme pour l'épilogue, mais certains le refusent, d'autres le voudraient plus bref, d'autres encore demandent qu'on y intègre les autres formes de prière, les dévotions populaires et la piété mariale. Un très grand nombre opte non pour un épilogue mais pour une véritable quatrième partie.
9. Des lacunes à combler, des thèmes à développer, des aspects à mieux souligner. Le cardinal en cite sept: la vie consacrée et religieuse (les conseils évangéliques), les références aux degrés d'autorité des documents du magistère, la vocation de tous les baptisés à la sainteté, le rôle des laïcs dans l'Église, la doctrine sociale de l'Église, la dimension missionnaire de l'Église et la dimension œcuménique.

Le cardinal Ratzinger ne pouvait pas entrer dans le dédale des 24000 *modi* proposés. Son rapport rencontre pas mal de remarques ou souhaits formulés au cours de la présentation ici même du *Projet révisé*, de critiques provenant d'Amérique du Nord et d'appréciations parues dans la presse d'expression française au cours de l'année 1990. Les 1092 évêques qui ont répondu à la consultation acceptent majoritairement que le *Projet révisé* serve de base à l'élaboration du catéchisme définitif. Nous verrons sous peu quelle réponse la Commission directrice a donnée aux neufs grandes questions soulevées et quelles modifications les rédacteurs ont introduites dans le catéchisme au cours des dernières étapes de sa rédaction.

QUATRIÈME PARTIE

LE «CATÉCHISME DE L'ÉGLISE CATHOLIQUE»

La consultation de l'Épiscopat a constitué une étape très importante dans l'élaboration du catéchisme. Le *Projet révisé* a été accepté comme texte de base; il ne reste plus qu'à y introduire les innombrables amendements parvenus au Secrétariat de la Commission du catéchisme jusqu'en fin mai 1990 et jusqu'à l'ultime délai fixé au 15 octobre.

Dans une première section, nous suivrons les dernières étapes qui ont conduit au texte définitif du projet de catéchisme et, dans une deuxième, nous évoquerons les cérémonies qui eurent lieu à Paris, Tournai, Lausanne et Rome lors de la présentation officielle du *Catéchisme de l'Église catholique*. Par après, je dirai un mot de l'édition du catéchisme et procéderai à la comparaison entre le *Projet révisé* et le texte définitif que le pape a approuvé et dont il a ordonné la publication.

PREMIÈRE SECTION

DU «PROJET RÉVISÉ» AU TEXTE DÉFINITIF DU CATÉCHISME

La consultation de l'Épiscopat terminée, deux années seront nécessaires pour mener à son terme l'édition du catéchisme. Pendant que le Comité de rédaction travaille sans désemparer aux derniers schémas, des membres de la hiérarchie, le pape surtout, disent toute l'importance qu'ils accordent au futur catéchisme; de son côté, la presse se fait de plus en plus l'écho de la sortie toute proche de l'ouvrage.

I. Les dernières étapes de l'élaboration du catéchisme

Le dépouillement des réponses n'a pas attendu la date du 15 octobre 1990 pour commencer. Comme l'explique le cardinal Ratzinger aux pères du synode de l'automne 1990, «À partir du mois de mai, le Secrétariat a entrepris une première étude de toutes les réponses au fur et à mesure de leur arrivée. Celles-ci ont d'abord été saisies sur ordinateur selon un système d'analyse quantitative. Un fichier sur ordinateur permet de retrouver facilement toutes les remarques thématiques. Tous les dossiers ont été archivés, tous les *modi* classés. Au mois de juillet, le Comité de rédaction, aidé par un groupe d'experts, a procédé à un deuxième examen plus rigoureux et détaillé de toutes les réponses afin de synthétiser en une série de propositions les principales critiques adressées au 'Projet révisé' par ses lecteurs»[234].

1. Les suites à donner à la consultation de l'Épiscopat

Du 10 au 15 septembre, la Commission directrice tient sa cinquième session à Rome. Sur base des travaux déjà réalisés, elle se prononce sur la suite à donner à la consultation et notamment sur la réponse à faire aux neuf principales questions soulevées par les évêques. Le 25 octobre, le cardinal Ratzinger informe l'assemblée synodale des décisions prises. En voici le résumé établi par la Salle de presse du Saint-Siège.

1. Le titre, le volume et le but du catéchisme. «La Commission s'est prononcée en faveur du titre actuel. En effet, la recherche historique,

234. Cf. *La Doc. cath.* 87 (1990) p. 1053; voir aussi le *Dossier d'information* (qui sera présenté sous peu), p. 26-27 (*La Doc. cath.* 89 [1992] p. 740). Le traitement des *modi* doit beaucoup à D. Barthélemy, grand connaisseur des ordinateurs, et à Ph.-A. Holzer qui, à l'époque, préparait une thèse sur l'intelligence artificielle.

mais aussi l'usage contemporain montrent que le terme de catéchisme est à comprendre dans un sens analogique; il y a le type du 'petit catéchisme' et du 'grand catéchisme', du catéchisme pour enfants et pour adultes, mais aussi du catéchisme destiné aux responsables de la catéchèse (c'est le cas du 'Catechismus ad parochos' du Concile de Trente). Quant au volume du document, il est comparable à celui d'autres Catéchismes anciens et contemporains (le 'catéchisme hollandais' ou celui de la Conférence épiscopale allemande). De par sa nature, le Catéchisme est un compendium des vérités de la foi. Le terme 'catéchisme' exprime donc la finalité, le but du document».

2. La question de la hiérarchie des vérités. «Dans la préface du Catéchisme, le terme sera expliqué à la lumière du Concile Vatican II et du Directoire général de la catéchèse. Il ne s'agit pas d'un critère d'élimination de certaines vérités, mais de l'organicité, de la 'symphonie' de la vérité dont le centre de référence est le Christ Jésus. La structure quadriforme du Catéchisme est en elle-même déjà une articulation organique de la vérité de la foi. Dans le texte même du Catéchisme, les vérités solennellement définies seront indiquées explicitement».
3. L'utilisation de l'Écriture. «La Commission examinera attentivement toutes les observations concernant cette question en tenant compte de la finalité propre du Catéchisme (qui n'est pas une étude d'exégèse scientifique). La méthodologie indiquée dans *Dei Verbum* doit inspirer l'usage de l'Écriture dans la version définitive du Catéchisme. Celle-ci sera examinée par un groupe mixte d'experts, théologiens et exégètes».
4. La référence à Vatican II. «La Commission reconnaît le bien fondé de ces observations [les lacunes constatées dans l'usage de plusieurs documents conciliaires]».
5. La question des «En bref». «La Commission estime qu'ils sont à maintenir. Ils doivent condenser l'essentiel de la doctrine en des formules concises qui reprennent de préférence des paroles de l'Écriture, de la liturgie, des Pères, du Magistère. Qu'ils soient autant que possible mémorisables (encore que cette exigence relève plutôt des catéchismes locaux). Qu'ils soient rédigés avec la collaboration d'experts en catéchèse».
6. La présentation des religions non chrétiennes. La Commission a décidé qu'elle sera modifiée. «Dans l'introduction, il sera question des éléments communs de l'expression du phénomène religieux dans la perspective de l'homme 'capable de Dieu'. Il faut renoncer à une description concrète des différentes religions, qui serait trop superficielle.

Dans le chapitre sur l'Église, on parlera du rapport entre la foi chrétienne et les religions non chrétiennes dans la perspective de Vatican II. Quant à savoir si les religions non chrétiennes participent déjà à la Révélation ou non, la Commission considère que le Magistère de l'Église ne s'est pas encore prononcé de manière suffisamment claire».

7. L'exposé sur la morale chrétienne. «La commission a décidé de procéder à une révision générale de la rédaction de la IIIe partie. Tout en intégrant l'essentiel du texte actuel, cette révision suivra les critères suivants: – elle mettra mieux en relief la perspective de la fin ultime de l'homme; – elle développera le thème de la croissance morale par les vertus et la grâce; – elle montrera plus explicitement comment l'agir moral s'insère dans la communion des personnes humaines, dans l'histoire et dans le cosmos; – elle maintiendra (...) le cadre des dix commandements, en les présentant comme le déploiement du double commandement de l'amour; – elle articulera plus explicitement le lien entre les vertus et les commandements, entre la pratique des commandements et la perfection évangéliques».
8. L'épilogue sur le Pater. «Il sera transformé en une quatrième partie, consacrée à la prière chrétienne. Cette partie comportera deux sections: la première exposera 'la prière dans la vie chrétienne', la seconde comportera, sur la base de l'actuel épilogue, un commentaire du Notre-Père. On s'efforcera de ne pas allonger le texte du Catéchisme et d'éviter les redites. Certains éléments des autres parties du texte trouveront leur place dans la nouvelle section sur la prière chrétienne. Quant à l'*Ave Maria*, il en sera question dans la section sur la prière chrétienne, dans un article traitant de la prière à Marie et aux saints.
9. Les lacunes signalées, les thèmes à développer davantage, les aspects à mieux souligner. «La Commission en tiendra compte dans la rédaction finale»[235].

Le cardinal dit alors à l'assemblée synodale comment il envisage la suite des travaux: «Il s'agit maintenant d'examiner les très nombreuses propositions de changement de texte (24000). Pour cela, la Commission a fait appel à un certain nombre d'experts et d'expertes dans les différents domaines concernés. Leur tâche sera d'abord l'analyse de ces propositions et la formulation d'un texte corrigé. Le rédacteur final, aidé par le Comité de rédaction, aura ensuite pour tâche d'intégrer ces textes dans

235. *La Doc. cath.* 87 (1990) p. 1054-1056.

une version 'pré-définitive' du Catéchisme qui sera soumise au jugement de la Commission, laquelle, quand elle aura apporté ses dernières corrections transmettra le texte au Saint-Père (...)»[236]. Avec l'espoir que le catéchisme définitif pourra être publié en 1992, soit avec pas mal de retard par rapport à la prévision formulée dès la création de la Commission en juin 1986 et maintes fois répétée par la suite: «à l'occasion du vingt-cinquième anniversaire de la clôture du concile» (soit le 8 décembre 1990).

Les pères synodaux ont entendu toutes ces informations. Le rapport du cardinal Ratzinger n'a toutefois pas donné lieu à un échange au sein de l'assemblée. Le travail va donc se poursuivre sous la direction de la Commission et il n'y aura pas, comme quelques-uns l'ont souhaité, une nouvelle consultation de l'Épiscopat avant l'approbation pontificale.

La Commission donne mission au Comité de rédaction d'achever la mise en forme définitive de la première partie (le Credo) et de la deuxième partie (les sacrements) du *Projet révisé* en tenant compte des *modi* retenus, de terminer la quatrième partie (la prière) et de refondre la troisième (les commandements) en faisant appel à des théologiens moralistes en mesure de pondérer les *modi* retenus.

2. Les derniers schémas de «Catéchisme pour l'Église universelle»

La refonte de la partie morale du *Projet révisé* est achevée en mars 1991, ce qui nous donne un sixième schéma appelé «Texte amendé». La Commission directrice l'examine au cours de sa sixième session, en mai 1991.

Ladite Commission donne ensuite son approbation à un septième schéma, qu'elle désigne du nom de «Texte prédéfinitif», et apporte de nouvelles précisions et suggestions en vue de parvenir à l'ultime rédaction du catéchisme. En août 1991, une commission d'exégètes revoit et contrôle toutes les citations bibliques[237].

À la fin de ce mois d'août, le huitième schéma est terminé, il a pour titre «Texte prédéfinitif, version corrigée». La Commission l'examine au cours de sa septième session d'octobre 1991.

De novembre 1991 à février 1992, le «Texte définitif» est mis au point. Ce neuvième schéma est approuvé par la Commission le 14 février 1992, lors de sa huitième session.

236. *La Doc. cath.* 87 (1990) p. 1056.
237. Cf. *La Doc. cath.* 89 (1992) p. 78.

Du 28 novembre au 14 décembre 1991, le synode spécial des évêques d'Europe est réuni à Rome. Le cardinal Ratzinger informe les pères synodaux de quelques améliorations introduites dans le *Projet révisé*. Le texte en réélaboration, dit-il, est le «fruit de nombreuses critiques et contributions, mais aussi d'un concensus général sur sa nécessité. Les critiques concernaient surtout la troisième partie (la morale) et la quatrième partie (la prière), cette dernière partie étant nouvelle dans l'histoire du catéchisme. Nous savons qu'il ne s'agit pas d'un manuel de théologie, mais d'un texte de médiation catéchétique sur la doctrine de la foi. C'est pourquoi ont été conservées les petites synthèses qui résument l'essence de la doctrine, faciles à apprendre par cœur, et dont le but est également d'offrir un langage doctrinal commun. Dans le catéchisme, sont aussi rapportées des citations significatives des saints, en cherchant un équilibre entre les saints hommes et femmes, afin de présenter aussi la doctrine vécue. Il a été tenu compte de tous les *modi* présentés, mais, en substance, la première et la seconde partie demeurent inchangées. Des changements ont été introduits dans la rédaction du chapitre *de Deo*, où l'intervention divine dans l'histoire a été mieux soulignée. Dans le chapitre sur le péché originel, la nouvelle rédaction s'est faite en gardant à l'esprit deux clefs: la lecture christologique et analogique de l'Écriture, les résultats de l'herméneutique et du langage symbolique du texte biblique. Une modification plus substantielle a été faite dans la troisième partie, celle qui traite de la morale. On part de la question fondamentale de chaque homme: comment puis-je trouver le bonheur? La synthèse de la morale chrétienne est présentée selon le grand commandement de l'amour. Dans ce contexte, il est aussi parlé du problème de la justification. On y présente donc les vertus humaines, les vertus théologales, les dons de l'Esprit et les commandements. Dans les commandements ont été insérés les grands problèmes actuels. Dans le quatrième commandement, le thème de la famille; dans le cinquième, celui de la guerre et de la paix; dans le septième, la doctrine sociale de l'Église. La quatrième partie était une interprétation du *Notre Père*. On a demandé qu'il devienne un texte sur la doctrine, l'histoire et la méthodologie de la prière, et il a été fait ainsi (...). Nous espérons pouvoir remettre au Saint-Père le texte définitif au cours du mois de mars 1992»[238].

238. *La Doc. cath.* 89 (1992) p. 77-78. J. Ratzinger ajoute: «Un problème très délicat est celui des traductions. La Commission assurera la traduction en anglais, français, italien, espagnol et portugais. La version en latin sera le texte officiel» (à proprement parler, il n'y aura pas de traduction en français puisque le catéchisme est rédigé en cette langue).

3. L'approbation du texte définitif du «Catéchisme de l'Église catholique»

L'espoir formulé par le cardinal Ratzinger n'était pas illusoire. La Commission directrice, en sa huitième session de février 1992, approuve à l'unanimité le projet définitif (14 février). Elle le transmet au pape au cours du mois de mars, lequel demande d'y introduire encore quelques améliorations.

Le 30 avril, en la fête de s. Pie V, ce pape qui a promulgué le Catéchisme du concile de Trente, la rédaction ultime est remise à Jean-Paul II. Deux mois plus tard, le 25 juin 1992; celui-ci approuve le projet de catéchisme en sa version finale, dont le titre officiel est désormais, en langue française, «Catéchisme de l'Église catholique» et non plus «Catéchisme pour l'Église universelle». Pour faire bref, le nouveau catéchisme de Jean-Paul II sera désigné par ses trois initiale *C.É.C.*[239].

II. La préparation des esprits à l'accueil du catéchisme

Au fur et à mesure que la date de parution du catéchisme approche, l'information à son sujet devient plus abondante. Nous verrons ce que le synode spécial des évêques sur l'Europe en a dit et comment le pape lui-même le présente. Et comme cela a été fait pour la décision prise au synode extraordinaire de 1985 et pour la parution du *Projet révisé*, nous prendrons connaissance de ce qu'ont dit les épiscopats de France et de Belgique ainsi que la presse de ces deux pays.

1. Le synode spécial de 1991 et le catéchisme

Le cardinal C. Ruini, vicaire général du pape pour la ville de Rome et rapporteur général du synode spécial des évêques d'Europe, s'adresse aux pères synodaux le 7 décembre 1991. Dans la synthèse qu'il dresse des interventions depuis le début des travaux, il distingue l'évangélisation *ad extra* nécessaire par suite du «nouveau paganisme, qui porte à un athéisme pratique avec la société de consommation sécularisée», et l'évangélisation *ad intra*, celle des catholiques eux-mêmes. À propos de celle-ci, il affirme l'urgence particulière de la catéchèse sous toutes ses

239. G. Zizola, observateur des milieux vaticans depuis de longues années, rapporte qu'«on prévoit au Vatican que l'on publiera le nouveau catéchisme universel de l'Église catholique pour la Pentecôte, le 7 juin prochain» (*L'Actualité religieuse dans le monde* 98 [15 mars 1992] p. 23). Qui prévoyait? Pareille prévision était-elle quelque peu fondée? Si oui, pourquoi un report jusqu'en novembre-décembre?

formes au sein des familles, des paroisses, des petites communautés, des mouvements et des écoles; c'est là que «le *catéchisme universel* pourra être utile»[240]. Sera-t-il l'instrument de travail à utiliser directement dans ces formes variées de catéchèse? Ou ne sera-t-il que la source des divers catéchismes particuliers des Églises locales? Le cardinal ne le précise pas.

En ce même synode spécial des évêques d'Europe, la déclaration finale exprime un point de vue rarement rencontré jusqu'ici dans des déclarations officielles. Les Pères synodaux approuvent le texte suivant: «Le futur catéchisme universel est attendu avec beaucoup d'espoir: comme exposé synthétique de toute la doctrine catholique selon le véritable esprit du Concile Vatican II, il pourra être une aide dans la préoccupation vis-à-vis de certaines tendance théologiques. Si la théologie enracinée dans la Parole de Dieu et adhérant au Magistère de l'Église est très utile pour la mission de l'évangélisation, on est, en effet, forcé de reconnaître que le 'désaccord' théologique est un obstacle à la mise en œuvre de cette évangélisation, en particulier pour celle qui doit être sans cesse poursuivie à l'intérieur même de l'Église»[241]. À s'en remettre à cette déclaration, qui renvoie explicitement le lecteur à l'*Instruction sur la mission ecclésiale du théologien* publiée par la Congrégation pour la doctrine de la foi le 24 mai 1990[242], le catéchisme servira de référence pour ceux qui veulent connaître et répandre le véritable esprit de Vatican II; il permettra, à l'inverse, de déclarer opposés au concile ceux dont l'enseignement ne concordera pas avec celui du catéchisme. Il aidera aussi à réduire au silence «certaines tendances» (lesquelles?) et empêchera que des «désaccords théologiques» subsistent ou se fassent jour. Nous retrouvons ici ce que certains exprimaient déjà en 1983, notamment au sein de la Congrégation pour le clergé présidée alors par le cardinal S. Oddi, et sous la plume de ceux qui veulent mettre fin à des interprétations qu'ils jugent non conformes à la Tradition. Nous sommes, avec cette déclaration du synode de 1991, loin de ce que voulaient les Pères synodaux de 1985 lorsqu'ils suggéraient la publication d'un catéchisme-référence[243].

240. *La Doc. cath.* 89 (1992) p. 78.

241. *La Doc. cath.* 89 (1992) p. 127.

242. *La Doc. cath.* 87 (1990) p. 693-701.

243. Une vision assez semblable se retrouve six mois plus tard chez P. J. Cordes, vice-président du Conseil pontifical pour les laïcs. En tant que délégué du pape pour l'apostolat du Renouveau charismatique international, il s'est adressé aux participants de la Rencontre nationale du Renouveau catholique, qui s'est tenue à Pittsburgh (USA) du 5 au 7 juin 1992. Il a évoqué ces «millions [de catholiques] qui sont désorientés et dans le vague en ce qui concerne les fondements de la foi, irrités par de faux conseils provenant de l'Église, fourvoyés même par des catéchèses erronées» et a conclut: «à cet égard, le Catéchisme universel qui paraîtra bientôt devrait être une grande aide» (*La Doc. cath.* 89 [1992] p. 890).

2. Jean-Paul II parle du catéchisme

À partir de 1992, et jusqu'à la sortie de presse du catéchisme, Jean-Paul II profite de multiples occasions pour dire ce qu'il pense de l'ouvrage, dont il a ordonné la publication, et les espoirs qu'il fonde sur sa parution.

Le 23 janvier, le pape s'adresse aux membres du Tribunal de la Rote. Sa réflexion porte sur la confrontation entre les exigences de la loi divine et les conditions changeantes de l'humanité. Il s'agit, explique-t-il, non d'adapter la norme divine ou de la plier au caprice de l'homme, mais de mettre celui-ci face aux exigences de la loi et de lui indiquer la manière la plus conforme de s'adapter. Et le pape d'ajouter: «C'est ce que l'Église fait par exemple aujourd'hui, avec la participation de la communauté tout entière – évêques, prêtres, laïcs, instituts culturels, théologiques – au moyen du nouveau catéchisme, dont le propos est de présenter le visage du Christ à l'intelligence, au cœur, aux attentes et aux angoisses de l'humanité sur le point de franchir le seuil de l'an 2000 dans l'anxiété»[244]. Selon le pape, le propos du catéchisme – dans sa partie morale – est donc de faire connaître les exigences de la loi divine et d'indiquer comment s'y adapter et non de «plier la loi au caprice de l'homme»; son propos est de présenter le visage du Christ non seulement à l'intelligence mais aussi au cœur des hommes d'aujourd'hui.

Le 28 mars suivant, le pape publie l'exhortation apostolique post-synodale *Pastores dabo vobis*. Dans le chapitre qu'il consacre à la formation des candidats au ministère presbytéral, il évoque «la communauté de formation du grand séminaire». Comme l'avaient fait les Pères synodaux, il demande qu'il y ait, pour ceux qui entrent au grand séminaire, une période convenable de préparation, au cours de laquelle les séminaristes acquerront «une connaissance assez ample de la doctrine de la foi», car «si on ne connaît pas la 'foi' en son contenu, on ne peut pas développer 'l'intelligence de la foi'». Jean-Paul II ajoute alors: «Une telle lacune pourra être plus facilement comblée grâce au prochain *Catéchisme universel*»[245]. Le pape envisage ici une nouvelle catégorie de destinataires du catéchisme non formulée initialement au synode de 1985: il servira de premier livre de formation théologique pour ceux qui entrent au séminaire. Dont acte.

Plus importante est l'allocution prononcée le 25 juin 1992 pour l'approbation officielle du catéchisme. Après que le cardinal Ratzinger

244. *La Doc. cath.* 89 (1992) p. 252.
245. *Pastores dabo vobis*, n° 62; cf. *La Doc. cath.* 89 (1992) p. 488.

eût retracé l'histoire de l'élaboration du document[246], le pape confie d'abord qu'il a suivi le travail de rédaction très attentivement, intervenant au cours des réunions de la Commission directrice et présentant des observations, propositions, conseils qui ont toujours été accueillis avec une grande disponibilité et mis en œuvre avec une fidélité empressée. Jean-Paul II souligne que le catéchisme – «cette œuvre importante et attendue» – auquel il donne maintenant son approbation, est le fruit d'une «collaboration ecclésiale vraiment exceptionnelle». Pour lui, la rédaction apparaît claire et synthétique; «elle se situe admirablement dans le sillage de la Tradition de l'Église (...). Le contenu, bien articulé, (...) reflète fidèlement l'enseignement du Concile Vatican II et s'adresse à l'homme d'aujourd'hui en lui présentant le message chrétien dans son intégrité et son exhaustivité (...). Il pourra constituer *un 'point de repère' sûr* dans l'élaboration des catéchismes nationaux et diocésains, dont la médiation doit être jugée indispensable». Son souhait est que le catéchisme puisse «constituer un instrument précieux pour la mission apostolique et évangélisatrice renouvelée de l'Église universelle au seuil du troisième millénaire chrétien»[247]. Comme on vient de le lire, le pape révèle qu'il s'est personnellement impliqué dans l'élaboration du catéchisme; il en appuie de son autorité le contenu, lui reconnaît de nombreuses qualités et voit en lui un point de référence sûr. Les destinataires sont bien certainement les rédacteurs de catéchismes particuliers qu'il estime indispensables; l'ouvrage cependant s'adresse aussi – et d'abord, peut-on dire – à l'homme d'aujourd'hui, à tout homme de cette fin du deuxième millénaire.

Le 27 juin, le pape s'adresse au personnel de la Curie, du Gouvernatorat et des autres organismes du Vatican. Il se plait à souligner que la dimension collégiale du ministère épiscopal s'est beaucoup intensifiée depuis la fin du concile et que les formes de liaison entre le Saint-Siège et l'épiscopat mondial se sont multipliées. Une preuve de ce qu'il avance est la vaste et profonde consultation mise en acte pour la préparation du nouveau Code de droit canonique et du *Catéchisme de l'Église catholique*[248]. L'affirmation que le catéchisme n'est pas uniquement l'œuvre du pape ou de la Curie mais est le fruit d'une collaboration entre Rome et tout l'épiscopat, reviendra très souvent par la suite. Elle veut

246. Cf. *L'Osservatore Romano*, éd. hebdomadaire en langue française, 21 (7 juillet 1992) p. 3. Le cardinal reproduit l'erreur de date quant à la création de la Commission directrice: ce n'est pas en juillet mais en juin 1986; le pape lui-même parlera du 10 juillet au lieu du 10 juin.

247. *La Doc. cath.* 89 (1992) p. 718-719.

248. Cf. *L'Osservatore Romano*, é.h.l.f., 27 (7 juillet 1992) p. 10.

certainement souligner auprès des fidèles l'importance et le poids d'un document de toute l'Église enseignante. Il ne faudrait cependant pas oublier ce qu'a révélé le cardinal Ratzinger: seul un tiers de l'Épiscopat s'est impliqué dans la préparation du catéchisme.

Le 7 juillet, les évêques du Zimbabwe sont en en visite «ad limina». Le pape leur dit: «Je nourris un grand espoir que le futur *Catéchisme de l'Église catholique* soit d'une grande aide pour tous les évêques, en assurant aux élèves, dans les écoles catholiques et dans les programmes d'éducation religieuse, l'enseignement de la foi dans sa plénitude»[249]. Et aux évêques de Suisse reçus le 11 juillet, Jean-Paul II dit qu'il se réjouit de voir bientôt paraître le nouveau catéchisme: il sera «un instrument précieux pour ceux qui ont la charge de la catéchèse, ainsi que *l'enseignement du dogme chrétien et de la morale*. Il sera une expression de référence universelle du donné de la foi révélée que nous devons transmettre aux hommes»[250]. Dans ces deux allocutions, le catéchisme est présenté comme point de référence, comme aide, comme instrument entre les mains des évêques, des catéchètes et des enseignants; la médiation des catéchismes nationaux ou diocésains n'est pas exclue mais elle n'est pas non plus signalée.

Le 17 septembre, Jean-Paul II s'adresse à la soixantaine d'évêques européens ordonnés au cours des cinq dernières années, réunis à Rome pour réfléchir sur le ministère épiscopal, échanger leurs expériences et intensifier leur collaboration en vue d'une meilleure évangélisation. Il leur dit: «Il y a un point que j'estime très important pour l'Europe aussi, et donc pour tous ses pasteurs. La publication, dans les différentes langues, du *Catéchisme de l'Église catholique* est imminente. Il s'agit d'un don de Dieu à son Église. Le Catéchisme a pour but d'être un instrument privilégié au service de la foi de la Communauté. Fruit d'une longue et intense consultation de l'Épiscopat mondial, il donne à tous les évêques l'occasion d'une *présentation, pour ainsi dire collégiale*, au Peuple de Dieu de l'enseignement du Christ, dans une synthèse faisant autorité. Je vous invite donc à considérer le contenu de ce Catéchisme comme un don que chacun de vous peut offrir à son Église particulière (...). Uni au successeur de Pierre, le Collège épiscopal tout entier est appelé à présenter aux hommes de notre temps cet exposé médité de la

249. *L'Osservatore Romano*, é.h.l.f., 30 (28 juillet 1992) p. 6.

250. *L'Osservatore Romano*, é.h.l.f., 29 (21 juillet 1992) p. 3; *La Doc. cath.* 89 (1992) p. 775. Lors de la réception des évêques de Belgique le 2 juillet, c'est le cardinal Danneels, archevêque de Malines-Bruxelles, qui a mentionné le catéchisme: il a comparé le *Livre de la Foi*, le *Geloofsboek* que les évêques belges ont publié en 1987, à «l'humble Jean-Baptiste» et l'a qualifié de «précurseur du catéchisme universel» (*La Doc. cath.* 89 [1992] p. 771).

foi catholique en veillant à ce qu'il soit monnayé au niveau local en tenant compte du milieu socio-culturel et des diverses catégories de destinataires. Ce n'est qu'à partir de cet effort unanime de tous les évêques (...), que pourra découler cette relance de l'évangélisation que le nouveau Catéchisme veut servir»[251]. Plusieurs thèmes chers au pape sont ici réunis: le catéchisme est une œuvre collégiale, une synthèse autorisée, un ouvrage à offrir aux Églises particulières, un instrument en vue de l'évangélisation. Nous remarquons qu'en cette occasion le pape mentionne le travail qui attend les évêques: ils devront donner cet exposé de la foi à leurs Églises particulières et aux hommes de notre temps et veiller à le monnayer au niveau local, ce qui peut se comprendre comme une invitation à rédiger des catéchismes diocésains ou nationaux. Et nous notons la sacralisation qui est faite: le catéchisme n'est pas seulement un don du pape et de l'Épiscopat à l'Église mais il est d'abord un «don de Dieu».

Le 26 septembre, Jean-Paul II reçoit les participants à la huitième session du Conseil international pour la catéchèse, qui s'est donné pour thème «l'inculturation de la foi et le langage de la catéchèse». À cette occasion, il leur dit sa certitude qu'en tant qu'experts en catéchèse, ils sauront «mettre en évidence la vaste gamme de services que le nouveau *Catéchisme de l'Église catholique* est capable de rendre à l'inculturation qui, pour être efficace, se *doit d'être véritable*. Et il ajoute: «La Congrégation pour le Clergé voudra bien s'efforcer par tous les moyens de favoriser l'accueil et le bon usage de ce texte important, de sorte que les Églises particulières et les Conférences épiscopales puissent préparer, en référence à ce document historique, des catéchismes diocésains et nationaux comme instruments pour la diffusion de l'Évangile et l'indispensable médiation culturelle»[252]. Le catéchisme est présenté ici comme un document-référence en vue d'une inculturation véritable; celle-ci se fera grâce aux catéchismes locaux préparés dans les Églises particulières. La Congrégation pour le clergé aura pour tâche – on l'apprendra plus tard – de préparer une nouvelle édition du *Directoire catéchétique général* de 1971 qui tienne compte notamment de la parution du catéchisme et en favorise l'accueil et le bon usage.

Puisque nous suivons l'ordre chronologique des interventions pontificales, il faudrait présenter maintenant non plus une allocution de circonstance mais un document du magistère ordinaire de Jean-Paul II: la «Constitution apostolique *Fidei depositum* pour la publication du

251. *La Doc. cath.* 89 (1992) p. 922-923.
252. *La Doc. cath.* 89 (1992) p. 921.

Catéchisme de l'Église catholique rédigé à la suite du deuxième Concile œcuménique du Vatican», datée du 11 octobre 1992. Par ce document, le pape promulgue le catéchisme et le présente à toute l'Église; il le reconnaît «comme un instrument valable et autorisé au service de la communauté ecclésiale et comme une norme pour l'enseignement de la foi»[253]. Nous en prendrons connaissance lorsque nous présenterons le catéchisme lui-même, qui s'ouvre par le texte de *Fidei depositum*.

À Saint-Domingue, le 12 octobre 1992, le pape, qui désirait célébrer avec l'Épiscopat latino-américain le cinquième centenaire «du commencement de l'évangélisation des Amériques» et ouvrir la quatrième Conférence générale de l'Épiscopat latino-américain, s'entretient avec les évêques de la «nouvelle évangélisation». Son discours comprend deux paragraphes sur la vocation et la mission des théologiens et met en garde contre les doctrines qui sont en opposition avec le magistère authentique de l'Église et font ainsi obstacle à l'évangélisation. Vient alors un paragraphe consacré à la catéchèse: «Au début de mon pontificat, j'ai voulu donner un nouvel élan à ce travail pastoral par mon Exhortation apostolique *Catechesi tradendae* et j'ai récemment approuvé le *Catéchisme de l'Église catholique*, que je présente comme le meilleur don que l'Église peut faire à ses évêques et à tout le Peuple de Dieu. Il s'agit d'un précieux instrument pour la nouvelle évangélisation, qui contient toute la doctrine que l'Église a la tâche d'enseigner»[254]. Après la mise en garde adressée aux théologiens, semblable à celle du synode spécial sur l'Europe, le pape reprend deux thèmes qui lui sont chers: le catéchisme est le meilleur don de l'Église (qui est cette Église? ne serait-ce pas ici le pape lui-même?) à ses évêques et à tous les autres croyants; il est un précieux instrument pour l'évangélisation. Il fait allusion à l'approbation du catéchisme (en date du 25 juin) mais

253. Son existence n'a été connue qu'au moment où le texte français du catéchisme a été présenté à Paris, Tournai et Lausanne, le 16 novembre 1992; le texte latin est paru dans *L'Osservatore Romano* des 16-17 novembre et dans les *A.A.S.* 86 (7 février 1994) p. 113-118. La version française est aussi parue dans l'édition hebdomadaire en langue française de *L'Osservatore Romano* du 24 novembre 1992 et dans *La Doc. cath.* 90 (1993) p. 1-3.

Fidei depositum porte la date du 11 octobre, jour du trentième anniversaire de l'ouverture de Vatican II, mais n'a pas d'indication de lieu («Donné à...»). Le pape est à Saint-Domingue depuis le 9 octobre et, le 12, il parle du catéchisme aux évêques latino-américains sans faire mention de la constitution par laquelle il vient de le promulguer. On a l'impression que la présentation du catéchisme annoncée à Paris, Tournai et Lausanne pour le 16 novembre est venue bouleverser le calendrier initialement prévu pour une seule présentation par le pape, à Rome, les 7-8-9 décembre 1992.

254. *La Doc. cath.* 89 (1992) p. 1025.

ne mentionne pas la constitution *Fidei depositum* que, théoriquement, il a signée le 11 octobre, la veille de cette allocution.

Jusqu'ici, le pape a évoqué le catéchisme avec des publics bien ciblés: le personnel des services du Vatican, des évêques et des catéchètes. Il comptait le présenter à l'ensemble de l'Église lors des cérémonies prévues les 7, 8 et 9 décembre à l'occasion de la sortie de presse de l'ouvrage en français, en italien et en espagnol. Mais voilà que le texte en français sera à la disposition des chrétiens de France, de Belgique et de Suisse dès le 16 novembre. Devançant cette présentation en pays francophones d'Europe, Jean-Paul II consacre son allocution aux fidèles rassemblés pour l'*Angelus* dominical du 15 novembre à la publication du catéchisme, «événement de grande importance pour la vie de l'Église». Sa sortie, dit-il, constitue «un événement d'une portée historique car le nouveau Catéchisme n'est pas l'un des nombreux volumes de théologie et de catéchèse mais un texte de référence générale pour l'activité catéchétique exercée parmi tout le peuple de Dieu». Il représente «un instrument qualifié et autorisé» permettant à l'Église de se comprendre toujours mieux, d'être attentive aux «signes des temps» et de s'engager dans l'évangélisation et la promotion de l'homme. Il sera pour les fidèles «une précieuse occasion de raviver leur foi et de renforcer leur esprit missionnaire». Et Jean-Paul II de prier Marie, «Étoile de l'évangélisation», pour qu'elle obtienne à tous les fidèles «la grâce d'un accueil docile, cordial et agissant»[255]. Nous remarquons que le pape ne mentionne pas la destination première du catéchisme: être un livre de référence pour la rédaction de catéchismes particuliers; s'adressant à des fidèles, il leur dit que c'est à eux que le catéchisme est destiné et il les invite à lui faire bon accueil. Nous notons aussi qu'il ne fait pas non plus mention de ce qui se passera le lendemain à Paris, Tournai et Lausanne.

Quinze jours plus tard, à l'*Angelus* du premier dimanche de l'Avent, le 29 novembre, le pape revient sur la publication du catéchisme, «fruit de la collaboration féconde entre les pasteurs diocésains de tous les continents, en étroite communion avec le Successeur de Pierre». Il retrace brièvement son histoire depuis le souhait du Synode de 1985 de publier un texte de référence pour les évêques jusqu'à sa promulgation le 11 octobre 1992, «à l'occasion du trentième anniversaire de l'ouverture du concile». Il rend grâce à Dieu «pour la merveilleuse 'symphonie' de la foi qui s'est (...) manifestée», exprime le vœu que «ce précieux instrument de la nouvelle évangélisation» porte beaucoup de fruits

255. Cf. *L'Osservatore Romano*, é.h.l.f., 46 (17 novembre 1992) p. 1.

et le confie à la Vierge Marie[256]. Le pape se plait à redire que c'est une œuvre collégiale en lien avec la célébration du concile, un livre-référence, un instrument de la nouvelle évangélisation. Cette fois encore, il ne dit mot de la sortie du catéchisme en sa version française qui a eu lieu le 16 novembre ni non plus du succès de librairie qu'il connaît en France, en Belgique et en Suisse dès les premiers jours de sa sortie de presse.

La dernière intervention avant la présentation solennelle se situe le 6 décembre. Aux fidèles rassemblés pour l'*Angelus*, Jean-Paul II expose l'objectif qu'il assigne au catéchisme: «contribuer à mieux faire connaître le Christ et à en faire accueillir généreusement le message». Le catéchisme constitue un «instrument privilégié» et «une invitation pressante» pour une formation évangélique appropriée en vue de la nouvelle évangélisation. En tant que «point de référence pour la catéchèse des communautés chrétiennes», il offre «une indication sûre». Le pape en profite pour signaler le programme des festivités à venir: le 7 une célébration, le 8 une eucharistie, le 9 une rencontre avec les journalistes et les agents des communications sociales[257].

Des discours et allocutions à des publics très variés, il se dégage que, pour Jean-Paul II, le catéchisme est un document qui fera date dans l'histoire, un don de Dieu à son Église, un don de l'Église à ses évêques et à tout le peuple de Dieu, qui est à situer dans le sillage de Vatican II. C'est un texte autorisé, sûr, qui permet de vérifier la fidélité aux enseignements conciliaires et à la tradition de l'Église et qui vient à son heure pour la réussite de la mission catéchétique au sein de la «nouvelle évangélisation». Point de référence pour les catéchismes locaux dont la médiation est indispensable, c'est aussi un ouvrage destiné à tous les fidèles et, pour les séminaristes, il sera utile comme manuel de théologie au début du premier cycle de leurs études.

3. Les évêques de France et le catéchisme

Les évêques français publient, en mai 1991, leur *Catéchisme pour adultes*[258]. À cette date, la rédaction du «catéchisme pour l'Église

256. Cf. *L'Osservatore Romano*, é.h.l.f., 48 (1er décembre 1992) p. 1.

257. Cf. *L'Osservatore Romano*, é.h.l.f., 49 (8 décembre 1992) p. 2-3.

258. LES ÉVEQUES DE FRANCE, *Catéchisme pour adultes. L'Alliance de Dieu avec les hommes*, Éditeurs associés (Centurion, Cerf, CERP, CRER ...), 1991. L'approbation du texte a eu lieu en juin 1990 par 96 voix sur 102 suffrages exprimés. Sur son contenu, voir, entre autres, G. ADLER, *Notes de lecture. Catéchisme pour adultes*, dans *Études* 375 (1991) p. 255-261; J.-P. BAGOT, *Le Catéchisme pour adultes. Mise en perspective historique*,

universelle» est déjà bien avancée. Les évêques vont devoir expliquer la différence entre les deux catéchismes. C'est ce que fait J. Duval, président de la Conférence épiscopale, dans la préface du catéchisme français: celui-ci veut répondre, écrit-il, à la demande du pape, dans *Catechesi tradendae*, de mettre au point de véritables catéchismes; il veut aussi répondre aux besoins des adultes et spécialement des catéchistes de France. Il ajoute que, «dans un avenir plus ou moins proche, paraîtra un catéchisme pour l'Église universelle. Les présentations différentes feront ressortir l'unité et la profonde harmonie entre ces deux exposés d'une seule et même foi».

Dans la conférence de presse de présentation du *Catéchisme pour adultes*, Mgr Duval revient sur les ressemblances et les différences entre les deux ouvrages: «Celui que nous présentons a été conçu davantage en tenant compte du contexte culturel français. Mais nous pouvons assurer dès maintenant que l'un et l'autre seront en parfaite harmonie et que l'utilisation de l'un pourra être facilitée par l'apport de l'autre»[259]. L'archevêque de Rouen sait bien que les congrégations romaines concernées (celle du clergé et celle de la doctrine de la foi) ont suivi de près la rédaction du catéchisme français et demandé ou suggéré plus d'une fois des corrections; «de nombreux amendements, que nous avons dû intégrer, l'ont été, bien sûr, à la demande de Rome» (la plus grande partie provenant cependant des évêques français eux-mêmes)[260]. Aussi, signale-t-il d'avance la «parfaite harmonie» entre les deux catéchismes et exprime-t-il le sentiment que «le produit est bon» et «irréprochable au plan doctrinal».

Le directeur du Centre national de l'Enseignement religieux, Stanislas Lalanne, expliquait, bien avant la parution de l'ouvrage, que les évêques de France n'ont pas voulu coiffer sur le poteau la Commission romaine chargée de rédiger le catéchisme universel: il n'y a pas de concurrence car le catéchisme français vient achever le dispositif catéchétique engagé de longue date et s'adresse «aux catéchistes, aux animateurs liturgiques et pastoraux, et à tout adulte qui veut savoir ce que

dans *Recherches de sciences religieuses* 79 (1991) p. 401-413; Mgr L.-M. BILLÉ, *Le Catéchisme pour adultes des évêques de France*, dans *Nouvelle revue théologique* 114 (1992) p. 21-34 et *Le Catéchisme pour adultes des évêques de France*, dans *Catéchèse* 124 (juillet 1991) p. 63-76; R. MARLÉ, *Le langage d'un catéchisme*, dans *Catéchèse* 124 (juillet 1991) p. 77-89. Les responsables de l'enseignement religieux ont publié *Modes d'emploi du Catéchisme pour adultes. Guide d'utilisation proposé par le CNER*, Éditeurs associés, 1992.

259. *La Doc. cath.* 88 (1991) p. 607-608.

260. Cf. l'exposé de Mgr P. Plateau, président de la Commission épiscopale de l'enseignement religieux, dans *La Doc. cath.* 88 (1991) p. 608-609.

dit l'Église»; le futur catéchisme romain, lui, est destiné «aux évêques et aux théologiens»[261].

L'année suivante, lord de l'assemblée plénière annuelle des évêques à Lourdes les 24-30 octobre 1992, Mgr Honoré et Mgr Schönborn présentent le *Catéchisme de l'Église catholique* aux évêques au cours de rencontres à huis-clos. Dans le discours de clôture, Mgr Duval annonce qu'avant la publication à Rome les 7 et 8 décembre, et «avec l'assentiment de la Commission éditoriale responsable de la publication», le catéchisme paraîtra en France dès le 16 novembre. Parlant au nom de tous ses collègues, il dit accueillir avec joie le catéchisme universel: «Comme évêques, nous sommes impliqués dans ce Catéchisme, non seulement parce que nous avons été consultés à son sujet, mais parce qu'en l'accueillant, nous exprimons notre communion avec le Pape, successeur de Pierre, et l'épiscopat de l'Église universelle. Jean-Paul II dit qu'il 'reconnaît [le catéchisme] comme un instrument valable et autorisé au service de la Communion ecclésiale et comme une norme sûre pour l'enseignement de la foi'. Il souhaite que ce livre 'serve au renouveau auquel l'Esprit Saint appelle sans cesse l'Église de Dieu'. C'est avec cette espérance que nous recevons joyeusement le Catéchisme et accueillons sa publication comme un service rendu au peuple de Dieu»[262].

Après cette accueil sans réserve du *C.É.C.*, Mgr Duval répond à la question que beaucoup se posaient certainement: que va-t-il advenir du *Catéchisme pour adultes?* Il rappelle que celui-ci avait été présenté à la Pentecôte 1991 «sur la demande et avec l'approbation de Rome». En conséquence, il lui paraît clair que «l'on n'a pas le Catéchisme catholique d'un côté et le Catéchisme français de l'autre. Ils sont bien tous les deux catholiques, ils exposent tous les deux la foi catholique, même si le but, l'histoire et les destinataires du nouvel ouvrage, comme le fait qu'il soit donné par le Pape, justifient son titre». Comme le *C.É.C.* n'est pas destiné à supprimer et à remplacer les catéchismes déjà approuvés par Rome, il y aura donc deux livres: le français qui continuera à «servir à la formation des adultes» et le romain. «Tous ceux qui le veulent auront accès [à celui-ci] et pourront vérifier (...) que 'les présentations différentes font ressortir l'unité et la

261. Cf. M.-J. HAZARD, *Paris-Rome. Les catés nouveaux arrivent*, dans *L'Actualité religieuse dans le monde* 80 (juillet-août 1990) p. 26; nous notons que, pour St. Lalanne, le catéchisme de Rome est destiné aux évêques et aux théologiens, alors que J. Duval laisse supposer qu'il est destiné au public adulte.

262. *La Doc. cath.* 89 (1992) p. 1057.

profonde harmonie existant entre ces deux exposés d'une seule et même foi»[263].

L'histoire récente des démêlés de l'Épiscopat français avec Rome à propos des ouvrages catéchétiques qu'il privilégie ou promulgue permet de comprendre le discours officiel du président de la Conférence épiscopale. Des groupes conservateurs et intégristes ont mis en cause la doctrine contenue dans les parcours catéchétiques approuvés par les évêques et dans *Pierres vivantes*, le «recueil privilégié» de l'Écriture, de l'histoire de l'Église et de la prière des chrétiens. C'est à la demande de Rome que le *Catéchisme pour adultes* a été mis en chantier. Ces groupes de chrétiens plus traditionnels sont toujours bien vivants; ils sont prêts à dénoncer toute déviation doctrinale et à opposer les évêques au pape. Il importe donc de souligner l'esprit collégial qui anime l'Épiscopat, d'accueillir favorablement le *C.É.C.* et de mettre en valeur l'harmonie fondamentale des deux catéchismes. En même temps, il faut veiller à ce que les catholiques français ne boudent pas le *Catéchisme pour adultes*. La parution du *C.É.C.* ne va pas le rendre caduc, désuet; il continuera à être le livre de formation des catéchistes et le livre de la catéchèse des adultes. Quant au *Catéchisme de l'Église catholique*, il sera accessible à tous ceux qui veulent vérifier la parfaite harmonie des deux ouvrages.

Plusieurs évêques se sont exprimés à titre personnel. Voici comment deux d'entre eux ont parlé du catéchisme. Le 12 juin 1992, P. Eyt, archevêque de Bordeaux, dit attendre beaucoup du *C.É.C.* : «Il aura certainement un effet stimulant comme ce fut le cas avec la publication du catéchisme pour adultes des évêques de France»; il voit en lui un signe qu'une parole universelle peut être dite et qu'il peut y avoir un dialogue entre tous les hommes[264].

Plus développée est la pensée de J. Honoré, le seul évêque français à avoir été membre du Comité de rédaction du *C.É.C.* Le 27 juin 1992, il donne une présentation positive du catéchisme, signale les points qui lui paraissent originaux («un nouvel équilibre dans la présentation du péché originel», l'enseignement sur la liturgie, l'option pour les pauvres, la référence à l'écologie, l'évocation des différentes religions) et éclaire à sa manière la question des destinataires: «Dire que les évêques en sont les premiers destinataires n'a pas de sens d'un point de vue strictement

263. *La Doc. cath.* 89 (1992) p. 1058; selon le journal *La Croix* du 19 novembre 1992, p. 14, 150 000 exemplaires du *Catéchisme pour adultes* auraient été vendus en 18 mois et, dans le même quotidien du 23 janvier 1993, p. 3, St. Lalanne cite le chiffre de 160 000.

264. Cf. *La France catholique* 2359 (12 juin 1992) p. 11.

théologique puisqu'ils sont les 'docteurs de la foi'; mais, dans la mesure où ils sont chargés de la transmission de la foi, ils ont besoin d'un instrument de référence». Le catéchisme leur est donc destiné et a été rédigé également pour les responsables de la catéchèse. Mgr Honoré ajoute alors: il a aussi été rédigé pour «les chrétiens qui veulent approfondir leur culture religieuse». Si on le compare au *Catéchisme pour adultes* français, on dira qu'il n'est pas, comme lui, «une présentation de l'intelligence de la doctrine au regard de la conscience moderne»; il veut affirmer clairement – sans faire de l'apologétique – ce que croit l'Église confrontée à un monde qui conteste la foi, rencontrant ainsi la requête de nombreux chrétiens qui souhaitent qu'on redise nettement le contenu de la foi, alors que la culture moderne récuse le mystère, la vérité objective, l'autorité. Ne dialoguant pas avec le monde, il ne permet pas de percevoir «cette sorte de vibration intérieure que l'on pouvait ressentir à la lecture de certains passages de *Gaudium et spes*»[265].

4. Les évêques de Belgique et le catéchisme

Les évêques de Belgique ont mis en chantier, fin 1985, la rédaction d'un livre exposant la richesse de la foi «d'une manière sereine, objective, ordonnée, chaleureuse et proche de la vie»[266]. Une double édition sort de presse le 24 février 1987: le *Geloofsboek* pour la communauté néerlandophone du pays et le *Livre de la Foi* pour la francophone (avec traduction en allemand pour la communauté germanophone)[267]. Ce n'est pas un catéchisme au sens strict du terme – l'approbation romaine préalable prévue par le canon 775, § 2, n'a donc pas été requise – mais un exposé simple et illustré de la foi catholique, qui n'est pas tout à fait complet ni toujours précis, une sorte de «Que sais-je» conçu pour un public très large. Il s'agit d'un livre d'initiation s'adressant tant aux croyants qu'aux personnes qui connaissent peu la foi catholique ou qui lui sont devenues étrangères. C'est un guide sûr et un texte de référence, signé par les quinze évêques du pays, un point de départ pour des échanges, des discussions, des approfondissements entre jeunes et adultes[268].

265. *La Croix*, 27 juin 1992, p. 2.

266. *Une nouvelle évangélisation. Document de travail pastoral publié à la demande des Évêques de Belgique*, Éd. de la Sambre, Marcinelle, décembre 1985, p. 10.

267. *Geloofsboek*, Tielt, Lannoo, 1987; *Livre de la Foi*, Tournai-Paris, Desclée, 1987.

268. Parmi les comptes rendus et recensions en langue française du *Livre de la Foi*, citons: P.-C. Hioco, dans la *Lettre de Maredsous* 16 (1987) p. 67-75; G. Harpigny, dans *La foi et le temps* 17 (1987) p. 259-280; L. Dingemans, dans *La Revue nouvelle* 86

Les évêques se sont fort engagés dans la diffusion du *Livre de la Foi* et du *Geloofsboek* au sein des paroisses. Ils ont invité à le posséder et à le travailler individuellement ou en groupe[269] et, par le biais de leurs bulletins diocésains, ils ont plus d'une fois expliqué son contenu et son importance. On peut dire que l'ouvrage a connu un succès certain. Le cardinal Danneels informait le pape, lors de la visite *ad limina* du 24 avril 1987, que l'accueil et la diffusion a largement dépassé toutes les prévisions, même celles des évêques: 300 000 exemplaires ont été vendus; il ajoutait que l'ouvrage était devenu un classique entre les mains des chrétiens de Belgique[270]. Dans sa réponse, Jean-Paul II s'est dit heureux de cette initiative qui, «sans être exhaustive, semble présenter un ensemble cohérent axé sur le *Credo*, la prière et les sacrements, et l'agir chrétien», et lui a souhaité «le plus grand succès»[271]. Cinq ans plus tard, lors de la visite *ad limina* suivante, le cardinal reparle du *Livre de la Foi*; nous sommes le 3 juillet 1992 et le pape vient d'approuver le *C.É.C.* «C'est un exposé simple (...) très lisible et accessible à un large public, mais suffisamment complet (...). Le livre a eu une très large diffusion en Belgique. Il a été vendu à près d'un demi-million d'exemplaires. En plus, il a été traduit jusqu'à ce jour en plus de dix langues»[272]. Dans sa réponse à l'adresse d'hommage du cardinal, Jean-Paul II n'a pas relevé ces paroles et n'a pas non plus évoqué la sortie toute proche du catéchisme universel. Ajoutons qu'en juin 1992, le *Livre de la Foi* en sa version française en était à son 180e mille et qu'une édition remise à jour est alors sortie de presse[273].

(1987) p. 535-543; A. KNOCKAERT et Ch. VAN DER PLANCKE, dans la *Nouvelle revue théologique* 109 (1987) p. 801-828; J.-Cl. BROOTCORNE, dans *Humanités chrétiennes* 30 (1986-1987) p. 311-317.

269. Deux *Dossiers d'utilisation* et une brochure pour *Préparer les liturgies du Carême avec le Livre de la Foi* ont été publiés aux Éditions Lumen Vitae à Bruxelles en 1987 et 1988; trois grilles pour lectures brèves, longues et personnelles du *Geloofsboek* sont parues chez Kerk en Wereld à Malines.

270. Cf. *La Doc. cath.* 84 (1987) p. 596; *Pastoralia* (revue du diocèse de Malines-Bruxelles) 26 (1987) p. 66. Deux mois plus tard, *Pastoralia* donnera le chiffre de 320 000 exemplaires vendus en Belgique, aux Pays-Bas, en France et dans plusieurs pays francophones d'Europe, d'Afrique et d'Amérique. L'ouvrage a connu plusieurs éditions et traductions étrangères avec adaptation: en Allemagne, au Canada, en Italie, Slovénie, Espagne, Roumanie... Il est disponible en braille et en cassettes-radio.

271. *La Doc. cath.* 84 (1987) p. 593.

272. *La Doc. cath.* 89 (1992) p. 771.

273. La nouvelle édition de 1992 comporte quelques compléments et mises à jour dans les limites des espaces encore disponibles; c'est ainsi qu'il y a un texte complémentaire sur les rencontres œcuméniques de Bâle et de Séoul (p. 67), sur le corps humain dans le plan de Dieu (p. 80), sur le racisme (p. 199) et surtout une modification importante du paragraphe sur la peine de mort (p. 189 où a été supprimé ce passage: «Il existe toutefois des instances qui peuvent, dans un cas limite, prononcer la peine de mort pour extirper le mal dans la société et protéger ainsi ses membres»).

L'initiative belge s'est située avant la suggestion du synode extraordinaire du 7 décembre 1985. La proposition faite alors de composer un texte-référence pour catéchismes n'a pas été perçue par les évêques belges comme une invitation à abandonner leur projet. En effet, le catéchisme annoncé va être rédigé pour les évêques et les rédacteurs de catéchismes et non pour les fidèles, tandis que le livre belge sera destiné aux fidèles et ne sera pas à proprement parler un catéchisme. Dès lors, les évêques de Belgique n'ont pas entretenu leur diocésains de l'état d'avancement du catéchisme universel ni de la ressemblance-différence entre leur livre et celui de Rome; ils ont préféré assurer le succès, le bon accueil et l'utilisation fructueuse du *Livre de la foi*. En outre, conscients du caractère volontairement incomplet de ce dernier ouvrage, ils ont recommandé la lecture du «Catéchisme pour adultes» élaboré et publié en 1985 sous la responsabilité de la Conférence épiscopale des évêques d'Allemagne fédérale[274]; ce livre a été approuvé comme catéchisme par Rome, il paraît être un «excellent instrument de travail pour ceux qui souhaitent approfondir davantage leur foi dans son détail»[275], il est «un complément très important» au *Livre de la Foi*[276]. Pour toutes ces raisons, les évêques belges directement ou par l'intermédiaire de leurs bulletins diocésains, ont préféré attendre la sortie du *C.É.C.* pour informer les catholiques et le grand public. Ce sera chose faite le 16 novembre 1992, à Tournai, le jour même où, à Paris et à Lausanne, les évêques français et les évêques suisses lancent l'édition Mame-Plon du catéchisme.

Nous venons d'exposer le point de vue des évêques français et belges. L'enquête devrait s'étendre à tous les autres épiscopats. Je pense aux évêques allemands qui, depuis 1985, ont leur propre catéchisme, du moins la première partie, *Katholisches Erwachsenen-Katechismus*, et préparent le tome portant sur la morale. Je pense aux évêques américains

274. Le *Katholischer Erwachsenen-Katechismus. Das Glaubensbekenntnis der Kirche*, Bonn, 1985, est traduit en néerlandais sous le titre *De geloofsbelijdenis van de Kerk. Katholiek Katechismus voor volwassenen*, Brepols, 1986 (avec préface du président de la Conférence épiscopale de Belgique, G. Danneels, et de l'archevêque d'Utrecht, A. Simonis). Il est également traduit en français: *La foi de l'Église. Catéchisme pour adultes*, Brepols-Cerf-Centurion, 1987 (avec préface de G. Danneels, de J. Vilnet, président de la Conférence épiscopale française, et de H. Schwery, président de la Conférence épiscopale suisse).

275. *La foi de l'Église*, Préface, p. 7.

276. J. HUARD, évêque de Tournai, dans *Église de Tournai*, 1987, p. 163. Sur les raisons qui ont amené les évêques belges à recommander le *Livre de la Foi* et *La foi de l'Église*, voir J. HUARD, *Une aide nouvelle pour l'évangélisation*, dans *Église de Tournai*, 1987, p. 401-402.

qui se sont montrés si critiques à l'égard du *Projet révisé*. Je pense aussi aux évêques du Tiers-Monde qui ont insisté, lors du synode de 1985, pour qu'on publie un catéchisme qui fasse connaître les enseignements du concile Vatican II.

En l'absence d'informations plus abondantes provenant de leurs évêques, les chrétiens de France et de Belgique francophone n'auraient-ils pas eu connaissance de la parution prochaine du catéchisme? Nous savons que des journaux et des périodiques ont rapporté, en 1990, des réactions d'évêques et de théologiens au *Projet révisé*. Nous allons voir que des revues et des quotidiens ne vont pas attendre la présentation officielle de Paris, Tournai, Lausanne et Rome pour publier des extraits et des commentaires du *C.É.C.* Et ainsi, plus d'un se sera fait un opinion du catéchisme avant même d'avoir entendu leurs évêques ou le pape leur en proposer la lecture et d'avoir eux-mêmes pris connaissance de son contenu.

5. La presse écrite et le catéchisme

Les quotidiens, les hebdomadaires et les revues ont jusqu'ici fort peu suivi les dernières étapes de la rédaction du catéchisme. En juin 1992, une documentation officielle sur le *C.É.C* est à leur disposition pour qu'ils puissent en faciliter l'accueil auprès de leurs lecteurs.

a. Le «Dossier d'information» sur le catéchisme

«Pour faciliter l'accueil du *Catéchisme de l'Église catholique* par les personnes concernées mais peu familiarisées avec ce type de document et son genre littéraire», un *Dossier d'information*, portant la date du 25 juin 1992, est sorti des presses de la Librairie éditrice vaticane[277]. Destiné aux organes de presse, ce *Dossier* a été rédigé par la Commission éditoriale du catéchisme constituée en septembre 1991 avec mission de diffuser le catéchisme dans le monde entier. Son président, G. Lajolo[278],

277. COMMISSION D'ÉDITION DU CATÉCHISME DE L'ÉGLISE CATHOLIQUE, *Dossier d'information*, Cité du Vatican, Librairie éditrice vaticane, 1992; *La Doc. cath.* 89 (1992) p. 735-741.

278. Cette Commission éditoriale se compose de Giovanni Lajolo, son président (il a été membre de la Commission disciplinaire de la Curie et du Conseil d'administration de la basilique St-Paul et a présidé le Conseil d'administration du Fonds d'assistance sanitaire du personnel de la Cité du Vatican; évêque-archevêque titulaire de Cesariana en 1989, il est devenu secrétaire de l'administration du patrimoine du Saint-Siège), de J. Schotte (secrétaire général du synode des évêques), d'Agostino Lauro (de la Congrégation pour le clergé), de Raffaello Martinelli (de la Congrégation pour la doctrine de la foi [cf. ci-dessus, note 122]), de Nicolò Suffi (directeur de la Librairie éditrice vaticane) et d'Antonio Maggiotto (directeur technique, puis commercial, de la Typographie vaticane).

pense que «ce nouveau Catéchisme fera date, comme un document digne du grand Concile œcuménique, qui en est le point de référence idéal, et comme un ouvrage d'utilité permanente pour les pasteurs et les catéchètes»; il souhaite que ce dossier contribue à «préparer un terrain bon et accueillant» pour un ouvrage, «catéchisme», que Pie XI appelait «le roi des livres» et que Pie XII considérait comme «le livre le plus important sur la terre»[279].

La lecture de ce dossier nous apprend quelles sont les informations que les responsables désirent faire passer, non pas chez les évêques et ceux qui rédigeront des catéchismes, mais dans les rédactions de journaux et revues et, par là, dans le grand public. Il y a d'abord quelques pages sur «le catéchisme dans l'histoire de l'Église» et un résumé des étapes de la préparation du *C.É.C*, lequel sera non l'unique catéchisme de l'Église mais la base et le point de référence pour la préparation des catéchismes locaux[280]. On passe ensuite aux caractéristiques du nouveau catéchisme. Il s'agit d'un instrument pour transmettre les contenus de la foi, un point de référence pour catéchismes locaux, un texte magistériel (suggéré par un synode, voulu par le pape, préparé par des évêques, fruit de la consultation de l'Épiscopat et approuvé par Jean-Paul II «au titre de son magistère ordinaire»). Le texte se veut concis, sobre, précis et clair, «attentif au contexte socio-culturel ecclésial actuel, mais seulement pour les traits reconnus comme universellement valables», évitant les indications pédagogiques méthodologiques et didactiques. Le style est déclaratif plus que démonstratif. Les «différents degrés de certitude que l'Église possède dans les diverses disciplines» ont été respectés et on a évité les opinions théologiques. Ses destinataires sont d'abord les évêques, ensuite les rédacteurs de catéchismes, enfin tous les autres membres du Peuple de Dieu[281].

Après avoir présenté la structure quadripartite et énoncé les sources du *C.É.C*, le *Dossier* explique sa dimension conciliaire: ce n'est pas le «catéchisme de Vatican II» car le concile ne l'a pas demandé, mais il est relié au concile par le fait que le synode de 1985 – qui en a proposé la rédaction – célébrait les vingt ans de la clôture du concile, par le fait que son contenu reflète «essentiellement, même si non exclusivement» Vatican II, et par le fait qu'il veut donner «réalisation et actualisation pleines

279. G. LAJOLO, *Présentation* du *Dossier d'information*, p. 5-6; *La Doc. cath.* 89 (1992) p. 735; dans leur enthousiasme pour le «catéchisme» en général, Pie XI et Pie XII en viennent à oublier que la Bible est ce «livre le plus important sur la terre»!

280. *Dossier*, p. 15; *La Doc. cath.* 89 (1992) p. 737. Dans les étapes de la préparation du catéchisme, il y a l'erreur déjà signalée: la Commission directrice n'a pas été constituée le 10 juillet mais le 10 juin 1986.

281. Cf. *Dossier*, p. 21-22; *La Doc. cath.* 89 (1992) p. 738.

et fidèles» à l'enseignement conciliaire. Le *C.É.C.* a aussi une dimension missionnaire: l'annonce chrétienne et la volonté salvifique de Dieu sont présentes partout et le dialogue avec les religions non chrétiennes est présenté de manière constructive et ouverte.

Il a semblé à la Commission éditoriale qu'il était nécessaire d'aborder trois points particuliers dont nous savons qu'ils ont suscité des réactions chez des évêques dès qu'ils ont eu connaissance du *Projet révisé* de 1989. Il s'agit de la hiérarchie des vérités, des «En bref» et de l'usage de l'Écriture.

Pour le *Dossier*, l'expression «hiérarchie des vérités» n'est pas tout à fait adéquate mais elle peut cependant être utilisée «pour exprimer une attention particulière à l'objectivité même de la Révélation chrétienne, vécue et enseignée intégralement par l'Église. En effet, cette expression rend compte du degré de 'proximité' de chaque vérité au noyau central de la foi, et par conséquent de l'interdépendance des vérités chrétiennes, qui s'appellent et s'intègrent l'une l'autre. Cherchant à rester fidèle à la tradition doctrinale et catéchétique, et cherchant dans le même temps à respecter la distinction entre les vérités divinement révélées et d'autres vérités qui, tout en n'étant pas directement révélées par Dieu, sont proposées par l'Église, le Catéchisme se propose de mettre en relief ainsi le caractère organique (...) des vérités chrétiennes, leur lien et leur référence au centre qui est le Christ (...)»[282].

Les «En bref», lisons-nous ensuite, se présentent comme «mémoires» de la foi de l'Église; ils reprennent de préférence des textes bibliques, liturgiques, patristiques et magistériels. Ces propositions synthétiques «favorisent l'acquisition d'une identité chrétienne claire et d'un langage de la foi commun; elles aident concrètement le passage de la doctrine à la catéchèse; elle offrent des modèles d'expositions synthétiques (...) de la foi pour les catéchismes nationaux et diocésains, auxquels est laissé le soin de leur médiation au niveau local (...). Elles recherchent aussi une certaine facilité de mémorisation, même si cette caractéristique est surtout laissée aux soins des catéchismes nationaux»[283].

Quant à l'usage de l'Écriture, le *Dossier* précise que le catéchisme n'est pas une étude d'exégèse scientifique et ne présente pas d'hypothèses

282. *Dossier*, p. 24; *La Doc. cath.* 89 (1992) p. 739. Le *Dossier* trouve que l'expression «hiérarchie des vérités» n'est pas tout à fait adéquate; c'est cependant celle que le concile Vatican II emploie dans le décret *Unitatis redintegratio* 17, § 3: «Les théologiens catholiques se rappelleront qu'il y a un ordre ou une 'hiérarchie' des vérités de la doctrine catholique, en raison de leur rapport différent avec les fondements de la foi chrétienne».

283. *Dossier*, p. 25; *La Doc. cath.* 89 (1992) p. 739.

exégétiques; il s'en tient à la méthodologie indiquée par *Dei Verbum* et ses rédacteurs ont opté pour des citations brèves, lesquelles ont été examinées par des exégètes compétents[284].

Telles sont les explications de la Commission éditoriale sur ces trois «aspects particuliers», ainsi qu'elle appelle ces points discutés. Nous constaterons plus loin qu'elles seront loin d'entraîner l'adhésion unanime des commentateurs et des lecteurs du catéchisme.

Le *Dossier* fait alors connaître l'interprétation officielle des résultats de la consultation des évêques: il redit presque textuellement ce que le cardinal Ratzinger avait exposé au synode de 1990. Retenons cependant quelques phrases de son appréciation générale. Le nombre et la teneur des réponses, dit-il «ont manifesté que le projet révisé a été bien accueilli par les évêques, lu en entier ou en partie avec attention et pesé avec soin». Il dit constater «la réelle application à l'étude, à la réflexion, et aussi à la prière, dédiée par les évêques qui ont répondu, exprimant aussi de cette façon leur *sollicitudo omnium ecclesiarum*». Il estime que «quasi unanimement (...), ils [les évêques] sont en accord sur le fait de considérer comme opportun et nécessaire, voire urgent, un texte catéchétique unique pour toute l'Église catholique (...). Le fait qu'il puisse et même qu'il doive exister un tel point de référence (...) est admis, voire sollicité et souhaité par la totalité pour ainsi dire de ceux qui ont envoyé leurs réponses». Il n'y a eu qu'environ 10% de réponses négatives, «ce qui correspond au pourcentage obtenu lors du vote sur les documents du Concile Vatican II». Il y a eu 24 000 amendements; «les divergences et les distinctions [entre évêques] se sont faites sur la manière de nommer [le projet] et de le rédiger, sur ses contenus et sur son style de rédaction». Nonobstant les améliorations proposées, le projet est considéré comme une base solide en mesure d'accueillir les *modi*[285].

Pour terminer, et avant de faire connaître la table des matières du *C.É.C.*, le *Dossier* reconnaît au document deux sortes de limites. Les unes sont «structurelles»: comme tout catéchisme, celui-ci n'est pas toute la catéchèse, il n'est qu'un des instruments à son service, un moyen «non unique ni exclusif»; en outre la catéchèse n'est elle-même

284. *Dossier*, p. 25-26; *La Doc. cath.* 89 (1992) p. 739. Le *Dossier* retient, de *Dei Verbum* consacré à l'interprétation de l'Écriture, «en particulier l'*Analogia scripturae*, par laquelle un texte de l'Écriture Sainte peut être lu et interprété (...) dans l'unité organique de toute l'Écriture Sainte» (p. 25). Il est dommage qu'il ne suive pas davantage la constitution conciliaire qui mentionne d'abord la nécessité de considérer les «genres littéraires» et, ensuite, celle de porter l'attention «au contenu et à l'unité de toute l'Écriture (...) et à l'analogie de la foi» (*Dei Verbum* 12, § 2 et § 3).

285. Cf. *Dossier*, p. 27-28; *La Doc. cath.* 89 (1992) p. 740.

qu'une des expressions du ministère prophétique dans l'Église. Les autres limites sont «contingentes»: le nouveau catéchisme ne tient pas nécessairement compte de tous les aspects particuliers et spécifiques des Églises locales: il ne peut pas non plus exprimer les caractéristiques particulières des différentes cultures dans le monde et des différents âges des personnes et, dès lors, il a besoin de la médiation indispensable des catéchismes locaux. Comme c'est un «grand catéchisme» pour les évêques et les rédacteurs de catéchismes, «il porte nécessairement son attention sur le contenu de la catéchèse», ne disant rien du catéchiste, des destinataires, de la méthode et de la pédagogie. Et comme il est aussi une œuvre «collégiale», l'homogénéité du texte peut s'en ressentir [286].

Un «dossier d'information» constitue un «genre littéraire» particulier qui retient surtout les aspects positifs de l'œuvre qu'il présente. Celui du catéchisme ne contredit pas cette règle générale lorsqu'il retrace l'histoire du *C.É.C.*, en résume le contenu et expose la méthodologie mise en œuvre. Certaines de ses affirmations laisseront rêveurs plus d'un journaliste. Ainsi, comment croire que chaque évêque s'est appliqué à l'étude attentive et soigneuse, à la réflexion et à la prière lorsqu'il a reçu le *Projet révisé?* Il est dit peu de choses des divergences dont le cardinal Ratzinger lui-même s'est fait l'écho; au contraire, c'est la quasi unanimité entre les évêques qui ont répondu et entre ces évêques et le pape qui se doit d'être signalée: tous pensent que le catéchisme est «opportun et nécessaire, voire urgent».

Le *Dossier* estime que le nombre peu élevé de ceux qui jugent le texte assez négatif, voire inacceptable, est du même ordre que les votes *non placet* reçus par les documents du concile. Il faut quand même faire remarquer qu'un seul document conciliaire, *Inter mirifica*, a obtenu 164 non sur 1960 votants, soit 8% d'opposants, les autres ayant été votés à des majorités frisant souvent la quasi unanimité[287]. Il faut aussi rappeler qu'un vote par correspondance n'a pas la même signification que le vote d'une assemblée délibérante au terme d'un débat. Il faut encore se souvenir que deux tiers de l'Épiscopat n'ont pas répondu à la consultation. La comparaison avec les votes conciliaires est donc peu fondée.

286. Cf. *Dossier*, p. 28-30; *La Doc. cath.* 89 (1992) p. 740-741.

287. Les documents qui ont connu les votes négatifs les plus élevés sont, après *Inter mirifica*, *Nostra aetate* (88 sur 2 221), *Gaudium et spes* (75 sur 2 309), *Dignitatis humanae* (70 sur 2 308), *Orientalium Ecclesiarum* (39 sur 2 110) et *Gravissimum educationis* (35 sur 2 325). Les *non placet* des autres documents sont au nombre de 2, 3, 4, 5 ou 6.

b. La conférence de presse du cardinal Ratzinger

Le *C.É.C.* a été approuvé par Jean-Paul II le 25 juin et, ce même jour, le *Dossier d'information* est disponible. Le lendemain 26 juin, une conférence de presse est convoquée par le cardinal Ratzinger; beaucoup croient que le catéchisme va être présenté mais, grosse déception, le cardinal annonce que le *C.É.C.* est sous embargo jusqu'à la fin de l'année et invite les journalistes à ne rien révéler de son contenu jusqu'au jour de la présentation officielle par le pape. Le motif de ce délai est que les traductions ne sont pas encore prêtes. Le cardinal a cependant tenu à s'exprimer sur quelques points. À propos de la peine de mort, dont la presse a déjà révélé ce qu'en dit le catéchisme, il a précisé que cette question délicate avait été longuement discutée: «Nous espérons avoir trouvé une réponse qui tienne réellement compte non seulement des sensibilités de notre temps, mais aussi réellement du progrès de la pensée, du sens moral, sans négliger l'existence d'une longue tradition». De façon plus générale, le catéchisme, dit-il, ne propose pas de doctrine nouvelle, mais transmet la foi de toujours: «Le but est de faire connaître la doctrine catholique comme elle existe, comme elle est».

Était-il nécessaire et urgent de publier ce catéchisme? Oui, répond le cardinal: «Dans un monde caractérisé par le subjectivisme, par l'émiettement des divers messages, dans un monde dans lequel des réalités comme Dieu, le Christ, l'Église, l'homme ... semblent perdre sens et importance, on invoque (...) une annonce de vérité, qui puisse sauver l'homme et le monde (...), qui puisse infuser l'espérance (...), qui puisse être une ancre salvatrice dans le naufrage des diverses certitudes humaines».

Le *C.É.C.* ne va-t-il pas provoquer des dissensions dans l'Église? Le cardinal ne le pense pas. Il ne peut imaginer qu'un livre, qui ne s'oppose pas au mouvement catéchétique de ces dernières années mais en est plutôt le fruit, «un livre qui donne un point de référence commun, né de la foi commune, né d'une très vaste collaboration de l'Église universelle», puisse créer la division. Il y aura sans doute des contestations mais cela ne signifie pas que le catéchisme contribuera à la division. Son espoir est qu'il soit «un ferment d'unité dans l'Église».

Le cardinal a profité de cette conférence de presse pour redire que le *C.É.C.* doit servir à l'élaboration des catéchismes nationaux ou diocésains. Cela ne signifie pas, explique-t-il, que cela doit se faire du jour au lendemain vu que tous les catéchismes actuels reflètent déjà la doctrine de Vatican II. Même s'il est «opportun de revoir les catéchismes déjà en usage», le nouveau catéchisme n'a pas pour but «d'exclure, remplacer ou mortifier» ces catéchismes ou ceux qui sont en voie d'élaboration[288].

Comme l'a indiqué le cardinal Ratzinger, il reste à mener à bonne fin la traduction et l'impression du catéchisme dans les principales langues modernes. Viendra alors la présentation solennelle du catéchisme à une date que le pape souhaite «ne pas être trop lointaine»[289].

Finalement, les cérémonies officielles sont fixées aux 7, 8 et 9 décembre 1992. Toutefois, comme l'a révélé Mgr Duval aux évêques français réunis à Lourdes en fin octobre 1992, le *Catéchisme de l'Église catholique*, dans sa version originale en français, sera présenté à Paris – et également à Tournai et Lausanne – le 16 novembre précédent et mis en vente dès ce jour-là dans les librairies, les grandes surfaces et les kiosques de ces trois pays.

c. Les informations transmises par la presse

Le mensuel *30 jours dans l'Église et dans le monde* avait, dès le mois de février 1992, donné quelques extraits du *C.É.C.* pour montrer qu'il n'y a, entre lui et le Catéchisme romain, que des différences de langage, alors qu'il y en a de plus substantielles avec le Catéchisme des évêques allemands de 1985. Dans sa livraison de septembre, il dévoile ce que le *C.É.C.* enseigne sur la peine de mort, parce que cela fait l'objet d'une querelle dans la presse italienne[290].

En octobre 1992, imitant une certaine presse (il cite *Il Tempo*, *La Stampa*, *The Washington Post*, *Time*, et *l'Événement du jeudi*), il publie d'autres extraits du *C.É.C.* sur le salut de Dieu, la loi et la grâce, afin de prouver que le catéchisme expose bien la doctrine de toujours[291]. En novembre, la revue donne la parole au cardinal Ratzinger. Interrogé sur la présentation du *C.É.C.* par la presse «comme un texte d'éducation civique, un inventaire moraliste de péchés, un manuel contre les dessous-de-table», le cardinal réfute cette interprétation: ce n'est pas un inventaire de péchés car le christianisme n'est pas un moralisme. La

288. D'après l'agence CIP, le 28 juin 1992, p. 4 et 5.

289. *La Doc. cath.* 89 (1992) p. 719. Chr. Schönborn, devenu évêque auxiliaire de Vienne le 29 septembre 1991, estimait que les traductions du texte français seraient terminées à l'automne; Mgr P.J. Cordes, lors de son séjour à Pittsburgh, s'est fait l'écho d'une présentation du *C.É.C.* «pour Noël».

290. Cf. L. BRUNELLI, *Nouveau catéchisme. Peine en deux temps*, dans *30 jours*, septembre 1992, p. 58-59 (comparaison entre le texte provisoire paru dans *Il Sabato* du 7 mars 1992 et une nouvelle rédaction divulguée par l'Agence de presse italienne ANSA le 1er juillet).

291. Cr. LARDO (aux soins de), *La cohérence relève du miracle*, dans *30 jours*, octobre 1992, p. 64-71.

partie morale du catéchisme invite à vivre et à cheminer avec le Christ dans l'amour de Dieu et de ses frères; cependant, «il nous a paru important de ne pas parler d'un christianisme atemporel, mais d'un christianisme vivant, aujourd'hui, à notre époque», et donc on y trouve abordées les questions de morale sexuelle, de justice politique et sociale et d'éthique[292].

L'Actualité religieuse dans le monde, sous la plume de G. Zizola, informe, dès mars 1992, sur l'état d'avancement du catéchisme et précise ses destinataires: ce sont les évêques, pour qui le catéchisme sera un guide en vue d'orienter les adaptations nécessaires, un «texte de vérification» ou de «médiation catéchétique de la doctrine de la foi». Il rapporte que, vu la suspicion grandissante de la Curie à l'égard des catéchismes nationaux, on pouvait craindre que le catéchisme à venir soit accompagné «d'un petit code d'instruction indiquant comment uniformiser tous les catéchismes aux normes du texte romain»; mais il n'en n'est rien[293]. Selon ses informations, il pense que le pape publiera le *C.É.C.* le 7 juin, jour de la Pentecôte, ce qu'il redit en mai dans un article qui dévoile quelques points de la partie morale. L'ouvrage a été et reste «l'occasion de polémiques vives et nourries», écrit-il, mais il fait «œuvre novatrice et bénéfique»: il incorpore la doctrine sociale de l'Église à la vie chrétienne tout entière, encourage la formation d'un esprit critique à l'égard des pouvoirs publics, parle du devoir de résistance si les droits fondamentaux de l'homme ne sont pas respectés et s'exprime sur des points sensibles comme l'environnement, la légitime aspiration des pauvres à se donner les moyens licites pour se libérer, les injustices, l'usage des armes modernes, la peine de mort[294].

Mentionnons encore *La France catholique* du 12 juin 1992. Chr. Schönborn y donne des informations sur la nature et les destinataires de l'ouvrage et signale quelques-unes des questions actuelles importantes qui y sont abordées. Retenons tout particulièrement la comparaison qu'il fait avec d'autres catéchismes. Le catéchisme qui va paraître n'est pas un grand catéchisme pour adultes comme le sont le catéchisme allemand

292. A. Tornielli, *La parole est au cardinal Ratzinger. Témoins dans l'ère païenne*, dans *30 jours*, novembre 1992, p. 24-28. À propos de la structure du catéchisme, le cardinal explique que, sans l'avoir prévu, «nous nous sommes rendus compte qu'il avait la même structure que le Catéchisme du Concile de Trente» (p. 25).

293. G. Zizola, *Le nouveau catéchisme universel sortira à la Pentecôte. La substantifique doctrine*, dans *L'Actualité religieuse dans le monde* 98 (mars 1992) p. 23.

294. G. Zizola, *7 juin, sortie du Catéchisme universel. Le devoir de résistance*, dans *L'Actualité religieuse dans le monde* 100 (mai 1992) p. 14.

de 1985, le catéchisme français de 1991, le catéchisme hollandais de 1966 ou le *Livre de la Foi* des évêques belges de 1987: c'est un grand catéchisme pour responsables de la catéchèse, qui doit aussi servir à la formation de ceux qui ont à transmettre la foi comme ce fut le cas pour le Catéchisme du concile de Trente; il est également destiné à tout fidèle désireux d'approfondir sa foi. Mgr Schönborn précise que ce catéchisme s'en tient au dépôt commun de la foi et dépasse les différences entre écoles théologiques, et que les multiples amendements proposés par les évêques ont été étudiés au moins trois fois. Qu'en sera-t-il de sa réception? «L'attente est grande chez de nombreux fidèles, catéchistes et – bien sûr – évêques. Il y a aussi, il est vrai, un scepticisme affiché chez certains, mais l'opposition à l'idée même de Catéchisme Universel est nettement moins forte aujourd'hui qu'il y a quatre ans. La promotion du Catéchisme dépendra beaucoup des Églises locales. Et surtout de l'accueil qu'il recevra dans les milieux de la catéchèse». Ne sera-t-il pas un texte trop abstrait? Non, répond l'évêque auxiliaire de Vienne, grâce aux témoignages de saints et «surtout de saintes» qui ponctuent chaque thème traité: «dans la bouche des saints, tout devient parole de feu et de vie»[295].

Au lendemain de l'approbation du catéchisme par le pape et de la conférence de presse de J. Ratzinger, *La Croix – L'événement* du 27 juin, sous le titre «Un Catéchisme pour le monde entier», rapporte ce qui vient de se passer à Rome. Le journal publie l'interview de J. Honoré, qui a été présenté ci-avant[296], et confie a Y. de Gentil-Baichis le commentaire de l'événement. Le *C.É.C.*, nous dit celui-ci, est une profession de foi «complète, compacte et carrée», sans dialogue avec le monde contemporain. L'Église y dit: «Voilà, nous sommes comme ça!» Pourquoi a-t-elle pris cette option? Parce qu'au synode de 1985, «la situation de la communauté catholique inquiète nombre d'évêques» (l'auteur pense à des évêques allemands et anglophones). «Certains ne voient que les erreurs et les dérives qui ruinent la vie spirituelle des croyants (...), veulent rassembler le reste du troupeau autour de quelques idées claires et fortes (...)». Et aussi parce que, à Rome, on veut préserver «l'unité de l'Église dans un monde éclaté»[297]. Br. Chenu, dans l'éditorial de ce numéro du 27 juin, établit un parallélisme avec le

295. *Ce que sera le Catéchisme universel. Rencontre avec Mgr Christophe Schönborn*, dans *La France catholique*, 12 juin 1992, p. 4-6.

296. Voir ci-dessus, p. 334-335.

297. Y. DE GENTIL-BAICHIS, *Le territoire catholique*, dans *La Croix*, 27 juin 1992, p. 3.

Catéchisme tridentin quant à l'objet et au plan retenus; il rappelle que Vatican II n'avait aucunement désiré un catéchisme mais uniquement un directoire et pense que deux requêtes ont convergé, l'une venant de Rome soucieuse de l'unité doctrinale et l'autre d'Églises sollicitant «un texte de référence pour ne pas errer dans leur tâche d'incarnation du mystère chrétien»[298].

Rendant compte de la huitième session du Conseil international pour la catéchèse, *La Croix* du 30 septembre 1992 rapporte les paroles de J. Ratzinger et Chr. Schönborn. Le catéchisme sera un point de référence et un instrument «témoignant de la communauté unique de la foi»; il ne gênera pas «la pleine expression des catéchismes nationaux ni l'élaboration d'outils de travail»(rappelons que le *Catéchisme pour adultes* est paru en mai 1991 et ses *Modes d'emploi* en avril 1992); il rendra une vaste gamme de services capables d'aider à l'inculturation du message chrétien. Le quotidien rapporte aussi les paroles de J. Duval, président de la Conférence épiscopale, aux évêques réunis à Lourdes, le 29 octobre 1992: nous nous sentons impliqués dans ce catéchisme qui sortira à Rome le 7 décembre; ce catéchisme et le nôtre exposent tous deux la foi catholique[299].

Dans *Le Monde* des 28-29 juin, H. Tincq écrit que le catéchisme qui vient d'être approuvé par le pape répond à un souci de plus grande cohésion doctrinale et à une attente d'épiscopats nationaux «qui souhaitaient disposer d'instruments de référence incontestables pour l'enseignement religieux des enfants». Il fait remarquer que Vatican II, au nom de la décentralisation et de la collégialité, n'a pas voulu imposer un nouveau catéchisme et que la décision prise au synode de 1985 «était apparue comme un désaveu des catéchismes nationaux, jugés insuffisamment rigoureux et contraignants (...) et comme une concession faite aux milieux traditionalistes qui (...) menaient campagne pour un catéchisme unique à l'ancienne». Quelques jours plus tard, le 14 juillet, évoquant la santé du pape, il dit en passant que le catéchisme est «annoncé comme la grande œuvre doctrinale du pontificat». Le 24 septembre, il annonce que le catéchisme devrait paraître le 8 décembre et non à l'occasion de Noël, à cause des fuites qui paraissent régulièrement dans la presse italienne; il signale déjà que le Vatican préfère la maison d'édition Mame

298. *La Croix*, 27 juin 1992, p. 1.

299. Cf. *La Croix*, 30 septembre 1992, p. 16, et 31 octobre 1992, p. 14; sur l'allocution de Mgr Duval, voir ci-dessus, p. 333. L'archevêque de Rouen a dû se défendre énergiquement d'être avec ses collègues un tiède propagateur du futur catéchisme (*ibidem*, 31 octobre, p. 14).

au consortium d'éditeurs qui a publié le *Catéchisme pour adultes* et que la Conférence épiscopale française avait cependant recommandé[300].

Le bimensuel traditionaliste *L'homme nouveau*, sous la plume de Marcel Clément, présente avec enthousiasme les allocutions du pape et du cardinal Ratzinger des 25 et 26 juin et se réjouit de la prochaine sortie d'«un catéchisme pour la catéchèse»[301]. Le 18 octobre, il publie une vigoureuse défense du *C.É.C.* : il s'en prend aux informations transmises par la radio et la télévision depuis quelques semaines, et surtout à *L'Événement du jeudi* qui vient de publier de larges extraits du catéchisme choisis et commentés par G. Zizola. M. Clément voit dans ces indiscrétions une «agression contre la foi»: la polémique portant sur un document «appelé à devenir (...) la lumière la plus haute, la plus autorisée» est une cause de scandale dans l'Église, elle est entretenue par un groupe de pression international puissant en France. Pour les adversaires du catéchisme, il s'agirait de «la victoire déplorable des 'conservateurs', de la défaite des 'fidèles' de Vatican II», et de la reprise en main des catholiques par Rome; pour M. Clément, le *C.É.C.* est «un don du Christ, par Marie», qu'il faut accueillir, défendre contre toute agression par la prière, la parole et l'écrit, et honorer[302].

Dans *L'Événement du jeudi* du 1er octobre, B. Poulet et G. Zizola signent un article-enquête: *L'affaire du Nouveau Catéchisme: pourquoi il divise l'Église*. Ils interprètent la parution prochaine du «nouveau catéchisme concocté par le Vatican» comme «la clé de voûte d'une grande opération de reprise en main des catholiques par Rome, au terme d'une âpre bataille gagnée par les conservateurs contre les adeptes de Vatican II»; grâce à cette parution, la «seconde évangélisation lancée par Jean-Paul II est en marche». Ils font l'historique du catéchisme, trop bref à mon sens et non exempt d'inexactitudes, et concluent: c'est un «livre de vérification» qui doit mettre fin à toutes les expériences catéchétiques originales. Face à l'angoisse causée par les progrès de la modernité et de l'athéisme, le catéchisme «resserrera

300. Cf. *Le Monde* des 28-29 juin 1992, p. 10, du 14 juillet 1992, p. 12 et du 24 septembre 1992, p. 12.

301. M. CLÉMENT, *Un catéchisme pour la catéchèse*, dans *L'homme nouveau* 1044 (19 juillet 1992) p. 1.

302. M. CLÉMENT, *Agression contre la foi*, dans *L'homme nouveau* 1050 (18 octobre 1992) p. 1 et 3. Dans la «Revue de presse» (p. 12), nous apprenons que Roger Mouton, de *L'Écho de Lausanne*, est du même avis: «Il y a là plus que de la désinvolture. C'est un véritable défi à la vérité (...). L'opinion acquiert une vision complètement faussée de ce qui doit servir de référence aux croyants comme au grand public».

peut-être les rangs, il ne risque guère de les empêcher de s'éclaircir»[303].

Dans un second article, G. Zizola publie quelques extraits, non du nouveau catéchisme comme le lecteur pourrait le penser, mais du *Projet révisé* (des extraits dont plus d'un a été amendé dans le texte définitif!). Les sujets retenus sont: la peine de mort, les anges, Adam et Ève, Marie toujours vierge, la damnation éternelle, le catholicisme seule vraie religion, la confession avant l'eucharistie, le célibat des prêtres, l'éthique et la politique, le travail du dimanche, l'écologie, le bon usage de l'argent. Sur l'un ou l'autre sujet, il souligne l'archaïsme des propositions, qui s'oppose à ce qu'ont dit, en sens inverse, des théologiens tels que J. Ratzinger ou H. Urs von Balthasar, ou l'historien J. Delumeau[304].

G. Zizola rapporte en outre la crainte d'évêques français que le catéchisme ne fournisse «une lecture unique des vérités catholiques, hiérarchisées et mises en forme à la 'sauce romaine'». Lui-même y voit une volonté de mise au pas des mouvements catéchétiques nés de Vatican II aux U.S.A., Brésil, Zaïre, Philippines, Italie, France ..., une défaite du concile qui avait permis aux Églises locales d'avoir leur originalité théologique propre en fonction des diverses cultures[305].

Pour *L'actualité religieuse dans le monde*, le *C.É.C.* n'étant pas destiné au grand public, on pouvait donc attendre sa sortie avant de lui consacrer la place qu'il mérite dans l'actualité religieuse. Mais comme la presse italienne et française ont violé l'embargo et donné au catéchisme les allures d'une affaire publique, le moment est venu de fournir aux lecteurs les informations qu'ils sont en droit d'attendre et de les accompagner de

303. B. Poulet et G. Zizola, *L'affaire du Nouveau Catéchisme: pourquoi il divise l'Église*, dans *L'Événement du jeudi*, 1-7 octobre 1992, p. 54-56. En page de couverture, l'hebdomadaire donne, en grands caractères, *Exclusif: Le nouveau catéchisme concocté par le Vatican.*

304. *Ibidem*, p. 57-59.

305. *Ibidem*, p. 60-61. L'hebdomadaire reviendra, en passant, éreinter le catéchisme dans son numéro du 31 décembre 1992: P[hilippe] L[ançon], *Petite explication du sexe*, p. 41-43; sous le titre «Les vieilles crampes du Nouveau Catéchisme», l'auteur écrit: «Dieu n'est pas au bout des frasques que ses fidèles lui font endosser. Le mieux est de fermer le Nouveau Catéchisme et de relire le Cantique des cantiques. C'est mieux écrit, plus humain et autrement beau» (p. 43). On lira aussi, à cette même p. 43, *Les anges ont-ils un sexe?...* : «Le Nouveau Catéchisme, parce qu'il se veut limpide, ne clarifie rien (...). Les théologiens rédacteurs, on doit les en remercier, ont voulu là-dessus comme en toutes choses limiter les errements de notre fragile jugeote: chacun sait qu'il est dangereux de réfléchir, que le démon s'embusque derrière chacun de nos questionnements. Pourtant, à force de mettre les points sur les i, de décider de ce qu'il nous faut croire et ne pas croire, le catéchisme en fait trop ou pas assez».

commentaires, d'autant que la vente du livre commencera en France le 16 novembre[306]. L'accueil est très mitigé. Puisqu'il s'agit d'un *catechismus major* non destiné directement aux enfants et aux adultes, il n'est guère étonnant que l'exposé soit «sec et froid» et n'attache aucune attention au particulier et à l'adaptation culturelle. Parmi les rédacteurs, il y a J.-M. Medina Estévez, considéré, nous dit-on, «comme l'un des plus fermes opposants à la théologie de la libération en Amérique latine». Il y a également W. Levada, qui est «apprécié à Rome pour avoir cherché à tempérer les poussées progressistes de l'aile libérale de l'épiscopat des Etats-Unis». Quant à J. Honoré, il est «connu pour son extrême prudence». Le secrétaire de rédaction, Chr. Schönborn, ancien élève de J. Ratzinger à Ratisbonne, aurait déclaré que le catéchisme est «un des remèdes possibles aux profondes blessures laissées par la crise post-conciliaire et ses prolongements». Cela étant dit, *L'Actualité* retrace brièvement l'histoire du texte et explicite quelque peu son contenu, surtout celui de la partie morale, l'émaillant de l'une ou l'autre réserve empruntées notamment à l'étude du Père canadien Julien Harvey sur le *Projet révisé*. Le *C.É.C.* fera-t-il date? N'est-il pas, comme le Catéchisme de Pie V en 1566, «le signe d'une reprise en main idéologique par la hiérarchie?» La revue, pour sa part, doute de la portée à long terme de «ce catéchisme qui pour être universel n'en reste pas moins romain».

En Belgique francophone, *La Libre Belgique* a signalé l'approbation pontificale du 25 juin et, à cette occasion, elle a présenté brièvement l'histoire du catéchisme depuis Trente jusqu'au *C.É.C.* destiné, selon le vœu du synode de 1985, aux évêques et à ceux qui rédigeront des catéchismes particuliers[307]. Elle a annoncé, le 29 septembre, la prochaine parution du *C.É.C.*, ce «don de Dieu à son Église», cet «instrument privilégié au service de la foi», comme le qualifie Jean-Paul II[308]. Le 3 novembre, après avoir informé de la signature par le pape de la constitution qui promulgue le catéchisme et annoncé la cérémonie de publication fixée au 8 décembre, le quotidien bruxellois se fait l'écho d'une parution possible de la version française du *C.É.C.* vers la mi-novembre. Aussi, pour éclairer ses lecteurs sur «le (grand) catéchisme» tout proche, il rapporte l'entretien de Fabien Deleclos, son chroniqueur religieux, avec

306. *Le catéchisme universel doit sortir en France le 16 novembre. Le credo du Vatican*, dans *L'Actualité religieuse dans le monde* 105 (15 novembre 1992) p. 8-11; les commentaires sont de Cl. Lesegrétain, D. Kareh Tager et G. Zizola.

307. Cf. M. SIMON, *Un catéchisme pour l'Église universelle... Mais pour qui?*, dans *La Libre Belgique*, 30 juin 1992, p. 17.

308. *La Libre Belgique*, 29 septembre 1992, p. 19.

Mgr Schönborn. Les onze questions-réponses de l'interview méritent d'être rapportées.

1. Le *C.É.C.*, dit le *Dossier d'information*, est destiné aux évêques, aux rédacteurs de catéchismes et *par eux* à tous les catholiques. Pourquoi dès lors «éditer un ouvrage grand public?» Réponse: on a laissé tomber le «par eux» pour affirmer que «tout fidèle qui s'intéresse à la foi catholique doit pouvoir trouver dans ce catéchisme un exposé doctrinal», serein, positif et sans polémique. Ce catéchisme n'est pas un livre secret, réservé aux évêques et à leurs collaborateurs; ce n'est pas un livre de recettes ni de formules toutes prêtes pour la catéchèse, mais «un livre de formation du formateur».
2. Pour transmettre la foi, ne faut-il pas tenir compte du public, de sa culture, des variétés de méthode? Réponse: Oui et c'est la tâche des catéchismes particuliers; celui-ci est du genre «livre de référence, il a une connotation de règle de foi, de source».
3. N'y a-t-il pas un certain danger de voir des fidèles établir des comparaisons de type polémique entre le *C.É.C.* et le catéchisme de leur diocèse ou de leur pays? Réponse: le *C.É.C.* est «un instrument de l'orthodoxie» et le *Livre de la Foi* des évêques de Belgique, comme aussi d'autres ouvrages approuvés par le Saint-Siège, ont toutes les garanties de l'orthodoxie. Entre eux, pas d'opposition mais une complémentarité.
4. Les catéchismes locaux devront-ils suivre le même plan, utiliser le même vocabulaire, les mêmes définitions? Réponse: Non, car il faut toujours «distinguer entre le catéchisme et la méthode catéchétique».
5. Qu'en et-il de l'autorité doctrinale du catéchisme et de ce qu'il enseigne? Réponse: «Il faut tenir compte d'une certaine 'hiérarchie de la vérité' ou plus exactement du degré de 'proximité' de chaque vérité avec le noyau central de la foi». Il faut distinguer l'autorité d'un concile œcuménique, d'une encyclique, des enseignements pontificaux de telle et telle époque.
6. Le non spécialiste pourra-t-il distinguer un enseignement de foi, une doctrine courante, une opinion théologique, une vérité révélée par Dieu, un dogme de l'Église? Réponse: on ne donne pas les «notes théologiques» mais on met en relief «la symphonie ou l'articulation organique des vérités», les liens et les références aux grands mystères de la foi; c'est ainsi qu'«on peut découvrir la valeur relative à l'ensemble de telle ou telle affirmation».
7. Le *C.É.C.* enseigne-t-il encore les dons préternaturels chez l'homme avant le péché originel? Réponse: «On a fait un grand effort pour

éliminer du catéchisme tout ce qui est opinion théologique. En principe, on ne devrait pas en trouver trop dans l'ouvrage (...). On ne parle que très sobrement de ce qu'est l'état paradisiaque de l'homme tel que Dieu l'a conçu dans son plan initial».

8. Le *C.É.C* permet-il une meilleure connaissance réciproque entre les diverses Églises? Réponse: d'une part, il donne un exposé organique et irénique de ce que croit l'Église catholique; d'autre part, il essaie de retrouver ce qui est le tronc commun entre l'Orient et l'Occident d'avant les divisions (la tradition orientale est bien présente dans les chapitres sur les sacrements). Par contre, les questions controversées n'ont pas leur place dans le catéchisme, sauf quelques fois sous forme de «note», par exemple sur le *Filioque*, le péché originel, l'histoire de la pénitence.
9. Et en ce qui concerne le judaïsme? Réponse: on attire l'attention sur l'origine juive de la foi chrétienne, sur le lien entre les deux Testaments, entre Jésus et Israël, entre la liturgie juive et la liturgie chrétienne ...
10. Les «En bref» ne sont-ils pas un «petit catéchisme» déguisé auquel il suffirait d'ajouter les questions? Réponse: ils sont un effort d'amorcer un premier pas vers l'application catéchétique, vers la reconstitution d'une mémoire chrétienne. Deux dangers ne sont pas utopiques: celui de voir une édition séparée, «sauvage», des «En bref» (mais le Saint-Siège est propriétaire du copyright) et celui de les utiliser comme des formules prêtes à l'emploi, sans le moindre effort d'assimilation personnelle.
11. Et la peine de mort légitimée dans certains cas? Réponse: «Le texte final est très nuancé. Encore faut-il le prendre dans son ensemble. Il enseigne que toute autorité légitime a le devoir d'utiliser tous les moyens non sanglants pour la protection de la vie, celle des personnes et celle des sociétés. Dans cette optique, la peine de mort ne peut donc être qu'un cas d'extrême limite, quand tous les autres moyens ont été épuisés»[309].

Le Soir, qui n'a plus dit un mot du catéchisme depuis mai 1991, se décide à donner quelques informations sur les contenus moraux du futur catéchisme, le 24 septembre 1992. Profitant des rumeurs qui se répandent dans la presse italienne, il révèle que le catéchisme se penche sur la superstition, le spiritisme et le recours aux horoscopes; il légitime le

309. F. DELECLOS, *Le (grand) catéchisme de l'Église catholique. Un instrument de référence pour la «formation des formateurs»*, dans *La Libre Belgique*, 3 novembre 1992, p. 1 et 12.

recours à la guerre dans certains cas et n'exclut pas l'application de la peine de mort; il porte un jugement plus compréhensif sur le suicide, demande qu'on paie ses impôts et serve son pays; il met en garde contre l'usage de l'alcool et de la drogue, s'en prend aux grands gourmands, aux fumeurs acharnés et à ceux qui s'adonnent aux jeux de hasard; il se prononce sur tout ce qui touche à la sexualité. Le quotidien demande à ses lecteurs d'attendre la sortie de l'ouvrage avant de le juger; le pape l'a approuvé mais «cela coince un peu du côté des traductions»[310].

Les quelques revues et journaux parcourus estiment intéressant et utile d'informer leurs lecteurs de l'état d'avancement du catéchisme; ils leur fournissent quelques renseignements, quelques-uns allant même jusqu'à révéler le contenu de l'un ou l'autre passage (la plupart d'entre eux s'intéressent principalement, voire exclusivement, à la morale).

Les paroles enthousiastes de Jean-Paul II et les espoirs qu'il fonde sur l'utilisation du catéchisme ont été peu répercutés. On se réfère plutôt à ceux qui ont travaillé à sa rédaction, J. Ratzinger, Chr. Schönborn, J. Honoré. Le soutien inconditionnel du catéchisme ne se retrouve que dans l'une ou l'autre publication plus traditionnelle ou nettement ultramontaine. Ailleurs, on pose des questions, on émet des craintes, on formule des regrets, on interprète l'événement comme une reprise en main idéologique, comme une défaite pour l'ouverture prônée par le concile ...

310. C[hr.] L[aporte], *En attendant les traductions officielles. Des «fuites» sur le nouveau catéchisme*, dans *Le Soir*, 24 septembre 1992, p. 22.

LA PRÉSENTATION OFFICIELLE DU «CATÉCHISME DE L'ÉGLISE CATHOLIQUE» ET SON ACCUEIL DANS LA PRESSE ÉCRITE FRANCOPHONE

Commencé en novembre 1986, le *Catéchisme de l'Église catholique* est finalement présenté à Rome les 7, 8 et 9 décembre 1992 soit au terme de six années de travail. Comme le Catéchisme romain à l'usage des curés avait été rédigé en l'espace de trois ans, de 1563 à 1566, Jean-Paul II et les membres de la Commission directrice ont caressé l'espoir que quatre années suffiraient amplement pour mener à son terme le travail entrepris; le catéchisme pourrait ainsi être approuvé par le pape au cours du synode des évêques de 1990, ce qui permettrait d'établir un lien entre le catéchisme et le concile Vatican II, dont on allait célébrer, en cette fin 1990, le vingt-cinquième anniversaire de la clôture. La consultation de tous les évêques, l'examen des 24 000 *modi* au *Projet révisé*, la réécriture du texte et sa traduction d'abord en italien et en espagnol ont amené à reporter de deux ans la cérémonie de présentation officielle du catéchisme.

Le «Texte définitif» en français, remis au pape le 30 avril 1992, est approuvé par lui le 25 juin suivant. La constitution *Fidei depositum*, qui le présente et en ordonne la publication, porte la date du 11 octobre, «trentième anniversaire de l'ouverture du deuxième concile du Vatican». Trois jours sont prévus pour les cérémonies officielles et solennelles de présentation. Le 7 décembre, au Vatican, le pape rencontrera les représentants de la Curie, les présidents des commissions doctrinales et catéchétiques des conférences épiscopales, les représentants des différentes instances ecclésiales et le Corps diplomatique accrédité près le Saint-Siège; il leur présentera les premiers exemplaires disponibles «comme un don précieux de son pontificat à l'Église et au monde entier». Le 8 décembre, à Sainte-Marie-Majeure, la publication du *C.É.C* sera célébrée liturgiquement au cours d'une eucharistie solennelle. Le 9 décembre, en la Salle de presse du Saint-Siège, le cardinal Ratzinger et d'autres prélats parleront «de la portée historique et de l'actualité ecclésiale, catéchétique, sociale et morale du nouveau Catéchisme»[311]. Le Catéchisme tridentin fut promulgué par un *motu proprio* assez bref, *Pastorali officio*, que Pie V signa le 23 septembre 1566. Pour

311. D'après G. Grieco dans *L'Osservatore Romano,* é.h.l.f., 1er décembre 1992, p. 4.

le *C.É.C.*, la constitution apostolique *Fidei depositum* du 11 octobre 1992 sera prolongée par trois jours de solennités qui manifesteront l'importance exceptionnelle que Jean-Paul II accorde au nouveau catéchisme, considéré par certains comme le document le plus important émanant de l'Église depuis la fin du concile Vatican II.

Nous savons déjà que le catéchisme n'a pas été présenté en premier par le pape comme cela était prévu. Le *C.É.C.* en sa version originale française a été mis en vente et présenté à Paris, Tournai et Lausanne dans l'après-midi du 16 novembre. Comment expliquer ce qui a parfois été interprété comme un court-circuitage des cérémonies romaines? *L'Osservatore Romano* donne la version suivante: «La publication prématurée et incomplète de certains passages du texte du *C.É.C.* avait suscité, ces mois derniers, des commentaires et des interprétations qui tendaient plutôt à désinformer qu'à informer. C'est pourquoi il a été décidé de ne pas attendre que les traductions dans les langues principales soient prêtes, renonçant ainsi à avoir une traduction simultanée des différentes versions. L'on a donc préféré mettre au plus tôt le texte intégral du *C.É.C.* à la disposition des personnes intéressées, diffusant ensuite les différentes versions, dès qu'elles seront prêtes»[312].

Le mensuel *30 jours dans l'Église et dans le monde* croit savoir que des raisons économiques ont aussi certainement joué et ont amené les évêques français à solliciter de Rome l'autorisation de devancer la présentation papale de décembre. Les éditions Mame et Plon, qui ont obtenu la publication du *C.É.C.*, ont vu dans la Foire du livre catholique de Paris un moment excellent pour lancer leur *best-seller* et insérer un dépliant publicitaire du catéchisme avant les fêtes de fin d'année. Jean-Paul II aurait fait «un geste de bienveillance à l'égard de la France, fille aînée de l'Église». Après quelques moments de désappointements, Rome a élaboré la version officielle suivante: «Comme il s'agit d'un *Catéchisme* fait en accord avec les épiscopats du monde entier, et non d'une encyclique promulguée par le Pape et pour cette raison donnée au Vatican», rien n'empêchait de le présenter ailleurs qu'à Rome[313].

312. G. GRIECO, *Quelques indications sur la présentation officielle et solennelle du «Catéchisme de l'Église catholique»*, *ibidem*, p. 4. *L'homme nouveau*, reproduisant *L'Écho de Lausanne*, rapporte que le Vatican n'a pas du tout apprécié les indiscrétions de certains journaux; il a condamné sévèrement cette pratique en déplorant «la violation injustifiée d'un texte qui devait rester secret jusqu'à sa publication officielle». C'est d'autant plus grave, dit le communiqué de la Salle de presse du Vatican, qu'on a fait un choix dans une traduction pas toujours fidèle au texte original (18 octobre 1992, p. 12).

313. Cf. A. TORNIELLI, *Coup de main à Paris. Embarras, un certain désappointement, de nombreuses versions discordantes. La parution française avancée du* Catéchisme universel *n'a pas plu aux auteurs et au Vatican*, dans *30 jours*, décembre 1992, p. 32-34. Le mensuel rapporte qu'à la mi-octobre, Rome prévoyait toujours une célébration solennelle

I. La présentation et l'accueil du catéchisme à Paris

Le 16 novembre 1992, à Paris, dans la salle des assemblées du siège de la Conférence épiscopale, le président de cette Conférence, J. Duval, archevêque de Rouen, entouré de J.-M. Lustiger, archevêque de Paris, de J. Honoré, évêque de Tours, et de L.-M. Billé, évêque de Laval et président de la Commission épiscopale de l'enseignement religieux, présente à la presse française le *Catéchisme de l'Église catholique*. Cette présentation a lieu alors que, depuis quelques jours, des journaux et des hebdomadaires ont révélé à leurs lecteurs le contenu du catéchisme et exprimé leur opinion à son sujet, contrevenant ainsi à l'embargo demandé par le cardinal Ratzinger le 26 juin.

1. Avant la conférence de presse du 16 novembre 1992

Suivons la sortie de quelques grands organes de presse parisiens et enregistrons l'appréciation qu'ils portent sur le catéchisme. Nous ne revenons plus sur *L'Événement du jeudi* du 1er octobre 1992, qui a déjà fait connaître ses réserves sérieuses (ci-dessus, p. 348-349).

L'Express

L'hebdomadaire *L'Express* consacre toute sa page de couverture du nº 2158 au nouveau catéchisme dont il dévoile, en exclusivité, des extraits notamment sur quelques grands thèmes débattus dans la société française: famille, propriété, environnement, homosexualité, procréation, génétique, chômage, islam, légitime défense. «L'Église remet à jour sa foi et sa morale», annonce-t-il dans la page-sommaire.

Michel Legris retrace l'histoire du *C.É.C.*, présente ses auteurs et propose son évaluation: ce catéchisme «s'inscrit, certes, dans le droit fil de Vatican II, mais il cherche à corriger quelques-unes de ses conséquences.

à Sainte-Marie-Majeure et la publication de *Fidei depositum* le 8 décembre et, le lendemain, une présentation du *C.É.C.* par J. Ratzinger. Après l'annonce d'une «avant-première» à Paris le 16 novembre, le programme a été modifié: le pape présentera une première fois le catéchisme à l'*Angelus* du 15 novembre et *Fidei depositum* sera rendu public le 16; le 8 décembre restera le jour de la célébration liturgique et, le 9, J. Ratzinger organisera une rencontre où il sera possible de poser des questions sur le catéchisme. Finalement, ce calendrier sera encore modifié.

A. Socci, *Académie ou politique?*, *ibidem*, p. 34, écrit que «l'archevêque de Paris (...) a pris l'initiative inédite de présenter le 16 novembre, à Paris, le Catéchisme, 'grillant' ainsi la présentation officielle par le pape et Ratzinger». Rappelons-nous que Mgr J. Duval avait déclaré aux évêques français réunis à Lourdes, le 30 octobre, qu'il avait obtenu l'assentiment de la Commission éditoriale responsable du *Catéchisme de l'Église catholique*.

De ses 'effets pervers'? L'autonomie des conférences épiscopales, le souci d'adapter l'enseignement religieux aux différentes cultures nationales, aux divers milieux sociaux ont abouti à une dispersion, à une inflation d'interprétations qui, aux yeux de Rome, menacent 'l'unité de la foi' (...). Il s'agit de remettre les pendules à l'heure, la bonne, celle du méridien de Rome».

Toujours selon Michel Legris, l'objectif poursuivi semble être «la volonté d'attester solennellement la présence de l'Église sur la scène du monde», à une époque «où le marché des idées est constant, où les confessions religieuses s'affirment, où le confusionnisme se répand». L'Église dit ce qu'elle est, rappelle qu'elle est universelle, qu'elle a sa vision et ses conceptions «sur à peu près tout de ce qui a trait aux activités et aux comportements humains». La parution du *C.É.C.* est «bel et bien un événement politique» qui suscitera forcément des échos, suscitera des discussions et des polémiques même parmi les chrétiens[314].

Le Nouvel Observateur

Dans l'édition du *Nouvel Observateur* des 12-18 novembre, Claude-François Jullien qualifie le *C.É.C.* de «somme de ce que doit croire, faire et ne pas faire un vrai catholique» et s'arrête surtout à la partie morale de l'ouvrage. Il ne peut taire sa déception: «Sur la morale et la sexualité, on espérait un aggiornamento. Hélas ...» Pourquoi cette déception? Parce que «l'Église d'aujourd'hui n'a plus le souffle qui, voilà trente ans, emportait le concile Vatican II (...), elle n'actualise guère 'ses vérités et ses préceptes' (...), elle les redit, comme indifférente aux mouvements du monde moderne». Il regrette les hésitations à propos de la guerre et de la peine de mort: «L'Église dit tout et son contraire».

Conçu comme «un pense-bête» pour les évêques, le *C.É.C.* est devenu aussi un livre pour adultes. Cl.-Fr. Jullien trouve sa lecture malaisée; il estime que les très nombreuses citations de l'Écriture, des Pères et des conciles font quelques fois perdre le fil de la pensée et que toutes les vérités semblent être mises sur le même plan. Et il se demande: un message universel, une parole unique, est-ce encore possible aujourd'hui? Ce catéchisme permettra-t-il une véritable inculturation de la foi? L'œcuménisme ne va-t-il pas être à nouveau remis en question? Dans un siècle de communication et d'«annonce par

314. M. LEGRIS, *Exclusif: le nouveau catéchisme*, dans *L'Express*, n° 2158, p. 26-29, et *Les extraits du texte*, p. 30-39. Il s'agit de l'*Express international* qui porte la date du 20 novembre 1992 mais qui était en vente bien avant la conférence de presse de Mgr Duval du 16 novembre.

l'échange», ce type de «catéchisme pour adultes avertis» n'a-t-il pas fait son temps?[315]

Le Monde

En première page du *Monde* du 13 novembre, nous trouvons ce titre: «Alors que l'Église d'Angleterre accepte l'ordination des femmes, Jean-Paul II publie un catéchisme universel». L'éditorialiste voit dans ces deux événements deux conceptions assez vivement opposées des rapports avec la société moderne. Face à ce que le pape appelle «une confusion des valeurs et une ignorance des références éthiques fondamentales», le catéchisme affirme clairement la doctrine traditionnelle de l'Église catholique. Certains voient déjà en lui «l'instrument du recentrage doctrinal qui marque depuis quatorze ans le pontificat de Karel Wojtyła»[316].

Il revient à Henri Tincq, le chroniqueur religieux attitré du *Monde*, de présenter le catéchisme et d'en donner un premier commentaire. Pour lui, il est clair que l'objectif poursuivi par la publication d'«un des actes majeurs du pontificat de Jean-Paul II» est plus «une volonté de défense et d'affirmation de la foi» – «face aux contestations internes au catholicisme, à un enseignement religieux jugé laxiste par certains milieux de la Curie romaine, à la montée du scepticisme, de l'indifférence et de l'inculture religieuses» – qu'«un souci de vouloir répondre aux requêtes de la culture contemporaine»[317]. Le *C.É.C.* sera pour les aînés une sorte de «Quid», de *Petit Robert* ou de vade-mecum officiel; pour les plus jeunes et ceux qui veulent savoir ou posséder des références, il tiendra lieu de source sûre. Par rapport à la façon dont l'enseignement religieux est donné en France, il risque d'apparaître comme une marche arrière, une concession aux conservateurs, un recentrage sur des méthodes magistrales et des affirmations dogmatiques, dont l'expression même s'imposerait universellement. Les regrets de l'auteur sont multiples: citations, références et emprunts divers rarement remis en perspective, compilation sans grand souffle, partie morale mettant l'accent sur les préceptes exprimés de manière normative ou négative, écriture traditionnelle, l'allégorie présentée comme vérité de foi ...

En positif, il faut reconnaître le bel effort de clarification et d'attestation objective et rigoureuse des contenus de la foi, des pages riches sur

315. Cl.- Fr. JULLIEN, *À propos du nouveau catéchisme universel. Dieu, le bien, le mal et cœtera*, dans *Le Nouvel Observateur*, 12-18 novembre 1992, p. 42-43. L'auteur consacre aussi un premier encadré à *Qu'est-ce qu'un catéchisme*? et un autre au choix des Éditions Mame et Plon: *La «Bonne Nouvelle», une bonne affaire!*

316. *Cantorbéry loin de Rome*, dans *Le Monde*, 13 novembre 1992, p. 1.

317. H. TINCQ, *Retour au dogme*, *ibidem*, p. 1 et 11.

le mystère chrétien et sur le Notre Père, une fidélité à Vatican II, un texte moins latin que ses prédécesseurs ... «Le danger serait de surestimer son importance (...), d'en faire le pivot d'un nouvel édifice catéchétique»; il serait aussi que certains en viennent à «opposer aux pratiques actuelles ce document combien plus normatif»[318]. Le chroniqueur du *Monde* donne alors quelques courts extraits du *C.É.C.* concernant les dogmes (création, péché originel, jugement-ciel-enfer, dialogue interreligieux) et les commandements (éthique, politique, avortement, euthanasie, suicide, alcool-tabac-excès de vitesse et drogue, contraception, procréation médicale assistée, peine de mort, guerre juste, couple, homosexualité, environnement). À propos de la peine de mort, il croit savoir qu'au cours des travaux préparatoires, il y a eu quatre versions successives du § 2266, et pense qu'«on est loin des requêtes de la culture contemporaine (...) qui rejette [cette peine] plus radicalement que ne le fait ce nouveau catéchisme»[319].

Libération

Le même 13 novembre, le quotidien *Libération* consacre quatre pages pleines au *C.É.C.* Tout concorde à discréditer le nouveau catéchisme: la frise et les lettrines qui font penser à la publication d'un manuscrit du Moyen-Âge, l'iconographie où les diables occupent une bonne place, les titres, les commentaires et l'abécédaire de vingt-cinq mots clés empruntés presque exclusivement à la partie morale.

L'éditorial, signé par Gérard Dupuy, exprime haut et clair ce que tous ces éléments typographiques suggèrent. On y lit des phrases comme celles-ci: prétendre asséner à toute l'humanité «l'intégralité du vrai et du faux, du bien et du mal (...) relève à soi seul d'une intrépide volonté d'anachronisme» – n'y aurait-il qu'une seule vérité, une seule manière de la dire et «un seul homme au fond, le pape, habilité à le faire?» – le catéchisme est le signe d'un «regain de dogmatisme et d'esprit d'autorité».[320]

L'article de François Devinat est de la même veine. Le livre, qualifié par ailleurs de «boussole moralo-religieuse qui ne perd jamais le nord de

318. H. TINCQ (Dossier réalisé par), *Le Vade-mecum de la foi catholique. Le «roi des livres», ibidem*, p. 12.

319. H. TINCQ (Dossier réalisé par), *Le Vade-mecum de la foi catholique. Dogmes et commandements, ibidem*, p. 12. Le dossier comprend aussi un encadré, *Un coup d'édition*, portant sur le choix des éditeurs Mame et Plon, et une ligne du temps retraçant schématiquement quatre siècles d'histoire du catéchisme en France et dans le monde.

320. G. DUPUY, *Charge héroïque*, dans *Libération*, 13 novembre 1992, p. 3.

la saine doctrine romaine», est à «coincer entre le *Petit Robert* et le *Guiness Book*; il n'est pas, comme on le prétend, «l'enfant putatif de Vatican II» mais une «auberge espagnole» accumulant les références de tout genre et ne faisant que peu de concessions à la modernité. Un évêque aurait déclaré, prétend l'auteur, que «le meilleur sort qui puisse arriver à ce catéchisme, c'est qu'il soit enterré le plus vite possible»[321].

La Croix - L'Événement

Le 14 novembre, c'est au tour de *La Croix* de présenter le *C.É.C.* Six pages sont consacrées au livre qui réaffirme la foi catholique, comme le dit le texte barrant toute la première page. Pour l'éditorialiste Bruno Chenu, le catéchisme est le symbole d'un pontificat dédié à la splendeur de la vérité contenue dans le dépôt de la foi; il veut «prolonger le renouveau de la vie ecclésiale entrepris par Jean XXIII en réglant pour quelque temps la question de l'identité catholique»[322]. Anne Ponce retrace à grands traits l'origine du *C.É.C.*, souligne qu'il n'est pas à proprement parler le catéchisme de Vatican II mais s'inscrit plutôt dans le climat de méfiance de Rome à l'égard des textes catéchétiques des conférences épiscopales; il a été souhaité par de jeunes évêques – du Tiers-Monde, dira plus loin Mgr Billé – n'ayant pas connu le concile et par des catholiques demandant des points de repères. Le Catéchisme français pour adultes reste le catéchisme à utiliser chez nous; le *C.É.C.*, bien que destiné d'abord aux responsables de la catéchèse, est cependant un livre à posséder utilement dans sa bibliothèque[323].

Les quatre parties du *C.É.C.* ou «piliers du phare» sont alors présentées par Br. Chenu et un premier commentaire est fait par Yves de Gentil-Baichis: les deux premières parties, tout imprégnées de références scripturaires, ne manquent pas de souffle, estime celui-ci; les chapitres traitant de la vie en société s'inspirent de Vatican II et des grandes encycliques sociales; quant à l'enseignement sur la liberté et la responsabilité morale, il s'appuie sur une «anthropologie désuète»: l'homme dont il est question «semble sorti d'une pièce de Corneille», c'est l'homme tel qu'il devrait être et non celui qui est «pétri de vie affective (...), fragile

321. Fr. DEVINAT, *Un monument beau comme l'antique*, *ibidem*, p. 3 (avec comme sous-titre explicatif: «Si la forme a changé depuis le XVIe siècle, le fond n'offre gère de nouveautés. Le nouveau catéchisme est d'abord destiné à ressouder l'unité de la Foi»). L'auteur y va aussi d'un papier qu'il intitule: *La manne éditoriale n'arrose que Mame* (p. 4-5). Une catéchiste, Nathalie Gathié, compare la démarche catéchétique à l'école qui joue la carte de la vérification, à celle du catéchisme qui joue celle de la mémorisation (*À l'école, le caté joue l'écoute*, p. 5).

322. Br. CHENU, *L'Éditorial*, dans *La Croix*, 14 novembre 1992, p. 1.

323. A. PONCE, *L'exposé global de la foi catholique*, *ibidem*, p. 2.

dans ses certitudes, toujours à la recherche d'une maturité jamais définitive»[324].

La Croix juge utile de joindre à ce commentaire des échos de ce que la presse pense de la sortie du catéchisme. De *L'Express*, le quotidien retient que le *C.É.C.* «cherche à corriger quelques-unes des conséquences [de Vatican II]. De ses effets pervers?»; on en était arrivé à «une inflation d'interprétations qui, aux yeux de Rome, menacent l'unité de la foi». Du *Nouvel Observateur*, il retient que, par le *C.É.C.*, l'Église dit à ceux qui ne savent plus très bien en quoi ils croient: «pour être catholique, voici ce qu'il faut croire et faire». De *Libération*, il épingle la remarque concernant les liens du *C.É.C.* avec Vatican II: il n'en est pas l'enfant putatif car le concile ne voulait pas obliger tous les catholiques à «entrer dans un même moule doctrinal». Pour *Le Monde* le catéchisme est la réaffirmation des dogmes et commandements les plus traditionnels et certains en font déjà «l'instrument du recentrage doctrinal», marquant le pontificat actuel. Quant au *Quotidien de Paris*, il cite le cardinal Ratzinger pour faire comprendre à ses lecteurs qu'il était temps de remettre les choses en place[325].

Mgr L.-M. Billé, l'évêque qui, au sein de la Conférence épiscopale, a en charge l'enseignement religieux, répond alors aux questions posées par Br. Chenu et Anne Ponce. Pour l'évêque de Laval, il fallait faire droit à la demande de repères des chrétiens et l'unité de la foi devait pouvoir être dite; mais, pour l'intelligence de la foi en France, il y a le *Catéchisme pour adultes*. On ira puiser dans le *C.É.C.* pour retrouver la tradition sur tel ou tel sujet. Ce catéchisme est «un acte majeur de tradition», mais il ne faut pas «prendre les lumières pour des bornes» et croire que les balises dispensent d'aller de l'avant[326].

Le théologien René Marlé estime, lui aussi, que, entre le *C.É.C.* et les catéchismes nationaux, il faut plutôt parler d'osmose ou d'inclusion réciproque et que le nouveau catéchisme doit rester dans sa fonction propre d'être «un phare»: en dehors du gardien, «personne ne reste enfermé dans l'enclos du phare. Mais celui-ci éclaire et guide ceux qui naviguent en haute mer»[327].

Yves de Gentil-Baichis indique ensuite que le catéchisme ose aborder, «sans faux-fuyants, de nombreuses questions qui se posent à nos contemporains dans leurs activités quotidiennes», et, textes à l'appui, montre qu'il ne se cantonne pas au seul domaine de la vie sexuelle: s'il

324. Y. DE GENTIL-BAICHIS, *Trois empreintes culturelles*, *ibidem*, p. 3.
325. *Les commentaires de la presse*, *ibidem*, p. 3.
326. L.-M. BILLÉ (interview), «*Un acte majeur de tradition*», *ibidem*, p. 4
327. R. MARLÉ, «*Un texte de référence, sûr et authentique*», *ibidem*, p. 4.

traite de l'homosexualité, il se prononce aussi sur la guerre et les droits de l'homme, le terrorisme et la torture, la fraude fiscale, les excès de vitesse[328].

La Croix donne alors la parole au pasteur Michel Leplay, directeur de *Réforme*. Ses jugements sur le *C.É.C.* sont sévères: c'est un «monument du Moyen-Âge en plein monde moderne», un «témoin hiératique d'une chrétienté», où l'absence de quelque référence à la pensée contemporaine, à d'autres cultures comme aux autres Églises est quasi totale; il «ne laisse aucun espoir à l'interprétation renouvelée de l'Écriture, à des traductions contemporaines de la foi, à une proclamation œcuménique de l'Évangile». Ses derniers mots sont particulièrement durs: «Saint-Pierre-de-Rome est plus pétrifié que pétrinien. Les évêques catholiques élèvent une cathédrale, récapitulative et normative, éternellement anachronique et universellement identique»[329].

Le dossier aurait pu se terminer par l'appréciation d'un membre d'une des Églises orthodoxes; *La Croix* a préféré demander à Br. Chenu de préciser l'apport des Pères grecs et des liturgies orientales notamment à propos de l'Esprit Saint, de l'expérience liturgique et du culte des images[330].

Au total, *La Croix* présente un dossier assez complet et donne du *C.É.C.* une appréciation nuancée et plutôt favorable. Il y a bien quelques remarques critiques mais les jugements plus sévères sont repris à des commentaires choisis dans les journaux qui se sont déjà exprimés et à l'analyse du pasteur réformé M. Leplay.

2. Après la conférence de presse du 16 novembre 1992

Le 16 novembre comme annoncé, le président de la Conférence épiscopale, J. Duval, présente officiellement à la presse, et par elle, au grand public, le *Catéchisme de l'Église catholique*. Il redit ce que nous savons déjà quant à l'origine, au contenu, aux objectifs, aux destinataires du nouveau catéchisme et à sa spécificité par rapport au *Catéchisme pour adultes* de 1991.

La Radio et la Télévision, qui ont respecté l'embargo, ont fait place à l'événement dans leurs émissions de la soirée et les journaux et revues se trouvant dans le même cas ont fait de même à partir du 17 novembre. Par contre, ceux qui avaient eux-mêmes créé l'événement quelques jours

328. Y. De Gentil-Baichis, *Des exigences pour la vie moderne*, *ibidem*, p. 5.
329. M. Leplay, *Un monument, une cathédrale*, *ibidem*, p. 6.
330. Br. Chenu, *L'Église avec ses deux poumons*, *ibidem*, p. 6.

plus tôt se sont forts peu, voire pas du tout, préoccupés de transmettre ce qu'à dit Mgr Duval.

Le Monde

Dans l'édition du *Monde* du 17 novembre, H. Tincq interviewe le cardinal Ratzinger. Publier un catéchisme, n'est-ce pas vouloir faire du neuf avec du vieux? Non, répond le cardinal; c'est, «dans une situation analogue à celle du concile de Trente (...), reformuler la logique et la somme de la foi chrétienne», la resituer et l'actualiser. À qui ce livre est-il destiné? Aux évêques, à tous les croyants et aussi aux non-croyants désireux de connaître la pensée de l'Église. N'est-il pas l'instrument d'un recentrage autour de la doctrine la plus traditionnelle? «Non», il est «le signe de notre communion, de notre unité supranationale» et il n'exclut nullement les catéchismes nationaux et les autres instruments de catéchèse. Apporte-t-il des innovations à la doctrine chrétienne? Non, car «un catéchisme n'a jamais pour prétention d'être original»: il dit la foi dans son unité profonde[331].

Le lendemain, 18 novembre, *Le Monde* consacre quinze lignes à la conférence des évêques à Paris, qu'il résume ainsi: «L'épiscopat français s'engage en faveur du nouveau catéchisme», lequel «n'annule pas le catéchisme français pour adultes». Ce catéchisme, «fruit du concile Vatican II», a été souhaité par des évêques africains au synode de 1985. «Nous croyons, a dit le cardinal Lustiger, qu'il y a un langage commun qui s'exprime dans la diversité des cultures». Et le journal signale que la légitimation de la peine de mort est un des points du *C.É.C.* qui est déjà le plus contesté[332]. H. Tincq rappelle alors que les deux paragraphes controversés du *C.É.C.* (§ 2266 et 2267) ont fait l'objet d'au moins quatre versions successives et nous apprend que la dernière a été signée «in extremis» par le pape à Saint-Domingue, le 11 octobre. Il pense que le maintien par l'Église d'une doctrine formulée déjà par saint Augustin, et enseignée par saint Thomas d'Aquin, paraît incompréhensible et en contradiction avec les prises de position de nombreux épiscopats

331. H. TINCQ (Propos recueillis par), *Un entretien avec le cardinal Josef Ratzinger*, dans *Le Monde*, 17 novembre 1992, p. 2. Dans une de ses réponses, le cardinal déclare: «Dès le concile Vatican II, des évêques avaient réclamé un catéchisme commun, universel ... Ce n'était pas le bon moment». Il fait là une curieuse relecture du concile! N'est-il pas loin d'estimer que les quelques dizaines d'évêques (sur plus de deux mille), qui ont demandé un tel catéchisme, ont été des prophètes qui ont vu clair trop tôt mais n'ont pas été écoutés par l'assemblée conciliaire (voir mon étude des *vota* des évêques dans *Un catéchisme universel pour l'Église catholique*, p. 180-182, et des travaux de la Commission centrale préparatoire, *ibidem*, p. 214-232)?

332. *L'épiscopat français s'engage en faveur du nouveau catéchisme*, dans *Le Monde*, 18 novembre 1992, p. 9.

nationaux et avec celles de *L'Osservatore Romano* à l'occasion d'exécutions récentes de condamnés à mort. Il ne voit pas comment concilier le maintien de cette doctrine et la lutte radicale pour protéger l'embryon[333]. Quelques jours plus tard, le 21, *Le Monde* insère une publicité sur le numéro de *Témoignage chrétien* consacré au *C.É.C.* : on y trouve, dit-il, une série d'articles qui s'opposent sans ambiguïté au catéchisme jugé «très largement négatif»[334].

Libération

Le quotidien *Libération*, qui a été sévère pour le catéchisme quelques jours auparavant, donne la parole au cardinal Lustiger le 17 novembre. L'archevêque de Paris trouve que le texte du *C.É.C.* est «original et dense, de belle tenue d'écriture» et qu'il se veut accessible à tous. Au-delà de la diversité des cultures et des langages, les hommes réclament impérativement un langage commun pour toute l'humanité, estime-t-il. Avec le temps, le nouveau catéchisme apparaîtra «comme l'un des événements majeurs de notre époque»; il ne sera pas sans conséquence pour l'humanité et son avenir. Le cardinal invite à dépasser les premières réactions négatives et à être disponible pour entendre les questions posées dans ce catéchisme[335].

La Croix - L'Événement

Dans son édition du 17 novembre, *La Croix* rapporte ce que Jean-Paul II a dit du catéchisme aux fidèles rassemblés pour l'*Angélus* dominical du 15 novembre: sa publication constitue un événement d'importance historique, c'est un texte fondamental pour l'activité catéchétique concernant tout le peuple de Dieu[336]. Le lendemain, Y. de Gentil-Baichis nous apprend que le paragraphe sur la peine de mort a été réécrit «dix fois» et que l'exposé du *C.É.C.* sur la morale est le résultat d'une conciliation – au sein de l'équipe réunie autour de Mgr J. Honoré – entre loi naturelle et loi évangélique, entre loi morale et décision de la conscience, entre les effets de la grâce et les initiatives de l'homme. Il

333. H. TINCQ, *La peine de mort légitimée*, *ibidem*, p. 9. Dans son édition du 28 novembre 1992, p. 2, *Le Monde* donnera la parole à Jacques Gaillot, alors évêque d'Évreux. Celui-ci regrette que l'Église n'ait pas fait «entendre une voix prophétique» pour dire «non» à la peine de mort et conclut qu'à cause de ces deux paragraphes du *C.É.C.* son discours sur les droits de l'homme sera moins crédible.

334. *Le Monde*, 21 novembre 1992, p. 15; sur les réactions de *Témoignage chrétien*, voir ci-après, p. 369-370.

335. J.-M. LUSTIGER, *Un nouveau catéchisme universel*, dans *Libération*, 17 novembre 1992, p. 5.

336. Cf. *La Croix*, 17 novembre 1992, p. 14.

nous redit que le catéchisme de Jean-Paul II atteste la foi tandis que le catéchisme des évêques français cherche à dialoguer avec la culture contemporaine[337].

Le Figaro

En date du 17 novembre également, *Le Figaro*, qui n'a encore rien dit du catéchisme, annonce en première page un article d'André Frossart portant comme tire: «L'Église rebâtit la foi. Elle répond à la question de Gauguin: D'où venons-nous? Qui sommes-nous? Où allons-nous?»[338]

L'auteur, dont la verdeur du verbe est bien connue, écrit sans ambages: «Il était temps. Les fidèles du commun ne savaient plus très bien ce qu'il fallait croire ou ne pas croire et certains d'entre eux se demandaient même si l'Église croyait encore à quelque chose (...). Paradoxalement, tandis que le christianisme dépérissait à vue d'œil (...), les théologiens pullulaient comme mouches en été», certains d'entre eux écrivant même au pape pour redresser ses jugements sur les mœurs. «Jamais on n'aura vu autant de théologiens pour si peu de théologie». C'est au milieu de ces «décombres» qu'est prise la décision de «reconstruire la foi catholique avec patience et fil à plomb». Alors que les médias considèrent le *C.É.C.* comme «un grand magasin» et se précipitent vers les rayons du sexe, de la politique et de l'histoire, nous avons en lui «un livre de sagesse qui n'abandonne rien du dépôt de la foi». Faut-il regretter que l'ouvrage ne procède pas par questions et réponses? Aurait-il dû tenir plus explicitement compte des objections de l'intelligence moderne? L'essentiel est que le christianisme apporte au monde «une vision cohérente de l'homme et de sa destinée (...): il était temps».

337. Y. DE GENTIL-BAICHIS, *Le catéchisme universel, un vrai travail de Romains*, dans *La Croix*, 18 novembre 1992, p. 15.

Le 24 novembre, J. BOISSONNAT, *Des convictions réaffirmées qui permettent des évolutions*, p. 24, tente d'expliquer le succès de vente du *C.É.C.*: même si chacun y prend ce qui lui convient et oublie le reste, «beaucoup se satisfont de l'idée qu'une institution (...) soit capable d'exprimer ses convictions avec force et cohérence». Le catéchisme est l'affirmation d'une foi avant d'être un ensemble d'interdits et, dans sa partie morale, on perçoit des évolutions: «Tout se passe comme si l'Église se voulait d'autant plus évolutive sur les comportements qu'elle est ferme sur les croyances».

Le 25 novembre, Benoît VANDEPUTTE, *Catéchisme: le rush. Déjà 200 000 exemplaires vendus en une semaine*, p. 15, propose une explication à cette vente massive, nous en reparlerons plus loin.

Dans l'édition des 29-30 novembre, *La Croix* insère l'affiche publicitaire du *C.É.C.* (le phare allumé éclairant la haute mer – le texte qui fait foi ...).

Et le 5 décembre, l'aumônerie catholique des prisons dit son opposition catégorique à la légitimation de l'exécution de la peine de mort (p. 15).

338. A. FROSSARD, *L'Église rebâtit la foi*, dans *Le Figaro*, 17 novembre 1992, p. 34.

A. Frossard ne dit mot de la conférence de presse de Mgr Duval mais le journal a inséré une photocomposition où l'on voit trois des évêques présents à cette conférence, catéchisme en mains, et, derrière eux, un présentoir avec des affiches publicitaires sur lesquelles on voit un phare dans la nuit, la maquette du *C.É.C.* et ces deux phrases chocs: «Le texte qui fait foi», et «À livre ouvert, le message de l'Église pour aborder le 21e siècle».

L'Instant

Dans *L'Instant* du 19 novembre, le lecteur de la page «Religion» est d'abord frappé par la photocomposition s'étendant sur toute la largeur: on y voit le pape descendant d'avion, tenant en main un exemplaire du *C.É.C.* de dimension démesurée, et cette légende: «Jean-Paul II et le Catéchisme de l'Église catholique, son arme lourde pour la 'nouvelle évangélisation' du monde». On voit aussi le cardinal Ratzinger et ces quelques mots: «Dix ans de luttes pour imposer 'son' nouveau catéchisme». Un article, dû à Jean Collette, insiste sur trois points: le document est constitué de «certitudes pour tous», il renferme des «nouveaux péchés» et les péchés de la chair trouvent quelques excuses, mais, pour le reste, «rien de changé», Ève est toujours aux côtés d'Adam et le ciel reste peuplé d'anges[339].

Une réflexion plus positive est apportée par Jacques Duquesne. Ne voir dans le *C.É.C.* qu'un catalogue du permis et du défendu, c'est en déformer totalement le sens, écrit-il. «Il est d'abord un exposé de la foi (...), un résumé qu'elle [l'Église catholique] demande à ses fidèles de croire», résumé composé pour l'essentiel de citations (dont celles de sept femmes). À propos du scandale du mal, l'accent est mis sur une vision dynamique de la création, sur le cheminement du monde vers sa perfection[340].

Match

Match dans sa livraison également du 19 novembre, confie à R. Serrou le soin de présenter le nouveau catéchisme, dans lequel «le Credo est confirmé sans réserve». Ce qui intéresse l'auteur, c'est de savoir si le *C.É.C.* sera vraiment compris «de tous ceux qui sont aux marges et vont se trouver rejetés par ce qu'ils vont considérer comme de l'intolérance». Rien n'est moins sûr, pense-t-il. «Il ne va en tout cas pas simplifier les

339. J. COLLETTE, *Le catéchisme nouveau est arrivé*, dans *L'Instant*, 19 novembre 1992, p. 12-13 (le titre fait allusion au slogan publicitaire annonçant, en cette période de l'année, l'arrivée du «beaujolais nouveau»).

340. J. DUQUESNE, *Morale et foi, ibidem*, p. 13.

relations avec les protestants et les orthodoxes». Et il ajoute: «Voilà l'Église telle qu'elle est pour l'éternité, à prendre ou à laisser». Un défi donc, sans doute le dernier de la part du pape, qui confortera une partie de ce presque milliard de baptisés mais va aussi entraîner pas mal de dégâts, notamment parmi les militants. Pour le Saint-Père, c'est, semble-t-il, le prix à payer pour redresser une Église dont le doute s'est emparé et qui dérive. Jean-Paul II n'a-t-il pas confié récemment à un de ses proches: «J'ai été élu pape pour mener à bien ce catéchisme universel. Maintenant, je peux mourir»[341].

La Vie

L'hebdomadaire catholique *La Vie*, en ce même 19 novembre, consacre cinq pages au nouveau catéchisme. Jean-Pierre Manigne trouve qu'il vient à point «dans un monde qui cherche des repères, dans une Église où les catholiques souhaitent mieux réaffirmer leur identité», à un moment où l'expression de cette identité est menacée «par la sécularité et le pluralisme». Les grands acquis du concile y figurent mais «on peut se demander si la dynamique de Vatican II, l'image d'une Église peuple de Dieu ouverte au monde, se trouvent vraiment dans le catéchisme qui privilégie davantage l'aspect hiérarchique de l'Église». L'auteur traite alors des conditions de publication du *C.É.C.* en France – nous en reparlerons plus loin – et s'interroge ensuite sur sa mise en œuvre future dans l'Église de France. Il ne faut pas s'attendre à la parution d'un «mode d'emploi»; il n'est pas question non plus de remettre sur le chantier les parcours catéchétiques actuellement en usage ni de tirer du nouveau catéchisme des résumés à l'usage des enfants, car il est uniquement un point de référence pour les catéchismes des Églises locales et il ne dispense nullement de la démarche catéchétique proprement dite. Il doit normalement encourager la créativité et l'adaptation aux contextes et publics divers. Le *Catéchisme pour adultes* publié avant le *C.É.C.* n'a évidemment pas besoin d'un label de conformité au catéchisme de Jean-Paul II, «les multiples interventions de Rome, durant sa conception, l'ont en quelque sorte ajusté par avance» au document qui vient de paraître[342].

Ce nouveau catéchisme parviendra-t-il à rejoindre l'homme moderne dans la diversité des cultures? Dans la réponse à cette question, J.-P. Manigne reconnaît que le *C.É.C.* est bien composé (pas de jargon

341. R. SERROU, *Le catéchisme nouveau est arrivé*, dans *Match*, 19 novembre 1992, p. 90.

342. J.-P. MANIGNE, *Le nouveau catéchisme est arrivé*, dans *La Vie*, 19 novembre 1992, p. 8-10.

ecclésiastique, généralement) et se réfère très souvent à l'Écriture et aux Pères mais il pense, en revanche, qu'«il décevra ceux qui attendaient un renouvellement du langage de la foi». Déception aussi suite à la «pauvreté de l'aspect œcuménique», où la Réforme est souvent ignorée, et réserves sur la partie morale, où le «sensus fidei» des fidèles est laissé de côté au profit du seul magistère. Toutefois, le mérite de ce livre est que «chacun (...) peut y mesurer comme dans un miroir les points où sa foi s'obstine à s'exprimer autrement»[343].

Marianne Dubertret consacre quelques lignes aux «péchés modernes» et André Jacques, président de l'Action des chrétiens pour l'abolition de la torture (ACAT) donne son point de vue sur la peine de mort: «Admettre, ne serait-ce qu'une seule fois, le principe de la peine de mort revient à faire crouler tout l'édifice du cinquième commandement. Le respect de la vie ne se divise pas ...»[344].

Que pensent du catéchisme d'autres chrétiens? Le pasteur Claudette Marquet reconnaît que le *C.É.C.* reprend la position traditionnelle romaine exprimée au cours de ce XXe siècle, mais elle a en même temps un «curieux sentiment» qu'elle exprime ainsi: «les textes de Vatican II dans leur ensemble ont été reçus par un grand nombre de chrétiens non romains comme des avancées exaltantes, réjouissantes, repères nouveaux sur le chemin de l'unité. Trente ans après, les mêmes textes (...) résonnent comme un glas. Cherchez l'erreur. Elle tient dans ce chiffre trente. Trente ans de dialogue, de rencontres, d'actions communes, de luttes, d'espoirs, d'avancées passées par pertes et profits. Il semblerait qu'à Rome on ait oublié de remonter les pendules qui se sont sans doute bloquées sur ... un autre siècle»[345].

Pour l'orthodoxie, la parole est donnée à Olivier Clément. Celui-ci relève qu'en matière ecclésiologique le catéchisme tend nettement vers la reconnaissance des Églises particulières et des Églises historiques; il souhaite qu'on dise davantage «qu'il n'y a qu'une Église du Christ, mais qu'elle est blessée et qu'il faut absolument réparer ces blessures, ces divisions». Il émet en outre «quelques réticences» sur la conception de l'organisation de l'Église et des rapports hiérarchiques entre croyants qu'on trouve dans le *C.É.C.*[346].

343. *Le catéchisme lu par le père J.-P. Manigne*, *ibidem*, p. 12.
344. M. DUBERTRET, *Les péchés modernes*, *ibidem*, p. 10; A. JACQUES, *ibidem*, p. 11.
345. Cl. MARQUET, *D'autres chrétiens en parlent*, *ibidem*, p. 10.
346. O. CLÉMENT, *ibidem*, p. 11.

Témoignage chrétien

Le 21 novembre, *Témoignage chrétien* remplit toute sa première page d'une reproduction d'une peinture du XVe siècle où l'on voit Adam et Ève tentés par le serpent, et de ce titre en grands caractères: «Le catéchisme universel. La Bonne nouvelle sous haute surveillance». L'éditorial de Georges Montaron, «Un christianisme surgelé», justifie l'opposition du journal au catéchisme. Le *C.É.C.*, y lisons-nous, est à situer «dans un contexte de restauration, de reprise en main de l'Église par le Vatican»; en son principe même, il est contestable en ce qu'il prétend à l'universel, en ce qu'il impose «la domination de l'Occident», alors que les évangiles sont au nombre de quatre et racontent chacun dans leur style et pour des publics différents la merveilleuse histoire de Jésus. Il traduit un repliement de l'Église sur elle-même, il apparaît «comme une forteresse appelée à protéger les chrétiens du péché», il est «le signe d'une Église de chrétienté et non le témoin de l'Église dans le monde de ce temps»[347].

Après un survol de l'histoire des catéchismes, nous trouvons un commentaire de Pierre de Locht sur la partie morale du *C.É.C.* Pour le théologien moraliste belge, «le Credo moral du nouveau catéchisme laisse peu de place à la recherche et à l'élaboration d'une éthique incarnée». Il ne laisse pas de place à des questions ouvertes et «ne porte aucune attention aux approches en partie différentes des Églises chrétiennes sœurs» et des autres religions, ni aux apports moraux des agnostiques et des athées. «Cela donne un énoncé en tous points catégorique, où tout est revêtu d'une même autorité (...). Le Magistère sait. Il sait qui est Dieu, il sait ce qu'est '*la loi naturelle*'. Il connaît, pour chaque question, ce qu'est la volonté de Dieu». Il faut cependant souhaiter que ce catéchisme soit «comme une invitation (...) à collaborer à l'indispensable et constante maturation des grandes valeurs de la condition humaine»[348].

L'ecclésiologie du catéchisme est analysée par Suzanne Tunc. Elle souligne les ouvertures du texte héritées de Vatican II, comme la reconnaissance de la place des laïcs ou l'œcuménisme et les relations avec les autres religions, mais elle dénonce son conservatisme en ce qui concerne la hiérarchie, le «Pontife romain», l'ordination réservée aux seuls hommes célibataires, et son style particulier qui ne laisse pas place au doute et donne au lecteur le sentiment que l'institution est «la détentrice exclusive de la vérité tout entière»[349].

347. G. MONTARON, *Un christianisme surgelé*, dans *Témoignage chrétien*, 21 novembre 1992, p. 2.

348. P. DE LOCHT, *L'énoncé catégorique de la volonté de Dieu*, *ibidem*, p. 11.

349. S. TUNC, Ecclésiologie. *Une compilation des idées reçues*, *ibidem*, p. 12-13.

Le dossier de *Témoignage chrétien* se termine par une réflexion de Guy Aurenche qui exprime «en toute liberté» son «immense peine» à la parution du catéchisme, d'un catéchisme qui réduit la Bonne Nouvelle à un «livre de recettes», d'interdits, d'impératifs. En tant que président de la Fédération internationale de l'ACAT et membre de la Commission française Justice et Paix, il ne peut admettre que l'Église «envisage encore la mort comme châtiment suprême pour une société» et trouve «intellectuellement malhonnête» la justification qu'elle donne. Il pense que peu de chrétiens auront l'argent et le temps nécessaire à consacrer à ce livre[350].

L'homme nouveau

Le bimensuel *L'homme nouveau*, du 6 décembre, accompagne la maquette du catéchisme de cette injonction: «Lisez-le!» Marcel Clément invite à lire d'un bout à l'autre ce «pavé magnifique» dans la mare, qu'il qualifie de «bourbeuse», et à ne pas le juger «par rapport à un visa de conformité aux séduisantes horreurs que l'on nous présente jusqu'au harcèlement». Pour lui, le *C.É.C.* n'est ni laxiste ni rigoriste mais vrai; il ne mérite aucun reproche et son plan traditionnel est plus «conforme à la démarche naturelle et surnaturelle de l'intelligence». Les auteurs, «inspirés par l'Esprit-Saint», nous donnent un catéchisme qui «respire d'un bout à l'autre l'Amour de Dieu pour l'homme, l'Amour de Marie et de l'Église pour les pécheurs (...), la miséricorde infime du cœur du Christ à ceux qui fixent leur regard sur lui»[351].

Dans sa revue de presse de ce 6 décembre, le *Nouvel Observateur*, *Match*, *Libération*, *La Croix* et, par elle, le pasteur M. Leplay, sont pris à partie parce qu'ils ont osé, à des degrés divers, émettre des réflexions critiques, alors que le *C.É.C.* est la preuve que «l'Église est encore

350. G. AURENCHE, *Désespérant!*, *ibidem*, p. 13. Dans l'édition du 3 décembre, p. 23, l'hebdomadaire donne la parole à six lecteurs qui, tous, disent leur déception à la lecture du catéchisme. L'un d'entre eux se permet d'interpeller les évêques: «Je serais curieux de connaître la réponse individuelle de l'ensemble des évêques, si on leur posait d'homme à homme, dans l'intimité, la question: Croyez-vous vraiment, au fond de votre conscience, à tout ce qui est écrit là-dedans?» Et G. Montaron, dans un encadré intitulé *Le cardinal et le Prince des Ténèbres*, répond assez vertement à Mgr A. Decourtray, archevêque de Lyon, qui, le 16 novembre, s'en est pris à ceux qui éreintent le catéchisme; le cardinal aurait dit: «Ne nous laissons pas impressionner par certaines critiques. Quant un document a été travaillé par trois mille évêques, aidés par de nombreux théologiens, on ne commence pas par le suspecter mais à l'accueillir pour le mettre en œuvre. Certes on ne peut empêcher la critique malveillante, voire malhonnête, dont plusieurs feuilles, même à étiquette chrétienne, nous ont déjà gratifiés. Il ne peut en être autrement dans ce monde tel qu'il est. Sans doute est-ce le signe que le Prince des Ténèbres (...) s'agite devant une manifestation particulièrement dangereuse pour lui de l'Esprit du Sauveur».

351. M. CLÉMENT, *Lisez-le!*, dans *L'homme nouveau*, 6 décembre 1992, p. 1 et 3.

capable d'apporter au monde la Bonne Nouvelle», qu'il va «redonner la Voie, la Vérité et la Vie surnaturelle à ceux qui ne savaient plus où la trouver». Le catéchisme est rédigé selon l'esprit du concile, en pleine fidélité à la Tradition vivante et non le fruit d'une bataille gagnée par les conservateurs contre les adeptes de Vatican II. Comme l'ont écrit A. Frossard du *Figaro* et A. Decaux du *Figaro Magazine* : «Voilà remises les pendules à l'heure. Il le fallait. Même si cela n'est pas toujours agréable (...); décidément, l'Église, cette vieille dame de deux mille ans, ne fait pas son âge»[352].

30 jours dans l'Église et dans le monde

Le mensuel *30 jours* a déjà consacré plusieurs articles au catéchisme dans ses livraisons de septembre, octobre et novembre 1992; dès février, il avait même publié quelques extraits du «Texte définitif» avant qu'il soit soumis au pape. Dans son numéro de décembre, il ne s'intéresse pas à la conférence de presse des évêques français ni même au contenu du *C.É.C.* Il préfère évoquer les raisons qui ont amené Paris à devancer Rome dans la présentation du catéchisme et le choix d'un éditeur laïc pour l'édition de la version en allemand, de préférence à un ou plusieurs éditeurs catholiques[353]. Il insère toutefois cette publicité: «Après une très grave crise de l'enseignement religieux (plus de trois générations n'ont pas reçu de vraie catéchèse), ce catéchisme voulu par Jean-Paul II répond à l'attente d'une nouvelle évangélisation»; cette publicité lui a été fournie par l'éditeur Pierre Téqui de Paris.

L'Actualité religieuse dans le monde

Dans son numéro de décembre, *L'Actualité religieuse dans le monde* consacre un important «spécial catéchisme» à la parution du *C.É.C.* Jean-Paul Guetny, directeur de la revue, annonce, dans le sommaire, qu'«il et né 'le divin' catéchisme» et qu'il a reçu «un formidable accueil». «La foi reviendrait-elle à la mode? Le Vatican aurait-il la 'baraka'?» Sa réponse est qu'«il faut savoir raison garder». Beaucoup le perçoivent comme «un ouvrage de culture religieuse, un document utile, bien fait, didactique, sur ce qu'enseigne, en cette fin 1992, le magistère de l'Église catholique. Ni plus ni moins». Un évêque, Mgr Gaillot, a déjà conclu, au vu de la position du catéchisme sur la peine de mort, que, «à peine promulgué, le nouveau catéchisme porte des rides»[354].

352. *L'homme nouveau*, 6 décembre 1992, p. 12-13.
353. A. TORNIELLI, *Coup de main à Paris*, dans *30 jours*, décembre 1992, p. 32-34; G. HORST, *Ruinés par Drewermann*, *ibidem*, p. 34-35.
354. J.-P. GUETNY, dans l'*Actualité religieuse*, 15 décembre 1992, p. 2.

Le même Jean-Paul Guetny présente alors sa propre appréciation du catéchisme. Il considère l'entreprise comme légitime et menée avec ardeur et compétence. Par rapport au contenu du catéchisme du concile de Trente, il pense qu'il y a pas mal de changements (mais l'Église ne dit pas qu'elle a changé car, si elle le disait, «elle serait obligée de concéder que, sur des points tenus aujourd'hui comme acquis définitifs [...], elle pourrait aussi avoir à évoluer»). Il regrette que le doute ou l'incertitude n'aient pas de place dans le *C.É.C.* et que la hiérarchie des vérités n'apparaisse pas toujours avec une clarté suffisante. Il estime que la multiplicité des vérités à croire et des règles à pratiquer pourra obscurcir la nature profonde de la foi, que l'idée d'un fondamentalisme catholique est en quelque sorte accréditée et que, faute d'une mise en perspective des nombreuses autorités invoquées, le lecteur pourra croire que «tout ce qui émane de l'Église est parole d'Évangile et mérite un même degré d'adhésion». Il compare le catéchisme à «une omelette norvégienne» où cohabitent le chaud et le froid, ou à «un feuilleté avec ses lames superposées»: c'est plus un ensemble de «strates théologiques de nature diverse, voire divergente» qu'un ensemble «bien fondu et sans grumeaux»[355].

Un point de vue protestant est donné par Claudette Marquet, pasteur de l'Église réformée. L'Église catholique, convaincue que, mystérieusement, le Christ s'identifie à elle sur cette terre, continue «à proclamer contre vents et marées ce qu'elle croit être la vérité évangélique et ses exigences. À la limite, même si personne ne l'écoute, elle continuera à affirmer le droit, qui est pour elle droit de Dieu». L'auteur dit ne pas comprendre l'initiative de rédiger un catéchisme et elle la juge désespérée; le *C.É.C.* n'est plus, en effet, un document interne à une Église: médiatisé comme il l'a été, il passe désormais «pour la dernière version officielle et mondiale des positions romaines» (au risque de porter tort au christianisme tout entier). Les Églises devraient «s'abstenir de jugements définitifs, brandis au nom de Dieu» et se contenter de «catéchismes modestes»[356].

Pour l'orthodoxie, c'est le théologien Nicolas Lossky, professeur à l'Institut Saint-Serge de Paris, qui s'exprime. Il a, à l'égard du catéchisme, un sentiment quelque peu mêlé: il le voit comme «un verre à moitié vide ou à moitié plein». Il regrette – et c'est la moitié vide du verre – qu'il reprenne, pour parler de la procession de l'Esprit-Saint, la formule d'union du concile de Florence que les orthodoxes ont dénoncée

355. J.-P. GUETNY, *Une cathédrale catéchétique*, *ibidem*, p. 4-5.

356. Cl. MARQUET, *Une tentative désespérée*, *ibidem*, p. 6; l'auteur s'était déjà exprimée dans *La Vie* du 19 novembre 1992, p. 10 (voir ci-dessus, p. 368).

pour des raisons proprement dogmatiques. Il trouve que le *C.É.C.* se contredit lorsqu'il insiste sur le respect absolu de la vie dès la conception et, en même temps, justifie «la guerre juste» et n'exclut pas la peine de mort dans des cas extrêmes. Il regrette aussi l'excommunication pour un avortement et «l'ingérence dans le profond mystère de l'intimité du couple». Quant à la moitié pleine du verre, il la situe – et il le dit avec force et avec joie – dans la présentation du salut de l'homme en Christ par l'Esprit comme participation à la vie divine, et aussi dans l'incorporation et l'assimilation de la théologie patristique latine et grecque[357].

Le «spécial catéchisme» s'achève, d'une part, sur la controverse au sujet du choix des éditeurs du *C.É.C.* et, d'autre part, sur une explication du succès de librairie constaté depuis la sortie de l'ouvrage le 16 novembre[358]. Signalons encore que, dans son «Bloc notes» mensuel, le père P. Valadier consacre quelques lignes au catéchisme: nous avions déjà la Bible, les Credo, les catéchismes de plusieurs épiscopats et voici maintenant le *C.É.C.*, «dernier cri sur les rayons du supermarché religieux déjà abondant». Cette prolifération est-elle le signe «d'une inquiétude et d'une fragilité?» P. Valadier pense plutôt qu'«elle contribue à la diversité catholique»: chacun peut faire son choix et ainsi «le dernier cri de la reprise en main doctrinale contribue éminemment (...) au pluralisme théologique, contre lequel elle s'élève»[359].

Les quotidiens et périodiques de l'échantillon retenu, qu'ils soient parus avant ou après la présentation officielle du 16 novembre à Paris, n'ont, dans leur ensemble, pas été tendres pour le nouveau catéchisme. La pensée de l'Épiscopat français à son sujet n'a guère franchi la rampe. La presse catholique, à quelques exceptions près, a émis des critiques sur pas mal de points précis et a rapporté des appréciations parfois très

357. N. LOSSKY, *Un verre à moitié vide ou à moitié plein ..., ibidem*, p. 7

358. J.-P. GUETNY, *Le dessous des cartes*, ibidem, p. 8-9; Cl. LESEGRÉTAIN, *Comme des petits pains, ibidem*, p. 10.

359. P. VALADIER (Le Bloc notes de), *Catéchismes, ibidem*, p. 15. Sur toute la dernière page de couverture, *L'Actualité religieuse* reproduit l'affiche publicitaire du *C.É.C.*, sur laquelle on peut lire: «'*Le message chrétien dans son intégralité et sa totalité'*. Jean-Paul II. Sans précédent depuis 1566, voici le texte-clef qui ouvre l'Église sur le XXIe siècle. Fruit d'une consultation de l'ensemble de l'épiscopat du monde entier, cet ouvrage s'adresse à l'homme d'aujourd'hui et répond aux interrogations de notre époque. Il aide à éclairer de la lumière de la Foi les situations nouvelles et les problèmes personnels, éthiques, sociaux et économiques qui ne s'étaient pas encore posés dans le passé. Point de repère, ce livre est indispensable dans toute bibliothèque. En vente chez votre libraire. 672 pages. 139 francs». En plus grands caractères et sous la maquette du *C.É.C.*, on peut lire: «Le texte qui fait foi», et, au dessus du phare dans la nuit: «À livre ouvert, le message de l'Église pour aborder le 21e siècle».

sévères glanées dans la presse. Des chrétiens d'autres confessions ont dit, au-delà de quelques louanges, leurs réserves plus ou moins sérieuses. Les publications émanant de milieux plus traditionnels, qui soutiennent inconditionnellement tout ce qui vient du centre du catholicisme, ont été les seules à s'être réjouies sans réserve de la sortie du *C.É.C.* et à ne lui avoir adressé que des éloges.

II. La présentation et l'accueil du catéchisme en Belgique francophone

À l'opposé de ce qui s'est passé en France, les évêques de Belgique ont été les premiers à présenter aux Belges d'expression française le *Catéchisme de l'Église catholique*[360]. Ils ont profité de la huitième Biennale du livre religieux, qui se tenait à Tournai le 16 novembre 1992, pour convoquer la presse et commenter la parution du catéchisme. C'est l'évêque de Tournai, J. Huard, responsable de la catéchèse en région francophone, qui a pris la parole; il était accompagné du cardinal G. Danneels, président de la Conférence épiscopale belge. En prélude à son exposé, le porte-parole de l'Épiscopat a rendu hommage aux journalistes belges qui, «même s'ils avaient l'occasion de publier de larges extraits du document, ont fait honneur à leur profession en respectant scrupuleusement l'embargo».

Mgr Huard retrace l'histoire du catéchisme en général, depuis le concile de Trente jusqu'au synode de 1985 et les étapes de la rédaction du *C.É.C.* Il présente le plan du nouveau catéchisme, ses destinataires et ses sources; il en décrit le genre littéraire particulier, esquisse quelques-uns de ses thèmes fondamentaux et souligne les limites de pareille entreprise. Il se réjouit du fréquent appel à l'Écriture et au témoignage des saints; il signale qu'une même dynamique sous-tend toute la démarche d'un texte qui est à lire comme une unité et qui est autre chose qu'un dictionnaire qu'on consulte sans se soucier de l'ensemble. Il estime que la présentation de la doctrine respecte les divers degrés de certitude qu'a l'Église suivant les sujets abordés. Ce n'est pas un manuel de théologie avec toutes les élucidations souhaitées; ainsi le paragraphe sur la peine de mort n'apporte pas de textes ou de réflexions venant étayer «l'enseignement traditionnel» qui la justifie dans certains cas. Les «En bref» sont des modèles, des suggestions pour faciliter la catéchèse et la mémo-

360. Pour les Belges d'expression allemande, il y aura, en 1993, le *Katechismus der katholischen Kirche*, Munich-Vienne-Leipzig-Fribourg-Linz, et, pour les Belges d'expression néerlandaise, en 1995, le *Katechismus van de katholieke Kerk*, Bruxelles-Utrecht.

risation; ils sont à adapter selon les cultures. Quelques regrets sont exprimés: il n'y a pas une totale homogénéité rédactionnelle, l'expression est dans l'ensemble simple, claire et accessible bien que certains passages soient un peu secs, et que l'iconographie aurait pu être plus expressive. Et il est des limites qu'il faut bien garder à l'esprit: le *C.É.C.* n'est qu'un moyen de catéchèse parmi bien d'autres, il n'est ni unique ni exclusif, il ne veut pas se substituer aux catéchismes et autres ouvrages catéchétiques nationaux[361].

En réponse aux questions qui lui sont posées, Mgr Danneels développe quelques caractéristiques fondamentales du nouveau catéchisme. Ses quatre parties sont comme quatre fenêtres sur une même réalité, une réalité qui sera toujours au-delà des formulations, lesquelles laissent donc une grande marge au travail des théologiens et des catéchistes. L'Évangile est premier et est en lui-même suffisant; cependant, croire est une chose et penser sa foi, chercher à la comprendre en est une autre. Le *C.É.C.* récapitule l'enseignement de l'Église pour notre époque; il n'est pas un point final mais un outil et ne remplace pas la théologie, la morale et la catéchèse. Notre *Livre de la Foi* n'est pas à proprement parler un catéchisme mais il ne paraît pas nécessaire de penser à un catéchisme propre à la Belgique. Comparé au Catéchisme du concile de Trente, le présent ouvrage marque une évolution considérable; il entre parfois en collision frontale avec des perceptions d'aujourd'hui car tout ce qui est véhiculé par la culture moderne n'est pas nécessairement conforme à l'Évangile. Grâce aux nombreuses citations de l'Écriture, de la liturgie, des Pères de l'Église et des conciles, nous avons avec le *C.É.C.* «un patrimoine» que l'Église met à notre disposition[362].

Dès le lendemain, 17 novembre, les journaux d'expression française de toutes tendances ont fait écho à la présentation de Mgr Huard et aux propos du cardinal Danneels et y sont allés parfois de leurs propres commentaires.

Le Soir

Déjà dans son édition du 16, *Le Soir*, sous la plume de Christian Laporte, son chroniqueur religieux, avait écrit que «l'Église a un nouveau catéchisme»: déjà dévoilé en France où l'embargo a été rompu, il a été présenté par le pape hier, à l'*Angelus* dominical, comme un événement historique et il sera lancé officiellement à Tournai cet après-midi;

361. Le texte est paru dans *Église de Tournai*, décembre 1992, p. 401-411, et dans les autres bulletins diocésains francophones.

362. *Intervieuw du cardinal Danneels sur le «Catéchisme de l'Église catholique»* rapportée par l'Agence CIP en date du 16 novembre 1992.

le journaliste le qualifiait de «vade-mecum un peu hors du temps»[363]. Le lendemain, le chroniqueur rend compte en première page de la conférence de presse de Tournai. Il en retient que Mgr Huard et le cardinal Danneels ont présenté le *C.É.C.* comme «un moyen de catéchèse mais pas le seul», comme un ouvrage de référence mais non un texte intangible à suivre à la lettre. Il observe que les deux évêques n'ont pas manifesté de velléités combatives dans une optique de «nouvelle évangélisation» et de rappel des dogmes, comme l'ont fait il y a peu J. Ratzinger et J. Honoré, qu'ils ont invité à considérer le catéchisme comme un tout et à ne pas se braquer sur la seule morale sexuelle. Comme la Belgique a déjà son *Livre de la Foi*, il ne s'impose pas, ont-ils déclaré, d'envisager une version adaptée du catéchisme pour notre pays. Ce fut une analyse en demi-teinte, «dans une optique d'ouverture et avec la volonté de ne pas choquer», estime Chr. Laporte, qui rapporte cette anecdote: «Comme quelqu'un lui demandait de signer un exemplaire pour la communion de sa petite fille, le cardinal a écrit: Pour D..., à lire ...plus tard!»[364]

Que penser de ce nouveau catéchisme? Il est, écrit-il, une des principales réalisations de Jean-Paul II «pour faire parler l'Église catholique d'une seule voix» et «un atout majeur» de sa nouvelle évangélisation; il est une «réplique conservatrice» à l'aggiornamento conciliaire, «une riposte» aux récents catéchismes nationaux. Que dire de son contenu? Au plan doctrinal, il y a peu de surprises à attendre sauf que tous ceux qui ne sont pas dans l'Église catholique sont entourés de respect fraternel et de charité; au plan moral, ce «vade-mecum» aborde les questions d'éthique politique, la contraception, la procréation médicalement assistée, l'avortement, les problèmes sexuels de tout genre, la peine de mort, la guerre et l'écologie[365].

Chr. Laporte revient sur le catéchisme, le 18 novembre, pour le situer dans le pontificat de Jean-Paul II. Il estime que ce document s'inscrit dans la croisade entreprise par le pape en vue de recentrer la foi et l'identité catholique face aux assauts de l'indifférence religieuse et de l'esprit démocratique qui se répand dans toutes les institutions. Le nouveau «Quid» de la foi lui apparaît comme «un resserrement des boulons», comme «une nouvelle mobilisation générale pour contrer une foi

363. Chr. LAPORTE, *L'Église a un nouveau catéchisme*, dans *Le Soir*, 16 novembre 1992, p. 16.

364. ID., *Le nouveau catéchisme: dogme ou dialogue? Un outil de réflexion qui doit être traduit dans les réalités locales*, *ibidem*, 17 novemvre 1992, p. 1.

365. ID., *Le catéchisme nouveau est arrivé à Tournai* («*Un ouvrage de référence pour aider les catholiques à vivre la foi de l'Église*»), *ibidem*, 17 novembre 1992, p. 15.

bien attiédie». Si des hommes d'Église déplorent son écriture trop traditionnelle, ses «tu dois» au lieu de «tu peux» et ses prises de position en matière sexuelle, d'autres, en haut lieu, pensent «qu'il s'imposait de remettre les pendules de la doctrine à l'heure»[366].

La Meuse, La Nouvelle Gazette

Dans *La Meuse* et *La Nouvelle Gazette*, deux journaux du même groupe Rossel que *Le Soir*, l'information de première page indique, pour l'un, que «trois mille évêques ont travaillé six ans au nouveau catéchisme qui sort cette semaine» et, pour l'autre, «Prenez et lisez. Le nouveau catéchisme catholique est arrivé». Dans l'un et l'autre, J.-Fr. Égueur donne quelques indications sur le contenu de l'ouvrage: une énorme somme qui passe en revue tout ce qui touche au bien et au mal, au ciel et à l'enfer, et pose un regard contemporain sur une doctrine millénaire. La profession de foi reste inchangée: un seul Dieu en trois personnes, le péché originel, la rédemption, la Vierge Marie, les anges ...; la morale s'occupe de nombreux problèmes liés à la vie d'aujourd'hui: accidents de la route, avortements, contraception, bébés-éprouvettes... Et il conclut: «Après le Goncourt et le Beaujolais nouveau, le monde de la consommation va connaître un 'coup' de grande envergure», que le pape qualifie d'événement d'importance historique[367].

Vers l'Avenir

Les journaux du groupe «Vers l'Avenir»[368] ont en commun, le 17 novembre, un article de Marc Lestienne s'inspirant de la conférence de Mgr Huard et apportant sa propre appréciation du catéchisme. Comme notre époque est «une époque de mixage, voire de confusion des doctrines et des pratiques, où des sectes jettent le trouble», et comme les jeunes Églises du Tiers-Monde cherchent leurs références, le catéchisme vient tout à fait à point. Œuvre collective destinée finalement à tous, il veut apporter une vision optimiste de l'homme. Il ne faut pas y rechercher un catalogue de justifications ni un dictionnaire où trouver le sens

366. Id, *Le catéchisme de Jean-Paul II*, *ibidem*, 18 novembre 1992, p. 2. Dans son édition du 26, *Le Soir* rapporte la question d'un lecteur: pourquoi condamner l'avortement alors qu'on autorise l'exécution de la peine de mort? Il rapporte aussi l'avis d'un autre lecteur qui prend la défense des prises de position du pape (p. 2).

367. J.-Fr. Égueur, dans *La Meuse*, p. 7, et dans *La Nouvelle Gazette*, p. 4, du 17 novembre 1992.

368. Les divers journaux du groupe sont: *Vers l'Avenir* (province de Namur et du Brabant wallon), *L'Avenir du Luxembourg* (province du Luxembourg), *Le Rappel* (province du Hainaut, région de Charleroi), *Le Courrier de l'Escaut* (province du Hainaut, région de Tournai) et *Le Jour – Le Courrier* (province de Liège, région de Verviers).

d'un mot ou un tarif de péchés; c'est un exposé organique où les quatre piliers sont en constante interaction. L'auteur reconnaît que le message de l'Église est ardu et devra être adapté aux cultures dans des documents locaux, que le catéchisme n'est pas exhaustif et que les «En bref» sont de nature inégale[369].

La Libre Belgique

La Libre Belgique, en première page de son édition du 17 novembre, annonce que «Rome vient de publier un nouveau Catéchisme». Le père F. Deleclos retient de la conférence de J. Huard et des propos du cardinal Danneels que le *C.É.C.* est «une récapitulation de la foi qui laisse une grande marge au travail pour la théologie et la catéchèse», et qu'il n'est donc qu'un texte, un outil et non un point final [370]. En deuxième page, une large information apprend aux lecteurs la définition et les origines du terme «catéchisme», la différence entre les récents catéchismes allemand et français, le *Livre de la Foi* des évêques belges et ce nouveau catéchisme. Il y a aussi une présentation critique des quatre parties du document et le point de vue du pasteur réformé M. Leplay[371].

La Dernière Heure

La Dernière Heure – Les Sports du 16 novembre avait annoncé la sortie du *C.É.C.* et sa présentation à Tournai et l'avait décrit comme un «témoignage de l'identité chrétienne» où le bien et le mal sont définis; il en citait quelques phrases sur l'athéisme, l'avortement, le divorce, la génétique, la grève, l'homosexualité ... Le 17, en première page, le journal pose la question: «Le nouveau catéchisme, code moral ou code pénal?» Sa réponse est que nous sommes tous pécheurs, que la doctrine

369. M. LESTIENNE, *Catéchisme: le monde moderne a besoin de repères*, p. H des divers journaux du Groupe «Vers l'Avenir». Le Groupe a aussi *Le Journal des Enfants*, lequel, le 19 novemvre 1992, explique aux plus jeunes que le nouveau catéchisme ne change pas beaucoup par rapport à celui qui a été écrit il y a 400 ans: il rappelle ce qu'il faut penser, ce qu'il faut faire, ce qui est bien ou mal en fonction des règles de la religion catholique; le pape dit qu'il a une «importance historique» et il est écrit plutôt pour les adultes.

370. F. DELECLOS, *Rome vient de publier un nouveau Catéchisme*, dans *La Libre Belgique*, 17 novembre 1992, p. 1-2.

371. M. SIMON, *Le nouveau Catéchisme. La foi chrétienne et ses grands repères*, *ibidem*, p. 2; *Du côté protestant*, *ibidem*, p. 2 (c'est la reprise de ce qu'on trouve dans *La Croix* du 14 novembre, ci-dessus, p. 362). Le point de vue orthodoxe est donné le 13 avril 1993, p. 7: Bartholomée Ier, patriarche de Constantinople, précise les points de convergence et de divergence et deux théologiens disent ce qu'ils apprécient et ce qui les rend perplexes.

morale de l'Église reste la même, que le bon chrétien refuse les mesures contraires à l'ordre défini dans le *C.É.C.*[372]

Nord-Éclair

Le quotidien *Nord-Éclair – Journal de Mons – Écho du Centre*, du groupe Hersant, publie un bon compte rendu de la conférence de Mgr Huard. D. Foucart présente le *C.É.C.* comme «un nouveau guide pour revisiter la foi», un guide pour les responsables de la catéchèse et pour tous ceux qui veulent redécouvrir la foi; ce n'est pas un nouveau code pénal et il est susceptible de prolongements et d'adaptations. Une seule réserve est formulée, elle concerne l'expression «catéchisme universel»: pour l'auteur, elle connote la notion d'exhaustivité alors que cela ne correspond pas à l'objectif du nouveau catéchisme[373].

Le Peuple et *La Wallonie*

Le Peuple, journal du Parti socialiste, donne une brève information sur la présentation du *C.É.C.* à Tournai, sans aller jusqu'à parler du contenu du livre et sans faire le moindre commentaire. *La Wallonie*, quotidien des syndicats liégeois de tendance socialiste, s'intéresse surtout à la morale du catéchisme, aux péchés dénoncés par l'Église: il souligne qu'on y trouve aussi l'incitation à la tolérance et à la compassion, le refus d'imputer aux juifs le martyre du Christ, la légitime défense, le refus de la course aux armements, la résistance à ceux qui commandent un génocide ...[374]

Les quotidiens ont ainsi fait une place plus ou moins grande à l'événement «nouveau catéchisme» en raison de leurs options philosophiques et en fonction des aptitudes de leurs journalistes à s'exprimer en connaissance de cause sur les questions proprement religieuses. Il ne s'est rencontré nulle part un enthousiasme débordant ni non plus une critique acerbe à l'égard du *C.É.C.* Beaucoup se sont inspirés des propos de Mgr Huard et de Mgr Danneels à Tournai et ont notamment retenu les passages relativisant quelque peu l'importance de l'ouvrage. Si les journaux de tendance libérale et socialiste ont surtout insisté sur les «nouveaux

372. A. Desauvage, *Le Pape révise la morale*, dans *La Dernière Heure – Les Sports*, 16 novembre 1992, p. 16; Id, *Nous sommes tous de pauvres pécheurs*, *ibidem*, 17 novembre 1992, p. 3.

373. D. Foucart, *Un nouveau guide pour revisiter la foi*, dans *Nord-Éclair – Journal de Mons – Écho du Centre*, 17 novembre 1992, p. 2 (la première page annonce, en grand titre, «La foi catholique à livre ouvert»).

374. Cf. *Le Peuple*, 17 novembre 1992, p. 2; *La Wallonie*, 17 novembre 1992, p. 4.

péchés» et si *Le Soir* a vu dans la présente publication un maillon de la politique du pontificat actuel, les journaux catholiques se sont efforcés de donner une vue plus complète et *La Libre Belgique* a offert à ses lecteurs une approche critique des quatre parties du nouveau catéchisme[375].

Complétons notre tour d'horizon de la presse écrite en parcourant quelques hebdomadaires. Le *Vif – L'Express*, du groupe catholique Roubarta, dans son édition datée du 20 novembre, écrit: sous l'influence du nouveau pape, l'idée d'un catéchisme jugée inopportune en 1977 fait place à la nécessité de redéfinir la foi et la morale; comment expliquer ce revirement? Pour Rome, l'unité de la foi est menacée entre autres par l'inflation d'interprétations permises par l'autonomie des conférences épiscopales et, dès lors, il est temps de remettre les pendules à l'heure du «méridien de Rome». Dorénavant, les évêques devront s'inspirer du *C.É.C.* pour rédiger les documents qu'ils destinent aux fidèles et le monde entier va pouvoir connaître la vision que l'Église catholique a «du Tout et ses conceptions sur à peu près tout». Sous une photo de Jean-Paul II, on peut lire cette légende: «Réaction. Pour le cardinal Danneels, un simple 'check-up', 'présenté de façon sereine et sans trop insister'. Pour Jean-Paul II, l'instrument d'une reconquête?»[376]

L'hebdomadaire démocrate-chrétien *La Cité* du 26 novembre fait le bilan de la Biennale du livre religieux de Tournai et en vient ainsi au *C.É.C.*, dont on a déjà beaucoup parlé «avec des sentiments partagés» dès avant sa parution. Le dire de ce catéchisme, pense G. Cossée de Maulde, semble bien s'ancrer dans le vivre et y conduire. L'enseignement est classique, il aborde des questions discutées depuis longtemps et d'autres, comme la justice économique et sociale, qui ne sont pas aussi neuves qu'on veut bien le dire. On perçoit un souci de rendre le langage accessible mais l'exposé est destiné en premier lieu aux évêques et est au service de la catéchèse[377]. Quelques semaines plus tard, *La Cité* donne la parole à Guy Aurenche qui redit, dans les mêmes termes que

375. Sur les différents groupes de presse et sur la diffusion et l'audience des quotidiens francophones de Belgique, voir E. LENTZEN, *La presse quotidienne francophone*, dans *Courrier hebdomadaire* du CRISP (Centre de recherche et d'information socio-politiques), 1996, n°s 1515-1516. Le n° 1519 de ce même *Courrier hebdomadaire* présente la situation de *La presse hebdomadaire francophone*.

376. M. LEGRIS et M.-C. ROYEN, *L'Église dans un livre*, dans *Le Vif – L'Express*, 20 novembre 1992, p. 19.

377. G. C[ossée] d[e] M[aulde], *Vivre et dire la foi aujourd'hui*, dans *La Cité*, 26 novembre 1992, p. 23.

dans *Témoignage chrétien* du 21 novembre, son «immense peine à la parution de ce catéchisme universel»[378]. Elle offre par là à ses lecteurs un son de cloche différent de celui de G. Cossée de Maulde.

Le journal *Dimanche*, distribué dans de très nombreuses paroisses francophones du pays, ne mentionne pour la première fois le *C.É.C.* que dans son édition du 27 novembre. Dans une chronique bibliographique, il nous dit que le catéchisme veut susciter la créativité des catéchismes nationaux en donnant pour ceux-ci des points de repère. Parmi les éléments qui apparaîtront les plus neufs, il y a, comme l'a déclaré Mgr J. Honoré, «un nouvel équilibre de rédaction dans la présentation du péché originel», l'insistance sur l'enseignement de Vatican II dans la doctrine sur l'Église, un excellent exposé sur la liturgie, la réaffirmation de l'option pour les pauvres et des références à l'écologie[379]. Un lecteur ayant demandé sur quel texte de l'Évangile on peut se baser pour légitimer la peine de mort, *Dimanche* répond que cette peine se justifie eu égard à la légitime défense mais que le catéchisme n'encourage pas pour autant à y recourir: Mgr Schönborn donne comme interprétation que l'idée fondamentale est la non-violence mais que la progressive évolution des sociétés est à respecter; «l'Évangile est un idéal à atteindre plutôt qu'une recette à appliquer»[380].

Le 4 décembre, en première page cette fois, *Dimanche* résume la conférence de presse de Mgr Huard et les propos du cardinal Danneels du 16 novembre. Comme eux, Ch. Delhez retient que le *C.É.C.* ne cherche pas à imposer l'uniformité dans l'Église, ne veut pas être «un carcan venu d'en-haut»; il est un instrument que se donnent les évêques en vue de la rédaction d'ouvrages pour ceux qui cherchent à comprendre la foi chrétienne[381].

Enfin, en dernière page du numéro du 11 décembre, l'hebdomadaire insère l'encadré publicitaire des Éditions Mame/Plon: «À livre ouvert,

378. G. Aurenche, *En toute liberté*, *ibidem*, 17 décembre 1992, p. 30-31; voir ci-dessus, p. 370.

379. Ch. Delhez, *Le Catéchisme universel*, dans *Dimanche*, 27 novembre 1992, p. 10.

380. *La peine de mort*, *ibidem*, p. 11.

381. Ch. Delhez, *Un catéchisme universel*, *ibidem*, 4 décembre 1992, p. 1-2. Deux semaines plus tard, le 18 décembre, *Dimanche* publie dans un encadré et sans aucun commentaire, la réaction de André Jacques, président de l'ACAT, à propos de la peine de mort, parue dans *La Vie* (voir ci-dessus, p. 368): «exécuter froidement un individu qui, par définition, a déjà été mis hors d'état de nuire» n'a rien à voir avec le droit de légitime défense (p. 5). Cette réaction vient contrebalancer la réponse donnée le 27 novembre sur le même sujet.

le message de l'Église pour aborder le 21e siècle»; «Le texte qui fait foi».

Un hebdomadaire d'un genre bien différent, *Dimanche Matin* ou «quotidien du septième jour», distribué le dimanche dans les librairies et les boulangeries, présente un triple regard sur le *C.É.C.* dans son numéro du 22 novembre. Le premier regard porte sur le catéchisme et la géopolitique de Jean-Paul II: l'auteur nous dit que le langage de l'ouvrage reste difficile, que la diversité culturelle y est absente et que la partie morale renferme une majorité de «tu dois»; centré sur l'amour de Dieu et du prochain et résolument œcuménique, le catéchisme suscitera cependant bien des commentaires notamment à propos du péché originel, des anges, de la morale conjugale, de la peine de mort ... Il ne fera pas l'unanimité: «On reprochera son conservatisme dans certains domaines et son inadéquation au monde contemporain. Des catholiques de toutes tendances risquent d'en sérier les articles qui leur conviennent». Incontestablement, la parution du *C.É.C.* est à situer dans la logique de la nouvelle évangélisation prônée par le pape depuis 1982: Jean-Paul II veut reconstituer un «tissu culturel chrétien (...) par le rappel des armes les plus traditionnelles de la foi»[382].

Le deuxième regard porte sur le *C.É.C.* face au *Livre de la Foi* des évêques belges. Chantal van der Plancke, qui fut membre de la Commission de rédaction du *Livre de la Foi*, voit une continuité entre les deux ouvrages. Le livre belge répond à l'appel du pape adressé en Belgique pour une nouvelle évangélisation lors de sa visite de 1985; le *C.É.C.* se situe dans cette même perspective mais il veut aussi mettre la substance de Vatican II à la disposition de tous. Le catéchisme romain lui semble de bonne conception, facile à utiliser, traversé par un souffle dynamique; il n'est cependant pas destiné au grand public, encore qu'il ne soit pas interdit au public cultivé, que du contraire. Elle le considère comme «un instrument de partage pour se situer», utile au dialogue œcuménique, «une base objective pour comprendre (...), un ouvrage de référence important plutôt qu'une source de réflexion»[383].

Troisième regard: le catéchisme et la pastorale. Un curé de Bruxelles, Jacques Van der Biest, de la paroisse des Minimes dans le vieux quartier des «Marolles», n'a pas encore lu le *C.É.C.* mais estime qu'il peut être utile pour donner un contenu intellectuel à la foi des prêtres et des ensei-

382. M. HUYS, *De la géopolitique vaticane au catéchisme romain universel*, dans *Dimanche Matin*, 22 novembre 1992, p. 2.

383. Ch. VAN DER PLANCKE (Propos recueilli par J. Lambotte), *Au commencement était le livre de la foi*, *ibidem*, p. 3.

gnants. Ce n'est pas à proprement parler un guide – notre guide, c'est Jésus – et il n'est pas destiné à remplacer le Credo; il n'est pas fait pour nous aider à croire comme c'est le cas pour le *Livre de la Foi*[384].

Mentionnons, pour terminer, le curieux *Publi-choc. L'hebdo-vérité* du 25 novembre. Cet hebdomadaire bruxellois pour tout public est attiré par les «nouveaux péchés» dont parle le *C.É.C.* et demande aux lecteurs: «Irez-vous en enfer?», puisque «le non-respect de l'un ou l'autre des dix commandements demeure un péché mortel qui voue le contrevenant aux flammes éternelles». Autre question posée: le catéchisme est-il à prendre comme un ensemble et non comme un dictionnaire (J. Huard) ou à consulter quand il faut et non à lire d'une traite (G. Danneels)? Sept personnes, sélectionnées au hasard (!) et se disant chrétiennes, catholiques peu ou non pratiquantes, sont alors invitées à faire connaître leurs réactions à propos de la sexualité hors mariage, la peine de mort, le divorce, les horoscopes – l'astrologie - les présages, la contraception et l'enfer, points choisis parce qu'ils sont «anachroniques, susceptibles de choquer ou de perturber certains chrétiens d'aujourd'hui à l'esprit ouvert». Toutes – ne devait-on pas s'y attendre? – disent leur désaccord avec l'enseignement du *C.É.C.* En finale – et comme pour donner un gage d'objectivité? – un prêtre est interrogé. Pour lui, le *C.É.C.* n'est pas normalement destiné à une grande diffusion et il est à craindre qu'il y ait eu un malentendu sur l'importance à lui accorder. La religion ne peut se réduire au permis et à l'interdit. Il s'agit avant tout de dire ce qui est bon pour l'homme et d'aimer le Christ et comprendre son message[385].

Ce parcours des hebdomadaires est très loin d'être exhaustif[386]. Il confirme que la presse belge d'expression française a considéré la parution du catéchisme comme un événement qu'elle se devait de répercuter. On ne peut pas conclure que sa sortie ait suscité un enthousiasme délirant ni non plus qu'elle ait déchaîné les passions ou les oppositions les plus violentes. Le livre étant là, avec ses qualités et aussi ses imperfections, ceux qui le liront pourront en tirer profit ou constater leur désaccord avec certains de ses contenus, notamment avec ce qu'il dit de l'application de la peine de mort et des questions liées à la sexualité.

384. J. LAMBOTTE, *Le catéchisme dans les Marolles*, *ibidem*, p. 4.

385. Y. GOUX, *Irez-vous en enfer? ... Les nouveaux péchés!* dans *Publi-Choc. L'Hebdo-vérité*, 25 novembre 1992, p. 10-12; ID, *Pour l'abbé Pirard, homme d'Église et homme de médias, il s'agit plutôt d'aimer le Christ*, *ibidem*, p. 12.

386. On pourrait encore citer, par exemple, *Le Généraliste*, de Bruxelles, destiné au Corps médical. Le 2 décembre, J.-P. V[ankeerbergen] publie un article, *Le nouveau credo des catholiques*, p. 6, signalant les enseignements du catéchisme ayant trait à la santé.

Quoiqu'il en soit, le *Livre de la Foi* des évêques belges n'est pas pour autant démodé ou périmé.

III. La présentation et l'accueil du catéchisme en Suisse francophone

Comme les évêques belges, les évêques suisses ont fait choix de l'édition du *C.É.C.* de Mame et Plon pour les fidèles d'expression française de leur pays. Le 16 novembre, une présentation officielle en a été faite à Lausanne par Mgr Mamie, évêque de Lausanne, Genève et Fribourg et président de la Conférence des évêques suisses, accompagné de son auxiliaire G. Bullet.

Après avoir retracé les étapes de la formation du *C.É.C.*, qu'il appelle le dernier volume, le dernier acte ou plutôt le dernier chapitre de Vatican II, P. Mamie indique quels en sont les destinataires. Ce sont les évêques, puis tous les fidèles et d'abord les séminaristes, les prêtres et les catéchistes, ensuite tous les chrétiens car le livre veut être aussi un acte œcuménique, et enfin tout homme (ce qui se manifeste par le souhait des éditeurs romains «que l'on puisse trouver le catéchisme dans les kiosques et les grandes surfaces»).

Pour répondre à la question du «pourquoi ce catéchisme?», l'évêque reprend ce que dit Jean-Paul II dans *Fidei depositum*: «Ce catéchisme entend être un instrument privilégié au service de la foi de la communauté (...), il offre à tous les évêques et au Peuple de Dieu la présentation, pour ainsi dire collégiale, de l'enseignement du Christ dans un abrégé autorisé (...). Il est destiné à encourager et à aider la rédaction de nouveaux catéchismes locaux (...)».

Et Mgr Mamie ajoute une note toute personnelle: la lecture de la quatrième partie, sur la prière chrétienne «conduit à lire avec des yeux nouveaux les trois premières parties (...). Je me permets donc de vous suggérer de commencer votre lecture par ces dernière pages qui sont des sources de pure lumière et de grande espérance»[387].

Journal de Genève et Gazette de Lausanne

Le *Journal de Genève et Gazette de Lausanne* du 17 novembre retient que le catéchisme est destiné avant tout aux évêques et aux prêtres, ainsi qu'aux catéchistes, qu'il constitue le «dernier chapitre de Vatican II», la «somme» du concile bien qu'il n'aille pas assez loin sur certains points, comme l'œcuménisme par exemple. C'est un ouvrage très classique qui

387. Texte de la conférence de presse, que Mgr Mamie m'a aimablement transmis.

donne l'état des lieux de la foi mais non des nouvelles voies théologiques; il faudra donc l'adapter à la réalité helvétique et aux divers publics rencontrés en catéchèse. Brigitte Mantilleri rapporte ces propos des deux évêques à Fribourg: c'est une œuvre collégiale où les femmes ont peu collaboré, «alors, parmi les nombreuses citations de saints et de saintes, les experts ont privilégié la parole féminine». Les évêques ont aussi fait remarquer que «toute la vérité de l'Évangile ne se trouve pas dans ce texte» et ils ont demandé qu'on ne le réduise pas à sa partie morale comme les média se sont déjà empressés de le faire suite aux «indiscrétions de la Maison Plon». À propos de la peine de mort, ils révèlent qu'ils ont demandé des changements qui se retrouvent en partie dans le texte définitif. La dernière partie sur la prière est celle qu'ils préfèrent et qu'ils conseillent de lire en premier lieu[388].

Après quelques informations sur la genèse du catéchisme, sur ses rédacteurs et sur son contenu, Jean-Blaise Fellay s'arrête à la partie morale qui attire le plus l'attention des commentateurs. La doctrine sociale de l'Église est bien accueillie mais, par contre, les domaines de la sexualité et du couple font l'objet de critiques sévères: «l'absence presque totale de voix féminines constitue sans doute un affaiblissement de la réflexion dans les questions de fécondité et de procréation». On peut craindre que «peu de lecteurs ne s'intéressent aux trois-quarts du catéchisme», or la plus grande partie du texte veut montrer que l'Évangile n'est pas une question de morale mais de salut[389]. Antoine Bosshard s'interroge sur cet intérêt presque exclusif sur les chapitres regardant la morale; il constate que l'Église de Rome elle-même dans ses discours rappelle sans cesse des règles morales que certains, en son sein, présentent comme la clé du salut, et que, dans les Églises de la Réforme, «la prédication trouve bien souvent son refuge dans un moralisme bien plus rassurant que l'annonce, rafraîchie, de l'Évangile». Heureusement, ajoute-t-il, que Mgr Mamie a insisté sur le rôle de la conscience du croyant amené à choisir entre des impératifs contradictoires[390].

Br. Mantilleri constate, par ailleurs, que le catéchisme est destiné à être largement diffusé, le choix du coéditeur Plon ayant été déterminé «par souci de large et rapide distribution, de présence dans les librairies, les kiosques et les grandes surfaces». Ce «coup médiatique» inquiète un peu Mgr Bullet qui craint une mauvaise réception de l'ouvrage: «En tant

388. *Un nouveau catéchisme très classique*, dans *Journal de Genève et Gazette de Lausanne*, 17 novembre 1992, p. 1; Br. MANTILLERI, *L'Église catholique présente son nouveau catéchisme*, *ibidem*, p. 17, ID., *Nous devons répondre à ces questions*, *ibidem*, p. 17.

389. J.-Bl. FELLAY, *Un écho riche de malentendus*, *ibidem*, p. 17.

390. A. BOSSHARD, *Encombrante morale*, *ibidem*, p. 17.

qu'ancien professeur de catéchèse, je trouve qu'il fait abstraction de toute pédagogie et d'adaptation aux différences culturelles. Il est dépourvu de toute méthodologie. On prend le risque d'un rejet de la part des lecteurs non préparés ou d'une indigestion»[391].

L'Écho Magazine

Dans *L'Écho Magazine* de Lausanne, du 28 novembre, le père A. Longchamp, s.j., donne une présentation très sereine du *C.É.C.* Ce nouveau catéchisme n'est pas la simple répétition même adaptée du Catéchisme de Pie V mais une actualisation de la doctrine de l'Église, un état actuel de la situation de son enseignement. Comme l'ont dit P. Mamie et G. Bullet, «toute la vérité de l'Évangile n'est pas dite dans ce livre (...). Il ne faut pas minimiser, mais il serait faut également de majoriser un tel document (...). L'absence d'adaptation aux réalités locales peut engendrer parfois un phénomène de rejet». Au lieu de se braquer uniquement sur la partie morale avec ses péchés traditionnels ou nouveaux, il faut garder le sens global de la démarche voulue par ses auteurs. «Affirmer qu'il est à la portée de tous est certainement abusif. C'est un texte exigeant. Parfois poignant (...), témoignage fragile d'une communauté qui se risque avec des mots humains à dire son expérience de la Révélation chrétienne»[392].

IV. La présentation du catéchisme à Rome

Après Paris, Tournai et Lausanne, voici la présentation «solennelle et officielle» du nouveau catéchisme à Rome. Pour marquer l'importance que le pape accorde à la publication du *C.É.C.*, les cérémonies ont été étalées sur trois jours: les 7, 8 et 9 décembre 1992. Au cours de celles-ci, aucune mention de la sortie du texte original français le 16 novembre n'a été faite.

1. Le 7 décembre

Ce 7 décembre 1992, plus de quatre cents personnes sont réunies dans la Salle royale du Palais apostolique. Il y a là les représentants de la Curie, les présidents des commissions doctrinales et catéchétiques des

391. Br. MA[NTILLERI], *Coup médiatique*, *ibidem*, p. 17.

392. A. LONGCHAMP, *Le «Catéchisme de l'Église catholique»*, dans *L'Écho Magazine*, 28 novembre 1992, p. 14-17. Bien d'autres journaux locaux de Suisse francophone auraient mérité de retenir l'attention ...

conférences épiscopales, les représentants de différentes instances ecclésiales, le Corps diplomatique accrédité auprès du Saint-Siège et quelques invités laïcs.

En début de cérémonie, le cardinal B. Law, archevêque de Boston, déclarant s'exprimer au nom de ses frères évêques, remercie le pape «avec un amour profond et une dévotion intense» pour la promulgation du catéchisme. Il reçoit le document avec gratitude, bien conscient que les évêques et leurs collaborateurs devront le traduire dans les différents contextes culturels (encore que, dit-il, «les frontières culturelles convergent souvent dans une culture universelle» et que «l'Évangile donne naissance à son propre langage, à sa propre culture»). En vue de veiller à ce que l'Évangile soit proclamé dans sa totalité, les évêques disposeront maintenant d'une «source riche et inestimable, ainsi que d'une norme claire (...), d'un instrument indispensable». Par le *C.É.C.*, le pape fait a ses frères «un don inestimable» et les confirme ainsi dans la foi[393].

Jean-Paul II prend alors la parole. «La Sainte Église de Dieu se réjouit aujourd'hui». C'est par ces mots que Jean XXIII a débuté son allocution d'ouverture du concile le 11 octobre 1962. C'est par ces mêmes mots que le pape débute son discours aux cardinaux, évêques, diplomates, fidèles présents, auxquels il ajoute les «citoyens du monde entier». La publication du catéchisme est pour lui «un événement d'une richesse et d'une importance incomparables», un des «événements majeurs de l'histoire récente de l'Église». C'est que le *C.É.C.* est «un don unique de la Providence (...), un don du Père céleste à ses enfants (...), un don précieux (...), riche (...), opportun (...), un don véridique qui présente la Vérité révélée par Dieu en Christ et qu'il confia à son Église», «un don profondément enraciné dans le passé» car il puise abondamment dans l'Écriture et la Tradition apostolique, «un don privilégié (...) pour l'Église du présent (...), un don tourné vers l'avenir (...) qui pourra constituer un instrument valable et fécond d'ultérieurs approfondissements (...), un don pour tous (...) les hommes d'aujourd'hui [qui] ont besoin du Christ (...), un don confié en particulier à nous les évêques».

Par ce développement sur le thème du «don», le pape dit toute l'importance qu'il attache au *C.É.C.* et les grands espoirs qu'il fonde sur

393. Cf. *L'Osservatore Romano*, é.h.l.f., 22 décembre 1992, p. 5. Le cardinal B. Law, au synode extraordinaire de 1985, a été le premier à proposer, en son nom personnel, qu'on prépare pour le monde, devenu à ses yeux «un village global», «un catéchisme du concile» qui serait soumis pour approbation à tous les évêquies avant sa rédaction définitive et sa promulgation par le pape. Il est un des douze membres de la Commission directive chargée de préparer le catéchisme.

lui. Ce don du Père, ce don de l'Église, ce don «que les pasteurs ont voulu avant tout pour eux-mêmes», ce don du pape est offert aux fidèles du monde entier, à tous les hommes qui cherchent Dieu, et particulièrement aux évêques, pour qu'il constitue le «point de référence», la «magna carta» de l'annonce prophétique, et surtout catéchétique, «en particulier à travers la préparation de catéchismes locaux, nationaux et diocésains, dont la médiation doit être considérée comme indispensable»[394].

Au terme de son allocution, Jean-Paul II remet à cinq évêques des cinq continents et représentants des commissions épiscopales de catéchèse un exemplaire du catéchisme; il en remet aussi un à trois couples de gens mariés, à des jeunes et à des enfants, symbolisant par là que les évêques sont les premiers destinataires du *C.É.C.* et que celui-ci s'adresse également à tous les humains quelles que soient leur nation, leur âge, leur culture.

2. Le 8 décembre

Dans la matinée du 8 décembre, au cours de l'homélie de la messe célébrée en la basilique Sainte-Marie-Majeure, Jean-Paul II place la publication du *C.É.C.* sous le signe de «Marie auditrice et annonciatrice de la Parole, Mère de l'Église». En ce jour, dit-il, l'Église remercie Dieu pour le don du concile et aussi «pour le catéchisme post-conciliaire, qui constitue un compendium de la vérité annoncée par l'Église dans le monde entier». Ce compendium constitue «le fruit le plus mûr et le plus complet de l'enseignement conciliaire», présenté dans la cadre de toute la Tradition. «Comme en la solennité de l'Immaculée Conception de 1965, lorsque l'Assemblée conciliaire se terminait solennellement, l'Église se présente aujourd'hui aussi devant la Très Sainte Trinité en confiant à l'Esprit de Vérité le magistère conciliaire. Le même jour et durant la même solennité, l'Église se présente donc aux hommes de notre temps avec le catéchisme post-conciliaire, compendium de l'unique et éternelle foi apostolique (...). Tous ensemble nous déposons le nouveau 'Catéchisme de l'Église catholique' – qui est en même temps le don du Verbe révélé à l'humanité et le fruit du travail des évêques et des théologiens – entre les mains de celle qui (...) a accueilli dans ses bras le premier-né de toutes les créatures»[395].

394. JEAN-PAUL II, *Allocution pour la présentation solennelle et officielle du Catéchisme de l'Église catholique*, dans *La Doc. cath.* 90 (1993), p. 55-57.

395. JEAN-PAUL II, *Homélie du 8 décembre 1992*, dans *L'Osservatore Romano*, é.h.l.f., 15 décembre 1992, p. 4

Le même jour, au pied de la colonne de l'Immaculée Conception de la place d'Espagne, le pape a «déposé entre les mains de Marie le Catéchisme post-conciliaire destiné à toute l'Église, afin que nous n'oubliions pas les grandes œuvres de Dieu». Là encore, il fait un parallèle avec ce qui s'est passé le 8 décembre 1965, jour où «nous avons déposé entre tes mains, [Marie], l'œuvre de Vatican II»[396].

Ce 8 décembre, plus encore que la veille, Jean-Paul II exprime clairement que, pour lui, il y a un lien très étroit entre le concile et le nouveau catéchisme. Le *C.É.C.* est comme la continuation du concile, il en est comme son dernier acte, il l'actualise et en donne une interprétation officielle.

3. Le 9 décembre

Le lendemain, 9 décembre, en la Salle de presse du Vatican, le cardinal Ratzinger, accompagné d'autres prélats, s'est adressé aux représentants de la presse et leur a parlé de la portée historique et de l'actualité ecclésiale, catéchétique, sociale et morale du catéchisme. Il s'est efforcé de rectifier l'impression néfaste que certains ont pu retirer des discussions publiques dont il a déjà fait l'objet, notamment à propos de son enseignement sur la morale. Il invite à lire le livre comme une unité dont l'affirmation fondamentale sur l'homme est qu'il est créé à l'image et à la ressemblance de Dieu; le catéchisme indique dès lors comment rendre juste l'existence humaine, comment réussir sa vie et devenir heureux. Le cardinal justifie ensuite le plan retenu, parle des chapitres sur les sacrements et sur la prière et donne des indications techniques sur les notes en plus petits caractères et les «En bref». Il nous apprend aussi que «le texte latin officiel paraîtra plus tard; il pourra ainsi tenir compte de ce que l'expérience des traductions a fait apparaître ou pourra encore suggérer»[397].

Au terme de ces trois jours de présentation, nous pouvons constater que la parution du *C.É.C.* est considérée par le pape comme un événement historique de très grande importance pour l'avenir de l'Église et de l'humanité. Il donne au catéchisme un caractère sacré, le considérant comme un don de la divine Providence qu'il faut accueillir comme il convient. Il y voit la continuation et le développement de l'œuvre

396. JEAN-PAUL II, *Prière en la solennité de l'Immaculée Conception, le 8 décembre; Place d'Espagne à Rome*, *ibidem*, p. 4.

397. J. RATZINGER, *Le Catéchisme de l'Église catholique, rencontre ave le Dieu vivant*, dans *La Doc. cath.* 90 (1993) p. 67-69.

accomplie à Vatican II. Il est pour lui source d'une espérance immense, dans l'optique de la «nouvelle évangélisation». L'ouvrage est offert à tous les catholiques, à tous les citoyens du monde, même si prioritairement il est destiné aux évêques et à leurs collaborateurs. Nous retrouvons ces pensées, exprimées en d'autres termes, dans les propos qu'il a tenus, le 13 décembre, aux fidèles rassemblés place Saint-Pierre pour l'*Angelus* dominical[398].

Voilà presque dix ans que le pape estimait qu'un catéchisme était, sinon nécessaire, du moins grandement opportun, c'était le 15 avril 1983. Depuis qu'il a, le 7 décembre 1985, fait sien le vœu des Pères du synode extraordinaire, il a mis en route les organismes nécessaires à sa réalisation, a suivi les travaux d'élaboration, a souvent parlé de lui dans des circonstances très diverses et l'a finalement déclaré indispensable pour la vie de l'Église et la «nouvelle évangélisation». En ces jours de présentation officielle et solennelle, il voit enfin l'aboutissement de l'œuvre entreprise et l'on peut comprendre le lyrisme de ses allocutions. C'est certainement pour lui une date historique, un événement très important de son pontificat. Les premières réactions provenant de France, de Belgique et de Suisse ne sont pas toutes, tant s'en faut, aussi enthousiastes.

398. Cf. *L'Osservatore Romano*, é.h.l.f., 15 décembre 1992, p. 1.

TROISIÈME SECTION

LES ÉDITIONS DU «CATÉCHISME DE L'ÉGLISE CATHOLIQUE»

Destiné aux évêques, aux catholiques, aux autres chrétiens et à tout homme qui désire connaître ce que l'Église catholique croit et enseigne, le nouveau catéchisme, rédigé en français, doit être traduit en de multiples langues et connaître un jour une édition typique en latin.

Une commission éditoriale a été créée dès septembre 1991. Elle a pour tâche de faire face aux problèmes touchant à la traduction, à l'impression, à la publication et à la diffusion du *C.É.C.* En octobre 1991, elle décide de consulter les conférences épiscopales et, le 2 décembre suivant, elle leur demande leur collaboration, leur indiquant quelques critères opportuns à suivre en vue d'effectuer une traduction fidèle.

Une autre commission – la Commission interdicastérielle – est créée par le pape le 28 février 1993; elle s'occupe de toutes les questions concernant le *C.É.C.* après sa promulgation. Elle met au point un schéma de travail de révision des projets de traduction transmis à Rome; la Congrégation pour la doctrine de la foi reçoit la mission de contrôler la fidélité du texte et l'exactitude de la reproduction des contenus car le catéchisme doit être à la fois «un instrument valable et légitime au service de la communion ecclésiale et une référence sûre pour l'enseignement de la foi» (*Fidei depositum*), ainsi que «le texte de référence sur lequel fonder la préparation des catéchismes nationaux et diocésains»[399].

I. L'ÉDITION FRANÇAISE DU CATÉCHISME

Puisque le texte du catéchisme approuvé par le pape était en français, les tractations entre la Commission éditoriale et la Conférence des évêques de France n'ont porté que sur le choix d'un ou de plusieurs éditeurs.

1. La première édition de 1992

L'attribution de l'édition est revenue à la Maison Mame qui, après avoir contacté Albin Michel, s'est associée aux Éditions Plon. L'édition

399. J. RATZINGER, au synode spécial pour l'Afrique, dans *L'Osservatore Romano*, é.h.l.f., 17 mai 1994, supplément, p. 81.

ordinaire, terminée en octobre 1992, comprend 676 pages; une édition de luxe avec dorure sur tranche et une édition de poche de 800 pages, *Pocket* 3315, ont paru peu après. Le *copyright* du texte français revient conjointement à Mame et à la Librairie éditrice vaticane, laquelle à tous les droits sur le futur texte typique latin.

La Belgique, la Suisse et le Grand-Duché de Luxembourg n'ont pas souhaité une édition qui leur soit propre et ont opté pour le catéchisme des deux éditeurs français.

Le Canada a d'abord envisagé de faire paraître en même temps la version française et la version anglaise. En raison du retard pris par la traduction en anglais, le texte français est paru le premier, en avril 1993; il est publié par le «Service des Éditions – Conférence des évêques du Canada – Ottawa» et, comme l'édition Mame-Plon de Paris, il comporte 676 pages.

En Haïti, il n'y a pas d'édition propre au pays, c'est l'édition Mame-Plon qui est à la disposition du public. Une édition en langue créole n'est pas envisagée pour l'instant.

Pour les pays africains de langue française, la Commission éditoriale a consulté, outre les conférences épiscopales, les vingt-cinq nonciatures apostoliques de ces pays (lettre du 24 février 1993). Le Congo (ex-Zaïre) envisage une édition chez Medias-Paul à Kinshasa. Au Liban, l'éditeur «Fiches du monde arabe», de Beyrouth, prévoit une édition normale et une édition de poche, qui pourront s'adresser à tout le Moyen-Orient et à l'Égypte. Madagascar aura une édition abrégée et espère avoir un jour une traduction complète en malgache. En Afrique du Nord, on utilisera l'édition Mame-Plon. Dans tous les autres pays francophones du continent africain, on n'envisage pas d'édition propre et on se reportera sur une des éditions en langue française[400].

Le choix des Éditions Mame et Plon pour la publication et la diffusion du *C.É.C.* en France, en Belgique, en Suisse et au Luxembourg a donné lieu aux commentaires les plus divers. La question qui revient régulièrement est la suivante: pourquoi les principaux éditeurs catholiques (dont Mame), qui avaient publié en 1991 le *Catéchisme pour adultes*, n'ont-ils pas été retenus pour l'édition du catéchisme universel?[401]. Pourquoi, demande-t-on aussi, Mame s'associe-t-il à un éditeur

400. Ces renseignements datent de juin 1994 et sont fournis par P. BLANCHARD, *Le Catéchisme de l'Église catholique en Afrique et à Madagascar*, dans *L'Osservatore Romano*, é.h.l.f., 7 juin 1994, p. 9.

401. Cf. notamment *La Vie*, 19 novembre 1992, p. 9.

«profane», alors que, pour les livres liturgiques, il a collaboré avec le Cerf, Desclée, Desclée de Brouwer, Droguet et Ardant, et Tardy?[402].

Ce choix de Mame-Plon est-il le résultat d'un accord entre la Commission éditoriale et la Conférence épiscopale? Dans sa conférence de presse du 16 novembre 1992, Mgr Duval a déclaré qu'il a été mis devant le fait accompli, et l'Épiscopat ne dément aucune des informations qui circulent dans la presse.

Selon des sources qu'il n'est pas possible de vérifier actuellement, les évêques français auraient proposé de confier la publication du *C.É.C.* au groupe d'éditeurs religieux constitué du Centurion, du Cerf et de Tardy, qui a déjà publié, en 1985, l'édition française du *Code de droit canonique*. Finalement, après de longues négociations avec G. Lajolo, président de la Commission éditoriale, Mame l'aurait emporté à cause de son association avec Plon considéré comme une force de vente que les éditeurs religieux n'auraient pas[403]; Plon, en effet, prétendait garantir un large réseau de publicité et de distribution en dehors du monde catholique jusque dans les grandes surfaces et les kiosques de gare[404]. Ces arguments techniques – auxquels sont intimement liés les aspects financiers de l'entreprise et les bénéfices escomptés (2% du prix de vente ira aux Églises du Tiers-Monde) – ont certainement pesé dans la balance.

Mais d'autres arguments n'ont-ils pas aussi joué? Mame fait partie du groupe Ampère, créé en 1985 par des personnalités catholiques dans le but de «s'engager, sans faiblir, derrière Jean-Paul II dans les réalités de la presse, de l'édition et de l'audiovisuel»[405] et actuellement regroupé dans le holding Média-Participation; cela aurait pu lui valoir quelques appuis romains importants, ont pensé certains. On a dit aussi que Rome aurait refusé la présence parmi les éditeurs du *C.É.C.* des Éditions du Cerf, parce que celles-ci avaient publié la traduction française

402. Mame est coéditeur du *Rituel du baptême des petits enfants*, des missels et lectionnaires et de *La Liturgie des heures*. Pour le *Catéchisme pour adultes*, il fait partie du Groupe d'intérêt économique (GIE) comprenant le Centurion, le Cerf, CERP, CRER, Decanord, Desclée, Droguet et Ardant, de Gigord, Éd. ouvrières, Privat, Tardy et Zech.

403. C'est l'explication donnée par Marc Larivé, directeur des Éditions Mame, et rapportée dans *L'Actualité religieuse*, 15 décembre 1992, p. 8.

404. Pour la publicité, on a parlé d'une campagne de promotion, pendant la période de Noël, organisée par Mame et par l'Association pour la promotion du *C.É.C.* créée au début d'octobre, présidée par Jean Guitton et regroupant une quarantaine de personnalités catholiques et non catholiques du monde de la culture; des panneaux de 4.00 x 3.00 devaient être placés dans les agglomérations de plus de 100 000 habitants (cf. *Match*, 19 novembre 1992, p. 40; *L'Actualité religieuse*, 15 décembre 1992, p. 9, et 15 janvier 1993, p. 11).

405. *Le Monde*, 13 novembre 1992, p. 12; *Libération* qualifie ce groupe de «fer de lance éditorial d'un catholicisme offensif dans la ligne de la reconquête spirituelle et morale voulue par Jean-Paul II» (13 novembre 1992, p. 5).

d'ouvrages d'E. Drewermann, et des Éditions du Centurion à cause de la parution dans cette maison du *Rêve de Compostelle*. N'y aurait-il dans ces propos que pure affabulation? Mame, et surtout Plon, n'auraient-ils jusqu'ici publié que des ouvrages en tout point conformes à la doctrine et à la morale catholiques officielles?[406] Et, en dehors du Centurion et du Cerf, bien d'autres maisons d'édition n'auraient-elles pu être retenues? L'argument idéologique, si tant est qu'il soit réel, ne peut cependant, à lui seul, rendre raison du choix de Mame et de Plon[407].

2. L'édition définitive de 1998

Suite à la parution, le 8 septembre 1997, de l'édition latine officielle du *C.É.C.*, les conférences épiscopales ont été invitées, par lettre du président de la Commission éditoriale du catéchisme, en date du 18 septembre, à publier un fascicule contenant les corrections apportées au texte original de 1992 ou à insérer celles-ci dans une «version définitive» du catéchisme.

L'édition définitive en français, accompagnée d'un *Guide de lecture* présenté par L.-M. Billé, président de la Conférence épiscopale française, et par J. Honoré, archevêque émérite de Tours, est sortie de presse en septembre 1998. Seule la page de couverture indique qu'il s'agit de cette édition définitive. Le *copyright* appartient à l'association des Éditions du Centurion, du Cerf et de Fleurus-Mame, ainsi qu'à la Librairie éditrice vaticane[408] voilà pour la France. La diffusion et la distribution au Benelux sont confiées exclusivement au Éditions Racine (Bruxelles) et Fidélité (Namur); pour le Canada, elles reviennent à la Conférence des évêques catholiques du Canada (Ottawa).

Il est à remarquer que les éditeurs catholiques Centurion et Cerf ont, cette fois, été préférés à Plon; mais il est à prévoir qu'ils ne feront pas

406. *L'homme nouveau* du 20 décembre 1992, p. 13, rapporte, pour sa part, qu'un «expert œcuménique, corédacteur du catéchisme» aurait répondu aux éditeurs catholiques se plaignant de ne pas avoir obtenu le marché: «On ne confie pas la publication d'un tel texte à des maisons d'édition qui n'ont de cesse de jeter le soupçon ou de critiquer l'Église. Question de loyauté et de cohérence».

407. Mame et Plon se sont par la suite associés pour la publication de l'encyclique *Veritatis splendor*, empruntant au *C.É.C.* son format et sa jaquette, avec l'aval de Rome, a-t-on murmuré, et dans l'espoir que seul leur texte serait le bon. Six autres éditeurs sont cependant venus leur faire concurrence: Cerf, Centurion, *Cahiers pour croire aujourd'hui*, Medias-Paul, Téqui et *La Doc. cath.* (cf. *L'Actualité religieuse dans le monde*, 15 novembre 1993, p. 10).

408. R. MIGLIORINI, *Le choix d'une formule d'édition*, dans *La Croix*, 11 septembre 1997, p. 11, signalait que Rome avait donné son accord à la proposition des évêques français de confier l'édition à une société de participation constituée du Centurion, Cerf, Téqui et Mame-Fleurus. Téqui semble bien avoir fait défection.

d'aussi plantureux bénéfices que Plon, vu la saturation du marché, six ans après la sortie de la première édition.

II. L'ÉDITION DES TRADUCTIONS

Lors d'une conférence de presse tenue au Vatican à l'occasion de la présentation de l'édition latine officielle du *C.É.C.*, le 9 septembre 1997, le cardinal Ratzinger, signalait que, depuis 1992, le catéchisme avait été traduit et publié dans «environ trente langues, alors qu'une vingtaine de traductions environ sont en cours de préparation»[409]. Il n'est pas dans mon intention de présenter toutes ces traductions; je m'en tiendrai à celles qui ont été faites dans les langues les plus répandues.

1. La traduction italienne

La publication du catéchisme en italien n'a pas connu de vicissitudes. Le *Catechismo della Chiesa Cattolica* est édité à la «Libreria éditrice vaticana» et aux Éditions Piemme de Casale Monferrato; l'impression était terminée le 21 novembre 1992. Le volume, broché ou cartonné, comprend 788 pages, le texte étant beaucoup plus aéré que dans le catéchisme en français. La Librairie éditrice vaticane détient le *copyright* de l'édition typique latine à venir et du texte italien.

2. La traduction espagnole

L'impression du catéchisme en espagnol est terminée également le 21 novembre 1992. L'ouvrage, *Catecismo de la Iglesia católica*, est publié à Barcelone par l'«Association des Éditeurs du Catéchisme de l'Église catholique», constituée de vingt-trois éditeurs de livres liturgiques et d'autres éditeurs («Coeditores litúrgicos et Alii»), qui se sont groupés à l'initiative de la Conférence épiscopale. Le volume comprend 708 pages.

Une traduction en catalan est publiée à Barcelone par une association semblable ('Coeditors Catalans del Catecismo»). Elle a été présentée à Jean-Paul II lors du voyage de celui-ci en Espagne du 12 au 17 juin 1993.

Pour l'Amérique latine, il y a une édition en Argentine aux Éditions de la Conférence épiscopale (Buenos-Aires), une également en Colombie aux Éditions de la Conférence de ce pays (Santafe de Bogotà). En République dominicaine, le catéchisme est édité par la Libreria Juan

409. *La Doc. cath.* 94 (1997) p. 85.

Pablo II de Saint-Domingue, en Équateur par la Libreria Espiritual de Quito, au Mexique par les «Coeditores Católicos de Mexico» à Mexico, et au Venezuela par les Éditions Tripode de Caracas. Une édition est prévue au Chili. Quant aux pays de l'Amérique centrale, ils n'auront pas d'édition propre et utiliseront le catéchisme paru en Espagne ou dans un des autres pays d'Amérique latine[410].

3. La traduction allemande

Le catéchisme en version allemande pour l'Allemagne, l'Autriche et la Suisse, *Katechismus der katholischen Kirche*, est sorti de presse au printemps 1993. Il est publié par les Éditions Oldenburg (Munich et Vienne) associées aux Éditions Berno (Leipzig), Paulus (Fribourg) et Veritas (Linz). Le *copyright* est attribué à Oldenbourg et au Vatican. L'ouvrage comporte 816 pages, l'Index thématique étant plus développé que dans les versions française, italienne et espagnole.

Le choix de l'éditeur Oldenbourg n'a pas été sans susciter des surprises et des protestations. En 1985, le *Katholischer Erwachsenen-Katechismus* (en français, *Catéchisme pour adultes. La foi de l'Église*, Brepols-Cerf-Centurion, 1987) était confié par les évêques allemands au groupe «Engagement» constitué de sept éditeurs de livres religieux [411]. En vue de l'édition et de la diffusion du *C.É.C.*, ce consortium, élargi à d'autres éditeurs religieux et soutenu par la Conférence épiscopale, se disait prêt à s'engager dans une entreprise de cette importance. Rome semblait d'accord mais avait posé comme condition que les Éditions Herder de Fribourg ne fassent pas partie du nouveau consortium, estimant qu'elles avaient déjà fait de plantureux bénéfices avec l'édition des livres liturgiques. Fin novembre 1992, on apprend que Rome a choisi comme partenaire la maison Oldenbourg, éditeur laïc d'importance moyenne, spécialisé dans les ouvrages scientifiques et les manuels.

Étonnés de cette décision, les éditeurs catholiques des pays de langue allemande protestent publiquement. N'y aurait-il dans ces pays aucun éditeur religieux capable d'organiser l'impression, la publication et la commercialisation du *C.É.C.*? Quels sont les motifs qui poussent à la défiance à leur égard et à la confiance en un éditeur totalement étranger

410. Ces renseignements sont fournis par P. Blanchard dans *L'Osservatore Romano*, é.h.l.f., 14 décembre 1993, p. 6.

411. Il s'agit des Éditions Butzon et Bercker (Kevelaer), Don Bosco (Munich), Katholisches Bibelwerk (Stuttgart), Lahn (Limburg), J. Pfeiffer (Munich), Fr. Pustet (Ratisbonne) et Styria (Cologne).

au domaine religieux? Il se dit que les évêques sont irrités et aussi que les catholiques traditionnels sont satisfaits. Dans un communiqué, Mgr Schönborn explique que Rome a opté pour l'exemple français: une collaboration réussie avec un éditeur laïc. À quoi les éditeurs catholiques répondent qu'ils pourraient très bien satisfaire aux motivations techniques et professionnelles avancées. Et ils se demandent si d'autres considérations n'ont pas joué, d'autant que le système de diffusion catholique allemand est organisé autrement que le système français et s'est avéré très efficace, et que Oldenbourg n'a pas la moindre expérience de la vente au détail. Pour calmer les esprits, le Vatican se dit alors disposé à confier à un éditeur catholique une partie de la distribution. Finalement, les maisons Berno, Paulus et Veritas seront adjointes à Oldenbourg, lequel, seul, partagera le *copyright* avec la Librairie éditrice vaticane[412].

4. La traduction portugaise

Le catéchisme en portugais, *Catecismo da Igreja católica*, est paru en juillet 1993 aux Éditions «Gráfica de Coïmbra» à Coïmbra; il est destiné aussi au Mozambique, à l'Angola et à São Tomé. Une version en portugais du Brésil est parue en même temps aux Éditions Vozes de Petrópolis (Brésil). Le volume comporte 744 pages.

5. La traduction anglaise

Lors du synode spécial pour l'Afrique (10 avril – 8 mai 1994), le cardinal Ratzinger annonce aux Pères synodaux: «La publication de la version anglaise du 'Catéchisme de l'Église catholique' est imminente. Le Saint-Père a accueilli favorablement la proposition de recevoir les évêques de langue anglaise, ou provenant de pays anglophones, venus pour la lui présenter. Cette audience et prévue pour le 27 mai prochain»[413].

Cette version anglaise, qui doit servir de base pour la traduction en d'autres langues, était déjà annoncée pour Pâques 1993. Le choix de l'éditeur anglais s'était fixé sur Geoffrey Chapman de Londres, dont la non spécialisation dans l'édition religieuse ne semblait pas poser de

412. Sur ces développements, voir *La Croix*, 3 décembre 1992, p. 16; *La Libre Belgique*, 22 décembre 1992, p. 23; *30 jours*, décembre 1992, p. 34-35, et *L'Actualité religieuse dans le monde*, 15 janvier 1993, p. 10-11.

413. *L'Osservatore Romano*, é.h.l.f., 17 mai 1994, supplément, p. 81.

problèmes[414]. Mais en avril, on apprend que la publication est interrompue suite à des polémiques portant sur l'utilisation du «langage inclusif»[415]. Par la suite, la publication est annoncée pour le passage du pape à Denver (Colorado) les 12 et 13 août 1993 mais cela n'a pas pu avoir lieu. Les groupes féministes anglais et surtout américains continuent à mener «une impitoyable croisade linguistique pour éliminer tout vocabulaire sexiste du nouveau catéchisme»[416].

En décembre 1993, *L'Osservatore Romano* donne l'état de la parution du catéchisme dans le monde. Pour les pays anglophones, il a cette phrase alambiquée qui cache mal son embarras: «La traduction est en état avancé de préparation et on essaie de la terminer afin qu'elle puisse paraître dès que possible»[417].

Lors de son intervention au synode africain, le 4 mai 1994, le cardinal Ratzinger explique que «la traduction a été longue et complexe pour différentes raisons». Il y a, dit-il, le volume de travail que cela représente (mais cela ne vaut-il pas pour toute traduction?). Il a fallu en outre préparer «une unique version qui puisse s'adapter à tous les pays anglophones» (mais ce problème s'est aussi rencontré pour la version espagnole, reconnaît-il). Il a fallu en plus «contrôler que le texte traduit reproduise fidèlement les contenus du texte original approuvé par le Saint-Père» (cela n'a-t-il pas été fait aussi pour les traductions italienne, espagnole, allemande et portugaise?) Il a fallu enfin veiller à ce que le texte soit rédigé «dans un style digne de sa nature pédagogique» (cette exigence ne vaut-elle pas aussi pour les autres versions?). Mgr Ratzinger décrit alors les étapes suivies:

1. Les conférences épiscopales des Etats-Unis et de Grande-Bretagne ont réuni deux équipes d'experts, qui ont travaillé ensemble sous la responsabilité de l'archevêque de Boston, le cardinal Law (ancien membre de la Commission directrice du *C.É.C.*) et de l'évêque de Leeds, D. Konstant (ancien membre du Comité de rédaction du *C.É.C.*).
2. Le projet réalisé par ces deux équipes a été revu par la Congrégation pour la doctrine de la foi («comme toutes les autres versions

414. Cf. *L'Actualité religieuse dans le monde*, 15 janvier 1993, p. 10.

415. Le «langage inclusif» est celui qui évite toute discrimination sexiste vis-à-vis des femmes dans le choix des mots.

416. *L'Actualité religieuse dans le monde*, 15 septembre 1993, p. 7. Le 2 juin, le pape avait reçu les évêques des provinces de Baltimore, Washington, Atlanta et Miami en visite *ad limina* ; il s'en était pris à «un féminisme qui se polarise sur l'amertume de principes idéologiques» et leur avait déclaré que «dans sa forme extrême, c'est la foi chrétienne elle-même qui court le danger d'être ébranlée» (*La Doc. cath.* 90 [1993] p. 756).

417. P. Blanchard, *À un an de la parution du Catéchisme de l'Église catholique*, dans *L'Osservatore Romano*, é.h.l.f., 14 décembre 1993, p. 6.

linguistiques du Catéchisme», ajoute le cardinal), qui s'est appuyée sur la collaboration d'évêques diocésains et d'experts de différentes disciplines théologiques provenant de pays anglophones.

3. La version sortie de cette deuxième étape a été envoyée en février 1994 aux conférences épiscopales des pays anglophones «en vue du contrat qu'elles auront à signer avec le Saint-Siège pour sa publication et sa diffusion»[418].

Mgr Ratzinger s'est limité à des explications techniques de procédure mais n'a pas laissé entendre qu'il y avait eu des difficultés de traduction. Lors du synode des évêques sur la vie consacrée, du 2 au 29 octobre 1994, le secrétaire général du synode J. Schotte – qui est aussi membre de la Commission interdicastérielle pour le catéchisme – a précisé qu'«au cours de l'année 1994, la Commission interdicastérielle s'est réunie à plusieurs reprises pour résoudre certaines difficultés quant au sens à donner à certaines formules utilisées par le *Catéchisme*, notamment en matière d'interprétation correcte et de signification à donner à certains termes dans des questions se rapportant à la Bible, à la liturgie, à la doctrine, à la morale ou à la discipline canonique»[419]. Nous ne savons pas encore de quel genre de difficultés il s'agit mais nous devinons leur ampleur: on les rencontre dans pratiquement toutes les parties du catéchisme, à l'exception sans doute de la dernière sur la prière chrétienne.

En juin 1996, l'archevêque émérite de San Francisco, John Quinn, s'est plaint de la manière dont la Curie romaine a traité la question de la traduction anglaise: «Une traduction anglaise a été proposée qui a obtenu l'accord du groupe de travail d'expression anglaise chargé de sa préparation. Mais cette traduction a été contestée. À cause de ces objections, la Congrégation pour la doctrine de la foi a arrêté la publication; elle a rejeté la traduction proposée et a demandé une traduction complètement révisée. La majorité des cardinaux anglophones en activité dans le monde ont soutenu la première traduction et se sont vigoureusement opposés à la toute nouvelle traduction. Leur demande a pourtant été rejetée. On pourrait croire que les cardinaux anglophones et les évêques des pays anglophones n'ont pas été compétents comme enseignants de la foi pour juger de l'opportunité et de la justesse d'un document ecclésial dans leur propre langue»[420]. L'archevêque de New-York, le cardinal

418. *L'Osservatore Romano*, é.h.l.f., 17 mai 1994, supplément, p. 81.

419. *L'Osservatore Romano*, é.h.l.f., 11 octobre 1994, spécial synode, p. 6.

420. J. QUINN, Mgr, *Réflexions sur la papauté*, dans *La Doc. cath.* 93 (1996) p. 935; il s'agit d'une conférence donnée le 29 juin 1996 à l'Université d'Oxford, dont le texte anglais est paru dans *Origins* du 18 juillet.

John O'Connor, s'est dit surpris des propos de Mgr Quinn: il ne se rappelle pas que les cardinaux anglophones aient été consultés ni qu'on leur ait demandé s'ils soutenaient ou non la proposition de traduction anglaise. «Il me semble que le Saint-Siège a tout au plus demandé au groupe très restreint chargé de la première traduction de parvenir à un document qui n'a pas été jugé satisfaisant, et, si' j'ai bien compris, un ou deux membres anglophones de ce groupe se sont désolidarisés de ce texte. Les cardinaux du monde anglophone n'y ont absolument pas été impliqués». Au-delà du dissentiment entre les deux archevêques, ce qu'il nous faut retenir, c'est la suite des propos de Mgr O'Connor: il confirme que la controverse avec Rome portait sur l'emploi du «langage inclusif» et il estime que la publication approuvée par le Vatican a retenu l'essentiel de la première version. Pour lui, le véritable problème est que la version officielle latine ne soit pas sortie la première et qu'on ait pris comme point de référence la «traduction»(!) française[421].

La version acceptée par Rome est finalement sortie en mai 1994: *Catechism of the Catholic Church.* L'édition parue chez Geoffrey Chapman à Londres comporte XIX (Tables des matières et des abréviations) et 691 pages; le *copyright* appartient à Chapman et à la Librairie éditrice vaticane. Une autre édition, propre aux Etats-Unis, a été réalisée par les «Liguori Publications»; elle comporte XII et 803 pages et le *copyright* appartient à la Conférence catholique des Etats-Unis et à la Librairie éditrice vaticane. Elle est revêtue d'un *Imprimi potest* donné par J. Ratzinger et la Commission interdicastérielle pour le catéchisme.

D'autres éditions de cette version anglaise voient ou verront le jour. En Afrique, une édition sera imprimée au Kenya par les Éditions Paulines des Filles de Saint-Paul à Nairobi; son aire de diffusion comprendra, outre le Kenya, l'Ouganda, la Tanzanie, le Malawi, l'Éthiopie, le Soudan, l'Érythrée et d'autres pays qui en feront la demande. Il y aura aussi une édition au Zimbabwe, chez Mambo Presse à Lusaka, qui couvrira la Zambie et l'Afrique du Sud. Une autre édition est aussi prévue au Nigeria sous les presses Saint-Paul à Ibadan. L'Australie, la Nouvelle Zélande et les pays qui forment la Conférence épiscopale des pays de

421. Card. J. O'CONNOR, *Réflexions sur le gouvernement de l'Église*, dans *La Doc. cath.* 94 (1997) p. 42; l'article en anglais est paru dans *Catholic New York* du 25 juillet 1994 et dans *Origins* du 29 août. À propos du langage inclusif, le *Times* a rapporté que Jésus était qualifié de «human being» (être humain) ou de «personne» et non pas de «man» (homme), ce qui risque «de miner les fondements de la foi», estiment les milieux du Vatican (selon les agences AFP et CIP; cf. *La Libre Belgique* des 8-9 et 18 janvier 1994).

l'Océan Pacifique, auront chacun leur propre édition de la version anglaise du *C.É.C.*[422].

6. La traduction néerlandaise

Dès le début de l'année 1993, les conférences épiscopales de Hollande et de Belgique ont entrepris la traduction du *C.É.C.* en néerlandais. Elles espéraient pouvoir la présenter à l'automne 1994 mais les concertations entre les traducteurs des deux pays, les évêques concernés et la Congrégation pour la doctrine de la foi ont exigé un plus long délai. C'est en mai 1995 que les Éditions Licap de Bruxelles et le Secrétariat de la Conférence catholique romaine à Utrecht ont sorti le *Katechismus van de katholieke Kerk*, un volume de 733 pages. Le *copyright* est attribué à ces deux éditeurs et à la Librairie éditrice vaticane. On ne trouve pas d'*Imprimi potest* ni d'indication de revoir la traduction à la lumière de la future édition typique latine.

7. Les autres traductions

D'autres traductions ont paru, sont en cours de préparation ou sont actuellement à l'étude[423]. En Europe, la version en langue roumaine à été publiée par l'archevêché catholique-romain (Bucarest) et celle en maltais par l'archidiocèse de Malte (La Valette). Il y a une édition en slovène par la Conférence des évêques slovènes (Ljubljana), une en grec, une en lituanien et une en russe[424]; ont également paru les versions en

422. Renseignements fournis par P. Blanchard dans *L'Osservatore Romano*, é.h.l.f., 7 juin 1994, p. 9.

423. Je rassemble ici des informations données par P. Blanchard, *L'Osservatore Romano*, é.h.l.f., 14 décembre 1993, p. 6, et 7 juin 1994, p. 9, et par J. Ratzinger, *ibidem*, 25 février 1997, p. 12.

424. Lors de la présentation de la version russe, le 24 janvier 1997, le cardinal Ratzinger a souhaité qu'elle soit accueillie par les catholiques pour la croissance de leur foi et qu'elle puisse constituer «un instrument valable pour l'approfondissement de l'entente et de la communion avec l'Église orthodoxe» et pour l'ouverture de «nouvelles voies de dialogue avec les non-chrétiens et les non-croyants de Russie». T. Kondrusiewicz, administrateur apostolique de la Russie européenne, révèle que le travail de traduction a commencé avec des prêtres et des laïcs surtout du Centre des jésuites de Meudon, que le patriarche Alexis II a délégué l'higoumène Inokentij Pavlov, qu'une partie du catéchisme a été traduite à Moscou et l'autre à Meudon, que les deux groupes ont échangé leurs traductions et opéré «des vérifications croisées», qu'en mars 1995 le texte est envoyé à la Congrégation pour la doctrine de la foi, laquelle l'approuve en mai 1996. Le tirage initial fut de 1 600 copies provenant de la Maison d'édition des sœurs de Lorette «Mimepdocete» de Pesano sui Naviglio (Milan) et de 3 000 imprimés à Moscou (cf. *L'Osservatore Romano*, é.h.l.f., 25 février 1997, p. 12, et 18 mars 1997, p. 9).

norvégien, polonais[425], hongrois, tchèque, slovaque et croate. Des traductions en albanais, ukrainien et bulgare, ainsi que pour les autres pays baltes, sont envisagées.

En Afrique, une édition en swahili se prépare aux Éditions Paulines à Nairobi, destinée surtout à la Tanzanie mais aussi en partie au Kenya et au Congo (Zaïre). Madagascar espère une édition en malgache et l'Éthiopie envisage sa propre version en langue amharique. Une version arabe pour les sept patriarcats catholiques du Moyen-Orient et pour l'Égypte et le Soudan a été préparée au Liban et revue en Égypte avant de paraître aux Éditions Apôtres et aux Éditions des Pères Paulistes du Liban en mai 1999.

En Asie, outre l'édition en langue arabe dont nous venons de parler, on prévoit des versions en langue tagalog aux Philippines, en vietnamien, chinois et japonais. La Thaïlande, le Myanmar et la Malaisie souhaitent leurs propres traductions; il en va de même pour l'Inde, le Bangladesh et le Sri Lanka.

III. L'ÉDITION TYPIQUE LATINE

Dans la toute première édition du *C.É.C.* de novembre 1992 chez Mame et Plon à Paris, on peut lire en page 2: «Texte typique latin, Libreria Editrice Vaticana, Città del Vaticano, 1992». Presque toutes les traductions reprennent cette indication, seule la date varie, mais l'*editio typica* n'existe pas encore.

En 1996, le secrétaire de la Congrégation pour le clergé, Cr. Sepe, fait savoir que l'édition du catéchisme en latin sera terminée pour le deuxième semestre de 1997. Il s'agira d'une version revue et corrigée: il n'y aura pas de changements notables par rapport à la version française mais bien des «ajustements», en particulier à propos de la guerre et de la peine de mort. Selon Mgr Sepe, «toutes les observations et objections envoyées à la Congrégation après la publication du Catéchisme ont été examinées, après avoir été classées en quatre sections: doctrine, liturgie, droit et morale»[426]. Cette information nous apprend que l'édition typique ne sera pas une simple traduction en latin du texte français promulgué en 1992: il y aura des corrections sur base d'observations et même d'objections jugées recevables. Cinq ans après sa parution la «norme sûre pour l'enseignement de la foi» sera remplacée par une autre norme, encore plus sûre que la première, pourrait-on dire. Le

425. *Katechizm Kóscioła Katolickiego*, Poznán, Pallotinum, 1994, 738 pages.
426. Ces propos sont rapportés par *La Doc. cath.* 93 (1996) p. 649.

C.É.C. de 1992 ne sera plus le document définitif; c'est l'édition latine, «revue et corrigée», qui le deviendra. Toutes les versions devront être revues pour être conformes à cette nouvelle version du catéchisme.

1. La présentation par Jean-Paul II

Le 15 août 1997, Jean-Paul II signe la lettre apostolique *Laetamur magnopere* par laquelle il approuve et promulgue l'édition latine officielle du *Catéchisme de l'Église catholique* et la déclare «texte définitif»[427].

Le catéchisme en latin, *Catechismus Catholicae Ecclesiae*, est un volume de X -949 pages. Il s'ouvre sur la table des sigles, la table des abréviations des livres de la Bible et la lettre apostolique *Laetamur magnopere* (p. V-X) et se termine par la table des citations (p. 725-785), la table analytique (p. 787-920) et la table des matières (p. 921-949). Il est édité à la Librairie éditrice vaticane, Cité du Vatican; la date de sortie de presse est le 15 août 1997, onze ans après la mise en place de la Commission directrice et du Comité de rédaction du catéchisme[428].

Le 8 septembre, dans la salle du Consistoire du Palais apostolique de Castelgandolfo, le pape préside la cérémonie – moins solennelle que celle du 8 décembre 1992 – de présentation de l'édition typique à l'Église et au monde. Sont présents les évêques de la Commission interdicastérielle et quelques-uns de leurs collaborateurs, ainsi que les membres de la Commission directrice et du Comité de rédaction du catéchisme. Je confie, dit-il, ce texte définitif et normatif en particulier aux évêques afin que le catéchisme soit «plus largement et davantage connu, accueilli, diffusé et surtout utilisé comme un précieux instrument de travail quotidien dans la pastorale et l'évangélisation»[429].

À quoi doit servir le catéchisme? À l'approfondissement de la connaissance de la foi et à sa maturation, à son enracinement et à son rayonnement dans la vie. Plus précisément: – pour la formation permanente des prêtres et leur prédication; – pour la préparation des catéchèses par les catéchistes; – pour les familles en vue de la croissance des charismes contenus dans le sacrement de mariage; – pour les théologiens comme référence doctrinale dans leur recherche, également dans

427. Texte latin dans *A.A.S.* 89 (1997) p. 819-821 et en tête du *Catechismus Catholicae Ecclesiae*, p. VII-X; traduction française dans *La Doc. cath.* 94 (1997) p. 851-852 (non reprise dans l'édition définitive en français de 1998).

428. Par lettre du 15 septembre 1997, le cardinal A. Sodano, secrétaire d'État, a envoyé un exemplaire à chaque évêque par l'intermédiaire des présidents des conférences épiscopales.

429. *L'Osservatore Romano*, é.h.l.f., 16 septembre 1997, p. 2 et 4.

l'explication des motifs qui sous-tendent les affirmations doctrinales du *C.É.C.* et dans la mise en évidence des liens entre les différentes vérités; – pour chaque chrétien en vue de sa formation permanente, sa prière personnelle et communautaire et le renforcement de sa vie de foi; – pour soutenir les efforts œcuméniques et venir en aide à ceux qui s'interrogent ou sont en difficulté dans leur foi; – et enfin pour les non-croyants. Jean-Paul II n'oublie personne sauf qu'il ne nomme pas les séminaristes, les diacres, les religieux et les religieuses. Il demande aux évêques de veiller à ce que toutes ces catégories de personnes disposent du catéchisme et l'utilisent davantage. C'est bien là une des préoccupations majeures du pape: voir son catéchisme le plus largement répandu et surtout très abondamment utilisé; «fréquemment et intensément» précise-t-il en terminant son allocution[430].

Si tous doivent ainsi se servir du *C.É.C.*, l'objectif premier pour lequel il a été demandé au synode extraordinaire de 1985 serait-il devenu caduc? Le catéchisme ne serait-il plus cet ouvrage de référence en vue de la rédaction de catéchismes locaux? À quoi serviraient d'ailleurs ceux-ci si chacun doit avoir en mains et utiliser abondamment le *C.É.C.*? Jean-Paul II termine son discours par un encouragement aux conférences épiscopales et aux évêques à entreprendre en accord avec le Saint-Siège la composition de catéchismes locaux, car, «loin de décourager, voire de remplacer les catéchismes locaux, le Catéchisme de l'Église catholique en requiert, en promeut et en guide l'élaboration». Et il ajoute: «Même si dans des cas particuliers le Catéchisme de l'Église catholique peut être utilisé comme un texte de catéchèse nationale et locale, il devient toutefois nécessaire, là où cela n'a pas encore eu lieu, de procéder à la composition de catéchismes nouveaux qui (...) privilégient des parcours éducatifs différenciés et articulés selon les attentes des destinataires».

Les catéchismes des évêques restent nécessaires, dit le pape, mais le *C.É.C.* pourra en tenir lieu dans des cas particuliers. C'est finalement des

430. Signes de ce souci d'offrir à tous la possibilité de prendre connaissance du contenu du *C.É.C.*, des versions en braille sont en préparation, notamment en France et en Italie, six éditions sur CD-ROM sont disponibles et le catéchisme sera sur Internet en six langues après la parution de l'édition typique latine. En outre, la Commission interdicastérielle est autorisée à répondre aux demandes de publication de morceaux choisis ou de résumés du *C.É.C.* C'est ainsi qu'un *Diccionario del Catecismo de la Iglesia Católica* est paru à Madrid en 1995 dans la collection «Biblioteca de autores cristianos», n° 552. C'est ainsi aussi que Madagascar a entamé une «édition abrégée» et que «de larges extraits» seront insérés dans une nouvelle édition du Nouveau Testament pour les pays africains de langue française (renseignements fournis par Mgr J. Schotte au synode de 1994 [*L'Osservatore Romano* du 11 octobre 1994, spécial synode, p. 6], par P. Blanchard [*ibidem*, 7 juin 1994, p. 9] et par J. Ratzinger [*ibidem*, 25 février 1997, p. 12]).

évêques eux-mêmes qu'il dépendra que l'exception ne devienne la règle. S'ils sont dans l'impossibilité d'en faire rédiger un pour leur diocèse ou leur nation, rien ne les empêche d'adopter éventuellement le catéchisme d'une Église voisine.

2. La présentation par le cardinal Ratzinger

J. Ratzinger, qui préside la Commission interdicastérielle, a prolongé la présentation faite par Jean-Paul II en réunissant la presse le 9 septembre et en s'adressant aux participants du Congrès catéchétique international qui s'est tenu à Rome du 14 au 17 octobre.

a. La conférence de presse du 9 septembre 1997

Après avoir indiqué que la version latine «respecte fidèlement le contenu du texte original français» et ne constitue donc pas un nouveau catéchisme, le cardinal Ratzinger construit sa conférence de presse comme une réponse à deux objections[431]. La première: pourquoi l'édition latine voit-elle le jour cinq ans après le texte français? Sa réponse est que, puisque l'édition officielle doit être la version définitive non sujette à de nouvelles modifications, il valait mieux publier d'abord le catéchisme dans une langue moderne et se réserver ainsi la possibilité d'y apporter des améliorations. Car il était prévisible et même souhaitable que, de 1992 à 1997, des propositions parviennent «de différentes parties du monde ecclésial ou non» en vue d'apporter des corrections. C'est, pour le cardinal, une manière détournée de dire que des critiques ont été formulées à l'égard du texte de 1992 et qu'il valait mieux, pour la crédibilité du catéchisme, en tenir compte dans l'édition typique. Quant au choix du français pour l'édition de 1992, le cardinal nous disait, dès 1993, qu'il s'était imposé parce que seul il pourrait servir de langue de travail, ce qui n'était pas le cas du latin.

Certaines propositions de corrections, poursuit le cardinal, portaient sur le contenu du catéchisme. La Commission interdicastérielle les a passées au crible, les a soumises au jugement d'experts et évalué leurs appréciations et a transmis ses conclusions à l'approbation du pape; elle a veillé à «limiter au minimum indispensable les changements à introduire». D'autres concernaient les sources du catéchisme. Après leur vérification par différents experts, de nombreuses corrections ont été apportées, de sorte que nous disposons maintenant «d'un texte plus précis dans les citations des sources et plus adapté aux règles méthodologiques de

431. Cf. *La Doc. cath.* 94 (1997) p. 852-854.

l'édition»[432]. Grâce à toutes ces corrections, conclut J. Ratzinger, «il n'est pas difficile de reconnaître que le texte initial français a été amélioré par l'édition latine», laquelle devient ainsi l'édition définitive et normative.

La deuxième objection à laquelle J. Ratzinger veut répondre est la suivante: «Pourquoi l'édition officielle est-elle en latin?» C'est parce que la langue officielle de l'Église est et demeure le latin, même si différentes langues sont utilisées pour l'enseignement et la liturgie. Le latin, «qui a été depuis des siècles le véhicule et l'instrument de la culture chrétienne, garantit non seulement la continuité avec nos racines, mais reste très important pour raffermir les liens de l'unité de la foi dans la communion de l'Église». Et le cardinal de préciser que le «style du latin» utilisé est celui que l'on appelle le style «conciliaire»: grâce à lui le lien profond avec les documents et les conclusions du concile Vatican II est mis en évidence et un modèle de langue latine est donné, «qui est plus positivement relié à la tradition latine plurimillénaire».

Je ne sais si les auditeurs de la conférence de presse ont tous perçu la pertinence des deux réponses du cardinal et s'ils savent ce qu'est le «style conciliaire». Ceux qui travaillent dans les moyens de communication sociale auront plutôt retenu qu'il leur était demandé, en finale, «de présenter avec justesse et de favoriser l'accueil positif d'un texte catéchétique si important».

Les agences de presse se sont fait l'écho des échanges qui ont suivi l'exposé du cardinal. Ainsi, l'agence CIP, de Bruxelles, rapporte: «Rome: un texte définitif en latin pour le Catéchisme. La peine de mort est 'pratiquement inapplicable'». L'agence signale quelques-unes des principales modifications introduites. Dans la première partie du catéchisme, il y a les paragraphes 57, 88, 336, 875 et 1281, dans la deuxième le 1635 sur les mariages mixtes et dans la troisième le 2042 sur les obligations du dimanche, le 2352 sur la masturbation, le 2366 sur l'homosexualité et surtout les 2265-2267 sur la peine de mort. Il y a eu une volonté de «limiter au minimum indispensable les changements à introduire». Le cardinal a reconnu qu'il n'avait pas perçu «certaines

432. Les évêques ont reçu la liste des «corrigenda concernant le contenu du texte»; en français, cette liste comprend 28 pages et concerne des modifications à apporter à 100 paragraphes du *C.É.C.*. Ils ont en même temps reçu les «corrigenda» des notes: 38 pages pour la première partie du catéchisme, 16 pour la deuxième, 15 pour la troisième et 8 pour la quatrième, soit un total de 77 pages; certaines de ces corrections avaient déjà été insérées dans diverses traductions du catéchisme. En ce qui concerne les corrections apportées aux notes, 619 paragraphes du *C.É.C.* sont impliqués: dans 524 cas, il s'agit de rectifier une citation ou de la compléter, dans 95 autres cas, il s'agit de réparer un oubli.

subtilités» et déclaré que le pape n'était pas intervenu personnellement dans cette ultime mise au point. Les huit millions de personnes qui ont déjà le catéchisme ne devront pas en acheter un autre car les évêques sont invités à «publier des fascicules qui reprendront la série de corrections de façon à les intégrer dans le volume déjà acquis»[433].

b. La conférence au Congrès catéchétique des 14-17 octobre 1997

Un congrès catéchétique international était réuni au Vatican les 14-17 octobre 1997. Convoqué par J. Ratzinger et D. Castrillón Hoyos, pro-préfet de la Congrégation pour le clergé, il avait pour but de présenter aux présidents des commissions épiscopales pour la catéchèse, aux directeurs des bureaux nationaux de catéchèse et aux experts et responsables d'universités et instituts catéchétiques «de renommée internationale», l'édition typique du catéchisme et le tout nouveau *Directoire général pour la catéchèse*. Il s'agissait aussi de jeter un coup d'œil panoramique et synthétique sur la réception du *C.É.C.*, d'opérer une première vérification quant à la publication des catéchismes nationaux et de présenter le catéchisme et le directoire comme des instruments valables et des points de référence «pour une catéchèse renouvelée au seuil du troisième millénaire»[434].

433. Propos rapporté par CIP du 11 septembre 1997. La presse n'a pratiquement relevé que les modifications intervenues dans la partie morale du catéchisme. *La Croix* du 11 septembre, p. 11, donne un titre très général: «L'Église parachève son catéchisme», mais ne retient finalement que la peine de mort et estime que «l'Église prend une nette distance» à son égard, ne l'excluant pas en principe mais posant des conditions qui veulent la rendre pratiquement inacceptable. *Le Monde* du 12 septembre, p. 3, titre: «Le nouveau catéchisme n'exclut toujours pas le recours à la peine de mort» (contrairement à ce qui était attendu notamment à la suite des appels de Jean-Paul II à la clémence en faveur de condamnés à mort); la seule véritable curiosité, y lisons-nous sous la plume de M. Bôle-Richard, est la suppression d'une référence aux anges comme gardiens de l'ordre cosmique voulu par Dieu.

En Belgique, *La Libre Belgique* du 10 septembre, p. 8, retient que «l'Église exclut pratiquement la peine de mort», estimant que «des moyens de défense non sanglants sont plus conformes à la dignité de la personne humaine»; elle signale aussi les précisions apportées à propos du terrorisme et du droit à la légitime défense. Quant au *Soir* du 10 septembre, p. 10, «le Catéchisme hume l'air du temps»: la nouvelle version se révèle plus ouverte et plus moderne, les théologiens romains n'ont pas tenu pour négligeables les avis des conférences épiscopales et, par elles, de la base des catholiques. Les exemples donnés sont en plus l'homosexualité et la transplantation d'organes ainsi que la suppression des anges au § 57.

434. Ont parlé du catéchisme: J. Ratzinger, J.M. Estepa Llaurens, ancien membre du Comité de rédaction du catéchisme: «La mission prophétique de l'Église: évangélisation, catéchèse et Catéchisme de l'Église catholique», et Z. Legaspi: «Le Catéchisme de l'Église catholique et le Directoire général pour la catéchèse: points de référence pour la rédaction des catéchismes et directoires catéchétiques nationaux».

Le thème de la conférence de Ratzinger était «L'édition officielle du Catéchisme de l'Église catholique: un instrument d'unité dans la vérité»[435]. Dans un premier point, J. Ratzinger reconnaît que la peur de l'uniformité est particulièrement forte au sein même de l'Église catholique et s'est manifestée à l'égard du *C.É.C.*. Celui-ci est apparu comme «une menace visant la vitalité et le pluralisme, (...) une tentative de lier (...), de bloquer une pensée courageusement tendue vers l'avenir, (...) un moyen de contrôle et d'imposition d'une discipline (...), une attaque contre l'inculturation». Le catéchisme est effectivement un instrument d'unité, mais de «l'unité dans la vérité», dans la rencontre de la vérité qui nous est commune au-delà de la diversité des cultures. L'histoire de sa formation prouve que le *C.É.C.* est un instrument d'unité et non «une tentative de fausse uniformisation», qu'il est une «symphonie de la multiplicité». Il est là pour aider les chrétiens à «se rencontrer, au-delà des continents et des cultures», dans un langage fondamental de la foi; n'accorde-t-il pas la place centrale à la Bible? Ne fait-il pas parler le plus possible les deux grands courants de la Tradition, l'oriental et l'occidental? N'en appelle-t-il pas au témoignage des saints et saintes de tous les siècles et de partout?

Après avoir attiré l'attention sur la nature du *C.É.C.* – livre de méditation et d'approfondissement, livre de consultation, accompagnement et guide dans la communion des fidèles – et sur la richesse et l'unité de ses quatre parties, le cardinal revient sur la question de ses destinataires. Jean-Paul II le confie d'abord, dit-il aux évêques: ils pourront y trouver le texte de référence sûr pour l'enseignement de la doctrine au peuple de Dieu. Il le confie également à tous les fidèles afin que chacun d'eux puisse s'identifier et se retrouver dans l'unité de l'Église catholique, vérifier et approfondir son identité chrétienne. Il le destine à tous ceux qui croient mal, ne croient plus ou ne croient pas du tout. Il pense que le catéchisme peut apporter un soutien aux efforts œcuméniques. Le *C.É.C.* sera aussi «un instrument d'unité précieux et indispensable pour l'élaboration des catéchismes locaux pour lesquels il se présentera désormais comme 'le point de référence'».

J. Ratzinger termine par un éloge de la langue latine. Quel sens cela a-t-il d'avoir le *C.É.C.* dans une langue morte? Cela montre que «dans l'Église, tous sont chez eux et qu'il n'existe aucune culture dominante à laquelle les autres devraient se comparer et se subordonner», que, pour tous, «la foi vient de l'extérieur: elle ne vient d'aucune culture humaine (...), que, en elle [la foi], nous sommes tous, de la même manière, chez

435. Cf. *La Doc. cath.* 94 (1997) p. 961-966.

nous». De plus, le latin garantit la continuité avec nos racines et resserre les liens de «l'unité de la foi dans la communion de l'Église». L'expérience des traductions prouve qu'il n'est pas facile d'exprimer la foi dans les catégories des diverses cultures et langues; le latin aide «à surmonter ces difficultés et rapprocher davantage entre eux des peuples de différentes langues et cultures»[436].

Le cardinal ne peut que faire l'éloge du catéchisme réalisé sous sa direction et marquer son unité de vue avec le pape. Comme pour Jean-Paul II, les destinataires du *C.É.C.* sont d'abord les évêques, non pas en tant qu'ils ont a publier des catéchismes – cela ne vient plus qu'en dernier lieu – mais en tant qu'ils sont des enseignants et des prédicateurs: eux les premiers doivent s'en servir. Notons toutefois que les prêtres et les théologiens ne sont pas mentionnés explicitement, comme le pape l'avait fait le 8 septembre.

L'apologie qui est faite de la langue latine pourra ne pas faire l'unanimité. C'est une chose de reconnaître que le latin s'est imposé comme langue véhiculaire et s'est ensuite conservé dans l'Église d'Occident comme moyen de communication entre Rome et les Églises locales; c'en est une autre de déclarer qu'il peut mieux que d'autres langues – le grec, l'allemand, l'anglais … qui ont cependant produit des œuvres philosophiques et théologiques de toute grande valeur – exprimer la foi apostolique.

NOTE COMPLÉMENTAIRE:
LE «C.É.C.» ET LE «DIRECTOIRE POUR LA CATÉCHÈSE»

Le Congrès catéchétique des 14-17 octobre 1997 a été suivi par huit cardinaux, septante et un évêques, cent quarante prêtres, quarante et un religieux et religieuses et trente-huit laïcs/laïques venant de septante-deux pays. Plusieurs interventions ont mis en relief la signification de l'édition typique du *C.É.C.* et de la nouvelle édition du Directoire catéchétique mise en chantier suite à la parution, depuis 1971, d'*Evangelii*

436. Cela me fait penser aux arguments avancés pour le maintien du latin dans la liturgie lors de la première période du concile Vatican II: l'usage du vernaculaire pourrait mettre en danger l'unité du peuple chrétien; – l'unité de la foi suppose une seule liturgie, une seule langue; – le latin transcende les frontières et marque la neutralité de l'Église sur le plan politique; – nulle autre langue que le latin ne peut fournir un vecteur aussi clair, précis et catégorique pour la formulation de l'enseignement de l'Église… (cf. M. LAMBERIGTS, *Le débat sur la liturgie*, dans G. ALBERIGO [sous la direction de], *Histoire du Concile Vatican II [1959-1965]*, t. II, Paris-Louvain, Cerf-Peeters, 1998, p. 151).

nuntiandi, de *Catechesi tradendae*, du rituel du baptême des adultes et du *C.É.C.*

Parmi les conclusions du Congrès, on peut lire que l'ensemble des travaux a fait ressortir «la vitalité de l'évangélisation et de la catéchèse dans nos communautés, montrant l'impact bénéfique que le *C.É.C.* a eu dans toute l'Église, comme aussi l'influence exercée par la précédente édition du *Directoire catéchétique général* de 1971, sur la catéchèse, les catéchistes et plus largement sur la mission évangélisatrice de l'Église (...). Les évêques ont rappelé l'absolue nécessité de la fidélité, dans l'annonce et dans la vie, à la *fides Ecclesiae*, acceptant concrètement de se référer au *C.É.C.* et au *D.G.C.* pour l'élaboration de la catéchèse, des catéchismes, des directoires nationaux, ainsi que pour la formation des catéchistes»[437].

Épinglons aussi les conclusions tirées à propos de la valeur du catéchisme. Comme nous le constaterons, elles ne font que reprendre les paroles enthousiastes du pape et du cardinal Ratzinger; pouvait-il en être autrement dans un congrès de ce genre? «Vu l'accueil favorable et positif du *C.É.C.* dans le monde entier (...), il serait bon de faire attention aux points suivants pour le rendre encore plus incisif:

– «Le *C.É.C.* se propose d'être 'un point de référence' au service de la vérité de la foi, de la communion ecclésiale et un instrument de formation pour les agents de pastorale et spécialement pour les catéchistes. Le *C.É.C.* est le résumé doctrinal de la foi catholique et il est l'expression de l'enseignement autorisé du magistère. Dans ce sens, il est un lien entre tous les fidèles selon les degrés d'autorité de la doctrine.
– «*Fidei depositum* et *Laetamur magnopere* de Jean-Paul II proposent le *C.É.C.* : pour les prêtres, comme instrument valable pour leur formation permanente et pour leur prédication; pour les catéchistes, au cours de leur formation initiale et continue au service de la Parole; pour les familles en vue de leur croissance chrétienne. De plus, il se présente comme une aide précieuse pour l'*aggiornamento* systématique des agents de la pastorale et pour la formation permanente de chaque chrétien.
– «*Le C.É.C.* est proposé par l'autorité, et donc doit être considéré comme point de référence pour l'élaboration de catéchismes locaux».

Et les congressistes reprennent alors à leur compte ce que disait le pape le 8 septembre: «Là ou il n'a pas été possible d'élaborer des catéchismes locaux, le *C.É.C.* garde sa valeur de catéchisme, c'est-à-dire

437. *La Doc. cath.* 95 (1998) p. 94.

d'instrument de connaissance de la foi dans les communautés chrétiennes locales. Il est certain que les destinataires privilégiés du *C.É.C.* sont les évêques mais, comme l'affirme le Pape dans *Fidei depositum*, le *C.É.C.* s'adresse à tous les fidèles».

Le Congrès conclut encore que «l'Église locale doit se référer à la lettre et à l'esprit du *C.É.C.* (...), et réaliser une actualisation adéquate selon la catéchèse à transmettre. Cela requiert (...) une vérification sérieuse et collégiale des textes, directoires, guides pour la formation des catéchistes existants dans les Églises locales, en vue d'une comparaison opportune et d'une mise à jour»[438].

La nouvelle édition du *Directoire catéchétique général*, dont le titre en français est *Directoire général pour la catéchèse*, contient un chapitre qui remplace l'exposé de 1971 sur les «éléments principaux du mystère chrétien»[439]. On y présente le *C.É.C.*: sa finalité, sa nature, son plan, son inspiration, son genre littéraire (n°s 119-130). Épinglons quelques-unes de ses affirmations.

- Au n° 120: le *C.É.C.* est au service de l'action catéchétique de l'Église (et non l'inverse, pourrions-nous y ajouter); il est proposé aux Églises avant tout comme point de référence pour l'exposé authentique du contenu de la foi.
- Au n° 121: le *C.É.C.* est 1) un instrument valable et autorisé au service de la communauté ecclésiale; 2) une norme sûre pour l'enseignement de la foi et, dès lors, un point de référence obligé pour la catéchèse et les autres formes du ministère de la parole; 3) un texte de référence pour les catéchismes locaux qu'il n'est pas destiné à remplacer.

438. *La Doc. cath.* 95 (1998) p. 96.

439. Le *Directoire général pour la catéchèse* a été approuvé par Jean-Paul II le 15 août 1997 en même temps qu'était signée la lettre apostolique *Laetamur magnopere*. Comme le *C.É.C.*, il a fait l'objet d'une vaste consultation avant de connaître sa version définitive. Il est édité, en langue française, par la Librairie éditrice vaticane, 1997, par les Éditions du Centurion-Cerf-Lumen Vitae, 1998, et par les Éditions Téqui, 1997. Comme premiers commentaires, citons: D. Castrillón Hoyos dans *La Doc. cath.* 94 (1997) p. 918-922; Cr. Sepe dans *L'Osservatore Romano*, é.h.l.f., 21 octobre 1997, p. 8; A. Fossion dans *Lumen Vitae* 53 (1998) p. 91-102.

Recevant les congressistes en audience, Jean-Paul II a souligné la place qu'occupe dans l'Église «le soin d'annoncer de façon adaptée la Parole de Dieu aux hommes de notre temps. C'est *en partant de leurs interrogations* (c'est moi qui souligne) qu'il faut les aider à découvrir, à travers les paroles humaines, le message du salut apporté par le Christ». Et, à propos du catéchisme, il a indiqué qu'il «se présente comme un *instrument d'une autorité particulière* (...) qui présente la vérité révélée (...); il exprime la fraîcheur immuable de la Vérité chrétienne *dans notre société d'aujourd'hui*. Il devient ainsi un témoignage éloquent du degré de conscience et de connaissance de soi que l'Église, dans son ensemble, possède en ce qui concerne son dépôt de vérité éternel» (*L'Osservatore Romano*, é.h.l.f., 17 octobre 1997, p. 5).

- Au n° 122: le *C.É.C.* n'impose aucune configuration déterminée à la catéchèse ou aux catéchismes locaux; il est compatible avec une grande diversité dans la façon de présenter la doctrine catholique.
- Au n° 125: le *C.É.C.* n'est pas la seule source de la catéchèse; il ne remplace pas la Parole de Dieu mais est à son service.
- Au n° 127: l'Écriture et le *C.É.C.*, expression actuelle de la Tradition vivante de l'Église, sont appelés à féconder la catéchèse.
- Et au n° 240: le *C.É.C.* sera la référence doctrinale fondamentale en même temps que le catéchisme de l'Église locale.

Comme on le voit, le nouveau directoire insiste très nettement sur l'importance des catéchismes locaux et sur la fonction de texte-référence du *C.É.C.* : par là, il est en plein accord avec le souhait des évêques du synode de 1985. Mais, dire que le *C.É.C.* est avec l'Écriture, après elle heureusement, «source» de la catéchèse fait difficulté. C'est l'identifier en quelque sorte avec la Tradition liturgique, patristique et magistérielle, comme si cette Tradition s'arrêtait (pour combien de temps?) avec ce que dit le *C.É.C.* C'est aussi faire du *C.É.C.* d'abord un texte-référence pour n'importe quelle activité catéchétique dans toutes les Églises. Cela n'était pas l'optique des évêques de 1985 mais reflète la pensée de Jean-Paul II exprimée de plus en plus nettement au cours des années 1986-1997.

Puisque, pour faire de la catéchèse, il faut idéalement avoir en mains, outre l'Écriture, le *C.É.C.* et le catéchisme du pays ou du diocèse, on devine les difficultés auxquelles on peut s'attendre. Ou le *C.É.C.* est considéré comme le vrai catéchisme de l'Église, et alors il sera téméraire d'entreprendre la rédaction du catéchisme local qui sera jugé à l'aune du catéchisme universel et ne sera en définitive qu'un catéchisme de moindre autorité doctrinale. Ou bien le catéchisme local est publié et devient le texte-référence de toute l'activité catéchétique du pays ou du diocèse, et alors on peut craindre les récriminations et dénonciations de ceux qui trouveront en lui un concurrent du *C.É.C.*, un exposé qui ne s'inspire pas suffisamment de sa «source», un livre de seconde main moins valable et autorisé que le catéchisme de Jean-Paul II.

QUATRIÈME SECTION

LE CONTENU DU «CATÉCHISME DE L'ÉGLISE CATHOLIQUE»

Jusqu'à présent, nous avons suivi les étapes qui ont conduit du *Projet révisé* de 1989 au «Texte définitif» de 1992 (Première section) et j'ai relaté la présentation du *C.É.C.* à Paris, Tournai, Lausanne et Rome (Deuxième section). Nous avons eu ensuite un aperçu des différentes éditions du catéchisme (Troisième section), de sorte qu'il ne nous reste plus qu'à ouvrir le livre pour prendre connaissance de son contenu.

Pour ce faire, nous avons sous la main l'édition approuvée et promulguée par Jean-Paul II le 25 juin et le 11 octobre 1992, que ce soit le texte français original ou une version dans d'autres langues. Puisque le *Projet révisé* a été accepté comme texte de base, je signalerai simplement les modifications qui y ont été apportées, ce qui nous permettra d'apprécier le travail accompli par le Comité de rédaction à partir des observations et des 24 000 *modi* proposés par les évêques et par le pape. Chaque fois que cela se présentera, je signalerai les changements apportés au contenu du catéchisme dans l'édition typique latine de 1997 et dans la nouvelles version française de 1998 (ils sont imprimés en plus petits caractères et en retrait).

I. LE TITRE DU CATÉCHISME

En 1566, le titre de l'ouvrage, dont le concile de Trente a ordonné la publication, est très long, comme c'est alors la coutume. Il mentionne le genre du livre et, par là, son contenu: *Catechismus*, terme qui commence à se répandre et qui désigne un exposé suivi ou par questions et réponses de la doctrine chrétienne. Il indique son origine, ceux qui en ont décidé la parution: *ex decreto Concilii Tridentini*, c'est-à-dire les Pères conciliaires. Il précise qui en sont les destinataires: *ad parochos*, les curés, les pasteurs. Et il ajoute le nom de celui qui l'a fait éditer: *Pii quinti Pont. Max. iussu editus*, le pape Pie V.

Le synode extraordinaire de 1985 formule ainsi son souhait: que soit rédigé «un catéchisme ou compendium de toute la doctrine catholique tant sur la foi que sur la morale, qui sera comme un texte de référence pour les catéchismes ou compendiums qui sont composés dans les divers pays». Dans son discours de clôture, Jean-Paul II reprend cette formulation, tout en inversant les deux premiers termes «un compendium ou catéchisme de toute la doctrine chrétienne ...» Cette phrase aurait pu être retenue comme titre du catéchisme, mais notre époque préfère un intitulé plus ramassé. Le pape lui-même fera souvent plus bref par la suite: il parlera du «catéchisme de la doctrine catholique» ou du «compendium de la doctrine catholique».

À partir du 25 juin 1986, Jean-Paul II utilise aussi l'expression «catéchisme pour l'Église universelle» et même «catéchisme universel». La première va devenir le titre de l'*Avant-projet* de 1987: *Catechismus pro Ecclesia Universali,* titre qui se retrouvera dans le *Projet révisé* de 1989. Nous savons, par J. Ratzinger, que quelques évêques ont trouvé ce titre trop prétentieux, qu'un bon nombre ont plaidé pour «compendium» et certains pour «catéchisme ou compendium» comme l'a demandé le synode de 1985[440]. Nous savons aussi que la Commission directrice a tranché la question: on gardera le mot «catéchisme» qui a pour lui la tradition et l'usage contemporain et qui signifie en même temps «compendium des vérités de la foi»[441].

La réponse de la Commission ne rencontre pas l'objection de ces évêques qui trouvent trop prétentieux d'inclure dans le titre que les destinataires sont «l'Église universelle». Si l'expression «Église universelle» désigne cette foule immense au terme de l'histoire, dont parle l'Apocalypse, elle désigne aussi l'Église du Christ encore en marche vers sa destinée ultime et s'efforçant de signifier, dès maintenant, ce qu'elle sera dans la gloire une fois réunie à son Seigneur. Or cette Église du Christ, déjà universelle mais en devenir d'universalité, c'est l'Église catholique et aussi ces autres Églises et Communautés chrétiennes non encore en pleine communion avec elle, en tant que se trouvent en elles de nombreux éléments de sanctification et de vérité qui appartiennent par don de Dieu à l'Église du Christ (cf. *Lumen gentium* 8, § 2). Dire que le catéchisme est «pour l'Église universelle», cela peut signifier que l'Église catholique rédige, seule, le contenu de la foi et dit aux autres chrétiens: voici l'expression de

440. Voir ci-dessus, p. 314.

441. Voir ci-dessus, p. 318. Les dictionnaires français appellent «catéchisme» l'exposé abrégé d'une science, d'une doctrine, et plus spécifiquement le livre qui contient l'instruction sur les principes et les mystères de la foi, l'explication de la croyance et des usages de la religion chrétienne, que ce soit par questions et réponses ou autrement. Un «compendium» est un abrégé, une réduction d'un plus grand ouvrage en un plus petit, un écrit réduit à un bref exposé, aux points essentiels; comme synonyme, on trouve «condensé», «résumé», «somme». Nous avons vu que, pour Cl. G. Morino, «un catéchisme est certainement un compendium, mais un compendium n'est pas forcément un catéchisme», la forme, l'exposition, le ton et l'intention pouvant être tout différents (voir ci-dessus, note 107). Dans l'édition latine de 1997, les «En bref» sont rassemblés sous la rubrique «compendium».

notre foi commune et c'est donc ainsi que vous devez croire, célébrer, vivre et prier.

Le 25 juin 1992, Jean-Paul II approuve le catéchisme et le titre définitif qui lui est donné est *Catéchisme de l'Église catholique*. Et c'est très bien ainsi. Il s'agit d'un catéchisme qui appartient en propre à cette Église qui s'appelle «Église catholique» et qui dit ce que cette Église-là croit, comment elle célèbre son Seigneur, met en pratique ses commandements et prie. Livre de l'Église catholique, le *C.É.C.* provient de cette Église: c'est elle qui l'a produit, non pas l'ensemble de ses membres mais ces évêques et théologiens qui ont participé d'une manière ou d'une autre à sa rédaction et ces quelques laïcs et religieux que ceux-ci ont bien voulu consulter. Et comme les destinataires ne figurent pas dans le titre, on peut de suite penser que le livre est offert à tous sans distinction: que celui qui désire savoir ce que croit l'Église catholique prenne cet ouvrage et le lise.

Le titre du catéchisme ne porte pas l'article «un» ou «le»; c'est que le *C.É.C.* n'est pas uniquement «un» catéchisme parmi tous les catéchismes qui existent ou existeront dans l'Église catholique. À la différence des catéchismes locaux, il est un texte de référence pour ceux-ci, souhaité par un synode, décidé par le pape, accepté par un nombre important d'évêques, approuvé et promulgué par Jean-Paul II. Il n'est cependant pas «le» catéchisme, le seul catéchisme de l'Église catholique, le seul qui puisse être ainsi qualifié; les catéchismes nationaux ou diocésains sont aussi des catéchismes de l'Église catholique, même si leurs interprétations s'écartent peu ou prou de celles que le *C.É.C.* a privilégiées.

Le titre du catéchisme est accompagné d'un logo dessiné «d'après une pierre tombale chrétienne des catacombes de Domitilla datée de la fin du troisième siècle», qui suggère, nous est-il dit, «le Christ bon pasteur qui guide et protège ses fidèles (la brebis) par son autorité (le bâton), les attire par la symphonie mélodieuse de la vérité (la flûte) et les fait reposer à l'ombre de l''arbre de vie', sa Croix rédemptrice qui ouvre le paradis» (p. 2). Sans cette explication, le symbolisme aurait échappé à la plupart des lecteurs.

II. La liste des sigles

L'édition française comporte une liste des sigles de 57 documents du magistère de l'Église selon leur titulature latine (p. 3-4); elle n'a pas cru utile d'y insérer les abréviations des livres de la Bible, bien que le catéchisme soit offert aussi aux non-initiés à l'Écriture Sainte.

D'autres versions ont pris la liberté de modifier cette liste et/ou de la placer à un autre endroit. La version italienne n'a pas de liste des documents car elle cite toujours en entier, dans les notes infrapaginales, les sources utilisées, mais elle a judicieusement une liste des abréviations bibliques (p. 5). La version espagnole situe en fin de volume mais avant les index une liste des documents ecclésiaux (p. 627) et une liste des livres de l'Écriture (p. 629). La version allemande n'a qu'une seule liste rassemblant les deux sortes de documents et les situe aux dernières pages (p. 815-816). L'édition anglaise compose une liste de 72 documents qu'elle place en tête du volume, après la table des matières (p. XVII). L'édition américaine met en finale les sigles de 74 documents (p. 801) et ceux de la Bible (p. 803). L'édition néerlandaise contient une liste des sigles de 56 documents (p. 603) et indique où l'on peut trouver leur traduction en néerlandais (p. 715-720).

L'édition typique latine s'est inspirée de l'édition italienne: les références en bas de page donnent toujours en entier le titre des documents et leurs auteurs. Elle a cependant une table réunissant les abréviations des collections où l'on peut trouver les documents, et les abréviations courantes (comme éd., id., p., q.). Cette table est suivie d'une liste des abréviations des livres de l'Ancien et du Nouveau Testament (p. V-VI).

L'édition définitive en français de 1998 n'a en rien modifié la façon de faire adoptée en 1992: la liste des seuls sigles des documents magistériels figure toujours en tête du catéchisme (p. 3-4).

La liberté prise par les traducteurs et éditeurs montre que la manière de faire de la version française – laquelle était alors le point de référence pour les autres versions – ne s'est pas imposée: la seule table qu'elle contient n'est pas suffisante et n'aide pas assez les lecteurs à déchiffrer toutes les abréviations contenus dans le *C.É.C.* et à retrouver et/ou vérifier dans l'Écriture et les documents eux-mêmes les textes cités et leurs contextes. Faut-il voir là l'indice que l'édition même du catéchisme en français a été réalisée en un laps de temps trop bref?[442]

442. Autre signe d'une trop grande rapidité dans l'édition de 1992: à la p. 2, nous lisons: «Libreria Editrice Vaticana omnia sibi vidicat iura. Sine eiusdem licentia scripto data nemini liceat nunc Catechismum denuo imprimere aut in aliam linguam vertere»; il faut livre «vindicat» et «hunc Catechismum» (les autres versions ont corrigé). À la p. 9, juste avant le début du premier alinéa, il faut lire «ce que croit» et non «ce que croît l'Église catholique». L'édition de 1998 a conservé *vidicat* et *nunc* ; à la p. 4, elle n'a pas apporté la correction qui s'imposait suite à la nouvelle pagination: il faut lire, à la dernière ligne, «Ex. p. 634 pour s. Ambroise» (et non pas «p. 630»).

III. La constitution apostolique «Fidei depositum»

Le Catéchisme du concile de Trente est promulgué par le motu proprio *Pastorali officio* du 23 septembre 1566. Pie V y annonce qu'il a mené à son terme l'exécution du décret conciliaire: il a choisi des théologiens pour rédiger le catéchisme à l'usage des pasteurs et il en a confié l'impression à Paul Manuce, qui a l'habitude d'éditer à Rome les livres ecclésiastiques. Il fait également savoir qu'il veillera aux traductions et au respect des droits habituels en matière d'édition, lesquels sont concédés pour une période de cinq ans à l'éditeur romain, tant pour le texte latin que pour les versions en langues vernaculaires. Il rappelle que le livre est destiné aux pasteurs pour qu'ils mettent tous leurs soins à enseigner aux fidèles ce qu'ils doivent connaître, confesser et observer[443]. Ce motu proprio ne figure pas en tête de l'édition critique établie en 1989. La tradition éditoriale laisse voir qu'au cours des temps, le Catéchisme romain a été précédé par des introductions de tout genre, par diverses tables et par des documents pontificaux comme l'encyclique *In dominico agro* de Clément XIII et, plus récemment, l'encyclique *Acerbo nimis* de Pie X sur l'enseignement de la doctrine chrétienne.

Le catéchisme de 1992 s'ouvre par une constitution apostolique par laquelle Jean-Paul II en ordonne la publication en vertu de son autorité apostolique (p. 5-9). Seule la version française en fait une «introduction» à l'ensemble du catéchisme (titre courant des pages 6-9).

Dans la hiérarchie des documents pontificaux, la constitution apostolique vient après les lettres apostoliques, les lettres décrétales, les lettres apostoliques *motu proprio datae*, mais avant les encycliques, les chirographes, les homélies, allocutions, audiences du mercredi ... Depuis le début de son ministère pastoral comme évêque de Rome, Jean-Paul II a signé 328 constitutions apostoliques; 319 concernent la création de nouveaux diocèses et de provinces ecclésiastiques ou la modification des limites de diocèses, les 9 autres ont des objets bien précis intéressant le plus souvent l'ensemble de l'Église. Ainsi, le 15 avril 1979, *Sapientia christiana* sur les universités et facultés ecclésiastiques; le 25 avril 1979, *Scripturarum thesaurus* sur la promulgation de la nouvelle édition typique de la Vulgate; le 25 janvier 1983, *Divinus perfectionis magister* sur la procédure des causes de canonisation et la nouvelle organisation de la Congrégation pour la cause des saints, et *Sacrae disciplinae leges* sur la promulgation du Code de droit canonique; le 21 avril 1984, *Spirituali militum* sur les nouvelles dispositions canoniques concernant

443. Cf. Pie V, motu proprio *Pastorali officio*, 23 septembre 1566, dans *Catechismus Romanus*, édition critique de P. Rodríguez, p. 1244-1245.

l'apostolat auprès des militaires; le 26 juin 1988, *Pastor bonus* sur la réforme de la Curie romaine; le 25 mars 1990, *Ex corde Ecclesiae* sur les universités catholiques; le 18 octobre 1990, *Sacri canones* promulguant le Code des canons des Églises orientales; et, enfin, le 11 octobre 1992, *Fidei depositum* «pour la publication du *Catéchisme de l'Église catholique* rédigé à la suite du deuxième concile œcuménique du Vatican»[444].

Dès le titre de la constitution, le pape, qui se présente, selon la formule traditionnelle, comme «évêque, serviteur des serviteurs de Dieu»[445], tient à situer le catéchisme par rapport à Vatican II: il est rédigé «à la suite» du concile. La traduction italienne dit: «dopo il concilio», l'espagnole «en orden a la aplicatión del concilio», l'allemande «um Anschluss an das Konzil verfasst», l'anglaise «prepared following the concil» et la néerlandaise «ter uitvaring van het concilie». Le texte latin dit «Catechismus post Concilium (...) instauratus». Comprenons bien: il vient après le concile, à la suite du concile «qui n'a cessé d'inspirer la vie de l'Église», vingt-sept ans après sa clôture, trente ans après son ouverture. Il n'est pas un catéchisme «ex decreto concilii Vaticani II editus» mais un catéchisme souhaité par des évêques en 1985 et que le pape a fait rédiger et publier; il est le catéchisme «Joannis Pauli II Pont. Max. iussu editus». On peut l'appeler «catéchisme de Jean-Paul II» comme celui de 1566 a été appelé «catéchisme de Pie V».

Jean-Paul II adresse *Fidei depositum* aux cardinaux, archevêques, évêques, prêtres, diacres et «autres membres du peuple de Dieu». Les éditions française, espagnole et anglaise ont omis d'énumérer les destinataires. Comme le pape dira qu'il offre aussi le catéchisme «à tout homme qui nous demande raison de l'espérance qui est en nous et qui voudrait connaître ce que croit l'Église catholique», nous aurions dû trouver aussi la mention de cette large catégorie de lecteurs potentiels.

En introduction, le pape évoque la mission confiée par le Seigneur à son Église, «garder le dépôt de la foi», et l'intention du concile, formulée par Jean XXIII à l'ouverture et par Paul VI à la clôture de Vatican II, de mieux garder et de mieux expliquer ce dépôt précieux[446]. Il

444. Cf. *A.A.S.* 86 (1994) p. 113-118; la traduction française par les services du Vatican se trouve aussi dans *La Doc. cath.* 90 (1993) p. 1-3.

445. Cette formule (à laquelle est ajoutée cette expression «en perpétuelle mémoire») met en évidence le plus beau des titres attribués au pape: «serviteur des serviteurs de Dieu»; elle le présente aussi, non comme «évêque de Rome» ou comme «pape», mais comme «évêque», sans aucune détermination.

446. «*Fidei depositum custodiendum*» a été traduit officiellement par «garder le dépôt de la foi». Le *Projet révisé* avait cette expression «dépôt de la foi» (0249); à la suite de la consultation des évêques, le «dépôt de la foi» est devenu «l'héritage de la foi»

en vient au synode de 1985 et à sa propre décision de faire sien le désir des pères synodaux car il estimait qu'un catéchisme «répond tout à fait à un vrai besoin de l'Église universelle et des Église particulières». Le catéchisme est là; il constitue, avec les nouveaux livres liturgiques et les deux nouveaux codes, «une contribution très importante à l'œuvre de renouveau de toute la vie ecclésiale» voulue par le concile. Aussi le pape l'offre-t-il à l'Église tout entière comme «texte de référence pour une catéchèse renouvelée aux sources vives de la foi». Rappelons que le synode avait dit: «texte de référence pour la rédaction de catéchismes locaux», et non «texte de référence pour la catéchèse».

De la longue préparation du texte, le pape retient surtout la collaboration de nombreux théologiens, exégètes, catéchètes et des évêques du monde entier. L'accueil largement favorable et la collaboration de l'Épiscopat sont, pour lui, l'expression d'une véritable «symphonie de la foi». La réalisation du catéchisme reflète bien la nature collégiale de l'Épiscopat et atteste la catholicité de l'Église, pense-t-il.

Jean-Paul II s'étend alors sur la distribution de la matière dans le *C.É.C.* «La foi étant toujours la même et source de lumières nouvelles», le catéchisme répond lui aussi à cette double exigence: il reprend l'ordre traditionnel en quatre parties déjà adopté en 1566 et, «en même temps, son contenu est souvent exprimé d'une façon nouvelle afin de répondre aux interrogations de notre époque».

Quelle valeur doctrinale faut-il attribuer au texte? C'est, dit le pape, un document qu'il a approuvé et ordonné de publier «en vertu de son autorité». Il le reconnaît comme un instrument «valable» et «autorisé»; c'est une norme «sûre» pour l'enseignement de la foi. Comprenons bien la portée de ces qualifications. Il s'agit d'*un* et non du *seul* instrument; sa valeur est fonction du travail accompli par tant de personnes compétentes mais ne vient pas minimiser la valeur d'autres ouvrages du même genre. Le catéchisme est «autorisé», fait autorité, est digne de créance d'autant qu'il a reçu l'approbation du pape; il est une norme «sûre», à l'abri de l'erreur, et on peut donc le suivre avec confiance, ce qui ne signifie pas que lui seul soit «sûr», que d'autres ouvrages ne soient pas sûrs eux aussi, voire même aussi sûr que lui. C'est un ouvrage collectif et non l'œuvre d'un seul ou de quelques auteurs; il est revêtu de l'autorité, non pas d'un concile comme le catéchisme de 1566, mais des 146 Pères du synode de 1985 qui ont souhaité sa publication, du pape qui l'a

(§ 84), expression plus riche, qui fait penser à un héritage à faire fructifier et non seulement à conserver précieusement tel qu'on l'a reçu (un «En bref» a cependant maintenu le terme «dépôt» [§ 97]).

fait rédiger, l'a approuvé et l'a promulgué, du bon millier d'évêques qui ont lu le *Projet révisé* et demandé d'y introduire des amendements.

Jean-Paul II précise enfin quels sont les destinataires du *C.É.C.* Il reprend ce que nous savons déjà pour avoir analysé ses nombreux discours: le *C.É.C.* est d'abord un texte de référence pour l'enseignement de la doctrine catholique et l'annonce de la foi, «et tout particulièrement pour la composition des catéchismes locaux». En conséquence tous les membres de l'Église, pasteurs et fidèles, devront l'utiliser assidûment en catéchèse et en évangélisation. Puisqu'il est un exposé des richesses inépuisables du salut, tous les fidèles sont invités à le lire afin de mieux connaître ces richesses. Le pape le voit aussi comme une contribution aux efforts œcuméniques, et l'offre donc également aux chrétiens non catholiques. Enfin, il le destine à tout homme qui veut connaître la foi des catholiques.

Le pape revient alors sur les catéchismes locaux: le *C.É.C.* n'est pas destiné à les supprimer mais à les encourager et à aider leur rédaction car ils ont ceci de particulier qu'ils «tiennent compte des diverses situations et cultures» tout en gardant avec soin «l'unité de la foi et la fidélité à la doctrine catholique». Les évêques sont donc doublement concernés par le *C.É.C.*, pouvons-nous conclure; comme tous les autres membres du peuple de Dieu, ils doivent se référer à lui dans leur ministère d'enseignement, mais, en plus, ils s'en serviront comme texte de référence pour leurs catéchismes diocésains ou nationaux.

De 1985 à 1992, la vision que le pape a des destinataires du catéchisme s'est exprimée avec de plus en plus de clarté mais est restée fondamentalement la même: c'est toute l'Église (cardinaux, archevêques, évêques, prêtres, diacres et autres membres du peuple de Dieu) et même toute l'humanité. L'optique du synode ne disparaît pas mais elle n'occupe pas la toute première place et il n'est plus dit que le *C.É.C.* atteindra tous les fidèles par la médiation indispensable des catéchismes locaux.

Fidei depositum porte la date du 11 octobre 1992, trentième anniversaire de l'ouverture de Vatican II. Généralement, un document de ce genre indique d'abord le lieu où le document a été signé, «donné à Rome, près de Saint-Pierre» par exemple. Ici, rien de tel. Le pape n'est pas à Rome mais à Saint-Domingue où il célèbre le cinquième centenaire du commencement de l'évangélisation aux Amériques et ouvre la quatrième conférence générale de l'Épiscopat latino-américain[447].

447. Voir ci-dessus, note 253.

Fidei depositum figure aussi tout normalement dans l'édition typique latine (p. 1-6) mais la constitution apostolique est précédée de *Laetamur magnopere*, la lettre apostolique datée du 15 août 1997 par laquelle Jean-Paul II promulgue l'édition officielle, «le texte définitif» du catéchisme (p. VII-X)[448].

Le pape pense que l'envoi de propositions de modifications au texte de 1992, venant «de diverses parties du monde et de différentes instances du monde ecclésial» est une preuve du grand intérêt suscité par le catéchisme, «y compris dans les milieux non chrétiens» et manifeste l'engagement profond de chacun à offrir sa contribution pour que la foi chrétienne soit présentée de la façon la plus appropriée qu'il soit. Les corrections acceptées permettent, poursuit le pape, de mieux exprimer le contenu du catéchisme par rapport au dépôt de la foi et de formuler certaines vérités «de façon plus appropriée aux exigences de la communication catéchétique actuelle»[449].

Avec cette édition latine, poursuit Jean-Paul II, «l'Église dispose à présent de cette nouvelle proclamation de l'unique et éternelle foi apostolique qui fait autorité, et qui servira d''instrument valable et autorisé au service de la communion ecclésiale' et de 'texte de référence sûr et authentique' pour la composition des catéchismes locaux». Avec elle, la catéchèse trouvera «une voie tout à fait sûre (...), une aide valable pour transmettre au niveau local l'unique et éternel dépôt de la foi» en ces temps qui requièrent «un grand effort d'évangélisation».

L'«envoi considérable» des propositions de corrections confirme que le *C.É.C.* est bien la présentation de la foi «qui permet à chacun de connaître ce que l'Église professe, célèbre, vit et prie». Aussi demande-t-il aux évêques, «principaux destinataires» du catéchisme, d'intensifier leur travail pour une plus grande diffusion du *C.É.C.*, déjà pourtant bien largement répandu, afin qu'il puisse «être reconnu et partagé par tous» et qu'ainsi l'unité de la foi se renforce et s'étende. Le *C.É.C.* de 1992 conserve encore aujourd'hui sa valeur et son actualité, mais il «trouve sa réalisation définitive dans la présente édition latine officielle».

Cinq ans après *Fidei depositum*, Jean-Paul II insiste principalement sur la destination universelle du catéchisme (il est pour «chacun») et sur son utilisation effective par tous ceux qui l'ont acheté (serait-ce qu'il n'en est pas nécessairement ainsi?). S'il pense aussi aux évêques, c'est pour leur dire de l'utiliser dans leur ministère et de veiller à sa diffusion et son utilisation au niveau local. Il mentionne une fois les catéchismes locaux (le *C.É.C.* servira de texte-référence pour leur composition) mais, dans sa citation du vœu des Pères synodaux de 1985, il laisse tomber cet objectif, le seul qu'ils ont alors formulé explicitement, et dans l'ensemble de la lettre il n'y a pas d'invitation directe à procéder sans tarder à la rédaction de ces catéchismes.

L'*Avant-projet* de catéchisme de 1987 a été corrigé sur base des observations faites par le Collège des consulteurs et le *Projet révisé* de 1989 sur

448. L'édition française définitive ne contient pas la traduction de *Laetamur magnopere*, la lettre apostolique n'ayant pour objet que la promulgation de l'édition typique latine et non le catéchisme dans toutes ses traductions.

449. *La Doc. cath.* 94 (1997) p. 851-852.

base des modifications demandées par les membres du Collège épiscopal, mais pour les corrections apportées au *C.É.C.* de 1992, nous ne savons pas d'où viennent les demandes. Il n'est pas dans la tradition romaine de solliciter des éventuelles modifications à des textes promulgués par le pape. Nous saurons sans doute plus tard quels sont ceux qui ont pris une telle initiative, ce qu'ils ont proposé et ce qui n'a pas été accepté (la question de la peine de mort est certainement une de celles qui ont suscité le plus de demandes de modification). Lors de l'examen du *Projet révisé*, des voix se sont fait entendre – aux USA notamment – pour souhaiter qu'une seconde consultation de l'Épiscopat ait lieu avant la présentation au pape du texte définitif. Cette procédure, éventuellement complétée par l'adjonction d'autres personnes que les évêques, n'aurait-elle pas été préférable à bien des égards?

La date du 15 août 1997 marque la fin du processus d'élaboration du *C.É.C.* On disait jusque là qu'il avait fallu six ans pour le rédiger: de fin 1986 à juin 1992. On doit maintenant dire que onze années ont été nécessaires pour en arriver au texte définitif de 1997, presque douze si on prend comme point de départ la date du 7 décembre 1985 qui marque la décision du pape de faire procéder, selon le souhait du synode, à la rédaction du catéchisme.

Déclarer que le *C.É.C* de 1997 est le texte définitif du catéchisme ne signifie pas que celui-ci soit figé une fois pour toutes et ne puisse plus dans l'avenir être modifié. La même foi apostolique peut toujours être exprimée autrement, comme le montrent l'exposé qu'on en fit en 1566, le résumé paru en 1971, le catéchisme de 1992 et le texte dit «définitif» de 1997, auxquels il faut ajouter les nombreux catéchismes locaux promulgués au cours des derniers siècles. Avec le temps, d'autres interprétations s'imposeront, d'autres améliorations seront proposées, le plan et le style pourront être tout différents et l'idée même d'un catéchisme destiné à tous les humains, quelle que soit leur culture, ne s'imposera peut-être plus.

IV. Le prologue

Le Prologue du *C.É.C.* reprend le contenu qui se trouvait dans le schéma de 1989 mais en améliore la structure et la rédaction et apporte quelques modifications qui ne sont pas sans signification.

Projet révisé	*C.É.C.*
	Trois citations bibliques
I. La vie de l'homme – connaître Dieu (0001-0005)	I. La vie de l'homme – connaître et aimer Dieu (§ 1-3)
II. Transmettre la foi – la catéchèse (0006-0010)	II. Transmettre la foi – la catéchèse (§ 4-10)
III. La structure de ce Catéchisme (0011-0015)	III. Le but et les destinataires de ce Catéchisme (§ 11-12)
IV. Quelques points de repère (0016-0026)	IV. La structure de ce Catéchisme (§ 13-17)

1. La vie de l'homme – connaître et aimer Dieu

Le *C.É.C.* conserve l'idée fondamentale développée en 1989. Cependant,

- au § 1, la vie de l'homme consiste non seulement à «connaître» mais aussi, conformément à la signification de ce verbe dans l'Écriture, à «aimer» Dieu; il est toutefois regrettable que nous n'ayons pas la moindre allusion à la mission de l'homme à l'égard de ses frères et du monde dans lequel il vit.
- au § 1 encore, il était dit que tous les hommes sont convoqués «dans l'unité de la famille de Dieu»; nous lisons maintenant qu'ils sont convoqués «dans l'unité de sa famille, l'Église». L'Église est sans doute présentée ainsi comme cette communauté destinée à accueillir en son sein l'humanité entière. On peut cependant également penser que la communauté des croyants restera jusqu'à la fin des temps ce petit troupeau, ce levain dans la pâte qui fait advenir le Royaume sans que, pour autant, tous les hommes deviennent disciples de Jésus et membres de son Église.
- au § 3, on parlait des «enseignements du Seigneur, transmis par les apôtres», le *C.É.C.* tient à préciser, déjà au début, que «ce trésor reçu des apôtres a été gardé fidèlement par leurs successeurs»[450].

2. Transmettre la foi – la catéchèse

S'inspirant davantage de *Catechesi tradendae*, les rédacteurs ont ajouté au texte du *Projet révisé* une définition de la catéchèse, celle qui inclut «un enseignement de la doctrine chrétienne, donné en général de façon organique et systématique» (§ 5) (alors qu'il y a d'autres définitions plus larges dans l'exhortation apostolique en question). Ils ont

450. Dès la première phrase du Prologue – la citation de Jn 17,3 – et dans tout le catéchisme, les rédacteurs ont introduit les majuscules chaque fois qu'il est question de Dieu. Nous avons ainsi: «Père, (...) la vie éternelle, c'est qu'ils Te connaissent, Toi (...) et Ton envoyé (...)».; au § 1, nous lisons: «Dieu, infiniment Parfait et Bienheureux en Lui-même...». L'emploi des majuscules dans la langue française reste hésitant; faut-il pour autant l'introduire pour des adjectifs et des pronoms? Les traductions de la Bible et des livres liturgiques n'ont pas, jusqu'ici, adopté cette manière de faire.

aussi ajouté un aperçu sur les liens entre la catéchèse et les autres secteurs de la mission de l'Église (§ 6) et décrit avec plus d'ampleur l'histoire de la catéchèse (§ 7-9). À propos du synode de 1985, ils ont conservé le vœu «que soit rédigé un catéchisme ou compendium de toute la doctrine catholique ...» mais ils ont supprimé la suite du *Rapport final* du synode, bien présente en 1989: «... qui serait comme un point de référence pour les catéchismes ou compendiums qui sont comparés dans les divers pays» (§ 10). Serait-ce uniquement parce que cette précision va être signalée au paragraphe suivant?

L'expression «transmettre la foi» est courante en pastorale et spécialement en catéchèse. Elle est cependant ambiguë: nous transmettons des témoignages de croyants et notre propre témoignage, nous communiquons et interprétons les documents de la foi et attirons l'attention sur les signes de la présence du Christ et de son Royaume ... mais, en toute rigueur du terme, nous ne transmettons pas la foi, l'adhésion de l'homme à Dieu; la foi, en tant que assentiment libre à la volonté divine et don de Dieu lui-même, ne se transmet pas. Il n'en va pas de la *fides qua* comme de la *fides quae*.

3. Le but et les destinataires de ce catéchisme

Ce troisième point précède maintenant la structure du catéchisme. En 1989, il était dit que l'exposé organique et synthétique de la foi voulait être un compendium destiné à servir de point de référence pour les catéchismes des divers pays (0016), destiné donc «en premier lieu aux évêques et, à travers eux, aux rédacteurs de catéchismes, aux catéchistes et par là à tout le peuple de Dieu» (0018-0019). Après la parution de *Fidei depositum*, il ne pouvait plus être question de conserver tels quels ces paragraphes. Voyons les changements opérés:

1989	1992
«Il est donc destiné en *premier lieu* aux Évêques, en tant que docteurs de la Foi: c'est à eux que ce Catéchisme est offert comme instrument dans l'accomplissement du ministère prophétique au sein du Peuple de Dieu qui est le leur et auquel ils ne sauraient renoncer (0018) À travers les évêques, docteurs de la foi, ce catéchisme s'adresse aux rédacteurs de catéchismes, aux catéchistes et *par là* à tout le Peuple de Dieu» (0019 – c'est moi qui souligne)	«Ce Catéchisme est destiné *principalement* aux responsables de la catéchèse: *en premier lieu* aux évêques, en tant que docteurs de la foi et pasteurs de l'Église. Il leur est offert comme instrument dans l'accomplissement de leur charge d'enseigner le Peuple de Dieu. À travers les évêques, il s'adresse aux *rédacteurs de catéchismes, aux prêtres* et *aux catéchistes. Il sera aussi d'utile lecture pour tous les autres fidèles chrétiens»* (§ 12 – c'est moi qui souligne).

Le Prologue de 1992 n'énumère pas toutes les catégories de personnes à qui Jean-Paul II offre le *C.É.C.* Il mentionne les responsables de la catéchèse (les évêques, les rédacteurs de catéchismes, les prêtres et les catéchistes) et tous les autres «fidèles chrétiens» (*christifideles*, traduira l'édition latine). Le changement le plus lourd de conséquences est la suppression du «part là». Le *C.É.C.* devait atteindre les fidèles par l'intermédiaire ou la médiation des catéchismes locaux et par la catéchèse des catéchistes; maintenant tous les chrétiens sont invités à le lire directement, bien qu'il ne soit pas adapté aux «différences de cultures, d'âges, de maturité spirituelle, de situations sociales et ecclésiales» (§ 25). Ce n'et pas «un livre secret, réservé aux évêques», a fini par reconnaître Chr. Schönborn au cours d'une interview à *La Libre Belgique* du 3 novembre 1992. La volonté de Jean-Paul II l'a emporté sur le souhait précis des pères du synode de 1985 et sur les déclarations de J. Ratzinger au cours de synodes suivants.

4. *La structure de ce catéchisme*

L'épilogue étant devenu une partie à part entière, le *C.É.C.* a désormais une structure quadripartite, exactement comme le Catéchisme de s. Pie V. Chaque partie comprend deux sections qu'on pourrait qualifier de section fondamentale et section spéciale. L'affirmation selon laquelle le plan s'inspire aussi de la tradition issue de Luther et de Calvin (0011) a été supprimée, conformément à la vérité de l'histoire. On s'est contenté de dire, de manière très générale, trop générale à mon sens, que «le plan s'inspire de la grande tradition des catéchismes qui articulent la catéchèse autour de quatre 'piliers'» (§ 13).

5. *Indications pratiques pour l'usage de ce catéchisme*

Les indications fournies sont celles que le *Projet révisé* donnait déjà (0018-0022). Quelques modifications sont toutefois à signaler:
– au § 20, les petits caractères indiquent qu'il s'agit de «remarques ... ou exposés doctrinaux complémentaires» et non plus de «remarques ... de moindre importance doctrinale» (0023);
– au § 21, on a ajouté, à côté des «sources patristiques, liturgiques et magistérielles» (0024), les sources «hagiographiques»;
– au 0026, on annonçait la parution d'un glossaire au terme du catéchisme; les évêques n'en ont pas voulu puisqu'il n'est plus annoncé et ne figure pas dans le *C.É.C.*

Les unités thématiques resteront suivies d'«En bref» résumant en des «formules ramassées» l'essentiel de l'enseignement (§ 22). Le cardinal Ratzinger avait cependant reconnu qu'il appartenait plutôt aux rédacteurs de catéchismes locaux de rédiger eux-mêmes des formules mémorisables[451].

6. Les adaptations nécessaires

Deux modifications au texte du *Projet révisé* sont encore à signaler. Il était question «des adaptations qu'exige l''inculturation' de la foi chrétienne» (0020); le terme «inculturation» a disparu et a été remplacé par «adaptations de l'exposé (...) exigées par les différences de cultures, d'âges (...)». On disait clairement que le catéchisme veut favoriser la réalisation des catéchismes locaux (0020); maintenant, on dit que les «adaptations indispensables relèvent des catéchismes appropriés, et plus encore de ceux qui instruisent les fidèles», comme si ces catéchismes étaient moins en grâce depuis que le *C.É.C.* est offert à tous les fidèles, y compris à ceux qui les enseignent.

Par-dessus tout – la Charité

Le *C.É.C.* ajoute au texte du *Projet révisé* un paragraphe 25 repris du Catéchisme romain. Il s'agit d'un principe pastoral important: quand on expose ce qu'il faut croire, espérer ou pratiquer, il faut toujours «faire apparaître l'Amour de Notre Seigneur» qui est à l'origine et au terme de tout acte de vertu parfaitement chrétien.

Le Prologue du *C.É.C.* remplit bien sa fonction spécifique: il situe l'ouvrage dans le temps de l'Église, en précise le but et les destinataires, en trace le plan et en donne le mode d'emploi.

Le Prologue du Catéchisme de Pie V expliquait que des faux prophètes se répandent partout, que des livres et des opuscules sont de plus en plus édités et égarent trop facilement la bonne foi des simples, et qu'en conséquence le concile de Trente a décidé de combattre un mal si funeste notamment en décrétant la publication d'un catéchisme à l'usage des pasteurs. Rien de tel ne se trouve dans le prologue du *C.É.C.*: nous apprenons que le synode de 1985 l'a souhaité et que Jean-Paul II en a décidé la parution parce qu'il estime que l'Église en a vraiment besoin. Mais pourquoi, précisément en cette fin de siècle, l'Église se trouve-t-elle dans une situation qui demande un catéchisme de toute la doctrine catholique? Cela aurait pu être dit en une ou deux phrases.

451. Voir ci-dessus, p. 319.

Le Prologue et les quatre parties du *C.É.C.* forment un ensemble de 2865 paragraphes, 2317 pour le catéchisme proprement dit et 548 pour les «En bref». En 1989, le *Projet révisé* en comportait 2660, 2223 plus 437. Nous avons donc 205 paragraphes supplémentaires, 94 pour le catéchisme et 111 pour les «En bref».

	Projet révisé				*C.É.C.*		
	Exposé	«En bref»	Total		Exposé	«En Bref»	Total
Prologue	27	–	27	Prologue	25	–	25
Introduction	172	33	205				
Iᵉ Partie	737	137	874	Iᵉ Partie	857	183	1040
IIᵉ Partie	542	109	651	IIᵉ Partie	528	97	625
IIIᵉ Partie	619	158	777	IIIᵉ Partie	657	210	867
Épilogue	126	–	126	IVᵉ Partie	250	58	308
Total	2223	437	2660	Total	2317	548	2865

De schéma en schéma, et jusqu'au texte promulgué, le «catéchisme ou compendium de toute la doctrine catholique» n'a cessé de s'amplifier; il ne donne toutefois qu'«un exposé (...) des contenus essentiels et fondamentaux» de cette doctrine, nous dit le Prologue (§ 11)! Chacune de ses quatre parties a vu ses proportions se modifier. Abstraction faite du Prologue et des tables diverses, et le Catéchisme tridentin étant repris dans la comparaison, nous constatons dans l'*Avant-projet* de 1987, dans le *Projet révisé* de 1989 et dans le *C.É.C.* de 1992 les pourcentages suivants:

	1566	1987	1989	1992
Credo	20,68	35,11	44,08	37,41
Sacrements	37,24	34,58	27,95	23,04
Commandements	21,51	30,29	22,58	27,66
Prière	20,55	–	5,37	11,88

Par rapport au *Projet révisé*, la profession de foi perd presque 7% mais reste bien en tête; la morale progresse de 5%, les sacrements perdent 5% et la prière obtient 6,50% de plus. En 1566, Credo et sacrements ensemble représentaient à peu près 60% du catéchisme, les sacrements l'emportant haut la main; en 1992, Credo et morale en représentent 65% et le Credo vient en tête. Le pourcentage accordé aux sacrements est en régression d'un schéma à l'autre, la perte de 1992 s'expliquant en partie par la hausse du pourcentage de la prière. C'est évidemment l'importance redonnée à cette dernière qui a entraîné la modification des pourcentages du Credo et des sacrements. La morale, elle, n'en a pas été affectée et progresse même de manière sensible. En nombre de paragraphes, nous constatons que le Credo (Introduction et Iᵉ Partie en 1989) en perd 39 et les sacrements 26 tandis que la morale en gagne 90 et la prière 182.

V. La Première Partie: La profession de la foi

L'exposé de la doctrine catholique sur la foi – comme aussi sur les sacrements, les commandements et la prière – est précédé d'une reproduction d'une œuvre du patrimoine artistique chrétien, qui annonce et synthétise tout à la fois ce qui va être au centre du développement qui va suivre.

Certains éditeurs du Catéchisme romain ont déjà recouru à ce procédé. Ainsi, Aldo Manuce inséra, dans l'édition vénitienne de 1575, quatre illustrations en rapport avec chacune des quatre parties de l'ouvrage[452]. Le *C.É.C.* reprend cette tradition mais ne s'inscrit pas encore dans une optique plus contemporaine, selon laquelle les images jouent un rôle important en tant que «texte» dans le texte[453].

Les éditeurs des différentes versions du catéchisme se sont efforcés de nous donner la meilleurs reproduction possible de ces œuvres d'art, sans toujours y parvenir. Ils leur ont consacré une page entière (français, espagnol, allemand et néerlandais), une demi page (italien, anglais) ou deux tiers de page (américain). Dans l'édition française et néerlandaise, ils ont gardé le noir et blanc, alors que dans toutes les autres, ils ont opté pour la couleur. La reproduction est parfois «hors texte» (italien, espagnol, anglais et américain).

L'illustration qui ouvre la Première Partie est un fragment d'une fresque de la catacombe romaine de Priscille, datant du IIIe siècle. On y voit – on devine à peine, dans certaines éditions[454] – un homme qui indique une étoile située au-dessus de la Vierge avec l'enfant. Cette «plus ancienne image de la Sainte Vierge» a été choisie, nous dit-on, parce qu'elle «thématise ce qui est au cœur de la foi chrétienne: le mystère de l'Incarnation du Fils de Dieu né de la Vierge Marie». Aldo Manuce en 1575, avait choisi une Pentecôte où l'on voit les douze apôtres recevant l'Esprit Saint et où on trouve ces paroles du psaume 115 et de 2 Co 4,13: «J'ai cru, c'est pourquoi j'ai parlé; nous croyons

452. Ces illustrations sont reproduites dans l'*editio typica* du Catéchisme tridentin après les pages 18, 152, 396 et 526.

453. À titre d'exemple, voir le *Livre de la Foi* ou le *Geloofsboek* des évêques de Belgique.

454. La reproduction de l'édition Mame-Plon est particulièrement peu réussie. Il est à peine possible de deviner ce qu'elle représente tant l'image est sombre et il y a un désaccord entre l'image et son commentaire: la figure de l'homme doit se trouver à gauche et celle de la Vierge à droite (et non l'inverse!). L'édition de poche – *Pocket* 3315 – a replacé la scène dans le bon sens mais celle-ci est encore moins lisible. Dans l'édition définitive française de 1998, la lisibilité est nettement améliorée et une reproduction en couleur de la même image est collée au revers de la page de couverture.

et c'est pourquoi nous parlons». Le *C.É.C.* met en avant l'Incarnation; on aurait pu tout aussi bien opter pour la Résurrection.

L'éditeur G. Chapman a ajouté, dans l'édition anglaise, une très belle «Madone et l'Enfant», une œuvre contemporaine de Sir Jacob Epstein que l'on peut admirer au Hythrop College à Londres. Comment justifier ce choix? Parce que les bras largement ouverts de l'enfant et le geste de sa mère indiquent l'ouverture au monde et le service dans le monde, qui sont, selon l'enseignement de Vatican II, au centre de la mission de l'Église[455]. La fresque des catacombes est placée entre la fin du Prologue et avant la Première Partie (p. 12-13) et la Vierge et l'Enfant entre la fin de la Première et le début de la Deuxième section (p. 44-45).

1. Première section: «Je crois» – «Nous croyons»

La Première Partie du *C.É.C.* comprend deux sections de grandeur inégale. La première est intitulée «Je crois – Nous croyons» et correspond à l'Introduction «Je crois» de 1989. La seconde, «La profession de la foi chrétienne» reprend le texte de la Première Partie de 1989 portant le même titre. Les rédacteurs du *C.É.C.* ont ainsi insérés au début de la Première Partie ce que l'*Avant-projet* considérait comme une introduction au développement du Symbole apostolique mais que le *Projet révisé* préférait présenter comme une introduction à tout le catéchisme.

Le paragraphe qui introduit la Première section (§ 26) annonce, dans les mêmes termes que le *Projet révisé* (0101), qu'il y aura trois chapitres: on considérera d'abord l'homme en quête de Dieu, ensuite la révélation de Dieu qui vient à la rencontre de l'homme et enfin la réponse de foi de l'homme. Le *C.É.C.* a effectivement un deuxième chapitre intitulé «Dieu à la rencontre de l'homme» et un troisième «La réponse de l'homme à Dieu»; par contre, le premier porte un titre différent de celui qui est annoncé: ce n'est pas «L'homme en quête de Dieu» mais «L'homme est 'capable' de Dieu», ce qui n'est pas exactement la même chose. Cela a-t-il échappé aux rédacteurs lorsqu'ils ont modifié le contenu du chapitre premier de 1989?

455. «The outstretched arms of the infant Jesus and the supporting gesture of Mary holding the child forth to the world indicate the openness to the world, and service within the world, which are central to the Church's mission. The teaching of the Second Vatican Council calls the Church to a renewed and deeper relationship with the world, in faithfulness to Christ» (*Catechism of the Catholic Church*, Londres, Geoffrey Chapman, hors-texte p. 44).

Chapitre premier: L'homme est «capable» de Dieu

Nous avons suivi l'évolution du premier chapitre entre 1987 et 1989[456]. Avec le *C.É.C.*, ce même premier chapitre connaît une nouvelle évolution: il est réduit de moitié, passant de 47 à 23 paragraphes. Découvrons-en le plan.

En 1989	En 1992
Chap. I: L'homme en quête de Dieu (0102-0149)	
Art. 1: Les religions voies de la quête de Dieu (0104-0119)	
I. Le phénomène religieux (0104-0106)	
II. Les grandes religions (0107-0111)	
III. La foi chrétienne devant les religions (0112-0115)	
[«En bref» (0116-0119)]	
Art. 2: L'homme «capable» de Dieu (0120-0149)	Chap. I: L'homme est «capable» de Dieu (§ 27-49)
I. L'homme s'interroge lui-même (0120-0124)	I. Le désir de Dieu (§ 27-30)
II. Les voies d'accès à la connaissance de Dieu (0125-0131)	II. Les voies d'accès à la connaissance de Dieu (§ 31-35)
III. L'enseignement de l'Église sur la connaissance de Dieu (0132-0139)	III. La connaissance de Dieu selon l'Église (§ 36-38)
IV. Comment parler de Dieu (0140-0144)	IV. Comment parler de Dieu (§ 39-43)
[«En bref» (0145-0149)]	[«En bref» (§ 44-49)]

Nous constatons que le *C.É.C.* conserve la partie du *Projet révisé* qui traite de «l'homme 'capable' de Dieu», lui consacrant 16 paragraphes (au lieu de 24) et 6 «En bref» (au lieu de 5). Par contre, il supprime toute la partie qui porte sur le phénomène religieux et sur les grandes religions. Voyons cela de plus près.

Le désir de Dieu

L'homme s'interroge lui-même, disait le *Projet révisé* ; «le désir de Dieu est inscrit dans le cœur de l'homme», dit le *C.É.C.*, car l'homme est créé par Dieu et pour Dieu et ce n'est qu'en Dieu qu'il peut trouver la vérité et le bonheur qu'il ne cesse de chercher (§ 27). Depuis toujours,

456. Voir ci-dessus, p. 116-122.

les hommes donnent expression à leur quête de Dieu par leurs croyances et leurs comportements religieux. On peut donc dire qu'ils sont des êtres religieux (§ 28). Mais l'homme peut oublier, méconnaître ou rejeter ce qui l'unit à Dieu pour diverses raisons (qu'il faut aller lire dans *Gaudium et spes* 19-21 [§ 29]). Au témoignage de s. Augustin, Dieu ne cesse d'appeler tout homme à le chercher et l'homme doit persévérer dans sa quête de Dieu (§ 30).

Ces quatre paragraphes sont assez proches des numéros correspondants de 1989. Par contre, la suppression du premier article du *Projet révisé* nous prive d'un exposé sur la pluralité des religions, à laquelle l'homme contemporain est confronté. Le *C.É.C.* préfère construire son exposé à partir d'une idée abstraite, d'une notion théorique: l'homme est fondamentalement religieux (et donc celui qui n'est pas religieux n'est pas un homme dans toute la richesse de ce terme!). Le schéma de 1989, comme déjà celui de 1987, après le Catéchisme hollandais et le Catéchisme des évêques allemands, regardait d'abord la manière dont les hommes d'aujourd'hui affrontent les questions fondamentales de l'existence et présentait les grandes religions qui proposent des réponses à ces interrogations. Le *C.É.C.* décide de ne plus parler ici de l'hindouisme, du bouddhisme, de l'islam et du judaïsme et de laisser tomber l'enseignement de *Nostra aetate* sur «la foi chrétienne devant les religions» (0112-0115). Du phénomène des religions, il ne garde que la mention des «prières, sacrifices, cultes, méditations, etc.» qui font partie des croyances et des comportements religieux (§ 28). Quant à l'athéisme, qui avait déjà été moins bien traité dans le *Projet révisé* que dans l'*Avant-projet*, il n'est désormais présent que dans une phrase très générale – où le terme lui-même ne figure pas – et par l'invitation à aller lire *Gaudium et spes* 19-21, ce qui ne concerne que le petit nombre de ceux qui ont à leur disposition les documents conciliaires.

Est-ce à dire que le catéchisme ne parlera pas davantage des religions non chrétiennes et de l'athéisme? Pas du tout. Pour les religions, nous pourrions dire qu'il a simplement opéré un déplacement. En effet, dans le commentaire du «Je crois à la Sainte Église catholique», il consacre plusieurs paragraphes, inspirés cette fois de *Lumen gentium* 16, aux liens existant entre l'Église et les non-chrétiens (§ 839-845); il complète très heureusement le *Projet révisé* qui, à cet endroit, s'était contenté d'une unique phrase englobant toutes les religions et n'en citant aucune (1717), mais, comme sa source, il ne parle nommément que des juifs et des musulmans. À l'instar du concile, qui s'est exprimé sur les religions dans le cadre ecclésiologique de *Lumen gentium* et dans le cadre plus existentiel de *Nostra aetate*, le *C.É.C.* aurait dû maintenir en son premier chapitre l'écho de la déclaration conciliaire tout en sachant que, dans son chapitre sur l'Église, il devrait s'inspirer de la constitution dogmatique. En marge du § 28, nous sommes invités à prendre connaissance du § 843 qui nous apprend que l'Église considère comme une préparation évangélique tout ce qui peut se trouver de bon et de vrai dans les religions; mais combien penseront à faire ce détour?

Et pour l'athéisme? Comme le *Projet révisé*, le *C.É.C.* invite au dialogue non seulement avec les autres religions mais aussi avec les incroyants et les athées (§ 39) et consacre quatre paragraphes à l'athéisme dans l'énumération des péchés contre le premier commandement, où ils sont en compagnie de la superstition, l'idolâtrie, la divination, la magie, l'irréligion et l'agnosticisme (§ 2123-2128). C'est là qu'il fait sien l'enseignement de *Gaudium et spes* 19-21 et qu'il précise que l'imputabilité du «péché contre la vertu de religion» peut être largement diminuée en vertu des intentions et des circonstances. Tout cela est bien dit, mais fallait-il ne parler d'un sujet aussi important que dans un catalogue de péchés? On pouvait s'en tenir à l'option de l'*Avant-projet* qui évoquait les grandes religions et traitait l'athéisme au tout début du «Je crois».

Les voies d'accès à la connaissance de Dieu

Cinq paragraphes sont consacrés aux voies d'accès à la connaissance de Dieu (§ 31-35); il y en avait sept dans le *Projet révisé* (0125-0131). Le contenu n'a pas varié mais le texte s'est enrichi d'abord d'une meilleure présentation des «preuves de l'existence de Dieu»: on les appelle ainsi «non dans le sens des preuves que cherchent les sciences naturelles mais dans le sens d'arguments convergents et convaincants qui permettent d'atteindre à de vraies certitudes» (§ 31). Il s'est enrichi aussi lorsque la voie à partir de l'homme mentionne non seulement son ouverture à la vérité, son sens moral, la voix de sa conscience, son aspiration à l'infini et au bonheur, mais aussi «son ouverture à la beauté» (§ 33).

«À travers tout cela, ajoute le *C.É.C.*, il [l'homme] perçoit des signes de son âme spirituelle (...) [qui] ne peut avoir son origine qu'en Dieu seul» (§ 33). Fallait-il mentionner ici «l'âme spirituelle», dont il ne sera question que plus loin (§ 363-365)? Je n'en suis pas convaincu.

La connaissance de Dieu selon l'Église

Les sept paragraphes de 1989 consacrés à «l'enseignement de l'Église sur la connaissance de Dieu» (0132-0139) sont ramenés à trois (§ 36-38) sans que le contenu soit pour autant modifié. Le *C.É.C.* retient du *Projet révisé* le dogme de Vatican I, repris par *Dei Verbum*, sur la capacité pour l'homme de connaître Dieu avec certitude par les lumières naturelles de sa raison (§ 36) et sur le besoin d'être éclairé par Dieu lui-même pour connaître ces vérités qui sont inaccessibles à notre raison (§ 38). En outre, comme l'enseigne aussi Pie XII dans l'encyclique *Humani generis*[457], nous éprouvons bien des difficultés pour en arriver à affirmer et à connaître Dieu par notre seule raison (§ 37).

La condamnation du fidéisme, de l'agnosticisme et de l'athéisme, qui clôturait ce troisième point dans le *Projet révisé* (0139), n'a pas été reprise par le *C.É.C.*, et c'est très bien ainsi.

Comment parler de Dieu?

Le *C.É.C.* reprend le texte du *Projet révisé* (0140-0144) auquel il apporte deux compléments. Le premier ajoute le dialogue «avec la philosophie et les sciences» au dialogue avec les autres religions, les incroyants et les athées (§ 39). Le deuxième est la citation bien connue de s. Thomas d'Aquin: «Nous ne pouvons saisir de Dieu ce qu'il est, mais seulement ce qu'il n'est pas, et comment les autres êtres se situent par rapport à lui» (§ 43).

Les éditeurs du *C.É.C.* ont fait choix de la typographie estimée la meilleure pour marquer la différence entre le texte même du catéchisme et les «En bref» – «In sintesi» – «Resumen» – «Kurztexte» – «In brief» – «In het kort» – «Compendium» dans l'édition typique. Tous, sauf les Américains, ont opté pour les italiques et la plupart les mettent quelque peu en retrait. L'éditeur allemand les publie sur un fond gris, l'anglais dans un encadrement et l'américain entre deux traits horizontaux couvrant toute la largeur de la page.

À eux seuls, les «En bref» méritent une étude approfondie pour vérifier s'ils résument bien l'essentiel de l'enseignement des unités thématiques auxquelles ils font suite, s'ils reprennent «de préférence des paroles de l'Écriture, de la liturgie, des Pères et du Magistère», comme l'a demandé le cardinal Ratzinger[458], s'ils sont susceptibles d'être repris ou utilisés en catéchèse et s'ils sont mémorisables. Une telle étude dépasse le cadre du présent travail. Je signalerai plus d'une fois le

457. La citation de Pie XII est maintenant plus longue. Une erreur s'est glissée, erreur d'impression facilement compréhensible. Le texte officiel parle des «vérités qui concernent Dieu et les relations qui existent entre Dieu et les hommes» et non des «vérités qui concernent Dieu et les hommes». Les traductions italienne, allemande et néerlandaise, ainsi que l'édition typique, ont rétabli le texte original; l'édition française de 1998 n'a pas introduit la correction attendue.

458. Cf. *La Doc. cath.* 87 (1990) p. 1055.

nombre d'«En bref» repris dans le *C.É.C.* et je serai parfois amené à dire un mot du contenu de l'un ou l'autre d'entre eux.

Dans ce chapitre premier, on est passé de neuf «En bref» en 1989 (0116-0119; 0145-0149) à six (§ 44-49), tous repris du *Projet révisé* avec quelques améliorations rédactionnelles; on a toutefois supprimé l'allusion à ces «voies» qu'on appelle «preuves de l'existence de Dieu» (comparer 0146 au § 46). Les trois «En bref» laissés de côté concernent les religions non chrétiennes. Ils n'ont pas été repris au chapitre sur «l'Église est catholique» là où l'enseignement sur la foi chrétienne devant les religions a été finalement placé. Et c'est très regrettable! Ces «En bref» étaient ainsi formulés: 0177: «L'Église accueille avec respect tout ce qu'il y a de vrai et de saint dans les religions. Elle y discerne la présence secrète de Dieu et des 'préparations de l'Évangile'»; 0118: «C'est face au Christ que l'Église découvre ce qu'il y a de vrai ou de déviant dans les chemins des religions»; 0119: «Le Christ est l'unique chemin de salut. C'est pourquoi ce qu'il y a de vrai et de saint dans les religions humaines ne peut contribuer au salut de l'homme sans l'action mystérieuse de la grâce du Christ».

Quant à l'«En bref» déclarant que «l'homme ne vit une vie pleinement humaine que s'il vit librement son lien avec Dieu» (0116), il a été maintenu (§ 44). Une telle affirmation, à laquelle de nombreux théologiens ne peuvent souscrire, n'est pas de nature à favoriser le dialogue avec les athées souhaité au § 39.

À propos du premier chapitre du *Projet révisé*, nous avions regretté que l'homme dont on parlait était uniquement un être individuel en relation avec Dieu indépendamment de la communauté dans laquelle il est inséré; sur ce point, l'optique du *C.É.C.* est restée inchangée. Nous avions aussi signalé les sources utilisées et les citations insérées dans le texte. Des changements ont-ils été introduits? Il y a la suppression des sources des paragraphes sur les religions: *Nostra aetate*, *Dignitatis humanae*, *Ad gentes* et *Evangelii nuntiandi*. La citation de Pie XII n'est plus dans le texte même mais en petits caractères (§ 37), celle de s. Thomas: «Dieu seul rassasie» (0124), est reportée au § 1718 et celle de sainte Thérèse de Jésus: «Dieu seul suffit» (0124), est supprimée car elle figure aussi au § 227 (= 1027) où elle est mieux en situation. La prière du vendredi saint pour ceux qui ne connaissent pas Dieu (0129) n'est plus là et je le regrette. S. Augustin n'est plus cité que trois fois au lieu de quatre et s. Thomas passe de deux à trois citations.

Chapitre deuxième: Dieu à la rencontre de l'homme

Le *C.É.C.* reprend au *Projet révisé* son développement du deuxième chapitre. Comme en 1989, celui-ci comporte une introduction (0201-202 = § 50), un premier article sur «la Révélation de Dieu» (0203-0233 = § 51-73), un deuxième sur «la transmission de la Révélation divine» (0234-0264 = § 74-100) et un troisième sur «la Sainte Écriture» (0265-0299 = § 101-141). Les 99 paragraphes de 1989 (83 et 16 «En bref») sont devenus 92 (73 et 19 «En bref»). Dans l'introduction, le texte disait que le Père «révèle pleinement son dessein en envoyant son Fils bien-aimé» (0202); on a très heureusement ajouté qu'il envoie aussi l'Esprit-Saint (§ 50).

Article 1: La Révélation de Dieu

Suite aux regroupements opérés, le premier article sur la Révélation est passé de 25 à 17 paragraphes, le nombre d'«En bref» restant identique. L'enseignement est le même qu'en 1989 mais quelques modifications ont été apportées, qui rencontrent, du moins en partie, les observations faites précédemment[459].
– La première étape de la Révélation consiste en la manifestation de Dieu à Adam et Ève, et non plus dans le témoignage de Dieu à travers sa création. Mais, comme en 1989, le *C.É.C.* laisse croire que les récits de Gn 2-3 relatent des faits historiques comme le sont l'élection d'Abraham et le choix du peuple d'Israël (§ 54). Et, comme en 1989 encore, il mentionne, sans apporter de commentaire, la grâce et la justice resplendissantes dont Dieu a revêtu nos premiers parents; cela n'est-il pas dit trop tôt? Un lecteur peu averti pourra-t-il comprendre de quoi il s'agit.
– L'alliance avec Noé reste tout aussi mystérieuse, bien qu'on ait ajouté cette phrase: «Mais, à cause du péché, le polythéisme ainsi que l'idolâtrie de la nation et de son chef menacent sans cesse d'une perversion païenne cette économie provisoire» (§ 57). Le genre littéraire de Gn 6-11 n'est pas signalé et la mention des anges dans la conservation de «l'ordre à la fois cosmique, social et religieux» est maintenue (*ibidem*)[460].

> L'édition typique a finalement supprimé cette mention des anges, de sorte que le paragraphe 57 se lit désormais: «Cet ordre à la fois cosmique, social et religieux de la pluralité des nations est destiné à limiter l'orgueil d'une humanité déchue ...»

459. Voir ci-dessus, p. 125-128.

460. Dans *Catholicisme, hier-aujourd'hui-demain*, J. Chaine écrivait: «Le document sacerdotal est seul à rapporter l'alliance que Dieu fait avec Noé (...). L'idée est celle d'un pacte avec l'humanité et toute la création. La défense de manger du sang était tenue pour

– Pour l 'élection d'Abram, on a supprimé très justement les références à 1 Co 10,1 et à Gn 35,11, mais on a gardé Jn 11,52 et l'adjonction de l'«Église» (Jésus meurt «pour rassembler dans l'unité *de l'Église* tous les enfants de Dieu [0217 et § 60]; la mention de l'Église ne figure pas aux paragraphes 58 et 59, ni non plus aux paragraphes 706 et 2793 où le même texte de Jn 11,52 est repris.
– Aux paragraphes sur la formation du peuple d'Israël, on a ajouté cette mention des saintes femmes du premier Testament, ce qui réjouira plus d'un(e) lecteur(trice): «Les femmes saintes comme Sara, Rébecca, Rachel, Myriam, Déborah, Anne, Judith et Esther, ont conservé vivante l'espérance du salut d'Israël»; Marie, «la plus pure figure» de ce salut, n'est ainsi plus la seule à être citée (§ 64)[461].
– Le Christ étant la plénitude de la Révélation, nous pouvons dire d'abord – et non en second lieu, comme dans le *Projet révisé* – que Dieu a tout dit en son Verbe (§ 65). Nous pouvons affirmer ensuite qu'il n'y a plus de nouvelle révélation publique à attendre: «même si la Révélation est achevée», ajoute très utilement le *C.E.C.*, «elle n'est pas complètement explicitée; il restera à la foi chretienne d'en saisir graduellement toute la portée au cours des siècles» (§ 66). Et il n'est pas inutile d'ajouter encore que les révélations privées reconnues par l'autorité de l'Église «n'appartiennent pas au dépôt de la foi» (§ 67).

une ordonnance promulguée à l'occasion de cette alliance; aussi les Juifs et plusieurs parmi les premiers chrétiens pensaient-ils qu'elle s'imposait à tous les hommes» (t. I, 1948, col. 334). Et J. Bernard, plus de trente ans après, parlait d'une œuvre de salut qui va de pair, après Noé, «avec un nouvel éthos. L'homme qui renonce à tenir sa vie du mythe et des rites de sang n'y perd rien pour autant. C'est de la puissance créatrice de la parole divine et de la promesse qu'il aura bénédiction et fécondité: cette alliance aura une portée universelle (...), elle est établie pour toujours (...). L'alliance noachique servira de base aux rabbins pour dire que la Loi est donnée à tous les peuples dans son principe: l'interdit au sujet du sang et l'idolâtrie. Ce principe servira aussi de base à la mission chrétienne. Le discours de Pierre, dans Ac XV, 20 permettra à Paul d'annoncer Jésus-Christ aux païens à condition qu'ils pratiquent au moins la Torah noachique» (t. IX, 1982, col. 1308-1309).

Le Catéchisme des évêques allemands explique, en 1985, cette mystérieuse alliance: «Après la catastrophe du déluge, Dieu remet de l'ordre dans le monde: les rythmes naturels sont garantis; la nature doit fournir à l'homme ses moyens de subsistance; la vie de l'être humain, image de Dieu, est sacrée et inviolable; le droit et les institutions sociales doivent la protéger. Ainsi, dans les structures de la nature et de la culture, transparaît quelque chose de la volonté qu'a Dieu de sauver tous les hommes» (p. 134 de la traduction française). Signalons qu'en 1965, *Dei Verbum* n'a pas mentionné le salut de l'humanité en la personne de Noé.

461. Dans la liste des *corrigenda* concernant le contenu du texte, on fait remarquer que, dans l'édition typique, le nom de la Ste Vierge est *Maria* mais qu'on laisse la possibilité d'utiliser, dans les traductions, un autre nom en usage dans les livres liturgiques. Au § 64, le nom de la sœur d'Aaron est *Miryam*, ce qui évite de possibles confusions avec la Vierge Marie. On attire aussi l'attention sur les derniers mots du § 64: «La figure la plus pure en est Marie»; le terme «figure», en latin est «imago».

Au paragraphe 65, l'édition typique complète la citation du texte de s. Jean de la Croix en ajoutant, après les mots «, ... il nous a tout dit à la fois et d'un seul coup en cette seule Parole»: «et il n'a rien de plus à dire». Le texte demeure ensuite tel qu'il est.

– On a supprimé la mention de l'islam et des mormons présentés comme exemples de religion ou secte prétendant dépasser ou corriger la révélation du Christ (§ 67, 2); on ne peut qu'être d'accord[462].

Article 2: La transmission de la Révélation divine

Le deuxième article de 1989 expliquait en 27 paragraphes et résumait en 4 «En bref» l'enseignement de l'Église sur la transmission de la Révélation. Le *C.É.C.* reprend ce même enseignement et lui consacre 22 paragraphes et 5 «En bref».

Projet révisé	*C.É.C.*
I. La Révélation doit parvenir à tous les hommes (0234-0235)	Introduction (§ 74)
II. La Tradition apostolique (0236-0242)	I. La Tradition apostolique (§ 75-79)
III. La Tradition et l'Écriture Sainte (0243-0248)	II. Le rapport entre la Tradition et l'Écriture Sainte (§ 80-83)
IV. L'interprétation du dépôt de la foi (0249-0259)	III. L'interprétation de l'héritage de la foi (§ 84-95)
V. Un ensemble indivisible (0260)	

Le développement en trois étapes du *C.É.C.* reprend la totalité des cinq étapes du *Projet révisé*. Plusieurs amendements ont cependant été introduits, qui améliorent très souvent l'exposé.

– La Tradition, en tant que distincte de l'Écriture, est «étroitement liée à elle», lisons-nous maintenant (§ 78).

– Au lieu de dire que la Tradition et l'Écriture sont deux «voies» distinctes de transmission (0245), on a préféré dire qu'elles sont deux «modes» distincts (§ 81).

– «L'Église ne tient pas de la seule Écriture Sainte sa certitude sur tous les points de la Révélation», disait le *Projet révisé*, citant *Dei Verbum*. Le *C.É.C.* poursuit la citation du texte conciliaire: «C'est pourquoi l'une et l'autre [Écriture, Tradition] doivent être reçues et vénérées avec [un] égal sentiment d'amour et de respect» (§ 82).

462. Pour l'«En bref» 69, la Commission interdicastérielle fait savoir qu'en latin, on traduit ici «actions» par «gestis» et non par «eventibus» («Dieu s'est révélé (...) par des actions et par des paroles»).

– La notion de Tradition apostolique n'était pas explicitée. Le catéchisme précise qu'il s'agit de cette Tradition qui «vient des apôtres et transmet ce que ceux-ci ont reçu de l'enseignement et de l'exemple de Jésus et ce qu'ils ont appris par l'Esprit Saint ...» (§ 83).
– Le «dépôt» de la foi est désormais appelé l'«héritage» de la foi, terme qui fait davantage penser à un bien reçu à faire fructifier et non seulement à conserver précieusement (§ 84) [463].
– Le magistère vivant de l'Église, ce sont les évêques en communion avec (...) «l'évêque de Rome» (§ 85) et non plus «le Pontife Romain» (0250). Le contenu de ce § 85 fait maintenant l'objet d'un «En bref» supplémentaire (§ 100).
– Un nouveau paragraphe attire l'attention sur le lien organique entre notre vie spirituelle et les dogmes: ceux-ci sont des lumières sur notre route et celle-là est ouverte pour accueillir ces lumières (§ 89).
– Traitant de la croissance dans l'intelligence de la foi, le *Projet révisé* passait sous silence la recherche théologique (0259); cet oubli est réparé (§ 94). En outre, l'«En bref» 0264 a été corrigé: le peuple de Dieu n'accueille pas seulement le don de la Révélation, il le «pénètre» aussi «plus profondément» (§ 99).
– Comme en 1989, toutefois, le Magistère est présenté avant le sens surnaturel de la foi qui appartient à l'ensemble du peuple de Dieu.

L'édition typique corrige le § 88. Il faut lire désormais: «... quand il [le Magistère] propose (...) des vérités contenues dans la Révélation divine ou bien quand il propose de manière définitive des vérités ayant avec celles-là un lien nécessaire». C'est l'introduction dans le catéchisme – elle concernera le Code de droit canonique peu après – d'une nouvelle catégorie de vérités, celles qui sont proposées par le magistère pontifical «de manière définitive». Pareille extension de l'adhésion irrévocable des croyants à ces vérités ne tombant pas sous la catégorie de vérités révélées ou définies infailliblement est loin d'être acceptée par tous les évêques et les théologiens.

L'édition typique corrige aussi le § 90. Par respect pour la citation du décret *Unitatis redintegratio*, il faut lire ainsi la deuxième phrase: «Il faut, en effet, se rappeler que 'la diversité de leurs rapports avec les fondements de la foi chrétienne marque un ordre ou une «hiérarchie» des vérités de la doctrine catholique'». Il s'agit uniquement de supprimer un «donc» qui ne figure pas dans le document conciliaire.

Parler des enseignements du magistère et des dogmes de la foi amène à traiter de la hiérarchie des vérités. Le *Projet révisé* disait simplement

463. La Commission interdicastérielle attire l'attention des traducteurs sur le fait que «l'héritage sacré» se rend en latin par l'expression «depositum fidei» et non par «haereditas fidei».

que «les dogmes trouvent hiérarchie et cohérence dans l'ensemble de la Révélation du Mystère du Christ» et renvoyait au décret sur l'œcuménisme 11 ainsi qu'à la constitution *Dei Filius* de Vatican I (0254). Le *C.É.C.* en dit un peu plus: «Les liens mutuels et la cohérence des dogmes peuvent être trouvés dans l'ensemble de la Révélation du mystère du Christ. 'La diversité de leur rapports avec les fondements de la foi chrétienne marque donc un ordre ou une hiérarchie des vérités de la doctrine catholique'». Les sources sont les mêmes mais le passage du décret de Vatican II est maintenant dans le texte proprement dit (§ 90).

On se souvient que des théologiens et des évêques avaient estimé que le *Projet révisé* ne respectait pas assez le principe de la hiérarchie des vérités; le cardinal Ratzinger avait alors déclaré que, dans la préface du catéchisme, le terme serait expliqué «à la lumière du Concile Vatican II et du Directoire général de la catéchèse»[464]. Jusqu'à présent, l'explication n'est pas encore venue et ce que dit le § 90 n'est qu'une affirmation très générale, somme toute fort abstraite et peu compréhensible pour les non-initiés. Les rédacteurs auraient pu reprendre le texte du Directoire de 1971: «Dans le message du salut, il y a une certaine hiérarchie des vérités: l'Église l'a toujours reconnu lorsqu'elle a composé les symboles et les résumés des vérités de la foi. Cette hiérarchie ne signifie pas que certaines vérités concernent la foi moins que d'autres, mais que certaines vérités s'appuient sur d'autres plus importantes et reçoivent d'elles leur éclairage». Et le Directoire poursuit: «On peut rassembler ces vérités sous quatre chefs fondamentaux: le mystère de Dieu, Père, Fils et Saint-Esprit, créateur de tout; le mystère du Christ, Verbe Incarné qui, né de la Vierge Marie, a souffert, est mort et est ressuscité pour notre salut; le mystère de l'Esprit-Saint, présent dans l'Église qu'il sanctifie et dirige jusqu'à l'avènement glorieux du Christ, notre Sauveur et notre Juge; le mystère de l'Église, Corps mystique du Christ, où la Vierge Marie tient une place suréminente» (n° 43)[465].

En lien avec la hiérarchie des vérités et parfois confondue avec elle, une autre question a été fréquemment soulevée: quelle est l'autorité et le degré de certitude des divers enseignements provenant du magistère de l'Église? Comment savoir quels sont ceux qui obligent à «une adhésion irrévocable» (§ 88)? Le cardinal Ratzinger avait annoncé que, dans le

464. Voir ci-dessus, p. 319.

465. En son numéro 16, le Directoire demande que «le fait central, Jésus, en tant qu'il est le plus précieux don de Dieu aux hommes, occupe la première place et qu'à partir de lui, les autres vérités de la doctrine catholique reçoivent leur place et leur hiérarchie, dans une perspective pédagogique». Il revient sur la hiérarchie des vérités au numéro 29 et parle de la cohérence, de la connexion, de l'harmonie du contenu de la foi au numéro 39.

texte même du catéchisme, «les vérités solennellement définies seront indiquées explicitement»[466]. Jusqu'à présent, nous n'avons pas trouvé cette indication, à moins qu'elle ne consiste en cette formule: «La Sainte Église notre mère tient et enseigne que ...» (§ 36). Si c'était cela, le lecteur devrait en être averti, mais ce n'est pas le cas; en outre, nous devrions retrouver cette expression chaque fois qu'on se trouve en présence d'une vérité de foi, d'un dogme défini, ce qui n'est pas non plus le cas.

Article 3: La Sainte Écriture

Le troisième article sur l'Écriture Sainte est un peu plus développé que dans le *Projet révisé*. Celui-ci comportait 29 paragraphes et 6 «En bref»; le *C.É.C.*, lui, a 33 paragraphes et 8 «En bref». Le plan de 1989 est maintenu mais un point supplémentaire sur l'Écriture dans la vie de l'Église a été ajouté. Nous avons donc: 1. Le Christ – Parole unique de l'Écriture Sainte (§ 101-104); 2. Inspiration et vérité de la Sainte Écriture (§ 105-108); 3. L'Esprit Saint, interprète de l'Écriture (§ 109-119); 4. Le Canon des Écritures (§ 120-130); 5. La Sainte Écriture dans l'Église (§ 131-133).

Les troisième et quatrième points ont subi plusieurs modifications qui améliorent nettement le texte de 1989[467]. Pour interpréter l'Écriture, il faut d'abord découvrir l'intention des auteurs sacrés, disait le *Projet révisé* (0277); le *C.É.C.* complète cette phrase en reprenant *Dei Verbum* 12: «Car c'est de façon bien différente que la vérité se propose et s'exprime en des textes diversement historiques, en des textes, ou prophétiques, ou poétiques, ou même en d'autres genres littéraires» (§ 110). Les quatre sens de l'Écriture simplement énumérés en 1989 (0252) sont maintenant expliqués (§ 115-118) et l'on parle désormais des exégètes non seulement à propos de leurs recherches du sens littéral (§ 116) mais aussi à propos des études qu'ils font pour «pénétrer et exposer plus profondément le sens de la Sainte Écriture», aidant ainsi l'Église à mûrir son jugement, comme le reconnaît *Dei verbum* 12 (§ 119). La liste des écrits qui constituent l'Écriture Sainte est maintenant donnée (§ 120). La valeur permanente de l'Ancien Testament est mieux mise en lumière

466. Voir ci-dessus, p. 319.

467. Les premier et deuxième points reproduisent les passages correspondants du *Projet révisé* (0265-0274). L'édition française – comme d'autres après elle – omet les italiques à la première phrase des paragraphes 106 et 107, qui s'imposent pour rester dans la logique des premiers mots du paragraphe 105; les éditions italienne, espagnole et allemande ont observé cette logique en utilisant les italiques les trois fois. L'édition typique latine s'en est tenue à la typographie du *C.É.C.*

grâce à l'adjonction de ce que dit *Dei Verbum* 15: «En eux [les livres de l'Ancien Testament], se trouvent de sublimes enseignements sur Dieu, une bienfaisante sagesse sur la vie humaine, d'admirables trésors de prières; en eux enfin se tient caché le mystère de notre salut» (§ 122). À propos du Nouveau Testament, on a ajouté la première phrase de *Dei Verbum* 17 et signalé que les débuts de l'Église se déroulent «sous l'action de l'Esprit Saint» (§ 124); on a surtout explicité les étapes de la formation des évangiles en reproduisant le numéro 19 de la constitution sur la Révélation (§ 126).

Le cinquième point est entièrement neuf. Réparant un oubli du *Projet révisé*, il emprunte au dernier chapitre de *Dei Verbum* sur «la Sainte Écriture dans la vie de l'Église» l'invitation faite à tous les fidèles, quelle que soit leur fonction, à se nourrir de l'Écriture et à lui donner une place de choix dans l'exercice d'un ministère. «Ignorer les Écritures, c'est ignorer le Christ» (§ 131-133). Un «En bref» supplémentaire[468] résume ainsi cette invitation: «'L'Église a toujours vénéré les divines Écritures, comme elle l'a fait pour le Corps même du Seigneur': ces deux nourrissent et régissent toute la vie chrétienne (...)» (§ 141).

Ce chapitre deuxième a connu de nombreuses améliorations qui ont mieux harmonisé le texte avec l'enseignement du concile. La constitution *Dei Verbum* est plus abondamment incorporée au développement de sorte qu'elle est devenue partie intégrante du catéchisme. Des autres sources magistérielles utilisées en 1989, il ne reste que la constitution *Dei Filius* de Vatican I (§ 50 et 90), les trois références à des allocutions de Jean-Paul II ayant été supprimées (0220, 0281 et 0285 = § 63, 114, 121). Les deux mentions de la liturgie romaine ont été maintenues (§ 55 et 63 = 0211 et 0220) et, parmi les Pères de l'Église et les théologiens, figurent aussi Grégoire le Grand (§ 94) et Hugues de Saint-Victor (§ 134).

Quelques questions soulevées précédemment n'ont cependant pas trouvé de réponses dans le *C.É.C.* Nous ne savons toujours pas comment Dieu s'y prend pour se révéler, de quelles médiations il se sert pour que nous puissions reconnaître «sa» parole. Nous ne savons pas non plus comment s'est constitué le canon des Écritures ni ce qu'il faut penser

468. Un autre «En bref» supplémentaire provient de la division du paragraphe 0298 en un § 138 et un § 139. Le § 138 corrige l'information donnée en 1989 sur le nombre de livres de l'Ancien Testament: ils sont 46 et non 45 (ce dernier chiffre s'explique «si l'on compte Jr et Lm ensemble» [§ 120]).

À l'«En bref» 134, la citation d'Hugues de Saint-Victor ne commence qu'à partir de «car toute l'Écriture divine parle du Christ...» (édition typique, p. 42); l'édition française de 1998 s'est embrouillée: elle a fait du § 134 une citation dans laquelle est inséré le texte d'Hugues de Saint-Victor.

des écrits apocryphes. Aucune indication n'est fournie, qui aiderait les lecteurs à interpréter l'Écriture le plus correctement possible et à éviter les pièges du fondamentalisme[469]. Et nous ne savons pas s'il y a, concernant la Révélation, des définitions dogmatiques et des enseignements plus autorisés que d'autres.

Chapitre troisième: La réponse de l'homme à Dieu

La réponse adéquate à l'invitation d'entrer en communion avec Dieu est la foi par laquelle l'homme donne son assentiment au Dieu qui se révèle (§ 142-143). En ce troisième chapitre, le *C.É.C.* procède en deux temps, comme l'avait fait le *Projet révisé* : «Je crois», c'est la réponse personnelle de chacun, et «Nous croyons», nous entrons dans la grande chaîne des croyants, nous sommes portés par la foi des autres et nous contribuons à la croissance de la foi. Son développement est cependant plus court: le *Projet révisé* avait 53 paragraphes, 45 de texte et 8 «En bref», et le *C.É.C.* n'en a plus que 43, 34 pour le texte et 9 pour les «En bref», plusieurs paragraphes ayant été réunis en un seul, déplacés ou supprimés.

Article 1: Je crois

Le premier article, «Je crois», est constitué de 22 paragraphes, contre 33 en 1989, regroupés en trois grandes subdivisions.

L'obéissance de la foi

Obéir dans la foi, c'est se soumettre librement à la parole de Dieu entendue, parce que Dieu est la Vérité même (§ 144 = 0303). Abraham est le modèle de cette obéissance (§ 145-147 = 0304-0309); l'exposé met mieux en valeur sa confiance en la fidélité de Dieu et retient uniquement que son obéissance était totale et sans hésitation. La foi de la Vierge Marie, réalisation la plus parfaite et la plus pure, est décrite en deux paragraphes légèrement retravaillés (§ 148-149 = 0310-0311).

469. Alors que le *C.É.C.* est en cours d'élaboration, la Commission biblique pontificale met en chantier un important document sur «l'interprétation de la Bible dans l'Église», qui sera terminé le 15 avril 1993, quelques mois après le catéchisme (cf. *La Doc. cath.* 91 [1994] p. 13-44). Un contact entre les rédacteurs de l'un et l'autre document n'aurait-il pas été profitable au *C.É.C.* ?

À propos du distique qui résume la signification des quatre sens de l'Écriture (§ 118), l'édition typique ajoute au texte de 1992 que l'auteur en est Augustin de Dacie, *Rotulus pugillaris*, I (éd. A. Walz), dans *Angelicum* 6 (1929) p. 256.

«Je sais en qui j'ai mis ma foi» (2 Tm 1, 12)

J'ai mis ma foi en Dieu, en Jésus-Christ, en l'Esprit Saint. Des 10 paragraphes de 1989, il n'en reste que 3, un pour chacune des personnes de la Trinité (§ 150-152 = 0312-0321). Ce n'était pas le lieu d'en dire davantage sur chacune d'elle, encore qu'il aurait quand même fallu mentionner le nom du «Père» dès le paragraphe consacré à «croire en Dieu seul» (§ 150). La note complémentaire sur «croire en Dieu, croire à Dieu, croire Dieu» (0319-0321) a été supprimée et c'est très bien ainsi car, telle qu'elle était rédigée, elle était peu compréhensible[470].

Les caractéristiques de la foi

L'exposé des caractéristiques de la foi a connu un parcours hésitant de l'*Avant-projet* au *C.É.C.*

Avant-projet (p. 27-33)	*Projet révisé* (n°s 0323-0335)	*C.É.C.* (§ 153-165)
La foi, don de Dieu	La foi est une grâce	La foi est une grâce
L'obscurité de la foi	La foi est un acte humain	La foi est un acte humain
La liberté de la foi	La foi - croissance et menaces	La foi et l'intelligence La liberté de la foi.
La foi, acte de la raison naturelle de l'homme	La foi - nécessité des formulations	La nécessité de la foi
L'Église, espace de la foi		La persévérance dans la foi
L'accomplissement de la foi dans la vision	La foi - lumière et obscurités	La foi - commencement de la vie éternelle

On commence toujours par affirmer l'initiative de Dieu, la foi comme don divin (un seul paragraphe en 1992 au lieu de trois en 1989) et on termine en disant que la foi est un avant-goût de la lumière de la vision béatifique, qu'elle est donc vécue dans l'obscurité et peut être mise à l'épreuve (même texte en 1989 et en 1992). Les différentes caractéristiques sont, elles, agencées dans un ordre variant selon qu'on veut mettre davantage en valeur tel ou tel aspect important. Dans le texte final, c'est l'aspect authentiquement humain de la foi qui suit immédiatement l'insistance sur le don de Dieu (§ 154 = 0326, auquel est ajoutée une citation de s. Thomas: «Croire est un acte de l'intelligence adhérant à la vérité divine sous le commandement de la volonté mue par Dieu au moyen de la grâce» [§ 155]). À partir de là, le *C.É.C.* évoque les relations entre la foi et l'intelligence humaine (§ 156-159): il parle des

470. Voir ci-dessus, p. 135. On retrouve un écho de ces précisions de vocabulaire au § 169: «Nous croyons l'Église (...) et non pas en l'Église (...)».

motifs de crédibilité (§ 156 = 0327), de la certitude qu'apporte la lumière divine (§ 157, absent du *Projet révélé*), de la nécessité de croire pour comprendre et de comprendre pour croire (§ 158 = 0329 et 0325) et des rapports foi et science selon *Gaudium et spes* 36, § 2 (§ 159 absent en 1989).

Don de Dieu, acte humain, la réponse de la foi est volontaire et entièrement libre (§ 160 = 0328). Cependant, ajoute le *C.É.C.*, «sans la foi, il est impossible de plaire à Dieu» et d'obtenir le salut (§ 161 = 0309); il nous faut dès lors vivre, croître et persévérer dans la foi jusqu'à la fin de notre vie (§ 162 = 0330).

Article 2: Nous croyons

La foi n'est pas un acte isolé, comme le *Projet révisé* l'affirmait déjà (0336-0338). En disant «Je crois», c'est la foi de l'Église que je professe dès mon baptême et lors de l'assemblée dominicale; et c'est l'Église qui m'apprend le contenu de ma foi (§ 166-167: c'est le *C.É.C* qui introduit la mention du baptême). Le «Nous croyons» est développé en trois parties:

Projet révisé	*C.É.C.*
I. Je crois – nous croyons (0336-0338)	Introduction (§166-167)
II. «La foi naît de l'écoute» (0339-0340)	
III. «Regarde ... la foi de ton Église» (0341-0343)	I. «Regarde, Seigneur, la foi de ton Église» (§ 168-169)
IV. La foi transmise par l'Église (0344-0345)	II. Le langage de la foi (§ 170-171)
«En bref» (0346-0353)	III. Une seule foi (§ 172-175)
Conclusion: «Une seule foi» (0354-0358)	En bref (§ 176-184)
	Le Credo (texte du Symbole des Apôtres et du Credo de Nicée-Constantinople)

Le texte du *C.É.C* a dix paragraphes de développement et neuf «En bref», alors que le *Projet révisé* en avait respectivement quinze et huit. «La foi naît de l'écoute» (0339-0340) n'a plus trouvé place ici, son contenu ayant déjà été évoqué précédemment (§ 166). «Le langage de la foi» (§ 170-171) reprend en mieux ce qui était situé dans les caractéristiques de la foi en 1989 (0331-0332). Les passages de 1989 sur «la foi transmise par l'Église» ont été supprimés; ils portaient sur l'adhésion aux enseignements du magistère suprême et à ceux des évêques, «surtout du Pontife Romain», et arrivaient en effet beaucoup trop tôt[471]. Le dernier point, «Une seule foi», reprend le passage de l'*Adversus haereses* de s. Irénée. En 1989, il concluait toute la première section; maintenant, il termine le présent article deux, ce qui est préférable.

Après les neuf «En bref» résumant tout le troisième chapitre (un de plus qu'en 1989), le *C.É.C.* ajoute le texte complet du Symbole des Apôtres et du Credo de Nicée-Constantinople, ce qui permet au lecteur d'avoir sous les yeux les articles de foi qui vont être commentés dans la Deuxième section. L'édition anglaise Geoffrey Chapman fait preuve de logique en plaçant ces deux textes plus loin: elle attend que le lecteur ait eu connaissance de l'origine et de l'importance des symboles de la foi, et sache lequel d'entre eux l'exposé suivra, pour lui en fournir le texte (ce sera entre les paragraphes 197 et 198).

Toutes les modifications au chapitre trois, dont nous venons de prendre connaissance, font que le texte de 1992 est meilleur que celui de 1989. Les observations faites précédemment n'ont cependant pas toutes été rencontrées. La définition donnée par *Dei Verbum* à l'obéissance de la foi me semble toujours plus satisfaisante que celle du § 144. Les signes de crédibilité de la foi énumérés au premier concile du Vatican – les miracles, les prophéties, la sainteté de l'Église … – figurent encore parmi les secours que Dieu accorde aux hommes en vue de se faire connaître et de les inviter à se soumettre à sa parole (§ 156); je suis loin de croire qu'ils sont, aujourd'hui, «adaptés à l'intelligence de tous» et j'aurais préféré que soit repris ce passage du Directoire: «Le meilleur moyen pour les fidèles d'aider le monde athée à s'approcher de Dieu, c'est le témoignage d'une vie conforme au message de charité du Christ et d'une foi vivante et adulte qui rayonne dans des œuvres de justice et de charité» (n° 49).

Les questions soulevées par l'affirmation de la nécessité de la foi en Dieu Père et en son Fils Jésus pour être sauvé (§ 161) ne sont pas abordées. Par contre, je me réjouis de ce que les difficultés et les épreuves de la foi aient été un peu mieux reconnues, encore que les doutes n'ont pas droit de cité chez le croyant puisque J. H. Newman a écrit: «Dix mille difficultés ne font pas un seul doute» (§ 157). D'autres ont écrit que la

471. Ces deux paragraphes 0344-0345 sont supprimés et, avec eux, la citation du Credo de Paul VI: «Nous croyons tout ce qui est contenu dans la Parole de Dieu écrite ou transmise, et que l'Église propose à croire comme divinement révélé, soit par un jugement solennel, soit par le magistère ordinaire et universel» (0345). Assez curieusement, un «En bref» a été ajouté: «Nous croyons tout ce qui est contenu (…) comme divinement révélé» (§ 182), qui ne vient désormais rien résumer!

foi, pour grandir, a besoin d'être mise à l'épreuve, de se laisser questionner. L'incroyance, l'agnosticisme, l'athéisme, la mal croyance sont autour de nous; nous ne pouvons pas les ignorer. La foi se fait plus ardue dans un monde sécularisé et peut être mise en question. Trop d'assurance et de certitude peuvent contribuer à miner la foi; celle-ci se construit sur le risque. Le doute et la foi sont en quelque sorte consubstantiels, le doute étant intérieur à la foi[472].

Une dernière remarque porte sur les prolongements de l'acte de foi proprement dit. Elle m'est suggérée par le Directoire en son paragraphe sur la catéchèse et l'exercice des tâches de la foi: «L'homme adulte dans la foi adhère pleinement à l'invitation contenue dans le message évangélique, qui le pousse à entrer en communion avec Dieu et ses frères: il traduit également dans sa vie les obligations liées à cette invitation (...). L'union et l'adhésion à Dieu entraînent, comme conséquences nécessaires, l'exercice des tâches humaines et le devoir de solidarité, en réponse à la volonté du Dieu Sauveur» (n° 23). Rien de cela n'apparaît dans le *C.É.C.* et c'est regrettable.

Les sources magistérielles de ce chapitre sont restées les mêmes: ce sont Trente, Vatican I et surtout Vatican II avec *Dei Verbum* et *Dignitatis humanae* ; ce sont aussi la profession de foi solennelle de Paul VI et l'encyclique *Redemptoris Mater* de Jean-Paul II (la référence à une allocution du 27 mars 1985 n'a pas été maintenue). Anselme de Cantorbéry, Augustin, Faustus de Riez et Thomas d'Aquin sont toujours là et ont été rejoints par Basile de Césarée et J. H. Newman; par contre, Jean de Fécamp et s. Justin ont disparu, les paragraphes où ils figuraient ayant été supprimés. Tertullien avec sa belle phrase «un chrétien seul n'est pas un chrétien» (0336) est lui aussi laissé de côté. La référence au «Te Deum» et au rituel du baptême est conservée et le Code de droit canonique fait son apparition: le canon 748 § 2 vient confirmer ce que dit la déclaration conciliaire sur la liberté religieuse: «l'acte de foi a un caractère volontaire» (§ 160).

Conclusions de la Première section

Au terme de la Première section de la profession de la foi chrétienne, le lecteur peut déjà apprécier le travail accompli par le Comité et le

472. Ces réflexions s'inspirent de l'article d'É. Boné, *Compagnons d'incroyance...? Sainte Thérèse de l'Enfant Jésus (1897-1997)*, dans *Revue théologique de Louvain* 29 (1998) p. 145-160 [149ss].

Secrétariat de rédaction du catéchisme: ils ont introduit dans le texte du *Projet révisé* de multiples *modi*, les uns très brefs les autres plus amples, ils ont supprimé un mot, une phrase, un paragraphe, ils ont modifié la structure d'une séquence.

Le résultat de tout ce travail, comme tout bilan, s'exprimer en termes de profits et de pertes. Nous pouvons nous demander ce que le catéchisme a gagné de cette consultation de l'Épiscopat, ce qu'il a éventuellement perdu en cours de route, ou encore ce qu'il a maintenu alors qu'une modification était envisageable ou souhaitable.

Ce qui n'était qu'une introduction au catéchisme est maintenant inséré dans la Première Partie et en constitue la Première section. De même que les trois autres parties du *C.É.C.* commencent par un exposé fondamental sur l'économie sacramentelle, sur la vie selon l'Esprit et sur la prière dans la vie chrétienne, la Première Partie a désormais son exposé de théologie fondamentale: «Je crois» – «Nous croyons». L'ordonnance logique du *C.É.C.* se trouve ainsi renforcée.

À l'intérieur de la Première section, je mets au rang des profits le dialogue souhaité avec la philosophie, la suppression de la mention de la condamnation par l'Église du fidéisme, de l'agnosticisme et de l'athéisme, le sens donné aux «preuves» traditionnelles de l'existence de Dieu: elles sont plutôt des «arguments convergents». Les rapports foi et science sont abordés avec sérénité; ils reflètent bien l'enseignement de *Gaudium et spes* 36. À propos de la Révélation, l'exposé est beaucoup plus complet parce qu'il intègre ou utilise davantage la constitution *Dei Verbum*. La Révélation commence avec le récit biblique des premiers parents et non plus avec celui des origines du monde; la mention des anges en lien avec l'alliance nohachique a disparu (depuis l'édition typique), les saintes femmes d'Israël ont trouvé place dans la liste de ceux à qui Dieu a confié l'espérance d'Israël. Nous en apprenons plus sur l'inerrance, la canonicité, l'inspiration des Écritures; nous savons que l'explicitation de celles-ci n'est pas terminée et nous avons remarqué qu'il n'y a plus de mention directe de l'islam et des mormons et de leur prétention à dépasser ou à corriger la révélation du Christ. À propos de l'interprétation du dépôt de la foi – de l'héritage, préfère dire le *C.É.C.* – il est fait droit aux recherches qu'entreprennent les théologiens et le travail des exégètes est reconnu. Je mets aussi au rang des profits la suppression des références aux audiences du mercredi de Jean-Paul II: le *C.É.C.* ne retient du magistère ordinaire du pape – ici, et il en sera de même dans tout le catéchisme – que ses encycliques, constitutions et exhortations apostoliques.

S'il y a très heureusement de nombreux «profits», il nous faut en même temps reconnaître quelques «pertes» par rapport au texte du *Projet révisé* et quelques «espoirs» déçus. Dès le Prologue, l'«inculturation» a disparu et il n'est plus question que d'«adaptation» du catéchisme aux différentes cultures; la brève description de la destinée de l'homme ne mentionne aucune de ses tâches terrestres: elle ne signale que la participation à la vie bienheureuse de Dieu.

L'homme dont il est question, c'est désormais l'homme analysé abstraitement, l'homme métaphysique «capable» de Dieu, et non plus cet être concret qui vit au milieu d'un monde où il y a diverses religions, des religions sans Dieu, des agnostiques et des athées. S'il y a bien la déclaration qu'un dialogue avec ces derniers est à encourager, le *C.É.C.* maintient qu'un homme ne vivant pas librement son lien avec Dieu ne mène pas une vie pleinement humaine (*Gaudium et spes* 19, § 1 dit: «L'homme ne vit pleinement selon la vérité que s'il reconnaît librement cet amour [de Dieu] et s'abandonne à son Créateur», ce qui est loin d'être la même chose!). En ouvrant le catéchisme, nous n'avons donc plus de mention des grandes religions du monde et de l'attitude que les chrétiens doivent avoir à leur égard. Quant à l'agnosticisme et à l'athéisme, ils n'ont pas retrouvé la place qu'ils méritaient d'occuper (comme dans l'*Avant-projet*); il ne sera parlé d'eux qu'au chapitre portant sur les péchés contre le premier commandement.

On aurait aimé quelques clés de lecture en vue de découvrir le sens des Écritures ..., quelques explications sur «la hiérarchie des vérités» et sur les degrés de certitude et d'adhésion aux différents enseignements du magistère de l'Église ... À propos de celui-ci nous constatons que le *C.É.C.* continue à le mettre au sommet de la pyramide lorsqu'il est question de l'héritage de la foi confié à toute l'Église, alors qu'il aurait pu, avec le concile et le Directoire, évoquer d'abord le travail quotidien des fidèles, des théologiens, des exégètes ... et ensuite seulement la mission des évêques et du pape de porter une appréciation, un jugement sur les expressions et les explications proposées. Les signes de crédibilité de la foi n'ont guère été mis à jour: le concile ne parle-t-il pas aussi du témoignage donné par les croyants, de leur foi vivante se traduisant en œuvres de justice et de charité? Et il n'est pas fait mention des tâches humaines et de la solidarité avec nos frères en humanité qui découlent de l'adhésion au Dieu de Jésus-Christ; on a comme l'impression que la foi ne concerne que des énoncés sur Dieu, Jésus, l'Esprit, l'Église, les fins dernières.

Je termine par cet autre regret. Il est affirmé avec toute la Tradition que la foi est d'abord un don de Dieu et que la réponse de foi a besoin de la grâce prévenante de Dieu. Puisque le catéchisme est destiné également à ceux que nous appelons les non-croyants, il aurait dû leur expliquer comment comprendre, dans la logique de l'exposé, qu'ils n'aient pas encore été l'objet des faveurs divines, qu'ils ne perçoivent pas les appels de Dieu et qu'ils n'aient pas les secours intérieurs de l'Esprit nécessaires pour y répondre.

2. *Deuxième section: La profession de la foi chrétienne*

La Deuxième section de la Première Partie du *C.É.C.* développe le contenu de la foi professée par les chrétiens catholiques (§ 185-1065). Elle correspond à ce que le *Projet révisé* appelait «Première partie» (1001-1879) et a presque le même nombre de paragraphes: 881, 731 pour le texte et 150 pour les «En bref», contre 874, 737 et 137. En pourcentage, le commentaire du Symbole des apôtres occupe 37,41% de l'ensemble du catéchisme, alors qu'il était (avec «Je crois») de 44,08% en 1989 et de 35,11% en 1987 (20,68% en 1566).

Les symboles de la foi

Reprenant tel quel le texte correspondant du *Projet révisé* (1001-1015), le *C.É.C.* évoque l'histoire des symboles de foi et confirme que l'exposé de la foi qu'on va lire suivra pas à pas le Symbole des apôtres et sera complété par des références constantes au Credo de Nicée-Constantinople «souvent plus explicite et plus détaillé» (§ 185-197)[473].

Le *Projet révisé* innovait par rapport au Catéchisme tridentin et à l'*Avant-projet* en répartissant les douze articles du Symbole en trois grandes sections. Le *C.É.C.* garde cette structure tripartite qui met bien en évidence les grands axes de la profession de foi. Un premier chapitre développe la foi au Dieu Père (§ 198-421), un deuxième la foi en Jésus-Christ, son Fils (§ 422-686), et un troisième la foi en l'Esprit Saint (§ 687-1060). À chacune des personnes divines sont consacrés respectivement 224, 265 et 374 paragraphes. En ce qui concerne la délimitation précise de chacun des douze articles, le *C.É.C.* a maintenu la répartition établie par le *Projet révisé*, lequel s'était démarqué de l'*Avant-projet* et avait repris la manière de faire du Catéchisme tridentin. Le premier chapitre comprend le premier article, le deuxième les six articles suivants et le troisième les cinq derniers[474].

473. Dans l'édition Mame-Plon, la typographie du titre «Les symboles de la foi» laisse croire que celui-ci complète le titre général de la Deuxième section. D'autres éditions, et notamment l'édition typique de 1997, marquent bien la distinction entre les deux titres.

474. C'est sans doute par inadvertance que «la communion des saints» ne figure pas dans l'intitulé du neuvième article: «Je crois à la Sainte Église catholique» (cette anomalie

Chapitre premier: Je crois en Dieu le Père

Le *C.É.C.*, à la suite du *Projet révisé*, consacre tout son premier chapitre au premier article du Symbole. Il expose en 224 paragraphes (181 plus 43 «En bref») ce qui était développé en 236 (194 suivis de 42 «En bref») et répartit la matière non plus en huit mais en sept points: 1. Je crois en Dieu; 2. Le Père; 3. Le Tout-Puissant; 4. Le Créateur; 5. Le ciel et la terre; 6. L'homme; et 7. La chute. Souvenons-nous que l'exposé de 1989 avait un cinquième point consacré au «ciel», c'est-à-dire aux anges, un sixième à «la terre», un septième à «l'homme» et un huitième à «la chute».

Article 1: «Je crois en Dieu le Père Tout-Puissant Créateur du ciel et de la terre»

Paragraphe 1: Je crois en Dieu

Comme dans le *Projet révisé,* 29 paragraphes sont consacrés à la foi en «Dieu»; les résumés, eux, sont au nombre de 4 au lieu de 5. La structure de l'exposé est maintenant plus satisfaisante. Le texte de 1989 évoquait la portée de la foi en Dieu pour notre vie avant de dire que Dieu révèle son nom, qu'il est le Dieu de tendresse et de pitié, le seul saint, le seul qui «est», le Dieu «Amour». Le *C.É.C.* part de la révélation du nom et en commente le contenu: Dieu est le Vivant, il est «Je suis celui qui suis», Dieu de tendresse et de pitié, le seul qui «est», Dieu Vérité et Dieu Amour; croire en lui et l'aimer de tout son cœur entraîne d'immenses conséquences pour la vie (§ 199-231 = 1019-1043).

Son commentaire d'Ex 3, 13-15 est plus riche et s'accompagne d'une note sur le remplacement, dans la tradition juive, du nom de Dieu par Adonaï, Kyrios en grec (§ 206-209). Si la solennelle profession de foi de Paul VI en un unique Dieu qui «est absolument un dans son essence infiniment sainte comme dans toutes ses perfections, dans sa toute-puissance, dans sa science infinie ...» (1029) a disparu, nous trouvons un paragraphe nouveau où l'on peut lire: «La confession de l'Unicité de Dieu (...) est inséparable de celle de l'existence de Dieu et tout aussi fondamentale (...): 'La foi chrétienne confesse qu'il y a un seul Dieu, par nature, par substance et par essence'» (§ 200; la citation provient du Catéchisme romain). Et nous trouvons plus loin un autre nouveau

n'a pas été corrigée dans l'édition typique). Dans l'édition Mame-Plon, la typographie du titre des cinq derniers articles ne correspond pas à celle utilisée pour les sept premiers (caractères italiques).

paragraphe empruntant au quatrième concile de Latran cette profession de foi: «Nous croyons fermement et nous affirmons simplement, qu'il y a un seul vrai Dieu, immense et immuable, incompréhensible, Tout-Puissant et ineffable, Père et Fils et Saint-Esprit: Trois personnes, mais une Essence, une Substance ou Nature absolument simple» (§ 202). Ce vocabulaire philosophique, confirmé par un concile général de l'Église latine à un moment de son histoire, pourra-t-il être compris par le large public à qui le catéchisme est maintenant destiné?

En même temps que l'introduction de ces termes philosophiques, il y a la disparition de passages du *Projet révisé*. Celui-ci, au début de son exposé sur Dieu, spécifiait qu'il s'agit du Père de Jésus et le nôtre (1016), du Père de notre Seigneur Jésus-Christ (1018), et, au terme, il ajoutait que Jésus, Dieu-avec-nous, Dieu-qui-sauve, «révèle et réalise pleinement le Nom révélé à Moïse» (1043). Le *C.É.C.* parle finalement peu de Jésus dans ce premier point; il rapporte que Jésus confirme que Dieu est l'unique Seigneur (§ 202=1022), qu'il porte lui-même le nom divin «Je suis» (§ 211) et que Dieu est tellement amour qu'il nous fait don de son Fils (§ 221). Son objectif semble bien de parler du «Dieu unique», une substance, une essence, une nature divine et non d'une personne divine: le Dieu des patriarches, de Moïse, du peuple d'Israël, que Jésus appelle «mon Père et votre Père».

Nous percevions, déjà dans le *Projet révisé*, l'ambiguïté d'un texte parlant de «Dieu» tantôt comme nature, tantôt comme personne et nous nous demandions s'il n'était pas plus pédagogique de commencer par entendre et voir Jésus révéler le Père, le Fils et l'Esprit avant d'entreprendre une réflexion, toujours tâtonnante, sur le mystère de la Trinité. Le *C.É.C.* entretient cette même ambiguïté, bien qu'il ait davantage la préoccupation de parler du «Dieu unique», de la seule nature divine. Je continue à rêver d'un catéchisme adoptant une démarche nettement christologique.

Par rapport au *Projet révisé*, le catéchisme garde les très brefs extraits d'écrits de Nicolas de Flüe et de Thérèse d'Avila, ainsi que le «Dieu premier servi» de Jeanne d'Arc (§ 225-227 = 1023, 1026, 1027). Par contre, il ne mentionne plus Augustin, Anselme et Catherine de Sienne cités pour leur commentaire de «Dieu seul EST», les paragraphes qui les concernaient n'ayant plus été repris (1039 et 1041).

Paragraphe 2: Le Père

Le deuxième point, «Le Père», est développé en 29 paragraphes, comme dans le *Projet révisé*, suivis de 6 «En bref» au lieu de sept. Nous retrouvons le même contenu: il est question, non pas de nous faire découvrir et aimer la personne même du Père à travers ses œuvres et la révélation que nous en a donnée son Fils Jésus, mais de nous introduire dans le mystère de la Trinité. Le plan retenu est plus satisfaisant qu'en 1989 et de nombreux *modi* ont amélioré l'exposé (§ 232-267). Voici les principaux.

Le *C.É.C.* nous avertit que ce mystère est le mystère central de la foi et de la vie chrétienne, qu'il est l'enseignement le plus fondamental et essentiel dans la hiérarchie des vérités de la foi (§ 234). Il insère une note sur la distinction et les relations que les Pères de l'Église ont reconnues entre la «théologie» et l'«économie» (§ 236). Il ajoute, dans son explication de l'invocation de Dieu comme «Père», qu'on peut aussi exprimer la tendresse paternelle de Dieu par l'image de la maternité, bien que Dieu ne soit ni homme ni femme (§ 239). Il nous signale que la formulation du dogme trinitaire a emprunté des notions d'origine philosophique, sans pour autant soumettre la foi à une sagesse humaine (§ 251).

Dans l'explication apportée au mystère (§ 253-256), il supprime une phrase difficile pour beaucoup: «Les personnes de la Trinité dans leur distinction ne procèdent pas de l'unité de l'essence divine, mais sont contenues en elle» (1667), mais il maintient ce vocabulaire réservé à quelques initiés: substance, essence, nature, hypostase, opposition de relation ...[475] Il fait des «œuvres et missions trinitaires» un point de l'exposé distinct de l'explication rationnelle du dogme et termine par la citation de la prière d'Élisabeth de la Trinité: «Ô mon Dieu, Trinité que j'adore» (§ 257-260).

Au paragraphe 240, l'édition latine corrige la phrase: «Il [le Père] est éternellement Père en relation à son Fils unique, qui *réciproquement* n'est Fils qu'en relation *à son Père*», de la manière suivante: «... qui *éternellement* n'est Fils qu'en relation *au Père*».

Bien d'autres modifications pourraient encore être signalées, mais nous nous arrêterons à celles qui ont été apportées à l'exposé sur l'Esprit Saint[476]. Nous avions dit que le *Projet révisé* ne nous paraissait

475. Nous avions cité comme texte difficile l'«En bref» 1083: «Le Fils est né du Père; et le Saint-Esprit procède principiellement du Père et – par le don intemporel de celui-ci au Fils – du Père et du Fils, en communion». Le *C.É.C.* s'est efforcé de le rendre moins obscur: «Le Saint-Esprit procède du Père en tant que source première et, par le don éternel de celui-ci au Fils, du Père et du Fils en communion» (§ 264). Signalons que les sept «En bref» du *C.É.C.* (§ 261-267) sont une réécriture des six du *Projet révisé* (1078-1083). Sont-ils plus facilement mémorisables? C'est loin d'être sûr.

476. L'exposé sur l'Esprit-Saint, inséré dans ce développement sur «le Père», est intitulé comme dans le *Projet révisé* : «Le Père et le Fils révélés par l'Esprit»; il me semble qu'il s'agit plutôt de l'Esprit révélé par le Père et le Fils.

pas favoriser le dialogue avec les chrétiens orthodoxes sur ce point précis. Le *C.É.C.* nous donne un texte bien meilleur sur «la foi apostolique concernant l'Esprit» au cours de l'histoire (§ 245-248 =1058-1062). Il ne dit plus qu'en 381, à Constantinople, seuls les évêques orientaux ont décidé de compléter le Credo de Nicée de 325, comme si les occidentaux n'avaient pas donné leur assentiment à ce que Nicée-Constantinople dit de l'Esprit Saint (1058). Il énonce la foi commune confessée en 381 et redit plus simplement l'interprétation catholique: l'origine éternelle de l'Esprit n'est pas sans lien avec celle du Fils (§ 245). Il reconnaît que le *Filioque* ne figurait pas dans le Credo de Constantinople et qu'il a été introduit dans la liturgie romaine sans l'accord préalable des orientaux, «ce qui constitue aujourd'hui encore un différend avec les Églises orthodoxes» (§ 247). Il conclut que «cette légitime complémentarité [entre les traditions orientales et occidentales], si elle n'est pas durcie, n'affecte pas l'identité de la foi dans la réalité du même mystère confessé» (§ 248). Le *C.É.C.* a reconnu le bien-fondé des observations faites; son texte rencontre mieux le souci œcuménique que le concile demande d'avoir dans l'enseignement de la théologie, des autres disciplines, surtout de l'histoire (décret sur l'œcuménisme 10)[477].

Les sources sont, comme dans le *Projet révisé*, d'abord les professions de foi des papes Vigile, Damase et Paul VI, auxquels est ajouté, dans un «En bref», le symbole «Quicumque» (§ 266). Les mêmes conciles, avec leur vocabulaire si peu adapté à notre temps, sont cités et le *C.É.C.* a ajouté la référence à *Ad gentes*, le document de Vatican II qui reprend la formulation orientale disant que le Saint-Esprit est issu du Père par le Fils[478]. Plusieurs auteurs cités ont disparu: Ambroise, Grégoire de Nysse, Thomas d'Aquin, Denys de Rome et le pape Nicolas I, les paragraphes où leur nom figurait ayant été modifiés ou supprimés.

Le plan de l'exposé est annoncé au § 235. Il faut lire, comme le font les versions allemandes et néerlandaises, non pas I, II et III, mais II, III et IV. L'édition typique latine n'a pas fait la correction attendue.

477. Réagissant au texte de «clarification» sur les traditions grecque et latine concernant cette doctrine, publié par le Conseil pontifical pour l'unité des chrétiens, le théologien orthodoxe B. Bobrinskoy en vient à parler du *C.É.C.* Il pense que «celui-ci édulcore les affirmations de ces conciles [Latran IV et Lyon II] sur la procession de l'Esprit Saint du Père et du Fils comme d'un seul principe». Pour la théologie orthodoxe, «le Père ne peut être avec le Fils l'unique principe de la procession du Saint-Esprit». Comme le reconnaissaient Jean-Paul II et Bartholomée Ier, le 29 juin 1995, cette doctrine reste encore une des causes dogmatiques majeures du conflit entre l'Église orthodoxe et l'Église catholique (*La Doc. cath.* 93 [1996] p. 89).

478. Cf. le § 248, et, ci-dessus, p. 148; le lecteur est encore renvoyé à *Ad gentes* 2-9 au § 257.

Sont restés Césaire d'Arles et Grégoire de Naziance; sœur Elisabeth de la Trinité les accompagne désormais.

Paragraphe 3: Le Tout-Puissant

Dans ce troisième point, «Le Tout-Puissant», il s'agit, comme dans le *Projet révisé*, de commenter le seul attribut divin nommé dans le Symbole des apôtres et de préciser que la toute-puissance de Dieu est universelle car il est le créateur, qu'elle est aimante puisqu'il est Père et qu'elle est mystérieuse car, lorsqu'elle se déploie dans la faiblesse, elle n'est discernable que par la seule foi (§ 268-278, soit 11 paragraphes, 7 de texte et 4 «En bref», au lieu de 13 [8 et 5]).

Plus que dans le *Projet révisé*, c'est bien de la toute-puissance du Père qu'il s'agit, et non de «Dieu», et, dès lors, il n'est plus dit ici que cette toute-puissance est commune au Père, au Fils et à l'Esprit (1086). Dans son développement, le *C.É.C.* ajoute quelques citations bibliques – Sg 11,2, par exemple (§ 269) – et s'étend davantage sur les abaissements de la Passion conduisant à la gloire de la Résurrection, signe de la puissance du Père (§ 272). Il supprime une référence au Catéchisme tridentin disant que Dieu, tout-puissant, ne peut quand même pas faire n'importe quoi puisqu'il ne peut ni mentir ni tromper ni pécher ni périr ni ignorer ...(1088). Il supprime aussi l'«En bref» portant sur le caractère non arbitraire de la toute-puissance de Dieu (1094, citant s. Thomas d'Aquin). On ne trouve plus trace du don fait aux créatures spirituelles d'agir librement et de participer par la foi à la toute-puissance divine: en effet, «tout est possible à celui qui croit» (1086).

Le *Projet révisé* parlait de «la faiblesse de Dieu». Le *C.É.C.* lui, parle du mystère de son «apparente impuissance». Il reconnaît que Dieu peut «sembler absent et incapable d'empêcher le mal», mais il sait que la mort et la résurrection du Christ révèlent mystérieusement la toute-puissance de Dieu. Ayant, comme le *Projet révisé*, mis en évidence la foi de Marie en celui qui, pour elle, a fait des merveilles, il transfère en finale de ce troisième point le texte du Catéchisme romain: «Rien n'est plus propre à affermir notre foi», même en présence des choses les plus incompréhensibles, que la conviction ancrée en nos âmes que rien n'est impossible à Dieu (§ 272-274 = 1090, 1091 et 1087).

Telle est la foi des chrétiens. Et cependant, comme le *Projet révisé*, le *C.É.C.* nous laisse ici sur notre faim. S'il cite pas mal de passages de l'Écriture affirmant que Dieu fait tout ce qu'il veut et est le maître de l'histoire, il n'indique pas – plus exactement, il n'indique plus – que Dieu donne à ses créatures de coopérer avec lui pour la réalisation de ses desseins; et, sur «l'éloignement, sinon l'absence de Dieu», il dit fort peu de choses. Signalons cependant qu'il en dira davantage plus loin; à propos de la Providence, il évoquera les causes secondes, ces médiations dont Dieu se sert normalement (§ 306-308), et il abordera «le scandale du mal» au regard de la foi en la Providence de notre Père (§ 309-314); et lorsqu'il parlera de la création de l'homme et de la femme, il dira que, créés à l'image du Créateur «qui aime tout ce qui existe», ils sont appelés à «participer à la Providence divine envers les autres créatures» (§ 373). Comme la toute-puissance de Dieu n'est pas du même ordre que la toute-puissance des grands de ce monde, il aurait été bien de mettre davantage en évidence que celle de Dieu est précisément au service de son amour et respecte toujours la liberté des personnes, de sorte qu'il nous faut confesser en même temps le Père tout-puissant et le Père tout faible, le Dieu Très-haut et le Dieu Très-bas.

Paragraphe 4: Le Créateur

Le *C.É.C.* consacre le quatrième point, «Le Créateur», au mystère de la création. Son développement comprend 46 paragraphes (36+10) au lieu des 55 (46+9) du *Projet révisé*. Comme pour les points précédents, il y a eu des suppressions et des regroupements de paragraphes mais aussi l'adjonction de nouveaux textes et une légère modification de la structure.

L'introduction indique d'emblée, comme en 1989, que la création est le commencement de cette histoire du salut qui culmine dans le Christ et que le mystère du Christ est la lumière décisive sur le mystère de la création (§ 279-280 = 1097-1101). On y évoque la nuit pascale de la liturgie romaine, et on y ajoute les vigiles des grandes fêtes dans la liturgie byzantine, pour souligner qu'elles débutent par la lecture du récit de Gn 1. À partir de là, il nous est dit que la catéchèse catéchuménale a suivi cette façon de faire (§ 281) et non plus que cette catéchèse doit obligatoirement commencer par Gn 1 (1100).

Le *Projet révisé* abordait alors directement Gn 1: «Dieu seul est créateur» (1102-1105), sans nous éclairer sur le genre littéraire du récit biblique, et reportait plus loin une note sur la création et les sciences des origines (1171-1173). Le *C.É.C.* consacre d'abord un assez long développement à ce qu'il intitule «La catéchèse de la création» (§ 282-289). Il part du constat que depuis toujours les hommes s'interrogent: «D'où venons-nous? (...) Où allons-nous?», et que «de nombreuses recherches scientifiques ont magnifiquement enrichi nos connaissances sur l'âge et les dimensions du cosmos, le devenir des formes vivantes, l'apparition de l'homme»; il nous invite en conséquence à rendre grâce au Créateur «pour l'intelligence et la sagesse qu'il donne aux savants et aux chercheurs» (§ 283). Il aborde ensuite la question «qui dépasse le domaine propre des sciences naturelles»: quel sens donner à l'origine du cosmos et à l'apparition de l'homme? Sont-elles gouvernées «par le hasard, un destin aveugle, une nécessité anonyme, ou bien par un Être transcendant, intelligent et bon appelé Dieu» (avec de suite, une question: et le mal?) (§ 284). La foi chrétienne a été confrontée à des réponses différentes de la sienne. Le *C.É.C.* cite, sans porter aucun jugement de condamnation, les explications des religions et cultures anciennes et leurs mythes, les philosophies telles que le panthéisme, l'émanationisme, le dualisme, le manichéisme, la gnose, le déisme et le matérialisme. «Toutes ces tentatives témoignent de la permanence et de l'universalité de la question des origines» (§ 285). Elles nous confirment que l'intelligence humaine peut en arriver à l'existence d'un Dieu créateur (§ 286). La Révélation vient confirmer et éclairer la raison: Yahvé s'est révélé progressivement au peuple qu'il a choisi, créé et formé, comme celui qui, seul, a fait le ciel et la terre (§ 287). La création apparaît ainsi comme le premier pas vers l'alliance de Dieu avec son peuple et elle s'exprime avec beaucoup de vigueur chez les prophètes, dans les psaumes et les écrits de sagesse (§ 288). Quant aux trois premiers chapitres de la Genèse; ils tiennent «une place unique» dans l'Écriture: situés en tête de la Bible, ils disent solennellement les vérités sur l'origine et la fin de la création. Lus à la lumière du Christ, ils demeurent «la source principale pour la catéchèse des mystères du 'commencement'» (§ 289).

On se souviendra que, sur les relations «science-foi», l'*Avant-projet* énonçait simplement le principe qu'il ne peut y avoir de «divergence absolue» entre la foi et la raison. Le *Projet révisé* était entré dans plus de précisions: il avait parlé de tensions et de conflits, avait prié les hommes de science de ne pas dépasser l'objet de leurs recherches et avait irrité les scientifiques catholiques par ses affirmations concernant l'évolutionnisme et le créationisme[479]. Le texte du *C.É.C.* est d'une toute autre qualité: par son ton irénique, par l'éloge et la reconnaissance qu'il adresse aux savants et aux chercheurs, il s'inscrit bien dans l'esprit qui a animé le concile Vatican II; il ne s'agit plus de condamner mais de dire sereinement notre foi et d'être attentif aux signes des temps.

Les exégètes trouveront sans doute insuffisante l'information sur les premiers chapitres de la Genèse: «du point de vue littéraire ces textes peuvent avoir diverses sources», nous dit-on (§ 289), mais sont-ils des

479. Voir ci-dessus, p. 160-161.

récits historiques, des mythes, des allégories, des contes, des écrits didactiques? Par contre, ils apprécieront que le *C.É.C.* reconnaisse l'antériorité de la foi au Dieu qui crée un peuple et en fait son peuple, par rapport à la foi au Dieu créateur de tout ce qui existe.

Le catéchisme en vient ensuite à «La création – œuvre de la Sainte Trinité»(§ 290-292). En ces paragraphes, il rassemble et retravaille ce que le *Projet révisé* exposait sous le titre «Dieu seul est créateur» (1102-1105) et «La création est l'œuvre de la Sainte Trinité» (1106-1109). Au commencement, Dieu créa la totalité de ce qui existe (§ 290). Au commencement était le Verbe, par qui tout a été fait; et l'Esprit Saint était également créateur, donateur de vie (§ 291). La foi de l'Église confesse que Dieu a fait toutes choses «par lui-même», c'est-à-dire par son Verbe et par sa Sagesse, par le Fils et par l'Esprit, «qui sont comme ses mains», au dire de s. Irénée de Lyon (§ 292).

Le *C.É.C.* introduit alors deux paragraphes sur «une vérité fondamentale que l'Écriture et la Tradition ne cessent d'enseigner et de célébrer» (et située dans le *Projet révisé* dans la réflexion sur la providence divine [1124-1126, 1128]: «Le monde a été créé pour la Gloire de Dieu» (§ 293-294), c'est-à-dire pour la manifester et la communiquer; «La gloire de Dieu, c'est l'homme vivant, et la vie de l'homme, c'est la vision de Dieu» (s. Irénée). La fin ultime de la création, c'est tout à la fois la gloire de Dieu et notre béatitude.

Arrivé à ce moment de l'exposé, le *C.É.C.* aborde de front le «mystère de la création». Conformément au schéma de 1989 (1110-1121), il enseigne que Dieu crée par sagesse et par amour, qu'il crée de rien, qu'il crée un monde ordonné et beau, qu'il transcende la création et lui est présent, qu'il la maintient dans l'être et la porte à son terme (§ 295-301). À l'intérieur de ces paragraphes, il complète la citation de 2 M 7 sur la création «ex nihilo» (§ 297) et il ajoute que, si notre intelligence peut entendre ce que Dieu nous dit par sa création, elle peut le faire «non sans grand effort et dans un esprit d'humilité et de respect devant le Créateur et son œuvre» (§ 299). Il ajoute aussi que la création est «un don de Dieu adressé à l'homme, un héritage qui lui est destiné et confié» (*ibidem*), mais, en même temps, il supprime l'invitation à «reconnaître et respecter la vérité et la bonté propre de chaque créature» et à éviter l'«usage arbitraire de la création» (1118); il en parlera plus loin, lorsqu'il dégagera les enseignements du premier chapitre de la Genèse (§ 339).

La réflexion sur le mystère de la création débouche tout naturellement sur un autre enseignement qui lui est connexe: l'Écriture témoigne unanimement que Dieu est «providence». Le *Projet révisé* consacrait dix-neuf paragraphes à ce mystère (1122-1123 et 1127-1143); le *C.É.C.* les reprend et les ramène à treize (§ 302-314). Nous avions constaté que, en 1989, il manquait un exposé sur les causes secondes. Cet oubli est maintenant réparé: quatre nouveaux paragraphes leur sont consacrés. Le premier d'entre eux attire l'attention sur la manière de parler de l'Écriture: elle attribue souvent à Dieu des actions sans mentionner les causes secondes afin de rappeler la primauté de Dieu et sa seigneurie sur l'histoire du monde (§ 304). Les trois autres expliquent que Dieu se sert aussi du concours des créatures qui, souvent inconsciemment, coopèrent à sa volonté par leurs actions, leurs prières et leurs souffrances. Dieu est «la cause première qui opère dans et par les causes secondes» (§ 306-307). Et, finalement, un «En bref» a été ajouté: «La providence divine agit aussi par l'agir des créatures. Aux êtres humains, Dieu donne de coopérer librement à ses desseins» (§ 323). Je signale qu'il n'est plus fait mention de cette foi en la providence qui bannit toute crainte devant les influences des astres et autres forces naturelles du cosmos (1133).

Nous avions pensé que les réponses du *Projet révisé* à «l'objection du mal» (1135-1141) ne laissaient pas de place à l'aveu de notre révolte, à la manière de Job, devant la souffrance. Le *C.É.C.* préfère parler du «scandale du mal», d'une question «aussi douloureuse que mystérieuse», à laquelle «aucune réponse rapide ne suffira». Pour lui, «c'est l'ensemble de la foi chrétienne qui constitue la réponse à cette question (...). Il n'y a pas un trait du message chrétien qui ne soit pour une part une réponse à la question du mal» (§ 309). Comme l'a fait le *Projet révisé*, le catéchisme explique alors que Dieu a voulu un monde en cheminement vers sa perfection ultime, et non un monde tout fait, ce qui explique l'existence du mal physique (§ 310). Dieu a voulu aussi que les humains se déterminent librement, par amour de préférence; ils sont donc susceptibles de se dévoyer, de pécher, de faire mal (§ 311). Mais Dieu peut «tirer un bien des conséquences d'un mal, même moral, causé par ses créatures», comme on le voit à propos «du mal moral le plus grand qui ait jamais été commis», à savoir: la passion et la mort de son Fils (§ 312). Le témoignage des saints, ajoute le *C.É.C.*, ne cesse de confirmer que «tout concourt au bien de ceux qui aiment Dieu» (§ 313). En conclusion, nous sommes invités à croire que Dieu est le maître du monde et de l'histoire, même si ses chemins nous sont encore inconnus (§ 314).

J'aurai aimé que le *C.É.C.* nous invite aussi à voir comment Jésus a vécu le scandale du mal: il l'a côtoyé chaque jour, il a guéri des malades, libéré des possédés, invité les pécheurs à la conversion du cœur car c'est du cœur que viennent les intentions mauvaises; lui-même a connu la souffrance morale de se voir mal compris et abandonné, a crié son angoisse à Gethsémani et au Calvaire, a subi des sévices et affronté la mort en s'en remettant totalement à son Père alors qu'il avait le sentiment d'être abandonné; il invite ceux qui croient en lui à la conversion et à la prière pour être délivrés du mal et leur demande de lutter avec lui pour qu'advienne ce Royaume où il n'y aura plus de douleur, de souffrances et de pleurs. Jésus n'a pas fait de long discours mais son comportement en dit long sur cette question existentielle.

Les sources de ce quatrième point ont peu varié par rapport à celles que le *Projet révisé* avait utilisées. Nous retrouvons les mêmes conciles avec, pour Vatican II, la référence non seulement à *Ad gentes* mais aussi à *Gaudium et spes* 36, § 3 pour ces quelques mots «la créature sans le Créateur s'évanouit» (§ 308). S. Léon le Grand est toujours présent mais Jean-Paul II a disparu et un décret de la Congrégation pour l'éducation catholique du 27-7-1914 est mentionné à l'«En bref» 318, qui définit le terme «créer». Jean Chrysostome et François d'Assise ne sont plus cités mais trois nouveaux témoignages apparaissent: ceux de ste Catherine de Sienne, de s. Thomas More et de Lady Julian of Norwich (§ 313). Généralement, le catéchisme ne précise pas qui sont les témoins mentionnés et en quelles circonstances ils ont écrit ou prononcé les paroles rapportées. Ici, il nous est quand même dit que Catherine de Sienne s'adresse à «ceux qui se scandalisent et se révoltent de ce qui leur arrive» et que Thomas More console sa fille peu avant qu'il ne subisse le martyre; à propos de Julian of Norwich, que peu ou pas de lecteurs connaissent, aucune indication n'est donnée.

Paragraphe 5: Le ciel et la terre

Nous avions vu que, rompant avec une tradition qui remonte à l'Écriture, le *Projet révisé* avait cru bon de scinder la création en deux: celle du ciel, c'est-à-dire des anges, et celle de la terre, c'est-à-dire de tout ce qui constitue l'univers visible. Le *C.É.C.* ne ratifie pas cette manière de faire: comme la Bible, le Catéchisme de Pie V et l'*Avant-projet*, il sait que l'expression «le ciel et la terre» désigne tout ce que Dieu a crée, l'univers visible et l'univers invisible. Il sait aussi que l'Écriture appelle «terre» le monde des hommes et «ciel»ou «cieux» le firmament mais aussi le «lieu» propre de Dieu et du monde angélique (§ 326). Il divise son cinquième point en deux parties: les anges d'abord, tout le monde visible ensuite.

Les anges

Les 9 paragraphes et les 3 «En bref» consacrés aux anges (§ 328-336 et 350-352) reprennent ce que disait le *Projet révisé* en 8 paragraphes et 3 «En bref» (1154-1164). Ils affirment que l'existence des anges est une vérité de foi (§ 328), qu'ils sont des créatures spirituelles, personnelles et immortelles ayant pour fonction d'être serviteurs et messagers de Dieu (§ 329-330), qu'ils sont là dans tout le déroulement de l'histoire du salut, et tout particulièrement dans la vie du Christ (§ 331-333) et que toute la vie de l'Église et de chaque chrétien bénéficie de leur aide «mystérieuse et puissante» (§ 334-336).

Si l'exposé est mieux structuré qu'en 1989, le contenu proprement dit n'a pas subi de modifications fondamentales. Quelques suppressions sont à signaler. Il n'est plus fait mention des sadducéens, des matérialistes et des rationalistes de tous les temps qui nient l'existence des anges (1154). Nous ne trouvons plus la citation de s. Augustin disant que, bien que nous ne voyions plus d'apparitions d'anges, cependant nous savons par la foi qu'ils existent et qu'ils sont apparus à beaucoup de personnes et, dès lors, il ne nous est pas permis de douter (1155). La phrase tirée de l'allocution de Jean-Paul II du mercredi 9 juillet 1986 sur la nature des anges (1160) et celle du 6 août de cette même année sur les anges gardiens (1161) n'ont pas été reprises.

L'édition typique supprime encore, au § 335, la mention des anges au «supplices te rogamus» du Canon romain et ne garde que leur invocation dans l'*In Paradisum* de la liturgie de défunts.

L'exposé sur la présence et la mission des anges dans l'histoire d'Israël et tout au long de la vie de Jésus n'a pas été modifié et la difficulté soulevée précédemment subsiste donc[480]. Devons-nous croire en la matérialité des faits rapportés alors que les exégètes contemporains nous apprennent que la mention des anges dans les récits bibliques est souvent un procédé littéraire utilisé par l'auteur pour dire une action de Dieu lui-même, pour faire connaître une parole ou un message venant du ciel?

D'ici le retour du Christ, disait le *Projet révisé*, toute la vie de l'Église bénéficiera de l'aide «mystérieuse et puissante» des anges (1158). Le *C.É.C.* met la phrase au présent (§ 334) et rédige un nouveau paragraphe évoquant la mention des anges dans la liturgie latine et byzantine et la célébration des fêtes de Michel, Gabriel, Raphaël et des anges gardiens (§ 335). Il ajoute encore que, «de l'enfance au trépas, la

480. Voir ci-dessus, p. 158.

vie humaine est entourée de leur garde et de leur intercession» (§ 336); et il introduit dans l'exposé ce qui était un «En bref» en 1989: comme l'a écrit s. Basile de Césarée, «chaque fidèle a à ses côtés un ange comme protecteur et pasteur pour le conduire à la vie» (§ 336 = 1164).

L'édition typique apporte une précision – une subtilité qui avait échappé aux rédacteurs? – au § 336. Le texte original de 1992 dit: «De l'enfance au trépas», la vie humaine est entourée de la garde et de l'intercession de l'ange gardien. Pour qu'on ne tire pas argument de cette formulation pour dire que l'être humain n'est une personne qu'au moment de la naissance (et donc que l'avortement n'est pas un meurtre?), il faut lire désormais: «Du début (de l'existence) au trépas ...» Devrions-nous croire que tout embryon humain, dès le tout premier instant de sa conception, reçoit de Dieu son ange gardien? Et qu'en cas de mort naturelle de son embryon, l'ange perd sa fonction ou se voit confier la protection d'un nouvel embryon? Comme ni la Bible ni même le Magistère n'en ont rien dit jusqu'ici, nous pouvons penser qu'on n'en sait rien et que l'affirmation de l'édition typique est une opinion qui n'engage que ses auteurs et n'oblige pas les croyants à un assentiment religieux.

Le témoignage de l'Écriture sur l'existence des anges est illustré ici, comme dans le *Projet révisé*, par trente-six références tant de l'Ancien que du Nouveau Testament; «l'unanimité de la Tradition» est affirmée (§ 328) et confirmée par après par des références à la liturgie, aux symboles des apôtres et de Nicée-Constantinople, à la profession de foi du quatrième concile du Latran, à Vatican I, à l'encyclique *Humani generis* de Pie XII et au Credo de Paul VI (les «catéchèses» du mercredi de Jean-Paul II étant, elles, supprimées). S. Augustin, s. Basile de Césarée et s. Thomas (dans l'«En bref» du § 350) sont les seuls pères et docteurs de l'Église à être cités.

La présentation de la doctrine sur les anges est certainement biblique et liturgique; elle donne au Christ la place centrale qui lui revient, les anges ayant été crées par lui et pour lui. Une question importante subsiste cependant: chaque phrase des neufs paragraphes est-elle revêtue de la même autorité doctrinale? Apparemment oui puisque aucune nuance dans l'adhésion de foi demandée aux croyants n'est apportée. Nous savons cependant que les textes scripturaires doivent être interprétés en fonction de «ce que les hagiographes ont vraiment voulu dire» et de ce qu'«il a plu à Dieu de faire passer par leurs paroles» (*Dei Verbum* 12). Nous savons aussi que toutes les affirmations dogmatiques ne sont pas du même poids; ainsi l'enseignement de s. Basile, selon lequel chaque fidèle a à ses côtés un ange gardien, n'a jamais été repris par une définition solennelle du magistère de l'Église. Un catéchisme, destiné finalement à des adultes, devrait pouvoir apporter ces compléments d'information. Le

Dossier d'information du 25 juin 1992 ne disait-il pas que le *C.É.C.* cherche à «respecter la distinction entre les vérités divinement révélées et d'autres vérités qui, tout en étant pas directement révélées par Dieu, sont proposées par l'Église»?[481]

Le monde visible

Après le monde invisible des anges, voici le monde visible avec «toute sa richesse, sa diversité et son ordre» (§ 337). Les treize paragraphes et les deux «En bref» que le *C.É.C.* lui consacre sont sensiblement meilleurs que les seize paragraphes et les deux «En bref» du *Projet révisé* (article 6: «La terre», 1165-1182).

L'objectif retenu est de dégager l'enseignement contenu dans le premier récit de la création de la Genèse. Le *Projet révisé* disait que ce récit, bien que rédigé dans un langage imagé, visait «des *faits* de Dieu (...) qui sont réels» (1170). Le *C.É.C.* préfère dire qu'il enseigne «des vérités révélées par Dieu pour notre salut» (cf. *Dei Verbum* 11) et qu'il présente symboliquement l'œuvre du Créateur comme une suite de six jours de «travail» divin s'achevant sur le «repos» du septième jour (§ 337). Peut-être aurait-il pu reprendre au *Projet révisé* cette conclusion qui ne me paraît pas superflue: il ne faut donc pas chercher dans ce récit «un enseignement sur les sciences naturelles» ou «un savoir cosmologique sur le déroulement exact de la cosmogénèse» (1168).

La mention des sciences naturelles avait amené le *Projet révisé* à insérer une note sur les rapports entre la foi en la création et les sciences des origines (1171-1173). Le *C.É.C.* a préféré traiter la question générale des relations entre la foi et la science dans son développement sur la réponse de foi au Dieu qui se révèle (§ 159) et la question plus précise des origines du monde et de l'homme dans sa réflexion sur la catéchèse de la création (§ 283-285). En ces passages, il ne suit pas, nous l'avons vu, le *Projet révisé* qui cite et oppose l'évolutionnisme et le créationisme, mais il se félicite des recherches entreprises par les scientifiques sur l'âge et les dimensions du monde et le devenir des formes vivantes, et précise quel est le domaine propre de la recherche théologique.

Les enseignements que le *C.É.C.* dégage de Gen 1,1-2,4 sont au nombre de neuf. 1. Il n'existe rien qui ne doive son existence à Dieu créateur (§ 338). 2. Chaque créature possède sa perfection propre (§ 339); c'est ici que le *C.É.C.* invite à respecter la bonté propre de chaque créature «pour éviter un usage désordonné des choses, qui méprise le Créateur

481. *Dossier d'information*, p. 24; *La Doc. cath.* 89 (1992) p. 739.

et entraîne des conséquences néfastes pour les hommes et leur environnement», ce que le *Projet révisé* disait plus tôt, là où il exposait que Dieu crée un monde ordonné et bon (1118). 3. L'interdépendance des créatures – leur inégalité disait le *Projet révisé* – est voulue par Dieu. 4. Le *C.É.C.* ajoute «la beauté de l'univers, son ordre et son harmonie qui font l'admiration des savants et reflètent l'infinie beauté du Créateur» (§ 341). 5. La hiérarchie des créatures est exprimée par l'ordre des «six jours». 6. L'homme est le sommet de l'œuvre de la création. 7. Il y a une solidarité entre toutes les créatures. 8. Le sabbat est la fin de l'œuvre de Dieu en «six jours». 9. Pour le chrétien, le huitième jour, celui de la Résurrection, commence la nouvelle création.

Ce développement est mieux ordonné que celui de 1989. Il est aussi plus complet: c'est ainsi que trois nouveaux paragraphes viennent donner la signification du sabbat (§ 346-348)[482]. Parmi les sources utilisées, nous retrouvons s. Augustin, s. François d'Assise avec son «Cantique des créatures» et le *C.É.C.* a introduit *Gaudium et spes* 36, 2 et *Lumen gentium* 36, qui reconnaissent la valeur et l'excellence des choses créées.

Paragraphe 6: L'homme

Il y avait 26 paragraphes en 1989 pour présenter la condition humaine avant le péché originel (1183-1208) et il y en a maintenant 25 (§ 355-379); de part et d'autre, il y a cinq «En bref» (1209-1213 = § 380-384). L'exposé comprend toujours quatre étapes: l'homme est créé «à l'image de Dieu»; il est un seul être, corps et âme; Dieu le créa «homme et femme»; l'homme au paradis a été établi dans «l'amitié de Dieu» (§ 355), expression qui remplace «l'innocence originelle» (1183).

«À l'image de Dieu»

À la première étape, le *C.É.C.* introduit de suite la notion de «personne», que le *Projet révisé* ne signalait qu'en finale de son deuxième point (1192): «Parce qu'il est à l'image de Dieu, l'individu humain a la dignité de *personne*», il est capable «de se connaître, de se posséder et

482. Les deux «En bref» de 1989 ont été remplacés par un premier résumé portant sur la vision chrétienne des créatures (§ 353) et par un second invitant à respecter les lois inscrites dans la création et les rapports qui dérivent de la nature des choses; ce respect «est un principe de sagesse et un fondement de la morale» (§ 354). Dans le *Projet révisé*, nous avions: 1. «L'œuvre des six jours est la première manifestation de Dieu, le commencement de toutes ses œuvres. Elle est le fondement et la préfiguration de toutes les œuvres salvifiques de Dieu. Elle trouve sa fin dans la nouvelle création dans le Christ» (1181); 2. «Le récit inspiré sur l'œuvre des six jours implique l'affirmation que Dieu a voulu la diversité de ses créatures et leur interdépendance, leur bonté propre et leur ordre ainsi que leur orientation vers l'homme» (1182).

de librement se donner et entrer en communion avec d'autres personnes, et il est appelé, par grâce, à une alliance avec son Créateur» (§ 357). Le catéchisme commente ainsi Gn 1,27 où se trouve par deux fois l'expression «l'image de Dieu». Comme le *Projet révisé*, il ne mentionne pas le verset précédent, Gn 1,26, où Dieu dit: «Faisons l'homme à notre image, comme notre ressemblance», omission qui se trouve déjà dans *Gaudium et spes* 12, § 3, les Pères conciliaires n'ayant pas voulu insérer «à la ressemblance de Dieu» à cause des problèmes d'interprétation que cette expression soulève.

Comme pour confirmer que le mystère de l'homme ne s'éclaire vraiment que dans le mystère du Verbe incarné (§ 359), le *C.É.C.* introduit une citation empruntée à un sermon de s. Pierre Chrysologue où figure une comparaison entre Adam et le Christ, ces deux hommes qui sont «à l'origine du genre humain». Et cela lui permet d'introduire un nouveau paragraphe où nous lisons: «Grâce à la communauté d'origine *le genre humain forme une unité.* Car Dieu 'a fait sortir d'une souche unique toute la descendance des hommes' (Ac 17,26)» (§ 360). Le *Projet révisé* n'abordait pas la question du monogénisme; le *C.É.C.*, sans la nommer, en traite par le biais du texte des Actes des apôtres, déjà cité au § 28 dans cette traduction: «Dieu a fait habiter sur toute la face de la terre tout le genre humain, issu d'un seul». Le texte néotestamentaire parle d'une souche unique, de l'unité du genre humain à partir du premier homme, alors que le *C.É.C.* parle d'une «communauté d'origine».

Nous aurions pu nous attendre à lire ensuite le passage de l'encyclique *Humani generis* de Pie XII (12-8-1950) disant qu'«on ne voit (...) aucune façon d'accorder pareille doctrine [le polygénisme] avec ce qu'enseignent les sources de la vérité révélée et ce que proposent les actes du magistère ecclésiastique, sur le péché originel, péché qui tire son origine d'un péché vraiment personnel commis par Adam, et qui, répandu en tous par la génération, se trouve en chacun et lui appartient»[483]. Le *C.É.C.* a préféré choisir un extrait de l'encyclique *Summi pontificatus* (20-10-1939) où Pie XII contemple «le genre humain dans l'unité de son origine en Dieu»: l'unité de sa nature, de sa fin immédiate et de sa mission dans le monde, de son habitation, de sa fin surnaturelle et des moyens pour l'atteindre, de son rachat opéré pour tous par le Christ. Et le catéchisme conclut, de «cette loi de solidarité humaine et de

483. *Humani generis* est cité plus d'une fois dans le *C.É.C.* D'abord, à propos de la connaissance de Dieu (§ 37, 38 et 1960), ensuite à propos des anges (§ 330) et de l'âme spirituelle (§ 366 et 367). Le *C.É.C.* y revient encore lorsqu'il enseigne que «la Révélation nous donne la certitude de foi que toute l'histoire humaine est marquée par la faute originelle librement commise par nos premiers parents» (§ 390).

charité», que «tous les hommes sont vraiment frères» (§ 361). Tout en parlant de communauté d'origine à partir d'une souche commune, le *C.É.C.* semble bien ne pas vouloir aller au-delà de ce qu'il a enseigné précédemment; les premiers chapitres de la Genèse transmettent des vérités révélées par Dieu pour notre salut tandis que les sciences naturelles ont pour domaine propre la question de l'origine de l'homme et, pour notre propos, celle de savoir si l'humanité actuelle descend par génération d'un premier père de tous. Et dès lors, il voit, avec Pie XII en 1939, l'unité du genre humain à partir de Dieu qui veut que «tous les hommes constituent une seule famille et se traitent mutuellement comme frères», comme le dit *Gaudium et spes* 24, 1. *Nostra aetate* 1, auquel le *C.É.C.* renvoie le lecteur, déclare également: «Tous les peuples forment une seule communauté; ils ont une seule origine, puisque Dieu a fait habiter toute la race humaine sur la face de la terre (cf. Act. 17,26)».

«Un de corps et d'âme»

La deuxième étape, intitulée «Un de corps et d'âme» et non plus «Âme et corps» comme en 1989, tente de mieux marquer l'unité de la personne humaine à la fois corporelle et spirituelle. Là où le *Projet révisé* écrivait: «L'homme tout entier, âme et corps, est *voulu* par Dieu (...), cette unité est constituée par la dualité de l'âme et du corps» (1188, l'âme étant toujours mentionnée la première), le *C.É.C.* se plaît à dire: «L'homme tout entier est *voulu* par Dieu»(§ 362) et il supprime les trois citations du Nouveau Testament qui, selon le *Projet révisé* (1189), auraient prouvé que «le salut de l'âme est plus important que la survie corporelle (ce sont Mt 6,25 et 10,28 et Mc 8,36). En outre, il précise que le terme «âme» désigne souvent, dans l'Écriture, la vie humaine «ou toute *la personne* humaine» et aussi ce qu'il y a «de plus grande valeur en lui [l'homme]» (§ 363). À propos du «corps» de l'homme, un texte nouveau remplace celui de 1989 qui disait «Le corps de l'homme participe à sa façon à la dignité de l''image de Dieu'. Il est destiné à devenir (...) le Temple de l'Esprit» (1190). Voici ce nouveau texte: «Le corps de l'homme participe à la dignité de l''image de Dieu': il est corps humain précisément parce qu'il est animé par l'âme spirituelle, et c'est la personne humaine tout entière qui est destinée à devenir (...) le Temple de l'Esprit» (§ 364).

Et le *C.É.C.* poursuit, modifiant à nouveau le *Projet révisé* (1191): «c'est grâce à l'âme spirituelle que le corps constitué de matière est un corps humain et vivant; l'esprit et la matière, dans l'homme, ne sont pas deux natures unies, mais leur union forme une unique nature» (§ 365). À propos de l'immortalité de l'âme, il tient à signaler, dès maintenant, qu'elle s'unira de nouveau au corps lors de la résurrection finale

(§ 366). Enfin, le paragraphe qui mentionne, chez saint Paul, la triade «esprit, âme et corps» (1193) a été complété par cette explication: «cette distinction n'introduit pas une dualité dans l'âme (...) (§ 367).

Les modifications introduites dans cette deuxième étape – comme aussi dans la première – rencontrent les difficultés soulevées par le contenu du *Projet révisé* sur «l'image de Dieu» et sur «âme et corps» et s'efforcent d'y répondre. Je pense que le danger d'une lecture fondamentaliste de Gn 1-2 s'est estompé et que le dualisme «âme-corps» a été fortement affaibli dans son expression; et je constate que l'interprétation douteuse de textes néo-testamentaires où figure le mot «âme» a été écartée. Il reste cependant que l'affirmation selon laquelle l'âme spirituelle est immédiatement créée par Dieu et n'est donc pas produite par les parents (§ 366) n'a pas été explicitée. Dieu ne crée-t-il que le spirituel en nous et n'aurait-il rien à voir avec le «corps»? Les parents ne sont-ils que les géniteurs d'un «corps»? En définitive, que veut dire le magistère de l'Église lorsqu'il enseigne que toute âme humaine est créée par Dieu? À ces questions, souvent posées par des parents, le catéchisme n'apporte pas de réponse. Les adultes d'aujourd'hui ont davantage besoin d'explications qui les éclairent que d'affirmations abruptes.

«Homme et femme il les créa»

La troisième étape traite de «l'homme et la femme» dans le dessein de Dieu. Je relève que le paragraphe voyant dans la communion des époux une certaine ressemblance à l'union des personnes divines dans la Trinité (1198) n'a pas été repris. Sa disparition a entraîné la suppression du «cf» à *Mulieris dignitatem* de Jean-Paul II, qui n'était pas adéquat. Deux autres invitations à se référer à cette lettre apostolique ont également été supprimées (1195 et 1196 = § 370 et 371).

Les paragraphes 371-373 rassemblent ce que le *Projet révisé* répartissait sous deux titres: «L'un pour l'autre» – «une unité à deux» (1196-1198) et «une œuvre commune» (1199-1201). Le texte du *C.É.C.* est plus bref et cependant son contenu reste inchangé. C'est ici qu'il mentionne la vocation de l'homme et de la femme de «soumettre la terre» de manière non arbitraire et destructrice, leur participation à la Providence envers les autres créatures et leur «responsabilité pour le monde que Dieu leur confie» (§ 373).

L'homme au Paradis

La quatrième et dernière étape nous transporte au «paradis», avant le péché d'Adam et Ève. L'interprétation du récit biblique donnée par le

Projet révisé avait suscité, de ma part, un certain nombre de réflexions et de critiques[484]. Nous la retrouvons dans le *C.É.C.* dans un exposé qui a connu plusieurs modifications. Voici, en parallèle, le texte de 1989 et celui de 1992.

1202.1. La parole de Dieu nous révèle que le premier homme n'a pas seulement été créé «très bon», mais qu'il a été constitué dans une familiarité avec son Créateur et une harmonie avec lui-même et avec la création autour de lui telles qu'elles ne seront dépassées que par la gloire de la nouvelle création dans le Christ

§ 374. Le premier homme n'a pas seulement été créé bon, mais il a été constitué dans une amitié avec son Créateur et une harmonie avec lui-même et avec la création autour de lui seulement dépassées par la gloire de la nouvelle création dans le Christ.

Deux modifications mineures sont apportées: l'homme créé «très bon» est maintenant créé «bon» et la familiarité avec Dieu est devenue l'amitié avec lui. Une troisième modification, plus importante, se situe au début du paragraphe. «La Parole de Dieu nous révèle» a disparu et l'exposé ne prétend plus être la Parole de Dieu elle-même: nous nous trouvons en présence d'une interprétation de cette parole en Gn 2.

1202.2. «Au-dessus de toute créature vivante (dans la création) est «Adam» (Si 49, 16). L'Église parle, au sujet de nos premiers parents, de l'état «de sainteté et de justice originelle» (Cc. de Trente). Cet état d'innocence originelle n'a rien d'une inconscience «primitive», d'une animalité sauvage. À travers le langage symbolique du Paradis, la foi peut entrevoir en quoi consiste la gloire de cet état que l'homme a perdu par le péché.

§ 375. L'Église en interprétant de manière authentique le symbolisme du langage biblique à la lumière du Nouveau Testament et de la Tradition, enseigne que nos premiers parents Adam et Ève ont été constitués dans un état «de sainteté et de justice originelle». Cette grâce de la sainteté originelle était une «participation à la vie divine» (sont cités comme références: Cc de Trente et *Lumen gentium* 2).

Première observation: le *C.É.C.* nous dit que l'Église interprète authentiquement le symbolisme des chapitres de la Genèse, c'est-à-dire que son interprétation fait autorité (ce qui ne signifie pas que d'autres interprétations ne soient pas possibles). Deuxième observation: cette interprétation tient compte des enseignements contenus dans le Nouveau Testament – mais aucune référence ne vient nous éclairer – et dans la Tradition postérieure, de laquelle émergent le concile de Trente et aussi *Lumen Gentium* 2. Troisième observation: cette interprétation conclut à

484. Voir ci-dessus, p. 165-168.

l'existence d'un état de sainteté et de justice originelle, c'est-à-dire à la participation de nos premiers parents à la vie divine. L'expression «innocence originelle» a disparu, de même que la mention de l'«inconscience 'primitive'» et de l'«animalité sauvage» que cette innocence signifierait.

Le concile de Trente, dans son décret du 17 juin 1546 sur le péché originel, parle effectivement de la perte de la «sainteté et de la justice dans lesquelles il [Adam] avait été établi» et d'un changement d'Adam «dans son corps et dans son âme (...) en un état pire». Dans *Lumen gentium* 2, Vatican II «s'abstient sagement de toute spéculation sur les divers états originels théoriquement possibles» pour transmettre simplement le message révélé[485]: «Le Père éternel (...) a décidé d'élever les hommes à la communion de sa vie divine; après leur chute en Adam, il ne les a pas abandonnés (...)» C'est plutôt à *Gaudium et spes* 13 que le *C.É.C.* aurait dû se référer; là, nous lisons que, «établi par Dieu dans un état de justice, l'homme, séduit par le Malin, dès le début de l'histoire, a abusé de sa liberté». En son § 375 et dans le suivant, le *C.É.C.* s'efforce de dire en termes plus compréhensibles ce que le *Projet révisé* voulait exprimer par les expressions consacrées de sainteté, justice, innocence originelles. Il garde cependant l'interprétation historicisante de Gn 2-3.

1203.a. La source de cette gloire était l'amitié avec Dieu: *amor imperturbatus in Deum* (s. Agustin). L'homme était comme revêtu de la gloire de cette amitié.

Le *C.É.C.*ne reprend pas ce paragraphe. Ayant substitué le terme «grâce» à celui de «gloire», il est resté logique en ne parlant plus de la «gloire» de l'amitié avec Dieu, expression qui, si elle avait été maintenue, aurait mérité des explications sous peine de rester quelque peu énigmatique.

1204.b. Par le rayonnement de cette grâce, toutes les dimensions de la vie de l'homme étaient confortées. On parle des «dons préternaturels». Tant qu'il demeurait dans l'intimité divine, l'homme ne devait ni mourir (cf. Gn 2,17; 3,19) ni souffrir (cf. Gn 3,16): son corps était parfaitement soumis à son âme: «Dieu a fait l'homme tout droit» (Qo 7,29).	§ 376. Par le rayonnement de cette grâce toutes les dimensions de la vie de l'homme étaient confortées. Tant qu'il demeurait dans l'intimité divine, l'homme ne devait ni mourir (cf. Gn 2,17; 3,19) ni souffrir (cf. Gn 3,16). L'harmonie intérieure de la personne humaine, l'harmonie entre l'homme et la femme (cf. Gn 2,25), enfin l'harmonie entre le premier couple et toute la création constituait l'état appelé «justice originelle».

485. Cf. G. PHILIPS, *L'Église et son mystère au IIe concile du Vatican*, t. I, Paris, Desclée, 1967, p. 79.

Nous remarquons, d'une part, que l'expression «dons préternaturels» n'apparaît plus, bien que leur réalité soit toujours affirmée, et, d'autre par, que le *C.É.C.* développe davantage le contenu de la «justice originelle». Avant le péché, il y a l'absence de la mort et de la souffrance (bien que l'homme soit mortel par nature et puisse se blesser!), ainsi que l'harmonie intérieure de la personne (le corps était soumis à l'âme, disait le *Projet révisé*), l'harmonie du couple et l'harmonie avec tout l'environnement. C'est dire que, après le péché, tout cela disparaît.

1204.b (suite). La «maîtrise» du monde que Dieu avait accordée à l'homme dès le début, se réalisait avant tout chez l'homme lui-même comme *maîtrise de soi*. Et dans cette maîtrise de soi et cet équilibre on trouvait l'«intégrité» de l'existence (*integritas*), en ce sens que l'homme était intact et ordonné dans tout son être parce que *libre de la triple concupiscence* qui le soumet au plaisir des sens, à la convoitise des biens terrestres et à l'affirmation de soi contre les impératifs de la raison (Jean-Paul II, 3 septembre 1986).

§ 377 La «maîtrise» du monde que Dieu avait accordée à l'homme dès le début, se réalisait avant tout chez l'homme lui-même comme *maîtrise de soi*.

L'homme était intact et ordonné par tout son être, parce que libre de la triple concupiscence qui le soumet au plaisir des sens, à la convoitise des biens terrestres et à l'affirmation de soi contre les impératifs de la raison.

Dans le *C.É.C.*, la citation de Jean-Paul II est maintenue, bien que légèrement raccourcie, mais la référence n'est plus donnée; elle explicite l'«harmonie» dont il a été question au paragraphe précédent. Ici encore, le catéchisme nous dit ce qui était au début et ce qui n'est plus aujourd'hui .

1205.c. Les rapports entre l'homme et la femme étaient le reflet de leur intimité avec Dieu: «Tous deux étaient nus, l'homme et la femme, et ils n'avaient pas honte l'un de l'autre» (Gn 2, 25). Étant revêtus de la gloire de Dieu, ils étaient transparents et ouverts l'un pour l'autre.

Le *C.É.C.* a déjà mentionné «l'harmonie entre l'homme et la femme (§ 376); il ne reprend donc pas ce passage du *Projet révisé*, d'autant que sa formulation, toute sublime qu'elle soit, est pour le moins inattendue: ils étaient nus ..., revêtus ..., ils étaient transparents et ouverts l'un pour l'autre!

1206.d. La maîtrise que Dieu leur a confiée sur le monde était le rejaillissement de leur familiarité avec Dieu. Ils n'étaient pas encore la terreur et l'effroi de tous les animaux (Gn 9,2). La terre est pour l'homme comme un jardin (cf. Gn 2,8). Il vit «pour le cultiver et le garder» (Gn 2,15), et le travail n'est pas encore une peine (cf. Gn 3,17-19), mais une prise de possession progressive de la terre (cf. Gn 1,28).

§ 378. Le signe de la familiarité avec Dieu, c'est que Dieu le place dans le jardin (cf. Gn 2,8). Il y vit «pour cultiver le sol et le garder» (Gn 2,15): le travail n'est pas une peine (cf. Gn 3, 17-19), mais la collaboration de l'homme et de la femme avec Dieu dans le perfectionnement de la création visible.

Dans sa logique, le *Projet révisé* se devait de parler, après la maîtrise de soi et la maîtrise au sein du couple, de la maîtrise sur le monde. Le *C.É.C.*, ayant déjà mentionné cette dernière (§ 376-377), ne retient que la présence d'Adam et Ève dans le jardin d'Éden: il y voit le signe de leur familiarité avec Dieu et donne, du travail, une signification plus riche. Il ne dit plus que, en ce début, l'homme n'était pas encore la terreur et l'effroi de tous les animaux; est-ce parce qu'il est impossible aujourd'hui d'harmoniser Gn 9,2 avec ce que les scientifiques nous laissent deviner de la vie des premiers humains dans un monde souvent très hostile?

1207.e. C'est toute cette harmonie de la justice originelle et des «dons préternaturels» qui sera perdue par le péché des premiers parents. Ils seront chassés du jardin d'Éden (cf. Gn 3, 23).

§ 379. C'est toute cette harmonie de la justice originelle, prévue pour l'homme par le dessein de Dieu, qui sera perdue par le péché de nos premiers parents.

Le *Projet révisé* et le *C.É.C.*concluent chacun leur exposé en revenant sur la fine pointe de cette quatrième étape – Dieu voulait pour nous un état de justice originelle – et en annonçant l'étape suivante: le péché d'Adam et Ève a fait perdre cette harmonie merveilleuse. Les deux modifications apportées au texte de 1989 sont intéressantes: comme au § 376, le *C.É.C.* supprime la mention explicite des «dons préternaturels» et, en outre, il ne fait pas allusion à l'expulsion du jardin d'Éden de Gn 3,23 (et n'en parlera pas non plus lorsqu'il développera l'étape suivante, «la chute»).

Le *Projet révisé* se terminait par ce paragraphe non repris par le *C.É.C.*: «Il est évident que les récits bibliques sur le Paradis ne nous donnent pas des informations telles que les cherchent les sciences naturelles. Cependant, l'état de la 'justice originelle' est une réalité, comme est réel l'état de la justice qui nous vient du Christ, Nouvel Adam. Cette réalité est accessible à la seule foi. Dans la foi nous savons que le Christ, par sa Croix, nous a rouvert le Paradis (cf. Lc 23,43) perdu par la faute des premiers parents» (1208). Puisque c'est évident, semble penser le *C.É.C.*, pourquoi redire ce que nous savons déjà. Mais force est de constater que le catéchisme définitif ne nous dit pas quelles informations il faut rechercher dans les récits placés au début de la Bible. Reconnaître qu'ils s'expriment dans un langage symbolique ne suffit pas; il faut aussi préciser dans quel but ces récits en un tel langage ont été rédigés et placés à cet endroit. Est-ce pour retracer l'histoire d'un couple bien précis, le tout premier, qui, a un moment donné de son existence, a péché et a entraîné dans sa déchéance toute sa progéniture? On l'a cru pendant de long siècles et beaucoup le croient encore. Le *C.É.C.* dit rapporter l'interprétation authentique du symbolisme par l'Église, l'interprétation qui fait autorité, qui est bien celle de l'Église en la personne des responsables de l'orthodoxie de sa doctrine; il nous apprend que les chapitres de la Genèse décrivent l'état de sainteté et de justice originelle dont Dieu a gratifié le premier couple, l'état d'amitié avec Dieu et de parfaite harmonie en tout domaine[486]. Cet état a-t-il jamais existé à l'origine de l'histoire humaine? Nos connaissances actuelles sur l'homme de la préhistoire nous invitent plutôt à répondre négativement. Et de plus en plus d'exégètes s'accordent pour nous dire qu'ils ne voient plus en Gn 2-3 le récit en langage symbolique d'un fait à situer à l'origine de l'humanité.

Les sources mentionnées par le *C.É.C.* dans ce sixième paragraphe ne sont pas toutes celles que nous avions trouvées dans le *Projet révisé*. Les conciles cités sont plus nombreux: il y a toujours Vienne, Latran V, Trente et Vatican II (avec quelques références supplémentaires), auxquels sont venus se joindre Constantinople IV et Vatican I. Nous avons déjà signalé, à côté de *Humani generis*, l'encyclique *Sumni pontificatus* de Pie XII. Paul VI est toujours présent mais Jean-Paul II a disparu[487]. S. Augustin et s. Jean de la Croix ne sont plus là mais Pierre Chrysologue est venu rejoindre Catherine de Sienne et Jean Chrysostome.

486. L'«En bref» qui résume ces paragraphes sur le paradis est ainsi libellé: «La révélation nous fait connaître l'état de justice originelle de l'homme et de la femme avant le péché: de leur amitié avec Dieu découlait la félicité de leur existence (§ 384 = 1213). Le § 374 avait supprimé «la Parole de Dieu nous révèle», mais cet «En bref» a maintenu «la révélation nous fait connaître ...»

487. Dans l'édition de 1992, les quatre références à Jean-Paul II, trois provenant de *Mulieris dignitatem* et une d'une audience hebdomadaire, ont été supprimées. L'édition typique de 1997 en réintroduit une au § 372 après ces mots: «ils [l'homme et la femme] sont à la fois égaux en tant que personne (...) et complémentaires en tant que masculin et féminin» (*Mulieris dignitatem*, 7).

Quelques formulations pourraient signifier au lecteur que le *C.É.C.* expose une doctrine qu'il doit recevoir comme étant une vérité de foi. «L'Église enseigne que ... chaque âme spirituelle est immédiatement créée par Dieu» (§ 366), ce que le résumé de l'«En bref» introduit par «la doctrine de la foi affirme que ...» (§ 382). «L»Église enseigne que ...» la distinction âme et esprit n'introduit pas une dualité dans l'âme (§ 367). «L'Église, interprétant de manière authentique le symbolisme du langage biblique (...), enseigne que ...» Adam et Ève ont été constitués dans un état de sainteté et de justice originelle (§ 375); l'«En bref» correspondant dit plutôt: «La révélation nous fait connaître l'état de sainteté ...» (§ 384). Au total, trois énoncés sont déclarés enseignements de l'Église. Pourquoi spécialement ces trois-là, à l'exclusion de bien d'autres? Nous ne le savons pas.

Paragraphe 7: La chute

En 28 paragraphes et 9 «En bref», au lieu de 32 et 7 en 1989, le *C.É.C.* voit dans «la chute», celle des anges et celle des «premiers parents», la réponse à la question de l'origine du mal. Dieu très bon n'a fait que des œuvres bonnes et, cependant, la souffrance, les maux de la nature et le mal moral sont quotidiennement présents. D'où cela vient-il? Pour le savoir, il nous faut fixer un regard de foi sur celui qui est vainqueur de ce mal, le Christ (§ 385, qui est la reprise du *Projet révisé*, 1214). La version de 1992 comporte une phrase supplémentaire: les maux de la nature, lisons-nous, «apparaissent comme liés aux limites propres des créatures», toute créature – et donc la créature humaine aussi – est limitée, imparfaite. Cela pourrait expliquer l'origine des maux dits «de la nature». Pour le mal moral, par contre, le *C.É.C.* déclare, dans une autre phrase ajoutée, que l'expliquer uniquement comme un défaut de croissance, comme une faiblesse psychologique, comme une erreur, comme la conséquence nécessaire d'une structure sociale ..., n'est pas suffisant car le péché est un abus de la liberté que Dieu nous donne (§ 387). La réponse de l'Église catholique se trouve dans le «péché des origines», le péché originel; c'est là «une vérité essentielle de la foi», à laquelle on ne peut pas toucher (...) sans porter atteinte au mystère du Christ» (§ 389).

Là où le péché a abondé, la grâce a surabondé

Le *Projet révisé* concluait son exposé sur le péché originel par un commentaire de Rm 5,20: «Là ou le péché a abondé ...» (1239-1246). Le *C.É.C.*, lui, commence le sien par ce même verset paulinien; il ne s'agit cependant pas, pour lui, de reprendre ce qu'il trouve sous ce titre en 1989 mais d'introduire quelques réflexions générales nécessaires à la bonne compréhension du sujet qu'il va développer (§ 386-390).

Il est d'abord question de la réalité du «mal du péché» dans l'histoire de l'homme et de la réalité du «péché des origines» (§ 386-387 = 1221-1222). Il nous est dit ensuite que la signification ultime de l'histoire de la chute en Gn 3 nous est apportée par la lumière de la mort et de la résurrection du Christ, dont l'Esprit Saint dévoile la pleine intelligence aux croyants (§ 368=1239 et 1222). Le *C.É.C.* ajoute au *Projet révisé* que le Peuple de l'Ancien Testament a abordé la douleur de la condition humaine à la lumière du récit de la Genèse (je ne suis pas sûr que tous les exégètes marqueront leur accord sur une telle affirmation). Et il précise, comme en 1989, que le récit de Genèse 3 «utilise un langage imagé, mais il affirme un événement primordial, un fait qui a eu lieu *au commencement de l'histoire de l'homme*» (§ 390 = 1223). C'était une citation d'une «catéchèse» du mercredi de Jean-Paul II, signalait le *Projet révisé* ; la citation est maintenue mais elle n'est plus entre guillemets et la référence a disparu. Le *C.É.C.* ajoute alors: «La Révélation nous donne la certitude de foi que toute l'histoire humaine est marquée par la faute originelle librement commise par nos premiers parents» (§ 390).

La chute des anges

Si les premiers parents ont péché, c'est qu'ils ont été tentés par Satan, un des anges qui ont chuté avant eux. Le contenu des paragraphes du *Projet révisé* sur «la chute des anges» (1215-1220) se retrouve quasi inchangé dans le *C.É.C.* Nous ne redirons donc pas les diverses étapes de l'exposé, préférant signaler les quelques modifications introduites.

Ainsi, les trois références aux enseignements du mercredi de Jean-Paul II ont été supprimées (1216, 1217, 1220). Les textes scripturaires et leur contenu – «Dieu précipita aux abîmes des ténèbres [les anges déchus], où ils sont réservés pour le jugement» – n'ont pas été repris (1215). Il n'est plus dit que les démons usurpent les droits souverains de Dieu et tentent de «subvertir l'économie du salut et l'organisation même de la création entière» (1216). Et une toute dernière phrase a été ajoutée: «La permission divine de l'activité diabolique est un grand mystère, mais 'nous savons que Dieu fait tout concourir au bien de ceux qui l'aiment' (Rm 8,28)» (§ 395).

Avec ces paragraphes sur Satan et les démons, nous sommes loin de cette littérature qui nourrissait autrefois une catéchèse et une prédication qui accordaient tant de place au diable et à ses suppôts. Le *C.É.C.* prend soin – plus encore que le *Projet révisé* – de ne pas présenter Satan comme un être quasi tout-puissant, presque l'égal de Dieu, ou comme un adversaire si redoutable que notre liberté, face aux tentations, serait pratiquement anéantie et la victoire du Christ quasi inopérante. Nous restons en présence d'un grand mystère, reconnaît-il avec humilité. Son exposé rendra-t-il service à ces croyants pour qui l'affirmation de l'existence d'un monde démoniaque pose plus de difficultés qu'elle n'en résout?

Le péché originel

Le catéchisme consacre finalement 14 paragraphes au «péché originel», en place des 18 du *Projet révisé*. Il part de la situation initiale du premier homme: créé par Dieu, il ne peut vivre l'amitié avec Dieu, dans laquelle il a été constitué, que dans une libre reconnaissance et un respect plein de confiance pour son créateur, pour les lois de la création et pour les «normes morales qui règlent l'usage de la liberté». C'est ce qu'exprime symboliquement le récit de Gn 2 (§ 396 = 1221, 1224-1126). Le *C.É.C.* reprend ici l'enseignement de Jean-Paul II dans les audiences des mercredis 3 et 10 septembre 1986, mais il n'indique pas sa source.

Que s'est-il donc passé au début de l'histoire? Le catéchisme redit, avec quelques légères modifications, ce qui se trouvait dans le *Projet révisé* (§ 397-409 = 1227-1238). L'homme a abusé de sa liberté, ce qui a entraîné, pour lui d'abord, des conséquences dramatiques, celles que Gn 3 décrit symboliquement, affirmant cependant un fait, un événement de l'histoire humaine en son début (§ 390). Cela a entraîné aussi pour l'humanité une véritable «invasion» du péché: c'est Caïn qui tue son frère, c'est la corruption universelle décrite en Gn 6,5 et 12 et évoquée par s. Paul en Rm 1,18-32. Le *C.É.C.* ajoute: «dans l'histoire d'Israël, le péché se manifeste fréquemment ...»; il se manifeste aussi parmi les chrétiens. On peut dès lors parler d'*«universalité du péché dans l'histoire* de l'homme» (§ 401). Et il termine par la citation de *Gaudium et spes* 13, 1 en appelant à notre propre expérience du mal auquel nous sommes enclins et des maux qui nous submergent (*ibidem*; citation absente du *Projet révisé*).

L'édition typique apporte une correction à la deuxième phrase du § 398. Il ne faut pas lire: «[L'homme a été] *créé* dans un état de sainteté» mais «[il a été] *constitué* dans un état de sainteté». Il y a, de la part de Dieu, deux actions distinctes, d'abord la création de l'homme et ensuite le fait de le constituer, de l'établir, de le placer dans un état de sainteté.

Aux conséquences personnelles pour le premier homme et à l'invasion du péché dans toute l'humanité, il faut encore ajouter l'implication de tous les hommes dans la faute d'Adam, comme l'affirme s. Paul en Rm 5,12, 18 et 19 (la citation de Jean-Paul II n'est plus retenue). L'Église a toujours enseigné que «l'immense misère qui opprime les hommes et leur inclination au mal et à la mort ne sont pas compréhensibles sans leur lien avec le péché d'Adam et le fait qu'il nous a transmis un péché dont nous naissons tous affectés et qui est 'mort de l'âme'». (§ 403 = 1235 qui disait: «L'Église [...] a toujours enseigné que le tort causé au genre humain par le péché d'Adam ne consistait pas seulement dans le fait qu'il nous a transmis un corps sujet aux infirmités et à la mort. Il nous a aussi transmis 'le péché qui est la mort de l'âme': nous naissons tous affectés par le péché»). Le *Projet révisé* ajoutait: «l'Église tire cette certitude de foi entre autres du fait qu'elle a toujours considéré que le Baptême est donné pour la rémission des péchés même aux petits enfants qui n'ont pas commis de péché personnel». Le *C.É.C.* affirme l'inverse: «En raison de cette certitude de foi, l'Église donne le baptême pour la rémission des péchés même aux petits enfants (...)» (*ibidem*).

Comment expliquer que le premier péché ait des conséquences pour toute l'humanité? C'est que le genre humain, comme le dit s. Thomas, est en Adam «comme l'unique corps d'un homme»; par cette «unité du genre humain», tous les hommes sont impliqués dans la faute d'Adam «comme tous sont impliqués dans la justice du Christ». C'est là, ajoute le *C.É.C.*, «un mystère que nous ne pouvons comprendre pleinement» mais dont nous avons connaissance par la Révélation; et, comme l'avait fait le *Projet révisé*, il reprend les enseignements du concile de Trente en cette matière. Il explique alors que le péché d'Adam est un péché personnel tandis que notre «péché originel» est un péché transmis par propagation, un péché qui affecte la nature humaine: nous naissons dans «une nature humaine privée de la sainteté et de la justice originelles» (§ 404 = 1236).

Pour ne pas nous laisser sur cette vision pessimiste, le *C.É.C.*, comme le *Projet révisé*, insiste sur le caractère non personnel de notre «péché originel» et précise que la nature humaine n'est pas totalement corrompue: elle n'est que «blessée dans ses forces naturelles, soumise à l'ignorance, à la souffrance et à l'empire de la mort, et inclinée au péché». Il ajoute que le baptême «efface le péché originel», nous retourne vers Dieu et nous invite au combat spirituel car «les conséquences pour la nature, affaiblie et inclinée au mal», persistent en nous (§ 405 = 1237; mais le *C.É.C.* ne fait plus référence à une allocution de Jean-Paul II ni à la profession solennelle de foi de Paul VI [que nous retrouvons toutefois au § 419]).

Le *C.É.C.* a maintenu la note sur les précisions apportées au cours des siècles à la doctrine de la transmission du «péché originel» (§ 406 = 1238). Par contre il n'a pas retenu cette autre note (1241) portant sur la difficulté de mettre en accord une «vision scientifique» des origines et «la certitude de foi que l'histoire humaine est marquée par la faute originelle librement commise de ceux qui furent réellement nos premiers parents humains» (références à Trente, Pie XII, Paul VI et Jean-Paul II). Il est vrai qu'il a déjà dit comment concilier les données de la science et les réalités de la foi (§ 159) et qu'il a expliqué que la science recherche des faits tandis que la foi en donne le sens (§ 284). La question soulevée par le *Projet révisé* subsiste cependant, d'autant que l'Église affirme que, sous le langage symbolique de Gn 2-3, il y a un fait qui s'est passé au début de notre histoire humaine.

La doctrine sur le péché originel – et le *C.É.C.* ajoute: «liée à celle de la Rédemption par le Christ» – nous fait découvrir la véritable situation de l'homme dans le monde. Un dur combat nous attend car «le diable a acquis une *certaine* domination sur l'homme, *bien que ce dernier demeure libre*» (§ 407 = 1242; les mots soulignés ont été ajoutés par le *C.É.C.*). Une conclusion moralisante a été introduite: «Ignorer que l'homme a une nature blessée, inclinée au mal, donne lieu à de graves erreurs dans le domaine de l'éducation, de la politique, de l'action sociale et des mœurs». De quelles erreurs s'agit-il? Le catéchisme ne le dit pas et il ne donne comme référence que l'encyclique *Centesimus annus* 25 où il est effectivement fait mention de la doctrine du péché originel. Le catéchisme ajoute encore ce paragraphe: «Les conséquences du péché originel et de tous les péchés personnels des hommes confèrent au monde dans son ensemble une condition pécheresse qui peut-être désignée par (...) 'le péché du monde' (Jn 1,29). Par cette expression, on signifie aussi l'influence négative qu'exercent sur les personnes les situations communautaires et les structures sociales qui sont le fruit des péchés des hommes» (§ 408). Puisque le monde «tout entier gît au pouvoir du mauvais», comme l'écrit 1 Jn 5,19, conclut le *C.É.C.*, nous voici dans une «situation dramatique», qui exige de nous un dur combat. *Gaudium et spes* 37, § 2, vient, en tout dernier lieu, apporter un peu d'espoir: «Engagé dans cette bataille, l'homme (...) non sans grands efforts, et avec la grâce de Dieu, parvient à réaliser son unité intérieure» (§ 409 = 1243).

«Tu ne l'as pas abandonné au pouvoir de la mort»

Dieu n'a pas abandonné l'homme au pourvoir de la mort: dès le «Protévangile», la victoire sur le mal est annoncée (§ 410 = 1244). La tradition voit là l'annonce de ce que fera le Christ, nouvel Adam, et reconnaît, dans la femme, Marie, la nouvelle Ève. Celle-ci, la première («et d'une manière unique», précise le *C.É.C*), a «bénéficié» (et non plus «participé») de la victoire remportée par le Christ. «Elle a été libérée du péché originel et de tout autre péché», disait le *Projet révisé* ; le *C.É.C.* dit plutôt: «elle a été préservée de toute souillure du péché originel et durant toute sa vie terrestre, par une grâce spéciale de Dieu, elle n'a commis aucune sorte de péché» (§ 411 = 1245).

La présentation de la doctrine sur le «péché originel» se termine par cette question: «pourquoi Dieu n'a-t-il pas empêché le premier homme de pécher?» La réponse de s. Léon le Grand, de s. Paul et de l'*Exsultet* nous est bien connue (mais est-ce bien une véritable réponse?): «Là où le péché a abondé la grâce a surabondé» (§ 412 = 1246). D'autres questions viennent à l'esprit, que le *C.É.C.* ne retient pas: comment «Adam et Ève» ont-ils pu succomber à la tentation puisqu'ils étaient libres de la triple concupiscence, ayant reçu de Dieu la parfaite maîtrise d'eux-mêmes (§ 377)? Comment ont-ils su que leur péché aurait de terribles répercussions non seulement pour eux mais aussi pour toute l'humanité? Le Père miséricordieux pouvait-il leur infliger une telle punition? Pourquoi, par le baptême, le Dieu d'amour ne fait-il pas grâce de toutes «les conséquences du péché originel»? etc. C'est dire que la doctrine, telle qu'elle est encore formulée dans le catéchisme, soulève plus de questions qu'elle n'en résout. En outre, son interprétation historicisante de Gn 2 et 3 ne tient pas compte des résultats actuels de la recherche exégétique, largement répandus, et de ce que les scientifiques nous apprennent sur les tout premiers hommes. Il ne s'agit pas d'éliminer la réalité du «péché du monde» et de nos péchés, ni de vider l'incarnation rédemptrice de sa signification mais d'en chercher une meilleure interprétation. Comme nous l'avons vu plus haut, d'autres interprétations de la Genèse et, par là, du dogme du péché originel, ont cours dans l'Église, qui ne sont pas en contradiction avec la foi catholique[488]. Ne serait-il pas souhaitable que les catéchismes nationaux de l'avenir en donnent connaissance à leurs lecteurs?

Des modifications ont été apportées aux «En bref» qui résument l'enseignement sur «la chute». Deux d'entre eux sont nouveaux: le § 418 sur les conséquences du péché originel sur la nature humaine et le § 420 sur la foi en l'amour du créateur qui, par le Christ, nous libère du pouvoir du Malin (texte repris à *Gaudium et spes* 2, 2). Deux autres ont

488. Voir ci-dessus, p. 168.

été corrigés. Le premier, le § 416, ne dit plus que, suite à la perte par Adam de la sainteté et de la justice originelles, «l'homme tout entier, dans son corps et dans son âme, a été changé en un état pire» (1250). Le deuxième, le § 417, était ainsi formulé dans le *Projet révisé* : «À leur descendance, Adam et Ève ont transmis la nature humaine telle que l'a laissée leur péché, donc privée des dons supérieurs qui la complétaient. Cette privation, avec les tendances désordonnées qu'elle libère, est appelée péché originel». Sa nouvelle rédaction, plus brève, ne définit le péché originel que comme «privation de la sainteté et de la justice originelles» (une fois encore les «dons préternaturels» ou «dons supérieurs» ne sont plus nommés et on parle plutôt de sainteté et de justice originelles).

Pour exposer la doctrine catholique sur Satan et le péché originel, le *C.É.C.* puise abondamment dans l'Écriture et aussi dans la Tradition. De celle-ci, il retient l'apport de s. Augustin, de s. Léon le Grand, de s. Jean Damascène et de s. Thomas d'Aquin, et il ajoute une phrase de s. Maxime le Confesseur. Il retient aussi l'enseignement des conciles d'Orange, de Latran IV, de Trente et de Vatican II, comme l'avait déjà fait le *Projet révisé* (le concile de Braga cependant n'apparaît plus). Les mêmes références à Pie IX, Pie XII et Paul VI se retrouvent ici; par contre, toutes les audiences du mercredi de Jean-Paul II ont disparu et nous trouvons maintenant une référence à *Centesimus annus* et à *Reconciliatio et paenitentia*

Conclusions du chapitre premier

Les responsables de la rédaction du catéchisme ont retenu, parmi les multiples amendements proposés par les évêques, un certain nombre de modifications qui ont amélioré l'exposé sur la foi en Dieu le Père. Rassemblons celles qui paraissent les plus significatives.

Il y a certainement le complément apporté à la compréhension du nom du «Père»: le *C.É.C.* mentionne l'image de la maternité et l'expérience parentale, tout en rappelant que Dieu n'est ni homme ni femme. Il y a aussi tout le travail de réécriture de l'exposé sur l'Esprit-Saint dont est sorti un texte plus satisfaisant tant pour nous occidentaux que pour nos frères orthodoxes; l'Église catholique reconnaît notamment que l'introduction du *Filioque* dans le Credo de Nicée-Constantinople constitue encore un différend avec l'Orient.

Il faut mettre en évidence le nouvel exposé sur les relations science-foi à propos du dogme de la création. Le texte est d'un tout autre esprit que celui de 1989: il se veut irénique et marque mieux la spécificité de l'enseignement de la Genèse; il indique les liens entre la révélation de la création et la révélation de l'alliance de Dieu avec son peuple …

L'exposé sur la providence et les causes secondes a été refait et ainsi notre coopération à l'accomplissement des desseins de Dieu est pleinement reconnue. La doctrine sur les anges, qui figurait dans un paragraphe distinct, «le ciel», a retrouvé sa place normale dans le paragraphe intitulé «le ciel et la terre». Un effort sérieux a été fait pour atténuer le dualisme «corps et âme» à propos de la personne humaine. En ce qui concerne l'homme au «paradis», l'expression traditionnelle «dons préternaturels» a été supprimée (bien que la réalité qu'elle recouvre subsiste).

Ces principaux enrichissements survenus d'une édition à l'autre du catéchisme s'accompagnent toutefois de quelques insatisfactions, déceptions, regrets. Ainsi, le *C.É.C.* ne donne pas systématiquement au Dieu dont il est question dans ce premier chapitre le nom de «Père». C'est qu'il ne part pas de ce que Jésus a révélé et enseigné à propos du Dieu du premier Testament; il n'a pas fait du christocentrisme une méthode didactique pour nous faire voir en Jésus Dieu-providence, Dieu s'opposant au mal, Dieu Père d'un Fils et donnant l'Esprit.

Il n'y a pas d'indications bien nettes, et parfois il n'y en a pas du tout, sur le genre littéraire des premier chapitres de la Genèse, des passages de l'Écriture mentionnant l'intervention d'anges, et de bien d'autres citations émaillant les exposés; l'absence de toute clé de lecture donne à penser qu'une interprétation littérale et historicisante n'est pas à écarter. La liturgie, quant à elle, est peu utilisée comme expression de la foi au Dieu tout-puissant, au Dieu créateur et providence, comme aussi de notre condition de pécheurs.

La présentation tridentine du dogme du péché originel apparaît, dans le catéchisme, comme la seule qui ait cours dans l'Église catholique, alors que d'autres interprétations de ce dogme existent, qui ne vident pas de leur substance l'incarnation et la rédemption. Les exégètes et les théologiens sont loin d'être unanimes à considérer que l'état paradisiaque d'Adam et Ève, leur péché et ses conséquences sont des événements appartenant à l'histoire de l'humanité.

Chapitre deuxième: Je crois en Jésus-Christ, le Fils unique de Dieu

Le deuxième chapitre nous conduit au centre de la profession de la foi chrétienne. Il concerne les articles 2 à 6 du Symbole des apôtres et aborde la naissance, la vie, la mort, la résurrection, l'ascension et le retour du Christ pour juger les vivants et les morts. Comme le *Projet révisé*, le *C.É.C.* regroupe en ce chapitre les cinq articles christologiques. Son développement comprend 261 paragraphes, 217 de texte et 44 d'«En bref», et non plus 276 (237 et 39); il est plus ample que l'exposé sur la foi en Dieu le Père avec ses 224 paragraphes (181 + 43).

Une introduction de huit paragraphes fait ressortir toute l'importance de ce chapitre deuxième (§ 422-429). Elle est neuve par rapport à celle de 1989 qui évoquait déjà la vie de Jésus et les réactions diverses que celle-ci a suscitées (1254-1258)[489]. Elle nous dit d'abord que la Bonne Nouvelle est que Dieu le Père a envoyé son Fils, que Jésus de Nazareth est le Fils éternel du Père qui s'est fait homme et qui est mort crucifié à Jérusalem (§ 422-424). Elle nous dit ensuite qu'au témoignage de Pierre et Jean en Ac 4,20 et en 1 Jn 1,14, le chrétien est celui qui annonce le Christ pour conduire à la foi en lui (§ 426). Elle nous dit encore qu'au cœur de la catéchèse, il y a une personne: le Christ ressuscité, vivant avec nous pour toujours. Elle reprend alors à *Catechesi tradendae* ces belles définitions de la catéchèse: catéchiser, «c'est dévoiler dans la personne du Christ tout le dessein éternel de Dieu», c'est «mettre en communion avec Jésus-Christ»[490]. Et elle invite les catéchistes à être les porte-paroles du Christ, à permettre à celui-ci d'enseigner par leur bouche, cherchant eux-mêmes à le connaître et à lui devenir conformes (§ 426-428). Le développement des articles 2 du Symbole sur les principaux titres donnés à Jésus, 3 sur son incarnation, 4 et 5 sur sa Pâque et 6 et 7 sur sa glorification, a précisément pour but de faire entrer dans «cette connaissance amoureuse du Christ» (§ 429).

Article 2: «Et en Jésus-Christ, son Fils unique, notre Seigneur»

L'article 2 du Symbole dit notre foi en celui qui est appelé Jésus, Christ, Fils et Seigneur. Le *C.É.C.* développe ces quatre appellations en vingt-six paragraphes (22 + 4), alors que le *Projet révisé* en comportait trente-cinq (31 + 4).

489. Cette introduction reprend quand même au *Projet révisé* quelques phrases générales. Ainsi, le § 422 provient des numéros 1294 et 1296 (qui se trouvaient dans le troisième article du Symbole) et le § 423 du numéro 1254 (introduction au deuxième article); les § 425-429 sont entièrement neufs.

490. Le Prologue a privilégié la catéchèse comme «éducation de la foi qui comprend spécialement un enseignement de la doctrine chrétienne» (§ 4 – *Catechesi tradendae* 18). Ici, c'est l'objectif fondamental de la catéchèse qui est privilégié: permettre la rencontre du Christ et l'adhésion à sa personne. L'image du catéchiste «porte-parole du Christ» (§ 427) n'est pas la seule qui convient; elle doit être maniée avec prudence.

I. Jésus

Le *C.É.C.* donne, en 6 paragraphes comme en 1989, la signification du nom de Jésus: ce nom indique à la fois son identité et sa mission (§ 430-435 = 1259-1264). Deux corrections mineures ont été apportées au texte du *Projet révisé*. Au § 430, le *C.É.C.* ajoute qu'en Jésus, «Dieu récapitule ainsi toute son histoire de salut en faveur des hommes». Au paragraphe suivant, il supprime l'épisode du veau d'or (1260) et, après avoir dit que Dieu ne s'est pas contenté de délivrer Israël de la maison de servitude en le faisant sortir d'Égypte, il ajoute: «Il le sauve encore de son péché» (§ 431). Je note qu'en cinq paragraphes, le «péché» est mentionné sept fois; cette insistance laisserait croire que le salut apporté par le Christ ne concerne que la rémission des péchés!

La suite de l'exposé (§ 432-435) est centrée sur «le nom de Jésus». Le *C.É.C.* explique, à la suite du *Projet révisé*, que «le nom même de Dieu» est présent en la personne de son Fils, que «le nom divin» apporte seul le salut, que le grand prêtre invoquait une fois par an «le nom de Dieu» en aspergeant le propitiatoire, ce lieu de la présence de Dieu, qu'en Jésus devenu «propitiatoire par son propre sang» «Dieu se réconcilie le monde (§ 432-433), et que la résurrection glorifie «le nom du Dieu Sauveur», le «nom de Jésus» manifestant désormais en plénitude la puissance suprême du «nom qui est au-dessus de tout nom» (§ 434). Je crains fort que ces explications ne découragent nombre de lecteurs plus habituées à honorer quelqu'un que «le nom de quelqu'un».

Le premier point se termine par l'évocation de la prière chrétienne au cœur de laquelle se trouve le nom de Jésus. Le texte de 1989 laissait fort à désirer; celui de 1992, qui serait certainement mieux en situation au terme des quatre titres donnés à Jésus, est plus satisfaisant, comme le montre la comparaison des deux versions:

Projet révisé	*C.É.C.*
La liturgie célèbre le Nom de Jésus à l'Octave de Noël en commémorant sa circoncision en la Fête de Sainte Marie Mère de Dieu. Le nom de Jésus est au cœur de toute la prière chrétienne: dans le «Je vous salue Marie», dans la «prière de Jésus», comme prière jaculatoire au moment de la mort (Ste Jeanne d'Arc) (1264).	Le nom de Jésus est au cœur de la prière chrétienne. Toutes les oraisons liturgiques se concluent par la formule «par notre Seigneur Jésus-Christ». Le «Je vous salue Marie» culmine dans «et Jésus, le fruit de vos entrailles, est béni». La prière du cœur orientale appelée «prière à Jésus» dit: «Jésus-Christ, Fils de Dieu, Seigneur prends pitié de moi pécheur». De nombreux chrétiens meurent en ayant, comme Ste Jeanne d'Arc, le seul mot de «Jésus» aux lèvres (§ 435).

II. Le Christ

Le *C.É.C.* reprend quasi intégralement les cinq paragraphes du *Projet révisé* qui expliquent le sens du terme «Christ» par lequel nous désignons Jésus (§ 436-440 = 1265-1269). Il ajoute toutefois l'une ou l'autre phrase qui introduit une nuance. Ainsi, «Oint», «Messie» ou Christ «ne devient le nom propre de Jésus que parce que celui-ci accomplit parfaitement la mission divine qu'il signifie». Quelle est cette mission? Le *C.É.C.* répond ainsi: «Jésus a accompli l'espérance messianique d'Israël dans sa triple fonction de prêtre, de prophète et de roi». Le *Projet révisé* rappelait que les rois, mais aussi les prêtres et même les prophètes étaient oints au nom du Seigneur; le *C.É.C.* remplace «même les prophètes» par «en de rares cas les prophètes», cite à l'appui 1 Rg 19,16 («Tu oindras Élysée [...] comme prophète») et laisse tomber Is 61,1 («L'Esprit du Seigneur [...] m'a oint»).

Au cours de la vie terrestre de Jésus, Dieu a manifesté qu'il était oint de l'Esprit Saint et de puissance. Le *Projet révisé* disait alors que «aussi bien les démons que ses apôtres le reconnaîtront (...) à ses œuvres et à ses paroles comme 'le saint de Dieu'» (1267). Le *C.É.C.* ne veut pas mettre côte à côte les démons et les apôtres: il dit, de manière très générale, que «ses œuvres et ses paroles le feront reconnaître comme 'le saint de Dieu'», tout en gardant les références à Mc 1,24 (là, c'est un esprit impur), Jn 6,69 (c'est Simon-Pierre) et Ac 3,14 (ce sont Pierre et Jean) (§ 438).

Des juifs et des païens ont reconnu en Jésus le «fils de David». Le *Projet révisé* disait alors: Jésus a mis des réserves à ce titre car il «exprimait une conception trop humaine et trop politique du Messie» (1268). Le *C.É.C.* introduit une nuance: ce titre «était compris par une partie de ses contemporains selon une conception trop humaine, essentiellement politique» (§ 439).

Enfin, le *Projet révisé* disait que Jésus a dévoilé le contenu authentique de sa royauté messianique notamment dans «sa mission sacrificielle comme Serviteur souffrant» (1269). Le *C.É.C.* parle plutôt de «sa mission rédemptrice» et ajoute: «C'est pourquoi le vrai sens de sa royauté n'est manifesté que du haut de la Croix» (§ 440).

Comme le *Projet révisé*, le *C.É.C.* privilégie l'onction royale, bien qu'il signale que Jésus est «oint» à un triple titre. Comme lui aussi, il ne prolonge pas son exposé par une actualisation liturgique et ne signale pas que, au baptême, le convertit est «oint» et peut désormais porter le nom de «chrétien».

III. Fils unique de Dieu

Le *C.É.C.* ne reprend que les cinq premiers des quatorze paragraphes que le *Projet révisé* consacrait au «Fils unique de Dieu» (§ 441-445 = 1270-1274), les neuf autres (1275-1283) étant très judicieusement insérés plus loin, dans le développement sur le mystère de l'incarnation. Il donne le sens de l'expression «fils de Dieu» dans l'Ancien Testament et le sens nouveau qu'elle prend dans la bouche de Pierre après que Jésus a nettement laissé entendre le caractère transcendant de sa filiation divine. Il évoque la voix du Père désignant Jésus comme son Fils bien-aimé et nous apprend que cette filiation est apparue «dans la puissance de son humanité glorifiée» après la Résurrection.

Nous nous trouvons devant le même texte qu'en 1989 avec cependant quelques retouches. Le *Projet révisé* reconnaissait que l'appellation «fils de Dieu» donnée à Jésus au cours de sa vie publique n'impliquait pas nécessairement qu'il soit plus qu'humain; ceux qui le désignaient par ce titre n'ont probablement pas voulu dire davantage que ceci: il y avait entre lui et Dieu une intimité particulière, une filiation adoptive (1270). Le *C.É.C.* introduit deux nuances: «cela n'implique pas nécessairement, *selon le sens littéral de ces textes*, qu'il soit plus qu'«humain», et «ceux qui ont désigné ainsi Jésus (...) n'ont *peut-être* pas voulu dire davantage» (§ 441 [c'est moi qui souligne]).

Jésus a laissé nettement entendre «le caractère transcendant de la filiation divine du Messie», c'est pourquoi Pierre a pu reconnaître ce caractère et dire à Jésus: «Tu es le Christ, le Fils du Dieu vivant». Le *Projet révisé* ajoutait alors: c'est aussi pourquoi «les autorités religieuses d'Israël ont pu accuser Jésus de blasphème (cf. Jn 10,36; 19, 7)» (1272). Le *C.É.C.* ne mentionne plus les autorités religieuses d'Israël accusant Jésus de blasphème, probablement parce que cela ne s'harmonisait pas parfaitement avec la phrase suivante: «Devant le Sanhédrin, à la demande de ses accusateurs: 'Tu es donc le Fils de Dieu', Jésus a répondu: 'Vous le dites bien, je le suis' (Lc 22,70)» (§ 443).

La confession chrétienne de Jésus Fils de Dieu apparaît déjà dans l'exclamation du centurion au pied de la croix. Le *C.É.C.* précise alors que c'est seulement dans le mystère pascal que «le croyant peut donner sa portée ultime au titre de 'Fils de Dieu'» (§ 444 = 1273). Par contre, il ne reprend plus cette phrase par laquelle le *Projet révisé* terminait son exposé sur la signification de ce titre: «La foi qui sauve consiste pour les chrétiens à 'croire au Nom du Fils unique de Dieu' (Jn 3,18)» (1274)[491].

Le *C.É.C.* s'en tient à l'interprétation de Mt 16,16, donnée par le *Projet révisé*. Quand Pierre dit à Jésus, selon le seul évangile de Matthieu, «Tu es le Fils du Dieu vivant», il dit plus que ce que «Fils de Dieu» signifiait généralement à l'époque: il exprime, par révélation divine, la filiation proprement divine de Jésus. Nous savons qu'il est aussi légitime de penser que Matthieu introduit là la foi apostolique d'après la Résurrection et que Pierre, comme les autres apôtres, n'a découvert la portée nouvelle de ce qu'il vient de dire qu'après les événements du matin de Pâques. La révélation divine, approuvée par Jésus, a un sens dont Pierre montrera plus tard qu'il ne l'a pas saisie dans sa profondeur, nous dit la *TOB*.

Au terme de son exposé sur le titre «Fils de Dieu», le *Projet révisé* reprenait le célèbre Tropaire «O Monoghenis» de la liturgie de s. Jean Chrysostome, chantant la foi en Jésus, Fils unique de Dieu (1283). Le *C.É.C.* l'a reporté plus loin, au terme de l'exposé sur Jésus «vrai Dieu et vrai homme» (§ 469).

IV. Seigneur

Six paragraphes, en 1992 comme en 1989, nous expliquent la signification du titre de «Seigneur» donné à Dieu le Père dans l'Ancien et le Nouveau Testament et les raisons de son attribution à Jésus par ses contemporains, dans la confession de foi chrétienne et dans la liturgie latine (§ 446-451 = 1284-1289). Quelques amendements ont été introduits.

Le terme «Seigneur», au sens fort, est utilisé dans le Nouveau Testament à la fois pour le Père et – cela est nouveau – pour Jésus. Le *C.É.C.* ajoute qu'ainsi Jésus est reconnu «comme Dieu lui-même» et donne comme référence 1 Co 2,8: «s'ils avaient connus la sagesse de Dieu, les princes de ce monde n'auraient pas crucifié le Seigneur de Gloire» (§ 446).

Jésus s'attribue le titre de «Seigneur» de manière voilée lors d'une discussion sur le psaume 110 (le *Projet révisé* disait 109). Le *C.É.C.* ajoute qu'il se l'est aussi attribué «de manière explicite en s'adressant à ses apôtres», comme on le voit en Jn 13,13: «Vous m'appelez 'le Maître et le Seigneur' et vous dites bien, car je le suis» (§ 447)[492].

491. Un «En bref» reprend toutefois cette affirmation (§ 454 = 1292); c'est le *C.É.C.* qui précise: «Il est le Fils unique de Dieu et *Dieu lui-même*» et qui nous dit que la foi en Jésus Fils de Dieu est «nécessaire pour être chrétien» (là où le *Projet révisé* disait: c'est «la condition pour être chrétien»).

492. Le *Dictionnaire encyclopédique de la Bible*, Brepols, 1987, p. 1183, pense qu'«il n'y a pas de doute que les disciples et les contemporains aient appelé Jésus du

Le *Projet révisé* ne disait pas sur quoi porte la souveraineté de Jésus; le *C.É.C.* le précise: c'est «sur le monde et sur l'histoire». Tous deux citent *Gaudium et spes* 10, 2 et le catéchisme renvoie en note à 45, § 2, qui, dans le *Projet révisé*, faisait partie du texte lui-même.

De nombreux ouvrages, encyclopédies et dictionnaires nous donnent, sur base d'études très poussées, la signification des titres christologiques, leur évolution et leurs corrélations. Ils distinguent le contenu que la foi postpascale leur a donné de celui que les contemporains pouvaient avoir à l'esprit lorsqu'ils les attribuaient à Jésus. Ils nous apprennent que, bien souvent, les évangélistes, en vue d'éclairer la foi de leurs lecteurs en Jésus, Christ, Fils de Dieu et Seigneur, anticipent dans la vie de Jésus avant Pâques ce qui n'a pu être perçu qu'après la Résurrection. Le *C.É.C.* n'entre pas dans l'interprétation de tous les passages des évangiles où ces titres apparaissent. Il nous donne une vision globale et reconnaît que la portée ultime des titres n'a pu être perçue qu'après Pâques. La foi des disciples après la Résurrection exprime ce que Jésus avait nettement laissé entendre avant Pâques.

Article 3: «Jésus-Christ a été conçu du Saint-Esprit, il est né de la Vierge Marie»

Le troisième article du Symbole porte sur le mystère de l'incarnation. Pour en développer le contenu, le *C.É.C.* adopte les trois étapes suivies par le *Projet révisé* et leur consacre 115 paragraphes (96 et 19) au lieu de 117 (100 et 17). La première étape aborde le mystère du Fils de Dieu fait homme, la deuxième évoque la conception et la naissance de Jésus et la troisième décrit les principaux événements de son enfance et de sa vie publique. Remarquons de suite la démarche retenue: on parle du mystère lui-même avant de retracer les événements à travers lesquels le mystère se laisse découvrir. Remarquons aussi que le *C.É.C.* fait sien l'initiative de l'*Avant-projet* et du *Projet révisé* d'élargir l'incarnation à toute la vie de Jésus et non seulement à sa conception et à sa naissance.

Paragraphe 1: Le Fils de Dieu s'est fait homme

Sans introduction annonçant la structure de son exposé, et avant même d'avoir parlé de la conception, de la naissance et de la vie de

titre de 'mon Seigneur'; c'était en effet le titre donné aux rabbins et autres personnages importants».

Jésus, le Verbe fait chair, le *C.É.C.* pose la question du pourquoi de l'incarnation, énonce le dogme lui-même, explique que Jésus est vrai Dieu et vrai homme et termine par la question de savoir comment le Fils de Dieu est homme (§ 456-478).

Le *C.É.C.* retravaille, en fait, l'exposé du *Projet révisé* sur le dogme de l'incarnation. À l'article 2 du Symbole des apôtres, le *Projet révisé* donnait le sens du titre «fils de Dieu» dans toute l'Écriture (1270-1274= § 441-445); de suite, il expliquait qu'au cours des siècles, l'Église a dû défendre la filiation divine de Jésus contre plusieurs hérésies (1275-1277) et il précisait comment le Fils de Dieu est homme (1278-1283). Arrivé à l'article 3 du Symbole, il procédait ainsi: dans un premier point; il évoquait d'abord la décision prise par le Père quand vint la plénitude des temps (1294-1296), exposait ensuite les raisons pour lesquelles le Père a envoyé son Fils (1297-1301) et terminait par le contenu du mystère de l'incarnation: Jésus est vraiment Dieu et vraiment homme, il possède deux volontés et deux opérations non opposées mais coopérantes, il a une connaissance humaine et la personne du Fils de Dieu a désormais un visage humain (1302-1313). Cinq «En bref» résumaient le contenu de ce premier point (1314-1319). Avec le *C.É.C.*, nous avons un exposé plus unifié rassemblant les questions soulevées à propos du dogme de l'incarnation, questions réparties jusqu'ici sur les articles 2 et 3 du Symbole.

I. Pourquoi le Verbe s'est-il fait chair?

Le *Projet révisé* répondait à la question du pourquoi de l'incarnation en ces termes: Dieu a envoyé son Fils pour manifester son amour infini et, découlant de là, pour nous rendre participants de la nature divine et nous libérer du péché. Un extrait du *Discours catéchétique* de s. Grégoire de Nysse faisait comprendre que notre nature humaine était malade, déchue et morte, que nous étions dans les ténèbres, captifs, prisonniers, esclaves; c'est donc «pour détruire les œuvres du diable que le Fils de Dieu est apparu», comme le dit 1 Jn 3,8 (1297-1301)[493].

La réponse du *C.É.C.* indique d'abord que le Verbe s'est fait chair «pour nous sauver en nous réconciliant avec Dieu», pour «ôter les péchés»; il ne reprend pas le texte de 1 Jn 3,8 mais garde l'extrait de s. Grégoire de Nysse (§ 457). Une deuxième raison à l'incarnation est: «pour que nous connaissions ainsi l'amour de Dieu» (pour que Dieu manifeste son amour, lisions-nous en 1989) (§ 458). Une troisième raison

493. Ces numéros 1297-1301 étaient précédés d'une introduction: «Dieu a envoyé son Fils» (1294-1296); certaines phrases en sont reprises par le *C.É.C.* au § 422.

est alors ajoutée: pour que le Verbe soit «notre modèle de sainteté», lui qui est la voie, la vérité et la vie (§ 459). Une dernière raison – c'était la deuxième en 1989 – indique: c'est pour nous rendre «participants de la nature divine» (§ 460). Nous constatons que la réconciliation et le pardon des péchés viennent maintenant en premier lieu, au détriment de la manifestation de l'amour de Dieu et de notre participation à sa nature divine et qu'un nouveau motif apparaît: l'imitation du Christ dans notre marche vers la sainteté. La présence de ce nouveau motif est heureuse, la première place donnée au pardon des péchés l'est moins. Ayant dit très clairement que le péché originel est une vérité essentielle de la foi à laquelle «on ne peut pas toucher sans porter atteinte au mystère du Christ» (§ 389), le *C.É.C.* reste dans cette logique: c'est d'abord à cause du péché que le Fils s'est fait homme. L'option qu'avait faite le *Projet révisé* en mettant en avant la manifestation de l'amour de Dieu et notre «divinisation», avec, comme conséquence pourrions-nous dire, la rémission des péchés, n'est pas pour autant moins acceptable.

II. L'Incarnation

L'Église appelle «incarnation» ce que s. Jean, s. Paul aux Philippiens et l'auteur de la lettre aux Hébreux décrivent à leur manière: le Fils de Dieu a assumé une nature humaine. La foi en ce mystère du Verbe fait chair est «le signe distinctif de la foi chrétienne» (§ 461-463).

Le texte est identique à celui de 1989 au début des paragraphes ayant pour titre «Le Verbe s'est fait chair» (1302-1304). Les rédacteurs du *C.É.C.* n'ont pas repris 1 Jn 1,1-3 (1305) parce qu'ils ont déjà cité ce texte là où ils rapportent le brûlant désir des disciples du Christ de prêcher ce qu'ils ont vu et entendu (§ 425).

III. Vrai Dieu et vrai homme

Le Fils de Dieu s'est vraiment fait homme en restant vraiment Dieu (§ 464 = 1306). Cette vérité de foi s'est clarifiée au cours des siècles face aux nombreuses hérésies qui la falsifiaient. Le *C.É.C.* rassemble ce que le *Projet révisé* exposait en deux endroits différents (1275-1277 et 1306-1309): il mentionne le docétisme gnostique, l'hérésie de Paul de Samosate, l'arianisme, le nestorianisme, le monophysisme et l'hérésie condamnée à Constantinople V (§ 465-468). Il conclut que Jésus est inséparablement vrai Dieu et vrai homme, notre frère et notre Seigneur; et il reproduit une antienne des laudes du 1er janvier ainsi que le tropaire «O monoghenis» de la liturgie de s. Jean Chrysostome (§ 469 = 1283).

IV. Comment le Fils de Dieu est-il homme?

Le *Projet révisé* expliquait que le Christ possède «deux volontés et deux opérations naturelles, divines et humaines, non opposées mais coopérantes» (1310), qu'il possède «avec sa connaissance divine, aussi une vraie connaissance humaine» (1311). Nous ne nous trouvons pas devant un mythe mais devant «un événement historique, réel et unique»: le Fils de Dieu a pris un visage humain (1312). C'est cet événement qui est à la source de l'élan missionnaire de l'Église (1313). Auparavant, le *Projet révisé* avait expliqué, dans son développement du titre «Fils de Dieu», comment le Fils est homme: toute ce que Jésus est et tout ce qu'il fait relève du Fils de Dieu (1278) et ses souffrances sont librement voulues par le Fils de Dieu (1279). À propos de son ignorance du jour du jugement, nous pouvons dire avec s. Grégoire le Grand qu'il a connu ce jour *en* sa nature humaine mais pas *par* elle (1280). Quant à sa volonté humaine, il nous faut affirmer qu'elle est mue et soumise à sa volonté divine (1281). Le *Projet révisé* terminait par l'évocation de son corps: c'est le corps «délimité en son individualité matérielle» que «le Fils de Dieu a fait sien au point que le croyant qui vénère son image 'vénère en elle la personne qui y est dépeinte'» (1282).

À partir de toute ces données, le *C.É.C.* compose un exposé en neuf paragraphes, qu'il intitule «Comment le Fils de Dieu est-il homme?» Sous forme de préambule, il énonce que la nature humaine a été assumée mais non absorbée et, dès lors, l'Église a été amenée à confesser «la pleine réalité de l'âme humaine, avec ses opérations d'intelligence et de volonté, et du corps humain du Christ», et elle a dû rappeler que sa nature humaine appartient en propre au Fils de Dieu (§ 470). Le développement qui suit est marqué par cette distinction «âme-corps»; nous avons successivement: l'âme et la connaissance humaine du Christ (§ 471-474), la volonté humaine du Christ (§ 475), le vrai corps du Christ (§ 476-477) et le cœur du Verbe incarné (§ 478). Le *C.É.C.* a expliqué que souvent le terme «âme» désigne la personne humaine et aussi le principe spirituel en l'homme, ce qu'il y a de plus intime et de plus grande valeur en lui (§ 363); il a aussi insisté sur l'unité profonde de l'âme et du corps (§ 365). En parlant ici de «l'âme de Jésus», il comble une lacune du *Projet révisé* et rejoint la foi de l'Église, qui a été amenée à confesser que le Fils de Dieu a assumé «une âme raisonnable». N'aurait-il pas été utile qu'il précise: l'Église a proclamé cette vérité pour affirmer le plus nettement possible qu'elle reconnaît dans le Christ un homme véritable, un humain à part entière? À cette époque, est reconnu comme vrai homme celui dont on dit qu'il a un corps et une âme spirituelle. Il n'aurait pas non plus été superflu de préciser le sens à donner au terme «âme» lorsqu'il est référé à la personne de Jésus[494].

À propos de la connaissance humaine du Christ, le *C.É.C.* nous donne un texte amendé par rapport au *Projet révisé* :

Projet révisé	*C.É.C.*
1311. L'Église confesse que le Christ possède, avec sa connaissance divine, aussi *une vraie connaissance humaine,* selon laquelle «il croissait en sagesse, en taille et en grâce» mais en laquelle il avait aussi une connaissance immédiate et intime du Père; il connaissait les choses à venir, et s'il dit en ignorer, c'est qu'il n'a pas mission de son Père de le révéler. Depuis les débuts de la foi chrétienne, les saints ont toujours cru et affirmé que, dans son Père, Jésus nous a tous et chacun connus et aimés durant sa vie, son agonie et sa passion et qu'il s'est livré pour chacun de nous.	§ 472. Cette âme humaine que le Fils de Dieu a assumée est douée d'une vraie connaissance humaine. En tant que telle, elle ne pouvait pas être de soi illimitée: elle était exercée dans les conditions historiques de son existence dans l'espace et le temps. C'est pourquoi le Fils de Dieu a pu accepter en se faisant homme de «croître en sagesse, en taille et en grâce» et même d'avoir à s'enquérir sur ce que dans la condition humaine on doit apprendre de manière expérimentale. Cela correspondait à la réalité de son abaissement volontaire dans «la condition d'esclave».
	§ 473. Mais en même temps, cette connaissance vraiment humaine du Fils de Dieu exprimait la vie divine de sa personne. «La nature humaine du Fils de Dieu, *non par elle-même mais par son union au Verbe*, connaissait et manifestait en elle tout ce qui convient à Dieu». C'est en premier lieu le cas de la connaissance intime et immédiate que le Fils de Dieu fait homme a de son Père. Le Fils montrait aussi dans sa connaissance humaine la pénétration divine qu'il avait des pensées secrètes du cœur des hommes.
1280. À propos de l'ignorance du Christ, le pape s. Grégoire le Grand écrit: «Le Fils unique incarné, fait pour nous homme parfait, a connu le jour et l'heure du Jugement *dans* sa	§ 474. De par son union à la Sagesse divine en la personne du Verbe incarné, la connaissance humaine du Christ jouissait en plénitude de la science des desseins éternels qu'il

494. Le terme «âme» se retrouve six fois dans ce passage du *C.É.C.* alors qu'il n'apparaissait que deux fois dans le *Projet révisé*; il ne figure cependant pas dans les «En bref» des § 479-483 (= 1314-1319).

nature humaine. Ce qu'il a donc connu en elle, il ne l'a pas connu par elle, car c'est par la puissance de sa divinité que le Dieu fait homme a connu le jour et l'heure du Jugement».

était venu révéler. Ce qu'il reconnaît ignorer dans ce domaine, il déclare ailleurs n'avoir pas mission de le révéler.

Avec le *C.É.C.*, nous sommes en présence d'un exposé mieux structuré: 1. Jésus a une connaissance humaine limitée et progressive; 2. Il a en même temps une connaissance divine: il connaît son Père de façon immédiate et pénètre les pensées secrètes des hommes; 3. Il connaît ce qu'il a mission de nous révéler et ignore ce qui ne rentre pas dans le cadre de cette mission.

Plus que le *Projet révisé*, le *C.É.C.* insiste sur les limites de la connaissance humaine du Fils de Dieu fait homme, de cette connaissance qu'il acquérait, comme tout être humain, de manière expérimentale et en fonction des conditions historiques dans lesquelles il a vécu. Il fait ainsi droit au mouvement de la «kénose»: le Fils de Dieu s'est abaissé, anéanti, a pris la condition d'esclave.

Comme le *Projet révisé*, il évoque la connaissance que le Christ a de son Père dont nous trouvons trace en Mt 11,27, Jn 1,18; 8,55 – et en Mc 14,36, ajoute le *C.É.C.* Jésus sait, de manière immédiate et intime, qu'il est le Fils du Père. Ne faudrait-il pas ajouter que, en raison de son abaissement volontaire, le Fils de Dieu fait homme a perçu et exprimé cette filiation et sa connaissance du Père de plus en plus lucidement et profondément au fur et à mesure qu'il grandissait et devenait adulte?

Le Christ connaissait le cœur et les pensées des hommes comme Dieu même les connaît; nous en avons pour preuve Mc 2,8, Jn 2,25 et 6,61 – le *Projet révisé* mentionnait aussi Mt 9,4, mais le *C.É.C.* n'a pas repris cette référence. Les exégètes nous invitent à réapprécier les témoignages évangéliques car les évangélistes, et surtout s. Jean, projettent souvent sur le Jésus d'avant Pâques des attributs de connaissance du Seigneur ressuscité, évoquent la science terrestre de Jésus «à la lumière de l'omniscience du Verbe préexistant et glorifié», de sorte qu'«il serait naïf dans l'état de l'exégèse moderne de prendre purement et simplement les textes johanniques sur la science du Christ pour une description de la psychologie prépascale de Jésus»[495].

Le Christ connaissait parfaitement les desseins de son Père qu'il venait révéler et ignorait dès lors ce qu'il n'avait pas à révéler. Le *Projet révisé*

495. B. SEBOÜÉ, *Pédagogie du Christ. Éléments de christologie fondamentale* («Théologie»), Paris, Cerf, 1994, p. 156.

et le *C.É.C.* sont d'accord là-dessus et ce dernier, dans la logique de cette affirmation, laisse tomber l'explication donnée par Grégoire le Grand sur la connaissance que le Christ a du jour du Jugement. Ici aussi, le *C.É.C.* aurait pu signaler que sa connaissance de la volonté salvifique du Père et de la manière dont il allait réaliser sa mission de salut s'est affinée et précisée jour après jour: Jésus, cherchant et scrutant la volonté de Dieu, s'est laissé pénétrer de sa parole et éclairer par les événements. Ici aussi, les abaissements du Fils de l'homme sont à prendre en considération. Sa mission n'est pas écrite une fois pour toute selon un plan qu'il n'aurait plus qu'à exécuter; elle s'offre à sa liberté tout au long de sa vie.

Si le Christ a une connaissance humaine, il a aussi une volonté humaine distincte de la volonté divine mais coopérant avec elle. Le *Projet révisé* retranscrivait un extrait de la définition dogmatique sur cette volonté humaine approuvée par les Pères du troisième concile de Constantinople en 681 et résumait par après le contenu de ce dogme de foi (1280 et 1310). Le *C.É.C.* ne garde que ce résumé: le Christ possède «deux volontés et deux opérations naturelles, divines et humaines». (§ 475). Il ne nous dit pas ce qu'il entend par ces «opérations naturelles» et ne nous donne pas de références aux évangiles, qui nous permettraient de découvrir dans le concret de la vie de Jésus la présence de ces deux volontés.

Après avoir parlé de la réalité de «l'âme humaine» de Jésus avec ses opérations d'intelligence et de volonté, le *C.É.C.* en vient à évoquer le corps du Verbe incarné. Le *Projet révisé* disait d'abord qu'il s'agit d'un corps «délimité en individualité matérielle», d'un corps qu'on peut représenter. Vénérer son image, c'est vénérer en elle la personne du Christ (1282). Il disait ensuite que Jésus n'est pas un mythe ou un symbole mais «un événement historique, réel et unique»: Dieu est devenu visible pour nous, il a eu un visage humain et il est donc légitime de vénérer les icônes du Christ (1312). Le *C.É.C.* reprend cet enseignement dans une rédaction nouvelle qu'il intitule «le vrai corps du Christ» (§ 476-477); il n'a pas cru nécessaire de maintenir que nous ne sommes pas en présence d'un mythe ou d'un symbole mais bien d'un événement historique[496].

L'exposé sur le mystère de l'incarnation se termine, dans le *C.É.C.*, par un paragraphe sur «le Cœur du Verbe incarné» (§ 478). Il n'y avait

496. C'est par erreur que la version française du *C.É.C.* dit que Nicée II, 787, est le «sixième concile œcuménique». Le *Projet révisé* (1312), les traductions du *C.É.C.* et l'édition typique donnent l'information correcte: c'est le septième. La version française définitive de 1998 n'a pas procédé à la correction qui s'imposait.

rien de semblable dans le *Projet révisé*. Cependant, en parlant de la vraie connaissance humaine de Jésus, le schéma de 1989 disait que «Jésus nous a tous et chacun connus et aimés durant sa vie, son agonie et sa passion et qu'il s'est livré pour chacun de nous», comme l'écrit s. Paul en Ga 2,20 et l'enseigne Pie XII dans l'encyclique *Mystici corporis*. Le *C.É.C.* reprend cette dernière phrase et le témoignage de Paul, et à partir de là, parle du Sacré-Cœur de Jésus en des termes puisés dans une autre encyclique de Pie XII, *Haurietis aquas* (*Mystici corporisi* étant renvoyé en note).

Pour en savoir plus sur le cœur du Verbe incarné, nous pouvons nous laisser guider par les références marginales. Nous apprenons que «la tradition spirituelle de l'Église insiste aussi sur le *cœur* au sens biblique de 'fond de l'être' (Jr 31,33) où la personne se décide ou non pour Dieu» (§ 368). Nous apprenons aussi que «l'Église est née du cœur transpercé du Christ mort sur la Croix» (§ 766). Nous apprenons encore que «la prière de l'Église vénère et honore le *Cœur de Jésus*, comme elle invoque son très saint nom. Elle adore le Verbe incarné et son Cœur qui, par amour des hommes, s'est laissé transpercer par nos péchés» (§ 2669). Cette dernière référence nous ramène à l'essentiel de ce que la tradition mystique, spirituelle et liturgique de l'Église catholique veut exprimer lorsqu'elle médite et célèbre le cœur du Christ: son amour pour tous les hommes, le don qu'il fait de sa vie «pour la multitude». Est-il dès lors indispensable d'en déduire que le Fils fait homme, depuis sa conception jusqu'en son agonie et sa passion, a connu personnellement chacun des millions d'êtres humains qui l'ont précédé et chacun des milliards qui sont venus et viendront encore après lui d'ici la fin des temps? Il nous faut prendre au sérieux, ici encore, la réalité de l'incarnation et tout ce qu'elle implique comme abaissement du Fils de Dieu du fait qu'il accepte d'être semblable en tout à nous, excepté le péché, et de se comporter réellement comme un homme. Il nous faut éviter de faire de Jésus quelqu'un en qui la divinité finit par escamoter l'humanité, de faire de lui un homme omniscient puisqu'il est Dieu.

Le *C.É.C.* a introduit, dans son développement sur le cœur du Christ, cette affirmation: le cœur sacré de Jésus a été «transpercé par nos péchés et pour notre salut». Il reviendra sur cette culpabilité des chrétiens lorsqu'il s'étendra sur la mort de Jésus: avec le Catéchisme romain, il dira que «ce sont nos crimes qui ont fait subir au Christ le supplice de la Croix» et que nous le crucifions encore en nous délectant dans le vice et les péchés (§ 598). Sommes-nous en présence d'une affirmation dogmatique? Je ne le crois pas. N'est-ce pas plutôt une invitation très imagée et pressante à prendre au sérieux notre renoncement baptismal au péché, qui en appelle à des sentiments culpabilisants? La responsabilité collective n'est déjà pas facile à expliquer; mais dire que ma responsabilité personnelle est engagée dans un événement d'il y a deux mille ans et que je crucifie à nouveau celui qui, ressuscité, ne meurt plus, cela mérite quelques explications.

Ce qui est distinctif de la foi chrétienne, c'est la confession de l'incarnation véritable du Fils de Dieu. L'exposé que le *C.É.C.* en fait reste très spéculatif: nous savons beaucoup de choses sur l'union de la divinité et de l'humanité en Jésus, nous savons moins ce qu'elle signifie pour nous. Le *Projet révisé* signalait, en citant le décret *Ad gentes* 3, que «tout l'élan missionnaire de l'Église jaillit de la mission du Fils éternel qui s'incarne dans notre humanité» (1313). Le *C.É.C.* n'a pas repris ce texte et il l'a remplacé par un passage de *Gaudium et spes* 22, 2 sur la réalité de l'humanité de Jésus: il a des mains d'homme ... (§ 470). Il a préféré une citation cernant de près le mystère de l'incarnation à un texte laissant entrevoir une des conséquences qu'on peut en tirer: la mission de l'Église à l'égard de l'humanité. N'est-ce pas regrettable?

Paragraphe 2: «... Conçu du Saint-Esprit, né de la Vierge Marie»

Après ces explications sur le dogme de l'incarnation, le *C.É.C.* en vient aux affirmations contenues dans le troisième article du Symbole apostolique: Jésus, conçu du Saint-Esprit, né de la Vierge Marie, est le Fils de Dieu fait homme.

I. Conçu du Saint-Esprit ...

Le *C.É.C.* répare l'oubli constaté dans le *Projet révisé.* Ses premiers paragraphes sont pour l'Esprit-Saint. C'est lui, l'Esprit, qui viendra sur Marie: il sanctifiera son sein et la fécondera divinement «en faisant qu'elle conçoive le Fils éternel du Père dans une humanité tirée de la sienne». Le Fils est ainsi «Christ», «oint» par l'Esprit dès le début de son existence humaine, même si sa manifestation n'a lieu que progressivement (§ 484-486).

II. ... né de la Vierge Marie

Les vingt et un paragraphe suivants reprennent, avec les modifications que nous verrons, le contenu des vingt-sept du *Projet révisé* sur «... né de la Vierge Marie». Le *C.É.C.* reprend judicieusement en premier ce principe fondamental en mariologie: «Ce que la foi catholique croit au sujet de Marie se fonde sur ce qu'elle croit au sujet du Christ», et il ajoute: «mais ce qu'elle enseigne sur Marie éclaire à son tour sa foi au Christ» (§ 487). Le *Projet révisé* ajoutait comme en complément du principe énoncé: «Ce qu'elle enseigne sur le Christ est plus au centre que ce qu'elle enseigne sur Marie»; et il poursuivait: «Cependant, les enseignements qui la concernent font partie d'un tout organique» (1330). Cela aurait pu être repris dans le *C.É.C.*

La prédestination de Marie

Qu'enseigne la foi catholique? D'abord que Marie a été choisie de toute éternité – le *C.É.C.* parle explicitement de «prédestination de Marie» – pour être la mère du Fils de Dieu et que sa mission (mot préféré à «vocation») a été préparée par celle de saintes femmes de l'Ancien Testament (§ 488-489 = 1320-1321). J'aurais aimé quelques mots d'explication sur le sens exact du terme «prédestination», qui échappe à beaucoup et soulève toujours de multiples questions.

L'Immaculée Conception

L'Église confesse, ensuite, l'immaculée conception de Marie (§ 490-493 = 1322-1326). «Il fallait que [Marie] soit particulièrement portée par la grâce de Dieu», lisions-nous dans le *Projet révisé*; «il fallait qu'elle fût toute portée par la grâce de Dieu», trouvons-nous maintenant (§ 490). Avant de transcrire la définition dogmatique de 1854, le *C.É.C.* introduit cette phrase: «Au long des siècles, l'Église a pris conscience que Marie, 'comblée de grâce' par Dieu, avait été rachetée dès sa conception» (§ 491). Peu après, il supprime le texte de l'encyclique *Redemptoris mater* où Jean-Paul II enseigne que «dès le premier moment de sa conception, (…) Marie participe de la grâce salvifique et sanctifiante et de l'amour qui a sa source dans (…) le Fils du Père éternel» (1325). Il termine son exposé par cet ajout: «Marie est restée pure de tout péché personnel tout au long de sa vie» (§ 493). Cette précision ne concerne plus directement l'immaculée conception mais bien l'impeccabilité, ou du moins l'absence de péché personnel chez Marie; elle a été reçue très tôt dans l'Église mais n'a pas fait l'objet d'une définition dogmatique comme l'immaculée conception[497].

«Qu'il me soit fait selon ta parole …»

La réponse de Marie à Dieu qui lui annonce qu'elle va enfanter le Fils du Très-Haut est évoquée en un seul paragraphe, qui regroupe ceux que

497. Le premier des quatre «En bref» sur la Vierge Marie dit ceci à propos de l'immaculée conception: «dès le premier instant de sa conception, elle est totalement préservée *de la tache* du péché originel» (§ 508 = 1347; c'est moi qui souligne).

le *Projet révisé* lui consacrait (§ 494 = 1327-1329). Le texte de 1989 a été légèrement retravaillé et la citation de l'encyclique de Jean-Paul II, *Redemptoris Mater*, n'a pas été reprise; elle disait: «La plénitude de la grâce, annoncée par l'ange, signifie le don de Dieu lui-même; la *foi de Marie* ... montre comment la Vierge de Nazareth a répondu à ce don» (1327).

La maternité divine de Marie

Le dogme le plus important concernant Marie est sa maternité divine définie au concile d'Éphèse en 431; il est le premier dans la «hiérarchie des vérités» mariales. N'aurait-il pas fallu le dire, d'autant plus que le *C.É.C.* ne lui consacre qu'un seul paragraphe de six lignes (§ 495), alors qu'il en a quatre pour l'immaculée conception et douze pour la virginité?

Reprenant le texte du *Projet révisé* (1331), le catéchisme nous dit que, le fils qu'elle a conçu étant le Fils éternel du Père, Marie est vraiment Mère de Dieu (Theotokos). Il ne cite pas l'extrait du concile d'Éphèse donné dans le *Projet révisé* sans doute parce qu'il n'est pas tout à fait judicieusement choisi. Un autre aurait pu mieux convenir, comme par exemple: «les Saints Pères se sont enhardis à nommer la sainte Vierge Mère de Dieu, non que la nature du Verbe ou sa divinité ait reçu le début de son existence à partir de la sainte Vierge, mais parce qu'a été engendré d'elle son saint corps animé d'une âme raisonnable, corps auquel le Verbe s'est uni (...) et pour cette raison est dit avoir été engendré selon la chair»; ou encore, pour faire plus bref: «l'Emmanuel est Dieu en vérité et pour cette raison la sainte Vierge est Mère de Dieu (car elle a engendré charnellement le Verbe de Dieu fait chair)»[498].

La virginité de Marie

La virginité corporelle de Marie dans la conception de Jésus est le signe que celui qui est conçu est vraiment le Fils de Dieu. Le *C.É.C.* ne modifie le *Projet révisé* qu'en un seul passage: après avoir précisé le contenu du dogme et mentionné les récits évangéliques attestant la conception virginale (§ 496-497 = 1333-1335), il aborde les difficultés et les oppositions que cette vérité de foi a rencontrées. Le *Projet révisé* disait: «On objecte parfois que certains Évangiles (Mc, Jn) ne semblent

498. *Les conciles œcuméniques. Les décrets. T. II, 1, Nicée I à Latran V* («Le Magistère de l'Église»), Paris, Cerf, 1994, p. 113 et 143. L'«En bref» sur la maternité divine de Marie dit ceci: «Marie est vraiment 'Mère de Dieu' puisqu'elle est la mère du Fils éternel de Dieu fait homme, qui est Dieu lui-même» (§ 509); le *Projet révisé* disait: «... puisque son Fils est le Fils éternel de Dieu» (1308).

pas parler de la conception virginale, ni les Épîtres du Nouveau Testament. Ou on prétend qu'il s'agit ici de récits légendaires ou de constructions théologiques qui ne prétendent pas parler d'un événement réel» (1336 suivi, en 1337, du témoignage de s. Ignace d'Antioche: «Le prince de ce monde a ignoré la virginité de Marie ...») Le *C.É.C.* se veut plus nuancé: «On a été parfois troublé par le silence de l'Évangile de s. Marc et des Épîtres du Nouveau Testament sur la conception virginale» (§ 498). Il nous renvoie dans le passé («on a été troublé»), ne parle plus que de troubles et ne mentionne plus le silence de l'évangile de Jean[499]. Il poursuit: «On a aussi pu se demander s'il ne s'agissait pas ici de légendes ou de constructions théologiques sans prétentions historiques»; «on prétend» disait le texte de 1989. Celui-ci disait: «À quoi on *peut* répondre ...», ce qui, dans le *C.É.C.*, devient «À quoi il *faut* répondre ...» Bien d'autres difficultés sont soulevées aujourd'hui, qui n'ont trouvé d'écho ni dans le *Projet révisé* ni dans le *C.É.C.* ; elles ne proviennent pas seulement des non-croyants mais aussi des chrétiens. À cet égard, le Catéchisme pour adultes des évêques allemands est davantage préoccupé de rencontrer les nombreuses difficultés de certaines interprétations des textes bibliques et d'y répondre point par point[500].

Le *C.É.C.* conserve l'évocation du «lien qui relie les mystères entre eux» pour comprendre le sens de la virginité de Marie et la citation d'Ignace d'Antioche qui en témoigne (§ 498). N'est-ce pas tout aussi mystérieux après cette explication?

Marie – «toujours vierge»

L'Église confesse aussi que Marie est la «toujours vierge» (§ 499-501). En trois paragraphe, le *C.É.C.* reprend en le retravaillant le texte du *Projet révisé* (1338-1340). Celui-ci, utilisant une formulation traditionnelle, nous disait que «Marie est restée vierge avant, pendant et après la naissance de Jésus» (1338). Le *C.É.C.* parle de «la virginité réelle et perpétuelle de Marie, même dans l'enfantement» (§ 499), indiquant ainsi qu'il veut insister sur la foi en la virginité *in partu*, que *Lumen gentium* 57 viendrait confirmer: «En effet, la naissance du Christ 'n'a pas diminué mais consacré l'intégrité virginale' de sa mère». Le

499. Est-ce à cause du verset 13 du Prologue? «Certaines versions latines et syriaques et quelques citations patristiques lisent le verset au singulier; il s'agirait alors soit de la naissance éternelle du Verbe, soit de la conception virginale (...)» (*TOB*, p. 292, note 9, à propos de Jn 1,13).

500. Cf. *La foi de l'Église*, Brepols-Cerf-Centurion, 1987, p. 170-171. L'article *Marie, Mère du Christ*, de R. Laurentin, dans *Catholicisme*, t. VIII, 1979, col. 524-583, analyse bien le malaise de nos contemporains à l'égard de la virginité de Marie telle qu'elle est formulée dans les textes du magistère de l'Église.

Projet révisé nous semblait interpréter cette phrase du concile comme la valorisation de la virginité spirituelle de Marie: la naissance de Jésus vient consacrer sa mère dans sa participation à l'œuvre du Christ. Le *C.É.C.* ne contient plus ce texte et il ne se demande pas comment interpréter la consécration de l'intégrité virginale de Marie par la naissance de Jésus. Il n'explique pas – le *Projet révisé* ne l'expliquait pas non plus – en quoi la virginité physique *in partu* se fonde sur ce que nous croyons au sujet du Christ et éclaire notre foi au Christ (cf. § 487). Il laisse aussi sans réponse les questions que beaucoup de catholiques se posent aujourd'hui: la virginité réelle (physique) *in partu*, qui n'est pas formellement attestée par l'Écriture, s'impose-t-elle à l'intelligence correcte du mystère de l'incarnation? Jésus serait-il moins Fils de Dieu fait homme et sa mère serait-elle amoindrie si la naissance avait été semblable à toute naissance humaine? L'interprétation de «la naissance miraculeuse» de Jésus donnée par le Catéchisme romain et, jusqu'il y a peu, par la théologie classique fait-elle toujours autorité?[501]

L'Église célèbre ce qu'elle croit. Tout comme le *Projet révisé*, le *C.É.C.* n'a pas non plus pensé à l'actualisation liturgique: il ne mentionne pas la fête de l'Immaculée Conception, celle de l'Annonciation, la naissance de Jésus et la maternité de Marie le 1er janvier. Toutefois, à propos de la virginité, il reprend au schéma de 1989 cette phrase: «La liturgie de l'Église célèbre Marie comme la *Aeiparthenos*, 'toujours vierge'». Il aurait pu ajouter, comme le mentionne *Lumen gentium* 52 auquel il renvoie, que le canon de la messe romaine vénère en tout premier lieu «la mémoire de la glorieuse Marie toujours vierge».

La virginité perpétuelle «semble être une chose étrange à la seule raison humaine», disait le *Projet révisé* (1338). Il y a non seulement la virginité de Marie *ante* et *in partu* mais aussi sa virginité *post partum*, avec la question des «frères et sœurs» de Jésus dont parle l'Écriture (1340). Le *C.É.C.* lui aussi évoque cette question et lui donne la même réponse: il s'agit de proches parents et non d'autres enfants de Marie (§ 500). Nous savons que c'était la pensée de s. Jérôme, alors que s. Épiphane et plusieurs Pères du IVe siècle voyaient en eux des enfants issus d'un premier mariage de s. Joseph, et qu'un certain Helvidius enseignait que

501. Voir ci-dessus, p. 197-198. B. Sesboüé explique que l'enfantement de Jésus a consacré la virginité de Marie au sens où cette naissance comportait pour Marie une obligation de virginité. Pour ce théologien, «un accouchement miraculeux et sans douleur, se produisant sans déchirure» relève d'une «opinion pieuse, libre dans l'Église et qui n'appartient pas à sa foi, même si elle a été tenue par de nombreux théologiens au cours des âges» (*La Vierge Marie*, dans *Les signes du salut* [Histoire des dogmes], t. III, Paris, Desclée, 1995, p. 590-591).

Marie avait eu d'autres enfants que Jésus. C'est finalement l'explication de s. Jérôme qui s'est très largement imposée dans l'Église catholique: «L'Église a toujours compris ces passages [sur les frères et sœurs] comme ne désignant pas d'autres enfants de la Vierge Marie», dit le *C.É.C.*

Marie n'a donc eu qu'un fils unique. Mais on peut dire que sa «maternité spirituelle s'étend à tous les hommes que Jésus est venu sauver»: elle apporte la collaboration de son amour maternel à la naissance et à l'éducation des croyants (§ 501 = 1340). Le *C.É.C.*, qui dit aussi très nettement qu'il s'agit d'une maternité d'un autre genre, «spirituelle» et non biologique, annonce ainsi ce qu'il dira plus loin, lorsqu'il développera la maternité de Marie envers l'Église (§ 967-970).

La maternité virginale de Marie dans le dessein de Dieu

La foi cherchant à comprendre, le catéchisme termine son exposé sur la conception et la naissance de Jésus par ce que le *Projet révisé* appelait «les convenances» et que le *C.É.C.* préfère nommer «les raisons mystérieuses pour lesquelles Dieu (...) a voulu que son Fils naisse d'une vierge» (§ 502 = 1341). Ces raisons sont au nombre de cinq; elles ne font plus partie du texte même du Catéchisme, comme en 1989, mais figurent dans des paragraphes en petits caractères, ce qui indique qu'il s'agit d'un exposé doctrinal complémentaire (§ 503-507 = 1342-1346). Le contenu est le même que celui du *Projet révisé* : 1. La virginité de Marie manifeste l'initiative absolue de Dieu; 2. Jésus est conçu de l'Esprit Saint parce qu'il est le nouvel Adam; 3. Jésus inaugure par sa conception virginale la nouvelle naissance des fils adoptifs dans l'Esprit par la foi; 4. La virginité de Marie est le signe de sa foi et de sa donation totale à Dieu: 5. Vierge et mère, Marie est la figure et la plus parfaite réalisation de l'Église.

Si le contenu est le même qu'en 1989, l'écriture a subi quelques modifications. Je n'en citerai qu'une. À propos de la troisième convenance, il était dit que «le don de cette vie [la vie éternelle reçue au baptême] est virginal, il est victoire sur la mort, il est l'œuvre de la puissance de l'Esprit de Dieu. Le sens chrétien de l'homme dans son intégrité est déjà impliqué dans la maternité virginale de Marie» (1344). Désormais, ce n'est plus le don mais «l'accueil de cette vie» qui est «virginal car celle-ci est entièrement donnée par l'Esprit à l'homme». Et le *C.É.C.* poursuit: «Le sens sponsal de la vocation humaine par rapport à Dieu est accompli parfaitement dans la maternité de Marie» (§ 505). La première version était déjà sibylline; que dire de la seconde? N'est-elle pas tout aussi énigmatique, si pas plus?

Paragraphe 2: Les mystères de la vie du Christ

Le *C.É.C.* confirme l'heureuse initiative de l'*Avant-projet* et du *Projet révisé* d'inclure dans l'article du Symbole sur l'Incarnation une présentation des principaux épisodes ou mystères de la vie cachée et publique de Jésus. Les schémas de 1987 et 1989 s'arrêtaient à la Transfiguration; le *C.É.C.* va jusqu'à l'entrée messianique à Jérusalem, avant que ne commence la Passion, laquelle fait l'objet de l'article suivant du Symbole.

L'exposé comprend 59 paragraphes (49 et 10); il y en avait 61 en 1989 (53 et 8). En sept occasions, deux paragraphes ont été réunis pour n'en plus former qu'un; il y a quatre paragraphes et deux «En bref» supplémentaires; un seul (1385) n'a pas été repris, c'était une citation de s. Maxime le Confesseur sur la tentation de Jésus[502] .

Le catéchisme commence par nous dire que la vie terrestre du Christ n'est pas sans intérêt pour la foi, même si le Symbole ne parle que des événements qui en ont marqué le début et la fin. Tout ce que Jésus a vécu peut être appelé «mystère», mais seuls les principaux d'entre eux sont ici présentés (§ 512-513, qui sont un abrégé des numéros 1351-1353).

I. Toute la vie du Christ est mystère

Le *C.É.C.* expose en huit paragraphes ce que le *Projet révisé* développait en dix (§ 514-521 = 1354-1363). Tantôt il abrège, tantôt il ajoute, tantôt il modifie la structure. Il ne juge pas nécessaire de redire que les faits et gestes de Jésus sont rapportés avec exactitude puisque les évangiles nous livre toujours sur lui des choses vraies et sincères (1355); cela a déjà été dit en son temps (§ 126) et une indication marginale renvoie à ce passage (§ 515). Il supprime les deux phrases: «Il fallait que le Christ, par toute sa vie, restaure ce que le péché d'Adam avait détruit. Le Christ est venu 'récapituler' toutes choses (Ep 1,10)» (1357). D'une part, il y aurait eu doublet avec ce qui précède immédiatement: «Tout ce que Jésus a fait, dit et souffert, avait pour but de rétablir l'homme déchu par le péché dans sa dignité originelle»; d'autre part, cela permet de ne

502. Cette citation venait illustrer le fait que la victoire de Jésus sur le tentateur anticipait «la victoire de la Passion». En voici le texte: «Ne pouvant par ses promesses persuader le Seigneur de transgresser le commandement de l'amour de Dieu, le démon s'efforce par ses machinations de lui faire transgresser le commandement de l'amour du prochain ... Mais le Seigneur ... n'a pas haï les Pharisiens que le démon avait excités contre lui ... O guerre paradoxale! À la place de la haine, il montre l'amour, par la bonté il expulse le père du mal» (Lib. Asc. 11-12: PG 90,920-921).

plus mentionner Ep 1,10 où la «récapitulation» dont parle saint Paul a un sens plus riche que ce qu'en disait le *Projet révisé*. Il laisse plusieurs fois tomber une explication qui n'est pas indispensable ou qui est mieux en situation ailleurs[503].

Ce qui est ajouté ça et là vient apporter une nuance, une connotation particulière. Le *Projet révisé* disait de l'humanité de Jésus qu'elle est «comme le 'sacrement' de sa divinité» (1336); le *C.É.C.* précise le sens du mot «sacrement»: «c'est-à-dire le signe et l'instrument de sa divinité» et il ajoute qu'elle est aussi le sacrement «du salut qu'il apporte» (§ 515). Le schéma de 1989 disait que «ce qu'il y avait de visible dans sa vie terrestre conduisit au mystère invisible de sa filiation divine»; le texte définitif ajoute qu'il conduisit aussi au mystère «de sa mission rédemptrice» (§ 515; il a ajouté la «mission rédemptrice» déjà au § 502). Le *Projet révisé* parlait de la vie de Jésus depuis son incarnation jusqu'à sa mort pour nos péchés (1360); le *C.É.C.* ajoute «et à sa Résurrection 'pour notre sanctification' (Rm 4,25)» (§ 519).

Selon le *Projet révisé*, ce qu'il y a de commun à tous les mystères de Jésus, c'est qu'ils sont des mystères de récapitulation, c'est-à-dire de rétablissement de l'homme déchu par le péché dans sa dignité originelle (1357), des mystères de rédemption, laquelle «nous vient avant tout par le sang de la croix» (1358) et des mystères de révélation du Père (1359). Le *C.É.C.* reprend à son compte le développement de ces trois points communs; il y apporte deux corrections: au lieu de la dignité originelle de l'homme, il mentionne sa «vocation première» (§ 518) et, à la place de «l'insondable richesse du Christ» dont il est question en Ep 3,8, il parle de la révélation de «l'amour de Dieu pour nous» (§ 516). En outre, il modifie la structure de cet exposé, lui donnant un ordre plus satisfaisant: les mystères de révélation viennent en tête, suivis des mystères de rédemption et, en finale seulement, des mystères de récapitulation.

«Toute la vie du Christ est *Révélation* du Père» (§ 516). Le *C.É.C.* oublie de dire qu'elle révèle aussi la présence de l'Esprit et, ainsi, tout le mystère trinitaire et qu'elle révèle en même temps la grande dignité de l'homme, la manière de vivre «à l'image et à la ressemblance» de Dieu, le sens d'une vie humble, de la condition d'exilé, de travailleur, de persécuté pour la justice ...

503. Ainsi, au § 515, il ne dit plus que «les Évangiles nous initient à leur regard de foi sur le Mystère de Jésus, afin que nous aussi, maintenant que nous connaissons en lui Dieu qui s'est rendu visible à nos yeux, nous soyons entraînés par lui à aimer ce qui demeure invisible» (1350); le § 477 disait déjà cela, en partie, à propos du «vrai corps du Christ» et la Troisième Partie développera la vie du chrétien à la suite du Christ. Ou encore, au § 516, il n'a pas repris cette phrase: «La première et la dernière parole de Jésus, transmises par l'Évangile, parlent du Père» (1359); etc.

Toute la vie de Jésus est rédemptrice: la rédemption est à l'œuvre dans sa vie cachée, dans son ministère de prédicateur, de guérisseur et d'exorciste, dans sa passion et dans sa résurrection. Comme le *Projet révisé* (1358), le *C.É.C.* nous dit que la rédemption vient «avant tout par le sang de la Croix» (§ 517); ne faudrait-il pas préciser de suite, sans attendre l'exposé qui va suivre sur la mort rédemptrice, que «verser son sang» signifie «donner sa vie»?

Tous les mystères du Christ sont des mystères de récapitulation. Le Christ restaure ou nous fait recouvrer ce qui a été perdu en Adam (§ 518). N'aurait-il pas fallu poursuivre et dire qu'il «résume» aussi en sa personne et en son œuvre la divinité, l'histoire d'Israël, celle des nations, de l'Église, du monde et du cosmos: tout converge vers lui, la Tête, qui attire tout à lui pour tout remettre à son Père?

II. Les mystères de l'enfance et de la vie cachée de Jésus

Le catéchisme passe successivement en revue les préparations de l'incarnation, la naissance de Jésus, les mystères de l'enfance et de la vie cachée. Il utilise un style narratif pour nous donner le sens des événements qu'il évoque en s'appuyant sur les récits des «évangiles de l'enfance». Je constate qu'il n'indique pas le genre littéraire particulier de ces récits évangéliques et qu'il n'utilise guère les catégories de mystères de révélation, de rédemption et de récapitulation dont il vient de parler.

Dans la présentation des «préparations» de la venue du fils de Dieu (§ 522-524 = 1364-1366), quelques modifications peu importantes ont été apportées. La venue n'est plus qualifiée d'événement si «considérable» mais si «immense» et les «rites et sacrifices, figures et symboles» dont il était question sont précisés: ce sont ceux «de la 'Première Alliance'». L'attente éveillée dans «le cœur des hommes» est en fait l'attente dans «le cœur des païens» (§ 522 = 1364).

Pour le mystère de Noël, le catéchisme met en évidence l'humilité de l'étable, la pauvreté de la famille et la «simplicité» (au lieu de la «pauvreté») des bergers contrastant avec «la gloire du ciel» qui se manifeste (devons-nous croire que des anges ont été réellement vus et entendus?). Il nous invite à devenir des enfants pour entrer dans le Royaume et il évoque le sens du mystère par deux textes liturgiques, l'un d'Occident et l'autre d'Orient (§ 525-526 = 1367–1370).

Les mystères de l'enfance, ce sont, dans l'ordre adopté par le *C.É.C.*, la circoncision, l'Épiphanie, la présentation au Temple et la fuite en Égypte. Le *Projet révisé* énumérait ces mystères dans un ordre différent: il y avait d'abord la circoncision et la présentation dont nous parle Lc 2,

21-39, et ensuite l'Épiphanie et la fuite en Égypte selon Mt 2,1-18; il y avait là le respect des deux traditions évangéliques et peut-être aussi un essai de reconstitution chronologique des faits (1371-1374). Je ne saisis pas les raisons qui ont amené le *C.É.C.* à changer la succession de ces quatre «mystères» (§ 527-530). Par contre, les autres modifications qu'il a introduites sont bienvenues. Il ne dit plus que la circoncision de Jésus «préfigure le sang de la Nouvelle Alliance versé sur la Croix» (1371). Pour le mystère de l'Épiphanie, il compose un meilleur paragraphe dans lequel il fait mention aussi du baptême de Jésus et des noces de Cana (comme le fait la liturgie) et il développe plus longuement le sens de la venue des mages (§ 528 = 1373). Pour la présentation au Temple, il signale la tradition orientale qui donne à ce mystère le nom de «rencontre du Sauveur» (§ 529); et, pour la fuite en Égypte, il rappelle l'Exode et présente Jésus «comme le libérateur définitif» (§ 530).

Quant aux mystères de la vie cachée, ce sont la vie quotidienne à Nazareth et le recouvrement de Jésus au Temple de Jérusalem. Pour les années passées à Nazareth (§ 531), le *C.É.C.* mentionne le travail manuel mais il ne dit plus, comme le *Projet révisé*, que, selon Mc 6,3, Jésus a exercé le métier de charpentier (1375); il signale sa vie religieuse juive, ajoutant, en s'appuyant sur Ga 4,4, que cette vie est «soumise à la Loi de Dieu», et évoque aussi sa vie dans la communauté, mais sans préciser, comme le *Projet révisé*, qu'il s'agit de la communauté «familiale et sociale» (1376). Il donne ensuite le sens de la soumission de Jésus à sa mère et à son père «légal» (et non plus «adoptif»): elle annonce et anticipe la soumission du jeudi saint, elle inaugure (et non plus elle «était déjà») «l'œuvre de rétablissement de ce que la désobéissance d'Adam avait détruit» (§ 532, où cette phrase: «Par cette obéissance, il [Jésus] peut croître en sagesse et en grâce» n'a pas été reprise [1376]). Un extrait de l'homélie de Paul VI à Nazareth, le 5 janvier 1964, tire les leçons de la vie cachée de Jésus (§ 533 = 1377).

Lorsque Jésus est retrouvé au Temple, il laisse entrevoir le «mystère de sa consécration totale à une mission découlant de sa filiation divine» (§ 534). En s'exprimant ainsi à propos du seul événement qui rompt le silence de la vie sans apparente grandeur de Nazareth, le *C.É.C.* en dévoile mieux la signification que ne le faisait le *Projet révisé*, lequel ne parlait que du mystère de sa filiation divine (1378).

III. Les mystères de la vie publique de Jésus

La présentation des mystères de la vie publique, qui va, dans le *C.É.C.*, au-delà du mystère de la Transfiguration, jusqu'à celui de la montée et de l'entrée à Jérusalem, garde le même aspect de narration de la vie de Jésus construite sur base des quatre évangiles que nous avions déjà dans le *Projet révisé*. Comme pour les mystères de l'enfance et de la vie cachée, les traits communs à tout mystère de Jésus sont loin d'être exploités systématiquement.

Le baptême de Jésus

Le baptême dans le Jourdain marque le début du ministère public de Jésus. Nous avons la description (§ 535) et la signification de cet «événement mystérieux» (§ 536), suivies d'une réflexion sur le baptême chrétien (§ 537). Au texte de 1989 (1379-1382), le *C.É.C.* ajoute deux petites touches. Il précise, en lien avec ce qu'il a dit précédemment sur le mystère de l'Épiphanie (§ 528), que le baptême de Jésus est «la manifestation ('Épiphanie') de Jésus comme Messie d'Israël et Fils de Dieu» (§ 535), et, à propos de notre propre baptême, qui fait «devenir, dans le Fils, fils bien-aimé du Père», il ajoute qu'il fait aussi, selon Rm 6,4, «vivre dans une vie nouvelle» (§ 537). Comme dans le *Projet révisé*, l'événement est rapporté dans les termes mêmes des récits évangéliques; il n'est pas précisé que les écrivains sacrés en donnent le sens au moyen d'expressions telles que «le ciel s'ouvre», «une voix du ciel», «sous la forme d'une colombe», de sorte que le danger de lecture fondamentaliste n'est pas écarté.

La tentation de Jésus

Après son baptême par Jean, Jésus séjourne au désert et y est tenté. Ici aussi, nous avons d'abord le récit lui-même, puis sa signification et ensuite son actualisation dans la vie des chrétiens (§ 538-540 = 1383-1386). Tout le texte de 1989 est repris, à l'exception de la citation de s. Maxime le Confesseur (1385). Le récit insère la version propre de Mc 1,13 entre les éléments provenant de la tradition commune aux trois synoptiques et il se termine par la conclusion de Lc 4,13. C'est là un essai de fondre en une seule narration trois versions évangéliques différentes au risque de ne pas respecter l'enseignement théologique propre à chaque écrivain. Pas plus que le *Projet révisé*, le *C.É.C.* ne dit pas que des éléments du récit (les 40 jours, la présence de Satan, des bêtes sauvages et des anges) ne sont pas des faits qui ont été constatés par des témoins oculaires.

Quelques modifications sont intervenues. Au désert, Jésus tenait la place d'Israël; il «accomplit parfaitement la vocation d'Israël», lisons-nous maintenant. Il anticipait la victoire de la passion, qualifiée d'«acte suprême de cet amour filial du Père et de son amour des ennemis»; le *C.É.C.* ne retient que «l'obéissance suprême de son amour filial du Père». Là où le *Projet révisé* disait que le peuple d'Israël a provoqué

Dieu pendant 40 jours, le *C.É.C.* parle plutôt, et plus justement, uniquement de «ceux qui provoquèrent Dieu»; il qualifie Jésus de «Serviteur de Dieu» totalement obéissant à son Père, au lieu d'«Israël de Dieu» (§ 539 = 1384).

L'actualisation présente dans le *C.É.C.* est une recomposition du texte de 1989:

1989	1992
1386. L'Église s'unit chaque année par les quarante jours du Grand Carême au Mystère de Jésus au désert. En effet, le Christ a vaincu le tentateur *pour nous*: «Car du fait qu'il a lui-même souffert par l'épreuve, il est capable de venir en aide à ceux qui sont éprouvés» (He 2,18; cf. 4,15). Par notre communion au Christ, nous aurons toujours «en main le bouclier de la foi» par lequel nous pouvons «éteindre tous les traits enflammés du Mauvais» (Ep 6,16).	§ 540. La tentation de Jésus manifeste la manière qu'a le Fils de Dieu d'être Messie, à l'opposé de celle que Lui propose Satan et que les hommes désirent Lui attribuer. C'est pourquoi le Christ a vaincu le Tentateur *pour nous* : «Car nous n'avons pas un grand prêtre impuissant à compatir à nos faiblesses Lui qui a été éprouvé en tout, d'une manière semblable, à l'exception du péché» (He 4,15). L'Église s'unit chaque année par les quarante jours du *Grand Carême* au mystère de Jésus au désert.

On remarquera le déplacement du Carême en finale du paragraphe, comme conclusion tout indiquée du développement. Il n'y a plus qu'une seule citation biblique, He 4,15. Le lien entre la tentation vécue par le Christ et nos propres faiblesses me semble mieux marqué grâce à cette citation qui précise en quoi l'événement du Christ repoussant les propositions du diable est un mystère de révélation qui nous concerne.

«Le Royaume de Dieu est tout proche»

«Le Royaume de Dieu est tout proche: repentez-vous et croyez à la Bonne Nouvelle»; tel est le message proclamé par Jésus après son baptême et sa tentation. Quelle est cette Bonne Nouvelle? Dieu rassemble les hommes autour de son Fils pour les élever à la communion de la vie divine. Ce rassemblement «est aussi appelé 'Église', disait le *Projet révisé* (1387); il «est l'Église qui est sur terre 'le germe et le commencement du Royaume de Dieu'», précise le *C.É.C.* par fidélité à *Lumen gentium* 5 (§ 541). La manière dont le Christ procède à ce rassemblement est alors décrite: ce sont ses paroles et ses signes, l'envoi des disciples et surtout «le grand mystère de sa Pâque» (§ 542 = 1388, duquel deux courts extraits de *Lumen gentium* 3 n'ont pas été repris, mais l'un d'eux se retrouve bien en place au § 763 dans l'exposé sur l'Église)[504].

L'annonce du Royaume de Dieu

L'annonce du Royaume de Dieu est ensuite explicitée. Ses destinataires, ce sont «tous les hommes», et le *C.É.C.* ajoute que ce sont «les enfants d'Israël» à qui il a été annoncé en premier, et «les hommes de toutes les nations» qu'il est destiné à accueillir (§ 543 = 1389). Parmi eux, il faut mentionner «les pauvres et les petits» que Jésus déclare «bienheureux», de qui il partage la vie, lui qui a connu la faim – la soif aussi, ajoute le *C.É.C.* – et le dénuement et qui s'identifie à eux (§ 544 = 1390).

S'il y a les «pauvres», il y a aussi les pécheurs, grâce à la miséricorde «sans borne» (terme plus satisfaisant que «inconcevable») du Père (§ 545 = 1391). L'invitation au festin du Royaume se fait à travers des paraboles (§ 546 = 1392). Le *C.É.C.* ajoute que Jésus «et la présence du Royaume en ce monde sont secrètement au cœur des paraboles». Pour connaître les mystères du Royaume, il faut devenir disciple de Jésus; devenir disciple, précise le *C.É.C.*, c'est précisément «entrer dans le Royaume».

Les signes du Royaume de Dieu

Jésus a parlé; il a aussi accompli des «miracles, prodiges et signes» qui manifestent que le Royaume est présent en lui, le Messie annoncé (§ 547 = 1393). Le *Projet révisé* donnait, dans une note en petits caractères, la réponse de Jésus aux envoyés de Jean-Baptiste rapportée en Lc 7,18-23; le *C.É.C.* supprime cette note mais invite à aller la lire par une référence infrapaginale. Le *Projet révisé* expliquait alors que les miracles peuvent être occasion de chute ou fortifier la foi naissante en Jésus (1394); le *C.É.C.* inverse les deux situations: ils fortifient la foi mais ils peuvent aussi être occasion de chute; et il ajoute qu'«ils ne veulent pas satisfaire la curiosité et les désirs magiques» (§ 548). Il introduit alors un tout nouveau paragraphe qui situe les miracles dans la mission du Christ. Il nous dit: «En libérant certains hommes des maux terrestres de la faim, de l'injustice, de la maladie et de la mort, Jésus a posé des

504. Il s'agit de cette phrase: «Le Seigneur Jésus posa le commencement de son Église en prêchant l'heureuse nouvelle, l'avènement du Règne de Dieu promis dans les Écritures depuis des siècles». L'autre extrait se trouvait dans la dernière phrase: «À cette union avec le Christ – voici ce qui n'a pas été repris: 'qui est la lumière du monde, de qui nous procédons, par qui nous vivons, vers qui nous tendons' – tous les hommes sont appelés».

signes messianiques; il n'est cependant pas venu pour abolir tous les maux d'ici-bas, mais pour libérer les hommes de l'esclavage le plus grave, celui du péché, qui les entrave dans leur vocation de Fils de Dieu et cause tous leurs asservissements humains» (§ 549).

Ce texte met l'accent sur le fait que Jésus, effectivement, n'a pas guéri tous les maux de son temps. L'opposition entre «il n'est pas venu pour les abolir tous» et «il est venu pour nous libérer du péché» n'est-elle cependant pas trop forte? L'exposé sur le Christ-médecin, dans l'enseignement sur l'onction des malades, me paraît plus équilibré: «La compassion du Christ envers les malades et ses nombreuses guérisons d'infirmes de toute sorte sont un signe éclatant de ce que 'Dieu a visité son peuple' (Lc 7,16) et que le Royaume de Dieu est tout proche. Jésus n'a pas seulement pouvoir de guérir, mais aussi de pardonner les péchés; Il est venu guérir l'homme tout entier, âme et corps; Il est le médecin dont les malades ont besoin» (§ 1503).

Jésus a accompli des signes parmi lesquels figurent des exorcismes. Ceux-ci libèrent de l'emprise du démon et anticipent la victoire sur «le prince de ce monde» par la Croix, comme le chante l'hymne *Vexilla Regis* du temps de la Passion, ainsi que l'ajoute le *C.É.C.* (§ 550 = 1395). Une note sur les liens entre maladie et possession diabolique au temps de Jésus aurait été la bienvenue, de même qu'une information sur l'historicité des miracles rapportés dans les évangiles. Et n'aurait-il pas été plus exact de dire que «le Royaume de Dieu sera définitivement établi» par «la Croix du Christ» et par *sa résurrection d'entre les morts*, Dieu le Père attestant par celle-ci que «le prince de ce monde» ne l'a pas emporté sur Jésus, contrairement aux apparences?

Les clefs du Royaume

Jésus a annoncé le Royaume, en donne des signes visibles et en confie les clefs au Douze. Le texte du *Projet révisé* a été corrigé sur plus d'un point. L'exposé commence toujours par le choix des Douze, sans indiquer que ceux-ci ont été choisis parmi le groupe des disciples (§ 551 = 1396; l'expression «régents» du royaume pour désigner les Douze n'apparaît plus).

Parmi les Douze, disait le *Projet révisé*, «dans le collège des Douze», dit maintenant le *C.É.C.* selon le vocabulaire consacré par Vatican II, Pierre tient la première place (§ 552 = 1397). Le texte de 1989 disait qu'«il n'a pas été choisi en raison de ses qualités ou de ses mérites, mais parce que Jésus a voulu lui confier une mission d'une immense portée», suite à sa confession de foi à Césarée de Philippe. Le *C.É.C.* dit plus laconiquement que «Jésus lui a confié une mission unique». Le *Projet révisé* concluait: «La foi confessée par Pierre demeurera le roc inébranlable de l'Église. Pierre aura mission de garder intacte cette foi d'y affermir ses frères». Le *C.É.C.* conclut: «Pierre, en raison de la foi confessée par lui, demeurera le roc inébranlable de l'Église. Il aura mission de garder cette foi de toute défaillance et d'y affermir ses frères». Le catéchisme parle ainsi de la mission spécifique de Pierre au sein du collège des Douze sans avoir au préalable précisé la mission du groupe apostolique dont Pierre fait partie. Pour lui, c'est la personne même de Pierre (et donc celle de ses successeurs), c'est la foi qu'il a personnellement professée, qui est le roc. On peut tout aussi bien dire – avec la Tradition primitive – que c'est la foi des «disciples», dont Pierre s'est fait le porte-parole, qui est la pierre sur laquelle Jésus veut bâtir son Église.

La foi de Pierre est fortement mise en évidence en ces paragraphes 551-553. Pour apprendre qu'il s'est opposé à l'annonce faite par Jésus de ses souffrances et de sa mort à Jérusalem, il faudra attendre le § 584. Et son triple reniement au cours de la passion n'apparaîtra furtivement que dans la Deuxième Partie, au chapitre consacré au sacrement de pénitence (§ 1429).

Jésus a confié à Pierre une «autorité unique» (texte de 1989) «une autorité spécifique» (texte de 1992). De quoi s'agit-il?

1989	1992
1398. ... Le «pouvoir des clefs désigne l'autorité pour gouverner la maison de Dieu, qui est l'Église (...). Le pouvoir de «lier et délier» signifie l'autorité pour prononcer des jugements doctrinaux et des décisions disciplinaires dans l'Église. Jésus a étendu cette autorité à tous les apôtres unis à Pierre et sous son autorité de «vicaire» du Christ à qui sont confiées «les Clefs du Royaume».	§553. Le «pouvoir des clefs» désigne l'autorité pour gouverner la maison de Dieu, qui est l'Église (...). Le pouvoir de «lier et délier» signifie l'autorité pour absoudre les péchés, prononcer des jugements doctrinaux et prendre des décisions disciplinaires dans l'Église. Jésus a confié cette autorité à l'Église par le ministère des apôtres et particulièrement de Pierre, le seul à qui Il a confié explicitement les clefs du Royaume.

Le texte de 1989 parle beaucoup d'autorité et de pouvoir mais ne dit pas que cette autorité est à exercer comme un service (Mt 20,26-28). L'absolution des péchés n'est pas mentionnée mais bien les jugements doctrinaux et les décisions disciplinaires. Le pouvoir est donné à Pierre et, à partir de lui, il s'étend aux autres apôtres. Seul Pierre est appelé «vicaire» du Christ et lui seul encore s'est vu confier les clefs du

Royaume. Le *C.É.C.* reste dans le registre de l'autorité et du pouvoir mais il parle aussi de «ministère». Il cite en premier lieu l'absolution des péchés. Tous les apôtres sont directement concernés même si Pierre seul a reçu explicitement les clefs du Royaume. L'expression «vicaire» du Christ appliquée à Pierre seul n'apparaît plus. Avec le *C.É.C.*, nous sommes davantage dans la ligne des enseignements de *Lumen gentium*.

Tout ce que nous venons de voir figure dans le catéchisme sous le titre: «Les mystères de la vie publique de Jésus». Il a cependant été peu question de mystère et des éléments communs à tout mystère dans les pages consacrées à la prédication, aux signes et aux clefs du Royaume. Peut-être en parlera-t-on davantage dans les trois derniers épisodes de la vie publique, par lesquels le *C.É.C.* termine le commentaire de l'article 3 du Symbole sur le mystère de l'incarnation.

Un avant-goût du Royaume: la Transfiguration

La Transfiguration est un autre épisode mystérieux de la vie de Jésus (§ 554-556 = 1399-1403). Sa description emprunte ses éléments à la tradition synoptique; comme pour le baptême et la tentation, une invitation à dépasser le littéralisme des images utilisées aurait été bienvenue. Parmi les sens à donner à l'événement, nous trouvons l'affirmation suivante: «la Passion de Jésus est bien la volonté du Père» (§ 555 = 1400). Si les théologiens peuvent comprendre cette affirmation, par contre les fidèles auront beaucoup plus de difficultés à admettre qu'on dise: Dieu veut la passion de son Fils. L'actualisation proposée nous dit que nous participons déjà à la Résurrection par l'Esprit Saint et que, malgré les tribulations que nous rencontrons, nous avons un avant-goût de la venue glorieuse du Christ[505].

La montée de Jésus à Jérusalem

Le *C.É.C.* fait suivre la Transfiguration de la montée à Jérusalem et de l'entrée messianique de Jésus dans la ville sainte, alors que le *Projet révisé* plaçait la montée en tête du chapitre suivant (1412-1413) et faisait de l'entrée messianique l'étape initiale de la passion, de la mort et de la résurrection (1434-1435).

Sur la montée à Jérusalem, le *C.É.C.* reprend sans en rien changer le texte de 1989. Il s'agit d'une décision prise résolument par Jésus, car «il ne convient pas qu'un prophète périsse hors de Jérusalem». Jérusalem a

505. Au § 556, nous ne trouvons plus la référence à «la tradition des Églises d'Orient [qui] reconnaît dans l'événement (...) la manifestation anticipée de ce que sera l'économie sacramentelle dans l'Église» (1402).

martyrisé les prophètes et cependant Jésus l'appelle à se rassembler autour de lui. Une fois en vue de la ville, il pleure sur elle et la supplie encore: «Ah! Si en ce jour tu avais compris ...»

L'entrée messianique de Jésus à Jérusalem

Le dernier épisode ou mystère de la vie publique de Jésus, selon le *C.É.C.*, est son entrée messianique dans la ville de Jérusalem. Ici aussi, le texte de 1989 reste inchangé. L'événement est présenté comme la réalisation de plusieurs prophéties (Psaumes et Zacharie); le lien est fait avec le chant du «Béni soit celui qui vient au nom du Seigneur» au début de la grande prière eucharistique et avec la célébration du dimanche des rameaux au seuil de la Semaine Sainte (§ 559-560 = 1434-1435)[506].

Le *Projet révisé* avait encore un paragraphe qui faisait le lien entre l'entrée messianique et l'évocation de la mort de Jésus: «Entré ensuite dans le Temple, la Maison de son Père, Jésus s'y comporte en maître (expulsion des commerçants: cf. Mt 21,12-13 par) et en Rabbi, enseignant ouvertement sa messianité et la venue prochaine du Royaume. À ses disciples, il annonce la fin de Jérusalem et du monde (Mt 21-25 par). C'est enfin, durant les derniers jours avant la Pâque, l'ultime témoignage du Père (après ceux du Baptême et de la Transfiguration) sur la glorification du Fils dont l'Heure est imminente (Jn 12,20-36)». (1436)

Terminons ce troisième article sur l'incarnation du Fils par un regard sur les résumés et sur les sources utilisées. Les «En bref» d'abord. Ils sont passé de 8 à 10 et trois d'entre eux ont été retravaillés. Les deux nouveaux concernent la montée à Jérusalem et l'entrée messianique, les deux épisodes que le *C.É.C.* a placés dans ce chapitre plutôt que dans le chapitre suivant, où ils n'étaient pas résumés (§ 569-570). Les corrections introduites concernent les § 564, 566 et 567 et améliorent le texte:
– § 564: le texte de 1989 disait: «Par sa soumission volontaire pendant les longues années de sa vie cachée, Jésus a réparé l'insoumission de nos premiers parents. Il a sanctifié la vie quotidienne dans la famille et le travail» (1407). Le texte définitif laisse tomber la réparation de l'insoumission des premiers parents et devient: «Par sa soumission à Marie et Joseph, ainsi que par son humble travail pendant de longues années à Nazareth, Jésus nous donne l'exemple de la sainteté dans la vie quotidienne de la famille et du travail».

506. Le texte reste inchangé avec, toutefois, cette correction mineure: l'entrée à Jérusalem «manifeste» – et non plus «inaugure» – la venue du Royaume.

– § 566: le texte de 1989, «La tentation au désert montre Jésus comme vainqueur de Satan. Sa victoire consiste en son amour inébranlable du Père et de tous les hommes» (1409), est devenu: «La tentation montre Jésus, Messie humble qui triomphe de Satan par sa totale adhésion au dessein de salut voulu par le Père».
– § 567: «Le Royaume des cieux a été inauguré sur la terre par le Christ» (le *Projet révisé* ajoutait: «pour accomplir la volonté du Père»); après la citation de *Lumen gentium* 5, le *C.É.C.* ajoute: «L'Église est le germe et le commencement de ce Royaume. Ses clefs sont confiées à Pierre».

Venons-en aux sources utilisées. Elles ont peu varié par rapport à celles du *Projet révisé*. L'Écriture reste bien en tête, et c'est tout normal dans un chapitre qui retrace, en quelque sorte, la vie de Jésus jusqu'à la veille de sa passion (et qui tente de réunir en un seul récit les quatre narrations évangéliques!). Les liturgies latine et orientale auraient pu recevoir encore une plus grande attention. Aux pères de l'Église et aux saints mentionnés en 1989 sont venus se joindre Romanos le Mélode et Venance Fortunat. Aux conciles déjà cités est venu s'ajouter Vatican I où figure l'expression «nexus mysteriorum»; mais le beau texte de *Ad gentes* 3 sur le rejaillissement de la mission du Fils éternel sur tout l'élan missionnaire de l'Église n'a plus été repris. Pour le magistère pontifical contemporain, il y a Pie IX, Pie XII (avec en plus *Haurietis aquas*); Paul VI et Jean-Paul II cité davantage pour *Catechesi tradendae* (quatre fois au lieu d'une) mais dont *Redemptoris Mater* n'apparaît plus; un pape du XVIe siècle est maintenant cité, Paul IV, parce que, dans sa constitution *Cum quorumdam hominum* du 7 août 1555, il parle de la virginité de Marie «même dans l'enfantement du Fils de Dieu fait homme» (§ 499).

Article 4: «Jésus-Christ a souffert sous Ponce Pilate, Il a été crucifié, Il est mort, Il a été enseveli»

En 60 paragraphes (50 plus 10 «En bref»), le *C.É.C.* commente le quatrième article du Symbole apostolique. Les trois grandes étapes de son exposé sont celles que nous trouvons dans les 59 paragraphes (50 et 9) du *Projet révisé*. La première ne peut plus porter comme titre: «Montée de Jésus à Jérusalem» puisque cet épisode de la vie de Jésus a été transféré au terme de l'article troisième (§ 557-558); elle s'intitule maintenant: «Jésus et Israël». C'est la description de l'attitude de Jésus face à la Loi, au Temple et à la foi au Dieu du peuple élu, attitude qui explique en partie les accusations portées contre lui. La deuxième étape concerne la mort de Jésus et la troisième son ensevelissement.

Trois paragraphes introduisent cet article 4, alors que l'exposé du *Projet révisé* commençait ex abrupto. Le premier nous dit que «le mystère Pascal de la Croix et de la Résurrection du Christ est au centre de la Bonne Nouvelle que les apôtres, et l'Église à leur suite, doivent annoncer au monde» (§ 571). Nous avions regretté que le *Projet révisé* n'ait pas signalé à ses lecteurs que le mystère pascal englobait à la fois la mort et la résurrection de Jésus et se soit contenté de dire que «le mystère de la Croix du Christ est au cœur de la Bonne Nouvelle» (1442). Tout est maintenant rentré dans l'ordre. Le *C.É.C.* poursuit: «le dessein sauveur de Dieu s'est accompli 'une fois pour toutes' (He 9,26) par la mort rédemptrice de son Fils Jésus-Christ»; ici aussi il corrige le *Projet révisé* qui parlait de «la mort sacrificielle» de Jésus (1448). Le deuxième paragraphe introductif nous apprend que Jésus interprétait l'Écriture et que, selon celle-ci, il fallait que le Messie souffrît pour entrer dans sa gloire; il nous dit aussi que ses souffrances ont pris une forme historique concrète du fait de son rejet par les anciens, les grands prêtres et les scribes (§ 572).

En conclusion, le troisième paragraphe invite à «scruter les circonstances de la mort de Jésus, transmises fidèlement par les Évangiles et éclairées par d'autres sources historiques, pour mieux comprendre le sens de la Rédemption» (§ 573). Le *Projet révisé*, s'appuyant sur *Dei Verbum* 19, ne mentionnait que «les circonstances historiques transmises par les évangiles». J'ai dit plus haut mes réserves sur cette affirmation. Le *C.É.C.* a perçu la difficulté: il mentionne, à côté des évangiles, «d'autres sources historiques» apportant leur éclairage sur les circonstances de la mort de Jésus (mais il ne précise pas quelles sont ces «autres» sources). Ajoutons de suite que, avec le *Projet révisé*, il reconnaît «la complexité historique du procès de Jésus manifestée dans les récits évangéliques» (§ 597 = 1451).

Paragraphe 1: Jésus et Israël

Le premier paragraphe est comme le prélude au «procès de Jésus» dont il sera question au paragraphe suivant. Nous verrons comment Jésus se comporte à l'égard des institutions essentielles du peuple élu et comment bien de ses actes et ses paroles ont été «signes de contradiction» (§ 574-576 = 1414-1415 et 1417). Dès les premieres lignes d'introduction, nous percevons les nuances que le *C.É.C.* introduit dans le texte du *Projet révisé*. Ainsi, celui-ci disait que, «dès le début du ministère public de Jésus, des Pharisiens et des partisans d'Hérode se sont mis d'accord pour le perdre», comme le relate Mc 3,6; le *C.É.C.* mentionne qu'il y avait aussi «des prêtres et des scribes» (§ 574 = 1414). Un peu plus loin, les «quelques-uns» qui suspectent Jésus de possession diabolique deviennent «certains, mal intentionnés» (*ibidem*). Il nous est dit aussi que les rapports de Jésus avec les Pharisiens ne furent pas «uniquement polémiques», alors que le *Projet révisé* disait qu'ils ne le furent pas «totalement ni toujours» (§ 575 = 1415). Il nous est dit encore que Jésus «confirmait» (et non plus «affirmait») des doctrines partagées par les Pharisiens. Par contre, le *C.É.C.* laisse tomber cette phrase: «Les Pharisiens n'ont rien objecté en particulier contre le Sermon sur le Montagne» (1415); c'est peut-être vrai mais nous n'en savons rien puisque les évangiles ne nous donnent pas d'élément nous permettant d'avancer une telle conclusion. Il faut enfin signaler que le § 575 est devenu maintenant un passage en petits caractères et peut donc être considéré comme une remarque de type historique ou un exposé complémentaire (cf. § 20). Est-ce mieux ainsi? À chacun d'apprécier[507].

Pour exposer comment Jésus se situe par rapport à la Loi, au Temple et à la foi au Dieu unique «dont aucun homme ne peut partager la gloire» (§ 576), le *C.É.C.* reprend intégralement le texte du *Projet révisé* qui, à partir des quatre évangiles, nous donnait une narration qui n'est pas sans mérites. Les quelques petites touches qu'il ajoute sont intéressantes à plus d'un titre.

I. Jésus et la Loi

Dans l'exposé sur les rapports de Jésus à la Loi (§ 577-582 = 1418-1424), nous relevons plusieurs modifications.

- Il était dit qu'«aucun Juif n'a jamais pu accomplir la Loi dans son intégralité sans en violer le moindre précepte (cf. Jn 7,19; Ac 13,38-41; 15,10)». Et l'on poursuivait: «C'est pourquoi, à chaque fête annuelle de l'Expiation (...), les enfants d'Israël demandent à Dieu pardon pour leurs innombrables transgressions de la Loi» (1419). Le *C.É.C.* dit plus modérément que «les Juifs, de leur propre aveu, n'ont jamais pu accomplir la Loi dans son intégrité» et, à la fête de l'Expiation, ils demandent pardon «pour leurs transgressions de la Loi» (§ 578).
- Il était dit que les Pharisiens ont conduit «les Juifs du temps de Jésus» à un zèle religieux extrême (1420). Il est plus juste de dire, avec le *C.É.C.*, qu'ils ont conduit «beaucoup de Juifs du temps de Jésus» dans cette voie (§ 579).

507. Il en va de même pour les § 579, 581 et 582.

– Il était dit que «Jésus s'est trouvé affronté non pas à la Loi qu'il accomplissait parfaitement mais aux docteurs de la Loi qui ne recevaient pas son autorité» (1424). Le *C.É.C.* rectifie: «Jésus s'est trouvé affronté à certains docteurs de la Loi qui ne recevaient pas son interprétation de la Loi» (§ 582).

Jésus accomplit parfaitement la Loi. L'explication du *Projet révisé*, difficile pour les non-initiés, citait la parole de Jésus à Jean lors de son baptême: «C'est ainsi qu'il nous convient d'accomplir toute justice» (Mt 3,15). Le *C.É.C.* a laissé tomber cette phrase; le texte est-il pour autant plus facile à comprendre? Cela n'est pas certain (§ 580). De même, il n'a pas repris les deux phrases du *Projet révisé* qui introduisaient les rapports conflictuels de Jésus avec les docteurs de la Loi: «En naissant juif et en étant circoncis, Celui qui est la Parole éternelle que Dieu demande d'écouter, s'est soumis à la Loi. En l'accomplissant aussi sous sa forme de Loi orale et en enseignant de suivre l'interprétation des scribes et des Pharisiens assis sur la chaire de Moïse (cf. Mt 23,2-3), Jésus est apparu d'abord (...) comme un 'rabbi'» (1422). Le *C.É.C.* a préféré commencer de suite par: «Jésus est apparu aux yeux des Juifs et de leurs chefs spirituels comme un 'rabbi' ...» (§ 581)[508].

II. Jésus et le Temple

La pensée et le comportement de Jésus à l'égard du Temple de Jérusalem sont eux aussi présentés avec quelques retouches (§ 583-586 = 1425-1428). La narration est, çà et là, meilleure et plus logique que dans le *Projet révisé*. Deux phrases ont été ajoutées; l'une nous apprend qu' «après la Résurrection, les apôtres ont gardé un respect religieux pour le Temple» (§ 584) et l'autre reprend l'affirmation importante de Jésus à la Samaritaine, qui ne figurait que sous forme de référence: «L'heure vient où ce n'est ni sur cette montagne ni à Jérusalem que vous adorerez le Père» (§ 586 = 1428). Par contre, deux phrases ont disparu: la première, qui ne me paraissait pas indispensable, disait, à propos de l'annonce par Jésus de la ruine de Jérusalem, qu'«il n'y a aucune hostilité dans cette prophétie» (1427 = § 585); la seconde, qui était comme un doublet avec ce qui la précédait immédiatement, concernait Jésus s'identifiant au

508. L'«En bref» retient de tout ceci que «Jésus n'a pas aboli la Loi du Sinaï, mais Il l'a accomplie avec une telle perfection qu'Il en révèle le sens ultime et qu'Il rachète les transgressions contre elle» (§ 592). En 1989, le *Projet révisé* disait: «Jésus a accompli la Loi du Sinaï, qu'il n'est pas venu abolir, avec une telle perfection qu'il en révèle le sens ultime tout en rachetant les transgressions contre elle en prenant sur lui 'la malédiction du péché'» (1438).

Temple et montrant par là «qu'il accomplissait de manière parfaite la présence mystérieuse de Nom divin» (1428 = § 586)[509].

La narration du *C.É.C.* maintient l'affirmation selon laquelle Jésus a donné «l'essentiel de son enseignement dans le Temple» (§ 586) et en donne comme preuve la déclaration de Jésus en Jn 18,20: «J'ai toujours enseigné dans les synagogues et dans le temple ...» La conclusion que le *C.É.C.* tire de cette déclaration ne dépasse-t-elle pas la pensée de Jésus telle que saint Jean la rapporte? Les synoptiques ne situent-ils pas les grands enseignements de Jésus principalement en Galilée, sur la montagne ou dans la plaine?

III. Jésus et la foi d'Israël au Dieu Unique et Sauveur

Après avoir décrit l'attitude de Jésus à l'égard de la Loi et du Temple, le *C.É.C.* en vient à ce que Jésus pense du Dieu d'Israël (§ 587-591 = 1429-1433).

Son «rôle dans la rédemption des péchés», commence-t-il par dire, en ajoutant qu'il s'agit là d'une «œuvre divine par excellence», a été pour les autorités religieuses une pierre d'achoppement (§ 587); Jésus déclare qu'il vient appeler au repentir tous les hommes, il s'assied à la table des pécheurs et va jusqu'à pardonner les péchés (§ 588-589). Le *Projet révisé* poursuivait alors: «Pour pardonner les péchés, Dieu doit engager son Nom transcendant que le grand-prêtre prononce seulement à la fête de l'Expiation (Yom Kippour)»; le *C.É.C.* ne reprend pas cette explication. Il ne reprend pas non plus cette parole de Jésus en Jn 8,24: «Si vous ne croyez pas que Je Suis vous mourrez dans votre péché» (1431).

À propos de l'identité divine de la personne de Jésus, le *C.É.C.*répare un oubli: il cite cette parole importante rapportée en Jn 10,30: «Le Père et moi nous sommes un» (§ 590). Et, à propos du refus de croire des autorités religieuses et de l'accusation de blasphémateur qu'elles portent contre Jésus, le *C.É.C.* ajoute qu'il s'est agi d'une «tragique méprise» (§ 591). Ici encore, comme dans tout ce Paragraphe 1, le *C.É.C.* a le souci de n'affirmer que ce qui est historiquement établi et de ne pas encourager l'antijudaïsme[510].

509. Un «En bref» résume ainsi cet exposé sur le Temple: «Jésus a vénéré le Temple en y montant aux fêtes juives de pèlerinage et Il a aimé d'un amour jaloux cette demeure de Dieu parmi les hommes. Le Temple préfigure son mystère. S'il annonce sa destruction, c'est comme manifestation de sa propre mise à mort et de l'entrée dans un nouvel âge de l'histoire du salut, où son Corps sera le Temple définitif» (§ 593 = 1439 où ne figurait pas «où son Corps sera le Temple définitif»).

510. En 1989, le résumé des paragraphes 1429-1433 disait que «Jésus a posé des actes, tel le pardon des péchés, qui l'ont manifesté comme uni à l'œuvre propre du Dieu

Paragraphe 2: Jésus est mort crucifié

La passion et la mort de Jésus, et la réflexion sur la rédemption, occupent dans le *C.É.C.* 29 paragraphes (24 et 5) alors que le *Projet révisé* ne leur en consacrait que 23 (19 et 4). Le développement n'est pas pour autant plus ample; la matière est simplement répartie autrement.

«Pour mieux comprendre le sens de la Rédemption», «la foi peut essayer de scruter les circonstances historiques» de la mort de Jésus (1448). Au lieu de commencer par scruter ce que les évangiles nous rapportent, le *Projet révisé* parlait de suite du «sacrifice du Christ» dans le dessein de salut du Père.

Le *C.É.C.* énonce le même principe (§ 573) et s'arrête en conséquence d'abord aux faits, à ce qu'il intitule «le procès de Jésus», il parle ensuite de la mort rédemptrice dans le dessein de salut du Père et termine par l'offrande du Christ à son Père. Pour être davantage en concordance avec la méthode inductive, il aurait pu intervertir aussi les deux derniers points (mais cela aurait sans doute demandé trop de modifications): nous aurions eu successivement le procès de Jésus, la manière dont Jésus vit sa passion et sa mort ainsi que le sens qu'il leur confère et, finalement, la rédemption dans le plan de Dieu.

Pour la clarté de l'exposé et pour en faciliter la lecture, des subdivisions ont été insérées dans le texte de 1989.

I. Le procès de Jésus

Le *C.É.C.* reprend dans «Le procès de Jésus» des éléments qu'il trouve dans le *Projet révisé* sous le titre: «Le contexte historique de la mort de Jésus» (1448-1452)[511]. Son objectif n'est pas tant de refaire le

unique et Sauveur»; pour le *C.É.C.*, ces actes l'ont manifesté «comme étant le Dieu Sauveur Lui-même». Et le résumé poursuivait: «Ne voyant pas en lui le Dieu fait homme, certains Juifs de Jérusalem l'ont jugé comme un blasphémateur», ce qui est devenu dans le *C.É.C.* : «Certains Juifs, qui, ne reconnaissant pas le Dieu fait homme, voyaient en Lui 'un homme qui se fait Dieu', L'ont jugé comme un blasphémateur» (§ 594).

511. Le paragraphe 1448 se retrouve en partie dans le § 571: «Le dessein sauveur de Dieu s'est accompli ...», et en partie dans le § 573: «La foi peut donc essayer de scruter les circonstances ...». Par contre, tout le paragraphe 1449 en petits caractères n'a pas été repris: «Les paroles et les actes de Jésus ont depuis le début de son ministère suscité chez certains dirigeants religieux d'Israël une hostilité qui pouvait aller jusqu'au désir de 'le perdre' (...). À plusieurs reprises une partie de ses auditeurs a tenté spontanément de le tuer (...), surtout les autorités de Jérusalem. Celles-ci voient en lui un blasphémateur (...) qui mérite la lapidation (...). Cependant, ce n'est pas cette forme juive d'exécution (...) que Jésus prophétise pour sa propre mort mais bien le supplice romain de la croix (...), ce qui suppose qu'il 'soit livré aux mains des païens pour être mis en croix' (...)». Peut-être doit-il sa suppression au fait qu'il n'est pas directement en relation avec le «procès de

procès de Jésus proprement dit, mais plutôt d'établir les responsabilités dans la mort de Jésus (§ 595-598).

Divisions des autorités juives à l'égard de Jésus

Le *C.É.C.* emprunte d'abord au *Projet révisé* un paragraphe évoquant diverses attitudes de pharisiens à l'égard de Jésus, qui se trouvait après la relation de la montée à Jérusalem (1416). Il s'agit de montrer que certains d'entre eux sont devenus croyants déjà au cours de la vie publique de Jésus (§ 595). Le texte de 1989 est maintenant en petits caractères.

Le paragraphe suivant porte sur les réactions des diverses autorités religieuses: pharisiens, sadducéens, Sanhédrin, grands prêtres ... (§ 596). C'est un abrégé du *Projet révisé*, où il n'est plus signalé que «les Pharisiens ne sont pas mentionnés dans les récits évangéliques de la Passion» (1450).

Les Juifs ne sont pas collectivement responsables de la mort de Jésus.

Tout logiquement, le *C.É.C.* poursuit: les juifs dans leur ensemble ne sont pas responsables de la mort de Jésus (§ 597 = 1451). Au texte de 1989, le *C.É.C.* ajoute: «Quel que puisse être le péché personnel des acteurs du procès (Judas, le Sanhédrin, Pilate) que seul Dieu connaît», tous les juifs de Jérusalem ne sont pas responsables. Et là où le *Projet révisé* employait le terme «populace» (à connotation péjorative), le *C.É.C.* préfère parler de «foule» ou de «peuple».

Puisqu'il en est ainsi, «les Juifs ne doivent pas être présentés comme réprouvés par Dieu, ni maudits comme si cela découlait de la Sainte Écriture» (*ibidem*). Nous entendons ici la déclaration de Vatican II sur les relations de l'Église avec les religions non chrétiennes 4, § 6. Il est toutefois permis de se demander pourquoi ce texte important ne fait plus partie de l'exposé lui-même mais est devenu une note en petits caractères, que le lecteur peut facilement omettre! J'avis souhaité que le *C.É.C.* ajoute la suite de la déclaration conciliaire: «l'Église déplore les haines, les persécutions et toutes les manifestations d'antisémitisme, qui, quels que soient leur époque et leurs auteurs, ont été dirigées contre les Juifs»; il n'en a rien été[512].

Jésus»? À moins que la reconstitution à partir des données provenant de chacun des quatre évangiles n'ait pas été jugée satisfaisante? La remarque faite ci-dessus, p. 211, à propos de la prophétie de Jésus annonçant sa mort sur *la croix* est devenue sans objet puisque ce paragraphe 1449 ne figure plus dans le *C.É.C.*.

512. Le *Projet révisé* introduisait cette déclaration de *Nostra aetate* par ces mots: «Aussi l'Église a déclaré solennellement ...» (1451). Le *C.É.C.* supprime «solennellement», ce qui peut se comprendre puisque tous les textes promulgués – et pas seulement celui-ci – sont des actes solennels du magistère extraordinaire de l'Église. Cependant, le

Tous les pécheurs furent les auteurs de la passion du Christ

Les auteurs de la passion du Christ, ce furent finalement tous les pécheurs. Le *Projet révisé* disait, avec le Catéchisme romain et sur base de He 12,3, que «L'Église n'a jamais oublié que 'les pécheurs eux-mêmes furent les auteurs et comme les instruments de toutes les peines qu'endura le divin Rédempteur'. Tenant compte du lien entre le Christ et les membres de son corps mystique, elle n'hésite pas à revendiquer pour les chrétiens le meurtre de Jésus dont ceux-ci ont souvent accablé les Juifs» (1452).

Le *C.É.C.* accentue la force de cette affirmation en ajoutant que l'Église dont il est question c'est «dans le Magistère de sa foi et dans le témoignage des saints» qu'elle s'est exprimée ainsi, et en précisant même qu'elle impute aux chrétiens «la responsabilité la plus grave dans le supplice de Jésus, responsabilité dont ils ont trop souvent accablés uniquement les Juifs» (§ 598). Nous ne sommes plus au plan des faits perceptibles par l'historien mais dans une vision théologique de l'histoire, fondée sur le magistère de l'Église d'abord. Le seul document cité est le Catéchisme du concile de Trente, lequel s'appuie sur He 12,3: «Pensez à celui qui a enduré de la part des pécheurs une telle opposition contre lui afin de ne pas vous laisser accabler par le découragement». Qui sont ces pécheurs, ceux à qui l'auteur de la lettre s'adresse ou plutôt ceux-là qui ont effectivement conduit Jésus à sa mort? Cette vision est fondée également sur le témoignage des saints, en fait sur celui du seul François d'Assise qui a dit quelque part: «Et les démons, ce ne sont pas eux qui L'ont crucifié; c'est toi qui avec eux L'as crucifié et Le crucifies encore, en te délectant dans les vices et les péchés». C'est là une manière de s'exprimer pour inviter à la componction, la conversion et la réparation ceux qui sont sensibles à un tel discours et non une affirmation dogmatique obligeant à l'obéissance de la foi. Au terme de ses déclarations sur les juifs, *Nostra aetate* dit beaucoup plus sobrement: «D'ailleurs, comme l'Église l'a toujours tenu et comme elle le tient, le Christ, en vertu de son immense amour, s'est soumis volontairement à la Passion et à la mort à cause des péchés de tous les hommes et pour que tous les hommes obtiennent le salut». Le concile ne nous impute pas, comme le fait le Catéchisme de Pie V et celui de Jean-Paul II, «la responsabilité la plus grave»; il ne dit pas que «*nos* crimes ont fait subir à Jésus le supplice de la Croix», que «*notre* crime est plus grand que celui

«solennellement» pouvait se justifier car il exprimait comment cette déclaration sur les juifs a été tout particulièrement perçue par les évêques qui l'ont votée et par la presse de la plupart des pays du monde.

des Juifs». Nous avons à reconnaître les fautes et les erreurs commises par ceux qui nous ont précédés mais nous n'en avons pas la responsabilité personnelle.

II. La mort rédemptrice du Christ dans le dessein divin de salut

Les responsabilités historiques dans la mort de Jésus une fois posées, le *C.É.C.* s'interroge sur le sens de cette mort dans le dessein du Père, mort qu'il qualifie de «rédemptrice», alors que le *Projet révisé* parlait de «sacrifice du Christ». Le texte a peu varié d'une édition à l'autre: le *C.É.C.* reproduit, à un paragraphe près, ce que le *Projet révisé* exposait en 5 paragraphes (§ 599-605 = 1443-1447)[513].

Jésus a été livré selon le dessein bien arrêté et la prescience de Dieu. Par «ce langage biblique» (le *Projet révisé* ajoutait «anthropomorphique»), on veut dire que Dieu a permis tout ce qui a été fait contre son Fils, en vue d'accomplir son dessein de salut (§ 599-600 = 1443). Ce dessein de salut «par la mise à mort du 'Serviteur, le Juste'» – «ce dessein divin sur le Messie sacrifié», disait le *Projet révisé* – était annoncé comme un mystère de rédemption universelle des péchés, «c'est-à-dire, ajoute le *C.É.C.*, de rachat qui libère les hommes de l'esclavage du péché». La mort «rédemptrice» (et non plus «sacrificielle») accomplit cette annonce; Jésus ressuscité a interprété dans ce sens «sa vie et sa mort» (et non plus «son sacrifice») (§ 601 = 1444).

L'Écriture va même jusqu'à dire que Dieu a fait péché pour nous celui qui n'avait pas connu le péché. Cela ne veut pas dire que Jésus a connu la réprobation due aux pécheurs mais qu'il nous a assumés (et le *Projet révisé* ajoutait «sacrificiellement») dans l'égarement de notre péché par rapport à Dieu, qu'il s'est rendu solidaire des pécheurs. Dieu ne l'a pas épargné, il l'a livré pour nous afin de nous réconcilier avec lui (§ 602-603 = 1445).

Et l'Écriture de conclure que, en livrant son Fils pour nos péchés, Dieu manifeste qu'il nous a aimés le premier, d'un amour sans exclusion. Jésus est mort pour tous: «Il n'y a, il n'y a eu et il n'y aura aucun homme pour qui le Christ n'ait pas souffert», comme l'Église l'«enseigne» (et

513. Dans le *Projet révisé*, deux paragraphes précédaient «le sacrifice du Christ dans le dessein divin du salut». Le premier (1441) expliquait pourquoi un messie souffrant et crucifié est un scandale pour les juifs et une folie pour les païens; le *C.É.C.* ne l'a pas repris. Le second (1142) concluait: «C'est pourquoi le Mystère de la Croix du Christ est au cœur de la Bonne Nouvelle que les Apôtres, et l'Église à leur suite, doivent annoncer au monde», et citait 1 Co 1,21-25; cette phrase, légèrement corrigée et sans la citation paulinienne, se retrouve dans le *C.É.C.* en ouverture au quatrième article du Symbole (§ 571).

non comme «elle a été amenée à le définir», selon le *Projet révisé*), à la suite des apôtres (§ 604-605 = 1446).

Le *Projet révisé* contenait un dernier paragraphe indiquant que «le sacrifice du Christ est unique, achèvement et dépassement de tous les sacrifices» (1447). Le *C.É.C.* ne le reprend pas maintenant, préférant le situer dans le point suivant de son développement, lorsqu'il aura fait découvrir que toute la vie du Christ a été offrande au Père pour le salut des hommes (§ 614). Si le *C.É.C.* a éliminé – déjà au § 571 et ici à plusieurs reprises – toute mention explicite du «sacrifice», ce n'est pas qu'il prend ses distances par rapport à une notion qui rencontre peu la faveur de nos contemporains. Il veut au contraire que celle-ci soit bien comprise et, comme elle ne peut l'être qu'en lien avec l'offrande que Jésus a faite de sa vie, il n'introduit le vocabulaire sacrificiel que dans l'étape suivante.

III. Le Christ s'est offert Lui-même à son Père pour nos péchés

Pour bien comprendre le mystère de la rédemption, il nous faut méditer les dispositions du cœur de Jésus spécialement dans les heures qui ont précédé sa mort. Le *C.É.C.* nous propose, dans cette troisième étape, de suivre Jésus s'offrant lui-même pour la multitude des hommes. Les 13 paragraphes de son exposé (§ 606-618) reprennent, corrigent et amplifient ce que le *Projet révisé* disait en 7 paragraphes (1453-1459).

Toute le vie du Christ est offrande au Père

Dès les premiers instants de son existence et pendant toute sa vie, Jésus est animé par ce désir de faire la volonté du Père, de réaliser «son dessein de salut dans sa mission rédemptrice». L'expression de sa communion d'amour au Père, nous l'appelons «sacrifice». Sa «passion rédemptrice est la raison d'être de son Incarnation» (§ 606-607 = 1453). À la différence du *Projet révisé*, c'est la première fois que le *C.É.C.* utilise le terme «sacrifice» dans cet article 4 du Symbole.

«L'Agneau qui enlève le péché du monde»

Désigné par Jean-Baptiste comme l'agneau de Dieu qui enlève les péchés du monde, Jésus est le Serviteur souffrant et l'agneau pascal symbole de la rédemption d'Israël (§ 608); le *Projet révisé* ajoutait: il est aussi «l'agneau expiatoire de la purification» dont il est fait mention en Lv 14,21-29 (1454). Toute la vie de Jésus exprime sa mission de «servir et de donner sa vie ...» (le *Projet révisé* poursuivait: «C'est à cause de cette mission qu'il repousse les tentations de Satan qui voulait l'attirer vers les succès terrestres»; le *C.É.C.* n'a pas jugé indispensable de reparler ici de cet épisode de la vie de Jésus).

Jésus épouse librement l'amour rédempteur du Père

Jésus accepte librement et par amour du Père et des hommes sa passion et sa mort; sa vie, il la donne, on ne la lui enlève pas (§ 609=1445). «C'est dans son cœur humain», ajoute le *C.É.C.*, qu'il a épousé cet amour. Et là où le *Projet révisé* disait que son humanité est devenue «l'instrument parfait de l'amour rédempteur de Dieu pour les hommes», nous lisons maintenant qu'elle est devenue «l'instrument libre et parfait de son amour divin qui veut le salut des hommes».

À la Cène Jésus a anticipé l'offrande libre de sa vie

Jésus a fait de la Cène, le «repas pris avec les douze apôtres, dans 'la nuit où il fut livré'», le mémorial de son offrande au Père (§ 610 = 1456, a). Le *Projet révisé* parlait ici du «repas pascal qu'il anticipe d'un jour avec ses disciples» et expliquait qu'«il le célèbre le soir du Jeudi Saint puisque le Vendredi Saint il mourra sur la croix à l'heure où l'on égorgeait dans le Temple les agneaux pour la Pâque qui tombait cette année-là en Sabbat». Le *C.É.C.* est resté prudent et a laissé aux exégètes le soin de poursuivre leurs recherches sur la date précise de la dernière Cène et sur sa qualification de «repas pascal»[514].

Jésus inclut les apôtres «dans sa propre offrande» (offrande «sacrificielle», disait le *Projet révisé*), leur demande de la perpétuer et fait ainsi d'eux les «prêtres de l'Alliance Nouvelle», comme l'a précisé le concile de Trente (§ 611 = 1456, b).

L'agonie à Gethsémani

Le *Projet révisé* n'avait que cette phrase sur l'agonie de Jésus: «La coupe du sacrifice de la Nouvelle Alliance, qu'il a anticipé à la Cène en s'offrant lui-même, il l'accepte ensuite des mains du Père dans son agonie à Gethsémani en se faisant 'obéissant jusqu'à la mort'» (1456, c). Le *C.É.C.* la reprend et y ajoute une explication sur «l'horreur que représente la mort pour sa nature humaine» (§ 612).

La mort du Christ est le sacrifice unique et définitif

Nous avons suivi «toute la vie du Christ», la dernière Cène et l'agonie. Le *C.É.C.* ajoute maintenant un paragraphe sur la mort du Christ. Elle est «le *sacrifice Pascal*» qui accomplit la rédemption définitive et

514. Il a même renoncé à parler de la Cène comme du «mémorial *pascal*» de son offrande volontaire au Père.

«le *sacrifice de la Nouvelle Alliance*» qui réconcilie l'homme avec Dieu par le sang répandu pour la rémission des péchés (§ 613). Et il poursuit, reprenant et corrigeant un paragraphe que le *Projet révisé* plaçait un peu plus tôt (un peu trop tôt!):

Projet révisé	*C.É.C.*
Le sacrifice du Christ est unique, achèvement et dépassement de tous les sacrifices. En effet ce Sacrifice (*sacrum facere*) est d'abord un acte de Dieu. Alors que dans les religions issues de l'homme on le conçoit comme une action où quelque chose de précieux – la vie même parfois – est offerte à la divinité pour reconnaître son pouvoir et se la concilier, le Christ nous révèle la nouveauté inouïe de son sacrifice: c'est le Fils de Dieu lui-même qui, librement et par amour, offre sa vie à son Père par l'Esprit Saint, pour que les hommes aient la Vie (1447).	Ce sacrifice du Christ est unique, il achève et dépasse tous les sacrifices. Il est d'abord un don de Dieu le Père Lui-même: c'est le Père qui livre son Fils pour nous réconcilier avec Lui. Il est en même temps offrande du Fils de Dieu fait homme qui, librement et par amour, offre sa vie à son Père par l'Esprit Saint, pour réparer notre désobéissance (§ 614).

Les sacrifices des religions ne sont plus mentionnés mais ils sont sans doute à inclure dans l'expression générale «tous les sacrifices». Le Père est le premier impliqué dans le sacrifice de Jésus; le verbe *livrer* reste dur à entendre dans le contexte et signifie peut-être simplement *donner*, comme dans le verset scripturaire: «Dieu a tant aimé ... qu'il a *donné* son Fils». Comme cela est déjà apparu plusieurs fois, le *C.É.C.* met en avant la réconciliation et la réparation de la désobéissance des hommes et non plus le don de la vie divine.

Jésus substitue son obéissance à notre désobéissance

Le *C.É.C.* présente ici l'obéissance de Jésus jusqu'à la mort comme l'accomplissement de la substitution du Serviteur souffrant qui s'offre en sacrifice expiatoire (§ 615 = 1457). Et il ajoute au texte de 1989 que «Jésus a réparé nos fautes et satisfait au Père pour nos péchés», reprenant là l'enseignement du concile de Trente. Ces notions de substitution, expiation, réparation et satisfaction, si peu familières aujourd'hui, auraient mérité quelques explications. Le *Projet révisé* en donnait une, tirée d'une allocution du mercredi de Jean-Paul II. Le *C.É.C.* s'abstient avec raison de considérer ces allocutions comme des documents du magistère ordinaire de même importance que les encycliques et les exhortations et lettres apostoliques. Il aurait pu cependant s'inspirer de ce qu'a dit Jean-Paul II sur la substitution et que bien des théologiens enseignent encore: «Ce qui confère à la substitution sa valeur rédemptrice n'est pas le fait matériel qu'un innocent ait subi le châtiment mérité par des coupables et qu'ainsi la justice ait été, d'une certaine manière, satisfaite (en réalité dans ce cas, il faudrait parler d'une grave injustice). La valeur rédemptrice vient au contraire du fait que Jésus innocent s'est fait, par pur amour, solidaire des coupables et a de cette manière transformé, de l'intérieur, leur situation» (1457).

Sur la Croix, Jésus consomme son sacrifice

L'amour «jusqu'à la fin» confère à la mort de Jésus sa valeur de rédemption – et également d'expiation et de satisfaction, ajoute le *C.É.C.* (§ 616 = 1458). Dans une audience du mercredi, Jean-Paul II expliquait: «Aucun homme, fut-il le plus saint, n'était en mesure de prendre sur lui les péchés de tous les hommes et de s'offrir en sacrifice pour tous (...). L'existence dans le Christ de la Personne divine du Fils, qui dépasse et en même temps embrasse toutes les personnes humaines, rend possible son sacrifice rédempteur *pour tous*» (1458). Le *C.É.C.*, cette fois, reprend cette explication – y ajoutant que cette existence de la Personne divine «le constitue Tête de toute l'humanité» – mais il omet les guillemets et n'indique pas sa source.

À la réparation, l'expiation et la satisfaction, le concile de Trente ajoute la justification que le Christ nous a méritée. Seul le sacrifice du Christ est «principe de salut éternel» (§ 617 = 1458).

Notre participation au sacrifice du Christ

En conclusion, le *C.É.C.* évoque notre participation à la rédemption (§ 618 = 1459). Il ajoute au *Projet révisé* deux courts extraits de *Gaudium et spes* 22: «Dans sa personne divine incarnée, 'le Christ s'est en quelque sorte uni lui-même à tout homme'» et «Il offre à tous les hommes, d'une façon que Dieu connaît, la possibilité d'être associés au mystère Pascal». Mais il ne reprend pas ici ce qui était dit de Marie, «associée plus intimement que tout autre au mystère de sa souffrance rédemptrice» et dont «il fait sur la Croix en la personne du disciple bien-aimé, la Mère de l'Église qui naît à ce moment de son côté transpercé dans l'eau et le sang des sacrements comme la Nouvelle Ève du côté du Nouvel Adam» (il sera question de Marie unie à son Fils jusqu'en sa mort au § 964).

Sainte Rose de Lima, bien connue et pour les austérités effrayantes auxquelles elle se livrait, a le dernier mot, ajouté par le *C.É.C.*: «En dehors de la Croix, il n'y a pas d'autre échelle par où monter au ciel». Elle attribue ces paroles au Christ et elle-même écrit que, les ayant entendues, elle sortit au milieu de la rue et dit avec de grands cris: «Écoutez, tout le monde! Sur l'ordre du Christ (...), je vous en avertis: nous ne pouvons acquérir la grâce si nous ne souffrons pas d'afflictions; il faut que les peines s'accumulent les unes sur les autres pour obtenir de participer intimement à la nature divine, à la gloire des fils de Dieu, à la parfaite félicité de l'âme»[515]. Est-il besoin de dire que cette spiritualité, qui a fait florès dans l'Église à certaines époques de son histoire, n'est pas la seule que tous devraient suivre.

Les «En bref» qui résument le Paragraphe 2 sont au nombre de cinq et sont tous constitués d'extraits de l'Écriture. Ceux des § 620 et 622 ne se trouvaient pas dans le *Projet révisé*. Les autres sont une nouvelle version abrégée des numéros 1460, 1462, 1462 a:

Projet révisé	*C.É.C.*
1460. «Le Christ est mort pour nos péchés selon les Écritures» (1 Co 15,3) parce que, dans son dessein de salut, «Dieu l'a fait péché pour nous, lui qui n'avait pas connu le péché, afin que nous devenions justice pour Dieu» (2 Co 5,21).	§ 619. «Le Christ est mort pour nos péchés selon les Écritures» (1 Co 15,3).
1462 a. «On ne m'ôte pas la vie, je la donne de moi-même. J'ai pouvoir de la donner et pouvoir de la reprendre» (Jn 10,18). Jésus s'est livré librement pour notre salut. Ce don, il le signifie et le réalise d'avance pendant la dernière Cène: «Ceci est mon corps, qui va être donné pour vous» (Lc 22,19).	§ 621. Jésus s'est offert librement pour notre salut. Ce don, Il le signifie et le réalise à l'avance pendant la dernière cène: «Ceci est mon corps, qui va être donné pour vous» (Lc 22,19). (N.B.: pourquoi ne pas avoir continué et repris aussi «le sang versé»?)
1462. «Par l'obéissance d'un seul la multitude sera constituée juste» (Rm 5,14). Par son obéissance aimante au Père, «jusqu'à la mort de la croix» (Ph 2,8), Jésus accomplit la substitution du Serviteur souffrant qui «justifie les multitudes en s'accablant lui-même de leurs fautes» (Is 53,22).	§ 623. Par son obéissance aimante au Père «jusqu'à la mort de la Croix» (Ph 2,8), Jésus accomplit la mission expiatrice du Serviteur souffrant qui «justifie les multitudes en s'accablant Lui-même de leurs fautes» (Is 53,11).

515. *La liturgie des heures*, t. III, Paris, Cerf-Desclée-Desclée de Bouwer-Mame, 1980, p. 1259.

L'«En bref» 1461 n'a pas été repris, et c'est sans regret: «Ils se sont rassemblés dans cette ville contre ton saint serviteur Jésus que tu as oint, Hérode et Ponce Pilate avec les nations païennes et les peules d'Israël, pour accomplir tout ce que, dans ta puissance et ta sagesse, tu avais déterminé par avance» (Ac 4,27-28).

Le *C.É.C.* a maintenu tout un vocabulaire et des expressions bibliques que la Tradition n'a cessé de véhiculer mais qui sont aujourd'hui, beaucoup plus qu'autrefois, difficiles à comprendre, étranges, piégés, dangereux même par les risques de contresens possibles: sacrifice, rançon, expiation, substitution, rachat, rédemption, Dieu livre son Fils, Dieu l'a fait péché... Le Catéchisme pour adultes des évêques allemands a rencontré ces difficultés et consacré bien des pages à une interprétation correcte de ce vocabulaire[516]. Le Catéchisme pour adultes des évêques de France consacre également plusieurs paragraphes à ces expressions et reconnaît qu'un certain nombre de termes traditionnels sont devenus «étrangers aux oreilles de beaucoup de nos contemporains, ou hermétiques. Ils demandent, pour être bien entendus, des explications (...). L'Église contemporaine a remis en valeur un terme du Nouveau Testament qui, au contraire, parle aux hommes de notre temps: le terme de '*réconciliation*', auquel est étroitement associé celui de '*paix*'»[517]. Comme le *C.É.C.* n'est pas uniquement destiné aux évêques et aux théologiens mais ambitionne d'offrir à tout homme de bonne volonté l'expression adaptée à notre temps de la foi catholique, il eût été souhaitable que lui aussi apporte des explications indiquant aux lecteurs la voie vers une bonne intelligence de la tradition biblique et théologique.

La rédemption, le salut acquis par la Croix du Christ, est présentée avec insistance comme une mort pour nos péchés, une réparation pour nos désobéissances. Comme la mention de l'autre volet du mystère pascal – la résurrection – n'est présente que dans l'introduction de l'article quatrième (au § 571), rien n'est dit de ce que le Christ apporte en positif:

516. Cf. *La foi de l'Église*, p. 179-186.

517. *Catéchisme pour adultes*, p. 166. Un récent document de la Congrégation pour le clergé (19-3-1999) sur le rôle spécifique du prêtre dans la «nouvelle évangélisation» va même plus loin. Il ne suffit pas de «répéter certains mots et certaines notions (...) traditionnellement employés» et qui «sont devenus pratiquement inintelligibles pour la majeure partie des cultures contemporaines» (il donne comme exemple le concept de «péché originel»). S'il en est ainsi, que faire? Renvoyant au § 171 du *C.É.C.*, les auteurs ont cette réponse compliquée et contournée: il faut être capable de «trouver des moyens appropriés de s'exprimer de nos jours, en aidant à retrouver le sens profond de ces réalités humaines et chrétiennes fondamentales, sans pour autant renoncer aux formulations de la foi, établies et acquises une fois pour toutes, contenues de façon synthétique dans le *Credo*» (*La Doc. cath.* 96 [1999] p. 885).

le don de l'Esprit, la vie en Dieu, la lumière sur la destinée de l'homme et sur toutes choses, la Bonne Nouvelle que rien n'est jamais perdu d'avance, l'inauguration du monde nouveau et définitif ...

Le Symbole professe que Jésus est mort «sous Ponce-Pilate». Le *C.É.C.* mentionne simplement le procurateur romain aux paragraphes 596, 597 et 600. Il aurait pu nous dire pourquoi le Symbole, comme le Credo de Nicée-Constantinople et tous les autres credos, associe son nom à la souffrance de Jésus. C'eût été l'occasion de signaler ce qu'on peut affirmer aujourd'hui quant à la date de la mort et de la résurrection de Jésus (comme aussi de sa naissance, du début et de la durée de son ministère public); cela aurait rendu la foi chrétienne plus ancrée dans l'histoire des hommes.

Paragraphe 3: Jésus-Christ a été enseveli

Le mystère de l'ensevelissement du Christ est développé en cinq paragraphes suivis de deux «En bref» (§ 624-630). Le premier d'entre eux énonce le mystère: Dieu a «disposé» (plutôt que «voulu» [1463]) que son Fils «connaîtrait l'état de séparation entre son âme et son corps». Par son séjour au tombeau, le Christ manifeste «le grand repos sabbatique (terme ajouté par le *C.É.C.*) de Dieu après l'accomplissement du salut des hommes qui met en paix l'univers entier» (plutôt que «qui renouvelle l'univers entier»). Le *Projet révisé* contenait en plus cet extrait d'une audience de Jean-Paul II: ce mystère est «objet de foi en tant qu'il nous propose son Mystère de Fils de Dieu qui s'est fait homme et s'est engagé jusqu'à l'extrême dans l'expérience humaine» (1463). Les quatre autres paragraphes développent la présence du Christ au sépulcre dans son corps (§ 625-626 = 1464-1465), la préservation de la corruption du corps séjournant au tombeau (§ 627 = 1466) et l'actualisation du mystère dans le baptême par immersion (§ 628 = 1468).

À quelques détails près, le texte est le même qu'en 1989. Un paragraphe entier n'a toutefois pas été repris. L'Église, lisait-on, enseigne à propos des trois jours du Christ mort: «Nous faisons profession de croire qu'après la séparation du corps et de l'âme, la divinité demeura inviolablement unie au corps dans le sépulcre et à l'âme dans les enfers» (1467). Cette profession de foi, empruntée au Catéchisme du concile de Trente, était illustrée par un extrait d'une homélie de s. Grégoire de Nysse, où l'on pouvait lire que la divinité, présente dans le corps, chassa le démon et, présente dans l'âme, fraya au larron le chemin du Paradis» (1467). Cela ne veut pas dire que le *C.É.C.* ne reprend plus à son compte ce qu'enseignait le Catéchisme romain. «Puisque le 'Prince de la vie' qu'on a mis à mort est bien le même que le 'Vivant qui est ressuscité', il faut que la personne divine du Fils de Dieu ait continué à assumer son âme et son corps séparés entre eux par la mort» (§ 626 = 1465). Ce qui signifie, pour le *C.É.C.*, que sa mort a bien été une vraie mort mais qu'il n'est pas devenu une dépouille mortelle comme les autres puisque «la vertu divine» a préservé son corps de la corruption (§ 627 = 1466)[518].

L'édition typique introduit deux corrections au § 627 indiquées par les caractères italiques: «La mort du Christ a été une vraie mort ... Mais à cause de l'union que *la personne du Fils a gardée avec son corps*, Il n'est pas devenu une dépouille mortelle comme les autres car *il n'était pas possible qu'il fût retenu en son pouvoir' [de la mort] (Ac 2,24). C'est pourquoi* 'la vertu divine a préservé le corps du Christ ...' La résurrection de Jésus 'le troisième jour' (1 Co 15,4; Lc 24,46) en était *le signe et cela aussi parce que* la corruption était censée se manifester à partir du quatrième jour».

Je ne suis pas sûr que la question de l'union du Fils de Dieu à son corps et à son âme séparés et l'insistance sur la non corruption du corps du Christ soit d'un très grand intérêt pour beaucoup. Ce qui est important c'est que le Christ, comme tout être humain, est passé réellement de la vie à la mort et qu'on a agi envers lui, après la descente de la croix, comme envers tout défunt censé devoir rester dans la mort jusqu'au jour de la résurrection finale. Ce qui aurait pu aussi être évoqué davantage, c'est la signification du samedi saint et l'attente de la résurrection dans la célébration de la veillée pascale.

Jetons un coup d'œil sur les sources mentionnées dans tout le développement sur le quatrième article du Symbole. L'Écriture reste, et de loin, la plus abondamment utilisée. La liturgie n'a pas progressé et on en est resté à la liturgie latine. François d'Assise et Rose de Lima sont venus s'ajouter à Grégoire de Nysse, Jean Damascène et Thomas d'Aquin. Le concile de Trente est cité trois fois au lieu de deux; on y renvoie en plus pour cette affirmation: «Jésus a réparé pour nos fautes et satisfait au Père pour nos péchés» (§ 615).

Vatican II était présent par *Nostra aetate* et *Dei Verbum*, il l'est aussi par *Gaudium et spes* (§ 618). Le concile provincial de Quiercy est

518. Le seul «En bref» de 1989 était ainsi formulé: «Il fallait que, par la grâce de Dieu, au 'bénéfice de tout homme Jésus goûta la mort', c'est-à-dire qu'il connût l'état de mort par la séparation entre eux de son âme et de son corps qui restèrent cependant unis à sa personne divine: l'Église croit que c'est vraiment le Fils de Dieu qui est mort et qui a été enseveli» (1469). Ce résumé, trop long, a été divisé en deux «En bref»: les § 629 et 630, et on a ajouté que «le corps du Christ mort 'n'a pas vu la corruption'».

toujours là et le Catéchisme de Pie V également, mais celui-ci n'est plus cité que deux fois à propos de notre responsabilité dans la mort du Christ, ce qu'il disait des trois jours de Jésus au tombeau n'ayant pas été repris. Le magistère pontifical, représenté uniquement par les audiences hebdomadaires de Jean-Paul II, n'est plus cité du tout.

Article 5: «Jésus-Christ est descendu aux enfers, est ressuscité des morts le troisième jour»

Le *C.É.C.* conserve le lien entre la descente aux enfers et la résurrection parce que «c'est du fond de la mort qu'Il [le Christ] a fait jaillir la vie» (§ 631 = 1470). À la descente aux enfers, il ne consacre plus que 4 paragraphes au lieu de 10 et, à la résurrection, 18 au lieu de 21.

Paragraphe 1: Le Christ est descendu aux enfers

Le titre de ce Paragraphe premier reprend la formulation du Symbole; en 1989, il était: «Le Christ aux enfers dans son âme». Dans son développement, le *Projet révisé* mentionnait trois fois le terme «âme» pour désigner les humains ou les saints et six fois pour parler de Jésus. Le *C.É.C.* n'a gardé qu'une mention des âmes saintes et qu'une mention de l'âme de Jésus.

Avec cet article de foi – qui ne figure pas dans tous les credos ou symboles de foi, faut-il le rappeler – nous ne sommes pas en présence d'un fait historique observable comme la passion, la mort sur la croix, le tombeau vide et les témoignages sur les apparitions du ressuscité. Nous nous trouvons devant une réflexion théologique, un présupposé induit par le fait que Jésus est ressuscité «d'entre les morts» et par la foi en la porté universelle de l'événement pascal. C'est ce que suggère – peut-être trop peu nettement – le paragraphe qui introduit l'exposé sur la descente aux enfers. Le texte est entièrement nouveau. Il nous explique que, si le kérygme primitif proclame la résurrection de Jésus d'entre les morts, cela présuppose que Jésus «soit demeuré dans le séjour des morts», qu'il ait rejoint «par son âme» tous les hommes qui connaissent la mort. On peut donc dire que Jésus est descendu aux enfers et même qu'il y est allé (cf. 1 P 3,18-19) «proclamer la bonne nouvelle aux esprits qui y étaient détenus» (§ 632). En ce premier paragraphe, l'essentiel est dit; il ne reste plus qu'à expliquer ce que sont «les enfers» et à préciser quelque peu ce que le Christ y est allé faire.

Le *C.É.C.* rassemble en un seul paragraphe l'explication des enfers qui courait sur deux paragraphes dans le *Projet révisé*. Au préalable, il a laissé tomber l'extrait d'une audience du mercredi où Jean-Paul II distinguait l'état cadavérique du corps et la glorification céleste de l'âme de Jésus dès l'instant de sa mort, ainsi que la conclusion qu'en tirait le *Projet révisé* : «c'est dans son âme que le Fils de Dieu mort dans la chair est descendu au séjour des morts» (1471). Il a laissé tomber également l'enseignement de l'Église, aux conciles de Soissons de 1140 et de Latran IV de 1215, disant que «c'est dans son âme elle-même que le Christ est descendu aux enfers et non seulement par sa puissance», ainsi que l'explication de s. Thomas sur «le mal de peine» et le «mal de faute», le mot «enfers» n'évoquant que la privation de la vision de Dieu et non le péché lui-même (1472).

Ces suppressions étant faites, le *C.É.C.* en vient à expliquer ce que sont «les enfers». «Le séjour des morts où le Christ mort est descendu, l'Écriture l'appelle les enfers, le Shéol ou l'Hadès parce que ceux qui s'y trouvent sont privés de la vison de Dieu. Tel est en effet, en attendant le Rédempteur, le cas de tous les morts, méchants ou justes, ce qui ne veut pas dire que leur sort soit identique comme le montre Jésus dans la parabole du pauvre Lazare reçu dans 'le sein d'Abraham'» (§ 633 = 1473). «Ce sont précisément ces âmes saintes, qui attendaient leur Libérateur dans le sein d'Abraham, que Jésus-Christ délivra lorsqu'Il descendit aux enfers» (cette phrase tirée du Catéchisme romain, provient du paragraphe 1474). «Jésus n'est pas descendu aux enfers pour y délivrer les damnés ni pour détruire l'enfer de la damnation (=1473, avec la référence au concile romain de 745, à l'erreur reprochée aux Arméniens en 1341 et à l'affirmation de foi qui leur fut imposée en 1351) mais pour libérer les justes qui L'avaient précédé» (= 1474 avec la référence au IVe concile de Tolède en 625). Le *Projet révisé* expliquait aussi, reprenant les termes du Catéchisme romain, que, à côté des enfers de damnation et de purgation, il y a «un troisième enfer (...) celui où étaient reçues les âmes des saints avant la venue de Notre Seigneur Jésus-Christ et où elles jouissaient d'un séjour tranquille, exemptes de toute douleur et soutenues par l'heureuse espérance de leur rédemption» (1474). Le *C.É.C.* n'a pas repris ces précisions; il nous dit simplement qu'aux enfers tous les morts n'avaient pas un sort identique.

Peut-on préciser ce que le Christ est allé faire aux enfers? Se servant du *Projet révisé*, le *C.É.C.* retient que, selon 1 P 4,6, il est allé annoncer aux morts la Bonne Nouvelle: «La descente aux enfers est l'accomplissement, jusqu'à la plénitude, de l'annonce évangélique du salut. Elle est la phase ultime de la mission messianique de Jésus, phase condensée dans le temps («en peu de jours» disait le *Projet révisé*) mais immensément vaste dans sa signification réelle d'extension de l'œuvre rédemptrice à tous les hommes de tous les temps et de tous les lieux, car tous ceux qui sont sauvés ont été rendus participants à la Rédemption» (§ 634 = 1475 duquel un «cf. Jean-Paul II, 11 janvier 1989» a été supprimé). Il faut noter que le *C.É.C.* ne retient, de la première lettre de Pierre, que le v. 6 du chapitre 4: il laisse tomber 1 P 3,19-20 que le *Projet révisé* présentait comme source scripturaire de l'enseignement traditionnel sur la délivrance des âmes saintes. J'ai dit plus haut que de nombreux exégètes contemporains pensent que 1 P 3,19-20 ne concerne pas la «descente aux enfers»[519]. L'abandon en cet endroit – car, au paragraphe 632, la référence à 1 P 3,18-19 est maintenue – de cette source scripturaire a entraîné la suppression du commentaire, en petits caractères, du texte pétrinien (1476)[520], de l'actualisation de la lettre de Pierre (1478) et du témoignage de s. Grégoire de Nysse et de s. Thomas d'Aquin (1479)[521].

Pour conclure, le *C.É.C* reprend le texte du *Projet révisé* résumant la foi de l'Église: «Le Christ est descendu dans la profondeur de la mort 'afin que les morts entendent la voix du Fils de Dieu et que ceux qui l'auront entendue vivent' (Jn 5,23)». Il a réduit le diable à l'impuissance et affranchi ceux qui étaient tenus en esclavage. Ressuscité, il

519. Voir ci-dessus, p. 217. Le *Projet révisé* s'exprimait ainsi: «Cet enseignement traditionnel de l'Église ne semble pas épuiser les textes de la première lettre de Pierre: ...» (suivait la citation de 1 P 3,19-20).

520. Voici ce commentaire: «En citant, parmi les morts rejoints par le Christ dans sa mort rédemptrice, 'les contemporains de Noé qui avaient refusé de croire', s. Pierre prend l'exemple biblique d'incrédules châtiés temporellement (...) plus à cause de leur septicisme insouciant (...) qu'à cause d'un endurcissement définitif. Cette incrédulité pure et simple (...) n'est pas une désobéissance obstinée (...) qui puisse se damner par le rejet explicite de l'Esprit (...), mais indique plutôt un aveuglement dû en partie à l'ignorance invincible (...). Ce péché peut être expié après la mort (...) et c'est dans leur mort que le Christ Rédempteur a rejoint pour une ultime évangélisation une multitude d'hommes qui, comme les contemporains de Noé, n'avaient pas pu croire» (1476).

521. «Si la première lettre de Pierre – disait le Projet révisé– parle de cette extension maximale de la Rédemption justement à propos du Christ mort qui évangélise les morts lors de sa descente aux enfers, c'est que celle-ci exprime en raccourci la présence rédemptrice du Christ mort pour tous les hommes à tout homme qui meurt. C'est dans sa mort que le Christ est devenu parfaitement instrument de salut et c'est donc à travers elle que sa grâce de rédemption peut le plus efficacement nous saisir dans notre mort spirituelle et corporelle (...). À l'instant où notre mort nous configure au Christ mort pour nous, sa mort a la puissance de nous communiquer le salut (...)» (1478). Et s. Grégoire de Nysse d'écrire: «Il fallait ramener de la mort à la vie notre humanité. Dieu s'est donc penché sur notre cadavre afin de tendre la main, pour ainsi dire, à l'être qui était là, gisant: *il s'est approché de la mort jusqu'à prendre contact avec notre dépouille* et à fournir à l'humanité, au moyen de son propre corps, le principe de la Résurrection» (1479[a]).

Quant à s. Thomas, il explique que, «comme la puissance de la passion du Christ est appliquée aux vivants par les sacrements qui nous configurent au Christ dans sa passion, ainsi elle est aussi appliquée aux morts par la descente du Christ aux enfers» (1479[b]).

«détient la clef de la mort et de l'Hadès» et «tout genou fléchit au ciel, sur terre et aux enfers» (§ 635 = 1480, d'où cette phrase a été omise: «... (la profondeur de la mort) qu'il a 'ajoutée au bénéfice de tout homme' [He 2,9] en rencontrant tout homme dans la mort»). Un extrait d'un sermon attribué à s. Jean Chrysostome (1481) a été remplacé par un extrait d'une ancienne homélie pour le samedi saint, qui se trouve, nous apprend l'édition typique, dans la Patrologie grecque, 43, 440, 452 et 461[522].

Deux «En bref» résument la foi en Jésus descendu aux enfers. Le premier, § 636, est neuf; il remplace celui qui, en 1989, venait en deuxième lieu: «Dans sa mort, il a rejoint mystérieusement tout homme qui meurt, même ceux qui n'ont pas pu croire en lui» (1483). Le deuxième, §637, reprend sans en rien changer le texte du *Projet révisé* (1482).

Un important travail d'élagage et de recomposition a donc été réalisé. Le *C.É.C* se veut plus concis, moins répétitif; il nous fait grâce de la «carte géographique» des enfers, officialisée par le Catéchisme romain, et ne parsème plus ses paragraphes de «l'Église enseigne que ...». Le contenu doctrinal n'est pas pour autant modifié: par son âme, Jésus a rejoint ceux qui sont morts avant lui, leur a proclamé la Bonne Nouvelle du salut, a libéré les justes, leur permettant l'entrée chez son Père, dont l'accès était interdit depuis le péché du premier couple humain. C'est là une formulation tributaire des idées véhiculées dans le monde juif du temps de Jésus et au début du christianisme palestinien; le *C.É.C.* aurait pu le dire de manière plus nette et signaler plus clairement qu'il s'agit d'une affirmation ne portant pas sur des événements repérables dans l'histoire puisqu'elle est un présupposé théologique au dogme de la résurrection. Il aurait pu signaler également que «la descente aux enfers» ne dit rien de plus que ce qui est déjà présent dans tous les autres articles de foi qui concernent le Fils de Dieu fait homme. Fidèle à la

522. Ce sermon, lu dans la liturgie byzantine du samedi saint, disait: «Que personne ne craigne la mort, car la mort du Sauveur nous a délivrés. Il l'a éteinte, après avoir été retenu par elle. Il a dépouillé l'Enfer, Celui qui est descendu aux Enfers ... [L'Enfer] avait pris un corps, et il s'est trouvé devant Dieu; il avait pris de la terre, et il a rencontré le ciel; il avait pris ce qu'il avait vu, et il est tombé à cause de ce qu'il n'avait pas vu. Où est ton aiguillon, ô mort? Où est ta victoire, ô Enfer? Le Christ est ressuscité et tu as été précipité. Le Christ est ressuscité et les démons sont tombés. Le Christ est ressuscité et les anges sont dans la joie. Le Christ est ressuscité et la vie règne. Le Christ est ressuscité et il n'y a plus un mort au tombeau. Car le Christ ressuscité des morts est devenu prémices des défunts» (1481). Le nouveau texte (§ 635, le passage en petits caractères) illustre mieux l'enseignement qui vient d'être donné.

règle qu'il s'est fixée, il donne une interprétation du dogme de foi sans se préoccuper, comme le font les catéchismes récents[523], de rencontrer les difficultés des croyants à son égard. Un catéchisme de toute l'Église catholique ne devrait-il pas aussi mentionner que les catholiques orientaux, comme les autres chrétiens d'Orient, représentent souvent la mort et la résurrection du Christ par la descente aux enfers?

Paragraphe 2: Le troisième jour Il est ressuscité des morts

Au début de l'exposé du cinquième article du Symbole, le catéchisme cite un extrait de *l'Exsultet* de la Vigile pascale dans le missel romain (§ 631 = 1470). Maintenant qu'il va être question de la Résurrection – cette «vérité culminante de notre foi dans le Christ, crue et vécue comme vérité centrale par la première communauté chrétienne» – il donne un tropaire de Pâques de la liturgie byzantine: «Le Christ est ressuscité des morts. Par sa mort il a vaincu la mort. Aux morts il a donné la vie» (§ 638 = 1484).

Le développement du mystère de la résurrection comprend 18 paragraphes au lieu de 21 en 1989. Les modifications apportées concernent non seulement certains paragraphes mais aussi le plan adopté.

En 1989	En 1992
I. L'événement historique et transcendant, objet de la foi	I. L'événement historique et transcendant
1. La Résurrection, dogme de foi, se greffe sur un fait historique	- Le tombeau vide
2. L'expérience directe de la réalité de Jésus ressuscité	- Les apparitions du Ressuscité
3. L'état de l'humanité ressuscitée du Christ	- L'état de l'humanité ressuscitée du Christ
4. La Résurrection comme événement transcendant	- La Résurrection comme événement transcendant
5. Le Christ, auteur de sa propre résurrection	II. La Résurrection – œuvre de la Sainte Trinité
6. La Résurrection du Christ – accomplissement des promesses	
II. Le tombeau vide et les témoins du Ressuscité	
III. Sens et portée salvifique de la Résurrection	III. Sens et portée salvifique de la Résurrection

523. Voir ci-dessus, p. 216-217.

Ce qui saute de suite aux yeux, c'est le transfert du tombeau vide et des apparitions au tout début de l'exposé; il s'agit en effet «des manifestations historiquement constatées» (§ 639) à partir desquelles l'événement de la Résurrection a pu être proclamé. Alors que le *Projet révisé* optait, ici comme dans bien d'autres occasions, pour la méthode déductive, le *C.É.C.* adopte la méthode inductive: il part des faits constatables pour en dévoiler ensuite la signification tant pour Jésus lui-même que pour l'histoire de l'humanité. L'autre modification touche la question de savoir à qui attribuer la résurrection; le *C.É.C.* préfère titrer qu'elle est l'œuvre des trois personnes divines.

I. L'événement historique et transcendant

La résurrection de Jésus est un dogme de foi «qui se greffe sur un fait historique constaté». Cette affirmation du *Projet révisé* s'appuyait sur le texte bien connu de 1 Co 15,3-4, où Paul, aux alentours de Pâques 57, mentionne «la vivante tradition de la résurrection qu'il avait apprise après sa conversion aux portes de Damas» (1485). Le *C.É.C.* voit en la résurrection non plus «un fait historique» au sens que cette expression a aujourd'hui, mais «un événement réel qui a eu des manifestations historiquement constatées» (§ 639). La nuance est de taille. Était-ce par inadvertance que le *Projet révisé* parlait de «fait historique»? Car il reconnaissait que personne n'a été témoin oculaire du Christ «sortant du tombeau», que personne n'a pu dire comment la résurrection s'est faite, que son essence la plus intime ne fut pas perceptible aux sens. Elle est un événement de notre histoire, un «événement historique», en ce sens, un événement constatable par le signe du tombeau vide et par la réalité des apparitions (1491). Et cependant, il disait aussi, en même temps comme s'il hésitait à prendre position, qu'«il est impossible (...) de ne pas reconnaître [la résurrection] comme un fait historique» (1487).

L'attestation de la résurrection de Jésus figure dans la tradition dont parle 1 Co 15,3-4. Le *C.É.C.* situe la lettre de Paul «vers l'an 56», date généralement avancée par la plupart des exégètes, et non plus vers Pâques de l'année 57.

Le tombeau vide

Le tombeau vide est la première manifestation constatée de la résurrection et non «en soi une preuve directe»; ce fut pour tous «un signe essentiel» (le *Projet révisé* disait plutôt «un signe impressionnant»). Ce le fut pour les saintes femmes, pour Pierre et pour le «disciple que Jésus aimait». À propos de ce dernier, le *C.É.C.* écrit: «en entrant dans le tombeau vide et en découvrant 'les linges gisant' (Jn 20,6) 'il vit et il crut' (Jn 20,8). Cela suppose qu'il ait constaté dans l'état du sépulcre vide que l'absence du corps de Jésus n'a pas pu être une œuvre humaine et que Jésus n'était pas simplement revenu à une vie terrestre comme cela avait été le cas de Lazare» (§ 640). En s'exprimant ainsi, il simplifie le *Projet révisé* qui avait écrit: «'Le disciple que Jésus aimait' affirme qu'en entrant dans le tombeau vide, et avant toute rencontre avec le Ressuscité, 'il vit et il crut'. Cette parole incite à traduire sa description de ce qu'il a vu dans le tombeau de telle sorte que son acte de foi puisse être motivé: 'Il voit les linges affaissés ainsi que le suaire qui avait été sur sa tête non pas affaissé avec les linges mais de manière différente, enroulé à la place primitive' (Jn 20,6-8). En voyant les linges (c'est-à-dire le linceul de Mt 27,59; Mc 15,46 et Lc 24,53) qui avaient 'lié' le corps vides et affaissés sur eux-mêmes ainsi que le suaire encore enroulé à la place de la tête, le disciple comprend que le corps de Jésus n'a pas été désenveloppé et il croit que celui-ci est ressuscité. Le tombeau vide est le signe de la puissance transcendante de Dieu qui se présente entre deux anges à l'endroit où a reposé le corps de Jésus comme sur le propitiatoire du Temple. Si le tombeau lui-même, fermé par une lourde pierre, témoignait de la mort, le tombeau vide et la pierre renversée offraient la première annonce que là, la mort avait été vaincue» (1498). Le *C.É.C.* laisse ainsi tomber la mention de la présence de «deux anges» au tombeau[524] mais en même temps il abandonne une interprétation intéressante de Jn 20,4-8; nous ne savons plus maintenant pourquoi «le disciple que Jésus aimait» crut simplement après avoir vu les linges et le suaire. Il est vrai qu'il ne veut pas imposer des interprétations exégétiques encore actuellement en discussion entre les spécialistes.

Les apparitions du Ressuscité

Les apparitions du Ressuscité occupent quatre paragraphes du *C.É.C.* (§ 641-644). Le Seigneur Jésus est apparu à Marie de Magdala (non mentionnée en 1989) et aux saintes femmes, ainsi qu'à Pierre puis aux Douze (§ 641 = 1499). Chacun des apôtres – et Pierre tout particulièrement – est devenu témoin de la Résurrection et a été engagé «dans la construction de l'ère nouvelle débutée au matin de Pâques» (§ 642 = 1499, dernière phrase). Le *C.É.C.* poursuit alors: la foi de la première communauté chrétienne est fondée sur le témoignage avant tout de Pierre et des Douze mais aussi des cinq cents personnes dont parle Paul,

524. Voir ci-dessus, p. 225-226.

qui viennent s'ajouter à Jacques et à tous les apôtres[525] (§ 642 [suite] = 1486, les deux dernières phrases).

Un paragraphe en petits caractères décrit alors les réactions des disciples face au tombeau vide et aux apparitions: c'est l'abattement, la peur et l'incrédulité et non l'exaltation mystique, la foi immédiate et inconditionnelle (§ 643 = 1487). Reprenant le texte de 1989, le *C.É.C.* conserve ici l'expression «fait historique» pour désigner la résurrection; aurait-il oublié ce qu'il vient de dire au § 639: elle est un événement réel mais ce qui est historique, ce sont les manifestations de la résurrection constatées par après? Ou veut-il délibérément entretenir l'ambiguïté? Pour éviter les polémiques sur le caractère historique ou non historique de la résurrection de Jésus, on pourrait s'accorder sur la distinction proposée par B. Sesboüé. Il écrit: «l'événement de la résurrection est en même temps non historique et historique. Il est *non historique* parce qu'il n'est pas justiciable, dans sa réalité positive, de la preuve historique, entendue au sens critique et scientifique (...), puisqu'il constitue le passage de Jésus au-delà des limites de notre histoire. Il n'a pas eu de témoin immédiat (...). Il est *historique* en tant qu'il s'agit d'un événement réel (...) arrivé à la personne de Jésus, homme de notre histoire (...), également par les traces positives qu'il a laissées dans l'histoire (...). Reconnaître ce qui précède, c'est équivalemment affirmer que l'événement de la résurrection de Jésus n'est accessible qu'à la foi»[526].

Un deuxième paragraphe également en petits caractères réfute «l'hypothèse selon laquelle la Résurrection aurait été un 'produit' de la foi (ou de la crédulité) des apôtres»; les textes évangéliques nous disent au contraire que leur foi est née de «l'expérience directe de la réalité de Jésus ressuscité» (§ 644 = 1458). Citant Lc 24,39-41, le *Projet révisé* disait que, «même après l'avoir palpé», les disciples ne crurent pas. Le *C.É.C.* n'a pas repris cette phrase car, en Lc, il n'est nullement dit qu'à l'invitation de Jésus «Touchez-moi» les disciples ont effectivement touché le Ressuscité (et en Jn 20,24-29, il n'est pas dit non plus que Thomas a enfoncé sa main dans le côté de Jésus).

525. Selon 1 Co 15,5, il y a eu une apparition aux «Douze», expression qui pourrait désigner le groupe des Douze reconstitué après l'Ascension suite à l'élection de Mathias; les évangiles ne parlent que d'apparitions aux «Onze». Et en 1 Co 15,7, «tous les apôtres» semblent bien désigner un groupe plus large que le groupe des «Douze». Lorsque le *C.É.C.* parle du témoignage de «Pierre et des Douze» n'aurait-il pas dû plutôt dire: «de Pierre et des (onze) autres apôtres»?

526. B. Sesboüé, *Pédagogie du Christ. Éléments de christologie fondamentale* (Théologies), Paris, Cerf, 1994, p. 116-117; Id., *Croire. Invitation à la foi catholique pour les femmes et les hommes du XXIe siècle*, Paris, Droguet et Ardant, 1999, p. 304-308.

L'état de l'humanité ressuscitée de Jésus

Les faits étant ainsi établis, que peut-on dire de l'humanité ressuscitée? Le *C.É.C.* répond en deux paragraphes. Son corps est bien le même que celui qui a été crucifié mais il possède désormais les propriétés nouvelles d'un corps glorieux (§ 645 = 1489). Il ne s'agit pas d'un retour à la vie terrestre, comme pour la fille de Jaïre, le jeune homme de Naïm et Lazare, mais d'un passage à une autre vie au-delà de l'espace et du temps (§ 646 = 1490).

La Résurrection comme événement transcendant

De tous les témoignages rapportés par l'Écriture, il ressort que le moment du passage de la mort à la vie n'a été vu par personne, qu'aucun évangéliste ne décrit l'événement même de la Résurrection. Celle-ci transcende et dépasse l'histoire; elle est «au cœur du mystère de la foi» (§ 667 = 1491).

II. La Résurrection – œuvre de la Sainte Trinité

Le *Projet révisé* donnait comme titre à ses paragraphes 1493-1495: «Le Christ, auteur de sa propre résurrection». Il affirmait cependant au terme de cette séquence que «la résurrection du Christ est l'œuvre commune du Père, du Fils et de l'Esprit. Elle révèle et engage le mystère de Dieu même» (1495). Il avait reconnu précédemment qu'elle est une intervention de la puissance du Père et une manifestation de celle de l'Esprit (1492). Il n'est donc pas étonnant que le *C.É.C.* ait modifié le titre de 1989 en: «La résurrection – œuvre de la Sainte Trinité».

La résurrection est l'œuvre du Père, une «intervention transcendante de Dieu lui-même dans la création et dans l'histoire» (c'est le *C.É.C.* qui ajoute la mention de la création). Elle est aussi l'œuvre de l'Esprit «qui a vivifié l'humanité morte de Jésus et l'a appelée à l'état glorieux de Seigneur» (§ 648 = 1492 qui poursuivait: «dans lequel il mérite définitivement comme homme aussi, le nom de Fils de Dieu qui lui appartient éternellement»). Elle est également l'œuvre du Fils qui opère sa propre résurrection en vertu de sa puissance divine (§ 649 = 1493). Vient alors un texte de s. Grégoire de Nysse et des références à quelques documents du magistère nous invitant à contempler la résurrection à partir de la personne divine du Christ; le court extrait de l'homélie sur la résurrection ne me paraît pas très enrichissant (§ 650 = 1494).

III. Sens et portée salvifique de la Résurrection

En trois paragraphes, le *C.É.C.* explique le sens de la Résurrection. Elle vient confirmer tout ce que le Christ a fait et tout ce qu'il a enseigné (§ 651 = 1500). Elle est l'accomplissement des promesses de l'Ancien Testament et de Jésus lui-même (§ 652 = 1496). Elle authentifie la vérité de la divinité de Jésus: il est le Fils de Dieu, Dieu lui-même; étroitement liée au mystère de l'incarnation, elle en est l'accomplissement (§ 653 = 1501). D'une édition à l'autre, de légères modifications sont intervenues. Le *C.É.C.* ne dit plus que le Christ avait indiqué à ses disciples et à ses adversaires que la Résurrection était le «signe définitif de sa vérité» (1500); est-ce parce que la question de savoir si le Christ était conscient qu'il ressusciterait non pas à la fin des temps mais «le troisième jour» reste débattue? Le *Projet révisé* disait que «Paul contemple d'un seul regard la gloire de la Résurrection du Christ et son éternelle filiation divine qui se révèle en plénitude dans cette conclusion victorieuse de sa mission messianique» (1501); le *C.É.C.* n'a pas repris un énoncé aussi dense, trop dense sans doute pour beaucoup de lecteurs (§ 653). L'accomplissement des promesses dont il était question au paragraphe 1496 du *Projet révisé* paraît mieux en situation ici (§ 652). Le *Projet révisé* expliquait que l'expression «selon les Écritures» met en relief «le caractère eschatologique de l'événement de la Résurrection dans lequel s'accomplissent les annonces de l'Ancien Testament»; le *C.É.C.* dit beaucoup plus simplement qu'elle indique que «la Résurrection du Christ accomplit ces prédictions» (celles de l'Ancien Testament et celles de Jésus lui-même durant sa vie terrestre).

Deux autres paragraphes traitent de la portée salvifique de la résurrection de Jésus. Elle nous «ouvre l'accès à une vie nouvelle» qui est d'abord justification et qui accomplit l'adoption filiale (§ 654 = 1502). Elle est principe et source de notre résurrection future; dans l'attente de cet accomplissement, le Ressuscité vit dans le cœur des fidèles, entraînant leur vie au sein de la vie divine (§ 655 = 1503-1504). Le *Projet révisé* qualifiait cette vie du Christ au cœur des fidèles de «source de sanctification dans l'Esprit Saint, source de la vie divine, de la divine filiation et de la résurrection future» (1504); le *C.É.C.* ne reprend pas cette énumération[527].

527. Les «En bref» sur la Résurrection sont au nombre de trois. Le premier la mentionne comme un événement à la fois «historiquement attesté par les disciples» et «mystérieusement transcendant» (§ 656 = 1505). Le deuxième porte sur la signification du tombeau vide (§ 657 = 1506). Quant au troisième, il retient que Jésus resssucité est le principe de notre propre résurrection, «dès maintenant par la justification de notre âme, plus tard

Un dernier paragraphe aurait été le bienvenu. Il aurait signalé que, par le baptême, nous sommes d'une certaine manière déjà ressuscités avec le Christ, nous qui avons été plongés dans sa mort (cf. § 628). Il aurait aussi indiqué la place centrale du mystère pascal dans le cycle liturgique, sa célébration solennelle au cours des trois jours saints et sa célébration hebdomadaire le dimanche. Et pourquoi ne pas imaginer une note introductive faisant remarquer que le terme «résurrection» n'est pas le seul qui désigne l'événement pascal et que celui-ci a d'abord été prêché, célébré et vécu avant d'être consigné dans des récits?

Article 6: «Jésus est monté aux cieux, Il siège à la droite de Dieu, le Père tout-puissant»

En 6 paragraphes suivis de 3 «En bref», le *C.É.C.* expose le contenu du sixième article du Symbole, apportant ça et là quelques retouches ou ajouts au développement en 7 paragraphes et 2 résumés que contenait le *Projet révisé.*

Selon s. Luc, l'ascension a lieu au terme de la dernière apparition de Jésus; à ce moment, son humanité entre irréversiblement dans la gloire divine. Il y aura cependant une dernière apparition», «exceptionnelle et unique», à Paul (§ 659 = 1508 et première phrase du 1509). Le *Projet révisé* qualifiait cette apparition à Paul de «publique», ce qui n'est pas tout à fait exact, et ajoutait: «La gloire de cette apparition d'après l'ascension contraste avec la discrétion de ses apparitions pendant les quarante jours qui ont suivi Pâques»; le *C.É.C.* n'a pas retenu cette appréciation basée sur Ac 9,3 («une lumière venue du ciel enveloppa Paul de son éclat»).

Il a déjà été question plus tôt des apparitions de Jésus (§ 641-644). Ici, reprenant la manière de parler des évangélistes, le *C.É.C.* nous dit que Jésus mange et boit familièrement avec ses disciples; il privilégie ainsi l'interprétation littérale alors qu'il est aussi permis de penser qu'il y a eu, de la part des disciples, une expérience réelle, subjective, spirituelle mais impossible à constater physiquement. Il nous dit aussi qu'après la dernière apparition de l'ascension, il n'y a plus eu que l'apparition exceptionnelle à Paul. En 1 Co 15,6-7, Paul lui-même dit que le Ressuscité «est apparu à plus de cinq cents frères à la fois (...), à Jacques, puis à tous les apôtres». Est-on sûr que ces apparitions ont eu

par la vivification de notre corps»; l'exposé ne contient pas cette distinction «corps-âme» et parle en outre d'adoption filiale (§ 658 = 1507 qui commençait par la citation de 1 Co 15,21).

lieu avant l'ascension? Et, au cours de l'histoire de l'Église, des apparitions – à moins qu'il ne s'agisse de visions – ont été reconnues comme authentiques. Une note explicative n'aurait pas été inutile.

Au cours des apparitions, la gloire de Jésus ressuscité reste voilée, ce qui indique «une différence de manifestation entre la gloire du Christ ressuscité et celle du Christ exalté à la droite du Père» (§ 660 = la suite de 1509). N'aurait-il pas été plus simple de dire que les disciples n'ont pas «vu» directement le Christ entré dans la gloire divine mais que, grâce aux apparitions, ils ont pu réaliser que Jésus avait désormais sa place auprès du Père, qu'il était avec lui le Seigneur tout-puissant, présent au milieu des siens même lorsque ceux-ci ne le voient pas?

Le Christ est retourné au Père, lui qui était «sorti du père»; par là, il a ouvert l'accès au Père à tous les humains (§ 661 = 1510). Le *C.É.C.* n'a pas repris cette phrase du *Projet révisé* disant que «lui seul possède l'énergie divine et le droit de monter aux cieux et personne d'autre»; mais il ajoute, au terme du paragraphe, que nous, ses membres, nous avons «l'espérance de le rejoindre là où lui, notre Tête et notre Principe, nous a précédés», comme le dit la préface de l'Ascension.

Le Projet révisé faisait alors un lien entre l'élévation de Jésus sur la Croix et son ascension au ciel où il intervient en faveur des hommes (1511)[528]. Le *C.É.C.* exprime la même idée par un texte mieux rédigé et la complète en précisant qu'au ciel, le Christ glorifié exerce en permanence son sacerdoce et préside la liturgie qui honore le Père (§ 662). Après avoir donné le sens de l'expression «à la droite du Père» (§ 663 = 1513), le *C.É.C.* explique: la session de Jésus à cette droite du Père signifie l'inauguration du règne du Messie (§ 664 = 1514).

Le *C.É.C.* résume l'enseignement qu'il vient de donner en trois «En bref». Le premier est une version corrigée du texte de 1989, qui disait: «L'ascension du Christ marque la fin de ses apparitions de Ressuscité dans une humanité dont la gloire reste encore voilée. En elle s'effectue l'entrée irréversible de l'humanité de Jésus dans le domaine céleste de Dieu d'où il reviendra, mais qui entre temps le cache aux yeux des

528. Le *Projet révisé* s'exprimait ainsi: «'Moi, lorsque j'aurai été élevé de terre, j'attirerai tous les hommes à moi'. L'élévation sur la Croix constitue le signe spécifique et l'annonce définitive d'une autre élévation, celle exprimée par l'Ascension au ciel. L'évangile de Jean voit déjà cette exaltation du Rédempteur sur le Golgotha. La Croix est le début de l'Ascension au ciel. Nous retrouvons cette même vérité dans la lettre aux Hébreux où on lit que Jésus-Christ, l'unique Prêtre de l'Alliance nouvelle et éternelle ... (He 9,24)» (1511).

hommes» (1515, devenu § 665); on conviendra facilement que le nouveau texte, plus bref, est meilleur. Les deux autres (§ 666-667) sont entièrement neufs et remplacent l'«En bref» de 1989: «Passé au Ciel, Jésus-Christ est à la droite de Dieu après s'être soumis les anges, les dominations et les puissances» (1516); ils ont l'avantage de résumer ce qui a été effectivement développé, alors que celui de 1989 dépassait le contenu enseigné.

Un paragraphe du *Projet révisé* ne figure plus dans le *C.É.C.* ; il disait: «Le Christ doit mettre un terme à sa présence terrestre, à sa présence visible de Fils de Dieu fait homme dans ce monde afin qu'il puisse y demeurer d'une façon invisible en vertu de l'Esprit de Vérité, en vertu du Consolateur-Paraclet: c'est le mystère de la présence du Christ à travers l'Esprit Saint qui vivifie et sanctifie l'humanité du Fils, laquelle agit, grâce à ce même Esprit, dans les âmes et dans l'Église» (1512). Il est dommage que n'apparaisse plus si nettement un autre aspect du mystère de l'ascension. Celle-ci nous révèle non seulement l'entrée, le retour, le départ du Christ chez son Père mais aussi l'inauguration de sa présence aux siens et au monde sous un mode différent, une présence réelle dans l'absence apparente. «Il vous est bon que je m'en aille» pour être avec vous «tous les jours jusqu'à la fin du monde» et pour que «de toutes les nations vous fassiez des disciples» (Mt 28,18-20)[529].

Article 7: «D'où Il viendra juger les vivants et les morts»

Le *C.É.C.*, comme le *Projet révisé,* consacre 12 paragraphes au septième article du Symbole. Reprenant le plan de 1989, il décrit, dans une première étape, la souveraineté du Christ entre son ascension et son retour glorieux; dans une seconde étape, il évoque son avènement pour le jugement au dernier jour. Trois «En bref» (au lieu de deux) résumé tout l'exposé.

I. Il reviendra dans la gloire

Quatre subdivisions structurent la première étape, la quatrième s'intitulant «l'Épreuve ultime dans l'Église» et non plus «La Pâque ultime de l'Église».

529. Le souhait formulé ci-dessus, p. 228, de voir figurer dans le catéchisme une référence à la fête de l'Ascension au cours du Temps pascal ne s'est réalisé que très partiellement par l'insertion de quelques mots tirés de la préface de cette fête dans la liturgie romaine.

Le Christ règne déjà par l'Église …

Les trois premiers paragraphes auraient tout aussi bien pu figurer à l'article 6 du Symbole car ils nous parlent de la participation du Christ glorifié à la puissance et à l'autorité du Père aux cieux et sur la terre. Désormais, le Christ est Seigneur du cosmos et de l'histoire (§ 668 = 1517). Le *C.É.C.* aurait pu signaler ici que la liturgie romaine fête le Christ, roi de l'univers, le dernier dimanche de l'année liturgique.

Désormais, le Christ glorifié est aussi la Tête de l'Église, il demeure en elle; son Règne y est déjà mystérieusement présent et elle est le «germe» et le «commencement du Royaume sur terre» (§ 669 = 1518 et dernière phrase de 1519). Quelques retouches sont ici à signaler.

– Le *C.É.C.* ne dit plus que le Christ demeure aussi «dans la société civile tout entière par l'action de l'Esprit-Saint»; il ne retient que sa présence dans l'Église, sans préciser, comme nous l'avions souhaité, que, dans ce contexte, le terme «Église» ne désigne pas seulement «l'Église catholique». Il ne s'agit pas d'anticiper sur l'ecclésiologie qui sera développée dans le commentaire de l'article 9 du Symbole; quelques mots auraient suffi pour dire que le Christ règne sur les Églises et Communautés chrétiennes et sur cette humanité qui ne le (re)connaît pas encore. Il nous faut réfléchir à la manière dont Dieu opère dans la vie des peuples de religions différentes, et à la manière dont l'œuvre salvifique du Christ s'étend à ceux qui ne croient pas en lui. La présence et le salut de Dieu chez les non-chrétiens est «une vérité à intégrer en tout 'exposé de la foi' de l'an 2000», écrivait en 1987 le professeur G. Thils[530].

– Le *C.É.C.* abrège le *Projet révisé* en ne reprenant pas ces phrases: «La Rédemption ayant été 'accomplie' 'une fois pour toute' par l'entrée de Jésus dans le Ciel, 'Dieu veut montrer sa justice au temps présent afin d'être juste et de justifier celui qui se réclame de la foi en Jésus'. Ce 'temps du salut' est le temps de l'Église où les croyants, sauvés dans le Christ, 'siègent avec lui dans les Cieux'» (1518).

– Le *Projet révisé* n'était pas constant dans sa manière de situer l'Église par rapport au Règne du Christ, au Royaume de Dieu. Il disait: «L'Église est déjà le Royaume de Dieu dont elle est le Corps» (1518, dernière phrase); elle est «le signe du Christ déjà mystérieusement présent» et elle forme «le germe et le commencement du Royaume de Dieu et du Christ» (1519, dernière phrase). Le *C.É.C.* s'en tient strictement à la formulation de *Lumen gentium* 3 et 5: «Le Règne du Christ est déjà

530. G. THILS, *Présence et salut de Dieu chez les «non-chrétiens». Une vérité à intégrer en tout «exposé de la foi» de l'an 2000* (Cahiers de la Revue théologique de Louvain, 18), Louvain-la-Neuve, Publications de la Faculté de théologie, 1987.

mystérieusement présent dans l'Église», laquelle est «germe et commencement de ce Royaume sur la terre».

Désormais, le renouvellement du monde est acquis, nous sommes déjà dans «les derniers temps», l'Église terrestre est véritablement bien qu'imparfaitement sainte, le Royaume du Christ est déjà là (§ 670 = 1519).

... en attendant que tout lui soit soumis

Les deux paragraphes suivants nous disent, avec le Nouveau Testament et *Lumen gentium* 48, que le Règne définitif n'est pas encore achevé, que l'Église attend encore la manifestation des fils de Dieu, qu'elle prie, surtout à chaque eucharistie, «Viens, Seigneur», qu'elle l'attend et veille (§ 671-672 = 1520-1521).

Le *C.É.C.* a inséré dans le texte une phrase qui évoque l'action toujours actuelle des puissances du mal: «Ce Règne est encore attaqué par les puissances mauvaises même si elles ont déjà été vaincues à la base par la Pâque du Christ» (§ 671). À l'opposé, il a laissé tomber la phrase qui faisait allusion aux imperfections de l'Église: le *Projet révisé* disait que «l'Église, déjà réalisée dans le Christ, n'en attend pas moins sa perfection définitive comme Corps du Christ» (1520).

L'avènement glorieux du Christ, espérance d'Israël

Deux autres paragraphes, tout à fait bienvenus, nous disent que l'avènement glorieux du Christ peut s'accomplir à tout moment et, en même temps, est suspendu à la reconnaissance du Messie par «tout Israël». Le texte est une mise bout à bout de citations bibliques provenant de Rm 11,23-25 et de Ac 3,19-21 (§ 673-674 = 1523 divisé en deux); il est exactement le même d'une édition à l'autre. Toutefois un paragraphe a disparu celui où le *Projet révisé* donnait la parole au Secrétariat pour l'unité des chrétiens. Dans des «Notes pour une correcte présentation des juifs et du judaïsme dans la catéchèse de l'Église catholique», parues en 1985, celui-ci reconnaissait que juifs et chrétiens tendent «vers des buts analogues» à partir de deux points de vue différents: la venue ou le retour du Christ, et qu'ils se rencontrent «dans une espérance comparable fondée sur une même promesse faite à Abraham» (1522). Il y avait là une occasion d'ouvrir les lecteurs du *C.É.C.* à une meilleure connaissance de la doctrine et de la vie spirituelle des juifs sur ce point précis. Suite à la consultation de l'Épiscopat mondial, un paragraphe sur les rapports de l'Église avec le peuple juif a été introduit dans l'exposé sur «l'Église et les non-chrétiens» (§ 839) et c'est là que nous trouvons désormais l'évocation de l'attente du messie chez le peuple de l'Ancienne Alliance et chez les chrétiens (§ 840 où le référence à la Note de 1985 n'est pas indiquée).

Dans la foulée de ce texte, il aurait été intéressant de signaler que les dernières semaines de l'année liturgique et les premières du Temps de l'Avent invitent les croyants à attendre, «en veillant dans la foi», le retour de celui qui est déjà venu «nous ouvrir le chemin du salut» (préface I de l'Avent).

L'Épreuve ultime de l'Église

Les trois derniers paragraphes sont regroupés sous le titre «L'Épreuve ultime de l'Église» (§ 675-677)[531]. Le *Projet révisé*, en disant plutôt «La Pâque ultime de l'Église», évoquait à la fois les épreuves de l'Église et son entrée dans la gloire (1525-1526). Le *C.É.C.* met en évidence les épreuves (§ 675-676) et termine non par «le triomphe historique de l'Église» mais par le triomphe de Dieu sur le déchaînement du mal (§ 677).

Il est d'abord parlé de la persécution, du «mystère d'iniquité», de l'Anti-Christ, ces épreuves qui ébranleront non pas la foi de l'Église, selon le *Projet révisé*, mais «la foi de nombreux croyants» (§ 675 = 1524). L'imposture antichristique, c'est cette falsification du Royaume à venir appelée «millénarisme», surtout sous la forme d'un «millénarisme sécularisé» (§ 676 = 1525). Celui qui voudrait savoir de quoi il s'agit, devrait aller lire un décret du Saint-Office du 19 juin 1944, l'encyclique de Pie XI *Divini Redemptoris* du 19 mars 1937 et *Gaudium et spes* 20-21 qui traite de l'athéisme. Lorsque Dieu aura triomphé définitivement du mal, l'Église entrera dans la gloire du Royaume (§ 677 = 1526).

II. Pour juger les vivants et les morts

Il n'y a rien de particulier à dire sur les deux paragraphes consacrés à ce qui est l'objet propre de l'article 7 du Symbole. Ils reprennent, avec quelques corrections de style, le texte de 1989, nous donnant ainsi quelques flashes tirés des évangiles sur le jugement du dernier jour (§ 678-679 = 1527-1528).

L'ensemble de l'article 7 est résumé en trois «En bref». Dans le premier (§ 680), nous lisons: «Le Christ Seigneur règne déjà par l'Église, mais toutes choses de ce monde ne lui sont pas encore soumises»

531. Pourquoi une majuscule au mot «épreuve»? L'édition typique a comme graphie «Ultima Ecclesiae probatio».

(= 1529)[532]. Le *Projet révisé* ajoutait: «L'attente chrétienne de l'avènement glorieux de Jésus s'inscrit dans la promesse de Dieu à Israël concernant le triomphe du Royaume messianique»; et il poursuivait: celui-ci ne se fera pas sans un ultime assaut du mal «qui fera passer l'Église et l'humanité par une Pâque ultime». Le *C.É.C.* laisse tomber la première phrase parce qu'il n'a pas repris le passage du *Projet révisé* que l'«En bref» 1529 résumait (1522). Il ne mentionne plus l'entrée de l'Église – et aussi de l'humanité – dans le Royaume définitif, et c'est peut-être dommage, préférant ne retenir que le «dernier assaut des puissances du mal».

Le deuxième «En bref» est nouveau (§ 681). Quant au troisième, il reprend le texte de 1989 en y ajoutant que le Christ rendra à chaque homme «selon ses œuvres» mais en supprimant que l'accueil de la grâce se manifeste particulièrement dans tout ce que l'on fait au Christ lui-même dans 'les petits qui sont ses frères' (Mt 25,40)» (1530).

Tout au long du présent article 7, il a souvent été question de l'Église. Le regret formulé lors de la présentation de ce même article par le *Projet révisé* subsiste. Par manque de précision, le lecteur peut croire que l'Église dont on parle, c'est l'Église qui, à un moment donné de l'histoire, a été appelée «l'Église catholique». Le concile nous apprend que l'Église du Christ, c'est cette «Église catholique» mais aussi ces autres Églises ou communautés en lesquels se trouvent des éléments authentiquement propres à l'Église du Christ (*Lumen gentium* 8). Cela aurait dû être signalé dès maintenant.

D'une édition à l'autre, les sources des articles sur la résurrection, l'ascension et le retour glorieux du Christ sont-elles les mêmes?[533]. La liturgie n'a guère été plus utilisée: on ne cite en plus que la préface de l'Ascension du Missel romain. Les écrivains ecclésiastiques restent deux: Grégoire de Nysse et Jean Damascène; s. Thomas d'Aquin s'en est allé et l'homélie attribuée à s. Jean Chrysostome a été remplacé par une «antique homélie du saint et grand sabbat».

Les conciles de Soissons et du Latran IV n'apparaissent plus, tandis que *Lumen gentium* reçoit une citation supplémentaire. Des papes cités en 1989, Jean-Paul II avec ses audiences du mercredi n'a pas été repris.

532. Il s'agit bien de la soumission de toutes choses au Christ et non à l'Église; le pronom «lui» aurait dû, selon la graphie adoptée par le *C.É.C.*, s'écrire «Lui» (l'édition typique a «omnia Ei submissa»).

533. Voir les sources du *Projet révisé*, ci-dessus, p. 232.

Un décret du St-Office sur le millénarisme apparaît et la déclaration du Secrétariat pour l'unité des chrétiens a été retirée.

Conclusions du chapitre deuxième

Nous voici au terme du deuxième chapitre sur la foi en Jésus-Christ, le Fils unique de Dieu. Que nous fait voir la comparaison entre le *C.É.C.* et le *Projet révisé* ? De nombreux *modi* ont été insérés dans le texte de base de 1989. Certains ne portent que sur la forme: ils améliorent le style et rendent l'exposé plus cohérent, mieux structuré. D'autres ont trait au contenu lui-même. Il en est qui viennent tempérer le dualisme corps-âme dont il est question à propos de la personne de Jésus. Il en est qui tentent de mieux cerner ce qui entre dans la connaissance du Fils de Dieu fait homme. D'autres évitent de charger le peuple juif et ses autorités de toute la responsabilité dans la mort de Jésus. D'autres encore modèrent l'emploi trop fréquent du vocabulaire sacrificiel à propos de la passion et de la mort sur la croix, le remplaçant par la notion de rédemption. La méthode inductive est employée plus systématiquement: les faits rapportés par les évangiles sont exposés avant leur signification théologique. L'objectif poursuivi par la catéchèse s'est enrichi: elle a aussi pour but de mettre en communion avec le Christ et pas seulement de transmettre la doctrine chrétienne.

En ce qui concerne l'incarnation, le *C.É.C.* précise que le Fils de Dieu se fait homme également pour être notre modèle. Il nous fait voir la réalité de son incarnation, qualifiée d'incarnation rédemptrice, à travers les principaux épisodes ou mystères de la vie de Jésus avant sa passion, y compris sa montée et son entrée à Jérusalem (située maintenant dans l'article 3 et non plus dans l'article 4 du Symbole). Il confirme par là l'initiative prise dès les premiers schémas d'insérer dans un exposé de la foi chrétienne des informations sur toute la vie de Jésus et pas seulement sur sa naissance, sa mort et sa résurrection. Il nous donne donc une sorte de biographie formée d'éléments empruntés à l'un ou l'autre évangile, rassemblant les quatre récits en un seul. Un note nous précisant les caractéristiques de chaque évangile et les points de vue particuliers privilégiés par leur auteur n'aurait pas été inutile.

Au mystère de la naissance de Jésus est liée la foi en la virginité perpétuelle de sa mère. Le *C.É.C.* reprend les termes mêmes de la Tradition jusqu'au concile de Vatican II. Comme il ne les commente pas, on reste perplexe: la virginité jusque «dans l'enfantement du Fils de Dieu fait homme» (*in partu*) doit-elle être comprise comme désignant un accouchement miraculeux et sans douleur, ainsi que l'ont enseigné le

Catéchisme tridentin et de nombreux théologiens au cours des âges? En ce qui concerne le baptême, la tentation et la transfiguration de Jésus, une note disant clairement qu'il ne faut pas s'arrêter à la lettre des récits mais rechercher ce que les auteurs ont voulu enseigner en s'exprimant comme ils l'ont fait aurait rendu service. À propos des clés du Royaume confiées à Pierre, l'exposé a été revu et est maintenant davantage conforme à l'enseignement du concile sur la hiérarchie de l'Église; l'autorité et le pouvoir de Pierre et des autres apôtres restent cependant plus soulignés que leur service du peuple de Dieu. Pour en terminer avec la vie de Jésus, nous voyons que le *C.É.C.* redit que les mystères sont tous des mystères qui nous révèlent le Père mais nous constatons qu'il oublie de signaler qu'ils nous révèlent aussi et en même temps l'homme en communion avec Dieu et avec ses frères, l'homme et sa mission dans le monde.

Nous remarquons que le *C.É.C.* accentue l'affirmation selon laquelle Jésus vient surtout sauver les hommes de leurs péchés. Ainsi, le motif premier de l'incarnation n'est plus la manifestation de l'amour de Dieu mais la libération des péchés. Ou encore: Jésus libère de la faim, de l'injustice, de la maladie et de la mort mais il ne vient pas abolir toutes les misères de cette terre, il vient pour libérer de l'esclavage le plus grave, le péché. Ou encore – c'est à propos de la rédemption cette fois – Jésus meurt non d'abord pour nous donner la vie mais pour réconcilier les pécheurs, pour réparer la désobéissance de l'homme.

En ce qui concerne la passion et la mort de Jésus, premier volet du mystère pascal, le *C.É.C.* laisse transparaître, à travers une allusion furtive, que les circonstances rapportées fidèlement par les évangiles sont à éclairer par d'autres sources historiques (que j'aurais aimé voir citées). Il reste prudent en ne désignant plus le dernier repas de Jésus de «repas pascal anticipé d'un jour» et en ne donnant pas une date précise pour la mort du Christ. Il a jugé nécessaire de conserver dans son exposé les termes peu compréhensibles à beaucoup de nos contemporains que sont le sacrifice, la satisfaction, le rachat, la substitution, la rédemption, la mort pour notre justification ...; on aurait pu s'attendre à davantage d'explications appropriées ou/et à la mise en valeur d'autres expressions ou thèmes plus accessibles. Il maintient que la responsabilité la plus grave dans les supplices subis par Jésus incombe aux chrétiens, ceux d'aujourd'hui comme ceux d'hier!

La descente aux enfers voit son exposé considérablement raccourci et recevoir des proportions plus acceptables. Il nous reste une sorte de dissection de la personne de Jésus, le Fils de Dieu fait homme mort et descendu de la croix: son corps va au tombeau et son âme aux enfers;

quant au Fils de Dieu, il reste uni en même temps au cadavre (c'est ce qui expliquerait que celui-ci n'a pas connu la corruption) et à l'âme. Le *C.É.C.* conserve aussi une interprétation du passage de la première lettre de Pierre sur le Christ allant «prêcher même aux esprits en prison», que beaucoup d'exégètes remettent en question. N'aurait-il pas dû signaler, dès le début de son exposé que l'affirmation du Symbole apostolique ne porte pas sur un fait qui a été constaté par des témoins? Et que, si on a découvert le tombeau vide le dimanche matin, personne ne peut dire à quel moment précis la résurrection a eu lieu: pourquoi ne serait-ce pas déjà le vendredi soir?

L'autre versant du mystère pascal, la résurrection d'entre les morts, fait l'objet d'un exposé mieux structuré. La résurrection est qualifiée d'«un événement réel» qui a eu des manifestations historiques constatées; mais le *C.É.C.* croit devoir maintenir en même temps qu'il faut la reconnaître comme un «fait historique» et que l'ascension est, elle aussi, un événement «historique». Aurait-il quelque intérêt à maintenir l'ambiguïté?

Là où le *Projet révisé* titrait que le Christ est l'auteur de sa propre résurrection, le *C.É.C.* met de suite en évidence que la Résurrection est l'œuvre de toute la Trinité. Les récits des apparitions ont été retravaillés sans pour autant que nous soyons informés de leur genre littéraire particulier. Ils sont présentés comme étant à l'origine de la foi en la résurrection des premières communautés alors que celles-ci ont affirmé, célébré et vécu cet événement transcendant avant de le couler dans des récits de portée théologique et apologétique.

Jusqu'au jour du retour glorieux du Christ, élevé au ciel et Seigneur du cosmos et de l'histoire, le Ressuscité reste présent parmi les siens, il demeure dans son Église. Le *Projet révisé* poursuivait: il demeure aussi dans la société tout entière par l'action de l'Esprit; le *C.É.C.* laisse tomber cette importante affirmation.

Les sources de ce deuxième chapitre n'ont guère varié du schéma de 1989 au texte du *C.É.C.* de 1992. La liturgie n'a pas été davantage utilisée, l'un ou l'autre témoignage de saint et de sainte a été ajouté et les extraits de catéchèses du mercredi de Jean-Paul II n'ont pas été repris.

Chapitre troisième: Je crois en l'Esprit Saint

La troisième et dernière partie de la profession de la foi chrétienne groupe, sous le titre «Je crois en l'Esprit Saint», les cinq derniers articles du Symbole. Dans le *Projet révisé*, 340 paragraphes leur étaient consacrés (284 suivis de 56 «En bref»); le *C.É.C.* en a maintenant 378, soit 317 pour l'enseignement proprement dit et 61 pour les «En bref». Par rapport aux deux premiers chapitres, au développement de la foi au Père et de la foi au Fils, l'exposé sur l'Esprit est plus ample et, en 1992, il a sensiblement augmenté: il a 33 paragraphes et cinq «En bref» supplémentaires.

	1989						1992					
Le Père	194	+	42	=	236		181	+	43	=	224
Le Fils	237	+	39	=	276		217	+	44	=	261
L'Esprit	284	+	56	=	340		317	+	61	=	378
Total	715	+	137	=	852		715	+	148	=	863

Une introduction précise l'angle sous lequel le chapitre troisième va être abordé. Il ne s'agit plus de situer l'Esprit dans la «théologie» trinitaire, cela a été fait aux paragraphes 243-256, mais de bien marquer son rôle dans l'«économie» divine – l'économie «de l'Incarnation rédemptrice» disait le *Projet révisé* (§ 683-686 = 1531-1534).

Pour respecter ce postulat initial, le *C.É.C.* supprime, au § 685, un passage du *Projet révisé* et l'extrait d'une œuvre de s. Basile de Césarée sur le Saint-Esprit, qui n'ont rien à voir avec cette économie. Il supprime aussi ce rappel que «le Père est à l'origine de la Déité, source de qui découlent le Fils et l'Esprit» (1533).

Signalons aussi deux autres modifications mineures. Le *Projet révisé* disait que l'Esprit «suscite en nous la foi par sa grâce prévenante»; comme l'exposé sur la grâce ne vient que plus tard (§ 1996-2005) et que l'expression «grâce prévenante» n'y figure pas, le *C.É.C.* s'est limité à dire que l'Esprit «suscite en nous la foi» (§ 683). Le *C.É.C.* rappelle en outre que «les 'derniers temps' ont été inaugurés avec l'Incarnation rédemptrice du Fils» et annonce ainsi le contenu de tout le chapitre troisième: ce dessein de notre salut, «achevé dans le Christ, 'Premier-né' et Tête de la nouvelle création, pourra prendre corps dans l'humanité par l'Esprit répandu: l'Église et la communion des saints, la rémission des péchés, la résurrection de la chair, la vie éternelle» (§ 686 qui dit d'une autre manière ce que le *Projet révisé* exprimait au numéro 1534).

Article 8: «Je crois en l'Esprit Saint»

L'Esprit Saint ne se dit pas lui-même et nous ne l'entendons pas; seuls «ceux qui croient au Christ le connaissent parce qu'il demeure en eux» (§ 687 = 1535). Concrètement, notre connaissance de l'Esprit nous vient de l'Église. Le *Projet révisé* citait, dans l'ordre, l'Écriture, la liturgie, la tradition patristique et le témoignage des saints (1536). Le

C.É.C. a doublé la liste des lieux où l'Esprit se donne à connaître: il a ajouté le magistère, la prière, les charismes et les ministères, les signes de vie apostolique et missionnaire (§ 688). L'Écriture garde la première place et est suivie désormais de la tradition patristique et du magistère; la liturgie ne vient qu'après le magistère et le témoignage des saints occupe la dernière place. La liste se veut-elle exhaustive? Indique-t-elle un ordre d'importance? Pourquoi ne mentionne-t-elle pas les «signes des temps» puisque «la voix de l'Esprit (...) se fait entendre aussi à travers les événements de l'histoire»?[534]

Le *Projet révisé* rappelait alors ce que le Credo de Nicée-Constantinople affirme au sujet de l'Esprit et contenait un extrait de l'encyclique *Dominum et vivificantem* de Jean-Paul II (1537). Comme il s'agit d'un paragraphe «théologique» et non pas «économique», le *C.É.C.* ne l'a pas repris.

Le plan de l'article 8 a connu une légère modification. Il y a toujours cinq étapes, mais la cinquième intitulée «Viens, Esprit Saint» a été renvoyée à la dernière partie du catéchisme consacrée à la prière chrétienne et la première, «Tu envoies ton Esprit», a été divisée en deux: 1. «La mission conjointe du Fils et de l'Esprit; 2. Le nom, les appellations et les symboles de l'Esprit Saint.

Nous nous étions demandé si un autre plan, plus conforme à la démarche inductive n'était pas plus indiqué lorsqu'on présente les mystères chrétiens. Le *C.É.C.* a rencontré, du moins partiellement, ce souhait lorsqu'il a parlé de la mort rédemptrice de Jésus et du mystère de sa résurrection. Ici, il n'a pas estimé devoir modifier la démarche qu'il a trouvée dans le *Projet révisé*. Il expose la mission conjointe du Fils et de l'Esprit avant de nous faire «voir» l'Esprit révélé progressivement «dans le temps des promesses» d'abord, «dans la plénitude du temps» et «dans les derniers temps» ensuite.

1. La mission conjointe du Fils et de l'Esprit

Le *C.É.C.* reprend les deux paragraphes du *Projet révisé* consacrés à cette mission conjointe du Fils et de l'Esprit (§ 689-690 = 1539-1540), en en supprimant toutefois quelques éléments.

534. *Directoire général pour la catéchèse*, nº 82; le Directoire de 1971 signalait aussi «les valeurs morales authentiques qui, grâce à Dieu, se trouvent dans la société des hommes» (nº 45). Je signale que les éditeurs de Mame-Plon ont omis de mettre en caractères italiques les titres des cinq derniers articles, comme ils l'ont fait pour tous les autres jusqu'ici. Les traductions et l'édition typique latine ont corrigé cette anomalie, qui subsiste cependant dans l'édition française définitive de 1998.

– Au § 689, il nous dit que «la foi de l'Église professe aussi la distinction des personnes». Le *Projet révisé* poursuivait: «... tant dans la 'Théologie' que dans la création et dans l''Économie' ou l'Incarnation est la mission propre du Fils» (1539). Ce même paragraphe se terminait par cette phrase: «La connaissance des 'Mystères du Royaume', dont le Christ est la plénitude, est 'donnée' dans le don de l'Esprit». La suppression de ces deux passages ne cause aucun préjudice et rend même le texte plus clair et plus léger.

– Au § 690, les deux premières phrases de 1989 ont disparu; elles disaient: «Ainsi, dans cette Mission conjointe, le Fils est la Parole du Père mais c'est le Souffle du Père qui l'exprime et l'inspire aux prophètes. Quand le Fils est manifesté c'est l'Esprit qui le manifeste» (1540); cela avait déjà été dit en d'autres termes. Par contre, un extrait du traité sur l'Esprit Saint contre les Macédoniens de s. Grégoire de Nysse a été placé ici; l'auteur tente d'expliquer que «la notion de l'onction suggère (...) qu'il n'y a aucune distance entre le Fils et l'Esprit» (dans le *Projet révisé* cet extrait figurait dans le texte sur le symbolisme de l'onction [1545]).

II. Le nom, les appellations et les symboles de l'Esprit Saint

Le nom propre donné à la troisième personne de la Trinité est «Saint-Esprit» (§ 691 = 1541). Dans la note expliquant le terme «Esprit», le *Projet révisé* disait que ce nom est «encore plus insaisissable que celui du Père et celui du Fils» et que, dès lors, «l'Esprit ne peut être connu que dans le silence». Cette explication a été abandonnée car il ne convenait pas d'affirmer que «Père» et «Fils» sont des noms insaisissables.

Les appellations, ce sont: Paraclet, Esprit de Vérité, de la promesse, d'adoption ou de gloire, Esprit du Christ, du Seigneur ou de Dieu (§ 692-693 = 1542-1543).

Les symboles (et non plus les «noms symboliques»), ce sont, comme dans le *Projet révisé*, l'eau, l'onction, le feu, la nuée et la lumière, le sceau, la main et le doigt. Le *C.É.C.* a ajouté la colombe qui était restée dans l'oubli (§ 694-701 = 1544-1550). Chacun des symboles est en petits caractères[535] et nous retrouvons le texte de 1989 à quelques exceptions près:

535. Dans le *Projet révisé*, seule l'explication du terme «esprit» était en petits caractères (1541). Dans le *C.É.C.*, édition de 1992 et de 1998, comme dans la version néerlandaise, c'est «la main» qui est, seule, en caractères ordinaires alors que tous les autres symboles sont en petits caractères.

– la citation de s. Grégoire de Nysse sur l'onction (1545) n'accompagne plus le § 695 mais le § 690, comme nous l'avons déjà signalé;

– au § 696, le *C.É.C.* ne dit plus que la prière d'Élie «préfigure les épiclèses sacramentelles de l'Église» (1546);

– au § 697, deux phrases ont disparu, probablement parce qu'elles ne s'imposent pas dans une note essentiellement explicative. La première disait que, sous le paradoxe de la nuée et de la lumière, se vérifie que la mission de l'Esprit «est toujours relative au Christ». La deuxième, au terme du paragraphe, reprenait un verset d'Is 45,15 et du Ps 35,10: «En vérité, tu es un Dieu qui se cache, Dieu d'Israël, sauveur», mais «c'est par ta lumière [ton Esprit Saint] que nous voyons la Lumière [le Christ]» (1547);

– pour la même raison, sans doute, le début du paragraphe sur «la main» a disparu: «'Le Père aime le Fils et a tout remis dans sa main', c'est pourquoi le Christ 'donne l'Esprit sans mesure' (Jn 3,35 et 34)» (1549 = § 699);

– au § 700, le *C.É.C.* ne retient pas que «le doigt de Dieu suggère l'action de l'Esprit Saint dans l'Écriture de la Parole du Père», alors que «la main symbolise la puissance de l'Esprit reçue et répandue par le Sauveur» (1550);

– le nouveau texte sur la colombe (§ 701) évoque le déluge, le baptême de Jésus et le columbarium de certaines églises; si le symbolisme entre l'Esprit et l'eau, l'onction, le feu, la nuée/la lumière et le sceau est suggéré dans le texte, il n'en va pas de même pour la colombe, comme non plus pour la main et le doigt.

III. L'Esprit et la Parole de Dieu dans le temps des promesses

Le développement sur l'Esprit qui, depuis la création, est à l'œuvre et parle par les prophètes (§ 702-716) a connu quelques retouches d'une édition à l'autre. D'abord, le plan a été légèrement modifié. En 1989, quatre points étaient répartis sous le titre «La mission cachée du Verbe et de l'Esprit» (1552-1559) et un cinquième était intitulé «L'attente du Messie et de son Esprit» (1560-1566); désormais, les cinq points constituent chacun une étape du développement. Ensuite, le *C.É.C.* a procédé à quelques élagages:

– au § 707, on disait du Verbe de Dieu se laissant voir et entendre dans la Nuée, qu'il était l'«Image subsistante» de Dieu (1556); cette précision ne s'imposait pas ici;

– au § 708, le *C.É.C.* écrit que la lettre de la Loi était impuissante à sauver l'homme privé de la «ressemblance divine» et procurait une connaissance accrue du péché; il conclut que cette impuissance et cette connaissance accrue «suscitent le désir de l'Esprit Saint», comme «les gémissements des Psaumes en témoignent». Le *Projet révisé* disait autrement: elles sont «une révélation 'en creux' de l'Esprit Saint, l'aveu de son absence au cœur du pécheur. Les gémissements des Psaumes nous le redisent toujours dans le Christ» (1557);

– au § 710, nous ne retrouvons plus cette dernière phrase: «Justement, c'est à partir de l'Exil que la Mission cachée du Verbe et de l'Esprit commence à être préfigurée telle qu'elle se manifestera dans l'Église» (1559);

– au § 711, le *C.É.C.* laisse tomber, après cette phrase «Voici que je vais faire du nouveau», l'explication suivante: «Cette parole, au cœur même de l'exil, comme tout le 'Livre de la consolation' (Is 40-55), fait plus que reprendre la Promesse faite aux pères, elle en 'brise les sceaux' (cf. Ap 5,2-5) et l'ouvre vers sa réalisation définitive selon le Dessein du salut» (1560);

– au § 713, le *C.É.C.* ne dit plus que le Messie va épouser «la condition pécheresse et mortelle de l'homme» (1563) mais, selon Ph 2,7, qu'il va épouser notre «condition d'esclave» et il supprime cette précision concernant l'Esprit: il est «celui dont il [Jésus] est 'oint' dans son humanité et qui unira notre humanité à la sienne» (*ibidem*);

– au § 715, il nous est dit ce que l'Esprit fera dans les «derniers temps»: il renouvellera les cœurs, rassemblera les peuples et transformera la création; le *Projet révisé* ajoutait: «il redonnera vie aux ossements desséchés et fera monter les hommes de leurs tombeaux» (1565);

– et au § 716, le *C.É.C.* ne rappelle plus que c'est «le même Esprit qui inspire les psalmistes» qui prépare au Seigneur un peuple bien disposé (1566).

Toutes ces suppressions allègent l'exposé sans toutefois l'appauvrir. Dans ce développement sur l'Esprit dans le temps des promesses, nous trouvons, ainsi que je l'ai déjà signalé, l'évocation de l'homme «défiguré par le péché et par la mort»: il demeure «à l'image de Dieu» mais privé de «la Gloire de Dieu», privé de la «ressemblance»; au terme de l'économie du salut, le Fils assumera «l'image» et la restaurera dans «la ressemblance» avec le Père (§ 705)[536].

L'édition typique modifie le début du texte en petits caractères du § 702; il faut lire: «Par 'prophètes', la foi de l'Église entend ici tous ceux que l'Esprit Saint a inspirés *dans la vivante annonce et* dans la rédaction des livres saints» (*in viva annuntiatione et in Libris Sanctis redigendis*,

536. Voir ci-dessus, p. 241.

trouve-t-on en latin; la traduction française n'est pas des plus heureuse: l'«annonce» n'ayant pas de complément déterminatif, on peut penser qu'il s'agit de l'annonce [et de la rédaction] des livres saints, ce qui est un non-sens).

Au § 708, nous demande aussi l'édition typique, il ne faut plus lire: «La lettre de la Loi a été donnée comme un 'pédagogue' (...)», mais «La Loi a été donnée (...)».

IV. L'Esprit du Christ dans la plénitude du temps

C'est d'abord l'Esprit habitant Jean, le précurseur, le prophète, le baptiste, qui fait l'objet de ce quatrième point (§ 717-720 = 1567-1570). En 1989, le *Projet révisé* disait qu'il est «le premier humain» à être rempli de l'Esprit dès le sein de sa mère et que la visite de Marie à Élisabeth est «la première» visite de Dieu à son peuple, «la première impatience du Fils de Dieu à répandre le Feu de son Esprit Saint sur la terre des hommes» (1567). Il parlait de deux aspects de la mission de l'Esprit dans le temps des promesses (1568 et 1569). Il disait que Jean est la voix du Consolateur qui vient, c'est-à-dire du «Paraclet», et il vient comme témoin, comme le fera «l'autre Paraclet» (1569). Le *C.É.C.* n'a pas repris ces expressions et ces passages qui exaltent exagérément le rôle de Jean et la visite de Marie; ils semblaient oublier les multiples aspects de la mission de l'Esprit auprès des juges d'Israël, des prophètes et des rois ainsi que les nombreuses «visites» de Dieu au peuple de la première alliance.

Comme le *Projet révisé*, le *C.É.C.* termine ce qu'il a à dire de l'Esprit chez Jean par ces mots: par le baptême pour le repentir, «Il inaugure, en le préfigurant, ce qu'Il réalisera avec et dans le Christ: redonner à l'homme la 'ressemblance' divine» (§ 720 = 1570). Cette «ressemblance divine perdue par le péché» reviendra encore plus loin, quand il sera question de l'Esprit dans les derniers temps» (§ 734 = 1595).

La dernière phrase du § 719, nous dit l'édition typique, doit être corrigée: selon Jn 1,34, Jean déclare: «Oui, j'ai vu et j'atteste que c'est lui, le Fils de Dieu» (en non «l'Élu de Dieu»).

Après Jean-Baptiste, voici la Vierge Marie, le «chef-d'œuvre de la mission du Fils et de l'Esprit» (§ 721-726 = 1571-1577). La page que le *C.É.C.* lui consacre diffère peu de celle du *Projet révisé*. Si celui-ci disait qu'en elle commencent à se manifester les merveilles de Dieu, c'est-à-dire «les actions étonnantes (on dit aussi les 'énergies')» (1572), le *C.É.C.* a préféré ne pas donner cette explication (§ 721). Le catéchisme disait en 1989 que l'Esprit a préparé Marie par sa grâce «prévenante»

(1573); en 1992, cette grâce n'a plus ce qualificatif (§ 722). En elle, disait-on, «s'accomplit le travail patient et fidèle de l'Esprit dans le Peuple des Pauvres de Dieu», elle qui a été, par pure grâce, conçue «comme la plus pauvre, la plus transparente des créatures, la plus capable d'accueil au Don ineffable»; on ne retrouve plus la mention du peuple des pauvres et on dit d'elle qu'«elle a été conçue sans péché, comme la plus humble des créatures, la plus capable d'accueil au Don ineffable» (*ibidem*). L'Esprit réalise en elle le dessein bienveillant du Père, «en incarnant son Fils», ajoutait le *Projet révisé* (1574 = § 723). Marie reste qualifiée de «Buisson ardent de la Théophanie définitive» (§ 724 = 1575); l'explication espérée n'est pas venue. En elle, les «humbles» (et non plus «les pauvres») commencent à être mis en communion avec le Christ (la référence est Lc 2,15-19 et non Lc 1,15-19) (§ 725 = 1576).

Le catéchisme conclut cette page mariale en disant que Marie est présente avec les Douze en Ac 1,14 comme «la Femme», nouvelle Ève «mère des vivants», «Mère du Christ total». Ces qualifications n'auraient-elles pas dû figurer plutôt au terme de la réflexion sur «Marie dans le mystère du Christ et de l'Église»?

> L'édition latine demande qu'au § 723, on lise désormais: «C'est par l'Esprit Saint que la Vierge conçoit...», et non plus: «C'est *avec et* par l'Esprit Saint...».

L'Esprit, qui a rempli Jean-Baptiste et Marie, est le même qui a oint Jésus depuis son incarnation (§ 727 = 1578 où «l'Esprit du Père est l'Onction du Fils» a été remplacé par cette autre phrase: «Le Fils est l'oint de l'Esprit du Père»). Le catéchisme ne refait pas une lecture complète de la vie de Jésus; il ne mentionne que la promesse de l'Esprit et son don aux disciples dès la Résurrection. Le *Projet révisé* rappelait au préalable comment, à travers les mystères de la vie et de la Pâque du Christ, «l'Esprit agit selon les circonstances: – il *prépare* la venue et l'accueil du Christ, – il *manifeste*, révèle et fait connaître le Christ, – il est la Puissance qui *réalise* 'l'œuvre du Père' dans le Christ, – il *met en communion* avec le Christ. Ce sont ces constantes de l'agir de l'Esprit Saint qui apparaîtront dans l'Église, Corps du Christ» (1579). Le *C.É.C.* n'ayant pas repris ce passage[537], nous pourrions croire que, «dans la plénitude du temps», l'Esprit n'est présent et n'agit qu'en Jean, en Marie et en Jésus, alors qu'il remplit aussi Élisabeth (Lc 1,41),

537. Le *C.É.C.* a peut-être estimé que cela aurait fait un doublet avec le § 737: «l'Esprit prépare..., manifeste..., rend présent... afin de ... mettre en communion» (= 1590).

Zacharie (Lc 1,67), Siméon et Anne (Lc 2,25ss) et prépare les disciples à entendre et à accueillir la parole de Jésus, et finalement à le suivre.

Jésus ne révèle pas «pleinement» (mot ajouté par le *C.É.C.*) l'Esprit tant qu'il n'est pas glorifié. Il le suggère peu à peu, notamment à Nicodème, à la Samaritaine et, ajoute le *C.É.C.*, «à ceux qui participent à la fête des Tabernacles», selon Jn 7,37-39 (§ 728 = 1580). Il en promet la venue (§ 729 = 1581) et il le donne lorsque lui-même a remis son esprit et est ressuscité d'entre les morts (§ 730 = 1582).

V. L'Esprit et l'Église dans les derniers temps

Onze paragraphes au lieu de seize décrivent l'action de l'Esprit à partir du jour de la Pentecôte.

Projet révisé	*C.É.C.*
I. La Pentecôte (1583-1586)	La Pentecôte (§ 731-732)
II. L'Esprit Saint constitue l'Église (1587-1592)	L'Esprit Saint – le Don de Dieu (§ 733-736)
III. L'Esprit Saint sanctifie l'Église (1593-1597)	L'Esprit Saint et l'Église (§ 737-741)
IV. L'Esprit Saint envoie l'Église (1598)	

Le premier point, «La Pentecôte», est identique de part et d'autre, le *C.É.C.* ne faisant que ramener à deux paragraphes de taille moyenne les quatre numéros assez courts de 1989.

Le point suivant, «L'Esprit Saint – Don de Dieu», correspond à «L'Esprit Saint sanctifie l'Église». C'est le même texte qu'en 1989, exception faite du paragraphe introductif (1593) qui n'a pas été repris: «C'est par les sacrements que l'Esprit sanctifie l'Église, mais comment? *Comment* donne-t-il la Vie éternelle, dans laquelle, dès maintenant, nous pouvons 'connaître' le Père et Celui qu'il a envoyé (cf. Jn 17,3; 1 Jn 1,1-3), 'marcher dans la lumière comme il est lui-même dans la lumière et être en communion les uns avec les autres' (1 Jn 1,7)?» Ce deuxième point concerne directement la sanctification des membres de l'Église et l'on peut dès lors se demander pourquoi le *C.É.C.* a donné un titre semblant indiquer qu'il ne s'agit pas de l'Esprit *dans* l'Église. C'est dans ce deuxième point que nous trouvons, une fois encore, la mention de la «ressemblance divine» perdue par le péché et redonnée aux baptisés (§ 734)[538].

538. Le fascicule de *corrigenda* concernant le contenu du texte français du catéchisme indique, pour ce § 734, qu'«en latin, pour traduire *ressemblance divine*, on utilise l'expression biblique *similitudinem* (et non '*ad imaginem*')» (p. 6).

Le troisième point, «L'Esprit Saint dans l'Église», réunit les éléments qui formaient, en 1989, «L'Esprit Saint constitue l'Église» et «L'Esprit Saint envoie l'Église». Le *C.É.C.* commence par dire que l'Esprit prépare les hommes pour les attirer vers le Christ, leur manifeste le Ressuscité, leur rend présent son mystère afin de les réconcilier et les mettre en communion avec Dieu (§ 737 = 1587 et 1590, déjà en 1579). Il poursuit: l'Église, sacrement de la mission du Christ et de l'Esprit, est envoyée annoncer, témoigner, actualiser... (§ 738 = 1598). Le *Projet révisé* signalait alors que le livre des Actes des apôtres était «la charte inspirée de la mission de l'Église», des «actes de l'Esprit Saint» dans le monde; il donnait ensuite un extrait de *Lumen gentium* 13: «Tous les hommes sont appelés à faire partie du Peuple de Dieu... C'est dans ce but que Dieu envoya son Fils... C'est pour cela enfin que Dieu envoya l'Esprit (...) qui est pour l'Église entière, pour tous et chacun des croyants, le principe de leur rassemblement et de leur unité...» (1598) Le *C.É.C.* a supprimé tout cela et a mis à la place une citation de s. Cyrille d'Alexandrie concernant l'Esprit qui ramène à l'unité tous ceux qui sont distincts entre eux, citation qu'il a trouvée dans le passage du *Projet révisé* portant sur l'Esprit qui constitue l'Église (1592). Je ne suis pas sûr que cette transformation soit en tout point heureuse.

Le Christ répand l'Esprit dans ses membres pour les nourrir, guérir, organiser, vivifier, envoyer comme témoins par le moyen des sacrements (§ 739 = 1589). C'est l'annonce de la deuxième partie du catéchisme, qui traitera des sept sacrements. N'oublions toutefois pas que l'action salvatrice de l'Esprit n'est pas liée aux seuls sacrements!

Les «merveilles de Dieu» que les croyants reçoivent dans les sacrements portent leurs fruits dans la vie avec le Christ, selon l'Esprit, comme l'exposera la troisième partie du catéchisme (§ 740 = 1591, qui parlait plutôt de «la vie liturgique» de l'Église que des seuls sacrements).

Et le *C.É.C.* termine son exposé en annonçant la quatrième partie du catéchisme sur la prière chrétienne: comme nous ne savons pas comment prier «comme il faut», l'Esprit lui-même vient au secours de notre faiblesse: il est le «Maître de la prière» (§ 741 = 1599, première phrase).

Le *Projet révisé* avait une étape supplémentaire: «Viens, Esprit Saint» (1599-1602). Comme il ne possédait pas de quatrième partie où traiter de la prière chrétienne, – il ne disposait que d'un épilogue presqu'entièrement consacré au «Notre Père» –, il évoquait ici le rôle de l'Esprit dans toute prière, parlait de la prière qui lui est directement adressée et donnait le texte entier du *Veni, Sancte Spiritus* de la messe de la Pentecôte ainsi que les invocations au Saint-Esprit de s. Syméon le théologien. Le *C.É.C.* renvoie tout ce qui a trait à l'Esprit dans la prière à la quatrième partie; là, il nous parle de Jésus en train de prier, de Jésus enseignant à prier et de la prière adressée à l'Esprit Saint, «Viens, Esprit-Saint» (§ 2670-2672). En son § 2670, il s'inspire du schéma de 1989, préférant toutefois citer 1 Co 12,3 au lieu de Rom 8,26 à propos de notre incapacité de prier comme il faut (1599). Au § 2671, il reprend le texte du *Projet révisé*, omettant toutefois ce bref commentaire: la demande «Viens, Esprit-Saint» reprend la deuxième demande du Pater (1600); il ne donne que la première strophe du *Veni, Sancte Spiritus* de la Pentecôte, mais il ajoute un tropaire des vêpres de la Pentecôte de la liturgie byzantine.

Le *Projet révisé* posait la question de savoir: «Mais quand nous prions et supplions l'Esprit Saint de 'venir', où lui demandons-nous de 'se poser', lui qui éternellement 'repose dans le Fils'? Dans sa création? Mais 'l'Esprit du Seigneur emplit l'univers et il attend de nous que nous le lui offrions dans la louange et l'action de grâce dans le Christ où tout est récapitulé pour la Gloire du Père» (suivait alors un texte de s. Basile). La réponse était la suivante: «L'Église est ce temple, et, en elle, le cœur de chaque baptisé est sans cesse appelé à être ce lieu de l'Esprit Saint. Si c'est 'dans le secret' du cœur que nous demandons à l'Esprit Saint de 'venir', il nous révélera bien d'autres lieux où le porte 'son désir' et la compassion du Sauveur: 'la multitude de ces gens, las et prostrés comme des brebis qui n'ont pas de berger'. Notre cœur s'ouvrira alors aux 'dimensions' de l'amour du Christ qui habite l'Église. L'Esprit est au cœur de l'Église, pour que l'Église soit le cœur du monde» (1601-1602). Le *C.É.C.* n'a repris de tout cela que le texte de s. Basile (§ 2684); nous avions cependant un exposé intéressant qui nous faisait voir la prière à l'Esprit Saint s'élargissant aux dimensions du monde.

J'avais souhaité que le passage de *Lumen gentium* 4 évoquant les diverses actions de l'Esprit en faveur de l'Église soit repris en entier dans le catéchisme[539]. Il aurait pu figurer dans ce huitième article du Symbole et dans l'article suivant où il est question de l'Église Temple de l'Esprit et de la sainteté de l'Église. Nous en trouvons mention au § 767 et à l' «En bref» 810, avec la citation de l'introduction et de la conclusion du texte conciliaire. De l'action proprement dite de l'Esprit, le *C.É.C.* ne reprend, § 768, que, par «la diversité de ses dons hiérar-

539. Voir ci-dessus, p. 240.

chiques et charismatiques», il «équipe et dirige l'Église». Les autres actions attribuées à l'Esprit n'apparaissent guère; il procure l'accès auprès du Père, donne la vie aux hommes en attendant la résurrection, habite dans le cœur des fidèles, atteste leur condition de fils de Dieu, introduit dans la vérité tout entière, assure l'unité et rajeunit l'Église, la renouvelle sans cesse, l'achemine à l'union parfait avec son Époux.

Six «En bref» condensent en des formules ramassées le contenu de l'enseignement sur l'Esprit Saint (§ 742-747). Les deux premiers et le quatrième reprennent tels quels les résumés de 1989 (1603, 1604 et 1606). Le troisième, qui ne porte que sur l'Esprit en Marie à la plénitude des temps, dit que «par l'action de l'Esprit Saint en elle, le Père donne au monde l'Emmanuel» et non plus que «par elle, l'Esprit manifeste et donne au monde l'Emmanuel»; en outre, il transforme l'expression «Peuple des pauvres» en «Peuple de Dieu» (§ 744 = 1605); comme nous l'avons plus d'une fois remarqué, le *C.É.C.* n'aime pas qu'on parle des «pauvres». Le cinquième et le sixième combinent ce que le *Projet révisé* formulait ainsi: «Crucifié et Ressuscité, Jésus est constitué Christ. De sa Plénitude il répand l'Esprit Saint sur les Apôtres: l'Église est le sacrement de la Communion de Dieu et des hommes» (1607); «L'Esprit Saint que le Christ, Tête, répand dans ses membres, constitue et sanctifie l'Église» (1608).

Un dernier «En bref», non repris dans le *C.É.C.*, était consacré à l'envoi de l'Église au monde: «Remplie de l'Esprit Saint, l'Église est envoyée au monde pour être le sacrement du Christ: elle prépare sa venue, l'annonce et le rend présent, pour que les hommes vivent dans la Communion de la Trinité Sainte» (1609). Il exprimait une intuition fondamentale de Vatican II: l'Église est essentiellement tournée vers le monde, elle est un Église «pour le monde» et non une Église préoccupée uniquement de sa vie interne et de sa croissance. Il est dommage que le *C.É.C.* n'en ait pas fait mention ici.

Article 9: «Je crois à la Sainte Église catholique»

Le neuvième article du Symbole est celui qui obtient dans le catéchisme le plus long développement. Il comporte 228 paragraphes, 192 de texte et 36 de résumés; dans le *Projet révisé*, le total était de 158 (134 et 24). L'augmentation est importante, alors que, pour les autres articles, nous constatons plutôt une diminution. Elle se comprend aisément si l'on se souvient des sérieuses lacunes constatées dans le schéma de 1989.

Dans le *Projet révisé*, cet article s'intitulait: «La Sainte Église catholique, la communion des saints». Dans le *C.É.C.*, dans ses diverses traductions comme dans l'édition typique, la «communion des saints» n'apparaît plus. De cinq grands paragraphes, on est passé à six, les fidèles du Christ, c'est-à-dire la hiérarchie, les laïcs et la vie consacrée, faisant leur entrée dans le catéchisme. Trois des cinq autres intitulés ont été modifiés: ils indiquent mieux ce dont il va être question.

Projet révisé	*C.É.C.*
Art. 1: Le mystère de l'Église	1. L'Église dans le dessein de Dieu
Art. 2: L'Église – Peuple de Dieu	2. L'Église – Peuple de Dieu – Corps du Christ – Temple de l'Esprit Saint
Art. 3: L'Église est une, sainte, catholique et apostolique	3. L'Église est une, sainte, catholique et apostolique
	4. Les fidèles du Christ. Hiérarchie, laïcs, vie consacrée
Art. 4: La communion des saints	5. La communion des saints
Art. 5: Marie – Mère de l'Église	6. Marie – Mère du Christ, Mère de l'Église

Deux paragraphes introductifs relient l'article de foi sur l'Église aux articles sur le Christ et l'Esprit Saint (§ 748-749 = 1610-1611, où l'expression «l'Église est le lieu où fleurit l'Esprit» était attribuée à s. Ambroise, alors qu'elle est de s. Hippolyte de Rome). Un troisième fait remarquer que nous croyons l'Église (*credere... Ecclesiam*) et non pas en l'Église (*in Ecclesiam*). Cette précision, reprise du Catéchisme du concile de Trente, était pertinente à une époque où le texte du Symbole ou du Credo était proclamé uniquement en latin; elle ne l'est plus aujourd'hui pour des lecteurs francophones qui, dans la liturgie, disent ou chantent: «Je crois *à* la Sainte Église» ou «Je crois *en* l'Église». N'aurait-il pas été préférable de dire que, quelque soit la traduction du *Credo ecclesiam*, nous affirmons croire à l'action invisible du Père, du Fils et de l'Esprit dans ce groupe humain qu'on appelle l'Église?

Le *Projet révisé* avait un quatrième paragraphe d'introduction nous apprenant qu'au dire de Paul VI, le concile Vatican II, en élaborant *Lumen gentium*, a voulu «chercher ce qu'elle [l'Église] est dans l'Esprit Saint» et «scruter sa propre nature et sa mission universelle», de sorte que ce document «est devenu *la grande catéchèse sur l'Église*»; il demandait qu'en exposant la foi concernant l'Église, la catéchèse se réfère de préférence à cette constitution dogmatique et signalait que lui-même se tiendra de près à cet enseignement du concile (1613). Ce paragraphe ne figure plus dans le *C.É.C.* Est-ce parce qu'il s'agit d'une réflexion d'ordre méthodologique de portée catéchétique? Peut-être. En tout cas, son absence ne signifie pas que le *C.É.C.* prend ses distances par rapport à *Lumen gentium.*

Paragraphe 1. L'Église dans le dessein de Dieu

Le premier Paragraphe du développement sur l'Église nous fait entrer dans le dessein de Dieu et regarder sa réalisation progressive au cours de l'histoire. Le *C.É.C.* emprunte la plupart des éléments de son exposé aux deux premiers articles du *Projet révisé*, modifiant le plan et comblant un certain nombre de lacunes.

Projet révisé

Art. 1: Le mystère de l'Église (1614-1657)
- I. L'Église est «sacrement»
  - «Sacrement de l'unité»
  - «Sacrement du salut»
- II. L'Église est née de Dieu
  1. Un dessein, né dans le cœur du Père
  2. L'Église née dans le cœur transpercé de Jésus
  3. L'Esprit Saint au cœur de l'Église
  4. Ecclesia de Trinitate
- III. Le Royaume de Dieu et l'Église
- IV. Parler de l'Église en images
- V. L'Église – Corps du Christ
  1. L'Église est communion avec Jésus
  2. «Un seul corps»
  3. Le Christ, Tête du Corps
  4. L'Église – Épouse du Christ
- VI. L'Église à la fois visible et spirituelle

Art. 2: L'Église – Peuple de Dieu (1666-1676)
- I. Le Peuple messianique
  1. Dieu constitue son peuple
  2. Un peuple pas comme les autres

C.É.C.

Par. 1. L'Église dans le dessein de Dieu (§ 751-776)
- I. Les noms et les images de l'Église
  Les symboles de l'Église
- II. Origine, fondation et mission de l'Église
  - Un dessein né dans le cœur du Père
  - L'Église – préfigurée dès l'origine du monde
  - L'Église – préparée dans l'Ancienne Alliance
  - L'Église – instituée par le Christ Jésus
  - L'Église – manifestée par l'Esprit Saint
  - L'Église – consommée dans la gloire
- III. Le mystère de l'Église
  - L'Église à la fois visible et spirituelle
  - L'Église – mystère de l'union des hommes avec Dieu
  - L'Église – sacrement universel du salut

Par. 2. L'Église – Peuple de Dieu, corps du Christ, Temple de l'Esprit (§ 781-801)
- I. L'Église – Peuple de Dieu
  - Les caractéristiques du Peuple de Dieu

<table>
<tr><td>3. Un peuple tout entier sacerdotal
II. Un peuple sacerdotal, prophétique et royal</td><td>- Un peuple sacerdotal, prophétique et royal
II. L'Église – Corps du Christ
- L'Église est communion avec Jésus
- «Un seul corps»
- «De ce Corps, le Christ est la tête»
- L'Église est l'Épouse du Christ
III. L'Église – Temple de l'Esprit Saint</td></tr>
</table>

Pour les deux articles de 1989, il y avait 54 paragraphes; il n'y en a plus que 47, bien que des éléments nouveaux apparaissent comme, par exemple, l'Église préfigurée, préparée, instituée, manifestée et consommée, et l'Église-Temple de l'Esprit Saint. Nous remarquons qu'en 1989, l'Église-Corps du Christ précède l'Église-Peuple de Dieu, ce que le *C.É.C.* a modifié: il parle d'abord de l'Église-Peuple de Dieu, ensuite de l'Église-Corps du Christ et enfin de l'Église-Temple de l'Esprit. Nous remarquons aussi que les noms-images-symboles de l'Église viennent désormais en tête, bien avant qu'on ne parle de l'Église comme mystère et sacrement, et que la réflexion sur le Royaume de Dieu et l'Église n'apparaît plus dans le plan de 1992. Tout cela nous indique qu'il y a eu un important travail de recomposition. Le *Projet révisé* suivait pas à pas le premier chapitre et le début du deuxième chapitre de *Lumen gentium*; le *C.É.C.* prend quelques libertés par rapport au plan du document conciliaire.

I. Les noms et les images de l'Église

Le *Projet révisé* commençait par dire que l'Église est «cette convocation» des hommes autour du Christ et par citer *Lumen gentium* 2: «Tous ceux qui croient au Christ, le Père a voulu les appeler à former la Sainte Église» (1621). Le *C.É.C.* amplifie cette explication. En deux paragraphes il nous dit que le mot «Église» a été fréquemment utilisé dans l'Ancien Testament grec et a été repris dans le langage chrétien pour désigner la communauté des croyants en Christ, que ce soit l'assemblée liturgique, la communauté locale ou toute la communauté universelle (§ 751-752). Son titre annonce qu'il va parler des noms; en fait il n'est question que d'un seul terme «Église» et dès lors le pluriel ne s'impose pas.

Il va aussi être question des «images» par lesquelles l'Ancien Testament et le Nouveau nous parlent du mystère inépuisable de l'Église.

Avant de les présenter, le *C.É.C.* introduit un nouveau titre, «les symboles de l'Église», qui ne paraît pas nécessaire et dont le choix n'est peut-être pas des plus heureux. Le *Projet révisé* énumérait les images contenues dans *Lumen gentium* 6 et insistait sur ce que leur ensemble révèle au sujet de l'Église (1635-1637); il développait ensuite longuement l'image du «corps» (1638-1651) et s'arrêtait alors à celle de «l'épouse» (1652-1654). Le *C.É.C.* ramasse en un seul paragraphe la signification globale des images (§ 753) et développe, en petits caractères, celles du bercail, du terrain de culture, de la construction, de la Jérusalem d'en-haut, dans les termes mêmes de *Lumen gentium* 6 (§ 754-757); il renvoie à plus tard l'image du «corps» et celle de «l'épouse» (§ 787-796). Il ne dit plus que «par toutes ces images, la Révélation parle à l'homme du mystère de l'Église comme d'une *communion de vie* très concrète entre Dieu et les hommes» (1636) ni non plus que la ligne christologique et pneumatologique des images du Nouveau Testament «ne se substitue pas à l'idée du Peuple de Dieu, mais donne à celle-ci sa concrétion définitive» (1637).

II. Origine, fondation et mission de l'Église

Le *C.É.C.* consacre 12 paragraphes à l'origine et à la réalisation progressive de l'Église dans l'histoire (§ 758-769; c'est lui qui ajoute «sa réalisation progressive...»). Pour le développement semblable intitulé «L'Église est née de Dieu», le *Projet révisé* en consacrait autant (1619-1630). Les deux versions sont cependant loin d'être identiques.

Un dessein né dans le cœur du Père

L'Église provient du dessein du Père; elle a été préfigurée dès l'origine du monde, préparée dans l'Ancien Testament, instituée par le Christ, manifestée par l'Esprit... (§ 759 = 1620-1621). On aura reconnu ici l'enseignement de *Lumen gentium* 2, que le *C.É.C.* va développer plus longuement.

L'Église – préfigurée dès l'origine du monde

«Le monde fut créé en vue de l'Église», disait le *Projet révisé* (1620). Le *C.É.C.* poursuit avec cette explication: «L'Église est la fin de toutes choses, et les vicissitudes douloureuses elles-mêmes, comme la chute des anges et le péché de l'homme, ne furent permises par Dieu que comme occasion et moyen pour déployer toute la force de son bras...» (§ 760). Le lecteur aura-t-il saisi ce qui, à l'origine du monde, était une préfiguration de l'Église? La mention de la chute des anges est-elle nécessaire? Est-il crédible d'affirmer que Dieu permet le péché et tous les maux afin de déployer «toute la mesure d'amour» qu'il veut donner au monde? *Lumen gentium* 2 dit plus discrètement: «...devenus pécheurs en Adam, il [le Père] n'a pas abandonné les hommes, leur apportant sans cesse les secours salutaires...»

L'Église – préparée dans l'Ancienne Alliance

Le *C.É.C.* ajoute deux nouveaux paragraphes sur la préparation de l'Église «dans l'Ancienne Alliance». Il nous dit d'abord qu'il voit l'Église comme «la réaction de Dieu au chaos provoqué par le péché» et précise de suite, conformément à Ac 10,35 repris en *L.G.* 9 juste avant l'exposé sur le Peuple de Dieu, que «Dieu tient pour agréable quiconque le craint et pratique la justice» (§ 701). Il en vient alors au rassemblement du Peuple de Dieu: la préparation lointaine de l'Église commencée avec la vocation d'Abraham, et sa préparation immédiate avec l'élection d'Israël et l'annonce par les prophètes d'une alliance nouvelle et éternelle (§ 762).

L'Église – instituée par le Christ Jésus

Le *C.É.C.* réunit sous ce titre ce que le *Projet révisé* répartissait en deux séquences distinctes, l'une ayant pour titre: «L'Église – née du cœur transpercé de Jésus» (1623-1625) et l'autre: «Le Royaume de Dieu et l'Église» (1631-1634). Le schéma de 1989 voyait l'institution de l'Église dans le sang et l'eau jaillissant du cœur transpercé de Jésus en croix. Le *C.É.C.*, à la suite de *Lumen gentium*, se refuse à indiquer un seul moment précis: l'Église commence quand Jésus prêche la Bonne nouvelle, convoque des disciples autour de lui... et se donne totalement pour notre salut, ce qui est anticipé dans l'eucharistie et réalisé sur la croix (§ 763, 764 et 766).

Le *Projet révisé* expliquait tant bien que mal le lien existant entre le «Règne de Dieu» et l'«Église» (1632). Le *C.É.C.* reprend les expressions mêmes du concile: «le Christ inaugura le royaume des cieux sur terre» et «l'Église est le Règne du Christ déjà mystérieusement présent» (§ 763).

Sans attendre, comme l'ont fait *Lumen gentium* et le *Projet révisé*, le chapitre sur la hiérarchie de l'Église, le *C.É.C.* insère ici un paragraphe nouveau pour indiquer que «Jésus a doté sa communauté d'une structure qui demeurera jusqu'au plein achèvement du Royaume»: ce sont les Douze, «avec Pierre comme leur chef»; par là, le Christ «prépare et bâtit l'Église» (§ 765). L'insertion de ce paragraphe au milieu de l'enseignement de *Lumen gentium* 3 et 5 ne se veut-elle pas en quelque sorte une correction apportée au concile qui n'aurait pas dit suffisamment tôt que la hiérarchie est essentielle au Royaume et que Pierre est «le chef» des autres apôtres?[540] Nous avons vu qu'en présentant les «mystères» de la vie publique de Jésus, le catéchisme a déjà parlé du choix et de la mission de Pierre et des autres apôtres. C'est certainement un point de doctrine qu'il tient particulièrement à mettre en évidence.

Le *Projet révisé* poursuivait: «Cette naissance de l'Église continue sans cesse, surtout par la célébration de l'Eucharistie» (1625); le *C.É.C.* laisse tomber ce paragraphe inspiré de *Lumen gentium* 3. Le catéchisme de 1989 avait encore ce texte provenant des travaux de la Commission théologique internationale: «Pour réaliser sa mission salvatrice, Jésus a voulu rassembler les hommes en vue du Royaume et les convoquer autour de lui. En vue de ce dessein, Jésus a posé des actes concrets dont la seule interprétation possible, prise dans leur ensemble, est la préparation de l'Église qui sera constituée définitivement lors des événements de Pâques et de la Pentecôte. Il est donc nécessaire de dire que Jésus a voulu fonder l'Église» (1634)[541]. Ce développement ne se retrouve plus dans le *C.É.C.*

L'Église – manifestée par l'Esprit Saint

Le *Projet révisé* avait un seul paragraphe sur «l'Esprit au cœur de l'Église», habitant en elle comme dans un temple, étant «l'âme qui vivifie ce corps de l'Église» (1626). Le *C.É.C.* refait un nouveau texte sur «l'Église manifestée par l'Esprit Saint»; inspiré de *Lumen gentium* 4 et 5 et de *Ad gentes* 4-6, il insiste plutôt sur la mission d'annoncer et d'instaurer le Royaume de Dieu dans toutes les nations (§ 767-768).

L'Église – consommée dans la gloire

Un dernier paragraphe nous tourne vers le terme de l'histoire, lorsque l'Église sera «consommée dans la gloire» (§ 769). Le *Projet révisé* n'avait pas prévu de présenter à part la vision eschatologique de l'Église; il y faisait cependant allusion en deux endroits. Exposant le

540. Ce § 765 utilise un texte émanant de la Commission théologique internationale paru en 1985: «Il est (...) nécessaire d'affirmer que Jésus a voulu doter la communauté qu'il est venu convoquer autour de lui d'une structure qui demeurera jusqu'au plein achèvement du Royaume. Il faut nommer ici en premier lieu le choix des Douze et de Pierre comme leur chef (Mc 3,14s). Ce choix, des plus intentionnés, vise le rétablissement eschatologique du Peuple de Dieu qui sera ouvert à tous les hommes (Mt 8,11s). Les Douze (Mc 6,7) et les autres disciples (Lc 10,1s) participent à la mission du Christ, à son pouvoir, mais aussi à son sort (Mt 10,25; Jn 15,20)» (*Commission théologique internationale. Textes et documents [1969-1985]*, Paris, Cerf, 1988, p. 373). Le *C.E.C.* ne signale pas qu'il s'inspire de ce document.

541. *Commission théologique internationale*, p. 372.

dessein, «né dans le cœur de Dieu», il signalait que l'Église ne sera consommée dans la gloire qu'«au terme des siècles» (1621) et que, alors, elle sera «le monde réconcilié» et englobera les disciples du Christ et tous les justes (1622)[542]. Parlant du Royaume de Dieu, il nous disait que l'Église dans la gloire sera le Royaume pleinement réalisé (1633). Le *C.É.C.* rassemble tout cela en un seul paragraphe; il nous décrit l'Église avançant à travers les persécutions et les consolations de Dieu et aspirant au rassemblement de tous les élus dans l'Église enfin universelle auprès du Père. Nous entendons là ce qu'enseigne tout le premier chapitre de *Lumen gentium.*

En conclusion de son exposé sur «l'Église est née de Dieu», le *Projet révisé* contenait une séquence de quatre paragraphes intitulée *Ecclesia de Trinitate* ; elle dégageait quelques conséquences d'un «regard de foi sur le mystère de l'Église» (1627). Premièrement, «l'Église tire *son origine* de la communion d'amour du Dieu Vivant, Père, Fils et Esprit Saint. Elle est donc elle-même Mystère de *communion*. Elle est communion de personnes, voulue par Dieu dans son dessein de création, rendue possible par le sacrifice du Christ et par le don de l'Esprit Saint. L'Église est communion de personnes avec Dieu et entre elles» (1628). Deuxièmement, «l'Église a *comme but* la pleine réalisation de cette communion dans le Royaume de Dieu. Le dessein original de Dieu sera réalisé lorsqu'on viendra du levant et du couchant, du nord et du midi, prendre place au festin dans le Royaume de Dieu' (Lc 13,29). Ce sera alors 'l'Église universelle', 'rassemblée auprès du Père' (LG 2)» (1629). Et troisièmement, «maintenant, l'Église est en *chemin* vers cette fin. Cependant son origine dans le cœur de Dieu et sa fin dans le festin de Dieu sont *présents* dans l'Église pérégrinante, de façon cachée, certes, mais réellement. Dans la foi, nous affirmons que, dès ici-bas, et malgré les faiblesses humaines qu'elle porte en elle, l'Église est ce Peuple qui tient son unité de l'unité du Dieu Trinité qui est présente en elle» (1630). Le *C.É.C.* n'a pas jugé nécessaire de reprendre ces conclusions au terme de son exposé sur l'origine, la fondation et la mission de l'Église; il ne les reportera pas non plus au terme de son explication du mystère de l'Église. Des éléments de réflexion intéressants ont ainsi été laissés de côté, notamment l'affirmation que l'Église est «communion de personnes» et la reconnaissance des faiblesses qu'elle porte en elle.

542. Le *Projet révisé* avait cette phrase ambiguë: «Communauté visible des disciples du Christ, elle [l'Église] englobe en même temps tous les justes» (1622; voir ci-dessus, p. 247).

III. Le mystère de l'Église

Le *Projet révisé* a suivi la même démarche que le premier chapitre de *Lumen gentium* : il a expliqué l'expression «Église – sacrement et mystère», il a situé l'origine de l'Église dans le dessein de Dieu, il s'est arrêté aux rapports entre le Règne de Dieu, son Royaume et l'Église, il a présenté les images variées qui évoquent la nature intime de l'Église, s'étendant plus longuement sur l'image du «corps», et il a établi, en finale, les liens entre l'Église dont il vient de parler et la société visible, historique et institutionnelle que nous appelons l'Église.

Le *C.É.C.* modifie cette organisation de la matière. Il commence par les images de l'Église, sans inclure parmi elles celle du «corps», il scrute le dessein du Père réalisé par le Fils et manifesté par l'Esprit, et il termine pas le mystère de l'Église, réalité à la fois visible et spirituelle, mystère de l'union des hommes avec Dieu et sacrement universel de salut. Je comprends bien que les termes Église-sacrement et Église-mystère ne soient expliqués qu'au terme du développement; mais je m'étonne que l'image du «corps» et celle du «temple» (qui figure cependant dans l'énumération du § 756) soient dissociées des autres images et reportées plus loin, alors qu'elles sont, peut-être plus que d'autres, aptes à nous révéler le mystère inépuisable de l'Église.

L'Église à la fois visible et spirituelle

Le premier aspect du «mystère» de l'Église, c'est qu'elle est une réalité visible en laquelle «on peut voir (...) une réalité spirituelle, porteuse de vie divine» (§ 770-771 = 1655-1657). C'est bien ce qu'enseigne *Lumen gentium* 8 et ce qu'avait repris le *Projet révisé* au terme de leur chapitre intitulé «Le mystère de l'Église». Le *C.É.C.* tient à dire que l'Église est une seule réalité complexe faite d'un double élément humain et divin, avant d'avoir indiqué qu'elle est mystère de l'union des hommes avec Dieu et sacrement universel de salut. Il reprend la première phrase de *Lumen gentium* 8 où il est question de l'union indissoluble entre l'Église terrestre et la communauté spirituelle ou «Corps mystique du Christ» (§ 771 = 1656 – notons qu'il ne développera le contenu de l'image «corps du Christ» que plus loin, aux § 787-795). Le *Projet révisé*, fidèle au texte conciliaire, poursuivait: «L'Église est en cela comparable au Mystère du Verbe incarné: l'humanité que le Verbe a assumée a été pour lui l'instrument vivant pour réaliser le salut; d'une façon semblable, la réalité visible et sociale de l'Église est au service de l'Esprit du Christ qui donne vie et croissance» (1657). Cette comparaison très suggestive a disparu. Le *C.É.C.* lui a préféré un extrait de la constitution sur la sainte liturgie qui dit notamment que, en elle, l'Église, «ce qui est humain est ordonné et soumis au divin; ce qui est visible, à l'invisible», et une citation d'un sermon de s. Bernard de Clairvaux sur le Cantique des cantiques qui, en langage imagé, décrit les deux aspects inséparables de l'Église.

On s'attendrait à ce que le catéchisme précise laquelle des Églises visibles en notre monde est cette Église du Christ à la fois visible et spirituelle. Pas plus que le *Projet révisé*, le *C.É.C.* n'aborde ici cette question et laisse ainsi penser qu'il s'agit de la seule Église catholique.

L'Église – mystère de l'union des hommes avec Dieu

Le deuxième aspect du mystère est que l'Église est «mystère de l'union des hommes avec Dieu». Parce qu'elle est unie au Christ comme à son Époux (l'image de «l'époux» ne sera présentée qu'au § 796), elle devient à son tour «mystère» (§ 772). Mais mystère de quoi? De la communion avec Dieu par la charité? Cela est affirmé, mais il est plus question de «l'union sponsale du Christ et de l'Église» que de cette communion des hommes avec Dieu (de «l'unité du genre humain», de l'union des hommes entre eux, aucune mention n'apparaît encore). S'appuyant sur *Mulieris dignitatem* de Jean-Paul II, le *C.É.C.* explique que la structure de l'Église «est complètement ordonnée à la sainteté des membres du Christ», que «Marie nous précède tous dans la sainteté» et que «la dimension mariale de l'Église précède sa dimension pétrinienne» (§773). J'avoue ne pas saisir la pertinence de ces deux nouveaux paragraphes et ne leur voir qu'un lien très lâche avec le titre annoncé: «mystère de l'union des hommes avec Dieu».

L'Église – sacrement universel du salut

Le troisième aspect du mystère est que l'Église est «sacrement universel du salut». Le *C.É.C.* explique d'abord – je devrais dire «enfin»! – le sens des termes «mystère-sacrement», ce que le *Projet révisé* avait fait dès le début de son exposé sur le neuvième article du Symbole (§ 774 = 1615 auquel quelques aménagements ont été apportés). Puis il décrit l'Église comme sacrement de l'union intime avec Dieu et de l'union du genre humain (dont il aurait dû être question dès le paragraphe 772) et comme sacrement universel du salut (§ 775-776 = 1616-1617).

Le schéma de 1989 terminait par un extrait du discours de Paul VI à l'ouverture de la troisième période du concile: «L'Église n'est pas à elle-même sa propre fin, mais elle désire avec ardeur être tout entière du Christ, dans le Christ et pour le Christ; tout entière également des hommes, parmi les hommes et pour les hommes, comme une humble et glorieuse médiation entre le Sauveur et l'humanité»[543]. Il me paraît regrettable que cette vision de la finalité de l'Église ait disparu en cours de route; une fois encore, l'ouverture aux hommes de ce monde n'est plus mise en avant. Le *C.É.C.* remplace cet extrait par cette phrase qui est en même temps l'annonce de la section suivante: Dieu veut «que le genre humain tout entier constitue un seul Peuple de Dieu, se rassemble dans le Corps unique du Christ, soit construit en un seul temple du Saint-Esprit».

Huit «En bref», dont cinq portant sur le Corps du Christ, l'Époux et le Temple de l'Esprit clôturaient «le Mystère de l'Église» dans le *Projet révisé*. Le *C.É.C.* n'en garde très logiquement que trois. Le premier des trois résume les étapes de la fondation de l'Église, auxquelles est ajoutée sa consommation dans la gloire du ciel (§ 778 = 1659); il précise que l'Église est à la fois le chemin et le but du dessein de Dieu, et pas seulement le chemin comme le disait le schéma de 1989. Le deuxième (§ 779) n'a pas été modifié et conserve ainsi l'expression «Corps mystique du Christ» dont il n'a pas encore été question (1665). Quant au troisième, il a une formulation plus ramassée: le *Projet révisé* disait en effet: «L'Église est dans ce monde-ci le sacrement du Christ, puisqu'il est lui-même pour nous, dans son Humanité, le grand sacrement de la Communion de Dieu et des hommes» (1658), et le *C.É.C.* dit: «L'Église est dans ce monde-ci le sacrement du salut, le signe et l'instrument de la communion de Dieu et des hommes» (§ 780).

À ces trois «En bref» en a été ajouté un quatrième portant sur le sens du terme «Église» (§ 777); ici aussi l'image du Corps du Christ, non encore présentée dans l'exposé, est utilisée.

Paragraphe 2. L'Église – Peuple de Dieu, Corps du Christ, Temple de l'Esprit Saint

Le *Projet révisé* avait suivi très fidèlement le premier chapitre de *Lumen gentium* consacré au «mystère» de l'Église: l'Église est mystère de communion au Père, au Fils et à l'Esprit, comme les multiples images tirées de l'Écriture nous le font comprendre. Comme cette communion se réalise dans l'histoire, dans un cheminement vers un terme, le deuxième chapitre de la constitution conciliaire portait sur le Peuple de Dieu: l'Église est ce Peuple choisi par Dieu qui «avance dans son

543. PAUL VI, Discours d'ouverture de la troisième période du concile, 14 septembre 1964, dans *La Doc. cath.* 61 (1964) col. 1222.

pèlerinage à travers les persécutions du monde et les consolations de Dieu vers le but de sa marche, la Jérusalem céleste». D'où, l'Article 2 du *Projet révisé* : «L'Église - Peuple de Dieu» (1666).

Le *C.É.C.* adopte une démarche différente. Nous venons de voir que, dans son Paragraphe 1, il a exclu du «mystère de l'Église» les images du «corps» et du «temple» encore qu'il n'ait pas pu s'empêcher de les mentionner jusque dans les «En bref». Dans un Paragraphe 2, il regroupe le «Peuple de Dieu», le «Corps du Christ» et le «Temple de l'Esprit», les considérant comme des images, des notions ou des réalités se situant sur le même plan, équivalentes, complémentaires ... Or, comme il l'a écrit lui-même, toutes ces images (et le «corps» et le «temple» sont des images) «constituent des variations d'une idée de fond, celle du 'Peuple de Dieu' (...) et trouvent un nouveau centre par le fait que le Christ devient 'la Tête' de ce peuple» (§ 753). Comme l'a écrit G. Philips, «le vocable 'Peuple de Dieu' n'est pas applicable à l'Église en guise de comparaison, mais comme l'expression de son être même. On ne peut pas dire que l'Église est *semblable* à un peuple de Dieu (...). Il faut affirmer: l'Église est le peuple de Dieu dans la Nouvelle et éternelle Alliance. Ici, plus de figure, mais la pleine et entière réalité»[544]. Le *C.É.C.* modifie cette façon de voir; il sépare les images du «corps» et du «temple» des autres images scripturaires, qu'il a d'ailleurs présentées dans des textes en petits caractères, leur donnant ainsi une importance secondaire si pas négligeable, et il les associe à la notion de «peuple de Dieu» comme si on pouvait choisir tantôt «peuple de Dieu», tantôt «corps du Christ», tantôt «temple de l'Esprit», ou comme si il y avait une progression de l'une à l'autre.

I. L'Église – Peuple de Dieu

Le catéchisme reprend la presque totalité de *Lumen gentium* 9, § 1. Le *C.É.C.* n'oublie pas, comme ce fut le cas pour le *Projet révisé*, de citer la première phrase: «À toute époque, à la vérité, et en toute nation, Dieu a tenu pour agréable quiconque le craint et pratique la justice», phrase importante s'il en est puisqu'elle indique d'emblée que les hommes non «choisis» par Dieu ne sont pas pour autant exclus de son dessein de salut.

544. G. PHILIPS, *L'Église et son mystère au IIe concile du Vatican*, t. I, Paris, Desclée, 1967, p. 105.

Les caractéristiques du Peuple de Dieu

L'exposé des caractéristiques du peuple que Dieu s'est choisi est mieux structuré dans le *C.É.C.* que dans le *Projet révisé* et des compléments ont été ajoutés (§ 782 = 1668-1669). Ce peuple se distingue «nettement de tous les groupements religieux ethniques, politiques ou culturels de l'histoire», est-il maintenant précisé. «Dieu n'appartient en propre à aucun peuple. Mais il s'est acquis un Peuple de ceux qui autrefois n'étaient pas un peuple», a-t-on ajouté. On devient membre de ce Peuple non par la naissance «physique» («charnelle», disait le texte de 1989) mais «par la foi au Christ» et, ajoute le *C.É.C.*, «par le Baptême». La mission de ce peuple est maintenant précisée: «c'est d'être le sel de la terre et la lumière du monde». «Il constitue pour tout le genre humain le germe le plus fort d'unité, d'espérance et de salut».

Arrivé à ce stade de son développement, *Lumen gentium* 9, § 3, identifie ce Peuple de Dieu à l'Église du Christ, à la communauté de ceux qui regardent avec foi vers lui et «prend place dans l'histoire humaine, bien qu'elle soit en même temps transcendante aux limites des peuples dans le temps et dans l'espace». Cette Église marche «à travers les tentations et les tribulations» mais est soutenue par Dieu «pour que, du fait de son infirmité charnelle, elle ne défaille pas à la perfection de sa fidélité mais reste de son Seigneur la digne Épouse, se renouvelant sans cesse sous l'action de l'Esprit Saint». Tant dans le *Projet révisé* que dans le *C.É.C.*, le lien entre le Peuple de Dieu et l'Église n'est pas explicitement fait et l'allusion aux tentations, aux infirmités et au renouveau continuel de l'Église n'apparaît pas.

Un Peuple sacerdotal, prophétique et royal

Le *Projet révisé* commençait par expliquer que le Peuple de Dieu est «un Peuple tout entier sacerdotal» et qu'il y a le sacerdoce commun de tous les baptisés, distinct du sacerdoce ministériel conféré par le sacrement de l'ordre (1670-1672); il développait ensuite la participation des membres du Peuple de Dieu aux trois fonctions du Christ: ils sont un peuple sacerdotal, un peuple prophétique et un peuple royal (1673-1676). Le *C.É.C.* met un peu d'ordre là-dedans.

Il cite d'abord les trois fonctions auxquelles le Peuple de Dieu participe et ajoute – ce que le *Projet révisé* n'avait pas fait – que des «responsabilités de mission et de service» en découlent (§ 783 = 1673). Il passe alors en revue chacune d'entre elles, précisant leur signification générale mais se réservant d'apporter les compléments nécessaires dans son exposé sur la hiérarchie, les laïcs et la vie consacrée.

C'est un peuple à vocation sacerdotale (§ 784 = 1670). La distinction entre sacerdoce commun et sacerdoce ministériel n'est pas reprise (1671-1672) ni les précisions apportées par *Lumen gentium* 10 et 11 sur l'exercice du sacerdoce des fidèles (1674). Le *C.É.C.* dit uniquement que, par le baptême, on est consacré «pour être une demeure spirituelle et un sacerdoce saint» et renvoie au § 1546 qui traite des deux participations à l'unique sacerdoce du Christ, ainsi qu'au § 1268 affirmant que par le baptême on a part au sacerdoce commun des fidèles. Tout cela n'est pas très concret! Le § 901 sur la participation des laïcs à la charge sacerdotale du Christ sera heureusement davantage accessible au public non initié.

C'est un peuple qui participe à la fonction prophétique du Christ (§ 785 = 1675). Pour en préciser le contenu, le *Projet révisé* citait le vivant témoignage par une vie de foi et de charité, le consentement apporté aux vérités chrétiennes, grâce au «sens surnaturel de la foi», et les charismes. Le *C.É.C.* ne retient que le «sens surnaturel de la foi», laissant ainsi tomber le témoignage et les charismes. De ce «sens surnaturel de la foi», le *Projet révisé* donnait comme explication: par lui, le Peuple de Dieu «apporte aux vérités concernant la foi et les mœurs un consentement universel», alors que le concile disait en plus qu'«il y pénètre plus profondément en l'interprétant comme il faut et dans sa vie la met plus parfaitement en œuvre» (*Lumen gentium* 12, § 1). Le *C.É.C.* a repris l'affirmation conciliaire: «Il s'attache indéfectiblement à la foi transmise aux saints une fois pour toutes» en approfondit l'intelligence et devient témoin du Christ au milieu du monde.

C'est en même temps un peuple qui participe à la fonction royale du Christ. Cette fonction est plus difficile à préciser dans la mesure où *Lumen gentium* en son deuxième chapitre n'en dit pratiquement rien. Le *Projet révisé* s'en est sorti en s'inspirant de ce qu'enseigne *Lumen gentium* 36 sur «la participation des laïcs au service royal»: «Les fidèles exercent cette fonction royale en vainquant en eux-mêmes le règne du péché; en servant le Christ, car 'Le servir, c'est régner'; en servant le Christ également dans les pauvres; en usant de la création tout en respectant sa nature propre, 'sa valeur et sa finalité qui est la gloire de Dieu'; en imprégnant le monde de l'Esprit du Christ; en servant loyalement le bien commun de la société humaine pour qu'elle soit conforme aux règles de la justice et favorise les vertus» (1676). Le *C.É.C.* n'a pas aimé cette longue énumération; il la résume ainsi: «Pour le chrétien, 'régner, c'est le [le Christ] servir', particulièrement 'dans les pauvres et les souffrants, dans lesquels l'Église reconnaît l'image de son Fondateur pauvre et souffrant'. Le Peuple de Dieu réalise sa 'dignité royale' en vivant conformément à cette vocation de servir avec le Christ» (§ 786). Et il fait suivre cette explication d'un texte de s. Léon le Grand qui est comme une synthèse de la fonction sacerdotale et de la fonction royale.

Dans le *Projet révisé*, cinq «En bref» clôturaient l'enseignement sur le Peuple de Dieu. Le *C.É.C.* a repris intégralement trois d'entre eux (§ 802-804 = 1677, 1679, 1680) et a laissé tomber les deux autres. L'un d'eux disait: «C'est nous qui sommes le temple du Dieu vivant, ainsi que Dieu l'a dit: 'J'habiterai au milieu d'eux et j'y marcherai; je serai leur Dieu et ils seront mon Peuple' (2 Co 6,16)»; la mention jugée prématurée du «temple de Dieu» a sans doute motivé son abandon (1678). L'autre évoquait la mission du Peuple de Dieu et aurait mérité un meilleur sort: «'Le Peuple de Dieu s'avançant par la porte étroite de la Croix', a mission 'd'étendre partout le règne du Christ... et de préparer les voies de son avènement' (AG 1)» (1681).

II. L'Église – Corps du Christ

L'expression «Corps du Christ» appliquée à l'Église est déjà apparue sept fois dans le Paragraphe 1 (§ 752, 753, 771, 774, 776, 777, 779) mais ce n'est que maintenant que le *C.É.C.* en donne la signification. Le concile l'avait présentée dans son chapitre sur le mystère de l'Église, à la suite des images variées tirées de la vie pastorale et agricole, du travail de construction, de la famille et des épousailles que la Bible utilise pour présenter la nature intime du Royaume et de l'Église: «En communiquant son Esprit à ses frères, qu'il rassemblait de toutes les nations, il [le Christ] a fait d'eux, mystiquement, comme son Corps» (*Lumen gentium* 7, § 1). Puisque la vie du Christ se répand à travers les croyants, il est aisé de comprendre que ceux-ci deviennent avec lui prêtres, prophètes et rois.

Le *Projet révisé* a repris la démarche de *Lumen gentium* mais a cru devoir dire que «cette analogie de l'Église et du corps est plus qu'une image (...), l'Église n'est pas seulement *comme* un corps, elle *est* le Corps du Christ» (1642). Le *C.É.C.*, nous l'avons déjà signalé, suit un autre plan, ce qui l'amène à parler fort tard de l'image du «corps» et à la mettre sur le même pied que celle du «temple» et que la réalité de «peuple de Dieu». Disons de suite qu'il corrige le *Projet révisé* : il n'est plus question de dire que cette analogie est plus qu'une image et que, dès lors, l'Église «est réellement un seul Corps avec Lui [le Christ], comme Lui est un seul Dieu avec le Père et l'Esprit» (1642), car il s'agit bien d'une «comparaison» jetant «une lumière sur le lien intime entre l'Église et le Christ» (§ 789).

L'exposé du *C.É.C.* reprend les paragraphes correspondants du *Projet révisé*, auxquels il apporte quelques retouches (§ 787-796 = 1638-1654).

L'Église est communion avec Jésus

Le premier point souligne la communion de vie avec Jésus au cours de sa vie publique et lors de l'envoi de l'Esprit qui fait des disciples «mystiquement comme son corps» et les unit à lui «dans son Corps» (§ 787-789 = 1638-1643). Le *C.É.C.* a laissé tomber ces phrases: «L'Église est avant tout communion avec Jésus. C'est là l'expérience de ceux qui, au commencement, ont suivi Jésus» (1638); «Cette communion était si étroite que Jésus les identifiait à lui-même: 'Qui vous écoute m'écoute...'» (1640); «L'Église est née de cette communion de vie entre Jésus et ses disciples» (1641). Ces suppressions ne portent pas à conséquence. Il n'explique plus que «mystique», de l'expression «corps mystique», veut dire: «échappant aux apparences et aux sens, réalité accessible *par la seule foi*» et aussi: «appartenant au Mystère, c'est-à-dire au dessein de Dieu et réalisé par le Christ» (1642)[545].

«Un seul Corps»

Le deuxième point analyse l'unité des membres entre eux par leur union au Christ: ils constituent un seul corps dans lequel les diversités ne sont pas abolies, l'unité stimule entre eux la charité et, c'est le *C.É.C.* qui l'ajoute, est «victorieuse de toutes les divisions humaines» (§ 790-791 = 1644-1646).

«De ce Corps, le Christ est la Tête»

Le troisième point nous tourne vers le Christ en tant qu'il est la «Tête du Corps qui est l'Église» (§ 792-795 = 1647-1651). Estimant que le développement du *Projet révisé* très proche de *Lumen gentium* 7, § 4-7, était trop long, le *C.É.C.* élague çà et là. Il ne reprend pas que nous sommes «encore en pèlerinage sur la terre, mettant nos pas dans la trace des siens, à travers la tribulation, la persécution» (1648); il ne précise plus que «l'Église n'est pas une corporation, un corps moral» et – comme il a supprimé auparavant le passage où l'on affirmait que «l'Église n'est pas seulement *comme* un corps, elle *est* le Corps du

545. D'après G. PHILIPS, *L'Église et son mystère...*, t. I, Paris, Desclée, 1967, p. 107, la signification semble bien être: «Les fidèles qui adhèrent au Christ deviennent son corps, c'est-à-dire son corps physique d'individu humain, non pas de façon matérielle, ce qui serait absurde, mais d'une manière secrète en rapport avec l'économie du salut, d'une manière donc mystérieuse ou *mystique*. C'est là en tout cas la version littérale du texte de l'Apôtre [1 Co 12,12] et le Concile s'en est tenu à ce sens, sans vouloir imposer officiellement telle ou telle exégèse».

Christ» (1642) – il ne dit plus qu'«elle *est* le Christ, son Corps» (1651). Le paragraphe sur l'Esprit Saint «âme» du Corps, dont l'action est comparée par les Pères de l'Église «à celle de l'âme dans le corps humain» (1650) est supprimé; l'idée qu'il exprimait sera reprise plus loin (§ 797). Une citation du commentaire du psaume 67 de s. Augustin, où il évoquait l'identification entre le Christ et les persécutés, entre le Christ et les plus petits de ses frères (1651), a fait place à une phrase moins parlante de s. Grégoire le Grand et à une autre de s. Thomas d'Aquin (§ 795).

L'Église est l'Épouse du Christ

«Cette unité du Christ et de l'Église (...) ne signifie pas que l'Église soit comme 'absorbée' par le Christ»; le lien d'unité entre eux est «celui de l'Époux et de l'Épouse», comme l'enseigne *Lumen gentium* 6, § 5, et 7, § 8, et comme le reprend le *Projet révisé* (1652-1654). Le *C.É.C.* exprime la même idée en un nouveau texte: «L'unité du Christ et de l'Église (...) implique aussi la distinction des deux dans une relation personnelle. Cet aspect est souvent exprimé par l'image de l'époux et de l'épouse». (§ 796). Il dresse un aperçu du thème scripturaire du Christ Époux de l'Église et reprend au *Projet révisé* le témoignage de s. Augustin sur l'unité et la différence des deux: le Christ et l'Église (1654). La référence aux textes de *Lumen gentium* n'est plus donnée.

Les quatre «En bref» qui résument cet exposé sur «l'Église – Corps du Christ» sont repris au *Projet révisé* (§ 805-808 = 1660-1663). La seule différence entre les deux versions est l'absence, en 1992, des termes «mystiquement» et «mystique» qui auraient dû figurer au § 805 (le Christ constitue la communauté «mystiquement» comme son Corps) et au § 806 («L'Église est le corps «mystique» du Christ. Dans l'unité de ce Corps, il y a diversité de membres...). Le *C.É.C.* a pourtant parlé de communion «mystérieuse» aux § 787 et 790 et a utilisé l'adjectif «mystique» déjà au § 771 et ensuite au § 791.

III. L'Église – Temple de l'Esprit Saint

Le *Projet révisé* mentionnait l'image du temple (1636-1637), évoquait l'Esprit habitant dans le cœur des fidèles comme dans un temple (1626) et contenait l'»En bref» suivant: «L'Église est le Temple de l'Esprit Saint. L'Esprit est comme l'âme du Corps mystique, principe de sa vie, de l'unité dans la diversité et de la richesse de ses dons et charismes» (1664); ce résumé dépassait, et de loin, ce qui avait été développé.

Les cinq paragraphes que le *C.É.C.* consacre à l'Église, Temple de l'Esprit, viennent compléter ce qui a déjà été dit des liens entre l'Esprit et l'Église aux § 737-741 (article 8 du Symbole) et aux § 767-768 (origine, fondation et mission de l'Église). Ils s'inscrivent aussi dans cette attention plus grande à l'Esprit qui se fait jour dans l'Église catholique depuis plusieurs années.

Le *C.É.C.* nous présente là le contenu de *Lumen gentium* 7, § 7, et 12, § 2. L'Esprit est comme l'âme qui vivifie, unit et meut le corps entier par ses dons les plus humbles comme par les charismes qu'il distribue comme il veut pour l'édification de l'Église, et dont il confie le discernement aux pasteurs (§ 797-801). L'encyclique *Mytici Corporis* de Pie XII, s. Augustin et s. Irénée, ainsi que quelques textes scripturaires, sont les autres sources utilisées. Pour résumer son enseignement, le *C.É.C.* a tout simplement repris l'«En bref» du *Projet révisé*, qui convient parfaitement ici (§ 809 = 1664). Et il ajoute un dernier «En bref» concluant l'ensemble du Paragraphe 2: «Ainsi, l'Église universelle apparaît comme 'un Peuple qui tire son unité de l'unité du Père et du Fils et de l'Esprit-Saint'», comme le dit *Lumen gentium* 4, reprenant un texte de s. Cyprien (§ 810).

Paragraphe 3. L'Église est une, sainte, catholique et apostolique

«On appelle traditionnellement 'notes' de l'Église ces quatre désignations comme étant des traits essentiels de l'Église. 'Chacune de ces notes est si intimement unie aux autres qu'elle ne peut en être séparée'. Ces 'notes' sont des propriétés que l'Église ne tient pas d'elle-même; c'est le Christ qui donne à son Église d'être une, sainte, catholique et apostolique. Ce n'est que la foi qui peut reconnaître la réalité de ces notes. Cependant, la raison humaine, en scrutant l'histoire et la vie de l'Église, peut en entrevoir quelques aspects» (*Projet révisé*, 1682-1683).

Ce préambule a subi plusieurs modifications. Ainsi, le terme même de «notes de l'Église» a fait place à celui d'«attributs» ou «propriétés» indiquant des traits essentiels et, ajoute le *C.É.C.*, il concerne aussi «la mission de l'Église et pas seulement son être propre. Il est désormais précisé que c'est «par l'Esprit Saint» que le Christ donne à l'Église d'être une, sainte, catholique et apostolique, et que le Christ appelle aussi son Église à réaliser chacune de ces qualités. Au lieu de dire que «la foi peut reconnaître la réalité de ces notes», le *C.É.C.* dit que «la foi peut reconnaître que l'Église tient ces propriétés de sa source divine» (§ 811-812).

À côté de ces modifications apparemment mineures mais déjà significatives, il y a deux ajouts plus importants qui posent plus de questions qu'ils n'en résolvent. Le premier est une citation de *Lumen gentium* 8, § 2: «C'est là l'unique Église du Christ dont nous professons dans le symbole qu'elle est une, sainte, catholique et apostolique» (§ 811). Pour les Pères du concile, «c'est là» désigne la communauté de foi, d'espérance et de charité que le Christ crée et maintient continuellement sur la terre, l'Église enrichie des biens célestes et, en même temps, constituée et organisée visiblement en ce monde. Où se trouve cette Église-là? Elle subsiste dans l'Église qui porte historiquement le nom d'«Église catholique» (romaine) mais elle déborde ses structures car des éléments propres à l'Église du Christ se trouvent également dans d'autres Églises ou Communautés chrétiennes. Toutes ces Églises disent leur foi en l'Église une, sainte, catholique et apostolique; ces quatre propriétés ne sont donc pas l'apanage exclusif de la seule Église catholique romaine, ce que le lecteur percevra difficilement puisque le *C.É.C.* ne cite pas l'entièreté du texte de *Lumen gentium* 8, § 2.

Le deuxième ajout est un passage de la constitution *Dei Filius* du premier concile du Vatican. Au chapitre 3 de cette constitution, nous lisons: «Pour que nous puissions satisfaire au devoir d'embrasser la vraie foi et de persévérer constamment en elle, Dieu, par son Fils unique, a institué l'Église et l'a pourvue de marques évidentes de son institution afin qu'elle puisse être reconnue par tous comme la gardienne et la maîtresse de la Parole révélée. Car c'est à l'Église catholique seule que se réfèrent tous ces signes si nombreux et si admirables disposés par Dieu pour faire apparaître avec évidence la crédibilité de la foi chrétienne. Bien plus, l'Église, à cause de son admirable propagation, de son éminente sainteté et de son inépuisable fécondité en tout bien, à cause aussi de son unité catholique et de son invincible fermeté, est par elle-même un grand et perpétuel motif de crédibilité et un témoignage irréfutable de sa mission divine». Le *C.É.C.* retient la dernière phrase de ce passage: «L'Église, en raison de sa sainteté (l'admirable propagation n'est pas reprise), de son unité catholique (l'inépuisable fécondité est aussi omise), de sa constance invaincue, est par elle-même un grand et perpétuel motif de crédibilité et une preuve irréfragable de sa mission divine» (§ 812). Ici, c'est bien de l'Église catholique romaine dont il est question. À l'époque de Vatican I, les Églises orthodoxes, le luthéranisme, le calvinisme, l'anglicanisme… sont toujours classés parmi les hérétiques et les schismatiques et considérés comme étant hors de l'Église du Christ. Nous n'en sommes plus là avec Vatican II: l'unité, la catholicité, la sainteté et l'apostolicité ne sont pas encore pleinement réalisées mais elles existent déjà dans l'Église catholique et, à des degrés divers, chez ceux qui croient aussi au Christ et disent avec elle: «Je crois en l'Église une, sainte...» mais ne sont pas encore en pleine communion avec l'Église catholique. D'où l'on voit l'inconvénient de juxtaposer deux citations incomplètes de deux conciles qui n'ont pas la même vision de l'Église. Et si c'est *la foi* seule qui peut reconnaître la source divine des quatre propriétés de l'Église, peut-on continuer à dire avec Vatican I que celles-ci sont une preuve irréfutable de la mission divine?

Ajoutons encore, à propos de ce préambule, que le *C.É.C.* renforce l'affirmation du *Projet révisé*. Celui-ci disait que la raison humaine, en scrutant l'histoire et la vie de l'Église, *peut* entrevoir *quelques aspects* des quatre propriétés de l'Église (1683). Cela devient, dans le *C.É.C.* : «leurs manifestations historiques *sont* des signes qui parlent *clairement* à la raison humaine» (§ 812; c'est moi qui souligne); une idée semblable avait déjà été ajoutée au § 156, également en référence à *Dei Filius*[546].

I. L'Église est une

L'unité de l'Église est développée en trois étapes: 1. «Le mystère sacré de l'unité de l'Église»; 2. «Les blessures de l'unité»; 2. «Vers l'unité». Elle comprenait 15 paragraphes dans le *Projet révisé*, lesquels sont ramenés à 10 dans le *C.É.C.*

«Le mystère sacré de l'unité de l'Église»

Il est de l'essence même de l'Église d'être une: elle l'est de par sa source en la Trinité; elle l'est de par son fondateur, le Christ, qui a rétabli l'unité de tous en un seul corps; elle l'est de par son «âme», l'Esprit, qui unit les fidèles au Christ et entre eux (§ 813 = 1684-1686).

Le *Projet révisé* passait alors de suite à la réalisation historique de cette Église une. Il citait *Lumen gentium* 8, § 2: cette unique Église du Christ se trouve dans l'Église catholique bien que des éléments appartenant à l'Église du Christ subsistent en dehors des structures de l'Église catholique, éléments qui appellent par eux-mêmes l'unité catholique (1687). Le *C.É.C.* préfère parler de suite de la grande diversité qui existe dans l'Église catholique et de l'existence légitime d'Églises particulières jouissant de leurs traditions propres; c'est là une richesse qui ne s'oppose pas à l'unité de l'Église (§ 814 = 1691 quelque peu amplifié). Pour éclairer le lecteur, il aurait été utile de préciser qu'on entend par

546. Voir ci-dessus, p. 445. Comme le *Projet révisé*, le *C.É.C.* confirme par une référence à une lettre du Saint-Office aux évêques d'Angleterre, datant de plus d'un siècle (1864), que chaque note de l'Église «est si intimement unie aux autres qu'elle ne peut en être séparée» (§ 811 = 1683). Cette référence est-elle indispensable?

Églises particulières les diocèses ou des groupements de diocèses et de signaler l'existence des Églises orientales catholiques.

Quels sont les liens qui assurent l'unité de l'Église? Le *Projet révisé* citait «la profession d'une seule foi, la célébration commune du culte divin et la concorde fraternelle de la famille de Dieu» (1688), comme l'enseigne le décret de Vatican II sur l'œcuménisme 2, § 4; la référence au décret sur l'œcuménisme se comprend puisqu'il venait d'évoquer la division des chrétiens et la question de leur unité. Le *C.É.C.*, qui ne parle que de la diversité des diocèses au sein de l'Église catholique, cite «la profession d'une seule foi reçue des apôtres, la célébration commune du culte divin, surtout des sacrements, et la succession apostolique par le sacrement de l'ordre, maintenant la concorde fraternelle de la famille de Dieu» (§ 815), ses sources étant, en plus, *Lumen gentium* 14 qui traite de l'unité au sein de l'Église catholique et le canon 205 du Code de droit canonique qui concerne uniquement les fidèles catholiques.

Arrivé à ce point de son exposé, le *Projet révisé* parlait de suite du «ministère de l'unité», confié à Pierre et à ses successeurs pour l'ensemble de l'Église et aux évêques pour leurs Églises particulières (1689-1691). Il constatait ensuite que l'unité de l'Église de Dieu a été blessée au cours des siècles par des hérésies, des apostasies et des schismes (1692-1694) et envisageait les chemins à prendre sur le chemin de l'unité (1695-1698). Le *C.É.C.*, qui n'a parlé jusqu'ici que de l'unité des Églises locales ou diocèses, change brusquement d'optique et nous entretient de l'unité de l'Église du Christ qui, comme société organisée en ce monde, «est réalisée dans l'Église catholique gouvernée par le successeur de Pierre et les évêques qui sont en communion avec lui» (§ 816). On aura reconnu le début de *Lumen gentium* 8, § 2, et on aura constaté que la suite du texte conciliaire est restée dans l'oubli, alors que c'eût été le moment indiqué de la donner. Reconnaissons toutefois qu'il ajoute, mais en petits caractères, un extrait du décret sur l'œcuménisme mentionnant «ceux qui, d'une certaine façon, appartiennent déjà au Peuple de Dieu», extrait dont la visée est cependant de souligner que la seule Église catholique est «moyen général de salut» et que seul le collège apostolique a reçu du Seigneur la garde de toutes «les richesses de la Nouvelle Alliance».

Les blessures de l'unité

L'unité de l'Église du Christ a connu des blessures, scissions, dissensions, séparations (§ 817 = 1692). Le *C.É.C.* ne définit pas ce que sont l'hérésie, l'apostasie et le schisme; il nous renvoie au canon 751 du Code au lieu d'en donner le contenu (1693) et ajoute quelques mots d'Origène sur les liens entre le péché, le schisme et l'hérésie et entre la vertu et l'unité. Il nous dit alors ce qu'il faut penser de ceux qui naissent aujourd'hui dans des communautés issues des ruptures d'autrefois (§ 818 = 1694). Et, enfin, il ajoute que «beaucoup d'éléments de sanctification et de vérité existent en dehors des limites visibles de l'Église catholique» (ce que le *Projet révisé* avait reconnu beaucoup plus tôt); il énumère quelques-uns de ces éléments et déclare que «ces Églises et communautés ecclésiales» sont, pour l'Esprit du Christ, des «moyens de salut dont la force vient de la plénitude de grâce et de vérité que le Christ a confiée à l'Église catholique» (§ 819).

Comme je l'ai déjà fait remarquer, en reportant si loin cet enseignement important du concile, le *C.É.C.* laisse croire au lecteur non averti que l'unité dont il a parlé jusqu'ici est un don du Christ uniquement à l'Église catholique. Le concile dit beaucoup plus nettement: c'est un don du Christ à son Église, laquelle subsiste dans l'Église catholique bien que des éléments authentiquement de l'Église du Christ se trouvent en dehors des structures de l'Église catholique.

Vers l'unité

L'unité est un don du Seigneur; il faut donc le prier afin que son Église soit «une». Elle est aussi une tâche des communautés, disait le *Projet révisé*, une tâche de «l'Église» en vue de «maintenir, renforcer et parfaire l'unité que le Christ veut pour elle», dit le *C.É.C.* (§ 820 = 1695), laissant une fois encore penser que c'est une tâche de la seule Église catholique.

Que faire pour que se réalise la prière du Christ pour l'unité de ses disciples? Le *Projet révisé* mentionnait ce que nous pouvons considérer comme les différents aspects de l'exercice de l'œcuménisme catholique: le renouveau permanent de l'Église catholique elle-même, la conversion du cœur, la prière en commun, la connaissance réciproque et fraternelle, la formation œcuménique et la collaboration entre chrétiens dans divers domaines (1696). Le *C.É.C.* reprend cette énumération et répare un oubli: il ajoute «le dialogue entre les théologiens et les rencontres entre les chrétiens des différentes Églises et communautés» (§ 821); ce passage est désormais en petits caractères.

La réalisation de l'unité est l'affaire de tous mais elle dépasse les forces et les capacités humaines; aussi devons-nous nous en remettre à la prière du Christ pour l'unité de son Église (§ 822 = 1698, où cela était en petits caractères). Le *Projet révisé* ajoutait deux extraits d'*Unitatis redintegratio* que le *C.É.C.* ne reprend pas: «Un souci de cette sorte manifeste déjà, d'une certaine manière, la liaison fraternelle qui existe entre les chrétiens et conduit vers l'unité pleine et parfaite, selon la bienveillance de Dieu» (1696). «Tout cela, s'il est accompli avec prudence et patience par les fidèles de l'Église catholique sous la vigilance de leurs pasteurs, contribue au progrès de la justice et de la vérité, de la concorde et de la collaboration, de l'amour fraternel et de l'union» (1697).

Le *C.É.C.*, comme le *Projet révisé* avant lui, aurait gagné à dire clairement que l'unité de l'Église du Christ est déjà une réalité, même si elle n'est encore que partielle, et qu'elle est une tâche incombant à toutes les Églises et communautés chrétiennes et pas seulement à l'Église catholique. Pourquoi ne dirait-il pas aussi qu'un Conseil pontifical et un Conseil œcuménique des Églises sont spécialement au service de l'unité?

II. L'Église est sainte

L'Église est sainte parce que le Christ, le seul Saint, se l'est unie comme son corps et l'a comblée du don de l'Esprit Saint au point qu'elle devient elle-même «sanctifiante». En elle est déposée «la plénitude des moyens de salut» et ainsi, en elle, «nous acquérons la sainteté par la grâce de Dieu» (§ 823-824 = 1699-1700). Le *Projet révisé* précisait ce qu'est «la richesse des moyens de salut»: la foi, les sacrements et la communion des biens spirituels (1700); le *C.É.C.* a préféré en rester à l'affirmation globale: l'Église a reçu en dépôt «la plénitude» de ces moyens.

Tous les membres de l'Église sainte, d'une sainteté encore imparfaite sur cette terre, sont appelés à la perfection de la sainteté. Appelés «les saints», ils ont à se reconnaître pécheurs. Renfermant des pécheurs en son sein, l'Église doit constamment se purifier et se renouveler (§ 825-827 = 1701-1703 avec quelques modifications mineures, comme, par exemple, la charité est «l'âme de la sainteté» et non plus «la seule et unique voie vers la sainteté»).

Canoniser certains fidèles, c'est reconnaître l'action en eux de l'Esprit de sainteté et soutenir l'espérance des chrétiens en leur donnant des modèles et des intercesseurs (§ 828 = 1704). Le *C.É.C.* ajoute: les saints ont toujours été «source et origine de renouvellement...»; «la sainteté est la source secrète et la mesure infaillible» de l'activité apostolique et de l'élan missionnaire de l'Église.

En conclusion, la Vierge Marie est présentée aux regards des fidèles: en elle, la toute parfaite, l'Église est «déjà la toute sainte» (§ 829 = 1705).

Comme «des éléments nombreux de sanctification se trouvent en dehors des structures de l'Église catholique» (*Lumen gentium* 8, § 2), nous aurions pu trouver dans le catéchisme que la sainteté se rencontre aussi chez nos frères séparés: «beaucoup d'actions sacrées s'accomplissent [chez eux], qui peuvent certainement produire effectivement la vie de la grâce et l'on doit reconnaître qu'elles donnent accès à la communion du salut» (*Unitatis redintegratio* 3, § 3).

III. L'Église est catholique

En quatorze paragraphes, le *Projet révisé* expliquait le sens du mot «catholique», précisait que chaque Église particulière est «catholique», s'étendait sur les dons multiples dans l'unité catholique, donnait la signification de l'adage «Hors de l'Église point de salut», répondait à la question «Qui appartient à l'Église catholique?» et concluait que la catholicité est un don et en même temps une tâche double: l'œcuménisme et la mission (1706-1719). Le *C.É.C.* nous donne, pour sa part, un exposé comportant vingt-sept paragraphes: le plan a été modifié et des lacunes ont été comblées.

Que veut dire «catholique»?

L'adjectif «catholique» signifie «universel» et le *C.É.C.* ajoute: dans le sens de «selon la totalité» ou «selon l'intégralité». L'Église est catholique parce que le Christ est présent en elle et qu'elle reçoit de lui «la plénitude des moyens de salut», à savoir: la confession de foi droite et complète, la vie sacramentelle intégrale et, ajoute le *C.É.C.*, «le ministère ordonné dans la succession apostolique». Elle est catholique parce qu'elle est envoyée en mission à tout le genre humain (§ 830-831 = 1706-1708). Le *Projet révisé* disait que l'Église sera toujours «catholique», «même si elle ne comptait plus qu'une poignée de fidèles au jour de la Parousie» (1707); le *C.É.C.* n'a pas aimé «la poignée de fidèles» et dit: «elle le sera toujours jusqu'au jour de la Parousie» (§ 830).

Chaque Église particulière est «catholique»

Sous ce titre, le *C.É.C.* réunit ce que le *Projet révisé* disait de chaque Église particulière (1709-1710) et de la diversité de leurs richesses (1711-1712). Aux deux premiers paragraphes (§ 832-833) il en ajoute un troisième qui apporte un complément important: «Les Églises particulières sont pleinement catholiques par la communion avec l'une d'entre elles: l'Église de Rome (...) en raison de son origine plus excellente (...)», considérée comme «unique base et fondement parce que (...) les portes de l'enfer n'ont jamais prévalu sur elle» (§ 834). Notons que ce texte parle de «l'Église de Rome», l'ensemble des chrétiens de cette ville avec leur évêque, et pas seulement de «l'évêque de Rome». Au § 835, en petits caractères désormais, le *C.É.C.* ajoute à *Lumen gentium* 23, § 3, un extrait de *Evangelii nuntiandi* signalant que «l'Église universelle ne doit pas être comprise comme une simple somme ou fédération d'Églises particulières». En lieu et place de cet extrait, le *Projet révisé* avait un passage, également bien choisi, du décret sur l'œcuménisme 4, § 7: «Conservant l'unité dans ce qui est nécessaire, que tous dans l'Église, chacun selon la fonction qui lui est départie, gardent la liberté qui se doit, qu'il s'agisse des formes diverses de la vie spirituelle et de la discipline, de la variété des rites liturgiques, et même de l'élaboration théologique de la vérité révélée; et que tous ils pratiquent la charité. De la sorte, ils manifesteront toujours plus pleinement la véritable catholicité et apostolicité de l'Église» (1712); ce passage sera exploité plus loin, à propos des traditions liturgiques au sein de la catholicité de l'Église (§ 1202, retravaillant le paragraphe 2107 du *Projet révisé*).

Les Églises orientales catholiques, absentes du *Projet révisé*, font timidement leur entrée; le *C.É.C.* dit en effet, § 833, que l'Église particulière, c'est «le diocèse (ou l'éparchie)». Il me semble toutefois que les parenthèses ne s'imposaient pas et qu'un mot d'explication aurait dû être fourni pour les nombreux lecteurs qui ne savent pas ce qu'est une «éparchie».

> L'édition typique demande d'introduire une correction à ce § 833: «... Église particulière, qui est *d'abord* le diocèse...» (car des groupements de diocèses d'une région ou d'un pays peuvent aussi être appelés «Églises particulières»). Elle demande aussi d'ajouter à la note 8 une référence à plusieurs canons du Code oriental.

Qui appartient à l'Église catholique?

Ainsi formulée, cette question est ambiguë: il ne s'agit pas de savoir qui est membre de l'Église catholique romaine mais qui appartient à l'Église du Christ dont nous disons dans la foi qu'elle est une...catholique et apostolique.

La réponse est celle qu'a donnée *Lumen gentium* 13, 14 et 15, qui cite les fidèles de l'Église dirigée par le pape et les évêques et les autres baptisés se trouvant déjà dans une certaine communion avec cette Église (§ 836-838 = 1714-1716, qui étaient alors en petits caractères). Le *C.É.C.* ajoute quelques mots sur les Églises orthodoxes, avec qui la communion est si profonde «qu'il lui manque bien peu pour qu'elle atteigne la plénitude autorisant une célébration commune de l'Eucharistie du

Seigneur» (allocution de Paul VI à l'occasion du dixième anniversaire de la levée des excommunications mutuelles entre Rome et Constantinople, le 14 décembre 1975). On ne peut que se réjouir de cette initiative du *C.É.C.*

Notons que les catéchumènes ne sont toujours pas mentionnés. Pourtant, nous dit *Lumen gentium* 14, § 3, par leur demande explicite d'être incorporés à l'Église, ils lui sont déjà unis et «l'Église, maternelle, les enveloppe déjà comme siens dans son amour en prenant soin d'eux».

L'Église et les non-chrétiens

Toujours en réponse à la question «Qui appartient à l'Église catholique?», le *Projet révisé* parlait de «ceux qui n'ont pas encore reçu l'Evangile» (1717, en petits caractères). Le propos était intéressant mais péchait par omission: il ne disait mot du peuple juif ni des musulmans ni des autres religions, comme le faisait *Lumen gentium* 16, parlant de façon très générale de ceux qui cherchent Dieu d'un cœur sincère... Il est vrai que, s'inspirant de *Nostra aetate*, il avait inséré dans le premier chapitre de son Introduction une information sur l'hindouisme, le bouddhisme, l'islam et le peuple d'Israël (0109-0111), mais sans les situer par rapport à l'Église du Christ.

Le *C.É.C.* répare cette omission. Il comporte un ensemble de paragraphes intitulé «L'Église et les non-chrétiens». Il envisage successivement les rapports de l'Église avec le peuple juif (et évoque leur attente du Messie), avec les musulmans et avec les autres religions non chrétiennes (§ 839-842). Il conclut que l'Église considère tout ce qui se trouve de bon et de vrai dans les religions «comme une préparation évangélique...» (§ 843), tout en reconnaissant leurs limites et leurs erreurs (§ 844); elle se reconnaît comme «le lieu où l'humanité doit retrouver son unité et son salut», comme ce navire «qui navigue bien en ce monde au souffle du Saint-Esprit», comme «l'Arche de Noé qui seule sauve du déluge» (§ 845).

Ces nouveaux paragraphes transmettent l'important enseignement de Vatican II sur ce sujet délicat et sont tout à fait bienvenus. Il est toutefois regrettable que leur insertion ici ait entraîné la suppression de toute mention des religions du monde au début du catéchisme, là où il est question des diverses expressions que les hommes ont données à leur quête de Dieu (§ 28 ss). Il est regrettable aussi que les agnostiques et les athées n'aient pas été mentionnés.

Pour rester fidèle à sa source, *Lumen gentium* 16, le texte du § 841 doit être modifié: il faut lire désormais, nous demande l'édition typique, que «les musulmans (...), *en déclarant qu'ils gardent* la foi d'Abraham, adorent avec nous le Dieu unique...», et non plus qu'ils «professent la foi d'Abraham, adorent avec nous le Dieu unique...»

«Hors de l'Église, point de salut»

Peut-on envisager que la foule immense des non-chrétiens puisse être sauvée? Les Pères de l'Église n'ont-ils pas maintes fois répété que «hors de l'Église, point de salut»? La réponse est donnée par *Lumen gentium* 14, § 1, reprise par le *C.É.C.*, comme l'avait fait le *Projet révisé* (§ 846 = 1713): «Tout salut vient du Christ-Tête par l'Église qui est son corps» et donc ceux qui refuseraient d'entrer dans l'Église ou d'y persévérer «alors qu'ils la sauraient fondée de Dieu par Jésus-Christ comme nécessaire, ceux-là ne pourraient être sauvés». Le *C.É.C.* ajoute: quant à ceux qui, sans faute de leur part, ignorent le Christ et l'Église, ils peuvent arriver au salut éternel (§ 847 = 1717 où cette affirmation paraissait hors de propos puisqu'il s'agissait [1714-1717] d'une réponse à la question précédente: qui appartient à l'Église?). Le *C.É.C.* ajoute encore: cela ne dispense pas l'Église du droit et du devoir sacré d'évangéliser tous les hommes (§ 848), annonçant ainsi la dernière étape de l'exposé sur la catholicité de l'Église: l'Église se doit d'être missionnaire.

La mission – une exigence de la catholicité de l'Église

La catholicité, comme aussi l'unité et la sainteté, est un don de Dieu et en même temps une tâche, disait le *Projet révisé*. Cette tâche porte le nom d'œcuménisme: «Les divisions entre chrétiens empêchent l'Église de réaliser la plénitude de catholicité qui lui est propre en ceux de ses fils qui, certes lui appartiennent par le Baptême, mais se trouvent séparés de sa pleine communion. Bien plus, pour l'Église elle-même, il devient plus difficile d'exprimer sous tous ses aspects la plénitude de la catholicité dans la réalité même de sa vie' (UR 4). Aussi l'effort œcuménique doit-il tendre 'à cette plénitude en laquelle, au cours des âges, le Seigneur veut que son Corps grandisse' (UR 24)» (1718). Cette tâche est en même temps «mission»: «En vertu des exigences intimes de sa propre catholicité et obéissant au commandement de son fondateur (cf. Mc 16,16), l'Église est tendue de tout son effort vers la prédication de l'Évangile à tous les hommes» (AG 1). «Ainsi, l'Église unit prière et travail pour que le monde entier dans tout son être soit transformé en Peuple de Dieu, en Corps du Christ et Temple du Saint-Esprit» (LG 17) (1719).

Le *C.É.C.* a trouvé que le *Projet révisé* s'étendait trop brièvement sur la tâche qui incombe à l'Église pour qu'elle soit effectivement catholique. Il fait un long exposé sur la mission (§ 849-854), reprend cinq lignes du *Projet révisé* sur l'œcuménisme (§ 855) et ajoute quelques mots sur le dialogue avec les non-chrétiens (§ 856).

À propos de la mission, le *C.É.C.* rappelle le mandat missionnaire confié à l'Église (§ 849 = 1719) et passe successivement en revue l'origine et le but de la mission (§ 850), le motif de la mission (§ 851) et les chemins de la mission (§ 852). Il poursuit, en deux paragraphes en petits caractères: c'est dans la pauvreté et la persécution, et dans la reconnaissance des faiblesses humaines des missionnaires, que l'Église se tourne vers les hommes (§ 853); c'est dans la patience et en subissant parfois des échecs qu'elle annonce l'Évangile, fonde des communautés chrétiennes et engage un processus d'inculturation (§ 854). Pour rédiger ces nouveaux paragraphes, le *C.É.C.* cite des extraits d'*Ad gentes* (8 fois), de *Lumen gentium* (2 fois), de *Gaudium et spes* (2 fois) et surtout de l'encyclique *Redemptoris missio* de Jean-Paul II (9 fois)[547]. Il conçoit la mission comme l'effort en vue d'amener tous les hommes à devenir disciples du Christ et non comme celui de susciter en toutes les nations des disciples qui seront le ferment du Royaume au sein d'un monde marqué par la pluralité des options philosophiques et religieuses.

La première tâche qui découle de la catholicité de l'Église, disait le *Projet révisé*, est l'œcuménisme. Le *C.É.C.* inclut ce qu'il préfère appeler «l'unité des chrétiens» dans le mandat missionnaire et opte pour un texte en petits caractères (§ 855 = 1718). Situer les autres chrétiens au milieu de tous ceux à qui on porte l'Évangile et réduire le peu qu'on en dit à une note complémentaire (cf. § 20) ne me paraît pas très heureux. D'autant que, comme pour l'unité et la sainteté, il aurait fallu reconnaître que les caractéristiques de la catholicité (cf. 830-831) se retrouvent aussi, à des degrés divers, chez les chrétiens non-catholiques.

Le dialogue interreligieux et le dialogue avec l'athéisme n'avaient pas trouvé place dans le *Projet révisé*. Cet oubli serait-il réparé? Le *C.É.C.*, en effet, explique que la tâche missionnaire implique «un dialogue respectueux» avec ceux qui n'acceptent pas encore l'Évangile (§ 856). La référence à *Ad gentes* 9 et à *Redemptoris missio* 55 donne à croire qu'il pense surtout aux rencontres dans les pays souvent appelés «pays de mission».

547. Les deux éditions françaises du *C.É.C.* et la traduction néerlandaise abrègent *Redemptoris missio* en RM et elles font de même pour une autre encyclique de Jean-Paul II, *Redemptoris Mater*, mais dans leur Table des sigles, RM renvoie uniquement à cette dernière encyclique. Dans la traduction allemande, RM est l'abréviation du *Redemptoris missio* ; dans l'anglaise, on distingue R Mat et R Miss. L'édition en espagnol a RM et R Mat. La version italienne et l'édition typique citent toujours en entier les documents auxquels elles renvoient.

IV. L'Église est apostolique

Nous professons dans le Credo que l'Église du Christ est aussi «apostolique». Le *Projet révisé* consacrait douze paragraphes à ce quatrième trait essentiel de l'Église. Il exposait d'abord en quels sens l'Église est appelée «apostolique» (1720-1723); il parlait ensuite des évêques, les successeurs des apôtres (1724-1726) et développait alors la doctrine sur le collège épiscopal et son chef (1727-1729) ainsi que sur «l'infaillibilité du magistère apostolique» (1730-1731). Il identifiait ainsi l'apostolicité de l'Église à la fonction hiérarchique, à propos de laquelle il n'en disait pas assez, et gardait un étonnant silence sur les autres membres du Peuple de Dieu.

Le *C.É.C.* introduit les corrections qui s'imposaient. Il remanie profondément l'exposé sur l'apostolicité, ne lui consacrant plus que 9 paragraphes au lieu de 12. En outre, il ajoute un assez long Paragraphe 4 sur les fidèles du Christ, à savoir la hiérarchie, les laïcs et la vie consacrée (§ 871-933, soit 63 paragraphes).

Quel sens donner à «apostolique»? Pour le *Projet révisé*, ce sens était double: cela veut dire que l'Église a été et demeure fondée sur les apôtres et qu'elle garde «le bon dépôt, les saintes paroles entendues des apôtres» (1720). Le *C.É.C.* reprend ces deux significations, précisant que les apôtres ont été «choisis» par le Christ comme témoins et que l'Église non seulement garde mais «transmet» d'abord «l'enseignement», le bon dépôt et les saintes paroles. Il en ajoute une troisième: l'Église est apostolique parce qu'«elle continue à être enseignée, sanctifiée et dirigée par les apôtres jusqu'au retour du Christ grâce à ceux qui leur succèdent dans leur charge pastorale: le collège des évêques 'assisté par les prêtres, en union avec le successeur de Pierre, pasteur suprême de l'Église'» (§ 857).

Le *Projet révisé* disait de suite que, dans la charge des apôtres, il y a un aspect intransmissible (1721) et un aspect permanent (1722) et concluait que l'Église continue à être dirigée et enseignée par les apôtres à travers la succession apostolique (1723). Comme nous venons de le voir, le *C.É.C.* fait de cette conclusion la troisième signification de l'apostolicité, et la corrige en précisant que l'Église est «enseignée, sanctifiée et dirigée» et non uniquement «dirigée et enseignée» par les apôtres; notons qu'il mentionne de suite l'assistance des prêtres (§ 857). Quant à ce qui est intransmissible et permanent dans la charge apostolique, il le dira plus loin (§ 860).

Ayant ainsi précisé la signification du terme «apostolique», le *C.É.C.* structure son exposé en trois points: la mission des apôtres, la succession apostolique, l'apostolat.

La mission des apôtres

Jésus appelle à lui «ceux qu'il voulut» et en institue Douze pour les envoyer, pour qu'ils continuent sa propre mission (§ 858-859). Dans la charge que les apôtres reçoivent, il y a un aspect intransmissible et un aspect permanent (§ 860 = 1721-1722). Le *C.É.C.* ajoute, avec *Lumen gentium* 20, § 1, que les apôtres prirent soin d'instituer des successeurs afin que leur mission puisse durer jusqu'à la fin des siècles.

Les évêques successeurs des apôtres

Le *C.É.C.* reprend alors ce que le *Projet révisé* disait de la succession apostolique, et qui provient de *Lumen gentium* 20, § 2 et 3; il reproduit très heureusement ces textes conciliaires non plus en petits caractères mais en caractères ordinaires. Tout ce que le *Projet révisé* disait ensuite du collège épiscopal et de son chef, ainsi que de l'infaillibilité du magistère apostolique, est reporté plus loin (1726-1731 = § 880-892).

L'apostolat

Le *C.É.C.* répare un oubli du *Projet révisé*. Il nous dit que toute l'Église est apostolique: «à travers les successeurs de Pierre et des apôtres, elle demeure en communion de foi et de vie avec son origine; elle est «envoyée» dans le monde entier. La vocation chrétienne est par nature «vocation à l'apostolat» (§ 863). Celui-ci prend les formes les plus diverses et puise dans l'Eucharistie la charité «qui est comme l'âme de tout apostolat» (§ 864).

Un dernier paragraphe vient conclure l'ensemble du Paragraphe 3: l'Église est déjà maintenant une, sainte, catholique et apostolique et elle le sera pleinement à la fin des temps (§ 865). C'est sans doute ici qu'il aurait fallu dire clairement que ces quatre qualifications essentielles de l'Église, y compris l'apostolicité telle qu'elle vient d'être définie (§ 857), sont présentes à des degrés divers en dehors des structures de l'Église catholique romaine, dans les autres Églises et Communautés chrétiennes, tout particulièrement dans les Églises orthodoxes en ce qui concerne l'apostolicité. L'«En bref» du § 870 (= 1736) oriente vers cette compréhension puisqu'il reprend *Lumen gentium* 8, § 2, mais l'enseignement proprement dit du Paragraphe 3 – que les «En bref» sont censés résumer – en parlent si peu!

Quatre autres «En bref», un pour chacune des quatre propriétés de l'Église, condensent la matière enseignée; ils proviennent du *Projet révisé* (§ 866-869 = 1732-1735). Pour la catholicité, le *C.É.C.* a toutefois ajouté que l'Église «est, de par sa nature même, missionnaire». Il aurait pu réécrire celui qui porte sur l'apostolicité puisqu'il ne s'est plus appesanti sur le seul collège épiscopal et son chef et qu'il a introduit un développement sur l'apostolat.

Paragraphe 4. Les fidèles du Christ. Hiérarchie, laïcs, vie consacrée

L'*Avant-projet* de 1987 proposait de consacrer un chapitre aux membres de l'Église: la hiérarchie, les laïcs, la vie consacrée. Fort étonnamment, le *Projet révisé* ne connaît que les évêques, le collège apostolique et son chef, parvenant à traiter de l'Église sans parler de tous les autres membres du Peuple de Dieu. Le *C.É.C.* répare cet oubli inexplicable en consacrant un Paragraphe 4 presqu'entièrement nouveau aux *christifideles*, abordant successivement ceux qui sont membres de la hiérarchie, ceux qu'on appelle «laïcs», et ceux qui ont consacré leur vie au Seigneur par la profession des conseils évangéliques. On pourrait concevoir un exposé commençant par les laïcs qui forment la presque totalité du Peuple de Dieu, présentant ensuite les baptisés qui consacrent leur vie à Dieu, et se terminant par ces chrétiens appelés à des ministères au service de tous leurs frères.

Trois paragraphes introductifs donnent la définition du «fidèle du Christ», reconnaissent la véritable égalité, quant à la dignité et l'activité, entre tous les baptisés et indiquent que la diversité des ministères est au service de l'unité et de la mission de l'Église (§ 871-873). C'est bien ce qu'enseigne *Lumen gentium* 31-32 et *Apostolicam actuositatem* 2, ainsi que le Code de droit canonique, canons 204 § 1 et 208. Cela dit, le *C.É.C.* consacre 23 paragraphes à la constitution hiérarchique de l'Église, 17 aux fidèles laïcs et 20 à la vie consacrée.

I. La constitution hiérarchique de l'Église

Le *C.É.C.* traite d'abord du ministère confié par le sacrement de l'ordre; il s'intéresse ensuite au collège épiscopal et à son chef, le pape, et détaille les charges d'enseigner, de sanctifier et de régir qui découlent de la réception du sacrement.

Pourquoi le ministère ecclésial?

Pourquoi y a-t-il un ministère dans l'Église? Pourquoi celle-ci est-elle hiérarchique? À cette question, non posée en 1989, le *C.É.C.* répond: le Christ a institué des ministères variés en vue du bien de tout le corps (§ 874). Un sacrement propre envoie ceux qui sont appelés, avec mission et faculté d'agir «in persona Christi Capitis», expression qu'il aurait fallu traduire immédiatement, «dans le rôle du Christ» par exemple (§ 875).

Débordant la réponse à la question posée, le *C.É.C.* décrit les principales caractéristiques du ministère ecclésial. C'est essentiellement un service et celui qui accepte de le rendre devient vraiment «esclave du Christ» et «esclave de tous» (§ 876; cette métaphore est-elle encore des plus heureuses aujourd'hui? «Serviteur» n'aurait-il pas été mieux?). Ce service a un caractère collégial: l'évêque exerce son ministère «au sein du collège épiscopal, en communion avec l'évêque de Rome, successeur de S. Pierre et chef du collège» et les prêtres exercent le leur «au sein du presbyterium du diocèse, sous la direction de leur évêque» (§ 877). Il garde cependant un caractère personnel: chacun est appelé et envoyé pour agir personnellement (§ 878).

Le *C.É.C.* conclut que «le ministère sacramentel (...) est donc un service à la fois collégial et personnel exercé au nom du Christ» (§ 879). Ce qu'il dit par après – «cela se vérifie dans les liens entre le collège épiscopal et son chef...» – devrait plutôt clôturer le point suivant.

Ces paragraphes 874-879 s'attachent presqu'uniquement au ministère des évêques; celui des prêtres n'est mentionné qu'une fois (§ 877) et celui des diacres est totalement absent. On comprend dès lors que l'édition typique introduise, dès le § 875, les prêtres et les diacres.

> Au § 875, il faut lire désormais, à partir de la cinquième des dernières lignes: «De lui [le Christ], les évêques et les prêtres reçoivent la mission et la faculté (...) d'agir *in persona Christi Capitis*, les diacres, la force de servir le peuple de Dieu dans la 'diaconie' de la liturgie, de la parole et de la charité, en communion avec l'évêque et son presbyterium. Ce ministère...»
>
> L'édition typique demande une autre correction. Au § 879, il est dit que le ministère sacramentel est «un service à la fois collégial et personnel, exercé au nom du Christ». Il faut lire désormais qu'il est «un service exercé au nom du Christ. Il a un caractère personnel et une forme collégiale».

Le collège épiscopal et son chef, le pape

Du ministère en général, le *C.É.C.* passe à la présentation du collège apostolique (§ 880-887). Il reprend avec quelques modifications ce que le *Projet révisé* disait dans son exposé sur la catholicité de l'Église (1726-1731), y apportant l'une ou l'autre modifications.

Le Christ a donné aux Douze «la forme d'un collège (...), d'un groupe stable»; aujourd'hui, ce groupe est formé du pape et des évêques (§ 880 = 1726). Puisque Pierre est un des Douze et le pape un des évêques, ne faudrait-il pas plutôt dire que le pape et les *autres* évêques forment entre eux un tout?

Le Christ a fait du seul Simon – et le *C.É.C.* précise: «auquel il donna le nom de Pierre» – la pierre de son Église, il lui en a remis les clefs et l'a institué pasteur de tout le troupeau. Les autres apôtres ont aussi reçu la charge de lier et de délier, laquelle «appartient aux fondements de l'Église» et «est continuée par les évêques sous la primauté du pape» (§ 881 = 1727, mais le *Projet révisé* disait: cette charge «se perpétue dans l'Église par la primauté de juridiction du pape et par le gouvernement pastoral des évêques» [mettant en premier, comme souvent, la personne du pape]).

Le *C.É.C.*, comme le *Projet révisé*, précise alors la fonction papale (le titre annonçait d'abord le collège et ensuite le pape!). Le pape, appelé encore «pontife romain» mais plus souvent «évêque de Rome» ou «successeur de Pierre» est le «principe perpétuel et visible» et le «fondement de l'unité», vicaire du Christ, pasteur de toute l'Église (§ 882; le *Projet révisé* disait déjà cela à propos de «l'unité» de l'Église [1690] et le reprenait à propos de «l'apostolicité» [1728]). Ayant commencé par parler du pape, le *C.É.C.* ne peut situer les évêques que par rapport à lui. Il aurait sans doute été mieux de présenter d'abord ce qui est le propre de tous les évêques, du collège dont le pape est membre à part entière, et ensuite de préciser ce qui est la tâche particulière de l'évêque de Rome et de faire percevoir que tout acte du pape à l'égard de l'Église universelle est en même temps un acte provenant de la tête du collège épiscopal, avec qui tous les membres de ce collège sont en communion, eux qui ont aussi «pouvoir sur l'Église tout entière».

Que dire du collège ou corps épiscopal? D'abord du négatif: qu'il n'a d'autorité que s'il est uni à son chef; ensuite qu'il a aussi un pouvoir plénier sur toute l'Église, pouvoir qui ne peut être exercé qu'«avec le consentement du pontife romain» (§ 883 = 1728). Le *C.É.C.* ajoute quelques mots sur le «concile œcuménique» (§ 884-885); dans un esprit œcuménique, ne vaudrait-il pas mieux appeler «conciles généraux tenus en Occident» ces assemblées conciliaires de la seule Église catholique?

Ce qui suit concerne les évêques et leurs Églises particulières. Le *Projet révisé* disait qu'ils exercent leur autorité pastorale uniquement sur leurs diocèses et non sur les autres Églises ou sur l'Église universelle, bien qu'ils aient part à la sollicitude de toutes les Églises (1729). Le *C.É.C.* s'exprime autrement: l'évêque diocésain est principe et fondement de l'unité dans son diocèse, il exerce son autorité pastorale assisté des prêtres et des diacres, il a part à la sollicitude pour toutes les autres Églises locales. Cette sollicitude s'étend particulièrement aux pauvres, aux persécutés pour la foi et aux missionnaires (§ 886).

Un dernier paragraphe comble une fois encore une lacune du *Projet révisé* : il concerne les groupements et réunions d'évêques: patriarcats, provinces ou régions, synodes ou conciles provinciaux et conférences épiscopales (§ 887).

La charge d'enseigner

Après avoir parlé du collège épiscopal, le *C.É.C.* en vient à détailler en quoi consiste la charge pastorale de chaque évêque. La première tâche de l'évêque diocésain est d'enseigner (§ 888-892). Avec les prêtres, ses coopérateurs, il annonce l'Évangile. Lui-même est héraut de la foi et docteur authentique, pourvu de l'autorité du Christ (§ 888 = 1730, qui ne mentionnait pas les prêtres).

Le *Projet révisé* disait alors que «pour maintenir l'Église dans la pureté de sa foi (...), le Christ a voulu la pourvoir de l'infaillibilité 'pour définir la doctrine concernant la foi et les mœurs'» et il citait les passages de *Lumen gentium* 25 sur l'infaillibilité du pape et sur celle qui réside aussi dans le corps des évêques. Le *C.É.C.* refait un exposé plus ample, qui situe l'infaillibilité par rapport au Christ. Celui-ci seul est la Vérité et il confère à son Église une participation à sa propre infaillibilité. Ce don du Christ est reçu par les fidèles grâce au sens surnaturel de la foi (§ 889). La mission du magistère consiste à «veiller à ce que le Peuple de Dieu demeure dans la vérité qui libère»; pour qu'il puisse remplir cette mission, le Christ a doté les pasteurs du charisme de l'infaillibilité (§ 890). Il y a l'infaillibilité du pape et celle du corps des évêques; lorsque le magistère suprême propose quelque chose «à croire comme étant révélé par Dieu» et comme enseignement du Christ, «il faut adhérer dans l'obéissance de la foi à de telles définitions» (§ 891). Et le *C.É.C.* complète le *Projet révisé* en disant que l'enseignement ordinaire de tout évêque «et, d'une manière particulière», de l'évêque de Rome requiert un assentiment religieux de la part des fidèles (§ 892). Le lecteur est ainsi informé que tout enseignement des pasteurs de l'Église ne requiert pas le même genre d'adhésion; mais perçoit-il la nuance entre l'obéissance de la foi et l'assentiment religieux? En ce qui concerne l'enseignement du présent catéchisme, rien ne vient l'éclairer sur les vérités qui sont à recevoir dans l'obéissance de la foi et celles qui requièrent uniquement l'assentiment religieux.

Faut-il faire remarquer que *Lumen gentium* 25 décrit la fonction d'enseignement des pasteurs en commençant par celle des évêques et non par celle du pape et du concile et qu'il parle d'un assentiment religieux dû au pape «à titre singulier» (*singulari ratione*) et non «d'une manière particulière» (*peculiariter*)?

La charge de sanctifier

Si chaque évêque a la charge d'enseigner, il a aussi la charge de sanctifier et celle de diriger son Église particulière, ce que le *Projet révisé* avait omis de signaler. Avec ses prêtres, il a la responsabilité de «dispenser la grâce du suprême sacerdoce» (expression peu accessible au grand public!), notamment dans l'Eucharistie. Il sanctifie l'Église par sa prière, son travail et son exemple, par le ministère de la parole et des sacrements (§ 893).

La charge de régir

Dans son diocèse, l'évêque dirige, non comme vicaire du pape mais comme vicaire et légat du Christ, par ses conseils, ses encouragements, ses exemples et par son autorité et l'exercice de son pouvoir sacré (c'est-à-dire, § 875, sa faculté d'agir dans le rôle du Christ). Il exerce cette autorité «en communion avec toute l'Église sous la conduite du pape». À l'exemple du Bon Pasteur, conscient de ses faiblesses, il se montre indulgent «envers les ignorants et les égarés». Il sait écouter ceux qui dépendent de lui (§ 894-896).

L'exposé sur la hiérarchie nous dit qui sont ces fidèles du Christ que nous appelons les évêques. Il dépasse la vue restreinte qu'en donnait le *Projet révisé* et est ainsi très proche de ce qu'en dit *Lumen gentium* dans son chapitre sur la hiérarchie de l'Église. Il envisage d'abord leur insertion dans le collège épiscopal et ensuite la triple charge qu'ils assument dans leur diocèse. Dans le commentaire du sacrement de l'ordre, le *C.É.C.* complétera notre information sur ceux qui reçoivent la plénitude de ce sacrement (§ 1586-1589).

Nous avons remarqué le souci répété de mettre en avant, en premier, le chef du collège des évêques, redisant maintes fois – j'en ai repéré dix – que le collège doit être en communion, sous la conduite, uni au pape, qu'il a besoin de son consentement pour que son autorité soit reconnue. On dirait que le *C.É.C.* craint de porter atteinte à la fonction spécifique de l'évêque de Rome s'il commençait par parler de ce qui est commun aux évêques de tous les diocèses du monde. Lors de la clôture de la troisième session du concile le 21 novembre 1964, Paul VI disait: «Nous n'avons pas peur de voir notre autorité diminuée ou battue en brèche quand nous affirmons et célébrons la votre [celle des évêques]; mais au contraire, nous nous sentons plus fort (...), plus capable de guider l'Église universelle, vous sachant (...) à la recherche du même but, plus confiant dans l'aide du Christ, car tous ensemble nous sommes et nous voulons être plus étroitement unis en son nom»[548].

548. *La Doc. cath.* 61 (1964) col. 1540-1541.

Les évêques dont il vient d'être question, ce sont ces évêques qui sont à la tête d'une Église particulière; leur nombre avoisine aujourd'hui les 2 200. Une note complémentaire aurait pu nous informer sur le sens de l'épiscopat conféré en vue de devenir évêque auxiliaire, évêque coadjuteur, nonce apostolique, dignitaire de la Curie romaine ou de la Maison pontificale.

Les fidèles ordonnés prêtres étaient absents du *Projet révisé*. Ils sont mentionnés quatre fois dans ce Paragraphe 4: ils exercent leur ministère au sein du presbyterium (§ 877), ils assistent les évêques dans l'exercice de leur autorité pastorale (§ 886), ils sont leurs collaborateurs dans leur charge d'enseignement (§ 888) et dans celle de sanctifier leur Église (§ 893). Nous en saurons un peu plus aux § 1536-1589. N'oublions pas que l'édition typique dit d'eux, dès le début de l'exposé sur la constitution hiérarchique, que, comme les évêques, ils reçoivent la mission et la faculté d'agir *in persona Christi Capitis* (§ 875).

Quant aux fidèles ordonnés diacres, le *C.É.C.* les a également sauvés de l'oubli. Eux aussi assistent l'évêque dans l'exercice de son autorité pastorale (§ 886) et, ajoute l'édition typique, ils servent dans la diaconie de la liturgie, de la parole et de la charité en commun avec l'évêque et ses prêtres (§ 875). Nous en saurons davantage plus loin.

Une citation de s. Ignace d'Antioche conclut l'exposé; elle rassemble en une seule phrase l'évêque comparé au Père, le presbyterium aux apôtres et les diacres à la loi de Dieu (§ 896). Il y a là l'énumération de ce que nous appelons aujourd'hui les trois degrés du sacrement de l'ordre mais en même temps des comparaisons propres à s. Ignace, qui n'ont pas été retenues par la tradition postérieure et par l'enseignement du magistère de l'Église.

II. Les fidèles laïcs

Dix-sept paragraphes – soit six de moins que pour la hiérarchie – sont consacrés aux fidèles laïcs. Ils viennent combler le silence du *Projet révisé* sur ceux et celles qui constituent la toute grande majorité du Peuple de Dieu et sans lesquels la hiérarchie n'aurait aucune raison d'être.

Le préambule du Paragraphe 4 a déjà indirectement parlé d'eux lorsqu'il a défini ce qu'est un «fidèle du Christ» et reconnu l'égale dignité des baptisés du seul fait de leur régénération dans le Christ (§ 871-872). Le *C.É.C.* précise ici ce qu'il faut entendre par «laïcs», décrit leur vocation propre et l'obligation qu'ils ont de travailler à ce que le message chrétien soit connu et vécu partout (§ 897-900). Il détaille alors leur participation spécifique à la charge sacerdotale, prophétique et royale du Christ (§ 901-913).

Les sources magistérielles utilisées sont le chapitre IV de *Lumen gentium* sur les laïcs (dix fois), les décrets *Ad gentes* et *Apostolicam actuositatem* (chacun une fois) et *Evangelii nuntiandi* (une fois). L'exhortation apostolique postsynodale *Christifideles laïci* n'est mentionnée que parce qu'elle rapporte cette parole de Pie XII, du 20 février 1946, aux nouveaux cardinaux: «Les fidèles laïcs se trouvent sur la ligne la plus avancée de la vie de l'Église (...). [Ils] doivent avoir une conscience toujours plus claire (...) d'être (...) la communauté des fidèles sur la terre sous la conduite du Chef commun, le Pape, et des évêques en communion avec lui. Ils sont l'Église» (§ 899). Et cependant, elle aurait pu inspirer aux rédacteurs du *C.É.C.* un développement plus concret sur la responsabilité des laïcs dans le monde au lieu d'en rester à des affirmations très générales. En son troisième chapitre, l'exhortation invite les laïcs à vivre l'Évangile en servant les personnes et la société, en promouvant la dignité de la personne humaine, en défendant les droits de l'homme et la liberté religieuse, en se faisant solidaires des pauvres et des faibles, en participant à la vie politique et à la vie économique et sociale, en évangélisant les cultures.

Les rédacteurs de ces paragraphes sur les laïcs connaissent bien le Code de droit canonique: ils le citent à quatorze reprises, relevant, la plupart du temps en petits caractères, ce que les laïcs sont autorisés à faire dans l'Église: ils peuvent devenir lecteurs, acolytes, suppléants du ministère de la parole, de la présidence des prières liturgiques, du baptême et de la distribution de la communion (§ 903); ils peuvent aussi prêter leur concours à la formation catéchétique, à l'enseignement des sciences sacrées et aux moyens de communication sociale (§ 906). Le Code leur reconnaît «le droit et même parfois le devoir» de faire connaître leurs opinions à leurs pasteurs et aux autres fidèles (§ 907). Enfin, ils peuvent coopérer «à l'exercice du pouvoir de gouvernement» par leur présence dans divers organismes diocésains et exercer *in solidum* la charge pastorale d'une paroisse (§ 911).

L'édition typique demande de supprimer l'*in solidum* du § 911 non pas parce que cette formulation n'est compréhensible que par les spécialistes en droit canonique mais parce que le canon 517, § 1, l'utilise uniquement pour les *prêtres* à qui l'évêque confie *solidairement* la charge pastorale d'une ou de plusieurs paroisses. Si, en cas de pénurie de prêtres, il est fait appel à un diacre ou à un laïc, il est dit de ceux-ci, canon 517, § 2, qu'ils se voient confier «une participation à l'exercice de la charge pastorale d'une paroisse».

III. La vie consacrée

Les laïcs n'avaient pas trouvé place dans le *Projet révisé*, les personnes engagées dans un état de vie consacré par la profession des conseils évangéliques non plus. Avec le *C.É.C.*, 20 paragraphes nous disent les caractéristiques et les différentes formes de vie consacrée reconnues par l'Église (§ 914-933).

La vie consacrée consiste dans la profession de la chasteté dans le célibat, de la pauvreté et de l'obéissance, dans un cadre de vie stable. Elle s'enracine dans le baptême et dédie totalement à Dieu. Elle connaît des formes variées de vie solitaire ou commune, soumises au discernement des évêques, l'approbation de nouvelles formes étant réservées au Siège apostolique (§ 915-919).

Le *C.É.C.* présente alors la vie érémitique (§ 920-921), les vierges consacrées (§ 922-924), la vie religieuse (§ 925-927), les instituts séculiers et – en petits caractères – les sociétés de vie apostolique (§ 928-930).

Les trois derniers paragraphes reviennent sur la signification de la vie consacrée pour mettre en valeur les liens entre la consécration et la mission de l'Église (§ 931-933).

> L'édition typique demande qu'au début du § 916, on remplace «L'état religieux» par «L'état de vie consacrée». Elle modifie également le titre des § 922-924: «Les vierges *et les veuves* consacrées» et le § 922, qui devient: «Dès les temps apostoliques, des vierges (cf. 1 Co 7,34-36) *et des veuves* chrétiennes (cf Jean-Paul II, exhortation apostolique postsynodale *Vita consecrata* 7) appelées par le Seigneur à s'attacher à lui... ont pris la décision... *de vivre respectivement dans l'état de la virginité ou de la chasteté perpétuelle* «à cause du Royaume des Dieux»[549].

L'exposé s'inspire du chapitre VI de *Lumen gentium* sur les religieux. Il cite aussi *Perfectae caritatis*, *Unitatis redintegratio*, *Christus Dominus* et *Ad gentes*, mentionne la constitution apostolique de Pie XII, *Provida Mater*, qui reconnaît officiellement les instituts séculiers, et l'encyclique *Redemptoris missio* de Jean-Paul II, qui évoque les mérites des familles religieuses dans la propagation de la foi et la formation de nouvelles Églises. L'édition typique ajoute l'exhortation apostolique postsynodale *Vita consecrata* du 25-3-1996. L'*Ordo consecrationis virginum* est aussi cité comme source. Mais l'ouvrage le plus abondamment signalé comme référence est sans conteste le Code de droit canonique: nous le rencontrons 14 fois, comme dans l'exposé sur les fidèles laïcs.

549. Il faut aussi, au § 929, enlever tous les guillemets des deux dernières phrases, depuis «Leur 'témoignage de vie chrétienne...'» jusqu'à «leur 'mode de vie séculier'» et donner comme référence: «cf CIC, can. 713».

Douze «En bref» résument l'ensemble du Paragraphe 4. Le premier porte sur les diverses catégories de fidèles (§ 934) et les autres concernent la hiérarchie (§ 935-939), les laïcs (§ 940-943) et la vie consacrée (§ 944-945).

Au § 934, nous trouvons «les ministres sacrés» et «les clercs», termes qui n'ont pas été employés dans le développement. Celui-ci a bien l'expression «pouvoir sacré» et explique qu'il s'agit de la «faculté d'agir *in persona Christi Capitis*, grâce à la réception du sacrement de l'ordre; on pourrait – et même on devrait – donc dire «ministre ordonné» plutôt que «ministre sacré» qui a une connotation sacrale qui n'est pas le propre des évêques, des prêtres et des diacres.

Les «En bref» sur la hiérarchie commencent, on pouvait s'y attendre, par la personne du pape, à qui seul est attribuée la qualification de «vicaire du Christ» (§ 936-937). Des évêques, aidés des prêtres et des diacres, on dit qu'ils ont aussi le souci de toutes les Églises avec le pape et – a-t-on soin d'ajouter – «sous le pape» (§ 939).

À propos des laïcs, il est regrettable de ne signaler que l'aspect négatif de leur mission royale: «arracher au péché son emprise en eux-mêmes et dans le monde par leur abnégation et la sainteté de leur vie (§ 943). Une description positive aurait été préférable.

Paragraphe 5. La communion des saints

Comme le Catéchisme romain, l'*Avant-projet* et le *Projet révisé*, le *C.É.C.* fait de la communion des saints un point du neuvième article du Symbole des apôtres. Il voit lui aussi dans l'Église l'assemblée de tous les saints dans laquelle la communion des choses saintes se fait par le moyen des sacrements[550], la communion de tous ceux qui, ayant été baptisés, sont appelés «les saints» (§ 946-948 = 1737-1739).

Nous retrouvons dans le *C.É.C.* le même plan qu'en 1989. Une première partie porte sur «la communion des biens spirituels» que sont la foi, les sacrements, les charismes, la charité (§ 949-953 = 1740-1744). Une deuxième évoque les trois états de l'Église (l'Église terrestre, l'Église du ciel et l'Église du purgatoire), l'intercession des saints et notre communion avec eux, la mémoire et la prière pour les défunts (§ 954-959 = 1746-1751). Le tout est résumé en trois «En bref» (§ 960-962 = 1752-1754).

550. C'est la raison pour laquelle le Catéchisme pour adultes des évêques allemands insère la réflexion sur les sacrements et l'exposé sur chacun des sept sacrements dans son chapitre sur la communion des saints (et non dans une partie distincte de la profession de la foi chrétienne).

D'une édition à l'autre, nous avons pratiquement le même texte. Je signale cependant quelques retouches.

– Au § 951, la citation de *Lumen gentium* 12, § 2, est raccourcie; nous ne lisons plus que l'Esprit répartit ses dons à son gré en chacun et que les grâces spéciales «rendent apte et disponible pour assumer les diverses charges et offices utiles au renouvellement et au développement de l'Église» (1742).

– Au § 952, la citation du Catéchisme romain n'est plus en petits caractères et est suivie du commentaire suivant: «Le chrétien est un administrateur des biens du Seigneur».

– Au § 953, l'explication de «la communion dans la charité» est complétée par cette phrase qui ne paraît pas indispensable (puisque nous sommes dans la communion des *biens spirituels*): «Tout péché nuit à cette communion».

– Au § 958, à propos de la «communion avec les défunts», une dernière phrase est ajoutée: «Notre prière pour eux peut non seulement les aider mais aussi rendre efficace leur intercession en notre faveur».

Ce Paragraphe 5 est en quelque sorte la conclusion des développements successifs sur le mystère de l'Église, Peuple de Dieu, Corps du Christ et Temple de l'Esprit, cette Église une, sainte, catholique et apostolique, dont les membres participent de manières diversifiées à la triple fonction du Christ. Il a été cependant construit comme les traités et les catéchismes classiques – celui de Pie V notamment, cité trois fois – exposant «la communion des saints». Il aurait gagné à rassembler ce qui avait déjà été dit dans ce neuvième article sur la communion dans l'Église, communion que l'exhortation apostolique postsynodale *Christifideles laïci* reconnaît être l'idée centrale et fondamentale des documents conciliaires[551]. La référence souhaitée à la liturgie qui fait mémoire des saints, intercède pour les défunts et prie pour toute l'Église, en communion avec le pape et les évêques, n'est pas venue.

Paragraphe 6. Marie – Mère du Christ, Mère de l'Église

Quel titre donner à ce dernier Paragraphe du neuvième article du Symbole? Nous savons que *Lumen gentium* intitule son chapitre VIII: «La bienheureuse Vierge Marie mère de Dieu dans le mystère du Christ et de l'Église». Le jour même de la promulgation de cette constitution, Paul VI a consacré une appellation que les Pères conciliaires avaient

551. JEAN-PAUL II, Exhortation apostolique postsynodale *Christifideles laïci*, nos 19-20.

hésité à donner formellement à Marie, estimant qu'elle pouvait prêter à quelque équivoque, celle de «mère de l'Église».

L'*Avant-projet* a opté pour «mère de Dieu et de l'Église», tandis que le *Projet révisé* n'a retenu que «mère de l'Église». Le *C.É.C.* préfère finalement «mère du Christ, mère de l'Église». On peut toutefois se demander si ce titre est le plus adéquat. En effet, le *C.É.C.* ne va plus parler de Marie dans le mystère du Christ et de l'Esprit, il l'a déjà fait précédemment[552]; il va uniquement situer Marie «dans le mystère de l'Église» (§ 963 = 1755). On aurait donc pu garder le titre du *Projet révisé*, «Mère de l'Église», ou, mieux encore, choisir: «Marie dans le mystère de l'Église».

Le plan de 1992 ajuste quelque peu celui de 1989:

1989	1992
I. La maternité de Marie envers l'Église	I. La maternité de Marie envers l'Église
1. Toute unie à son Fils...	Toute unie à son Fils...
	... aussi dans son Assomption
2. ... elle est notre mère dans l'ordre de la grâce	... elle est notre mère dans l'ordre de la grâce
3. Médiatrice maternelle	
II. Le culte de la Sainte Vierge	II. Le culte de la Sainte Vierge
1. Toutes les générations me diront bienheureuse...	
2. Marie - Icône eschatologique de l'Église	III. Marie - icône eschatologique de l'Église

D'une édition à l'autre, la «médiatrice maternelle» n'apparaît plus, l'Assomption devient un point particulier du développement et l'«icône eschatologique» est tout normalement détachée du culte marial.

Quelques modifications ponctuelles sont intéressantes à signaler:
– au § 963 (= 1756), la formule «mère de l'Église», officialisée par Paul VI le 21 novembre 1964, a été ajoutée;
– au § 966 (= 1758), l'Assomption est détachée du reste de la vie de Marie et le *C.É.C.* ajoute qu'elle est «une participation singulière à la

552. À la différence de *Lumen gentium*, ce n'est pas la première fois que le *C.É.C.* évoque la Vierge Marie: elle est la réalisation la plus pure de la foi (§ 148-149); son pèlerinage de foi se fait «dans la nuit de la foi» (§ 165); elle est le suprême modèle de la foi (§ 273); elle est la nouvelle Ève préservée de toute souillure du péché originel (§ 411); elle est en toute vérité mère de Dieu (§ 466); prédestinée, conçue sans péché, elle est mère de Jésus, mère de Dieu, Marie toujours vierge (§ 487-507); elle est «le chef-d'œuvre de la mission du Fils et de l'Esprit dans la plénitude des temps» (§ 721-726); en elle, l'Église atteint déjà sa perfection (§ 829). Il en sera encore fait mention par après: § 1014, 1172, 1370, 1477, 1655, 1717, 2097, 2146, 2617-2619 (la prière de la Vierge Marie) et 2673-2679 (la prière en communion avec Marie: l'*Ave Maria*).

Résurrection de son Fils et une anticipation de la résurrection des autres chrétiens»; c'est la première et la seule fois que le catéchisme parle du dogme de l'Assomption (il ne l'a pas mentionné lorsqu'il a parlé de la résurrection et de l'ascension de Jésus et il n'en dira pas un mot à propos de la résurrection au dernier jour);
– au § 969 (= 1761), le *C.É.C.* ajoute que Marie est invoquée «sous les titres d'avocate, d'auxiliaire, de secourable, de médiatrice» (= 1762, 1e phrase) et ainsi supprime les termes de «médiatrice maternelle» que nous avions jugés malvenus[553]; au § 970, il rassemble *Lumen gentium* 60 (= 1762, à partir de la deuxième phrase) et 62 (1763) et transcrit le tout en petits caractères;
– au § 971 sur le culte marial (= 1764), il commence par ces mots de Paul VI: la piété mariale «est intrinsèque au culte chrétien»; n'aurait-il pas dû convier ici les lecteurs, comme le fait *Lumen gentium* 67, à s'abstenir de «tout excès de langage contraire à la vérité» et de «toute étroitesse injustifiée» afin de ne pas «induire en erreur, soit nos frères séparés, soit tout autre personne, sur la véritable doctrine de l'Église»?
– en ce même § 971, le *C.É.C.* ajoute aux fêtes liturgiques dédiées à Marie, «le Saint Rosaire, 'abrégé de tout l'Évangile'», selon Paul VI dans son exhortation apostolique *Marialis cultus* du 2 février 1974. Il ne peut dès lors plus dire que le culte marial trouve «son expression *privilégiée* dans les fêtes liturgiques» (1764). En modifiant ainsi le *Projet révisé*, il met sur le même pied les fêtes liturgiques et le chapelet, ce qui est regrettable[554].

Les «En bref» sont toujours trois: ceux des § 973 et 975 proviennent du *Projet révisé* (1768, 1769) et celui du § 974 sur l'Assomption est nouveau; l'extrait de l'encyclique *Redemptoris Mater* de Jean-Paul II a été abandonné: «Marie est présente dans le Mystère de l'Église comme modèle... mais elle est beaucoup plus. En effet, avec un amour maternel, elle coopère à la naissance et à l'éducation des fils et des filles de la mère Église» (1767).

553. Voir ci-dessus, p. 260-261.

554. L'endroit le plus approprié pour parler du rosaire me semble être là où est évoquée la piété populaire ou la prière «en communion avec la sainte Mère de Dieu». Le *C.É.C.* dira, aux § 1674-1675, que le rosaire constitue une des formes variées de l'expression de cette piété populaire, formes qui ne remplacent pas la vie liturgique mais la prolongent. Et il dira, au § 2678, que la piété médiévale a développé la prière du rosaire «en substitution à la Prière des Heures». Il ne faudait pas faire un amalgame entre les fêtes liturgiques et la prière du rosaire (cf. *Marialis cultus*, 3e partie).

Article 10: «Je crois au pardon des péchés»

Le dixième article du Symbole des apôtres est: «Je crois à la rémission des péchés»; le Credo de Nicée-Constantinople dit plutôt: «Je reconnais un seul baptême pour le pardon des péchés». Le *C.É.C.* opte pour un énoncé intermédiaire. «Je crois au pardon des péchés» et nous avertit qu'il n'évoquera, brièvement, que «quelques données de base» concernant le pouvoir de pardonner les péchés conféré aux apôtres (le pardon par le baptême, le sacrement de pénitence et les autres sacrements, surtout l'eucharistie, viendra plus tard, dans la deuxième partie du catéchisme).

Après un préambule d'un paragraphe unique au lieu de trois (§ 976 = 1770-1772), le *C.É.C.* développe «un seul baptême pour le pardon des péchés» (§ 977-980 = 1777-1781), laissant tomber une bonne partie de ce que le *Projet révisé* intitulait: «Dieu offre à tous les hommes le pardon de leurs péchés» (1773-1776). Il insère ensuite un nouvel exposé sur «le pouvoir des clefs» (§ 981-983).

1989	1992
I. Dieu offre à tous les hommes le pardon de leurs péchés	I. Un seul baptême pour le pardon des péchés
II. Un seul baptême pour le pardon des péchés	II. Le pouvoir des clefs

Le préambule fait le lien avec les deux articles précédents du Symbole. Il ne rappelle plus que «tous les hommes naissent privés de l'amitié de Dieu à cause du péché originel, dans un monde marqué par la haine, la violence, l'injustice et les méchancetés dont les hommes (...) sont les protagonistes» (1771). Il ne rappelle pas davantage que «notre foi nous assure que le bien, l'amour et la vie sont, déjà en ce monde, plus forts que la haine, la violence et la mort elle-même» parce que Dieu nous a réconciliés «en nous livrant son propre Fils et en nous donnant l'Esprit de sainteté» (1772). Il évoque uniquement le don de l'Esprit aux apôtres, lié au pouvoir de remettre les péchés (§ 976 = 1770).

Le *Projet révisé* disait alors que Dieu a radicalement pardonné, dans la mort et la résurrection de Jésus, le péché de tous les hommes (1773) et que le Christ a confié aux apôtres «la mission d'annoncer à toutes les nations le repentir (...) en vue de la rémission des péchés» (1774). Il poursuivait: l'Église est la médiation nécessaire voulue par le Christ pour la réconciliation (1775): ayant reçu les clefs du Royaume, elle a le pouvoir de remettre les péchés (1776). Cela étant dit, il pouvait parler du baptême pour le pardon des péchés et de la pénitence offerte aux baptisés qui sont retombés dans le péché (1777-1781). Tout cela paraissait très logique et cohérent.

Le *C.É.C.* modifie cette logique et cette cohérence. Il pense qu'il est mieux de dire d'abord que Jésus a lié à la foi et au baptême le pardon des péchés (§ 977 = 1777; c'est lui qui précise que «le baptême est le premier et principal sacrement du pardon des péchés»). Il dit alors que le baptême nous procure le pardon total, bien que les mouvements de la concupiscence subsistent (§ 978 = 1778), et que le sacrement de pénitence rend possible la réconciliation des baptisés pécheurs avec Dieu (§ 979-980 = 1779-1781; la citation de Grégoire de Naziance remplace celle d'Origène sur l'aveu des péchés et celle de s. Augustin sur l'insuffisance de l'aveu s'il n'est pas suivi de l'action de l'Église qui seule peut «délier les péchés»). Après la citation de Grégoire de Naziance, le *C.É.C.* rappelle un canon du concile de Trente sur la nécessité du sacrement de pénitence pour «ceux qui sont tombés après le baptême» (sans préciser que l'obligation ne porte que sur les péchés qualifiés de «mortels»).

Tout cela étant dit, le *C.É.C.* en vient à parler du «pouvoir des clefs». Son texte emprunte une phrase ou l'autre aux paragraphes du *Projet révisé* sur l'offre que Dieu fait à tous les hommes de leur accorder le pardon (la toute première phrase du § 981 et les citations de s. Augustin de ce même § 981 et du § 983). Pour le reste, il souligne qu'«il n'y a aucune faute, si grave soit-elle, que la Sainte Église ne puisse remettre» et demande aux catéchistes d'«éveiller et de nourrir chez les fidèles la foi en la grandeur incomparable du don que le Christ ressuscité a fait à son Église»: le pouvoir de pardonner véritablement par le ministère des apôtres (§ 982-983; les citations de s. Ambroise et de s. Jean Chrysostome ne figuraient pas dans le *Projet révisé*).

Pas plus que dans le *Projet révisé*, il ne s'agit pas ici d'un exposé exhaustif sur le pardon des péchés mais uniquement d'une présentation du pouvoir de pardonner par le baptême et par le sacrement de pénitence conféré aux apôtres et à leurs successeurs. Pour une vision complète sur le pardon, il nous faudra consulter les chapitres du catéchisme sur le baptême, sur la pénitence et sur l'eucharistie; il nous faudra aussi parcourir les paragraphes de la troisième partie consacrés au péché et ceux de la quatrième sur la demande du Pater: «Pardonne-nous (...) comme nous pardonnons aussi à ceux qui nous ont offensés».

En présentant les mystères de la vie publique de Jésus, le *C.É.C.* a rapporté que Jésus a confié à Pierre le «pouvoir des clefs», notamment l'autorité pour absoudre les péchés; il a précisé que Pierre a été le seul à recevoir explicitement ce pouvoir bien que celui-ci ait été confié à l'Église «par le ministère des apôtres» (§ 553); les clefs du Royaume «ont été confiées à Pierre», résumait l'«En bref» du § 567. Il a repris cet enseignement dans son exposé sur la hiérarchie: les clefs ont été confiées à Pierre mais la charge de «lier et délier» a aussi été donnée au collège apostolique (§ 881); l'«En bref» du § 936 parlait de la remise des clefs à Pierre mais l'«En bref» qui concerne les évêques ne signalait pas que les clefs leur ont aussi été remises (§ 939). Dans les nouveaux paragraphes 981-983, le commentaire est plus satisfaisant: le «pouvoir des clefs» a été confié aux apôtres et à leurs successeurs, les clefs du Royaume ont été «données» à l'Église du Christ par le ministère des apôtres et de leurs successeurs, les prêtres ont reçu de Dieu un pouvoir qui n'a pas été donné aux anges, le pouvoir de pardonner est exercé par les évêques et les prêtres. L'insistance sur Pierre et son successeur a disparu, ce qui ne signifie pas que le pape n'a pas ce pouvoir de pardonner puisqu'il est compris parmi les successeurs des apôtres[555].

Toute faute, si grave soit-elle, nous dit le *C.É.C.*, § 982, peut être pardonnée, et nous sommes renvoyés au § 1463 qui signale la peine de l'excommunication accompagnant certains péchés particulièrement graves. N'aurait-il pas fallu aussi nous inviter à lire le § 1864 sur le blasphème contre l'Esprit Saint pour lequel, selon la tradition synoptique, Jésus nous dit qu'il n'y a aucun pardon possible?

Le Catéchisme romain donne constamment des conseils aux pasteurs: faites comme ceci, n'oubliez pas de signaler cela... S'adressant au grand public, le *C.É.C.* laisse aux responsables de la catéchèse le soin d'utiliser l'exposé organique qu'il leur présente comme texte de référence; il ne s'adresse pas directement aux catéchistes. Sauf ici..., au § 983: «La catéchèse (= les catéchistes) s'efforcera d'éveiller et de nourrir chez les fidèles, la foi en la grandeur incomparable du don (...) fait à l'Église»: celui de «pardonner véritablement les péchés par le ministère des apôtres et de leurs successeurs». Pourquoi déroger, en cet article dixième du Symbole, à la règle qu'on s'est fixée? Cette exception, jointe au rappel du canon tridentin sur la nécessité du sacrement de pénitence pour le pardon des fautes commises après le baptême, ne serait-elle pas en lien avec la désaffection que ce sacrement connaît depuis quelques temps chez beaucoup de catholiques?

555. Voir aussi le § 1444 qui revient une fois encore sur le pouvoir de pardonner conféré «au collège des apôtres unis à leur chef».

Quatre «En bref», au lieu de six en 1989, résument un exposé qui est passé, d'une édition à l'autre, de douze à huit paragraphes. Les deux qui n'ont pas été repris disaient:
– «À cause du péché originel, nous naissons privés de l'amitié de Dieu. Mais Dieu offre à tous les hommes le pardon de leurs péchés en Jésus-Christ, son Fils, qui par sa mort rédemptrice a pardonné radicalement tous les péchés» (1783, en lien avec 1771 non repris dans le *C.É.C.*).
– «C'est l'Esprit Saint dans l'Église qui nous communique le salut obtenu par Jésus-Christ. L'Église est comme le sacrement de réconciliation avec Dieu et elle ouvre les portes de cette réconciliation par le Baptême et par la Pénitence» (1784).

Les quatre autres «En bref» du *Projet révisé* se retrouvent dans le *C.É.C.* aux § 984-987 (= 1782, 1785-1787). Cependant, là où le *Projet révisé* disait que l'Église exerce le pouvoir de pardonner «de façon significative, claire et habituelle dans le sacrement de la réconciliation» (1786), le *C.É.C.* écrit que l'Église exerce ce pouvoir «par les évêques et les prêtres de façon habituelle dans le sacrement de pénitence» (§ 986). C'est l'occasion de faire remarquer que le *C.É.C.* privilégie le vocabulaire de la «pénitence» et n'utilise que deux fois celui de la «réconciliation» (§ 981 avec la citation de 2 Co 5,18), alors que le *Projet révisé* employait ce dernier à huit reprises, développement et «En bref» confondus.

Article 11: «Je crois à la résurrection de la chair»

La foi en «la résurrection de la chair» est présentée avec plusieurs modifications d'une édition à l'autre du catéchisme. Le préambule souligne l'importance du onzième article du Symbole et donne le sens du terme «chair» (§ 988-991 = 1788-1790). Le *C.É.C.* aime préciser que notre foi est trinitaire (§ 988) et que «notre résurrection sera l'œuvre de la Très Sainte Trinité» (§ 989, avec la citation de Rm 8,11); le *Projet révisé* avait en effet omis de mentionner l'action sanctificatrice de l'Esprit, ne mentionnant que l'action créatrice du Père et l'action salvatrice du Fils (1788). Dans son explication du terme «chair», il ne parle plus de notre «corps de chair» (avec référence à Col 1,22), mais de nos «corps mortels» (avec référence à Rm 8,11).

Le développement se fait en deux étapes; la première concerne «la résurrection du Christ et la nôtre» et la deuxième évoque la mort par laquelle il nous faut passer pour ressusciter avec le Christ.

I. La résurrection du Christ et la nôtre

Le *C.É.C.* rappelle sommairement que la croyance en la résurrection a toute une histoire. Elle commence à s'exprimer dans le récit du martyre des sept frères de 2 M 7,9 et de 2 M 7,14 (référence plus adéquate que 2 M 7,36 du *Projet révisé*). On la retrouve chez les Pharisiens et chez Jésus. Celui-ci déclare qu'il est «la Résurrection et la vie»; il rend la vie à des morts et annonce sa propre résurrection «le troisième jour». Après sa mort, les apôtres proclament qu'ils l'ont vu vivant et prêchent notre propre résurrection, ce qui a été cause de beaucoup d'incompréhension et d'opposition (§ 992-996 = 1792-1796). Au texte de 1989, le *C.É.C.* n'ajoute qu'une seule phrase: «Il est très communément acquis qu'après la mort la vie de la personne humaine continue d'une façon spirituelle. Mais comment croire que ce corps si manifestement mortel puisse ressusciter à la vie éternelle?» (§ 996); remarquons qu'il parle de «la personne humaine» et non de «l'âme» et qu'il y va d'un «valde communiter accipitur» alors qu'on se serait attendu à: «l'Église – ou le magistère – enseigne» qu'après la mort la vie continue. À propos de l'annonce faite par Jésus de sa résurrection, «le troisième jour», l'explication attendue sur le sens que Jésus a pu donner à cette expression n'est pas venue[556].

Mais qu'est-ce que ressusciter? Utilisant ici, comme le *Projet révisé*, le vocabulaire «âme-corps», le *C.É.C.* répond: alors que le corps tombe dans la corruption, l'âme, à la mort, va vers Dieu et attend d'être réunie à son «corps glorifié» car Dieu rendra vie au corps en l'unissant à l'âme «par la vertu de la Résurrection de Jésus» (§ 997 = 1797, qui disait: «à la manière et par la vertu» de sa résurrection). Le texte de s. Irénée affirmant que les «âmes iront au lieu invisible qui leur est assigné par Dieu et elles y séjourneront jusqu'à la résurrection» (1798) ne figure plus dans le *C.É.C.*, n'étant pas devenu l'expression de la foi postérieure de l'Église.

Tous les morts sans exception ressusciteront. Mais comment ressusciteront-ils? «Avec leur propre corps, qu'ils ont maintenant», disait le *Projet révisé* reprenant l'enseignement du quatrième concile du Latran (1800). Le *C.É.C.* ne dit pas autre chose, mais explique plus nettement que le Christ «n'est pas revenu à une vie terrestre» et que notre corps sera donc transformé en corps «spirituel» (§ 999). Qu'en sera-t-il pour les damnés? La réponse attendue n'est pas venue. Le *C.É.C.* ajoute un nouveau paragraphe: le «comment» dépasse notre imagination et n'est

556. Voir ci-dessus, p. 225.

accessible que «dans la foi»; «notre participation à l'Eucharistie nous donne déjà un avant-goût de la transfiguration de notre corps par le Christ», comme l'a écrit s. Irénée (§ 1000).

Quand cela arrivera-t-il? «Au dernier jour», lors de la parousie, comme l'écrit s. Paul dans 1 Th 4,16 (§ 1001 = 1801). Cependant, nous pouvons dire que, d'une certaine manière, «nous sommes déjà ressuscités avec le Christ»; «grâce à l'Esprit Saint», a soin d'ajouter le *C.É.C.*, nous participons déjà à la mort et à la résurrection du Christ (§ 1002 = 1802). En effet, par le baptême et l'eucharistie, le Père «nous a ressuscités et fait asseoir aux cieux, dans le Christ Jésus» (§ 1003; le *Projet révisé* disait équivalemment: «Incorporés au Christ ressuscité, ils [les croyants] sont 'le Corps du Christ', déjà englobés dans la Résurrection et la glorification du corps du Christ» [1803]). Dans l'attente de ce «dernier jour», non seulement l'âme mais aussi le corps participent déjà à la dignité d'être «au Christ» (§ 1004 = 1804).

II. Mourir dans le Christ Jésus

«Pour ressusciter avec le Christ, il faut mourir avec le Christ (...). Dans ce 'départ' qu'est la mort, l'âme est séparée du corps. Elle sera réunie à son corps le jour de la résurrection des morts» (§ 1005 = 1805). Cet énoncé tiré de la solennelle profession de foi de Paul VI ouvre une réflexion sur la mort développée en deux points: qu'est-ce que la mort? quel sens les chrétiens lui donnent-ils? Le *C.É.C.* situe cette réflexion après son exposé sur la résurrection; il aurait tout aussi bien pu parler d'abord de la mort puisque celle-ci est antérieure à la résurrection.

La mort

Le premier point reçoit un titre peu significatif, «la mort», et empiète sur le deuxième puisqu'il nous présente déjà des éléments du sens que le chrétien donne à la mort: le *C.É.C.* nous dit en effet qu'elle est le terme de la vie terrestre, qu'elle est la conséquence du péché mais qu'elle a été transformée par le Christ (§ 1006-1009 = 1806-1809). Pour le *Projet révisé*, la mort a plusieurs significations. *En un sens*, elle est naturelle, mais pour la foi, elle est *aussi* «salaire du péché et *enfin* participation à la mort du Christ...» (1806). Le *C.É.C.* ne semble pas aimer dire que, pour le chrétien, ces trois sens coexistent; il écrit: «*En un sens*, [elle] est naturelle, mais, pour la foi, elle est *en fait* 'salaire du péché' (...) et une participation à la mort du Christ...» (§ 1006), du moins, précise-t-il, «pour ceux qui meurent dans la grâce du Christ». Le «aussi» est donc devenu un «en fait» et le «enfin» a disparu. C'est que, conformément au § 376 (l'homme créé par Dieu ne devait pas mourir) et au § 400 (le péché fait entrer la mort dans le monde), le *C.É.C.* ne veut pas qu'on s'attarde sur le caractère tout à fait naturel de la mort.

Certes, «la mort est le terme de la vie terrestre»: nous vieillissons et, précise le *C.É.C.*, «comme chez tous les être vivants de la terre, la mort apparaît comme la fin normale de la vie» (§ 1007). Le *Projet révisé* disait tout de go: «La mort est naturelle. 'Il y a un temps pour enfanter et un temps pour mourir'. Lorsque la Sainte Écriture parle de la mort, elle la voit parfois comme la fin naturelle de la vie humaine (...); il semble même convenable de mourir après une vie pleine» (1807). Ce langage ne se retrouve plus maintenant.

«En fait», la mort est «conséquence du péché» (§ 1008 = 1808). La comparaison des deux versions fait apparaître davantage encore les préférences, les insistances du *C.É.C.*

Projet révisé	*C.É.C.*
Mais la mort est aussi un jugement de Dieu sur l'homme pécheur. Interprétant les affirmations de la Sainte Écriture, l'Église enseigne que la mort est entrée dans le monde à cause du péché de l'homme. La mort fut donc contraire au dessein de Dieu Créateur, du moins sous les aspects de répugnance, d'anxiété, de violence que comporte le fait de mourir: ces aspects sont des conséquences du péché qui est séparation de Dieu, source de vie. La mort est ainsi «le dernier ennemi» de l'homme à devoir être vaincu.	Interprète authentique des affirmations de la Sainte Écriture et de la Tradition, le Magistère de l'Église enseigne que la mort est entrée dans le monde à cause du péché de l'homme. Bien que l'homme possédât une nature mortelle, Dieu le destinait à ne pas mourir. La mort fut donc contraire aux desseins de Dieu Créateur, et elle entra dans le monde comme conséquence du péché. «La mort corporelle à laquelle l'homme aurait été soustrait s'il n'avait pas péché» est ainsi «le dernier ennemi» de l'homme à devoir être vaincu.

Le *C.É.C.* veut donner à ce paragraphe un poids doctrinal particulier. Ce qu'il rapporte est l'enseignement du magistère de l'Église; celui-ci s'exprime comme «interprète authentique» non seulement de ce que dit l'Écriture mais de ce qu'affirme la Tradition. Cela ne veut pas dire que les auteurs du *Projet révisé* ont été dans l'erreur lorsqu'ils ont écrit que, à cause du premier péché, ce sont «les aspects de répugnance, d'anxiété, de violence que comporte le fait de mourir», qui sont entrés dans le monde. Cela signifie que le magistère préfère s'en tenir aux termes consacrés par l'Écriture et la Tradition: la mort corporelle est entrée dans le monde à cause du péché de l'homme car Dieu destinait l'homme à ne pas mourir; il préfère ne pas se lier à l'interprétation du *Projet révisé*. Mais il faudra bien en arriver à expliquer ce que signifie «l'interprétation authentique» rapportée par le *C.É.C.* puisque la mort existait dans le monde végétal et dans le monde animal bien avant l'apparition de l'homme sur la terre et qu'il est impensable qu'un être humain fait de cellules périssables vive éternellement sur cette terre.

«Conséquence du péché», la mort a été transformée par le Christ: de malédiction, elle est devenue bénédiction (§ 1009). Le *Projet révisé* ajoutait: «Pour le chrétien, la mort n'est donc pas seulement la possibilité d'accepter la volonté du Père, à l'exemple de Jésus, mais aussi une véritable participation à la valeur salvatrice de la mort du Christ» (1809).

Le sens de la mort chrétienne

Il vient déjà d'être question du sens que le chrétien donne à la mort. Ce que le *C.É.C.* se propose ici, c'est de développer la richesse de significations que revêt la mort en chrétien.

Elle est l'achèvement de notre incorporation au Christ dans son acte rédempteur (§ 1010 = 1810). En elle, nous pouvons percevoir un appel de Dieu à aller vers lui (§ 1011 = 1811). Comme le chante la liturgie de l'Église (Église latine, faudrait-il préciser), la vie n'est pas détruite, elle est transformée (§ 1012 = 1812). La mort est ainsi la fin de notre pèlerinage terrestre (§ 1013 = 1813). Le *C.É.C.* ajoute ici une précision qui veut rencontrer une croyance que pas mal de chrétiens, en Occident du moins, sont tentés de recevoir avec bienveillance: «Quand a pris fin 'l'unique cours de notre vie terrestre', nous ne reviendrons plus à d'autres vies terrestres. 'Les hommes ne meurent qu'une fois'. Il n'y a pas de 'réincarnation' après la mort».

Le *Projet révisé* terminait sa réflexion sur la mort chrétienne par une invitation à se préparer pour l'heure de la mort («Délivre-nous d'une mort subite et imprévue»)[557] et à se confier à s. Joseph, patron de la bonne mort (1813, 2e partie). Le *C.É.C.* fait de même et ajoute la prière à la Mère de Dieu: qu'elle prie pour nous «à l'heure de notre mort»; il enrichit aussi son exposé d'une citation de l'*Imitation de Jésus-Christ* et du *Cantique des créatures* de s. François d'Assise (§ 1014).

Quatre des cinq «En bref» ont subi des modifications plus ou moins importantes.

– Au § 1016, nous trouvions dans le *Projet révisé* : «De même que le Christ, ressuscité comme 'prémices', vit pour toujours, tous nous ressusciterons au dernier jour. Si nous ne ressuscitions pas, le Christ ne serait pas ressuscité non plus et nous ne serions pas rachetés» (1815).

557. L'édition typique précise que cette invocation provient de l'«*ancienne* Litanie des saints».

Le *C.É.C.* supprime la dernière phrase de ce résumé et commence l'«En bref» par: «Par la mort, l'âme est séparée du corps, mais dans la résurrection Dieu rendra la vie incorruptible à notre corps transformé en le réunissant à notre âme».

– Au § 1017, nous lisons: «...on sème dans le tombeau un corps corruptible, il ressuscite un corps incorruptible, un 'corps spirituel' (1 Co 15,44)»; le *Projet révisé* avait: «...on sème (dans le tombeau) un corps psychique, il ressuscite un corps spirituel». Le *C.É.C.* a préféré «corruptible», terme moins difficile que «psychique» (1816).

– Au § 1018, le *C.É.C.* dit que «l'homme doit subir 'la mort corporelle'» en conséquence du «péché originel», là où le *Projet révisé* avait: «à cause du péché, l'homme souffre 'de cette mort corporelle'...» (1817; c'est la souffrance causée par la mort qui est la conséquence du péché).

– Au § 1019, nous trouvions en 1989 le résumé suivant: «Jésus, le Fils de Dieu, a souffert la mort, propre à la condition humaine; il a assumé notre mort dans un acte de soumission totale et libre à la volonté de Dieu, son Père, transformant ainsi la mort en salut (cf. Rm 5,19)» (1818). Le texte actuel ne dit pas autre chose mais il ne veut pas qu'on retienne que «la mort est propre à la condition humaine».

Article 12: «Je crois à la vie éternelle»

Le *C.É.C.* a gardé pour l'article douzième – «Je crois à la vie éternelle» – le même contenu que dans le *Projet révisé*. Il est question de l'eschatologie individuelle (avec le jugement particulier, le ciel, le purgatoire et l'enfer), qui aurait pu être développée à la suite de l'exposé sur la mort chrétienne et avant celui qui est consacré à la résurrection de la chair au dernier jour. Il est question aussi du jugement dernier et de l'espérance des cieux nouveaux et de la terre nouvelle. Le nombre de paragraphes a été ramené de 40 à 31 et les «En bref» ne sont plus que 10 au lieu de 14.

Le préambule décrit ce que l'Église offre au chrétien au moment où celui-ci arrive à l'heure de la mort: le pardon des péchés, l'onction des malades, le viatique et la recommandation de son âme à Dieu (§ 1020 = 1819-1820). Il est suivi, comme dans le *Projet révisé*, d'un exposé sur chacune des étapes par lesquelles le défunt passe (ou pourrait passer) avant de posséder pleinement la vie éternelle.

I. Le jugement particulier

Le *Projet révisé* disait que «la Sainte Écriture affirme à plusieurs reprises la rétribution immédiate après la mort de chacun en fonction de ses œuvres» (1821). Le *C.É.C.* dit cela autrement: «Le Nouveau Testament parle du jugement principalement dans la perspective de la rencontre finale avec le Christ dans son second avènement, mais il a affirmé aussi à plusieurs reprises la rétribution immédiate après la mort de chacun en fonction de ses œuvres et de sa foi» (§ 1021). En signalant la rétribution en fonction non seulement des œuvres mais aussi de la foi, et en mentionnant la perspective néotestamentaire du jugement final, le *C.É.C.* comble une lacune du *Projet révisé.*

Qu'en est-il de la rétribution immédiate? C'est une donnée qui nous vient d'abord de l'évangile de Luc qui parle d'une «destinée de l'âme» qui peut être différente pour les uns et pour les autres (§ 1021 = 1821). Quant au jugement particulier, il ne découle pas directement des évangiles mais de la réflexion de l'Église latine concernant le sort des défunts et des déclarations des conciles de Lyon II, de Florence et de Trente et des papes Benoît XII et Jean XXII: au terme de sa vie, chacun reçoit «dans son âme immortelle» sa rétribution en un jugement particulier (§ 1022 = 1822). Il aurait été intéressant de nous dire pourquoi, à partir des documents cités, on en est arrivé à parler d'un jugement antérieur au jugement général dont parle explicitement l'Écriture. Sur quoi portera le premier jugement? Le *Projet révisé* ne répondait pas. Le *C.É.C.,* en petits caractères, rapporte ces paroles de s. Jean de la Croix: «...nous serons jugés sur l'amour».

L'«En bref» qui résume cet enseignement retient qu'il y aura un jugement particulier par le Christ pour chacun «dans son âme immortelle» (§ 1051). Le *Projet révisé* signalait en commençant que cette croyance se fonde sur l'Écriture et sur la Tradition (1823).

II. Le ciel

«Ceux qui meurent dans la grâce et l'amitié de Dieu, et qui sont parfaitement purifiés, vivent pour toujours avec le Christ», semblables à Dieu parce qu'ils le voient tel qu'il est, «face à face» ajoute le *C.É.C.* (§ 1023 =1824, qui commençait ainsi: «Les âmes de ceux qui meurent dans la grâce...»).

Le ciel consiste en la «vie parfaite avec la Très Sainte Trinité» (avec «Dieu», disait le schéma de 1989) et, ajoute le *C.É.C.*, «avec la Vierge Marie, les anges et tous les bienheureux» (§ 1024 = 1825). Être «au ciel», c'est «être avec le Christ» et trouver en lui sa vraie identité (§ 1025 = 1826). C'est posséder en plénitude les fruits de la rédemption... (§ 1026, qui est la réécriture de ce que disait le *Projet révisé*: «la vie des bienheureux consiste dans la plénitude du Corps du Christ, en tant que communauté de tous ceux qui sont incorporés à lui et qui croient en lui. La vision de Dieu découvre aux élus les profondeurs divines. Elle leur est donnée en Jésus-Christ, unique médiateur entre Dieu et les hommes» [1827]). La version du *C.É.C.* est plus compréhensible et cependant elle ne nous empêche pas de nous interroger: qu'est-ce qu'une vie *parfaite*, un bonheur *suprême* et *définitif*, la possession *en plénitude* des fruits de la rédemption, une *parfaite* incorporation au Christ, alors que les saints du ciel «attendent» encore leur propre résurrection, celle de toute l'humanité et les cieux nouveaux et la terre nouvelle dans lesquelles il n'y aura plus de douleur, de mal et de mort?

Le mystère du «ciel» dépasse toute compréhension et toute représentation. L'Écriture elle-même ne nous parle qu'en images (en «expressions symboliques», disait le *Projet révisé*) de tout ce que Dieu a préparé pour ceux qui l'aiment (§ 1027 = 1828, où ne figuraient pas les images «maison du Père, Jérusalem céleste, paradis»).

Voir Dieu tel qu'il est n'est possible que si Dieu nous en rend capables; cette vision, ajoute le *C.É.C.*, est appelée par l'Église «vision béatifique» (§ 1028 = 1829, première partie). Un extrait d'une lettre de s. Cyprien vient confirmer cet enseignement; il était un des trois «En bref» consacrés au «ciel» dans le *Projet révisé* (1832).

Le schéma de 1989 terminait par ces mots: «La béatitude du ciel n'est ni pure passivité ni une absorption en Dieu. Les bienheureux continuent d'accomplir avec joie la volonté de Dieu par rapport aux autres hommes et par rapport à la création tout entière» (1829, deuxième partie). Le *C.É.C.* reprend la fin de ce paragraphe 1829 et ajoute: «Déjà ils règnent avec le Christ; avec lui, 'ils régneront pour les siècles des siècles'» (§ 1029). Les images bibliques qui nous parlent du «ciel» évoquent un festin de noces, la joie, la paix, la vie; les expressions du magistère sont plus abstraites: il est question de voir et de contempler, d'être avec..., de posséder en plénitude, d'accomplir la volonté de Dieu, de régner avec le Christ.

L'«En bref» 1053 (= 1831), emprunté à la solennelle profession de foi de Paul VI, ajoute que «la multitude des âmes» rassemblées autour de Jésus et de Marie intercèdent pour nous et aident notre faiblesse par leur sollicitude fraternelle, ce que l'exposé n'a pas précisé.

Un autre «En bref», § 1052, extrait lui aussi de la profession de foi de Paul VI, nous dit que «les âmes de ceux qui meurent dans la grâce du Christ (...) sont le Peuple de Dieu dans l'au-delà de la mort, laquelle sera définitivement vaincue le jour de la résurrection où ces âmes seront réunies à leurs corps»; le *Projet révisé* transcrivait l'entièreté du texte de

Paul VI: les âmes de ceux qui meurent dans la grâce du Christ, «soit qu'elles aient encore à être purifiées au Purgatoire, soit que dès l'instant où elles quittent leurs corps, Jésus les prenne au Paradis comme il a fait pour le bon larron», sont le Peuple de Dieu... (1830).

III. La purification finale ou Purgatoire

Le *Projet révisé* faisait suivre son exposé sur «le ciel» d'un développement sur «l'enfer», laissant «le purgatoire» pour après. Le *C.É.C.* fait l'inverse: il parle du purgatoire avant l'enfer (§ 1030-1032 = 1848-1853). Les six paragraphes de 1989 ont été regroupés pour n'en constituer désormais que trois, sans que cela entraîne des modifications importantes.

Au § 1031, le *C.É.C.* a supprimé la référence à la lettre de la Congrégation pour la doctrine de la foi «sur quelques questions relatives à l'eschatologie» de 1979 et a remplacé un texte de s. Maxime le Confesseur par un extrait des *Dialogues* de s. Grégoire le Grand (1849-1850). Le texte de s. Maxime disait: «Ceux qui possèdent la perfection de l'amour de Dieu et qui, ayant élevé les ailes de l'âme par les vertus, sont, selon l'apôtre, emportés dans les cieux, ne viennent pas en jugement. Ceux par contre, qui n'ont pas acquis tout à fait la perfection mais en qui il y a [à la fois] péchés et bonnes œuvres, ceux-ci viennent au tribunal du jugement; et là, comme éprouvés au feu par la comparaison de leurs actions bonnes et mauvaises, si toutefois le plateau de leurs bonnes [actions] l'emporte, ils seront purifiés du châtiment». L'extrait de s. Grégoire veut justifier la croyance au purgatoire par une référence à une parole du Christ lui-même; il nous fait grâce des ailes des âmes, du tribunal, des plateaux de la balance et de l'épreuve du feu.

Au § 1032, le *C.É.C.* explique que l'eucharistie est offerte pour les défunts «afin que, purifiés, ils puissent parvenir à la vision béatifique de Dieu». Le *Projet révisé* disait: «afin que, purifiés, ils puissent atteindre la justice et la sainteté qui leur permettent de jouir de la vision éternelle de Dieu» (1851). Cette «vision éternelle», le *C.É.C.* vient de lui donner son nom: c'est ce qui est appelé par l'Église «vision béatifique» (§ 1028); quant à «la justice et la sainteté», elles ont désigné jusqu'ici l'état du premier homme avant la chute et ne paraissent pas indispensables au développement.

Dans un paragraphe distinct, le *Projet révisé* disait «Les saints Pères admettent un état de purification après la mort. En effet, ils recommandent fréquemment l'eucharistie, la prière, les aumônes et les œuvres de pénitence en faveur des défunts» (1852). Le *C.É.C.* ne fait plus mention des Pères de l'Église et dit plus globalement: «L'Église recommande»; il complète la liste de ce qui est recommandé par la mention des indulgences (signalées uniquement dans l'«En bref» 1855 du *Projet révisé*).

Deux «En bref» résument la doctrine catholique sur le purgatoire. Le premier corrige le *Projet révisé* sur deux points: la purification dont on souffre après la mort n'est plus qualifiée de «douloureuse» et le but poursuivi par cette purification est l'obtention de «la sainteté nécessaire pour entrer dans la joie de Dieu» et non plus l'obtention de «la justice et la sainteté nécessaires» (§ 1054 = 1854). Le second nous recommande d'offrir des suffrages, en particulier l'eucharistie, pour les défunts; le *Projet révisé* mentionnait en outre «les indulgences gagnées par les vivants, la prière, l'aumône, les œuvres de miséricorde et de pénitence» (§ 1055 = 1855).

IV. L'enfer

L'exposé du *Projet révisé* sur l'enfer comportait 11 paragraphes, ce qui lui donnait plus d'espace qu'au ciel et qu'au purgatoire avec, chacun, leurs 6 paragraphes. Le *C.É.C.* modifie ces proportions: désormais le ciel occupe 7 paragraphes, le purgatoire 3 et l'enfer 5. Pour l'enfer, quatre paragraphes ont été supprimés et quatre autres ont été fusionnés pour n'en plus former que deux. Rappelons que, dans le *Projet révisé*, l'enfer venait immédiatement après le ciel.

Le *C.É.C.* explique ce qu'il faut entendre par «enfer» au § 1033 (= 1833-1834). Sa version est de loin préférable à celle du *Projet révisé*.

Projet révisé	*C.É.C.*
1833. L'Église croit que si quelqu'un meurt séparé de Dieu par le péché mortel, il souffre de la damnation éternelle immédiatement après sa mort. L'homme qui, abusant de sa liberté, s'obstine dans le péché et repousse l'amour miséricordieux de Dieu à la fin de sa vie terrestre, s'exclut lui-même pour toujours et se voit privé de la vision bienheureuse de Dieu. En dernière instance, la damnation suppose un endurcissement dans le péché mortel qui va jusqu'au refus orgueilleux de la miséricorde divine (péché contre l'Esprit Saint) qui caractérise le péché satanique (cf. Sg 2,24; 2 Co 4,3-4).	§ 1033. Nous ne pouvons pas être unis à Dieu à moins de choisir librement de L'aimer. Mais nous ne pouvons pas aimer Dieu si nous péchons gravement contre Lui, contre notre prochain ou contre nous-même: «Celui qui n'aime pas demeure dans la mort. Quiconque hait son frère est un homicide, or vous savez qu'aucun homicide n'a la vie éternelle demeurant en lui» (1 Jn 3,15). Notre Seigneur nous avertit que nous serons séparés de Lui si nous omettons de rencontrer les besoins graves des pauvres et des petits qui sont ses frères. Mourir en péché mortel sans s'en être repenti et

1834. L'Église appelle *enfer* cet état définitif de damnation ou cette auto-exclusion de la communion avec Dieu, qui est, en même temps, rupture intérieure du damné, rupture avec les autres créatures et avec le cosmos, suivie de souffrance et de désespoir sans fin (le «feu» de l'enfer).

sans accueillir l'amour miséricordieux de Dieu, signifie demeurer séparé de Lui pour toujours par notre propre choix libre. Et c'est cet état d'auto-exclusion définitive de la communion avec Dieu et avec les bienheureux qu'on désigne par le mot «enfer».

Que trouvons-nous dans l'Écriture à propos de l'enfer? Le *C.É.C.* ne retient que des paroles de Jésus (§ 1034 = 1835; c'est le *C.É.C.* qui précise que l'enfer est réservé à ceux qui refusent de croire et de se convertir «jusqu'à la fin de leur vie»). Il supprime les enseignements de s. Paul (1836) pour passer de suite à ce que l'Église affirme concernant l'existence et l'éternité de l'enfer. Voici ce que nous trouvions dans le *Projet révisé* :

– «Selon s. Paul, le jugement signifiera pour les damnés la perte éternelle (2 Th 1,9; 2,10). Ils seront soumis à la colère de Dieu (Rm 2,5; Ep 5,6; Ga 6,7; Col 3,6), ils vivront tourmentés et angoissés (cf. Rm 2,6-10). Exclus du Royaume de Dieu (cf. Ga 5,21; Ep 5,5), ils se trouveront loin de la face du Seigneur et de sa gloire (cf. 2 Th 1,9; Rm 3,23)» (1836).

– «Malgré sa foi dans la réalité de l'enfer, s. Paul affirme qu'à la fin des temps, Dieu sera 'tout en tous' (1 Co 15,28). Cela n'implique pas la conversion des démons et la fin de l'enfer selon la doctrine d'Origène condamnée par l'Église en 543 (cf. DS 411). Mais s. Maxime le Confesseur distingue 'la joie divine et inconcevable que Dieu crée quand il est uni par grâce à ceux qui sont dignes et l'inexprimable angoisse (Rm 2,9) que comporte la privation de cette joie quand il est uni en dehors de la grâce à ceux qui sont indignes. Car Dieu est uni à tous (1 Co 15,28), selon la qualité de la disposition intime de chaque personne' (Qu. ad Thal.: PG 90,609)» (1837).

Ce qu'enseigne l'Église, c'est que «les âmes de ceux qui meurent en état de péché mortel descendent immédiatement après la mort dans les enfers, où elles souffrent les peines de l'enfer, 'le feu éternel' (§ 1035). La formulation du *Projet révisé* se présentait ainsi: «les âmes de ceux qui se damnent, descendent immédiatement après la mort dans les enfers, où elles sont tourmentées par des peines de l'enfer» (1838). Et pour que cette doctrine soit bien comprise, le *Projet révisé* ajoutait: «Ces enseignements supposent que:

– bien qu'il veuille que tous les hommes soient sauvés et qu'il leur offre tous les moyens de salut, Dieu ne violente cependant pas la liberté de l'homme pour l'obliger à accueillir son amour;

– durant sa vie terrestre, l'homme se trouve toujours dans l'alternative d'accepter le salut que Dieu lui offre ou de rejeter son amour miséricordieux;
– la liberté radicale de l'homme est capable de repousser obstinément et jusqu'à la fin de sa vie l'amour et la miséricorde de Dieu;
– le destin ultime de l'homme se trouve fixé à la fin de son existence en ce monde» (1839).

Le *C.É.C.* ne retient pas ce commentaire, préférant ne donner que ce que l'Église affirme, ce qui l'amène à mentionner dans une même phrase «les enfers» (les mêmes enfers où le Christ est descendu?) et «l'enfer». Il précise alors quelle est la peine principale de l'enfer: elle consiste «en la séparation éternelle d'avec Dieu en qui seul l'homme peut avoir la vie et le bonheur pour lesquels il a été créé et auxquels il aspire» (§ 1035). S'il y a une peine principale, c'est qu'il y en a d'autres, qui sont secondaires. Quelles sont-elles? Le *C.É.C.* ne le dit pas. S'agit-il du «feu qui ne s'éteint pas», de «la fournaise ardente» dont parlait Jésus (§ 1034)? Mais comment comprendre ces paroles?

Ce que l'Écriture et l'Église disent au sujet de l'enfer en appelle à notre responsabilité et à notre conversion car, nous précisait le *Projet révisé*, elles rappellent «la patiente miséricorde de Dieu, qui veut 'que personne ne périsse, mais que tous arrivent au repentir'» (1840). Le *C.É.C.* préfère citer le logion de Mt 7,13-14, sur «les deux voies» et insérer ici l'extrait de *Lumen gentium* 48 sur la vigilance chrétienne (§ 1036) par lequel le *Projet révisé* terminait son exposé sur l'enfer (1843).

«Lorsqu'elle transmet sa doctrine sur l'enfer, trouvions-nous dans le *Projet révisé*, l'Église enseigne en même temps la possibilité réelle de la damnation pour les hommes et la réalité de l'état de damnation éternelle des démons: 'Allez loin de moi, maudits, dans le feu éternel (...)'. Cependant, ni la Sainte Écriture, ni l'Église n'affirment de personnes humaines déterminées qu'elles aient été condamnées au châtiment de l'enfer» (1841). À la place, le *C.É.C.* reprend ce qu'il trouve dans un «En bref» du *Projet révisé* : «Personne ne peut être prédestiné par Dieu à aller en enfer; il faut pour cela une aversion volontaire de Dieu (un péché grave), et y persister jusqu'à la fin»; il modifie toutefois la parenthèse en parlant non plus de péché «grave» mais de péché «mortel» (§ 1037 = 1846).

Dans sa liturgie eucharistique et dans ses prières quotidiennes, «l'Église implore la miséricorde de Dieu pour que personne ne tombe dans la damnation éternelle», nous dit le *Projet révisé*, qui cite à l'appui de son affirmation un extrait de la prière eucharistique I (1842). Le

C.É.C. dit plutôt qu'elle implore la miséricorde de Dieu qui veut «que personne ne périsse mais que tous arrivent au repentir» (citation de 2 P 3,9, déjà utilisée par le *Projet révisé* [1840], comme nous venons de le voir) et reprend l'extrait de la première prière eucharistique qu'il désigne par son nom d'autrefois: «canon romain» (l'édition typique latine lui donne son nom officiel: «Prière eucharistique I ou Canon romain») (§ 1037, deuxième partie).

Les «En bref» sur l'enfer sont au nombre de trois; le *Projet révisé* en avait un quatrième qui, nous l'avons dit, a été inséré dans l'exposé (1846 = § 1037). Le schéma de 1989 disait: «l'Église a averti les fidèles durant tous les siècles de la 'triste et lamentable réalité de la mort éternelle'» (1844); le *C.É.C.* dit plus simplement: «l'Église avertit les fidèles de...» (§ 1056). Le résumé suivant parlait de la vie et du bonheur auxquels l'homme aspire (1845); nous lisons maintenant: «pour lesquels il a été créé et auxquels il aspire» (§ 1057), par fidélité à ce qui a été ajouté au § 1035. L'«En bref» du § 1058 établit des liens entre des phrases qui n'étaient que juxtaposées: «Seigneur, ne permets pas que je sois jamais séparé de toi». «Personne ne peut se sauver lui-même; pour Dieu, tout est possible» (1847), et insère cette parole de s. Paul: «Dieu veut que tous soient sauvés».

V. Le Jugement dernier

Le jugement dernier est lié à la résurrection de tous les morts, des justes comme des pécheurs (§ 1038 = 1856). Les versets 31, 32 et 46 de Mt 25 font désormais partie du catéchisme; c'est la description prophétique du jugement faite par Jésus lui-même, que le *Projet révisé* avait oublié.

«C'est face au Christ qui est la Vérité que sera définitivement mise à nu la vérité sur la relation de chaque homme à Dieu. Le Jugement dernier révélera jusque dans ses ultimes conséquences ce que chacun aura fait de bien ou omis de faire durant sa vie terrestre» (§ 1039). Nous avons là un abrégé de ce que disait le *Projet révisé* : «Dieu, qui prononcera la parole définitive sur l'histoire des hommes et leur liberté, la dictera à travers son Fils Jésus-Christ, qui a réalisé toujours l'œuvre du Père. C'est face au Christ qui est la Vérité que sera mise à nu la vérité définitive de la relation des hommes à Dieu. L'histoire est un processus qui peut seulement être jugé à son terme quand les ultimes conséquences des actes humains révéleront la bonté ou la malice de ceux-ci» (1857).

En guise d'illustration de sa pensée, le *C.É.C.* ajoute un extrait d'un sermon de s. Augustin où il est en fait question non du bien qu'on a fait ou de ce qu'on a omis de faire, mais uniquement du mal que font les méchants. Augustin y décrit Dieu comme celui qui «enregistre» tout le mal et, un beau jour, le dévoile, comme celui qui a ses petits pauvres et les a placés sur la terre comme ses commissionnaires pour porter nos bonnes œuvres dans son trésor. Je ne suis pas sûr que tous les lecteurs apprécieront cette représentation de Dieu notre Père.

Quand interviendra le jugement dernier? Le *C.É.C.* répond: lors du retour glorieux du Christ, à une date que seul le Père connaît. Que se passera-t-il alors? Nous connaîtrons le sens ultime de toute l'œuvre de Dieu, nous comprendrons les chemins admirables empruntés par sa Providence, qui le font triompher de toutes les injustices (§ 1040). Faudrait-il en déduire que les saints du ciel devront attendre ce jour du jugement pour entrer dans cette connaissance et découvrir que l'amour de Dieu est plus fort que la mort?

En lieu et place de ces réponses, le *Projet révisé* avait ces quelques lignes intéressantes sur la justice de Dieu: «Face au désordre de la vie individuelle et sociale des hommes, la bonté et la droiture infinie de Dieu triomphera dans le Jugement dernier. Sa justice consiste dans le respect qu'il doit à la liberté des hommes conformément à son dessein éternel d'adoption filiale. Il ne peut les contraindre à l'aimer contre leur gré s'ils s'endurcissent contre sa grâce et, en ce sens, il se doit de leur rendre selon la disposition intime de leur cœur que manifestent leurs œuvres» (1858).

Le jugement dernier contient en lui-même un message pour le présent. Il est un appel à la conversion, il inspire «la sainte crainte de Dieu», il engage pour la justice du Royaume et annonce le retour du Christ (§ 1041). La version du *Projet révisé*, avec et malgré ses redites, m'a semblé plus chaleureuse: «Le message du Jugement dernier est un puissant appel à l'espérance chrétienne pendant que Dieu donne encore aux hommes 'le temps favorable, le temps du salut'. Dieu, dans la patience de son amour sauveur pour les hommes, veut leur concéder le temps de la conversion. La joyeuse espérance chrétienne attend avec confiance ce Jour où le Seigneur 'viendra pour être glorifié dans ses saints et admiré en tous ceux qui auront cru', tandis qu'elle inspire la conversion et l'engagement pour la justice du Royaume de Dieu» (1859).

Que retenir de tout cela? Que, selon la profession de foi de l'empereur Michel Paléologue reçue au deuxième concile de Lyon en 1274, «la Très Sainte Église romaine croit et confesse fermement qu'au jour du Jugement tous les hommes comparaîtront avec leur propre corps devant le tribunal du Christ pour rendre compte de leurs propres actes» («En bref» 1059 = 1860). Il n'est certainement pas absolument indispensable de reprendre la formule solennelle qui ouvre cette profession de foi; et il ne serait pas superflu de rappeler que le «propre corps» dont il est question est en fait notre corps «transformé en corps de gloire», en «corps spirituel». Je signale, au bénéfice du *C.É.C.*, que c'est la seule fois qu'est employée la formule «la sainte Église romaine croit» ou une formule équivalente, alors que le *Projet révisé* les utilisait quinze fois dans ce seul commentaire de la foi en «la vie éternelle».

VI. L'espérance des cieux nouveaux et de la terre nouvelle

Avec ce sixième point sur «les cieux nouveaux et la terre nouvelle», nous voici enfin à ce qui est l'objet propre du dernier article du Symbole: «la vie éternelle» après «la résurrection de la chair».

Croire en la vie éternelle, c'est croire que, une fois glorifiés, nous régnerons pour toujours avec le Christ dans un univers lui-même transformé (§ 1042 = 1861). Ce sera alors «la réalisation définitive du dessein de Dieu (§ 1043 = 1862). Dans cet univers nouveau, «la Jérusalem céleste» ajoute le *C.É.C.*, il n'y aura plus ni mort ni pleur ni cri ni peine (§ 1044). Le *Projet révisé* proposait: «Dans cet 'univers nouveau', disparaîtront mort, pleur, cri, peine, souillure et nuit. Quand toutes choses lui auront été soumises, le Seigneur les remettra à Dieu le Père. Ainsi, le Christ ressuscité est en train de faire croître déjà, par l'Esprit Saint, la maturation des rachetés, de l'histoire et même du cosmos jusqu'à la plénitude du Royaume de Dieu» (1863). La mention de l'Esprit Saint – nous sommes en effet dans le chapitre consacré au «Je crois en l'Esprit Saint – aurait mérité d'être conservée.

Est-il possible d'en dire davantage? Le *Projet révisé* proposait d'introduire cette explication: «Quant à l'homme, cette consommation ne sera pas seulement individuelle mais aussi communautaire. Ceux qui seront unis au Christ formeront, par là même, une unité entre eux. La future communauté des rachetés ne sera plus blessée par le péché, l'égoïsme, l'amour propre, qui détruisent la communauté des hommes. La vision béatifique, dans laquelle Dieu s'ouvrira de façon inépuisable à l'homme, sera une source intarissable de bonheur, de paix et de communion» (1864). Le *C.É.C.* a agencé à sa manière les idées contenues dans ce paragraphe, y introduisant des expressions tirées de l'Apocalypse et apportant quelques nuances (§ 1045).

À propos du cosmos, le *Projet révisé* disait que «la Révélation affirme la profonde communauté de destin du monde matériel ou organique – et en particulier du monde animal – et de l'homme». Il ajoutait qu'«avec la Résurrection de Jésus-Christ ont été semées dans l'homme sa transformation et sa glorification; en même temps la matière a été impliquée dans l'avènement du Royaume de Dieu, d'abord par l'Incarnation et la Résurrection (nature humaine assumée et transformée) s'étendant ensuite par les sacrements, et en particulier par l'Eucharistie en laquelle pain et vin, éléments du cosmos, sont transformés en prémices du monde nouveau, en Corps et Sang de Jésus ressuscité» (1865). Il citait alors le texte bien connu de Rm 8,19-23: «Car la création en attente aspire à la révélation des fils de Dieu...» (1866). Le *C.É.C.* ne retient que la première phrase: «la Révélation affirme la profonde communauté de destin du monde matériel et de l'homme», faisant ainsi disparaître la mention du monde animal, et cite de suite Rm 8,19-23 (§ 1046). L'univers visible sera donc transformé afin que le monde lui-même, «restauré dans son premier état», soit participant à la glorification des justes (§ 1047 = 1867). La restauration dont il est question chez s. Irénée est-elle un retour à la case départ, au paradis de Genèse 2 interprété littéralement? Ne faut-il pas mieux parler uniquement, comme le Nouveau Testament, d'un monde nouveau, le même mais entièrement autre, désormais incorruptible, éclatant de gloire, associé à notre glorification dans le Christ ressuscité?

Nous ignorons quand cela arrivera et comment s'opérera cette transformation. La seule chose que nous dit la Révélation, c'est que cela arrivera (§ 1048 = 1869). Le *Projet révisé* apportait cet extrait d'Origène: «Car il y aura un troisième jour dans le nouveau ciel et sur la nouvelle terre (cf. Ap 21,1), lorsque ces os, c'est-à-dire la maison d'Israël, se redresseront (cf. Ez 37,11) lors du grand jour du Seigneur, à la suite de sa victoire sur la mort. Par conséquent, la Résurrection du Christ qui a eu lieu après ses souffrances sur la Croix embrasse le mystère de la résurrection du corps du Christ tout entier (Origène, In Joa. Comm. X: PG 14,372)» (1869, deuxième partie). Nous ne le retrouvons plus dans le *C.É.C.*; il n'y était pas question directement «des cieux nouveaux et de la terre nouvelle».

Comme l'enseigne *Gaudium et spes* 39, § 2, l'attente du monde nouveau doit réveiller en nous le souci de cultiver cette terre: «Le progrès terrestre a beaucoup d'importance pour le Royaume de Dieu», même s'il faut le distinguer de la croissance du Règne du Christ (§ 1049 = 1868, qui ne donnait qu'un résumé du texte conciliaire).

Le *C.É.C.* ajoute, en un dernier paragraphe, la suite de *Gaudium et spes* 39: nous retrouverons dans «la vie éternelle» tous les fruits excellents que nous aurons propagés sur terre (§ 1050). Et il l'illustre par une citation de s. Cyrille de Jérusalem qu'il a trouvée dans les «En bref» du *Projet révisé* (1872).

Un seul «En bref» condense l'enseignement qui vient d'être donné: «À la fin des temps, le Royaume de Dieu arrivera à sa plénitude...» (§ 1060 = 1870). Le *C.É.C.* précise que la transformation ne concerne que l'univers «matériel» (ce qui exclu le monde animal, comme au § 1046) et que «Dieu sera alors 'tout en tous', dans la vie éternelle». Le *Projet révisé* avait un autre «En bref» qui n'a pas été repris: «'Dieu a créé tous les êtres pour qu'ils subsistent et non pour qu'ils tombent dans le néant'. Les cieux nouveaux et la terre nouvelle garderont tout ce qui a été saint et précieux dans le temps. En étant tout à Dieu, tout sera à nous en Lui, dans Son bonheur infini» (1871).

«Amen»

Le *Projet révisé* présentait l'*Amen* final du Symbole des apôtres comme la «conclusion» de la Première Partie du catéchisme, mais les sept paragraphes qu'il lui consacrait n'étaient pas à proprement parler la conclusion annoncée. Il s'agissait d'un commentaire du mot hébreu *Amen*, de son utilisation chez le prophète Isaïe, de son application à Jésus et du sens qu'il prend lorsqu'il est dit au terme du Credo (1873-1879).

Le *C.É.C.* reprend le texte de 1989 sans le présenter comme «conclusion» et il le regroupe en cinq paragraphes (§ 1061 – 1065). Après l'emploi du terme *Amen* en Is 65,16 («Dieu de l'Amen»), il signale que «Notre Seigneur emploie souvent le terme 'Amen', parfois sous forme redoublée, pour souligner la fiabilité de son enseignement, son Autorité fondée sur la Vérité de Dieu» (§ 1063). Il ajoute aussi que croire, «c'est se fier totalement en Celui qui est l''Amen' d'infini amour et de parfaite fidélité» (§ 1064). Par contre, il ne dit plus qu'en disant «Amen» au terme du Credo «je fais mienne les affirmations du Symbole de foi; mon espérance trouve en elles un fondement assuré» (1877).

Conclusions du chapitre troisième

Nous croyons en l'Esprit Saint qui remplit l'univers et est à l'œuvre dans l'Église jusqu'à la consommation du dessein de notre salut. Le Catéchisme romain suggérait déjà qu'il était tout à fait indiqué de rassembler les six derniers articles du Symbole en un seul chapitre où il serait question de toute l'œuvre de sanctification dont l'Esprit est la source et le principe. Le *Projet révisé* a adopté cette vision des choses et le *C.É.C.* l'a entérinée. Ces six articles constituent une explication de notre foi en l'Esprit qui incite à suivre le Christ ressuscité sur les chemins qui conduisent vers le Père. Pour que le lecteur ne perde pas de vue les liens de chacun des articles avec l'Esprit, le *C.É.C.* a ajouté, ça et là, au texte de 1989, une mention du Saint-Esprit. Et cependant, au fur et à mesure que l'on s'éloigne de l'article spécifique sur la troisième personne de la Trinité, l'Esprit est de moins en moins nommé et il ne l'est plus du tout lorsqu'est commentée la foi en «la vie éternelle». Cela est-il satisfaisant? Certes, l'Esprit est la personne divine la plus discrète, la moins discernable; il n'empêche qu'une affirmation plus soutenue de son œuvre de sanctification n'aurait pas été superflue.

L'exposé sur l'Esprit Saint lui-même n'est guère différent d'une version à l'autre du catéchisme. Le symbole de la colombe est venu s'ajouter à ceux que le *Projet révisé* avait déjà exposés; des corrections mineures et des déplacements de paragraphes sont venus donner à l'ensemble plus d'unité de style et plus de cohérence.

Dans le texte final, nous retrouvons la même intention de privilégier, comme lieu de la présence active de l'Esprit, le peuple de la première alliance, la personne de Jean-Baptiste, de Marie et de Jésus, et l'Église. L'Esprit n'a-t-il pas soufflé en dehors des limites d'Israël, en des prophètes païens? N'a-t-il pas été à l'œuvre en tous ceux qui ont accueilli le Fils de Dieu fait homme? N'a-t-il pas la liberté de souffler où il veut, dans les Églises chrétiennes non catholiques, dans les autres religions, dans l'humanité tout entière? Si les lieux de notre connaissance de l'Esprit sont l'Écriture, la liturgie, la Tradition, le magistère, la prière, les charismes et les ministères, l'élan apostolique et missionnaire, le témoignage des saints (tous éléments ne concernant ici que l'Église catholique), n'aurait-il pas fallu ajouter quelques mots sur ses liens avec les signes des temps et le déroulement de l'histoire de l'humanité? Finalement, le catéchisme parle peu de l'Église «envoyée au monde» parce qu'elle est «remplie de l'Esprit Saint», comme le disait un «En bref» de 1989 non repris dans le *C.É.C.*

Au jour de la Pentecôte, la Trinité est pleinement révélée, nous dit la catéchisme. On peut voir là une suggestion pour d'autres exposés de la foi chrétienne qui ne dévoileraient le mystère de la Trinité qu'à l'intérieur de ce chapitre troisième et non dès le chapitre premier.

L'Église occupe une place importante dans ce troisième chapitre. Le développement que le *Projet révisé* lui consacrait manquait parfois de fidélité à l'enseignement de *Lumen gentium* et comportait de graves lacunes; il n'aimait pas trop reconnaître que l'Église doit se renouveler constamment et se repentir pour la division des chrétiens, il ne savait trop si l'expression «corps du Christ» appliquée à l'Église était ou non une image, il ignorait l'existence des Églises orientales catholiques, il ne parlais pas des catéchumènes et, plus grave encore, il se taisait sur les laïcs, les prêtres, les diacres, les religieux, les religieuses, ne portant son regard que sur le pape et les évêques. La consultation épiscopale a été largement bénéfique. *Lumen gentium* est maintenant mieux intégré et les oublis ou silences constatés ont presque tous été réparés.

Dans la colonne des «bénéfices», je signale particulièrement la distinction entre l'Église et le Royaume comme l'enseigne le concile, le sens surnaturel de la foi mieux présenté, l'expression «corps du Christ» reconnue comme une des images de l'Église, les notes de l'Église qualifiées plutôt d'attributs ou propriétés, la mention du travail des théologiens dans le dialogue œcuménique, l'insertion de quelques mots sur l'Église orthodoxe (mais il n'y a rien sur les autres Églises ou Communautés chrétiennes) et sur les relations avec les non-chrétiens (à l'exclusion des athées)... On peut maintenant trouver un exposé satisfaisant sur les diverses catégories de membres du peuple de Dieu (les catéchumènes sont toutefois restés dans l'oubli), sur la «mission» qui incombe à l'Église, sur l'apostolat non plus réservé à la hiérarchie mais partagé par tous les membres de l'Église. J'ajoute, toujours parmi les «bénéfices», la suppression du titre de «médiatrice maternelle» donné à une séquence sur la Vierge Marie.

Si l'on observe qu'un certain nombre d'omissions a été réparé, il faut en même temps constater que le *C.É.C.* ne s'est pas contenté de reprendre tel quel ou de résumer fidèlement les chapitres de *Lumen gentium*. Par les déplacements qu'il a opérés, il présente sa propre vision ou interprétation du document conciliaire.

Les images du corps, de l'épouse et du temple ne servent plus à nous dévoiler des aspects importants du «mystère» de l'Église, comme le font les autres images bibliques rassemblées dans la constitution dogmatique. Elles constituent un développement séparé où elles sont jointes à la notion de «peuple de Dieu». Selon le concile, l'Église est constitutivement le Peuple de Dieu et donc ce Peuple de Dieu est mystérieusement, mystiquement, comme le Corps du Christ, le temple de l'Esprit... Selon le catéchisme, on pourra penser que «peuple de Dieu» est une image pour désigner l'Église, comme le sont les autres images, celles du corps et du temple en particulier.

L'exposé sur «l'Église dans le dessein de Dieu», expression qui a été préférée à «Mystère de l'Église», contient désormais un paragraphe sur «la structure de l'Église», sur les Douze avec Pierre à leur tête. Sans doute *Lumen gentium* 1-8 mentionne-t-il la hiérarchie ça et là, mais il a délibérément choisi d'en traiter plus loin, après l'exposé sur le «mystère» et sur le «peuple de Dieu». Par contre un passage intéressant n'a pas été repris, celui qui compare le mystère de l'Église à la fois visible et invisible au mystère du Verbe incarné: de même que la nature humaine du Fils de Dieu fait homme est à son service pour qu'il puisse remplir sa mission, ainsi le tout social, l'institutionnel de l'Église est – devrait être – au service de l'Esprit du Christ en vue de la croissance du corps (*Lumen gentium* 8, § 1).

Le concile enseigne que l'Église du Christ une, sainte, catholique et apostolique subsiste dans l'Église catholique bien que des éléments authentiquement d'Église se trouvent dans les autres Églises et Communautés chrétiennes. Le *C.É.C.* ne l'ignore pas, encore qu'il tarde à reproduire cette affirmation importante de Vatican II, mais il n'en tire pas les conclusions qui s'imposent: lorsqu'il développe chacune des quatre «propriétés» de l'Église, il les réserve pratiquement à la seule Église catholique, n'osant pas reconnaître que ces qualifications se trouvent aussi chez les chrétiens non catholiques, probablement parce qu'il veut conserver la vision apologétique de la constitution *Dei Filius* de Vatican I.

Le décret conciliaire sur l'œcuménisme est fort bien utilisé et un texte nouveau sur le mandat missionnaire de l'Église et les chemins de la mission est venu compléter la pensée du *C.É.C.* sur l'œcuménisme. Si le but de la mission consiste à faire participer les hommes à la communion qui existe entre les personnes divines, il est clair que l'œcuménisme n'est pas à mettre sur le même pied que l'évangélisation des peuples qui ne connaissent pas encore le Christ. Le *C.É.C.* ne confond pas ces deux tâches de l'Église du Christ mais, en situant «l'effort vers l'unité des chrétiens» dans «le mandat missionnaire», il peut laisser croire que l'œcuménisme n'est qu'un département de l'évangélisation.

J'ajoute encore que le *C.É.C.* ne laisse pas aisément découvrir que l'Église-communion est une des grandes orientations de l'ecclésiologie conciliaire et qu'il évoque trop peu que l'Église n'est pas à elle-même sa propre fin, qu'elle est tout entière au Christ certes, mais aussi pour les hommes et au milieu d'eux, avec une option préférentielle pour les pauvres. J'aurais aimé qu'il dise nettement: l'Église est au service du monde afin que le projet du Père pour l'humanité puisse se réaliser.

Que dire encore? Que, plus d'une fois (mais donc pas toujours) les «pauvres» sont devenus les «humbles». Que le terme «réconciliation» n'a pas eu les faveurs des rédacteurs de cette partie du catéchisme. Que le *C.É.C.* n'aime pas qu'on reconnaisse le caractère naturel de la mort des humains. Que la séquence «ciel, enfer, purgatoire» est devenue «ciel, purgatoire, enfer» et que l'exposé sur ce dernier point a été ramené à des proportions plus acceptables. Que la description de la vie auprès du Père avant le retour du Christ dans la gloire en est restée à parler de «bonheur suprême et définitif» alors que des humains continuent à souffrir sur terre et que la résurrection de la chair est encore à venir.

En réécrivant et en complétant sur plus d'un point le *Projet révisé*, le *C.É.C.* a été amené à utiliser de nouvelles sources. Nous ne nous arrêterons pas aux sources scripturaires qui, à elles seules, mériteraient un examen approfondi. En ce qui concerne la liturgie, nous constatons que la liturgie latine reste mentionnée 9 fois et que les liturgies orientales ne le sont plus que 3 fois au lieu de 6. Les écrivains ecclésiastiques, comme l'*Index des citations* les appelle, sont maintenant 32 et non plus 24:

	Cités dans le *C.É.C.*	Cités dans le *Projet révisé*
1. Augustin	11 fois	10 fois
2. Irénée	6	5
3. Ignace d'Antioche	5	3
4. Ambroise	4	2
5. Thérèse de Lisieux	3	3
6. Thomas d'Aquin	3	3
7. Tertullien	3	2
8. Clément d'Alexandrie	2	1
9. Cyprien	2	1
10. Grégoire le Grand	2	-
11. Grégoire de Naziance	2	1
12. Jean Chrysostome	2	1
13. Jean de la Croix	2	1
14. Basile	1	3
15. Grégoire de Nysse	1	2
16. Maxime le Confesseur	1	2
17. Origène	1	2

Cités une fois dans le *C.É.C.* comme dans le *Projet révisé*

1. Clément de Rome
2. Cyrille d'Alexandrie
3. Cyrille de Jérusalem
4. Dominique
5. Jeanne d'Arc
6. Polycarpe
7. Thérèse d'Avila

Cités uniquement dans le *C.É.C.*

1. Bernard de Clervaux
2. Épiphane
3. François de Sales
4. Hermas (*Pasteur d'*)
5. Hippolyte
6. Justin
7. *L'Imitation de Jésus-Christ*
8. Nicétas Rémésiana

N'apparaît plus dans le *C.É.C.*: Siméon le nouveau théologien

En ce qui concerne les conciles, c'est évidemment Vatican II qui a connu l'accroissement le plus important. Lyon II est passé de 4 à 7 citations, Florence de 3 à 5, Trente de 4 à 7, Vatican I de une à trois et Vatican II de 168 à 256, qui se répartisent ainsi:

	Nombre de citations dans le *C.É.C.*	Nombre de citations dans le *Projet révisé*
Lumen gentium	164	129
Unitatis redintegratio	29	24
Ad gentes	23	5
Gaudium et spes	11	5
Apostolicam actuositatem	8	-
Christus Dominus	6	1
Sacrosanctum concilium	4	4
Perfectae caritatis	4	-
Nostra aetate	4	-
Dei Verbum	2	-
Presbyterorum ordinis	1	-

Si nous nous arrêtons au magistère de l'évêque de Rome, nous constatons que Pie IX cité pour l'affirmation, provenant de *Quanta cura*, selon laquelle chacune des «notes» de l'Église est intimement liée aux autres (1683), n'a plus été reprise (un extrait de cette encyclique figurera au § 2109, là où il sera question de la liberté religieuse). Pie XII était signalé pour sa constitution apostolique sur l'assomption de la Vierge Marie; il l'est maintenant en plus pour une de ses allocutions aux cardinaux, pour l'encyclique *Mystici corporis* (deux fois) et pour la constitution apostolique *Provida Mater*.

Le *Projet révisé* en appelait six fois à Paul VI, quatre fois pour des allocutions importantes et six fois pour sa profession de foi solennelle. Dans le *C.É.C.*, nous le retrouvons 15 fois: 7 pour la profession de foi, 3 pour *Evangelii nuntiandi*, 2 pour *Marialis cultus* et une fois pour trois allocutions importantes. Quant à Jean-Paul II, l'encyclique *Dominum et vivificantem* citée en 1989 n'est plus mentionnée; désormais, nous avons 11 références à *Redemptoris missio*, 4 à *Christifideles laïci*, 2 à *Mulieris dignitatem*, une à *Redemptor hominis* et une à *Vita consecrata*, soit un total de 19 références.

Les autres sources figurant dans le *Projet révisé* étaient le Catéchisme romain (9 fois), le Code de droit canonique (2 fois), la Commission théologique internationale et la Congrégation pour la doctrine de la foi. Désormais nous trouvons toujours le Catéchisme romain (10 fois), le Code de droit canonique qui fait une entrée en force avec 38 citations et qui est accompagné d'une citation du Code des canons orientaux et le Directoire catéchétique général (parce qu'on y trouve, au n° 69, l'affirmation de la «triste et lamentable réalité de la mort éternelle»).

VI. La Deuxième Partie: La célébration du mystère chrétien

L'étude détaillée des modifications apportées aux trois autres parties du *C.É.C* . n'entre pas dans l'objectif du présent travail. Pour avoir cependant une vision d'ensemble de l'élaboration du catéchisme, quelques indications générales sont utiles. Commençons par la Deuxième Partie, qui garde le titre qu'elle avait en 1989, «La célébration du mystère chrétien», et dont les maîtres d'œuvre furent E.E. Karlic et J. Medina Estévez, évêques de Paraná (Argentine) et de Rancagua (Chili).

Les sacrements occupaient 37,24% du Catéchisme de s. Pie V, 34,58% de l'*Avant-Projet* et 27,95% du *Projet révisé*. Après consultation de l'Épiscopat, ils n'occupent plus que 23,04% du catéchisme.

	Catéchisme romain	*Avant-Projet*	*Projet révisé*	*C.É.C.*
Credo	20,68	35,11	44,08	37,41
Sacrements	37,24	34,58	27,95	23,04
Commandements	21,51	30,29	22,58	27,66
Prière	20,55	–	5,37	11,88

La célébration du mystère chrétien a perdu près de 5 points (et la profession de la foi plus de 6,5) tandis que la prière en a gagné 6,5 et la morale 5. Le développent de ce qui n'était qu'un épilogue sur le «Notre Père» a forcément provoqué un rééquilibrage de l'ensemble.

L'exposé reste divisé en deux sections précédées d'un préambule et le nombre de paragraphes a diminué de 26 unités.

	Projet révisé			*C.É.C.*		
	Texte	«En bref»	Total	Texte	«En bref»	Total
Préambule	6	2	8	10	–	10
Première section	136	28	164	111	23	134
Deuxième section	400	79	479	410	71	481
Total	542	109	651	531	94	625

Une fresque de la catacombe de s. Pierre et s. Marcellin du début du IVe siècle, représentant la rencontre de Jésus avec la femme hémorroïsse, a été placée au début de la Deuxième Partie; elle est reproduite en noir et blanc dans la version française et dans la version néerlandaise et en couleur dans les autres versions[558].

558. L'édition anglaise de Londres l'a placée vers la fin de la Première Partie, scindant le § 1036, entre la p. 236 et la p. 237; elle a ajouté, au début de la Deuxième Partie, p. 268-269, scindant le § 1169, une reproduction d'une sculpture en bois de Marie portant l'enfant Jésus dans son sein, œuvre de Georges Mung Mung, fruit de la rencontre des cultures catholique et aborigène en Australie.

Le préliminaire a cette précision intéressante qui ne se trouvait pas dans le texte de 1989: la liturgie, en tant qu'action de l'Église, est précédée par l'évangélisation, la foi et la conversion et se poursuit dans la vie nouvelle selon l'Esprit et l'engagement dans la mission de l'Église (§ 1071-1072).

Première section: L'économie sacramentelle

La Premier section en deux chapitres a vu son plan profondément remanié et est passée de 156 paragraphes (130 + 26)) à 134 (111 + 23).

Chapitre premier: Le mystère pascal dans le temps de l'Église

Projet révisé	*C.É.C.*
Art. 1: Le temps du mystère	
Art. 2: L'économie sacramentelle dans le temps de l'Église	
Art. 3: Le réalisme de la liturgie du mystère	
Art. 4: La liturgie du mystère de la foi	
Art. 5: L'Esprit Saint et l'Église dans la liturgie	Art. 1: La liturgie – œuvre de la Sainte Trinité
1. La liturgie chrétienne est accomplissement de l'Ancienne Alliance	I. Le Père, source et fin de la liturgie II. L'œuvre du Christ dans la liturgie
2. La liturgie est mémorial du Mystère du Christ	III. L'Esprit Saint et l'Église dans la liturgie
3. La liturgie est épiclèse de l'Esprit-Saint	
4. La liturgie est communion avec la Trinité	
Art. 6: Le mystère pascal déployé dans le temps de l'Église	
1. L'«Aujourd'hui» de Dieu	
2. Le temps de la liturgie – L'Eucharistie – Le Dimanche – L'année liturgique – La liturgie des heures	
Art. 7: Le mystère pascal déployé dans la vie de l'Église	Art. 2: Le mystère pascal dans les sacrements de l'Église
1. Les sacrements de l'Église – Les sacrements de la foi – ... du Christ – ... de l'Église – ... du salut	I. Les sacrements du Christ II. Les sacrements de l'Église II. Les sacrements de la foi IV. Les sacrements du salut
2. Les sacramentaux	V. Les sacrements de la vie éternelle
Art. 8: La liturgie dans la communion et l'histoire de l'Église	

Chapitre deuxième: La célébration sacramentelle du mystère pascal

Projet révisé	*C.É.C.*
Art. 1: Qu'est-ce que célébrer un sacrement?	Art. 1: Célébrer la liturgie de l'Église
Art. 2: Qui célèbre la liturgie de l'Église?	I. Qui célèbre?
Art. 3: Pourquoi célébrer?	II. Comment célébrer?
Art. 4.: Comment célébrer?	III. Quand célébrer? Le temps liturgique – Le jour du Seigneur – L'année liturgique – Le Sanctoral – La liturgie des heures
Art. 5: Où célébrer?	IV. Où célébrer?
Art. 6: La célébration sacramentelle, pédagogie de la prière	Art. 2: Diversité liturgique et unité du mystère

Un important travail d'élagage a été réalisé et des déplacements ont été opérés à bon escient. Le temps de la liturgie est devenu «Quand célébrer?». La liturgie dans la communion et l'histoire de l'Église est passée aussi au chapitre deuxième sous l'appellation «Diversité liturgique et unité du mystère». Les sacramentaux n'apparaissent plus, mais nous les retrouverons juste après la présentation des sacrements. La célébration comme «pédagogie de la prière» sera évoquée ça et là dans la nouvelle première section de la Quatrième Partie sur la prière chrétienne.

Deuxième section: Les sept sacrements de l'Église

L'initiative prise par le *Projet révisé* de donner au septénaire sacramentaire une structure tripartite a été ratifiée. La Deuxième section du *C.É.C.* a donc, en trois chapitres, les sacrements de l'initiation chrétienne, les sacrements de guérison et les sacrements du service de la communion. En 1989, cela donnait, pour les sacrements proprements dits, un total de 467 paragraphes (389 + 78 «En bref»); dans le *C.É.C.*, ce chiffre est ramené à 455 (354 + 71 «En bref»). Le nombre de paragraphes accordé à chaque sacrement a connu quelques variations.

	dans le *Projet révisé*		dans le *C.É.C.*
l'eucharistie:	81 et 16 «En bref»	l'eucharistie:	84 et 14 «En bref»
le mariage:	72 et 11	la pénitence:	63 et 14
la pénitence:	63 et 16	le baptême:	62 et 10
le baptême:	62 et 8	le mariage:	58 et 8
l'ordre:	58 et 13	l'ordre:	54 et 11
la confirmation:	30 et 7	la confirmation:	30 et 7
l'onction	23 et 7	l'onction:	27 et 7

Pour le baptême, à trois reprises deux paragraphes ont été réunis pour ne plus en former qu'un seul; de nouveaux paragraphes sont venus s'ajouter: à propos du symbolisme de l'eau, du baptême des enfants et du catéchuménat des adultes; et l'exposé sur la nécessité du sacrement a été réduit. La confirmation conserve le même nombre de paragraphes bien que leur répartition ait été légèrement modifiée. Pour l'eucharistie, il y a deux nouveaux paragraphes préliminaires; la célébration liturgique a été retravaillée et a perdu deux paragraphes; le sacrifice sacramentel a été revu et en a aussi perdu deux; quant au banquet pascal, il est passé de 15 à 20 paragraphes.

L'exposé sur la pénitence connaît quelques changements sans que cela modifie le nombre de paragraphes et celui sur l'onction des malades a vu l'introduction d'un texte sur «le viatique, dernier sacrement du chrétien», qui vient étoffer l'allusion qui y était faite au début du commentaire du «Je crois à la vie éternelle» (§ 1020).

L'ordre perd cinq paragraphes suite à des regroupements mais il voit apparaître un point absent du *Projet révisé* : «les prêtres participent aux dimensions universelles de la mission confiée par le Christ aux apôtres» (§ 1565). Quant au mariage, le plan a connu plusieurs modifications et quatorze paragraphes ont été perdus en cours de route.

On se souviendra que l'*Avant-projet* de 1987 faisait suivre l'exposé sur les sept sacrements d'un chapitre sur «les autres actions liturgiques», où il était question des bénédictions, de la liturgie des heures, des exorcismes, des processions, des funérailles, des lieux sacrés et du culte des images. Le *Projet révisé* n'avait pas suivi cette manière de faire. Il parlait des sacramentaux dans sa Première section, là où il déployait «le mystère pascal dans la vie de l'Église». Après avoir dit un mot des sacrements en général, il donnait les traits caractéristiques des sacramentaux et citait les bénédictions, consécrations, exorcismes, vénération des reliques, pèlerinages, processions, chemin de croix, danses religieuses, rosaire, médailles; et, hors de la liturgie sacramentelle et des sacramentaux, il évoquait la religiosité populaire. Il situait la liturgie des heures dans «le mystère pascal déployé dans le temps de l'Église».

Le *C.É.C.*, qui a placé la liturgie des heures là où il répond à la question «Quand célébrer?», revient à la proposition de l'*Avant-projet* en faisant suivre les trois chapitres sur les sacrements d'un quatrième sur «les autres célébrations liturgiques». Dans un premier point, il traite des traits caractéristiques des sacramentaux, dans un deuxième de leurs formes variées et dans un troisième de la religiosité populaire. Il poursuit par une réflexion sur les funérailles chrétiennes, dont le *Projet révisé* s'était désintéressé.

La liste des «corrigenda concernant le contenu du texte» signale que l'édition typique de 1997 a apporté des corrections plus ou moins importantes au texte de cette Deuxième Partie. Elles touchent la rédaction des § 1141, 1170, 1184, 1256, 1281, 1289, 1297, 1300, 1302, 1307, 1313, 1314, 1320, 1367, 1388, 1400, 1417, 1454, 1471, 1483, 1583, 1605, 1611, 1623, 1635, 1672, 1684 et 1687.

VII. La Troisième Partie: La vie dans le Christ

Suite à la consultation de l'Épiscopat, la Troisième Partie du Catéchisme, dont la responsabilité incombait à J. Honoré (archevêque de Tours) et à D. Konstant (évêque de Leeds), s'est accrue de 90 paragraphes. Elle est passée de 777 (619 pour le développement et 158 pour les résumés) à 867 (657 + 210), soit un gain de 38 paragraphes pour le catéchisme proprement dit et de 52 pour les «En bref». Le pourcentage par rapport à l'ensemble s'établit désormais à 27,66%, alors qu'il était de 30,29% en 1987 et de 22,58% en 1989 (21,51% en 1566).

La reproduction choisie pour ouvrir cette Troisième Partie représente le Christ assis sur le trône céleste entouré des apôtres Pierre et Paul recevant de lui deux rouleaux, la Loi nouvelle. Comme celle des deux parties précédentes, elle provient de Rome; elle est datée de l'an 359. Elle est en noir et blanc ou en couleur selon les éditions[559].

L'introduction est ramenée de 16 (13 + 3) à 8 paragraphes. La Première section, en trois chapitres, en est à 353 paragraphes, 245 pour le texte du catéchisme et 108 pour les «En bref». À elle seule, elle connaît un accroissement plus grand que l'ensemble de la Troisième Partie; dans le *Projet révisé*, en effet, elle avait 247 paragraphes (180 + 67), soit 106 en moins (65 et 41). Comme on le voit sur le tableau qui suit, de profondes modifications ont été apportées et un aspect important de la vocation humaine, absent du *Projet révisé*, figure désormais dans le catéchisme: son caractère communautaire.

559. L'édition anglaise de G. Chapman la place à la fin de la Deuxième Partie, entre les § 1628 et 1629; pour la Troisième Partie, p. 396-397, scindant le § 1781, il y a la reproduction d'un vitrail de 1946, qu'on peut voir à la Maison des jésuites de Manresa (Dublin), représentant le Christ prêchant les Béatitudes.

Projet révisé	*C.É.C.*
La loi du Christ	La vocation de l'homme: la vie dans l'Esprit
Chap. 1: «Créés à l'image et à la ressemblance de Dieu»	Chap. 1: La dignité de la personne humaine
1. Dignité de l'homme	1. L'homme image de Dieu
2. La conscience morale	2. Notre vocation à la béatitude
3. L'homme est libre	3. La liberté de l'homme
4. L'homme est responsable de ses actes	4. La moralité des actes humains
5. Les vertus	5. La moralité des passions
6. Le péché	6. La conscience morale
	7. Les vertus
	8. Les péchés
Chap. 2: La loi qui donne la vie	Chap. 2: La communauté humaine
1. Le Christ, fin de la loi	1. La personne et la société
2. La loi naturelle	2. La participation à la vie sociale
3. La loi ancienne	3. La justice sociale
4. La loi nouvelle	
5. La fonction prophétique de l'Église	
Chap. 3: La loi nouvelle	Chap. 3: Le salut de Dieu: la loi et la grâce
1. «Conformes à l'image du Fils»	1. La loi morale
2. «Sanctifiés et justifiés par l'Esprit»	2. Grâce et justification
3. Les vertus infuses	3. L'Église, mère éducatrice
4. Appelés à la sainteté	
5. En communion	
Conclusion: Le décalogue, cadre de la morale chrétienne	Texte des dix commandements selon Ex 20, 2-17, Dt 5, 6-21 et la formulation catéchétique en usage

La Deuxième section du *Projet révisé* avait bien perçu que les dix commandements peuvent se répartir en deux catégories. Mettant en œuvre ce que le Catéchisme romain ne faisait que signaler, il réunissait les trois premiers dans «la première table» et les sept autres dans «la seconde table de la loi». Le *C.É.C.* approuve cette initiative: le premier chapitre de la Deuxième section, «Tu aimeras le Seigneur ton Dieu de tout ton cœur ...», correspond à la première table et le deuxième, «Tu aimeras ton prochain comme toi-même», à la seconde. Une introduction est venue s'ajouter, qui expose la signification du décalogue dans l'Écriture et dans la Tradition de l'Église, son unité, ses liens avec la loi naturelle et les obligations graves que son contenu révèle; on y retrouve plusieurs éléments qui figuraient dans le chapitre deuxième de la Première section en 1989. Par contre, la conclusion de 1989 n'a pas été reprise.

	Projet révisé			*C.É.C.*		
	texte	«En bref»	total	texte	«En bref»	total
Introduction	–	–	–	23	8	31
Chapitre premier	115	30	145	89	24	113
Chapitre deuxième	297	58	355	292	70	362
Conclusion	14	–	14	–	–	–
Total	426	88	514	404	102	506

D'une édition à l'autre, un certain nombre de paragraphes très brefs ont été regroupés pour constituer des unités plus amples. Le plan a été modifié: alors que l'*Avant-projet* et le *Projet révisé* groupaient les sixième et neuvième ainsi que les septième et dixième commandements, le *C.É.C.* consacre un exposé séparé pour chacun des dix commandements (le Catéchisme tridentin, lui, mettait ensemble les neuvième et dixième). Il y a ensuite des modifications parfois profondes dans les développements proprement dits. Ainsi, par exemple, pour le premier commandement:

Projet révisé

I. Le Seigneur est Dieu
II. Les offenses à la majesté de Dieu: athéisme, agnosticime, idolâtrie, satanisme, sorcellerie ...
III. Le devoir d'adoration
IV. Le culte des images
V. Pourquoi et comment prier
VI. La prière liturgique
VII. Il n'y a qu'un seul Dieu

C.É.C.

I. «Tu adoreras le Seigneur ton Dieu, et tu le serviras»: la foi, l'espérance, la charité
II. «C'est à lui seul que tu rendras un culte»: l'adoration, la prière, le sacrifice, les promesses et les vœux, le devoir social de religion et le droit à la liberté religieuse
III. «Tu n'auras pas d'autres dieux devant moi»: superstition, idolâtrie, divination et magie, irréligion, athéisme, agnostocisme
IV. «Tu ne te feras aucune image sculptée»

On perçoit de suite un lien plus net avec l'Écriture, un déplacement significatif (les offenses *après* les prescriptions positives), un oubli réparé (la liberté religieuse) ... Des observations de ce genre seront à faire pour tous les autres commandements.

Le nombre de paragraphes qui a été attribué à chacun d'eux (pour que la comparaison soit possible, il nous faut garder ensemble les 6e et 9e et les 7e et 10e) a connu, lui aussi, des variations; celles-ci ont pour conséquence de modifier le tableau de la relative importance qui leur est accordée:

Projet révisé			*C.É.C.*		
les 7e et 10e	79	(+14)	les 6e et 9e	75	(+15)
les 6e et 9e	61	(+11)	les 7e et 10e	66	(+21)
le quatrième	59	(+12)	le cinquième	60	(+13)
le cinquième	59	(+12)	le quatrième	50	(+11)
le premier	52	(+12)	le premier	49	(+9)
le huitième	36	(+9)	le huitième	40	(+10)
le deuxième	34	(+10)	le troisième	21	(+7)
le troisième	28	(+8)	le deuxième	18	(+8)

Les «corrigenda concernant le texte» signalent, pour cette Troisième Partie, les modifications apportées à certains paragraphes de l'édition approuvée par le pape en juin 1992. Il s'agit des paragraphes 1702, 1863, 1864, 1878, 1890, 2042-2043, 2103, 2265-2267, 2296, 2297, 2326, 2352, 2358, 2366, 2368, 2372, 2382, 2403, 2411, 2417, 2483 et 2508.

VIII. La Quatrième Partie: La prière chrétienne

En 1987, le Collège des consulteurs avait souhaité qu'il y ait, dans le catéchisme, un exposé sur «la prière du Seigneur». Son vœu fut exaucé: un épilogue a été ajouté au *Projet révisé* qui, en 126 paragraphes, présenta le «Notre Père» et en commenta chacune des demandes. La consultation de l'Épiscopat a fait apparaître la demande que l'épilogue devienne une quatrième partie qui, outre le commentaire du *Pater*, traite du sens et de l'importance de la prière dans la vie des croyants. La Commission directrice s'est ralliée à cette proposition et le catéchisme, prévu initialement en trois parties, en comporte finalement quatre, comme le Catéchisme de Pie V. Cette Quatrième Partie s'intitule «La prière chrétienne» et, comme les trois parties précédentes, elle comprend deux sections. Le nombre de paragraphes est désormais de 308, 250 de texte auxquels sont venus s'ajouter 58 «En bref».

Le père J. Corbon avait rédigé pour le *Projet révisé* une brève introduction en 6 paragraphes à son commentaire du «Notre Père»; on y trouvait quelques mots sur la prière et la vie selon l'Esprit, et sur la révélation de la prière par Jésus. Dans le *C.É.C.*, il reprend ces éléments et les complète en vue de constituer un exposé plus substantiel en trois chapitres sur «La prière dans la vie chrétienne», objet de la Première section. Les 6 paragraphes de 1989 sont devenus 162 et sont résumés en 39 «En bref» (ce qui donne un total de 201 paragraphes).

Nous y trouvons un chapitre sur la révélation de la prière dès l'Ancien Testament, où figurent en bonne place la prière de Moïse, celle de David, d'Élie et des prophètes et celle des psaumes; nous passons ensuite à la prière de Jésus et à celle de la Vierge Marie, ainsi qu'à la prière de l'Église faite d'adoration, de demande, d'intercession, d'action de grâce et de louange. Le chapitre suivant porte sur la tradition de la prière à partir de l'Écriture, de la liturgie et des événements quotidiens, sur la prière au Père, au Christ et à l'Esprit en communion avec la Mère de Dieu (avec un commentaire de l'*Ave Maria*) et à l'exemple des saints. Le troisième chapitre en arrive à la vie de prière proprement dite, ses rythmes, ses formes variées et ses difficultés de tous genres. Quelques mots sur «la prière de l'heure de Jésus» ou prière «sacerdotale» terminent cette Première section.

La Deuxième section est tout entière consacrée à «La Prière du Seigneur». Le père Corbon retravaille sa présentation et son commentaire du Pater, les ramenant de 120 à 88 paragraphes (nombre d'entre eux sont un regroupement de paragraphes de 1989), et y ajoute 19 «En bref» (ce qui donne un total de 107 paragraphes).

Ajoutons que la reproduction, en noir et blanc ou en couleur selon les éditions, qui ouvre la Quatrième Partie, nous fait quitter Rome et les premiers siècles. Il s'agit d'une miniature d'un monastère du mont Athos peinte à Constantinople au milieu du XIe siècle. On y voit Jésus en prière et Pierre indiquant aux autres apôtres celui qui est le maître et le chemin de la prière chrétienne[560].

L'édition typique latine apporte quatre corrections mineures au texte de cette Quatrième Partie; elles concernent les § 2599, 2715, 2834 et 2853.

IX. L'Index des citations

La Commission directrice avait estimé que le catéchisme devait comprendre un glossaire dont l'objectif serait de faciliter l'accès aux thèmes développés et de fournir un langage catéchétique commun pour toute l'Église.

Les évêques n'ont pas trouvé dans le *Projet révisé* d'indication concernant la rédaction d'un «index» facilitant l'accès aux thèmes; ils y ont découvert par contre deux pages «spécimen» d'un «glossaire» au sens précis du terme: la définition d'une trentaine de mots du vocabulaire religieux. Ils n'ont sans doute pas apprécié positivement la proposition

560. L'édition anglaise a placé cette reproduction dans la Troisième Partie, après le § 2457, et a inséré dans la Quatrième Partie, entre les § 2611 et 2612, la photo d'une sculpture en ébène représentant le Christ en croix, entourée d'une représentation des événements depuis la dernière cène jusqu'à la Pentecôte sculptés dans un autre bois; l'œuvre provient de la mission Mua au Malawi et se trouve actuellement à l'Institut missionnaire de Londres.

qui leur était faite puisque le glossaire ne se retrouve plus dans le *C.É.C.* et que, à sa place, il y a un «Index des citations» et un «Index thématique».

L'«Index des citations» (*Indice dei riferimenti – Indice de textos – Register der zitierten Stellen – Index of citations – Index van citaten – Index locorum*) comprend 57 pages dans les éditions françaises. La structure qui lui a été donnée met en premier les citations scripturaires. Viennent ensuite les symboles de la foi et les documents émanant des diverses instances du magistère de l'Église. La liturgie n'arrive qu'après et est suivie des écrits de ceux qui sont appelés «les écrivains ecclésiastiques».

Les citations et références scripturaires sont de très loin les plus nombreuses. Elles proviennent de 40 des 46 livres de l'Ancien et de tous les écrits du Nouveau Testament. Les livres de l'Ancien les plus cités sont la Genèse (surtout les trois premiers chapitres), les Psaumes, Isaïe et l'Exode; ne manquent à l'appel que Ruth, 1 Maccabées, Abdias, Nahum, Habacuc et Agée. Le Catéchisme romain contient aussi un nombre très important de citations et références bibliques; selon l'*Index biblicus* de l'édition critique de 1989, tous les livres de l'Ancien Testament apparaissent au moins une fois, à l'exception de Ruth, Baruch, Abdias et Nahum et les plus cités sont aussi les Psaumes, la Genèse, Isaïe et l'Exode. Pour le Nouveau Testament, seules les deuxième et troisième lettres de Jean ne sont pas mentionnées.

Le magistère de l'Église, ce sont d'abord les huit conciles œcuméniques tenus en Orient et les principaux conciles généraux tenus en Occident, à savoir: Latran IV, Lyon II, Vienne, Constance, Florence, Latran V et surtout Trente avec ses 103 citations, Vatican I qui en compte 29 et Vatican II avec des citations de chacun de ses 16 documents dans l'ordre de leur promulgation (*Lumen gentium* en compte 298 et *Gaudium et spes* 169)[561]. Treize conciles et synodes particuliers tenus entre 382 et 853 sont aussi mentionnés: Rome, Carthage, Orange II, Constantinople, Braga I, Tolède IV, VI, XI et XVI, Latran, Rome, Frioul et Quiercy. Pour le Catéchisme romain, l'*Index auctoritatum* signale aussi les conciles œcuméniques tenus en Orient, à l'exception de Constantinople II et, parmi les conciles généraux tenus en Occident, Latran I et IV, Vienne, Constance, Florence et Trente (mentionné 131 fois); les conciles particuliers sont, eux, au nombre de 34.

561 Ces chiffres sont ceux de l'édition typique latine (l'édition définitive française de 1998 n'a pas tenu compte des modifications apportées). Les éditions italienne, allemande et anglaises signalent la date de chacun des conciles et de chacun des documents de Vatican II; elles font de même pour les conciles et les synodes particuliers.

Après les conciles, nous avons des documents pontificaux provenant de 22 papes. Des papes qui se sont succédés depuis Pie IX, il ne manque que Pie X, Benoît XV et Jean-Paul Ier. Le pape le plus mentionné est Jean-Paul II avec 143 citations ou références [562]. Par comparaison, le Catéchisme tridentin cite ou renvoie à 25 papes des seize premiers siècles, le plus mentionné étant Grégoire le Grand (mais souvent pour des documents antérieurs à son pontificat), et à des écrits pseudépigraphes attribués alors à neuf autres papes. On ne retrouve dans les deux catéchismes que Grégoire le Grand, Innocent Ier et II, Léon le Grand, Nicolas Ier, Pélage Ier et Pie IV.

Les éditions en français, allemand, néerlandais et anglais ont alors réunis sous le titre «Documents d'Église» les citations provenant du Catéchisme tridentin, des congrégations (romaines), du synode des évêques et des assemblées épiscopales. Les éditions italienne et espagnole ont mis sous le titre «Documents d'Église» uniquement le Catéchisme de 1566 et ont fait des congrégations, du synode et des assemblées épiscopales trois autres titres. L'édition typique procède encore autrement; pour elle, il y a deux titres bien distincts: «les documents d'Église», d'une part, c'est-à-dire le seul Catéchisme romain, et «les congrégations», d'autre part, à savoir: les divers dicastères ou congrégations romaines, le synode des évêques et les conférences épiscopales[563]. L'Index français de 1998 n'a pas pour autant modifié la façon de faire qu'il avait adoptée en 1992.

Les derniers «documents ecclésiaux»à être mentionnés, mais ils le sont sous une rubrique distincte «droit canonique», sont les Canons des apôtres cités une fois, le Code latin de 1983 cité 169 fois et le Code des canons des Églises orientales 40 fois.

N'arrivant qu'après le droit canonique, voici la liturgie. Le rite latin est là avec le Missel, le Pontifical et le Rituel romains, la liturgie des heures et quelques prières. Les liturgies orientales sont également précédentes; ce sont la liturgie de saint Jean Chrysostome, la liturgie

562. L'édition française de 1992 s'est embrouillée: elle a attribué à Benoît XII une lettre de Clément VI et à Pie IV une constitution de Paul IV. L'édition italienne a déjà rétabli la vérité en ce qui concerne Clément VI; elle n'a été suivie que par les deux éditions en anglais. L'édition typique de 1997 a réparé les deux erreurs et a supprimé la référence à Nicolas Ier suite à la modification du § 646. L'édition définitive française de 1998 n'a pas procédé aux corrections qui s'imposaient: elle maintient la référence à Nicolas Ier et ne fait pas apparaître les noms de Clément VI et Paul IV.

563. On ne peut pas dire que les réunions d'évêques ont vraiment enrichi le contenu du catéchisme. Un seul synode épiscopal est mentionné, le synode extraordinaire de 1985 qui a demandé la publication d'un catéchisme (§ 10 et 11). Une seule conférence épiscopale, l'Assemblée de Puebla en 1979, a été exploitée mais ce n'est que pour donner une description de la religiosité populaire (§ 1676).

byzantine, la liturgie syriaque et le Fanqîth. Les références ou citations de ces dernières sont au nombre de 20, tandis qu'elles sont 97 pour la liturgie latine[564].

La dernière catégorie de citations porte comme titre: «Écrivains ecclésiastiques». Nous trouvons d'abord une série de six ouvrages anonymes (que l'édition allemande a préféré intercaler à leur place dans l'ordre alphabétique). Vient ensuite la liste de 67 auteurs, 69 dans l'édition typique qui distingue Hypolyte de Rome d'un Pseudo-Hypolyte et ajoute Augustin de Dacie. On pourrait faire bien des observations sur cette liste; quelques considérations suffiront à montrer que l'option prise peut être revue et améliorée. Nous ne savons pas à quelle époque tous ces écrivains ont vécu; seule l'édition anglaise de Londres fait œuvre utile et éducative en indiquant leur date de naissance et de mort. Nous ne savons pas non plus s'ils ont été pape, évêque, prêtre, diacre, religieux ou laïc, s'ils figurent parmi les pères ou les docteurs de l'Église; il nous est seulement dit quels sont ceux qui sont saints ou bienheureux (l'édition typique ajoute que Nicétas Rémésiana est bien un saint mais elle ne se prononce pas sur la sainteté de Prosper d'Aquitaine).

Accompagnant les 60 hommes, il y a 9 femmes, ce qui est une première dans une publication de ce genre émanant de l'Église universelle. Ce sont: Catherine de Sienne, Césarie la Jeune, Élisabeth de la Trinité, Éthérie, Jeanne d'Arc, Julian of Norwich, Rose de Lima, Thérèse d'Avila et Thérèse de Lisieux. La tradition orientale est présente avec une vingtaine d'écrivains dont les plus souvent cités sont s. Ignace d'Antioche et s. Jean Chrysostome (18 fois) suivis de s. Grégoire de Naziance (11 fois) et s. Grégoire de Nysse (10 fois). Les autres auteurs sont tous de la tradition occidentale; s. Augustin est signalé 88 fois (de 87 à 91 selon les versions du catéchisme) et s. Thomas d'Aquin 61 fois (de 60 à 64, également selon les différentes versions). Dans le Catéchisme tridentin, Jean-Chrysostome vient en tête (32 fois), suivi de Basile de Césarée (15 fois), Grégoire de Naziance (5 fois), Grégoire de Nysse et Ignace d'Antioche (4 fois); pour les latins, nous trouvons Augustin (123 fois) et Thomas d'Aquin (24 fois); entre eux, il faut placer Ambroise (51 fois) et Jérôme (39 fois) qui, dans le *C.É.C.*, n'ont respectivement que 21 et 3 citations.

564. Dans la version espagnole et dans l'édition typique latine, la typographie indique malencontreusement qu'il y a, d'une part, «la liturgie», c'est-à-dire le rite latin, et, d'autre part, «les liturgies orientales». Il faut plutôt considérer avec toutes les autres éditions qu'il n'y a qu'une seule catégorie, «la liturgie», comprenant et le rite latin et les liturgies orientales. Je signale que l'édition française de 1998 a repris l'erreur de 1992 consistant à mettre dans la liturgie byzantine trois références à l'ordination des évêques, des prêtres et des diacres dans le rite latin.

La dernière observation sera pour signaler, parmi les écrivains dits «ecclésiastiques» (terme sans doute mal choisi!), la présence d'un certain Marcus Tullius Cicero, mort en 43 avant Jésus-Christ, cité pour son *De re publica*, mentionné au §1956, où il parle du caractère universel de la loi naturelle. Étonnés de cette présence, plusieurs éditeurs ne l'ont pas maintenue dans leur «Index des citations»; on ne la trouve que dans l'édition française de 1992 et 1998 (mais pas dans le «livre de poche» [*Pocket*, 3315]), dans l'édition allemande et dans l'édition typique latine. Le catéchisme de Pie V le mentionne dans l'*Index auctoritatum* pour un passage de son *De officiis* et cite aussi Xénophon.

X. L'Index thématique

Le *C.É.C.* fait suivre l'«Index des citations» d'un «Index thématique» comprenant à l'origine 22 pages et en finale, dans l'édition typique de 1997, 134 pages.

L'édition française de 1992 nous donne un «Index thématique» qui n'est pas une grande réussite. Chaque entrée est suivie d'une série de numéros de paragraphes allant de 1 pour «pape», par exemple, à 100 pour «salut» en passant par 17 pour «solidarité» ou 68 pour «chrétien», de quoi décourager une étude sérieuse d'un thème; il y a çà et là quelques sous-thèmes mais c'est loin d'être suffisant. Le choix des mots-clefs reste mystérieux. Pourquoi ne trouvons-nous pas communion, conférence épiscopal, inculturation, islam ... et vertus? Abel et Abraham sont là alors que Noé, David, Moïse n'y sont pas. Pourquoi placer Jean-Baptiste au seul mot «prophète»? Toutes les références d'un thème ne sont pas signalées. Ainsi, pour «athéisme», on ne renvoie pas aux § 28 et 39; pour «image» on ne tient pas compte de «l'homme image de Dieu»... Ces quelques exemples, choisis parmi bien d'autres, font percevoir qu'un tel Index n'est guère utilisable.

L'*Indice tematico* de l'édition espagnole (20 pages) et celui de l'édition italienne (21 pages) semblent bien dépendre de la même source que celui de l'édition française. Ils ont les mêmes caractéristiques et sont donc, eux aussi, peut utilisables. L'italien s'est toutefois permis quelques libertés, dont voici quelques exemples: il supprime l'entrée «protestant», au mot «pape» il ajoute quelques références et invite à consulter une nouvelle rubrique «évêque de Rome», il ajoute à «Église» la nouvelle subdivision «Église de Rome».

Avec le *Thematisches Register* de l'édition allemande, nous avons un Index bien plus ample – 43 pages – et beaucoup plus rigoureux. Il commence par nous fournir un mode d'emploi et préciser ses limites. Il n'aligne plus un nombre plus ou moins grand de paragraphes mais résume en un ou deux mots le contenu de tout paragraphe cité et crée des sous-thèmes. Il indique en chiffres italiques les références aux «En bref» ignorées dans les éditions en langues romanes. Des nouvelles entrées apparaissent comme: Catéchisme de l'Église catholique, communion, conférences épiscopales, Églises orthodoxe, *Filioque*, inculturation, intercommunion, islam, Jean-Baptiste, journalistes, vertus (*Tugenden*) ... Il s'agit d'un nouvel instrument de travail susceptible de rendre beaucoup plus de services que les précédents.

Le *Subject Index* de l'édition anglaise (43 pages) et de l'édition des USA (48 pages) a les mêmes caractéristiques que l'Index allemand. Les subdivisions des thèmes ne sont cependant pas toujours identiques et l'un ou l'autre nouveau mot-clef apparaît, «consécration des vierges» par exemple, alors qu'un thème bien présent en allemand n'apparaît plus, comme «conférences épiscopales» (qui est à chercher dans «Église»).

Dans la version néerlandaise, le *Thematisch Register*, de 48 pages, a lui aussi de grandes parentés avec l'Index allemand. Il ne tient cependant pas compte des «En bref» et les multiples références d'un même thème ne sont pas réunies dans des sous-groupes, ce qui rend son utilisation moins facile.

L'*Index analyticus* de l'édition latine comprend 134 pages. Il n'est pas la traduction de celui des éditions en langues romanes (682 entrées en français et en espagnol, et 687 en italien) ni de celui des éditions en langues germaniques (493 en allemand, 504 en anglais et 483 en néerlandais) mais un nouvel *Index* de 526 entrées dont 40 sont mises en évidence: amour, baptême, charité, Christ, confirmation, Dieu, Église, évêque, eucharistie, foi, grâce, homme, incarnation, loi, liberté, liturgie, Marie, mariage, mort, nature, prière, ordre, Dieu Père, péché, péché originel, personne, pénitence et réconciliation, précepte, révélation, sacerdoce, Écriture Sainte, sacrement, sacrifice, société, Esprit Saint, Trinité, onction des malades, vertu, vie et Yhwh; ce sont sans doute les thèmes considérés comme les plus fondamentaux.

Il n'y a pas de note explicative préliminaire. Les «En bref» sont incorporés mais on ne peut pas les distinguer des autres références. Il y a quelques grandes subdivisions mais pas assez de courts résumés pour chaque référence. On y trouve des thèmes présents dans les éditions germaniques, comme Catéchisme de l'Église catholique, inculturation, orthodoxie (Églises orthodoxes) mais d'autres n'ont pas été repris, par exemple: conférences épiscopales, *Filioque*, intercommunion, islam, Jean-Baptiste, journalistes ... Comme dans l'édition italienne, nous trouvons évêque de Rome et souverain pontife ... Il y a aussi des nouvelles entrées – Noé, plaisir ou valeurs par exemple – et des suppressions comme «juifs» ou «justice sociale» (figurant maintenant dans «justice»). Et, ça et là, le nombre de référence varie; exemple: pour «Catéchisme de l'Église catholique» il y en 12 dans les éditions germaniques et il n'y en a que 8 dans l'édition latine.

L'édition définitive française de 1998 reprend intégralement l'*Index* latin. En 106 pages, elle nous donne la «Table analytique du Catéchisme de l'Église catholique traduit du latin par Henri Rochais».

XI. La table des matières

La «Table des matières» du *C.É.C.* comporte 14 pages au lieu des 10 du *Projet révisé* ; elle est plus aérée et la typographie des parties, sections, chapitres, articles et paragraphes est plus diversifiée. On peut en dire autant de l'*Inhoudstafel* du catéchisme néerlandais (13 pages).

La Table de la version espagnole et celle des deux éditions en anglais sont plus tassées: elles ne comptent que 8, 10 et 12 pages. La Table italienne, par contre, est plus ample (22 pages): elle donne les subdivisions au-delà des paragraphes et des chiffres romains et signale les *In sintesi*, les «En bref». La version allemande a les mêmes caractéristiques que l'*Indice generale* italien, mais elle a préféré placer son *Inhalt* en tête du volume (p. 5-27), ce qu'ont fait également les éditions anglaises.

L'*Index generalis* de l'édition typique est passé à 29 pages. Comme dans la Table italienne, les subdivisions vont jusqu'au-delà des chiffres romains et les séries d'«En bref» – *compendium* – sont indiquées.

L'édition définitive française s'en est tenue à la Table de 1992 et l'a complétée par l'indication du contenu du *Guide de lecture* intégré dans cette édition. Ce Guide, préfacé par L.-M. Billé, président de la Conférence des évêques de France, et par J. Honoré, qui fut membre du Comité de rédaction du catéchisme, propose 23 pistes d'exploration du *Catéchisme de l'Église catholique*.

ÉPILOGUE

Que retenir de ce long parcours? Que nous apprend la comparaison avec le Catéchisme de Pie V de 1566 et avec le Directoire catéchétique général de 1971? Que se dégage-t-il de la lecture des schémas de catéchisme de 1987 et de 1989? Comment évaluer la présentation définitive des douze articles du Symbole des apôtres?

1. L'ORIGINE DU «CATÉCHISME DE L'ÉGLISE CATHOLIQUE»

a. Le Catéchisme de 1566 est voulu par l'unanimité des évêques réunis à Trente en concile général. Sa rédaction est confiée à un groupe de travail constitué par ceux qui président l'assemblée conciliaire, au début de l'année 1563. Le concile terminé, le pape Pie IV accepte de prendre en charge la poursuite du travail. Son successeur Pie V en voit le terme et en confie la publication à l'éditeur romain Paul Manuce. La première édition paraît à Rome en septembre 1566. Le *Catechismus ad parochos* est couramment appelé Catéchisme tridentin ou du concile de Trente, Catéchisme de Pie V ou Catéchisme romain puisqu'il est édité *ex decreto concilii Tridentini* et *Pii V Pont. Max. iussu* et qu'il est publié à Rome.

b. Le Catéchisme de 1997 a pour origine un synode épiscopal et non un concile général. C'est le synode extraordinaire de novembre-décembre 1985 qui, à la quasi unanimité, a souhaité, vingt ans après la clôture de Vatican II, la publication d'un catéchisme ou compendium de toute la doctrine catholique. Dès le début de son ministère comme évêque de Rome, Jean-Paul II avait encouragé les conférences épiscopales à mettre au point de véritables catéchismes (*Catechesi tradendae*, en 1979). Peu après, il s'était réjoui du travail qu'était en train d'accomplir la Congrégation pour le clergé sous la direction de S. Oddi son préfet: la rédaction d'une *Summa doctrinae christianae*, un catéchisme qui ne dit pas encore son nom et dont tous les catéchismes devront s'inspirer (en 1983). En conclusion du synode extraordinaire, il fait sien le souhait formulé par les évêques; l'ouvrage qu'ils demandent ne sera cependant pas la *Summa* du cardinal Oddi mais celui dont il confie la réalisation à une Commission directrice présidée par J. Ratzinger, préfet de la Congrégation pour la doctrine de la foi. Un Comité de rédaction est mis sur pied, qui rédige un premier schéma de catéchisme fin 1986. Un Collège de consulteurs donne son avis sur un *Avant-projet* de 1987 et le Collège épiscopal tout entier est consulté sur un *Projet révisé* de 1989 (un tiers des évêques seulement fera connaître ses observations). Le catéchisme, rédigé en français, est approuvé par le pape le 25 juin 1992, promulgué le 11 octobre suivant et présenté officiellement à Rome les 7-8-9 décembre (après une présentation à Paris, Tournai et Lausanne le 16 novembre). La version définitive latine ou *editio typica* est promulguée cinq ans plus tard, le 15 août 1977. Presque douze années se sont écoulées entre le souhait initial du synode extraordinaire et la version définitive officielle du *Catechismus catholicae Ecclesiae*. Rédigé à la suite du deuxième concile du Vatican, le *C.É.C.* n'est pas, en toute rigueur de terme, le Catéchisme de Vatican II; il est plus juste de dire qu'il est le Catéchisme du synode extraordinaire de 1985 ou, mieux encore, le Catéchisme de Jean-Paul II.

c. Le concile Vatican II, il faut le rappeler, a préféré, dès sa phase préparatoire, laisser aux conférences épiscopales le soin de rédiger des catéchismes nationaux ou régionaux et a décrété la publication d'un directoire catéchétique qui traitera des principes fondamentaux et de l'organisation de la catéchèse ainsi que de l'élaboration des ouvrages catéchétiques et notamment des catéchismes (*Christus Dominus* 44). Ce *Directorium catechisticum generale* est paru en avril 1971.

2. Les étapes de la formation du catéchisme

- 7 décembre 1985: le synode extraordinaire souhaite la publication d'un catéchisme ou compendium de toute la doctrine catholique. Jean-Paul II approuve cette demande qu'il estime correspondre tout à fait à un vrai besoin de l'Église entière.
- mars 1986: le Conseil du Secrétariat du synode donne au souhait d'un catéchisme la priorité sur les autres suggestions du synode extraordinaire.
- 10 juin 1986: Jean-Paul II constitue la commission composée de cardinaux et d'évêques chargée de préparer un catéchisme pour l'Église universelle (Commission directrice).
- 15 novembre 1986: création par la Commission directrice d'un secrétariat, d'un Comité de rédaction, d'un Collège de consulteurs et établissement d'un cahier des charges.
- janvier - avril 1987: rédaction d'un premier schéma suivi assez rapidement d'un deuxième schéma comprenant une préface, une table des

matières, un sommaire et un premier exposé de toute la matière en trois parties.

- 6 mai 1987: évaluation du deuxième schéma.
- mai - décembre 1987: élaboration du troisième schéma ou «Avant-projet» de catéchisme pour l'Église universelle; envoi de ce «spécimen» au Collège des consulteurs.
- mai 1988: évaluation de la consultation et décision d'ajouter aux trois parties du catéchisme un épilogue sur le «Notre Père».
- juin 1988 - janvier 1989: élaboration du quatrième schéma ou «Projet» de catéchisme pour l'Église universelle.
- février 1989: évaluation du «Projet».
- février - octobre 1989: préparation du cinquième schéma ou «Projet révisé» de catéchisme pour l'Église universelle.
- 3 novembre 1989: envoi du «Projet révisé» à tout l'Épiscopat pour la consultation prévue jusqu'en mai 1990 (et prolongée jusqu'au 15 octobre).
- juin - octobre 1990: examen et classification des réponses des évêques.
- novembre 1990 - mars 1991: révision du «Projet révisé», accepté comme texte de base, en fonction des 24 000 améliorations suggérées.
- mars 1991: le sixième schéma ou «Texte amendé» est terminé; l'épilogue sur le Pater devient une quatrième partie sur la prière chrétienne.
- mai 1991: examen du septième schéma ou «Texte prédéfinitif».
- août 1991: une commission d'exégètes revoit les citations bibliques.
- octobre 1991: examen du huitième schéma ou «Texte prédéfinitif, version corrigée».
- novembre 1991 - février 1992: préparation du neuvième schéma ou «Texte définitif».
- 14 février 1992: approbation du «Texte définitif».
- mars 1992: transmission du «Texte définitif» à Jean-Paul II qui indique quelques modifications.
- 30 avril 1992: remise au pape de la rédaction définitive.
- 25 juin 1992: approbation du «Catéchisme de l'Église catholique» par Jean-Paul II.
- 11 octobre 1992: promulgation du «Catéchisme de l'Église catholique» par la constitution apostolique *Fidei depositum*.
- 16 novembre 1992: présentation du *C.É.C.* à Paris, Tournai et Lausanne.
- 7-8 décembre 1992: présentation solennelle du *C.É.C.* par Jean-Paul II à Rome.
- 15 août 1997: approbation et promulgation de l'édition typique latine du *C.É.C.* par la lettre apostolique *Laetamur magnopere*.

– 8 septembre 1997: présentation officielle de l'édition typique latine par Jean-Paul II à Castelgandolfo.

Le *C.É.C.* est l'aboutissement d'un long travail qui a fait appel à de nombreuses collaborations. Six ans se sont écoulés entre le premier schéma et l'approbation du «Texte définitif» de 1992.

Lors de sa création, la Commission directrice reçoit la mission de progresser de manière que le projet de catéchisme puisse être présenté au synode épiscopal de novembre 1990 et être publié, après l'approbation pontificale, à l'occasion du vingt-cinquième anniversaire de la clôture de Vatican II, le 8 décembre suivant. La consultation de tout l'Épiscopat et l'examen de plus de 24 000 *modi* ont demandé plus de temps que prévu. Jean-Paul II attachait beaucoup d'importance au lien symbolique entre le catéchisme et le concile. Faute de pouvoir retenir le vingt-cinquième anniversaire de sa conclusion, il a fixé la date de la promulgation du *C.É.C.* le jour du trentième anniversaire de son ouverture, le 11 octobre 1992.

L'édition typique latine n'est venue que cinq années plus tard. Elle est faite à partir de l'original rédigé en français et des traductions déjà terminées. Elle tient compte en outre d'observations diverses transmises à Rome, de sorte qu'elle n'est pas tout à fait identique à celle que Jean-Paul II a présentée à toute l'Église en décembre 1992.

3. Les destinataires du catéchisme

a. Le Catéchisme de Pie V s'adresse aux curés, *ad parochos*, aux pasteurs à qui le concile de Trente demande de faire le catéchisme aux enfants et aux adultes les dimanches et jours de fête et de faire l'homélie aux messes dominicales. Tous n'en ont pas nécessairement besoin; il viendra «seconder le zèle et la piété de certains pasteurs qui peut-être ne seraient pas assez sûrs d'eux-mêmes dans les points les plus difficiles de la science divine» (Préface). Il ne s'agit pas d'en faire la lecture au cours de l'homélie ou pendant la leçon de catéchisme. Le pasteur, après avoir pris connaissance de ce que dit le catéchisme sur le sujet qu'il va traiter, doit se pénétrer de son sujet, le méditer, l'approfondir et rechercher la meilleure manière de le transmettre à son auditoire.

b. Le *Directoire catéchétique général* a pour destinataires les seules conférences épiscopales et ceux qui, sous leur direction et leur contrôle, ont une responsabilité dans le domaine de la catéchèse. Il se propose tout particulièrement d'aider à la composition des directoires et des catéchismes locaux. Un de ses chapitres concerne le contenu de la foi; il expose les éléments principaux du mystère chrétien sans pour autant avoir la prétention d'énumérer chacune des vérités qui doivent être exposées dans la catéchèse. Ont été retenus un certain nombre de points plus importants liés entre eux de façon très organique, «en soulignant les traits particuliers que doit clairement mettre en valeur une catéchèse nouvelle et appropriée, fidèle à la poursuite de sa fin». Il s'agit d'un «fonds catéchétique» et non d'un «prototype» de catéchèse pour adultes; il s'agit d'une «synthèse» fort originale et non d'un «modèle» ou d'un «plan» à suivre docilement. Appliquant en quelque sorte le principe de subsidiarité, le Directoire fait confiance aux conférences elles-mêmes, lesquelles ont par ailleurs donné leur avis une première fois sur la manière de concevoir le directoire et une seconde fois sur son contenu lui-même (confiance quelque peu mitigée par l'obligation qui leur est faite de soumettre à l'examen et à l'approbation de Rome leurs directoires, catéchismes et programmes de prédication avant leur promulgation).

c. Quels sont les destinataires du Catéchisme de Jean-Paul II? Le souhait final du synode de 1985 est qu'on fasse un catéchisme qui sera comme un point de référence pour les catéchismes qui sont composés dans les divers pays. En fonction de cela, il a été maintes fois répété, au cours de son élaboration, que le *C.É.C.* sera un instrument au service des évêques, un document de base pour la préparation de leurs catéchismes. Bien qu'ils soient «les hérauts de la foi» et «les docteurs authentiques» (*Lumen gentium* 25, § 1), les évêques du synode auraient estimé avoir besoin d'un catéchisme-source, d'un texte de référence pour être à même de composer leurs propres catéchismes ou d'apprécier et de promulguer ceux qu'ils font rédiger!

Dans les allocutions, discours et documents pontificaux qui s'échelonnent de la fin du synode à la présentation officielle de l'édition typique latine, comme aussi dans les informations données régulièrement par le cardinal Ratzinger et d'autres prélats romains, la liste des destinataires s'amplifie. Les Églises particulières – et pas seulement leurs évêques – et toute l'Église universelle, l'ensemble des membres du Peuple de Dieu en quelque sorte, ont besoin d'un catéchisme-référence. Il y aurait une attente voire l'exigence d'un tel ouvrage vivement ressenties partout. Il s'agit en effet d'obtenir plus de clarté et de sûreté doctrinales, d'avoir une ligne directrice pour la catéchèse et l'évangélisation, de «mettre fin à des enseignements ou des interprétations de la foi et de la morale qui ne sont pas en accord entre eux ou avec le Magistère universel», de remédier aux limites et aux déficiences constatées çà et là dans la catéchèse. Pendant tout un temps, il est précisé que le futur catéchisme atteindra les fidèles par l'intermédiaire des catéchismes des diocèses mais en finale le «par l'intermédiaire» disparaît et le Catéchisme de Jean-Paul II se voit destiné à tout croyant, catholique ou non et à tout homme qui désire connaître ce que l'Église catholique enseigne. Il est offert aux évêques dans l'exercice de leur charge d'enseigner le Peuple de Dieu; aux prêtres pour leur formation doctrinale; aux séminaristes pour leur initiation à la foi chrétienne; aux catéchistes pour la préparation de leurs catéchèses; aux parents pour la croissance des charismes reçus lors de leur mariage; aux théologiens notamment comme référence doctrinale pour leurs recherches; à tous les fidèles pour leur formation permanente et leur prière; à ceux qui sont engagés dans l'œcuménisme pour soutenir leurs efforts; à tous ceux qui s'interrogent sur leur foi et à tous les non-croyants qui voudraient connaître ce que les catholiques croient. À tous ceux là s'ajoutent – il ne faudrait pas l'oublier – les évêques et leurs collaborateurs pour la composition des catéchismes locaux. Tous, de quelque continent ou de quelle culture qu'ils soient, sont invités à utiliser fréquemment le catéchisme et à en tirer le plus grand profit, car il est un instrument privilégié pour la nouvelle évangélisation qui tient tant au cœur du pape.

d. Les rédacteurs du *C.É.C.* se sont trouvés devant une tâche quasi impossible: ils ont su très vite qu'ils avaient à rédiger un catéchisme destiné à des personnes si différentes à de nombreux points de vue. Face aux multiples cultures, face aux besoins de gens si divers en fonction de leur âge, leur mentalité, leur condition de vie, leur situation par rapport à la foi et à l'Église, face aussi au pluralisme des interprétations exégétiques et théologiques qui ont cours aujourd'hui, il devient de plus en plus téméraire de vouloir prononcer une parole unique, une seule manière de penser les contenus de la foi. «Telle n'est pas notre ambition, ni même notre mission», écrivait Paul VI dans sa lettre apostolique sur les questions sociales du 14 mai 1971. Ses paroles ne doivent-elles pas s'appliquer aussi, «mutatis mutandis», au domaine proprement théologique?

Le *C.É.C.* se présente comme un exposé intemporel qui développe sereinement les contenus de la foi catholique en dehors de toute préoccupation apologétique, de tout essai de justification de ce qu'il avance, de tout souci de répondre aux attentes et aux questions des hommes d'aujourd'hui; ce sont les catéchismes particuliers qui devront être «adaptés» et rencontrer les diverses situations de vie. Et cependant, il est destiné à tous les fidèles de l'Église universelle, aux hommes et femmes du monde entier, et il peut même exceptionnellement – mais l'exceptionnel peut être interprété plus ou moins strictement – être adopté comme catéchisme d'une Église locale. C'est un écrit délibérément non inculturé, un ouvrage catéchétique sans destinataires privilégiés et qui est présenté en même temps comme le catéchisme grâce auquel chacun pourra grandir dans la foi ou la découvrir et s'engager avec toute l'Église à la suite du Christ. Ne devrions-nous pas dire plus humblement qu'il s'agit d'une encyclopédie ou d'un dictionnaire de la foi catholique permettant à ceux qui le désirent et s'estiment capables d'aborder un ouvrage de ce genre de prendre connaissance de la pensée officielle de l'Église catholique en cette fin du vingtième siècle sur tel ou tel point ou sur l'ensemble de la doctrine et de la morale?

4. Les traductions du catéchisme

Puisque le Catéchisme de Jean-Paul II est destiné à tous les adultes catholiques et à tous ceux qui désirent prendre connaissance de la foi de l'Église catholique, la question de sa traduction s'est posée autrement qu'en 1566 à propos du Catéchisme de Pie V.

a. Le Catéchisme tridentin est rédigé en latin et ne concerne que les curés censés pouvoir se débrouiller dans cette langue. Pie V se préoccupe cependant de ses traductions en langues vernaculaires. Il y a très vite une traduction en italien (1566), puis en français, en allemand et en polonais (1568). La version en portugais n'arrive qu'en 1590, la néerlandaise en 1668, l'anglaise en 1687 et l'espagnole un siècle plus tard en 1777. Les versions en tchèque, hongrois, chaldéen et roumain datent de la fin du XIXe siècle (1867, 1869, 1889, 1891); celles en ukrainien et en arménien paraissent peu avant Vatican II (1961,1962) et la dernière, une traduction partielle en japonais, date de 1966. Avec les traductions en illyrique (1583), mexicain (1723), croate (1775) et arabe (1786), le Catéchisme de Pie V a été publié en dix-neuf langues différentes au cours de quatre siècles.

b. Le Catéchisme de Jean-Paul II a été rédigé en français. Il est donc indispensable que, en fonction de ses destinataires, il soit très vite traduit dans le plus grand nombre de langues. La version italienne et la version espagnole sont terminées suffisamment tôt et sont présentées officiellement à Rome avec le texte français les 7-9 décembre 1992. Les versions allemande, portugaise et brésilienne suivent de très près au cours de l'année 1993. La traduction anglaise n'arrive qu'en 1994 suite aux difficultés soulevées par l'utilisation du «langage inclusif» et la traduction néerlandaise paraît l'année suivante. Selon les informations recueillies à ce jour, il y a en outre des éditions en catalan, croate, grec, hongrois, lituanien, maltais, norvégien, polonais, roumain, russe, slovaque, slovène et tchèque. Bien d'autres traductions sont envisagées en albanais, bulgare, estonien, letton et ukrainien, voilà pour l'Europe, et aussi en amharique, arabe, swahili, tagalog et vietnamien, comme aussi en chinois et en japonais. Tout cela en moins de dix années!

c. L'édition typique latine arrive en 1997, cinq ans après la version française officiellement approuvée par Jean-Paul II et bien après la parution des traductions dans les langues les plus répandues. Elle est la traduction du texte de 1992 et, en même temps, un «nouveau texte définitif» également promulgué par Jean-Paul II. Toutes les références ont été soigneusement revues et le texte lui-même a subi plusieurs modifications plus ou moins significatives: il y a des précisions de vocabulaire, des ajustements et des infléchissements de la doctrine. Venant si tard, elle pose des problèmes aux éditeurs et aux évêques pour qui elle est le texte de référence officiel pour la rédaction de leurs catéchismes nationaux, régionaux ou diocésains: faut-il prévoir une nouvelle édition des traductions déjà parues ou la publication d'un fascicule indiquant les modifications intervenues? Les évêques français ont opté pour la première hypothèse. Quelle que soit l'option retenue, l'édition typique prend le risque de rester un organe témoin qui n'atteindra pas tous ceux et celles qui, de par le monde, sont ses destinataires potentiels.

5. L'autorité du catéchisme

a. Le Catéchisme de Pie V, bien qu'il ait été voulu par le concile de Trente, n'a pas l'autorité d'un document conciliaire issu du magistère extraordinaire de l'Église. Et, bien qu'il ait été approuvé par Pie V qui en a ordonné la publication et l'a recommandé par son motu proprio *Pastorali officio* du 23 septembre 1566, il n'est pas un document pontifical. Son autorité, son poids est donc d'un autre ordre que celui qui est généralement attribué aux écrits de l'évêque de Rome et aux textes conciliaires.

Le Catéchisme lui-même ne prétend pas tout dire et il invite les pasteurs à recourir à l'Écriture et à d'autres écrits de valeur: «Un certain nombre d'auteurs ont déjà traité ces matières avec autant de piété que de science», dit la Préface. Par rapport à ces ouvrages, le Catéchisme a ceci de particulier que le concile a voulu sa publication si bien que l'aura du concile rejaillit en quelque sorte sur lui; c'est aussi qu'il est une œuvre collective transmettant non pas l'enseignement d'une personne seule mais celui des grands théologiens de l'époque devenu la propriété de toute l'Église. Ceux qui l'ont rédigé ont eu conscience d'écrire un livre «où tous les Pasteurs et ceux qui sont chargés d'enseigner pourraient puiser des vérités d'une certitude absolue». Le Catéchisme est ainsi un livre parmi d'autres sans être un livre comme les autres. Il est différent en raison de son origine et de sa rédaction par un groupe de théologiens choisis par le concile et ensuite par le pape. Il a en outre reçu l'approbation pontificale et la recommandation de nombreux conciles, synodes et évêques. Son enseignement est considéré comme fiable, bien qu'il ne soit pas en tout ce qu'il dit un enseignement infaillible. Faire sien ce qu'il enseigne – et ce qu'il enseigne c'est ce que la hiérarchie de l'Église reconnaît comme l'enseignement de l'Église que le concile vient de confirmer – c'est être sur une voie sûre, c'est avoir la certitude qu'on ne flirte pas avec les hérésies du temps. D'autres publications peuvent sans doute conduire à la même conviction – et les évêques, synodes et conciles n'ont pas manqué de recommander aux prêtres d'autres ouvrages susceptibles de leur être utiles – mais le Catéchisme est présenté comme absolument sûr, rapportant ce qui est considéré à cette époque comme des certitudes. Ses commentaires et interprétations ne sont pas tous des données de foi auxquelles l'assentiment requiert l'obéissance de la foi, mais ils font autorité dans l'Église. Les manuels de théologie, les prédicateurs et les catéchistes des siècles suivants l'utiliseront avec l'Écriture, les Pères et les déclarations des conciles généraux, comme un document de l'Église qui fait spécialement autorité.

b. Le *Directoire catéchétique général* est lui aussi un document dont le magistère extraordinaire de l'Église – le concile Vatican II – a décrété la publication. Il n'est pas rédigé par un groupe d'experts choisis mais par la Congrégation pour le clergé qui est au service du pape pour l'exercice ordinaire de son ministère catéchétique à l'égard de l'Église universelle. Le Collège épiscopal a été associé à sa rédaction: les conférences ont pu transmettre des suggestions sur sa composition et donner leur appréciation sur un schéma préparatoire. Le pape Paul VI l'a approuvé et en a ordonné la publication. Il est un document du magistère ordinaire par l'intermédiaire d'une congrégation romaine qui met en œuvre une décision conciliaire, qui tient compte des avis du Collège épiscopal, que le pape a approuvé et rendu de droit public. Tout cela lui confère un poids tout particulier mais ne le situe cependant pas parmi les actes d'un concile ou les documents solennels de l'évêque de Rome.

Conformément à la volonté des évêques réunis en concile et à celle des conférences épiscopales, le Directoire présente des lignes d'orientation pour la formation religieuse plus qu'il n'impose des lois ou des prescriptions; il reste ouvert à des développements ultérieurs, comme on vient de le voir par la publication en 1997 du nouveau *Directoire général pour la catéchèse*. Son chapitre III présente les éléments essentiels du message chrétien. Il s'impose à l'attention de tous parce qu'il met en lumière le but à garder nécessairement dans la catéchèse: proposer intégralement ce message. Ce but est déjà atteint lorsqu'on est fidèle à ces éléments essentiels, qu'il n'est pas requis de retrouver énoncés tels quels dans les catéchismes nationaux ou régionaux.

c. Le *Catéchisme de l'Église catholique* n'a pas été voulu par un concile général comme son prédécesseur de 1566 et le Directoire de 1971 mais souhaité par une assemblée consultative d'évêques, le synode épiscopal réuni exceptionnellement pour célébrer Vatican II vingt ans après sa clôture. Jean-Paul II se rallie à la suggestion du synode. Dans l'exercice de sa charge pastorale et en vertu de son autorité apostolique, il décide la mise en chantier du catéchisme et, comme ses prédécesseurs Pie V et Paul VI, il approuve et ordonne la publication du texte définitif. Il associe à l'entreprise le Collège épiscopal: tous les évêques sont invités à transmettre leurs remarques en vue d'améliorer le texte, ce qu'un tiers d'entre eux fait effectivement (l'origine des modifications introduites dans l'édition définitive en latin est encore à éclaircir). Les évêques n'ont cependant pas l'occasion de voir ce qu'il est advenu de leurs amendements ni de donner leur accord sur le texte final avant son approbation par le pape. Le *C.É.C.* est donc le fruit du travail d'une Commission directrice et d'un Comité de rédaction, enrichi des remarques d'exégètes, de théologiens, de catéchistes, d'évêques et du pape lui-même. Jean-Paul II l'approuve, le reconnaît «comme un instrument valable et autorisé et comme une norme sûre pour l'enseignement de la foi». Il l'offre à toute l'Église, considère sa parution comme un acte majeur de son pontificat et en fait une pièce importante de son projet de «nouvelle évangélisation».

Auréolé du prestige qui lui vient de son origine, des personnes qui l'ont rédigé, du Collège épiscopal qui a apporté des amendements et du pape qui l'a approuvé, promulgué, offert à toute l'Église et reconnu comme ouvrage de référence sûr, le *C.É.C.* n'en devient pas pour autant «le» livre exceptionnel, indépassable, définitif, unique qu'il faut recevoir dans l'obéissance de la foi jusqu'en ses moindres détails, le livre qui nous vient du ciel... Les sources premières et incontournables de la foi sont toujours l'Écriture Sainte, les symboles de foi, la liturgie, les Pères de l'Église, les définitions dogmatiques des conciles généraux et des papes. Le catéchisme est un autre créneau de la Tradition qui vient après toutes ces sources et même après les documents pontificaux tels que les encycliques, les exhortations apostoliques, les constitutions apostoliques. Il donne à connaître une interprétation de la foi de l'Église à un moment donné de son histoire. Il contient ce qui doit être cru parce que c'est la parole de Dieu et aussi des enseignements, commentaires, explications pour lesquels une telle adhésion de foi n'est pas requise. Comment faire le tri qui s'impose? J. Ratzinger avait signalé au cours du synode de 1990 que des évêques demandaient que les degrés de certitude des différentes doctrines soient indiqués. Il avait déclaré que, dans la rédaction finale, on donnerait les références aux degrés d'autorité des documents du magistère de l'Église, qu'on distinguerait ce qui est essentiel de ce qui est dérivé, qu'on indiquerait explicitement les vérités solennellement définies. Le *C.É.C.* contient des passages moins importants en petits caractères mais, faute d'autres clés de lecture, le lecteur ne peut pas découvrir ce qui est de foi, de foi définie, enseignement traditionnel ou opinion courante dans l'Église...

d. Le Catéchisme de Jean-Paul II, comme tout autre catéchisme et comme n'importe quel ouvrage théologique, est écrit par des personnes d'une époque déterminée et est nécessairement marqué par les options de ses auteurs. La comparaison entre l'*Avant-projet*, le *Projet révisé*, la version de 1992 et même l'*editio typica* de 1997 fait voir que d'un schéma à l'autre les structures et les interprétations du catéchisme se sont modifiées. Le *C.É.C.* présente finalement un exposé organique accepté par la Commission directrice et par le pape. Cet exposé a ses propres qualités et ses mérites; il aurait pu être tout autre s'il avait été écrit à un autre moment de la vie de l'Église et par d'autres personnes. Le pape le déclare un instrument valable et autorisé, une norme sûre pour l'enseignement de la foi, une référence pour les catéchismes à rédiger dans l'avenir. Son jugement ne porte que sur le *C.É.C.* lui-même et ne signifie donc pas que, dans la littérature théologique et catéchétique actuelle, il n'y ait pas d'ouvrages sûrs, voire même aussi sûrs que le *C.É.C.* Celui-ci est déclaré «sûr» parce que le pape reconnaît l'orthodoxie de son enseignement: il reflète ce qui est communément admis aujourd'hui par tous ceux qui ont eu prise sur sa rédaction. Depuis plusieurs décennies, de nouvelles interprétations de passages de l'Écriture et des dogmes de foi circulent dans l'Église; le *C.É.C.* ne les a pas intégrées dans ses développements estimant qu'elles ne recueillent pas encore une adhésion suffisamment large ou qu'elles sont moins sûres que l'explication traditionnelle. En n'en signalant pas l'existence, il donne à penser qu'il n'y a qu'une seule bonne façon de présenter les contenus de la foi.

e. Il ne suffit pas que le concile, le pape, un ou plusieurs évêques déclarent que leur parole fait désormais autorité; il faut encore qu'elle soit acceptée et reçue par le peuple chrétien. L'avenir nous dira ce qu'il est advenu du Catéchisme de Jean-Paul II et notamment de «la profession de foi chrétienne» qui a fait l'objet de ce livre. Les remarques faites çà et là donnent à penser – et l'analyse des commentaires parus après la sortie du *C.É.C.* le confirmera – que toutes les interprétations retenues sont loin de faire l'unanimité. Les exégètes, les patrologues et les historiens n'apprécieront pas tous l'utilisation qui est faite des textes de l'Écriture, des Pères et des conciles. Des théologiens, des catéchistes et des prédicateurs seront réticents ou opposés à telle ou telle interprétation d'éléments du message chrétien; ils auront sans doute une attitude semblable à propos des autres parties du catéchisme (je pense particulièrement à ce que celui-ci enseigne sur l'application de la peine de mort, enseignement qui a fait dire à plus d'un qu'en la justifiant, même uniquement dans des cas tout à fait exceptionnels, le *C.É.C.* s'est disqualifié).

f. Par le *C.É.C.*, Jean-Paul II veut encourager et faciliter la publication des catéchismes nationaux ou diocésains. Les évêques qui ont déjà réalisé ce travail n'ont pas à revoir leur copie. Les autres – combien seront-ils? et combien se considéreront dans une situation leur permettant, à titre exceptionnel, d'adopter le *C.É.C.* comme catéchisme local? – devront, pour garantir l'unité de la foi, prendre le *C.É.C.* comme point de référence. Le nouveau Directoire de 1997 leur explique qu'ils devront adapter, mettre en situation, inculturer et non résumer le catéchisme; ils n'auront pas à reproduire nécessairement son plan et, quant au contenu doctrinal proprement dit, ils devront assimiler l'essentiel du message évangélique et le transposer dans un langage qui puisse être compris, «sans la moindre trahison de la vérité essentielle». La «symphonie de la foi» entre le *C.É.C.* et tous les autres catéchismes particuliers rend donc possible des présentations de l'essentiel, et notamment des articles du Symbole des apôtres, différentes de celle que le *C.É.C.* contient. Il y a actuellement des situations et des contextes dans lesquels certaines formulations et explications traditionnelles de la foi sont devenues insuffisantes ou sont susceptibles d'être mal interprétées. Les catéchismes locaux restent libres d'intégrer des nouvelles présentations, comme l'ont déjà fait le Catéchisme pour adultes des évêques allemands et celui des évêques de France, approuvés par le Saint-Siège, à propos de l'un ou l'autre article du Symbole des apôtres.

6. La structure du catéchisme

a. Au point de départ, il est décidé que le *C.É.C.* aura une structure tripartite. Le premier schéma, le deuxième et le troisième ou *Avant-*

projet comprennent un exposé sur le Symbole des apôtres, un sur la célébration du mystère chrétien et un sur la vie morale du disciple du Christ. La première partie commence par une introduction portant sur les questions fondamentales que l'homme d'aujourd'hui se pose, ainsi que sur les réponses des religions et des athées, sur l'initiative de Dieu de se donner à connaître et d'apporter sa réponse à ces questions, et sur l'attitude de l'homme qui donne foi à la Révélation. Elle se poursuit par le commentaire des douze articles du Symbole répartis en onze chapitres. Les deux premiers portent sur le Père tout-puissant et sur le Créateur du ciel et de la terre. Les cinq autres concernent Jésus-Christ, Fils unique et Seigneur; sa conception et sa naissance vont ensemble, ses souffrances, sa mort sur la croix et son ensevelissement aussi; la descente aux enfers est jointe à la résurrection; la montée aux cieux, la session à la droite du Père et le retour glorieux forment un tout. Les derniers articles du Symbole terminent cette première partie; la sainte Église catholique et la communion des saints forment un seul chapitre, la résurrection de la chair et la vie éternelle également. La deuxième partie décrit l'économie sacramentelle, présente chacun des sept sacrements selon leur ordre traditionnel et termine par quelques mots sur ces autres actions liturgiques que sont les sacramentaux. La troisième partie comprend une sorte de théologie fondamentale en trois chapitres et un exposé sur ce que commandent et défendent chacun des dix commandements de Dieu, les sixième et neuvième, ainsi que les septième et dixième, étant groupés.

b. La structure générale de l'*Avant-projet* est loin d'être en tout semblable à celle du Catéchisme de Pie V. Trois parties sont prévues alors qu'il y en a une quatrième sur la prière dans le Catéchisme de 1566. Celui-ci ne comporte pas d'exposé préliminaire sur les interrogations de l'homme et la révélation divine et fait correspondre ses douze chapitres de commentaires du Symbole aux douze articles du Credo apostolique. Dieu tout-puissant et Dieu créateur forment le premier article. Le retour glorieux du Christ est un article distinct et il en va de même pour la résurrection de la chair et pour la vie éternelle. Dans la deuxième partie, le Catéchisme romain a bien un exposé sur les sacrements en général mais celui-ci n'est en rien comparable à l'économie sacramentelle développée dans l'*Avant-projet* ; par contre, il ignore totalement les sacramentaux. Dans la troisième partie, son chapitre introductif sur les commandements de Dieu en général est peu de chose par rapport à la réflexion sur les fondements de la vie morale du disciple du Christ; chaque commandement est développé séparément, à l'exception du neuvième et du dixième réunis en un seul chapitre.

c. Au terme de la consultation du Collège des consulteurs, les rédacteurs du projet de catéchisme revoient leur copie. Le cinquième schéma ou *Projet révisé* commence maintenant par une introduction intitulée «Je crois»: ce qui servait de préambule à la première partie est devenu l'introduction de tout le catéchisme. Pour la première partie proprement dite, la structure même du Symbole des apôtres conduit à diviser l'exposé de la foi chrétienne en trois sections: une première sur la foi en Dieu le Père, une deuxième sur la foi en Dieu le Fils et une troisième sur la foi en Dieu l'Esprit Saint. Le christocentrisme trinitaire du message chrétien est ainsi mieux mis en évidence. À l'intérieur de cette structure, les douze articles du Symbole ont retrouvé leur présentation traditionnelle, celle qui figure dans le Catéchisme tridentin: le Père tout-puissant et le Créateur sont réunis en un seul chapitre, le retour du Christ pour juger les vivants et les morts est séparé de l'ascension et de la session à la droite du Père, la résurrection de la chair et la vie éternelle sont deux articles distincts.

La deuxième partie du catéchisme comprend désormais deux sections: une première sur l'économie sacramentelle dans laquelle les sacramentaux sont insérés, et une seconde sur les sept sacrements. Comme cela a été fait pour le Symbole, le septénaire des sacrements a maintenant un structure tripartite: il y a les trois sacrements de l'initiation chrétienne, les deux sacrements de guérison et les deux sacrements du service de la communion. Quant à la troisième partie, la vie dans le Christ, elle comporte elle aussi deux sections: la première sur les principes fondamentaux de la morale chrétienne et la seconde sur les dix commandements. Ici aussi une structure, bipartite cette fois, a été introduite: «la première table de la Loi» rassemble les trois premiers commandements et «la seconde table de la Loi» les sept derniers.

Grâce à la consultation du Collège des consulteurs, les commentaires des douze articles du Credo, des sept sacrements et des dix commandements s'inscrivent dans des structures qui mettent davantage en valeur l'organisation profonde et cohérente du catéchisme. Grâce à elle aussi, quelques pages – 20 sur 318 – ont été ajoutées: il a en effet été souhaité que le catéchisme se termine par un commentaire du «Notre Père». La Commission directrice a accédé à cette demande et a qualifié ce complément d'«épilogue»; il ne s'agit pas encore d'une quatrième partie à part entière sur la prière dans la vie chrétienne, qui donnerait au catéchisme la même structure globale qu'au Catéchisme de Pie V, mais on s'en rapproche très fort.

Un spécimen de «glossaire» expliquant une trentaine de termes du vocabulaire chrétien figure en annexe du *Projet révisé*. La Commission directrice estime en effet qu'il est nécessaire «d'obtenir, dans la mesure du possible, un langage commun de fond dans le domaine catéchétique».

d. Les évêques consultés sur le *Projet révisé* acceptent ce cinquième schéma comme texte de base du futur catéchisme. Certains des *modi* qu'ils font parvenir portent sur la structure. Au terme de l'insertion des amendements retenus, le Catéchisme de Jean-Paul II est un exposé de toute la doctrine catholique tant sur la foi que sur la morale en quatre parties comme le Catéchisme de Pie V. C'est que, à la demande de beaucoup, l'«épilogue» sur le «Notre Père» est devenu une quatrième partie sur «la prière chrétienne».

La division tripartite de l'exposé sur les articles du Symbole et sur les sacrements et la division de la morale en deux tables de la Loi sont confirmées. Chaque partie est désormais construite sur le même schéma: une première section d'allure plus générale présentant les éléments fondamentaux préalables à la présentation détaillée des articles de foi, des sacrements, des commandements et du Pater, et une deuxième section s'étendant sur chacune de ces quatre composantes de la doctrine chrétienne.

En ce qui concerne la première partie, le «Je crois» – auquel un «nous croyons» est ajouté dans le titre même – réintègre sa place: il n'est plus une introduction à tout le catéchisme comme dans le *Projet révisé* mais revient au début de l'exposé sur les articles du Symbole comme dans l'*Avant-projet*, avec cette nuance qu'il n'est plus seulement considéré comme une introduction mais devient une première section. Les articles du Credo apostolique restent répartis comme dans le *Projet révisé* et ainsi comme dans le Catéchisme romain; c'est par inadvertance sans doute que «la communion des saints» n'est pas mentionnée comme complément à l'article 9: «Je crois à la sainte Église catholique».

Le nombre de paragraphes attribués à chacun d'eux s'est généralement vu réduit de quelques unités ou est resté stationnaire, exception faite surtout pour le neuvième sur la Sainte Église catholique, qui a connu un important accroissement, comme l'indique le tableau qui suit.

Les articles du Symbole	*Projet révisé*	*C.É.C.*
1. Je crois en Dieu le Père...	194 + 42 = 236	181 + 43 = 224
2. Je crois en Jésus-Christ...	31 + 4 = 35	22 + 4 = 26
3. qui a été conçu du Saint-Esprit	100 + 17 = 117	96 + 19 = 115
4. qui a souffert...	50 + 9 = 59	50 + 10 = 60
5. qui est descendu aux enfers...	32 + 5 = 37	23 + 5 = 28
6. qui est monté au ciel...	7 + 2 = 9	6 + 3 = 9
7. d'où il viendra juger...	12 + 2 = 14	12 + 3 = 15
8. Je crois en l'Esprit Saint	68 + 7 = 75	55 + 6 = 61

9. à la Sainte Église catholique	134 + 24 = 158	192 + 36 = 228
10. au pardon des péchés	12 + 6 = 18	8 + 4 = 12
11. à la résurrection de la chair	26 + 5 = 31	27 + 5 = 32
12. à la vie éternelle	40 + 14 = 54	31 + 10 = 41
Amen	7 = 7	5 = 5

Dans la deuxième partie, les autres actions liturgiques que sont les sacramentaux et les funérailles chrétiennes retrouvent la place qu'elles occupaient dans l'*Avant-projet* : elles viennent comme dernier chapitre de la deuxième section, après l'exposé sur chacun de sept sacrements, ce qui marque mieux leur connexion intime avec ceux-ci.

Pour la troisième partie, l'élément le plus significatif est l'élargissement de la première section: aux fondements du comportement moral du chrétien a été ajoutée une réflexion sur la communauté humaine au sein de laquelle chacun réalise sa vocation personnelle. On remarque aussi que les deux tables de la Loi sont désignées maintenant par référence à la réponse de Jésus au légiste qui l'interrogeait: «Tu aimeras le Seigneur ton Dieu...» d'une part et «Tu aimeras ton prochain comme toi-même» d'autre part. On note également que chacun des dix commandements fait l'objet d'un article particulier, même les sixième et neuvième, les septième et dixième.

La quatrième partie a elle aussi sa première section d'allure plus générale entièrement neuve; c'est là que figure notamment la prière de l'«Ave Maria». La deuxième section sur le «Notre Père» correspond à l'épilogue du *Projet révisé.*

Les évêques qui ont répondu à la consultation n'ont pas eu le même sentiment que la Commission directrice: ils n'ont pas estimé qu'un «glossaire» était indispensable. Le texte définitif du catéchisme ne comporte donc pas en annexe ou en complément un dictionnaire du vocabulaire chrétien de fond que les catéchistes de partout auraient dû utiliser en vue d'arriver à un langage commun pour tous les catholiques.

e. L'édition typique de 1997 n'apporte aucune modification à la structure du *C.É.C.* ; elle n'a pas remarqué qu'il fallait mentionner «la communion des saints» dans l'énoncé du neuvième article du Symbole. Finalement, le Catéchisme de Jean-Paul II présente dans son ensemble un exposé cohérent, organique, bien structuré, susceptible de satisfaire les esprits soucieux d'ordonnance et de logique. Le plan, sur lequel se sont accordés tous ceux qui ont pris part à son élaboration, «reprend l'ordre 'ancien', traditionnel et déjà suivi par le Catéchisme de saint Pie V» (*Fidei depositum*). On peut trouver d'autres plans d'exposition du message chrétien dans la Tradition antérieure au concile de Trente et jusque dans des catéchismes récents. Le *Directoire général pour la catéchèse* de 1997 confirme ce que disait déjà celui de 1971: «On peut partir de Dieu pour arriver au Christ et vice-versa; de même, on peut partir de la personne humaine pour arriver à Dieu et vice-versa» (n° 118). On peut aussi penser à d'autres formes que l'exposé doctrinal et se laisser conduire par l'histoire du salut, le cycle liturgique, les conditions de l'existence humaine, les signes des temps...

7. La profession de la foi chrétienne du Catéchisme

Des origines à nos jours, la foi des disciples du Christ n'a pas changé: les symboles de foi et les Credo expriment la même fidélité du Père tout-puissant créateur et providence, de son Fils fait homme mort et ressuscité et de l'Esprit qui donne la vie. Cependant, les explications qui en sont données varient au cours des siècles. Celles que donne le Catéchisme de Pie V reflètent l'état de la réflexion théologique et de l'enseignement courant du milieu du XVIe siècle; comme elles sont destinées aux prédicateurs, aux catéchistes, elles s'accompagnent de conseils et d'insistances sur les sentiments à susciter dans le cœur des fidèles.

Dans son chapitre sur les éléments principaux du mystère chrétien, le *Directoire catéchétique général* de 1971 redit l'essentiel de la foi qui nous vient des apôtres et souligne ce que les catéchistes doivent surtout mettre en lumière en ce dernier tiers du XXe siècle. S'efforçant d'appliquer les règles ou critères à observer dans tout exposé des contenus de la foi, il rappelle les données dogmatiques de base indispensables à la catéchèse dans un discours d'allure plutôt contemplative et admirative.

La profession de la foi chrétienne du Catéchisme de Jean-Paul II est la réécriture et la mise à jour du commentaire du Symbole des apôtres du Catéchisme de Pie V. La rédaction a été confiée à J.P. Estepa Llaurens, ordinaire aux armées (Espagne), et à A. Maggiolini, alors évêque de Carpi (Italie). Elle expose sereinement les contenus de la foi catholique. Elle comprend une première section portant sur les premiers mots du Symbole, «Je crois», et une deuxième précisant le contenu de chacun de ses douze articles.

a. Je crois...

Le développement du «Je crois» – complété par un «Nous croyons» – est bien plus ample que dans le Catéchisme romain. Celui-ci dit uniquement que la foi est l'assentiment plein, entier, exempt de tout doute et de toute hésitation aux vérités révélées par Dieu. Le *C.É.C.* maintient cette présentation et ajoute que la foi est aussi un acte authentiquement humain, un acte libre, qu'elle cherche à comprendre la parole de Dieu parfois à travers des obscurités. Avant de s'exprimer sur l'acte de foi, il se tourne d'abord vers l'homme: il le décrit comme un être «capable» de Dieu, un être qui peut en arriver à des vraies certitudes concernant son Créateur; il se tourne ensuite vers ce Dieu qui vient à la rencontre de l'homme, se révèle à lui et lui fait connaître le mystère de sa volonté. De schéma en schéma, l'enseignement de la constitution dogmatique *Dei Verbum* est passé dans le catéchisme au point qu'on trouve finalement dans celui-ci tout ce que Vatican II enseigne sur la Révélation, la Tradition, l'Écriture, le rôle du magistère et la place de l'Écriture dans la vie de l'Église.

Les modifications apportées au «Je crois» de l'*Avant-projet* et du *Projet révisé* sont regroupées ci-avant aux pages 140 et 446-448. Certaines sont venues enrichir l'exposé et l'harmoniser davantage encore avec ce que Vatican II enseigne. D'autres – ce sont surtout des suppressions – ont donné au développement une orientation différente, ont manifesté d'autres insistances. L'abandon de la démarche de l'*Avant-projet* est certainement une de ces suppressions les plus significatives. À notre époque, lisions-nous dans le texte de 1987, différentes religions et l'humanisme athée proposent aux hommes des réponses aux questions fondamentales qu'ils se posent; la foi chrétienne confesse que Dieu vient à leur rencontre... Le *C.É.C.* a préféré partir de l'homme abstrait, reconnu comme être religieux par nature, être «capable de Dieu» qui ne peut vivre «une vie pleinement humaine que s'il vit librement son lien avec Dieu»; il renvoie les religions au chapitre sur l'Église et ne fait qu'une brève mention de l'athéisme (il en parlera plus explicitement lorsqu'il signalera les manquements au premier commandement de Dieu). Un autre abandon significatif se constate lorsqu'il est question des «motifs de crédibilité» de la Révélation: ceux qu'énumère Vatican I sont toujours là mais le témoignage des chrétiens et leurs engagements en faveur de la justice et de la charité ont disparu.

b. Je crois en Dieu le Père...

Pour les douze articles du Symbole, on doit au *Projet révisé* l'initiative de les avoir répartis en trois chapitres et d'avoir ainsi mis en œuvre cette remarque du Catéchisme tridentin: le Symbole semble bien avoir été divisé en trois parties afin que dans la première il fût question du Père, dans la deuxième du Fils et dans la troisième de l'Esprit.

Le premier chapitre porte sur ce qui est finalement considéré comme le premier article du Symbole et le seul qui concerne le Père: Je crois au Père tout-puissant *et* créateur du ciel et de la terre. Le regard porté sur l'évolution du texte permet de conclure que la consultation du Collège des consulteurs et celle de l'Épiscopat ont été bénéfiques sur plus d'un point bien qu'elles n'aient cependant pas apporté toutes les améliorations attendues; les conclusions partielles des pages 179-180 et 479-480 donnent les précisions voulues.

On peut certainement épingler en positif l'attention au monde féminin par l'évocation des saintes femmes de l'Ancien Testament et des qualités des épouses et des mères pour évoquer les perfections de Dieu le Père, la présentation plus satisfaisante du différend entre catholiques et orthodoxes à propos du *Filioque*, la vision plus sereine des rapports entre la science et la foi, l'appel à la notion de «personne» en vue de tempérer quelque peu le dualisme «corps-âme». On peut certainement aussi s'étonner ou regretter une trop grande fidélité à la manière dont le Catéchisme tridentin présente certaines doctrines; cela donnerait à penser que, depuis le XVIe s., il n'y a eu aucun progrès dans l'interprétation de l'Écriture et des formulations dogmatiques. Ainsi, l'exégèse des chapitres 2 et 3 de la Genèse reste historicisante et les récits bibliques dans lesquels on mentionne la présence d'anges sont à prendre à la lettre; Adam et Ève sont bien les premiers personnages de notre histoire, leur bonheur paradisiaque, leurs dons «préternaturels», leur faute et ses conséquences catastrophiques pour toute l'humanité jusqu'à la fin des temps sont présentés comme des faits réels aux origines de l'humanité. Rien ne permet de déceler que, suite au renouvellement des études bibliques, au développement des sciences humaines, une autre lecture de Genèse 2 et 3 est possible sans que soit évacuée la substance de l'incarnation rédemptrice. De plus en plus de théologiens et de laïcs cultivés ne peuvent plus accepter l'image du Père véhiculée par l'interprétation traditionnelle des premières pages de la Bible et, par là, du dogme du péché originel; ils n'y retrouvent pas la révélation que leur en donne Jésus dans les récits évangéliques.

c. Je crois en Jésus-Christ...

Le deuxième chapitre, la foi en Jésus-Christ, le Fils unique de Dieu, regroupe les articles 2 à 7 du Symbole. Il aborde ensemble la conception et la naissance de Jésus, ses souffrances, sa crucifixion, sa mort et son ensevelissement, sa descente aux enfers et sa résurrection, son ascension et sa session à la droite du Père. Les étapes qui ont conduit au texte définitif de ce chapitre ont fait voir les nombreuses corrections apportées; celles-ci figurent ci-dessus p. 233-234 et p. 544-547.

Évoquer l'incarnation, pour le Catéchisme romain, c'est s'arrêter à la conception et à la naissance de Jésus, les deux seuls événements mentionnés dans les Credo avec la passion sous Ponce Pilate, la mort et la résurrection. Pour le *C.É.C.*, toute l'enfance, la vie cachée et la vie publique de Jésus révèlent le sens de l'incarnation, d'une incarnation «rédemptrice». Le motif de cette incarnation, c'est finalement, comme dans le Catéchisme tridentin, le pardon des péchés, du péché originel et de tous les autres, et non d'abord comme le proposait le *Projet révisé*, la manifestation de l'amour de Dieu le Père. La réflexion sur le mystère de la personne de Jésus, sur la connaissance humaine du Fils de Dieu fait homme, sur le mystère de sa descente au séjour des morts reste encore fort tributaire du langage de la théologie tridentine et post-tridentine. L'établissement des responsabilités dans la passion et la mort du Christ tient compte d'une meilleure connaissance des divers récits évangéliques et de la déclaration de Vatican II sur les relations de l'Église catholique avec les juifs; le *C.É.C.* redit cependant, avec le Catéchisme de Pie V, que les vrais coupables sont les péchés des chrétiens d'hier et d'aujourd'hui.

L'interprétation du mystère du Christ souffrant et mourant a finalement maintenu le discours de la dette, du rachat, de la substitution: la mort du Christ est le prix à payer pour que l'humanité rentre en grâce auprès du Père, elle apure les comptes du genre humain, et nous devons en conséquence nous identifier au Christ souffrant... Elle perpétue ainsi l'image du Père qui envoie son Fils à la mort et dont le courroux est apaisé par ses souffrances et sa mort..., l'image du Père qui exige le sacrifice sanglant de son Fils pour pardonner aux pécheurs et qui laisse le diable et ses complices assiéger ces derniers...

Le mystère de la Résurrection – fait historique ou événement réel, transcendant, qui a eu des manifestations constatées? les deux expressions se côtoient – occupe un place moindre que celui de la passion et de la mort du Christ. Le *C.É.C.* en dévoile le sens et la portée salvifique et évoque la présence du Ressuscité parmi les siens jusqu'à la fin des temps; il ne signale plus, comme le faisait le *Projet révisé*, que le Ressuscité demeure également mystérieusement présent et agissant dans la société tout entière.

d. Je crois en l'Esprit Saint...

Le troisième chapitre, la foi en Dieu l'Esprit Saint, commente les articles 8 à 12 du Symbole, «la sainte Église catholique» et «la communion des saints» n'en formant qu'un seul, le neuvième. La comparaison avant le Catéchisme de Pie V et les modifications de tout genre apportées aux schémas successifs ont été résumées ci-dessus, p. 277-279 et p. 618-624. Il s'en dégage qu'une place de plus en plus grande a été reconnue à l'Esprit. Sa présence et son action au cours de l'histoire du salut, dans la vie de Jésus et au sein de l'Église sont nettement affirmées; elles le sont tellement bien que le *C.É.C.* oublie presque que l'Esprit est à l'œuvre aussi dans les autres Églises chrétiennes, les autres religions et les structures séculiaires (et pourtant l'*Avant-projet* invitait à parler de sa présence et de son action dans le monde et pas seulement dans l'Église catholique).

Il s'en dégage aussi que la consultation de l'Épiscopat a été grandement bénéfique pour l'exposé sur l'Église. Le *Projet révisé* évoquait très bien son «mystère» mais, s'écartant de l'*Avant-projet*, il ne parlait que du pape et des évêques, ignorant tous les autres membres du peuple de Dieu, réservant l'apostolat à la hiérarchie et ne disant mot de la «mission» de l'Église. Tout cela a maintenant trouvé place dans le *C.É.C.* qui reprend beaucoup plus fidèlement les enseignements de *Lumen gentium*. Cependant, le Catéchisme de Jean-Paul II présente sa propre interprétation du concile, ce qui se remarque surtout par son accentuation du thème du Corps mystique et du Temple de l'Esprit, les détachant des autres images de l'Église et les associant à la notion de «peuple de Dieu», laquelle devient ainsi une image parmi d'autres. Ce qui se remarque aussi par cette manière plus d'une fois répétée de parler du pape et des évêques avant d'évoquer l'ensemble des fidèles du Christ, et du pape avant de présenter tous les membres du Collège épiscopal. On peut également retenir que les «propriétés» ou «notes» de l'Église peuvent être comprises comme étant l'apanage de la seule Église catholique alors que, selon *Lumen gentium* 8, § 2, certains de leurs éléments subsistent en dehors de ses structures, dans les autres Églises ou Communautés chrétiennes.

En ce qui concerne les fins dernières, la résurrection de la chair et la vie éternelle, le plan retenu n'est pas nécessairement le plus logique et l'œuvre qu'y réalise l'Esprit est trop peu affirmée. Le ciel, le purgatoire et l'enfer ne sont plus, comme dans le Catéchisme romain, des lieux bien déterminés. Quant à la mort, le *C.É.C.* n'a pas retenu qu'elle est «conséquence du péché» en ce sens qu'elle est vécue dans la crainte, l'effroi, l'angoisse, la souffrance, comme le disait le *Projet révisé*.

Chacune des modifications apportées d'abord à l'*Avant-projet* et ensuite au *Projet révisé* a eu pour but de rendre l'exposé de la profession de la foi chrétienne plus clair, plus cohérent, plus fidèle à la Tradition et spécialement à ce que Vatican II dit à propos de ses différents articles (et lorsque Vatican II est resté très discret sur certains points comme le «péché originel» ou la descente aux enfers, par exemple, c'est l'enseignement issu de la tradition tridentine qui a été conservé). Pris un à un, les amendements introduits n'ont peut-être pas de signification particulière; une fois regroupés, leur ensemble peut laisser percevoir un changement d'orientation significatif. Eu égard surtout aux suppressions constatées, il apparaît que les responsables du catéchisme ont voulu s'en tenir à ce qui se passe à l'intérieur de l'Église catholique et ne pas trop attirer l'attention sur l'œuvre des personnes divines chez les chrétiens encore séparés d'elle, chez les croyants des autres religions, au sein du «monde de ce temps» et des sociétés sécularisées. Ils ont beaucoup parlé du Père, du Fils et de l'Esprit, et c'est normal puisque ceux-ci sont au centre de la foi professée dans le Symbole, mais ils ont peu souligné que cette foi amène tout normalement les croyants à prendre leur part à l'éclosion du Royaume de Dieu dans le monde d'aujourd'hui. C'est un aspect important des enseignements de Vatican II qui est resté trop peu exploré. L'Église n'est pas une fin en elle-même: sa raison d'être est de répandre sur les hommes de ce temps la clarté du Christ qui resplendit sur son visage et de leur faire découvrir celui qui est déjà présent au milieu d'eux mais qu'il ne (re)connaissent pas encore.

Ces conclusions, qui concernent uniquement la profession de la foi chrétienne, devront être confrontées à celles qui se dégageront de l'étude de la formation des trois autres parties du catéchisme.

8. L'accueil du catéchisme par l'Épiscopat catholique

a. Jean-Paul II accueille favorablement le souhait du synode extraordinaire de 1985, estimant que sa suggestion rencontre le sentiment qu'il a depuis quelque temps que toute l'Église et chacune des Églises particulières ont grand besoin d'un catéchisme de toute la doctrine catholique. Il transforme sur le champ ce souhait en une décision et quelques mois plus tard, le 10 juin 1986, il met en place la commission qui dirigera l'entreprise.

Dans les allocutions prononcées par la suite jusqu'à la promulgation du *C.É.C.* le 11 octobre 1992, à l'*Angelus* des dimanches qui ont précédé sa sortie toute proche et lors des cérémonies de la présentation solennelle des 7-8 décembre 1992, le pape ne cesse de redire l'importance du futur catéchisme, il allonge peu à peu la liste de ses destinataires, il le voit comme un moyen privilégié au service de la mission catéchétique de l'Église et de la «nouvelle évangélisation» qu'il désire voir entreprise partout. Il considère la publication d'un tel ouvrage comme un des événements majeurs de son pontificat, un événement historique de grande portée, un événement providentiel.

Il sera intéressant de voir si, et de quelle manière, après la présentation officielle de décembre 1992, il continue à parler du catéchisme dans ses allocutions et ses documents et, puisqu'il demande aux pasteurs «de l'utiliser abondamment en accomplissant leur mission d'annoncer la foi et d'appeler à la vie évangélique» (*Fidei depositum*), si lui-même s'en sert régulièrement.

b. Comment les évêques ont-ils réagi à la proposition faite au synode par les présidents de leurs conférences épiscopales et à son approbation par Jean-Paul II? Les quelques échos provenant des évêques de France et de Belgique francophone qui ont pu être recueillis – il faudrait élargir l'investigation et l'étendre aux réactions des autres épiscopats – indiquent qu'ils n'ont pas de suite relevé la décision de publier un catéchisme pour toute l'Église et n'ont pas répercuté dans leur diocèse la décision pontificale. C'est qu'ils n'éprouvent guère le besoin d'un tel catéchisme: ils sont en effet en train de préparer leur propre catéchisme national, ceci pour les évêques français, un *Livre de la Foi* et un *Geloofsbook*, ceci pour les évêques de Belgique, et ils ont à cœur d'en favoriser la diffusion la plus large possible. Ils attendront la sortie du *C.É.C.* aux éditions Mame-Plon pour convoquer une conférence de presse le 16 novembre 1992 à Paris et à Tournai (les évêques de Suisse francophone feront de même à Lausanne) et présenter le nouveau catéchisme trois semaines avant la présentation à Rome par le pape.

c. Lors de cette présentation du 16 novembre 1992, les évêques de France se sont déclarés d'ardents défenseurs du *C.É.C.* C'est que, pendant la semaine précédant leur conférence de presse, les principaux quotidiens – ceux de Paris, les seuls qui ont été consultés – ont transgressé l'embargo qui leur avait été demandé: ils ont donné leur propre appréciation du catéchisme se montrant les uns très critiques voire hostiles, les autres plus ou moins réservés. Les évêques doivent aussi tenir compte des catholiques plus conservateurs, très pointilleux quant à l'orthodoxie des documents catéchétiques de leurs évêques et enclins à recourir au Saint-Siège contre les «audaces» qu'ils encourageraient. Et puis, l'un des leurs, J. Honoré, archevêque de Tours, était un des membres du Comité de rédaction, chargé de l'écriture de la partie morale du catéchisme. La mise au point qu'ils ont faite le 16 novembre n'a cependant guère reçu d'échos dans les quotidiens parisiens en question.

d. En Belgique francophone, l'embargo ayant été respecté, les évêques ont pu présenter le *C.É.C.* avec beaucoup de sérénité. Ils ont mis en valeur quelques-unes de ses qualités et reconnu aussi quelques faiblesses; ils ont invité à l'utiliser à bon escient et à poursuivre la recherche et la réflexion théologiques. Le ton n'est pas celui de l'apologie ou du dithyrambe mais celui de l'accueil serein et mesuré d'un événement ecclésial important mais non pour autant d'une des étapes marquantes de l'histoire de l'Église. Ce sain réalisme se retrouve aussi dans la présentation des évêques francophones de Suisse.

e. Le catéchisme une fois à la disposition de tous, il reste à voir comment les évêques eux-mêmes s'en servent dans leurs prédications, leurs conférences, leurs écrits et ce qu'ils font pour que les prêtres, les catéchistes et les autres fidèles l'utilisent au mieux. Pour leur part, les évêques de France ont publié, en 1998, un *Guide de lecture*, qui figure dans l'édition définitive du *C.É.C.* qui a paru aux Éditions Centurion, Cerf, Fleurus-Mame.

9. L'accueil du catéchisme par les catéchètes et les théologiens

a. Au lendemain du synode de 1985 et jusqu'à ce que le contenu du projet de catéchisme soit connu, les revues de catéchèse et de théologie de langue française comme *Catéchèse* et *Lumen vitae*, *Communio* et la *Nouvelle revue théologique*, gardent le silence. Les *Études* signalent le souhait des pères synodaux et, l'année suivante, en 1987, donnent la parole à G. Adler qui s'interroge sur l'utilité et l'efficacité d'un tel projet à notre époque. *Lumière et vie* mentionne le catéchisme dans une chronique bibliographique et rapporte que des théologiens s'interrogent sur l'opportunité et la possibilité de rédiger un ouvrage de ce genre. *Concilium*, dans un spécial synode de 1986, attire l'attention sur les enjeux d'une telle entreprise: elle est jugée prématurée, voire inopportune; elle ne serait acceptable que si les destinataires étaient bien ciblés, les agents pastoraux par exemple. Et, dans un cahier de 1989 entièrement consacré au catéchisme, la même revue publie onze contributions provenant notamment du Québec, de France, des USA, d'Allemagne, de Hollande, d'Italie, qui émettent de sérieuses réserves, disent leur opposition, leur crainte que le catéchisme ne devienne un obstacle à l'inculturation de la foi. La revue *Esprit et vie* est la seule à défendre le projet sous la plume de Ph. Delhaye, secrétaire de la Commission théologique internationale. Au-delà des revues et du monde exclusivement francophone, on peut citer parmi les avis favorables ceux de Cl. Morino (Rome, Congrégation pour le clergé), le Père Vollé (Fribourg), R. Laurentin (France), E. Kevane (Notre-Dame, USA) et J.M. Giménez (Pampelune); d'autres comme D. Dejemeppe (Bruxelles), D. Menozzi

(Bologne) ou J.E. Thiel (Connecticut) s'interrogent aussi sur l'opportunité; d'autres encore, comme G. Thils (Belgique) et C. Bissoli (Rome), prennent acte de la décision prise et proposent des suggestions en vue d'une rédaction acceptable.

b. Consultés par leurs évêques sur le contenu du cinquième schéma du catéchisme ou *Projet révisé*, des exégètes, dogmaticiens, historiens, liturgistes, moralistes ont fait connaître leurs appréciations. Seuls quelques-uns ont publié les conclusions auxquelles ils ont abouti. Ceux dont la presse internationale a le plus parlé sont les théologiens de l'Université de Georgetown (USA), qui ont publié *The Universal Catechism Reader. Reflections and Responses*, et le jésuite J. Harvey, de Montréal, dont l'étude a été reprise en français sous le titre «Le Credo de l'an 2000 en retard d'un concile» dans l'hebdomadaire *Témoignage chrétien*. Ils ont relevé de nombreuses lacunes en bien des domaines et ont souhaité une réécriture complète du schéma.

Une investigation plus large reste encore à faire, comme aussi l'étude des commentaires qui ont paru au lendemain de la sortie de presse du catéchisme en novembre-décembre 1992.

10. L'ACCUEIL DE LA PRESSE FRANÇAISE

a. De décembre 1985 à novembre 1992, les chroniqueurs religieux des quotidiens *Le Monde* et *La Croix - L'Événement* ont laissé percevoir ce qu'ils pensaient du catéchisme aux moments clefs de son élaboration.

– Présentant les conclusions du synode extraordinaire, *Le Monde* ne déborde pas d'enthousiasme car il voit dans le catéchisme comme un raffermissement de l'unité qui aurait été compromise, comme un signe d'«un certain rencentrage». Concernant le *Projet révisé*, il rapporte les controverses qu'il suscite, résume les critiques des évêques et théologiens américains et celles dont a parlé le cardinal Ratzinger lui-même lors du synode de 1990. Au lendemain de l'approbation du texte définitif par le pape, le 25 juin 1992, il rappelle que Vatican II, plutôt favorable à la décentralisation et à la collégialité, n'a pas voulu imposer un nouveau catéchisme et que celui-ci est perçu comme un désaveu des catéchismes nationaux jugés trop peu rigoureux et comme une concession faite aux traditionalistes. Et à la veille de la présentation du *C.É.C.* à Paris, il dévoile le contenu du nouveau catéchisme, signale les aspects qui lui paraissent positifs et exprime un certain nombre de regrets. Le sentiment global de son chroniqueur est que le *C.É.C.* est la réaffirmation des dogmes et des commandements les plus traditionnels, l'instrument du recentrage doctrinal qui marque le pontificat de Jean-Paul II.

– Dans *La Croix*, le ton est plus modéré mais ce n'est pas non plus le tout grand enthousiasme à l'annonce des conclusions du synode de 1985. Le quotidien ne parlera pas de «remise à l'ordre disciplinaire» comme l'a fait *Le Monde* ; il pense plutôt que le catéchisme répond au souhait de retrouver «le sol ferme de la foi catholique». En 1990, il se fait l'écho des critiques du *Projet révisé*, notamment de celles qui proviennent des U.S.A., mais en même temps il donne la parole au cardinal Ratzinger et à deux catéchistes qui mettent beaucoup d'espoir dans le futur catéchisme. Fin juin 1992, Mgr J. Honoré, qui a travaillé à la partie morale du catéchisme, met en valeur la portée d'une telle entreprise tandis que l'éditorialiste rappelle que Vatican II n'a nullement désiré un catéchisme, que celui-ci est le résultat de deux requêtes qui ont convergé: celle de Rome soucieuse d'unité doctrinale et celle des Églises locales voulant entreprendre l'inculturation du mystère chrétien dans les meilleures conditions. Peu avant la conférence de presse du 16 novembre 1992 à Paris, lui aussi dévoile le contenu du catéchisme; si son jugement sur l'événement est plutôt favorable, il pense cependant qu'il s'inscrit dans le climat de méfiance de Rome à l'égard des textes catéchétiques des conférences épiscopales et fait connaître à ses lecteurs l'appréciation très négative d'un pasteur protestant et les opinions moins favorables de journaux qui se sont déjà exprimés sur le catéchisme.

– Cette presse qui s'est déjà exprimée sur le *C.É.C.*, ce sont également *L'Express* qui voit en lui un texte qui suscitera des discussions et des polémiques même parmi les chrétiens, *Le Nouvel Observateur* qui dit sa déception pour le manque de souffle et pour la prétention à donner une parole unique, *Libération* qui dit franchement son opposition et son rejet, *Le Quotidien de Paris* qui, à l'inverse, fait comprendre qu'il était temps de remettre les choses en place.

– Et il y a aussi des périodiques qui ont occasionnellement sensibilisé leurs lecteurs. C'est le cas de *L'Actualité religieuse dans le monde* qui a plus d'une fois manifesté ses inquiétudes et laissé percevoir ses réserves en raison de la fidélité à Vatican II et du refus du centralisme romain. C'est le cas de *Témoignage chrétien* qui s'est plu à rapporter très largement les critiques de J. Harvey contre le *Projet révisé*. Il y a *L'Événement du jeudi* qui exprime ses réserves sérieuses peu de temps avant la parution officielle du catéchisme, qu'il voit comme une défaite du concile. Des voix plus favorables se sont aussi fait entendre dans *La France catholique*, dans *30 jours dans l'Église et dans le monde*, dans *L'homme nouveau* ; celui-ci s'en prend à tous ceux qui s'attaquent à un livre qui va devenir «la lumière la plus haute, la plus autorisée» pour toute l'Église.

b. La présentation du catéchisme du 16 novembre 1992 n'a pas provoqué de changement d'opinion chez ceux qui s'étaient déjà exprimés. Les journaux et périodiques qui avaient respecté l'embargo demandé sont sortis de leur mutisme: ils ont dit un mot de la conférence de presse officielle et y ont ajouté leurs commentaires. Ce sont *Le Figaro* où A. Frossard donne le ton: «Il était temps!», *L'Instant* où J. Duquesne invite à ne pas oublier les points positifs du catéchisme, *L'Homme nouveau* pour qui aucun reproche ne peut être fait à un livre qui respire l'amour de Dieu et dont les auteurs ont été inspirés par l'Esprit Saint. Se montrent moins favorables et plus critiques: *Match* qui craint beaucoup de dégâts parmi les militants catholiques, *La Vie* qui s'interroge (y trouve-t-on bien la dynamique de Vatican II? Le *C.É.C.* ne va-t-il pas décevoir ceux qui attendaient un renouvellement du langage de la foi) et qui répercute les avis mitigés de chrétiens non catholiques. Il y a aussi *Témoignage chrétien* dont les titres à la une indiquent la tendance: «La bonne nouvelle sous haute surveillance» et «Un christianisme surgelé». Quant à *30 jours dans l'Église et dans le monde*, il confirme son opinion très favorable, tandis que *L'Actualité religieuse dans le monde* invite à ne pas prendre le *C.É.C.* pour plus – ni non plus pour moins – qu'il ne veut être: on y trouve tout à la fois le chaud et le froid, on peut le voir comme un verre à moitié plein ou à moitié vide; selon N. Lossky, théologien orthodoxe, on peut trouver, avec le pasteur Cl. Marquet de l'Église réformée, que l'initiative de rédiger un catéchisme de ce genre est désespérée.

D'autres organes de presse – notamment ceux des diverses régions de France – viendraient sans doute confirmer ce qu'a laissé percevoir le parcours des quotidiens et périodiques émanant surtout des milieux de la capitale. Le grand enthousiasme est loin d'être très largement partagé; on ne le retrouve que dans la presse ultramontaine au plan religieux, gardienne d'une forme assez étroite de la Tradition. Les autres journaux et périodiques, avec leurs tendances propres, ont fait connaître, les uns avec sérénité, les autres avec plus ou moins de mordant, leurs appréciations mitigées, leurs inquiétudes – et parfois celles de chrétiens non catholiques – et les points sur lesquels ils ne sont pas d'accord (il faudrait ouvrir ici une large parenthèse sur les réactions à la partie morale du *C.É.C.* et spécialement au paragraphe portant sur la peine de mort).

11. L'accueil de la presse belge d'expression française

a. Les chroniqueurs religieux de deux quotidiens bruxellois, *Le Soir* de tendance libérale et *La Libre Belgique* de tendance catholique, ont donné quelques informations sur l'état d'avancement du catéchisme. *Le Soir* voit dans la décision de le publier la volonté d'une plus grande centralisation; il retient qu'il ne sera qu'une source d'inspiration pour les catéchismes nationaux et que sa parution marquera la rentrée du troupeau dans le bercail. *La Libre Belgique* tempère aussi l'enthousiasme, en soulignant que le catéchisme ne sera qu'un texte-référence pour les évêques et non un texte universel; elle indique les aspects positifs du *Projet révisé* mais rapporte également les critiques sérieuses des évêques américains; à la veille de la sortie du *C.É.C.*, elle interroge Chr. Schönborn, son rédacteur, lui posant plus d'une question pertinente.

b. Au lendemain du 16 novembre 1992, les journaux de toutes tendances ont évoqué la conférence de presse de Tournai, quelques-uns d'entre eux apportant leur propre appréciation. La presse de tendance catholique accueille le catéchisme avec bienveillance: il vient tout à fait à point et apporte une vision optimiste de l'homme (*Vers l'Avenir*), il est un nouveau guide qui va nous permettre de revisiter la foi (*Nord - Éclair*, *Journal de Mons*, *Écho du Centre*). *La Libre Belgique* quant à elle, retient qu'il n'est pas un point final, un texte définitif, qu'on peut y déceler des points faibles et même lui adresser un certain nombre de critiques. Les journaux d'autres tendances relatent l'événement: c'est un coup de grande envergure comme le Goncourt ou le Beaujolais nouveau (*La Meuse - La Nouvelle Gazette*), c'est un code moral (*La Dernière Heure - Les Sports*). *Le Soir* est plus prolixe: il retient de la conférence de presse que le *C.É.C.* est un vade-mecum un peu hors du temps à ne pas prendre comme l'unique moyen de catéchèse, comme le texte intangible à suivre désormais à la lettre; il voit en lui un atout majeur du recentrage de la foi et de l'identité chrétienne, une réplique conservatrice à l'aggiornamento conciliaire, une riposte aux récents catéchismes nationaux, un resserrement des boulons, une remise des pendules à l'heure.

c. Plusieurs hebodmadaires se sont aussi intéressés à l'événement. *Le Vif - L'Express* en reprend l'interprétation officielle. *La Cité* retient que le catéchisme est d'abord destiné aux évêques et un outil pour la catéchèse; avec *Témoignage chrétien*, elle dit son immense peine pour la partie morale de l'ouvrage faite d'interdits et d'impératifs et spécialement pour la légitimation de la peine de mort. *Dimanche* voit le bien qu'on peut tirer de la parution du *C.É.C.* et essaie de justifier le paragraphe sur la peine de mort (il publiera peu après une réaction très forte contre ce paragraphe). *Dimanche Matin* présente trois sons de cloche différents: c'est un ouvrage qui vise à reconstituer un tissu culturel chrétien mais qui ne parviendra pas à faire l'unanimité, c'est un livre à prendre comme une base objective en vue de comprendre la foi chrétienne, c'est un document qui n'est pas fait pour nous aider à croire. *Public-choc. L'hebdo-vérité* se braque uniquement sur les péchés et fait dire à sept personnes choisies au hasard (!) que le *C.É.C.* est anachronique, choquant, perturbant; à l'opposé, un prêtre tente de relever le malentendu sur l'importance à accorder au catéchisme et sur la réduction de celui-ci au permis et à l'interdit.

12. L'ACCUEIL DES DESTINATAIRES DU CATÉCHISME

Conférences de presse, commentaires des journaux et périodiques ainsi que de la radio et de la télévision, affiches publicitaires, piles du volume dans les librairies, les grands magasins et les kiosques de gare, tout cela fait connaître au grand public la sortie du catéchisme. Un mois après le début de la vente, A. Decourtray, archevêque de Lyon, parle d'un «triomphe»: 400 000 exemplaires ont été écoulés. Cinq ans plus tard, en 1997, les éditeurs Mame-Plon font savoir que la vente se situe entre 600 000 et 700 000 exemplaires, non compris l'édition de poche. Par comparaison, le *Nouveau Catéchisme* des évêques des Pays-Bas a fait 400 000 exemplaires en quelques mois, le *Catéchisme pour adultes* des évêques de France 160 000 et le *Livre de la Foi* et le *Geloofsboek* des évêques de Belgique ensemble 320 000. En janvier 1997, J. Ratzinger donne, pour toutes les versions du *C.É.C.* déjà parues, le chiffre de 8 000 000; ce chiffre est certes énorme mais permet-il d'atteindre tous les destinataires potentiels auxquels pense Jean-Paul II?

Quels sont ceux qui se sont procuré le catéchisme? Et quelles ont été les motivations de leur achat? Des études menées dans les diverses régions du monde devraient nous le dire. Quel usage en a été ou en est fait régulièrement? Les parents s'en servent-ils pour l'éducation religieuse de leurs enfants et pour entretenir leur vie de foi? Les catéchistes pour la préparation de leurs catéchèses? Les animateurs pastoraux pour l'évangélisation? Les responsables de séminaires pour la formation des séminaristes et des diacres permanents? Les prêtres pour la préparation de leur prédication? Les théologiens pour leurs recherches?... Quel impact a-t-il sur les rencontres œcuméniques? chez les croyants des autres religions? chez les non-croyants? Ce sont autant de questions auxquelles on aimerait avoir un jour une réponse.

13. Pour une appréciation personnelle du catéchisme

Plusieurs fois au cours de l'élaboration du catéchisme, les responsables de sa rédaction ont précisé les caractéristiques qu'ils voulaient lui donner. Maintenant que l'ouvrage est terminé, chacun a la possibilité de vérifier si elles se retrouvent effectivement dans le *C.É.C.*

a. Au point de départ, les évêque du synode de 1985 et le pape lui-même demandent:
   que la présentation soit biblique,
   qu'elle soit aussi liturgique,
   qu'elle expose une doctrine saine,
   et qu'elle soit adaptée à la vie actuelle des chrétiens.

b. Réagissant au deuxième schéma en mai 1987, la Commission directrice demande:
   une plus grande brièveté et simplicité de langage, c'est-à-dire une plus grande concision dans la matière à exposer,
   une attention plus diligente au contexte culturel et aux traditions des Églises orientales catholiques,
   un usage plus fréquent de la terminologie traditionnelle de l'Église,
   et qu'on évite toute option théologique ou toute application méthodologique et didactique.

c. Dans la *Note explicative au Projet révisé* envoyée aux évêques en novembre 1989, les critères de la rédaction du catéchisme sont ainsi synthétisés:
   le catéchisme doit présenter un exposé organique et synthétique des éléments essentiels et fondamentaux de la doctrine catholique,
   l'exposé doit être aussi concis et complet que possible,
   il doit se faire à la lumière du concile Vatican II et en lien avec la Tradition de l'Église,
   il doit puiser abondamment dans les sources de l'Écriture, des Pères, de la liturgie et du magistère de l'Église.

d. Au synode de 1990, le cardinal Ratzinger communique les décisions prises pour résoudre les principales questions soulevées par la consultation des évêques sur le *Projet révisé* ; il annonce notamment que:
   dans la préface, on expliquera ce qu'il faut entendre par «hiérarchie des vérités»,
   dans le texte même du catéchisme, on indiquera explicitement les vérités solennellement définies,

on fera référence aux degrés d'autorité des documents du magistère, en évitant les notes théologiques mais en distinguant ce qui, dans la doctrine chrétienne, est essentiel de ce qui est dérivé,

les «En bref» devront reprendre de préférence des paroles de l'Écriture, de la liturgie, des Pères et du magistère et être, autant que possible, mémorisables.

e. Au synode des évêques européens de décembre 1991, J. Ratzinger signale que, dans la Première Partie, à propos du premier article du Symbole, l'intervention divine dans l'histoire est mieux soulignée et que, à propos du péché originel, les rédacteurs ont gardé à l'esprit deux clefs: la lecture christologique et analogique de l'Écriture, d'une part, et les résultats de l'herméneutique et du langage symbolique du texte biblique, d'autre part.

f. Et le Dossier d'information publié par la Commission d'édition du *C.É.C.*, le 25 juin 1992, énumère les caractéristiques du texte que Jean-Paul II vient d'approuver:

c'est un exposé positif et serein de la doctrine catholique;

il vise à l'essentiel par la concision, la sobriété, la précision, la clarté;

il présente une structure ordonnée et organique;

il est attentif au contexte socio-culturel ecclésial actuel, mais seulement pour les traits reconnus comme universellement valables;

son style, plus que démonstratif, est déclaratif: il annonce la vérité chrétienne avec la certitude propre de l'Église, cherchant d'un côté à respecter les différents degrés de certitude que l'Église possède dans les diverses disciplines, et d'un autre côté à éviter les opinions théologiques;

il puise abondamment dans l'Écriture, dans la Tradition occidentale et orientale de l'Église, dans la liturgie, dans le magistère, dans le droit canonique et dans la vie et l'enseignement des saints.

Le développement de la profession de la foi chrétienne est certainement biblique en ce sens qu'il comporte des centaines de références directes ou indirectes à l'Écriture. Son caractère «biblique» reste cependant assez formel car l'intention des auteurs sacrés, la précision sur les genres littéraires utilisés et la clé d'interprétation des passages cités n'apparaissent pas. La Bible reste un trésor dans lequel on puise selon les besoins; elle n'a guère d'influence sur l'organisation de la matière.

La présentation est liturgique dans la mesure où les auteurs signalent occasionnellement les liens entre la *lex credendi* et la *lex orandi*. On pouvait s'attendre à d'avantage de références à la liturgie latine et surtout aux liturgies orientales et imaginer une structure inspirée du cycle liturgique, qui rejoint celle que l'Ecriture manifeste à propos de l'histoire du salut.

La doctrine est saine, sûre, exempte d'erreur, du moins aux yeux de ceux qui jonglent avec le vocabulaire spécifique de l'Écriture, des Pères, des conciles, des papes. Pour les non-initiés, elle reste, sur des questions difficiles comme la Providence, le péché originel, la rédemption par exemple, mystérieuse, voire incompréhensible, susceptible d'être mal comprise.

L'exposé devait être adapté à la vie actuelle des chrétiens. Les destinataires étant devenus tout le monde et n'importe qui, l'adaptation ne pouvait avoir lieu. Nous avons un texte au style nouveau, si on le compare à celui du Catéchisme romain de 1566, sensible à quelques problèmes d'aujourd'hui comme l'écologie, la réincarnation, l'astrologie, la place des femmes dans le monde, mais qui ne touche pas le cœur des hommes et femmes de cette fin du XXe siècle, ne rejoint pas leurs joies et leurs peines (guerre, paix, chômage, droits de l'homme, culture, mondialisation ...).

Peut-on parler de brièveté, de concision? Peut-on être à la fois bref et aussi complet que possible? Plus de 600 pages pour tout le catéchisme, plus de 200 pour la profession de la foi est sans doute peu eu égard à tout ce qui on peut écrire sur les contenus de la foi catholique. Pour plus d'un, c'est certainement beaucoup trop; cela décourage d'en entreprendre ou d'en poursuivre la lecture et surtout cela ne laisse pas apparaître que le message chrétien, est assez simple: une joyeuse et bonne nouvelle pour tous les humains de notre temps.

L'attention plus grande aux traditions orientales s'est manifestée au cours de l'élaboration du *C.É.C.*; les catholiques orientaux nous diront s'ils sont satisfaits du texte final. L'usage de la terminologie traditionnelle est effectif, ce qui rejouira les évêques et les théologiens capables de situer dans l'histoire les énoncés de la Tradition, mais laissera insatisfaits ceux qui ignorent le sens du vocabulaire utilisé, le contexte dans lequel l'Église s'est exprimée, les raisons de ses interventions ...

Les options théologiques ont été évitées et l'on peut en dire autant des interprétations exégétiques particulières. Il n'en demeure pas moins vrai que les auteurs du catéchisme ont fait des choix, ont opté, à propos de dogmes qui n'entraient pas directement dans la réflexion de Vatican II par exemple, pour l'interprétation qui avait cours au concile de Trente et dans la théologie posttridentine. En ne disant pas que bien des écrits de tout genre et même des catéchismes locaux s'expriment autrement, ils laissent croire qu'il n'y a qu'une seule interprétation du Credo. Et en ne disant rien des genres littéraires des passages bibliques qu'ils citent, ils rendent encore possible une lecture fondamentaliste de l'Écriture.

L'exposé devait être organique et synthétique ... et il l'est certainement. Le texte final est bien «organisé» autour des quatre piliers retenus: pour chacun d'eux, il y a une première et une deuxième section, plusieurs chapitres, des paragraphes, ce qui réjouira ceux qui sont sensibles à la structure logique d'un texte.

Toute la Tradition est utilisée et Vatican II se voit attribuer une place de choix, une place de plus en plus grande de schéma en schéma. Et cependant ... tout le concile n'est pas repris et il y a des infléchissements par rapport aux enseignements conciliaires, par exemple à propos de l'exposé sur l'Église où l'affirmation qu'elle n'existe que «pour le monde» est peu présente et où l'ouverture œcuménique n'a pas été poussée suffisamment loin.

La notion de «hiérarchie des vérités», l'autorité des documents du magistère et l'indication qu'une vérité a été solennellement définie devaient figurer dans le catéchisme ... Malheureusement il n'en est rien.

Le *C.É.C.* se veut positif, serein, déclaratif. Cette option se comprend si le livre est écrit pour les évêques qui, dans les divers catéchismes qu'ils rédigeront, auront pour tâche de démontrer, expliquer, repondre aux objections, adapter aux situations ... Mais, en cours de route, les destinataires ont changé sans qu'on ait modifié en conséquence l'écriture de l'ouvrage. Les hommes et les femmes d'aujourd'hui ne demandent pas tant qu'on leur présente des affirmations solennelles au nom de Dieu, ils attendent qu'on leur dise d'où elles viennent, pourquoi elles ont été formulées ainsi, ce qu'elles impliquent pour leur vie, comment répondre aux objections surgissant de toutes parts dans ce monde pluraliste et sécularisé.

Le Catéchisme de Pie V a attendu plus de quatre cents ans avant d'être remplacé par le Catéchisme de Jean-Paul II. Cinq ans après sa parution, celui-ci a déjà connu des modifications, dont la plus relayée par les médias a été celle qui concerne le paragraphe sur la peine de mort. Depuis lors, Jean-Paul II s'est prononcé sur l'abolition de cette peine, rendant ainsi caduc le paragraphe de l'édition typique de 1997... L'Église poursuit sa route et l'Esprit continue à faire accéder tout le peuple de Dieu à la vérité tout entière. Le *C.É.C.* est un moment de son histoire, moment passager par définition. Il cédera un jour la place à d'autres présentations de la foi chrétienne. Mais y aura-t-il jamais un autre catéchisme prétendant donner à toutes les nations qui sont sous le ciel une unique interprétation de la Bonne Nouvelle?

BIBLIOGRAPHIE

I. Catéchismes utilisés

1. Catéchismes romains

Catechismus Romanus seu Catechismus ex decreto Concilii Tridentini ad Parochos Pii quinti Pont. Max iussu editus. Editio critica par P. Rodríguez, Cité du Vatican – Pampelune, Librairie éditrice du Vatican – Université de Navarre, 1989.
Traduction française: *Catéchisme du saint concile de Trente. Manuel Classique de la Religion à l'usage du Clergé et des Fidèles, des Paroisses, des Familles et des Maisons d'Éducation pour la Persévérance chrétienne* (Bibliothèque de la Vraie et Solide Piété), Paris-Tournai-Rome, Desclée & Cie, 1923.

Catechismus pro Ecclesia Universali. Specimen praeparatorium seu "Avant-projet", Cité du Vatican, pro manuscripto, 1987.

Catéchisme pour l'Église universelle. Projet révisé. Texte provisoire, Cité du Vatican, Librairie éditrice du Vatican, 1989 (*sub secreto*).

Catéchisme de l'Église catholique, Paris, Mame-Plon, 1992; édition de poche (*Pocket* 3315), 1992; édition définitive avec guide de lecture, Paris, Centurion-Cerf-Fleurus-Mame, 1998.
Traduction italienne, *Catechismo della Chiesa cattolica*, Cité du Vatican, Librairie éditrice du Vatican, 1992.
Traduction espagnole, *Catecismo de la Iglesia católica*, Madrid, Association des éditeurs du Catéchisme, 1992.
Traduction allemande, *Katechismus der Katholischen Kirche*, Munich-Vienne-Leipzig-Fribourg-Linz, Oldenburg-Benno Verlag - Paulus Verlag - Veritas, 1993.
Traduction anglaise, *Catechism of the Catholic Church*, Londres, Geoffrey Chapman, 1994, et Liguori (USA), Liguori Publications, 1994.
Traduction néerlandaise, *Katechismus van de katholieke Kerk*, Bruxelles-Utrecht, Licap - Rooms-Katholiek Kerkgenootschap, 1995.
Traduction latine et édition typique, *Catechismus catholicae Ecclesiae*, Cité du Vatican, Librairie éditrice du Vatican, 1997.
À ces catéchismes, il faut ajouter: *Éléments principaux du message chrétien*, chapitre II du *Directoire catéchétique général* publié par la Congrégation pour le clergé, dans *Catéchèse*, revue trimestrielle de pastorale catéchétique, Paris, supplément au n° 45, octobre 1971, p. 47-67.

2. Catéchismes particuliers

Catechismus catholicus cura et studio Petri Cardinalis Gasparri concinnatus, Rome, Imprimerie vaticane, 1929; traduction française revue et corrigée:

Catéchisme catholique pour adultes, précédé du catéchisme pour les petits enfants, Chabeuil, Nazareth, 1959.

De nieuwe Katechismus. Geloofsverkondiging voor volwassenen, in opdracht van de bisschoppen van Nederland, Hilversum-Anvers, P. Brand..., 1966; traduction française: *Une introduction à la foi catholique. Le nouveau catéchisme pour adultes réalisé sous la responsabilité des évêques des Pays-Bas* (avec un supplément: *Les grands points discutés du catéchisme hollandais*, dossier de Ch. Ehlinger), sous la direction de Ch. Ehlinger, Paris, IDOC-France, 1968.

Katholischer Katechismus des Bistümer Deutschlands, Fribourg, Herder, 1955; traduction française: *Catéchisme biblique*, Paris, Cerf, 1958.

Katholischer Erwachsenen-Katechismus. Das Glaubensbekenntnis der Kirche, Kevelaer, Butzen und Berker, 1985; traduction française: *La foi de l'Église. Catéchisme pour adultes publié par la Conférence épiscopale allemande*, Paris, Brepols-Cerf-Centurion, 1987.

Catéchisme pour adultes. L'Alliance de Dieu avec les hommes [sous la responsabilité des évêques de France], Paris, Centurion-Cerf-Desclée..., 1991.

On ajoutera, mais ce n'est pas un catéchisme au sens strict du terme, le *Livre de la Foi* et le *Geloofsboek* publiés par les évêques de Belgique, l'un chez Desclée en 1987 et remis à jour en 1992, l'autre chez Lannoo à Tielt en 1987.

II. Sources utilisées

Aux sources mentionnées dans la Bibliographie du volume *Un catéchisme universel pour l'Église catholique* (Bibliotheca Ephemeridum Theologicarum Lovaniensium,103), Leuven, University Press - Peeters, 1992, p. 435-440, il faut ajouter:

Blanchard, P. *À un an de la parution du Catéchisme de l'Église catholique*, dans *L'Osservatore Romano*, é.h.l.f., 14 décembre 1993, p. 6.

Le Catéchisme de l'Église catholique en Afrique et à Madagascar, dans *L'Osservatore Romano*, é.h.l.f., 7 juin 1994, p. 9.

Commission d'édition du Catéchisme de l'Église catholique. *Dossier d'information*, Cité du Vatican, Librairie éditrice du Vatican, 24 juin 1992; *La Doc. cath.* 89 (1992) 735-741.

Commission interdicastérielle pour le Catéchisme de l'Église catholique. *Catéchisme de l'Église catholique. Corrigenda concernant le contenu du texte (en français)*, Cité du Vatican, 1997.

Id., *Catechismo della Chiesa cattolica. Lista 'corrigenda' delle Note*, Cité du Vatican, 1997.

Les conciles œcuméniques. Les décrets. T. II, 1 et 2, ("Le Magistère de l'Église"), Paris, Cerf, 1994.

Congrégation pour le clergé, *Directoire général pour la catéchèse*, Cité du Vatican, Librairie éditrice du Vatican, 1997.

Congres catéchétique international, Rome, 14-17 octobre 1997, *Conclusions*, dans *La Doc. cath.* 95 (1998) 94-97.

Cordes, P.J. *Le Renouveau charismatique et l'Église catholique*, dans *La Doc. cath.* 89 (1992) 888-891.

Duval, J. Présentation du *Catéchisme pour adultes*, 15-5-1991, dans *La Doc. cath.* 88 (1991) 606-608.

Discours de clôture de l'Assemblée plénière des évêques, Lourdes, 24-10-1992, dans *La Doc. cath.* 89 (1992) 1055-1058.

ÉVÊQUES DE BELGIQUE (LES). *Lettre pastorale au sujet d'Une Nouvelle Évangélisation* (Déclaration des Évêques de Belgique, nouvelle série, 14), Bruxelles, Licap, octobre 1985.

GRIECO, G. *Quelques indications sur la présentation officielle et solennelle du "Catéchisme de l'Église catholique"*, dans *L'Osservatore Romano*, é.h.l.f., 1er décembre 1992, p. 4.

HUARD, J. Présentation du *Catéchisme de l'Église catholique* à Tournai, 16-11-1992, dans *Église de Tournai*, décembre 1992, p. 401-411.

JEAN-PAUL II. Discours au tribunal de la Rote, 23-1-1992, dans *La Doc. cath.* 89 (1992) 252-253.

Exhortation apostolique *Pastores dabo vobis*, 25-3-1992, dans *A.A.S.*; traduction française dans *La Doc. cath.* 89 (1992) 451-503.

Allocution pour l'approbation du Catéchisme de l'Église catholique, 25-6-1992, dans *La Doc. cath.* 89 (1992) 718-719.

Allocution au personnel de la Curie, du Gouvernorat et des autres organismes du Vatican, 27 juin 1992, dans *L'Osservatore Romano*, é.h.l.f., 7 juillet 1992, p. 10.

Allocution à des évêques d'Europe récemment ordonnés, 17-8-1992, dans *La Doc. cath.* 89 (1992) 922-923.

Allocution au Conseil international pour la catéchèse, 26-8-1992, dans *La Doc. cath.* 89 (1992) 920-921.

Constitution apostolique *Fidei depositum* pour la publication du *Catéchisme de l'Église catholique* rédigé à la suite du deuxième concile œcuménique du Vatican, 11-10-1992, dans *A.A.S.* 86 (7 février 1994) 113-118; traduction française dans *La Doc. cath.* 90 (1993) 1-3 et dans le *Catéchisme de l'Église catholique*, Paris, Mame-Plon, 1992, 5-9 (*ibidem* dans l'édition de 1998).

Discours d'ouverture de la IVe Assemblée générale de l'Épiscopat latino-américain, 12-10-1992, dans *La Doc. cath.* 89 (1992) 1025-1032.

Allocution à l'*Angelus* du 15-11-1992, dans *L'Osservatore Romano*, é.h.l.f., 17 novembre 1992, p. 1.

Allocution à l'*Angelus* du 29-11-1992, dans *L'Osservatore Romano*, é.h.l.f., 1er décembre 1992, p. 1.

Allocution à l'*Angelus* du 6-12-1992, dans *L'Osservatore Romano*, é.h.l.f., 8 décembre 1992, p. 2-3.

Allocution pour la présentation officielle du Catéchisme de l'Église catholique, 7-12-1992, dans *La Doc. cath.* 90 (1993) 55-57.

Homélie du 8 décembre 1992, dans *L'Osservatore Romano*, é.h.l.f., 15 décembre 1992, p. 4.

Allocution à l'*Angelus* du 13-12-1992, dans l'*Osservatore Romano*, é.h.l.f., 15 décembre 1992, p. 1.

Lettre apostolique *Laetamur magnopere* approuvant et promulguant l'édition typique latine du Catéchisme de l'Église catholique, 15-8-1997, dans *A.A.S.* 94 (1997) 851-852 et dans *Catechismus catholicae Ecclesiae*, Cité du Vatican, Librairie éditrice du Vatican, 1997, p. VII-X; traduction française dans *La Doc. cath.* 94 (1997) 851-852.

Discours de présentation de l'édition typique du Catéchisme de l'Église catholique, 8-9-1997, dans *L'Osservatore Romano*, é.h.l.f., 16 septembre 1997, p. 2 et 4.

LALANNE, St. *Le contenu et l'utilisation du catéchisme* [pour adultes], dans *La Doc. cath.* 88 (1991) 609-611.

LAW, B. Discours prononcé lors de la présentation officielle du *Catéchisme de l'Église catholique*, Rome, 7-12-1992, dans *L'Osservatore Romano*, é.h.l.f., 22 décembre 1992, p. 5.

MANSI, J.D. *Sacrorum conciliorum nova et amplissima collectio*, t. 34, Paris, 1902.

O'CONNOR, J. *Réflexions sur le gouvernement de l'Église*, dans *La Doc. cath.* 94 (1997) 38-44.

PLATEAU, P. *La réalisation du catéchisme* [pour adultes], dans *La Doc. cath.* 88 (1991) 608-609.

QUINN, J. *Réflexions sur la papauté*, dans *La Doc. cath.* 93 (1996) 930-941.

RATZINGER J. Intervention au synode spécial des évêques sur l'Europe, 14-12-1991, dans *La Doc. cath.* 89 (1992) 77-78.

Intervention au synode spécial sur l'Afrique, 14 mai 1994, dans *L'Osservatore Romano*, é.h.l.f., 17 mai 1994, supplément, p. 81.

Présentation du *Catéchisme de l'Église catholique*, Rome, 9-12-1992, dans *La Doc. cath.* 90 (1993) 67-69.

Présentation de la version russe du *Catéchisme de l'Église catholique*, 24-1-1997, dans *L'Osservatore Romano*, é.h.l.f., 25 février 1997, p. 12.

Présentation de l'édition typique du *Catéchisme de l'Église catholique*, 9-9-1997, dans *La Doc. cath.* 94 (1997) 852-854.

Conférence au Congrès catéchétique international, 14-10-1997, dans *La Doc. cath.* 94 (1997) 961-966.

RUINI, C. *Synthèse des interventions des Pères Synodaux. Second rapport (résumé)*, 7-12-1991, dans *La Doc. cath.* 89 (1992) 78-79.

Synode extraordinaire, célébration de Vatican II, Paris, Cerf, 1986.

SYNODE SPÉCIAL DES ÉVÊQUES POUR L'EUROPE. *Déclaration finale*, 14-12-1991, dans *La Doc. cath.* 89 (1992) 123-132.

Une nouvelle évangélisation. Document de travail pastoral publié à la demande des Évêques de Belgique, Marcinelle, Imprimerie-Éditions de la Sambre, décembre 1985.

Et il y a les quotidiens, les hebdomadaires et les mensuels consultés régulièrement ou occasionnellement:

- En France:

L'Actualité religieuse dans le monde; La Croix – L'Événement; La France catholique; La Vie; Le Figaro; Le Monde; Le Nouvel Observateur; L'Événement du jeudi; L'Express; L'homme nouveau; Libération; L'Instant; Match; Témoignage chrétien; 30 jours dans l'Église et dans le monde

- En Belgique d'expression française:

Dimanche; Dimanche Matin; La Cité; La Dernière Heure – Les Sports; La Libre Belgique; La Meuse – La Nouvelle Gazette; La Wallonie; Le Peuple; Le Soir; Le Vif – L'Express; Nord - Éclair – Le Journal de Mons – L'écho du Centre; Publi-choc. L'hebdo-vérité; Vers l'Avenir; et les bulletins diocésains *Communications* (Namur), *Église de Liège, Église de Tournai, Pastoralia* (Malines-Bruxelles).

III. Travaux utilisés

En complément à ceux qui sont mentionnés aux pages 440-443 de *Un catéchisme universel pour l'Église catholique*:

ALBERIGO, G. et PROVOST, J. *Éditorial. Le synode de 1985. Évaluation*, dans *Concilium* 208 (1986) 8-9.

BISSOLI, C. *Un Catechismo per il nostro tempore. Attualità e senso di un debattito*, dans *Salesianum* 49 (1987) 288-302.

BOBIN, Chr. *Le Très-Bas* (Folio), Paris, Gallimard, 1992.

BONÉ, É. *Compagnons d'incroyance...? Sainte Thérèse de l'Enfant Jésus (1897-1997)*, dans *Revue théologique de Louvain* 29 (1998) 145-160.

Les conciles œcuméniques. T. I.; *L'histoire* ("Le Magistère de l'Église"), Paris, Cerf, 1994.

CONSEIL ŒCUMÉNIQUE DES ÉGLISES. *Vers le partage de la foi commune. Guide d'étude à l'usage des groupes de discussion* (Documents d'Église), Paris, Cerf, 1998.

DANNEELS, G. *Le synode extraordinaire de 1985*, dans *Nouvelle revue théologique* 108 (1986) 161-173.

DEJEMEPPE, D. *Vitalité et malaise de la catéchèse d'aujourd'hui*, dans *Traces. Annuel des religions*, Turnhout, Brepols, 1987, p. 177-180.

DELHAYE, Ph. *Clairvoyance du Synode 85*, dans *Esprit et vie* 97 (1987) 90-94.

DESCOUVEMONT, P. *Guide des difficultés de la foi catholique*, 4e éd., Paris, Cerf, 1991.

Dictionnaire encyclopédique de la Bible, Turnhout, Brepols, 1987.

DUGUET, S. *Catéchismes, mémoire d'un temps* (Cahiers de l'Institut Supérieur de Pastorale Catéchétique, 1), Paris, Desclée, 1988.

DUPERRAY, G. *Autour du synode. Chronique bibliographique*, dans *Lumière et vie* 182 (juin 1987) 119-120.

Le dossier du catéchisme hollandais. Un nouveau langage théologique (Points chauds), Paris, Fayard, 1969.

GROSSI, V. ... et SESBOÜÉ, B. *Histoire des dogmes*. T. II, *L'homme et son salut*, Paris, Desclée, 1995.

GUILLUY, P. *Péché originel*, dans *Catholicisme*, t. X, 1985, col. 1036-1061.

HOLSTEIN, H. *Le message de la révélation chrétienne aux hommes de notre temps*, dans *Directoire catéchétique général. Traduction française et commentaires du Directorium catechisticum generale*, supplément au nº 45 de *Catéchèse*, octobre 1971, p. 129-151.

LAMBERIGTS, M. *Le débat sur la liturgie*, dans G. ALBERIGO (sous la direction de), *Histoire du Concile Vatican II (1959-1965)*, t. II, Paris-Louvain, Cerf-Peeters, 1998.

LAURENTIN, R. *Église qui vient. Au-delà des crises*, Paris, Desclée, 1989.
Marie, dans *Catholicisme*, t. VIII, 1979, col. 524-583.
La Vierge au concile, Paris, Lethielleux, 1965.

LENTZEN, E. *La presse hebdomadaire francophone*, dans *Courrier hebdomadaire* 1519, CRISP (Centre de recherche et d'information socio-politiques), Bruxelles, 1996.
La presse quotidienne francophone, dans *Courrier hebdomadaire* 1515-1516, CRISP, Bruxelles, 1996.

MAAS, W. *Jusqu'où est descendu le Fils?*, dans *Revue catholique internationale Communio* 6 (1981) 5-19.

MARTINEZ FERNANDEZ, L. *Diccionario del Catecismo de la Iglesia catolica* (Biblioteca de autores cristianos, 552), Madrid, 1995.

MENOZZI, D. *Vers une nouvelle Contre-Réforme*, dans *Le retour des certitudes. Événements et orthodoxie depuis Vatican II* (sous la direction de P. LADRIÈRE et R. LUNEAU), Paris, Centurion, 1987.

PARADIS, W.H. *Report of the Fifth Meeting of the International Catechetical Council – Rome, April 11-17, 1983*, dans *The Living Light* 20 (1983) 159-170.

PERROT, Ch. *La descente aux enfers dans le Nouveau Testament*, dans *Lumière et vie* 17 (1968) nº 87, 5-29.

PHILIPS, G. *L'Église et son mystère au IIe concile du Vatican. Histoire, texte et commentaire de la Constitution* Lumen gentium, Paris, Desclée, 1967.

POUPARD, P. *Un synode extraordinaire*, dans *Esprit et vie* 96 (1986) 1-4.

RATZINGER, J. *Le Catéchisme de l'Église catholique, rencontre avec le Dieu vivant*, dans *La Doc. cath.* 90 (1993) 67-69.

RATZINGER, J. et SCHÖNBORN, Chr. *Petite introduction au "Catéchisme de l'Église catholique "* (Documents d'Église), Paris, Cerf, 1995.

RODRÍGUEZ, P. *El Catecismo Romano ante Felipe II y la Inquisicíon española. Los problemas de la introducción en España del Catecismo del Concilio de Trento*, Madrid, RIALP, 1998.

RUFIN, *Explication du Credo des apôtres*, FORTUNAT, *Exposé du Credo* ("Les Pères dans la foi", 68), Paris, Migne, 1997.

SERVICE NATIONAL DU CATÉCHUMÉNAT. *Dire la foi des chrétiens. Pour adultes commençant une réflexion chrétienne*, Paris, Bayard Éditions-Centurion, 1995.

SESBOÜÉ, B. *Pédagogie du Christ. Éléments de christologie fondamentale* ("Théologie "), Paris, Cerf, 1994.

THILS, G. *Présence et salut de Dieu chez les "non-chrétiens ". Une vérité à intégrer en tout "exposé de la foi" de l'an 2000* (Cahiers de la Revue théologique de Louvain, 18), Louvain-la-Neuve, Publications de la Faculté de théologie, 1987.

THOMAS, J., *Synode 1985*, dans *Études* 364 (1986) 103-110.

URS VON BALTHASAR, H. *La foi du Christ. Cinq approches christologiques*, Paris, Aubier, 1968.

VANNESTE, A. *Le péché originel: un débat sans issue?*, dans *Ephemerides Theologicae Lovanienses* 70 (1994) 359-383.

VOLLÉ, Fr. et DE QUESEDA, Bl. *Des catéchismes au CATÉCHISME*, Paris, Association sacerdotale "Lumen gentium ", 78 A, rue de Sèvres, octobre 1988.

IV. BIBLIOGRAPHIE COMPLÉMENTAIRE

Depuis la sortie de presse du *C.É.C.* en novembre et en décembre 1992, les articles et les ouvrages qui en font la présentation ne se comptent plus. On en trouve déjà une liste imposante dans:

ALEMANY, J.J. *Bibliografía sobre el Catecismo de la Iglesia católica*, dans *Miscellanea Comillas* 51 (1993) 535-545.

GONZÁLEZ DE CARDEDAL, O. – MARTINEZ CAMINO, J.A. (ed.). *El Catecismo postconciliar. Contexto y contenidos*, Madrid, San Pablo, 1993, 360-374.

MARTÍNEZ CAMINO, J.A. *Bibliografía sobre el Catecismo de la Iglesia católica*, dans *Actualidad catequética* (1993) 345-358.

Et la liste ne cesse de s'allonger comme on peut le constater en parcourant l'*Elenchus bibliographicus* des *Ephemerides Theologicae Lovanienses* des années 1994 et suivantes.

A. Ouvrages concernant l'ensemble du catéchisme

BECKER, K.M. – EBERLE, J. (ed.). *Der neue Katechismus der Katholischen Kirche: Zugänge* (Sinn und Sendung, 5), St. Ottilien, EOS, 1994.

GABRIEL, Fr. *Oui! le* Catéchisme de l'Église catholique ... *est catholique!*, Le Barroux, Éd. Ste-Madeleine, 1993.

GERA, L. et alii. *Commentario al Catecismo de la Iglesia Católica* (Colección experiencias cristianas), Buenos Aires, Paulinas, 1996.

GONZÁLEZ DE CARDEDAL, O. – MARTINEZ CAMINO, J.A. (ed). *El Catecismo post-conciliar. Contexto y contenidos*, Madrid, San Pablo, 1993.

Il Catechismo della Chiesa cattolica. Dimensioni, caratteristiche, contenuti, Cité du Vatican, Librairie éditrice du Vatican, s.d. [1993].

KRIEGER, W. *Und er bewegt uns doch. Einführung in den neuen Katechismus der katholischen Kirche*, Leipzig, Benno, 1994.

Le nouveau Catéchisme de l'Église catholique *est-il catholique?*, Eguelshardt, Fideliter, 1993.

Le nouveau catéchisme veut-il tuer l'Église? Des catholiques parlent à André Bercoff, Paris, Michel Lafon, 1993.

MORGANTE, M. *Presentazione del Catechismo della Chiesa Cattolica*, Rome, Rogate, 1994.

NICHOLS, A. *The Splendour of Doctrine. The "Catechism of the Catholic Church" on Christian Believing*, Edimbourg, Clark, 1995.

PHOTIOS (Mgr) et PHILARÈTE. *Le nouveau catéchisme contre la foi des Pères. Une réponse orthodoxe*, Lausanne, L'Âge de l'Homme, 1993.

SCHULZ, E. (ed.). *Ein Katechismus für die Welt: Informationen und Anfragen*, Düsseldorf, Patmos, 1994.

SHANON, W.H. *Exploring the* "Catechism of the Catholic Church ", Cincinnati OH, St Anthony Messenger Press, 1995.

TOLHURST, J. *A Concise Companion and Commentary for The New Catholic Catechism*, Leominster, Gracewing-Westminster MD, Christian Classics, 1994.

VERWEYEN, H. *Der Weltkatechismus. Therapie oder Symptom einer kranken Kirche?*, Dusseldorf, Patmos, 1993.

WALSCH, M.J. (ed). *Commentary on the Catechism of the catholic Church*, Londres, Geoffrey Chapman, 1994.

B. Articles sur l'ensemble du catéchisme ou sur le(s) contenu(s) de sa première partie

ALCEDO TERNERO, A. *El nuevo "Catecismo de la Iglesia católica" entre la "fidelidad al deposto" y la iniciación cristiana*, dans *Communio* (Espagne) 25 (1992) 359-378.

ANSORGE, D. *J. Ratzingers Rede zur Krise der Katechese: Ein Schlüssel zum Verständnis des "Katechismus der Katholischen Kirche "*, dans *Katechetische Blätter* 119 (1994) 2-13.

ARKOUN, M. *Réflexions d'un musulman sur le "nouveau" Catéchisme*, dans *Revue des deux mondes* (avril 1993) 18-30.

BARRETI, R.J. *The Normative Status of the Catechism* dans *Periodica* 85 (1996) 9-34.

BARRIOLA, M.A. *Reflexión sobre algunas evaluaciones del Catecismo de la Iglesia católica*, dans *Tierra Nueva* 23 (1994-1995) n° 89, 48-72.

BAUMER, I. *Le Catéchisme de l'Église Catholique. Première partie: la profession*, dans *Nouvelle revue théologique* 115 (1993) 335-355.

BERMÚDEZ MERIZALDE, C. *Una lettura sulla dottrina della gratia nel Catechismo della Chiesa Cattolica*, dans *Annales Theologici* 8 (1994) 377-393.

BIANCARDI, G. *Il Catechismo della Chiesa Cattolica nel dibattito pastorale-catechetico*, dans *Salesianum* 56 (1994) 43-80.

BISSOLI, C. *Dinamiche proprie al Catechismo della Chiesa Cattolica. Alcune riflessioni a partire dalla pragmatica del testo*, dans *Salesianum* 56 (1994) 31-42.

CHAREIRE, I. *Note sur le péché originel dans trois catéchismes*, dans *Lumière et vie* 43 (1994) n° 216, 61-70.

CINOSA, M. *La Sacra Scrittura nel Catechismo della Chiesa Cattolica*, dans *Salesianum* 56 (1994) 81-98.

COLZANI, G. *Il Catechismo della Chiesa cattolica. La fede di sempre e le questioni dell'oggi*, dans *Rivista del Clero Italiano* 74 (1993) 325-338.

COTTEN, J.P. *Un "regard éloigné "*, dans *Revue des deux mondes* (avril 1993) 31-40.

DE ACHÚTEGUI, P.S. *Ecumenism in the "Catechism of the Catholic Church"*, dans *Landas* 8 (1994) 281-291.

DENIS, H. *Ambiguïtés d'un catéchisme universel*, dans *Lumière et vie* 43 (1994) n° 216, 25-36.

Der Katechismus der Katholischen Kirche. Bericht und Diskussion, dans *Münchener theologische Zeitschrift* 45 (1994) 367-449.

DOOLEY, C. *The Catechism of the Catholic Church. "Both the Old and the New"*, dans *Chicago Studies* 33 (1994) 5-14.

DULLES, A. *The Hierarchy of Truths in the Catechism*, dans *The Thomist* 58 (1994) 369-388.

DUQUOC, Chr. *Le Catéchisme: son mode de production*, dans *Lumière et vie* 43 (1994) n° 216, 37-45.

DURANY, M. *Un nuevo catecismo para la Iglesia católica*, dans *Tierra Nueva* 23 (1994-1995) n° 92, 68-81.

ESLIN, J.-Cl. *Situation d'un catéchisme*, dans *Esprit* (1993) n° 189, 172-175.

FERRARA, R. *La fe en Dios, padre y creator en el* Catecismo de la Iglesia católica, dans *Theologia* (Argentine) 33 (1996) 135-174.

FOSSION, A. *Du bon usage du catéchisme de l'Église catholique*, dans *Lumen Vitae* 48 (1993) 5-20.

FOUREZ, G. *Une vision particulière de l'universel... Catéchisme romain*, dans *La Revue nouvelle* (1993) n° 1, 75-78.

GARCIA MARTÍN, J. *Algunas consideraciones sobre el carácter misionero del "Catecismo de la Iglesia católica*, dans *Commentarium pro Religiosis et Missionariis* 75 (1994) 359-386.

GIANETTO, U. *Storia della redazione del Catechismo della Chiesa Cattolica. Genere letterario, articolazione, linguaggio, destinari*, dans *Salesianum* 56 (1994) 3-30.

GIANOLA, P. *Catechismo della Chiesa Cattolica e pedagogia cristiana*, dans *Salesianum* 56 (1994) 675-692.

GRITTI, J. *L'image du Catéchisme dans la presse*, dans *Lumière et vie* 43 (1994) n° 216, 5-12.

GUIRONÉS GUILLEM, G. *Commentario sobre el Catecismo de la Iglesia católica*, dans *Annales Valentinos* 18 (1992) 401-411.

HAGEMANN, L. *Der Katechismus der Katholischen Kirche und das Heil der anderen*, dans *Jahrbuch für Religionswissenschaft und Theologie der Religionen* 2 (1994) 129-137.

HONORÉ, J. *Le Catéchisme de l'Église catholique. Genèse et profil*, dans *Nouvelle revue théologique* 115 (1993) 3-18.

HÜNERMANN, P. *De l'autorité du Catéchisme de l'Église Catholique*, dans *Lumière et vie* 43 (1994) n° 216, 15-23.

KLAINE, R. *Catéchismes et sciences. La création dans les catéchèses officielles récentes*, dans *Nouvelle revue théologique* 17 (1995) 710-723.

KLEIN, Th. *Non possumus*, dans *Revue des deux mondes* (avril 1993) 44-54.

KLENICKI, L. *Der Katechismus der Katholischen Kirche mit jüdischen Augen gelesen*, dans *Una Sancta* 49 (1994) 246-255.

KNOCKAERT, A. *Le Catéchisme de l'Église catholique*, dans *Lumen Vitae* 48 (1993) 135-148.

LARRABE, J.L. *Rasgos theológicos del Catecismo de la Iglesia Católica*, dans *Burgense* 35 (1994) 519-537.

LEHMANN, K. *Katechismus der Katholischen Kirche*, dans *Münchener theologische Zeitschrift* 45 (1994) 367-374.

LEPLAY, M. *Catéchisme catholique et catéchèse évangélique*, dans *Revue des deux mondes* (avril 1993) 55-67.

LIENHARD, F. *Lecture protestante du catéchisme catholique*, dans *Positions luthériennes* 44 (1996) 238-253.

MAHER, M. *The Catechism of the Catholic Church*, dans *Milltown Studies* 35 (1995) 19-38.

MARTÍNEZ LERGA, G. *Aproximación a la escatologia en el Catecismo de la Iglesia Católica*, dans *Scriptorium Victoriense* 40 (1993) 225-242.

MCPARTLAN, P. *The Catechism and Catholic-Orthodox Dialogue*, dans *One in Christ* 30 (1994) 229-244.

MOLL, H. *Der "Katechismus der Katholischen Kirche". Ein Instrument zur Neuevangelisierung*, dans *Communio* (Allemagne) 23 (1994) 67-81.

MULLINS, P. *The Theology of Charisms: Vatican II and the New Catechism*, dans *Milltown Studies* 33 (1994) 123-162.

MYRE, A. *La résurrection selon le* Catéchisme de l'Église catholique. *Perspectives exégétiques*, dans *Science et esprit* 48 (1996) 327-340.

NGADULA TSHANA, T. *Pour une lecture responsabilisante du Catéchisme de l'Église catholique*, dans *Revue africaine de théologie* 19 (1995) 93-107.

NIKOLAOU, T. *"Der Katechismus der Katholischen Kirche" aus orthodoxer Sicht*, dans *Orthodoxes Forum* 9 (1995) 53-63.

NILSON, J. *Book One. The Profession of Faith*, dans *Chicago Studies* 33 (1994) 15-27.

NOEMI, J. *El "descenso a los infiernos" de Jesucristo* dans *Teología y Vida* 35 (1994) 281-288.

PANNENBERG, W. *Eine evangelische Stellungnahme zum Weltkatechismus der katholischen Kirche*, dans *Kerygma und Dogma* 41 (1995) 2-12.

POUPARD, P. *Le Catéchisme de l'Église catholique*, dans *Revue des deux mondes* (avril 1993) 8-17.

REYNAL, G. *Catéchisme et rôle du catéchète*, dans *Lumière et vie* 43 (1994) n° 216, 85-93.

ROCHE, J.L. *Studying the New Catechism. "Catechism of the Catholic Church" and Catechism for Filipino Catholics*, dans *Landas* 9 (1995) 101-125.

RODRÍGUEZ, P. *El nombre del "Catecismo de la Iglesia católica*, dans *Scripta theologica* 26 (1994) 223-232.

SALVATI, G.M. *Catechismo e "theologia crucis ". La teologia della croce nel "Catechismo della Chiesa cattolica "*, dans *La Sapienza della Croce* 9 (1994) n° 2-3, 23-30.

SAYÉS, J.A. *El tema del alma y sus implicaciones teológicas en el Catecismo de la Iglesia católica*, dans *Burgense* 35 (1994) 113-144.

SCHÖNBORN, Chr. *Les critères de rédaction du "Catéchisme de l'Église catholique"*, dans *Nouvelle revue théologique* 115 (1993) 161-168.

SLOYAN, G.S. *A Theological and Pastoral Critique of "Catechism of the Catholic Church»*, dans *Horizons* 21 (1994) 159-171.

TORNUS, A. *Contenidos del catecismo tridentino y contenidos del reciente catecismo*, dans *Miscellanea Comillas* 51 (1993) 315-335.

VAN LAARHOVEN, J. *Twee katechismussen. De Catechismus Romanus en de Katechismus van de katholieke kerk*, dans *Tijdschrift voor theologie* 33 (1993) 371-389.

VIRGOULAY, R. *Un texte à références. Écriture et conciles dans le Catéchisme*, dans *Lumière et vie* 43 (1994) n° 216, 47-59.

WAGNER, M. *Ein Kirchenbild für unsere Zeit? Ekklesiologische Aussagen des neuen Weltkatechismus*, dans *Stimmen der Zeit* 211 (1993) 533-546.

WESS, P. *Weil es um das Leben geht. Bemerkungen zum Inhalt des "Katechismus der Katholischen Kirchen»*, dans *Theologie der Gegenwart* 37 (1994) 213-227.

WITTE, H. *Christologie in de "wereldkatechismus ". Verkenningen in de opzet en uitwerking van de "Katechismus van de Katholieke Kerk "*, dans *Tijdschrift voor theologie* 33 (1993) 119-138.

INDEX ONOMASTIQUE*

* Les noms de Pie V et de Jean-Paul II ne sont pas repris dans cet Index lorsqu'ils servent à désigner le *Catechismus ad parochos* (Catéchisme de Pie V) et le *Catéchisme de l'Église catholique* (Catéchisme de Jean-Paul II).

BIBLIOTHECA EPHEMERIDUM THEOLOGICARUM LOVANIENSIUM

SERIES I

* = Out of print

*1. *Miscellanea dogmatica in honorem Eximii Domini J. Bittremieux,* 1947.
*2-3. *Miscellanea moralia in honorem Eximii Domini A. Janssen,* 1948.
*4. G. PHILIPS, *La grâce des justes de l'Ancien Testament,* 1948.
*5. G. PHILIPS, *De ratione instituendi tractatum de gratia nostrae sanctificationis,* 1953.
6-7. *Recueil Lucien Cerfaux. Études d'exégèse et d'histoire religieuse,* 1954. 504 et 577 p. FB 1000 par tome. Cf. *infra,* n°s 18 et 71 (t. III).
8. G. THILS, *Histoire doctrinale du mouvement œcuménique,* 1955. Nouvelle édition, 1963. 338 p. FB 135.
*9. *Études sur l'Immaculée Conception,* 1955.
*10. J.A. O'DONOHOE, *Tridentine Seminary Legislation,* 1957.
*11. G. THILS, *Orientations de la théologie,* 1958.
*12-13. J. COPPENS, A. DESCAMPS, É. MASSAUX (ed.), *Sacra Pagina. Miscellanea Biblica Congressus Internationalis Catholici de Re Biblica,* 1959.
*14. *Adrien VI, le premier Pape de la contre-réforme,* 1959.
*15. F. CLAEYS BOUUAERT, *Les déclarations et serments imposés par la loi civile aux membres du clergé belge sous le Directoire (1795-1801),* 1960.
*16. G. THILS, *La «Théologie œcuménique». Notion-Formes-Démarches,* 1960.
17. G. THILS, *Primauté pontificale et prérogatives épiscopales. «Potestas ordinaria» au Concile du Vatican,* 1961. 103 p. FB 50.
*18. *Recueil Lucien Cerfaux,* t. III, 1962. Cf. *infra,* n° 71.
*19. *Foi et réflexion philosophique. Mélanges F. Grégoire,* 1961.
*20. *Mélanges G. Ryckmans,* 1963.
21. G. THILS, *L'infaillibilité du peuple chrétien «in credendo»,* 1963. 67 p. FB 50.
*22. J. FÉRIN & L. JANSSENS, *Progestogènes et morale conjugale,* 1963.
*23. *Collectanea Moralia in honorem Eximii Domini A. Janssen,* 1964.
24. H. CAZELLES (ed.), *De Mari à Qumrân. L'Ancien Testament. Son milieu. Ses écrits. Ses relectures juives* (Hommage J. Coppens, I), 1969. 158*-370 p. FB 900.
*25. I. DE LA POTTERIE (ed.), *De Jésus aux évangiles. Tradition et rédaction dans les évangiles synoptiques* (Hommage J. Coppens, II), 1967.
26. G. THILS & R.E. BROWN (ed.), *Exégèse et théologie* (Hommage J. Coppens, III), 1968. 328 p. FB 700.
27. J. COPPENS (ed.), *Ecclesia a Spiritu sancto edocta. Hommage à Mgr G. Philips,* 1970. 640 p. FB 1000.
28. J. COPPENS (ed.), *Sacerdoce et célibat. Études historiques et théologiques,* 1971. 740 p. FB 700.

29. M. Didier (ed.), *L'évangile selon Matthieu. Rédaction et théologie*, 1972. 432 p. FB 1000.
*30. J. Kempeneers, *Le Cardinal van Roey en son temps*, 1971.

Series II

31. F. Neirynck, *Duality in Mark. Contributions to the Study of the Markan Redaction*, 1972. Revised edition with Supplementary Notes, 1988. 252 p. FB 1200.
32. F. Neirynck (ed.), *L'évangile de Luc. Problèmes littéraires et théologiques*, 1973. *L'évangile de Luc – The Gospel of Luke*. Revised and enlarged edition, 1989. x-590 p. FB 2200.
33. C. Brekelmans (ed.), *Questions disputées d'Ancien Testament. Méthode et théologie*, 1974. *Continuing Questions in Old Testament Method and Theology*. Revised and enlarged edition by M. Vervenne, 1989. 245 p. FB 1200.
34. M. Sabbe (ed.), *L'évangile selon Marc. Tradition et rédaction*, 1974. Nouvelle édition augmentée, 1988. 601 p. FB 2400.
35. B. Willaert (ed.), *Philosophie de la religion – Godsdienstfilosofie. Miscellanea Albert Dondeyne*, 1974. Nouvelle édition, 1987. 458 p. FB 1600.
36. G. Philips, *L'union personnelle avec le Dieu vivant. Essai sur l'origine et le sens de la grâce créée*, 1974. Édition révisée, 1989. 299 p. FB 1000.
37. F. Neirynck, in collaboration with T. Hansen and F. Van Segbroeck, *The Minor Agreements of Matthew and Luke against Mark with a Cumulative List*, 1974. 330 p. FB 900.
38. J. Coppens, *Le messianisme et sa relève prophétique. Les anticipations vétérotestamentaires. Leur accomplissement en Jésus*, 1974. Édition révisée, 1989. xiii-265 p. FB 1000.
39. D. Senior, *The Passion Narrative according to Matthew. A Redactional Study*, 1975. New impression, 1982. 440 p. FB 1000.
40. J. Dupont (ed.), *Jésus aux origines de la christologie*, 1975. Nouvelle édition augmentée, 1989. 458 p. FB 1500.
41. J. Coppens (ed.), *La notion biblique de Dieu*, 1976. Réimpression, 1985. 519 p. FB 1600.
42. J. Lindemans & H. Demeester (ed.), *Liber Amicorum Monseigneur W. Onclin*, 1976. xxii-396 p. FB 1000.
43. R.E. Hoeckman (ed.), *Pluralisme et œcuménisme en recherches théologiques. Mélanges offerts au R.P. Dockx, O.P.*, 1976. 316 p. FB 1000.
44. M. de Jonge (ed.), *L'évangile de Jean. Sources, rédaction, théologie*, 1977. Réimpression, 1987. 416 p. FB 1500.
45. E.J.M. van Eijl (ed.), *Facultas S. Theologiae Lovaniensis 1432-1797. Bijdragen tot haar geschiedenis. Contributions to its History. Contributions à son histoire*, 1977. 570 p. FB 1700.
46. M. Delcor (ed.), *Qumrân. Sa piété, sa théologie et son milieu*, 1978. 432 p. FB 1700.
47. M. Caudron (ed.), *Faith and Society. Foi et société. Geloof en maatschappij. Acta Congressus Internationalis Theologici Lovaniensis 1976*, 1978. 304 p. FB 1150.

48. J. KREMER (ed.), *Les Actes des Apôtres. Traditions, rédaction, théologie,* 1979. 590 p. FB 1700.
49. F. NEIRYNCK, avec la collaboration de J. DELOBEL, T. SNOY, G. VAN BELLE, F. VAN SEGBROECK, *Jean et les Synoptiques. Examen critique de l'exégèse de M.-É. Boismard,* 1979. XII-428 p. FB 1000.
50. J. COPPENS, *La relève apocalyptique du messianisme royal. I. La royauté – Le règne – Le royaume de Dieu. Cadre de la relève apocalyptique,* 1979. 325 p. FB 1000.
51. M. GILBERT (ed.), *La Sagesse de l'Ancien Testament,* 1979. Nouvelle édition mise à jour, 1990. 455 p. FB 1500.
52. B. DEHANDSCHUTTER, *Martyrium Polycarpi. Een literair-kritische studie,* 1979. 296 p. FB 1000.
53. J. LAMBRECHT (ed.), *L'Apocalypse johannique et l'Apocalyptique dans le Nouveau Testament,* 1980. 458 p. FB 1400.
54. P.-M. BOGAERT (ed.), *Le livre de Jérémie. Le prophète et son milieu. Les oracles et leur transmission,* 1981. *Nouvelle édition mise à jour,* 1997. 448 p. FB 1800.
55. J. COPPENS, *La relève apocalyptique du messianisme royal. III. Le Fils de l'homme néotestamentaire.* Édition posthume par F. NEIRYNCK, 1981. XIV-192 p. FB 800.
56. J. VAN BAVEL & M. SCHRAMA (ed.), *Jansénius et le Jansénisme dans les Pays-Bas. Mélanges Lucien Ceyssens,* 1982. 247 p. FB 1000.
57. J.H. WALGRAVE, *Selected Writings – Thematische geschriften. Thomas Aquinas, J.H. Newman, Theologia Fundamentalis.* Edited by G. DE SCHRIJVER & J.J. KELLY, 1982. XLIII-425 p. FB 1000.
58. F. NEIRYNCK & F. VAN SEGBROECK, avec la collaboration de E. MANNING, *Ephemerides Theologicae Lovanienses 1924-1981. Tables générales. (Bibliotheca Ephemeridum Theologicarum Lovaniensium 1947-1981),* 1982. 400 p. FB 1600.
59. J. DELOBEL (ed.), *Logia. Les paroles de Jésus – The Sayings of Jesus. Mémorial Joseph Coppens,* 1982. 647 p. FB 2000.
60. F. NEIRYNCK, *Evangelica. Gospel Studies – Études d'évangile. Collected Essays.* Edited by F. VAN SEGBROECK, 1982. XIX-1036 p. FB 2000.
61. J. COPPENS, *La relève apocalyptique du messianisme royal. II. Le Fils d'homme vétéro- et intertestamentaire.* Édition posthume par J. LUST, 1983. XVII-272 p. FB 1000.
62. J.J. KELLY, *Baron Friedrich von Hügel's Philosophy of Religion,* 1983. 232 p. FB 1500.
63. G. DE SCHRIJVER, *Le merveilleux accord de l'homme et de Dieu. Étude de l'analogie de l'être chez Hans Urs von Balthasar,* 1983. 344 p. FB 1500.
64. J. GROOTAERS & J.A. SELLING, *The 1980 Synod of Bishops: «On the Role of the Family». An Exposition of the Event and an Analysis of its Texts.* Preface by Prof. emeritus L. JANSSENS, 1983. 375 p. FB 1500.
65. F. NEIRYNCK & F. VAN SEGBROECK, *New Testament Vocabulary. A Companion Volume to the Concordance,* 1984. XVI-494 p. FB 2000.
66. R.F. COLLINS, *Studies on the First Letter to the Thessalonians,* 1984. XI-415 p. FB 1500.
67. A. PLUMMER, *Conversations with Dr. Döllinger 1870-1890.* Edited with Introduction and Notes by R. BOUDENS, with the collaboration of L. KENIS, 1985. LIV-360 p. FB 1800.

68. N. LOHFINK (ed.), *Das Deuteronomium. Entstehung, Gestalt und Botschaft / Deuteronomy: Origin, Form and Message,* 1985. XI-382 p. FB 2000.
69. P.F. FRANSEN, *Hermeneutics of the Councils and Other Studies.* Collected by H.E. MERTENS & F. DE GRAEVE, 1985. 543 p. FB 1800.
70. J. DUPONT, *Études sur les Évangiles synoptiques.* Présentées par F. NEIRYNCK, 1985. 2 tomes, XXI-IX-1210 p. FB 2800.
71. *Recueil Lucien Cerfaux,* t. III, 1962. Nouvelle édition revue et complétée, 1985. LXXX-458 p. FB 1600.
72. J. GROOTAERS, *Primauté et collégialité. Le dossier de Gérard Philips sur la Nota Explicativa Praevia (Lumen gentium, Chap. III).* Présenté avec introduction historique, annotations et annexes. Préface de G. THILS, 1986. 222 p. FB 1000.
73. A. VANHOYE (ed.), *L'apôtre Paul. Personnalité, style et conception du ministère,* 1986. XIII-470 p. FB 2600.
74. J. LUST (ed.), *Ezekiel and His Book. Textual and Literary Criticism and their Interrelation,* 1986. X-387 p. FB 2700.
75. É. MASSAUX, *Influence de l'Évangile de saint Matthieu sur la littérature chrétienne avant saint Irénée.* Réimpression anastatique présentée par F. NEIRYNCK. *Supplément: Bibliographie 1950-1985,* par B. DEHANDSCHUTTER, 1986. XXVII-850 p. FB 2500.
76. L. CEYSSENS & J.A.G. TANS, *Autour de l'Unigenitus. Recherches sur la genèse de la Constitution,* 1987. XXVI-845 p. FB 2500.
77. A. DESCAMPS, *Jésus et l'Église. Études d'exégèse et de théologie.* Préface de Mgr A. HOUSSIAU, 1987. XLV-641 p. FB 2500.
78. J. DUPLACY, *Études de critique textuelle du Nouveau Testament.* Présentées par J. DELOBEL, 1987. XXVII-431 p. FB 1800.
79. E.J.M. VAN EIJL (ed.), *L'image de C. Jansénius jusqu'à la fin du XVIII*[e] *siècle,* 1987. 258 p. FB 1250.
80. E. BRITO, *La Création selon Schelling. Universum,* 1987. XXXV-646 p. FB 2980.
81. J. VERMEYLEN (ed.), *The Book of Isaiah – Le livre d'Isaïe. Les oracles et leurs relectures. Unité et complexité de l'ouvrage,* 1989. X-472 p. FB 2700.
82. G. VAN BELLE, *Johannine Bibliography 1966-1985. A Cumulative Bibliography on the Fourth Gospel,* 1988. XVII-563 p. FB 2700.
83. J.A. SELLING (ed.), *Personalist Morals. Essays in Honor of Professor Louis Janssens,* 1988. VIII-344 p. FB 1200.
84. M.-É. BOISMARD, *Moïse ou Jésus. Essai de christologie johannique,* 1988. XVI-241 p. FB 1000.

84[A]. M.-É. BOISMARD, *Moses or Jesus: An Essay in Johannine Christology.* Translated by B.T. VIVIANO, 1993, XVI-144 p. FB 1000.

85. J.A. DICK, *The Malines Conversations Revisited,* 1989. 278 p. FB 1500.
86. J.-M. SEVRIN (ed.), *The New Testament in Early Christianity – La réception des écrits néotestamentaires dans le christianisme primitif,* 1989. XVI-406 p. FB 2500.
87. R.F. COLLINS (ed.), *The Thessalonian Correspondence,* 1990. XV-546 p. FB 3000.
88. F. VAN SEGBROECK, *The Gospel of Luke. A Cumulative Bibliography 1973-1988,* 1989. 241 p. FB 1200.

89. G. THILS, *Primauté et infaillibilité du Pontife Romain à Vatican I et autres études d'ecclésiologie,* 1989. XI-422 p. FB 1850.
90. A. VERGOTE, *Explorations de l'espace théologique. Études de théologie et de philosophie de la religion,* 1990. XVI-709 p. FB 2000.
91. J.C. DE MOOR, *The Rise of Yahwism: The Roots of Israelite Monotheism,* 1990. *Revised and Enlarged Edition,* 1997. XV-445 p. FB 1400.
92. B. BRUNING, M. LAMBERIGTS & J. VAN HOUTEM (eds.), *Collectanea Augustiniana. Mélanges T.J. van Bavel,* 1990. 2 tomes, XXXVIII-VIII-1074 p. FB 3000.
93. A. DE HALLEUX, *Patrologie et œcuménisme. Recueil d'études,* 1990. XVI-887 p. FB 3000.
94. C. BREKELMANS & J. LUST (eds.), *Pentateuchal and Deuteronomistic Studies: Papers Read at the XIIIth IOSOT Congress Leuven 1989,* 1990. 307 p. FB 1500.
95. D.L. DUNGAN (ed.), *The Interrelations of the Gospels. A Symposium Led by M.-É. Boismard – W.R. Farmer – F. Neirynck, Jerusalem 1984,* 1990. XXXI-672 p. FB 3000.
96. G.D. KILPATRICK, *The Principles and Practice of New Testament Textual Criticism. Collected Essays.* Edited by J.K. ELLIOTT, 1990. XXXVIII-489 p. FB 3000.
97. G. ALBERIGO (ed.), *Christian Unity. The Council of Ferrara-Florence: 1438/39 – 1989,* 1991. X-681 p. FB 3000.
98. M. SABBE, *Studia Neotestamentica. Collected Essays,* 1991. XVI-573 p. FB 2000.
99. F. NEIRYNCK, *Evangelica II: 1982-1991. Collected Essays.* Edited by F. VAN SEGBROECK, 1991. XIX-874 p. FB 2800.
100. F. VAN SEGBROECK, C.M. TUCKETT, G. VAN BELLE & J. VERHEYDEN (eds.), *The Four Gospels 1992. Festschrift Frans Neirynck,* 1992. 3 volumes, XVII-X-X-2668 p. FB 5000.

SERIES III

101. A. DENAUX (ed.), *John and the Synoptics,* 1992. XXII-696 p. FB 3000.
102. F. NEIRYNCK, J. VERHEYDEN, F. VAN SEGBROECK, G. VAN OYEN & R. CORSTJENS, *The Gospel of Mark. A Cumulative Bibliography: 1950-1990,* 1992. XII-717 p. FB 2700.
103. M. SIMON, *Un catéchisme universel pour l'Église catholique. Du Concile de Trente à nos jours,* 1992. XIV-461 p. FB 2200.
104. L. CEYSSENS, *Le sort de la bulle Unigenitus. Recueil d'études offert à Lucien Ceyssens à l'occasion de son 90e anniversaire.* Présenté par M. LAMBERIGTS, 1992. XXVI-641 p. FB 2000.
105. R.J. DALY (ed.), *Origeniana Quinta. Papers of the 5th International Origen Congress, Boston College, 14-18 August 1989,* 1992. XVII-635 p. FB 2700.
106. A.S. VAN DER WOUDE (ed.), *The Book of Daniel in the Light of New Findings,* 1993. XVIII-574 p. FB 3000.
107. J. FAMERÉE, *L'ecclésiologie d'Yves Congar avant Vatican II: Histoire et Église. Analyse et reprise critique,* 1992. 497 p. FB 2600.

108. C. BEGG, *Josephus' Account of the Early Divided Monarchy (AJ 8, 212-420). Rewriting the Bible*, 1993. IX-377 p. FB 2400.
109. J. BULCKENS & H. LOMBAERTS (eds.), *L'enseignement de la religion catholique à l'école secondaire. Enjeux pour la nouvelle Europe*, 1993. XII-264 p. FB 1250.
110. C. FOCANT (ed.), *The Synoptic Gospels. Source Criticism and the New Literary Criticism*, 1993. XXXIX-670 p. FB 3000.
111. M. LAMBERIGTS (ed.), avec la collaboration de L. KENIS, *L'augustinisme à l'ancienne Faculté de théologie de Louvain*, 1994. VII-455 p. FB 2400.
112. R. BIERINGER & J. LAMBRECHT, *Studies on 2 Corinthians*, 1994. XX-632 p. FB 3000.
113. E. BRITO, *La pneumatologie de Schleiermacher*, 1994. XII-649 p. FB 3000.
114. W.A.M. BEUKEN (ed.), *The Book of Job*, 1994. X-462 p. FB 2400.
115. J. LAMBRECHT, *Pauline Studies: Collected Essays*, 1994. XIV-465 p. FB 2500.
116. G. VAN BELLE, *The Signs Source in the Fourth Gospel: Historical Survey and Critical Evaluation of the Semeia Hypothesis*, 1994. XIV-503 p. FB 2500.
117. M. LAMBERIGTS & P. VAN DEUN (eds.), *Martyrium in Multidisciplinary Perspective. Memorial L. Reekmans*, 1995. X-435 p. FB 3000.
118. G. DORIVAL & A. LE BOULLUEC (eds.), *Origeniana Sexta. Origène et la Bible/Origen and the Bible. Actes du Colloquium Origenianum Sextum, Chantilly, 30 août – 3 septembre 1993*, 1995. XII-865 p. FB 3900.
119. É. GAZIAUX, *Morale de la foi et morale autonome. Confrontation entre P. Delhaye et J. Fuchs*, 1995. XXII-545 p. FB 2700.
120. T.A. SALZMAN, *Deontology and Teleology: An Investigation of the Normative Debate in Roman Catholic Moral Theology*, 1995. XVII-555 p. FB 2700.
121. G.R. EVANS & M. GOURGUES (eds.), *Communion et Réunion. Mélanges Jean-Marie Roger Tillard*, 1995. XI-431 p. FB 2400.
122. H.T. FLEDDERMANN, *Mark and Q: A Study of the Overlap Texts*. With an *Assessment* by F. NEIRYNCK, 1995. XI-307 p. FB 1800.
123. R. BOUDENS, *Two Cardinals: John Henry Newman, Désiré-Joseph Mercier*. Edited by L. GEVERS with the collaboration of B. DOYLE, 1995. 362 p. FB 1800.
124. A. THOMASSET, *Paul Ricœur. Une poétique de la morale. Aux fondements d'une éthique herméneutique et narrative dans une perspective chrétienne*, 1996. XVI-706 p. FB 3000.
125. R. BIERINGER (ed.), *The Corinthian Correspondence*, 1996. XXVII-793 p. FB 2400.
126. M. VERVENNE (ed.), *Studies in the Book of Exodus: Redaction – Reception – Interpretation*, 1996. XI-660 p. FB 2400.
127. A. VANNESTE, *Nature et grâce dans la théologie occidentale. Dialogue avec H. de Lubac*, 1996. 312 p. FB 1800.
128. A. CURTIS & T. RÖMER (eds.), *The Book of Jeremiah and its Reception – Le livre de Jérémie et sa réception*, 1997. 332 p. FB 2400.
129. E. LANNE, *Tradition et Communion des Églises. Recueil d'études*, 1997. XXV-703 p. FB 3000.

130. A. DENAUX & J.A. DICK (eds.), *From Malines to ARCIC. The Malines Conversations Commemorated*, 1997. IX-317 p. FB 1800.
131. C.M. TUCKETT (ed.), *The Scriptures in the Gospels*, 1997. XXIV-721 p. FB 2400.
132. J. VAN RUITEN & M. VERVENNE (eds.), *Studies in the Book of Isaiah. Festschrift Willem A.M. Beuken*, 1997. XX-540 p. FB 3000.
133. M. VERVENNE & J. LUST (eds.), *Deuteronomy and Deuteronomic Literature. Festschrift C.H.W. Brekelmans*, 1997. XI-637 p. FB 3000.
134. G. VAN BELLE (ed.), *Index Generalis ETL / BETL 1982-1997*, 1999. IX-337 p. FB 1600.
135. G. DE SCHRIJVER, *Liberation Theologies on Shifting Grounds. A Clash of Socio-Economic and Cultural Paradigms*, 1998. XI-453 p. FB 2100.
136. A. SCHOORS (ed.), *Qohelet in the Context of Wisdom*, 1998. XI-528 p. FB 2400.
137. W.A. BIENERT & U. KÜHNEWEG (eds.), *Origeniana Septima. Origenes in den Auseinandersetzungen des 4. Jahrhunderts*, 1999. XXV-848 p. FB 3800.
138. É. GAZIAUX, *L'autonomie en morale: au croisement de la philosophie et de la théologie*, 1998. XVI-739 p. FB 3000.
139. J. GROOTAERS, *Actes et acteurs à Vatican II*, 1998. XXIV-602 p. FB 3000.
140. F. NEIRYNCK, J. VERHEYDEN & R. CORSTJENS, *The Gospel of Matthew and the Sayings Source Q: A Cumulative Bibliography 1950-1995*, 1998. 2 vols., VII-1000-420* p. FB 3800.
141. E. BRITO, *Heidegger et l'hymne du sacré*, 1999. XV-800 p. FB 3600.
142. J. VERHEYDEN (ed.), *The Unity of Luke-Acts*, 1999. XXV-828 p. FB 2400.
143. N. CALDUCH-BENAGES & J. VERMEYLEN (eds.), *Treasures of Wisdom. Studies in Ben Sira and the Book of Wisdom. Festschrift M. Gilbert*, 1999. XXVII-463 p. FB 3000.
144. J.-M. AUWERS & A. WÉNIN (eds.), *Lectures et relectures de la Bible. Festschrift P.-M. Bogaert*, 1999. XLII-482 p. FB 2400.
145. C. BEGG, *Josephus' Story of the Later Monarchy (*AJ *9,1–10,185)*, 2000. X-650 p. FB 3000.
146. J.M. ASGEIRSSON, K. DE TROYER & M.W. MEYER (eds.), *From Quest to Q. Festschrift James M. Robinson*, 2000. XLIV-346 p. FB 2400.
147. T. RÖMER (ed.), *The Future of Deuteronomistic History*, 2000. VIII-240 p. FB 3000.
148. F.D. VANSINA, *Paul Ricœur: Bibliographie primaire et secondaire - Primary and Secondary Bibliography 1935-2000*, 2000. XXVI-544 p. FB 3000.
149. G.J. BROOKE & J.D. KAESTLI (eds.), *Narrativity in Biblical and Related Texts*, 2000. XXII-307 p. FB 3000.
150. F. NEIRYNCK, *Evangelica III: 1992-2000. Collected Essays*, 2000. Forthcoming.
151. B. DOYLE, *The Apocalypse of Isaiah Metaphorically Speaking. A Sudy of the Use, Function and Significance of Metaphors in Isaiah 24-27*, 2000. XII-453 p. FB 3000.
152. T. MERRIGAN & J. HAERS (eds.), *The Myriad Christ. Plurality and the Quest for Unity in Contemporary Christology*, 2000. XIV-593 p. FB 3000.
153. M. SIMON, *Le catéchisme de Jean-Paul II. Genèse et évaluation de son commentaire du Symbole des apôtres*, 2000. XVI-688 p. FB 3000.
154. J. VERMEYLEN, *La loi du plus fort*, 2000. Forthcoming.

155. A. WÉNIN, *Studies in the Book of Genesis*, 2000. Forthcoming.
156. F. LEDEGANG, *Mysterium Ecclesisiae*, 2000. Forthcoming.
157. J.S. BOSWELL, F.P. MCHUGH & J. VERSTRAETEN, *Catholic Social Thought*, 2000. Forthcoming.

PRINTED ON PERMANENT PAPER • IMPRIME SUR PAPIER PERMANENT • GEDRUKT OP DUURZAAM PAPIER - ISO 9706
ORIENTALISTE, KLEIN DALENSTRAAT 42, B-3020 HERENT